Fehlzeiten-Report 2012

Bernhard Badura • Antje Ducki • Helmut Schröder •
Joachim Klose • Markus Meyer (Hrsg.)

Fehlzeiten-Report 2012

Gesundheit in der flexiblen Arbeitswelt: Chancen nutzen – Risiken minimieren

Zahlen, Daten, Analysen aus allen Branchen der Wirtschaft

Mit Beiträgen von
F. Achilles • S. Baeriswyl • A. Bacthge • C. Bahamondes Pavez • E. Bamberg •
R. Baumanns • K. Bayer • G. Becke • A. Böhne • N. Breutmann • K. Busch •
J. Clasen • H. Dammasch • J. Dettmers • C. Dorsemagen • M. Drupp • A. Ducki •
A. Enderling • C. Flüter-Hoffmann • G. Freude • N. Friedrich • N. Galais • C. Glaw •
W. Gross • D. Hecker • S. Hiller • J. Hofmann • M. Keller • H. Kowalski • A. Krause •
V. Kretschmer • S. Lükermann • M. Meyer • M. Müller-Gerndt • E. Münch •
H. Paridon • A. Peters • H. Pfaus • S. Pfeiffer • K. Pickshaus • J. Pillekamp •
B. Radke-Singer • R. Rau • M. Rexroth • T. Rigotti • D. Sauer • N. Schiml •
S.F. Schlosser • A. Schulz • H. Schüpbach • C. Sende • K.H. Sonntag • J. Stadlinger •
M. Steinke • P. Traut • A. Uhlig • H.-J. Urban • T. Vahle-Hinz • F. Weber •
H. Weirauch • C. Weiß • H.-G. Wolff • E. Zimmermann • K. Zok

Springer

Herausgeber
Prof. Dr. Bernhard Badura
Universität Bielefeld
Fakultät Gesundheitswissenschaften
Universitätsstr. 25, 33615 Bielefeld

Prof. Dr. Antje Ducki
Beuth Hochschule für Technik Berlin
Luxemburger Straße 10, 13353 Berlin

Helmut Schröder
Joachim Klose
Markus Meyer
Wissenschaftliches Institut der AOK (WIdO) Berlin
Rosenthaler Straße 31, 10178 Berlin

ISBN-13 978-3-642-29200-2 ISBN 978-3-642-29201-9 (eBook)
DOI 10.1007/978-3-642-29201-9

Die Deutsche Nationalbibliothek verzeichnet diese Publikation in der Deutschen Nationalbibliografie; detaillierte bibliografische Daten sind im Internet über http://dnb.d-nb.de abrufbar.

Springer Medizin

Planung: Renate Scheddin
Projektmanagement: Hiltrud Wilbertz
Lektorat: Elke Fortkamp, Wiesenbach
Projektkoordination: Michael Barton
Umschlaggestaltung: deblik Berlin
Fotonachweis Umschlag: © [M] StockLite / Shutterstock
Satz: Fotosatz-Service Köhler GmbH – Reinhold Schöberl, Würzburg

Gedruckt auf säurefreiem und chlorfrei gebleichtem Papier

Springer Medizin ist Teil der Fachverlagsgruppe Springer Science+Business Media
www.springer.com

Vorwort

Durch die wirtschaftlichen und technischen Entwicklungen der letzten 20 Jahre haben sich die Gesellschaft und die Arbeitswelt in Deutschland stark verändert. Die Zeiten der fordistisch geprägten Arbeitsformen einer durch die Industrie geprägten Gesellschaft sind zu einem Großteil passé. Heute sind es vor allem dienstleistungsorientierte Tätigkeiten, die die Arbeitswelt der Menschen prägen. Begleitet wird diese Entwicklung durch flexible Arbeitsformen, insbesondere was die Erwerbsbiografien, Arbeitszeiten und -orte betrifft. Vor allem durch Anpassungen an die Gegebenheiten des Marktes entstehen neue Arbeitsstrukturen und -welten. „Atypische" Beschäftigung wie Leiharbeit und Alleinselbstständigkeit spielen eine immer größere Rolle. Ständige organisatorische Restrukturierungen werden zum Normalfall und als Wert an sich betrachtet. Geschürt wird diese Entwicklung durch den Fortschritt in der Informationstechnologie. Die Auswirkungen auf die Arbeitswelt sind zum Teil gravierend: Heute ist es möglich, mobil von nahezu jedem Ort in der Welt und zu jeder Zeit zu arbeiten. Dies bedeutet zugleich, dass neue Formen der Steuerung und Führung von Mitarbeitern entwickelt werden müssen. Vom modernen Arbeitnehmer wird zudem eine permanente Mobilitätsbereitschaft und Erreichbarkeit vorausgesetzt: Das Mobilitätsspektrum reicht dabei vom täglichen oder Wochenendpendeln über das Home Office oder den gelegentlichen Kundenbesuch bis hin zur monatelangen Entsendung. Diese verbreiteten Arbeitsformen bergen sowohl Chancen als auch Risiken: Zum einen kommt die flexible Arbeitswelt den Mitarbeitern entgegen, wenn Arbeitszeiten auch individuelle Bedürfnisse berücksichtigen, die sich beispielsweise aus der Kindererziehung oder der Pflege von Angehörigen ergeben. Zum anderen kann diese Freiheit aber auch überfordern, da durch eine offenere Gestaltung der Arbeitszeit die Grenzen zwischen der Berufs- und der Privatwelt immer mehr zerfließen.

Um die differenzierten Chancen und Risiken für die Gesellschaft in detaillierter und gebündelter Form zu präsentieren, widmet sich der vorliegende Fehlzeiten-Report dem Schwerpunktthema „Gesundheit in der flexiblen Arbeitswelt: Chancen nutzen – Risiken minimieren". Durch Beiträge von Vertretern unterschiedlicher Professionen wird das Themengebiet aus verschiedenen Blickrichtungen beleuchtet. Genauer betrachtet werden die räumliche, zeitliche und vertragsrechtliche Dimension der Entgrenzung sowie der Umgang damit auf betrieblicher und auch auf persönlicher Ebene. Relevante Beispiele aus der betrieblichen Praxis und Perspektiven, wie die flexibilisierte Arbeit gesundheitsförderlich gestaltet werden kann, runden das Buch ab.

Neben den Beiträgen zum Schwerpunktthema liefert der Fehlzeiten-Report wie in jedem Jahr aktuelle Daten und Analysen zu den krankheitsbedingten Fehlzeiten in der deutschen Wirtschaft. Er beleuchtet detailliert die Entwicklung in den einzelnen Wirtschaftszweigen und bietet einen schnellen und umfassenden Überblick über das branchenspezifische Krankheitsgeschehen. Neben ausführlichen Beschreibungen der krankheitsbedingten Fehlzeiten der 10,8 Millionen AOK-versicherten Beschäftigten in rund 1,2 Millionen Betrieben im Jahr 2011 informiert er ausführlich über die Krankenstandsentwicklung aller gesetzlich krankenversicherten Arbeitnehmer wie auch der Bundesverwaltung.

Aus Gründen der besseren Lesbarkeit wird innerhalb der Beiträge in der Regel die männliche Schreibweise verwendet. Wir möchten deshalb darauf hinweisen, dass diese Verwendung der männlichen Form explizit als geschlechtsunabhängig verstanden werden soll.

Herzlich bedanken möchten wir uns bei allen, die zum Gelingen des Fehlzeiten-Reports 2012 beigetragen haben. Zunächst gilt unser Dank den Autorinnen und Autoren, die trotz vielfältiger anderer Verpflichtungen die Zeit gefunden haben, uns aktuelle und interessante Beiträge zur Verfügung zu stellen. Danken möchten wir auch den Kolleginnen und Kollegen im WIdO, die an der Buchproduktion beteiligt waren. Zu nennen sind hier vor allem Till Eicken, Catherina Gerschner, Miriam Höltgen, Manuela Stallauke, Fabian Weber und Henriette Weirauch, die uns bei der Aufbereitung und Auswertung der Daten und bei der redaktionellen Arbeit vorzüglich unterstützt haben. Unser Dank geht weiterhin an Ulla Mielke für die gelungene Erstellung des Layouts und der Abbildungen sowie an Susanne Sollmann für das ausgezeichnete Lektorat. Ebenfalls gilt unser Dank den Mitarbeiterinnen und Mitarbeitern des Springer-Verlags für ihre wie immer hervorragende verlegerische Betreuung. Nicht zuletzt möchten wir uns bei Katrin Macco, unserer Mitherausgeberin der vergangenen Fehlzeiten-Reporte, für die gemeinsame erfolgreiche Zeit bedanken.

Berlin und Bielefeld, im Juni 2012

Gesundheit und Gesundheitsförderung in der flexiblen Arbeitswelt: Ein Überblick

A. Ducki

Das Schwerpunktthema des Fehlzeiten-Reports 2012 lautet „Flexible Arbeitswelten: Chancen nutzen – Risiken minimieren". In der Arbeitswelt finden wir Flexibilisierungsentwicklungen auf unterschiedlichen Ebenen. Erwerbs- und Unternehmensformen haben sich ausdifferenziert, neben unbefristeten Vollzeitbeschäftigten arbeitet heute ein Viertel der Erwerbstätigen in „atypischen" Beschäftigungsformen wie Leiharbeit, Alleinselbstständigkeit oder ist geringfügig beschäftigt. Unternehmen haben ihre Strukturen verändert. Überbetriebliche Netzwerkstrukturen, Auslagerungen von Unternehmensbereichen und virtuelle Kooperationen haben zugenommen, innerbetriebliche Restrukturierungen werden zum Dauerzustand, um Betriebe an die wechselnden Markterfordernisse anzupassen. Die Flexibilisierung der Arbeitszeiten und des Arbeitsortes sind hinzugekommen. Aus dieser weitreichenden Flexibilisierung und Virtualisierung unserer Existenz ergeben sich grundlegende Fragen:

- Welche Flexibilisierungsformen sind mit welchen Chancen und Risiken verbunden?
- Welche Konsequenzen ergeben sich für die Gesundheit der Beschäftigten?
- Sind die herkömmlichen Erklärungsmodelle, etwa zur Entstehung von Stress, heute überhaupt noch geeignet?
- Passt die Organisation des betrieblichen Arbeitsschutzes und der Gesundheitsförderung noch zu den flexiblen betrieblichen Strukturen?
- Welche Maßnahmen sind geeignet, die negativen Folgen zu reduzieren und die Gesundheit zu fördern?

Die folgenden Beiträge nehmen diese Fragen auf und suchen Antworten. Der Abschnitt **Einführung/Problemaufriss** führt in die Thematik der flexiblen Arbeitswelt ein. Überblicksbeiträge zeigen technologische Entwicklungen und unterschiedliche Formen flexibler Arbeit in ihren Chancen und Risiken für das Individuum auf:

- *Sauer* beschreibt in seinem historischen Blick auf den Wandel der Arbeit den zwiespältigen Prozess der Entgrenzung in Gesellschaft und Wirtschaft in den letzten 20 Jahren. Vermarktlichung der eigenen Arbeitskraft, Selbstorganisation, individuelle Regulierung von Privatleben und Arbeit, Eigenverantwortung z. B. im Umgang mit gesundheitlichen Ressourcen ersetzen betriebliche Fürsorge und betriebliche Verantwortung für das Wohlergehen der Beschäftigten. Anschaulich wird die Zwiespältigkeit und Ambivalenz der Entgrenzung dargestellt.
- *Pfeiffer* stellt in ihrem Überblicksbeitrag die Entwicklung mobiler Arbeit dar und gibt einen Überblick über Chancen und Risiken in Bezug auf Gesundheit und Privat- und Familienleben. Als zentrales Element sinnvoller Technikgestaltung hebt sie das Prinzip der Partizipation hervor.
- *Böhne und Breutmann* schildern aus Unternehmenssicht die Chancen und Risiken der flexiblen Gesellschaft und wie Arbeitsbeziehungen bei flexibler und überwiegend mobiler Tätigkeit verantwortlich und gesundheitsbewusst gestaltet werden können.
- *Urban und Pickshaus* legen in ihrer Betrachtung der Flexibilisierungstendenzen der beiden letzten

Jahrzehnte den Schwerpunkt auf die Probleme der zunehmenden Prekarisierung und weisen darauf hin, dass prekäre Arbeit in vielerlei Hinsicht mit schlechter Gesundheit verbunden ist. Als Alternativkonzept zur marktgetriebenen prekären Flexibilisierung fordern die Autoren eine regulierte Flexibilität, die sich am Leitbild der „guten Arbeit" orientiert und in der die salutogenen Grundprinzipien der Planbarkeit, Vorhersehbarkeit, Verlässlichkeit und Sinnhaftigkeit maßgebend sind.

Der Abschnitt **Formen und Folgen der Entgrenzung** ist den unterschiedlichen Facetten der flexiblen Arbeitswelt gewidmet.

Hinsichtlich **zeitlicher Entgrenzungen**

- belegen *Zok und Dammasch* anhand einer repräsentativen Erwerbstätigenbefragung, dass Überstunden einen deutlich negativen Einfluss auf die Gesundheit haben. Gleichzeitig weisen sie positive Effekte im Belastungserleben bei selbstbestimmter Arbeitszeit nach.
- *Dettmers et al.* zeigen am Beispiel der Rufbereitschaft, wie die Anforderung ständig erreichbar zu sein, Erholungsprozesse einschränkt und die Gesundheit beeinträchtigen kann.
- *Rigotti, Baethge und Freude* beschreiben die Konsequenzen hoher Fragmentierung als eine Facette der arbeitszeitlichen Entgrenzung. Am Beispiel des Pflegepersonals im Krankenhaus zeigen sie, dass Arbeitsunterbrechungen zu einem höheren Belastungserleben während der Arbeit führen und die Betroffenen an Tagen mit häufigen Arbeitsunterbrechungen auch am Abend noch eine höhere Beanspruchung empfinden.

Räumliche Entgrenzungsaspekte stehen in den Beiträgen von Flüter-Hoffmann, Paridon und Hofmann im Fokus.

- *Flüter-Hoffmann* gibt einen Überblick über die Verbreitung der Telearbeit. Sie geht davon aus, dass Telearbeit bei vernünftiger Gestaltung in Zukunft als ein Markenzeichen attraktiver Arbeitgeber angesehen wird.
- *Paridon* beschreibt in ihrem Beitrag unterschiedliche Formen der räumlichen Arbeitsmobilität sowie ihre Folgen für die Gesundheit der Betroffenen und stellt dar, was Unternehmen tun können, um die negativen Folgen hoher Mobilitätserfordernisse abzumildern.
- *Hofmann* zeigt in ihrem Beitrag das zukünftige Spektrum virtueller Arbeitsformen auf. Dabei geht sie auch auf neue Anforderungen an die Führung von Mitarbeitern in virtuellen Arbeitsformen ein und hebt hervor, wie wichtig „Medienkompetenz" aufseiten der Arbeitnehmer ist.

Arbeitsvertragliche Dimensionen von Entgrenzung werden in den Beiträgen von Clasen sowie von Galais et al. behandelt.

- Die Untersuchung von *Clasen* belegt, dass für die gesundheitliche Situation von Freelancern neben Zeitdruck und sozialen Belastungen im Kundenkontakt vor allem die Einkommenssicherheit ein bedeutsamer Einflussfaktor ist.
- *Galais et al.* stellen dar, welche unterschiedlichen Formen atypischer und prekärer Beschäftigung es mittlerweile gibt. Vergleiche verschiedener atypischer Beschäftigungsformen mit Festangestellten zeigen tendenziell, dass Zeitarbeiternehmer im Vergleich zu den anderen Gruppen die höchsten Belastungen ausweisen.

Der Abschnitt **Umgang mit Entgrenzung** zeigt rechtliche, persönliche und betriebliche Strategien und Umgangsweisen mit Entgrenzung auf.

Achilles beleuchtet das Thema Entgrenzung aus **juristischer Perspektive** und zeigt, dass das Arbeitsrecht eine stark flexibilitätsbegrenzende Funktion hat und damit seiner Arbeitnehmerschutzfunktion gerecht wird.

Betriebliche Ansatzpunkte und Umgangsmöglichkeiten werden in folgenden Beiträgen vorgestellt:

- *Rexroth, Peters und Sonntag* betonen, wie wichtig es ist, die betrieblichen Ressourcen zu stärken, damit Mitarbeiter mit den zunehmenden Anforderungen einer entgrenzten Arbeitswelt zurechtkommen.
- *Kowalski* erläutert, dass zur Bewältigung permanenter Veränderungen neben einem guten Changemanagement auch die Resilienz der Beschäftigten gestärkt werden muss. Hierzu gehört u. a. die Problemlösefähigkeiten zu stärken, aber auch die Weiterentwicklung der Fähigkeit, Dinge akzeptieren zu können, die nicht zu ändern sind.
- *Gross* führt in seinem Beitrag zum Thema Work-Life-Balance aus, welchen Sinn und Nutzen eine familienbewusste Personalpolitik sowohl für Unternehmen als auch für Beschäftigte (v. a. Mütter und Väter) haben kann.
- *Bayer und Hiller* zeigen, mit welchen Maßnahmen in der Altenpflege hohen (zeitlichen) Flexibilitätsanforderungen begegnet werden kann. Sie betonen, wie wichtig es ist, dass Angebote in der Nähe des Arbeitsplatzes zu finden und Maßnahmen partizipativ ausgestaltet sind.

- *Bahamondes Pavez, Schiml und Schüpbach* beschreiben die Schnittstelle zwischen individuellen und betrieblichen Umgangsformen mit Entgrenzung. Ihre Studienergebnisse zeigen u. a., dass bei sehr hohen Flexibilitätsanforderungen an die Mitarbeiter organisationale Ressourcen (z. B. Zeit- und Materialpuffer) bereitgestellt werden müssen, wenn es nicht langfristig zu gesundheitlichen Schädigungen kommen soll.

Individuelle Erholungsmöglichkeiten und persönliche Bewältigungsstrategien stehen bei Rau, Krause et al. und Weiß im Fokus:

- *Rau* beschreibt die Auswirkungen der Flexibilisierung auf die Möglichkeiten der Erholung. Sie liefert zahlreiche empirische Belege dafür, dass die Arbeitsintensität faktisch zugenommen hat und damit Erholungsbeeinträchtigungen einhergehen.
- *Krause et al.* thematisieren mit der „interessierten Selbstgefährdung" eine besondere psychische Reaktion auf die indirekten Steuerungsmechanismen flexibler Arbeitsstrukturen.
- *Weiß* behandelt die Frage, wie unter Entgrenzungsbedingungen eine subjektivierte Selbstsorge aussehen kann und unterscheidet verschiedene Bewältigungstypen.

Im Abschnitt **Praktische Unternehmensbeispiele** werden unterschiedliche betriebliche Ansatzpunkte und Möglichkeiten aufgezeigt, wie Restrukturierungen begleitet und Beschäftigte in der Bewältigung der Flexibilität unterstützt werden können.

- *Steinke et al.* zeigen anhand eines mittelständischen produzierenden Unternehmens, wie weitreichende Umstrukturierungen in Richtung eines flexiblen Gruppenarbeits- und Jahresarbeitszeitsystems durch Investitionen in das Sozialvermögen des Unternehmens so unterstützt werden können, dass Gesundheit und Produktivität positiv beeinflusst werden.
- Der Beitrag von *Glaw et al.* macht am Beispiel Vattenfall Europe deutlich, wie eine hohe Marktdynamik und damit einhergehende interne Restrukturierungen durch ein ganzheitliches Gesundheitsmanagement abgemildert werden können. Anschaulich wird dargestellt, wie arbeitsorganisatorische Verbesserungen mit einer Sensibilisierung der Führungskräfte für Überforderungsthemen kombiniert werden können.
- *Enderling und Zimmermann* stellen am Beispiel eines BGF-Projektes bei der Mercedes-Benz Minibus GmbH dar, wie Gesundheitsprojekte einen Beitrag zum lernenden Unternehmen leisten können. Es wird deutlich, dass mit Partizipation auch flexible Arbeitssysteme gesundheitsförderlich gestaltet werden können.
- *Pfaus und Drupp* zeigen anhand von Fallbeispielen aus verschiedenen Branchen auf, welche Belastungen sich im Restrukturierungsprozess selbst ergeben können und was getan werden kann, um diese Belastungen zu minimieren.
- *Müller-Gerndt und Traut* beschreiben, welche Megatrends das betriebliche Gesundheitsmanagement bei IBM beeinflussen und woraus sich ihr „Well-Being-Management" zusammensetzt.
- *Schlosser* stellt am Beispiel von Servicetechnikern mit wechselnden Einsatzorten dar, dass Arbeitsschutz und Arbeitsplatzgestaltung bei mobiler Arbeit an ihre Grenzen kommen. Zudem beschreibt er die Neuausrichtung des Arbeitsschutzes bei der Firma TRUMPF GmbH + Co. KG.

Im Abschnitt **Zukünftige Perspektiven einer gesundheitsförderlichen Flexibilität** zeigt *Becke* Perspektiven einer arbeitsbezogenen Gesundheitsförderung in einer flexibilisierten Arbeitswelt auf. Die zukünftige Gesundheitsförderung muss betriebliche und überbetriebliche bzw. regionale Handlungsebenen integrieren. Deutlich hebt er hervor, dass der Schutz von Erwerbstätigen in atyischen Beschäftigungsformen arbeitsrechtliche und sozialpolitische Regulierungen (z. B. hinsichtlich der Arbeitszeit) voraussetzt. Gewerkschaften und betrieblichen Interessenvertretungen kommt hier eine wichtige arbeitspolitische Vermittlungs- und Promotorenfunktion zu.

1.1 Zusammenschau der Beiträge

Es wird erkennbar, dass die Auflösung fester arbeitsvertraglicher, arbeitszeitlicher und örtlicher Strukturen positive und negative Konsequenzen für die Menschen, ihre Entwicklungsmöglichkeiten und ihre Gesundheit hat.

1.1.1 Chancen

Alle Übersichtsbeiträge weisen darauf hin, dass unter bestimmten Voraussetzungen und Bedingungen die Flexibilisierung der Arbeitswelt mit positiven Lern- und Entwicklungschancen, mit mehr Wahlmöglichkeiten, großen Handlungsspielräumen und damit verbundener Autonomie für den Einzelnen verbunden sein kann. Berufsbiografien werden vielfältiger, die räumliche Beengtheit eines Ortes wird aufgehoben. Nähe kann medial auch über größere örtliche und zeitliche Distanzen hergestellt und erhalten bleiben. Die virtuelle Kommunikation ermöglicht ortsungebundene Begegnungen von Menschen, die gemeinsame Interessen, Ziele und Lebensentwürfe haben. Restrukturierungen können Hindernisse für effizientes Handeln abbauen und damit gesundheitsförderliches Potenzial freisetzen. Erfahrungen mit unterschiedlichen Arbeitgebern ermöglichen es Arbeitnehmern auch, Vergleiche zu ziehen, eigene Ansprüche an faire und gerechte Arbeit zu konkretisieren sowie Erfahrungen und Kompetenzen zu erweitern.

1.1.2 Risiken und Folgen

Nahezu alle Beiträge weisen jedoch auch übereinstimmend auf zahlreiche Risiken der Entgrenzung hin. Insbesondere die zunehmende existenzielle und psychologische Unsicherheit und die Schwierigkeiten, verlässliche Strukturen aufzubauen, werden als Gefahren für die Entwicklung stabiler Selbstkonzepte, dauerhafter Beziehungen, den Aufbau von Vertrauen und für ausgewogene Phasen von Anspannung und Regeneration benannt. Das Phänomen der interessierten Selbstgefährdung wird als eine spezifische Gefahr neuer Arbeitsregimes beschrieben. Die verschiedenen Facetten der Entgrenzung und der Flexibilisierung gehen mit einer neuen Unübersichtlichkeit und Individualisierung einher. Da die Lebensmuster ausdifferenziert sind, ist es schwieriger, Gemeinsamkeiten mit Kollegen zu erkennen, womit die Möglichkeiten der Solidarisierung eingeschränkt werden.

Die Absicherung der Existenz und die lang- und kurzfristige Organisation des Alltags erfordern ständige *proaktive* Anpassungsleistungen und *Dauerwachsamkeit.* Welche Chancen müssen genutzt, welche Vorsorge muss getroffen werden, um Risiken zu minimieren? Damit steigt die *„einsame"* Verantwortung des Einzelnen. In der Arbeits- und Lebenssituation der „Freelancer" zeigen sich diese generellen Entwicklungen vielleicht am deutlichsten. Ehrenberg (2008) hat diese Entwicklungen in seinem Buch „Das erschöpfte Selbst" wie folgt auf den Punkt gebracht (S. 17 f): *„…Das ideale Individuum wird heute an seiner Fähigkeit gemessen, Optionen zu nutzen und das eigene Leben selbst zu gestalten. … In einer Gesellschaft, die ihren Mitgliedern „alles ist möglich" suggeriert, wird das Scheitern in die Verantwortlichkeit des Individuums zurück verlegt."* Die deutliche Zunahme der Depressionen wird für ihn zum Sinnbild einer überforderten Gesellschaft, der es nicht mehr gelingt, dem Individuum den Schutz der kollektiven Verantwortung zu gewähren und es mit der „Tragödie der erlebten Unzulänglichkeit" alleinlässt.

1.2 Was tun?

In der Zusammenschau wird erkennbar, dass die Wirkungen der Arbeit auf den Menschen unter Entgrenzungsbedingungen mit den bisherigen Modellen nicht mehr vollständig erklärbar sind: Zwar können elementare Gefährdungsprozesse, Belastungen und Ressourcen teilweise mit den klassischen stress- und handlungstheoretischen Modellen, mit dem Konzept der Salutogenese oder der Resilienz erklärt und abgebildet werden, jedoch zeigen sich auch neue Phänomene wie die Subjektivierung und die interessierte Selbstgefährdung, die neuer Erklärungsmodelle bedürfen. Bisherige Annahmen zu den gesundheitsförderlichen Potenzialen von Handlungsautonomie müssen unter dem Diktat von Effizienz und Profitabilität anders diskutiert werden als bisher. Gesundheitsförderliche Wahlmöglichkeiten und „Optionsstress" liegen dicht nebeneinander. Die Grenzen dazwischen sind unscharf und müssen theoretisch und konzeptionell genauer beschrieben werden. Eine stärker disziplinübergreifende Theoriearbeit zur Erklärung der Entgrenzungsphänomene und zur Beschreibung der Wirkungsprozesse ist somit eine notwendige Zukunftsaufgabe.

Auch wenn sich betriebliche Strukturen verändern und auflösen, wird der Betrieb aber auch in Zukunft ein wichtiger und geeigneter „Ort" für gesundheitsförderliche Maßnahmen sein. Zur Gestaltung des permanenten Wandels scheinen *in betrieblichen Settings* die folgenden Aufgaben von zentraler Bedeutung zu sein.

1.2.1 Schutz vor Burnout

Wandel, Verunsicherung, der Zwang zur dauerhaften Wachsamkeit und die aufgezeigten Prozesse der interessierten Selbstgefährdung befördern die Gefahr des Ausbrennens. Diese durch geeignete Analysen frühzeitig zu diagnostizieren und ihnen durch geeignete Maßnahmen zu begegnen wird auch in Zukunft eine zentrale Aufgabe der betrieblichen Gesundheitsförderung sein. Die Möglichkeiten der Prophylaxe sind vielfältig (ausführlich in Ducki et al. 2012). Auf der verhältnisbezogenen Ebene sind die Erweiterung von Handlungsspielräumen, Partizipation sowie flexible Auszeiten (Sabbaticals, Fort- und Weiterbildungsphasen im Verlauf einer Erwerbsbiografie) zentrale Elemente. Die Fähigkeiten, Grenzen zu ziehen, Nein zu sagen und mit eigenen Kräften Maß zu halten sind individuelle Schutzfaktoren gegen Burnout, sodass auf der Verhaltensebene Kompetenztrainings zu diesen Themen Erfolg versprechende Interventionen sind.

1.2.2 Stabilität durch Vertrauen

Je flexibler ein Unternehmen ist, je schneller Wandel vollzogen wird, desto größer ist der Bedarf an Vertrauen, da Vertrauen die emotionale Grundlage dafür schafft, mit Unsicherheit und Risiko umzugehen.

Vertrauen durch eine wertebasierte und ethische Führung

Glaubwürdigkeit, Konsistenz und das Einhalten ethischer Handlungsprinzipien sind zentrale Voraussetzungen für Vertrauen (Giddens 1997). Damit rückt die formale *und* die praktizierte Unternehmens- und Führungskultur in den Mittelpunkt der Betrachtung: In hochflexiblen Strukturen ist die Festlegung von Unternehmenswerten und die Sicherstellung ihrer Umsetzung im alltäglichen Führungshandeln von größter Wichtigkeit. Das Einhalten ethischer Grundprinzipien und Werte setzt voraus, dass diese für die unterschiedlichen Handlungsbereiche im Unternehmen partizipativ bestimmt und operativ konkretisiert werden und ihre Einhaltung genauso überwacht wird wie das Erreichen wirtschaftlicher Kennzahlen.

Mehrere Beiträge in diesem Band betonen, dass die Rolle der Führungskräfte an Bedeutung zunimmt. Sie sind es, die den Wandel entscheiden, verantworten, kommunizieren und begleiten. Führungskräfte sind zentrale Personen, die Glaubwürdigkeit und die Einhaltung ethischer Handlungsprinzipien gewährleisten müssen. Sie können Sinn vermitteln, Orientierung durch Ziele geben und den Prozess des Wandels so gestalten, dass er die Gesundheit der Beschäftigten nicht schädigt und möglichst fördert (vgl. auch Fehlzeiten-Report 2011).

Verlässlichkeit durch Traditionen

Flexible Unternehmen benötigen *Traditionen*. Traditionen reduzieren Angst und Unsicherheit, weil sie die Vergangenheit mit der Gegenwart und der Zukunft verknüpfen. Traditionen benötigen eindeutige Prinzipien und ihre konsequente Anwendung auf formeller und informeller Ebene. Auch unter flexiblen Bedingungen können Traditionen erhalten werden. Markt-, Produkt- und Organisationsstrukturwechsel können unter Beibehaltung grundlegender Prinzipien wie Qualitätstreue, Reinheitsgeboten oder Umwelt- und Ressourcenschonung vorgenommen werden. Traditionen gewähren Kontinuität und vermitteln das Gefühl von Verlässlichkeit. Gerade Unternehmen, die zahlreiche Veränderungen immer wieder erfolgreich überleben, zeichnen sich durch solche qualitätsgebundenen Traditionen aus.

Selbstvertrauen durch Partizipation und Kohärenz

In verschiedenen Beiträgen dieses Bandes wird die *Partizipation* als wichtiges Instrument zur Bewältigung des Wandels aufgeführt: Partizipation sichert das Gefühl, dass relevante Ereignisse verstehbar und beeinflussbar sind; sie ermöglicht es, Sinnkontexte für Veränderungen herzustellen und fördert darüber die Entwicklung des Kohärenzgefühls (Antonovsky 1979). Die Unternehmensbeispiele in diesem Band zeigen positive Beispiele für Partizipationsangebote, machen aber auch gleichzeitig deutlich, dass sich neue Probleme ergeben können.

Je mehr Veränderung und Wandel es gibt, je kürzer die Veränderungszyklen werden, desto stärker nimmt auch die Notwendigkeit der Partizipation zu. Gerade in den Betrieben, die ihre Mitarbeiter ernsthaft beteiligen wollen, entsteht dadurch ein permanenter zusätzlicher Gestaltungsaufwand, der parallel zur alltäglichen Arbeit meist in Projektform bewältigt werden muss. Auch dies kann zu Überforderung insbesondere der „Engagierten" führen und mittel- und langfristig das Burnout-Risiko in einem Unternehmen erhöhen. Wer Partizipation ernst nimmt, muss auch die Bedingungen so gestalten, dass sie nicht als Überforderung erlebt wird.

Auf der betrieblichen Ebene besteht zusammengefasst die zentrale Aufgabe darin, auch unter flexibilisierten Bedingungen größtmögliche Kontinuität und Verlässlichkeit herzustellen, um darüber einen stabilen Rahmen zu errichten, innerhalb dessen immer wieder flexible Anpassungen vorgenommen werden können. Dieser Fehlzeiten-Report macht aber auch deutlich, dass *überbetriebliche und gesellschaftspolitische Maßnahmen* auf den Weg gebracht werden müssen.

1.2.3 Institutionelle Neuorganisation der Gesundheitsförderung und des Gesundheitsschutzes: „Arbeitsbezogene" Gesundheitsförderung

Mehrere Beiträge weisen nachdrücklich darauf hin, dass eine flexible Arbeitswelt eine Neuorganisation des betrieblichen Gesundheitsmanagements notwendig macht. *Becke* spricht von einer arbeitsbezogenen Gesundheitsförderung, in der zukünftig auch die Selbstständigen und Erwerbstätige mit wechselnden Arbeitgebern und wechselnden Arbeitsorten erreicht werden können. Überbetriebliche regionale Anlaufstellen müssen geschaffen werden, Gesundheitsförderung muss stärker als bisher in die üblichen Arbeitsroutinen integriert werden. Virtuelle Betreuungs- und Beratungsformen müssen entwickelt, erprobt und mit den bisherigen Institutionen des Arbeits- und Gesundheitsschutzes und der Gesundheitsförderung gekoppelt werden: Politische, institutionelle und betriebliche Vertreter müssen sich an einen Tisch setzen, um solche neuen Konzepte zu entwickeln.

1.2.4 Neue Kompetenzen entwickeln

Das persönliche Gesundheitsmanagement nimmt in flexiblen Strukturen an Bedeutung zu. Folglich muss anders als bisher sichergestellt werden, dass die Beschäftigten auch über die notwendigen Kompetenzen und Ressourcen verfügen, um diese Verantwortung angemessen wahrnehmen zu können. Die Vermittlung von *Gesundheitskompetenz* wird zukünftig weit *vor* Eintritt in das Erwerbsleben in der Schule, in der Berufsausbildung und im Studium ansetzen müssen.

Ein neuer Kompetenzbereich, der eng mit der Gesundheitskompetenz verbunden sein wird, ist die *Medienkompetenz.* Ein Artikel im Spiegel (6/2012) „Freischwebend in der Wolke" zeigt, wo die Zukunft hingeht: Arbeitsmärkte werden weiter virtualisiert, Erwerbstätige bieten ihr Kompetenzportfolio in Berufsforen an, Unternehmen können ähnlich wie bei Facebook mit „gefällt mir" votieren. Hier stellen sich in Zukunft völlig neue Aufgaben an das Selbstmanagement. Zur Medienkompetenz gehört, sich mit der eigenen Präsenz im Netz, mit den eigenen elektronischen „Footprints" und der „E-Identiy" auseinanderzusetzen und sie bewusst zu gestalten. Zur Medienkompetenz gehört darüber hinaus, On- und Offline-Zeiten im eigenen Leben so zu regulieren, dass Entspannung und Erholung möglich sind.

1.2.5 Existenzielle und soziale Absicherung als fundamentale Gestaltungsvoraussetzung

Gerade in einer flexibilisierten Welt brauchen Menschen ein Mindestmaß an existenzieller und sozialer Sicherheit. Es gehört zur Würde des Menschen, sich von eigener Hände Arbeit ernähren zu können. Die soziale Absicherung aller Bevölkerungsgruppen und Schichten gehört zu den nicht verhandelbaren Errungenschaften der sozialen Marktwirtschaft, die auch künftig unter den Bedingungen der Flexibilisierung gewährleistet werden müssen. Mindestlöhne, eine auch weiterhin funktionierende Kranken- und Sozialversicherung und ein an flexible Arbeitsbedingungen angepasstes Arbeitsrecht, das die Grundrechte der Arbeitnehmer mit den betrieblichen Erfordernissen abstimmt, gehören zu den fundamentalen Voraussetzungen jeder Gesundheitsförderung.

Literatur

Antonovsky A (1979) Health, Stress, and Coping: New perspectives on mental and physical well-being. Jossey-Bass, San Francisco

Badura B, Ducki A, Schröder H, Klose J, Macco K (2011) (Hrsg) Fehlzeiten-Report 2011. Führung und Gesundheit. Springer, Berlin Heidelberg New York

Der Spiegel (2012) Freischwebend in der Wolke. 6:62–64

Ducki A, Uhlig A, Felfe F (2012) Betriebliche Prävention von Burnout. Supervision. Mensch Arbeit Organisation. 30. Jahrgang (1):12–22

Ehrenberg A (2008) Das erschöpfte Selbst. Suhrkamp, Frankfurt/Main

Giddens A (1997) Konsequenzen der Moderne. Suhrkamp, Frankfurt/Main

Sennett R (1998) Der flexible Mensch. Die Kultur des neuen Kapitalismus. Berlin Verlag, Berlin

Inhaltsverzeichnis

Umgang mit Entgrenzung

Betriebliche Ansatzpunkte und Umgangsmöglichkeiten

B. DATEN UND ANALYSEN

Anhang

Teil A:

Gesundheit in der flexiblen Arbeitswelt: Chancen nutzen – Risiken minimieren

Kapitel 1

Entgrenzung – Chiffre einer flexiblen Arbeitswelt – Ein Blick auf den historischen Wandel von Arbeit

D. Sauer

Zusammenfassung *Seit Mitte der 90er Jahre hat der Begriff der Entgrenzung Eingang in sozialwissenschaftliche Analysen und Debatten gefunden. Früher nur auf die Auflösung nationalstaatlicher Grenzen im Rahmen der Globalisierung bezogen, wurde er nun zum Begriff für vielfältige soziale Erscheinungen in unterschiedlichen gesellschaftlichen Bereichen. Die Auflösung oder zumindest das „Brüchigwerden" von ehemals für sicher gehaltenen Grenzziehungen und Zuordnungen konnte an vielen Stellen der Gesellschaft beobachtet werden: im Verhältnis von Organisationen zu ihrer Umwelt, zwischen sozialen Schichten oder Lebensstilen, in der sozialrechtlichen Regulierung, der beruflichen Arbeitsteilung, den Geschlechts- und Rollenidentitäten u. v. a. m. Mit der Allgegenwart sozialer Entgrenzungsprozesse wurde auch ihr ambivalenter Charakter sichtbar: Die Auflösung verfestigter Strukturen eröffnete neue Möglichkeiten und machte zugleich das soziale Leben riskanter. Den Chancen neuer Freiheiten standen die Risiken der Überforderung und neue Unsicherheiten gegenüber.*

Die soziale Entgrenzungsdynamik hat sich insbesondere in ökonomischen – auf Arbeit, Betrieb und Markt bezogenen – Prozessen Geltung verschafft. Offensichtlich hat der Bereich der gesellschaftlichen Produktion und Arbeit entgegen früherer Zeitdiagnosen vom „Ende der Arbeitsgesellschaft" (vgl. Mathes 1982; Offe 1984) in den letzten Jahrzehnten nicht an Bedeutung verloren. Vielmehr haben gerade hier gesellschaftliche Umbruchprozesse einen vielgestaltigen sozialen Wandel in Gang gesetzt, in dem die konkreten Folgen von Entgrenzung für die betroffenen Individuen und Institutionen besonders deutlich werden.

1.1 Entgrenzung von Arbeit – ein gesellschaftlicher Umbruchprozess

Vor etwa 20 Jahren wurde die Vielfalt und uneinheitliche Dynamik, die der Strukturwandel von Arbeit entfaltete, vielfach unter der Formel einer neuen Unübersichtlichkeit zusammengefasst. Diese Mitte der 80er Jahre von Habermas gegen die Visionäre vom Ende der Arbeitsgesellschaft geäußerte Formulierung war zwar durchaus treffend, aber letzten Endes auch ein Ausdruck der Hilflosigkeit gegenüber der zunehmenden *Heterogenität* und *Ambivalenz* in der Entwicklung von Arbeit.

Die Kategorie der Entgrenzung und die dazu entwickelten Konzepte erwiesen sich als geeignet, Umgangsweisen mit der beklagten „neuen Unübersichtlichkeit", der Vielfalt und Instabilität von betrieblichen Organisations- und Arbeitsformen zu entwickeln. Der vielleicht wichtigste Grund für die Karriere und die Prominenz des Entgrenzungskonzepts: Es verweist auf eine historische Verortung des Wandels von Arbeit, auf gesellschaftliche Umbruchprozesse, die weit über

B. Badura et al. (Hrsg.) *Fehlzeiten-Report 2012*,
DOI 10.1007/978-3-642-21655-8_1,

Betrieb und Erwerbsarbeit hinausreichen. Mit der Erosion der Grenzen von Unternehmen, betrieblicher Einsatz- und Nutzungsformen von Arbeitskraft und der institutionellen Verfasstheit von Arbeit verändert sich das Verhältnis von Unternehmen und Märkten sowie von Arbeits- und Lebenswelt. Entgrenzung von Arbeit ist damit ein Moment eines gesellschaftlichen Umbruchprozesses, der verschiedene gesellschaftliche Teilbereiche erfasst. Deshalb findet sich der Begriff der Entgrenzung auch in ganz unterschiedlichen Forschungszusammenhängen. Entgrenzung verweist auf die Krise eines sozioökonomischen Entwicklungsmodells oder einer gesellschaftlichen Formation – wie immer auch historische Verlaufsprozesse konzeptuell gefasst werden mögen.

Die Mitte der 70er Jahre wird rückblickend meist als Wendepunkt genommen, an dem in Zeitdiagnosen von einem „Umbruch in der sozioökonomischen Entwicklung" die Rede ist: Die Vorstellung „immerwährender Prosperität" – so Burkart Lutz (1984) – hat sich als „kurzer Traum" herausgestellt. Mit dem Ende des „Goldenen Zeitalters" in vielen entwickelten kapitalistischen Staaten gerät auch in Deutschland das Modell der fordistischen Arbeitsgesellschaft[1] in die Krise. Das tiefe Vertrauen auf Wachstum und sozialen Fortschritt, das sich in der „Wirtschaftswunder-Bundesrepublik" herausgebildet hatte, verliert seine stabile Grundlage.

Nach unseren Einschätzungen wird die Krise des Fordismus – die in den 70er Jahren entdeckt wurde und sich in den 80er Jahren entwickelt hatte – in den 90er Jahren manifest. Hier greifen neue Leitvorstellungen und institutionelle Restrukturierungstendenzen in neuartiger Weise ineinander. Ökonomische Restrukturierungsansätze, betriebliche Rationalisierungsleitbilder und kulturelle Legitimationsmuster verdichten sich zu einem ineinandergreifenden Muster der Anpassung an die Krise des Fordismus: Als dessen inneren Kern sehen wir eine *forcierte Vermarktlichung* der gesellschaftlichen Organisation von Arbeit. Sie verbindet sich mit sogenannten Megatrends wie Individualisierung, Informatisierung und Globalisierung, die zwar säkularen Charakter haben, aber in den 90er Jahren mit dem institutionellen Umbruch einen qualitativen Schub erfuhren. Schließlich lässt sich feststellen, dass die gesellschaftlichen Legitimationsmuster umgeschlagen sind: Mit der Durchsetzung eines „kulturellen Neoliberalismus" erhielten Maßnahmen einer politischen Deregulierung ebenso wie die Restrukturierung von Unternehmen und Arbeitsformen ein legitimatorisches Fundament.

Es geht um einen grundlegenden Wandel von Erwerbsarbeit, in dem Ökonomie und Gesellschaft, Betrieb und Markt, Unternehmen und Arbeitskraft, Arbeit und Leben durch Prozesse der Entgrenzung in neuartiger Weise aufeinander bezogen werden. Wenn man will, kann man diesen radikalen Umbruch – der noch nicht zu Ende ist – als „Auflösung der fordistischen Arbeitsgesellschaft" bezeichnen, der jedoch nicht das Ende der Arbeitsgesellschaft einläutet, sondern vielmehr in der Entwicklung von Arbeit selbst, nämlich in den weitreichenden Prozessen ihrer Veränderung, seinen Ausdruck findet. Konstitutives Merkmal der gegenwärtigen Phase des Umbruchs in der Entwicklung von Ökonomie und Arbeit ist jedoch nicht die – gleichsam grenzenlose – Entgrenzung, sondern die Institutionalisierung einer neuen, allerdings vielgestaltigen und instabilen Normalität gleichzeitiger Ent- und Begrenzung.

1.2 Entgrenzung – ein mehrdimensionales Projekt

In der arbeits- und industriesoziologischen Forschung wird unter Entgrenzung der Prozess der Erosion von institutionellen und motivationalen Grenzziehungen verstanden, die für die fordistisch-tayloristische Organisation von Arbeit in der Nachkriegszeit in Deutschland und anderen entwickelten kapitalistischen Staaten paradigmatisch und strukturprägend waren – und in vielerlei Hinsicht bis heute sind: Was aufgelöst wird, sind die Grenzen der Zeit, in denen gearbeitet wird, die vertraglich fixierten Beschäftigungsverhältnisse, die Normen der menschlichen Arbeitsverausgabung, die Regulierung des Entgelts u. v. a. m. (vgl. Zok u. Dammasch in diesem Band). Die historische Referenzfolie „fordistisch-tayloristische Normalarbeit" ermöglicht es, mit dem Konzept einer Entgrenzung von Arbeit eine inhaltliche Bestimmung der Veränderungstendenzen von Arbeit vorzunehmen. Denn erst die historische Analyse eröffnet den Blick in die Zukunft und erlaubt es, das Neue vom Alten zu unterscheiden.

Es gibt – bei Gemeinsamkeiten im Kern – unterschiedliche Fassungen der Entgrenzungsthese (vgl. Voß 1998; Minssen 2000; Gottschall u. Voss 2003; u. a.). In unserer im ISF München entwickelten Fas-

1 Dabei handelte es sich in Deutschland und Europa um einen robusten Zusammenhang von industrieller Massenproduktion und Massenkonsum, sozial geschützten Normalarbeitsverhältnissen für Männer, geschlechtsspezifischer Arbeitsteilung in der Normalfamilie, einer niedrigen Frauenerwerbsquote, kompromissorientierten Arbeitsbeziehungen sowie eines ausgebauten Wohlfahrtsstaates. Vgl. dazu Sauer (2005).

Tab. 1.1 Dimensionen der Entgrenzung

Erosion von Grenzen	Fordistischer Betrieb als historische Referenzfolie	Entwicklungstendenzen
Zwischen Unternehmen und Markt	Dominanz der Produktions- über die Marktökonomie Abschottung der Organisation gegenüber dem Markt	Vermarktlichung und Vernetzung Finanzialisierung und indirekte Steuerung Permanente Reorganisation
Zwischen Arbeits- und Lebenswelt	Betriebsförmige Organisation: Institutionelle und kollektive Standardisierung von Beschäftigungsverhältnissen und Arbeitszeiten Strikte Trennung von Erwerbsarbeit und privater Lebenswelt	Flexibilisierung und Entstandardisierung: Flexible Erwerbsformen (Entsicherung und Prekarisierung) Flexible (informelle und individuelle) Arbeitszeiten Verschränkung von Arbeit und Leben
Zwischen Unternehmen und Arbeitskraft	Fremdorganisierte Arbeit: Trennung von Planung und Ausführung Hierarchische Anweisung und Kontrolle Kollektive und standardisierte Leistungsregulierung Sinnperspektiven in Freizeit und Konsum	Subjektivierung und Selbstorganisation: Hierarchieabbau, Delegation von Verantwortung Verstärkte Nutzung von subjektiven und lebensweltlichen Ressourcen von Arbeit Selbstbestimmung und Selbstgefährdung

Quelle: Eigene Darstellung

Fehlzeiten-Report 2012

sung des Entgrenzungskonzepts (vgl. dazu etwa Sauer u. Döhl 1997; Kratzer et al. 1998; Döhl et al. 2000; Kratzer 2003) fassen wir Entgrenzung in einer doppelten Perspektive: zum einen als betriebliche Reorganisations- und Rationalisierungsstrategie („Auflösung des Unternehmens") und zum anderen als Erosion fordistisch-tayloristischer Normalarbeit („Entgrenzung von Arbeit").[2]

Wenn wir von Entgrenzung sprechen, dann meinen wir primär einen Prozess der Veränderung der betrieblichen Organisation von Arbeit. Wir verstehen Entgrenzungsprozesse als Ausdruck einer neuen, arbeitskraftorientierten Rationalisierungsstrategie. Ziel dieser Rationalisierung ist die erweiterte betriebliche Verwertung von bislang nur begrenzt zugänglichen Ressourcen und Potenzialen von Arbeitskraft (vgl. Drupp u. Pfaus in diesem Band). Das sind insbesondere die Flexibilitäts- und Steuerungspotenziale der Beschäftigten, die kommunikativen und emphatischen Eigenschaften der Subjekte und die bislang gegen den Betrieb abgegrenzten zeitlichen, räumlichen und sozialen Ressourcen der außerbetrieblichen Lebenswelt. Kurz: Den Betrieben geht es bei der Entgrenzung von Arbeit um die erweiterte betriebliche Nutzung, die erweiterte „Inbetriebnahme" der subjektiven Potenziale und lebensweltlichen Ressourcen von Arbeitskraft. Der Wandel von Arbeits- und Erwerbsorientierungen bei den Arbeitskräften wird dabei vorausgesetzt. Entgrenzung ist deswegen auch der Versuch, Beschäftigte stärker einzubinden und zu motivieren. Entgrenzung reflektiert – als betriebliche Rationalisierungsstrategie – auch die Wünsche der Beschäftigten nach mehr Autonomie, erweiterten Möglichkeiten der Gestaltung des Verhältnisses von Arbeit und Leben und „echter" Wertschätzung als Produktionsfaktor.

Es gibt eine ganze Reihe von unterschiedlichen analytischen Systematiken, in denen sich Entgrenzungsprozesse und Merkmale entgrenzter Arbeit unterscheiden und darstellen lassen. Zur Vereinfachung werden drei zentrale Entgrenzungsdimensionen unterschieden, die Ausdruck sich jeweils widersprechender Verhältnisse sind und mit denen nicht nur Entgrenzungsprozesse, sondern auch neue institutionelle Formen einer Begrenzung in den Blick geraten (Tab. 1.1).

---

2 Die wissenschaftliche und politische Auseinandersetzung mit Begriffen, Konzepten und der Empirie einer Entgrenzung von Arbeit fand in den letzten 10 bis 15 Jahren statt. Deswegen wird in diesem Beitrag auch auf Veröffentlichungen aus dieser Zeit zurückgegriffen. Das bedeutet allerdings nicht, dass die realen Prozesse einer Entgrenzung heute nicht mehr wirksam wären, auch wenn sich ihre „Gestalt" verändert und sich für ihre Analyse und Beschreibung inzwischen einige neue Begriffe und Konzepte durchgesetzt haben.

1.2.1 Vermarktlichung und Vernetzung – zur Erosion der Grenzen zwischen Unternehmen und Markt

Im traditionellen fordistischen Betrieb mit der ausgeprägten Dominanz der Produktions- über die Marktökonomie erreicht die Abschottung vom Markt, die Autonomie gegenüber dem Umfeld ein historisches Reifestadium. Mit der organisatorischen Umsetzung neuer Reorganisationsansätze werden in den 80er und 90er Jahren die Grenzen zwischen Betrieb und Markt sowie zwischen Markt- und Produktionsökonomie durchlässiger (vgl. dazu Sauer u. Döhl 1997; Moldaschl u. Sauer 2000; Dörre 2001). Die Abschottung der Organisation gegenüber dem Markt wird partiell aufgehoben, zugleich – und dies ist eine nur teilweise intendierte Folge – „öffnen" sich die Unternehmen damit in neuer Weise gegenüber ihrer Umwelt, die Grenzen zwischen „Innen" und „Außen" erodieren bzw. werden neu gezogen. *Vermarktlichung* und *Vernetzung* sind die beiden zentralen Dimensionen, in denen diese Entgrenzung der Unternehmensorganisation zu fassen versucht wurde. Dies verweist zugleich darauf, dass wir es mit widersprüchlichen Richtungen der Reorganisationsentwicklung zu tun haben (vgl. Urban u. Pickshaus in diesem Band). Vermarktlichung auf der Basis weitreichender Dezentralisierung und die Herausbildung von Unternehmensnetzwerken wurden lange Zeit als unabhängige oder auch alternative Entwicklungsszenarien betrachtet. Inzwischen wird deutlich, dass „forcierte Vermarktlichung" und der Ausbau globaler Unternehmensnetzwerke sich zu einer Reorganisationsperspektive verbinden: Mechanismen der Marktsteuerung und der organisatorischen Netzwerksteuerung überlagern sich.

Dieser Prozess wird getrieben durch die neuen Qualitäten in der Reorganisationsentwicklung: Mit der Dominanz der Finanzmärkte werden finanzmarktorientierte Steuerungsgrößen für die innere Organisation und die Arbeitsabläufe führend. Die *Finanzialisierung* der internen Unternehmensstruktur, die neue Herrschaft der Zahlen, ist gleichzeitig Folge und Voraussetzung der orientierenden Kraft der Finanzmärkte. Sie hat zum Aufbau differenzierter Accounting- und Controlling-Systeme geführt, die Kosten und Effizienz der einzelnen Prozesse (im Unternehmen und in unternehmensübergreifenden Netzwerken) erfassen und nach Renditezielen steuern. Neben der stärkeren Finanzmarktorientierung sind die weitere Informatisierung und Standardisierung und vor allem – als treibendes Moment – die Globalisierung die zentralen Einflussgrößen der Reorganisationsentwicklung. Die Herausbildung transnationaler Unternehmen vollzieht sich, ebenso wie die Einbindung eines Unternehmens in globale Wertschöpfungsketten, zunehmend auf der Basis von weiterentwickelten Informations- und Kommunikationstechnologien. Diese schaffen zugleich die Bedingungen für die Einrichtung zentralistischer Koordinations- und Kontrollsysteme, die weltweite Transparenz und Zugriffsmöglichkeiten bieten. Voraussetzung für die Wirksamkeit von Markt- und Konkurrenzmechanismen im Unternehmen oder in Unternehmensnetzwerken ist eine weitergehende Standardisierung der einbezogenen Prozesse, die diese im globalen Maßstab vergleichbar, bewertbar und austauschbar macht. Die Funktionsmechanismen der Marktsteuerung bleiben auch innerhalb der Netzwerke bestehen, erhalten jedoch zunehmend fiktiven, weitgehend instrumentellen Charakter.

Vermarktlichung und Vernetzung haben bislang nicht dazu geführt, Unternehmen und Betrieb als Organisationseinheiten aufzulösen. Aber die Grenzen zwischen Betrieb und Markt, zwischen Markt- und Produktionsökonomie werden durchlässiger. Während es im traditionellen fordistischen Unternehmen darum ging, die konkreten Produktionsabläufe gegenüber den Unwägbarkeiten des Marktes abzuschotten, wird heute der Markt zum Motor der *permanenten Reorganisation* der Binnenstrukturen gemacht. Die Marktbedingungen erscheinen jetzt als Sachzwänge, denen sich niemand widersetzen kann. Die „Marktlogik" wird zum internen Steuerungsprinzip, „unbewusste Prozesse" werden für den Zweck betrieblicher Steuerung „bewusst" genutzt. Wir nennen diese Form *indirekte Steuerung* (vgl. Peters u. Sauer 2005); sie entwickelt sich zunächst auch ohne den dominanten Einfluss der Kapital- und Finanzmärkte. Sie erfährt jedoch mit der zunehmenden Orientierung an den Finanzmärkten eine neue Dynamik, die auch die Steuerung von Arbeit und Leistung erfasst.

Reorganisation stellt nun nicht mehr – wie in der fordistischen Phase – die Ausnahme von der Regel dar, sondern sie wird zu einer permanenten Anforderung. In der gegenwärtigen Phase permanenter Reorganisation stehen krisenhafte Entwicklungen im Vordergrund: Das liegt offensichtlich daran, dass die Reorganisationsprozesse durch widersprüchliche Elemente gekennzeichnet sind: etwa durch Dezentralisierung und Zentralisierung, wachsende formale Selbstständigkeit und steigende ökonomische Kontrolle und Steuerung. Es werden zwar Grenzen der Entwicklung deutlich, aber keine neuen stabilen Entwicklungslinien (vgl. als Überblick auch Sauer 2010).

1.2.2 Flexibilisierung – zur Erosion der Grenzen zwischen Arbeits- und Lebenswelt

„Normalarbeitsverhältnis" und „Normalarbeitszeit" sind zentrale Elemente der betriebsförmigen Organisation von Lohnarbeit im Fordismus. Betriebsförmigkeit bedeutet aber nicht nur, dass der Betrieb der primäre Ort der Arbeit ist (im Gegensatz etwa zum Wohnort) und dass Arbeit in strikt von der privaten Lebenszeit abgetrennten Zeiträumen stattfindet, sondern dass diese Grenzziehungen auf einer institutionellen Ebene kollektiv reguliert und abgesichert sind. So ist das „Normalarbeitsverhältnis" (präziser das „männliche Normalarbeitsverhältnis") ein institutionelles Arrangement, mit dem abhängige Beschäftigung, existenzsicherndes Einkommen, Sozialversicherungsschutz sowie die Geltung überindividueller, kollektivvertraglicher und rechtlicher Regelungen zur strukturbildenden Norm der Regulierung von Lohnarbeit (Mückenberger 1985; Bosch 2001) wurde. Das wesentliche Merkmal der „Normalarbeitszeit" ist, dass das Verhältnis von Arbeitszeit und privater Zeit durch standardisierte, jeweils für größere Kollektive gültige, in Dauer und Lage individuell nicht variierbare Arbeitszeiten kollektiv reguliert wird.

Unter *Flexibilisierung* wird allgemein ein Umbruch in der Organisation von Arbeit, werden veränderte Strategien des Personaleinsatzes verstanden, und zwar insbesondere in den Dimensionen *Beschäftigung(sverhältnis)* und *Arbeitszeit*. These und Begriff der Flexibilisierung stehen generell für die Umkehr einer Tendenz der Standardisierung, die für die fordistische Organisation von Arbeit, Beschäftigung und das Verhältnis von Arbeit und Leben strukturprägend war. An ihre Stelle treten nun die *Entstandardisierung* (von Arbeitszeiten und Beschäftigungsverhältnissen) und deren pluralisierende und individualisierende Wirkung. An die Stelle von institutionalisierten „Standards", die kollektive Gültigkeit haben, vom einzelnen Individuum nur sehr begrenzt beeinflussbar und eher situationsunabhängig organisiert sind, treten nun – das ist die These – flexiblere, situations- und entscheidungsabhängige Arrangements (vgl. Hofmann in diesem Band).

Entsicherung und Prekarisierung

Mit der Flexibilisierung der Beschäftigung und der Erosion der traditionellen Grenze zwischen Betrieb und Arbeitsmarkt werden Flexibilisierungserfordernisse der Unternehmen weitgehend externalisiert – und damit zugleich individualisiert (aus der Perspektive der Beschäftigten) und sozialisiert (aus der Perspektive der Gesellschaft). Da die bestehenden sozialen Sicherungssysteme weitgehend auf betriebsvermittelte Sicherheit bezogen sind, wächst aus dieser Flexibilisierung für die Beschäftigten ein neues Spannungsfeld zwischen Flexibilität und Sicherheit.

Entsicherung heißt Bruch mit der traditionellen betrieblichen und sozialstaatlichen Regulierung: Mit der Zunahme ungesicherter Beschäftigungsverhältnisse (Leiharbeit, Befristung, Werkverträge u. ä.) und einer zeitlichen und räumlichen Flexibilisierung von Arbeit werden Marktrisiken wieder stärker auf die Beschäftigten abgewälzt (vgl. Galais et al. in diesem Band).[3] Prekär wird diese Entwicklung vor allem dann, wenn sie sich mit Niedriglöhnen verbindet, die nicht mehr zu einem normalen Leben reichen.[4] Diese sogenannte *Prekarisierung* betrifft heute nicht mehr nur die Randbereiche von Arbeit – das hat es auch früher gegeben –, sie hat in vielen Branchen längst den Kern von Normalarbeit erfasst und wird damit für immer breitere Kreise von Beschäftigten unmittelbar erlebbar.

Die „Zone der Verwundbarkeit" (Castel 2000) ist größer geworden und reicht nun bis in die Mitte der (Erwerbs-)Gesellschaft, also bis zu den Qualifizierten und Hochqualifizierten. Diese Entwicklung gewinnt zunehmend an Dynamik, da mit der Vermarktlichung der Unternehmen auch eine Redefinition von „Krise" einhergeht. Eine gute Auftragslage, eine positive Umsatzentwicklung oder stabile Gewinne sind längst kein Garant mehr für den Erhalt des Betriebs oder die Sicherheit des Arbeitsplatzes – sei es, weil die Kapitalrendite hinter internationalen Benchmarks zurück-

3 „In den Jahren 1992 bis 2007 hat die Bedeutung des Normalarbeitsverhältnisses deutlich abgenommen. Der Anteil der atypischen Beschäftigung ist hingegen gestiegen. Im Jahr 2007 machten sie fast ein Drittel aller Beschäftigungsverhältnisse aus." (Sachverständigenrat 2008, S. 439) Diese Entwicklung ist aber vor allem auf eine Zunahme der Teilzeitbeschäftigung zurückzuführen. Die Zahl der Leiharbeiter hat sich im selben Zeitraum versechsfacht, bleibt aber im Verhältnis zu allen Erwerbstätigen immer noch gering (ebd., S. 449). In den letzten Jahren verzeichnen wir aber eine starke Zunahme der Leiharbeit: So wuchs ihre Zahl „von 2009 bis 2010 um 182.000. Damit trug die Zeitarbeit allein zu deutlich mehr als der Hälfte (57 %) des gesamten Beschäftigungsanstiegs bei und erreichte 2010 mit 742.000 einen neuen Höchststand." (Statistisches Bundesamt 2011).

4 Laut Berichten der Internationalen Arbeitsorganisation (ILO) in Genf sind die Löhne in Deutschland im letzten Jahrzehnt preisbereinigt um 4,5 % gefallen (Global Wage Report 2010/11). Im unteren Lohndrittel sind im vergangenen Jahrzehnt die Reallöhne um über 20 % gesunken (DIW-Wochenbericht 45-2011 [2]).

bleibt oder weil Geschäftsfelder umstrukturiert und dabei ganze Betriebseinheiten outgesourct werden. So bedeutet z. B. die permanente Prüfung von Standortentscheidungen, dass die Unsicherheit der Beschäftigten hinsichtlich Beschäftigungsdauer, Lohnhöhe und Arbeitsplatz dauerhaft ist. An die Stelle von traditionellen fordistisch-tayloristischen Flexibilisierungsprinzipien, wie sie im Verhältnis von Kern- und Randbelegschaft wirksam waren, tritt ein paradigmatisch neues Modell, in dem auch qualifizierte und hochqualifizierte Tätigkeiten zunehmend an „Externe" delegiert und „Kernfunktionen" neu definiert werden. Dieser neue Flexibilisierungsmodus einer „virtuellen Beschäftigungsorganisation" ist nicht nur eine Antwort auf veränderte Marktanforderungen an die Unternehmen, sondern auch auf die gewandelte Erwerbsorientierung gerade von Hochqualifizierten.

Innerbetrieblich übt die Verbreitung prekärer Beschäftigung einen disziplinierenden Effekt auf die Belegschaften aus. Dies erschwert im Betrieb wie auf tariflicher Ebene die Auseinandersetzung um Arbeitsbedingungen und -inhalte. Die Thematisierung von Leistungsdruck, Belastungen und Gesundheit tritt angesichts existenzieller Ängste um das Beschäftigungsverhältnis in den Hintergrund (vgl. Urban u. Pickshaus in diesem Band).

Prekarisierung wird darüber hinaus zu einem neuen Moment betrieblicher Leistungssteuerung. Zum einen führen Arbeitsplatzabbau und restriktive Personalpolitik häufig zu einer systematischen Überlastung der (verbliebenen) Beschäftigten. Zum anderen schafft die Prekarisierung ein Bedrohungsszenario, das – in einem negativen Sinne – als Motivationsfaktor wirkt und auch gezielt so eingesetzt wird (vgl. Kratzer 2003). Die Integrations- oder Bewährungsbemühungen von prekär Beschäftigten werden häufig als (neuer) Maßstab für die „richtige" Leistungsorientierung eingesetzt – etwa, wenn es um die Bereitschaft zur Schicht- oder Wochenendarbeit geht: „Festangestellte, die Leiharbeiter zunächst als wünschenswerten ‚Flexibilisierungspuffer' betrachten, beschleicht ein diffuses Gefühl der Ersetzbarkeit, wenn sie an die Leistungsfähigkeit der Externen denken [...]. Wenngleich Leiharbeiter und befristet Beschäftigte betrieblich meist nur kleine Minderheiten sind, wirkt ihre bloße Präsenz disziplinierend auf die Stammbelegschaften zurück" (Dörre 2007, S. 23). Zusammengenommen entstehen eine leistungspolitisch hoch wirksame „neue Ökonomie der Unsicherheit" und ein „System der permanenten Bewährung", unter dem Beschäftigte zunehmendem Leistungsdruck ausgesetzt sind (vgl. Marrs u. Boes 2003).

Flexible Arbeitszeiten

Mit der Entstandardisierung der Arbeitszeiten verliert die fordistische Normalarbeitzeit ihre prägende Wirkung: Es kommt zu einer Pluralisierung und Individualisierung der Arbeitszeitformen, mit weitreichenden Folgen für die Grenzziehung zwischen Arbeit und Leben. Die abnehmende Kraft institutioneller Regulierung zeigt sich in einer zunehmenden *Informalisierung* von Arbeitszeit: Es öffnet sich die Schere zwischen vereinbarter und tatsächlicher Arbeitszeit, individuelle flexible Arbeitszeitgestaltung löst sich von definierten betrieblichen Orten und Zeitkorridoren und auf die Erfassung von Zeit wird immer öfter verzichtet. Allerdings führt dies meist nicht zu einer höheren Souveränität in der individuellen Arbeitszeitgestaltung, sondern zu einer stärkeren Ausrichtung an Unternehmens- und/oder Marktanforderungen.

Seit der historisch lange Zeit vorherrschende Trend einer tariflichen Arbeitszeitverkürzung in den 90er Jahren zum Stillstand gekommen ist, gibt es einen anhaltenden Gegentrend zur *Verlängerung* der durchschnittlichen tatsächlichen Arbeitszeiten.[5] Die Differenz zwischen tarifvertraglich vereinbarter und tatsächlicher Arbeitszeit wächst. In Deutschland ist übrigens diese Differenz im Vergleich zu anderen europäischen Ländern am höchsten.

Hinter diesen Durchschnittswerten verbergen sich jedoch unterschiedliche und zum Teil sogar gegensätzliche Entwicklungen: Eine wachsende Gruppe arbeitet immer länger, eine ebenso wachsende immer kürzer. Die Gruppe, die zwischen 35 und 42 Stunden arbeitet, schrumpft.[6] Damit haben wir es mit einer ein-

5 Nach Berechnungen auf der Basis von SOEP-Daten beträgt die tatsächliche Arbeitszeit von vollbeschäftigten Männern in Westdeutschland im Jahre 2009 44,5 Stunden und in Ostdeutschland 45,2 Stunden. Die Differenz zu den vertraglich vereinbarten Arbeitszeiten beträgt durchschnittlich 4,3 Stunden bei Männern und 2,1 Stunden bei Frauen (Holst u. Seifert 2011).

6 Hatten 1984 noch 77 % der Beschäftigten in Westdeutschland eine vertragliche Arbeitszeit im „Normbereich" zwischen 35 und 42 Stunden, so sank dieser Anteil bis zum Jahr 2007 auf 62,3 %. Der Anteil der Beschäftigten, die unter 35 Stunden pro Woche arbeiten, hat sich in Westdeutschland seit 1984 mehr als verdoppelt; mittlerweile arbeitet gut ein Drittel der Beschäftigten unterhalb des Vollzeitniveaus (vor allem aufgrund der zunehmenden Teilzeitbeschäftigung von Frauen). Der Anteil der männlichen Beschäftigten in Westdeutschland, die über 42 Stunden arbeiten, stieg von 1994 bis 2007 von 30,4 % auf 46,8 %, der Anteil der über 48 Stunden Arbeitenden von 12,7 % auf 21,6 %. In Ostdeutschland liegen die Anteile noch höher (vgl. Hacket 2011).

deutigen *Polarisierung* zu tun, und zwar vor allem entlang Geschlecht und Qualifikationsniveau. Geringer qualifizierte Frauen arbeiten immer kürzer und höher qualifizierte Männer immer länger.[7] Das verschärft natürlich die traditionelle geschlechtliche Arbeitsteilung. Befragungen zu den Arbeitszeitwünschen zeigen, dass beide Gruppen damit unzufrieden sind, ihre Vorstellungen, wie sie arbeiten möchten, liegen nahe am tariflichen Normbereich. Die Arbeitszeitrealität polarisiert sich demnach zwischen denjenigen, die weniger arbeiten als gewünscht und denjenigen, die deutlich länger arbeiten als vertraglich vereinbart und gewünscht (vgl. Holst u. Seifert 2012; Hacket 2011).

Nicht nur die Länge der Arbeitszeit, sondern auch die Regenerationszeiten sind gesundheitsrelevant: Flexible Arbeitszeiten, insbesondere dann, wenn sie häufige Wochenend- und Nachtarbeit bedeuten, führen zu gesundheitlichen Beeinträchtigungen (vgl. Rau in diesem Band). Dies ist für Schichtarbeiter seit Langem bekannt, gilt aber auch für zunehmende Wochenendarbeit: Samstags- und Sonntagsarbeit ist insbesondere in größeren Betrieben deutlich häufiger geworden.

Gegenüber einer standardisierten Flexibilisierung mit traditionellen Instrumenten wie Schichtarbeit, angeordneten Überstunden oder regelmäßiger Wochenendarbeit wird Arbeitszeitpolitik immer mehr durch neue Arbeitszeitformen geprägt, die auf die *individuelle Flexibilität* zielen. Der Umbruch in der Arbeitszeitpolitik macht sich vor allem an diesen neuen, individualisierten Formen der Arbeitszeitflexibilisierung fest: Von der Gleitzeit über Arbeitszeitkonten bis zur Einführung von Vertrauensarbeitszeit geht es um neue Spielräume für die Selbstorganisation der Arbeitszeit, ob individuell oder in der Arbeitsgruppe. Im weitergehenden Modell der Vertrauensarbeitszeit verbindet sich die Arbeitszeitflexibilisierung mit der *ergebnisorientierten Steuerung von Arbeit* (vgl. Krause et al. in diesem Band). Für die Bestimmung der Leistung ist nicht mehr der Aufwand, sondern das Resultat der Leistungsverausgabung ausschlaggebend. Gleichzeitig wird Zeit zur abhängigen Variable – sie dient nicht mehr als Maßstab der Bemessung, Bewertung und damit auch der legitimen Begrenzung der Arbeits- und Leistungsbedingungen. Wenn das Ergebnis am Unternehmenserfolg, an Umsätzen und Erträgen orientiert ist, gilt nur noch das als Leistung, was der Markt als solche anerkennt, unabhängig vom Aufwand. Diese Entwicklung lässt sich überall beobachten: Sie zeigt sich in der Zunahme marktorientierter Kennziffern in der Leistungsbewertung, in leistungsvariablen Entgeltelementen in der Entlohnung, in der Gestaltung von Leistungsbeurteilungen, Zielvereinbarungen u.v.a.m.

Verschränkung von Arbeit und Leben

Entgrenzte Arbeit ist in zeitlicher Hinsicht zumeist extensiver und flexibler. Damit sind zunächst eher wachsende Probleme verbunden, die Anforderungen (die eigenen und die anderer) an Arbeit und Leben zu vereinbaren, als dass neue Chancen entstanden wären, die beiden Sphären in befriedigender Weise aufeinander zu beziehen.[8] Die Arbeit nimmt im Zeitarrangement (und in den Köpfen) vieler Menschen einen großen – und wachsenden – Raum ein, der naturgemäß mit „Lebenszeit bezahlt" werden muss.

Betrachtet man nur die quantitativen Anteile von Arbeit und Leben, dann kann von einer besseren Vereinbarkeit also kaum die Rede sein. Das gilt auch für die Lage und Verteilung der Arbeitszeit: Wann jemand wie lange und von wann bis wann arbeitet, hängt in allererster Linie von den Arbeitsanforderungen und nicht von subjektiven Bedürfnissen oder Wünschen ab. Die darin enthaltenen Spielräume einer besseren Vereinbarkeit von Arbeit und Leben sind in der Folge vor allem der *lebensweltlichen Flexibilität* geschuldet und nicht der arbeitsweltlichen Flexibilisierung.

Anders sieht es aus, wenn man Vereinbarkeit von Arbeit und Leben inhaltlich betrachtet: Hier scheint es so zu sein, dass die Vereinbarkeit der inhaltlichen Anforderungen in der Arbeit mit subjektiven Ansprüchen an eine interessante oder befriedigende Arbeit für eine doch ziemlich große Gruppe von Arbeitskräften tatsächlich größer geworden ist. Die Verschränkung von Arbeit und Leben ist demnach durchaus auch eine wechselseitige Angelegenheit: Sie ist auch ein Angebot an die Beschäftigten, spezifische subjektive Ansprüche und Bedürfnisse stärker als bisher in der Arbeit auszuleben, das z. B. von qualifizierten Beschäftigten nicht nur wahrgenommen, sondern auch eingefordert wird. Der Preis, den die Beschäftigten un-

7 Hochqualifizierte Männer in Westdeutschland leisteten im Vergleich zur vertraglichen Arbeitszeit 1984 noch eine Mehrarbeit von 7 %. Dieser Wert stieg bis zum Jahr 1994 auf 15 % und bis zum Jahr 2007 auf 19,2 % (ebd.).

8 Mehr als fünf von sechs Arbeitnehmern nennen neben privaten und familiären Sorgen (48 %) oder körperlichen Beschwerden (62 %) die Vereinbarkeit von Beruf und Privatleben (84 %) und Probleme am Arbeitsplatz (84 %) als Hauptursache für Beschwerden und Probleme. (Quelle: http://www.haward.de/cms_downloads/Fürstenberg-Performance-Index-FPI-2011)

1

zweifelhaft dafür zahlen, besteht in der Einschränkung der Zeit, die ihnen für Familie und Freunde, für die Teilhabe am gesellschaftlichen Leben und für die Erfüllung lebensweltlich-subjektiver Bedürfnisse bleibt. Sie gewinnen aber im Gegenzug eine wachsende *Freiheit von fremdbestimmten (Arbeitszeit-)Zwängen* und damit auch ein gewisses Maß an (faktischer oder fiktiver) Autonomie und nicht zuletzt die Möglichkeit, „sich selbst" stärker in der Arbeit zu verwirklichen (vgl. Peters et al. in diesem Band).

Wachsende zeitliche und räumliche Verschränkung von Arbeit und Leben erfordert von den betroffenen Individuen *neuartige subjektive Gestaltungsleistungen*: Was früher normativ festgelegt war, muss jetzt individuell bewertet, ausgehandelt und entschieden werden – in der Arbeit wie im Privatleben. Damit verlagern sich Konflikte aus dem Betrieb in Familien und Partnerschaften und umgekehrt. Es geht dabei nicht nur um das „Austarieren" von Erwerbsarbeit und der dazu erforderlichen Reproduktion, sondern um ein individuelles Abwägen zwischen Ansprüchen an die eigene Arbeit und den Bedürfnissen einer befriedigenden Lebensgestaltung. Unter weiterhin begrenzten Gestaltungsmöglichkeiten gilt es, aktuelle und biografische Prioritäten zu setzen: Zugewinnen an arbeitsweltlicher Qualität stehen meist lebensweltliche Verluste gegenüber – und umgekehrt. Das Ganze ist zwar kein Nullsummenspiel, aber deutlich widersprüchlicher und konfliktreicher, als es der Begriff einer Work-Life-Balance suggeriert (vgl. Jürgens 2006; Kratzer 2003; vgl. Gross in diesem Band).

1.2.3 Subjektivierung – zur Erosion der Grenzen zwischen Unternehmen und Arbeitskraft

Mit dem abhängigen Beschäftigungsverhältnis als der dominanten Form der Lohnarbeit setzt sich historisch auch die Scheidung von Arbeitskraft und Person durch, die die Arbeitenden zu bloßen „Trägern" ihres Arbeitsvermögens machen. Im Fordismus wird die betriebliche Nutzung von Arbeitskraft, die auf dieser Scheidung beruht, perfektioniert: Trennung von Planung und Ausführung (Verwissenschaftlichung), direkte Kontrolle in differenzierten Hierarchien, Arbeitsvertrag mit unbestimmter Leistungsverpflichtung, Leistungslohn, Standardisierung und Normierung, kollektive Regulierung. Die Arbeitskraft als Person und ihre Subjektivität sind zwar nie ganz auszuschalten, werden aber strategisch negiert und zum Störfaktor degradiert. Dem entsprechen auf der Seite der Beschäftigten Orientierungen, die an erster Stelle den Erwerbszweck und dann erst subjektive Ansprüche an Arbeit artikulieren, Sinnperspektiven werden zwar auch in der Arbeit, zuerst aber außerhalb der Arbeit in Freizeit und Konsum gesucht.

Dieses Verhältnis hat sich in den letzten 20 Jahren grundlegend verändert: Die Subjektivität der Beschäftigten wird aus der Verdrängung und Illegalität herausgeholt (Wolf 1999) und zunehmend zu einem wichtigen produktiven Faktor. Die Trennung von Arbeitskraft und Person gilt nicht mehr als Leitbild der Organisation. An die Stelle direkter Steuerung durch Vorgesetzte tritt die indirekte Steuerung über Kennziffern. Die bisherigen institutionellen Puffer zwischen Individuum und Markt werden abgebaut. Entscheidend wird der individuelle Umgang mit der wachsenden Dynamik von Markt- und Kundenanforderungen. Dies wiederum setzt Veränderungen der Arbeitsorganisation und der betrieblichen Personal- und Leistungspolitik voraus:

- den Abbau von Hierarchiestufen, die Übertragung von Verantwortung, Gestaltungs- und Entscheidungsfreiheiten auf Gruppen oder Individuen, die Einführung von Arbeitsformen, die offener und flexibler gegenüber variablen Anforderungen sind und Selbstorganisation explizit ermöglichen (Projektarbeit, Gruppenarbeit; vgl. Steinke et al. in diesem Band),
- die organisatorische Flexibilisierung des Arbeitseinsatzes (flexible Beschäftigung, neue Arbeitszeitmodelle, räumliche Flexibilisierung etc.; vgl. Hofmann in diesem Band),
- eine ergebnisorientierte Leistungs- und Entgeltpolitik (z. B. mithilfe von Zielvereinbarungen).

Zwar war Arbeitskraft schon immer mit der Bewältigung von Unbestimmtheiten im Arbeitsprozess befasst. Aber diese Funktion war früher zu Zeiten der „wissenschaftlichen Betriebsführung" bestenfalls eine inoffizielle, oft sogar illegale Lückenbüßeraufgabe. Neu ist, dass über das qualifikatorische und physische Arbeitsvermögen hinaus jetzt das *Subjekt* quasi hinter der Arbeitskraft oder präziser die Person als Träger der Ware Arbeitskraft „in Betrieb genommen wird". Und das in doppelter Weise:

- Zum einen enthält das arbeitsorganisatorische Konzept der *Selbstorganisation* die Aufforderung, unternehmerisch zu handeln, d. h. die Beschäftigten sollen ihren zeitlichen Einsatz, ihre Leistungsverausgabung und auch die Rationalisierung des Arbeitsprozesses selbst steuern. Sie sind nicht mehr nur Objekte, sondern auch Subjekte der Steuerung. Das ist die entscheidende Voraussetzung für die Bewältigung von unbestimmten und variablen Anforderungen.

- Zum anderen erhalten die *subjektiven Potenziale und Ressourcen* der Beschäftigten, d. h. ihre kreativen, problemlösenden, kommunikativen Fähigkeiten, ihre Motivation, ihr Engagement und ihr Gefühl eine höhere Bedeutung (vgl. Kowalski in diesem Band). Mit der Person und ihren Eigenschaften kommt damit auch das private Leben ins betriebliche Spiel. Bei der Bewältigung von unbestimmten Anforderungen erweisen sich diese Fähigkeiten und Eigenschaften gegenüber den rein formalen beruflichen Kompetenzen als besonders wichtig.

Die These einer Subjektivierung von Arbeit ist nicht ohne Einwände geblieben. So wird bestritten, dass es sich um etwas Neues handele: Selbstorganisation und subjektive Handlungsspielräume habe es doch schon immer gegeben. Aber die neue Subjektivität, die *neue Autonomie in der Arbeit* weist einen entscheidenden Unterschied zu alten Formen der Autonomie auf. Früher ging es darum, den Beschäftigten Handlungs- und Entscheidungsspielräume zu gewähren, heute darum, sie mit den Rahmenbedingungen des eigenen Handelns zu konfrontieren: Arbeitnehmer haben sich nunmehr den Herausforderungen des Wettbewerbs selbst zu stellen. Sie haben nicht nur für ihr Produkt Verantwortung zu übernehmen, sondern auch für ein rentables Marktergebnis. Es verändern sich dabei nicht nur die Formen der Unternehmensorganisation, sondern das Prinzip der Unternehmensorganisation selbst. Indirekte Steuerung bedeutet „eine Form der Fremdbestimmung von Handeln, die sich vermittelt über ihr eigenes Gegenteil, nämlich die Selbstbestimmung oder Autonomie der Individuen umsetzt, und zwar so, dass sie dabei nicht nur auf explizite, sondern auch auf implizite Anweisungen sowie auf die Androhung von Sanktionen verzichten kann." (Peters u. Sauer 2005, S. 24) Früher betraf dies vor allem die Höherqualifizierten, insbesondere die Führungskräfte. Autonomie war im herkömmlichen Steuerungsmodell nur mit besonders hoher Entlohnung, hoher Arbeitsplatzsicherheit und ausgedehnten Handlungs- und Entscheidungsspielräumen zu haben. Heute geht sie hingegen auch mit sinkenden Löhnen, abnehmender Arbeitsplatzsicherheit und schrumpfenden Handlungs- und Entscheidungsspielräumen einher.

Subjektivierung ist aber nicht nur eine betriebliche Anforderung an die Beschäftigten, sondern auch ein Angebot, das gewandelten Arbeits- und Erwerbsorientierungen entgegenkommt und von den Beschäftigten auch eingefordert wird. Subjektivierung steht deswegen auch für den Anspruch der Individuen nach mehr Entwicklungschancen, mehr Partizipationsmöglichkeiten und mehr Selbstverwirklichung auch und gerade in der Arbeitswelt.

Subjektivierung ist deswegen eine widersprüchliche Perspektive: Entfaltung und Gefährdung, erweiterte Selbstbestimmung und internalisierte Selbst-Beherrschung liegen nah beieinander; sie sind die untrennbar aufeinander bezogenen zwei Seiten der gegenwärtigen Rationalisierung. Wenn Selbstorganisation in fremdbestimmten Unternehmensstrukturen und Autonomie in Herrschaft eingebunden bleibt, mehr „Freiheit" auch mehr „Druck" bedeutet, wenn die Endlichkeit subjektiver Ressourcen erfahrbar wird („Burnout"), wenn aus Unternehmenssicht „Eigenregie" erwünscht, aber Eigensinnigkeit nur begrenzt tolerierbar ist usw., dann treten die Widersprüche und Konfliktlagen moderner Arbeit zutage (vgl. dazu Kratzer 2003).

1.3 Entgrenzung und gesundheitliche Risiken

Die skizzierten Tendenzen einer Entgrenzung von Arbeit führen zu deutlich erhöhten gesundheitlichen Risiken, die immer größere Teile der Arbeitnehmer betreffen. Die Beschäftigten haben in den letzten 20 Jahren oft weitgehende Spielräume der Gestaltung ihrer eigenen Arbeit, ihrer Arbeitszeit oder auch der Kooperationsbezüge in der Arbeit erhalten. Sie sind nicht nur aufgefordert, sondern auch eingeladen, unternehmerisch zu denken und zu handeln. Sie sollen sich auch beruflich weiterentwickeln und entfalten. Bei aller gewachsenen Wertschätzung, die der lebendigen Arbeit hier entgegengebracht wird, ist sie dennoch von spezifischen Belastungen und Gefährdungen bedroht. Drei Merkmale lassen sich hervorheben:

- Zum einen ist dies ein *wachsender Zeit- und Leistungsdruck*, der gegenwärtig in allen Beschäftigten- und Betriebsrätebefragungen an erster Stelle steht.
- Zum anderen wird das *Verhältnis von Arbeits- und Privatleben* von immer breiteren Beschäftigtengruppen als problematisch erlebt.
- Schließlich verschärft sich *die objektive Unsicherheit und subjektive Verunsicherung* nicht nur bei prekärer Beschäftigung, sondern auch breitflächig in der sogenannten „Normalbeschäftigung".

Diese drei Tendenzen kombinieren sich vielfach in einem *Belastungssyndrom „moderner" Arbeit*, das in

1

der Dominanz psychischer Erkrankungen seinen Ausdruck findet.

Die traditionelle Humanisierung der Arbeit tendiert dazu, das Subjekt zwar als Zielgröße sehr ernst zu nehmen, als Gestaltungsakteur aber eher zu ignorieren. Sie versucht einerseits, die Beschäftigten gewissermaßen von außen (quasi „von oben") institutionell zu schützen (z. B. durch kollektive, aber eben auch standardisierte Arbeitszeitregulierung) und hat andererseits die Ausweitung der individuellen Gestaltungsspielräume zum Ziel. Diese sind mit Sicherheit ein zentrales Kriterium humaner Arbeit (gewesen). Angesichts der Subjektivierung von Arbeit und ihrer ambivalenten Konsequenzen können Gestaltungsansätze nun aber nicht mehr einfach auf die Erhöhung individueller Gestaltungsspielräume abzielen, sondern müssen den Umgang der Beschäftigten mit gewachsenen individuellen Gestaltungsspielräumen aufgreifen. Sie müssen die auf die personenbezogene Situation und die individuellen Interessen berücksichtigen und die Subjekte als (Mit-)Gestalter ihrer Arbeitsbedingungen ernst nehmen (vgl. Schlosser in diesem Band).

Wenn Beschäftigte sich nicht mehr allein auf die Erledigung von Aufgaben oder tatsächlich erbrachte Anstrengungen berufen können, sondern in erster Linie Erfolge vorweisen müssen, d. h. an den Ergebnissen gemessen werden, dann entwickeln sie eine Leistungsdynamik, die sich derjenigen eines selbstständigen Unternehmers annähert.

Dieser Übergang ist zwar prinzipiell positiv zu bewerten, bringt aber für den Arbeits- und Gesundheitsschutz in den Unternehmen das Risiko mit sich, dass Menschen von sich aus ihre Gesundheit gefährden – und zwar auch dann, wenn sie wissen, dass es so ist. Neuartig an dieser Art der Selbstgefährdung ist, dass sie – wie beim selbstständigen Unternehmer – von einem unternehmerischen Interesse am Erfolg bzw. der Vermeidung von Misserfolg getragen wird. Man kann deswegen in solchen Fällen von einer *interessierten Selbstgefährdung sprechen* (vgl. Krause et al. in diesem Band). Sie kann dazu führen, dass sich Betroffene gegen gesundheitsförderliche Maßnahmen wehren oder entsprechende Regeln und Vorschriften des Gesundheitsschutzes von sich aus unterlaufen, um ihren Erfolg nicht zu gefährden. Wenn Führungskräfte erkrankte Mitarbeiter nach Hause schicken wollen, stoßen sie auf Widerstand bei den Mitarbeitern selbst. Wo früher die „Flucht in die Krankheit" einen Ausweg aus einem unerträglich gewordenen Leistungsdruck ermöglichte, verstärkt heute die Angst vor der Krankheit den Druck am Arbeitsplatz. Wenn die Arbeitgeber früher fürchteten, dass die Beschäftigten zu Hause blieben, obwohl sie gesund waren, müssen sie heute fürchten, dass die Beschäftigten zur Arbeit kommen, auch wenn sie krank sind.

Nicht nur die Ergebnisse der eigenen Untersuchungen der letzten Jahre zeigen, dass bei der betrieblichen Nutzung von Arbeitskraft eine Grenze erreicht ist: So wird eine weitere Verdichtung der Arbeit, eine weitere Verstärkung des Leistungsdrucks zu verheerenden gesundheitlichen Auswirkungen führen. Und die fast täglichen Berichte über die rapide Zunahme psychischer Erkrankungen zeigen, wohin die Reise geht: Der berufliche Stress und mit ihm die Volkskrankheit Depression droht – nach Expertenmeinung – zu einer der größten Gefahren des 21. Jahrhunderts zu werden. Doch schon vorher reagiert ein erheblicher Teil der Beschäftigten: Motivation und Engagement sinken deutlich, innere Kündigungen nehmen zu.

1.4 Fazit: Entgrenzung – ein zwiespältiger Prozess

Entgrenzung ist eine übergreifende Tendenz des Wandels von „Normalarbeit", aber Verlauf und Ausmaß, Wirkung und Wahrnehmung der Entgrenzung sind unterschiedlich. Es kommt zu einer Ausdifferenzierung von Erwerbsarbeit und zu einer verschärften Ungleichheit in den Arbeits- und Lebensverhältnissen. Zum einen zeigt sich eine Spaltung der Arbeitswelt entlang der benannten Entwicklungstendenzen: wachsende flexible Arbeit (Prekarität) einerseits, subjektivierte Arbeit andererseits. Zum anderen verschränken sich die Entwicklungstendenzen immer enger miteinander. War Prekarität früher vor allem ein Kennzeichen von gering qualifizierter, zumeist weitgehend standardisierter Arbeit mit geringen „subjektiven" Gestaltungs- und Entfaltungschancen, so finden sich prekäre Beschäftigungsverhältnisse heute zunehmend auch dort, wo „subjektivierte" Arbeitsformen mit hohen Anteilen an Selbstorganisation und Eigenverantwortung dominieren. Offensichtlich handelt es sich bei den benannten Tendenzen in der Entwicklung von Arbeit um widersprüchliche, aber zusammengehörige Dimensionen einer zunehmenden Entgrenzung und Vermarktlichung der betrieblichen und gesellschaftlichen Sozialbeziehungen.

Gleichzeitig ist Entgrenzung prinzipiell ambivalent: Das bedeutet allgemein, dass dieser Prozess sowohl Chancen als auch Risiken beinhaltet – und zwar sowohl für die Betriebe, als auch – und vor allem – für die Beschäftigten: Entgrenzung heißt auch „Freisetzung" und führt zu mehr Freiheit und mehr Entfaltungsmöglichkeiten, aber auch zur Entsicherung subjektiver Potenziale und lebensweltlicher Ressourcen und zu einer erweiterten Unterordnung unter betriebliche Herrschaftsverhältnisse und Rationalisierungslogiken.

Literatur

Bosch G (2001) Konturen eines neuen Normalarbeitsverhältnisses. WSI-Mitteilungen 4:219–230

Brenke K, Grabka M (2011) Schwache Lohnentwicklung im letzten Jahrzehnt. DIW-Wochenbericht 45-2011

Castel R (2000) Die Metamorphosen der sozialen Frage. Eine Chronik der Lohnarbeit. Konstanz

Döhl V, Kratzer N, Sauer D (2000) Krise der NormalArbeit(s)Politik – Entgrenzung von Arbeit – Neue Anforderungen an Arbeitspolitik. WSI-Mitteilungen 1:5–17

Dörre K (2001) Das deutsche Produktionsmodell unter dem Druck des Shareholder Value. Kölner Zeitschrift für Soziologie und Sozialpsychologie, 51. Jg, 4:675–704

Dörre K (2007) Die Wiederkehr der Prekarität. Subjektive Verarbeitungen, soziale Folgen und politische Konsequenzen unsicherer Beschäftigungsverhältnisse. In: Lorenz F, Schneider G (Hrsg) Ende der Normalarbeit? Mehr Solidarität statt weniger Sicherheit – Zukunft betrieblicher Interessenvertretung. Hamburg

Gottschall K, Voß G (Hrsg) (2003) Entgrenzung von Arbeit und Leben. Zum Wandel der Beziehungen zwischen Erwerbstätigkeit und Privatleben im Alltag. München und Mering

Hacket A (2011) Arbeitszeit und Lebenszeit – Die Zeitverwendung abhängig Beschäftigter im Kontext von Erwerbsarbeit. In: Forschungsverbund Sozioökonomische Berichterstattung (Hrsg) Berichterstattung zur sozioökonomischen Entwicklung in Deutschland. Teilhabe im Umbruch. Zweiter Bericht. Wiesbaden, S 659–693

Holst E, Seifert H (2011) Arbeitspolitische Kontroversen im Spiegel der Arbeitszeitwünsche. WSI-Mitteilungen 2

International Labour Office (2010) Global Wage Report 2010/11: Wage policies in times of crisis. Genf. Online unter http://www.ilo.org/travail/lang--en/index.htm. Gesehen 12 Apr 2012

Jürgens K (2006) Arbeits- und Lebenskraft. Reproduktion als eigensinnige Grenzziehung. Wiesbaden

Kratzer N (2003) Arbeitskraft in Entgrenzung. Grenzenlose Anforderungen, erweiterte Spielräume, begrenzte Ressourcen. Berlin

Kratzer N, Sauer D (2007) Entgrenzte Arbeit – Gefährdete Reproduktion – Genderfragen in der Arbeitsforschung. In: Aulenbacher B et al (Hrsg) Arbeit und Geschlecht im Umbruch der modernen Gesellschaft. Wiesbaden, S 235–249

Kratzer N, Döhl V, Sauer D (1998) Entgrenzung von Arbeit und demographischer Wandel. In: Inifes et al (Hrsg) Erwerbsarbeit und Erwerbsbevölkerung im Wandel. Frankfurt am Main/New York, S 177–210

Lutz B (1984) Der kurze Traum immerwährender Prosperität – Eine Neuinterpretation der industriell-kapitalistischen Entwicklung im Europa des 20. Jahrhunderts. Frankfurt am Main/New York

Marrs K, Boes A (2003) Alles Spaß und Hollywood? Arbeits- und Leistungsbedingungen bei Film und Fernsehen. In: Pohlmann M et al (Hrsg) Dienstleistungsarbeit: Auf dem Boden der Tatsachen. Befunde aus Handel, Industrie, Medien und IT-Branche. Berlin, S 187–242

Mathes J (Hrsg) (1982) Krise der Arbeitsgesellschaft? Verhandlungen des 21. Dt. Soziologentages. Frankfurt am Main

Minssen H (Hrsg) (2000) Begrenzte Entgrenzungen. Berlin

Moldaschl M, Sauer D (2000) Internalisierung des Marktes – Zur neuen Dialektik von Kooperation und Herrschaft. In: Minssen H (Hrsg) Begrenzte Entgrenzungen. Berlin, S 205–224

Mückenberger U (1985) Die Krise des Normalarbeitsverhältnisses – Hat das Arbeitsrecht noch Zukunft? Zeitschrift für Sozialreform 7 und 8

Offe C (1984) Arbeitsgesellschaft. Strukturprobleme und Zukunftsperspektiven. Frankfurt am Main/New York

Peters K, Sauer D (2005) Indirekte Steuerung – eine neue Herrschaftsform. Zur revolutionären Qualität des gegenwärtigen Umbruchprozesses. In: Wagner H (Hrsg) Rentier ich mich noch? Neue Steuerungskonzepte im Betrieb. Hamburg, S 23–58

Sachverständigenrat zur Begutachtung der gesamtwirtschaftlichen Entwicklung (2008) Jahresgutachten 2008/2009

Sauer D (2005) Arbeit im Übergang – Zeitdiagnosen. Hamburg

Sauer D (2010) Vermarktlichung und Vernetzung der Unternehmens- und Betriebsorganisation. In: Böhle F, Voß G, Wachtler G (Hrsg) Handbuch Arbeitssoziologie. Wiesbaden

Sauer D, Döhl V (1997) Die Auflösung des Unternehmens? Entwicklungstendenzen der Unternehmensreorganisation in den 90er Jahren. In: ISF/ IfS/ INIFES/ SOFI (Hrsg) Jahrbuch Sozialwissenschaftliche Technikberichterstattung 1996 – Schwerpunkt: Reorganisation. Berlin, S 19–76

Statistisches Bundesamt (2011) Atypische Beschäftigung auf dem deutschen Arbeitsmarkt. Begleitmaterial zum Pressegespräch am 9. September 2008 in Frankfurt am Main

Voß G (1998) Die Entgrenzung von Arbeit und Arbeitskraft – Eine subjektorientierte Interpretation des Wandels der Arbeit. Mitteilungen aus der Arbeitsmarkt- und Berufsforschung 31(3):473–487

Wolf H (1999) Arbeit und Autonomie – Ein Versuch über Widersprüche und Metamorphosen kapitalistischer Produktion. Münster

Kapitel 2

Technologische Grundlagen der Entgrenzung: Chancen und Risiken

S. Pfeiffer

Zusammenfassung *Neue Informationstechnologien befördern die zeitliche und örtliche Mobilität der Arbeit, sie gelten als Motor des zunehmenden Verschwimmens von Erwerbs- und Lebenswelt. Informationsflut und ständige Erreichbarkeit gelten als Stressoren, die steigende Entgrenzung zwischen Erwerbs- und Lebenswelt als Gefahr. Gleichzeitig gibt es auch Chancen für eine bessere Vereinbarkeit, für mehr Zeit und Nähe zum Kunden und für eine zielgerichtete Unterstützung der eigenen Arbeit. Der Beitrag stellt zunächst die Entwicklung mobiler Arbeit vor dem Hintergrund der vergangenen Jahre dar und gibt einen Überblick zu zentralen Forschungsergebnissen, die Hinweise zur Frage der Chancen bzw. Risiken vor allem in Bezug auf Gesundheit und Privat- und Familienleben geben. Die herkömmliche Sichtweise, die der IT-Technik ein eigenständiges Potenzial unterstellt, die Dynamik der Entwicklung zu verschärfen, wird kritisch diskutiert. Schließlich werden angesichts aktueller technischer Möglichkeiten die Chancen einer – aus Sicht von Flexibilität, Vereinbarkeit und Gesundheit – sinnvollen Gestaltung im Unternehmensumfeld aufgezeigt.*

2.1 Internet und mobile Geräte als Enabler von Entgrenzung

Kurz vor Weihnachten meldet die Allgemeine Wolfsburger Zeitung (23.12.2011): „VW schaltet Dienst-Handys abends ab". Für über 1.000 Tarifmitarbeiter der Volkswagen AG regelt eine Betriebsvereinbarung die Serverabschaltung für die geschäftlich genutzten Blackberry-Geräte täglich eine halbe Stunde nach Ende der Gleitzeit. Diese Nachricht verbreitet sich über soziale Netzwerke schnell im Internet und der Duktus der Berichterstattung wie auch der Kommentare zur Meldung macht auf den ersten Blick eines klar: Durch die technischen Möglichkeiten des Blackberry scheinen die Grenzen zwischen Arbeit und Freizeit für die Beschäftigten endgültig durchlässig geworden zu sein, die Ansprüche an eine Erreichbarkeit rund um die Uhr sind ebenso Normalität wie die allgegenwärtige Erwartung zeitnaher Reaktionen: Noch schnell eine E-Mail beim Abendessen mit Freunden, noch eben ein Rückruf beim Chef, bevor man die Kinder ins Bett bringt. Mobile Geräte und moderne IT-Technik erscheinen als die entscheidenden Treiber einer sich immer weiter verschärfenden Entwicklung hin zu einem Arbeiten ohne Ende und ununterbrochener Erreichbarkeit. Eine Eigendynamik, die wie im Beispiel VW anscheinend nur noch mit einer – wenn auch interessenpolitisch ausgehandelten – wiederum technischen Maßnahme einzudämmen ist. Die Frage, ob, wo und wie sich Grenzen einer technologisch basierten Entgrenzung überhaupt noch ziehen lassen, scheint in der betrieblichen Wirklichkeit längst angekommen.

B. Badura et al. (Hrsg.) *Fehlzeiten-Report 2012*,
DOI 10.1007/978-3-642-21655-8_2, © Springer Verlag Berlin Heidelberg 2012

Ob und in welchem Ausmaß Blackberry, iPhone, Laptop und Co. die entscheidenden Treiber dieser Entwicklung sind, ist jedoch mit einem so augenfälligen Beispiel noch ebenso wenig geklärt wie die Frage, welche konkreten Auswirkungen damit für die Gesundheit und die Lebensqualität von Beschäftigten einhergehen. Zeitliche und örtliche Entgrenzung ist ohne technische Enabler nicht mehr denkbar, ob damit aber überwiegend Risiken verbunden sind oder welche Chancen darin liegen und wie sie genutzt werden könnten – auch das sind weitgehend ungeklärte Fragen.

Dieser Beitrag nähert sich diesem Thema in drei Schritten: Zunächst wird ein Überblick zu einschlägigen Studien über die Auswirkungen technikbasierter mobiler Arbeit (► Abschn. 2.2.1) gegeben. Dieser Forschungsstand aber ist systematisch defizitär, der nächste Schritt thematisiert daher vor allem, was wir alles nicht wissen (► Abschn. 2.2.2). Vorliegende Forschungsergebnisse bieten allenfalls Indizien statt abschließender Erkenntnisse zu den Chancen und Risiken einer uns alle erfassenden Entwicklung. In einem dritten Schritt wird die vorherrschende Perspektive kritisch beleuchtet, die der technologischen Basis selbst ein verschärfendes Potenzial bei der Dynamik zunehmender Entgrenzung unterstellt (► Abschn. 2.2.3). Dabei zeigt sich: Die Treiber von Entgrenzungsprozessen finden sich in entscheidender Relevanz auf der sozialökonomischen und organisatorischen Ebene in Unternehmen, oft nutzen Beschäftigte selbstgesteuert und teils selbst finanziert mobile Geräte und webbasierte Tools zur Kompensation des auf ihnen lastenden Drucks. Zwar ermöglichen und verstärken die neuen Medien den Wandel hin zu einer immer stärker entgrenzten Arbeitswelt, sie sind aber nicht die eigentlichen Treiber. Abschließend (► Abschn. 2.3) werden angesichts aktueller Entwicklungen hin zum Enterprise 2.0 die Chancen eines – im Hinblick auf Flexibilität, Vereinbarkeit *und* Gesundheit – sinnvollen Einsatzes im Unternehmen aufgezeigt: Eine in partizipativen Prozessen gestaltete Nutzung von mobiler IT könnte die alltägliche Arbeit besser unterstützen, mehr Qualität z. B. im Kundenkontakt bieten und neue Optionen für Vereinbarkeit schaffen.

2.2 Mobile Technik, Arbeit und Gesundheit: Entwicklung und Forschungsstand

Das Internet und mobile Technik haben unsere Lebens- und Arbeitswelt verändert – längst sind die neuen Medien in der Mitte beider Welten angekommen. Im Jahr 2010 verfügen 77 Prozent und damit 30 Millionen Haushalte in Deutschland über einen Internetanschluss und der Internetzugang über mobile Geräte hat sich zwischen 2006 und 2010 ca. verdoppelt: 61 Prozent der Haushalte gehen über Laptops ins Web und der Anteil von internetfähigen Handys liegt bereits bei 24 Prozent (Czajka 2011). 2011 haben 82 Prozent aller Unternehmen in Deutschland einen Internetzugang und 38 Prozent ermöglichen ihren Beschäftigten einen Fernzugriff auf Daten und Anwendungen (Statistisches Bundesamt 2011). Lebens- und Arbeitswelt sind also zunehmend online mobil. So beeindruckend diese Zahlen sind, so wenig verraten sie uns über die alltäglichen Nutzungsformen; darüber, was es konkret bedeutet, online und mobil zu sein und welche Wechselwirkungen dabei zwischen Arbeits- und Lebenswelt entstehen. Ob diese Entwicklungen chancen- oder risikoreich sind, welche Zumutungen oder Bereicherungen sie mit sich bringen, das sagen diese Zahlen nicht. Offensichtlich aber ist: Nicht nur Geräte sind zunehmend mobil geworden, sondern auch Menschen. Rund 1,7 Millionen Beschäftigte gelten als „Laptop-Nomaden", d. h. sie nutzen regelmäßig einen Laptop auf ihren Dienstreisen (Weber et al. 2010), die Dienstreise ist zum zweifelhaften Vergnügen und zur alltäglichen Selbstverständlichkeit vieler Beschäftigtengruppen geworden (Kesselring u. Vogl 2010). Das Mobilwerden der Technik und das Mobilwerden der Menschen steht in einem offenkundigen Zusammenhang, ein damit einhergehendes zunehmendes Verschwimmen der Grenzen zwischen Arbeits- und Lebenswelt gilt daher weitgehend als technikinduziert. Und mit dieser zeitdiagnostischen Perspektive stellt sich zunehmend die Frage nach den Grenzen dieser Entgrenzung und den Risiken und Auswirkungen der Entwicklung auf die Gesundheit, die Arbeitszufriedenheit und die Lebensqualität. Kommt es innerhalb der Arbeit zur Intensivierung, zu zunehmendem Zeitdruck und Stress? Leiden wir alle immer mehr unter Informationsflut und permanenter Erreichbarkeit? Führt die mobile IT-Nutzung zu immer weiterer Arbeitsextensivierung und Entgrenzung oder ermöglicht gerade diese Entwicklung neue Optionen der Work-Life-Balance? So zentral diese Fragen für den aktuellen Wandel unserer Arbeits- und Lebenswelt sind, so komplex sind sie und so uneindeutig sind die vorliegenden Forschungsergebnisse. Der nachfolgende Überblick verdeutlicht einen höchst widersprüchlichen Stand der Forschung, dessen systematische Defizite und Lücken skizziert werden.

2.2.1 Forschungsstand – was wir wissen

Differenzierte Daten und entsprechende Variablen zur Nutzung mobiler IT und ihren Auswirkungen finden sich bislang auch nicht in den einschlägigen quantitativen Datensätzen zum Wandel von Arbeit wie dem DGB-Index „Gute Arbeit", dem IAB-Betriebspanel oder der BiBB/BAuA-Erwerbstätigenbefragung. Der Forschungsstand speist sich aus einer Vielzahl kleinerer Studien, die mit unterschiedlichen Methoden vielfältige Techniknutzungsformen in der Arbeits- und/oder Lebenswelt untersuchen. In der Einschätzung zu den Auswirkungen auf Gesundheit und Entgrenzung lassen diese sich grob in drei Richtungen differenzieren: Während ein Teil der Studien positive Aspekte z. B. zur Vereinbarkeit in den Vordergrund oder zumindest ambivalente Auswirkungen gegenüberstellt, verweist das Gros auf negative Folgen:

- Eine Betonung der *positiven Auswirkungen und Chancen* findet sich vor allem in neueren Studien, die auf die Wechselwirkung zwischen Arbeits- und Lebenswelt und die Wirkungen innerhalb der Lebenswelt fokussieren. So zeigt eine Befragung gekoppelt mit Telefondaten und Zeittagebüchern: Handynutzung in der Freizeit führt nicht zu einer stärker mit Arbeit infiltrierten Lebenswelt oder einem Gefühl des Gehetztseins. Die Befürchtung, dass über Mobiltelefone die Freizeit stärker mit Arbeit durchsetzt würde, zeigt sich als weitgehend übertrieben (Bittman et al. 2009). Eine repräsentative Studie aus Australien macht sichtbar, dass das Internet in der Arbeit mehr für private Zwecke genutzt als dies für dienstliche Zwecke in der Freizeit passiert. Zudem zeigt sich, dass die arbeitsbezogene Internetnutzung in der Freizeit die Balance zwischen Arbeit und Familie verbessern (Wajcman et al. 2010) und die Nutzung von sozialen Netzwerken sogar den Zusammenhalt innerhalb von Familien und zwischen Teenagern und ihren Eltern stärken kann (Williams u. Merten 2011).
- Deutlich *ambivalente Ergebnisse* zeigen ganz unterschiedliche Studien: Eine qualitative Studie zur Informationsflut bei E-Mail-Kommunikation an allerdings nicht-mobilen Arbeitsplätzen beschreibt nicht nur belastende Aspekte, sondern auch Hinweise auf positiv empfundene Transparenz. Zudem lassen sich viele Belastungsphänomene eher auf organisatorische und führungskulturelle Bedingungen zurückführen als auf die verwendeten Medien (Klippert 2007). In Bezug auf ihre Blackberry-Nutzung berichten Hochqualifizierte einerseits von dem Gefühl einer erweiterten Freiheit und dem Erleben einer erhöhten Kontrolle über ihre eigene Situation, andererseits vermischt sich dieses Positiverleben mit der sozialen Erwartung an eine permanente Erreichbarkeit (Mazmanian et al. 2005). Und selbst eine Studie, die einerseits Belastungen durch Störungsanfälligkeit, Kommunikationsbarrieren und Zwangshaltungen und eine Steigerung des Arbeitsaufwands bis hin zum „angstbesetzten Technikeinsatz" beschreibt, kommt gleichzeitig zu der Einschätzung, dass der Einsatz von Mobiltelefonen als erleichternd empfunden wird (Bretschneider-Hagemes u. Kohn 2010).

Insgesamt überwiegen tendenziell Studien, die die *negativen Auswirkungen* von mobilem Technikeinsatz in den Blick nehmen. Diese können einerseits unterschieden werden in Untersuchungen der Auswirkungen der arbeitsbezogenen Techniknutzung auf Stress und Gesundheit und andererseits in Studien, die Entgrenzung und Auswirkungen in der Lebenswelt thematisieren:

- So entsteht „Technikstress" vor allem bei Störungen der Geräte (Hoppe 2010), außerdem werden bei der Nutzung von Handys, Blackberrys und PDAs ergonomische Aspekte beklagt wie zu kleine Tastaturen oder spiegelnde Bildschirme (Paridon u. Hupke 2010). Zunehmend findet sich auch die Perspektive auf eine unterstellte Multitasking-Fähigkeit von Personen: Wer mediengestützt „chronisches" Multitasking betreibt, tut sich – nicht nur online – schwer damit, Wichtiges von Unwichtigem zu unterscheiden, sich nicht ablenken zu lassen und vor allem mit dem Wechsel zwischen verschiedenen Aufgaben (Ophir et al. 2009). Eine häufig zitierte Studie (Moser et al. 2002) beschreibt Belastungsphänomene durch Informationsüberflutung bei – nicht mobiler – E-Mail-Nutzung. Informationsüberflutung als Stressor erscheint als besonders besorgniserregend, da die Befragten nicht nur über hohe Medienkompetenz und gute Copingmechanismen im Umgang mit Stress verfügten. Allerdings empfanden sich rund 80 Prozent der Befragten gar nicht als informationsüberflutet. Eine als belastend empfundene Informationsflut hat nicht nur mit der hohen Informationsmenge zu tun, sondern steht auch in Zusammenhang mit einer geringen Informationsqualität und ineffizienter Informationsverarbeitung (Soucek 2009).
- Schon unterschiedlichste Formen mobiler Arbeit an sich – d. h. noch ohne explizite Thematisierung der Nutzung von entsprechender Technik – verweisen auf vielfältige und multifaktorielle Zusammenhänge mit Gesundheit: Stress und Zeitknappheit

2

nehmen zu und werden als Belastung empfunden, das Bedürfnis nach Nähe und gemeinsamer Zeit im Privaten kann nicht ausreichend befriedigt werden (Ducki 2009). Eine quantitative Studie zur Nutzung von Computern (E-Mail und Internet), Mobiltelefonen und Pagern bei Paaren ergibt eine Stresszunahme, geringe Familienzufriedenheit und einen eindeutigen „Spillover" zwischen Arbeits- und Lebenswelt – und zwar in beide Richtungen (Chesley 2005). Eine kanadische Studie (Duxbury et al. 2006) bei Büroangestellten im öffentlichen Dienst und Wissensarbeitern in einem Unternehmen zeigt, dass die Nutzung sogenannter „work extending technology" (WET) – also Mobiltelefone, Laptops, Blackberrys und PDAs – mit verlängerten Arbeitszeiten außerhalb des Büros einhergeht: Je intensiver WETs benutzt wurden, desto stärker zeigte sich eine Arbeitsextensivierung. Die wöchentliche Arbeitszeit betrug bei geringer WET-Nutzung 43 Stunden, bei durchschnittlicher Nutzung 52 Stunden und bei starker Nutzung 69 Stunden. Die Befragten, von denen immerhin 89 Prozent Blackberrys nutzten, arbeiteten im Durchschnitt fünf Stunden pro Woche über ihrer vertraglich vereinbarten und bezahlten Arbeitszeit. Diese Extensivierung hat auch Auswirkungen auf die nicht-mobil arbeitenden Büroangestellten, denn auch bei diesen steigt die Erwartung einer ständigen Erreichbarkeit (Towers et al. 2006).

Dieser hier notwendigerweise kursorische Überblick zum Forschungsstand ist nicht nur höchst widersprüchlich, er ist vor allem Ausdruck eines systematischen Forschungsdefizits. Die Frage nach den Chancen und Risiken der mobilen Techniknutzung lässt sich auf Basis aktueller Forschungsergebnisse also nicht eindeutig beantworten. Zur hier im Fokus stehenden Frage ist aktuell eventuell mehr zu lernen von dem, was wir (noch?) nicht wissen als von dem, was wir momentan wissen; es lohnt daher zunächst ein Blick auf die bestehenden Forschungsdefizite und ihre systematische Natur.

2.2.2 Forschungsdefizite – was wir nicht wissen

Der Forschungsstand lässt einen ratlos zurück: Überwiegend kleinteilige Studien mit schwer vergleichbaren Kontexten führen schon im Einzelnen, auf jeden Fall aber in ihrer Summe zu disparaten Ergebnissen. Dies hat vor allem damit zu tun, dass die Analyse der Nutzung mobiler Geräte in der Arbeits- und Lebenswelt und die sich daraus möglicherweise ergebenden Folgen für Entgrenzung und Gesundheit ein hochkomplexes Forschungsdesign erfordern. Zu erfassen wäre zunächst die *Heterogenität* …

- mobiler Arbeit (vom täglichen Pendeln über den gelegentlichen Kundenbesuch bis zur monatelangen Entsendung);
- der Arbeitstätigkeiten und der sie jeweils prägenden Organisationsstrukturen, Unternehmenskulturen, Arbeitsprozesse, Arbeitszeiten und Steuerungsformen;
- der Lebenswelten (Alter, familiäres Umfeld, Entfernung Wohn-/Arbeitsort) und des komplementären Nutzungsverhaltens durch andere relevante Menschen in sozialer Nahbeziehung (Freunde, Familie);
- der Technik, also Hardware (vom dienstlichen Blackberry bis zum privaten Tablet) und Software (von der E-Mail bis zur in der Cloud geteilten Applikation) sowie die damit verbundene Nutzungsintensität und -mischung mehrerer Geräte und Applikationen im alltäglichen Leben.

Zu dieser aufgeschichteten Heterogenität kommt eine ebenso vieldimensionale *Verlaufsperspektive* auf…

- *den technischen Wandel.* So ist beispielsweise ungeklärt, ob Erkenntnisse einer Studie zur E-Mail-Nutzung an einem stationären Desktoprechner Ende der 1990er Jahre auf die mobile E-Mail-Kommunikation im Jahr 2011 mit einem privat angeschafften Tablet zu übertragen sind. Ohne die Erfassung der je genutzten Geräte und Applikationen sowie ihrer spezifischen Nutzungsoptionen greift nicht nur jede Aussage über Auswirkungen zu kurz, sondern auch eine Einordnung und ein Aufeinanderbeziehen verschiedener Forschungsergebnisse wird erheblich erschwert.
- *das nutzende Individuum.* In welchem Alter, in welcher Karrierestufe bzw. Erwerbsverlaufsdynamik sich jemand befindet; ob die Familie gerade gegründet wurde, es keine gibt oder die fast erwachsenen Kinder schon aus dem Haus sind; ob man als sogenannter „Digital Native" mit dem Internet aufgewachsen ist oder in höherem Lebensalter zum ersten Mal damit konfrontiert wird: All das macht sicher einen Unterschied – welchen aber, das müsste jeweils erhoben werden.
- *die erwerbsweltliche Arbeitsorganisation.* War die Arbeit vor Einführung mobiler Geräte schon ex- und/oder intensiviert oder hat sich das Ausmaß erst damit verändert? Flankiert die Nutzung verschiedener Technologien bestehende Arbeitsabläufe

oder haben die eingeführten Techniken neue Prozesse und/oder Arbeitsteilungen induziert? Sind spezifische Nutzungsformen wie beispielsweise soziale Netzwerke für die Organisation eine kollektiv neue und auf bestimmte Abteilungen beschränkte Erfahrung oder durchgängig und schon über längere Zeit gelebte Kultur?

All diese forschungs*logischen* Notwendigkeiten sind forschungs*praktisch* nur mit großem Aufwand einzufangen. Deswegen blicken wir wohl auch zukünftig auf eine Vielzahl vergleichsweise kleinteiliger und zeitlich schnell von der Entwicklung überholter Forschungsergebnisse, die mehr Fragen aufwerfen, als sie imstande sind zu beantworten. Daraus lassen sich zum einen Schlüsse für die Forschung selbst ziehen – so braucht es ohne Frage größer und umfassender angelegte qualitative Studien, dynamischere Forschungsstrukturen und neue Indikatoren für laufende statistische Beobachtungen. Zum anderen aber – und das erscheint in diesem Kontext relevanter – ergeben sich aus den bestehenden Defiziten Konsequenzen für die Interpretation des Forschungsstands: Ergebnisse, die in den technologischen Grundlagen eindeutig mehr Chancen oder mehr Risiken sehen, sind ebenso mit Vorsicht zu betrachten wie das häufig wiederkehrende Resümee der Ambivalenz – eine Einschätzung zum Ausmaß möglicherweise technikinduzierter Belastung kann daher nicht gelingen, ohne einen erweiterten Blick auf den Wandel von Arbeit insgesamt.

2.2.3 Technik als Treiber von Entgrenzung?

So uneindeutig, defizitär und widersprüchlich der vorliegende Forschungsstand ist: Deutlich wird an vielen Stellen, dass es zu kurz greift, die Ursache für zunehmende Entgrenzungs- und Belastungsphänomene allein und vordergründig in den neuen technischen Möglichkeiten zu suchen. Selbst in den Studien, die eindeutig negative Auswirkungen durch die Entgrenzung von Arbeit oder durch Informationsflut als Stressor thematisieren, finden sich vielfältige Bezüge auf den organisationalen Kontext, in dem die Techniknutzung erfolgt. Die Zunahme neuer Belastungsformen und deren Bewertung ist nicht aus der Fokussierung auf Technik allein zu verstehen, sondern erfordert den Blick auf die Gesamtdynamik des aktuellen Wandels von Arbeit. Dieser Wandel ist mit zwei Begriffen wohl am umfassendsten umschrieben: Zum einen wird die in der Industrialisierung entstandene klare Grenze von Erwerbs- und Lebenswelt, von Arbeit und Freizeit zunehmend brüchig und fluide: Diese *Entgrenzung von Arbeit* und Leben gilt als ein gesellschaftlich-historischer Wandel, der im vollen Gange ist und dessen Ende und Ausgang gleichzeitig noch weitgehend offen scheint (Kratzer u. Lange 2006). Zum anderen ändert sich der Zugriff auf den einzelnen Menschen im Arbeitsprozess. Die zu beobachtenden und sich verschärfenden Prozesse der Intensivierung und Extensivierung von Arbeit sind Ausdruck dessen, was in den vergangenen Jahren unter dem Stichwort der *Subjektivierung von Arbeit* (Moldaschl 2010) diskutiert wird: Längst ist in der Arbeit der ganze Mensch und sein allseitiges Arbeitsvermögen gefragt (Pfeiffer 2004).

Die zentralen Trends der Entgrenzung und der Subjektivierung von Arbeit haben mit veränderten Formen der Arbeitsorganisation zu tun – immer mehr Menschen arbeiten projektförmig und/oder mobil und erleben damit einhergehende vielfältige Belastungen, seien es die Antinomien des Projektmanagements (Kalkowski u. Mickler 2009) oder bis ins Letzte durchrationalisierte Dienstreisen (Kesselring u. Vogl 2010).

Diese organisatorische Unübersichtlichkeit der Arbeit wiederum erfordert völlig neue Formen einer indirekten Steuerung (Sauer 2011), dauernd transparent gehalten durch IT-gestütztes Kennzahlenmonitoring (Pfeiffer 2004). Dies führt bei Beschäftigten zunehmend zu einem Gefühl des „permanenten Ungenügens" (Dunkel et al. 2010) und vor allem hoch qualifizierte Beschäftigte geraten in einen Strudel der freiwilligen Selbstausbeutung ihres Arbeitsvermögens (Moosbrugger 2008). Beschäftigte können auf diese vielfachen Zumutungen individuell kaum anders reagieren als mit einer immer weiter getriebenen Selbst-Objektivierung und Selbst-Rationalisierung (Böhle et al. 2011; Pfeiffer 2007) – bis in die Lebenswelt hinein.

In dieser hier sehr verdichtet dargestellten Dynamik des aktuellen Wandels von Arbeit liegen die eigentlichen Ursachen für risikoreiche Entgrenzungsprozesse und zunehmende sowie neue Formen der Belastung. Bei all diesen Prozessen fungiert mobile IT ohne Frage als passfähige Flankierung und oft genug als verstärkender Enabler – jedoch sicher nicht als ursächlicher Treiber. Mobile IT ist das technische Komplement dieser generellen Veränderung von Arbeit, das zeigt auch das relativ neue Phänomen der Consumerization: Stellt die Arbeitsorganisation keine mobile Technik des aktuellen State of the Art zur Verfügung, bringen Beschäftigte diese zunehmend aus eigenem Antrieb in die Arbeit ein und nutzen privat Angeschafftes, um den Anforderungen der Erwerbsarbeit

2

besser begegnen zu können (Gens et al. 2011). Auch dabei aber muss erst die Forschung zeigen, ob es sich um eine noch weiter getriebene Selbst-Rationalisierung handelt, um eine eigensinnige Nutzung zur Abmilderung belastender Arbeitsbedingungen oder gar um ein widersprüchliches Miteinander von beidem.

2.3 Soziale Gestaltung (auch) des Technischen als Chance

Eine abwägende Diskussion zu den Chancen und Risiken mobiler Techniknutzung gelingt wie gezeigt auf Basis des aktuellen Forschungsstands nicht befriedigend. Angesichts der Komplexität der Fragestellung und der Dynamik der Veränderung stehen wir weitgehend am Anfang. Gerade weil auch zukünftig – zumindest zeitnah – keine Eindeutigkeit aufgrund wissenschaftlicher Forschungsergebnisse zu erwarten ist, stellt sich die Herausforderung einer Bewertung umso mehr an die Praxis, also an Unternehmen und Beschäftigte. Diese müssen Entscheidungen treffen, Nutzungsmodi entwickeln oder verwerfen, Risiken abmildern und Chancen entdecken und nutzen. Wenn die Forschung für diese Gestaltungsfragen keine eindeutige Orientierung geben kann, gewinnt umso mehr etwas anderes an Bedeutung: nämlich die Gestaltung durch die betroffenen Akteure selbst. Abschließend skizziert dieses Fazit daher, wie eine in partizipativen Prozessen gestaltete Nutzung mobiler IT neue Chancen für Flexibilität, Vereinbarkeit und Gesundheit ermöglichen kann.

Der vielschichtige Wandel von Arbeit hat – das belegen nicht nur die jährlichen Fehlzeiten-Reporte eindrücklich – deutliche Auswirkungen auf die Gesundheit von Beschäftigten. Dieser Entwicklung kann nicht allein auf der Ebene der Technikgestaltung begegnet werden, sondern in erster Linie gilt es, gesundheitsförderliche und humane Arbeitsbedingungen zu schaffen. Die je verwendeten Arbeitsmittel aber sind ein nicht unwesentlicher Teil dieser Bedingungen und dies gilt umso mehr für die hier im Blick stehenden mobilen Geräte. Frühere Ansätze der Technikgestaltung mit ihrem starken Fokus auf die Ergonomie der Hardware und die Usability der Software allein halten längst nicht mehr mit der Dynamik der technischen Entwicklung Schritt. Seit Informatisierung die Erwerbswelt umfassend durchdringt, wird die Gestaltung von IT-Systemen selten von den Nutzern, sondern faktisch von einigen wenigen marktdominierenden Anbietern bestimmt. Nicht nur Ergonomie und Usability, sondern letztlich auch die Nutzungsweisen der Technik selbst sind kaum Gegenstand einer userzentrierten Gestaltung (Pfeiffer 2005). Das gilt im Unternehmenskontext sowohl für generische als auch für anwendungsspezifische und erst recht für sogenannte systemische Software – allen voran die (fast) jedes Unternehmen durchziehenden ERP-Systeme (= Enterprise Resource Planning, z. B. SAP R/3). In aufwändigen Customizing-Prozessen wird weniger die Software als vielmehr die Organisation gestaltet, nämlich passförmig gemacht an einen als ideal betrachteten One best Way. Maßgebend sind dabei selten die Erfordernisse auf der konkreten Arbeitsebene, sondern die Anforderungen aus der Perspektive des Geschäftsprozesses. Zwei Befunde sind in diesem Kontext zentral: *Erstens* finden wir in Unternehmen weitgehend IT-Lösungen, die nicht für eine optimale Nutzung im Arbeitskontext gestaltet wurden. Diese fehlende Work Based Usability (Pfeiffer et al. 2008) ist ein wesentlicher Faktor für Belastungen im und durch den Umgang mit IT: Die Technik unterstützt die konkreten Arbeitserfordernisse nicht ausreichend und sie macht gerade deshalb zusätzlich Arbeit. *Zweitens* findet sich in Unternehmen keine gemeinsame Erfahrung und Kultur einer Technikgestaltung „von unten", also entlang der wirklichen Arbeitserfordernisse durch die Nutzer selbst.

Vorherrschend ist die Gestaltung mit umgekehrtem Vorzeichen: Hoch belastete Key-User leisten oft neben und zusätzlich zu ihrem eigentlichen Tagesgeschäft über Monate hinweg das „Customizen" der Organisation an die von der Software intendierten Geschäftsprozesse. Die IT der vergangenen zwei Jahrzehnte – mit ihren proprietären Systemen mit oft hierarchischen und relativ starren Architekturen – hätte ein anderes Vorgehen auch kaum ermöglicht. Mit den aktuellen technischen Entwicklungen aber tun sich neue Optionen der Gestaltung durch die Nutzer selbst auf: Web-2.0-Technologien mit ihren offenen Standards und ihrer Plattformunabhängigkeit schaffen nicht nur die technische Basis für dezentrale und usernahe Lösungen, sondern auch für die Generierung branchen- und anwendungsspezifischer Nutzungsweisen. Die Ära teurer und träger Großsysteme von der Stange und die damit verbundene Festlegung auf bestimmte Endgeräte – sie könnte vorbei sein. Technisch gesehen besteht mit Web 2.0 aktuell die Chance, in partizipativen Prozessen die Gestaltung der Technik *und* ihrer Nutzungsweisen durch die betroffenen Akteure selbst zu ermöglichen (Pfeiffer et al. 2012). Ob Unternehmen diese Chance auch nutzen, entscheidet sich jedoch nicht auf der Ebene der Technik, sondern setzt eine Unternehmenskultur voraus, die Zweierlei ernst nimmt: die Anforderungen auf der konkreten

Arbeitsebene und die Ansprüche der Beschäftigten an eine humane Gestaltung ihrer entgrenzten Arbeitswelt. Die Technik von heute kann mehr und konkreter gestaltet werden als je zuvor, damit ließe sich Flexibilität, Gesundheit und Vereinbarkeit in neuer Qualität verbinden. Ob dies auch passiert, entscheidet sich jedoch im Sozialen und in der betrieblichen Interessensaushandlung.

Literatur

Bittman M, Brown JE, Wajcman J (2009) The mobile phone, perpetual contact and time pressure. Work, Employment & Society 23:673–691

Böhle F, Pfeiffer S, Porschen S (2011) Herrschaft durch Objektivierung. In: Bonß W, Lau C (Hrsg) Macht und Herrschaft in der reflexiven Moderne. Velbrück, Weilerswist, S 244–283

Bretschneider-Hagemes M, Kohn M (2010) Ganzheitlicher Arbeitsschutz bei mobiler IT-gestützter Arbeit. In: Brandt C (Hrsg) Mobile Arbeit – gute Arbeit? ver.di, S 33–52

Chesley N (2005) Blurring Boundaries? Linking Technology Use, Spillover, Individual Distress, and Family Satisfaction. Journal of Marriage and Family, 67:1237–1248

Czajka S (2011) Internetnutzung in privaten Haushalten in Deutschland. Destatis, Wiesbaden

Ducki A (2009) Arbeitsbedingte Mobilität und Gesundheit. Überall dabei – Nirgendwo daheim. Fehlzeiten-Report 2009. Springer, Berlin Heidelberg, S 61–70

Dunkel W, Kratzer N, Menz W (2010) Permanentes Ungenügen und Veränderung in Permanenz. WSI-Mitteilungen 63:357–364

Duxbury L, Towers J, Higgins C (2006) From 9 to 5 to 24/7: How Technology Redefined the Work Day. In: Law W (Hrsg): Information Resources Management: Global Challenges. Idea Group, Herschey, S 305–332

Gens F, Levitas D, Segal, R (2011) Consumerization of IT Study. IDC, Framingham

Hoppe A (2010) Komplexe Technik – Hilfe oder Risiko? In: Brandt C (Hrsg) Mobile Arbeit – gute Arbeit? ver.di, Berlin, S 53–64

Kalkowski P, Mickler O (2009) Antinomien des Projektmanagements. Edition Sigma: Berlin

Kesselring S, Vogel G (2010) Betriebliche Mobilitätsregime. Edition Sigma, Berlin

Klippert J (2007) Belastung und Beanspruchung durch computervermittelte Kommunikation. University Press, Kassel

Kratzer N, Lange A (2006) Entgrenzung von Arbeit und Leben. In: Dunkel W, Sauer D (Hrsg) Von der Allgegenwart der verschwindenden Arbeit. Edition Sigma, Berlin, S 171–202

Mazmanian MA, Orlikowski W, Yates J (2005) CrackBerries: The Social Implications of Ubiquitous Wireless E-Mail Devices. In: Sørensen C et al. (Hrsg) Designing Ubiquitous Information Environments. Springer, New York, S 337–343

Moldaschl M (2010) Organisierung und Organisation von Arbeit. In: Böhle F, Voß GG, Wachtler G (Hrsg) Handbuch Arbeitssoziologie. VS Verlag für Sozialwissenschaften, Wiesbaden, S 263–299

Moosbrugger J (2008) Subjektivierung von Arbeit: Freiwillige Selbstausbeutung. VS Verlag für Sozialwissenschaften, Wiesbaden

Moser K, Preising K, Göritz AS, Paul, K (2002) Steigende Informationsflut am Arbeitsplatz: belastungsgünstiger Umgang mit den Neuen Medien. Bundesanstalt für Arbeitsschutz und Arbeitsmedizin, Bonn

Ophir E, Nass C, Wagner AD (2009) Cognitive control in media multitaskers. Proceedings of the National Academy of Sciences of the United States of America, 106:15.583–15.587

Paridon H, Hupke M (2010) Psychosoziale Auswirkungen mobiler Arbeit. In: Brandt C (Hrsg) Mobile Arbeit – gute Arbeit? ver.di, Berlin, S 65–80

Pfeiffer S (2004) Arbeitsvermögen. Ein Schlüssel zur Analyse (reflexiver) Informatisierung. VS Verlag für Sozialwissenschaften, Wiesbaden

Pfeiffer S (2005) Arbeitsforschung: Gute Arbeit – Gute Technik. WSI-Mitteilungen, 58: 645–650

Pfeiffer S (2007) Montage und Erfahrung. Hampp, München Mering

Pfeiffer S, Ritter T, Treske E (2008) Work Based Usability: Produktionsmitarbeiter gestalten ERP-Systeme „von unten". ISF München, München

Pfeiffer S, Schütt P, Wühr D (2012) Enterprise 2.0 und Engineering 2.0. In: Pfeiffer S, Schütt P, Wühr D (Hrsg) Smarte Innovation. VS Verlag für Sozialwissenschaften, Wiesbaden (im Druck)

Sauer D (2011) Indirekte Steuerung – Zum Formwandel betrieblicher Herrschaft. In: Bonß W, Lau C (Hrsg) Macht und Herrschaft in der reflexiven Moderne. Velbrück, Weilerswist, S 358–378

Soucek R (2009) Informationsüberlastung durch E-Mail-Kommunikation. In: Stetina BU, Kryspin-Exner I (Hrsg) Gesundheit und Neue Medien. Springer, Wien New York, S 57–70

Statistisches Bundesamt (2011) Erhebung über die Nutzung von Informations- und Kommunikationstechnologien (IKT) in Unternehmen 2011. Destatis, Wiesbaden

Towers I, Duxbury L, Higgins C, Thomas J (2006) Time thieves and space invaders: technology, work and the organization. Journal of Organizational Change Management, 19:593–618

Wajcman J, Rose E, Brown JE, Bittman M (2010) Enacting virtual connections between work and home. Journal of Sociology, 46:257–275

Weber A, Sawodny N, Rundnagel R (2010) Laptop Nomaden – Wege aus der Gesundheitsfalle. In: Brandt C (Hrsg) Mobile Arbeit – gute Arbeit? ver.di, Berlin, S 95–100

Williams AL, Merten, MJ (2011) iFamily: Internet and Social Media Technology in the Family Context. Family and Consumer Sciences Research Journal, 40:150–179

Kapitel 3

Flexibilisierung der Arbeitswelt aus Unternehmenssicht: Chancen und Risiken für Arbeitgeber und Arbeitnehmer

A. Böhne, N. Breutmann

Zusammenfassung *Flexible Arbeitsformen sind Voraussetzung für die Wettbewerbsfähigkeit global agierender Unternehmen und ein Garant für den Verbleib qualifizierter Beschäftigung in Deutschland. Indem Unternehmen ihren Mitarbeitern die Möglichkeit einräumen, an unterschiedlichen Arbeitsorten zu arbeiten, können sie die besten Talente ohne geografische Hürden rekrutieren und Teams mit den besten Experten aus aller Welt zusammenstellen. Doch diese Entwicklung birgt nicht nur Chancen, sondern auch Risiken. Bei einer fortschreitenden Verschmelzung von Arbeitszeit und Privatleben ist es wichtig, alle Beteiligten zu befähigen, die Balance zwischen Anspannung und Entspannung zu finden und ausreichende Erholungszeiten zwischen den Blöcken der privaten und arbeitsbedingten Belastungen herzustellen. Der Beitrag zeigt auf, wie Unternehmen die Arbeitsbeziehungen flexibel arbeitender Mitarbeiter verantwortlich gestaltet können, um Risiken der Entgrenzung zu minimieren.*

3.1 Einführung

Der Wandel der Gesellschaft und somit auch der Volkswirtschaften führt zwangsläufig zu einer Veränderung der Arbeitswelten. Lutz von Rosenstiel benennt in diesem Zusammenhang den demografischen Wandel, die Globalisierung, den technologischen Fortschritt sowie den Wertewandel als wesentliche Veränderungstreiber (von Rosenstiel 2007, S. 42 f.) Durch den jetzt wirksamen jüngsten Veränderungsschub in den globalen Wirtschaftsbeziehungen sind Arbeitsformen entstanden, die stark durch Attribute wie Komplexität und Dynamik geprägt sind und bei denen ein hohes Maß an Flexibilität gefordert ist. Bei derart starken Brüchen muss eine menschengerechte Arbeitsgestaltung, wie sie das Arbeitsschutzgesetz fordert, ebenfalls entsprechend neu definiert oder zumindest ein Stück weit den geänderten Bedingungen angepasst werden. Um den Bedarf hierfür einschätzen zu können, stellt sich die Frage, ob sich der Trend zur Flexibilität als kontinuierlicher Prozess fortsetzt oder ob die Welt nach dem letzten Veränderungsschub wieder als mehr oder weniger konstant und stabil zu betrachten ist. Selbst wenn man die Dynamik des technischen Fortschritts einmal nicht in den Vordergrund der Betrachtung rückt, benennen Zukunftsforscher durchweg den Megatrend Flexibilität, der sich zudem deutlich verstärken und somit verstetigen wird. So spricht der Direktor des Copenhagen Institut for Future Studies (SUVA o. J.) Johan Peter Paludan davon, dass genau terminierte Arbeit seltener oder ausgelagert wird. Die daraus resultierende Vermischung zwischen Arbeit und Freizeit wird deshalb für immer mehr Menschen Wirklichkeit. Die herausfordernde Abgrenzung beider Bereiche birgt nach Meinung einiger Experten besondere Gesundheitsrisiken, die aus

B. Badura et al. (Hrsg.) *Fehlzeiten-Report 2012*,
DOI 10.1007/978-3-642-21655-8_3,

3

einer gestörten Work-Life-Balance (im Hinblick auf die jüngste Diskussion zu diesem Begriff sprechen wir passender von Balance zwischen Phasen der Anspannung und der Entspannung) erwachsen. Gleichzeitig entspricht exakt diese Flexibilisierung dem Lebensgefühl einer Generation Web 2.0. Eben jene „Digital Natives" bevorzugen fluide Grenzen zwischen Berufs- und Privatleben und somit größtmögliche Freiheitsgrade bei deren Gestaltung (s. u.). Auch für Unternehmen ist eine größtmögliche Flexibilität für Unternehmen unerlässlich, um in einem dynamischen Umfeld stets anpassungsfähig bleiben zu können. Gleichzeitig müssen aber stabile Beziehungen zu den Arbeitnehmern und stabile Prozesse innerhalb des Unternehmens gestaltet werden (vgl. Flüter-Hoffmann u. Stettes 2011, S. 1). Flexibilisierung beinhaltet dementsprechend gleichermaßen Chancen und Risiken bzw. Möglichkeiten und Grenzen auf individueller wie auch auf organisationaler Ebene. Nachstehend wird dieses Spannungsfeld aus Unternehmenssicht dargestellt.

3.2 Wie stehen junge und künftige Beschäftige zu diesen Veränderungen?

Bezogen auf den Wertewandel prägen u. a. der Wunsch nach Selbstverwirklichung, Lebensgenuss und Selbstentfaltung bei einer gleichzeitig sinkenden Bereitschaft zur Unterordnung (auch im Hinblick auf traditionelle, starre Arbeitsstrukturen) das Selbstverständnis der jüngeren Generation (vgl. von Rosenstiel 2007). Umfragen unter akademischem Nachwuchs und jungen, vorwiegend akademischen Mitarbeitern (nicht nur in der informationsverarbeitenden Branche) belegen zudem eindrucksvoll, dass hoch flexible Arbeitsformen Bestandteil und Basis des gewünschten Lebensmodells sind. Kraetsch und Trinczek (1998, S. 342 f.) sprechen diesbezüglich von veränderten Zeitpräferenzen der Beschäftigten, die eine Abkehr von starren Arbeitszeiten hin zu stärkeren Wahlmöglichkeiten hinsichtlich Lage und Dauer der Arbeitszeit präferieren. Ebenso weisen sie auf die motivationale Wirkung hin, die die Annäherung der Arbeitszeitstrukturen an die Zeitinteressen der Beschäftigten hat (ebenda, S. 343). Verbindet man dies mit dem nicht mehr neuen, aber hochaktuellen Trend des demografischen Wandels, bedeutet dies: Unter dem Eindruck aktueller Fachkräfteengpässe und der (zukünftigen) Entwicklung des Fachkräftemangels ist die Flexibilisierung der Arbeitswelt unter personalpolitischen Aspekten ein mögliches Instrument zur Stärkung der Arbeitgebermarke im Wettbewerb um rarer werdende Talente sowie zur Mitarbeiterbindung. Hinsichtlich des letzten Punktes ist Flexibilisierung mit dem Ziel, die Bindung der Mitarbeiter an das Unternehmen zu stärken, somit gleichzeitig ein Faktor der Stabilisierung der Belegschaften (vgl. Flüter-Hoffmann u. Stettes 2011, S. 1).

Die Zukunftsforscher stellen in diesem Zusammenhang folgende These in den Raum: Jüngere Menschen fordern Werte in der Arbeitswelt ein, die bereits die Freizeit prägen: Spaß, Selbstverwirklichung, soziale Kontaktchancen und weitgehende Souveränität etwa hinsichtlich der Zeiteinteilung (SUVA o. J.). Dass sich die Grenzen zwischen Arbeit und Freizeit verwischen, ist ausdrücklich gewünscht. Die ältere Generation nutzt das Internet als Werkzeug, die Jungen sind vollständig in das Netzwerk integriert.

Zur Kontinuität der Veränderungen der Arbeit wagen die Forscher in der Schweizer Studie zudem folgende Aussage: „Mobilität und Beschleunigung werden auch in Zukunft ein existenzielles Elixier moderner Gesellschaften bleiben, selbst wenn damit Überforderung, Stress und Ängste verbunden sind, die zu einer Zunahme von Beschleunigungskrankheiten wie Depressionen oder Burnouts führen dürften. Zur Beschleunigung der Lebensverhältnisse kommt noch deren Flexibilisierung dazu. Davon sind Beruf und Freizeit im gleichen Maße betroffen. Die Flexibilisierung und Beschleunigung führen dazu, dass die Anforderungen an die Netzwerk- und Kommunikationskompetenz weiter steigen werden." SUVA (o. J., S. 12)

Und nicht nur die Anforderungen an die genannten Kompetenzen steigen: Treier (2009, S. 117) benennt hier zusätzlich das Phänomen des Hyperflexibilismus, der das Individuum (insbesondere mit Führungsverantwortung) dazu herausfordere, das eigene Leistungsprofil mit dem Erwartungs- und Anforderungsprofil eines dynamischen Umfeldes abzugleichen und anzupassen.

Diese Aussagen geben Hinweise darauf, welche Chancen und Risiken bzw. Möglichkeiten und Grenzen die Flexibilisierung der Arbeitswelt hat, prognostizieren aber auch, dass der Trend der Flexibilisierung (der sich eben auch nicht auf die Arbeitswelt beschränkt) nicht aufzuhalten ist. Dabei muss beachtet werden, dass sich die Ursachen dafür vermischen. Die Mobilität und Beschleunigung trifft im gleichen Maße auch die Freizeit und das darauf ausgerichtete Freizeitverhalten von Mitarbeitern. Damit ist ein wesentlich höheres Maß an Eigenverantwortung für das zum großen Teil selbstbestimmte oder maßgeblich mitbestimmte Belastungsniveau verbunden. Ziel ist es, dieses Niveau durchweg so zu gestalten, dass es sich mit den eigenen Ressourcen im Einklang befindet und negative Folgen der Beanspruchung vermieden werden. Diese Aufgabe kann bei diesen Arbeitsformen nicht mehr allein vom Arbeitgeber verantwortlich wahrgenommen werden. Der Umgang mit den neu eröffneten Freiräumen erfordert auch zusätzlich individuelles Wissen der Mitarbeiter. Dinge wie Gesundheitskompetenzen – die Fähigkeit zur Selbsteinschätzung und zur gezielten Förderung der eigenen Gesundheit – müssen Unternehmen daher bei der Rekrutierung als Bestandteil des Fähigkeitsprofils von Bewerbern beachten und bei ihren Mitarbeitern weiterentwickeln. Ferner erfordert die Verständigung zwischen den Mitarbeitern und deren Team sowie den Führungskräften eine hohe Sensibilität und zum Teil neue, maßgeschneiderte Modelle, um die Unterstützung der Mitarbeiter optimal zu gestalten.

3.3 Was ist bereits Realität in Unternehmen mit flexiblen Arbeitsformen?

Flexible Arbeitsformen sind Voraussetzung für die Wettbewerbsfähigkeit global agierender Unternehmen und damit ein Garant für den Verbleib qualifizierter Beschäftigung in Deutschland. Ein Blick auf die europäische Ebene in diesem Zusammenhang zeigt: Die Flexibilisierung der Arbeitszeit und der Arbeitsorganisation (flexible Tages- oder Wochenarbeitszeit, Telearbeit, Teilzeit, Sabbaticals) gehören in Deutschland und in den Vergleichsländern Italien, Frankreich, Schweden, Großbritannien sowie Polen zu den am weitesten verbreiteten Instrumenten, um die Vereinbarkeit von Beruf und Familie zu verbessern und somit die Bindung von Mitarbeitern mit (künftiger) Familienverantwortung an das Unternehmen zu stärken (BMFSFJ 2010). Darüber hinaus bieten Globalisierung und moderne Telekommunikationsmittel kleinen und großen Unternehmen Optimierungschancen, die allerdings mit hohen Anforderungen an Zusammenarbeit, Prozessorganisation und Einsatzsteuerung verbunden sind.

Hochqualifizierte Mitarbeiter schätzen das eigenverantwortliche Arbeiten sehr. In Befragungen ermittelte niedrige Krankenstände und eine hohe Mitarbeiterzufriedenheit belegen die positive Resonanz in modernen IT-Unternehmen. Oft werden Teams bewusst von Unternehmen global zusammengesetzt. Die Trennung von Arbeitszeit und Einsatzort von den Anwesenheitszeiten im Büro ermöglicht es den Unternehmen, die besten Talente ohne geografische Hürden zu rekrutieren und Teams mit den besten Experten aus aller Welt zusammenzustellen. Jeder einzelne Mitarbeiter profitiert davon, dass er weltweite Aufgaben übernehmen kann, ohne dafür umziehen zu müssen.

Der mobile Arbeitnehmer von morgen braucht dafür auch emotionale Flexibilität, interkulturelle Kompetenz, Empathie, Inspiration und Kreativität. Vermehrt wird Arbeit von zu Hause, aus Cafeterias, Parkanlagen und ähnlichen Orten und zu allen Tageszeiten stattfinden, zum anderen wird aber auch die Art der Arbeit sich verändern. Positiv ist auch der Effizienzgewinn: Wege zum Arbeitsplatz entfallen und Dienstreisen werden reduziert. Freie Gestaltung von Arbeitszeit und Arbeitsort ist bereits heute aufgrund der hohen Nachfrage nach diesen Arbeitsplätzen Teil des Employer-Brandings von Unternehmen. Zudem kann diese Art der Flexibilisierung auch Arbeitsprozesse wirtschaftlicher gestalten, da der Fokus von einer Präsenz- stärker auf eine Ergebnisorientierung gelegt wird.

3.4 Wie kann diese Arbeitswelt gemäß der bewährten Arbeits- und Gesundheitsschutzstandards gestaltet werden? – Chancen und Risiken sowie Möglichkeiten und Grenzen aus Arbeitgebersicht

Im Zusammenhang mit Gesundheitsschutz ist der Gestaltungsauftrag stark mit dem Begriff der Arbeitsbelastungssteuerung verbunden. Dabei geht es maßgeblich um ein stärkeres bewusstes Self-Management im Rahmen des unternehmerischen Handels und dessen Prozesse.

Ein mobiles Arbeitsumfeld erfordert einerseits die Abgrenzung zwischen Arbeit und Privatleben. Zeiten ungestörter Arbeit und ungestörter Privatheit müssen als Block erhalten bleiben. So hat bspw. die Deutsche Telekom AG im Jahr 2010 eine Richtlinie zum „Umgang mit mobilen Arbeitsmitteln außerhalb der Arbeitszeit" beschlossen. Diese besagt u. a., dass die Beschäftigten in ihrer Freizeit und am Wochenende – außer im Notfall – keine E-Mails und Telefonate beantworten müssen. Bei einer fortschreitenden Verschmelzung von Arbeitszeit und Privatleben ist es erforderlich, bei allen Beteiligten Fähigkeiten zu entwickeln, die Balance zwischen Anspannung und Entspannung zu finden und ausreichende Erholzeiten zwischen den Blöcken privater und arbeitsbedingter Belastungen herzustellen. Gleichwohl wird die Gradwanderung zwischen individuellen Zeitansprüchen und betrieblichen Bedürfnissen deutlich. Flexible Arbeitszeit- und Arbeitsgestaltung bewegen sich stets im

Spannungsfeld von Kundenorientierung, Wirtschaftlichkeit und Mitarbeiterorientierung. Eine weitestgehende Zeitsouveränität hinsichtlich Dauer und Lage, wie von den Gewerkschaften gerne gefordert (unter Ausblendung der Faktoren „Kunden" und „Wirtschaftlichkeit"), kann es daher nicht geben. Einem selbstbestimmten Überstundenausgleich steht z. B. das zu bewältigende Auftrags- oder Arbeitsvolumen entgegen, nicht nur wegen der Kundenwünsche bezüglich des Zeitpunktes der Leistungserstellung, sondern auch im Hinblick auf andere Kollegen, die dies sonst kompensieren müssten.

3.5 Wie können Unternehmen Arbeitsbeziehungen bei flexibler, überwiegend mobiler Tätigkeit verantwortlich gestalten?

Besondere Bedeutung hat das Maß des vereinbarten Controllings während einer Zielperiode. Einerseits dürfen Entwicklungen nicht aus dem Ruder laufen – andererseits darf das über die Zielvereinbarung hergestellte Vertrauensverhältnis nicht durch überzogene Reportingpflichten konterkariert werden, die zu hohen zusätzlichen Prozesskosten führen.

Professor Krause vom Institut Mensch in komplexen Systemen der Hochschule für angewandte Psychologie der Fachhochschule Nordwestschweiz in Olten verwendet den Begriff der „interessierten Selbstgefährdung", den er mit dem eigenen Antrieb über der Leistungsgrenze hinaus zu arbeiten umschreibt (▶ Beitrag Krause et al. in diesem Band). In flexiblen Arbeitsformen ist nur schwer zu organisieren, dass die Führungsverantwortlichen hier im Sinne einer Fürsorge für den Mitarbeiter eingreifen. Krause beschreibt negative gesundheitsrelevante Folgen bis hin zu Umgehungsstrategien der Mitarbeiter, um das Controlling zu überlisten, und geschönte Angaben in Mitarbeiterbefragungen. Aus den Erfahrungen seiner Projekte gibt er Empfehlungen für ein sicheres gesundes Arbeiten.

- Unternehmensinterne Stolpersteine und Übercontrolling beseitigen
- Gesundheit im System der Leistungssteuerung berücksichtigen
- Nachsteuerungsmöglichkeiten, d. h. flexible Berücksichtigung gravierender Änderungen der Rahmenbedingungen wie Volumenerweiterung durch Kundenwunsch oder Krankheit von Teammitgliedern während der Laufzeit des Zielerreichungsprozesses Frühwarnsystem für Anzeichen von negativen Beanspruchungsfolgen
- In Teams regelmäßig Austausch über Leistungssituation im Verhältnis zu den Ressourcen und den bestehenden Bewältigungsmöglichkeiten bei auftretenden Drucksituationen
- Hierachieübergreifende Kommunikation zulassen und bewusst einsetzen, um das oberste Management realitätsnah informieren zu können

Immer mehr setzt sich bei Mitarbeitern in modernen Arbeitssystemen die Erkenntnis durch, dass es nicht die Arbeit ist, die krank macht, sondern die eigene Einstellung dazu. Eine vertrauensbasierte Arbeitsorganisation mit weitreichenden Zielvereinbarungen und einem hohen Grad an Autonomie bedarf einer auf beiden Seiten vorhandenen Handlungssicherheit. Dazu gehört, dass beide Seiten Grundkenntnisse darüber besitzen, wie Aushandlungsprozesse ablaufen, sowie eine vorausschauende, möglichst präzise und flexible Kapazitätsplanung. Der Prozess der eigenverantwortlichen Leistungssteuerung in Arbeitsverhältnissen auf Vertrauensbasis muss mit Bedacht eingeführt und von effektiven Schulungsmaßnahmen begleitet werden. Um die psychosoziale Belastung gering zu halten, sind regelmäßige Team-Meetings und persönliche Gespräche mit Vorgesetzten zu berücksichtigen. Durch regelmäßige informelle Gespräche mit Kollegen bleiben Mitarbeiter in mobilen Strukturen im Unternehmen verortet und erfahren so die erforderliche soziale Unterstützung.

3.6 Fazit

Als Fazit ist festzustellen, dass sich neue, flexible Arbeitsformen durchaus menschengerecht im Sinne des Arbeitsschutzgesetzes gestalten lassen. Jedoch erfordern diese Arbeitsformen ein hohes Maß an Selbststeuerung und Eigenverantwortung der Mitarbeiter und eine sensible Personalführung. Zudem müssen die Faktoren Wirtschaftlichkeit und Kunden- bzw. Marktorientierung mit einer Flexibilisierung und somit einer Mitarbeiterorientierung synchronisiert werden. Festzuhalten ist aber auch, dass aufgrund von produktionstechnischen und arbeitsorganisatorischen Rahmenbedingungen – besonders im produzierenden Gewerbe – Flexibilitätsbestrebungen an deutliche Grenzen stoßen und dementsprechend den Verbreitungsgrad limitieren.

Literatur

Bundesministerium für Familie, Senioren, Frauen und Jugend (BMFSFJ) (2010) Unternehmensmonitor Familienfreundlichkeit. Berlin

Flüter-Hoffmann C, Stettes O (2011) Neue Balance zwischen betrieblicher Flexibilität und Stabilität – Ergebnisse einer repräsentativen IW-Befragung. Köln

Kraetsch C, Trinczek R (1998) Arbeitszeitflexibilisierung in Klein- und Mittelbetrieben des Produzierenden Gewerbes. Zeitschrift Arbeit 4 (7):338–361

Treier M (2009) Personalpsychologie in Unternehmen. Oldenbourg, München

SUVA (o J) Zukunftsstudie 2029. http://www.suva.ch/startseite-suva/die-suva-suva/medien-suva/suva-dossier-suva/zukunftsstudie-2029-suva.htm. Gesehen 02 Mai 2012

Rosenstiel L von (2007) Grundlagen der Organisationspsychologie. Schäffer-Poeschel, Stuttgart

Kapitel 4

Prekäre oder regulierte Flexibilität? Eine Positionsbestimmung

H.-J. Urban, K. Pickshaus

Zusammenfassung *Zu den Versprechen einer Flexibilisierung der Arbeitswelt gehört die Aussage, dass mehr Auswahlchancen an Beschäftigungsformen und mehr Zeitsouveränität für die Beschäftigten entstünden. Tatsächlich haben insbesondere nach der „großen Krise" 2008/2009 Beschäftigungsformen wie Leiharbeit, befristete Arbeitsverhältnisse und Minijobs stark zugenommen, die mit hohen Prekaritätsrisiken verbunden sind und Unsicherheit bis in die Bereiche der noch regulierten Arbeit hereintragen. Hinsichtlich flexibler Arbeitszeiten haben sich vor allem Arbeitszeitkonten mit erheblich erweiterten Flexibisierungsspielräumen sowie versetzte Arbeitszeiten ausgeweitet. Arbeitswissenschaftliche Untersuchen belegen bei solchen flexiblen Arbeitszeitformen ähnliche Gesundheitsrisiken wie bei Schichtarbeit. Die Autoren stellen aus gewerkschaftlicher Sicht ein Alternativkonzept regulierter Flexibilität vor, das sich am Leitbild guter Arbeit orientiert und neben festen Einkommens- und Beschäftigungsverhältnissen auch gesundheits- und familienverträgliche Arbeitszeiten, einen nachhaltigen Umgang mit der Arbeitsfähigkeit sowie Entwicklungs- und Qualifizierungsmöglichkeiten umfasst.*

4.1 Einleitung

Das Loblied auf die „atmende Fabrik" erfuhr nach der großen Finanz- und Wirtschaftskrise 2008/2009 eine Renaissance. Es war der ehemalige Arbeitsdirektor von Volkswagen, Peter Hartz, der in den 1990er Jahren mit diesem Begriff eine flexiblere Arbeitswelt propagierte. Seitdem hat sich eine weitgehende Flexibilisierung durchgesetzt. In der Krise zeigte sich eine ambivalente Entwicklung: Das Instrument einer internen Flexibilisierung, das vor allem auf Basis von Arbeitszeitkonten die Anpassung der Arbeitszeiten nach Auftragslage ermöglichte, war neben der Nutzung der Kurzarbeit ein Hauptfaktor, der zur Entschärfung der Beschäftigungssituation in der Krise beitrug. Daneben spielte und spielt immer mehr die externe Flexibilisierung eine Rolle, die auf die zahlenmäßige Personalanpassung durch Entlassung und Einstellung, aber vor allem auch durch den Rückgriff auf befristete Beschäftigungsverhältnisse und Leiharbeit setzt und damit den Anteil stabiler Beschäftigungsverhältnisse systematisch verdrängt.

Nach der Krise fielen die Schlussfolgerungen der Arbeitgeberverbände eindeutig aus: Volatile Märkte erforderten noch mehr Flexibilität. Insbesondere beim Einsatz flexibler Beschäftigungsformen gäbe es einen Nachholbedarf. Hierunter werden vor allem Leih- und Saisonarbeit, befristete Beschäftigungsverhältnisse und Werkverträge subsumiert. Stehen wir also vor einem neuen Flexibilisierungsschub? Und welche Folgen hätte dies – die weitere Flexibilisierung von Beschäftigungsformen wie der Arbeitszeit – für die Qualität der Arbeit?

B. Badura et al. (Hrsg.) *Fehlzeiten-Report 2012*,
DOI 10.1007/978-3-642-21655-8_4, © Springer Verlag Berlin Heidelberg 2012

Nach einer Betrachtung der vorherrschenden Flexibilisierungsstrategien sollen die Folgen der permanenten Restrukturierungsprozesse auf die Arbeitsbedingungen und die Trends und Risiken flexibler Arbeitszeitmodelle untersucht werden, um eine eigene Positionierung zur Flexibilität zu begründen.

4.2 Flexibilitätsstrategien

Die eingangs skizzierten Entwicklungen gehören zu den Erfahrungen der Beschäftigten in und nach der Krise. Vor diesem Erfahrungshintergrund können die Auswirkungen und Risiken der Flexibilisierung bewertet und mit den Verheißungen und möglichen Chancen einer zunehmenden Flexibilität in der Arbeitswelt konfrontiert werden.

Zu den Versprechen der Flexibilitätsbefürworter gehört, dass diese für die heutigen individualisierten Lebensentwürfe und diskontinuierlichen Erwerbsverläufe den Beschäftigten mehr Auswahlchancen an Beschäftigungsformen und zugleich hinsichtlich der Arbeitsorganisation ein größeres Maß an Zeitsouveränität böten. Schaut man genauer hin, so zeigt sich, dass diese Plädoyers im Geiste einer Befreiung von starren Arbeitsformen „jedoch in schöner Regelmäßigkeit in Polemik gegen vermeintlich freiheitsbeschränkende Regulierungen münden, seien es nun Tarifverträge, die Mitbestimmung oder kollektive Sicherungssysteme“ (Dörre 2009, S. 64). Insofern kann diese Entwicklung als prekäre Flexibilität charakterisiert werden, durch die regulierte Arbeitsverhältnisse beseitigt werden sollen.

Als Reaktion auf besonders marktradikale Deregulierungsstrategien entstanden insbesondere auf Ebene der EU-Politik Konzepte, mit denen mehr Flexibilität mit gleichzeitiger sozialer Sicherung verbunden werden sollte. Im Kunstwort Flexicurity, das prägend für diesen Strategieansatz wurde, wird die Versöhnung von „flexibility“ und „security“ versprochen. Doch die bisherige Bilanz ist ernüchternd. Eine Analyse des Wirtschafts- und Sozialwissenschaftlichen Instituts (WSI) auf der Grundlage von Erhebungen der European Foundation über die Arbeitsbedingungen zeigt keineswegs ein ausbalanciertes Verhältnis von wirtschaftlich bestimmter Flexibilität und sozialer Sicherheit für die Beschäftigten. Die Autoren Hartmut Seifert und Andranik Tangian führen aus: „Übereinstimmend kommen die Analysen zu dem Ergebnis, dass die Flexibilisierung der Arbeit mit Prekaritätsrisiken verbunden ist. In keinem der EU-Mitgliedsländer ist bislang eine hohe Arbeitsflexibilität mit einer niedrigen Arbeitsprekarität bzw. einem hohen Grad an sozialer Sicherheit verwirklicht. Von Flexicurity kann in den EU-Mitgliedsländern also längst noch nicht die Rede sein.“ (Seifert u. Tangian 2008)

Das vorrangige Ziel einer effektiven beschäftigungs- und arbeitspolitischen Strategie müsste demnach sein, die Eindämmung von prekären Arbeitsverhältnissen ins Zentrum zu stellen und Elemente der sozialen Sicherheit zu stärken. Die sozialen Entwicklungen in den meisten EU-Ländern belegen aber, dass die Prekarisierung der Arbeit ungehindert voranschreitet und soziale Schutzrechte demontiert werden. Im Nachkrisen-Boomjahr 2010 in Deutschland wuchs „ausschließlich die atypische Beschäftigung: Teilzeit, Leiharbeit, Minijobs“. Die absolute Zahl der Normalarbeitsverhältnisse sank von 2008 bis 2010 um 270.000. Ihr Anteil an allen Beschäftigungsverhältnissen in der Privatwirtschaft ging gemäß den WSI-Daten sogar überproportional von 62,5 auf 61,2 Prozent zurück (Böckler-Impuls 2011, S. 1). Mit Ausnahme großer Bereiche der Teilzeit, die zwar zu atypischen, jedoch nicht umstandslos zu prekären Beschäftigungsformen zu zählen sind, sind Minijobs, befristete Beschäftigung und Leiharbeit die Treiber einer Prekarisierung der Arbeit.

Prekarisierung als Ergebnis der externen Flexibilisierungsstrategien ist mit erhöhten Gesundheitsrisiken und einer schlechten Qualität der Arbeit verbunden. Die repräsentative Beschäftigtenbefragung des DGB-Index Gute Arbeit im Jahre 2010 weist aus, dass prekär Beschäftigte (Leiharbeiter, befristet Beschäftigte, Einkommen maximal 2.000 € brutto) zu 51 Prozent ihre Arbeitsqualität als schlecht bewerten gegenüber nur 31 Prozent der nicht-prekär Beschäftigten (DGB-Index Gute Arbeit 2010). Insbesondere bei der Leiharbeit werden erhöhte Risiken gesehen. „Die Tätigkeit von Zeitarbeitnehmern ist durch den Einsatz an wechselnden Arbeitsplätzen in wechselnden Unternehmen und oftmals kurzen Einsatzzyklen gekennzeichnet. Die sich immer wieder ändernden Arbeitsanforderungen und Arbeitsabläufe, die oft unzureichende Einweisung in den Arbeitsplatz und in die Arbeitsaufgaben sowie in den Arbeits- und Gesundheitsschutz führen zu einer höheren Gefährdung als bei den Stammarbeitnehmern des Einsatzbetriebs. Es gibt Hinweise dafür, dass für Zeitarbeitnehmer, insbesondere im Bereich der Hilfstätigkeiten, ein höheres Unfallrisiko als für sonstige Beschäftigte eines Betriebes bestehen.“ (BAuA: Ausschreibung zum Förderschwerpunkt vom 30.4.2008, zitiert nach Langhoff et al. 2012, S. 167)

Neuere Studien weisen darauf hin, dass inzwischen ein Funktionswandel der Leiharbeit zu konstatieren ist

(Holst et al. 2009). Sie mutiert vom Flexibilitätspuffer immer mehr zum dauerhaften Ersatz von regulären Arbeitsverhältnissen. Die „große Krise" hatte dabei eine Katalysatorfunktion: Auf dem Höhepunkt der Krise besaß Leiharbeit eine beschäftigungspolitische Pufferfunktion. Nunmehr nach der Krise beschleunigte sich die Prekarisierung. Hinzu kommt: Prekäre Arbeit trägt die Unsicherheit bis in die Kernbereiche der Stammbelegschaften und der „regulierten Arbeit" hinein und drückt auf die Standards guter Arbeit. Mit Robert Castel spricht Dörre von der „Wiederkehr sozialer Unsicherheit", die zunehmend Beschäftigtengruppen erfasst, die bisher noch zu den Gesicherten zählten, und hohe Disziplinierungswirkungen erzielt (Dörre 2009, S. 67).

Die neuen Dimensionen einer flexibilisierten Arbeitsorganisation, die sich im Finanzmarktkapitalismus durchsetzt, sind vielfach beschrieben worden: „Die zunehmende Durchsetzung entstandardisierter Arbeitszeiten (Ende des Normalarbeitstages) führt dazu, dass Arbeitskräfte die zeitliche Organisation ihrer Arbeit und damit ihres Alltags in wachsendem Maß selbst gestalten müssen. Die Zunahme von Beschäftigungsverhältnissen mit verringertem rechtlichem Schutz (Ende des Normalarbeitsverhältnisses) impliziert unter anderem, dass Lebensverläufe fragiler werden und erhöhte Identitätsanforderungen entstehen." (Voß 1994, S. 270) Über die empirisch belegbare Reichweite solcher Veränderungen ist vielfach gestritten worden. Weitgehende Zustimmung fanden jedoch die Einwände gegenüber den Freiheitsversprechungen der Flexibilisierung, wie sie schon früh von Richard Sennett formuliert wurden: „In Wirklichkeit schafft das neue Regime neue Kontrollen, statt die alten Regeln einfach zu beseitigen – aber diese neuen Kontrollen sind schwerer zu durchschauen." (Sennett 1998, S. 11) Für Sennett sind die Folgen allumfassender Flexibilitätsanforderungen für die Lebensführung und den Charakter im flexiblen Kapitalismus problematisch. Dem „flexiblen Menschen", der stets bereit für Neues und Veränderungen sein soll, der sich keinen Routinen hingeben darf, werde es unmöglich, langfristige Bindungen einzugehen, seinem eigenen Leben, das zu undurchschaubarem Stückwerk wird, einen konsistenten Sinn zu verleihen (Sennett 1998).

Diese Veränderungen stehen offenkundig damit im Zusammenhang, dass im flexiblen Kapitalismus ein neuer marktzentrierter Kontrollmodus durchgesetzt werden soll. Die kapitalmarktorientierten Unternehmenssteuerungsformen üben einen zunehmenden Flexibilisierungsdruck auf Arbeitsorganisation und Beschäftigungsformen aus, sind aber selbst ein „politikdurchdrängter Prozess": „Gleich, ob Deregulierung der Finanzmärkte, Privatisierung von Unternehmen oder aktivierende Arbeitsmarktpolitik – stets haben Staat und Politik die Hand im Spiel." (Dörre 2009, S. 67) Dies wird um Elemente eines neuen Disziplinarregimes ergänzt, in dem „Hartz IV" mit seinen strengen Zumutbarkeitsregeln die Konzessionsbereitschaft all derjenigen erhöht, die noch Arbeit haben und damit eine Absenkung von Qualitätsstandards der Arbeit mit allen Gesundheitsrisiken in Kauf nehmen.

Zusammenfassend lässt sich festhalten: Im Finanzmarktkapitalismus hat sich eine prekäre Flexibilität etabliert. Ein Ende dieser Ökonomie der Maßlosigkeit und der Deregulierung ist aber auch nach den Erfahrungen der „großen Krise" nicht in Sicht. Nach wie vor schafft die kapitalmarktorientierte Unternehmenslenkung mit einer straffen Profitsteuerung und Orientierung an einer Ökonomie der „kurzen Fristen", d. h. zumeist den Quartalsberichten für die Aktionäre, ständige Unsicherheiten: „Das Resultat ist kein uniformer Organisationstyp, sondern Restrukturierung in Permanenz." (Dörre 2009, S. 61)

4.3 Permanente Restrukturierung und Gesundheit

Arbeitspolitische Restrukturierungen zielen in der Regel darauf ab, den Flexibilisierungsdruck zu erhöhen. Kostensenkende Restrukturierungen gehören aufseiten der Unternehmen auch zu den häufigsten Reaktionen auf die Krise. Die potenziellen Folgen für Arbeitsqualität und Gesundheit der Beschäftigten können immens sein und müssen deshalb von den Gewerkschaften als Risikopotenzial ernst genommen werden (vgl. Pickshaus u. Urban 2011).

Eine Erhebung des Instituts für Arbeitsmarkt- und Berufsforschung (IAB) über Reaktionen der Unternehmen zeigt, dass Restrukturierungen mehr noch als Entlassungen zu einer überwiegend gewählten Krisenstrategie zählten. Eine Mehrheit der Unternehmen strebte Kostensenkungen durch Umstrukturierungen an (◼ Abb. 4.1). Daher lässt sich prognostizieren, dass auch zukünftig Restrukturierungen zu einem permanenten Druck auf die Arbeitsstandards und zu einer arbeitspolitischen Problemverschärfung beitragen werden.

Eine Beschäftigtenbefragung des WSI zwischen August und Dezember 2009 ergab, dass in Betrieben mit schlechter wirtschaftlicher Lage zu 70 Prozent mit Umstrukturierungen zu rechnen ist. In diesen Betrieben habe zu 76 Prozent der Leistungsdruck zugenommen (Bispinck et al. 2010, S. 8, 11).

4

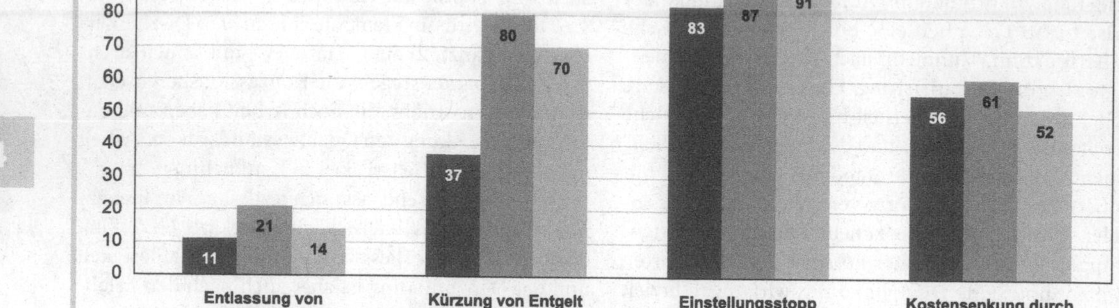

Abb. 4.1 Maßnahmen von Betrieben, die sich von der Krise betroffen fühlen

Die Befunde des DGB-Index Gute Arbeit 2010 bestätigen diesen Trend (vgl. Tab. 4.1): Jeweils rund ein Fünftel der Beschäftigten berichten von teilweise einschneidenden Maßnahmen, die in den Betrieben, in denen sie arbeiten, durchgeführt wurden – jedoch waren sie selbst nicht immer davon betroffen: 23 Prozent geben an, dass – in Folge der Krise – Umstrukturierungen vorgenommen wurden, 21 Prozent berichten von Entlassungen und Arbeitsplatzabbau. Da in dieser Befragung ausschließlich Erwerbstätige zu Wort kommen, liegt es in der Logik der Befragung, dass die Befragten nur selten selbst von Entlassungen betroffen waren. Umstrukturierungen spielen in der Metallbranche mit 44 Prozent eine besonders große Rolle. Aber auch in den Finanzdienstleistungen gab es mit 36 Prozent einen hohen Anteil an kriseninduzierten Umstrukturierungen.

Verbunden mit Umstrukturierungen ist sicherlich auch die generelle Erhöhung der Arbeitsintensität zu sehen, die 31 Prozent aller Beschäftigten registriert haben. Im Bereich der Finanzdienstleistungen und in der Metallbranche sind die Werte mit 38 bzw. 42 Prozent besonders hoch. Beachtlich ist, dass bei den Veränderungen, von denen die Befragten selbst betroffen sind, die Arbeitsintensivierung mit 21 Prozent an der Spitze steht. Die Zunahme des Leistungsdrucks und der Arbeitsintensität wird somit zu einem herausragenden arbeitspolitischen Problemfeld.

Das Problemfeld Restrukturierung und Gesundheit ist zum Schwerpunkt eines Forschungsberichts einer EU-Expertengruppe (HIRES-Report) geworden (EU-Expertengruppe 2009). Die Experten unterscheiden folgende Hauptformen von Restrukturierungen: Schließungen von Betrieben und Personalabbau (Downsizing), Outsourcing oder Offshoring von Tätigkeitsfeldern, Verlagerung in Subunternehmen, Fusionen, räumliche Veränderungen und unternehmensinterne Mobilität durch Schaffung interner Arbeitsmärkte. All dies soll die Flexibilität der Unternehmen erhöhen.

Nach den Aussagen des HIRES-Reports führten Restrukturierungen zu „Unsicherheiten und Irritationen auf allen Ebenen" und würden von den Beschäftigten oftmals als „sozialer Krieg" wahrgenommen. Dabei seien folgende Charakteristika feststellbar: Restrukturierungen seien ein Stressfaktor sowohl für die „Opfer" (damit sind die Entlassenen gemeint) als auch für die im Unternehmen „Verbleibenden". Restrukturierungen seien eine Zeit voller Turbulenzen, die auch das Management und die Führungskräfte beträfen. Generell nähme die Konkurrenz unter Beschäftigten zu, was negative Auswirkungen auf das Arbeitsklima und die Arbeitsplatzsicherheit habe.

Der Report prognostizierte im Jahre 2009: „In der momentanen Wirtschaftskrise könnten die potenziellen Auswirkungen von Restrukturierung auf die Gesundheit sogar Ausmaße einer Pandemie annehmen." (ebenda, S. 15, 18) Die empirischen Belege – so der HIRES-Report – „deuten auf vielfache psychosoziale Risiken in den unterschiedlichen Phasen des Restrukturierungsprozesses hin". (ebenda, S. 20) Zunehmende Restrukturierungen führten ferner zu arbeitsbeding-

■ **Tab. 4.1** Betriebliche Veränderungen infolge der Krise und persönliche Betroffenheit – Umstrukturierung und Arbeitsintensivierung (Wirtschaftsbereiche mit besonderer Krisenbetroffenheit), Darstellung in %

					Darunter u. a.:		
Im Betrieb vorgekommen	**Alle Beschäftigten**	**Chemie-, Kunststoff-, Glas-Keramik-Industrie**	**Banken/Kreditgewerbe**	**Metall/Elektroindustrie/ Fahrzeugbau**	**Metallerzeugung**	**Maschinenbau/ Elektrogeräteherstellung**	**Fahrzeugbau**
Es gab Umstrukturierungen (z. B. Veränderungen in den Abteilungen)	23	21	36	44	40	38	38
Beschäftigte wurden entlassen/Arbeitsplätze wurden abgebaut	21	27	22	38	38	33	34
Arbeitsintensität wurde erhöht	31	31	38	42	38	39	46
Zusätzliche Qualifizierungsmaßnahmen wurden durchgeführt	13	13	10	27	24	26	27
					Darunter u. a.:		
Selbst betroffen	**Alle Beschäftigten**	**Chemie-, Kunststoff-, Glas-Keramik-Industrie**	**Banken/Kreditgewerbe**	**Metall/Elektroindustrie/ Fahrzeugbau**	**Metallerzeugung**	**Maschinenbau/ Elektrogeräteherstellung**	**Fahrzeugbau**
Es gab Umstrukturierungen (z. B. Veränderungen in den Abteilungen)	9	8	15	19	20	15	13
Beschäftigte wurden entlassen/Arbeitsplätze wurden abgebaut	3	1	5	5	5	3	6
Arbeitsintensität wurde erhöht	21	17	25	29	23	28	23
Zusätzliche Qualifizierungsmaßnahmen wurden durchgeführt	7	8	6	13	8	13	8

Quelle: Repräsentative Erhebung des DGB-Index Gute Arbeit 2010 (n = 4150)

Fehlzeiten-Report 2012

ten Erkrankungskosten, die auf das Gesundheitssystem und die Gesellschaft externalisiert werden: „Das ‚Outsourcing' der Verantwortung für die gesundheitlichen Folgen von Restrukturierung aus den Unternehmen heraus hat nicht nur negative finanzielle Konsequenzen für staatliche Haushalte. Dies schafft auch weitere Hürden für weitergehende präventive Maßnahmen, die von Unternehmen durchgeführt werden könnten. Würde wenigstens ein Teil der externalisierten Gesundheitskosten von dem Unternehmen übernommen, bestünde ein stärkerer Anreiz, präventive Maßnahmen durchzuführen, um die Kosten gering zu halten." (ebenda, S. 85) Eine Priorisierung von Gesundheit muss deshalb auch auf die enormen Präventionspotenziale im Betrieb hinweisen, die auch zu einer Kostensenkung für die Sozialkassen beitragen können.

Bestätigt werden die Befunde erheblicher Gesundheitsrisiken durch Restrukturierungen durch eine Studie des dänischen Ökonomen Michael Dahl von der Universität Aalborg (Dahl 2011). Anhand von Daten von knapp 93.000 Beschäftigten aus mehr als 1.500 dänischen Großunternehmen aus den Jahren 1995 bis 2003 wird aufgezeigt: Beschäftigte von Firmen, die umgebaut werden, leiden häufiger an Depressionen und Schlaflosigkeit. Sie seien dann weniger leistungsfähig und einsatzbereit.

Dahl konnte dank des liberalen Datenschutzgesetzes in Dänemark die bislang breiteste Datenquelle nutzen, die auf einer Umfrage des dänischen Statistikamtes in Kombination mit detaillierten Sozialversicherungsdaten über die Beschäftigten der betroffenen Firmen basiert. Die Studie stellt fest: Wenn es in Unternehmen zu Restrukturierungen kommt, steigt die Zahl der Beschäftigten, die Medikamente gegen Depressionen oder Schlafstörungen einnehmen, spürbar an. Je radikaler und tiefgreifender der Wandel, desto stärker ist dieser Effekt.

Die Studie kann bemerkenswerterweise einen Faktor als Ursache für das Phänomen ausschließen: Die untersuchten Restrukturierungen spielen sich in der Regel nicht in Unternehmen ab, die um das wirtschaftliche Überleben kämpfen müssen, sondern in solchen, die stark wachsen. Damit bestätigt sich, dass Restrukturierungen ein zentrales Dauerproblem bleiben.

Auch deshalb ist die Empfehlung der HIRES-Expertengruppe hochaktuell: Die Sozialpartner „müssen sicherstellen, dass die gesundheitlichen Folgen während eines Restrukturierungsprozesses durchgängig thematisiert werden und eine Bewertung gesundheitlicher Auswirkungen in jeder Phase des Prozesses stattfindet." (EU-Expertengruppe 2009, S. 86) Dies stellt eine durchaus ambitionierte Herausforderung für eine gewerkschaftliche Intervention in Restrukturierungsprozesse dar.

4.4 Flexible Arbeitszeiten als Gesundheitsrisiko

Die Arbeitszeitstudien der letzten Jahre belegen, dass Dauer, Lage und Verteilung der Arbeitszeit immer weniger am Muster der Normalarbeitszeit (Achtstundentag, Fünftagewoche) orientiert sind (vgl. Groß 2010; Franz u. Lehndorff 2010). Nach Groß kristallisieren sich folgende Trends heraus:

- Für einen Teil der Beschäftigten werden die Arbeitszeiten kürzer. Dies gilt insbesondere für die Beschäftigten, die in geringfügiger Beschäftigung, in Mini- oder Midijobs tätig sind. Ausgeweitet hat sich auch Teilzeitbeschäftigung von 15,3 Prozent im Jahr 1990 auf 23,2 Prozent im Jahr 2007 (Groß 2010, S. 19).
- Für einen großen Teil der Beschäftigten sind die Arbeitszeiten dagegen länger geworden. Dies betrifft vor allem Vollzeitbeschäftigte, deren tatsächliche und auch vertragliche Wochenarbeitszeit in den letzten Jahren wieder angestiegen ist. Von diesem Trend setzen sich Teile der hochqualifizierten Beschäftigten nochmals ab, die 2003 tatsächliche Wochenarbeitszeiten von über 44 Stunden aufwiesen, die damit um fünf Stunden über der vertraglich vereinbarten und/oder tariflichen Wochenarbeitszeit lagen (Groß 2010, S. 18). Vertrauensarbeitszeitmodelle mit einer völligen Entgrenzung der Arbeitszeit, die vor allem bei hochqualifizierten Belegschaften anzutreffen sind, stagnieren seit 2003 bei 8 bis 10 Prozent der Beschäftigten (ebenda, S. 13).
- Zwischen 1991 und 2007 haben sich vor allem atypische Arbeitszeiten ausgeweitet: „Am stärksten zugenommen hat die Arbeit am Samstag. 43,5 Prozent der Arbeitnehmer müssen heute auch dann zur Arbeit. Vor 20 Jahren war es noch nicht mal ein Drittel. Rund ein Viertel muss inzwischen auch sonntags arbeiten. Anfang der 1990er Jahre waren es nur gut 17 Prozent. Immerhin knapp 15 Prozent aller Beschäftigten müssen dann arbeiten gehen, wenn andere schlafen. Schichtarbeit betrifft gut 17 Prozent aller Arbeitnehmer. Seifert weist darauf hin, dass damit Gesundheitsrisiken zunehmen. Ruhelose Wirtschaftsaktivitäten beeinträchtigten auch das familiale und soziale Leben, denn gemeinsame Phasen der Ruhe würden immer seltener" (Seifert

zitiert nach Böckler-Impuls 17/2011, S. 5). Die Folgen seien erst langfristig absehbar.

- Übergreifend ist ein rasanter Anstieg der Flexibilisierung von Arbeitszeiten zu beobachten, da sich die Betriebszeiten immer mehr von den Arbeitszeiten entkoppeln. Nicht nur der Anteil der Beschäftigten, die in Gleitzeit arbeiten, hat sich nach den Ergebnissen der Beschäftigtenbefragungen im Zeitraum von 1987 bis 1995 anteilsmäßig von 14 Prozent auf 28 Prozent verdoppelt, sondern insbesondere Arbeitszeitkonten haben sich ausgeweitet: „Mittlerweile arbeitet fast schon jeder zweite Beschäftigte in Arbeitszeitkontenmodellen: 2005 waren es 48,0 Prozent und 2007 waren es 47,0 Prozent. Offenkundig haben sich mittlerweile Arbeitszeitkontenmodelle auf diesem hohen Niveau knapp unterhalb der 50-Prozent-Marke stabilisiert." (Groß 2010, S. 28) Hinzu kommt: Die mit Arbeitszeitkontenmodellen eröffneten Flexibilisierungsspielräume im Zeitraum von 2001 bis 2007 wurden stark ausgeweitet. „Dies gilt insbesondere für die maximale Anzahl der Minus- und Plusstunden; die Minusstunden sind im Zeitraum von 2001 bis 2007 um 13 Stunden oder 26 Prozent ausgeweitet worden, während sich bei den Plusstunden der Zuwachs sogar auf 28 Stunden oder 37 Prozent beläuft." (Groß 2010, S. 30, 31)
- Ein besonderes Flexibilisierungsinstrument vor allem im Dienstleistungsbereich sind die versetzten Arbeitszeiten. Vielfach sind dies auch KAPOVAZ-Systeme, die faktisch Arbeit auf Abruf darstellen. „Der Anteil der Beschäftigten, die in versetzten Arbeitszeiten tätig sind, stieg von 15,0 Prozent in 2001 auf 24,3 Prozent in 2007. Mittlerweile sind anteilsmäßig mehr Beschäftigte in versetzten Arbeitszeiten als in Schicht- und Nachtarbeit tätig. … Versetzte Arbeitszeiten sind über diese Elastizität hinaus weitaus kostengünstiger als Schicht- und Nachtarbeit. Während für diese in der Regel Zuschläge gezahlt werden müssen, entfallen diese bei jenen weitestgehend. Dies unterstützt noch die Vorteile von versetzten Arbeitszeiten für die Betriebe; mit diesem Instrument können diese – zugespitzt formuliert – relativ kurzfristig und kostengünstig fast jede gewünschte Betriebszeit realisieren." (Groß 2010, S. 32) Groß stellt fest, dass „Betriebe mit versetzten Arbeitszeiten häufiger mit informellen, auf betrieblichen Übereinkünften und/oder Vorgesetztenanweisungen beruhenden Regelungen der Arbeitszeit (operieren). Dies deutet darauf hin, dass sich die betrieblichen Flexibilitätserfordernisse stärker und ‚enthemmter' auf die Beschäftigten, die in versetzten Arbeitszeiten tätig sind, durchdrücken dürften als beispielsweise auf die Schichtbeschäftigten." (Groß 2010, S. 42)

Vor diesem Hintergrund der Arbeitszeitentwicklung sind folgende politischen Aspekte hervorzuheben: Da Arbeitszeitkonten angesichts des möglichen Aufbaus von Guthaben als Beitrag zur Stärkung persönlicher Arbeitszeitflexibilität und -souveränität dargestellt werden, muss trotz der hilfreichen „Krisenpuffer-Funktion" der Arbeitszeitkonten – auf die eingangs verwiesen wurde – daran erinnert werden, „dass sie weniger einen Gewinn an Zeitsouveränität ausdrückt als eine von den betreffenden Beschäftigten ‚vorfinanzierte' Vermeidung von Kurzarbeit in der Krise." (Franz u. Lehndorff 2010, S. 7) Während der Trend zu längeren Arbeitszeiten durch die Krise jäh unterbrochen wurde, haben sich im Aufschwung die Arbeitszeiten wieder dem Vorkrisenniveau' angenähert. „In diesem neuerlichen Anstieg der Arbeitszeiten drückt sich nicht allein der Rückgang der Kurzarbeit aus. Es deutet sich auch ein Rückfall in die Praxis der Überstundenarbeit und des Aufbaus von Guthaben auf Arbeitszeitkonten an, die bereits in den Jahren vor der Krise den Beschäftigungsaufbau erkennbar gebremst hatte." (ebenda, S. 1)

Während die sozialen und Gesundheitsrisiken von Wochenendarbeit und vor allem von Schichtarbeit gut belegt sind, sind die Risiken flexibler Arbeitszeiten erst in den letzten Jahren intensiver untersucht worden (vgl. vor allem Janssen u. Nachreiner 2004). Dies muss die Flexibilisierungsmodelle der versetzten Arbeitszeiten auch einbeziehen.

Janssen und Nachreiner definieren Flexibilität im Gegensatz etwa zur einfachen Abweichung von der Normalarbeitszeit unter dem Aspekt, dass „Wahlmöglichkeiten zur Anpassung an betriebliche Bedarfe, Wünsche der Mitarbeiter und/oder beides" gegeben sein sollten (ebenda, S. 34). Viele Teilzeit- oder Schichtsysteme wichen zwar von der Normalarbeitszeit ab, seien aber sehr rigide. Deshalb käme es auf die Dimensionen „Einfluss, Variabilität bzgl. Lage und Dauer (Menge und zeitliche Verteilung der Arbeitszeit) und … auch auf die Vorhersehbarkeit" an (ebenda, S. 34).

Als zentrales Ergebnis der Gesundheitsverträglichkeitsprüfung flexibler Arbeitszeiten halten sie fest, „dass erhöhte Variabilität bezüglich Dauer und Lage der Arbeitszeit offensichtlich zu strukturell ähnlichen Beeinträchtigungen führen, wie sie aus der Schichtarbeitsforschung bekannt sind" (ebenda, S. 127). So zeigen sich ebenfalls wie bei Schichtarbeit biologische Desynchronisationseffekte mit den bekannten gesundheitlichen Störungen zirkadian gesteuerter Funktionen (Schlaf, Verdauungssystem) sowie darüber hinaus psychovegetative Störungen. Diese Effekte seien besonders intensiv bei einer „unternehmensbedingten Flexibilität". Sie träten allerdings auch relativ stark bei „selbstbestimmter Flexibilität" auf (ebenda, S. 128). Das heißt: Auch wenn die Beschäftigten bei der Gestaltung ihrer Arbeitszeit autonom sind und über einen Dispositionsspielraum verfügen, ergeben sich noch Beeinträchtigungen des gesundheitlichen und psychosozialen Wohlbefindens und negative Effekte der Variabilität.

Janssen und Nachreiner schlussfolgern deshalb: „Variabilität der Arbeitszeit ist demnach ein bedeutsamer Faktor in Bezug auf die Sozialverträglichkeit von Arbeitszeitregelungen, und zwar im Hinblick auf mögliche Beeinträchtigungen der Gesundheit und des psychosozialen Wohlbefindens. … Da Schichtarbeit allgemein als gesundheitlicher Risikofaktor betrachtet wird, muss daher bei bestimmten Formen flexibler Arbeitszeiten – insbesondere solche mit unternehmensbestimmter hoher Variabilität – ebenfalls von einem Risikofaktor ausgegangen werden." (ebenda, S. 131)

Die Arbeitszeitentwicklung, insbesondere die Ausdehnung von flexiblen Arbeitszeiten ebenso wie von Schichtarbeit, verweist somit auf beträchtliche Gesundheitsrisiken. Es ist offensichtlich, dass sich deshalb auch hinsichtlich der Arbeitszeitentwicklung ein hohes Maß an Regulierungsbedarf ergibt.

4.5 Gute Arbeit als Orientierungspunkt regulierter Flexibilität

Ein Alternativkonzept zur marktgetriebenen Flexibilisierung kann sich durchaus positiv auf Flexibilisierung beziehen. Denn zweifellos gilt es, die Interessen der Beschäftigten nach mehr Selbstbestimmung und Eigenverantwortung in der Arbeit aufzugreifen und mit verlässlichen Regeln abzusichern. Ein solches Konzept wird im Gegensatz zur vorherrschenden prekären Flexibilität eine regulierte Flexibilität anstreben, die eine gesundheitsverträgliche Gestaltung der Arbeitsbedingungen und Arbeitszeit sichert und prekäre Beschäftigungsformen eindämmt bzw. verhindert. Ein solches Flexibilitätsverständnis kann sich am Leitbild einer „guten Arbeit" orientieren, wie es originär von den Gewerkschaften entwickelt wurde und mit der Arbeitsweltberichterstattung des DGB-Index Gute Arbeit seit 2007 ausgefüllt wird. Gute Arbeit umfasst dabei mehrere Dimensionen: Neben festen Einkommens- und Beschäftigungsverhältnissen gehören gesundheits- und familienverträgliche Arbeitszeiten, Schutz vor Leistungsüberforderung, ein nachhaltiger Umgang mit der Arbeitsfähigkeit, ein präventiver und partizipativer Gesundheitsschutz sowie Entwicklungs- und Qualifizierungsmöglichkeiten dazu (Projekt Gute Arbeit 2007).

In das Zentrum gewerkschaftlicher Aktivitäten zu „Gute Arbeit" sind deshalb vor allem drei Schwerpunkte gerückt:

- Prekäre Beschäftigung eindämmen und Risiken verringern, da prekäre Arbeit am stärksten auf die Standards guter Arbeit drückt
- Arbeitszeit und Leistung wieder auf ein gesundes Maß begrenzen
- Arbeit alternsgerecht und lernförderlich gestalten

Arbeitszeitforscher weisen hinsichtlich des Bedarfs einer regulierten Arbeitszeitflexibilität darauf hin, dass „gerade die Etablierung verlässlicher und planbarer Arbeitszeiten an Bedeutung gewinnen (dürfte), weil die lebensweltlichen Zeitbedarfe aufgrund des demografischen Wandels und veränderter Wertepräferenzen nicht länger marginalisierbar sind: Neben der Gewährleistung von ausreichend Zeit für die Betreuung und Erziehung von Kindern dürfte insbesondere der Zeitbedarf für die Pflege von pflegebedürftigen Angehörigen stark zunehmen." (Groß 2010, S. 13)

Verlässlichkeit und Planbarkeit sowie Beeinflussbarkeit der Arbeitszeiten sind sicherlich wichtige Voraussetzungen, um dem Beschäftigten gegenüber dem unerbittlichen Wettbewerbsdruck, der von den Unternehmen ins Feld geführt wird, Zeitsouveränitat verschaffen zu können. Dies setzt entsprechende Regulative voraus, zu denen aus gewerkschaftlicher Sicht auch die Festlegung von Höchstarbeitszeitgrenzen und von belastungsnahen Erholungsmöglichkeiten gehören muss.

Janssen und Nachreiner geben für die Gestaltung flexibler Arbeitszeitmodelle folgende Empfehlungen (Janssen u. Nachreiner 2004, S. 132 ff.):

1. Die Variabilität der Arbeitszeiten müsse in engen Grenzen gehalten werden, und zwar dic Variabilität bezüglich der Lage wie der Dauer der Arbeitszeit.
2. Es muss ein Mindestmaß an Planbarkeit, Vorhersehbarkeit und Zuverlässigkeit der Arbeitszeiten erreicht werden.
3. Den Beschäftigten müssen größtmögliche Einflussmöglichkeiten und Entscheidungsspielräume bei der Gestaltung ihrer Arbeitszeitbedingungen eröffnet werden. „Mitarbeiterbestimmte Flexibilität führt offensichtlich zu geringeren Beeinträchtigungen als unternehmensbestimmte Flexibilität." Dies

schließe ein, „den verantwortungsvollen und sozialverträglichen Gebrauch dieser Entscheidungsspielräume zu trainieren, damit es nicht zu Missbräuchen mit negativen Konsequenzen kommt".

Regulierte Flexibilität wird zur Eindämmung der fortschreitenden und politisch geförderten Prekarisierung der Arbeit vor allem auch auf der politischen Ebene durchzusetzen sein. Dies erfordert einen arbeitsmarktpolitischen Neustart, denn das gegenwärtige Hartz-System hat prekäre Beschäftigung und einen Niedriglohnsektor gefördert und wirkt darüber hinaus mit seinen Zumutbarkeits- und Sanktionsregeln disziplinierend bis in den Kernbereich noch geschützter Arbeit. Eine solche Re-Regulierung orientiert sich an der Leitidee eines sozialstaatlichen Leistungsrechts und einer Neuausrichtung der Arbeitsmarktpolitik. Es bedarf eines arbeitsmarktpolitischen Konzeptes, das unterwertige Beschäftigung vermeidet, das Arbeitskräftepotenzial fördert und im Falle von Erwerbslosigkeit hilft, den Lebensstandard zu sichern und Armut zu vermeiden.

Aber auch mit Blick auf die wachsenden psychischen Gefährdungsfaktoren in der Arbeitswelt, die angesichts der Restrukturierungen in Permanenz und der Leistungsintensivierung offenkundig sind, ist die Politik gefordert, bestehende Schutzlücken zu schließen. Konkretere und verbindlichere Schutzregelungen vor psychischen Gefährdungen in der flexiblen Arbeitswelt sind deshalb eine aktuelle Herausforderung. Im Rahmen der Gemeinsamen Deutschen Arbeitsschutzstrategie wird das Thema „Schutz vor psychischen Gefährdungen" in der nächsten Strategieperiode ab dem Jahre 2013 eines der drei wichtigsten Ziele darstellen. Dies muss die Erarbeitung neuer regulatorischer Schutzregelungen einschließen (vgl. Urban et al. 2012).

Regulierte Flexibilität wird ohne den aktiven Einsatz der Beschäftigten für ihre Arbeitsbedingungen nicht erreichbar sein. Das gilt sowohl für die Durchsetzung neuer Regelungselemente als auch für ihre Wirkungsweise im Arbeitsalltag. Eine erfolgreiche „Grenzziehung" ist deshalb nicht allein ein regelungstechnischer Vorgang, sondern eine Frage der Politisierung.

Literatur

Bispinck R, Dribbusch H, Öz F (2010) Auswirkungen der Wirtschaftskrise auf die Beschäftigten. WSI-Report Nr. 02, Düsseldorf

Böckler-Impuls 17/2011, Düsseldorf

Böckler-Impuls 20/2011, Düsseldorf

Dahl M (2011) Organizational Change and Employee Stress. Management Science 57:240–256

DGB-Index Gute Arbeit (2010) Der Report, Berlin

Dörre K (2009) Die neue Landnahme. Dynamiken und Grenzen des Finanzmarktkapitalismus. In: Dörre K, Lessenich S, Rosa H (Hrsg) Soziologie – Kapitalismus – Kritik. Suhrkamp, Frankfurt, S 21–86

EU-Expertengruppe HIRES (Kieselbach T et al.) (2009) Gesundheit und Restrukturierung. Innovative Ansätze und Politikempfehlungen. Hampp, München und Mering

Franz C, Lehndorff S (2010) Arbeitszeitentwicklung und Krise – eine Zwischenbilanz. IAQ-Arbeitszeit-Monitor 2010, Duisburg

Groß H (2010) Vergleichende Analyse der Arbeits- und Betriebszeitentwicklung im Zeitraum von 1987 bis 2007. sfs-Beiträge aus der Forschung, Band 176, Dortmund

Holst H, Nachtwey O, Dörre K (2009) Funktionswandel von Leiharbeit – Neue Nutzungsstrategien und ihre arbeits- und mitbestimmungspolitischen Folgen. Otto-Brenner-Stiftung, Arbeitsheft 61, Frankfurt/Main

Janssen D, Nachreiner F (2004) Flexible Arbeitszeiten. Schriftenreihe der BAuA FB 1025, Dortmund/Berlin/Dresden

Langhoff T, Krietsch I, Schubert A (2012) Leiharbeit und Gesundheitsschutz – Strategiefragen und Politikempfehlungen. In: Schröder L, Urban HJ (Hrsg) Gute Arbeit, Zeitbombe Arbeitsstress – Befunde, Strategien, Regelungsbedarf. Bund-Verlag, Frankfurt

Pickshaus K, Urban HJ (2011) Das Nach-Krisen-Szenario: Beschäftigungspolitische Entspannung und arbeitspolitische Problemzuspitzung? In: Schröder L, Urban HJ (Hrsg) Gute Arbeit, Folgen der Krise, Arbeitsintensivierung, Restrukturierung. Bund-Verlag, Frankfurt, S 21-39

Projekt Gute Arbeit (2007) Handbuch Gute Arbeit. VSA, Hamburg

Seifert H, Tangian A (2008) Flexicurity – gibt es ein Gleichgewicht zwischen Flexibilisierung des Arbeitsmarktes und sozialer Sicherung? Düsseldorf

Sennett R (1998) Der flexible Mensch. Die Kultur des neuen Kapitalismus. Berlin Verlag, Berlin

Voß GG (1994) Das Ende der Teilung von Arbeit und Leben. Soziale Welt, Göttingen, S 270 ff.

Urban HJ, Pickshaus K, Fergen A (2012) Das Handlungsfeld psychische Belastungen – die Schutzlücke schließen. In: Schröder L, Urban HJ (Hrsg) Gute Arbeit, Zeitbombe Arbeitsstress – Befunde, Strategien, Regelungsbedarf. Bund-Verlag, Frankfurt, S 23–38

Kapitel 5

Flexible Arbeitswelt: Ergebnisse einer Beschäftigtenbefragung

K. Zok, H. Dammasch

Zusammenfassung *In diesem Beitrag werden die Ergebnisse einer empirischen Untersuchung zum Zusammenhang von flexiblen Arbeitsformen und Arbeitsbelastungen, Zufriedenheit und psychischer Gesundheit dargestellt. Eine repräsentative Stichprobe von n = 2.002 abhängig Beschäftigten wurde mit einem im Wissenschaftlichen Institut der AOK (WIdO) entwickelten Fragebogen befragt. Die Ergebnisse der bivariaten und multivariaten Analysen belegen einen deutlichen und negativen Einfluss von Überstunden und übermäßigem Pendeln auf alle drei zu erklärenden Variablen. Zudem zeigt sich, dass Befragte mit einer flexiblen und selbstbestimmten Arbeitszeit über geringere Arbeitsbelastungen berichten als Befragte mit einer vom Betrieb festgelegten Arbeitszeit.*

5.1 Einleitung

Ziel des vorliegenden Beitrags ist es, auf der Basis einer repräsentativen Befragung von abhängig Beschäftigten das aktuelle Ausmaß flexibler Arbeitsformen zu beschreiben. Dabei werden sowohl eher tradierte Formen (Nachtarbeit, Wochenendarbeit, Schichtarbeit, Überstunden) als auch neuere Formen einer flexiblen Arbeitswelt (ständige Erreichbarkeit, Heim- und Telearbeit, berufsbedingte Mobilität) in den Blick genommen. Zudem wird der Versuch unternommen, den Einfluss dieser flexiblen Arbeitsformen auf die Arbeitsbelastungen, die Zufriedenheit und die Gesundheit der Beschäftigten zu untersuchen.

Nach einer kurzen Darstellung der verwendeten Instrumente und Methoden werden einige Kennzahlen der Verbreitung flexibler Arbeitsformen genannt. Anschließend erfolgt mittels einer Faktorenanalyse die Zusammenfassung der erhobenen Items im Fragebogen zu Variablen, die es in den bivariaten und multivariaten Analysen zu erklären gilt.[1]

Die im Folgenden verwendeten Daten stammen aus einer bundesweit repräsentativen telefonischen Befragung (Erhebungszeitraum: September 2011) von 2.002 abhängig Beschäftigten zwischen 16 und 65 Jahren. Der eingesetzte Fragebogen wurde im Wissenschaftlichen Institut der AOK (WIdO) entwickelt und besteht zum großen Teil aus standardisierten, geschlossenen Fragestellungen zur Wahrnehmung und Bewertung flexibler Arbeitsformen. Darüber hinaus wurden Fragen zur Arbeitssituation und zur gesundheitlichen Situation und Demografie (gem. ZUMA-Standard für Telefonumfragen) gestellt.

1 Auf umfassende theoretische Ausführungen – beispielsweise zur Erosion des Normalarbeitsverhältnisses – wird verzichtet. Diese finden Sie u. a. bei Sauer in diesem Band.

B. Badura et al. (Hrsg.) *Fehlzeiten-Report 2012*,
DOI 10.1007/978-3-642-21655-8_5,

5.2 Ergebnisse

Zwei Drittel der befragten Beschäftigten arbeiten Vollzeit (66 Prozent), 24 Prozent sind teilzeitbeschäftigt und 5,7 Prozent arbeiten als geringfügig Beschäftigte (3,4 Prozent der Befragten befanden sich zum Zeitpunkt der Befragung in Ausbildung). Die Anteilswerte variieren stark nach Branchen (◘ Tab. 5.1).

Ein Drittel der Beschäftigten (32,3 Prozent) gibt an, häufig Überstunden zu leisten. Insbesondere in den Branchen Energie/Wasser/Bergbau (40,8 Prozent) sowie im verarbeitenden Gewerbe (38,4 Prozent) wird überdurchschnittlich häufig über die vertraglich geregelte Arbeitszeit hinaus gearbeitet.

Zur Lage der Arbeitszeit wurde gefragt, wie häufig die Person in den letzten vier Wochen nachts, samstags, sonn- und feiertags sowie in Schichtarbeit gearbeitet hat. Der Anteil häufiger Schichtarbeit ist im Handel (24,5 Prozent) und im verarbeitenden Gewerbe (23,3 Prozent) am größten. Von Nachtarbeit (23 bis 6 Uhr) häufig betroffen sind Beschäftigte in der Verkehrs- und Transportbranche (16,1 Prozent). Hinsichtlich der Wochenendarbeit zeigt sich erwartungsgemäß ein überdurchschnittlich hoher Anteil an Samstagsarbeit im Handel (33,5 Prozent) und im Dienstleistungs- bzw. Gesundheitssektor (23 Prozent). Des Weiteren gibt jeder zehnte Befragte an, häufig sonntags zu arbeiten (10,6 Prozent).

Im Folgenden werden neuere Formen und Phänomene flexibler Arbeit betrachtet.

Gleitzeitarbeit existiert seit Anfang der 70er Jahre (Hielscher 2000) und ermöglicht die kurzfristige Variation von Arbeitsanfang und -ende. Gleitzeitregelungen bestehen für ca. ein Fünftel der befragten Beschäftigten (22,7 Prozent), wobei die Anteilswerte stark nach Branchen variieren (vgl. ◘ Tab. 5.2). Arbeitszeitkonten – als eine weitere Form flexibler Arbeitszeitgestaltung – ermöglichen es, nicht nur die Dauer, sondern (in Verbindung mit Gleitzeit) auch die Lage der Arbeitszeit flexibel zu gestalten. Unsere Daten zeigen, dass 59,3 Prozent derjenigen, die ihre Arbeitszeit selbst bestimmen können oder eine Gleitzeitregelung haben, ein Arbeitszeitkonto besitzen. Beschäftigte aus dem verarbeitenden Gewerbe geben dabei am häufigsten an, dass ein Arbeitszeitkonto vorhanden ist (76,3 Prozent).

Technische Entwicklungen begünstigen die Auflösung von Zeitstrukturen und die Ausbreitung neuer Arbeitsformen. So gibt jeder dritte abhängig Beschäftigte an, in den letzten vier Wochen außerhalb der Arbeitszeit vom Arbeitgeber per Telefon oder E-Mail kontaktiert worden zu sein (33,8 Prozent). Daneben sagt fast jeder Zweite (48 Prozent), dass er eine grundsätzliche Absprache mit dem Arbeitgeber hat, auch außerhalb der Arbeitszeit für diesen erreichbar zu sein bzw. dass dies von ihm erwartet wird.

Insgesamt 12 Prozent der Befragten haben ihre Arbeit in den vergangenen vier Wochen häufig mit nach Hause genommen und 11,4 Prozent ihre berufliche Arbeit zu Hause ausgeübt – bei den Befragten aus der öffentlichen Verwaltung und der Sozialversicherung sogar jeder Vierte. Zudem haben 13,8 Prozent in den vier Wochen vor der telefonischen Umfrage häufig an wechselnden Arbeitsorten gearbeitet.

Ein Hinweis auf eine verbesserte Zeitsouveränität und eine bessere Vereinbarkeit von Beruflichem und Privatem (Work-Life-Balance) zeigt sich darin, dass mehr als ein Drittel der Befragten (36,6 Prozent) angeben, ihre Arbeitszeit in den letzten vier Wochen häufig selbst bestimmt zu haben. Andererseits haben mehr als zwei Fünftel der Befragten (44,5 Prozent) im nachgefragten Zeitraum ihre Arbeitszeit „nie" selbst bestimmen können.

Mehr als jedem zweiten Erwerbstätigen (58,1 Prozent) bietet der Arbeitgeber die Möglichkeit, für die Kindererziehung eine längere Zeit aus dem Beruf auszusteigen. Hingegen beantworten nur ein Drittel (32,7 Prozent) der Befragten die Frage, ob bei ihrem Arbeitgeber die Möglichkeit besteht, für die Pflege eines Angehörigen eine berufliche Auszeit zu nehmen, mit „ja". Ein Viertel (25,7 Prozent) verneint diese Frage und mehr als zwei Fünfteln (41,6 Prozent) ist ihr gesetzlicher Anspruch (Pflegezeitgesetz – PflegeZG) offenbar nicht bekannt. Entsprechend gering ist die bisherige Inanspruchnahme: Nur 8,5 Prozent der Befragten geben an, diese Möglichkeit schon einmal genutzt zu haben. Bei Geringverdienern (Nettoeinkommen < 1.000 Euro monatlich), also denjenigen, die vermutlich nur in den seltensten Fällen eine professionelle Pflege finanzieren können, ist dieser Anteilswert am höchsten: 17,2 Prozent haben hier bereits eine berufliche Auszeit für die Pflege eines Angehörigen genutzt.

29,6 Prozent der Befragten bejahen die Frage nach der Möglichkeit einer längeren beruflichen Auszeit („Sabbatical"). Für 43,3 Prozent besteht diese Option offenbar nicht und mehr als ein Viertel antwortet mit „weiß nicht" (27,1 Prozent). Der Anteil der Befragten, der schon einmal eine längere berufliche Auszeit genommen hat, ist eher gering (6,7 Prozent).

Ein Schwerpunkt unserer Erhebung sind Fragen zu arbeitsbedingten Beschwerden. Dazu wurde den Be-

Tab. 5.1 Verbreitung von traditionellen Formen flexibler Arbeitsverhältnisse

		Wirtschaftsbranchen								
	Erwerbstätige insg.	**Öffentliche Verwaltung/ Sozialversicherung**	**Baugewerbe**	**Verarbeitendes Gewerbe**	**Verkehr/ Transport**	**Energie/ Wasser/ Bergbau**	**Land- u. Forstwirtschaft**	**Dienstleistungen/ Gesundheit**	**Handel**	**Banken/ Versicherungen**
Anzahl Befragte	*1.994*	*372*	*128*	*331*	*87*	*49*	*33*	*729*	*188*	*77*
Teilzeiterwerbstätig	**24,87**	28,76	7,81	9,67	10,34	4,08	9,09	34,71	32,45	24,68
400-Euro-/Mini-/1-Euro-/ kurzfristige Beschäftigung	**5,72**	2,96	2,34	1,51	3,45	–	3,03	9,88	9,04	2,60
Arbeitsverhältnis befristet	**13,50**	15,60	13,70	9,00	10,70	11,10	10,00	16,20	12,90	4,20
In den letzten 4 Wochen sehr häufig oder häufig …										
Überstunden	**32,30**	30,65	35,94	38,37	33,33	40,82	36,36	28,81	31,38	35,06
Schichtarbeit	**15,90**	7,26	7,81	23,26	18,39	16,33	15,15	17,42	24,47	1,30
Nachtschicht	**7,22**	5,65	6,25	12,10	16,09	10,20	11,80	6,31	3,19	–
Samstagsarbeit	**19,51**	15,05	11,72	14,80	13,79	14,29	48,48	23,05	33,51	3,90
Arbeit an Sonn- und Feiertagen	**10,63**	9,95	–	8,16	11,49	6,12	27,27	16,05	4,26	1,30

Anmerkung: Angaben in %

Quelle: eigene Darstellung

Fehlzeiten-Report 2012

Tab. 5.2 Verbreitung „neuer" Formen flexibler Arbeitsverhältnisse

		Wirtschaftsbranchen								
	Erwerbstätige insg.	**Öff. Verwaltung/Sozialversicherung**	**Baugewerbe**	**Verarbeitendes Gewerbe**	**Verkehr/ Transport**	**Energie/ Wasser/ Bergbau**	**Land- u. Forstwirtschaft**	**Dienstleistungen/ Gesundheit**	**Handel**	**Banken/ Versicherungen**
Anzahl Befragte	*1.994*	*372*	*128*	*331*	*87*	*49*	*33*	*729*	*188*	*77*
Gleitzeit (Angabe in Listenabfrage)	**22,67**	32,26	16,41	26,28	19,54	34,69	6,06	17,42	15,43	41,56
Arbeitszeitkonto (Anteil »ja«-Nennungen)	**59,34**	61,14	62,16	76,34	46,88	68,97	25,00	51,43	50,00	67,86
In den letzten 4 Wochen sehr häufig oder häufig …										
Arbeitsszeit selbst bestimmt	**36,56**	45,97	26,56	36,56	31,03	55,10	18,18	32,65	29,79	63,64
Arbeit zu Hause ausgeübt	**11,43**	25,27	5,47	4,53	10,34	2,04	12,12	10,56	7,45	9,09
Arbeit mit nach Hause genommen	**11,99**	27,42	5,47	4,83	6,90	2,04	9,09	11,39	6,91	10,39
An wechselnden Arbeitsorten gearbeitet	**13,79**	15,05	31,25	9,06	18,39	22,45	18,18	13,03	7,45	9,09
Anruf oder E-Mail außerhalb der Arbeitszeit	**33,80**	32,26	32,03	29,31	44,83	38,78	36,36	35,67	36,17	23,38
Regelung Erreichbarkeit außerhalb d. Arbeitszeit	**48,04**	49,46	47,66	43,50	43,68	46,94	66,67	48,29	53,19	44,16
Bietet Ihr Betrieb die Möglichkeit einer Auszeit für … (Anteil »ja«-Nennungen)										
Kindererziehung	**58,07**	77,96	40,63	52,27	42,53	73,47	45,45	55,83	49,47	71,43
Pflege eines Angehörigen	**32,75**	46,51	24,22	25,98	29,89	26,53	45,45	32,37	25,00	33,77
Sabbatical	**29,64**	52,96	17,97	21,45	22,99	28,57	27,27	27,57	17,02	31,17

Anmerkung: Angaben in %

Quelle: eigene Darstellung

Fehlzeiten-Report 2012

Dimension	Arbeitsbelastungen	Zufriedenheit	psychische Beschwerden
Cronbachs Alpha	0,658	0,631	0,772
Items	» Ich stehe unter Stress und Leistungsdruck » Ich habe Zeit- und Termindruck » Meine Arbeit ist körperlich belastend » Ich habe ungünstige Arbeitszeiten » Ich fühle mich durch Vorgesetzte stark kontrolliert » Ich habe Angst, bei der Arbeit Fehler zu machen » Ich befürchte berufliche Nachteile bei Krankmeldungen	» Gesundheit » Familienleben » Freizeit » Sicherheit des Arbeitsplatzes vor Kündigung » Arbeit insgesamt	» Rücken- oder Gelenkbeschwerden » Erschöpfung » Nicht abschalten können in der Freizeit » Lustlosigkeit, Ausgebrannt sein » Schlafstörungen

Fehlzeiten-Report 2012

Abb. 5.1 Ergebnisse der Faktorenanalyse zu den Faktoren Arbeitsbelastungen, Zufriedenheit und psychische Beschwerden

fragten folgende Frage gestellt: „Arbeit kann Auswirkungen auf die Gesundheit und körperliche Leistungsfähigkeit und auf das seelische und soziale Wohlbefinden haben. Ich lese Ihnen nun einige gesundheitliche Beeinträchtigungen vor und Sie sagen mir bitte jeweils, wie stark Sie darunter in den letzten vier Wochen gelitten haben". Am häufigsten werden arbeitsbedingte Rücken- bzw. Gelenkbeschwerden genannt: Mehr als ein Viertel (26,4 Prozent) der Beschäftigten gibt an, häufig oder ständig darunter zu leiden. Rücken- oder Gelenkbeschwerden steigen mit dem Alter an und betreffen in der Altersgruppe ab 50 Jahre beinahe jeden Dritten (29 Prozent).

Den Rücken- oder Gelenkbeschwerden folgen psychosomatische Beschwerden. Die Befragten nennen „Erschöpfung" (20,8 Prozent), „nicht abschalten können in der Freizeit" (20,1 Prozent), „Lustlosigkeit, ausgebrannt sein" (16,1 Prozent), „Schlafstörungen" (15,3 Prozent) und „Wut und Verärgerung" (15,1 Prozent). Arbeitsbedingte körperliche Beschwerden spielen dagegen eine vergleichsweise geringe Rolle.

5.2.1 Faktorenanalyse

Vor der bi- und multivariaten Analyse erscheint es sinnvoll, die Skalen zu den Aussagen zur Arbeit, der Zufriedenheit und den gesundheitlichen Beschwerden einer Faktorenanalyse zu unterziehen. Dieses Verfahren untersucht, ob sich die gemessenen Skalen auf bestimmte Faktoren zurückführen lassen. Die Faktorenanalyse reduziert also eine Vielzahl an gemessenen Indikatoren auf einige wenige „theoretische" Konstrukte, die der unmittelbaren Messung nicht zugänglich sind.[2]

Eine Faktorenanalyse der Skala zu den Aussagen zur Arbeit ergibt einen Faktor, der die Items beinhaltet, die die Bedeutung arbeitsorganisatorischer Belastungen wie Kontrolle durch Vorgesetzte, Arbeitszeiten etc. widerspiegelt (vgl. Abb. 5.1). Die interne Konsistenz dieser Skala ist akzeptabel (Cronbachs Alpha = 0,658)[3].

Es ist davon auszugehen, dass die in dieser Studie betrachteten Formen flexibler Arbeit Auswirkungen auf die Zufriedenheit in *verschiedenen* Lebensbereichen haben. Um den Zusammenhang von flexibler Arbeit und Zufriedenheit im Rahmen dieser Studie umfassend untersuchen zu können, sind die Items zur Zufriedenheit mit der Gesundheit, dem Familienleben, der Freizeit sowie zur Arbeit zu einer Variable zusammengefasst worden, die im Folgenden „Zufriedenheit" heißen soll. Auch hier ist die Reliabilität der Skala passabel (Cronbachs Alpha = 0,631).

Die Faktorenanalyse der Skala zu den gesundheitlichen Belastungen ergibt, dass sich die fünf am häufigsten genannten Beschwerden zu einer Variable zusammenfassen lassen, die wir nach einer inhaltlichen

2 Ein Beispiel: Das Konstrukt „Intelligenz" entzieht sich einer direkten Messung, stellt aber das Ergebnis einer Reihe von Einzelmessungen (z. B räumliches Denken, logisches Denken, sprachliches Denken etc.) dar.

3 Cronbachs Alpha misst die interne Konsistenz einer Skala und beruht auf der durchschnittlichen Korrelation der Items. Cronbachs Alpha kann (theoretisch) Werte von -∞ bis 1 annehmen, wobei ein höherer Wert eine höhere interne Konsistenz bedeutet.

5

Tab. 5.3 Zusammenhang von Formen flexibler Arbeit und Arbeitsbelastungen, Zufriedenheit und psychischen Beschwerden

Item	Maß	Arbeits-belastungen	Zufriedenheit	Psychische Beschwerden
An Sonn-und Feiertagen gearbeitet	Gamma	-0,25***	0,1***	0,19***
An Samstagen gearbeitet	Gamma	-0,25***	0,1***	0,15***
Nachtarbeit	Gamma	-0,32***	0,06	0,14***
Schichtarbeit	Gamma	-0,33***	0,09*	0,14***
Überstunden letzte 4 Wochen	Gamma	-0,21***	0,12***	0,2***
Erreichbarkeit letzte 4 Wochen	Cramers V	0,20***	0,13**	0,16***
Grundsätzliche Erreichbarkeit	Cramers V	0,20***	0,09	0,12
Arbeit zuhause letzte 4 Wochen	Gamma	0,11	0,01	0,08**
Arbeit mit nach Hause genommen letzte 4 Wochen	Gamma	-0,07**	0,05	0,12***
Wechselnde Arbeitsorte	Gamma	-0,09***	0,022	0,08**
Arbeitszeitregelung	Cramers V	0,17***	0,09	0,12*
Arbeitszeitkonto	Cramers V	0,15	0,13	0,14
Arbeitszeit selbst bestimmen ja/nein	Gamma	0,18***	-0,07***	-0,08***
Erwerbssituation (ohne Auszubildende und Studierende)	Cramers V	0,15**	0,09*	0,14**
Befristet/unbefristet (ohne Auszubildende und Studierende)	Cramers V	0,15*	0,15***	0,09
Bietet Arbeitgeber Ausstieg wegen Pflege an (ohne „weiß nicht")	Cramers V	0,23***	0,23***	0,19**
Bietet Arbeitgeber Ausstieg wegen Kindererziehung an (ohne „weiß nicht")	Cramers V	0,24***	0,21***	0,13
Bietet Arbeitgeber Ausstieg wegen beruflicher Auszeit an (ohne „weiß nicht")	Cramers V	0,21***	0,22***	0,14
Belastung durch Anfahrtszeit zur Arbeit	Gamma	-0,21***	0,23***	0,23***
Änderung von Freizeitaktivitäten wegen beruflicher Verpflichtungen	Gamma	-0,37***	0,27***	0,38***
Vereinbarkeit Arbeitszeit/Freizeit letzte 4 Wochen	Gamma	-0,40***	0,36***	0,30***

Quelle: eigene Darstellung

* = p ≤ 0,05; ** = p ≤ 0,01; *** = p ≤ 0,001

Fehlzeiten-Report 2012

Analyse „psychische Beschwerden" nennen möchten (Cronbachs Alpha = 0,772). Rücken- oder Gelenkbeschwerden scheinen also weniger physisch als vielmehr psychisch bedingt zu sein.

Abb. 5.1 gibt einen Überblick über die in der Faktorenanalyse verwendeten Items und ihre Zusammenfassung zu den Variablen „Arbeitsbelastungen", „Zufriedenheit" und „psychische Beschwerden".

5.2.2 Bivariate Analyse

Nachdem zunächst das Ausmaß flexibler Arbeitsformen sowie gesundheitlicher Belastungen beschrieben wurde, soll nun auf den Einfluss flexibler Arbeitsformen auf die Arbeitsbelastungen, die Arbeitszufriedenheit sowie die psychischen Beschwerden eingegangen werden. Dabei wird zunächst eine bivariate Analyse durchgeführt, der sich eine multiple lineare Regression anschließt.

In Tab. 5.3 sind die Ergebnisse der bivariaten Analyse in Form von Korrelationsmaßen dargestellt[4]. Dabei zeigen sich für die eher tradierten Formen flexibler

4 Gamma kann Werte zwischen -1 und 1 annehmen, wobei der Zusammenhang umso stärker ist, je deutlicher ein Wert von 0 abweicht. Cramers V stellt ein Maß für nominalskalierte Daten dar und nimmt Werte zwischen 0 und 1 an. Ein höherer Wert bedeutet einen stärkeren Zusammenhang.

Arbeit die erwarteten (wenngleich nicht überaus starken) Zusammenhänge: Je häufiger eine Person nachts, an Samstagen, Sonn- und Feiertagen sowie in Schichtarbeit arbeitet, desto häufiger berichtet sie Arbeitsbelastungen und psychische Beschwerden und desto geringer ist ihre Zufriedenheit. Die Arbeit an Sonn- und Feiertagen sowie an Samstagen korreliert signifikant mit allen Parametern der psychischen Gesundheit.

Auch die (subjektive) Häufigkeit von Überstunden weist einen Zusammenhang mit psychischen Belastungen auf: Mit steigender Anzahl an Überstunden steigt auch die Prävalenz psychischer Beschwerden und Arbeitsbelastungen. Während in der Gruppe der Personen ohne Überstunden in den letzten vier Wochen nur 12,8 Prozent angeben, in ihrer Freizeit nicht abschalten zu können (als ein Item der „psychischen Beschwerden"), betrifft dies in der Gruppe der Personen mit sehr häufigen Überstunden jeden Dritten (34,3 Prozent) (Gamma = 0,247). Auch auf die Zufriedenheit der Befragten haben Überstunden einen höchst signifikanten Einfluss. So geben beispielsweise in der Gruppe der Personen ohne Überstunden drei von vier Befragten an, mit ihrer Freizeit zufrieden zu sein (74 Prozent), während sich nur knapp jede zweite Person (49,6 Prozent) mit „sehr häufigen" Überstunden mit ihrer Freizeit zufrieden zeigt. Indes sind nur 7,2 Prozent der Personen ohne Überstunden unzufrieden mit ihrer Freizeit, aber 18,4 Prozent derjenigen, die sehr häufig Überstunden leisten.

Die Frage: „Wie häufig kam es in den letzten vier Wochen vor, dass Sie Arbeit mit nach Hause genommen haben?" zielt inhaltlich in eine ähnliche Richtung: Befragte, die häufiger Arbeit mit nach Hause nehmen, berichten auch häufiger über psychische Belastungen als Personen, die dies nicht tun. Dieser Zusammenhang zeigt sich insbesondere bei Teilzeitbeschäftigten: Hier äußern 47,5 Prozent (Vollzeitbeschäftigte: 40 Prozent) der Personen, die sehr häufig Arbeit mit nach Hause genommen haben, dass sie in ihrer Freizeit nicht abschalten können; bei den in Teilzeit arbeitenden Personen, die nie Arbeit mit nach Hause genommen haben, beträgt der Anteil 16,9 Prozent (Vollzeit Beschäftigte: 18 Prozent). Der Unterschied zwischen Teilzeit- und Vollzeitbeschäftigten könnte darauf zurückzuführen sein, dass in Teilzeit arbeitende Personen bewusst diese Arbeitszeitform wählen und eine darüber hinausgehende Arbeitszeit als größere Belastung wahrnehmen als Vollzeitbeschäftigte.

Auffällig ist, dass kein signifikanter Effekt dieser Variable („Arbeit mit nach Hause genommen") auf die allgemeine Zufriedenheit zu verzeichnen ist.

Einen Einfluss auf die psychische Gesundheit, die Arbeitsbelastungen und die Zufriedenheit scheint auch zu haben, wenn die befragte Person in den vier Wochen vor der Befragung außerhalb ihrer Arbeitszeit von ihrem Arbeitgeber mindestens einmal angerufen oder per E-Mail kontaktiert wurde (◘ Tab. 5.3). So gibt es beispielsweise einen signifikanten Zusammenhang mit der Prävalenz von Schlafstörungen sowie mit Problemen, in der Freizeit abschalten zu können. Die Frage nach der grundsätzlichen Erreichbarkeit für den Arbeitgeber („Haben Sie mit Ihrer Arbeitsstelle eine Absprache, dass Sie auch außerhalb Ihrer Arbeitszeit für Ihren Arbeitgeber bzw. Ihre Firma […] erreichbar sind oder wird es erwartet?") weist nur mit der Variable „Arbeitsbelastungen" einen signifikanten Zusammenhang auf: Befragte mit einer entsprechenden Absprache äußern häufiger als Personen ohne eine solche Absprache, unter Stress- und Leistungsdruck (mit Absprache 40,6 Prozent; ohne Absprache: 32,8 Prozent) sowie Zeit- und Termindruck (mit Absprache 46 Prozent; ohne Absprache 34,9 Prozent) zu stehen und stimmen häufiger der Aussage zu, ungünstige Arbeitszeiten zu haben (mit Absprache 24,2 Prozent; ohne Absprache 17,5 Prozent). Der Zusammenhang könnte aber auch darauf zurückzuführen sein, dass Personen, die angeben, von ihrem Arbeitgeber kontaktiert worden zu sein, auch eine entsprechende Absprache mit ihrem Arbeitgeber getroffen haben. Vor dem Hintergrund, dass ein Drittel der Befragten (33,8 Prozent) in den letzten vier Wochen vor der Befragung von ihrem Arbeitgeber kontaktiert worden ist und nahezu die Hälfte (48,1 Prozent) eine entsprechende Absprache mit dem Arbeitgeber hat, stellt dieser Zusammenhang einen interessanten Aspekt bei der Frage nach dem Einfluss flexibler Arbeitsformen auf die Arbeitsbelastungen dar.

Ein nicht minder interessanter Effekt zeigt sich bei der Frage, ob der Arbeitgeber zurzeit die Möglichkeit anbietet, für die Pflege eines Angehörigen für längere Zeit aus dem Beruf auszusteigen. Befragte, die angeben, ihr Arbeitgeber biete eine solche Möglichkeit nicht an – das Pflegezeitgesetz (PflegeZG) ermöglicht eine sechsmonatige Pflegeauszeit ohne Entgeltfortzahlung –, äußern (neben höheren Arbeitsbelastungen und geringerer Zufriedenheit) auch signifikant häufiger psychische Beschwerden und insbesondere Erschöpfung. Eine Erklärung für diesen Zusammenhang zwischen psychischen Beschwerden und der vom Arbeitgeber angebotenen Möglichkeit eines beruflichen Ausstiegs für die Pflege eines Angehörigen könnte sein, dass die Gewissheit, im Fall der Pflegebedürftigkeit eines Angehörigen eine berufliche Auszeit nehmen zu können, zu einer Verbesserung der gesundheitlichen Situation führt. Die Frage nach der Möglichkeit eines beruflichen Ausstiegs für die Pflege eines Angehörigen könnte aber auch einen Indikator für eine andere Variable (z. B. allgemeine Arbeitsplatzsituation etc.) darstellen, die für diesen Zusammenhang ursächlich ist.

Bezüglich eines Einflusses der Arbeitszeitregelung ist festzustellen, dass Personen mit einer flexiblen Arbeitszeitregelung (Gleitzeit, Arbeitszeit kann selbst festgelegt werden) im Vergleich zu Personen, deren Arbeitszeit vom Betrieb festgelegt wird, geringere psychische Beschwerden angeben (Cramers V = 0,118). Des Weiteren besteht ein Zusammenhang mit dem Ausmaß an Arbeitsbelastungen (Cramers V = 0,171). So geben Befragte, deren Arbeitszeit der Betrieb festlegt, im Gegensatz zu Beschäftigten mit einer selbstbestimmten Arbeitszeit häufiger an, sich durch Vorgesetzte stark kontrolliert zu fühlen, Angst zu haben, bei der Arbeit Fehler zu machen und bei Krankmeldungen berufliche Nachteile zu fürchten. Diesem Ergebnis entspricht, dass das subjektive Ausmaß der Selbstbestimmung der Arbeitszeit mit allen drei zu erklärenden Variablen einen Zusammenhang aufweist: Je häufiger eine Person ihre Arbeitszeit selbst bestimmen kann, desto seltener berichtet sie über psychische Beschwerden und subjektive Arbeitsbelastungen. Gleichzeitig zeigt sich, dass die Zufriedenheit bei Personen mit einer selbstbestimmten Arbeitszeit höher ist als bei Personen, die ihre Arbeitszeit weniger häufig selbst bestimmen können.

Neben der zeitlichen Entgrenzung spielen Phänomene räumlicher Entgrenzung eine zunehmend größere Rolle und stellen erhöhte Anforderungen an die alltägliche Mobilität von Arbeitnehmern. Als gesundheitlich belastend stellt sich vor allem das Pendeln heraus, das sowohl mit den Arbeitsbelastungen als auch mit der Zufriedenheit und den psychischen Beschwerden einen deutlichen Zusammenhang aufweist: Personen, die die Anfahrtszeit zur Arbeit als belastend empfinden, äußern beispielsweise signifikant häufiger, unter psychischen Beschwerden zu leiden als Befragte, die die Anfahrtszeit zur Arbeit nicht als belastend empfinden (Gamma = 0,232). Des Weiteren belegen unsere Daten, dass die Belastung durch die Anfahrtszeit zur Arbeit stark mit der Dauer der Fahrtzeit korreliert (Gamma = 0,714): Je länger die Fahrtzeit, desto höher die subjektive Belastung. Daraus ist zu schließen, dass sich insbesondere längere Fahrtzeiten negativ auf die psychische Gesundheit auszuwirken scheinen.

5.2.3 Regressionsanalyse

Das Ziel des folgenden Kapitels ist es, den Einfluss der verschiedenen Formen flexibler Arbeit mithilfe einer multiplen linearen Regressionsanalyse zu untersuchen. Dabei werden die unabhängigen Variablen – also die flexiblen Arbeitsformen sowie einige Kontrollvariablen – *gemeinsam* in die Analyse einbezogen, um den relativen Einfluss der Variablen schätzen zu können. Mithilfe der Regressionsanalyse lässt sich bestimmen, welche Formen flexibler Arbeit einen Effekt auf die Arbeitsbelastungen, die allgemeine Zufriedenheit und das Ausmaß an psychischen Beschwerden besitzen. Zudem kann die Stärke des Einflusses verschiedener Formen flexibler Arbeit auf die zu erklärenden Variablen ermittelt werden (vgl. Wolf u. Best 2010).

Als Referenzkategorie (Ref.) wurde – bis auf wenige Ausnahmen aufgrund statistischer Überlegungen (Einkommen, Arbeitszeitregelung) – zumeist diejenige Kategorie gewählt, die die geringste Belastung erwarten ließ (◘ Tab. 5.4).

Als Kontrollvariablen sind die folgenden Variablen in das jeweilige Regressionsmodell aufgenommen worden: Geschlecht, Alter, Bildung, Wirtschaftsbranche, Einkommen und die Frage, ob die befragte Person in den letzten zwölf Monaten krank zur Arbeit gegangen ist.

Betrachtet man die standardisierten Regressionskoeffizienten[5], kommt den Variablen „Überstunden" und „Belastung durch die Anfahrtszeit zur Arbeit" eine zentrale Rolle bei der Frage nach dem Einfluss flexibler Arbeitsformen auf die Arbeitsbelastungen, auf die allgemeine Zufriedenheit und auf die psychischen Beschwerden zu.

Wie bereits die bivariate Analyse zeigen konnte, steigen mit der Häufigkeit geleisteter Überstunden die Arbeitsbelastung und die psychischen Beschwerden und sinkt die Zufriedenheit der Befragten.

Einen ebenso starken Effekt auf die abhängigen Variablen hat die Belastung durch die Anfahrtszeit zur Arbeit: Auch hier zeigen sich signifikante Einflüsse auf alle drei Kriterien. Personen, die die Anfahrtszeit als belastend empfinden, weisen höhere psychische Beschwerden und Arbeitsbelastungen sowie eine geringere Zufriedenheit auf, wogegen Befragte, die angeben, ihre berufliche Arbeit in den vier Wochen vor der Erhebung häufig zu Hause ausgeübt zu haben, im Ver-

5 Da in unserer Analyse weniger das absolute Ausmaß als vielmehr der relative Einfluss der unabhängigen Variablen interessiert, sind hier lediglich die standardisierten Koeffizienten ausgewiesen.

Tab. 5.4 Ergebnisse der Regression

		Arbeitsbelastungen*			Zufriedenheit*			Psychische Beschwerden*		
		Beta (stand.)	T	Signifikanz	Beta (stand.)	T	Signifikanz	Beta (stand.)	T	Signifikanz
Nachtarbeit	nie (Ref.)									
	selten	-0,025	-1,117	0,264	-0,013	-0,543	0,587	0,021	0,865	0,387
	manchmal	-0,042	-1,808	0,071	-0,016	-0,62	0,535	0,009	0,359	0,72
	häufig	-0,03	-1,231	0,219	-0,01	-0,376	0,707	-0,004	-0,162	0,871
	sehr häufig	-0,024	-0,995	0,32	0,007	0,288	0,773	0,008	0,295	0,768
Samstagsarbeit	nie (Ref.)									
	selten	-0,027	-1,085	0,278	-0,027	-1,01	0,312	-0,001	-0,02	0,984
	manchmal	0,003	0,109	0,913	-0,008	-0,281	0,779	-0,005	-0,177	0,86
	häufig	-0,057	-1,941	0,052	-0,01	-0,309	0,757	0,01	0,331	0,74
	sehr häufig	-0,046	-1,65	0,099	0,005	0,162	0,871	-0,007	-0,242	0,809
Sonn- und Feiertagsarbeit	nie (Ref.)									
	selten	0,002	0,081	0,935	0,052	1,943	0,052	0,025	0,918	0,359
	manchmal	-0,048	-1,92	0,055	0,009	0,334	0,738	0,042	1,551	0,121
	häufig	-0,047	-1,611	0,107	0,028	0,908	0,364	0,06	1,925	0,054
	sehr häufig	0,009	0,321	0,748	-0,004	-0,143	0,886	0,044	1,534	0,125
Schichtarbeit	nie (Ref.)									
	selten	-0,041	-1,849	0,065	-0,047	-1,972	0,049*	0,001	0,049	0,961
	manchmal	-0,035	-1,604	0,109	0,001	0,038	0,97	0,02	0,825	0,41
	häufig	-0,055	-2,374	0,018*	0,066	2,647	0,008**	0,028	1,112	0,266
	sehr häufig	-0,05	-1,85	0,064	0,02	0,686	0,493	0,002	0,08	0,936
Arbeitszeit selbst bestimmen	nie (Ref.)									
	selten	0,082	3,495	0,000***	-0,029	-1,139	0,255	-0,018	-0,735	0,463
	manchmal	0,031	1,291	0,197	-0,045	-1,728	0,084	-0,033	-1,284	0,199
	häufig	0,066	2,408	0,016*	-0,01	-0,337	0,736	-0,014	-0,481	0,63
	sehr häufig	0,108	3,101	0,002**	-0,073	-1,914	0,056	-0,08	-2,132	0,033*
Überstunden	nie (Ref.)									
	selten	-0,043	-1,682	0,093	-0,006	-0,236	0,814	0,063	2,324	0,020*
	manchmal	-0,043	-1,657	0,098	-0,008	-0,293	0,769	0,04	1,434	0,152
	häufig	-0,167	-6,161	0,000***	0,071	2,413	0,016*	0,132	4,536	0,000***
	sehr häufig	-0,116	-4,487	0,000***	0,074	2,644	0,008**	0,157	5,68	0,000***
Berufliche Arbeit zuhause	nie (Ref.)									
	selten	0,004	0,149	0,881	0,04	1,42	0,156	0,023	0,833	0,405
	manchmal	0,014	0,516	0,606	-0,011	-0,358	0,72	-0,019	-0,654	0,513
	häufig	0,062	2,111	0,035*	-0,046	-1,429	0,153	-0,063	-1,99	0,047*
	sehr häufig	0,061	1,691	0,091	-0,045	-1,137	0,256	-0,042	-1,065	0,287

5

■ Tab. 5.4 (Fortsetzung)

		Arbeitsbelastungen*			Zufriedenheit*			Psychische Beschwerden*		
		Beta (stand.)	T	Signifikanz	Beta (stand.)	T	Signifikanz	Beta (stand.)	T	Signifikanz
Arbeit mit nach Hause genommen	nie (Ref.)									
	selten	-0,013	-0,493	0,622	-0,02	-0,724	0,469	-0,018	-0,636	0,525
	manchmal	-0,026	-0,952	0,341	0,009	0,29	0,772	0,049	1,688	0,092
	häufig	-0,059	-2,039	0,042*	0,051	1,63	0,103	0,092	2,969	0,003**
	sehr häufig	-0,035	-0,934	0,35	0,06	1,465	0,143	0,067	1,651	0,099
Wechselnde Arbeitsorte	nie (Ref.)									
	selten	-0,019	-0,84	0,401	0,009	0,351	0,726	0,004	0,184	0,854
	manchmal	-0,029	-1,287	0,198	0,041	1,675	0,094	0,034	1,406	0,16
	häufig	0,034	1,453	0,147	-0,008	-0,336	0,737	-0,019	-0,744	0,457
	sehr häufig	-0,041	-1,796	0,073	0,013	0,508	0,611	-0,004	-0,168	0,867
Belastung durch Anfahrtszeit zur Arbeit	gar nicht (Ref.)									
	gering	-0,089	-4,048	0,000***	0,112	4,728	0,000***	0,08	3,386	0,001***
	ziemlich	-0,113	-5,2	0,000***	0,116	4,975	0,000***	0,09	3,854	0,001***
	stark	-0,041	-1,909	0,056	0,087	3,735	0,000***	0,082	3,517	0,000***
	sehr stark	-0,105	-4,857	0,000***	0,015	0,652	0,515	0,058	2,515	0,012*
	unterschiedlich	-0,094	-4,315	0,000***	0,109	4,636	0,000***	0,115	4,907	0,000***
Erreichbarkeit für Arbeitgeber außerhalb der Arbeitszeit	keinmal (Ref.)									
	mindestens 1 Mal	-0,048	-2,025	0,043*	0,03	1,189	0,235	0,022	0,862	0,389
Grundsätzliche Erreichbarkeit	nein (Ref.)									
	ja	-0,061	-2,677	0,008**	-0,021	-0,835	0,404	0,007	0,301	0,764
Befristet/unbefristet	befristet (Ref.)									
	unbefristet	-0,005	-0,228	0,819	-0,117	-4,856	0,000***	0,02	0,841	0,401
Arbeitszeitregelung	von Betrieb festgelegt									
	wechselnde Arbeitszeiten (Ref.)									
	von Betrieb festgelegt									
	Beginn und Ende gleich	0,083	2,764	0,006**	-0,022	-0,662	0,508	-0,05	-1,544	0,123

Tab. 5.4 (Fortsetzung)

		Arbeitsbelastungen*			Zufriedenheit*			Psychische Beschwerden*		
		Beta (stand.)	T	Signifikanz	Beta (stand.)	T	Signifikanz	Beta (stand.)	T	Signifikanz
	Gleitzeit	0,158	4,569	0,000***	0,012	0,313	0,754	-0,035	-0,944	0,345
	konnte Arbeitszeit selbst festlegen	0,094	2,818	0,005**	0,003	0,092	0,927	-0,005	-0,129	0,897
Erwerbssituation	Vollzeit (Ref.)									
	Teilzeit	0,017	0,613	0,54	0,013	0,433	0,665	-0,055	-1,835	0,067
	400 Euro/ 1 Euro/ kurzfristige Beschäftigung	0,061	2,3	0,022*	0,009	0,305	0,76	-0,057	-2,029	0,043*
Möglichkeit beruflicher Ausstieg wegen Kindererziehung	ja (Ref.)									
	nein	-0,058	-2,071	0,039*	0,067	2,21	0,027*	0,02	0,675	0,5
	weiß nicht	0,027	1,11	0,267	0,008	0,313	0,754	-0,017	-0,661	0,509
Möglichkeit beruflicher Ausstieg wegen Pflege eines Angehörigen	ja (Ref.)									
	nein	-0,036	-1,18	0,238	0,09	2,717	0,007**	0,047	1,421	0,155
	weiß nicht	0,014	0,504	0,614	0,063	2,171	0,030*	0,006	0,221	0,825
Möglichkeit beruflicher Ausstieg wegen beruflicher Auszeit	ja (Ref.)									
	nein	-0,047	-1,595	0,111	0,06	1,872	0,061	-0,002	-0,071	0,943
	weiß nicht	-0,033	-1,182	0,237	0,049	1,612	0,107	-0,038	-1,274	0,203
Geschlecht	weiblich (Ref.)									
	männlich	0,008	0,281	0,778	-0,03	-1,018	0,309	-0,105	-3,603	0,000***
Alter	unter 30 (Ref.)									
	30–39	-0,057	-1,884	0,06	0,053	1,631	0,103	-0,028	-0,869	0,385
	40–49	-0,006	-0,191	0,848	0,136	3,894	0,000***	0,021	0,615	0,538
	50 und älter	-0,04	-1,226	0,22	0,116	3,282	0,001**	0,026	0,735	0,462
Bildung	hoch (Ref.)									
	mittel	0,022	0,817	0,414	-0,053	-1,854	0,064	-0,001	-0,031	0,975
	niedrig	-0,018	-0,663	0,508	0	0,005	0,996	0,036	1,229	0,219

5

■ Tab. 5.4 (Fortsetzung)

		Arbeitsbelastungen*			Zufriedenheit*			Psychische Beschwerden*		
		Beta (stand.)	T	Signifikanz	Beta (stand.)	T	Signifikanz	Beta (stand.)	T	Signifikanz
Wirtschaftsbranche	Öffentliche Verwaltung (Ref.)									
	Baugewerbe	-0,056	-2,139	0,033*	-0,024	-0,845	0,398	0,034	1,185	0,236
	Verarbeitendes Gewerbe	-0,089	-2,94	0,003**	0,096	2,966	0,003**	0,062	1,931	0,054
	Verkehr/ Transport	0,006	0,232	0,816	-0,001	-0,025	0,98	-0,001	-0,041	0,967
	Energie/ Wasser/ Bergbau	0,01	0,446	0,655	0,005	0,205	0,838	0,025	1,036	0,3
	Land- und Forstwirtschaft	-0,027	-1,166	0,244	0,02	0,788	0,431	0,023	0,952	0,341
	Dienstleistungen/ Gesundheit	-0,045	-1,428	0,153	0,048	1,426	0,154	0,024	0,708	0,479
	Handel	-0,006	-0,231	0,817	0,033	1,131	0,258	0,009	0,319	0,75
	Banken/ Versicherungen	-0,011	-0,481	0,631	0,028	1,114	0,265	-0,014	-0,547	0,585
Krank zur Arbeit letzte 12 Monate	nein (Ref.)									
	ja	-0,165	-7,401	0,000***	0,213	8,874	0,000***	0,221	9,27	0,000***
Einkommen	unter 1000 (Ref.)									
	1000–2000	-0,07	-1,994	0,046*	-0,014	-0,385	0,7	0,016	0,416	0,678
	2001–3000	-0,047	-1,324	0,186	-0,045	-1,176	0,24	0,019	0,48	0,631
	über 3000	-0,016	-0,498	0,618	-0,063	-1,77	0,077	-0,021	-0,583	0,56
Konstante		4,105	37,401	0,000***	1,686	18,299	0,000***	1,793	12,825	0,000***
R-Quadrat			27,4			16,7			16,6	
n			1642			1619			1640	

Anmerkungen: *keine Normalverteilung, *p ≤ 0,05, **p ≤ 0,01, ***p ≤ 0,001

Quelle: Eigene Darstellung

Fehlzeiten-Report 2012

gleich zu Personen der Referenzkategorie („nie“) über signifikant geringere Arbeitsbelastungen und psychische Beschwerden berichten.

Bezüglich des Einflusses der Arbeitszeitregelung werden die Ergebnisse der bivariaten Analyse tendenziell bestätigt: Personen mit einer vom Betrieb festgelegten und wechselnden Arbeitszeit (Referenzkategorie) weisen gegenüber allen anderen Befragten höhere subjektive Arbeitsbelastungen auf. Die geringsten Arbeitsbelastungen weisen Personen mit Gleitzeitregelung auf. Auf die allgemeine Zufriedenheit sowie das Ausmaß an psychischen Beschwerden hat die Variable „Arbeitszeitregelung“ hingegen keinen signifikanten Einfluss. Dagegen besitzt die subjektive Häufigkeit einer selbstbestimmten Arbeitszeit („Wie häufig konnten Sie in den letzten vier Wochen Ihre Arbeitszeit selbst bestimmen?") einen signifikanten Effekt nicht nur auf die Arbeitsbelastungen, sondern auch auf die Variable „psychische Beschwerden". Im Vergleich zu Personen, die ihre Arbeitszeit „nie" selbst bestimmen konnten, haben Befragte mit einer „sehr häufig" selbst bestimmten Arbeitszeit geringere psychische Beschwerden.

Zeigte sich in der bivariaten Analyse noch ein zumindest schwacher Zusammenhang zwischen den Variablen „unbefristet/befristet beschäftigt" und den Arbeitsbelastungen sowie der allgemeinen Zufriedenheit, so lässt sich in der Regressionsanalyse ein Effekt lediglich auf die allgemeine Zufriedenheit nachweisen: Unbefristet Beschäftigte haben eine signifikant höhere Zufriedenheit als befristet Beschäftigte.

Als Formen flexibler Arbeit mit eher positiven Auswirkungen auf Arbeitsbelastungen und Zufriedenheit erweisen sich durch den Arbeitgeber offerierte Angebote eines längeren Ausstiegs aus dem Beruf für die Kindererziehung und die Pflege eines Angehörigen. Befragte, die sich der Möglichkeit eines beruflichen Ausstiegs für die Kindererziehung bewusst sind, berichten geringere subjektive Arbeitsbelastungen und eine höhere allgemeine Zufriedenheit als Befragte, welche die Frage nach der Option eines beruflichen Ausstiegs verneinen. Eine höhere Zufriedenheit (im Vergleich zur Referenzkategorie) weist auch auf, wer angibt, dass sein Arbeitgeber die Möglichkeit eines beruflichen Ausstiegs für die Pflege eines Angehörigen anbietet. Keinen signifikanten Effekt haben diese Variablen jedoch auf die psychischen Beschwerden; die Ergebnisse der bivariaten Analyse eines Einflusses auf die psychische Gesundheit können also nicht bestätigt werden.

Die Frage, ob die Person in den letzten vier Wochen vor der Befragung von ihrem Arbeitgeber telefonisch oder per E-Mail kontaktiert wurde, besitzt lediglich einen Einfluss auf die Arbeitsbelastungen. Auch scheint die subjektive Arbeitsbelastung dann signifikant erhöht zu sein, wenn mit der Arbeitsstelle eine *grundsätzliche* Absprache besteht, dass der Arbeitgeber den Arbeitnehmer auch außerhalb der Arbeitszeit kontaktieren kann (vgl. ► Abschn. 5.2.2).

Keine signifikanten Effekte haben die Variablen „Nachtarbeit", „Samstagsarbeit" sowie „Sonn- und Feiertagsarbeit". Dieses Ergebnis ist vermutlich darauf zurückzuführen, dass eine Selbstselektion von Beschäftigten in diese verschiedenen Arbeitsformen stattfindet (vgl. Hanglberger 2011): Arbeitnehmer mit einer Präferenz für traditionelle Arbeitszeitmuster („montags bis freitags", „9 bis 17 Uhr") wählen nur bedingt Arbeitsstellen mit zeitlich „entgrenzter" Arbeit.

Der erwartete Einfluss auf die Arbeitsbelastungen zeigt sich für die Schichtarbeit: Personen in Schichtarbeit nennen höhere subjektive Arbeitsbelastungen als Personen, die nie Schichtarbeit leisten, obgleich nur für die Kategorie „häufig" ein statistisch signifikanter Effekt zu verzeichnen ist.

Der Einfluss der Kontrollvariablen ist insgesamt moderat: Männer geben geringere psychische Beschwerden an; mit dem Alter der Arbeitnehmer steigt tendenziell die Unzufriedenheit; Beschäftigte des verarbeitenden Gewerbes haben im Vergleich zu Befragten aus der öffentlichen Verwaltung höhere subjektive Arbeitsbelastungen und eine geringere Zufriedenheit; Beschäftigte des Baugewerbes haben höhere Arbeitsbelastungen.

Diskutabel erscheint jedoch die in den Regressionsmodellen berücksichtigte Variable, ob die befragte Person in den letzten zwölf Monaten krank zur Arbeit gegangen ist. Für alle drei zu erklärenden Variablen (Arbeitsbelastung, Zufriedenheit und psychische Beschwerden) zeigt sich ein höchst signifikanter Effekt: Beschäftigte, die krank zur Arbeit gegangen sind, berichten über höhere Arbeitsbelastungen und psychische Beschwerden sowie eine geringere Zufriedenheit. Die Variable dient einerseits als Indikator und damit der Kontrolle des Gesundheitszustands, könnte andererseits aber auch weniger als eine Form als vielmehr als ein Symptom flexibler Arbeit gedeutet werden. So beträgt der Anteil an Befragten, die in den letzten zwölf Monaten krank zur Arbeit gegangen sind, in der Gruppe derjenigen, die berufliche Nachteile bei Krankmeldungen fürchten, 78,3 Prozent, während es in der Gruppe der Personen, die bei einer Krankmeldung keine beruflichen Nachteile fürchten, 52,8 Prozent sind.

◘ Abb. 5.2 können zusammenfassend die wichtigsten Einflussgrößen auf die Arbeitsbelastungen, die allgemeine Zufriedenheit und die psychischen Beschwerden entnommen werden.

5.3 Fazit

Das Ziel der vorliegenden Studie war erstens, Erkenntnisse über das Ausmaß flexibler Arbeitsformen zu gewinnen und zweitens, den Zusammenhang von Formen flexibler Arbeit und Arbeitsbelastungen, allgemeiner Zufriedenheit und psychischen Beschwerden zu untersuchen.

Die bi- und multivariaten Analysen des Einflusses flexibler Formen der Arbeit auf die Arbeitsbelastungen, die allgemeine Zufriedenheit sowie die psy-

	1. Einflussfaktor	2. Einflussfaktor	3. Einflussfaktor
Arbeitsbelastungen Varianzaufklärung 5,8 %	Belastung durch Anfahrtszeit zur Arbeit	Überstunden	Arbeitszeitregelung
Zufriedenheit Varianzaufklärung 5,4 %	Belastung durch Anfahrtszeit zur Arbeit	befristet/unbefristet	Überstunden
Psychische Beschwerden Varianzaufklärung 5,1 %	Belastung durch Anfahrtszeit zur Arbeit	Überstunden	Arbeit mit nach Hause genommen

Fehlzeiten-Report 2012

Abb. 5.2 Einfluss von flexiblen Arbeitsformen auf die Variablen Arbeitsbelastung, Zufriedenheit und psychische Beschwerden

5

chischen Beschwerden belegen einen deutlichen und negativen Einfluss von Überstunden und übermäßigem Pendeln – als ein Ausdruck erhöhter Anforderungen an die alltägliche Mobilität der Beschäftigten – auf alle drei zu erklärenden Variablen. Inhaltlich plausibel erscheint es da, dass Befragte, die ihre Arbeit häufig zu Hause ausüben, über geringere psychische Beschwerden und Arbeitsbelastungen klagen als Personen, die nie zu Hause arbeiten. Auch die Arbeitszeitregelung hat einen Einfluss: Personen mit einer selbstbestimmten Arbeitszeit berichten geringere Arbeitsbelastungen und psychische Beschwerden als Personen mit einer vom Betrieb festgelegten Arbeitszeit. Als weitere Faktoren können durch den Arbeitgeber angebotene Möglichkeiten eines beruflichen Ausstiegs für die Kindererziehung und die Pflege eines Angehörigen identifiziert werden.

Hingegen können in der multivariaten Analyse für die tradierten Formen der flexiblen Arbeit – Nachtarbeit, Samstags- sowie Sonntags- und Feiertagsarbeit – keine Effekte nachgewiesen werden. Als eine mögliche Erklärung wurden oben bereits Selektionseffekte der Beschäftigten genannt.

Aus den Ergebnissen lassen sich einige Handlungsempfehlungen ableiten: Unternehmen sollten entsprechende Strukturen schaffen, die 1.) allzu viele Überstunden und 2.) übermäßiges Pendeln zu vermeiden helfen (z. B. durch Heim- und Telearbeit) und 3.) den Beschäftigten ein Maximum an Selbstbestimmung bei der Gestaltung ihrer Arbeitszeit geben. Derart kann es gelingen, ein gesundes Arbeitsumfeld zu schaffen, in dem die Arbeitnehmer ihr volles Potenzial entfalten können.

Literatur

Hanglberger D (2011) Arbeitszeiten außerhalb der Normalarbeitszeit nehmen weiter zu. In: Informationsdienst Soziale Indikatoren, Juli 2011, S 12–16

Hielscher V (2000) Entgrenzung von Arbeit und Leben? Die Flexibilisierung von Arbeitszeiten und ihre Folgewirkungen für die Beschäftigten. Eine Literaturstudie, Berlin

Wolf C, Best H (Hrsg) (2010) Handbuch der sozialwissenschaftlichen Datenanalyse. VS-Verlag für Sozialwissenschaften, Wiesbaden

Kapitel 6

Entgrenzung der täglichen Arbeitszeit – Beeinträchtigungen durch ständige Erreichbarkeit bei Rufbereitschaft

J. Dettmers, T. Vahle-Hinz, N. Friedrich, M. Keller, A. Schulz, E. Bamberg[1]

Zusammenfassung *Von Entgrenzung der Arbeitszeit kann gesprochen werden, wenn Unterschiede zwischen Arbeit und Freizeit verwischen und traditionelle Grenzen des Arbeitstags wie Feierabend und Wochenende ihre Bedeutung verlieren. Neue Kommunikationstechnologien ermöglichen, dass Beschäftigte permanent erreichbar und bei Bedarf für Arbeitseinsätze verfügbar sind. Diese Entwicklungen bieten für Beschäftigte und Unternehmen neue Möglichkeiten im Hinblick auf Flexibilität und Mobilität. Gleichzeitig liegen in dieser permanenten Erreichbarkeit Risiken. Der vorliegende Beitrag diskutiert, wie die Anforderung, ständig erreichbar zu sein, Erholungsprozesse einschränken und die Gesundheit beeinträchtigen kann. Das Phänomen der Erreichbarkeit wird anhand einer flexiblen Arbeitszeitregelung – der Rufbereitschaft – untersucht. Bei dieser Arbeitszeitregelung können Phasen der Erreichbarkeit mit Phasen der Nicht-Erreichbarkeit verglichen werden. Ergebnisse einer Tagebuchstudie zeigen, dass allein die Anforderung, erreichbar und verfügbar zu sein, ausreicht, Beeinträchtigungen hervorzurufen – selbst dann, wenn es zu keinem Arbeitseinsatz kommt. Die Ergebnisse weisen darauf hin, dass für die durch neue Technologien ermöglichten neuen Arbeitsformen Regeln gefunden werden müssen, die ein Arbeiten ermöglichen, das nicht auf Kosten der Gesundheit geht.*

6.1 Einleitung

Von Entgrenzung der Arbeitszeit (Jurczyk u. Voß 2000) kann gesprochen werden, wenn Unterschiede zwischen Arbeit und Freizeit verwischen und traditionelle Grenzen des Arbeitstags und der Arbeitswoche wie Feierabend und Wochenende ihre Bedeutung verlieren. Arbeit findet in Zeiten statt, die traditionell der Freizeit zugeordnet waren. Private Angelegenheiten wie z. B. private E-Mails werden u. U. während der Präsenzarbeitszeit erledigt. Neue, teilweise mobile Informations- und Kommunikationstechnologien (IuK) wie Smartphones und Laptops ermöglichen, dass Beschäftigte permanent erreichbar sind, dass sie von verschiedensten Orten und Zeiten auf arbeitsbezogene Informationen zugreifen können und bei Bedarf für Arbeitseinsätze bereitstehen.

Diese Entwicklungen bieten für Beschäftigte und Unternehmen neue Möglichkeiten im Hinblick auf Flexibilität und Mobilität. Diese werden von vielen Beschäftigten durchaus geschätzt; gleichzeitig liegen in dieser erhöhten Erreichbarkeit aber auch Risiken. In

1 Diese Arbeit ist im Rahmen des vom Bundesministerium für Bildung und Forschung (BMBF) und dem Europäischen Sozialfonds ESF geförderten Projekts „RUF – Flexibilität und Verfügbarkeit durch Arbeit auf Abruf" (FK: 01FH09083) entstanden.

B. Badura et al. (Hrsg.) *Fehlzeiten-Report 2012*,
DOI 10.1007/978-3-642-21655-8_6, © Springer Verlag Berlin Heidelberg 2012

der öffentlichen Diskussion wird schon seit einigen Jahren das Phänomen der ständigen Erreichbarkeit und des entgrenzten Arbeitstags diskutiert. Überschriften wie „Fluch der ständigen Erreichbarkeit" (Welt am Sonntag, 3.1.2010), „Wenn das Smartphone zur Jobfessel wird" (Frankfurter Rundschau, 31.7.2010), „Ständig erreichbar, immer kaputt" (Süddeutsche, 1.11.2009) reflektieren eine zunehmend kritische Sicht auf die Möglichkeiten der neuen Technologien und die zunehmende Auflösung der Grenzen des Arbeitstags. Welche Auswirkungen die ständige Erreichbarkeit und Arbeitseinsätze jenseits der regulären Arbeitszeiten haben und ob sich hieraus Befindensbeeinträchtigungen und gesundheitliche Risiken für Beschäftigte ergeben, ist indes wissenschaftlich bislang wenig untersucht worden. Der vorliegende Artikel will einen Beitrag liefern, diese Forschungslücke zu füllen.

Zu diesem Zweck werden erste Ergebnisse einer laufenden Untersuchung zu einer seit Langem bekannten flexiblen Arbeitszeitregelung – der Rufbereitschaft – betrachtet und auf die Situation ständiger Erreichbarkeit übertragen.

6.2 Risiken ständiger Erreichbarkeit

6.2.1 Rufbereitschaft und ständige Erreichbarkeit

Rufbereitschaft ist nach dem Bundesarbeitsgericht (BAG) eine Art Hintergrunddienst, der den Arbeitnehmer dazu verpflichtet, auf Abruf Arbeitsaufträge auszuführen. Die Beschäftigten können sich – etwa im Gegensatz zum Bereitschaftsdienst – an einem Ort ihrer Wahl aufhalten, solange sie dabei für den Arbeitgeber erreichbar sind und im Bedarfsfall die Arbeit in angemessener Zeit aufnehmen können. Formal haben Arbeitnehmer während der Rufbereitschaftsphasen ähnlich wie bei informellen Formen ständiger Erreichbarkeit Freizeit. Die Zeiträume in Rufbereitschaft nach Feierabend oder am Wochenende gelten nicht als Arbeitszeit. Lediglich die im Rahmen der Rufbereitschaft auftretenden Einsätze fallen unter die Regelungen des Arbeitszeitgesetzes. Während der Rufbereitschaft auftretende Arbeitseinsätze werden in der Regel vergütet (z. B. als Überstunden). Die Rufbereitschaftsphasen werden teilweise pauschal (z. B. Tarifvertrag für den öffentlichen Dienst, TvÖD, Allgemeiner Teil § 8, 2005), teilweise nach anderen Regeln abgegolten. Spezifiziert wird die Vergütung im Rahmen von Tarif- und Arbeitsverträgen sowie Betriebsvereinbarungen (Böker 2010). Nach einer repräsentativen Studie von Beermann et al. (2007) leisten in Deutschland rund 20 Prozent aller Beschäftigten zumindest zeitweise Rufbereitschaft. Eine Unternehmensbefragung von 2010 (Tobsch et al. 2012) ergab, dass Rufbereitschaft in 60 Prozent der Unternehmen eingesetzt wird, wenn auch jeweils nur ein geringer Teil der Belegschaft von Rufbereitschaft betroffen ist.

Rufbereitschaft eignet sich sehr gut, um Wirkungen ständiger Erreichbarkeit zu untersuchen, da es bei dieser Arbeitszeitregelung klar geregelte, abgegrenzte Phasen der Erreichbarkeit über die reguläre Arbeitszeit hinaus gibt, z. B. nach Feierabend oder am Wochenende. Dadurch ist es möglich, in Bezug auf gleiche Personen das Wohlbefinden in Phasen ständiger Erreichbarkeit mit Phasen ohne diese Erreichbarkeit zu vergleichen. Auf diese Weise können systematisch Effekte der Erreichbarkeit auf gesundheitliche Indikatoren identifiziert werden.

6.2.2 Rufbereitschaft als Risikofaktor

24-Stunden-Service im Dienstleistungssektor, schnelle Störungsbeseitigung in der Produktion durch Experten jenseits der regulären Arbeitszeiten und unvorhersehbar und unregelmäßig anfallende Arbeitsmengen machen Rufbereitschaft erforderlich. Sie ermöglicht Organisationen einen effizienten Einsatz der verfügbaren Arbeitskraft, da diese nur bei Bedarf abgerufen werden muss. Aufwendige Schichtarbeitsregelungen können vermieden werden. Dies ist nicht selten auch im Interesse der Beschäftigten, die Rufbereitschaft häufig der Schichtarbeit vorziehen.

Gleichwohl kann Rufbereitschaft für Beschäftigte eine Belastung darstellen. Es ist anzunehmen, dass Arbeitseinsätze jenseits der regulären Arbeitszeiten und die Anforderung, ständig erreichbar und für Arbeitseinsätze verfügbar zu sein, zu überlangen Arbeitszeiten, Nachtarbeit und einer Einschränkung von Erholungsprozessen führen. In einem Überblicksartikel berichten Nicol und Botterill (2004) über verschiedene Studien, die die Wirkung von Rufbereitschaft auf Beschäftigte untersuchen. In den Studien zeigen sich Wirkungen von Rufbereitschaft auf die berichtete Stressbelastung, die Schlafqualität und die mentale Gesundheit. Einige Studien vergleichen Perioden in Rufbereitschaft mit Perioden ohne Rufbereitschaft. Dabei finden sich bei Ärzten nach Rufbereitschaftsschichten eine höhere Stressbeanspruchung und tendenziell eine geringere Patientenzufriedenheit im Vergleich zu rufbereitschaftsfreien Zeiten (French et al. 2001). Weitere Wirkungen können im Hinblick auf physiologische Parameter wie den Kortisolspiegel (Malmberg et al. 2007) sowie auf die Leistungsfähigkeit gezeigt werden. So zeigen Beschäftigte nach Rufbereitschaftsschichten etwa schlechtere Leistungen in Fahrsimulatortests (Ware et al. 2006).

Im Hinblick auf die hier interessierende Frage, welche Wirkungen ständige Erreichbarkeit auf die Gesundheit hat, liefern die dargestellten Untersuchungen keine eindeutige Antwort. Die meisten Studien, die die Wirkung von Rufbereitschaft untersuchen, unterscheiden nicht zwischen den Wirkungen, die aus der Anforderung der Erreichbarkeit resultieren und den Wirkungen, die auf Besonderheiten der Arbeitseinsätze in Rufbereitschaft zurückzuführen sind wie z. B. Nachteinsätze oder Notfälle unter hohem psychischen Druck. Es bleibt unklar, ob die gefundenen Befindensbeeinträchtigungen durch Rufbereitschaft aus der damit verknüpften ständigen Erreichbarkeit oder aus anderen bekannten Stressoren wie Nachtarbeit, eingeschränkter sozialer Unterstützung bei Einsätzen oder überlangen Arbeitszeiten resultieren (Vahle-Hinz u. Bamberg 2009).

6.2.3 Ständige Erreichbarkeit als Belastungsfaktor

Aus theoretischer Sicht spricht einiges dafür, dass die bloße Anforderung, verfügbar und ständig erreichbar zu sein, eine Belastung darstellt: Neben der Erwartung von möglicherweise belastenden Einsätzen, die per se bereits eine Beanspruchung für Beschäftigte darstellt, ist es wahrscheinlich, dass Erholungsprozesse eingeschränkt werden (Meijman u. Mulder 1998). Während der Rufbereitschaftsphase ist es Beschäftigten nicht möglich, vollständig von der Arbeit abzuschalten und sich kognitiv zu distanzieren. Die Erwerbsarbeit bleibt durch die Erwartung möglicher Rufe und entsprechender Symbole (z. B. Mobiltelefon) in der Freizeit mental präsent. Eine mentale Distanzierung von der Erwerbsarbeit, das sogenannte psychologische „Detachment" (Etzion et al. 1998; Sonnentag u. Bayer 2005) ist jedoch ein wichtiger Faktor für eine erfolgreiche Erholung. Darüber hinaus sind während der Rufbereitschaftsphase die Handlungsmöglichkeiten der Beschäftigten als weiterer wichtiger Erholungsfaktor (Sonnentag u. Fritz 2007) stark eingeschränkt. Trotz der prinzipiellen Möglichkeit der freien Ortswahl sind Beschäftige in einer Rufbereitschaftsphase, d. h. in einer Phase ständiger Erreichbarkeit, praktisch mit vielen Einschränkungen konfrontiert. So müssen sie darauf achtgeben, dass sie telefonisch erreichbar sind und bei Bedarf in angemessener Zeit reagieren können. Diese Aspekte allein schließen bereits verschiedene Aufenthaltsorte und Aktivitäten aus. Dies bedeutet möglicherweise auch eine Einschränkung von Erholungsmöglichkeiten. In der Folge können Stressbelastungen der regulären Arbeit nur unzureichend in der Freizeit bewältigt werden. Dauerhafte Erholungsdefizite können dabei schwerwiegende gesundheitliche Folgen haben (Kivimäki et al. 2006).

Ergebnisse qualitativer Studien (Schuck 2010; Iversen et al. 2002) unterstreichen die Annahme, dass die bloße Anforderung der Verfügbarkeit und ständigen Erreichbarkeit unabhängig von tatsächlichen Arbeitseinsätzen gesundheitsbeeinträchtigende Auswirkungen haben kann. In Interviewstudien mit Ärzten, Pflegepersonal, Managern und Netzwerkadministratoren gaben die Befragten an, dass sie während der Rufbereitschaftsphase nicht in der Lage sind, vollständig zu entspannen (Iversen et al. 2002). Auch Bamberg et al. (eingereicht) zeigen in einer Tagebuchstudie mit IT-Spezialisten negative Wirkungen von Rufbereitschaft auf das Wohlbefinden, die auch dann bestehen, wenn es zu keinem Arbeitseinsatz kommt. Allein die Anforderung, verfügbar und erreichbar zu sein, führt somit zu einer Befindensbeeinträchtigung.

6.3 Wirkungen von ständiger Erreichbarkeit auf das Wohlbefinden – Ergebnisse des BMBF-Projekts RUF

Im vorliegenden Beitrag soll die Wirkung von ständiger Erreichbarkeit und Verfügbarkeit in Rufbereitschaftsphasen auf der Grundlage neuer Ergebnisse aus dem vom Bundesministerium für Bildung und Forschung (BMBF) geförderten Projekt „RUF – Flexibilität und Verfügbarkeit durch Arbeit auf Abruf" diskutiert werden. Dabei soll klar zwischen Wirkungen aufgrund von Arbeitseinsätzen und Wirkung aufgrund der bloßen Anforderung der Verfügbarkeit differenziert werden. Auf diese Weise sollen Rückschlüsse auf andere Formen ständiger Erreichbarkeit, etwa aufgrund von informellen Rollenerwartungen, außerhalb des Rufbereitschaftskontextes ermöglicht werden.

Im Einzelnen lauten die Fragestellungen:

1. Führt die Anforderung der Erreichbarkeit und Verfügbarkeit in Rufbereitschaftsphasen zu Befindensbeeinträchtigungen?
2. Bestehen diese Wirkungen unabhängig von tatsächlich geleisteten Arbeitseinsätzen?

6.3.1 Vorgehensweise

Um diese Fragestellungen zu prüfen, werden im Folgenden ausgewählte Ergebnisse einer Tagebuchstudie mit 70 Beschäftigten dargestellt. Im Rahmen des BMBF-Projekts RUF wurden Unternehmen unterschiedlicher Branchen (Transport, IT-Service, Versorgung/Entsorgung etc.) akquiriert, die an einer Analyse und Optimierung ihrer bestehenden Rufbereitschaftsregelungen interessiert waren. Nach einer Informationsveranstaltung zur Darstellung des Projekts in den einzelnen Unternehmen wurden die Beschäftigten um Teilnahme an der Untersuchung gebeten, ein Fragebogen zur Eingangsbefragung ausgeteilt und eine Einweisung in den Umgang mit den elektronischen Tagebüchern gegeben.

Im Rahmen der Eingangsbefragung machten die Beschäftigten u. a. Angaben zu ihren Arbeitsbedingungen, der spezifischen organisationalen Gestaltung der Rufbereitschaft sowie zu soziodemografischen Daten. In der Tagebuchbefragung füllten die Teilnehmer an vier Tagen mit Rufbereitschaft und vier Tagen ohne Rufbereitschaft auf einem Handcomputer installierte Kurzfragebögen zu Befindensindikatoren und besonderen Ereignissen während der Arbeit und der Freizeit aus. Bei der Auswahl der Tage wurde darauf geachtet, dass die Arbeitszeiten an den untersuchten Tagen vergleichbar sind. Zum Beispiel wurden Beschäftigte, die im Schichtdienst tätig sind, immer in der Früh- bzw. Mittelschicht befragt, während Nachtschichten aus der Untersuchung ausgeschlossen wurden.

6.3.2 Stichprobe

Die hier dargestellten Daten stammen aus einer zeitlich bereits verfügbaren Substichprobe einer immer noch laufenden größeren Untersuchung. Die Stichprobe beinhaltet 68 Beschäftigte, die regelmäßig in Rufbereitschaft arbeiten. Dabei handelt es sich um Rufbereitschaftsphasen von jeweils einer Woche. Die Beschäftigten kommen aus unterschiedlichen Branchen. Im Einzelnen handelt es sich um Unternehmen aus den Bereichen Transport, Logistik (IT-Abteilung), Versorgung und Entsorgung.

Der Großteil der Beschäftigten ist männlich (97,1 Prozent). Im Durchschnitt sind die Beschäftigten 41,4 Jahre alt, 93,9 Prozent leben in einer Partnerschaft und 58,8 Prozent haben Kinder im Haushalt. Die durchschnittliche Arbeitsdauer beträgt 37,1 Stunden pro Woche. Bei ihrem derzeitigen Arbeitgeber sind die Beschäftigten durchschnittlich fünf Jahre tätig. Alle Teilnehmer haben mindestens ein Jahr Erfahrung mit Rufbereitschaft, die durchschnittliche Erfahrung beträgt 10,4 Jahre.

6.3.3 Instrumente – Tagebuch

Die Beschäftigten wurden an Tagen mit Rufbereitschaft und Tagen ohne Rufbereitschaft jeweils zu drei Zeitpunkten am Tag befragt: morgens nach dem Aufwachen, zum Zeitpunkt des Feierabends und kurz vor dem Zubettgehen.

Zu Beginn jeder Befragungsrunde wurde gefragt, ob es sich um Tage mit oder ohne Rufbereitschaft handelt. Am Morgen jedes Tages in der Rufbereitschaftsphase mussten die Teilnehmer angeben, ob und wie viele Einsätze sie in den letzten 24 Stunden gehabt hatten. Danach wurden in Anlehnung an eine Skala von Jenkins et al. (1998) Fragen zur Schlafqualität bzw. deren Einschränkung gefragt (z. B. „In der vergangenen Nacht hatte ich Probleme einzuschlafen"). Außerdem wurden die Beschäftigten zu allen drei Zeitpunkten mittels der Kurzversion der deutschen Übersetzung des Multidimensional Mood Questionnaire (MDMQ; Wilhelm u. Schoebi 2007) nach ihrem momentanen Befinden befragt. Inhaltlich werden mit der Skala Befindensbeeinträchtigungen wie Unwohlsein, Anspannung sowie Müdigkeit erfasst. Schließlich wurden kurz vor dem Zubettgehen Fragen zur arbeitsbezogenen Beanspruchung mit der Irritationsskala von Mohr et al. (2005) gestellt (z. B. „Heute Abend fiel es mir schwer abzuschalten" oder „Heute Abend reagierte ich gereizt, obwohl ich es gar nicht wollte"). Für die Anwendbarkeit auf Tagesebene wurde diese Skala um ein Item gekürzt („Selbst im Urlaub muss ich manchmal an Probleme bei der Arbeit denken"). Ferner wurde die siebenstufige Antwortskala auf fünf Stufen reduziert. ◘ Tab. 6.1 zeigt die Mittelwerte, Standardabweichung und die Skalenstatistik Cronbachs Alpha der eingesetzten Instrumente.

◘ Tab. 6.1 Skalenwerte der eingesetzten Instrumente

Skala	M	s	α
Schlafqualität (1–5)	2,19	0,83	.653
Befindensbeeinträchtigung nachmittags (1–6)	2,15	0,84	.902
Irritation (1–5)	1,75	0,66	.899

Quelle: Eigene Darstellung

Fehlzeiten-Report 2012

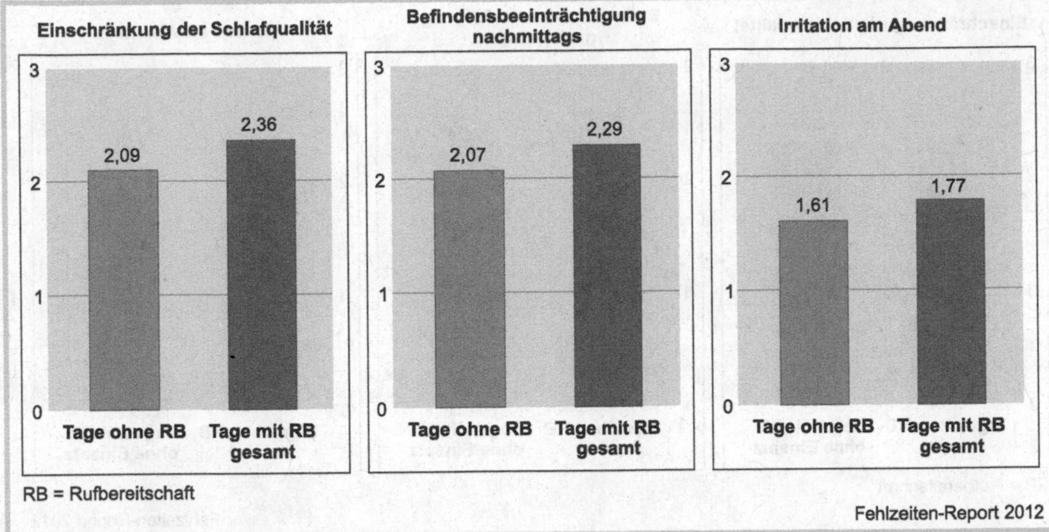

Abb. 6.1 Befindensunterschiede an Tagen mit und ohne Rufbereitschaft

6.3.4 Ergebnisse

Im Folgenden werden Ergebnisse einer laufenden Untersuchung dargestellt. Die Analyse der Arbeitseinsätze in der herangezogenen Teilstichprobe ergibt, dass die befragten Teilnehmer an jedem der vier Rufbereitschaftstage im Durchschnitt 0,6 Arbeitseinsätze hatten, wobei diese sehr ungleich verteilt waren. Von den insgesamt 393 untersuchten Rufbereitschaftstagen kam es nur an 77 Tagen überhaupt zu Arbeitseinsätzen. Das entspricht einer Quote von 19,6 Prozent. Die Balkendiagramme in Abb. 6.1 zeigen die Befindensunterschiede an Tagen mit und ohne Rufbereitschaft. Varianzanalysen zeigen, dass alle Unterschiede signifikant auf dem 1-Prozent-Niveau sind.

Abb. 6.2 zeigt die Unterschiede der Wohlbefindensindikatoren zwischen Tagen ohne Rufbereitschaft und Tagen in Rufbereitschaft, an denen es jedoch zu keinem Einsatz kam. Wiederum werden alle Unterschiede signifikant ($p < .05$).

Zusammenfassend zeigen die Ergebnisse, dass an Tagen mit Rufbereitschaft das Befinden deutlich herabgesetzt ist. Ob es an den Tagen tatsächlich zu Einsätzen kommt oder nicht, ist dabei eher zweitrangig. Der Unterschied zu Tagen ohne Rufbereitschaft bleibt signifikant.

6.3.5 Konsequenzen aus den Ergebnissen

Die Ergebnisse der dargestellten Studie weisen darauf hin, dass die Anforderung der Erreichbarkeit und Verfügbarkeit im Rahmen der Rufbereitschaft unabhängig von den tatsächlichen Einsätzen eine Befindensbeeinträchtigung bewirkt. Es ist anzunehmen, dass die reine Anforderung, verfügbar zu sein, bereits Erholungsprozesse beeinträchtigt und auf diese Weise die Schlafqualität einschränkt und das Wohlbefinden herabsetzt. Welche vermittelnden Prozesse unter der Bedingung ständiger Erreichbarkeit eine Rolle spielen und welche Wirkmechanismen zum Tragen kommen, muss jedoch noch weiter untersucht werden. In einer weiteren, noch laufenden Studie werden eben diese vermittelnden Prozesse genauer untersucht (Dettmers et al., in Vorbereitung).

Unter dem Vorbehalt, dass bei der hier vorgestellten Studie eine vergleichsweise Stichprobe berücksichtigt wurde und auch die Einsatzhäufigkeiten eher gering waren, können aus den Ergebnissen bereits einige praktische Konsequenzen gezogen werden:

Phasen der Verfügbarkeit und Erreichbarkeit über die reguläre Arbeitszeit hinaus sollten aus Sicht der Autoren möglichst vermieden werden. Lassen sich Rufbereitschaftsphasen nicht gänzlich vermeiden, dann sollten diese Phasen zumindest so selten wie möglich vorkommen. Eine Variante, um dies zu erreichen, ist das Bilden von Rufbereitschaftspools. Hierbei koope-

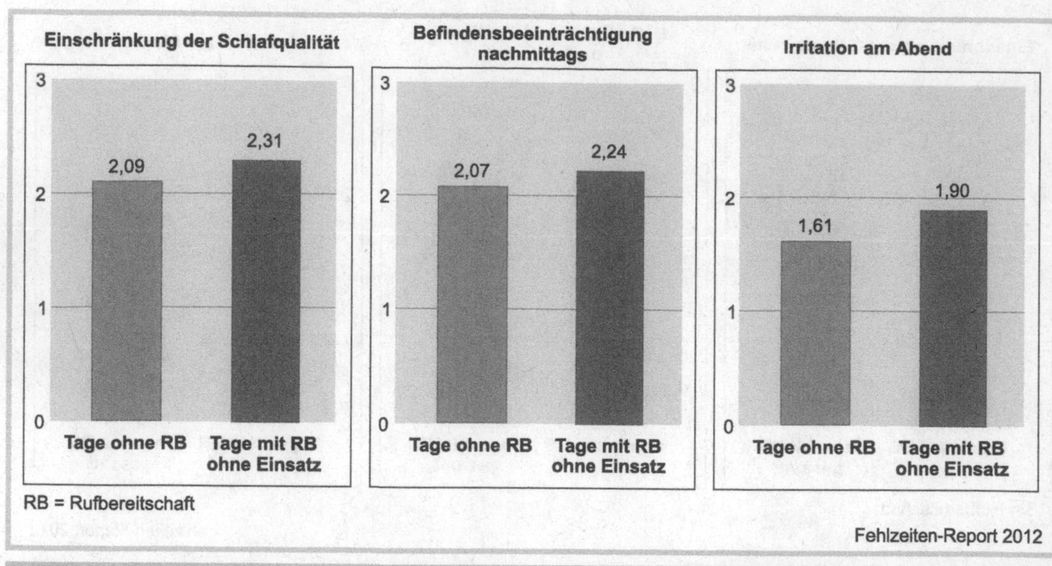

Abb. 6.2 Befindensunterschiede an Tagen mit und ohne Rufbereitschaft, wenn es zu keinem Einsatz kommt

rieren mehrere Unternehmen oder Unternehmensbereiche, um gemeinsam erforderliche Phasen der Erreichbarkeit und Einsatzbereitschaft abzudecken (Keller et al. 2011). Auf diese Weise wird die Auslastung der einzelnen Rufbereitschaftsdienste, d. h. die Zahl der Arbeitseinsätze, erhöht. Gleichzeitig verringern sich jedoch Häufigkeit und Dauer von Rufbereitschaftsphasen für die einzelnen Beschäftigten. Dieser Vorschlag lässt sich freilich nicht für jede Organisation realisieren. Auf der Grundlage der hier dargestellten Ergebnisse sind jedoch seltenere Rufbereitschaftsphasen mit einer erhöhten Auslastung häufigeren Rufbereitschaftsphasen mit wenigen Arbeitseinsätzen eindeutig vorzuziehen, sodass Unternehmen diese Möglichkeit zumindest prüfen sollten.

6.3.6 Gestaltungskriterien und weiterer Forschungsbedarf

Die empirischen Ergebnisse zur belastenden Wirkung von Rufbereitschaft und insbesondere der Beanspruchung durch die Anforderung der Verfügbarkeit und Erreichbarkeit unterstreichen die Notwendigkeit, Kriterien für eine gute Gestaltung dieser flexiblen Arbeitszeitregelung sowie Unterstützungsmöglichkeiten für Beschäftigte mit den damit verbundenen Anforderungen und Belastungen zu entwickeln. Ist Rufbereitschaft absolut erforderlich, so ist zu prüfen, wie sich diese so gestalten lässt, dass die Beeinträchtigung für die Beschäftigten möglichst gering bleiben. Ein erster Schritt hierzu ist es, Faktoren zu identifizieren, die die beanspruchende Wirkung von Rufbereitschaft verstärken oder abfedern können. Tagebuchstudien, wie sie im Projekt RUF durchgeführt werden, bieten die Möglichkeit, durch das Erfassen einer Vielzahl von Rahmenbedingungen Moderatoranalysen durchzuführen. Damit kann untersucht werden, welche Rahmenbedingungen die Auswirkungen von Rufbereitschaft auf das Wohlbefinden und den Schlaf verstärken oder abschwächen. Ein wichtiger Bereich, der hier von besonderer Bedeutung sein kann, sind die Arbeitsbedingungen, unter denen Rufbereitschaft stattfindet.

Es kann davon ausgegangen werden, dass die Arbeitsbedingungen während der regulären Arbeitszeit sowie in Rufbereitschaftseinsätzen einen wesentlichen Einfluss darauf haben, ob Rufbereitschaft als mehr oder weniger belastend erlebt wird. Wenn Beschäftigte beispielsweise eine hohe Stressbelastung durch die reguläre Arbeit und dadurch einen gesteigerten Erholungsbedarf am Abend oder am Wochenende haben, dann kann die dort stattfindende Rufbereitschaft besonders beanspruchend sein. Ebenso kann angenommen werden, dass Rufbereitschaft dann als belastender erlebt wird, wenn sich Mitarbeiter unsicher sind, ob sie die Anforderungen in den Einsätzen ohne Unterstützung bewältigen können.

Auch die konkrete Organisation von Rufbereitschaft ist bedeutsam für die Wirkung der Rufbereitschaft auf das Wohlbefinden und auf Erholungsprozesse. Hier spielt zum Beispiel eine Rolle, wie langfristig die Rufbereitschaftsdienste geplant sind, welchen Einfluss die Beschäftigten auf die Gestaltung der Dienstpläne haben oder ob es möglich ist, auch kurzfristig mit Kollegen zu tauschen. Die im Projekt erhobenen Daten deuten darauf hin, dass sehr unterschiedlich liegende Rufbereitschaftsdienste (unterschiedliche Wochentage, Lage im Monat etc.) Erholungsprozesse während der Rufbereitschaft zusätzlich erschweren. Aus diesem Ergebnis kann man folgern, dass bei der Planung der Rufbereitschaft darauf geachtet werden sollte, dass die Dienste für die Mitarbeiter in einem festen Rahmen bleiben, sodass sie sich langfristig darauf einstellen können. Dies macht es den Beschäftigten leichter, sich trotz Rufbereitschaft in ihrer Freizeit zu erholen. Gleichzeitig sollte den Beschäftigten eine flexible Ausgestaltung möglich sein, was sich beispielsweise darin äußert, dass Rufdienste untereinander getauscht werden können.

Weiter zeigt sich, dass die prinzipielle Möglichkeit, einen Anruf an Kollegen weiterzugeben, eine hohe Schutzfunktion hat. Das Befinden von Beschäftigten, die diese Möglichkeit haben, ist während der Tage mit Rufbereitschaft weniger beeinträchtigt und sie können sich besser erholen. Dies ist in den vorliegenden Daten des RUF-Projekts ein sehr konstantes Ergebnis. Somit sollte versucht werden, möglichst flächendeckend zumindest in Notfällen den Rufbereitschaftsleistenden die Möglichkeit einzuräumen, Rufe weiterzuleiten. Allein diese Möglichkeit scheint die negativen Wirkungen von Rufbereitschaft zu reduzieren, auch wenn sie teilweise einen erheblichen organisatorischen Aufwand bedeutet. Neben den im RUF-Projekt identifizierten Gestaltungskriterien lassen sich weitere Kriterien aus bestehenden Forschungsarbeiten wie etwa zu Schichtarbeit ableiten. Diese sind etwa bei Keller et al. (2011) aufgeführt.

6.4 Fazit

Die im Rahmen des Projekts RUF gefundenen Ergebnisse zu Auswirkungen von Rufbereitschaft können einen Beitrag zur gesundheitsförderlichen Gestaltung von Rufbereitschaft liefern. Es kann gezeigt werden, dass Gestaltungsmerkmale und Rahmenbedingungen mögliche beeinträchtigende Wirkungen verstärken oder puffern können.

Die getrennte Betrachtung von Wirkungen, die aus Arbeitseinsätzen resultieren und Wirkungen, die durch die Situation der Erreichbarkeit und Verfügbarkeit bedingt sind, ermöglichen die Analyse der Auswirkungen ständiger Erreichbarkeit. Damit leistet die hier dargestellte Untersuchung einen wichtigen Beitrag zum Verständnis entgrenzter Arbeitszeiten, bei denen die strikte Trennung zwischen Arbeit und Freizeit verschwindet. Die hier betrachtete Form von Entgrenzung – die Situation ständiger Erreichbarkeit und Verfügbarkeit über die reguläre Präsenzarbeitszeit hinaus – findet in immer mehr Branchen und Tätigkeitsfeldern Verbreitung. Gefördert wird dies durch neue IuK-Technologien, die nicht nur neue Möglichkeiten für Beschäftigte im Hinblick auf die eigene Flexibilität schaffen, sondern auch implizite Erwartungen durch Kunden, Vorgesetzte und Kollegen. Obwohl diese neuen Technologien scheinbar alles ermöglichen und eine Unabhängigkeit von Zeit und Raum schaffen, wird diese Situation von vielen Beschäftigten als belastend wahrgenommen. Die Ergebnisse des Projekts RUF sollen dazu beitragen, dass auch in diesen neuen Arbeitsformen Regeln gefunden werden, die ein Arbeiten ermöglichen, das nicht auf Kosten der Gesundheit geht, sondern weiterhin Erholungsprozesse sowie eine gesunde Work-Family-Balance ermöglicht.

Literatur

Bamberg E, Vahle-Hinz T, Dettmers J, Kraehe B, Funck H (*eingereicht*) Effects of On-call Work on Health and Well-Being

Böker KH (2010) Rufbereitschaft. Hans-Böckler-Stiftung, Düsseldorf

Etzion D, Eden D, Lapidot Y (1998) Relief from job stressors and burnout: Reserve service as a respite. Journal of Applied Psychology 83 (4):577–585

Dettmers J, Friedrich N, Vahle-Hinz T, Keller M, Bamberg E (*in Vorbereitung*) Effects of permanent availability on work stress recovery – An investigation of on-call shifts

French DP, McKinley RK, Hastings A (2001) GP stress and patient dissatisfaction with nights on call. An exploratory study. Scandinavian Journal of Primary Health Care 19:170–173

Iversen L, Farmer JC, Hannaford PC (2002) Workload pressure in rural general practice. A qualitative investigation. Scandinavian Journal of primary health care 20 (3):139–144

Jurczyk K, Voß G (2000) Entgrenzte Arbeitszeit – Reflexive Alltagszeit. Die Zeiten des Arbeitskraftunternehmers. In: Hildebrandt E (Hrsg) Reflexive Lebensführung. Zu den sozialökologischen Folgen flexibler Arbeit. edition sigma, Berlin, S 151–206

Keller M, Bamberg E, Friedrich N, Dettmers J, Vahle-Hinz T (2011) Gesundheitsgerechte Gestaltung von Rufbereitschaft. In: Bamberg E, Ducki A, Metz AM (Hrsg) Handbuch Gesundheitsförderung und Gesundheitsmanagement in der Arbeitswelt. Hogrefe, Göttingen, S 713–734

Kivimäki M, Leino-Arjas P, Kaila-Kangas L, Luukonen R, Vahtera J, Elovainio M, Härma M, Kirjonen J (2006) Is incomplete recovery from work a risk marker of cardiovascular death? Prospective evidence from industrial employees. Psychosomatic Medicine 68 (3):402–407

Malmberg B, Persson R, Jönsson BAG, Erfurth EM, Flisberg P, Ranklev E, Örbaek P (2007) Physiological restitution after night-call duty in anaesthesiologists. Impact on metabolic factors. Acta Anaesthesiologica Scandinavica 51 (7):823–830

Meijman TF, Mulder G (1998) Psychological aspects of workload. In: Peter JD, Drenth HT, Wolff CJ de (eds) Handbook of work and organizational psychology (2. ed) Taylor & Francis, London, pp 5–33

Nicol AM, Botterill JS (2004) On-call work and health: a review. Environmental Health: A Global Access Science Source 3:15

Schuck TC (2010) Interviewuntersuchung von Anforderungen, Stressoren, Ressourcen und Bewältigungsstrategien bei Rufbereitschaftsbeschäftigten. (Unveröffentlichte Bachelorarbeit). Universität Hamburg

Sonnentag S, Bayer UV (2005) Switching off mentally: Predictors and consequences of psychological detachment from work during off-job time. Journal of Occupational Health Psychology 10 (4):393–414

Sonnentag S, Fritz C (2007) The recovery experience questionnaire: Development and validation of a measure for assessing recuperation and unwinding from work. Journal of Occupational Health Psychology 12 (3):204–221

Tobsch V, Matiaske W, Fietze S (2012) Ab Ruf Arbeiten. PERSONALquarterly 1: 26–29

Vahle-Hinz T, Bamberg E (2009) Flexibilität und Verfügbarkeit durch Rufbereitschaft – die Folgen für Gesundheit und Wohlbefinden. Arbeit 18 (4):327–340

Ware J, Risser M, Manser T, Karlson K (2006) Medical resident driving simulator performance following a night on call. Behavioral Sleep Medicine 4:1–12

6

Kapitel 7

Arbeitsunterbrechungen als tägliche Belastungsquelle

T. Rigotti, A. Baethge, G. Freude

Zusammenfassung *Arbeitsunterbrechungen haben in den letzten Jahren als Stressoren an Bedeutung gewonnen. In diesem Beitrag werden Ergebnisse aus einer Beobachtungsstudie sowie einer standardisierten Tagebuchstudie an Gesundheits- und Krankenpflegern berichtet. Getrennt nach verschiedenen Unterbrechungsquellen werden unterschiedliche Reaktionsmöglichkeiten betrachtet (sofort bearbeiten, ignorieren oder verschieben). Zudem werden Zusammenhänge zwischen der Häufigkeit von Arbeitsunterbrechungen mit geistiger Anstrengung, erlebtem Zeitdruck und dem Frustrationserleben während der Arbeit sowie zu emotionaler und kognitiver Irritation am Abend berichtet. Es zeigt sich, dass Arbeitsunterbrechungen unmittelbar zu einem höheren Belastungserleben während der Arbeit führen und an Tagen mit häufigen Arbeitsunterbrechungen auch am Abend noch eine höhere Beanspruchung angegeben wird. Ergebnisse aus Gesundheitszirkeln zeigen, dass Arbeitsunterbrechungen im Krankenhaus zwar nicht abgeschafft, aber reduziert werden können.*

7.1 Zur Relevanz von Arbeitsunterbrechungen

Wer kennt nicht die Situation: Gerade ist man konzentriert bei einer Aufgabe und plötzlich wird man herausgerissen – das Telefon klingelt, eine Kollegin kommt vorbei oder der Computer hängt sich auf. Solche Unterbrechungen von Tätigkeiten während der Arbeit bedeuten eine Ablenkung und sind meist verbunden mit einer zusätzlichen Aufgabe. In jedem Fall erfordert eine Unterbrechung, sich in die aktuelle Tätigkeit wieder neu einzudenken (vgl. Leitner et al. 2003). Häufen sich unerwartete Arbeitsunterbrechungen, erhöht sich der Zeitdruck. Man schafft entweder nicht mehr, was man sich vorgenommen hat oder muss schneller arbeiten, meist zu Lasten der Qualität. Laut der BiBB-BAuA-Erwerbstätigenbefragung 2005 gaben 46,1 Prozent der Befragten an, häufig während ihrer Arbeit unterbrochen zu werden (31,2 % manchmal) – die Mehrheit fühlte sich durch Unterbrechungen belastet (Siefer u. Beermann 2010). Im Vergleich zur Erhebung aus dem Jahr 1998 haben sich Arbeitsunterbrechungen nahezu verdoppelt und rangieren mittlerweile gemeinsam mit allgemeinem Termin- und Leistungsdruck und der Notwendigkeit, mehrere Aufgaben gleichzeitig bearbeiten zu müssen, auf den vorderen Plätzen der häufigsten Arbeitsstressoren (BIBB 2011). 2005 gaben Befragte mit häufigen Kunden- oder Patientenkontakten im Vergleich zu denen, die bei ihrer Arbeit nur gelegentlichen oder nie Kontakt mit Kunden oder Patienten haben, nahezu doppelt so oft an, während ihrer Arbeit häufig unterbrochen zu werden. Dies deckt sich mit Ergebnissen des European Survey of Living and Working Condi-

B. Badura et al. (Hrsg.) *Fehlzeiten-Report 2012*,
DOI 10.1007/978-3-642-21655-8_7,

tions (2007), demzufolge sich der Gesundheitssektor durch besonders häufige Arbeitsunterbrechungen auszeichnet.

Arbeitsunterbrechungen und Multitasking-Anforderungen sind tätigkeitsimmanente Bestandteile des Pflegeberufs, daher kann diese Berufsgruppe als Prototyp für die Entwicklung in vielen anderen Branchen und Berufen angesehen werden. Die Notwendigkeit, verschiedene Projekte gleichzeitig zu bearbeiten, die ständige Erreichbarkeit durch moderne Kommunikationsmedien, aber auch stetige Veränderungen der Arbeitsinhalte, der Arbeitsorte und Arbeitszeiten (vgl. Rigotti u. Mohr 2011) – diese Merkmale unserer flexiblen Arbeitswelt führen dazu, dass sowohl Arbeitsunterbrechungen zunehmen als auch die Bewältigung der damit verbundenen Belastungen erschwert wird. Wir haben daher die Arbeit von Kranken- und Gesundheitspflegern in Bezug auf Arbeitsunterbrechungen genauer untersucht. Es wurden 15 Pflegekräfte während einer Frühschicht beobachtet und 133 Personen wurden aufgefordert, über fünf Tage hinweg ein standardisiertes Tagebuch zu Unterbrechungen und damit verbundenen Konsequenzen auszufüllen. Somit können kurzfristige Belastungs- und Beanspruchungsfolgen in Bezug zu Arbeitsunterbrechungen identifiziert werden. Ausgewählte Befunde sollen im Folgenden dargestellt werden.

Wenn wir von Arbeitsunterbrechungen sprechen, dann beschränken wir uns hier auf Unterbrechungen durch externe Quellen. Wir werden zunächst die Prozesse, die durch eine Arbeitsunterbrechung verursacht werden, beschreiben. Im Anschluss stellen wir die wichtigsten Befunde zu Auswirkungen von Arbeitsunterbrechungen vor und leiten daraus die Forschungsfragen für diesen Beitrag ab.

7.1.1 Was passiert bei einer Arbeitsunterbrechung?

Bei einer Arbeitsunterbrechung kommt es zunächst zu einer Aufmerksamkeitsverschiebung weg von der aktuellen Aufgabe hin zur Unterbrechungsquelle. Der Arbeitnehmer muss entscheiden, ob er die Unterbrechung ignoriert, die Aufgabe verschiebt, sofort oder sogar parallel bearbeitet oder an jemand anders delegiert. Dadurch, dass die Aufmerksamkeit auf die Unterbrechung gelenkt wird (interruption lag) sowie bei der Rückkehr zur vorher ausgeführten Tätigkeit (resumption lag) entstehen Zeitverluste (Altmann u. Trafton 2002; Brixey et al. 2007). Wird die Unterbrechungsaufgabe sofort bearbeitet, so kann es in manchen Situationen mehrere Minuten bis zu Stunden dauern, bis die unterbrochene Aufgabe wieder aufgenommen und zu Ende geführt werden kann. Während dieser Zeit muss die Aufgabe, bei der man unterbrochen wurde, erinnert bzw. bei der Rückkehr rekapituliert werden. Diese Prozesse benötigen mentale (kognitive) Regulationsressourcen.

Nach der Handlungsregulationstheorie (Hacker 2005) beinhaltet ein Handlungsprozess neben dem Ziel die Stufen Orientierung, Planentwicklung, Entscheidung, Ausführung/Überwachung und Feedback. Die sequenziellen, nacheinander auszuführenden Schritte zur Zielerreichung werden mit dem Begriff *Transformation* beschrieben. Dabei kommt es im Laufe der Handlungsausführung zu Rückkopplungsprozessen. Dies bedeutet, dass nach jedem Arbeitsschritt überprüft wird, ob das Ziel bzw. ein Unterziel bereits erreicht ist. Hacker (2005) spricht in diesem Zusammenhang von der sogenannten „Vergleichs-Veränderungs-Rückkopplungseinheit (VVR-Einheit)". In diesem Modell sind auch Zieländerungen und Neubewertungen vorgesehen. Arbeitsunterbrechungen stellen Regulationshindernisse dar, da sie diese Transformation behindern. Sich wieder in den Bearbeitungsstand der unterbrochenen Aufgabe einzuarbeiten bedeutet Mehraufwand. Durch den entstehenden Zeitdruck (man schafft nicht das, was man sich vorgenommen hat) können Arbeitsunterbrechungen auch zu einer Regulationsüberforderung beitragen (vgl. auch Baethge u. Rigotti 2010).

7.1.2 Mögliche Folgen von Arbeitsunterbrechungen

Aus der Forschung ist bekannt, dass Arbeitsunterbrechungen zu negativen Emotionen führen können (Zohar 1999). Wird eine Person ständig bei der Ausführung ihrer Handlungen unterbrochen, so kann bei ihr der Eindruck entstehen, „fremdgesteuert" zu sein und einen Kontrollverlust zu erleben (Cohen 1980). Nicht erledigte Aufgaben und Aufgaben, mit deren Bearbeitungsqualität man nicht zufrieden ist, werden zudem leichter erinnert (Zeigarnik 1927). Im Arbeitsalltag bedeutet dies oft, auch abends noch über diese Aufgaben und Probleme nachzudenken. Rumination (die fortwährende gedankliche Beschäftigung mit Problemen) verringert den Erholungswert der Freizeit (Sonnentag 2010) und erhöht das Risiko psychischer Erkrankungen (z. B. Harrington u. Blankenship 2002; Nolen-Hoeksema u. Harrell 2002). Arbeitsunterbrechungen können dazu führen, geplante Handlungen zu vergessen. Sie beeinträchtigen die Arbeitsqualität und -leistung, erhöhen den Zeitdruck und die psychische Beanspruchung (Bailey u. Konstan 2006; Einstein et al. 2003; Grebner et al. 2003). Studien in Krankenhäusern konnten Arbeitsunterbrechungen mit einem erhöhten Risiko von Fehlmedikation in Verbindung bringen (Balaset al. 2004; Biron et al. 2009; Carlton u. Blegen 2006). Querschnittsuntersuchungen in verschiedenen Arbeitskontexten zeigten Zusammenhänge zwischen Arbeitsunterbrechungen und Arbeitszufriedenheit, körperlichen Beschwerden (Kirkcaldy u. Martin 2000), Irritation, psychosomatischen Beschwerden (Grebner et al. 2003), emotionaler Erschöpfung (Wülser 2006) sowie Depressivität (Rout et al. 1996).

7.1.3 Arbeitsunterbrechungen als tägliche Belastung

Studien zur Wirkung von Arbeitsunterbrechungen wurden bisher vorrangig im Labor durchgeführt. Die Mehrheit der Feldstudien verwendete ein Querschnittsdesign. Zudem werden bei üblichen Instrumenten zur Erfassung von Arbeitsunterbrechungen verschiedene Unterbrechungsquellen nicht unterschieden (z. B. ISTA: Semmer et al. 2007; KFZA: Prümper et al. 1995). In der hier vorgestellten Studie werden Arbeitsunterbrechungen als tägliches Ereignis über den Zeitraum von fünf Arbeitstagen direkt während der Arbeit erfragt. Zudem werden verschiedene Unterbrechungsquellen unterschieden.

7.1.4 Fragestellungen

Mittels einer Beobachtungs- und einer Tagebuchstudie gehen wir in diesem Beitrag den folgenden drei Fragestellungen nach:

1. Wie reagieren Gesundheits- und Krankenpfleger auf Arbeitsunterbrechungen durch verschiedene Quellen?
2. Welche unmittelbaren Zusammenhänge zeigen Arbeitsunterbrechungen durch verschiedene Unterbrechungsquellen mit der geistigen Anstrengung, dem Zeitdruck und dem Frustrationserleben?
3. Zeigen sich Zusammenhänge zwischen der Häufigkeit von Arbeitsunterbrechungen während des Arbeitstages und der erlebten emotionalen und kognitiven Irritation am Abend?

7.2 Methode

7.2.1 Stichprobe der Beobachtungsstudie

Insgesamt wurden 15 Pflegekräfte, 14 Frauen und ein Mann, während der Ausübung einer Frühschicht beobachtet. Der Altersschnitt betrug 46 Jahre. Von den 15 Pflegekräften arbeiteten vier in einer chirurgischen Abteilung, drei in der Neurologie, zwei auf einer inneren Station und die restlichen sechs jeweils in einer Transplantationsabteilung, einer Kardiologie, einer Hals-Nasen-Ohren-Abteilung, einer Geriatrie, einer Notaufnahme und einer gynäkologischen Abteilung. Bei den Beobachtungen wurden sie von Schichtbeginn (ca. 6.00 Uhr) bis Schichtende (ca. 14.00 Uhr) von zwei geschulten Beobachterinnen begleitet, wobei selbstverständlich darauf geachtet wurde, dass die Privatsphäre der Pflegebedürftigen gewahrt blieb. Die Erhebungsmethodik, die im Zuge der Schichtbeobachtungen zum Einsatz kam, basiert auf den Verfahren von Weigl et al. (2009) und Glaser et al. (2008) und wurde für das Pflegepersonal in der Krankenpflege modifiziert.

7.2.2 Stichprobe der Tagebuchstudie

An der Tagebuchstudie nahmen 133 Gesundheits- und Krankenpfleger teil. Darunter waren 11 Männer (8,3 %) und 122 Frauen (91,7 %). Das mittlere Alter lag bei 41 Jahren (SD = 12). Die mittlere Dauer der Berufstätigkeit als Pflegekraft betrug 23 Jahre (SD = 12) und in dem derzeitigen Krankenhaus arbeiteten die Teilnehmenden im Schnitt seit 18 Jahren (SD = 12). Vertreten waren die Abteilungen Innere Medizin (33), Chirurgie (23), Neurologie (19), Pädiatrie (10), Intensivstation (8), Gynäkologie (7), HNO (6), Gerontopsychiatrie (4), Dermatologie (2), Urologie (1) und Notaufnahme (1). Im Schnitt musste im Frühdienst eine Pflegekraft 19 (SD = 12) Patienten betreuen (min. = 2, max. = 50) und es waren vier Pflegekräfte auf der Station (SD = 2). Auf einer Station waren im Schnitt 30 Betten (SD = 9, min. = 8, max. = 64).

7.2.3 Durchführung der Tagebuchstudie

Die Fragebögen wurden mit der Software IzyBuilder (entwickelt von Ian Law, Universität Fribourg) erstellt und auf Handheld-Computer des Typs Eten Glofiish X610 und X650 gespielt. An das Ausfüllen der Schichtfragebögen wurden die Teilnehmer an fünf aufeinanderfolgenden Arbeitstagen per Klingelton erinnert. Dabei klingelte der Handheld-Computer innerhalb von drei festgelegten Zeitabschnitten zwischen 7:30 und 13 Uhr zufällig. Der minimale Abstand zwischen zwei Klingeltönen betrug eine Stunde. Zusätzlich füllten die Teilnehmer morgens nach dem Aufstehen und abends vor dem Zubettgehen an den fünf Tagen Fragebögen aus. Hier beschränken wir uns jedoch auf Daten, die während der Schicht und abends erhoben wurden. Um den Versuchspersonen den Umgang mit den Geräten zu erleichtern, haben sie vor Erhebungsbeginn eine Einweisung in die Bedienung der Geräte und ein kleines Manual erhalten.

7.2.4 Instrumente der Tagebuchstudie

Während der Schicht

Arbeitsunterbrechungen Unter Vorgabe eines offenen Antwortformats wurde gefragt: „Wie oft wurden Sie seit Schichtbeginn (bzw. dem letzten Fragebogen) unterbrochen durch: den Arzt/die Ärztin/Stationsleitung, eine Pflegekraft, eine/n Patientin/en, das Telefon, anderes Personal, fehlende Arbeitsmittel?".

Anforderungen, Zeitdruck und Frustrationserleben Zur Erfassung von geistigen Anforderungen, Zeitdruck und Frustrationserleben wurden Items des NASA Task Load Index (Hart u. Staveland 1988) in der deutschen Fassung von Elmenhorst (2005) verwendet. Gefragt wurde: „Wie hoch waren die geistigen Anforderungen in der letzten halben Stunde?" (*Geistige Anforderungen*), „Wie hoch war das Tempo, mit dem Sie die einzelnen Aufgaben in der letzten halben Stunde bewältigen mussten?" (*Zeitdruck*) und „Wie verunsichert, entmutigt, gereizt und verärgert waren Sie in der letzten halben Stunde?" (*Frustration*). Die Antwort konnte auf einem kontinuierlichen Schieberegler von „sehr wenig" bis „sehr stark", bzw. „sehr niedrig" bis „sehr hoch" eingestellt werden. Es lagen 20 Abstufungen zugrunde.

Am Abend

Kognitive und emotionale Irritation Mit dem Irritationsfragebogen von Müller et al. (2004) wurden kognitive und emotionale Irritation erhoben. Die Fragen wurden hierfür auf den Tageskontext angepasst. Ein Beispielitem für kognitive Irritation ist „Es fiel mir heute schwer, nach der Arbeit abzuschalten." und für emotionale Irritation: „Wenn andere mich ansprachen, kam es vor, dass ich mürrisch reagierte.". Die drei Items der kognitiven Irritation erzielten über die fünf Tage Cronbachs Alphas zwischen .76 und .85. Die fünf Items der emotionalen Irritation erzielten Cronbachs Alphas zwischen .81 und .86.

7.3 Ergebnisse

7.3.1 Beobachtungsstudie

An einem Tag wurden die beobachteten Pflegekräfte im Schnitt 63 mal unterbrochen (SD = 36.7; Min = 13, Max = 149). Unterbrechungen traten am häufigsten durch andere Pflegekräfte (38 %) auf, gefolgt durch Patienten (20 %) und das Telefon (18 %). Als weitere Unterbrechungsquellen mit geringerer Häufigkeit konnten andere Personen (9 %), Ärzte (7 %), Funktionsstörungen (6 %) sowie Angehörige (2 %) identifiziert werden. ◘ Abb. 7.1 zeigt, wie die Pflegekräfte auf die einzelnen Unterbrechungen reagiert haben.

In 72 Prozent der Fälle wurde sofort auf die Unterbrechung reagiert. Auf Unterbrechungen durch Angehörige, Ärzte und Pflegekräfte reagierten die Pflegekräfte fast immer sofort. Anderes Personal musste wesentlich häufiger warten bzw. wurde ganz ignoriert. Dies könnte damit erklärt werden, dass sich unter dieser Kategorie größtenteils Hilfskräfte subsumieren, die in der Hierarchie weiter unten stehen. Der geringe Prozentsatz an sofortiger Reaktion auf Patientenanfragen liegt daran, dass die Kategorie auch die Patientenklingel beinhaltet. Die Patientenklingel richtet sich an das gesamte Pflegepersonal und kann somit auch von anderen Pflegekräften beantwortet werden. Nachfolgend durchgeführte Interviews gaben weiteren Aufschluss darüber. So werden beispielsweise Tätigkeiten am Patienten nicht wegen der Patientenklingel unterbrochen, wenn sich gerade Pflegekräfte auf dem Gang befinden. Das Telefon führt zu einem ähnlichen Bearbeitungsmuster: Es befindet sich meist im Dienstzimmer, in dem sich auch andere Pflegekräfte aufhalten. Dass die Reaktionen auf das Telefon den Reaktionen auf Patientenrufe ähnlich sind, kann auch damit erklärt werden, dass es einfacher ist, Unterbrechungen aufzuschieben oder zu ignorieren, wenn die Person, die diese Unterbrechung verursacht, sich nicht in unmittelbarer Nähe bzw. im Sichtfeld befindet.

7.3.2 Tagebuchstudie

Aufgrund der Datenstruktur, die durch eine wiederholte Messung über mehrere Messzeitpunkte an den gleichen Personen charakterisiert ist, bietet sich als

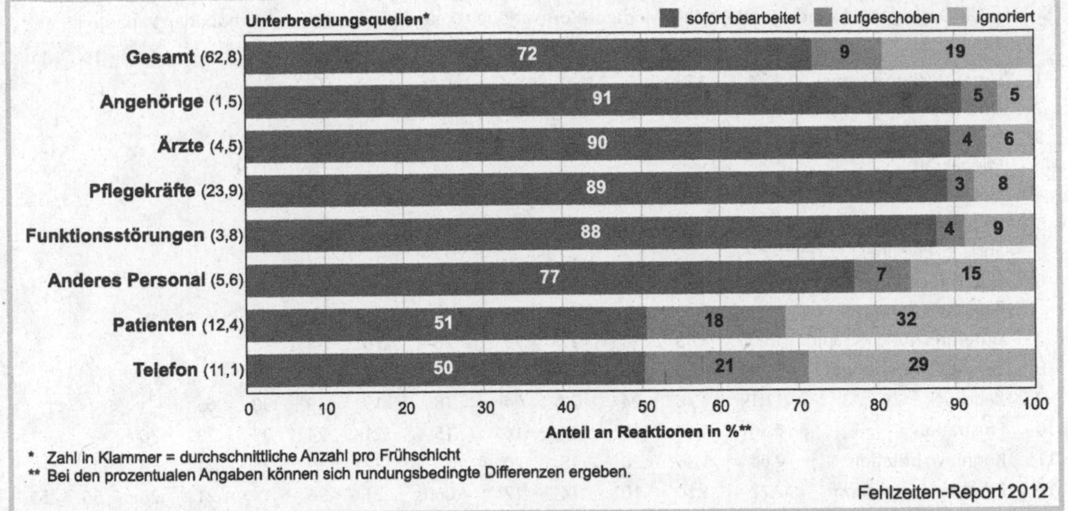

■ **Abb. 7.1** Durchschnittliche Häufigkeit verschiedener Unterbrechungen und prozentualer Anteil an Reaktionen auf unterschiedliche Unterbrechungsquellen (Schichtbeobachtung an 15 Pflegekräften)

statistische Auswertungsmethode eine Mehrebenenanalyse an. Dieses statistische Verfahren berücksichtigt, dass die wiederholten Messungen an den gleichen Personen nicht unabhängig voneinander sind. So sind Arbeitnehmer generell mehr oder weniger Arbeitsunterbrechungen ausgesetzt. Zum anderen variiert die Anzahl der Arbeitsunterbrechungen von Tag zu Tag. Während sich die bisherige Forschung vor allem darauf konzentriert hat, wie sich verschiedene Personen (mit unterschiedlicher Anzahl an Arbeitsunterbrechungen) voneinander unterscheiden, wählen wir hier einen sogenannten Within-Person-Ansatz: Wir untersuchen, ob an Tagen mit mehr Arbeitsunterbrechungen als sonst eine höhere Belastung und Beanspruchung resultiert. Dabei werden Unterschiede zwischen den Personen in der statistischen Auswertung berücksichtigt.

Wir verwendeten hierfür die Software HLM 6R (Raudenbush et al. 2005). Die unabhängigen Variablen wurden an den Gruppenmittelwerten zentriert. ■ Tab. 7.1 gibt einen Überblick zu den Korrelationsbeziehungen zwischen den Variablen. Es zeigt sich, dass die Häufigkeiten verschiedener Unterbrechungsquellen zwischen r = .11 und r = .56 korrelieren. Obgleich also die Tendenz besteht, dass es Tage mit mehr oder weniger Unterbrechungen gibt, erweisen sich die Unterbrechungen durch verschiedene Quellen als hinreichend unabhängig, um sie in einer gemeinsamen Analyse betrachten zu können.

In ■ Tab. 7.2 sind die Ergebnisse zu den Zusammenhängen zwischen Häufigkeit von Arbeitsunterbrechungen durch verschiedene Quellen und den unmittelbaren Einschätzungen bezüglich geistiger Anforderungen, erlebtem Zeitdruck und Frustrationserleben sowie zu der am Abend erhobenen Einschätzung zu kognitiver und emotionaler Irritation aufgeführt.

Die durchschnittliche tägliche Gesamtanzahl an Arbeitsunterbrechungen zeigt deutliche Zusammenhänge zu allen unmittelbaren Konsequenzen sowie zur emotionalen Irritation am Abend. Die Ergebnisse zu den einzelnen Unterbrechungsquellen können wie folgt interpretiert werden: Wenn Ärzte mehr unterbrechen *als sonst*, steigt die Wahrnehmung des Zeitdrucks, der geistigen Anstrengung und die erlebte Frustration (unter Kontrolle anderer Unterbrechungsquellen). Während die Häufigkeit der Unterbrechungen durch Ärzte sowie andere Pflegekräfte (immer unter Kontrolle anderer Unterbrechungsquellen) zu allen drei unmittelbaren Einschätzungen in einem signifikanten Zusammenhang standen, wiesen Unterbrechungen durch Patienten (Zeitdruck), Telefon (geistige Anstrengung) und anderes Personal (Frustration) differenzielle Befunde auf und erwiesen sich jeweils nur für eine der drei unmittelbaren abhängigen Variablen als signifikante Prädiktoren. Die Häufigkeit von Funktionsstörungen zeigte einen Zusammenhang mit Zeitdruck und Frustration.

Tab. 7.1 Deskriptive Angaben und Produkt-Moment-Korrelationen (Pearson) zwischen den erhobenen Variablen

		M	SD	1	2	3	4	5	6	7	8	9	10	11
1	Unterbrechung Arzt	1,74	1,83	–										
2	Unterbrechung Patient	3,18	2,44	.44	–									
3	Unterbrechung Pflegekraft	2,59	1,99	.56	.52	–								
4	Unterbrechung Telefon	2,84	2,72	.51	.47	.49	–							
5	Unterbrechung anderes Personal	1,76	1,85	.44	.48	.55	.45	–						
6	Unterbrechung Funktionsstörung	0,97	1,53	.20	.31	.27	.15	.40	–					
7	Unterbrechung gesamt	13,09	8,98	.73	.77	.79	.76	.76	.48	–				
8	Geistige Anforderung	10,96	4,56	.28	.18	.24	.19	.17	.11	.27	–			
9	Zeitdruck	11,19	4,46	.24	.27	.24	.18	.19	.19	.30	.65	–		
10	Frustration	4,56	4,27	.15	.14	.16	.15	.21	.24	.23	.29	.36	–	
11	Kognitive Irritation	2,66	1,36	.20	.18	.20	.19	.22	.19	.25	.21	.18	.36	–
12	Emotionale Irritation	2,22	1,14	.10*	.14	.12**	.06ns	.21	.26	.17	.21	.26	.56	.55

Anmerkung: Die Mittelwerte der Unterbrechungen sind die durchschnittliche Anzahl an Unterbrechungen in den Zeiträumen zwischen den drei Befragungen während der Schicht. Alle dargestellten Produkt-Moment-Korrelationen bis auf eine sind signifikant ($p < .001$, $^{**}p < .01$, $^{*}p < .05$, ns = nicht signifikant).

Quelle: Eigene Darstellung

Fehlzeiten-Report 2012

Tab. 7.2 Zusammenhänge zwischen der Häufigkeit von Arbeitsunterbrechungen verschiedener Quellen, unmittelbaren Konsequenzen und Reaktionen am Abend (Mehrebenenanalyse)

	Drei Zeitpunkte während der Schicht			**Am Abend**	
	Geistige Anstrengung	**Zeitdruck**	**Frustration**	**Kognitive Irritation**	**Emotionale Irritation**
	Beta	**Beta**	**Beta**	**Beta**	**Beta**
Arzt	.86***	.54***	.37**	.05	.10
Patient	.02	.48***	.12	-.12	-.03
Pflegekraft	.71***	.63***	.31*	-.08	-.09
Telefon	.26*	.01	.21	.20*	.12
Anderes Personal	.13	.09	.35**	.06	.17*
Funktionsstörung	.08	.42***	.29**	.06	-.06
R^2	0,12	0,11	0,06	0,02	0,02
Unterbrechungen gesamt	**1.51*** **	**1.52*** **	**1.17*** **	**.13+**	**.17*** **
R^2	0,10	0,10	0,06	0,01	0,01

Anmerkung: Angegeben sind die standardisierten Koeffizienten der Regressionsgrade. *** $p < .001$, ** $p < .01$, * $p < .05$. + $p = .07$, Während der Schicht: N = 133 Versuchspersonen / n = 1.808 Messungen, am Abend: N = 133 Versuchspersonen / n = 624 Messungen.

Quelle: Eigene Darstellung

Fehlzeiten-Report 2012

Unter Kontrolle aller anderen Unterbrechungsquellen erwies sich die Häufigkeit von Unterbrechungen durch das Telefon als prädiktiv für kognitive Irritation und die Häufigkeit von Unterbrechungen durch „anderes Personal" als prädiktiv für emotionale Irritation am Abend.

7.4 Diskussion

7.4.1 Zusammenfassung und Interpretation der Befunde

Die hier dargestellten Ergebnisse zeigen, dass Arbeitsunterbrechungen ein sehr häufiges Ereignis im Arbeitsalltag von Gesundheits- und Krankenpflegern darstellen. Auf die allermeisten Unterbrechungen wird sofort reagiert – eine eher ungünstige Strategie, wie Laborstudien zeigen (Trafton et al. 2003).

Des Weiteren zeigen die Befunde, dass Arbeitsunterbrechungen unmittelbar zu einer Mehrbelastung im Sinne höheren Zeitdrucks und höherer geistiger Anforderungen führen und Frustration auslösen können. An Tagen mit vielen Arbeitsunterbrechungen wird also bereits während des Arbeitstages eine höhere Belastung wahrgenommen. Dies setzt sich bis in die Abendstunden (vor dem Zubettgehen) fort: Je mehr Arbeitsunterbrechungen am Tage auftraten, desto höher ist das Maß an emotionaler Irritation und tendenziell auch der kognitiven Irritation. Dadurch ist der Erholungswert der Freizeit eingeschränkt (vgl. Sonnentag 2010) und die Gefahr, dass sich psychosomatische Beschwerden sowie depressive Symptome entwickeln, ist erhöht (vgl. Dormann u. Zapf 2002; Höge 2009). Die negativen Effekte von Unterbrechungen können durch erhöhten Zeitdruck und erhöhte Konzentrationsanforderung erklärt werden. Eine Anhäufung von Unterbrechungen bedeutet oft auch eine Anhäufung von zusätzlichen Aufgaben und somit Zeitverlust. Gleichzeitig verursachen Unterbrechungen einen erhöhten kognitiven Aufwand, da die Person aus ihrer Tätigkeit herausgerissen wird, oft wechselnde Aufgaben erledigen muss und dabei nichts vergessen darf. Hier nicht dargestellte Analysen (Baethge u. Rigotti, in Vorbereitung) haben gezeigt, dass Unterbrechungen zu Irritation und Erschöpfung führen, *weil* sie Zeitdruck und erhöhte Konzentrationsanstrengungen verursachen.

Des Weiteren ist festzuhalten, dass insbesondere bei jenen Unterbrechungsquellen, bei denen die Pflegekräfte häufiger eine verzögerte Reaktion gezeigt bzw. die sie häufiger ignoriert haben (Patienten, Telefon und „anderes Personal", vgl. ◘ Abb. 7.1), die unmittelbaren Konsequenzen geringer und differenziert ausgeprägt sind. Diese differenziellen Befunde könnten u. a. damit in Zusammenhang gebracht werden, dass die Reaktion auf verschiedene Unterbrechungsquellen unterschiedlichen Freiheitsgraden unterliegt und bieten einen ersten Ansatzpunkt zur Prävention.

7.4.2 Kritische methodische Anmerkungen

Kritisch anzumerken ist, dass in dieser Studie zwar die Häufigkeit von Arbeitsunterbrechungen, nicht aber deren Dauer oder Komplexität erfasst wurden. Die wiederholte Messung während der Arbeit über fünf Arbeitstage hinweg zeichnet sich im Vergleich zu einer einmaligen Befragung durch eine höhere ökologische Validität aus, da die Einschätzung zeitnah während der Arbeit erfolgte. Erinnerungsverzerrungen werden so minimiert und es können zeitliche Effekte innerhalb statt nur zwischen Personen betrachtet werden. Zu diskutieren ist auch, dass die Befragung während der Arbeit selbst eine Unterbrechung darstellt. Die Bearbeitung des Fragebogens dauerte im Durchschnitt jedoch nur drei Minuten und drei zusätzliche Unterbrechungen stellen im Verhältnis zu durchschnittlich 63 Unterbrechungen pro Frühschicht weniger als 5 Prozent der täglichen Arbeitsunterbrechungen dar. Es ist daher unwahrscheinlich, dass die Befragungsmethode einen großen Einfluss auf die Effekte hatte.

Mit dieser Studie konnte der Nachweis erbracht werden, dass Arbeitsunterbrechungen kurzfristige Effekte auf das Belastungs- und Beanspruchungserleben haben. Der Nachweis längerfristiger Gesundheitsfolgen steht noch aus. Eine differenzierte Betrachtung verschiedener Unterbrechungsquellen könnte dabei in Längsschnittstudien um weitere relevante Merkmale von Unterbrechungen wie z. B. Dauer, Komplexität oder Vorhersehbarkeit erweitert werden.

7.4.3 Empfehlungen für die Praxis

Arbeitsunterbrechungen stellen (nicht nur) im Krankenhaus eine alltägliche Arbeitsbelastung dar, die nicht einfach abgeschafft werden kann. Dennoch können drei Ziele für die Praxis formuliert werden:

- Verringerung von (unnötigen) Arbeitsunterbrechungen
- Erhöhung der Handlungsspielräume bei Reaktionen auf Arbeitsunterbrechungen
- Schaffung unterbrechungsfreier Zeiten

7

Um diese Ziele umzusetzen, bedarf es einer Mischung aus personen- und bedingungsbezogenen Ansätzen. Im Rahmen dieses Forschungsprojekts wurden in drei Krankenhäusern Gesundheitszirkel durchgeführt (Baethge et al. 2012). In einem Krankenhaus konnten beispielsweise als Ergebnis der Zirkelarbeit die Arbeitsunterbrechungen durch das Telefon reduziert werden, indem 1.) die Mitarbeiter in der Telefonzentrale besser darin geschult wurden, welche Anfragen an welche Station weiterzuleiten sind, 2.) aktuelle Telefon- und Anwesenheitslisten erstellt wurden und 3.) in den Stationen Telefonverantwortliche für bestimmte Zeiträume festgelegt wurden. Diese Lösungen reduzierten das Auftreten von unnötigen Unterbrechungen und entlasteten somit die Pflegekräfte. In einer anderen Sitzung haben sich die Pflegekräfte gegenseitig beraten, in welchen Situationen es möglich ist, die Bearbeitung einer Unterbrechung aufzuschieben und wie dies am besten kommuniziert werden kann. Gesundheitszirkel geben den Beschäftigten – als Experten ihrer Arbeit – die Möglichkeit, über ihre Arbeitsabläufe und -bedingungen nachzudenken, Störungen aufzudecken und zu beseitigen. Eine Kombination dieser partizipativen Strategie mit der Förderung individueller Bewältigungsmechanismen dürfte den größten Effekt erzielen.

Literatur

Altmann EM, Trafton JG (2002) Memory for goals: an activation-based model. Cognitive Science 26:39–83

Baethge A, Rigotti T (2010) Arbeitsunterbrechungen und Multitasking. BAuA, Dortmund/ Berlin/Dresden

Baethge A, Rigotti T (*in Vorbereitung*) Work interruptions as daily stressors: The mediating role of time pressure an concentration demand

Baethge A, Rigotti T, Lützner C, Ducke U, Kubatz G, Zierold B (2012) Arbeitsunterbrechungen als bedeutender Belastungsfaktor in der Pflege. Heilberufe

Balas MC, Scott LD, Rogers AE (2004) The prevalence and nature of errors and near errors reported by hospital staff nurses. Applied Nursing Research 17:224–230

Bailey BP, Konstan JA (2006) On the need for attention-aware systems: Measuring effects of interruption on task performance, error rate, and affective state. Computers in Human Behavior 22:685–708

Bundesinstitut für Berufsbildung [BIBB] (2011) Internetquelle: http://www.bibb.de/dokumente/pdf/a22_bibb-baua_eb92_abb4a.pdf. Gesehen 21 Nov 2011

Biron AD, Loiselle CG, Lavoie-Tremblay M (2009) Work interruptions and their contribution to medication administration errors: An evidence review. Worldview on Evidence-Based Nursing 6:70–86

Brixey JJ, Robinson DJ, Johnson CW, Johnson TR, Turley JP, Zhang J (2007) A concept analysis of the phenomenon interruption. Advances in Nursing Science 30:26–42

Carlton G, Blegen M (2006) Medication-related errors: a literature of review and antecedents. Annual Review Of Nursing Research 24:19–38

Cohen S (1980) After effects of stress on human performance and social behavior: A review of research and theory. Psychological Bulletin 88:82–108

Dormann C, Zapf D (2002) Social stressors at work, irritation, and depressive symptoms: Accounting for unmeasured third variables in a multi-wave study. Journal of Occupational and Organizational Psychology 75:33–58

Einstein GO, McDaniel MA, Williford CL, Pagan JL, Dismukes RK (2003) Forgetting of intentions in demanding situations is rapid. Journal of Experimental Psychology – Applied 9: 147–162

Elmenhorst EM, Heider J, Huemer, RG et al (2005) Untersuchung der Fliegbarkeit von lärmoptimierten Anflugverfahren durch den Piloten. Forschungsbericht 2005-19. Deutsches Zentrum für Luft- und Raumfahrt e.V., Köln, Hamburg

European Foundation of Living and Working Conditions (2007) Fourth European Working Conditions Survey. Office for Official Publications of the European Communities, Luxembourg

Glaser J, Lampert B, Weigl M (2008) Arbeit in der stationären Altenpflege – Analyse und Förderung von Arbeitsbedingungen, Interaktion, Gesundheit und Qualität. INQA 2008, Dortmund

Grebner S, Semmer NK, Lo Faso L, Gut S, Kälin W, Elfering A (2003) Working conditions, well-being and job-related attitudes among call centre agents. European Journal of Work and Organizational Psychology 12:341–365

Hacker W (2005) Allgemeine Arbeitspsychologie – Psychische Regulation von Wissens-, Denk- und körperlicher Arbeit (2. Auflage). Hans Huber Verlag, Bern

Hart SG, Staveland LE (1988) Development of NASA-TLX (Task Load Index): Results of empirical and theoretical research. In: Hancock PA, Meshkati N (Hrsg) Human Mental Workload. North Holland Press, Amsterdam, S 139–183

Harrington JA, Blankenship V (2002) Ruminative thoughts and their relation to depression and anxiety. Journal of Applied Psychology 32:465–485

Höge T (2009) When work strain transcends psychological boundaries: an inquiry into the relationship between time pressure, irritation, work-family conflict and psychosomatic complaints. Stress & Health 25:41–51

Kirkcaldy BD, Martin T (2000) Job stress and satisfaction among nurses: Individual differences. Stress Medicine 16:77–89

Leitner K, Lüders E, Greiner B, Ducki A, Niedermeier R, Volpert W, Oesterreich R, Resch M, Pleiss C (1993) Analyse psychischer Anforderungen und Belastungen in der Büroarbeit. Das RHIA/VERA-Büro-Verfahren. Handbuch. Hogrefe, Göttingen.

Müller A, Mohr G, Rigotti T (2004) Differentielle Aspekte psychischer Beanspruchung aus Sicht der Zielorientierung. Die

Faktorstruktur der Irritations-Skala. Zeitschrift für Differentielle und Diagnostische Psychologie 25:213–225

Nolen-Hoeksema S, Harrell ZA (2002) Rumination, depression, and alcohol use: Tests of gender differences. Journal of Cognitive Psychotherapy 16:391–403

Prümper J, Hartmannsgruber K, Frese M (1995) KFZA – Kurzfragebogen zur Arbeitsanalyse. Zeitschrift für Arbeits- und Organisationspsychologie 39:125–132

Raudenbush S, Bryk AS, Congdon RT (2005) HLM–6. Scientific Software International, Lincolnwood, IL

Rigotti T, Mohr G (2011) Gesundheit und Krankheit in der neuen Arbeitswelt. In: Bamberg E, Ducki A, Metz A-M (Hrsg) Gesundheitsförderung und Gesundheitsmanagement in der Arbeitswelt. Hogrefe, Göttingen, S 61–82

Rout U, Cooper CL, Rout JK (1996) Job stress among British general practitioners: Predictors of job dissatisfaction and mental ill-health. Stress Medicine 12:155–166

Semmer N, Zapf D, Dunckel H (2007). ISTA – Instrument zur Stressbezogenen Arbeitsanalyse (Version 6.1). Bern, Frankfurt, Flensburg

Siefer A, Beermann B (2010) Grundauswertung der BIBB/BAuA-Erwerbstätigenbefragung 2005/2006 mit den Schwerpunkten Arbeitsbedingungen, Arbeitsbelastungen und gesundheitliche Beschwerden. BAuA, Dortmund

Sonnentag S (2010) Erholung von Arbeitsstress – reicht eine individuumszentrierte Perspektive? In: Rigotti T, Korek S, Otto K (Hrsg) Gesund mit und ohne Arbeit. Pabst Science Publishers, Lengerich, S 3–16

Trafton JG, Altmann EM, Brock DP, Mintz F (2003) Preparing to resume an interrupted task: Effects of prospective goal encoding and retrospective rehearsal. International Journal of Human-Computer Studies 58:583–603

Weigl M, Müller A, Zupanc A, Angerer P (2009) Participant observation of time allocation, direct patient contact, and simultaneous activities in hospital physicians. BMC Health Services Research 9:110

Wülser M (2006) Fehlbeanspruchung bei personenbezogenen Dienstleistungstätigkeiten. Bern

Zeigarnik B (1927) Das Behalten erledigter und unerledigter Handlungen. Psychologische Forschung 9:1–85

Zohar D (1999) When things go wrong: The effect of daily work hassles on effort, exertion and negative mood. Journal of Occupational and Organizational Psychology 72:265–283

Kapitel 8

Erfolgsgeschichte Telearbeit – Arbeitsmodell der Zukunft

C. Flüter-Hoffmann

Zusammenfassung *Trotz umfangreicher Förderung in den 1990er Jahren sowohl durch die Bundesregierung als auch durch die Europäische Kommission kam das Konzept der Telearbeit damals nur langsam voran. Nicht einmal ein Zehntel der Unternehmen in Deutschland praktizierte Telearbeit. Als Barrieren wurden hohe Telekommunikationskosten, mögliche Sicherheitsprobleme und Datenschutz genannt. Gewerkschaften warnten vor der Selbstausbeutung der Beschäftigten, die zu Hause mehr und länger arbeiten würden. Betriebsräte wurden aber von ihren Kollegen gebeten, dem Konzept der Telearbeit zuzustimmen, weil Telearbeit ihnen mehr Zeitsouveränität und damit eine bessere Vereinbarkeit von Familie und Beruf bot. Ein wesentlicher Grund war aber sicherlich auch das neue, für Telearbeit erforderliche Führungskonzept MbO (Management by Objectives = Führen mit Zielvereinbarungen). Inzwischen praktiziert etwa ein Viertel aller Unternehmen Telearbeit. Die Telekommunikationskosten sind in den letzten Jahren auf ein Minimum geschrumpft, die Datensicherheit ist immer besser geworden, die technischen Voraussetzungen sind für jedes Unternehmen erschwinglich. Auch der Führungsstil mit Zielvereinbarungen hat sich in vielen Unternehmen inzwischen etabliert. Durch die neue Generation der „Digital Natives", die ganz selbstverständlich mit elektronischen Medien arbeitet und von ihren Arbeitgebern den „New Deal" erwartet, wird Telearbeit allmählich zu einer gängigen Arbeitsform – zwei Jahrzehnte später als von der Politik erwartet, aber jetzt in rasender Geschwindigkeit.*

8.1 Entwicklung der Telearbeit seit den 1990er Jahren

In den 1990er Jahren ermöglichte die Weiterentwicklung von Informations- und Kommunikationstechniken den Beschäftigten, sich mit einem Modem in das Firmennetzwerk einzuwählen und von einem Ort, der außerhalb der Räumlichkeiten des Arbeitgebers lag, ortsungebunden ihre Aufgaben zu erledigen. Als Kriterium für diese Art der Telearbeit galt, dass der Beschäftigte nicht in der Betriebsstätte des Arbeitgebers arbeitete, dass er Informations- und Kommunikationstechniken zur Bewältigung seiner Aufgaben nutzte und eine Verbindung in das Firmennetz hatte. Mitarbeiter, die sich von zu Hause aus in das Firmennetz einwählten und dann arbeiteten, hießen Beschäftigte im Home Office (Flüter-Hoffmann u. Kowitz 2002).

Damals versuchten sowohl die Europäische Kommission als auch die Bundesregierung, Telearbeit zu fördern – auch in den eigenen Reihen. In den obersten Bundesbehörden wurde im Rahmen des Programms „Moderner Staat – moderne Verwaltung" auch die Initiative Telearbeit gegründet. Die Zahl der Telear-

B. Badura et al. (Hrsg.) *Fehlzeiten-Report 2012*,
DOI 10.1007/978-3-642-21655-8_8, © Springer Verlag Berlin Heidelberg 2012

beitsplätze erhöhte sich innerhalb der ersten Jahre von 47 im Jahr 1999 auf mehr als 1.000 im Jahr 2001. Für die Privatwirtschaft bewilligte die Bundesregierung ein Förderprogramm „Telearbeit im Mittelstand" mit dem Ergebnis, dass in 400 Unternehmen etwa 1.700 Telearbeitsplätze geschaffen wurden. Der erste Tarifvertrag zur Einführung von Telearbeit wurde 1999 zwischen der ehemaligen „Deutschen Postgewerkschaft" und der Telekom AG vereinbart. Die Zahl der Telearbeitsplätze schätzte das Bundeswirtschaftsministerium damals auf 800.000, das Potenzial wurde mit vier Millionen beziffert. Man war sich sicher, dass Telearbeit künftig ein fester Bestandteil des Arbeitslebens sein würde. Prognosen der DELPHI-Studie, einer Befragung von 2.500 Experten zur Zukunft Deutschlands, gingen davon aus, dass bereits im Jahr 2010 etwa ein Drittel aller Arbeitsplätze Telearbeitsplätze sein würden (Flüter-Hoffmann 2002).

Im Jahr 2003 gab es in knapp acht Prozent aller Unternehmen in Deutschland das Angebot der Telearbeit. Und ein ansteigender Trend ist erkennbar: Nach dem Unternehmensmonitor Familienfreundlichkeit, den das Institut der deutschen Wirtschaft Köln alle drei Jahre für die Bundesregierung durchführt, praktizieren inzwischen 21,9 Prozent der Unternehmen in Deutschland Telearbeit, also fast dreimal so viele wie 2003. Im Jahr 2006 waren es 18,5 Prozent (■ Tab. 8.1).

Der Unternehmensmonitor Familienfreundlichkeit stellt damit eine Verbreitung von Telearbeit bei allen Unternehmen in Deutschland im gleichen Umfang fest, wie es die Erhebung „Modernisierung der Produktion" des Fraunhofer-Instituts für System- und Innovationsforschung (ISI) speziell für die Betriebe des produzierenden Gewerbes in Deutschland ermittelt hat (Flüter-Hoffmann u. Schat 2012).

Moderne Informations- und Kommunikationstechniken prägen immer mehr die Arbeitsplätze der Erwerbstätigen in Deutschland: Der Anteil der Personen, die während der Arbeitszeit mindestens einmal pro Woche einen Computer nutzen, stieg seit dem Jahr 2003 von 46 Prozent kontinuierlich auf 63 Prozent im Jahr 2011 (■ Tab. 8.2). Während dieser Anteil in dem Wirtschaftszweig „Baugewerbe" mit 36 Prozent recht gering ist und im „Gastgewerbe" mit 31 Prozent noch geringer, so liegt der Anteil im Wirtschaftszweig „Erbringung von Finanz- und Versicherungsdienstleistungen" bei über 98 Prozent. Darüber hinaus greifen immer mehr Beschäftigte an ihrem Arbeitsplatz auf das Internet zu: 2011 waren dies in Deutschland schon mehr als die Hälfte der Erwerbstätigen (54 Prozent), die mindestens einmal pro Woche während der Arbeitszeit einen PC mit Internetzugang nutzten. Im Jahr 2003 war dies nicht einmal ein Drittel der Erwerbstätigen (31 Prozent). Inzwischen bieten 38 Prozent der mittleren und großen Unternehmen mit mindestens zehn Beschäftigten ihrer Belegschaft einen Fernzugriff auf das E-Mail-System, auf Dokumente oder Anwendungen des Unternehmens an. Bei den Großunternehmen mit 250 und mehr Beschäftigten sind es sogar 87 Prozent der Betriebe (Statistisches Bundesamt 2011). Damit sind die technischen Voraussetzungen für Telearbeit inzwischen zumindest in den größeren Unternehmen recht gut verbreitet.

■ Tab. 8.1 Verbreitung von Telearbeit in den Unternehmen in Deutschland in den Jahren 2003, 2006 und 2009

Jahr	Anteil der Unternehmen, die Telearbeit praktizieren in %
2003	7,8
2006	18,5
2009	21,9

Anmerkung: Repräsentative Befragung von Geschäftsführern und Personalleitern in den Jahren 2003, 2006, 2009

Quelle: Institut der deutschen Wirtschaft Köln – Unternehmensmonitor Familienfreundlichkeit 2010

Fehlzeiten-Report 2012

■ Tab. 8.2 Nutzung von Computern in Unternehmen in Deutschland in den Jahren 2003 und 2011

Jahr	Anteil der Personen, die während ihrer Arbeitszeit mindestens einmal pro Woche einen PC nutzen in %	Anteil der Personen, die während ihrer Arbeitszeit mindestens einmal pro Woche einen PC mit Internetzugang nutzen in %
2003	46	31
2005	55	43
2007	57	48
2009	62	50
2011	63	54

Quelle: Statistisches Bundesamt, IKT in Unternehmen 2011

Fehlzeiten-Report 2012

Einen großen Schub hat der Telearbeit das Thema „Vereinbarkeit von Familie und Beruf" gegeben. Denn durch die Telearbeit erhalten die Beschäftigten eine enorme Zeitsouveränität und können selbst entscheiden, wann sie arbeiten. Beispielsweise stellte Seger in seiner Dissertation fest, inwiefern die Arbeitssituation von Personen mit Familienpflichten wie „Angehörige pflegen" durch alternierende Telearbeit als akzeptabel organisiert angesehen wurde. Telearbeit ermögliche überhaupt erst, Pflege und Beruf zu vereinbaren. Die

Befragten gaben sogar an, dass sie selbst bei einer optimalen Betreuung ihrer Pflegebedürftigen durch Dritte die alternierende Situation mit dem Wechsel von Arbeit im Büro und zu Hause dem ausschließlichen Arbeiten im Büro vorzögen (Seger 2006).

Diese Flexibilisierung von Zeit und Ort passt auch zur jungen Generation der Erwerbstätigen. Sie ermöglicht eine angemessene Work-Life-Balance, die von den Bewerbern inzwischen aktiv nachgefragt wird. Die Unternehmens- und Vergütungsberatung Kienbaum fragte die sogenannte „Generation Y" (Jahrgänge 1980 bis 1990) danach, was sie im Arbeitsleben motiviert. Es stellte sich heraus, dass eine offene Unternehmenskultur, Weiterentwicklungsmöglichkeiten und Telearbeit (mobiles Arbeiten) zu den Rahmenbedingungen gehören, die aus einem guten Unternehmen für junge Leute einen attraktiven Arbeitgeber machen können (Kienbaum 2010). Auch die internationale Studie „Generation Y and the Workplace" kam zu ähnlichen Ergebnissen. Hier wurden insgesamt 3.500 Studierende und Jobstarter (darunter 841 in Deutschland) nach ihren Wünschen für den Arbeitsplatz und Arbeitsbedingungen gefragt. 76 der deutschen Studien-Teilnehmer wünschten sich flexible Arbeitszeiten statt des starren 9-bis-17-Uhr-Arbeitszeitmodells und 73 Prozent wünschten sich mobiles Arbeiten mit Home Office und Laptop-Anbindung an das Firmennetz von überall her (Puybaraud et al. 2010).

Doch wer Telearbeit regulär einführt, sollte auch seine Führungskräfte darin schulen, das neue Führungskonzept Management by Objectives (MbO) zu praktizieren. Dieser Übergang von einer Anweisungskultur zu einem kooperativen, ergebnisorientierten Führungsstil bedeutet für manch ein Unternehmen einen Wandel der Unternehmenskultur. Nur wenn Führungskräfte und Mitarbeiter gemeinsam vereinbaren, welche Aufgaben zu erledigen und welche Ziele zu erreichen sind, kann der Mitarbeiter in seinem Büro oder zu Hause diese Aufgaben abarbeiten. Das neue Führungskonzept ist längst noch nicht in allen Unternehmen in Deutschland gelebte Praxis, doch der Anteil der Unternehmen, die in der gesamten Organisation die gesamte Führungskultur ändern, steigt an (Flüter-Hoffmann u. Stettes 2011).

Für eine gut funktionierende Telearbeit spielt aber nicht nur der Führungsstil des jeweiligen Vorgesetzten eine wichtige Rolle, sondern auch die Vertrauenskultur einer Organisation. Bei den Tätigkeiten wird zunehmend eigenverantwortliches Handeln der Beschäftigten gefordert. Es entstehen auch neue Beschäftigtengruppen mit Gestaltungsspielräumen in Bezug auf die Arbeitsausführung und den Arbeitseinsatz, wie es beispielsweise Telebeschäftigte sind (Vollmer u. Wehner 2005).

Nicht übersehen werden dürfen die möglichen gesundheitlichen Gefahren der Telearbeit. Für die Bundesanstalt für Arbeitsschutz und Arbeitsmedizin hat das Institut für Zukunftsstudien und Technologiebewertung in Berlin (IZT) von 1999 bis 2001 ein Projekt zur Überprüfung der Auswirkungen von Telearbeit auf die Gesundheit und das Wohlbefinden durchgeführt. Auf der Basis einer empirischen Studie (650 Fragebögen, davon 428 auswertbar) und der Analyse von Fachliteratur kam das IZT zu folgenden Ergebnissen: Die grundsätzliche Einschränkung des Arbeits- und Gesundheitsschutzes kann ein großer Nachteil der Telearbeit sein, wenn die Beschäftigten beispielsweise ergonomische Standards nicht einhalten, nicht auf die Pausenzeiten achten, das Arbeitszeitgesetz nicht beachten und mehr als zehn Stunden am Tag arbeiten. Oertel et al. (2002) sind davon überzeugt, dass ein Arbeitgeber dies nur durch Kontrollen sicherstellen könne. Die 428 befragten Telebeschäftigten gaben folgende Gesundheitsbeschwerden vor und nach der Arbeit an:

Über Schulter- und Nackenschmerzen klagten 34,4 Prozent, über Rücken- und Kreuzschmerzen 33,4 Prozent, über innere Unruhe und Anspannung 23,2 Prozent, über Reizbarkeit 22,5 Prozent und über Kopfschmerzen 18,3 Prozent. Allerdings wurden nur Telebeschäftigte befragt, sodass die Daten nicht mit denen einer Kontrollgruppe verglichen werden können und insofern keine allgemeingültigen Schlüsse zulassen. Als problematisch bewerten die Autoren die Tatsache, dass viele der von ihnen befragten Telearbeiter manchmal, häufig oder immer auch nachts und an Sonn- oder Feiertagen arbeiten. Jede siebte befragte Person beschrieb ihren Arbeitsalltag als von schwankendem Arbeitsrhythmus, hoher Arbeitsintensität und langen Arbeitszeiten geprägt. Vielen gelänge es nicht, in der Freizeit abzuschalten, um von der Arbeit Abstand zu gewinnen. Vor allem solche Telearbeiter beklagten negative Wirkungen auf Gesundheit und Wohlbefinden, die intensiv und lange arbeiten. Hier sehen die Autoren die Gefahr der Selbstausbeutung von Telearbeitenden. Besonders kritisch sehen Oertel et al. die sogenannte Teleheimarbeit, bei der die Telebeschäftigten ausschließlich zu Hause arbeiten. In der Stichprobe waren dies allerdings nur 10,2 Prozent im Vergleich zu 66,8 Prozent, die alternierende Telearbeit mit dem Wechsel von Büro und Home Office praktizierten. Als großen Nachteil sehen die Autoren hierbei die fehlende Möglichkeit, den von den Telebeschäftigten empfundenen Stress durch die soziale Unter-

Vorteile der Telearbeit		Nachteile der Telearbeit
» Freie Zeiteinteilung der Beschäftigten, höhere Motivation » Ungestörtes Arbeiten von zu Hause nach dem persönlichen Rhythmus » Selbstständiges Arbeiten » Kostenersparnis für Beschäftigte (Fahrtkosten) und Betrieb (Reduzierung der Mieten bei Desk-Sharing) » Zeitersparnis durch Reduzierung der Fahrten zwischen Wohnung und Betrieb » Bessere Vereinbarkeit von Beruf und Familie (bei Kinderbetreuung und Pflege von Angehörigen)	» Geringere Umweltbelastung durch CO-2-Emission durch weniger Fahrten mit dem Auto » Beschäftigungsmöglichkeiten in strukturarmen Regionen » Kontakt zum Betrieb während der Elternzeit » Bessere Teilhabe am Arbeitsmarkt für behinderte Beschäftigte mit eingeschränkter Mobilität » Höhere Produktivität » Wiedereingliederung nach längerer Krankheit (berufliche Rehabilitation) » Höhere Arbeitgeberattraktivität	» Weniger persönlicher Kontakt mit Kollegen » Nicht für jeden geeignet, sondern nur für Beschäftigte, die sich selbst gut motivieren und sich selbst Ziele setzen können » Reduzierung des Erfahrungsaustausches » Gefahr der Überlastung, wenn die Rahmenbedingungen nicht stimmen » Gefahr der 24-7-Verfügbarkeit

Fehlzeiten-Report 2012

Abb. 8.1 Vor- und Nachteile der Telearbeit

stützung von Vorgesetzten und Arbeitskolleginnen und Arbeitskollegen abzumildern. Die Autorinnen betonen diese Ressource der sozialen Netzwerke im Unternehmen als stabilisierenden Faktor und gesundheitsförderlich (Oertel et al. 2002). Auch Seger schätzt die Teleheimarbeit wegen der Isolationsgefahr als besonders kritisch ein und rät, diese Form der Telearbeit höchstens vorübergehend – während einer Zeit besonderer persönlicher Belastung (Pflege von Angehörigen, eigene Krankheit) – auszuführen (Seger 2006).

Als Vorteil heben Oertel et al. (2002) die höhere Kreativität, höheres Leistungspotenzial, erhöhte Eigenverantwortung und Selbständigkeit bei der Arbeit hervor. Die Mehrheit der Befragten sehen die Auswirkungen der Telearbeit nicht als Belastung an, sondern schätzen die Freiheit, die durch Telearbeit entsteht, und möchten auf diese nicht mehr verzichten.

Für die meisten Unternehmen und Beschäftigten überwiegen die Vorteile der Telearbeit die Nachteile bei Weitem (Abb. 8.1). Unternehmen, die in ihrer Organisation die Arbeitsform der Telearbeit eingeführt haben, sagen zumeist, dass sie besser schon viel früher damit begonnen hätten. Vorteilhaft ist für viele Unternehmen, dass sie durch die Einführung von Telearbeit ein Verbesserungspotenzial ihrer Strukturen und Abläufe sowie ihres Führungsstils erkennen und nutzen können. Telearbeit ist für sie der Anstoß von Reorganisationsprozessen, die das Unternehmen insgesamt wettbewerbsfähiger machen. Und Telearbeit trägt allgemein zur Steigerung der Wettbewerbsfähigkeit bei. Insgesamt können die bisher vom Unternehmen angebotenen Dienstleistungen durch schnellere Reaktionsmöglichkeiten oder erweiterte Serviceleistungen verbessert werden. Die Erhöhung der Flexibilität (Arbeitszeiten, Arbeitsmarkt, räumliche Expansion, Arbeitskräftepotenzial) und der Produktivität (effektivere Nutzung der Arbeitszeiten, höhere Auslastung der Rechner, qualitativ bessere Ergebnisse von motivierteren Beschäftigten) bringen deutliche Steigerungen der Leistungs- und Wettbewerbsfähigkeit der Unternehmen mit sich.

Persönliche Voraussetzungen für erfolgreiche Telearbeit sind auf der Seite der Beschäftigten, dass sie sich selbst die Zeit einteilen, sich motivieren und sich organisieren können. Sie müssen über ein sehr gutes Selbst- und Zeitmanagement verfügen. Persönliche Voraussetzungen, die ein Telemanager mitbringen sollte, sind eine grundsätzlich positive Einstellung zur Telearbeit, ein gutes Vertrauensverhältnis zu seinem Mitarbeiter, die Einstellung, Coach und Förderer sein zu wollen. Ganz wichtig ist es, dass er das Prinzip „Führen durch Zielvereinbarungen" beherrscht und praktiziert, denn bei der Telearbeit ist nicht die Anwesenheit, sondern das Ergebnis das Entscheidende. Die Telemanager sollten ihren Telebeschäftigten vertrauen und nicht denken, sie müssten in den jeweiligen Home Offices Überwachungskameras aufstellen, damit diese Form der Arbeitsorganisation funktioniert.

Grundsätzlich eignen sich alle Tätigkeiten als Aufgaben für Telearbeit, für die keine körperliche Anwesenheit vonnöten ist. Alle Aufgaben, die vor allem mit Denken und Schreiben zu tun haben und mit dem Computer erledigt werden, eignen sich gut: Datenanalyse, Erstellen von Studien, Berichte schreiben, Telefonservice, Organisieren von Tagungen oder anderen Veranstaltungen, Online-Informationsbeschaffung. Nicht geeignet ist die Arbeit, wenn die Beschäftigten vor Ort sein müssen, beispielsweise bei Publikumsverkehr, wenn sie Kunden persönlich bedienen oder mit Geschäftspartnern persönlich verhandeln müssen oder wenn sie Dienstleistungen am Kunden erbringen. Über die Frage der Ortsgebundenheit hinaus ist zu ermitteln, ob die Aufgaben planbar sind oder spontan anfallen, ob die Sicherheit der Daten und Vertraulichkeit der Information gewährleistet werden können und ob die Arbeitsergebnisse messbar sind.

In fast jedem Beruf gibt es zumindest Teilbereiche, die in Telearbeit erledigt werden können. Je weiter die Informatisierung und Digitalisierung der Wirtschaft voranschreiten, desto stärker wird Telearbeit selbstverständlich werden.

8.2 Verbreitung der Telearbeit heute in Deutschland und im Ausland

Durch den Megatrend der Digitalisierung nimmt auch die Verbreitung von Telearbeit als gängiger Arbeitsform inzwischen Geschwindigkeit auf. Weltweit hatte diese digitale Zukunft schon längst begonnen – mit der für viele Experten besten Erfindung des 20. Jahrhunderts, dem Internet. Breitbandverkabelung und immer sicherere Wege der Datenfernübertragung haben die Telearbeit befördert. Und die Vorteile dieser Arbeitsform, bei der die Beschäftigten über ein sogenanntes virtuelles privates Netzwerk (VPN) an das Unternehmensnetzwerk angebunden sind, liegen auf der Hand: Das Unternehmen spart Kosten und gewinnt an Arbeitgeberattraktivität, die Beschäftigten sind motivierter und zufriedener.

Bis 2014 wird die Hälfte der arbeitenden Weltbevölkerung räumlich und/oder zeitlich flexibel arbeiten. Bis 2020 wird in den größeren Unternehmen weltweit die Hälfte aller Beschäftigten in virtuellen Teams zusammenarbeiten. Das prognostiziert die Unternehmensberatung Booz & Company (Friedrich et al. 2010). Schon heute sind viele Länder in puncto Telearbeit weit gekommen – gerade die BRIC-Staaten Brasilien, Russland, Indien und China. Das ergab die Cisco-Studie „The World Telecommuting Survey 2010" (◘ Tab. 8.3). Zwei Drittel aller Befragten (66 Prozent) sagten, dass sie mehr Flexibilität von ihrem Arbeitgeber erwarteten und sogar auf Teile ihres Einkommens verzichten würden, wenn sie dafür mobil von zu Hause oder von unterwegs arbeiten könnten. Insgesamt sahen in den BRIC-Staaten weit weniger Beschäftigte als in den übrigen Ländern die Notwendigkeit, im Büro präsent zu sein.

Die Beschäftigten in den BRIC-Staaten empfinden Telearbeit als eine ganz normale Form der Arbeitsor-

◘ Tab. 8.3 Überblick über die Einschätzung von Beschäftigten zur Telearbeit in 13 Ländern

Auf die Frage „Müssen Sie körperlich an Ihrer Arbeitsstelle anwesend sein, um produktiv arbeiten zu können?" antworteten so … viele Prozent der Beschäftigten …

Land	„Nein, mit entsprechender Technologie kann ich außerhalb des Unternehmens genauso produktiv sein."	„Ja, für einige Besprechungen ist die Anwesenheit erforderlich, aber nicht für die tägliche Arbeit."	„Ja, ich sollte nach Möglichkeit täglich am Arbeitsplatz sein."
Indien	79	14	7
Brasilien	43	34	23
Russland	41	20	39
China	37	44	19
Mexiko	37	22	41
Frankreich	37	19	44
USA	35	25	41
Vereinigtes Königreich	34	21	45
Spanien	33	25	42
Australien	30	27	43
Deutschland	**27**	**16**	**57**
Japan	23	21	56
Italien	22	25	53

Anmerkung: Befragung von 1.303 Beschäftigten in Unternehmen mit mindestens zehn Mitarbeitern in 13 Ländern zwischen dem 16. August und 7. September 2010

Quelle: Cisco World Telecommuting Survey 2010

Fehlzeiten-Report 2012

ganisation, wohingegen in den Ländern mit größerer Anwesenheitsorientierung Telearbeit noch eher als ein Privileg eingeschätzt wird, so die Cisco-Studie.

Dies deckt sich mit den Ergebnissen einer repräsentativen Erhebung des Branchenverbandes BITKOM. Danach arbeiteten im Jahr 2009 zehn Prozent der Beschäftigten in Deutschland gelegentlich von zu Hause. 57 Prozent würden aber gern mindestens einige Tage pro Woche von zu Hause arbeiten. Hier klafft also noch eine ganz erhebliche Lücke zwischen Wunsch und Wirklichkeit. Die Gründe liegen auf der Hand: Die Beschäftigten erhalten durch die Telearbeit die Möglichkeit der Zeitsouveränität. Sie können besser Beruf und Familie vereinbaren, sie haben höhere Gestaltungsmöglichkeiten ihrer Arbeitszeit nach ihrem persönlichen Rhythmus. Sie sparen zudem Fahrtzeit ein und können auch von weiter entlegenen Orten aus arbeiten, ohne täglich zu pendeln (BITKOM 2009).

Im internationalen Vergleich liegt Deutschland mit der Verbreitung von Telearbeit auch nur im Mittelfeld (vgl. ◘ Tab. 8.4): Die Unternehmen im Vereinigten Königreich oder in Schweden sind mit 38 und 41 Prozent wesentlich aktiver. Dagegen ist Telearbeit in den Unternehmen Frankreichs, Polens und Italiens nicht so weit verbreitet (Seyda u. Stettes 2010).

In Schweden ist schon seit den 1960er Jahren Telearbeit eine gängige Form der Arbeitsorganisation. Das liegt einerseits an den großen geografischen Distanzen, die ein regelmäßiges Pendeln zwischen weit auseinanderliegenden Städten vielfach unmöglich macht. Andererseits war Schweden immer schon ein sehr technikaufgeschlossenes Land, in dem schon sehr früh der Trend der Digitalisierung zu spüren war. In den globalen Technologie-Reports belegt Schweden neben Singapur immer einen der vorderen Plätze in der Rangfolge aller Staaten. Italien hingegen begann erst spät mit der Telearbeit: Im öffentlichen Dienst wurden die ersten Telearbeitsplätze nach der Verabschiedung eines Gesetzes (No. 191/1998) im Jahr 1999 eingerichtet. Die Unternehmen, die ihren Beschäftigten Telearbeit anbieten, befinden sich eher im Nordwesten und im Nordosten des Landes. Im weniger entwickelten Süden des Landes praktizieren nur knapp 3 Prozent der Unternehmen Telearbeit.

Als im Frühjahr 2011 mehrere Stürme in den USA Straßen zerstörten und so auch den Weg zur Arbeit für Tausende Amerikaner versperrten, waren zahlreiche Firmen froh, dass Telearbeit bei ihnen inzwischen gängige Praxis ist und sie so kaum Produktivitätseinbußen erlitten. Auch die US-Verwaltung gab am 30. Juni 2011 ein Memorandum heraus: In der bevorstehenden Hurrikan-Saison sollten die 114.000 Telebeschäftigten der Behörde durch die Technik von zu Hause weiter arbeitsfähig sein. Auch Angestellte, die nicht zum Notdienst eingeteilt seien, könnten dann aufgefordert werden zu arbeiten. Die amerikanische Verwaltung setzt Telearbeit nicht zuletzt auch dafür ein, um als attraktiver Arbeitgeber wahrgenommen zu werden und so Rekrutierungsvorteile gegenüber der Privatwirtschaft zu haben. Dieser „war for talents" wird auch in Deutschland verstärkt kommen, in manchen Branchen ist er bereits da. Andere amerikanische Unternehmen nutzen Telearbeit auch, um ihre Nachhaltigkeitsziele zu erfüllen. Denn die Konzerne reduzieren den CO_2-Ausstoß jährlich um Tausende von Tonnen durch die selteneren Pendelfahrten ihrer Mitarbeiter zwischen Wohnort und Firmenstandort. Telearbeit war allerdings schon zu Beginn des neuen Jahrtausends in den USA wesentlich weiter verbreitet als in Deutschland: Bereits im Jahr 2001 lag der Anteil der Telebeschäftigten an allen Erwerbstätigen bei 20 Prozent der Erwerbstätigen (Flüter-Hoffmann 2002).

◘ Tab. 8.4 Unternehmen, die Telearbeit praktizieren, im internationalen Vergleich

Land	Anteil der Unternehmen, die Telearbeit praktizieren (in Prozent)
Schweden	41,2
Vereinigtes Königreich	38,2
Deutschland	21,9
Frankreich	14
Polen	6,6
Italien	5,3

Befragung von Geschäftsführern und Personalleitern in über 5.000 Unternehmen in den sechs EU-Staaten D, F, I, PL, S, UK, die 63 Prozent der Bevölkerung der EU-27 repräsentieren

Quelle: Institut der deutschen Wirtschaft Köln – Europäischer Unternehmensmonitor Familienfreundlichkeit 2010

Fehlzeiten-Report 2012

8.3 Ausblick

Durch die demografische Entwicklung fehlen schon in absehbarer Zeit Millionen von Fachkräften. Der Wettbewerb um Fach- und Führungskräfte, die auf dem externen Arbeitsmarkt rekrutiert werden sollen, wird schwieriger, langwieriger und kostenintensiver werden (Flüter-Hoffmann u. Stettes 2011).

Unternehmen bewerben sich bei ihren künftigen Mitarbeitern mit einem attraktiven Arbeitgeberangebot. Dazu zählen längst nicht mehr nur Gehalt, Betriebsklima und Entwicklungsmöglichkeiten. Immer wichtiger wird das Thema familienbewusste Arbeitsbedingungen mit flexiblen Arbeitszeitmodellen und dem Angebot von Telearbeit. Nach den Ergebnissen der IW-Personal-Panels nutzen die Unternehmen Telearbeit inzwischen auch schon als Mitarbeiterbindungsinstrument (Flüter-Hoffmann u. Stettes 2011).

Alle Studien und Befragungen haben zudem einen gemeinsamen Tenor: Dass Unternehmen ihren Mitarbeitern Telearbeit ermöglichen, kann für beide Seiten sinnvoll sein. Zwei Gründe sind aus Firmensicht besonders wichtig: Der Kampf um die besten Köpfe ist weltweit in vollem Gange. Also müssen die Unternehmen ihren Beschäftigten und den potenziellen Mitarbeitern optimale Arbeitsbedingungen bieten, um sich als attraktiver Arbeitgeber zu positionieren. Und die jungen Arbeitskräfte erwarten den „New Deal" von ihrem Arbeitgeber, unter anderem Zeitsouveränität beim Arbeiten und die freie Wahl des Arbeitsortes.

Gleichzeitig sind bei der Einführung und Praxis von Telearbeit besondere Rahmenbedingungen zu schaffen, damit die möglichen Gesundheitsgefahren minimiert werden. Zur Förderung von Telearbeit und Gesundheit ist es sinnvoll, dass vor allem der Einstieg in die Telearbeit vom Unternehmen sehr stark unterstützt wird: Verbesserung des Informationsflusses und der Kommunikation sind hier geeignete Maßnahmen. Zudem soll möglichst keine Teleheimarbeit praktiziert werden, damit die Telebeschäftigten nicht vom sozialen Austausch mit den Kollegen und den Vorgesetzten abgeschnitten sind (Oertel et al. 2002). Wenn die Vorgesetzten darüber hinaus Telearbeit als eine geeignete Arbeitsform für ihre jeweiligen Mitarbeiter einschätzen und einen vertrauensvollen Umgang pflegen, sodass die Beschäftigten weder über- noch unterfordert werden, kann diese Arbeitsform für alle Seiten gewinnbringend sein.

Literatur

BITKOM Bundesverband Informationswirtschaft, Telekommunikation und neue Medien e. V. (2009) Die meisten Arbeitnehmer arbeiten gern zu Hause. Pressemitteilung vom 29. April 2009. Berlin

Flüter-Hoffmann C (2002) Integration von Telearbeitsplätzen in die Unternehmensorganisation/-struktur. Handbuch der Telekommunikation. Franz Arnold (Hrsg) Deutscher Wirtschaftsdienst, 87. Ergänzungslieferung. Loseblattsammlung, S 1–40

Flüter-Hoffmann C, Kowitz R (2002) Erfolgreiche Einführung von Telearbeit – Beratungshilfen für Unternehmen. Deutscher Instituts-Verlag, Köln

Flüter-Hoffmann C, Schat HD (2012) Telearbeit – neue Erkenntnisse zu einem bewährten Konzept. ASUprotect (im Druck)

Flüter-Hoffmann C, Stettes O (2011) Neue Balance zwischen betrieblicher Flexibilität und Stabilität – Ergebnisse einer repräsentativen IW-Befragung, IW-Trends, 38. Jg 1:3–18

Friedrich R, Le Merle M, Peterson M, Koster A (2010) The Rise of Generation C. Implications for the World of 2020. Booz & Company, Düsseldorf, London

Kienbaum Unternehmensberatung (2010) Was motiviert die Generation Y im Arbeitsleben? Gummersbach

Oertel B, Scheermesser M, Schulz B, Thio S, Jonuschat H (2002) Auswirkung von Telearbeit auf Gesundheit und Wohlbefinden. Begleitung von Telearbeitsprojekten aus Sicht des Arbeits- und Gesundheitsschutzes. Schriftenreihe der Bundesanstalt für Arbeitsschutz und Arbeitsmedizin, Forschung Fb 973, Wirtschaftsverlag NW, Dortmund, Berlin, Dresden

Puybaraud M, Wolter S, Leussink E (2010) Global Workplace Innovation. Understanding the Generation Y in Germany. London

Seger M (2006) Alternierende Telearbeit – Flexible Grenzen. Charakter, Konditionen und Effekte eines modernisierenden Arbeits(zeit)modells. Dissertation TU Darmstadt. Shaker, Aachen

Seyda S, Stettes O (2010) Europäischer Monitor Familienfreundlichkeit. Wie familienfreundlich sind Unternehmen in Europa? IW Medien GmbH, Köln

Statistisches Bundesamt (2011) Unternehmen und Arbeitsstätten. Nutzung von Informations- und Kommunikationstechnologien in Unternehmen. Wiesbaden

Vollmer A, Wehner T (2005) Arbeit und Organisationen verändern sich. Was bleibt? In: Rehbinder M (Hrsg) Psychologische Aspekte im Recht der Personalführung. Schriften zur Rechtspsychologie (SRP), Bd. 8. Stämpfli, Bern, S 129–163

Kapitel 9

Berufsbedingte Mobilität

H. Paridon

Zusammenfassung *Das Thema Mobilität ist in aller Munde. Doch was versteht man unter berufsbedingter Mobilität und wie wirkt sie sich auf das Wohlbefinden und die Gesundheit der Beschäftigten aus? Der Beitrag beschäftigt sich mit der Verbreitung und den Folgen berufsbedingter Mobilität sowie mit den Möglichkeiten, negativen Folgen präventiv zu begegnen. Berufsbedingte Mobilität findet sich in verschiedenen Formen: Sie reicht vom regelmäßigen Pendeln, über häufige Dienstreisen bis zum Arbeiten mit Informations- und Kommunikationstechnologie an verschiedenen Orten. Man kann davon ausgehen, dass berufsbedingte Mobilität in den letzten zehn Jahren deutlich zugenommen hat und ungefähr die Hälfte der Erwerbstätigen in Deutschland bereits Mobilitätserfahrungen hat. Berufliche Mobilität kann positive Effekte für die Beschäftigten haben, jedoch ist festzustellen, dass Mobile insgesamt stärker fehlbeansprucht sind als Nicht-Mobile. Mögliche Präventionsmaßnahmen reichen von der Bereitstellung angemessener Technik über die Unterstützung und Schulung der Mitarbeiter bis hin zum Aufbau angemessener Kommunikationsstrukturen.*

9.1 Einleitung

9.1.1 Begriffsbestimmung

Der Begriff der „mobilen Arbeit" findet sich zunehmend seit den 90er Jahren des letzten Jahrhunderts und bezieht sich auf räumliche Mobilität. Zunächst wird der Begriff häufig in Verbindung mit dem Begriff „Telearbeit" verwendet. So beschreibt das Bundesministerium für Arbeit und Sozialordnung 2001 in einem Leitfaden *mobile Telearbeit* als das „ortsunabhängige Arbeiten mit mobiler Kommunikationstechnik". Im ECaTT-Report (Electronic Commerce and Telework Trends, 2000) werden als Merkmale mobiler Telearbeiter genannt, dass sie

- mindestens zehn Stunden pro Woche weg von zu Hause und ihrer zentralen Betriebsstätte arbeiten – also z. B. auf Dienstreisen oder bei Kunden sind und
- hierbei Online-Datenübertragung benutzen.

Der Begriff Telearbeit bzw. Tele stammt vom griechischen têle (fern, weit) und bezieht sich somit darauf, dass man fern seiner zentralen Betriebstätte arbeitet. Inzwischen scheint die Vorsilbe „tele" häufig einfach zu entfallen und mobile Arbeit wird allgemein als Arbeit bezeichnet, die regelmäßig an mehr als zwei Einsatzorten geleistet wird, gestützt mit Mitteln der Informations- und Kommunikations (IuK)-Technik (Brandt 2007).

Allerdings gehört zur mobilen Arbeit nicht zwangsweise IuK-Technologie, sodass es auch andere Definitionen gibt. Schneider et al. (2010) klassifizieren die räumliche Mobilität anhand der Dauer und Art der

B. Badura et al. (Hrsg.) *Fehlzeiten-Report 2012*,
DOI 10.1007/978-3-642-21655-8_9, © Springer Verlag Berlin Heidelberg 2012

Mobilität. Die Autoren unterscheiden grundsätzlich die „zirkuläre" und die „residenzielle" Mobilität. Residenzielle Mobilität meint einen Wechsel des Wohnsitzes (mind. 50 km entfernt) und kann ein Fernumzug innerhalb eines Landes, Migration in ein anderes Land oder eine längere Auslandsentsendung sein. Zirkuläre Mobilität bezieht sich auf eine regelmäßige Bewegung, bei der man zum Wohnsitz zurückkehrt. Die zirkuläre Mobilität lässt sich unterteilen in

- tägliches Fernpendeln (mind. eine Stunde pro Strecke),
- Wochenendpendeln,
- Vari-Mobilität: Personen arbeiten an wechselnden Orten, machen viele bzw. längere Dienstreisen und sind häufig nicht zu Hause,
- Saisonarbeit,
- mobile Berufe wie Fernfahrer oder Wartungstechniker.

Berufsbedingte Mobilität bzw. „mobile Arbeit" kann also in unterschiedlichen Formen auftreten und ist nicht einheitlich definiert. Sie bezieht sich aber immer auf eine räumliche Mobilität und nicht z. B. auf eine vertikale Mobilität wie Bewegungen zwischen sozialen Positionen.

9

9.1.2 Verbreitung

Die Studie „Job Mobilities and Family Lives in Europe" (2006 bis 2008) zeigt, dass etwa jeder fünfte deutsche Erwerbstätige derzeit mobil ist (19 Prozent) und darüber hinaus ein Drittel in der Vergangenheit mobil war (31 Prozent). Die andere Hälfte der Erwerbstätigen in Deutschland hat bisher keine Mobilitätserfahrungen. Von den Mobilen sind 22 Prozent ausschließlich residenziell mobil, d. h. von Umzug oder Auslandsentsendung betroffen. Somit sind insgesamt knapp 40 Prozent der Beschäftigten zirkulär oder sowohl zirkulär als auch residenziell mobil (Ruppenthal 2010). Die Befragung im Rahmen des „DGB-Index Gute Arbeit 2007" kommt auf eine ähnliche Zahl. Die Daten zeigen, dass knapp zwei Drittel der Beschäftigten an einem festen Arbeitsort arbeiten, 17 Prozent den Einsatzort in geringem Maße wechseln und 19 Prozent häufig oder ständig an wechselnden Orten arbeiten (Fuchs 2007). Diese insgesamt 36 Prozent mobilen Beschäftigten entsprechen also in etwa den knapp 40 Prozent der Studie „Job Mobilities and Familiy Lives in Europe".

Es gibt Hinweise darauf, dass die Mobilität in den letzten 20 Jahren zugenommen hat. Dies wird zum einen auf die Veränderungen des Arbeitsmarktes wie die Zunahme der weltweiten Handelsbeziehungen und die höhere Anzahl befristeter Beschäftigungsverhältnisse zurückgeführt. Zum anderen führt der höhere Anteil berufstätiger Frauen dazu, dass diese nicht – wie früher eher üblich – bei einem Tätigkeitswechsel des Partners mit diesem mitziehen können und so Mobilitätsanforderungen entstehen, um Familie und Beruf miteinander vereinbaren zu können (Schneider et al. 2010). Darüber hinaus hat die Entwicklung der Informations- und Kommunikationstechnologie mobile Arbeit in vielen Bereichen überhaupt erst ermöglicht (Brandt u. Brandl 2008). Genaue Aussagen zur Zunahme der Mobilität sind jedoch schwierig, da Längsschnittstudien und Vergleichsdaten aus früheren Jahren fehlen (Ruppenthal 2010).

Betrachtet man die Merkmale mobil Beschäftigter, so lässt sich festhalten, dass es sich meistens um Vollzeit arbeitende Männer handelt. Nur 22 Prozent derjenigen, die häufig bzw. ständig an wechselnden Einsatzorten arbeiten, sind Frauen. Die meisten Mobilen finden sich in der Altersgruppe zwischen 30 und 50 Jahren, leben allein oder in einer Partnerschaft, in der beide berufstätig sind. Vergleicht man den Familienstand mobil Beschäftigter mit dem Familienstand derjenigen, die an einem festen Ort arbeiten, so wird deutlich, dass bei den Mobilen die „Einverdiener-Familie" deutlich häufiger ist als bei den nicht Mobilen (11 vs. 5 Prozent, Fuchs 2007). Männer ohne Familie sind ähnlich häufig mobil wie Männer mit Familie. Bei den Frauen mit Partner nimmt die Mobilitätsrate im Vergleich zu alleinstehenden Frauen ab und bei den Frauen mit Partner und Kindern sind nur noch wenige mobil (Rüger 2010). Hinsichtlich der Bildungsabschlüsse und Branchen mobiler Beschäftigter scheint die Häufigkeit stark von der Art der Mobilität abzuhängen. Gemäß der Erhebung „DGB-Index Gute Arbeit" verfügen 46 Prozent derjenigen, die an wechselnden Orten arbeiten, über eine Lehre oder Berufsfachschule als höchstem beruflichen Abschluss und 14 Prozent über ein (Fach-)Hochschulstudium (Fuchs 2007). Ruppenthal (2010) hingegen kommt zu dem Schluss, dass der Anteil mobiler Erwerbstätiger mit Hochschulabschluss am größten ist. Bei den Hochschulabsolventen sind ungefähr doppelt so viele Personen mobil wie bei den Beschäftigten ohne Hochschulabschluss. Die unterschiedlichen Zahlen kommen vermutlich durch die Art der Tätigkeit (z. B. mobiles Handwerk vs. mobile Dienstleistung) und durch die Art der Mobilität (z. B. Vari-Mobile vs. Umzugsmobile) zustande. Schneider et al. (2009) kommen auf Grundlage ihrer Daten zu dem Schluss, dass es zwischen Mobilität und Position eine umgekehrt u-förmige Beziehung gibt: Die höchste Mobilität findet sich bei den mittleren und nicht bei den höchsten Positionen.

9.2 Belastungen und Gesundheit beruflich Mobiler

Es gibt eine Reihe von Hinweisen, dass berufsbedingte Mobilität Fehlbelastungen induziert, aber auch Ressourcen bietet, wobei Art, Ausmaß und Dauer der Belastung von der Art der Mobilität abhängen.

9.2.1 Flexibilität und Autonomie

Vari-Mobile, die an unterschiedlichen Orten arbeiten und regelmäßig auf Dienstreisen sind, können sich in der Regel ihre Arbeits- und Freizeit häufiger selbst einteilen als Beschäftigte, die bei ihrem Arbeitgeber an einem festen Arbeitsplatz tätig sind. Sie haben auch häufig eine größere Handlungsfreiheit, da es weniger Möglichkeiten einer externen Kontrolle gibt. Entsprechend konnten sich auch gemäß einer Online-Umfrage unter Beschäftigten, die mobil mit Informationstechnologie arbeiten, über 75 Prozent der 219 Befragten ihre Arbeitszeit oft oder immer flexibel einteilen und 98 Prozent beurteilten dies positiv (◘ Abb. 9.1; Paridon u. Hupke 2009). Ziel dieser Umfrage war es, mehr über die möglichen Risiken derjenigen zu erfahren, die regelmäßig mobil mit Informationstechnologie arbeiten. Mobile Arbeit wurde hierbei mit einem weiten Konzept ermittelt. Es wurden allgemein Personen angesprochen, die regelmäßig mobil arbeiten. Der Fragebogen enthielt Fragen zu den Themenbereichen „Nutzung mobiler Geräte", „ergonomische Aspekte", „körperliche Beschwerden" und „psychische Belastungen". Die Formulierung der Fragen und der Antwortmöglichkeiten erfolgte in Anlehnung an den Fragebogen „Psychologische Bewertung von Arbeitsbedingungen – Screening für Arbeitsplatzinhaber – BASA" (Richter u. Schatte 2011). In einer anderen Online-Befragung von 553 mobilen Beschäftigten sahen die Beschäftigten als Vorteile der mobilen Arbeit ebenfalls die Flexibilität sowie die höhere Eigenverantwortung und Autonomie (Brandt u. Brandl 2008). In dieser Umfrage wurden Personen angesprochen, die mehr als 20 Prozent ihrer Arbeit außerhalb des Firmenbüros oder des Home Office leisten und die bei Dienstreisen oder bei Kunden neue Informationstechnologien nutzen. Gut 70 Prozent der Befragten in der

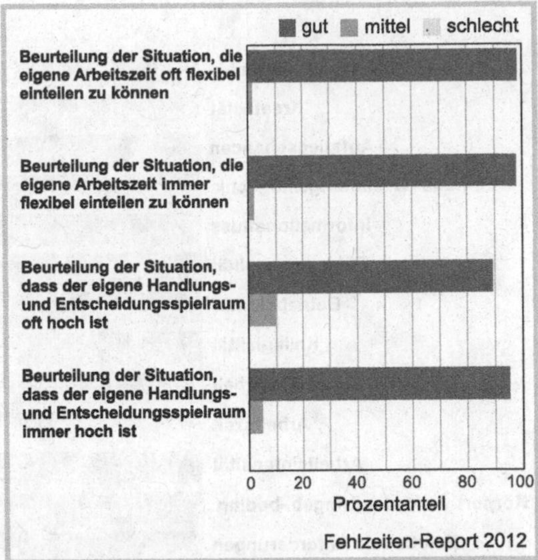

◘ **Abb. 9.1** Prozentuale Häufigkeit der Beurteilung der Situation als „gut", „mittel" oder „schlecht" derjenigen, die ihre Arbeitszeit oft oder immer flexibel einteilen können und derjenigen, die oft oder immer über einen hohen Handlungs- und Entscheidungsspielraum verfügen

Umfrage von Paridon und Hupke (2009) gaben an, oft oder immer über einen hohen Handlungs- und Entscheidungsspielraum zu verfügen und knapp 90 bzw. 95 Prozent beurteilten den hohen Handlungsspielraum positiv (◘ Abb. 9.1).

Höhere wahrgenommene Flexibilität bzw. Autonomie geht in der Regel mit höherer Arbeitszufriedenheit und einer geringeren Intention, die Arbeitsstelle zu wechseln, einher (Gajendran u. Harrison 2007). Andererseits kann Flexibilität auch dazu führen, dass die Beschäftigten länger arbeiten, zu wenige Pausen machen und die Kontrolle über die Arbeitszeit verlieren (Goudswaard u. de Nanteuil 2000). So nannten auch in der Umfrage von Brandt und Brandl (2008) die Beschäftigten die Selbstausbeutung als wesentlichen Nachteil der mobilen Arbeit.

9.2.2 Soziale Unterstützung

Soziale Unterstützung wirkt sich positiv auf das Wohlbefinden aus und fungiert generell als Puffer zwischen arbeitsbedingten psychischen Fehlbelastungen und Fehlbeanspruchungen (Karasek u. Theorell 1990; Dormann u. Zapf 1999). Wer also soziale Unterstützung erhält, erlebt weniger Fehlbeanspruchungen.

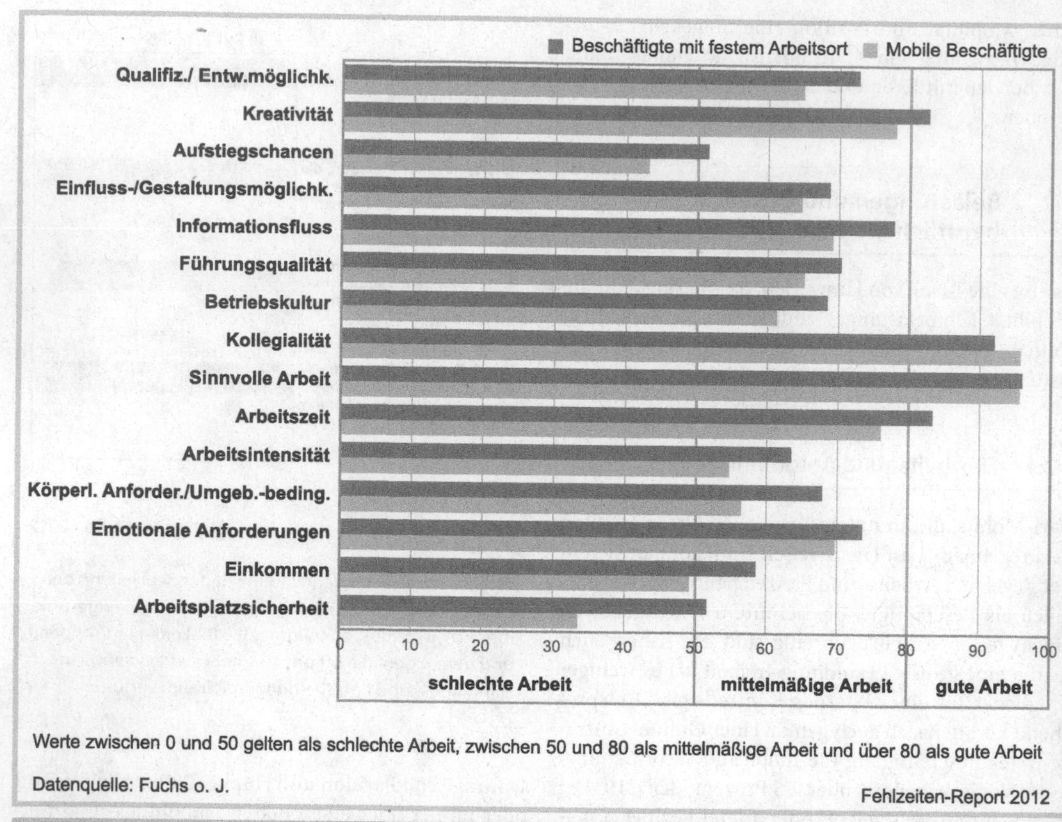

Abb. 9.2 Unterschiedliche Dimensionen der wahrgenommenen Arbeitsqualität von mobilen Beschäftigten und Beschäftigten mit festem Arbeitsort, die im DGB-Index Gute Arbeit erhoben wurden (Fuchs o. J., eigene Darstellung)

Man könnte annehmen, dass mobil Beschäftigte weniger Unterstützung von ihren Kollegen erhalten, da sie sich seltener an einem festen Arbeitsplatz gemeinsam mit den Kollegen aufhalten. Die Daten von Paridon und Hupke (2010) zeigen aber, dass fast alle Befragten, d. h. über 95 Prozent, Hilfe von Kollegen erhalten. Auch beim DGB-Index Gute Arbeit zeigt sich, dass die Dimension Kollegialität von den mobilen besser als von den nicht-mobilen Beschäftigten eingeschätzt wird (Fuchs o. J.; Abb. 9.2). Wie auch bei der Untersuchung von Paridon und Hupke wurde mobile Arbeit in der DGB-Befragung mit einem relativ weiten Konzept ermittelt. Es wurde gefragt, ob man an wechselnden Einsatzorten arbeitet (verschiedene Betriebe, Arbeitsorte). Pendler wurden hierbei nicht zu den „mobilen Arbeitern" gezählt.

Allerdings nannten die Beschäftigten in der Umfrage von Brandt und Brandl (2008) als Nachteil der mobilen Arbeit nachlassende Kontakte ins Unternehmen. Dies ist möglicherweise erst eine längerfristige Folge bei Vari-Mobilen.

Abb. 9.2 zeigt auch, dass mit Ausnahme der Frage, ob die Arbeit sinnvoll ist, alle weiteren untersuchten Aspekte von den Mobilen negativer beurteilt werden als von den Nicht-Mobilen. Dazu gehören beispielsweise die Arbeitsplatzsicherheit oder der Informationsfluss. Hierauf wird in den folgenden Abschnitten noch eingegangen.

9.2.3 Arbeitsplatzsicherheit

Die Umfrage im Rahmen des DGB-Index Gute Arbeit zeigt, dass hinsichtlich der Arbeitsplatzsicherheit mobile Beschäftigte ihre Situation deutlich negativer beurteilen als nicht-mobile (Fuchs o. J.; Abb. 9.2). Die Mobilitätsrate derjenigen, die ein befristetes Arbeitsverhältnis aufweisen, ist signifikant höher als die Mo-

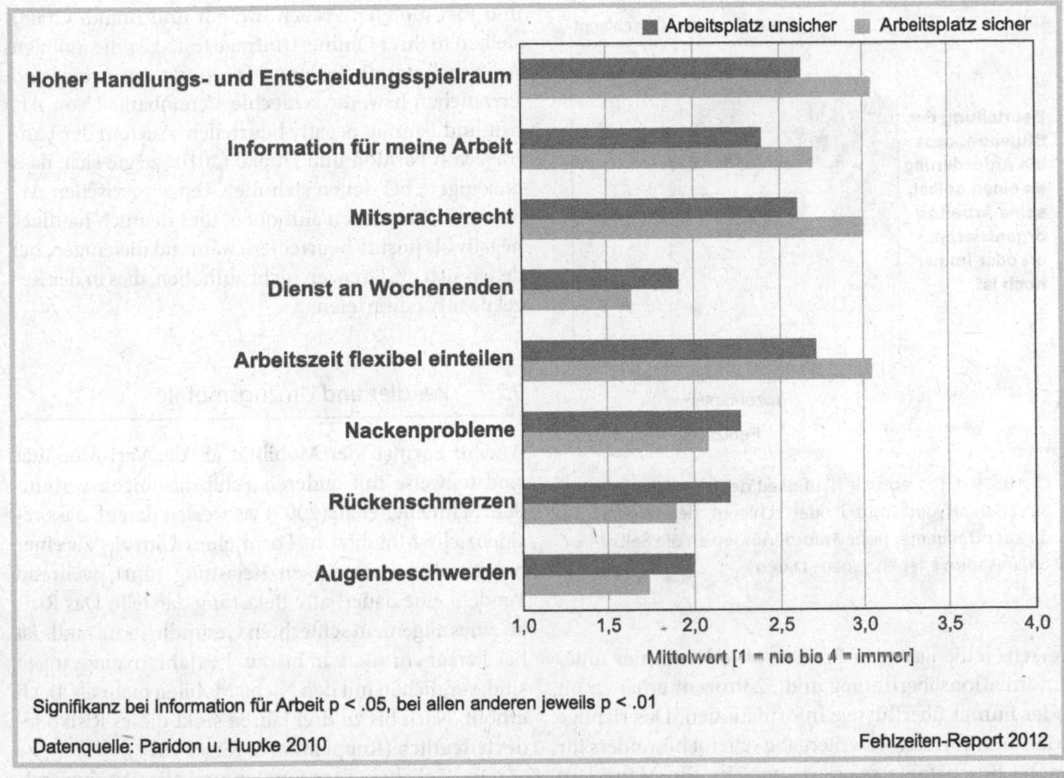

■ **Abb. 9.3** Mittelwerte der Aspekte, die sich signifikant unterscheiden abhängig davon, ob man seinen Arbeitsplatz als sicher oder als unsicher einschätzt (Paridon u. Hupke 2010)

bilitätsrate derjenigen, die ein unbefristetes Arbeitsverhältnis haben (Schneider et al. 2009). Hinsichtlich der Arbeitsplatzsicherheit zeigt die Umfrage von Paridon und Hupke (2010), dass diejenigen Mobilen, die ihren Arbeitsplatz für unsicher halten, auch andere Aspekte signifikant negativer beurteilen als diejenigen, die sich ihres Arbeitsplatzes sicher fühlen (■ Abb. 9.3).

9.2.4 Selbstorganisation

Da vari-mobile Beschäftigte häufig allein und ohne direkten Kontakt zum Vorgesetzten arbeiten, ist die Fähigkeit, sich selbst organisieren zu können, für diese Mitarbeiter besonders wichtig. Bei der Umfrage von Paridon und Hupke (2009) gaben entsprechend über 90 Prozent der Befragten an, dass die Anforderungen an einen selbst, die Arbeit zu organisieren, oft oder immer hoch sind. Dieser Umstand kann auch eine Fehlbelastung darstellen. So nannten die Beschäftigten in der Umfrage von Brandt und Brandl (2008) als Nachteil der mobilen Arbeit die hohe Anforderung an die Selbstorganisation. In der Umfrage von Paridon und Hupke (2009) beurteilten 72 Prozent die hohe Anforderung als positiv. Gut 20 Prozent empfanden sie als „mittel" und 4 Prozent als „schlecht" (■ Abb. 9.4).

9.2.5 Informationsfluss

Die Daten des DGB-Index Gute Arbeit zeigen, dass die Mobilen den Informationsfluss deutlich schlechter beurteilen als die Nicht-Mobilen (■ Abb. 9.2). Die Umfrage von Paridon und Hupke (2010) zeigt ebenfalls, dass nur 12 Prozent der Befragten das Gefühl haben, immer über alles informiert zu werden, was für ihre Arbeit wichtig ist. Jeweils gut 40 Prozent fühlen sich manchmal bzw. oft gut informiert. Erwartungsgemäß wird die Situation umso positiver beurteilt, je häufiger alle wichtigen Informationen vorhanden sind. Ande-

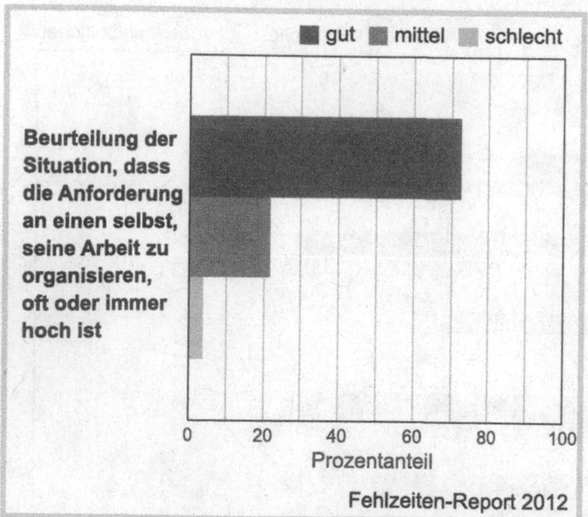

Abb. 9.4 Prozentuale Häufigkeit der Beurteilung der Situation als „gut", „mittel" oder „schlecht" derjenigen, die oft oder immer hohe Anforderungen an die Selbstorganisation erleben; eigene Daten

rerseits leiden auch 57 Prozent oft oder immer unter Informationsüberflutung und 52 Prozent erhalten oft oder immer überflüssige Informationen. Das richtige Maß an Informationsweitergabe scheint besonders für mobil Beschäftigte schwierig zu sein. Ein Mangel an Rückmeldung, der durch die räumliche Distanz solcher Mitarbeiter wahrscheinlicher ist, kann eine Quelle für Fehlbeanspruchungen und Beeinträchtigungen der mentalen Gesundheit darstellen (Siegrist 1996). Ein Aspekt, zu dem keine Daten vorliegen, der aber durchaus bedeutsam sein kann, ist der sogenannte „Flurfunk". In Gesprächen mit Kollegen erfährt man beispielsweise, wenn eine Stelle, die man attraktiv findet, bald frei wird oder ein interessantes Projekt, bei dem man mitarbeiten möchte, bald startet. Mobile sind vermutlich häufiger von diesen inoffiziellen Informationen abgeschnitten.

9.2.6 Vereinbarkeit von Beruf und Privatleben

Eine Studie von Schneider (2005) zeigt, dass sich die berufliche Mobilität auf die Gestaltung und das Erleben der Partnerschaft und der Familie auswirkt. Berufliche Mobilität führt dazu, dass die Familienentwicklung verzögert oder ganz verhindert wird – dies gilt vor allem für Frauen. So haben 62 Prozent der mobilen Frauen keine Kinder, aber nur 27 Prozent der mobilen Männer bleiben kinderlos. Kinderlosigkeit findet man vor allem bei Wochenendpendlerinnen und vari-mobilen Frauen. Brandt und Brandl (2008) stellten in ihrer Online-Umfrage fest, dass die mobilen Arbeitnehmer die fehlende Trennung von Arbeit und Privatleben bzw. die schlechte Vereinbarkeit von Arbeit und Familie negativ beurteilen. Auch in der Umfrage von Paridon und Hupke (2010) zeigte sich, dass diejenigen, bei denen sich die Grenzen zwischen Arbeit und Privatleben aufhoben, dies deutlich häufiger negativ als positiv beurteilten, während diejenigen, bei denen sich die Grenzen nicht aufhoben, dies in der Regel positiv bewerteten.

9.2.7 Pendler und Umzugsmobile

Andere Formen der Mobilität als die Vari-Mobilität sind teilweise mit anderen Fehlbelastungen verbunden. Schneider et al. (2009) verweisen darauf, dass residenzielle Mobilität in Form eines Umzugs zu einer hohen, aber kurzzeitigen Belastung führt, während Pendeln eine dauerhafte Belastung darstellt. Das Risiko eines allgemein schlechten Gesundheitszustands ist bei Personen, die vor bis zu 1,5 Jahren umgezogen sind, verglichen mit den Nicht-Mobilen mehr als 4fach erhöht. Nach bis zu drei Jahren sinkt dieses Risiko jedoch deutlich (Ruppenthal u. Rüger 2011).

Die täglichen Fernpendler und die Wochenendpendler haben verglichen mit den nicht-mobilen Erwerbstätigen ein deutlich höheres Risiko, Stress zu erleben (Schneider et al. 2010). Das Risiko einer schlechten allgemeinen Gesundheit und von depressiven Verstimmungen ist bei Fernpendlern ungefähr doppelt so hoch wie bei Nicht-Mobilen. Vari-Mobile erleben nicht unbedingt eine höhere Stressbelastung als die Nicht-Mobilen, haben aber ein höheres Risiko einer schlechten allgemeinen Gesundheit (Ruppenthal u. Rüger 2011). Bei einem Vergleich von Pendlern und Nicht-Pendlern hat sich gezeigt, dass Wochenpendler signifikant stärker unter somatischen Beschwerden und Ängsten leiden. Psychosomatische Beschwerden und Erschöpfung treten ebenfalls häufiger bei Wochenpendlern auf (Ducki 2010). Vermutlich verfügen Pendler über eine geringere Autonomie als Vari-Mobile bei der Arbeitstätigkeit selbst und sind generell noch stärker gebunden als Nicht-Mobile, da sie für die Fahrtzeit Kapazitäten benötigen. Aufgrund der mangelnden Zeit vernachlässigen die Pendler vermutlich auch eher ihr Gesundheitsverhalten.

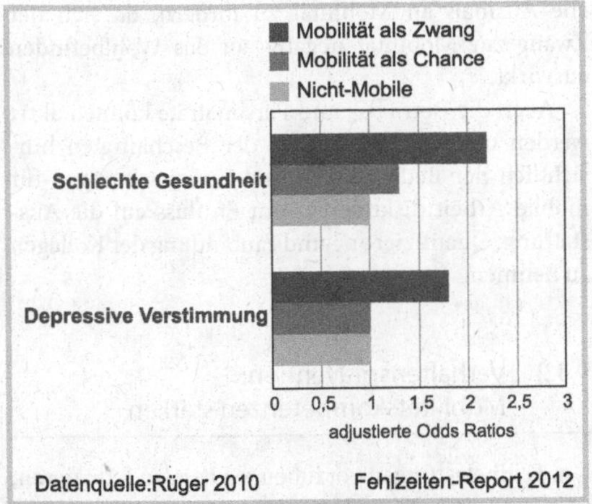

Abb. 9.5 Belastungsrisiko nicht-mobiler Beschäftigter und mobiler Beschäftigter nach Freiwilligkeit der Mobilitätsentscheidung. Die Odds Ratios wurden nach Alter, Bildung, Geschlecht, Erwerbsumfang und Familienform adjustiert (Daten aus Rüger 2010, eigene Darstellung)

9.2.8 Freiwilligkeit/Autonomie

Wichtig für die Konsequenzen der Mobilität ist die Freiwilligkeit der Mobilitätsentscheidung (Ruppenthal u. Rüger 2011). Sind Menschen freiwillig mobil, zeigen sich deutlich weniger bis keine negativen Folgen für Gesundheit und Wohlbefinden. Abb. 9.5 zeigt das entsprechende Belastungsrisiko nicht-mobiler Beschäftigter und mobiler Beschäftigter. Bei den Mobilen wurden die unterschiedlichen Mobilitätsformen wie Vari-Mobilität und Pendeln zusammengefasst. Freiwillig Mobile können der Mobilität durchaus positive Aspekte bzw. Ressourcen abgewinnen. So stellt sich jemand darauf ein zu pendeln, weil er durch die neue Tätigkeit in einer anderen Stadt einen Karrieresprung macht. Die Zeit im Zug nutzt er bewusst für sich selbst. Dem Vari-Mobilen hilft die Flexibilität bei der Zeiteinteilung, seine privaten Interessen besser mit der Arbeit zu vereinbaren.

Im Bereich der Mobilität gibt es auch Hinweise auf einen „Healthy-mobile"-Selektionseffekt. Das bedeutet, dass die Beschäftigten, die gut mit der Mobilität umgehen können, weiterhin mobil bleiben, während die anderen Mobilen versuchen, ihre Mobilität zu beenden. So haben diejenigen zirkulär Mobilen, die beabsichtigen in den nächsten zwölf Monaten die Mobilität zu beenden, einen deutlich schlechteren Gesundheitszustand sowie ein höheres Stresserleben (Schneider et al. 2009). Solche Selektionseffekte führen dazu, dass die negativen Konsequenzen von Mobilität insgesamt eher unterschätzt werden.

9.2.9 Fazit

Berufliche Mobilität führt nicht immer und bei allen zu psychischen und körperlichen Fehlbeanspruchungen. Flexibilität bei der Zeiteinteilung, Handlungsspielraum bei der Aufgabenbewältigung und soziale Unterstützung durch Kollegen können vor allem von den freiwillig Mobilen als Ressource erlebt werden. Allerdings sind positive Effekte insgesamt eher Begleiterscheinungen von Mobilität. Alles in allem schneiden Mobile gegenüber Erwerbstätigen ohne Mobilitätserfahrungen hinsichtlich ihres Beanspruchungserlebens schlechter ab. Aussagen zu Erkrankungen, die durch Mobilität ausgelöst werden, sind jedoch (noch) nicht möglich, da Kausalzusammenhänge schwierig zu überprüfen sind.

9.3 Prävention

Wie bei anderen Präventionsaktivitäten auch, gilt für die mobile Arbeit, dass die Prävention zielgruppenspezifisch erfolgen muss. Hierbei sollten sowohl die Art der Mobilität und der damit verbundenen Anforderungen als auch das Alter und die Lebensumstände der Beschäftigten berücksichtigt werden. Dennoch gibt es eine Reihe von Hinweisen, die generell bei der Gestaltung mobiler Arbeit zu beachten sind (Heß 2010; Paridon u. Hupke 2010; Ruppenthal u. Rüger 2011; Schneider et al. 2010; Stor 2009, VBG 2012).

9.3.1 Verhältnisprävention: Gestaltung betrieblicher Rahmenbedingungen

Um angemessene Präventionsmaßnahmen ergreifen zu können, ist es erforderlich, dass der Betrieb die betriebliche Situation bzw. die Mobilitätsanforderungen, die an die Beschäftigten gestellt werden, genau analysiert. Bei einer entsprechenden Analyse kann auch geprüft werden, ob und wie die Mobilitätserfordernisse reduziert werden können. So lässt sich beispielsweise die Anzahl der Dienstreisen mit Hilfe technischer Möglichkeiten wie Telefon- oder Videokonferenzen reduzieren.

Allgemein scheinen flexible Arbeitszeiten wesentlich, um mögliche Fehlbelastungen zu reduzieren. Dies gilt für unterschiedliche Formen der Mobilität:

Pendler werden entlastet, wenn sie nicht befürchten müssen, aufgrund eines Staus zu spät zu kommen. Aber auch Dienstreisende können bei flexibler Arbeitszeit während des Tages private Erledigungen ausführen und die dienstlichen Aufgaben zu einem späteren Zeitpunkt erfüllen. In den Bereich der flexiblen Arbeitszeit fällt auch die Möglichkeit zur Heimarbeit, die ein Betrieb prüfen und diskutieren sollte.

Wichtig ist es auch, Mobilitätsanforderungen vorhersehen und planen zu können. So lassen sich mögliche private Anforderungen besser mit den dienstlichen Belangen vereinbaren.

Ganz wesentlich ist die Bereitstellung leistungsfähiger Technik. Ergonomisch schlecht gestaltete Hard- und Software führen vermutlich nicht nur zu körperlichen, sondern auch zu psychischen Fehlbeanspruchungen. Es sollte auch sichergestellt sein, dass die Beschäftigten die Technik beherrschen und sich nicht von ihr beherrscht fühlen. Schulungen zur Hard- und Software sollten entsprechend regelmäßig stattfinden. Auch Schulungen zur Frage, wie Dienstreisen möglichst effizient geplant und abgewickelt werden können, helfen die Mobilitätskompetenzen zu stärken. Das Unternehmen sollte seine Mitarbeiter generell bei der Organisation von Dienstreisen unterstützen und Dienstfahrzeuge sollten über eine sicherheitsgerechte und ergonomische Ausstattung verfügen.

Einige Maßnahmen entsprechen den Empfehlungen, die im Rahmen einer guten Vereinbarkeit von Beruf und Familie gegeben werden. Hierzu gehören beispielsweise Angebote zur Kinderbetreuung oder auch zu haushaltsnahen Dienstleistungen wie auch die bereits genannten flexiblen Arbeitszeiten.

Die Arbeitsorganisation sollte soziale Kontakte ermöglichen, z. B. durch regelmäßige Arbeitsbesprechungen. Auch die Bedeutung des „Flurfunks“ sollte nicht unterschätzt werden und möglich sein. Ein Erfahrungsaustausch von Betroffenen könnte ebenfalls initiiert werden. Grundsätzlich ist die Einbindung ins Unternehmen für die Vari-Mobilen wichtig, damit sie nicht das Gefühl haben, ausgeschlossen zu sein. Hierfür sind sowohl regelmäßige Treffen als auch ein strukturierter Informationsfluss wichtig. Es muss sichergestellt sein, dass die mobilen Beschäftigten alle wichtigen Informationen erhalten, aber dennoch nicht von (unwichtigen) Informationen überflutet werden. Führungskräfte sollten die Belastungen der mobilen Mitarbeiter anerkennen und mögliche Probleme auch im gemeinsamen Gespräch thematisieren.

Generell ist es wichtig, die Beschäftigten in die Gestaltung der mobilen Arbeit einzubeziehen und möglicherweise nicht von allen Mitarbeitern das gleiche Ausmaß an Mobilität zu fordern, da sich der Zwang zur Mobilität negativ auf das Wohlbefinden auswirkt.

Auch die Betriebs- und Personalräte können aktiv werden und die Bedürfnisse der Beschäftigten hinsichtlich der Bedingungen und Voraussetzungen für mobile Arbeit diskutieren, um Einfluss auf die Ausstattung, Qualifizierung und Einbindung der Kollegen zu nehmen.

9.3.2 Verhaltensprävention: Mobilitätskompetenzen stärken

Um Fehlbelastungen vorzubeugen bzw. zu reduzieren, ist eine positive Grundeinstellung zur Mobilität wichtig. Hier kann es hilfreich sein, sich mit dem Thema auseinanderzusetzen, um für sich selbst mögliche Vorteile feststellen zu können. Diskussionen mit Kollegen können weitere Aspekte bewusst machen.

Da die Anforderungen an die Selbstorganisation bei vielen mobilen Beschäftigten hoch sind, sollten sie diese Fähigkeit trainieren, z. B. auch mit Hilfe von erfahrenen Kollegen. Bietet der Arbeitgeber Weiterbildungsmöglichkeiten an, so sollten diese auch wahrgenommen werden. Hierzu gehören sowohl Weiterbildungen im Hard- und Softwarebereich als auch im Bereich der persönlichen Kompetenzen. Möglicherweise hat ein Teil der Beschäftigten Probleme damit zuzugeben, technisch nicht „auf dem neuesten Stand“ zu sein und meidet aus diesem Grund entsprechende Weiterbildungsmaßnahmen.

Organisatorische Probleme wie z. B. die Kinderbetreuung lassen sich manchmal mit Hilfe von Kollegen oder anderen Eltern reduzieren.

Wie bei anderen Belastungen gilt natürlich auch bei hohen Mobilitätsanforderungen, dass die mobil Beschäftigten auf eine gesunde Lebensweise achten sollen. Hierzu gehören vor allem die Themenbereiche Ernährung, Bewegung, Schlaf und Pausen.

Insgesamt zeigt sich also, dass es eine Reihe von Präventionsansätzen gibt, wobei einige speziell mit Mobilitätsanforderungen zusammenhängen (z. B. Schulungen zum Thema Dienstreisen) und andere auch für weitere Themenbereiche wie die Vereinbarkeit von Beruf und Privatleben relevant sind (z. B. flexible Arbeitszeiten). Grundsätzlich kann eine mobilitätsorientierte Personalpolitik helfen, Fehlbelastungen vorzubeugen oder zu reduzieren. Entsprechend sollten Betriebe analysieren, wie viel Mobilität ihren Beschäftigten zugemutet werden kann und wie viel tatsächlich benötigt wird.

9.4 Fazit

Beschäftigt man sich mit berufsbedingter Mobilität, so wird deutlich, dass die Hälfte der Beschäftigten Mobilitätsanforderungen gegenübersteht und ihre Anzahl vermutlich noch zunimmt. Auch wenn berufsbedingte Mobilität nicht unweigerlich negative Konsequenzen für die Betroffenen nach sich ziehen muss, sind ihre positiven Effekte eher begrenzt. Ein „Healthy-mobile"-Selektionseffekt führt vermutlich dazu, dass die negativen Konsequenzen eher noch unterschätzt werden. Für eine genaue Beurteilung der Situation mobil Beschäftigter sind jedoch weitere Untersuchungen erforderlich. Unterschiedliche Formen der Mobilität sowie unterschiedliche Tätigkeitsinhalte stellen unterschiedliche Anforderungen, die in ihrer Häufigkeit und Relevanz genauer bestimmt werden sollten. Auch hinsichtlich der Folgen der Mobilität besteht Forschungsbedarf. Präventionsmaßnahmen sollten aber bereits jetzt umgesetzt und nicht so lange ausgesetzt werden, bis genauere Erkenntnisse vorliegen. Hier bietet sich eine Reihe verhältnis- und verhaltenspräventiver Maßnahmen an, die sich auch in anderen Bereichen, wie der Vereinbarkeit von Beruf und Privatleben, positiv auswirken können.

Literatur

Brandt C (2007) Mobile Arbeit – hoffentlich gesund! Mobile Arbeit – kompetent und gesund? Sonderdruck aus Gute Arbeit 4:17–19. http://www.tbs-nrw.de/cweb/cgi-binnoauth/cache/VAL_BLOB/797/797/297/SonderheftGute Arbeit2007_04_MobileArbeit.pdf. Gesehen 18 Feb 2012

Brandt C, Brandl KH (2008) Von der Telearbeit zur mobilen Arbeit ... Computer und Arbeit 3:15–20

Bundesministerium für Arbeit und Sozialordnung (2001) Telearbeit. Leitfaden für flexible Arbeit in der Praxis. http://www.bmbf.de/pub/telearbeit.pdf. Gesehen 18 Feb 2012

Dormann C, Zapf D (1999) Social support, social stressors at work and depression: Testing for moderating effects with structural equations in a 3-wave longitudinal study. Journal of Applied Psychology 84:874–884

Ducki A (2010) Arbeitsbedingte Mobilität und Gesundheit. Überall dabei – Nirgendwo daheim. In: Badura B, Schröder H, Klose J, Macco K (Hrsg) Fehlzeiten-Report 2009. Heidelberg, Springer, S 61–70

ECaTT (2000) Final Report: On new ways of working and new forms of business across Europe. http://www.ecatt.com/freport/ECaTT-Final-Report.pdf. Gesehen 18 Feb 2012

Fuchs T (2007) Mobile Beschäftigte – Beschäftigte mit wechselnden Arbeits- und Einsatzorten. DGB-Index Gute Arbeit. http://www.dgb-index-gute-arbeit.de/downloads/publikationen/data/sonderauswertung_mobile_beschaeftigte.pdf. Gesehen 18 Feb 2012

Fuchs T (o. J.) Wiki Gute Arbeit. Berlin, ver.di - Vereinte Dienstleistungsgewerkschaft. http://www.wiki-gute-arbeit.de/index.php/Mobile_Arbeit#cite_note-2. Gesehen 18 Feb 2012

Gajendran RS, Harrison DA (2007) The Good, the Bad, and the Unknown About Telecommuting: Meta-Analysis of Psychological Mediators and Individual Consequences. Journal of Applied Psychology 92:1524–1541

Goudswaard A, de Nanteuil M (2000) Flexibility and Working Conditions. A Qualitative and Comparative Study in Seven EU Member States. European Foundation for the Improvement of Living and Working Conditions. Dublin. http://www.eurofound.europa.eu/pubdocs/2000/07/en/1/ef0007en.pdf. Gesehen 18 Feb 2012

Heß K (2010) Gestaltung mobiler Arbeit. In: Brandt C (Hrsg) Mobile Arbeit – Gute Arbeit? Arbeitsqualität und Gestaltungsansätze bei mobiler Arbeit, ver.di - Vereinte Dienstleistungsgewerkschaft S 17–32. http://www.papsd.de/upload/m4c0cca0f34842_verweis1.pdf. Gesehen 18 Feb 2012

Karasek RA, Theorell T (1990) Healthy work: stress, productivity and the reconstruction of work life. Basic Books, New York

Paridon H, Hupke M (2009) Psychosocial Impact of Mobile Telework: Results from an Online Survey. Europe's Journal of Psychology 1. http://www.ejop.org/images/02Prozent 202009/MobileProzent20Telework.pdf. Gesehen 18 Feb 2012

Paridon H, Hupke M (2010) Psychosoziale Auswirkungen mobiler Arbeit: Ergebnisse einer Online-Befragung. In: Brandt C (Hrsg) Mobile Arbeit - Gute Arbeit? Arbeitsqualität und Gestaltungsansätze bei mobiler Arbeit, ver.di - Vereinte Dienstleistungsgewerkschaft S 65-80. http://www.papsd.de/upload/m4c0cca0f34842_verweis1.pdf. Gesehen 18 Feb 2012

Richter G, Schatte M (2011) Psychologische Bewertung von Arbeitsbedingungen Screening für Arbeitsplatzinhaber II – BASA II. Validierung, Anwenderbefragung und Software. Dortmund: Bundesanstalt für Arbeitsschutz und Arbeitsmedizin. http://www.baua.de/de/Publikationen/Fachbeitraege/F1645-2166-2.pdf?__blob=publicationFile&v=9. Gesehen 18 Feb 2012

Rüger H (2010) Berufsbedingte räumliche Mobilität in Deutschland und die Folgen für Familie und Gesundheit. Bevölkerungsforschung Aktuell, 2:8–12. http://www.bib-demografie.de/nn_750528/SharedDocs/Publikationen/DE/Download/Bevoelkerungsforschung__Aktuell/bev__aktuell__0210,templateId=raw,property=publicationFile.pdf/bev_aktuell_0210.pdf. Gesehen 18 Feb 2012

Ruppenthal S (2010) Vielfalt und Verbreitung berufsbedingter räumlicher Mobilität im europäischen Vergleich. Bevölkerungsforschung Aktuell, 2:2–7. http://www.bib-demografie.de/nn_750528/SharedDocs/Publikationen/DE/Download/Bevoelkerungsforschung__Aktuell/bev__aktuell__0210,templateId=raw,property=publicationFile.pdf/bev_aktuell_0210.pdf. Gesehen 18 Feb 2012

Ruppenthal S, Rüger H (2011) Berufsbedingte räumliche Mobilität – Konsequenzen für Wohlbefinden und Gesundheit. BKK Gesundheitsreport 2011:120–125. http://www.bkk.de/fileadmin/user_upload/PDF/Arbeitgeber/gesundheitsreport/Gesundheitsreport_2011.pdf. Gesehen 18 Feb 2012

Schneider NF (2005) Leben an zwei Orten. Die Folgen beruflicher Mobilität für Familie und Partnerschaft. In Mischau A, Oechsle M (Hrsg) Arbeitszeit – Familienzeit – Lebenszeit: Verlieren wir die Balance? Zeitschrift für Familienforschung Sonderheft 5:110–126

Schneider NF, Rüger H, Münster E (2009) Berufsbedingte räumliche Mobilität in Deutschland. Arbeitsmed Sozialmed Umweltmed 7:400–409

Schneider NF, Ruppenthal S, Rüger H (2010) Berufliche Mobilität. In: Windemuth D, Jung D, Petermann O (Hrsg) Praxishandbuch psychische Belastungen im Beruf. Universum Verlag, Wiesbaden, S 146–154

Siegrist J (1996) Soziale Krisen und Gesundheit. Hogrefe, Göttingen

Stor M (2009) Work-Life-Balance Maßnahmen: Auswirkung auf Unternehmen und die Zielgruppe Führungskräfte – Insbesondere weibliche Führungskräfte. Grin, München

VBG (2012) Mobiles Arbeiten – Arbeit im Gepäck. VBG Sicherheitsreport:6–10. http://www.vbg.de/sirepo0112/files/assets/seo/page6.html. Gesehen 18 Feb 2012

Kapitel 10

Zukunftsmodelle der Arbeit

J. Hofmann

Zusammenfassung *Unsere Arbeitswelt verändert sich. Die Stichworte dazu kommen aus der Diskussion um die inhaltliche Veränderung der Tätigkeiten und das damit einhergehende Selbstverständnis der Arbeitnehmer (Trend zur Wissensarbeit) sowie die Organisationsmöglichkeiten für Arbeit (Flexibilisierung). Zunehmend in den Fokus rücken aber auch neue Belastungsformen, denen Arbeitnehmer ausgesetzt sind und für die Forschung und Praxis noch neue Diagnose-, Präventions- und Gestaltungsansätze finden müssen (neue psycho-soziale Belastungsformen). Der vorliegende Beitrag spannt den Rahmen um die genannten Stichworte und resümiert die daraus folgenden notwendigen Forschungs- und Gestaltungsansätze.*

10.1 Wissensarbeit als Megatrend

Der Wandel von der Industrie- zur Wissensgesellschaft führt dazu, dass der neue Produktionsfaktor Wissen gegenüber den klassischen Produktionsfaktoren (Arbeit, Boden, Kapital) zunehmend an Bedeutung gewinnt. Dies stellt Unternehmen vor besondere Herausforderungen: Lassen sich klassische Produktionsfaktoren relativ einfach kontrollieren und „managen", z. B. über den Besitz und die Einsatzkontrolle von Maschinen, ist dies bei (Experten-)Wissen in den Köpfen der Mitarbeiter nicht der Fall: Es ist schwer zugänglich, kann das Unternehmen jederzeit verlassen und es ist in seiner Anwendung hochgradig von der Bereitschaft des Wissensträgers abhängig, dieses Wissen einzusetzen und weiterzugeben (Spath u. Hofmann 2009). Seit Beginn des 20. Jahrhunderts unterliegt der Anteil der Wissensarbeiter einem rapiden Wachstum. Allerdings stellt sich eine statistisch kontinuierlich ermittelte Darstellung der quantitativen Bedeutung von Wissensarbeit als schwierig heraus, da es keine einschlägigen statistischen Zurechnungen gibt. Die steigende Bedeutung der Wissensarbeit kann aber über Hilfsgrößen bzw. Zurechnungen aus tätigkeitsorientierten Statistiken nachgewiesen werden (Johnson et al. 2005). Konstatiert werden kann, dass Wissensarbeit auf dem Vormarsch ist und damit die Zahl der Arbeitnehmer, die solche Tätigkeiten ausführen, stark im Wachstum begriffen ist. Damit rücken sie rein quantitativ zwangsläufig in den Fokus des Managements. Ihre quantitative Bedeutung wird durch die Tatsache verstärkt, dass diese Erwerbstätigengruppe diejenige ist, die am stärksten in betriebliche Innovationsprozesse integriert ist bzw. diese stark mitgestaltet (Hall 2007, S. 38). In einem rohstoffarmen Land wie der Bundesrepublik Deutschland ist die Nutzung der Innovationskraft dieser Mitarbeiter lebenswichtig.

Damit rückt der Wissensarbeiter immer mehr ins Zentrum betrieblicher Wertschöpfung und – verstärkt durch den gleichzeitigen Mangel an hochqualifizierten

B. Badura et al. (Hrsg.) *Fehlzeiten-Report 2012*,
DOI 10.1007/978-3-642-21655-8_10, © Springer Verlag Berlin Heidelberg 2012

Kräften – in den Aufmerksamkeitsfokus vor allem von Personalverantwortlichen. Zwar wird der Fachkräftemangel in unterschiedlichen Branchen unterschiedlich bewertet und er tritt auch zu unterschiedlichen Zeitpunkten zutage, aber allein die demografische Entwicklung macht bereits klar, dass in Zukunft hochqualifizierte Arbeitskräfte ein knapper werdendes Gut sein werden. Das bedeutet, dass der sorgfältigen Gestaltung ihrer Arbeitsumgebung viel Aufmerksamkeit geschenkt werden muss. Unternehmen müssen einiges dafür tun, als attraktiver Arbeitgeber zu gelten und die richtigen Köpfe für ihr Unternehmen zu gewinnen und zu halten, und sie sollten alles daran setzen, die tägliche Arbeitsumgebung dieser Beschäftigten so zu gestalten, dass deren Produktivität so weit wie möglich unterstützt wird. Dabei verstehen wir unter Arbeitsumgebung das Miteinander von Arbeitsplatz- und Arbeitszeitgestaltung genauso wie Fragen der Führung, der Wertorientierung, der Arbeitsinhalte und der Partizipationsmöglichkeiten der Mitarbeiter.

Der vorliegende Beitrag stellt daher Wissensarbeit bzw. Wissensarbeiter in den Fokus der Betrachtung. Wissensarbeit wird als eine Tätigkeit verstanden, die neues Wissen schafft und in der Ausführung ziel- und ergebnisoffen sowie stark kommunikationsorientiert ist („people business"). Diese Arbeit ist also wenig standardisiert und es ist häufig so, dass zu Beginn der jeweiligen Tätigkeiten weder der genaue Weg noch das genaue Arbeitsergebnis klar feststehen. Wissensarbeit findet in starkem Maße in direkter Kooperation und in Kommunikation mit Kollegen und Kunden statt. Und sie ist hochgradig informations- bzw. wissensintensiv, damit stark durch digitale Arbeitsmittel geprägt und deshalb auch gut geeignet, um im Rahmen neuer Arbeitsformen geleistet zu werden. Dabei bezieht sich „neue Arbeitsformen" sowohl auf die räumliche und zeitliche Anordnung von Beschäftigten und Arbeitsmitteln als auch gleichzeitig auf neue Vertragsformen bzw. Netzwerkkonstellationen, in denen gearbeitet wird. Der Haupteinflussfaktor auf beides ist eine wachsende Flexibilisierung.

10.2 Formen der Flexibilisierung

10.2.1 Raum-zeitliche Flexibilisierung von Arbeit

Je leistungsfähiger die elektronischen Informations- und Kommunikationsmittel sind, über die Arbeit verteilt werden kann, desto vielfältiger wird die Art der Tätigkeiten, die räumlich verlagert bzw. über Distanz miteinander verbunden werden können. Mit den massiven Vernetzungs- und Kommunikationsfortschritten, die uns durch das Internet, die Mobilkommunikation, die Social Software Applikationen und vernetzte Rechnerkonzepte geboten werden, ist die Überwindung räumlicher Distanz immer besser möglich, ohne starke Einschränkungen in der Kommunikationsqualität und der Kooperationsintensität hinnehmen zu müssen. In den letzten Jahren hat sich eine Vielzahl von Flexibilisierungsformen entwickelt, angefangen von der Verlagerung von Arbeitsplätzen nach Hause (in Form von Teleheimarbeit) über die standortübergreifende Zusammenarbeit zwischen Teammitgliedern („virtuelle Teamarbeit") bis hin zur mobilen Arbeit von unterwegs oder vom Kunden aus.

Telearbeit wurde und wird als eine adäquate Form der (Re-)Integration vor allem von Frauen nach der Familienpause gesehen, recht häufig in der Form der sogenannten „alternierenden Telearbeit", bei der ein Teil der Arbeitszeit im Büro, ein anderer Teil am häuslichen Arbeitsplatz verbracht wird, und dies mit einer gewissen Regelmäßigkeit; in der Regel unter Beibehaltung eines sozialversicherungspflichtigen, abhängigen Beschäftigungsverhältnisses. Die Motivationslage für die Einführung von Telearbeit spiegelt über den Zeitverlauf hinweg immer auch die aktuelle Arbeitsmarkt- und Arbeitskräftesituation wider. Immer mehr Unternehmen müssen im Kampf um qualifizierte Arbeitskräfte, deren Aus- und Weiterbildung erhebliche Investitionen verschlingt, darum bemüht sein, diesen auch über flexiblere Arbeitsformen attraktivere Beschäftigungsverhältnisse anzubieten. Die „Work-Life-Balance" wird so ein dominantes Stichwort und die Gewährung flexibler Arbeitsformen ist ein wesentlicher Bestandteil hiervon. In den letzten Jahren kommt zusätzlich eine Generation von Arbeitskräften in unsere Unternehmen, die als sogenannte „Digital Natives" bezeichnet wird, also die Generation darstellt, die bereits mit Internet, Twitter und YouTube groß geworden ist und die die Nutzung moderner Kommunikationsmedien, beteiligungsorientierte Kommunikation sowie hohe Autonomiegrade in der Arbeitserbringung schlicht für selbstverständlich hält (Buhse u. Reinhard 2008). Damit wird die Nachfrage nach diesen Arbeitsformen tendenziell noch steigen. Zudem kommen neben der Vereinbarkeit von Familie und Beruf zunehmend Fragen der Bewältigung von Pflegeaufgaben neben dem Beruf in den Fokus, und sie betreffen eher eine Generation von Mitarbeitern, die die Kindererziehung bereits bewältigt haben. Das Pflegezeitgesetz wird hier möglicherweise einen neuen Nachfrageschub nach diesen Beschäftigungsformen auslösen (Hofmann 2010).

Der Begriff des „Remote Working" ist relativ neu und versteht sich als Oberbegriff für den Zugriff auf Arbeitsmaterialien, Anwendungen, Arbeitsplätze von verschiedenen Ausgangsorten aus (Hofmann 2010). Überwiegend wird der Begriff dann mit dem Begriff des „Mobile Working" gleichgesetzt. Remote Working folgt in der Gestaltung und der Vergabe in der Regel eher arbeits- und prozessbezogenen Anforderungen des Unternehmens und dient vor allem dazu, die Produktivität und die Ansprechbarkeit zu erhöhen sowie die Reaktionsgeschwindigkeit zu vergrößern. Die mobile Telearbeit bzw. das Remote Working ist aufgrund der verbesserten technischen Machbarkeit und der zunehmenden Reiseaufwände der Mitarbeiter in den letzten Jahren weit in den Vordergrund gerückt. Dabei wird diese Arbeit charakteristischerweise weniger von zu Hause aus erledigt, sondern von unterwegs oder vom Kunden oder von anderen Standorten des eigenen Unternehmens aus. Diese Formen gehen fließend in neue Arbeitsformen über, die als virtuelle Teamarbeit bezeichnet werden können. Hierbei geht es darum, dass gerade Wissensarbeit immer mehr in übergreifenden, wechselnden Teams erbracht wird und daher die Zusammenarbeit über Distanz wesentlich stärker notwendig wird, um allzu große Reiseaufwände und Abwesenheitsquoten zu vermeiden. Aber auch die Kundenschnittstelle in Dienstleistungsbeziehungen wird zunehmend digital gestaltet, wie z. B. bei einem remote zugeschalteten Bankbetreuer in die Filiale vor Ort oder die online-synchrone Unterstützung, die ein IT-Helpdesk-Mitarbeiter vom Standort im Erdgeschoss für den Mitarbeiter im Nachbargebäude leistet.

10.2.2 Flexibilisierung der Zuordnung von Menschen auf Arbeitsplätze

Eine andere Form der Flexibilisierung sind sogenannte non-territoriale Bürokonzepte. Sie stellen die Auflösung der bisher fixen Zuordnung Mitarbeiter x zum Büro y und Arbeitsplatz z dar. Konzepte des Teilens von Büroarbeitsplätzen durch „Desk Sharing" sind damit wiederum auch eine Reaktion auf die zunehmend stattfindende räumliche Flexibilisierung von Arbeit. Die Überlegung dahinter ist gut nachvollziehbar: Wenn Mitarbeiter nur noch zweimal in der Woche im Büro sind, so ist durchaus überlegenswert, ob für diese immer ein vollständig eingerichteter, dedizierter Büroarbeitsplatz bereitgestellt und aufrechterhalten werden soll. Diese kosten Fläche, Ausstattung, müssen gereinigt und auf dem neuesten Stand gehalten werden. Bereits ohne Telearbeit oder mobile Tätigkeiten außerhalb des Firmengebäudes beträgt die Leerstandsquote in den heutigen Büros aufgrund von Dienstreisen, Krankheit, flexiblen Arbeitszeiten schon zwischen 10 und 30 Prozent oder mehr (Hofmann 2010); dieser Anteil wird durch einen größeren Anteil von Telearbeitern oder mobilen Arbeitnehmern nochmals wesentlich erhöht. Allerdings sind solche Vorhaben der Ent-Territorialisierung mit erheblichen Umstellungen bei der Bürolayoutstruktur, der Organisation der Dokumentenablage, der Kommunikationswege, Büromöblierungen und Begegnungsformen verbunden, was sie einerseits schlagkräftiger in der Wirkung, andererseits aber auch aufwendiger in der Realisierung macht. Denn damit diese flexible Zuweisung von Arbeitsplätzen funktioniert, ist es notwendig, dass der Großteil der Arbeitsmittel und der Arbeitsdokumente digital bereitgestellt und damit „über die Leitung" jederzeit herangeschafft werden kann – egal, ob der Mitarbeiter im dritten oder ersten Stock, im Besprechungszimmer oder im Teambüro sitzt. Umfassende digitale Ablagen wiederum erfordern entsprechende Digitalisierungsschritte, eindeutige Ablageprinzipien sowie ein hohes Maß an Disziplin aller Beteiligten. Zudem bedeutet das Aufgeben des eigenen Arbeitsplatzes eine ganz grundlegende Veränderung in der Beziehung zwischen Arbeitnehmer und Arbeitsplatz und sie fällt nicht jedem Mitarbeiter leicht. Häufig werden solche Veränderungen dann vorgenommen, wenn sowieso ein Umzug/eine Renovierung/ein Neubau geplant ist und somit essenzielle Entscheidungen getroffen und Arbeitsplätze neu konzipiert werden können. Unternehmen wie IBM haben die damit mögliche „Entmietung" von Büroflächen bereits in den 1980er Jahren konsequent betrieben und damit viel Geld gespart. Eine zusätzliche Motivation neuer Bürokonzepte ist in der Regel auch, dass durch neue Anordnungen von Arbeitsplätzen, vor allem aber durch die bewusste Gestaltung von Begegnungs- und Kommunikationszonen die informelle Kommunikation und die Diskussion der Mitarbeiter gefördert und damit ein Beitrag zum besseren Wissensaustausch, zur Innovationsfähigkeit und zur Identifikation mit dem Unternehmen geleistet wird.

10.3 Gestaltungsbereiche der Zukunftsmodelle der Arbeit

10.3.1 Führung von Wissensarbeitern

Nicht nur der Wissensarbeiter, sondern auch dessen Führungskraft muss sich auf eine veränderte Führungssituation einstellen, wenn der Mitarbeiter nicht mehr täglich am Arbeitsplatz gesehen und angesprochen werden kann (Hofmann 2009). Durch die räumliche Flexibilisierung wird es erforderlich, Arbeitsaufgaben mit einem längeren Planungshorizont zu delegieren und das eigene Kommunikations- und Feedbackverhalten auf die veränderte Situation einzustellen. Noch immer ist es so, dass in vielen Unternehmen direkte Führung, Anleitung und Rückmeldung „über den Schreibtisch" bzw. „über den Gang" erfolgt und dies nicht selten auch spontan. Hier ist ein Umdenken erforderlich: Besprechungen mit physischer Anwesenheit müssen längerfristig geplant oder eben doch über neue Telemedien abgewickelt werden. Besprechungsinhalte müssen zeitnah dokumentiert und verteilt werden. Zudem müssen sich gerade Führungskräfte mit einem traditionelleren Verständnis und gering ausgeprägter Zielorientierung in der Führung daran gewöhnen, dass die „visuelle Kontrolle" über die Schulter nicht mehr möglich ist, wenn sie denn je möglich war. Häufig bestehen deshalb gerade auf Seiten des mittleren Managements erhebliche Vorbehalte gegen diese Arbeitsform. Befürchtet wird oft, dass die betreffenden Mitarbeiter nur eingeschränkt kontrolliert werden können und es größere Schwierigkeiten gibt, diese in ein Team zu integrieren. In Zeiten der Führung durch Ziele erscheint dies zwar eigentlich unnötig, doch es lässt sich durchaus beobachten, dass Vorbehalte in Bezug auf Status- und Machtverlust aufkommen. Anwesende Mitarbeiter können spontaner herbeigerufen, zu einem kurzen Meeting bestellt oder z. B. mit Besucherbetreuung beauftragt werden – sind sie nicht mehr so einfach greifbar, so ist das ein möglicher Verlust an Bequemlichkeit für diese Art von Vorgesetzten. Und in einzelnen Fällen mag auch die Anzahl „unterstellter" Mitarbeiter als visueller Machtbeweis gegenüber Dritten dienen.

Besonders schwierig erscheint es, informelle Kommunikation über die Distanz abzuwickeln, vor allem für Personen, die das direkte Gespräch noch immer als den Normalfall ansehen und faktisch erlebt haben. Viele Untersuchungen haben gezeigt, dass die notwendige Technikunterstützung ein Hemmfaktor vor allem für spontane, schnelle, möglicherweise auch gar nicht aufgabengebundene Kommunikation ist (Bullinger u. Hofmann 2002). Der Blick über den Schreibtisch gibt rasch Aufschluss darüber, ob die Kollegin gerade ansprechbar ist; bei einem räumlich entfernten Kollegen könnte ein kurzer Anruf diesen aus einer vertieften Beschäftigung reißen, deshalb unterlässt man die spontane und kurze Kontaktaufnahme im Zweifelsfall lieber. Doch ein Blick auf die zusätzlichen und vielfältigen Kommunikationsmöglichkeiten, die durch Chats, Messengersysteme, Twitter etc. entstehen, zeigt, dass auch Kommunikationsinhalte wie die Ansprechbarkeit als solche sehr wohl technisch vermittelt werden können. Hierbei ist die sich sprunghaft entwickelnde eCollaboration-Technologie ein ganz wesentlicher Treiber, der für die Einbindung und Motivation von Mitarbeitern durch die Führung und auch für die Kommunikation zwischen Mitarbeitern ganz neue Potenziale bietet. Doch es kommt darauf an, diese sach- und kulturgerecht zu nutzen, ausreichend zu schulen, um das Nutzungszutrauen zu stärken und auch unterschiedliche Präferenzen aller Beteiligten ein Stück weit zu berücksichtigen.

Doch neben den direkten Veränderungen in der täglichen Führungsarbeit verändern sich auch die generellen Anforderungen an Führung. Führungskräfte aller Stufen werden es mit zunehmend selbstbewussteren, altersseitig divergenteren und zielbewussteren Mitarbeitern zu tun haben, die sie möglicherweise nicht täglich zu sehen bekommen. Damit stehen auch Führungskräfte unter einem erheblichen Veränderungsdruck, der neuartige Kompetenzen erfordert. Die Führungskraft setzt weiterhin Rahmenbedingungen, gibt die großen Ziele vor, ansonsten muss sie sich eher auf die Rolle des Coaches und Betreuers als die der fachlichen Anweisung konzentrieren. Gerade in zunehmend virtuellen Arbeitsumgebungen muss sie Kommunikation als wesentliches Arbeitsmittel begreifen und sich hierfür der verfügbaren technischen Hilfsmittel bedienen. Die Entwicklung ihrer Mitarbeiter sollte zentrale Aufgabe werden, auch wenn die Führungskraft damit möglicherweise Gefahr läuft, sie aus dem eigenen unmittelbaren Bereich „heraus" zu entwickeln. Sie soll frühzeitig typische Überlastungssymptome erkennen bzw. diese bestenfalls durch kluge Delegation und Arbeitsorganisation verhindern. Und sie muss sich – gerade im mittleren Management – auch selbst mit der nötigen Achtsamkeit „managen". Das ist ein sehr großer Blumenstrauß an Anforderungen, denen in der heutigen Führungskräfteauswahl und -entwicklung nicht ausreichend entsprochen wird.

Diese neuen Anforderungen und die dahinter liegenden Bedarfe lenken den Blick auf die existierenden Führungs- und Anreizsysteme in Unternehmen, die Auswahlprozesse und Entwicklungsprogramme für Führungskräfte, die Führungsspannen und die damit zusammenhängende Zeit, die zur Betreuung der Mitarbeiter bleibt, sieht man von den sonstigen Führungsaufgaben einmal ab. Führungsspannen wie im industriellen Umfeld, die nicht selten 30–50 direkt unterstellte Mitarbeiter oder mehr umfassen, zeigen unmittelbar, dass eine irgendwie geartete individuelle Betreuung schon rein rechnerisch nicht umsetzbar scheint. Zudem setzen die bisherigen Vorgaben allzu oft keine oder die falschen Anreize: Wo einzig die klassischen Bewertungsgrößen wie Umsatz, Margen oder Qualitätsvorgaben zählen, finden sich für Führungsaufgaben der genannten Art wenig extrinsische Motivation und Leitbilder. Dem Satz von den „Mitarbeitern als wesentlicher Ressource" steht in der Wirklichkeit so gut wie nie ein unternehmerisches Zielsystem gegenüber, das systematisch von der Spitze bis hinunter zum einzelnen Mitarbeiter nachvollziehbare, operationalisierte und adäquat kaskadierte Entwicklungs- und Lernziele vorgibt (Hofmann u. Korge 2011). Zwar findet sich vielfältig ganz oben in Leitsätzen und Leitbildern die Aussage, wie wichtig die Mitarbeiter seien; analysiert man aber unternehmerische Zielsysteme, die z. B. über entsprechende Balanced-Scorecard-Systeme Zielgrößen ausdrücken, so findet sich so gut wie nie ein Zielbereich „Mitarbeiterentwicklung und lebenslanges Lernen". Dies aufzubrechen und den obersten Managementkreisen klarzumachen, dass dies notwendig ist, und vor allem auch die organisationsstrukturellen Rahmenbedingungen umzusetzen, erfordert noch viel Überzeugungsarbeit und Modellentwicklung sowie -erprobung.

10.3.2 Medienkompetenz

Wenn Wissensarbeit vermehrt über technische Medien erbracht wird und auch das Gesamtunternehmen sich zunehmend über diese Medien präsentiert, wird es immer wesentlicher, diese technischen Medien in ihrer Wirkung einschätzen und auswählen zu können. Das bezieht sich z. B. auf den Einsatz von eCollaboration-Technologien zur Unterstützung räumlich verteilter, synchroner Teamarbeit und zur Realisierung von Remote Work oder Telearbeit. Der Einsatz vermehrter schriftlicher Kommunikation via E-Mail oder häufigerer Audio-Konferenzen ist sicher effizient, doch er verändert Kommunikation in ihrer Spontaneität, Umfänglichkeit und Interaktionsmöglichkeit (Hofmann 2003). Ebenso funktioniert Führung und Teamkoordination, aber auch Kundenmanagement über (technisch vermittelte) Distanz anders und sie muss richtig dosiert eingesetzt werden, um Ziele wie Teamidentität, Vertrauen und Robustheit realisieren zu können. Gefragt sind überdies Kompetenzen für die Beurteilung und den richtigen Einsatz von Medien wie z. B. sozialen Netzwerken für Rekrutierungsprozesse, für die Präsentation des Unternehmens im Web oder den Einsatz von Web-2.0-Komponenten für die Unterstützung von Innovationsprozessen, die unter Einbezug eines größeren Kreises/der Kunden/der Öffentlichkeit stattfindet. Diese Kompetenzen werden bisher faktisch nicht systematisch vermittelt und angewendet.

10.3.3 Richtiger Mix aus virtueller Zusammenarbeit und direkter Begegnung

Damit eng zusammen hängt die Frage, welches Ausmaß an Flexibilisierung in Zeiten zunehmender Verbreitung von Wissensarbeit und Wissensarbeitern sinnvoll sein kann. Technisch wird immer mehr möglich, und der Druck der Internationalisierung sowie der Druck, immer mehr Kosten zu externalisieren, sprechen für die räumliche, zeitliche und letztlich auch institutionelle Flexibilisierung von Arbeit. Der „Arbeitskraftunternehmer", der seine Leistung pro Auftrag, fallweise und hoch flexibel zur Verfügung stellt, ist als theoretisches Konzept und bei Gesundheit und Erfolg des Einzelnen eine attraktive Variante; die Flexibilisierung von Teams an unterschiedlichen Standorten oder die Verlagerung von Arbeitsplätzen nach Hause oder zum Kunden ist oft auch ein Weg, der es den Arbeitnehmern erlaubt, Beruf und Privates besser in Einklang zu bringen. Doch es zeigen sich auch immer mehr die Grenzen dieser an sich positiven Flexibilisierung. Wie viel Entfernung und zeitliche Begrenzung von Zugehörigkeit kann verkraftet werden, ohne ein Mindestmaß an Kohärenz, Zusammengehörigkeitsgefühl, Krisenstabilität und Vertrauen aufrechtzuerhalten? Sicher ist: Ergebnisorientiertes Führen wird nötig und ist per se ein sehr angemessenes Führungsprinzip; moderne Telemedien können – richtig genutzt – ein hohes Maß an Kommunikationsintensität und Einbindung herstellen. Aber wir stellen auch fest, dass eine Flexibilisierung der Organisation gerade aufgrund räumlicher und zeitlicher Flexibilisierung irgendwann einen Punkt erreicht, an dem die Nachteile für die Gesamtorganisation die Summe der Einzelvorteile übersteigen können. Sicher ist das von den Arbeitsinhalten, der Kommunikationskultur und der Qualität der Führung über Distanz abhängig. Aber angesichts des Verlustes an informeller Kommunikation und auch der Gefahr einer Selbstausbeutung von zunehmend „entgrenzten" Mitarbeitern ist aus unserer Sicht mehr Forschung notwendig, die das „richtige", gesunde Maß an Virtualität festlegt.

10.3.4 Neue Formen des Gesundheitsmanagements

In den vergangenen Wochen verging kaum ein Tag, an dem nicht das Thema „Burnout", „Erschöpfungsdepressionen" etc. den Titel von Zeitschriften, Online-Meldungen oder Gesundheitsreports prägte. Nicht nur Fußballer und Fußballtrainer, sondern vor allem eine immer größer werdende Gruppe von leistungsbereiten, ehrgeizigen Menschen werden immer häufiger Opfer dieses immer noch diffusen Krankheitsbildes, das noch nicht einmal als offizielle Krankheit anerkannt ist. Studiert man die Tätigkeitsprofile beschriebener Fälle, so findet man neben den vor allem zu Beginn im Mittelpunkt stehenden Angehörigen sozialer, pflegerischer und medizinischer Berufe immer mehr Personen, die auch den Titel „Wissensarbeiter" tragen könnten. Die Arbeitswissenschaft steht erst am Beginn einer unseres Erachtens dringenden Erforschung des Zusammenhangs von anregender, ergebnisorientierter, kommunikationsorientierter Wissensarbeit mit dem Phänomen des Burnout, beschrieben als geistige und seelische Erschöpfung, die im Endstadium zur völligen Arbeitsunfähigkeit führt und bereits heute viele Millionen Folgekosten produziert, vom persönlichen Leid der Betroffenen einmal ganz abgesehen. Der Umgang mit dem Krankheitsbild ist schwierig und die Übergänge über die definierten Stufen hinweg in ein (noch nicht offiziell bestehendes) Krankheitsbild (und z. B. die Abgrenzung zur Depression) sind fließend. Es ist schwer zu diagnostizieren und mangelnde Krankheitseinsicht gehört nicht selten zum Krankheitsbild. Zudem sind auch Kollegen und Führungskräfte häufig überfordert, auch sind sie ja Teil des Gesamtsystems. „Die Mehrzahl der Forschungsarbeiten zum Burnout-Syndrom stützt die These, dass vor allem die engagierten, verantwortungsbewussten und leistungsorientierten Beschäftigten, also die betrieblichen Leistungsträger, eine Hochrisikogruppe sind." (Siebecke 2010) Steht deren Engagement eine (subjektiv erlebte) mangelnde Wertschätzung und Anerkennung sowie Handlungsfähigkeit gegenüber, kann das Abgleiten in einen Burnout beginnen. Die „Gratifikationskrise" kann einsetzen und – wenn sie nicht rechtzeitig abgefangen wird – sich über die Stufen der inneren Kündigung, des zunehmenden Rückzuges bis hin zur echten Arbeitsunfähigkeit und Depression entwickeln.

Neuere Arbeiten suchen Gründe hierfür auch in modernen Managementkonzepten, namentlich ergebnisorientierter Führung und unternehmerischer Verantwortungsübernahme durch Angestellte. Fachleute sprechen von der „interessierten Selbstgefährdung" – diese Mitarbeiter gefährden ihre eigene Gesundheit aus Interesse am unternehmerischen Erfolg (Krause et al. 2010; vgl. auch Krausse et al. in diesem Band), ohne auch wirklich den Status (und die Entscheidungsmöglichkeiten sowie Verdienstoptionen) einer Unternehmerpersönlichkeit zu haben. Auch hier zeigt die moderne Technik ihre Schattenseiten: Allfällige Kurzumfragen belegen, dass Mitarbeiter als häufigste Stressfaktoren vor allem die Themen „Blackberry etc." als Synonym der dauernden und unbedingten Erreichbarkeit sowie das zunehmende Multitasking durch eine Vielzahl an Kommunikationsanforderungen nennen (o.V. http://www.zeit.de/2006/46/Unterbrechungen). Sie sind die „Leine", an die die Arbeitnehmer sich selbst legen oder auch legen lassen. Schon aus rein arbeitswissenschaftlicher Sicht erscheint die Unterbrechungsrate heutiger Wissensarbeit aufgrund laufend eingehender (und geöffneter) E-Mails und fortlaufender Anrufe einer konzentrierten Arbeit absolut kontraproduktiv gegenüberzustehen. Aber wahr ist auch: Viele Mitarbeiter haben sich daran gewöhnt und geben sogar an, diese zu brauchen. „Der Fluch der Unterbrechung", so titelte ein Zeit-Artikel, lässt die Sehnsucht nach dem „Glück der Unerreichbarkeit" (bekannter Buchtitel von Miriam Meckel, die übrigens wenige Jahre später ein Buch über ihren eigenen Burnout verfasste; vgl. Meckel 2011) stetig anwachsen. Doch dieses Thema wird noch viel zu selten in der Führungsarbeit oder in Arbeitssitzungen thematisiert und durch eigene Regeln eingefangen.

10.4 Fazit

Dieser Beitrag gibt einen Überblick über heute bestehende und in Zukunft noch an Bedeutung zunehmende Arbeitsmodelle. Skizziert wurden sowohl die treibende Kraft als auch die resultierenden Chancen einer zunehmenden Flexibilisierung von Arbeit. Um eine menschengerechte, gesunde Arbeitsumgebung auch in der Zukunft für die zunehmend wichtiger werdende Gruppe der Wissensarbeiter zu gewährleisten, sind eine Reihe von weiteren Forschungsansätzen notwendig, die im Folgenden stichwortartig zusammengefasst werden:

- Erforscht werden sollten die organisationsstrukturellen, tätigkeitsbezogenen und individuellen Bestimmungsfaktoren des gesunden Mix aus virtueller und tatsächlicher Arbeitsorganisation, die eine ausreichende Leistung, menschlich befriedigende Arbeitsverhältnisse und Robustheit im Sinne von

Krisentauglichkeit gewährleisten kann. Ebenso notwendig ist die Entwicklung von hierfür geeigneten Entscheidungshilfen für Unternehmen bzw. Führungskräfte, die eine unternehmensindividuelle Einschätzung unterstützen, sowie von Best Practices, welche die hierfür geeigneten organisatorischen, kulturellen, raumgestalterischen und technischen Rahmenbedingungen darlegen und Modelle zum Umgang mit diesen vorgeben.

- Die neuen Belastungsformen und adäquate Diagnoseschritte zur Erkennung bzw. Prävention von Erschöpfungs- und Burnout-Erscheinungen speziell von Wissensarbeitern sollten systematisch untersucht werden und es gilt, belastungsvermeidende Arbeitsmodelle und das entsprechende Führungsverhalten sowie die hierfür notwendigen Ausprägungen der Unternehmenskultur zu entwickeln. Dieses durch empirische Studien zu belegende Wissen muss dann in konkrete Handlungsempfehlungen, Checklisten, Arbeitsmodelle und Trainings- und Sensibilisierungskonzepte für alle Beteiligten in den Unternehmen umgesetzt werden. Zu erwägen ist darüber hinaus, entsprechende Fragen des Selbstmanagements, des Zugangs zur „Arbeit" und zur gesellschaftlichen Einordnung und Bedeutung von „Arbeit" und „Privatleben" stärker in den schulischen Bildungskanon zu integrieren.
- Die bestehenden Führungsmodelle sind grundsätzlich zu hinterfragen. Welche Führungsformen sind zielführend für zunehmend flexible Wissensarbeiter, welche Werte sollen leitend sein, in welchen Strukturen und Anreizsystemen kann diese stattfinden und wie werden die Führungskräfte hierfür ausgewählt und trainiert? In diesem Zusammenhang ist die Entwicklung und Erprobung adäquater lern-, entwicklungs- und gesundheitsorientierter Führungssysteme und Führungsleitbilder und die Definition und Vermittlung entsprechender Führungskompetenzen erforderlich. Diese sollten empirisch herausgearbeitet, in Organisationsmodelle und Führungssysteme übersetzt und in zu entwickelnden Trainingsmaßnahmen verstetigt werden.

Literatur

Buhse W, Reinhard U (Hrsg) (2008) DNA digital: Wenn Anzugträger auf Kapuzenpullis treffen. Neckerhausen

Bullinger HJ, Hofmann J (2002) „Medienkompetenz" zur erfolgreichen Zusammenarbeit in E-Teams. In: Spoun S. Medienkultur im digitalen Wandel: Prozesse, Potenziale, Perspektiven. Haupt, Bern, S 167–184

Hall A (BiBB, 2007), Tätigkeiten und berufliche Anforderungen in wissensintensiven Berufen. Empirische Befunde auf Basis der BIBB/BauA-Erwerbstätigenbefragung 2006, Gutachten im Rahmen der Berichterstattung zur technologischen Leistungsfähigkeit Deutschlands; Studien zum deutschen Innovationssystem Nr. 3-2007

Hofmann J (2003) Mediale Inszenierung virtueller Teamarbeit. XX, Ill. Dt. Univ.-Verlag, Wiesbaden (Diss Universität Hohenheim 2002)

Hofmann J (2009) Wissensmanagement und die Führung von Wissensarbeitern : Gestaltung produktiver Wissensarbeit. Personalführung 42, 12:30–35

Hofmann J (2010) Telearbeit und Telemanagement. In: Heilmann H (Hrsg) Integrata-Stiftung für Humane Nutzung der Informationstechnologie: Humane Nutzung der Informationstechnologie. Akadem. Verlagsges. Heidelberg, S 55–67

Hofmann J, Korge G (2011) Lernen im Alter: Ansätze zur Steigerung der Weiterbildungsbeteiligung. Personalführung 44, 3:62–68.

Johnson BC, Manyika JM, Yee AL (2005)The next revolution in interactions. Successful efforts to exploit the growing importance of complex interactions could well generate durable competitive advantages. McKinsey Quarterly

Krause A, Dorsemagen C, Peters K (2010) Interessierte Selbstgefährdung: Nebenwirklung moderner Managementkonzepte. Wirtschaftspsychologie aktuell 2/2010:33–35

Meckel M (2011) Brief an mein Leben. Hamburg

o.V. "Der Fluch der Unterbrechung, in: http://www.zeit.de/2006/46/Unterbrechungen, Gesehen 20 Feb 2011

Siebecke D (2010) Gesundheit und Prävention in der modernen Wissensarbeit: Wettbewerbsfähigkeit und Innovationsfähigkeit durch Burnout-Prävention steigern. Personalführung 43, 7:20–27

Spath D, Hofmann J (2009) Ressource Wissensarbeiter – Produktivitätspotenzial des 21. Jahrhunderts: Ansätze zur Bewertung und Steuerung. In: Schmidt K. Gestaltungsfeld Arbeit und Innovation: Perspektiven und Best Practices aus dem Bereich Personal und Organisation. Haufe, Freiburg, S 333–363

Kapitel 11

Flexibel ohne Grenzen? – Belastungen, Anforderungen und Ressourcen von Freelancern

J. Clasen

Zusammenfassung *Immer mehr Unternehmen lagern Spezialwissen aus und kaufen bei Bedarf wissensintensive Dienstleistungen bei Freelancern ein. Viele dieser hochflexiblen Mitarbeiter auf Zeit arbeiten an der Grenze zwischen Selbstständigkeit und abhängiger Beschäftigung, zwischen Autonomie und Abhängigkeit. Das Wissen um die gesundheitsbezogenen Chancen und Risiken von Freelancern ist äußerst begrenzt. In diesem Beitrag werden die Ergebnisse einer internetbasierten Fragebogenstudie zur Arbeits- und Gesundheitssituation von Freelancern dargestellt. Erfragt wurden verschiedene stressrelevante Tätigkeitsmerkmale sowie die Gesundheitsindikatoren Irritation, psychosomatische Beschwerden und Arbeitsfreude. Die Untersuchung ergab, dass ein Viertel der 333 befragten Freelancer unter starkem psychischen Stress leidet. Als gesundheitliche Risikofaktoren erweisen sich Einkommensunsicherheit, Unsicherheit, auftraggeberbezogene Stressoren und Zeitdruck. Gesundheitsförderlich wirken vor allem Kontrolle und soziale Unterstützung.*

11.1 Einleitung

Seit 1990 ist die Selbstständigenquote in Deutschland von 9 auf 11 Prozent angestiegen. Im Jahr 2010 meldete das Statistische Bundesamt 4,3 Millionen Selbstständige. Dieser Anstieg ist vor allem auf eine Zunahme von Ein-Personen-Unternehmen bzw. von Selbstständigen ohne Angestellte zurückzuführen. Der Anteil dieser Soloselbstständigen an allen Erwerbstätigen wuchs zwischen 1998 und 2008 um rund 20 Prozent, während die Quote der Arbeitgeber-Selbstständigen um 0,3 Prozent sank (Kelleter 2009; Koch et al. 2011) (◘ Abb. 11.1).

Im Jahr 2010 waren 55 Prozent (2,4 Millionen) aller Selbstständigen soloselbstständig. Der Anteil der Soloselbstständigen an allen Erwerbstätigen lag damit bei sechs Prozent. Dabei boomte die Soloselbstständigkeit in einigen Branchen besonders, während sie in anderen abnahm (Kelleter 2009). Laut Mikrozensus gab es seit Mitte der neunziger Jahre einen starken Zuwachs von Soloselbstständigen in (hoch-)qualifizierten, wissensintensiven Berufen. In der Literatur werden diese Personen häufig als „Neue Selbstständige" oder als „Freelancer" bezeichnet (Ertel u. Pröll 2004; Ertel et al. 2005; Gerlmaier et al. 2002; Vanselow 2003). Seit Mitte der neunziger Jahre bis ins Jahr 2003 nahm die Anzahl soloselbstständiger Existenzen im Bereich des Informations- und Kommunikationssektors um 65 Prozent zu (Pröll u. Ammon 2006). Zwischen 2003 und 2008 war die größte Anzahl an Soloselbstständigen (30 Prozent) im Wirtschaftsbereich „öffentliche und private Dienstleistungen" zu verzeichnen (Koch et al. 2011). Die Zahl der Soloselbstständigen entwickelte sich in diesem Sektor mit einem Anstieg um 38 Prozent-

B. Badura et al. (Hrsg.) *Fehlzeiten-Report 2012*,
DOI 10.1007/978-3-642-21655-8_11,

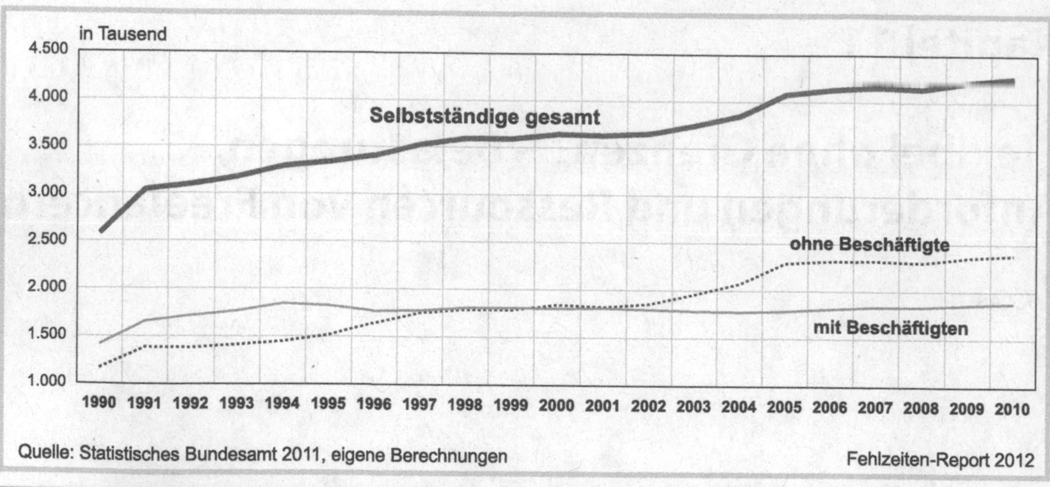

Abb. 11.1 Entwicklung der Soloselbstständigkeit in Deutschland

punkte sogar dynamischer als die Gesamtbeschäftigung in diesem Bereich (ebd.). Besonders dynamisch entwickelten sich die Unterbereiche kulturelle und unterhaltende Dienstleistungen, Korrespondenz- und Nachrichtenbüros, selbstständige Journalisten, Erwachsenenbildung, Rundfunkveranstalter, Herstellung von Hörfunk- und Fernsehprogrammen (Kelleter 2009). Im Wirtschaftsbereich „Grundstückswesen, Vermietung und wirtschaftliche Dienstleistungen" (Koch et al. 2011) legten insbesondere die Bereiche Werbung und Unternehmensberatung zu (Kelleter 2009).

11.1.1 Definition Freelancer

Freelancer erbringen typischerweise wissensintensive Dienstleistungen für Unternehmen in Projekten von unterschiedlicher Dauer. Mit der Dauer der Projekte und der Anzahl der Auftraggeber variiert auch der Grad unternehmerischer Freiheit. Die Grenze zwischen Selbstständigkeit und abhängiger Beschäftigung droht bisweilen zu verschwimmen (vgl. Kelleter 2009). Freelancer nehmen zum Teil als projektweise engagierte Quasi-Mitarbeiter eine Zwischenstellung zwischen Angestellten und Selbstständigen ein.

Die Gründe für die zunehmende Verbreitung von Freelancern seit Mitte der neunziger Jahre sind vielfältig: Computer und Internet für jedermann ermöglichen seit den neunziger Jahren dezentrale Arbeitsformen (Leicht u. Philipp 2005). Zeiten erhöhter Arbeitslosigkeit und staatliche Förderprogramme (Überbrückungsgeld und Existenzgründungszuschuss [Ich-AG] bzw. seit 2007 Gründungszuschuss) haben nachweislich dazu beigetragen, dass mehr Personen sich selbstständig gemacht haben (Kelleter 2009; Koch et al. 2011). Auch veränderte Unternehmensstrategien (Outsourcing von wissensintensiven Dienstleistungen, Flexibilisierung, Dezentralisierung), die zunehmende Bedeutung des Dienstleistungssektors und gewachsene Bedürfnisse nach beruflicher Unabhängigkeit und Selbstbestimmung werden als Gründe für die Zunahme der Soloselbstständigkeit diskutiert (Kelleter 2009). Damit gelten Freelancer einigen Autoren gar als zukunftsweisender Prototyp neuer Arbeitsformen in einer globalen Informations- und Wissensgesellschaft (Cooper 2005; Malone u. Laubacher 1998; Vanselow 2003). Auch wenn schätzungsweise nur etwa 10 Prozent aller Soloselbstständigen Freelancer sind (Pröll u. Ammon 2006), kann ihr dynamisches Wachstum als Indiz für strukturelle Veränderungen auf dem Arbeitsmarkt und für eine zunehmende Flexibilisierung von Arbeit betrachtet werden. Aus arbeitswissenschaftlicher Perspektive sind sie beispielhaft für eine – zunehmend auch bei Angestellten zu beobachtende – Flexibilisierung und Entgrenzung der Arbeit, die Chancen, aber auch Risiken für Gesundheit und Wohlbefinden birgt.

11.1.2 Gesundheit von Freelancern

Die wichtigste Grundlage für den wirtschaftlichen Erfolg und die Leistungsfähigkeit von Freelancern ist ihre Gesundheit. Schon verhältnismäßig kurze Krankheitsausfälle können einen kompletten Ausfall des

Einkommens bedeuten und eine Verschlechterung der Marktposition nach sich ziehen. So ist es nicht verwunderlich, dass viele Freelancer trotz Krankheit arbeiten (Ertel 2001). Dies kann jedoch zu einem stark erhöhten Risiko für eine spätere langfristige Arbeitsunfähigkeit von mehr als zwei Monaten und damit zu massiven Existenzproblemen führen (Hansen u. Andersen 2009). Der präventive Erhalt der Arbeitsfähigkeit ist für Selbstständige also existenziell wichtig. Das Wissen um typische Gesundheitsrisiken von Freelancern und deren Einflussgrößen ist aktuell jedoch äußerst begrenzt.

Eine von der Bundesanstalt für Arbeitsschutz und Arbeitsmedizin (BAuA) und der IG Medien durchgeführte Befragung von 210 deutschen Freelancern der Medienbranche ergab das besorgniserregende Bild, dass rund 50 Prozent der Befragten ein hohes gesundheitliches Beschwerdeniveau aufweisen (Ertel 2001). Etwa zwei Drittel der Befragten befürchteten, ihre Leistungsfähigkeit könne in Zukunft nachlassen und jeder zweite machte sich Sorgen, einmal für längere Zeit arbeitsunfähig zu sein (ebd.). Fast ein Drittel der befragten Freelancer arbeiteten, obwohl sie krank waren. Ebenfalls ein Drittel der Freelancer waren als erholungsunfähig einzustufen. Eine Untersuchung in der IT-Branche kam zu dem Ergebnis, dass nach Normwerten 72 Prozent der befragten Freelancer eine mittlere Erholungsunfähigkeit aufwiesen (Gerlmaier 2002).

Gleichzeitig wird den Selbstständigen eine hohe Zufriedenheit mit ihrer Arbeit attestiert (Vanselow 2003). Eine Befragung von selbstständigen Journalisten ergab aber auch, dass die Hälfte der Befragten unzufrieden mit ihren Honoraren waren (Martin u. Hertkorn 2004). Die wichtigsten Determinanten der Arbeitszufriedenheit scheinen bei Selbstständigen hohe Autonomie (Handlungsspielraum, Zeitspielraum und Gestaltungsmöglichkeiten), hohe Komplexität und Variabilität, sowie geringe Belastungen und günstige Arbeitszeiten zu sein (Martin 2002).

11.1.3 Gesundheitsrelevante Arbeitsbedingungen

Den verfügbaren Studien ist zu entnehmen, dass die Arbeit von Freelancern von einem Nebeneinander äußerst positiver und auch negativer stressrelevanter Merkmale geprägt ist.

Stressoren

Übereinstimmend wird in verschiedenen Studien berichtet, dass Zeitdruck und eine hohe Arbeitsbelastung für viele Freelancer ein Problem darstellen und mit erhöhtem Stressempfinden und Gesundheitsbeschwerden einhergehen (Ertel 2001; Parasuraman 1996; Vanselow 2003). Auch lange Arbeitszeiten sind weit verbreitet. Die durchschnittlich berichtete Arbeitszeit variiert zwischen 45 und 55 Stunden pro Woche (Ertel 2001; Ertel et al. 2003; Gerlmaier et al. 2002; Vanselow 2003). Vanselow fand, dass sogar sieben Prozent der von ihm befragten IT-Freelancern mehr als 70 Stunden in der Woche arbeiteten (Vanselow 2003). Eine starke Entgrenzung scheint dabei typisch für jüngere Einsteiger zu sein (Ewers et al. 2004). Lange Arbeitszeiten können auch bei Freelancern zu einem deutlich erhöhten Risiko für gesundheitliche Sorgen, Erholungsunfähigkeit und chronischen Stress führen (Ertel et al. 2003). Hinzu kommt eine große Planungsunsicherheit: 70 Prozent der von Gerlmaier et al. (2002) befragten Freelancer aus der IT-Branche sagten, sie könnten nicht vorhersehen, welche Aufträge sie in nächster Zeit erhalten würden. Die Planungsschwierigkeiten treten bevorzugt bei kürzeren Projektlaufzeiten auf (Vanselow 2003): Der Projektablauf wird durch Unvorhergesehenes behindert, Termine verschieben sich und schließlich müssen Projekte parallel bearbeitet werden (ebd.). Die Möglichkeit, die eigene Arbeit verlässlich zu planen und zu organisieren steigert das Wohlbefinden der Freelancer, Planungsschwierigkeiten verursachen Befindensbeeinträchtigungen (Gerlmaier 2002). Auch fehlende Rückmeldungen über die eigene Arbeit scheinen das Wohlbefinden zu beeinträchtigen (ebd.).

Viele Freelancer geben an, eine gute bis sehr gute Auftragslage sowie gute bis sehr gute Verdienstmöglichkeiten zu haben (Ertel 2001; Vanselow 2003). Gefragte Dienstleister können beim Kunden gute Honorare durchsetzen, während viele andere zu Dumpinghonoraren arbeiten müssen (Vanselow 2003). Die Gewinne sind folglich unter Freelancern recht unterschiedlich verteilt. Etwa ein Drittel der Befragten gab zudem an, nicht ausreichend krankenversichert zu sein und 22 Prozent hatten weder eine Renten- noch eine Lebensversicherung abgeschlossen (ebd.). Wenn auch die Höhe des Durchschnittseinkommens in den zitierten Studien unproblematisch zu sein scheint, so sind Freelancer doch über das Jahr betrachtet erheblichen Einkommensschwankungen ausgesetzt, die zu Existenzunsicherheiten führen können (Ertel 2001; Vanselow 2003). Dass diese Unsicherheiten nicht unbegründet sind, belegen Daten der repräsentativen Münchner Gründerstudie: Unternehmen mit geringem Startkapital, ohne Registrierung im Handelsregister und ohne Angestellte bzw. mit wenigen Angestellten haben die geringsten Überlebens- und Erfolgschancen („liability of smallness“). Alle diese Merkmale treffen auf Freelancer zu.

Ressourcen

Zu den wichtigsten arbeitsbezogenen Ressourcen der Freelancer zählt der Literatur nach die Möglichkeit zur Selbstbestimmung bzw. Autonomie (Ertel 2001; Gerlmaier et al. 2002; Parasuraman 1996; Vanselow 2003). Eine weitere wichtige Ressource, die soziale Unterstützung, wird in ihrer Bedeutung für das Überleben und das Wachstum von Unternehmen vor allem im Rahmen soziologischer Studien (z. B. Barbieri 2003) thematisiert. Zwei Drittel der von Ertel (2001) befragten Freelancer berichteten, sie würden bei der Arbeit von Kollegen unterstützt. Die Münchner Gründerstudie zeigte, dass vor allem die soziale Unterstützung durch Familie, Freunde und Lebenspartner sowohl für das Überleben als auch den Erfolg des Unternehmens förderlich ist, während die soziale Unterstützung durch berufliche Kontakte nur mit dem Umsatzwachstum korreliert.

Anforderungen

Neben verschiedenen Belastungsfaktoren und Ressourcen weist die Arbeit der Freelancer auch eine Reihe weiterer entwicklungsförderlicher Anforderungen auf. Sie beinhaltet hohe Selbstregulationserfordernisse (Gerlmaier 2002; Vanselow 2003), abwechslungsreiche Aufgaben (Ertel 2001) und hohe Komplexität. Über zwei Drittel der befragten Freelancer gaben in verschiedenen Studien an, selbstständig Aufträge und Projekte zu planen und zu organisieren (Gerlmaier et al. 2002), herausfordernde Tätigkeiten und viele Lernmöglichkeiten zu haben (Ertel 2001) und die eigenen Fähigkeiten umfassend einsetzen zu können (Martin u. Hertkorn 2004). Über die Wirkungen des bei Freelancern recht hohen Anforderungsniveaus liegen keine Ergebnisse vor.

Das Wissen um die gesundheitsrelevanten Arbeitscharakteristika von Freelancern und ihre Auswirkungen auf die Gesundheit ist äußerst begrenzt. Die verfügbaren Untersuchungen betrachten jeweils Teilbereiche stressrelevanter Merkmale. Mit Ausnahme der BAuA-Studie wurden zudem nur IT-Spezialisten (Gerlmaier 2002; Gerlmaier et al. 2002; Vanselow 2003) oder Journalisten (Martin u. Hertkorn 2004) untersucht. In diesem Beitrag werden die Ergebnisse einer umfassenderen Studie zu den Arbeitsbedingungen von Freelancern vorgestellt. Ziel der Untersuchung war die Analyse typischer gesundheitsgefährdender bzw. -förderlicher Tätigkeitsmerkmale von Freelancern und ihrer Wirkung.

11.2 Die Studie

Die Datenerhebung erfolgte 2006 im Rahmen einer internetbasierten Befragung anhand des standardisierten Instruments zur stressbezogenen Tätigkeitsanalyse für Freelancer (ISTA-F) (Clasen, 2012)[1]. Den theoretischen Hintergrund des ISTA-F bildet das Belastungs-, Anforderungs- und Ressourcen-Modell (Greif 1991), das es erlaubt, Arbeitsmerkmale theoriebasiert in gesundheitsschädliche Stressoren, gesundheitsförderliche Ressourcen und entwicklungsförderliche Anforderungen einzuteilen. Ressourcen können dabei sowohl direkt gesundheitsförderlich als auch „puffernd“ wirken, indem sie helfen, Stressoren zu reduzieren bzw. die Wirkung von Stressoren zu mindern. Als Stressoren wurden die Merkmale Einkommensunsicherheit, Unsicherheit bei der Arbeitsplanung und -ausführung, Arbeitsextensivierung, Zeitdruck und auftraggeberbezogene Stressoren erfasst. Gesundheitsförderliche Ressourcen wurden durch die Skalen bzw. Indizes Handlungsspielraum, Zeitspielraum, Gestaltungsmöglichkeiten, soziale Unterstützung, Kommunikationsmöglichkeiten bei der Arbeit, Gewinn, finanzielle Reserven und den prozentualen Anteil von Stammkunden an der Gesamtkundschaft erhoben. Als entwicklungsförderliche kognitive und soziale Anforderungen werden außerdem Selbstregulationserfordernisse, Arbeitskomplexität, Variabilität und Kooperationserfordernisse mit Auftraggebern analysiert. Als Gesundheitsindikatoren wurden Irritation (Mohr et al. 2005b), psychosomatische Beschwerden (Mohr u. Müller 2005) und Arbeitsfreude erfasst (Ducki 2000).

Die Teilnehmer wurden über zielgruppenspezifische Newsletter, Freelancer-Internetplattformen und internetbasierte Diskussionsforen rekrutiert, über die aufgrund des Themenschwerpunkts oder der Zielgruppe eine große Anzahl von Freelancern angesprochen werden konnten. Als Freelancer wurden alle Soloselbstständigen einbezogen, die unternehmensorientierte und wissensintensive Dienstleistungen erbringen und die angaben, mindestens 30 Stunden pro Woche selbstständig tätig zu sein, mindestens 75 Prozent ihres Einkommens aus selbstständiger Tätigkeit zu beziehen und die aktuelle selbstständige Tätigkeit seit mindestens einem Jahr auszuüben. Insgesamt 333 vollständig ausgefüllte Fragebogen gingen in die Auswertung ein.

1 Das ISTA-F basiert auf dem ISTA von Semmer et al. (1999) und enthält Items der CSS-Skala (Dormann u. Zapf 2004) sowie Teile der Skala Soziale Unterstützung (Frese 1989).

11.2.1 Die Stichprobe der Freelancer

Es beteiligten sich 195 Frauen (59 Prozent) und 138 Männer an der Untersuchung. Das Alter der Befragten lag zwischen 22 und 66 Jahren. Das Durchschnittalter betrug 41 Jahre. Die Freelancer waren im Durchschnitt seit 5 bis 10 Jahren selbstständig tätig und arbeiteten überwiegend allein (82 Prozent). Nur etwa jeder fünfte arbeitete mit anderen Kooperationspartnern zusammen. Die Mehrheit der Teilnehmer (60 Prozent) ist Mitglied in einer Interessenvertretung (z. B. Gewerkschaft oder Berufsverband).

Ein Großteil der Befragten arbeitet in Medienberufen, vor allen Dingen im Bereich Grafik- und Webdesign (18 Prozent), Journalismus (17 Prozent), Übersetzung/Dolmetschen (16 Prozent), Fotografie (5 Prozent) und PR (4 Prozent). Teilweise ließen sich die Freelancer keiner Kategorie eindeutig zuordnen, da sie mehrere Tätigkeiten gleichzeitig ausübten. Relativ häufig fand sich z. B. die berufsethisch nicht unproblematische Kombination von Journalismus und PR (rund 4 Prozent).

Die Mehrheit der Befragten hat eine hohe formale Qualifikation: Zwei Drittel von ihnen haben einen Hochschulabschluss. Fünf Prozent der Freelancer haben die Hochschule nach mindestens fünf Semestern ohne Abschluss verlassen. Rund 12 Prozent haben eine weiterführende Qualifikation nach dem Studium vorzuweisen (7 Prozent Volontariat/Traineeship, 5 Prozent Promotion). Von den verbleibenden 30 Prozent ohne Studium sind 11 Prozent ohne Abschluss. Rund 13 Prozent haben eine Lehre abgeschlossen und fünf Prozent legten die Meisterprüfung ab.

11.2.2 Die Gesundheit der Freelancer

In dieser Studie wurden zwei Aspekte von Gesundheit erfasst: Das Auftreten von psychischem Stress in Form von „Irritation" und psychosomatische Beschwerden. Irritation bezeichnet stressbedingte Symptome wie z. B. Gereiztheit, Nervosität bzw. anhaltende gedankliche Beschäftigung mit der Arbeit. Psychosomatische Beschwerden umfassen verschiedene körperliche Symptome, die stressbedingt entstehen können (z. B. Kopfschmerzen, Schlafstörungen, Konzentrationsstörungen oder Nacken- und Rückenschmerzen). Die vorliegenden Daten bestätigen die zuvor berichteten Befunde zu Gesundheit und Wohlbefinden der Freelancer: Auf Basis von Normwerten (Mohr et al. 2005a) kann festgestellt werden, dass etwa jeder fünfte Freelancer in dieser Stichprobe unter starkem psychischen Stress leidet. Sehr wenig belastet sind nur sechs Prozent. Die am häufigsten genannten Beeinträchtigungen waren Schwierigkeiten, nach der Arbeit abzuschalten bzw. eine andauernde Beschäftigung mit arbeitsbezogenen Problemen auch nach Beendigung der Arbeit. Hiervon fühlte sich ein Drittel der Befragten beeinträchtigt.

Verschiedene psychosomatische Beschwerden traten unter den befragten Freelancern im Mittel alle paar Wochen auf. Beinahe täglich beeinträchtigt von körperlichen Stresssymptomen waren sechs Prozent. Etwa ein Drittel gab an, wenigstens alle paar Tage schnell zu ermüden. Jeder Vierte litt häufig (alle paar Tage bis täglich) unter Nacken-, Schulter- und Rückenschmerzen und Nervosität, jeder Fünfte berichtete über häufiges Auftreten von Unruhe, Verkrampfung, Konzentrationsstörungen, Schlafstörungen und Zerschlagenheitsgefühlen.

11.2.3 Die Arbeitswelt der Freelancer

Die Freelancer gaben an, durchschnittlich zwischen 45 und 65 Stunden pro Woche an sechs Tagen zu arbeiten, wobei die Männer durchschnittlich längere Arbeitszeiten angaben. Die meisten Freelancer arbeiteten an maximal fünf Tagen in der Woche (43 Prozent). Rund 38 Prozent arbeiteten an sechs Tagen und 19 Prozent sogar an sieben Tagen pro Woche (◘ Abb. 11.2). Dies trifft auf Männer und Frauen gleichermaßen zu. Die überdurchschnittlich langen Arbeitszeiten werden nur von Wenigen durch entsprechend lange Erholungsphasen ausgeglichen (◘ Abb. 11.3). Über ein Drittel (37 Prozent) nahm nur bis zu zwei Wochen Urlaub. Den bei abhängig Beschäftigten üblichen Erholungsurlaub von vier bis fünf Wochen nahm nur jeder Vierte. Nur jeder Fünfte gönnte sich den letzten 12

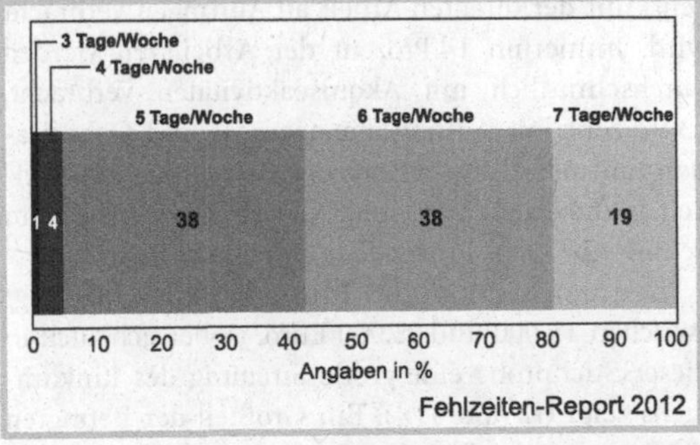

◘ Abb. 11.2 Arbeitstage pro Woche

Anzahl Urlaubswochen/Jahr:

bis 2	3	4	5	6 und mehr
37	15	14	11	22

0 10 20 30 40 50 60 70 80 90 100

Angaben in %

Fehlzeiten-Report 2012

◘ Abb. 11.3 Urlaub pro Jahr

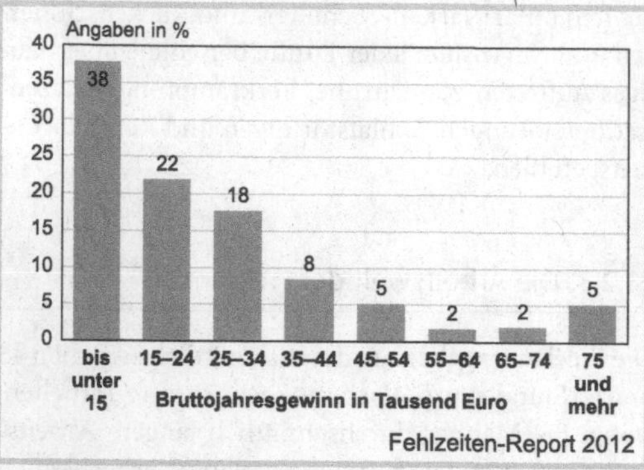

◘ Abb. 11.4 Bruttogewinn pro Jahr

Monaten vor der Befragung eine Erholungszeit von sechs Wochen und mehr.

Die überwiegende Mehrheit der Freelancer (80 Prozent) verbringt mehr als die Hälfte ihrer Arbeitszeit im eigenen Büro bzw. zu Hause und nur 10 Prozent arbeiten in einer Bürogemeinschaft. Etwa genauso viele arbeiten überwiegend beim Auftraggeber.

Betrachtet man die mittlere Verteilung der Arbeitszeit auf verschiedene Aufgabenbereiche, so lässt sich festhalten, dass der Großteil der Arbeitszeit (57 Prozent) mit der direkten Arbeit an Aufträgen verbracht wird. Immerhin 14 Prozent der Arbeitszeit werden durchschnittlich mit Akquiseaktivitäten verbracht, 13 Prozent mit Auftragsmanagement und Organisation und neun Prozent mit der Betreuung von Kunden. In die eigene Fort- und Weiterbildung werden im Schnitt nur sechs Prozent der Arbeitszeit investiert.

Der durchschnittliche Brutto-Jahresgewinn liegt zwischen 15.000 und 25.000 Euro, wobei sich auch in dieser Stichprobe eine große Streuung des Einkommens zeigt (◘ Abb. 11.4). Ein Großteil der Befragten (38 Prozent) erzielt vor Steuern nur einen Gewinn von bis zu 15.000 Euro. Rund ein Viertel erzielt einen zu

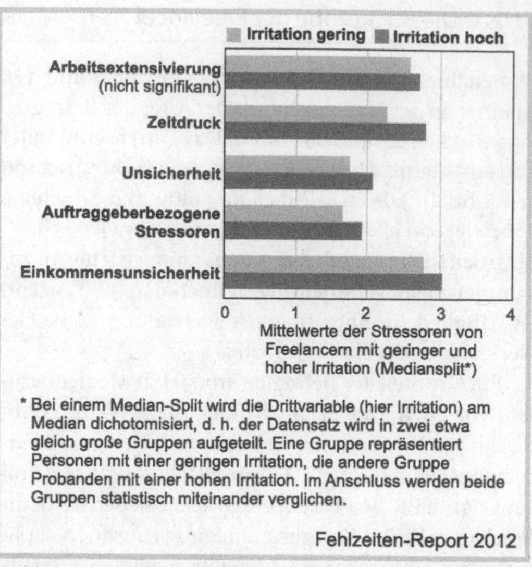

◘ Abb. 11.5 Zusammenhänge zwischen Stressoren und Irritation

versteuernden Gewinn von 15.000 bis 25.000 Euro. Nur 14 Prozent erwirtschaften ein der hohen Qualifikation angemessenes Jahreseinkommen von mindestens 45.000 Euro vor Steuern.

11.2.4 Zusammenhänge zwischen Arbeitsbedingungen und Gesundheit

Um zu untersuchen, welche Aspekte der Tätigkeit der Freelancer gesundheitsförderlich bzw. -beeinträchtigend wirken, wurden Zusammenhänge zwischen den per Fragebogen erfassten Arbeitsmerkmalen und den Befindensmerkmalen psychischer Stress, psychosomatische Beschwerden und Arbeitsfreude analysiert. ◘ Tab. 11.1 zeigt die bivariaten Korrelationen zwischen den untersuchten Merkmalen und den Befindensindikatoren.

Wie erwartet zeigen sich Zusammenhänge zwischen dem Auftreten von Stressoren und Befindensbeeinträchtigungen (◘ Abb. 11.5). Freelancer mit einer hohen Einkommensunsicherheit leiden mit höherer Wahrscheinlichkeit unter psychosomatischen Beschwerden, psychischem Stress und getrübter Arbeitsfreude. Ebenso ungünstige Auswirkungen hat der Umgang mit „schwierigen" Kunden, die unfreundlich oder beratungsresistent sind, die widersprüchliche oder überzogene Wünsche äußern oder mit denen es Abstimmungsschwierigkeiten gibt. Zu den ungünstigen Arbeitsbedingungen zählen außerdem Zeitdruck

Tab. 11.1 Produkt-Moment-Korrelationen zwischen Stressoren, Ressourcen, Anforderungen und Befindensvariablen

		1	2	3	4	5	6	7	8	9	10	11	12	13	14	15	16	17	18	19	20	21
1	EU																					
2	SK	.15**																				
3	UN	.09	.61**																			
4	ZD	.11	.09	.20**																		
5	AEX	-.08	.18**	.14**	.13*																	
6	St.Kd.	-.15*	-.24**	-.22**	.03	-.14*																
7	FR	-.18**	-.14*	-.13*	-.20**	-.06	.02															
8	GW	-.29**	-.06	-.10	-.04	.06	.22**	.15**														
9	HS	-.21**	-.06	-.05	-.10	.14*	-.11*	.02	-.05													
10	ZS	-.08	-.14**	-.12*	-.04	-.07	-.03	.02	.02	.37**												
11	GM	-.15**	-.36**	-.36**	-.18**	-.05	-.04	.19**	.04	.23**	.26**											
12	KOM	-.08	-.14*	-.10	-.03	.08	-.02	-.02	.13*	.19**	.13*	.19**										
13	SU/AG	-.20**	-.33**	-.23**	-.12*	.07	.16**	-.01	.13*	.13*	.12*	.13*	.16**									
14	SU/Kol.	-.16**	-.07	.03	-.05	.01	.00	-.01	.04	.01	-.05	.00	.26**	.22**								
15	SU/An.	-.29**	.00	.05	-.08	.11	.01	-.06	-.04	.22**	-.08	.05	.20**	.17**	.38**							
16	AK	.01	.13*	.25**	.25**	.15**	-.13*	-.08	.01	.23**	.13*	.07	.05	.05	-.01	.01						
17	VA	.05	.00	.13*	.12*	.03	-.16**	-.09	-.12*	.15**	.03	.09	.04	.01	.07	.10	.37**					
18	SR	.05	.15**	.19**	.22**	.13*	-.11*	-.09	.03	-.01	-.19**	-.12*	.04	.02	.07	.08	.34**	.21**				
19	KEK	-.06	.29**	.41**	.12*	.22**	-.18**	-.02	-.02	.20**	-.02	-.18**	-.07	-.01	.14*	.12*	.32**	.16**	.25**			
20	IRR	.15**	.28**	.35**	.38**	.04	.03	-.05	-.07	-.17**	-.15**	-.25**	-.12*	-.23**	-.07	-.14**	.12	-.02	.05	.11		
21	PSB	.22**	.20**	.28**	.29**	-.10	-.01	-.13*	-.14*	-.26**	-.14*	-.26**	-.15**	-.16**	-.08	-.17**	.08	-.08	.04	.03	.65**	
22	AFS	-.15**	-.35**	-.17**	-.14**	.06	-.03	.02	-.04	.31**	.18**	.28**	.19**	.28**	.20**	.23**	.20**	.26**	.07	.06	-.28**	-.32**

Anmerkungen: EU= Einkommensunsicherheit, SK = Auftraggeberbezogene Stressoren, UN = Unsicherheit, ZD = Zeitdruck, AEX = Arbeitsextensivierung, St.Kd = Stammkunden, FR = Finanzielle Reserven, GW = Gewinn, HS = Handlungsspielraum, ZS = Zeitspielraum, GM = Gestaltungsmöglichkeiten, KOM = Kommunikationsmöglichkeiten, SU/AG = Soziale Unterstützung durch Auftraggeber, SU/Kol. = Soziale Unterstützung durch Berufskollegen, SU/An.= Soziale Unterstützung durch Andere, AK = Arbeitskomplexität, VA = Variabilität, SR = Selbstregulationserfordernisse, KEK = Kooperationserfordernisse mit Kunden, IRR = Irritation, PSB = Psychosomatische Beschwerden, AFS = Arbeitsfreude/Stolz

N = 333, $^{*}p < .05$, $^{**}p < .01$.

Quelle: Eigene Darstellung

Fehlzeiten-Report 2012

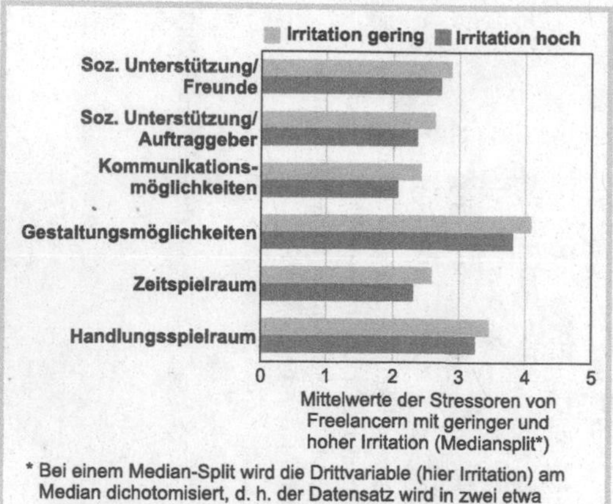

Abb. 11.6 Zusammenhänge zwischen Ressourcen und Irritation

bei der Arbeit und ein hohes Maß an Unsicherheit. Die Wahrscheinlichkeit für Stressreaktionen steigt bei häufigem Zeitdruck und häufiger Unsicherheit. Unsicherheit entsteht z. B. durch unklare Aufträge, fehlende Informationen oder unklare Anforderungen der Kunden. Die Daten legen nahe, dass bei Vorliegen der hier beschriebenen Stressoren mit zunehmendem Stresserleben auch die Arbeitsfreude sinkt. Als einziger Belastungsfaktor zeigt die für Selbstständige typische Ausdehnung der Arbeitszeit interessanterweise keinen Zusammenhang mit dem Befinden.

Als direkt gesundheitsförderlich erweisen sich – wie theoretisch erwartet – die meisten der als Ressourcen bezeichneten Arbeitsmerkmale (Abb. 11.6). Insbesondere die typischerweise großen Selbstbestimmungsmöglichkeiten der Freelancer scheinen die Wahrscheinlichkeit, dass Stressreaktionen auftreten, zu reduzieren und die Arbeitsfreude zu steigern. Je größer die Handlungs- und Zeitspielräume der befragten Freelancer waren, desto besser waren auch ihre gesundheitlichen Werte. Ebenso verhält es sich, wenn es große Spielräume hinsichtlich der Arbeitsgestaltung gibt (Planung der Arbeitszeiten, Urlaubsplanung, Weiterbildungsaktivitäten usw.) und diese nicht in hohem Maße von externen Faktoren wie dem Kunden oder der Marktsituation abhängt. Darüber hinaus zeigt sich, dass gute unterstützende Beziehungen zu den Auftraggebern und Unterstützung durch Freunde und Familie sowie Kommunikation und persönlicher Austausch bei der Arbeit, z. B. mit Kollegen oder anderen Personen, eine gesundheitsförderliche Wirkung haben. Unterstützungsnetzwerke von Berufskollegen hingegen scheinen nicht direkt auf die Gesundheit zu wirken. Mit zunehmender Unterstützung durch Berufskollegen sinkt jedoch die Einkommensunsicherheit und die Arbeitsfreude steigt.

Schließlich erweisen sich auch die Höhe des Gewinns und das Vorhandensein finanzieller Reserven zur Überbrückung umsatzschwacher Zeiten als gesundheitsförderlich. Je besser die finanzielle Ausstattung ist, desto geringer ist die Wahrscheinlichkeit, dass psychosomatische Beschwerden auftreten.

Inwieweit die Anforderungen der Freelancer in Form von Selbstregulationserfordernissen, Kooperationserfordernissen mit Kunden, Variabilität und Komplexität zu Überforderungen führen können, war bisher unbekannt. Die Ergebnisse dieser Studie deuten jedoch darauf hin, dass die hohen Anforderungen der Freelancer keine negative Wirkung auf das Wohlbefinden haben. Mit steigender Variabilität und Komplexität steigt vielmehr auch die Freude an der eigenen Arbeit.

11.3 Diskussion

11.3.1 Soziodemografie und Gesundheit

Bei den Untersuchungsteilnehmern handelt es sich um hochqualifizierte Wissensdienstleister, die größtenteils einen ihrer Qualifikation nicht angemessenen Gewinn erwirtschaften. Die meisten von ihnen arbeiten überwiegend allein und im eigenen Büro. Nur etwas mehr als die Hälfte ist in Interessenvertretungen wie Berufsverbänden oder Kammern organisiert. Ihre ausgedehnten Arbeitszeiten gleichen nur wenige durch lange Urlaubszeiten aus.

Ein Viertel der Befragungsteilnehmer leidet an starkem psychischen Stress, der langfristig zu Arbeitsunfähigkeit und erhöhtem Erkrankungsrisiko führen kann und die berufliche Existenz gefährdet. Dies ist vor dem Hintergrund einer oft unzureichenden finanziellen Sicherung der Betroffenen ein hohes persönliches, aber auch ein gesellschaftliches Risiko.

11.3.2 Arbeitsbedingungen und Gesundheit

Auch in dieser Studie zeigt sich ein Nebeneinander sehr gesundheits- bzw. entwicklungsförderlicher und gesundheitsgefährdender Merkmale. Die Zusammenhangsanalysen ergaben, dass Stress mit erhöhter Wahrscheinlichkeit dann auftritt, wenn Unsicherheiten bezüglich des Einkommens und der Arbeitsaufträge, Zeitdruck oder auch häufiger Kontakt mit schwierigen Kunden vorliegen. Die in der Literatur berichteten Befunde zur Wirkung langer Arbeitszeiten können auf Basis der Studienergebnisse nicht bestätigt werden. Dies mag an der Ausprägung von Einflussfaktoren liegen, die in dieser Untersuchung nicht erfasst wurden. Die Wirkung von langen Arbeitszeiten auf die Gesundheit kann z. B. in Abhängigkeit von der wahrgenommenen Freiwilligkeit und den Gratifikationen, die mit der Arbeit verbunden sind, variieren (Van der Hulst u. Geurts 2001). Freelancer, die ihre Arbeit als besonders belohnend erleben und lange Arbeitszeiten für eine gewisse Zeit gerne und freiwillig in Kauf nehmen, würden demnach trotz ausgedehnter Arbeitszeiten keine negativen Folgen berichten. Außerdem scheint die Wirkung langer Arbeitszeiten bei Freelancern von Konflikten zwischen Arbeit und Familie vermittelt zu werden (Parasuraman 1996).

Als gesundheitsförderlich erwiesen sich vor allem die auch für abhängig Beschäftigte bedeutsamsten Ressourcen Selbstbestimmung bzw. Kontrolle und soziale Unterstützung. Besonders hilfreich scheinen dabei die Unterstützung durch Familie und Freunde, aber auch unterstützende Beziehungen zu Auftraggebern zu sein, während die Unterstützung durch Berufskollegen nicht direkt gesundheitsförderlich wirkt. Dieses Ergebnis bestätigt die oben zitierten Befunde der Münchner Gründerstudie, wonach vor allem die Unterstützung durch Freunde und Familie für Selbstständige eine wichtige Ressource in schweren Zeiten und auch für das Umsatzwachstum darstellt (Brüderl u. Preisendörfer 1998). Die Ergebnisse legen jedoch nahe, dass unterstützende Kollegennetzwerke dabei helfen können, die Einkommensunsicherheit zu reduzieren. Auch die Gelegenheit zu persönlichem Austausch bei der Arbeit – die als wichtige Voraussetzung für soziale Unterstützung betrachtet werden kann – gehört zu den Positivmerkmalen. Die häufige Zusammenarbeit mit bekannten Auftraggebern („Stammkunden") erweist sich nicht als direkt gesundheitsförderlich. Die Zahlen in ◘ Tab. 11.1 weisen jedoch darauf hin, dass die häufige Zusammenarbeit mit Stammkunden die Auftretenswahrscheinlichkeit von Einkommensunsicherheit, Unsicherheit, Zeitdruck und Arbeitszeitausdehnung mindern kann. Dies mag daran liegen, dass die Erwartungen des Stammkunden an den Auftragnehmer bekannt sind und weniger Unsicherheiten bezüglich der Auftragsausführung bestehen: Zeitlicher Aufwand für Auftragsklärung und Abstimmungsbedarf können reduziert werden, langwierige Nachbesserungsschleifen entfallen und die Arbeit ist zeitlich besser zu planen. Die vorliegenden Befunde liefern keinen Hinweis auf eine gesundheitsschädliche Wirkung der relativ hohen kognitiven und sozialen Anforderungen an die Freelancer. Vielmehr steigt die Arbeitsfreude mit zunehmender Komplexität und Variabilität der Aufgaben.

11.3.3 Limitationen der Studie

Bei den hier befragten Freelancern handelt es sich um eine Gelegenheitsstichprobe, die selektiv sein kann. Inwiefern die Merkmalsverteilung als repräsentativ für die Gesamtheit der Freelancer gelten kann, ist unbekannt. Zudem erlaubt die hier dargestellte Querschnittstudie keine kausale Interpretation der dargestellten Zusammenhänge. Die Ergebnisse stimmen jedoch mit denen aus längsschnittlichen Studien der arbeitspsychologischen Stressforschung überein (z. B. Sonnentag u. Frese 2003).

11.4 Fazit: Der Flexibilität Grenzen setzen

Obwohl die Arbeit der hier befragten Freelancer viele gesundheits- und entwicklungsförderliche Merkmale aufweist, muss dennoch festgestellt werden, dass die Freelancer sich oftmals in einer prekären und stark entgrenzten Arbeitssituation befinden. Die Betroffenen sind häufig schlecht bezahlt und arbeiten überdurchschnittlich lange und vereinzelt im eigenen Büro bzw. zu Hause. Die oben beschriebenen Risikofaktoren ergeben sich vor allem aus der für Selbstständige typischen Abhängigkeit von Kunden und Markterfordernissen. Deadlines und Kundenwünsche bestimmen Arbeitszeiten und Arbeitstempo ohne Rücksicht auf Arbeitsschutzbestimmungen und Gesundheit. So obliegt es jedem einzelnen Freelancer selbst, der vom Markt geforderten Flexibilität Grenzen zu setzen, um die eigene Arbeitskraft zu schützen.

Aus den Studienergebnissen lassen sich eine Reihe von Gestaltungsvorschlägen ableiten, die für die Betroffenen aufgrund ihrer Vereinzelung mehr oder weniger leicht zu realisieren sind. Denn der Erhalt der eigenen Gesundheit und Leistungsfähigkeit erfordert es auch, Kundenwünschen nach ständiger Verfügbarkeit, schneller Auftragserledigung und grenzenloser Kreativität Grenzen zu setzen.

Die prekäre Einkommenssituation könnten betroffene Freelancer z. B. durch die Kalkulation und Durchsetzung realistischer (Mindest-)Honorare reduzieren. Diese sind eine essenzielle Voraussetzung für einen angemessenen Jahresgewinn und für die Bildung von Rücklagen zur Überbrückung auftragsschwacher Zeiten. Das setzt jedoch voraus, dass die Auftraggeber bereit sind, angemessene Honorare zu bezahlen und dass Freelancer untereinander sich nicht mit Dumpingangeboten übertreffen. Mehr Transparenz bezüglich angemessener Honorare in verschiedenen Branchen wäre hier hilfreich. Auch der Abschluss einer Unfall- und Arbeitslosenversicherung (sofern die aktuell hierfür geltenden Voraussetzungen erfüllt sind [vgl. Koch et al. 2011]) sowie eine ausreichende Altersvorsorge tragen zur finanziellen Sicherung bei. Zur Einkommenssicherung in der Gründungsphase bietet sich zudem die Nutzung finanzieller Förderinstrumente an. Die jüngst verabschiedeten Kürzungen des Gründungszuschusses sind dabei allerdings wenig förderlich.

Die Studienergebnisse legen nahe, dass zur Sicherung des Einkommens auch eine gute Kundenpflege beitragen kann, die dem Aufbau längerfristiger Beziehungen zu den Auftraggebern dient und Folgeaufträge sichern hilft.

Klare Absprachen mit dem Kunden über Grenzen und Regeln der Kooperation können zudem dabei helfen, überzogenen Forderungen und „schwierigem Kundenverhalten" vorzubeugen.

Eine sorgfältige Auftragsklärung mit dem Kunden kann auftragsbezogene Unsicherheiten reduzieren und dabei helfen, unrealistische Erwartungen aufzudecken.

Auch Beratungen und regelmäßiger Austausch mit Berufskollegen können Unsicherheiten bei der Arbeit mildern. Um Möglichkeiten zu persönlicher, entlastender Kommunikation bei der Arbeit zu schaffen, als Maßnahme gegen die soziale Isolation (vgl. Fielden et al. 2003) und als Grundlage für gegenseitige soziale Unterstützung kann es hilfreich sein, sich einer Bürogemeinschaft anzuschließen oder durch regelmäßige Treffen mit Berufskollegen (z. B. in Netzwerken) für persönlichen Austausch bei der Arbeit zu sorgen.

Die Reduktion des weit verbreiteten Zeitdrucks und langer Arbeitszeiten setzt eine realistische Kapazitäten- und Zeitplanung voraus, die in einer unsicheren Auftragslage erschwert wird. Aus Sorge, nicht genug Aufträge zu erhalten oder Auftraggeber zu enttäuschen, werden zu viele Aufträge angenommen oder unrealistische Deadlines akzeptiert. Die Grenzen der Leistungsfähigkeit werden überschritten. Sofern es keine Möglichkeit zur Delegation von Arbeiten bei Auftragsspitzen gibt, bleibt nur die Möglichkeit, Prioritäten zu setzen und ggf. Aufträge abzulehnen.

Es wird deutlich, dass das persönliche Gesundheitsmanagement von Freelancern verschiedene Kenntnisse und Kompetenzen voraussetzt, die oft nicht vorhanden sind. Hierzu gehören u. a. Kenntnisse und Kompetenzen der gesundheitsförderlichen Arbeitsgestaltung, kommunikative Kompetenzen sowie Kompetenzen des Zeit- und Selbstmanagements. Da Freelancer nicht durch die klassischen Institutionen des Arbeits- und Gesundheitsschutzes erfasst werden (Pröll u. Ammon 2006) und als freie Mitarbeiter nicht von Angeboten des Betrieblichen Gesundheitsmanagements (BGM) profitieren, besteht vermutlich ein großer Informations- und Unterstützungsbedarf bezüglich eines adäquaten persönlichen Gesundheitsmanagements (PGM), um die eigene Arbeitskraft langfristig zu erhalten. In den vergangenen Jahren wurden ausgehend von einer EU-Ratsempfehlung (Empfehlung 5052/03 des Rates der EU vom 18.02.2003) verschiedene Ansatzpunkte und Richtlinien zur Prävention und Gesundheitsförderung bei Soloselbstständigen entwickelt (Pröll u. Ammon 2006). Es ist jedoch bis heute unklar, inwiefern diese Angebote die vereinzelten Freelancer und anderen Soloselbstständigen durch Internetplattformen, Kammern und Verbände erreichen.

Die Arbeit von Freelancern galt in den neunziger Jahren als Ideal flexibler Arbeit mit guten Verdienstmöglichkeiten, großer Autonomie und großem Potenzial zur beruflichen Selbstverwirklichung. Die Ergebnisse dieser Befragung zeigen, dass die Arbeit der Freelancer zwar mit großen Selbstbestimmungs- und Entwicklungsmöglichkeiten ausgestattet ist. Sie zeigen aber auch, dass die einseitige Abhängigkeit von Auftraggebern und Deadlines für viele mit Risiken verbunden ist, die die Gesundheit der Freelancer und damit ihre berufliche Existenz gefährden können.

Literatur

Barbieri, P (2003) Social Capital and Self-Employment: A Network Analysis Experiment and Several Considerations. International Sociology 18 (4):681–701

Brüderl J, Preisendörfer P (1998) Network Support and the Success of Newly Founded Businesses. Small Business Economics 10:213–225

Clasen J (2012) Instrument zur stressbezogenen Tätigkeitsanalyse für Freelancer auf Basis des ISTA von Semmer, Zapf & Dunckel. Zeitschrift für Arbeits- und Organisationspsychologie 56(3):1–20

Cooper CL (2005) The future of work: careers stress and well-being. Career Development International 10(5): 396–399

Dormann C, Zapf D (2004) Customer-Related Social Stressors and Burnout. Journal of Occupational Health Psychology 9 (1):61–82

Ducki A (2000) Diagnose gesundheitsförderlicher Arbeit: eine Gesamtstrategie zur betrieblichen Gesundheitsanalyse. Mensch Technik Organisation. vdf Hochschulverlag, Zürich

Ertel M (2001) Telearbeit als flexible Arbeitsform – Risiken und Chancen für die Gesundheit und Sicherheit der Erwerbstätigen. In: Badura B, Litsch M, Vetter (Hrsg) Fehlzeiten-Report 2000: Zukünftige Arbeitswelten: Gesundheitsschutz und Gesundheitsmanagement. Springer, Berlin, S 48–60

Ertel M, Pröll U (2004) Arbeitssituation und Gesundheit von "neuen Selbstständigen" im Dienstleistungssektor. Arbeit 13 (1):3–15

Ertel M, Pech E, Ullsperger P (2003) Flexibilisierung und Gesundheit bei freiberuflicher Arbeit in der Medienbranche. Jahrestagung der Deutschen Gesellschaft für Arbeits- und Umweltmedizin, Dresden

Ertel M, Pech E, Ullsperger P, von dem Knesebeck O, Siegrist J (2005) Adverse psychosocial working conditions and subjective health in freelance media workers. Work & Stress 19 (3):293–299

Ewers E, Hoff E-H, Schraps U (2004) Neue Formen arbeitszentrierter Lebensgestaltung von Mitarbeitern und Gründern kleiner IT-Unternehmen. In: Hoff EH, Hohner HU (Hrsg) Berichte aus dem Bereich Arbeits- Berufs- und Organisationspsychologie an der FU Berlin

Fielden S L, Tench R, Fawkes J (2003) Freelance communications workers in the UK: the impact of gender on well-being. Corporate Communications: An International Journal 8 (3):187–196

Frese M (1989) Gütekriterien der Operationalisierung von sozialer Unterstützung am Arbeitsplatz. Zeitschrift für Arbeitswissenschaft 43 (15NF):112–121

Gerlmaier A (2002) Neue Selbstständigkeit in der Informationsgesellschaft. Unveröffentlichte Dissertation am Fachbereich 14 der Universität Dortmund

Gerlmaier A, Reick C, Kastner M (2002) Zwischen Autonomie und Selbstausbeutung: Gesundheitliche Auswirkungen der "Neuen Selbstständigkeit". In: Trimpop R, Zimolong B, Kalveram A (Hrsg) Psychologie der Arbeitssicherheit und Gesundheit: Neue Welten – Alte Welten. Asanger, Heidelberg, S 261–266

Greif S (1991) Streß in der Arbeit – Einführung und Grundbegriffe. In: Greif S, Bamberg E, Semmer N (Hrsg) Psychischer Streß am Arbeitsplatz. Hogrefe, Göttingen, S 1–28

Hansen CD, Andersen JH (2009) Sick at work – A risk factor for long-term sickness absence at a later date? Journal of epidemiology and community health 63 (5):392–402

Hulst M van der, Geurts S (2001) Associations between overtime and psychological health in high and low reward jobs. Work & Stress 15 (3):227–240

Kelleter K (2009) Selbstständige in Deutschland. Wirtschaft und Statistik (12):1204–1216

Koch A, Rosemann M, Späth J (2011) Soloselbstständige in Deutschland. Friedrich-Ebert-Stiftung, Bonn

Leicht R, Philipp R (2005) Die wachsende Bedeutung von Ein-Personen-Unternehmen in Deutschland: Wo und unter welchen Bedingungen arbeiten Selbständige zunehmend alleine? Dynamik im Unternehmenssektor: Theorie, Empirie und Politik:131–154

Malone TW, Laubacher RJ (1998) The Dawn of the E-Lance Economy. Harvard Business Review 76 (5):145–152

Martin A (2002) Arbeitsbedingungen von Selbstständigen. Institut für Mittelstandsforschung, Lüneburg

Martin A, Hertkorn M (2004) Das Selbstverständnis freier Journalist/inn/en und seine Auswirkungen auf die Arbeitsbeziehung zum Auftraggeber. Arbeit 13 (1):16–32

Mohr G, Müller A (2005) Psychosomatische Beschwerden im nicht klinischen Kontext. In Glöckner-Rist A (Hrsg) ZUMA-Informationssystem. Elektronisches Handbuch sozialwissenschaftlicher Erhebungsinstrumente (Vol ZIS 800). Zentrum für Umfragen Methoden und Analysen, Mannheim

Mohr G, Müller A, Rigotti T (2005a) Normwerte der Skala Irritation: Zwei Dimensionen psychischer Beanspruchung. Diagnostica 51 (1):12–20

Mohr G, Rigotti T, Müller A (2005b) Irritation – ein Instrument zur Erfassung psychischer Beanspruchung im Arbeitskontext. Skalen- und Itemparameter aus 15 Studien. Zeitschrift für Arbeits- und Organisationspsychologie 49 (1):44–48

Parasuraman S (1996) Work and Family Variables, Entrepreneurial Career Success and Psychological Well-Being. Journal of Vocational Behavior 48 (3):275–300

Pröll U, Ammon U (2006) Prävention und Gesundheitsförderung bei selbstständiger Erwerbsarbeit. Sozialforschungsstelle Dortmund, Landesinstitut

Semmer N, Zapf D, Dunckel H (1999) Instrument zur Stressbezogenen Tätigkeitsanalyse (ISTA). In: Dunckel H (Hrsg) Handbuch psychologischer Arbeitsanalyseverfahren. vdf Hochschulverlag, Zürich, S 179–204

Sonnentag S, Frese M (2003) Stress in Organizations. In: Borman WC, Ilgen DR, Klimoski RJ (Hrsg) Industrial and Organizational Psychology (vol 12). Wiley, New York, pp 453–491

Vanselow A (2003) Neue Selbständige in der Informationsgesellschaft. Institut für Arbeit und Technik, Gelsenkirchen

Kapitel 12

Flexible und atypische Beschäftigung: Belastungen und Beanspruchung

N. Galais, C. Sende, D. Hecker, H.-G. Wolff

Zusammenfassung *Atypische Beschäftigungsformen weichen in ganz unterschiedlichen Aspekten von der Normalbeschäftigung im Sinne einer unbefristeten Vollzeitanstellung bei einem Unternehmen ab. Die Gruppe der atypisch Beschäftigten ist somit extrem heterogen – nicht nur, was die jeweilige arbeitsvertragliche Situation angeht, sondern auch in Bezug auf die damit verbundenen Arbeits- und Lebenswelten der Beschäftigten. Unternehmen nutzen atypische Beschäftigung zur Erhöhung ihrer personellen Flexibilität. Für die Beschäftigten resultiert dies meist in einer erhöhten Unsicherheit und Instabilität. Der Fokus dieses Beitrags liegt auf der Beschäftigungssituation und den erlebten Belastungen von temporär Beschäftigten und externen Mitarbeitern. Aus den hier vorgestellten Besonderheiten der atypischen Beschäftigungsformen lassen sich spezifische Anforderungen an die Personalpolitik von Unternehmen ableiten, denen an einem verantwortungsvollen Einsatz von flexiblem Personal gelegen ist.*

12.1 Atypische und flexible Beschäftigung

Das Modell der Normalbeschäftigung und das Konzept einer „lebenslangen" Erwerbsbiografie und Karriere innerhalb einer Organisation werden seit Längerem als passé betrachtet (z. B. Sullivan 1999). Hierfür werden Flexibilisierungs- und Deregulierungsprozesse verantwortlich gemacht, die das formal-rechtliche Verhältnis zwischen Arbeitgebern und Beschäftigten unverbindlicher gestalten (Pfeffer u. Baron 1988). Die Ursache der Atypisierung von Erwerbsbiografien wird aber auch in einer veränderten Motivlage der Arbeitnehmer gesehen. Diese drückt sich in einem starken Bedürfnis nach persönlicher Entwicklung und Flexibilität aus und verwirklicht sich in von Organisationen „ungebundenen Karrieren" (Eby et al. 2003; Marler et al. 2002; Sullivan 1999).

Traditionelle Arbeitsbeziehungen mit dem Idealbild einer langfristigen Vollzeitbeschäftigung verlieren somit zugunsten atypischer, instabiler und kurzfristiger Organisationszugehörigkeiten an Bedeutung (Gallagher u. Sverke 2005). Dennoch kann nicht von einer grundsätzlichen Abkehr vom Normalbeschäftigungsverhältnis[1] gesprochen werden. Vielmehr scheinen sich Flexibilisierungsprozesse auf bestimmte Arbeit-

1 Normalbeschäftigung bezeichnet „abhängige, vollzeitige und dauerhafte Beschäftigung mit geregelten Normalarbeitszeiten, sowie kontinuierlichem Entgelt und Bestandsgarantien" (Talós 1999, S. 74). Dostal, Stooß und Troll (1998) führen als weitere Kriterien der Normalbeschäftigung zusätzlich die „kontinuierliche Betriebszugehörigkeit" sowie eine „Berufsausübung, die der Berufsausbildung entspricht" an. Eine Übersicht zu unterschiedlichen atypischen Beschäftigungsformen findet sich bei Talós (1999).

B. Badura et al. (Hrsg.) *Fehlzeiten-Report 2012*,
DOI 10.1007/978-3-642-21655-8_12, © Springer Verlag Berlin Heidelberg 2012

nehmergruppen, beispielsweise Niedrigqualifizierte oder Arbeitnehmer in spezifischen Beschäftigungskonstellationen wie Zeitarbeit, Saisonarbeit oder freie Mitarbeit, zu konzentrieren (Auer u. Cazes 2000; Schreyer 2000). So entspricht die Zahl von 910.000 Zeitarbeitnehmern in Deutschland im Juni 2011 einer Verdreifachung allein in den letzten zehn Jahren. Der Anteil der Beschäftigten in der Zeitarbeit liegt damit bei knapp drei Prozent aller sozialversicherungspflichtig Beschäftigten (Bundesagentur für Arbeit 2012). Diese Personengruppen werden von Unternehmen zusätzlich zum Stammpersonal als „flexibles Personal" eingesetzt, was zu grundlegenden Veränderungen in der Mitarbeiterstruktur führt (Nienhüser u. Baumhus 2002). Ergänzend zum Kernpersonal, bildet sich eine Randbelegschaft aus „flexiblem" Personal heraus, das „just in time" eingesetzt werden kann (Gallagher u. Sverke 2005; Virtanen et al. 2001). Während das Kernpersonal aus Mitarbeitern besteht, die für den Erfolg des Unternehmens eine zentrale Rolle spielen, werden dem „Randpersonal" klar abgegrenzte und leicht kontrollierbare Aufgaben übertragen und es wird als austauschbar betrachtet (Kalleberg u. Rognes 2000; Nienhüser u. Baumhus 2002). Bei der Randbelegschaft gestaltet sich die Beziehung zwischen den Mitarbeitern und der Organisation daher deutlich unverbindlicher als beim Stammpersonal (Keller u. Seifert 1995, 2006).

12

Die Unterscheidung zwischen Rand- und Kernpersonal ist allerdings nicht deckungsgleich mit jener von Normalbeschäftigung und atypischer Beschäftigung. In der Literatur werden verschiedene Bezeichnungen und Gruppierungen vorgenommen, je nachdem, welcher Aspekt der Beschäftigungskonstellation im Vordergrund steht (Polivka u. Nardone 1989; Liebig u. Hense 2007). So weichen die formal-arbeitsrechtlichen Verträge atypisch Beschäftigter auf unterschiedliche Weise vom Normalbeschäftigungsmodell ab. Dies ist beispielsweise der Fall, wenn sie auf beschränkte Zeit ausgerichtet (z. B. befristete Beschäftigung) oder nicht auf Vollzeitbeschäftigung angelegt sind (z. B. Teilzeitbeschäftigung oder Minijobs) oder wie im Falle externer Mitarbeiter Arbeitsleistungen im Rahmen der Arbeitnehmerüberlassung (Zeitarbeit) oder von Werkverträgen (freie Mitarbeit) erbracht werden. Weiterhin können sich Abweichungen zur Normalbeschäftigung dadurch ergeben, dass eine räumliche Trennung vom Arbeitsplatz vorliegt (z. B. Heimarbeit und Telearbeit). Angesichts dieser unterschiedlichen Formen atypischer Beschäftigung wird deutlich, dass diese mit sehr verschiedenen Rollen der Arbeitnehmer im Unternehmen einhergehen und die Beziehung zwischen den Beschäftigten und den Organisationen ganz unterschiedlich gestaltet sein kann.

12.2 Flexibler Mitarbeitereinsatz aus Unternehmenssicht

Unter Flexibilität wird insbesondere die Fähigkeit verstanden, schnell auf Schwankungen der Nachfrage und sich ändernde Kundenbedürfnisse zu reagieren. Die meisten Unternehmen betrachten dies als wichtige Voraussetzung für ihren unternehmerischen Erfolg (Sende et al. 2011). Hierbei wird insbesondere eine flexible Personalpolitik als wesentlich erachtet, die es erlaubt, den Personalstand an den aktuellen Bedarf anzupassen. Unternehmen setzen daher in zunehmendem Maße auf atypische Beschäftigung, um ihre Flexibilität zu steigern und Kosten zu reduzieren (George u. Ng 2010). Beispielsweise zeigte sich in einer Befragung von 1.221 klein- und mittelständischen Unternehmen in Deutschland, dass der Flexibilisierungsbedarf der Unternehmen sich zuallererst aus sich verändernden Marktanforderungen wie z. B. Nachfrageschwankungen ergab. Nur in Ausnahmefällen stellen personelle Flexibilisierungsmaßnahmen Reaktionen auf entsprechende Mitarbeiterwünsche z. B. hinsichtlich der Work-Life-Balance dar (Sende et al. 2011).

Aus Unternehmenssicht ist insbesondere die Unterscheidung zwischen funktionalen und numerischen Flexibilisierungsansätzen von Bedeutung (OECD 1989; Liebig u. Hense 2007). Während die numerische Flexibilität auf quantitative Maßnahmen abzielt, welche die erbrachte Arbeitsmenge eines Unternehmens beeinflussen, umfasst die funktionale Flexibilisierung qualitative Maßnahmen, die vornehmlich auf die Qualifizierung der Mitarbeiter ausgerichtet sind. Numerische Maßnahmen zielen beispielsweise auf flexible Arbeitszeitsysteme (z. B. Gleitzeit, flexible Jahresarbeitszeit etc.) oder die temporäre Erhöhung der Mitarbeiterzahl (z. B. durch den Einsatz von Zeitarbeitskräften oder befristet Beschäftigten) ab. Die Umsetzung von Weiterbildungsprogrammen oder strukturelle Veränderungen des Unternehmens (z. B. flachere Hierarchien) sind Beispiele für funktionale Flexibilisierungsansätze.

Grundsätzlich, so fassen Kalleberg und Kollegen (2003) zusammen, nutzen Unternehmen flexibles Personal zur Effizienzsteigerung und Kostensenkung sowie im Sinne der Unsicherheitsreduktion (Verfügbarkeit von verschiedenen verlässlichen Quellen für Personal). Als wichtigste Determinante der Nutzung von flexiblem Personal hat sich die Größe eines Unternehmens herauskristallisiert, wobei größere Unternehmen eher auf flexibles Personal zurückgreifen als kleinere (Kalleberg et al. 2003). Für die Annahme, dass Unternehmen, denen an Stabilität beim Stammpersonal gelegen ist, verstärkt auf flexibles Personal zurückgreifen, weil sie ihre Stammbelegschaft nicht durch Neueinstellungen und Entlassungen an einen wechselnden Personalbedarf anpassen wollen, finden sich keine eindeutigen Belege. In der bereits erwähnten Befragung von 1.221 kleinen und mittelständischen Unternehmen in Deutschland (Sende et al. 2011; Sende et al. in Vorb.) zeigte sich ebenfalls, dass größere Unternehmen und jene aus dem produzierenden Gewerbe häufiger externes Personal (Zeitarbeitnehmer) einsetzen. Die Hauptmotive für den Einsatz von Zeitarbeit waren – unabhängig von strukturellen Unternehmensmerkmalen –, dass Auftragsspitzen abgefangen werden sollen und die Möglichkeit besteht, den Einsatz der externen Mitarbeiter schnell und unbürokratisch beenden zu können. Eine weitere wichtige Rolle spielte die Möglichkeit, Zeitarbeit bei krankheitsbedingten Personalengpässen einzusetzen.

Bei der Entscheidung, auf externe Mitarbeiter zurückzugreifen, erwies sich zudem die Organisationskultur eines Unternehmens als wichtiger Einflussfaktor. Während eine hohe Innovationsorientierung von Unternehmen mit einem erhöhten Einsatz externer Mitarbeiter einherging, ergab sich das Gegenteil für eine hohe Mitarbeiterorientierung. Stark mitarbeiterorientierte Unternehmen waren eher zurückhaltend beim Einsatz von flexiblem Personal. Somit ist die Entscheidung für oder gegen flexibles Personal auch eine Frage der Kultur des Unternehmens. Umgekehrt hat der Einsatz von flexiblem Personal auch Effekte auf die Kultur und das Klima der Organisation, denn der Einsatz von flexiblem Personal beeinflusst sowohl die fachliche Zusammenarbeit als auch die sozialen Beziehungen im Unternehmen.

12.3 Auswirkungen von flexibler Beschäftigung auf das Mitarbeitergefüge im Unternehmen

Die Zunahme von atypisch Beschäftigten hat die Struktur von Arbeitsgruppen grundlegend verändert. Teams, die sich ausschließlich aus Normalbeschäftigten mit einer Vollzeit-Dauerbeschäftigung zusammensetzen, sind seltener geworden. In vielen Arbeitsgruppen arbeiten Mitarbeiter mit unterschiedlichem Beschäftigungsstatus zusammen. Eine Arbeitsgruppe kann beispielsweise aus Normalbeschäftigten, befristeten Mitarbeitern, Teilzeitbeschäftigten, Zeitarbeitnehmern und freien Mitarbeitern bestehen. In der englischsprachigen Literatur wird in diesem Zusammenhang von „blended teams", also gemischten Arbeitsgruppen, gesprochen (George u. Ng 2010).

Ergebnisse aus der Diversitätsforschung haben aufgezeigt, dass das formale Beschäftigungsverhältnis soziale Kategorisierungsprozesse und Vorurteile auslösen kann (Chattopadhyay u. George 2001). Soziale Kategorien basieren auf Zuschreibungen und Unterscheidungsmerkmalen von Individuen und resultieren in einer Gruppenbildung, die nach Mitarbeitern, die „dazugehören" und solchen, die als Außenseiter betrachtet werden, unterscheidet. Von den atypischen Beschäftigtengruppen leiden insbesondere Zeitarbeitnehmer unter einem geringeren Status im Kundenunternehmen (Broschak u. Davis-Blake 2006). Sie werden häufig als Außenseiter im Unternehmen gesehen und teilweise in abschätziger Art und Weise behandelt (Rogers 1995). Vor allem die Auswechselbarkeit der Mitarbeiter, wie sie in der Zeitarbeit üblich ist und die es den Kundenunternehmen erlaubt, einen Zeitarbeitnehmer „umzutauschen" wenn er nicht den Erwartungen entspricht, kann als Druckmittel gegen die Arbeitnehmer eingesetzt werden.

Für flexible Beschäftigte, die nur temporär und lediglich für kurze oder unbestimmte Zeit eingesetzt werden, ist die fachliche und soziale Integration im Unternehmen schwierig. Die Begrenztheit und Ungewissheit der Zusammenarbeit behindert Reziprozitätsprozesse, die auf „Geben und Nehmen" beruhen, wie sie am Arbeitsplatz üblich sind (Koster u. Sanders 2006). Stammbeschäftigte sind möglicherweise weniger bereit, in ihre atypischen Kollegen zu „investieren" und sie zu unterstützen, wenn diese nur für beschränkte Zeit im Unternehmen arbeiten und sich wahrscheinlich nicht mehr revanchieren können.

Außerdem können Stammbeschäftigte atypisch Beschäftigte und insbesondere extern Beschäftigte als Gefahr oder Konkurrenz wahrnehmen, wenn sie Angst haben, durch diese ersetzt zu werden. Auch wenn solche Substitutionseffekte eher selten sind (Crimmann et al. 2009), besteht diese Befürchtung bei Stammbeschäftigten, da Zeitarbeitnehmer meist kostengünstiger für das Unternehmen sind. Entsprechend hat sich gezeigt, dass der Einsatz von Zeitarbeitnehmern mit einer erhöhten Arbeitsplatzunsicherheit (De Cuyper et al. 2009) und höherer Fluktuationsneigung (Broschak u. Davis-Blake 2006) und geringerem organisationalem Commitment (Sende u. Vitera in Druck) bei den Stammbeschäftigten einhergehen kann.

12.3.1 Formaler und psychologischer Vertrag von flexibel Beschäftigten

Der formale Arbeitsvertrag von atypisch Beschäftigten weicht je nach Beschäftigungsgruppe in unterschiedlicher Weise vom Normalbeschäftigungsverhältnis ab. Die formal-vertragliche Ausgestaltung des Arbeitsverhältnisses umfasst eine Positions- und Tätigkeitsbeschreibung, den Eintrittstermin, ggf. die Befristung des Beschäftigungsverhältnisses, Probezeit, die Dauer des Beschäftigungsverhältnisses sowie Regelungen der wöchentlichen Arbeitszeit und der Vergütung. Ein Einzelvertrag bewegt sich hierbei immer im Rahmen von Gesetz und Rechtsprechung sowie der Tarifverträge im regionalen Kontext. Dagegen erfolgt die Zusammenarbeit mit externen Mitarbeitern nicht auf der Basis von klassischen Arbeitsverträgen. Die Entscheidung eines Unternehmens, externe Mitarbeiter einzusetzen, ist gleichzeitig auch die Entscheidung, sich Arbeitskraft einzukaufen, statt sie im Unternehmen zu generieren (Hecker 2010). Bei freien Mitarbeitern wird dies meist durch einen Honorar- oder Dienstvertrag mit dem Kundenunternehmen geregelt, der die Erfüllung eines Auftrags bzw. die Lieferung eines Produktes oder Werkes als Vertragsgegenstand hat. Eine besondere Situation ergibt sich bei der Zeitarbeit. Der Einsatz von Zeitarbeitnehmern wird durch das Arbeitnehmer-Überlassungs-Gesetz (AÜG) geregelt. Dieses erlaubt den Verleih von Arbeitskräften durch einen Verleiher an einen Entleiher, was durch den Überlassungsvertrag geregelt wird. Leiharbeitnehmer haben einen Arbeitsvertrag mit dem Verleihunternehmen (Zeitarbeitsunternehmen/Personaldienstleister), leisten ihren Arbeitseinsatz jedoch im Entleihunternehmen (Kunde) ab. Sowohl freie Mitarbeiter als auch Zeitarbeitnehmer befinden sich, wenn auch in unterschiedlicher Weise, in einer Beschäftigungskonstellation, die durch multiple Organisationszugehörigkeiten geprägt ist. So können freie Mitarbeiter für mehrere Kunden gleichzeitig arbeiten und auch Zeitarbeitnehmer können im Laufe ihrer Anstellung bei mehreren Kunden eingesetzt werden. Zudem befinden sich Zeitarbeitnehmer in einer triangulären Beschäftigungskonstellation, die aus den Arbeitnehmern selbst sowie zwei Organisationen, nämlich dem Verleiher als Arbeitgeber und dem Entleihunternehmen als Auftraggeber besteht.

Aus arbeits- und organisationspsychologischer Perspektive ist neben der formalen Vertragssituation insbesondere der psychologische Vertrag relevant, der hinter diesen „Formalitäten“ steht. Der formale Vertrag klärt die juristische Verbindung der Vertragspartner, kann aber die tatsächliche Beziehung, wie sie zwischen Arbeitgeber und Arbeitnehmer besteht, nur schemenhaft abbilden. Der sogenannte psychologische Vertrag umfasst die impliziten wie expliziten Erwartungen gegenüber der Organisation und die gegenseitig wahrgenommenen Verpflichtungen (Rousseau 1995). Es entsteht eine wahrgenommene Reziprozität der Verpflichtungen zwischen Organisation und Individuum, die beide Vertragsparteien dazu motiviert, ihre eingegangenen Leistungsversprechen zu erfüllen. Bei unterschiedlichen Auffassungen darüber, inwieweit die Verpflichtungen und Erwartungen von der anderen Vertragspartei erfüllt wurden, kann es jedoch zu einem wahrgenommenen Bruch des psychologischen Vertrags kommen (Coyle-Shapiro u. Neumann 2004). Eine Verletzung des psychologischen Vertrags seitens der Organisation ist zwar aus rechtlicher Sicht unbedeutend, sie wird jedoch auf Seiten der Mitarbeiter Verhaltenskonsequenzen nach sich ziehen, die auch negative ökonomische Auswirkungen für die Organisation haben können (z. B. Dienst nach Vorschrift, Mobbing, Absentismus, Kündigung).

Bei der Erfassung des psychologischen Vertrags von Beschäftigten dominieren inhaltsorientierte Ansätze, die sich auf die konkreten gegenseitigen Inhalte der Erwartungen von Individuum und Organisation beziehen. Arbeitnehmer erwarten z. B. bestimmte Weiterbildungsangebote und sind im Gegenzug dazu bereit, Erwartungen des Unternehmens wie etwa Überstunden zu leisten oder Aufgaben von ausgefallenen Kollegen zu übernehmen.

Die inhaltsorientierten Verfahren sind stark auf die Normalbeschäftigung zugeschnitten. Sie sind daher weniger geeignet, den psychologischen Vertrag atypischer Beschäftigungskonstellationen abzubilden. Denn die konkreten Erwartungen von atypisch Beschäftigten unterscheiden sich meist von denjenigen der Normalbeschäftigten. So werden z. B. freie Mitarbeiter kaum fachliche Weiterbildungsangebote von ihren Kundenunternehmen erwarten. McLean Parks et al. (1998) schlugen mit Blick auf atypische Beschäftigungsformen daher vor, die Beziehung zwischen den Beschäftigten und der Organisationen auf der Basis verschiedener Kernmerkmale der Arbeitsbeziehung zu charakterisieren. Dieser Ansatz erlaubt es, den Charakter der Beziehung zwischen Individuum und Organisation unabhängig von nationalen und organisationsspezifischen Besonderheiten zu erfassen. In ◘ Tab. 12.1 sind die Beziehungsdimensionen nach McLean Parks et al. (1998) aufgeführt und werden kurz anhand der Ergebnisse einer Studie von Hecker (2004) erläutert.

Tab. 12.1 Dimensionen des psychologischen Vertrags nach Hecker (2004) in Anlehnung an McLean Parks et al. (1998)

Dimensionen des psychologischen Vertrags	Extreme des Kontinuums
Fokus der Beziehung	Sozioemotional (Loyalität und Vertrauen) versus transaktional (Austausch Geld gegen Arbeit)
Greifbarkeit der Beziehung	Die Rolle im Unternehmen ist diffus und unklar versus auch für Außenstehende klar
Die Veränderbarkeit der Erwartungen und Verpflichtungen sowie der Rollen in der Organisation	Rolle im Unternehmen ist starr versus dynamisch und kann sich verändern
Verschmelzung von Arbeit- und Privatleben	Klare Trennung von Privatleben und Arbeit versus Verschmelzung von Arbeit und Privatleben
Einzigartigkeit der Organisation	Organisation ist auswechselbar versus einzigartig für den Beschäftigten
Einzigartigkeit der Beschäftigten	Beschäftigter fühlt sich austauschbar versus schwer ersetzbar für die Organisation
Freiwilligkeit	Beschäftigter hatte keine Alternativen versus freie Wahl bei der Entscheidung für die Organisation
Langfristigkeit	Beziehung ist nur kurzfristig versus langfristig angelegt
Unbestimmtheit	Das Ende der Beziehung ist vorbestimmt versus unbestimmt
Multiple Beziehungen	Beschäftigte arbeiten für mehr als eine Organisation (ja/nein)

Quelle: Eigene Darstellung

Fehlzeiten-Report 2012

Die genannten Kernmerkmale wurden von Hecker (2004) mit einem Fragebogen erstmals bei verschiedenen Beschäftigungsgruppen erfasst. In Abb. 12.1 sind die durchschnittlichen Ausprägungen (Skala geht von 1 = sehr schwach bis 5 = sehr ausgeprägt) der Charakteristika des psychologischen Vertrags zu sehen. Die Daten wurden im Rahmen einer kombinierten Online- (Wiso Panel) und Papier-Bleistift-Fragebogenuntersuchung an einer Gelegenheitsstichprobe von 395 Beschäftigten erhoben. 54 Prozent der Studienteilnehmer waren männlich, das Durchschnittsalter betrug 37 (SD = 12) Jahre. Von den Befragten hatten 267 eine unbefristete Festanstellung, 36 waren befristet Beschäftigte, 36 waren als freie Mitarbeiter tätig, 14 waren als Zeitarbeitnehmer beschäftigt (weitere Teilnehmer waren als Aushilfen, Praktikanten und Auszubildende tätig oder hatten die Kategorie „sonstige" angegeben). Auch wenn einige Gruppen recht klein sind, entspricht das Ergebnismuster den bisherigen Forschungsergebnissen zu atypischen Beschäftigten und konnte in mehreren späteren Replikationsstudien bestätigt werden (Hecker 2010). Die Ergebnisse können daher beispielhaft herangezogen werden, um die Besonderheiten der Beziehung zwischen der Organisation und den unterschiedlich Beschäftigten aufzuzeigen. Betrachtet man Abb. 12.1, wird deutlich, dass Zeitarbeitnehmer sich in ihrem Profil am deutlichsten von den Festangestellten unterscheiden und dass sie eher ungünstige psychologische Verträge aufweisen.

Psychologische Verträge werden meist grob nach ihrem Fokus, nämlich sozio-emotional versus transaktional unterschieden. Während eine sozioemotionale Beziehung auf gegenseitigem Vertrauen und Loyalität beruht, basieren transaktionale Verträge auf einer Austauschbeziehung von Arbeit gegen Lohn. Abb. 12.1 zeigt, dass die Gruppe der Festangestellten die stärkste emotionale Bindung zu ihrer Organisation aufweist, gefolgt von befristet Beschäftigten. Externe Mitarbeiter wie freie Mitarbeiter und Zeitarbeitnehmer haben stärkere transaktionale Elemente in ihrem psychologischen Vertrag. Dabei muss jedoch berücksichtigt werden, dass die Ergebnisse für Zeitarbeitnehmer die Beziehung zum Zeitarbeitsunternehmen betrachten, also ihrem tatsächlichen Arbeitgeber. Felfe et al. (2008) fanden allerdings, dass die Beziehung zum Kundenunternehmen meist intensiver ist als jene zum Zeitarbeitsunternehmen, da die Zeitarbeitnehmer ihren Arbeitsalltag vorwiegend im Kundenunternehmen erleben (Galais u. Moser 2006).

12.4 Belastungen in flexiblen Beschäftigungsverhältnissen

Das Belastungspotenzial von atypisch Beschäftigten, insbesondere von Beschäftigungsgruppen wie Zeitarbeitnehmern, befristet Beschäftigten und freien Mitarbeitern kann insgesamt als relativ hoch beurteilt

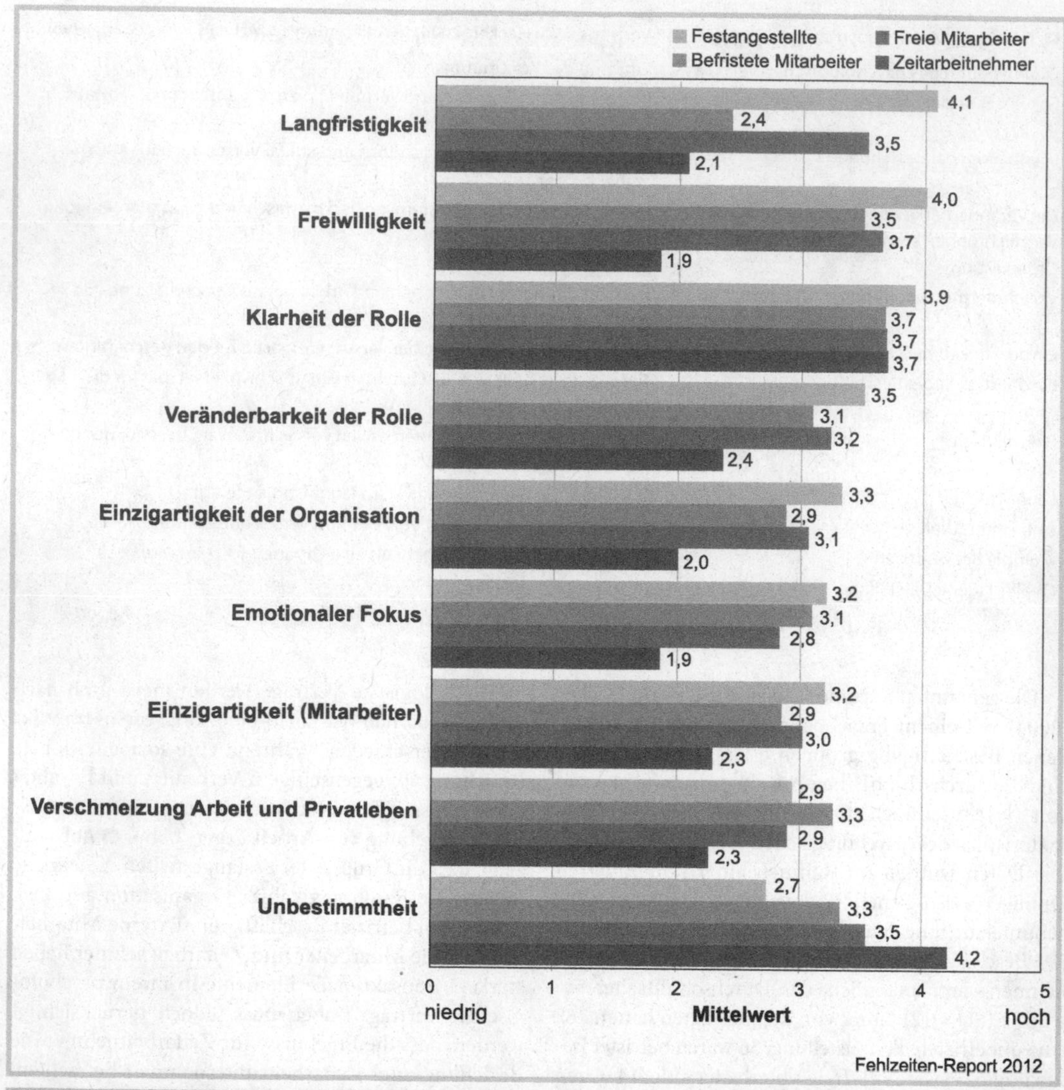

Abb. 12.1 Psychologischer Vertrag von atypisch Beschäftigten (befristet Beschäftigte, freie Mitarbeiter, Zeitarbeitnehmer) und Festangestellten

werden (z. B. Hecker et al. 2006). Zeitarbeitnehmer haben beispielsweise im Vergleich zu Normalbeschäftigten deutlich schlechtere Arbeitsbedingungen, was Weiterbildungsangebote (Galais et al. 2007; Nienhüser u. Matiaske 2006) oder die soziale Unterstützung am Arbeitsplatz angeht und sie verdienen wesentlich weniger als vergleichbare Normalbeschäftigte (Jahn u. Pozzoli 2011; Nienhüser u. Matiaske 2006). An der ungünstigen Beschäftigungssituation von Zeitarbeitnehmern haben auch von der EU initiierte Anti-Diskriminierungsmaßnahmen nur wenig ändern können, sodass eine Beschäftigung als Zeitarbeitnehmer nach wie vor ein hohes Prekaritätsrisiko birgt (Nienhüser u. Matiaske 2006).

Atypischen Beschäftigungsverhältnissen scheint gemeinsam zu sein, dass sie weniger strukturelle Arbeitsplatzsicherheit bieten als die Normalbeschäftigung. Insbesondere in der Zeitarbeit herrscht eine recht hohe Arbeitsplatzunsicherheit, was wiederum negative Auswirkungen auf die individuelle Gesundheit haben kann (De Witte 1999). Dennoch lässt sich die subjektiv wahrgenommene Arbeitsplatzsicherheit nicht unmittelbar aus dem formalen Beschäftigungsverhältnis vorhersagen. Dies ergibt sich daraus, dass die individuelle Beschäftigungssituation sehr unterschiedlich wahrgenommen wird und Festangestellte beispielsweise bei schlechter Auftragslage ihres Unternehmens pessimistischer bezüglich ihres Arbeitsplatzes sein können als freie Mitarbeiter, die über längere Zeit mit Aufträgen ausgelastet sind.

Grundsätzlich kann zwischen Belastungen, die direkt am Arbeitsplatz bei der Ausübung der Tätigkeiten entstehen und solchen, die eher aus den strukturellen Gegebenheiten des formalen Beschäftigungsverhältnisses resultieren, unterschieden werden. Beispielsweise zeigte sich, dass die zeitlichen und quantitativen Belastungen im Einsatz bei Zeitarbeitnehmern sogar geringer ausfallen können als bei Normalbeschäftigten (Galais u. Moser 2006; Nienhüser u. Matiaske 2006). Dies kann dadurch erklärt werden, dass Zeitarbeitnehmer meist für klar kontrollierbare und abgegrenzte Aufgaben eingesetzt werden und darüber hinaus kein zusätzliches Engagement von ihnen erwartet wird (Druker u. Stanworth, 2004). Tendenziell fühlen sich Zeitarbeitnehmer in ihren Einsätzen daher eher unter- als überfordert (Galais u. Moser 2006; Nienhüser u. Matiaske 2006), wobei Unterforderung ebenfalls als Stressor zu werten ist (Scherrer 2000). Wieland et al. (2001) fanden allerdings in ihrer Studie mit überwiegend niedriger qualifizierten Zeitarbeitnehmern höhere Belastungen am Arbeitsplatz. Insbesondere im niedrig qualifizierten Einsatzbereich kann dies daran liegen, dass den externen Mitarbeitern teilweise die unliebsamen und körperlich belastenden Arbeitsaufgaben übertragen werden.

Im Rahmen eines Forschungsprojekts der Bundesanstalt für Arbeitsschutz und Arbeitsmedizin (BAuA), wurden spezifische Stressoren identifiziert, die mit den unterschiedlichen atypischen Beschäftigungsverhältnissen einhergehen (Hecker et al. 2006). Die hier erfassten Belastungen ergeben sich durch die Beschäftigungskonstellation selbst im Unterschied zu Belastungen, die direkt am jeweiligen Arbeitsplatz auf die Beschäftigten einwirken. In einer quantitativen Untersuchung wurden drei Gruppen atypisch Beschäftigter hinsichtlich dieser Belastungsindikatoren mit Festangestellten verglichen (◘ Abb. 12.2).

Allgemein zeigt sich, dass Zeitarbeit mit sehr vielen spezifischen Belastungen einhergeht wie hoher finanzieller Instabilität, geringen Entwicklungsmöglichkeiten, einer geringeren Identifikation mit dem Beruf sowie mit dem Unternehmen (in diesem Fall das Zeitarbeitsunternehmen). Zudem haben Zeitarbeitnehmer weniger Einfluss auf die zeitliche, örtliche und inhaltliche Gestaltung ihrer Arbeit. Freie Mitarbeiter haben hier den größten Gestaltungsspielraum, sogar größer als Festangestellte. Sie erleben allerdings auch die höchste finanzielle Instabilität, gefolgt von den Zeitarbeitnehmern. Befristete Mitarbeiter ähneln in ihrem Profil am stärksten den Festangestellten wobei sie eine geringere Identifikation mit der Organisation als diese aufweisen.

12.5 Gesundheit und Wohlbefinden von flexibel Beschäftigten

Es liegen nur wenige Studien vor, die die Beanspruchung und die Gesundheit von Zeitarbeitnehmern und anderen Gruppen atypisch Beschäftigter systematisch untersucht haben. Grundsätzlich fällt der Vergleich mit Normalbeschäftigten schwer, weil sich die jeweiligen atypischen Beschäftigungsgruppen auch in Bezug auf andere gesundheitsrelevante Merkmale wie etwa das Geschlecht, das Alter, den ethnischen Hintergrund, die Qualifikation, die Motivation und viele andere Variablen systematisch unterscheiden (Jahn 2011; Rigotti u. Galais 2011). So ist beispielsweise der Anteil von männlichen und geringqualifizierten Arbeitnehmern in der Zeitarbeit recht hoch. Dennoch ist die Betrachtung des Gesundheitszustands von unterschiedlichen Beschäftigungsgruppen unabhängig davon, ob man diese ursächlich auf die Beschäftigungssituation zurückführen kann, von großem Wert für die jeweilige Personalpolitik in einem Unternehmen sowie für die Gesundheits- und Arbeitsmarktpolitik eines Landes. Allerdings ist es fraglich, ob gesundheitsrelevante Daten in den verschiedenen Beschäftigungsgruppen vergleichbar sind. So berichten z. B. Virtanen et al. (2001), dass temporär Beschäftigte sich trotz Krankheit aus Angst vor einem eventuellen Arbeitsplatzverlust seltener krank meldeten.

Insbesondere Längsschnittstudien, die über einen längeren Zeitraum hinweg den Effekt von bestimmten Beschäftigungsverhältnissen auf die Gesundheit zeigen könnten, sind recht selten. Eine längsschnittliche Studie, die im Zeitraum von 1991 bis 2000 in Großbritannien durchgeführt wurde, fand kaum Unterschiede in der Gesundheit von Festangestellten im Vergleich zu temporär Beschäftigten (Bardasi u. Francesconi 2004). In einer Querschnittsstudie in Schweden fanden sich ebenfalls keine Unterschiede in der Gesundheit von befristet Beschäftigten im Vergleich zu Normalbeschäftigten. Der formale Arbeitsvertrag hatte allerdings deutliche Effekte auf die Arbeitszufriedenheit und das organisationale Commitment. Das Wohl-

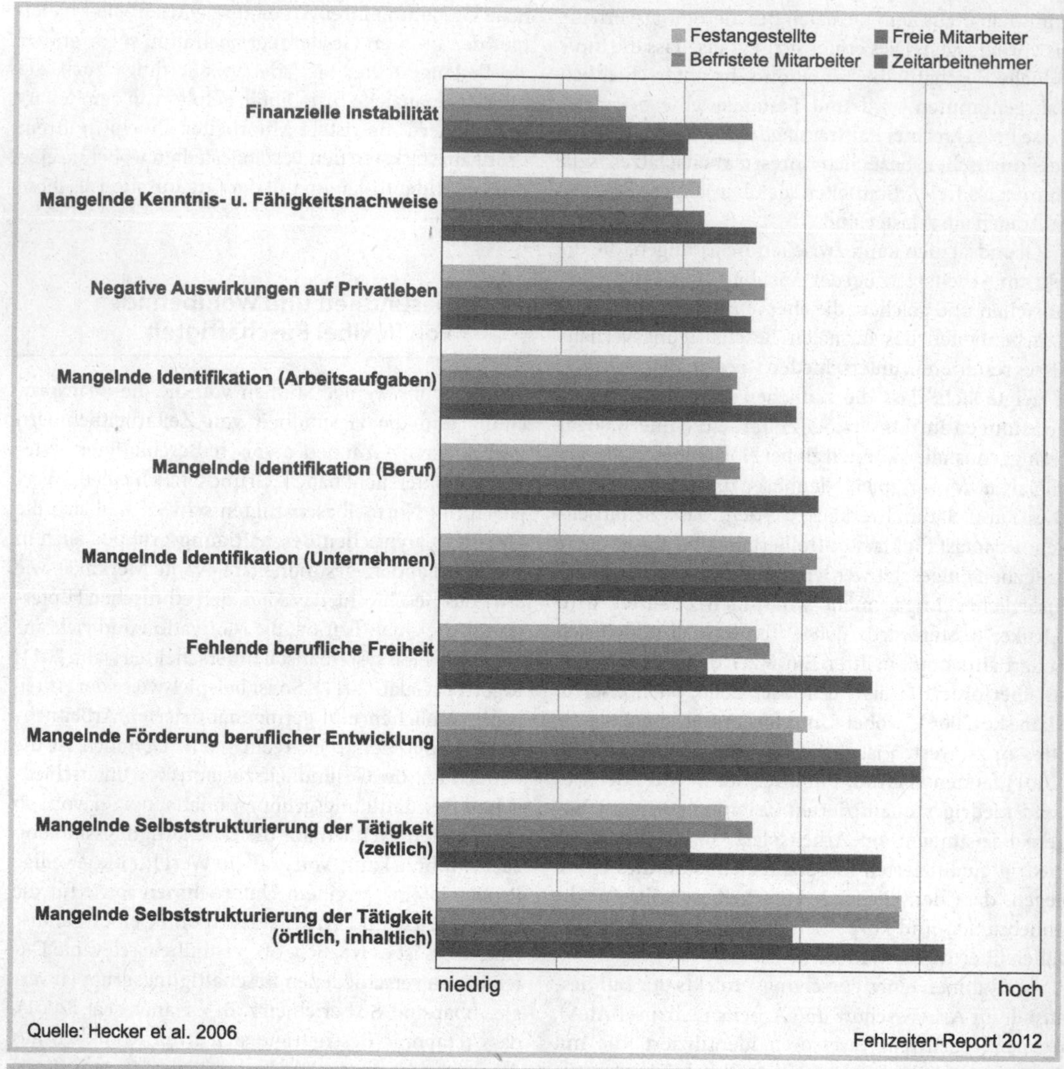

Abb. 12.2 Ausprägungen verschiedener Fehlbelastungen in atypischen Beschäftigungsformen und in Festanstellung (Hecker et al. 2006, S. 36)

befinden der Beschäftigten hing jedoch viel stärker von der Zufriedenheit mit den konkreten Arbeitstätigkeiten und der Arbeitsstelle ab als vom formalen Arbeitsvertrag (Bernhard-Oettel et al. 2008).

In Deutschland konnte in einer Studie der Techniker Krankenkasse (2009) gezeigt werden, dass Zeitarbeitnehmer gesundheitlich weitaus beeinträchtigter sind als Normalbeschäftigte. Dieser Effekt blieb auch bei statistischer Kontrolle des Qualifikationsniveaus bestehen. Da es sich um eine Querschnittsanalyse handelt, kann zwar nicht eindeutig geklärt werden, inwiefern der schlechtere Gesundheitszustand der Zeitarbeitnehmer allein durch die Zeitarbeit verursacht wurde, dennoch liegt nahe, dass das hohe Belastungspotenzial dieser Beschäftigungsform negative Folgen für die Gesundheit der Beschäftigten hat.

Für befristet Beschäftigte lässt sich somit kein eindeutiges Bild ableiten, was den Effekt der Befristung auf die Gesundheit angeht; für Zeitarbeitnehmer kann jedoch nach der aktuellen Forschungslage davon ausgegangen werden, dass es sich hier um eine hoch beanspruchte Arbeitnehmergruppe handelt.

12

12.6 Einflussfaktoren auf die Gesundheit und das Wohlbefinden

Das Wohlbefinden und die Gesundheit von Beschäftigten hängen sowohl von den jeweiligen Belastungen am Arbeitsplatz als auch von den strukturellen Fehlbelastungen der Beschäftigungskonstellation selbst ab. Insbesondere niedrigqualifizierte atypisch Beschäftigte sind verstärkt Belastungen am Arbeitsplatz ausgesetzt, da sie eher in Helfertätigkeiten eingesetzt werden (Wieland et al. 2001). Beispielsweise werden Zeitarbeitnehmern für schwere körperliche Arbeiten herangezogen, von denen die Stammbeschäftigten verschont bleiben sollen, z. B. schwere Hebearbeiten etc. Aufgrund der temporären Einsätze können Zeitarbeitnehmer kaum die notwendigen Ressourcen aufbauen, die ihnen bei der Bewältigung dieser Aufgaben helfen würden (z. B. körperliche Fitness).

In der bereits erwähnten Unternehmerbefragung zeigte sich, dass kaum personalstrategische Ansätze für den Einsatz von flexiblem Personal vorliegen (Sende et al. in Vorb.). Es gibt weder spezifische Konzepte bei der Auswahl und Platzierung von flexiblem Personal noch Einarbeitungsroutinen. So werden etwa Zeitarbeitnehmer in ihrem Einsatz häufig „ins kalte Wasser geworfen". Zwar beteuern Personalverantwortliche in den Kundenunternehmen, dass sie die flexiblen Mitarbeiter genauso behandeln wie die Stammbelegschaft, doch bei genauerer Betrachtung wird deutlich, dass beispielsweise die Partizipationsmöglichkeiten von flexiblem Personal deutlich eingeschränkt sind. Zeitarbeitnehmer werden beispielsweise nur sehr selten in das unternehmensinterne Vorschlagswesen einbezogen. Auch Kennzeichnungspraktiken wie spezielle Arbeitskleidung für Zeitarbeitnehmer und Kennzeichnungen von Firmenausweisen und E-Mail-Adressen sind insbesondere in größeren Unternehmen üblich, was aber selten das Resultat einer bewussten personalstrategischen Entscheidung ist. Negative Konsequenzen dieser Maßnahmen (Galais et al. in Vorb.) werden nicht bedacht. Solche Maßnahmen können beispielsweise die soziale Ausgrenzung am Arbeitsplatz forcieren und die soziale Unterstützung durch die Stammkollegen verhindern. Die soziale Benachteiligung ebenso wie die hohe Arbeitsplatzunsicherheit und der starke Bewährungsdruck in der Zeitarbeit stellen sowohl kurzfristig wie langfristig eine Gefährdung für die psychische und physische Gesundheit der Arbeitnehmer dar. Außerdem kann die prekäre Beschäftigungssituation, wie sie viele in der Zeitarbeit erleben, auch negative Auswirkungen auf das Wohlbefinden und die Gesundheit des sozialen Umfelds und insbesondere der Familie der Arbeitnehmer haben. Negative Erfahrungen wie eine Ablehnung und Auswechslung durch ein Kundenunternehmen und das Ausbleiben einer angestrebten Übernahme können durchaus traumatischen Charakter für die Beschäftigten und ihre Familien haben. Im Kontext der Normalbeschäftigung hat sich gezeigt, dass sowohl der soziale Status als auch die sozialen Beziehungen, die mit der Erwerbstätigkeit verbunden sind, elementar für die Gesundheit der Arbeitnehmer sind (Batinic et al. 2010). Jahoda (z. B. 1981) konnte zeigen, dass nicht nur die manifeste Funktion der Arbeit, die in der Sicherung des Lebensunterhalts durch einen Lohn besteht, sondern auch latente Funktionen wie der soziale Status, der mit der Arbeitsstelle verbunden ist, eine wichtige Rolle für die Gesundheit der Arbeitnehmer spielt. Diese positiven Funktionen der Arbeit für die Arbeitnehmer können in atypischen Beschäftigungskonstellationen, insbesondere in der Zeitarbeit, nicht immer vollständig erfüllt werden. Negative Konsequenzen für die Gesundheit der Arbeitnehmer sind daher zu erwarten.

Da personalstrategische Maßnahmen im Kontext der atypischen Beschäftigung – insbesondere was die fachliche und soziale Integration von Zeitarbeitnehmern angeht – selten sind, kommt den direkten Vorgesetzten eine besonders wichtige Rolle für die flexibel Beschäftigen zu (Galais et al. in Vorb.). So zeigte sich in einer Studie mit 269 hochqualifizierten Zeitarbeitnehmern, die in unterschiedlichen Unternehmen eingesetzt waren, dass die Qualität der Beziehung zur Führungskraft im Kundenunternehmen entscheidend für das Wohlbefinden und das organisationale Commitment gegenüber dem Kundenunternehmen war. ◘ Abb. 12.3 zeigt die jeweiligen Anteile von Beschäftigten mit hoher Beanspruchung und hohem Commitment, unterteilt nach Beschäftigten mit über- versus unterdurchschnittlicher Führungsbeziehungsqualität.

Dieses Ergebnis zeigt, dass das Verhalten der direkten Führungskräfte im Kundenunternehmen einen starken Einfluss auf die Beanspruchung und somit die Gesundheit und das organisationale Commitment der Beschäftigten hat (Galais et al. in Vorb.). Ähnliche Ergebnisse lassen sich auch für die psychologischen Arbeitsverträge der Beschäftigten feststellen. Auch im Rahmen des psychologischen Vertrags der Beschäftigten kommt den direkten Führungskräften eine wesentliche Bedeutung für die leistungsförderliche und belastungsoptimale Ausgestaltung der Austauschbeziehung zu (Hecker 2010). Dies mag verdeutlichen, dass den vielschichtigen Beschäftigungsverhältnissen entsprechend auch mehrere Akteure Verantwortung für die Beschäftigten in atypischen Beschäftigungs-

Abb. 12.3 Zusammenhang der Beziehungsqualität zur Führungskraft im Kundenunternehmen mit Stress und organisationalem Commitment bei Zeitarbeitnehmern (N = 269)

konstellationen haben. Problematisch wird dies insbesondere dann, wenn Kundenunternehmen ihrer Verantwortung für externe Mitarbeiter nicht gerecht werden und sie diese ähnlich wie die vergebenen Arbeitsaufgaben „outsourcen" möchten.

12

12.7 Empfehlungen für die Praxis

Aus den spezifischen Belastungen, die mit einer atypischen Beschäftigung verbunden sind, lassen sich Empfehlungen ableiten, die der Gesundheit und dem Wohlbefinden der Beschäftigten dienen. Der Fokus liegt hierbei vor allem auf Ansätzen zur Reduktion oder Kompensation von bestehenden Belastungen. Maßnahmen, die explizit auf die Gesundheitsförderung atypisch Beschäftigter abzielen und dabei den besonderen Beschäftigungskonstellationen Rechnung tragen, gibt es bisher kaum. Insbesondere im Kontext von temporärer und externer Beschäftigung stellt die Gesundheitsförderung, allein schon aufgrund der zeitlich begrenzten bzw. unbestimmten Dauer der Zusammenarbeit, eine Herausforderung für die beteiligten Unternehmen dar. In der Zeitarbeit erschwert sich dies noch durch die Beteiligung von zwei Organisationen, nämlich dem Zeitarbeitsunternehmen einerseits und dem Kundenunternehmen andererseits, was zu einer Verantwortungsdiffusion zwischen den Unternehmen führen kann. Nur selten arbeiten Kunden- und Zeitarbeitsunternehmen an einer gemeinsamen Personalstrategie im Sinne der Zeitarbeitnehmer. Meist liegt eher ein Kunden-Lieferanten-Verhältnis vor statt einer partnerschaftlichen Zusammenarbeit. Vor allem für externe Mitarbeiter wie Zeitarbeitnehmer und freie Mitarbeiter fühlen sich die Unternehmen kaum verantwortlich, denn sie verstehen sich ihnen gegenüber als „Kunden" und nicht als fürsorgepflichtige Arbeitgeber.

Es ist jedoch sehr wichtig, dass im (Kunden-)Unternehmen Verantwortung für das Wohlergehen der atypischen Mitarbeiter übernommen wird und die Beschäftigten nicht sich selbst überlassen werden. Es sollten Ansprechpartner und Verantwortliche definiert werden und Ressourcen für die Betreuung atypischer Mitarbeiter zur Verfügung gestellt werden. Die Klärung von Zuständigkeiten kann auch dazu beitragen, versteckte Transaktionskosten zu minimieren, die sich häufig zum Unmut der Stammbeschäftigten bei der Einarbeitung und Integration von externen oder temporären Mitarbeitern ergeben. Atypisch Beschäftigte sollten möglichst durch ihre zukünftigen Ansprechpartner oder Vorgesetzten mit ihren Aufgaben vertraut gemacht, über die Sicherheitsvorschriften informiert und in die Arbeitsgruppe eingeführt werden.

Sowohl externe als auch interne temporär Beschäftigte erleben eine hohe Unsicherheit bezüglich ihrer beruflichen Zukunft. Daher ist es wichtig, dass Personalverantwortliche Transparenz bezüglich der Rolle und der beruflichen Perspektive der atypisch Beschäftigten im Unternehmen schaffen. Potenzielle Übernahmemöglichkeiten sollten offen angesprochen werden, ebenso wie Lern- und Weiterbildungsmöglichkeiten im Unternehmen. Ist eine Übernahme nicht angedacht, sollte dies auch deutlich gemacht werden, um keine falschen Erwartungen zu wecken und dem Erleben psychologischer Vertragsbrüche vorzubeugen. Für die Stammbeschäftigten ist die Klärung der Rolle der atypisch Beschäftigten im Unternehmen ebenfalls wichtig. Auf diese Weise können mögliche Ängste um den eigenen Arbeitsplatz reduziert und Bedenken hinsichtlich der Mehrarbeit bei der Einarbeitung ausgeräumt werden. So lassen sich Befürchtungen der Stammbeschäftigten abbauen, die sich negativ auf deren Beziehung zum Unternehmen auswirken können.

Der formelle Beschäftigungsstatus als Stammbeschäftigter oder atypisch Beschäftigter kann Prozesse der Gruppenbildung und Ausgrenzung auslösen. Um offene und unterschwellige Diskriminierungen zu vermeiden, sollte auf Markierungs- und Kennzeichnungspraktiken (beispielsweise andersartige Arbeitskleidung, E-Mail-Adressen etc.) verzichtet werden, da sie die soziale Integration der Beschäftigten erschweren und zu Ausgrenzung und Gruppenbildung führen können. Das Unternehmen muss grundsätzlich eine strategische Entscheidung darüber treffen, welche Rolle die verschiedenen Beschäftigungsgruppen für das Unternehmen spielen und auf welche Weise dies erkennbar werden soll. Auch geringere Löhne für atypisch Beschäftigte haben ein hohes Stigmatisierungspotenzial und führen auch bei den Stammbeschäftigten zu Ungerechtigkeitsgefühlen. Diese nehmen eine starke Ungleichbehandlung häufig als unfair wahr, was sich wiederum negativ auf deren organisationales Commitment zum Unternehmen sowie auf ihre Arbeitszufriedenheit auswirken kann (Sende u. Vitera in Druck). Auch der Ausschluss von sozialen Aktivitäten wie z. B. Betriebsausflügen stellt eine Belastung für atypisch Beschäftigte dar. Externe Mitarbeiter beklagen auch häufig, dass sie keinen Zugang zu Angeboten wie Betriebskindergärten oder Weiterbildungs- und Gesundheitsprogrammen im Kundenunternehmen haben.

Die Teilnahme an Qualifizierungs- und Weiterbildungsangeboten ist für atypisch Beschäftigte sehr wichtig, um ihre Beschäftigungsfähigkeit zu erhalten und auszubauen. Unternehmen, die sich als Karrierecoach für ihre atypisch beschäftigten Mitarbeiter verstehen, wären wünschenswert. Dies gilt auch für Zeitarbeitsunternehmen, die sich stärker als bisher für die Realisierung der Bedürfnisse ihrer Mitarbeiter auch im Kundenunternehmen einsetzen sollten. Letzteres betrifft beispielsweise die Beteiligung an Weiterbildungs- und Trainingsangeboten im Kundenunternehmen. Bei der Auswahl eines Zeitarbeitsunternehmens sollte daher sowohl von Kunden- als auch von der Bewerberseite geprüft werden, inwiefern sich dieses für die Belange seiner Mitarbeiter einsetzt, Entwicklungsmöglichkeiten schafft und adäquate Platzierungsentscheidungen trifft. Kundenunternehmen, die bei der Auswahl eines Personaldienstleisters lediglich die Kostenreduktion im Auge haben, müssen mit negativen Konsequenzen für ihr eigenes Unternehmen rechnen. Denn eine negative Beziehung der Zeitarbeitnehmer zum Personaldienstleister wirkt sich auch negativ auf die Beziehung zum Kundenunternehmen, ihre Motivation und ihre Fluktuationsbereitschaft aus und hat letztendlich auch negative Effekte auf die Stammbeschäftigten.

12.8 Fazit

Der Einsatz von flexiblem Personal bedarf eines personalstrategischen Vorgehens, um negative Effekte auf die flexiblen Mitarbeiter sowie die Stammbeschäftigten zu vermeiden. Personelle Flexibilität stellt eine Dienstleistung der flexiblen Mitarbeiter dar, die mit der Erhöhung ihres persönlichen Risikos zum Erfolg des Unternehmens beitragen. Dies sollte seitens der Unternehmen eine entsprechende Wertschätzung erfahren. Die internen Personalabteilungen sind somit gefordert, sich auf das flexible Personal einzustellen. Dies beginnt z. B. damit, dass die Rekrutierung und Auswahl von externen Mitarbeitern nicht – wie häufig berichtet – der Einkaufsabteilung eines Kundenunternehmens, bei der die Kostenminimierung stark im Vordergrund steht, überlassen werden sollte. Immer wieder berichten Personalverantwortliche davon, dass sie aus Fairnessgründen eher widerwillig auf flexible Mitarbeiter wie z. B. Zeitarbeitnehmer zurückgreifen, sich aber unter hohem Rechtfertigungs- und Kostensenkungsdruck befinden.

Dies lässt es notwendig erscheinen, über gesetzliche Rahmenbedingungen nachzudenken, die den Handlungsspielraum von Personalentscheidungen – insbesondere was die Löhne der externen Mitarbeiter betrifft – derart abstecken, dass ein verantwortungsvoller Einsatz von flexiblem Personal gewährleistet werden kann. Die Aufgabe des Personalmanagements in den Entleihunternehmen liegt darin, flexibles Personal als eine besondere Zielgruppe ihrer Arbeit zu verstehen, deren Management eigene Rezepte und Maßnahmen erfordert. Dies ist notwendig im Sinne der kurz- und mittelfristigen Sicherung der Leistungsfähigkeit des flexiblen Personals wie des Stammpersonals, der Wahrung des Betriebsfriedens und auch der ethischen Verantwortung gegenüber den Beschäftigten, die ein überdurchschnittlich hohes Maß an Belastungen erleben.

Literatur

Auer P, Cazes S (2000) The resilience of the long-term employment relationship: Evidence from the industrialized countries. International Labour Review 139 (4):379–408

Bardasi E, Francesconi M (2004) The impact of atypical employment on individual wellbeing: evidence from a panel of British workers. Social Science & Medicine 58:1671–1688

Batinic B, Selenko E, Stiglbauer B, Paul KI (2010) Are workers in high-status jobs healthier than others? Assessing Jahoda's latent benefits of employment in two working populations. Work & Stress 24:73–87

Bernhard-Oettel C, De Cuyper N, Berntson E, Isaksson K (2008) Well-being and organizational attitudes in alternative employment: The role of contract and job preferences. International Journal of Stress Management 15 (4):345–363

Broschak JP, Davis-Blake A (2006) Mixing standard work and nonstandard deals: the consequences of heterogeneity in employment arrangements. The Academy of Management Journal 49 (2):371–393

Bundesagentur für Arbeit (2012) Arbeitsmarktberichterstattung. Der Arbeitsmarkt in Deutschland, Zeitarbeit in Deutschland – Aktuelle Entwicklungen. Nürnberg 2012

Chattopadhyay P, George E (2001) Examining the Effects of Work Externalization through the Lens of Social Identity Theory. Journal of Applied Psychology 86:781–788

Coyle-Shapiro JA-M, Neumann JH (2004) The psychological contract and individual differences: The role of exchange and creditor ideologies. Journal of Vocational Behavior 64 (1):150–164

Crimmann A, Ziegler K, Ellguth P, Kohaut S, Lehmer F (2009) Forschungsbericht zum Thema Arbeitnehmerüberlassung, Endbericht des Instituts für Arbeitsmarkt- und Berufsforschung (IAB) zum 29. Mai 2009. Nürnberg: Bundesministerium für Arbeit und Soziales, Forschungsbericht Arbeitsmarkt Nr. 397

De Cuyper N, Sora B, De Witte H, Caballer A, Peiró JM (2009) Organizations use of temporary employment and a climate of job insecurity among Belgian and Spanish permanent workers. Economic and Industrial Democracy 30 (4):564–589

De Witte H (1999) Job insecurity and psychological well-being: Review of the literature and exploration of some unresolved issues. European Journal of Work and Organizational Psychology 8:155–177

Dostal W, Stooß F, Troll L (1998) Beruf – Auflösungstendenzen und erneute Konsolidierung. Mitteilungen aus der Arbeitsmarkt- und Berufsforschung 3:438–460

Druker J, Stanworth C (2004) Mutual expectations: A study of the tree-way relationship between employment agencies, their client organisations and white-collar agency temps. Industrial Relations Journal 55:58–75

Eby L, Butts M, Lockwood A (2003) Predictors of success in the era of the boundaryless career. Journal of Organizational Behavior 24:689–708

Felfe J, Schmook R, Schyns B, Six B (2008) Does the form of employment make a difference? Commitment of traditional, temporary, and self-employed workers. Journal of Vocational Behavior 72:81–94

Galais N, Moser K (2006) Arbeiten, Lernen und Weiterbildung in der Zeitarbeit – Eine Befragung von Zeitarbeitnehmer/innen in Deutschland (Forschungsbericht für das Bundesinstitut für Berufsbildung), Bonn

Galais N, Moser K, Münchhausen G (2007) Arbeiten, Lernen und Weiterbildung in der Zeitarbeit – Eine Befragung von Zeitarbeitnehmer/innen in Deutschland. In: Münchhausen G (Hrsg) Kompetenzentwicklung in der Zeitarbeit – Potenziale und Grenzen. Schriftenreihe des Bundesinstituts für Berufsbildung Bonn. Bertelsmann, Bielefeld

Galais N, Sende C, Moser K (in Vorb) Flexibler Mitarbeitereinsatz: Determinanten einer gelungenen fachlichen und sozialen Integration. In: Schlick C, Schenk M, Starke J, Moser K (Hrsg) Flexpro – Flexible Produktionssysteme innovativ managen. Springer, Berlin

Gallagher DG, Sverke M (2005) Contingent employment contracts: Are existing employment theories still relevant? Economic and Industrial Democracy 26:181–203

George E, Ng C (2010) Nonstandard Workers: Work Arrangements and outcomes. In Zedeck S (ed), APA Handbook of Industrial and Organizational Psychology Washington, DC: American Psychological Association 1:573–596

Hecker D (2004) Die Beziehung des Mitarbeiters zu seiner Organisation – Der Psychologische Vertrag im Kontext typischer und atypischer Beschäftigung. Diplomarbeit am Lehrstuhl für Wirtschafts- und Sozialpsychologie der Universität Erlangen-Nürnberg

Hecker D (2010) Merkmale psychologischer Verträge zwischen Beschäftigten und Organisationen. Dissertation Universität Erlangen-Nürnberg

Hecker D, Galais N, Moser K (2006) Atypische Erwerbsverläufe und Arbeitsorganisationsformen und ihr Zusammenhang zu wahrgenommenen Fehlbelastungen. Bremerhaven: Wirtschaftsverlag NW (Schriftenreihe der Bundesanstalt für Arbeitsschutz und Arbeitsmedizin)

Jahn E (2011) Entlohnung in der Zeitarbeit: Auch auf die Mischung kommt es an. IAB-Forum 1, S 40–49

Jahn E, Pozzoli D (2011) Does the sector experience affect the pay gap for temporary agency workers? IZA discussion paper 5837, Bonn

Jahoda M (1981) Work, employment, and unemployment. Values, theories, and approaches in social research. American Psychologist, 36:184–191

Kalleberg AL, Rognes J (2000) Employment relations in Norway: Some dimensions and correlates. Journal of Organizational Behavior 21:315–335

Kalleberg AL, Reynold J, Marsden PV (2003) Externalizing employment: flexible staffing arrangements in US organizations. Social Science Research 32 (4):525–552

Keller B, Seifert H (1995) Regulierung atypischer Beschäftigungsverhältnisse. In: Keller B, Seifert H (Hrsg) Atypische Beschäftigungsverhältnisse: Verbieten oder gestalten? Bund-Verlag, Köln, S 231–255

Keller B, Seifert H (2006) Atypische Beschäftigungsverhältnisse: Flexibilität, soziale Sicherheit und Prekarität. WSI-Mitteilungen 5:235–240

Koster F, Sanders K (2006) Organisational citizens or reciprocal relationships? An empirical comparison. Personnel Review 35 (5):519–537

Liebig S, Hense B (2007) Die zeitweise Verlagerung von Arbeitskräften in die Arbeitslosigkeit: Eine neue personalpolitische Flexibilisierungstrategie? Zeitschrift für Arbeitsmarktforschung 4:399–417

McLean Parks J, Kidder DL, Gallagher DG (1998) Fitting square pegs into round holes: Mapping the domain of contingent work arrangements onto the psychological contract. Journal of Organizational Behavior 19:697–730

Marler JH, Barringer MW, Milkovich GT (2002) Boundaryless and traditional contingent employees: Worlds apart. Journal of Organizational Behavior 23 (SI):425–453

Nienhüser W, Baumhus W (2002) „Fremd im Betrieb": Der Einsatz von Fremdfirmenpersonal als Arbeitskräftestrategie. In: Martin A, Nienhüser W (Hrsg) Neue Formen der Beschäftigung – neue Personalpolitik? Rainer Hampp Verlag, München, S 61–120

Nienhüser W, Matiaske W (2006) Effects of the "principle of non-discrimination" on temporary agency work: compensation and working conditions of temporary agency workers in 15 European countries. Industrial Relations Journal 37: 64–77

OECD (1989) Labour market flexibility: Trends in enterprises. Paris

Paul KI, Moser K (2006) Incongruence as an explanation for the negative mental health effects of unemployment: Meta-analytic evidence. Journal of Occupational and Organizational Psychology 79:595–621

Pfeffer J, Baron JN (1988) Taking the workers back out: Recent trends in the structuring of employment. In: Cummings LL, Staw BM (eds) Research in Organizational Behavior, 10. Greenwich: JAI Press, pp 257–304

Polivka, AE, Nardone T (1989) On the definition of "contingent work". Monthly Labor Review 112:9–16

Rigotti T, Galais N (2011) Leiharbeit – Who cares? Spezifischer Belastungsmix bei geringer betrieblicher Unterstützung. In: Bamberg E, Ducki A, Metz AM (Hrsg) Gesundheitsförderung und Gesundheitsmanagement in der Arbeitswelt. Ein Handbuch. Hogrefe, Göttingen, S 693–715

Rogers JK (1995) Just a temp: Experience and structure of alienation in temporary clerical employment. Work and Occupations 22:137–166

Rousseau DM (1995) Psychological contracts in organizations: Understanding written and unwritten agreements. Sage, Thousand Oaks, CA

Scherrer K (2000) Dauerarbeitsplatz Call Center: Gesundheitsförderliche Arbeitsgestaltung senkt Fluktuation und Krankenstand. In: Badura B, Litsch M, Vetter C (Hrsg) Fehlzeiten-Report – Zukünftige Arbeitswelten: Gesundheitsschutz und Gesundheitsmanagement. Springer, Berlin Heidelberg New York, S 61–79

Schreyer F (2000) „Unsichere" Beschäftigung trifft vor allem die Niedrigqualifizierten. Institut für Arbeitsmarkt- und Berufsforschung der Bundesanstalt für Arbeit, IAB Kurzbericht 15:1–7

Sende C, Vitera J (in Druck) Arbeitszufriedenheit und Commitment bei Zeitarbeitnehmern und Stammbeschäftigten. In: Bornewasser M, Zülch G (Hrsg) Arbeitszeit Zeitarbeit. Flexibilisierung der Arbeit als Antwort auf die Globalisierung. Gabler, Wiesbaden

Sende C, Galais N, Moser K (in Vorb) Organizational culture and externalization of workers – Flexibility strategies of small and medium sized entrepreneurs

Sende C, Hasenau K, Galais N, Moser K (2011) Flexibler Mitarbeitereinsatz – Ergebnisse einer deutschlandweiten Unternehmensbefragung. Industrie Management 27 (4):52–56

Sullivan SE (1999) The changing nature of careers: A review and research agenda. Journal of Management 25:457–484

Tálos E (1999) Atypische Beschäftigung: Verbreitung – Konsequenzen – Sozialstaatliche Regelungen. Ein vergleichendes Resümee. In: Tálos E (Hrsg) Atypische Beschäftigung, Internationale Trends und sozialstaatliche Regelungen. Manz, Wien, S 391–413

Techniker Krankenkasse (2009) Gesundheitsreport: Auswertungen 2009, Arbeitsunfähigkeiten und Arzneiverordnungen, Schwerpunkt: Gesundheit von Beschäftigten in Zeitarbeitsunternehmen

Virtanen M, Kivimäki M, Elovainio M, Vahtera J, Cooper, CL (2001) Contingent employment, health and sickness absence. Scandinavian Journal of Work Environment and Health 27:365–372

Wieland R, Grüne P, Schmitz U, Roth K (2001) Zeitarbeit optimal gestalten – Spezifische Belastungen bei Leiharbeit. Schriftenreihe der Bundesanstalt für Arbeitsschutz und Arbeitsmedizin. Wirtschaftsverlag NW, Bremerhaven

Kapitel 13

Umgang mit Entgrenzung aus juristischer Perspektive

F. Achilles

Zusammenfassung *Nur langsam öffnet sich die Rechtswissenschaft der Erkenntnis und der Praxis, dass das Idealbild des Arbeitsrechts nicht mehr der Wirklichkeit entspricht. Überspitzt ausgedrückt geht das Arbeitsrecht noch immer vom Arbeiter aus, der früh morgens in die Fabrik geht, seine zugeteilte Arbeit abarbeitet, seine festgelegte Pause wahrnimmt und am späten Nachmittag nach Hause geht und seine Freizeit zur Erholung nutzen kann. Jede Abweichung davon ist – arbeitsrechtlich – eine Abweichung von der Norm.*

Die heutige Arbeitswelt sieht jedoch anders aus, gleich unter welchem Oberbegriff die stattgefundenen Veränderungen gefasst werden können. Flexibilisierung und Entgrenzung sind Begriffe, die sich einer juristischen Definition entziehen und die dogmatisch nicht greifbar sind. Dies hat unter anderem damit zu tun, dass gesamtheitliche Ansätze, die sich der Flexibilisierung annehmen, rechtswissenschaftlich noch nicht entwickelt wurden. Hinzu kommt die Zersplitterung des Arbeitsrechts in zahlreiche Einzelgesetze, was die Greifbarkeit des Themas stark erschwert.

Entgrenzung zeigt sich in vielfältiger Weise und der juristische Umgang damit soll zunächst unter drei Aspekten (Versetzungen, Arbeitszeit und Veränderung der Rollenbilder) beleuchtet werden, die eine Annäherung an diese komplexe Thematik erlauben. Das Arbeitsrecht hat eine stark flexibilitätsbegrenzende Funktion und wird damit seiner Arbeitnehmerschutzfunktion gerecht.

13.1 Versetzungen

Abstrakt geht es bei jeder Art von Versetzung um einen Interessenskonflikt zwischen Arbeitgeber und Arbeitnehmer. Während der Arbeitgeber größtmögliches Flexibilitätsinteresse hat und sich deswegen in Verträgen häufig das Recht vorbehält, Arbeitnehmer an andere Standorte zu versetzen oder ihnen neue Tätigkeiten zuzuweisen, hat der Arbeitnehmer ein ebenso berechtigtes Bestandsinteresse. Das Arbeitsrecht versucht, jedes Zugeständnis an die eine Seite mit einem Zugeständnis an die andere Seite zu erkaufen und einen möglichst weitgehenden Interessensausgleich zu gewährleisten. Wie ein roter Faden zieht sich durch die gesamte Versetzungsproblematik folgende Grundregel: Je mehr Flexibilität dem Arbeitgeber zugestanden wird, umso stärker ist der Kündigungsschutz des Arbeitnehmers.

13.1.1 Räumliche Entgrenzung

Unternehmen sind heute nur selten an einem einzigen Standort konzentriert. Mit der Zersplitterung der Unternehmen wächst das arbeitgeberseitige Bedürfnis, Mitarbeiter auch flexibel, je nach Bedarf an verschie-

B. Badura et al. (Hrsg.) *Fehlzeiten-Report 2012*,
DOI 10.1007/978-3-642-21655-8_13, © Springer Verlag Berlin Heidelberg 2012

denen Standorten einsetzen zu können. Sei es, um einen Engpass auszugleichen, sei es, um spezifische Kompetenzen nutzen zu können; viele Arbeitsverträge enthalten, um diesem Bedürfnis Rechnung zu tragen, sogenannte Versetzungsklauseln, die dem Arbeitgeber eine kurzfristige Reaktion auf veränderte Umstände erlauben sollen.

Grundsätzlich sind Versetzungsklauseln zulässig. Wie alle anderen Klauseln des Arbeitsvertrags auch, sind Versetzungsklauseln jedoch einer besonderen Kontrolle unterworfen: Der gesamte Arbeitsvertrag gilt juristisch als eine Allgemeine Geschäftsbedingung (AGB) und die Wirksamkeit einer Versetzungsklausel darf jedenfalls für den Arbeitnehmer keine unangemessene Benachteiligung darstellen, wie das Bundesarbeitsgericht (BAG) am 11.04.2006 geurteilt hat (Aktenzeichen 9 AZR 557/05).

Wann jedoch eine Versetzungsklausel eine unangemessene Benachteiligung darstellt und daher unwirksam ist, kann nicht allgemein beantwortet werden, sondern richtet sich nach dem Einzelfall. Wie lange soll der Arbeitnehmer an einen anderen Standort versetzt werden? Wie weit ist der neue Arbeitsplatz vom bisherigen oder auch vom Wohnort entfernt? Ist ein Umzug notwendig? Hat die Versetzung eine angemessene Vorlaufzeit, in der sich der Arbeitnehmer psychisch und organisatorisch auf die Versetzung einstellen kann? Wird die Flexibilität des Arbeitnehmers auch vergütet? Hat der Arbeitnehmer ein Mitspracherecht? Hier wird schon klar: Je tiefgreifender sich die Versetzung (auch) auf das Privatleben des Arbeitnehmers auswirkt und je weniger der Arbeitnehmer selbst entscheiden kann, umso eher ist die Versetzungsklausel unwirksam.

Noch strenger sind die Maßstäbe, wenn ein Arbeitnehmer für längere Zeit ins Ausland versetzt werden soll. Hier hat der Arbeitgeber zusätzliche Schutzpflichten, die sich auf verschiedene Weise äußern. Je belastender der Auslandsaufenthalt ist, umso mehr ist der Arbeitgeber verpflichtet, den Arbeitnehmer zu unterstützen. Sicherheitshinweise, der Abschluss besonderer Versicherungen, (nicht nur) finanzielle Unterstützung beim Umzug, Unterstützung bei medizinischen Behandlungen, die dauerhafte Gewährleistung von Ansprechpartnern usw. gehören zu den Arbeitgeberpflichten. Dass sich diese Verpflichtungen je nach dem Zielort unterscheiden, ist klar. Für einen einjährigen Aufenthalt in Entwicklungsländern müssen andere Vorkehrungen getroffen werden als für einen Aufenthalt im Gebiet der Europäischen Union.

Die Flexibilität, die der Arbeitnehmer hier zugesteht, muss sich der Arbeitgeber jedoch erkaufen. Sollte ein Standort aus betriebsbedingten Gründen geschlossen werden müssen, haben Mitarbeiter mit Versetzungsklauseln einen stärkeren Kündigungsschutz, da sie auch an den verbliebenen Standorten des Unternehmens eingesetzt werden können.

13.1.2 Aufgabenentgrenzung

Genauso wie die räumliche Entgrenzung, handelt es sich auch bei der Aufgabenentgrenzung streng genommen um eine Versetzung. Das Bedürfnis des Arbeitgebers ist dasselbe wie bei einer räumlichen Versetzung, nur dass Engpässe nicht in anderen Standorten, sondern in anderen Tätigkeitsbereichen ausgeglichen werden müssen. Arbeitsverträge sehen häufig eine Klausel vor, die dem Arbeitgeber die Zuweisung gleichwertiger Tätigkeiten erlaubt.

Besteht eine betriebliche Notwendigkeit, Arbeitnehmer an anderer Stelle am selben Standort einzusetzen, und ist die neu zugewiesene Tätigkeit tatsächlich gleichwertig, haben Arbeitnehmer so gut wie keine Möglichkeit, sich dem zu verweigern, sollte der Arbeitsvertrag eine solche Klausel vorsehen.

Anders sieht es aus, wenn eine geringwertigere Tätigkeit zugewiesen wird. Um diese Versetzung durchzusetzen, muss der Arbeitgeber häufig eine Änderungskündigung aussprechen, gegen die der Arbeitnehmer mit einer Kündigungsschutzklage vorgehen kann. Das Gericht prüft dann, ob die Zuweisung einer geringwertigeren Tätigkeit sozial gerechtfertigt war. Gab es andere Arbeitnehmer, die weniger schutzbedürftig waren, oder handelt es sich um eine „Bestrafungsaktion"?

Hier gilt dasselbe wie bei der Versetzung an einen anderen Standort: Je mehr Flexibilität der Arbeitgeber fordert, desto höher fällt auch das Schutzniveau des Arbeitnehmers aus, der diese Flexibilität zugesteht (Dzida u. Schramm 2007). Sollte ein Stellenabbau erfolgen, ohne dass der Standort komplett geschlossen wird, hat der Mitarbeiter, dessen Arbeitsvertrag die Möglichkeit vorsieht, andere Tätigkeiten zuzuweisen, gute Karten, vom Stellenabbau nicht betroffen zu sein.

13.2 Arbeitszeit

Besonders augenfällig wird die zunehmende Entgrenzung in Bezug auf die Arbeitszeiten. Nicht nur fühlen sich viele Arbeitnehmer verpflichtet, mehr als die vertraglich vorgesehene Zeit zu arbeiten – auch die gesetzlichen Arbeitszeitgrenzen sind häufig nur Makulatur. Durch die massenhafte Verbreitung von mobilen Kommunikationsmitteln ist mittlerweile die dauerhafte Erreichbarkeit – auch im Urlaub – gewährleistet. Die Rechtslage ist eindeutig, wird jedoch kaum beachtet. Getreu seinem ursprünglichen Charakter als Arbeitnehmerschutzrecht hat das Arbeitsrecht in diesen Fällen einen stark flexibilitätslimitierenden Faktor, wenngleich die Beschäftigungswirklichkeit anders aussehen mag.

13.2.1 Arbeitszeit und Freizeit

Auf den ersten Blick sind Arbeitszeit und Freizeit voneinander leicht abgrenzbar. Arbeitszeit ist die Zeit vom Beginn bis zum Ende der Arbeit ohne die Ruhepausen, also gerade nicht zwingend die Zeit des tatsächlichen Tätigseins, sondern der Zeitzwischenraum. Es ist somit unerheblich, ob der Arbeitnehmer tatsächlich arbeitet oder eine kurze Denkpause einlegt. Vor allem die Erfordernisse medizinischer Betreuung haben zwei neue Arbeitszeitkategorien hervorgebracht, die zwischen Arbeits- und Freizeit anzusiedeln sind. Der sogenannte Bereitschaftsdienst liegt vor, wenn der Arbeitgeber den Arbeitsort festlegt und der Arbeitnehmer seine Tätigkeit aufzunehmen hat, wenn es erforderlich ist. Mehr Freizeitcharakter hat die sogenannte Rufbereitschaft, die vorliegt, wenn der Arbeitnehmer bei der Wahl seines Aufenthaltsortes frei ist, sich jedoch zur Verfügung hält, um bei Bedarf arbeiten zu können. Bei der Rufbereitschaft ist nicht nur die ständige Erreichbarkeit zu gewährleisten, sondern auch die private Lebensführung ist an die Eventualität eines Arbeitsabrufs anzupassen; untersagt sind beispielsweise Alkoholkonsum und andere Faktoren, die die Arbeitsleistung schmälern können.

Das Arbeitszeitgesetz ist eindeutig. Die tägliche Höchstarbeitszeit liegt bei acht Stunden. Bei starkem Arbeitsanfall kann die Höchstarbeitszeit auf zehn Stunden pro Tag verlängert werden, innerhalb von sechs Monaten darf sie dann jedoch acht Stunden pro Tag im Durchschnitt nicht überschreiten. Für erforderliche Mehrarbeit muss der Arbeitnehmer also Freizeitausgleich bekommen. Nach Beendigung der Arbeit steht dem Arbeitnehmer eine Ruhezeit von mindestens elf Stunden zu. Sonn- und Feiertage sind arbeitsfrei, es sei denn, die Art der Tätigkeit erzwingt die Arbeitsleistung auch an Sonn- und Feiertagen.

Soweit die Regel – anders sieht die Wirklichkeit aus. Die Beantwortung von Mails, nachdem bereits acht Stunden gearbeitet wurde, oder die Erledigung einer dringenden Sache an einem Sonntag: All dies sind keine Einzelfälle, sondern gelebte Praxis, die von einigen Arbeitgebern auch durchaus erwartet wird. Der Verstoß gegen das Arbeitszeitgesetz ist eindeutig.

Aus Karrieregründen werden Arbeitnehmer aber auch ohne direkte Veranlassung des Vorgesetzten in der Freizeit tätig. Das Bundesarbeitsgericht hatte einen solchen Fall im Jahr 2011 zu entscheiden. Ein Arbeitnehmer wollte die zusätzlich investierte Freizeit als Arbeitszeit ausbezahlt bekommen, als er nicht die erhoffte Beförderung, sondern die Kündigung bekam. Das BAG wies diesen Anspruch in einem Urteil vom 17.08.2011 (Aktenzeichen 5 AZR 406/10) ab. Als Begründung führte das Gericht an, dass Mehrarbeit (d. h. die Arbeit, die über die gesetzlich zulässige Höchstarbeitszeit hinausgeht), die der Arbeitnehmer in der Hoffnung auf eine Beförderung abgeleistet hat, auf sein eigenes Risiko geht. Eine direkte Anweisung zu Mehrarbeit habe der Arbeitgeber nicht gegeben. Im Übrigen sei der Arbeitnehmer mit 80.000 Euro Jahresgehalt angemessen vergütet worden. Gleich, ob dem Urteil im konkreten Einzelfall zuzustimmen ist: Das BAG verkennt hier den sozialen Druck, der von einer – auch unausgesprochenen – arbeitgeberseitigen Erwartungshaltung ausgeht.

Die Einhaltung des Arbeitszeitgesetzes sollen Bußgeldvorschriften sichern. Ein Verstoß gegen die ordnungsgemäße Einhaltung der Höchstarbeitszeit oder der Mindestruhezeit des Arbeitnehmers ist eine Ordnungswidrigkeit, die mit bis zu 15.000 Euro belegt ist. Dies gilt auch dann, wenn der Arbeitnehmer freiwillig seine Ruhezeit unterbricht oder Mehrarbeit leistet. Das Arbeitszeitgesetz steht nicht zur Disposition, auch der Arbeitnehmer kann auf den Schutz nicht verzichten. In wiederholten Fällen können Arbeitgebern sogar Freiheitsstrafen drohen.

Die Konsequenz dieser Strafandrohung ist jedoch nur, dass Überschreitungen der Höchstarbeitszeit, Unterbrechungen der Ruhezeiten oder Sonn- und Feiertagsarbeit einfach nicht aufgezeichnet werden.

13.2.2 Betriebliche Mitbestimmung

In Betrieben mit Betriebsräten können vom Arbeitszeitgesetz abweichende Regelungen teilweise vereinbart werden. Unter bestimmten Voraussetzungen ist eine Betriebsvereinbarung über die Verlängerung der Arbeitszeit jenseits der gesetzlichen Begrenzungen möglich. Der Betriebsrat hat aber auch die Einhaltung der den Arbeitnehmer schützenden Gesetze, Betriebsvereinbarungen und Tarifverträge zu überwachen. Außerdem kann der Betriebsrat über Beginn und

Ende der werktäglichen Arbeitszeit einschließlich der Pausen mitbestimmen, soweit keine zwingenden gesetzlichen oder tarifvertraglichen Regelungen bestehen. Insbesondere mitbestimmungspflichtig ist die Einrichtung von Bereitschaftsdienst und Rufbereitschaft.

Der Betriebsrat hat auch ein Mitspracherecht, wenn der Arbeitgeber willkürlich einen einzelnen Arbeitnehmer zu Überstunden heranzieht. Das Mitbestimmungsrecht des Betriebsrats entfällt nicht nur deswegen, weil der Arbeitnehmer aus eigenem Antrieb freiwillig länger arbeitet. Als Konsequenz besitzt der Betriebsrat ein echtes Initiativrecht: Bei regelmäßigen und groben Verstößen des Arbeitgebers kann er diesen auf Unterlassung verklagen.

13.2.3 Urlaub

Noch weitaus belastender als Anrufe oder Mails nach Dienstschluss kann es für den Arbeitnehmer sein, im Urlaub gestört zu werden. Eine kurze Unterbrechung des Urlaubstages kann zur erheblichen Beeinträchtigung des Erholungswerts führen. Eine kurze Störung, ein schneller Anruf usw. können beispielsweise die Durchführung eines geplanten Ausflugs unmöglich machen. Allein die geistige Beschäftigung mit betrieblichen Problemen schmälert den Erholungswert des Urlaubstages deutlich. Auch die Tageszeit, in der der Arbeitnehmer in Anspruch genommen wird, hat Auswirkungen auf den Erholungswert des Urlaubs: Eine frühmorgendliche Inanspruchnahme ist störender als eine kurze Unterbrechung am späten Nachmittag. Neben der Dauer der Unterbrechung ist auch die Frequenz ausschlaggebend. Viele sehr kurze Unterbrechungen führen zu einer erheblichen Erholungseinbuße.

Zwingend ist zu berücksichtigen, dass der Urlaub ausdrücklich Erholung ermöglichen soll. Das hat der Europäische Gerichtshof am 22.11.2011 (Aktenzeichen 123/11) erneut bekräftigt. Der Erholungseffekt eines gesamten Urlaubs, jedenfalls des gesamten Urlaubstags, wird gemindert, wenn er arbeitsbezogen unterbrochen wird. Hier liegt es auch juristisch nahe, dem Urlaub seinen Erholungswert gänzlich abzusprechen (Falder 2010). Das hat zur Folge, dass der Arbeitnehmer seinen Urlaub „nachholen" kann – jedenfalls theoretisch. Auch ist der Arbeitnehmer – ebenfalls theoretisch – berechtigt, die Inbetriebnahme technischer Kommunikationsmittel während seines Urlaubs zu verweigern.

Hier zeigt sich einmal mehr, wie rechtlicher Anspruch und gelebte Praxis divergieren. Gesetzliche und tarifvertragliche Regelungen, die sich dieses Problems annehmen, existieren nicht. Im Gegensatz zum Arbeitszeitgesetz enthält das Bundesurlaubsgesetz auch keine Ordnungswidrigkeits- und Strafvorschriften, die einen Verstoß gegen das Recht auf Urlaub sanktionieren.

13.2.4 Vertrauensarbeitszeit

Statt auf Überwachung setzen einige Unternehmen auf die Eigenverantwortlichkeit der Arbeitnehmer und verzichten auf jegliche Kontrolle der Arbeitszeit. Dem Kontrollverzicht des Arbeitgebers auf der einen Seite steht auf der anderen Seite die Eigenverantwortung des Arbeitnehmers gegenüber (Compensis 2007). Entweder ist lediglich eine bestimmte Anzahl an Wochen- oder Monatsstunden vereinbart oder es sind nur Arbeitsziele vorgegeben und es liegt allein am Arbeitnehmer, wie schnell oder wie langsam er die Vorgaben erreicht.

Alle Modelle der Vertrauensarbeitszeit setzen jedoch das Arbeitszeitgesetz nicht außer Kraft. Die gesetzlichen (oder ggf. tariflichen) Höchstarbeitszeiten sind auch hier einzuhalten. Hinzu kommt, dass eigentlich ohnehin eine gesetzliche Pflicht besteht, Arbeitszeiten aufzuzeichnen, die über acht Stunden täglich hinausgehen. Da jedoch eine Überprüfung, wann die acht Stunden erreicht sind, gerade nicht stattfindet, handelt es sich hierbei um bloße Makulatur.

13.2.5 Sabbatical

Der Begriff steht für ein besonderes Modell des „angesparten" Langzeiturlaubs und stammt ursprünglich aus dem öffentlichen Dienst. Der Arbeitnehmer spart beim Sabbatical über einen gewissen Zeitraum hinweg Arbeitszeit auf einem sogenannten Langzeitkonto an, um die angesparten Zeitguthaben schließlich für eine längere Freistellung von der Arbeitspflicht aufzuwenden (Necati 2005). Wofür der Arbeitnehmer die angesparte Freizeit dann verwendet, bleibt ihm überlassen, sei es zu Fortbildungszwecken oder für eine Weltreise. Verbreitet ist die Umwandlung in ein Teilzeitarbeitsverhältnis, sodass durch Leistung von „Mehrarbeit" das Arbeitszeitkonto für die anschließende Freistellungsphase effektiv aufgefüllt werden kann. Möglich ist ein Sabbatical aber auch durch freiwilligen Lohnverzicht.

Allen Modellen ist gemeinsam, dass der Arbeitnehmer in Vorleistung geht. Er leistet mehr Arbeit ab, als er bezahlt bekommt, und ruft die angesparte Mehrarbeitszeit dann in Form von langer Freizeit ab, während der er weiterhin Geld bekommt. Hier müssen Arbeitnehmer darauf achten, dass die angesparten Arbeitszeitkonten insolvenzsicher sind und der Arbeitnehmer das bereits verdiente, aber nicht ausgezahlte Entgelt auf jeden Fall wieder herausbekommt. Da die Ansparzeit häufig einige Jahre in Anspruch nimmt (für gewöhnlich sechs Jahre, daher der Name Sabbatical), ist das Insolvenzrisiko des Arbeitgebers für Arbeitnehmer in dieser Zeit nicht sicher zu beherrschen.

Sabbatical-Modelle setzen darüber hinaus ein stabiles Arbeitsverhältnis voraus. Nur in unbefristeten Arbeitsverhältnissen können Sabbaticals organisiert werden. Daneben muss sich die Tätigkeit so organisieren lassen, dass eine Vertretung über längere Zeit überhaupt möglich ist. Stark personalisierte Arbeit scheidet automatisch aus.

13.3 Entgrenzung sozialer Rollen

Flexibilisierung und Entgrenzung erfolgen jedoch noch fundamentaler und rütteln an den Grundfesten des Arbeitsrechts: Der Arbeitgeber auf der einen Seite trägt das unternehmerische Risiko, bekommt aber dafür auch den Gewinn, der Arbeitnehmer auf der anderen Seite verkauft seine Arbeitskraft für Entgelt und ist daher vom Arbeitgeber persönlich abhängig. Diese Aufteilung ist in ihrer Klarheit passé.

13.3.1 Umkehrung der Rollenbilder

Das traditionelle Rollenbild ist in einigen Bereichen aufgelöst. Arbeitnehmer treten mittlerweile als Arbeitskraft und Know-how verkaufende Unternehmer auf. In hochspezialisierten Branchen und Tätigkeitsfeldern ist nicht mehr der Arbeitnehmer persönlich abhängig, sondern das Unternehmen vom Wissen einzelner Arbeitnehmer (Spath u. Hofmann 2009). Das „traditionelle" Arbeitsrecht greift hier nicht. Das Flexibilitätsinteresse liegt nicht auf der Arbeitgeberseite, sondern beim Arbeitnehmer. Ganz im Gegenteil: Das überwiegende Interesse des Arbeitgebers ist, dass das Arbeitsverhältnis bestehen bleibt.

13.3.2 Erfolgsabhängige Vergütung

Selbstverständlich ist diese komplette Umkehrung der Rollen bisher die Ausnahme. Auch bei weniger hochspezialisierten Tätigkeiten verwischt jedoch die Grenze zwischen Arbeitgeber und Arbeitnehmer. Der deutlichste Ausdruck dieser Entgrenzung ist die Übernahme des Unternehmensrisikos durch die Arbeitnehmer, die sich in erfolgsabhängiger Vergütung zeigt. Diese Risikoverlagerung ist jedoch nicht grenzenlos möglich und darf es auch nicht sein. Kennzeichen des Arbeitnehmers ist grundsätzlich, das Unternehmensrisiko gerade nicht zu tragen. Die Fixvergütung muss daher weiterhin den größten Teil des Entgelts ausmachen, um dem Arbeitnehmer Planungssicherheit zu gewährleisten.

13.3.3 Leiharbeit

Ein weiterer Aspekt der Entgrenzung ist die Zunahme der Leiharbeit. Unternehmen kaufen Arbeitnehmer bei einem Verleiher ein, die dann in die Organisation nur unzureichend integriert sind. Nachdem die Arbeitnehmerüberlassung lange Zeit komplett verboten war, hat der Gesetzgeber die Leiharbeit schließlich legalisiert. Mit einer Reform, die am 01.12.2011 in Kraft trat, versuchte der Gesetzgeber nun, die Leiharbeit wieder zurückzudrängen, nachdem sie jahrelang gefördert wurde.

Seit dieser Reform dürfen Leiharbeitnehmer nur noch vorübergehend im Entleihbetrieb eingesetzt werden, um zu verhindern, dass Stammarbeitsplätze durch Leiharbeiter ersetzt werden. So gut diese Maßnahme gemeint sein mag, zementiert sie die Abgrenzung zwischen Stammbelegschaft und Leiharbeitern, die mehr denn je nur noch kurzfristige „Gäste" sind.

Das gleiche Ziel, nämlich die Reduktion der Leiharbeit, verfolgt eine gleichzeitig in Kraft getretene Neuregelung, die Leiharbeiter der Stammbelegschaft gleichstellen soll. Leiharbeitern ist seit dem 01.12.2011 der volle Zugang zu sämtlichen Betriebseinrichtungen zu gewährleisten. Dies soll auch der Entgrenzung zwischen Stammbelegschaft und Leiharbeitern dienen.

Die Widersprüchlichkeit beider Reformen liegt auf der Hand, obwohl sie das gleiche hehre Ziel verfolgen, nämlich es für Arbeitgeber unattraktiv zu machen, Arbeitsplätze durch Leiharbeiter zu besetzen. Während die eine Reform die soziale Integration unmöglich macht, da der Leiharbeiter nach spätestens drei Monaten den Betrieb wieder verlassen muss, soll die andere Reform die soziale Integration gerade erst ermöglichen.

13.4 Fazit

Mit der zunehmenden Entgrenzung haben sich auch die arbeitgeberseitigen Pflichten geändert. § 618 BGB verpflichtet den Arbeitgeber zur Gesunderhaltung des Arbeitnehmers. In vielen Jahrzehnten, vor allem in der Industriearbeit, hat sich diese Pflicht konkretisiert. Unternehmen bestellen Betriebsärzte und auch sonst existiert eine Vielzahl weiterer Vorschriften, die die Gesundheit der Arbeitnehmer gewährleisten sollen.

Die Belastungen moderner Arbeitswelten werden hierdurch jedoch nicht oder kaum abgedeckt. Erst langsam setzt das Bewusstsein ein, dass Gesundheit mehr ist als die Abwesenheit körperlicher Leiden. Die psychische Belastung durch dauernd geforderte Flexibilität und Erreichbarkeit liegt auf der Hand, ohne dass das Arbeitsrecht bis jetzt angemessen darauf reagiert hätte.

Ein Schritt in diese Richtung ist die Einführung des Betrieblichen Eingliederungsmanagements (BEM). Ist ein Arbeitnehmer innerhalb von zwölf Monaten länger als sechs Wochen arbeitsunfähig erkrankt, ist der Arbeitgeber verpflichtet, mögliche betriebliche Ursachen für die Erkrankung im Rahmen eines BEM zu eruieren. Ausdrücklich sollen alle möglichen Ursachen für die Arbeitsunfähigkeit des Arbeitnehmers berücksichtigt werden, d. h. nicht nur physische, sondern auch psychische Krankheitsfaktoren und Stressoren sollen erhoben werden.

13.5 Flexibilisierung im Arbeitnehmerinteresse

Nicht immer ist Flexibilisierung nur für Arbeitnehmer eine Last. Ganz bewusst hat der Gesetzgeber für Arbeitnehmer Möglichkeiten geschaffen, die Arbeitszeit einseitig zu reduzieren oder die eigene Arbeitsleistung sogar ganz auszusetzen.

Den ersten Schritt machte das Teilzeit- und Befristungsgesetz, das im Jahr 2001 in Kraft trat und das Arbeitnehmern erlaubt, die eigene Arbeitszeit von Voll- auf Teilzeit zu reduzieren. Der Arbeitnehmer muss die Verringerung seiner Arbeitszeit und den Umfang der Verringerung spätestens drei Monate vor deren Beginn geltend machen. Er soll dabei die gewünschte Verteilung der Arbeitszeit angeben. Versäumt der Arbeitnehmer diese Frist, so führt dies nicht zur Unwirksamkeit des Antrags. Die beantragte Verringerung der Arbeitszeit wird lediglich entsprechend nach hinten verschoben.

Einen Schritt weiter geht die Elternzeit, die Müttern und Vätern erlaubt, ihre Arbeit für eine bestimmte Zeit auf Null zu reduzieren. Zum Schutz der Dispositionsinteressen des Arbeitgebers muss der Arbeitnehmer sich sieben Wochen vor dem gewünschten Beginn der Elternzeit, also kurzfristiger als beim Teilzeitverlangen, äußern. Das Organisationsrisiko trägt hier der Arbeitgeber, der jedoch als Gegenleistung die Möglichkeit bekommen hat, eine Vertretung für die Dauer der Elternzeit zu befristen.

Seit Januar 2012 ist das Familienpflegezeitgesetz in Kraft. Dieses Gesetz ergänzt das seit 2008 gültige Pflegezeitgesetz. Um Angehörige zu pflegen, können Arbeitnehmer für zwei Jahre die Arbeitszeit reduzieren. Diese Reduzierung muss mit dem Arbeitgeber allerdings abgesprochen werden, ist also, anders als das Teilzeitverlangen oder die Elternzeit, kein einseitiges Recht des Arbeitnehmers und ähnelt in der Konzeption dem Sabbatical. Das für die reduzierte Arbeitszeit zu zahlende Entgelt ist während der Dauer der Familienpflegezeit um die Hälfte der Differenz zwischen dem bisherigen und dem verringerten Entgelt aufzustocken. Die Aufstockung kann entweder zu Lasten eines bestehenden Wertguthabens oder allein durch den Arbeitgeber erfolgen. In der sogenannten Nachpflegephase erhöht der Beschäftigte seine Arbeitszeit wieder auf 100 Prozent; das Arbeitsentgelt wird indes weiterhin nur in reduziertem Umfang gezahlt, bis der Saldo wieder ausgeglichen ist. Für die Finanzierung etwaiger Lohnzuschüsse kann der Arbeitgeber ein Darlehen beim Bundesamt für Familie und zivilgesellschaftliche Aufgaben, dem ehemaligen Bundesamt für den Zivildienst, beantragen. In der Nachpflegephase behält der Arbeitgeber einen Teil vom Lohn ein und zahlt diesen an das Bundesamt zurück.

13.6 Das Arbeitsrecht als Stabilisator und notwendiger Ausgleichsfaktor

Sicherheit und Flexibilität: Dieses Spannungsverhältnis aufzulösen bleibt Aufgabe des Arbeitsrechts, ganz gleich, welche Seite was einfordert. Die Arbeitsgerichte sind hier in der Pflicht und der Verantwortung, auf gesellschaftliche Veränderungen zu reagieren und zwischen Bestands- und Flexibilitätsinteresse einen angemessenen Ausgleich zu finden. Gesellschaftliche Veränderungen schlagen sich im Arbeitsrecht nur langsam nieder, da es sich um ein stark von der Rechtsprechung geprägtes Rechtsgebiet handelt. Bis einmal eine höchstrichterliche Entscheidung gefällt wird, vergehen durchaus ein paar Jahre.

Zum anderen hat das Arbeitsrecht große Beharrungskräfte. Flexibilität wird als belastend und arbeitgeberfreundlich betrachtet (Persch 2010) und ihr muss demzufolge mit Hilfe des Arbeitsrechts entgegengetreten werden. Will das Arbeitsrecht seine Funktion als Arbeitnehmerschutz beibehalten, muss es seinen flexibilitätsbegrenzenden Charakter bewahren.

Literatur

Compensis U (2007) Vertrauensarbeitszeit – arbeitnehmerbestimmte Arbeitszeit (auch) im Arbeitgeberinteresse. Neue Juristische Wochenschrift 60:3089–3093

Dzida B, Schramm N (2007) Versetzungsklauseln: mehr Flexibilität für den Arbeitgeber, mehr Kündigungsschutz für den Arbeitnehmer. Betriebsberater 62:1221–1227

Falder R (2010) Immer erreichbar – Arbeitszeit- und Urlaubsrecht in Zeiten des technologischen Wandels. Neue Zeitschrift für Arbeitsrecht 27:1150–1157

Necati L (2005) Sabbatical. In: Preis U (Hrsg), Innovative Arbeitsformen. Flexibilisierung von Arbeitszeit, Arbeitsentgelt, Arbeitsorganisation. Dr. Otto Schmidt, Köln, S 257–261

Persch S (2010) Anwendung des arbeitsrechtlichen Günstigkeitsprinzips auf die Länge von Kündigungsfristen. Betriebsberater 65:181–185

Spath D, Hofmann J (2009) Ressource Wissensarbeiter – Produktivitätspotential des 21. Jahrhunderts. In: Schmidt K, Gleich R, Richter A (Hrsg) Gestaltungsfeld Arbeit und Innovation. Haufe, Planegg/München, S 333–363

Kapitel 14

Flexibilisierung und Entgrenzung der Arbeit aus arbeitspsychologischer Sicht am Beispiel des Projektes „Work-Life-Balance: Wege zur nachhaltigen Verankerung von Work-Life-Balance in der Kultur von Unternehmen"

M. Rexroth, A. Peters, Kh. Sonntag

Zusammenfassung *Entgrenzung und Flexibilisierung der Arbeitswelt führen dazu, dass berufliche und private Lebensbereiche immer schwieriger zu trennen sind und die Balance zwischen den Lebensbereichen beeinträchtigt werden kann. Bisher ist unklar, wie sich die Entgrenzung der Arbeit auf die Gesundheit und die sogenannte „Work-Life-Balance" der erwerbstätigen Menschen auswirkt. Diese Fragestellung ist Gegenstand des vom Bundesministerium für Bildung und Forschung (BMBF) und dem europäischen Sozialfonds (ESF) geförderten Projektes „Work-Life-Balance: Wege zur nachhaltigen Verankerung von Work-Life-Balance in der Kultur von Unternehmen". Die Ergebnisse des Projektes weisen auf negative Auswirkungen einer fehlenden Trennung zwischen Arbeit und Privatleben für das Wohlbefinden der Mitarbeiter hin. Um im Rahmen eines erfolgreichen betrieblichen Gesundheitsmanagements Mitarbeiter in ihrem Umgang mit den zunehmenden Anforderungen einer entgrenzten Arbeitswelt zu unterstützen, bedarf es nach dem Heidelberger ressourcenorientierten Ansatz der Gesundheitsförderung einer Stärkung positiver Ressourcen. Ansatzpunkte finden sich auf organisationaler Ebene, auf personaler Ebene sowie in den sozialen Beziehungen.*

14.1 Ausgangslage

Die kontinuierlich steigende Anzahl der erwerbstätigen Frauen und die Vielzahl von „Doppelkarrierepaaren" und alleinerziehenden Eltern erschweren die Vereinbarkeit von Arbeit und Privatleben (Demografiebericht der Bundesregierung 2011). Die Auswirkungen einer fehlenden Work-Life-Balance für Gesundheit und Leistung sind vielfach belegt (Amstad et al. 2011). Die Unternehmen reagieren auf diese Entwicklungen mit familienfreundlichen Angeboten wie flexible Arbeitszeiten, Home Office oder Kindergärten direkt im Unternehmen. Insbesondere neuere Entwicklungen in der Telekommunikation machen es möglich, dass die Mitarbeiter von überall zu jeder Zeit arbeiten können. Auf den ersten Blick scheinen diese Entwicklungen positiv, da Flexibilität die Vereinbarkeit der Lebensbereiche erleichtern sollte (Rau u. Hyland 2002). Die technischen Entwicklungen führen aber auch zu einer Entgrenzung der Arbeitszeit und der Auflösung fester Arbeitsorte, sodass die Grenzen zwischen den Lebensbereichen verwischt werden. Ständige Erreichbarkeit und eine mangelnde Trennung der Lebensbereiche machen es schwierig, von der Arbeit „abzuschalten". Neueste Forschungsergebnisse weisen darauf hin, wie wichtig es für die Erholung – und damit die Gesundheit – ist, abschalten zu können (Sonnentag et al. 2010). Allerdings ist bisher unklar, wie genau sich die Entgrenzung der Arbeit auf die Gesundheit und Work-Life-Balance der arbeiten-

B. Badura et al. (Hrsg.) *Fehlzeiten-Report 2012*,
DOI 10.1007/978-3-642-21655-8_14, © Springer Verlag Berlin Heidelberg 2012

den Menschen auswirkt und welche Ressourcen hier mögliche negative Auswirkungen abschwächen können. Diese Fragestellung ist Gegenstand eines Forschungsprojekts, über dessen Teilergebnisse im Folgenden berichtet wird.

14.2 Das Projekt

Das vom Bundesministerium für Bildung und Forschung (BMBF) und dem europäischen Sozialfonds (ESF) geförderte Projekt „Work-Life-Balance: Wege zur nachhaltigen Verankerung von Work-Life-Balance in der Kultur von Unternehmen" wird von der Abteilung für Arbeits- und Organisationspsychologie der Universität Heidelberg und vier weiteren Projektpartnern aus der Industrie (Automobilbranche und Medizintechnik) sowie dem öffentlichen Dienst (Universität, Justiz und Stadtverwaltung) durchgeführt.[1] Ziel des Projektes ist die Analyse von Rahmenbedingungen für eine bessere Vereinbarkeit von Arbeits- und Privatleben sowie deren nachhaltige Verankerung in der Kultur von Unternehmen und Organisationen. Die Auswirkungen von räumlich und zeitlich entgrenzter Arbeit, beispielsweise durch verstärkte Nutzung neuer Medien, Kurzarbeit oder Arbeitszeitflexibilisierung, stehen ebenso wie die wahrgenommene fehlende Trennbarkeit von Arbeit und Privatleben im Fokus der Untersuchung. Der aktuelle Beitrag beschäftigt sich insbesondere mit den Auswirkungen einer fehlenden Trennung zwischen den Lebensbereichen auf das Wohlbefinden der betroffenen Mitarbeiter.

14.2.1 Ablauf und Stichprobe

Die Analyse von Auswirkungen einer fehlenden Trennung der beruflichen und privaten Lebensbereiche auf das Wohlbefinden der Mitarbeiter konnte mithilfe eines längsschnittlichen Untersuchungsdesigns realisiert werden. In allen beteiligten Partnerorganisationen wurden Befragungen in zwei Wellen durchgeführt, mit einem zeitlichen Abstand von ca. sechs Monaten.

An der ersten Befragung nahmen insgesamt 7.423 Personen teil. Für die längsschnittliche Auswertung konnten 2.429 Fragebogen der beteiligten Industrieorganisationen genutzt werden. Die Daten der Value-Partner aus dem öffentlichen Dienst mussten aus den Analysen ausgeschlossen werden, da die Teilnehmerzahlen für eine längsschnittliche Auswertung zu gering waren. Es nahmen sowohl Führungskräfte als auch Mitarbeiter aus allen Bereichen der Unternehmen an der Befragung teil. Die meisten Befragungsteilnehmer stammten aus den Bereichen Verwaltung, Forschung und Entwicklung sowie aus der Produktion.

Die Teilnehmer sind zu 84 Prozent männlich; 64 Prozent der Teilnehmer sind zwischen 30 und 50 Jahre alt. Die Mehrheit der Befragten befindet sich demnach in einer Lebensphase, die oftmals als „*Rushhour des Lebens*" bezeichnet wird. In diese Zeit fallen die Gründung einer Familie und die Erziehung der Kinder sowie gleichzeitig im Berufsleben der Aufbau und die Etablierung einer Karriere. 88 Prozent der Teilnehmer sind verheiratet oder leben in einer festen Partnerschaft und 60 Prozent haben Kinder. 95 Prozent der Teilnehmer arbeiten in Vollzeit, 82 Prozent können in Gleitzeit arbeiten. Der große Anteil der Vollzeitbeschäftigten mit Kindern weist auf ein Bedürfnis nach flexiblen Arbeitsmodellen hin. Aber auch eine Trennung der Lebensbereiche könnte für diese Beschäftigten besonders wichtig sein, um im Privatleben nicht von der Arbeit gestört zu werden.

14.2.2 Auswirkungen einer entgrenzten Arbeit

Eine Trennung der Lebensbereiche ist wichtig für die Gesundheit

Die Ergebnisse des WLB-Projekts deuten auf eine Entgrenzung der Arbeit hin. So berichten 54 Prozent der männlichen Befragten und 47 Prozent der weiblichen Befragten, dass sie die Arbeit nicht aus ihrem Privatleben heraushalten können. Dabei erleben 70 Prozent aller Befragten eine Trennung von Arbeit und Privatleben als persönlich sehr wichtig.

Die Ergebnisse der längsschnittlichen Analyse zeigen deutlich, welche Auswirkungen eine fehlende Trennung der Lebensbereiche auf die Gesundheit hat. Ist eine geringe Trennung gegeben, so wirkt sich das 4 bis 6 Monate später auf die emotionale Erschöpfung aus, die eine der Kerndimensionen von Burnout ist. So zeigt sich in der regressionsanalytischen Betrachtung (◘ Tab. 14.1), dass die emotionale Erschöpfung umso geringer ist, je besser zwischen Arbeit und Privatleben getrennt werden kann ($\beta = .-23$; $p < .01$).

Neue Studien weisen darauf hin, dass betriebliche Gesundheitsförderung hier ansetzen und durch eine Verbesserung der Gesundheit der Mitarbeiter auf

1 Die Projektlaufzeit beträgt dreieinhalb Jahre (01.07.2009 bis 30.04.2013). Nähere Informationen zum Ablauf und zum aktuellen Stand des Projektes finden sich unter http://www.projekt-wlb.de.

Tab. 14.1 Zusammenfassung der multiplen Regression zum Einfluss von Trennung der Lebensbereiche auf Emotionale Erschöpfung, Kündigungsabsicht und Zufriedenheit mit der eigenen Work-Life-Balance

Abhängige Variable	Emotionale Erschöpfung			Kündigungsabsicht			Zufriedenheit mit WLB		
	R^2	Korr. R^2	F	R^2	Korr. R^2	F	R^2	Korr. R^2	F
	0,054	0,053	34,48	0,051	0,05	32,47	0,129	0,127	88,735
Prädiktoren	**Beta**			**Beta**			**Beta**		
Geschlecht	-0,009			0,037			-0,018		
Alter	-0,037*			-0,176**			0,057**		
Familienstand	-0,027			-0,019			0,018		
Trennung zwischen Lebensbereichen möglich	-0,233**			-0,158**			0,359**		

Anmerkung: Signifikanz:*p < .05; **p < .01; Beta = standardisierter Regressionskoeffizient, R^2 = Determinationskoeffizient, korr. R^2 = korrigierter Determinationskoeffizient, F = Prüfgröße

Quelle: Eigene Darstellung

Fehlzeiten-Report 2012

wichtige ökonomische Kennzahlen wie z. B. die Personalproduktivität Einfluss nehmen kann (vgl. Michaelis et al. 2010).

Eine Trennung der Lebensbereiche ist wichtig für die Zufriedenheit

Auch für die Kündigungsabsicht spielt es eine Rolle, ob die Mitarbeiter ihre Lebensbereiche trennen können. Wie aus Tab. 14.1 ersichtlich ist, ist die Kündigungsabsicht umso geringer, je besser zwischen den Lebensbereichen getrennt werden kann ($\beta = -.16$; $p < .01$). Eine geringe Fluktuation führt zu höherer Produktivität und geringeren Kosten für die Organisation (Stührenberg 2004).

Mit einer möglichen Trennung von Arbeit und Privatleben steigt auch die Zufriedenheit mit der eigenen Work-Life-Balance ($\beta = .36$; $p < .01$). Dieses Ergebnis wirft die Frage auf, ob einige der von Unternehmen angebotenen Möglichkeiten zur Förderung der Work-Life-Balance, die darauf abzielen, die Lebensbereiche möglichst stark zu vereinen, zu dem gewünschten Effekt führen.

Nutzung neuer Medien – Herausforderung und Chance

Insbesondere die neuen Informations- und Kommunikationsmedien fördern die Entgrenzung der Arbeit, da sie es einerseits ermöglichen, ortsunabhängig zu arbeiten, andererseits aber auch eine potenziell ständige Verfügbarkeit mit sich bringen. Diese Einschätzung wird durch die Ergebnisse des WLB-Projekts bestätigt. So berichten 51 Prozent der Befragten, dass die Nutzung neuer Medien zu Hause oder im Urlaub in ihrem Job erwartet wird. 42 Prozent der Befragten geben an, dass die neuen Medien sie teilweise oder stark in ihrem Privatleben stören. 35 Prozent der Befragten erleben den Nutzen der neuen Medien als ambivalent: Sie berichten, dass die Nutzung neuer Medien ihnen zwar dabei hilft, Beruf und Privatleben zu vereinbaren, sie sich aber gleichzeitig dadurch in ihrem Privatleben beeinträchtigt fühlen (Abb. 14.1). Hier wird das Spannungsfeld zwischen dem Störpotenzial auf der einen Seite und dem Nutzen auf der anderen Seite deutlich: Die neuen Medien werden einerseits aufgrund der durch sie möglichen Flexibilität als positiv erlebt, andererseits fördern sie die Entgrenzung der Arbeit.

Auch wenn die Befragten die Nutzung neuer Medien im Privaten nicht eindeutig bewerten, so zeigen die Ergebnisse der längsschnittlichen Analyse dennoch

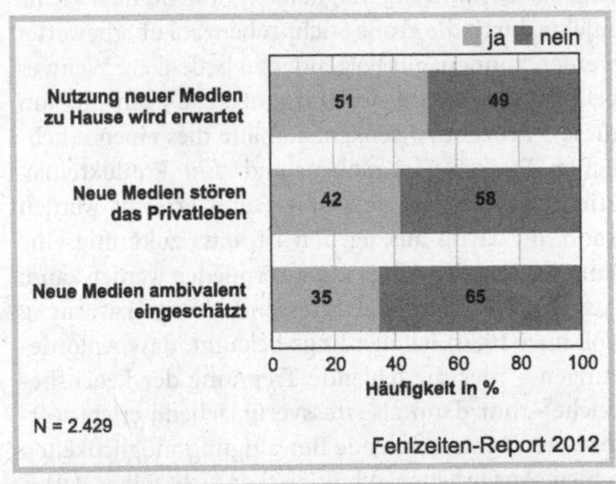

Abb. 14.1 Ambivalente Einschätzung des Nutzens neuer Medien

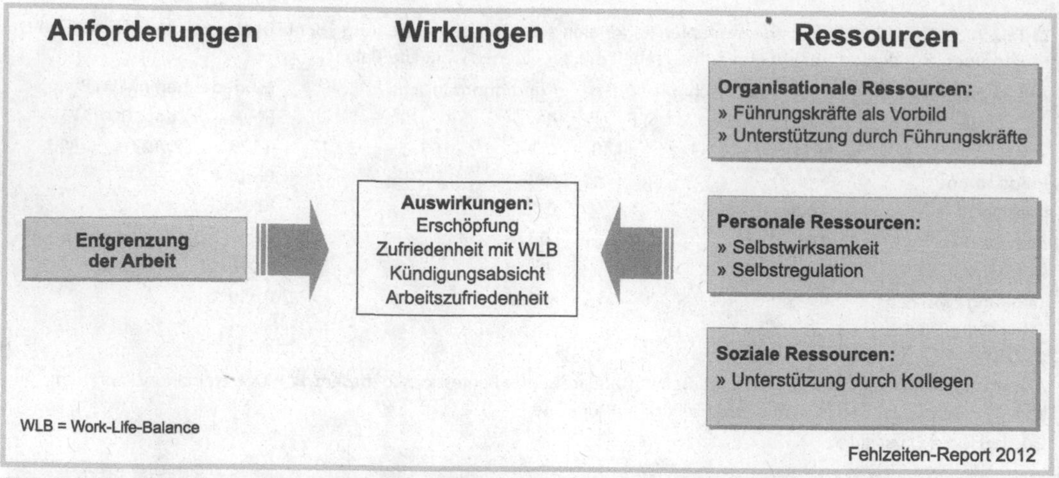

Abb. 14.2 Das ressourcenorientierte Gesundheitsmodell (am Beispiel der Entgrenzung von Arbeit)

mögliche Auswirkungen: Je mehr neue Medien für die Arbeit auch zu Hause oder im Urlaub genutzt werden, desto höher ist die wahrgenommene Erschöpfung 4 bis 6 Monate später ($\beta = .27$; $p < .01$). Die Kündigungsabsicht steigt ebenfalls ($\beta = .173$; $p < .01$).

14.2.3 Ein ressourcenorientierter Ansatz der Gesundheitsförderung in Organisationen

Die hier dargestellten Ergebnisse des „Work-Life-Balance"-Projektes zeigen, dass sich eine Entgrenzung der Arbeit negativ auf das Wohlbefinden auswirken kann. Auch wenn die Aufklärung der Varianz (Korr. R^2) mit teilweise nur 5 Prozent auf den ersten Blick gering ausfällt und die Möglichkeit besteht, dass kleine Effekte durch die große Stichprobenzahl überbewertet werden können, gilt Folgendes zu bedenken: Wenn es gelingt, die Anzahl der Burnout-Fälle auch nur um diese 5 Prozent zu senken, so hätte dies einen erheblichen Effekt auf Krankenstand und Produktivität. Hier stellt sich die Frage, wie dies erreicht werden kann, da davon auszugehen ist, dass zukünftig eine Entgrenzung der Arbeit nicht vermieden werden kann. Aus der Forschung zur Stressentstehung (Lazarus u. Folkman 1984) ist allerdings bekannt, dass Anforderungen – hier die fehlende Trennung der Lebensbereiche – nur dann als stressverursachend erlebt werden, wenn entsprechende Bewältigungsmöglichkeiten fehlen. Aus arbeitspsychologischer Sicht gilt es daher, Arbeitnehmer durch die Stärkung organisationaler, sozialer oder persönlicher Ressourcen zu befähigen, mit den Auswirkungen einer Entgrenzung der Arbeit kompetent umgehen zu können und somit mögliche negative Effekte abzufangen.

Der Blick wird also auf Faktoren gerichtet, die Menschen trotz Belastungen gesund halten. Im Fokus dieses Ansatzes stehen nicht die passiv erlittenen Belastungen und deren Folgewirkungen. Entscheidend ist die aktive Auseinandersetzung mit den Einflüssen des Umfelds.

Gemäß dem *Job Demand-Resources Model* (Demerouti et al. 2001) wird davon ausgegangen, dass Arbeitnehmer in ihrer Arbeitsumgebung sowohl auf Arbeitsanforderungen als auch auf Arbeitsressourcen treffen. Während sich Arbeitsanforderungen negativ auf das Wohlbefinden auswirken und beispielsweise zu Erschöpfung, Unzufriedenheit oder weniger Arbeitsengagement führen, können Arbeitsressourcen negative Auswirkungen der Arbeitsanforderungen mildern (vgl. Bakker u. Demerouti 2007). Als Ressourcen gelten Faktoren, die es einer Person ermöglichen, sich mit Situationen aktiv auseinanderzusetzen, sie zu beeinflussen und letztlich die stressverursachenden Auswirkungen zu verhindern.

Aufbauend auf diesen theoretischen Konzepten wird im Heidelberger ressourcenorientierten Ansatz der Gesundheitsförderung (Sonntag 2010) zwischen organisationalen, sozialen und personalen Ressourcen unterschieden (Abb. 14.2). Zu den organisationalen Ressourcen gehören alle Faktoren, die zu den Arbeitsaufgaben, den Arbeitsinhalten oder dem Arbeitsumfeld zählen. Beispiele hierfür sind der Handlungsspielraum, die Unternehmenskultur oder der Führungsstil der Führungskräfte. Unter soziale Ressourcen fallen alle Faktoren des sozialen Umfeldes, wie beispielsweise die Unterstützung durch Kollegen oder Freunde. Als personale Ressourcen gelten Faktoren, die sich innerhalb der Person befinden, z. B. Kompetenzen, Selbstwirksamkeitserwartung oder Copingstil. In Bezug auf die Entgrenzung der Arbeit stellt sich die Frage, welche Ressourcen gestärkt werden können, um negative Folgen abzumildern.

14.2.4 Ressourcen im Umgang mit entgrenzter Arbeit

Im Folgenden werden beispielhaft Ressourcen der drei Ebenen dargestellt, die sich im WLB-Projekt als wichtige Faktoren erwiesen haben und im Rahmen eines betrieblichen Gesundheitsmanagements gestärkt werden können (vgl. zu einer umfassenden Bestandsaufnahme: Büch 2010).

Organisationale Ressource – Führungskräfte als Schlüssel

Führungskräfte können über eine Vielzahl verschiedener Mechanismen und Instrumente Einfluss auf ihre Mitarbeiter nehmen und deren Arbeit gestalten. Im Hinblick auf den Umgang mit der Entgrenzung der Arbeit sind besonders zwei Aspekte vielversprechend: Die Führungskraft als Vorbild und die Unterstützung durch die Führungskraft. Lerntheoretischen und sozialkognitiven Ansätzen zufolge (Bandura 1979) haben Führungskräfte, die in Form von beobachtbarem Verhalten ein Vorbild für eine gelungene Trennung von Arbeit und Privatleben darstellen, wiederum einen positiven Einfluss auf die Trennung der Lebensbereiche ihrer Mitarbeiter. Die Erklärung für diesen Effekt besteht darin, dass die Mitarbeiter, die bei ihren Vorgesetzten erfolgreiche Rollenmodelle beobachten, dazu angeregt werden, selbst Verhaltensweisen und Strategien zu entwickeln, um besser zwischen den Lebensbereichen trennen zu können.

Auch im Hinblick auf die Entwicklung einer Unternehmenskultur, die ein „Abschalten" von der Arbeit ermöglicht und somit eine Balance zwischen Arbeit und Privatleben fördert, ist das Verhalten von Führungskräften von zentraler Bedeutung (Kirby u. Krone 2002). Somit kann die Führungskraft als Vorbild für Mitarbeiter eine wichtige Ressource darstellen. Die regressionsanalytischen Auswertungen zeigen, dass eine Führungskraft, die als gutes Vorbild für die gelungene Balance zwischen Arbeit und Privatleben erlebt wird, bei ihren Mitarbeitern zu geringerer Erschöpfung

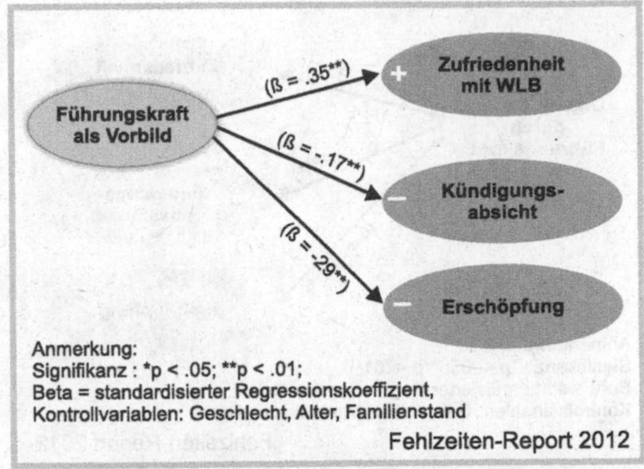

■ **Abb. 14.3** Zusammenhang von Führungskraft als Vorbild und Erschöpfung, Kündigungsabsicht und Zufriedenheit mit der WLB

($\beta = -.29$; $p < .01$) und Kündigungsabsicht ($\beta = -.17$; $p < .01$) sowie zu höherer Zufriedenheit mit der eigenen Work-Life-Balance führt ($\beta = .35$; $p < .01$) (■ Abb. 14.3).

Neben der Darstellung eines positiven Vorbilds können Führungskräfte ihren Mitarbeiter durch direkte Unterstützung dabei helfen, eine Trennung von Arbeit und Privatleben zu ermöglichen. Hier spielen insbesondere die neuen Medien eine Rolle. Führungskräfte müssen darauf achten, die potenzielle ständige Erreichbarkeit nicht immer einzufordern. Hier fehlen in vielen Unternehmen noch Regeln, wie mit den Möglichkeiten der neuen Medien umgegangen werden soll. Werden aber Umgangsformen vereinbart und Erwartungen beider Seiten geklärt, kann es gelingen, das Störpotenzial der neuen Medien zu reduzieren und das Vereinbarkeitspotenzial zu erhalten. Auch hier weisen die Ergebnisse des WLB-Projektes auf das Potenzial der Rolle der Führungskraft als Ressource hin: Wie ■ Abb. 14.4 zeigt, besteht ebenfalls ein Zusammenhang zwischen der wahrgenommenen Unterstützung der Führungskraft und geringerer Erschöpfung ($\beta = -.24$; $p < .01$) und Kündigungsabsicht ($\beta = -.18$; $p < .01$) sowie höherer Zufriedenheit mit der eigenen Work-Life-Balance ($\beta = .32$; $p < .01$).

Persönliche Ressourcen – Selbstwirksamkeitserwartung

Neben den Ansatzpunkten auf der Verhältnisebene in der Organisation und den hier zu gestaltenden Rahmenbedingen kann auch noch konkret auf der Verhaltensebene der Mitarbeiter angesetzt werden. Entgrenzung und Flexibilisierung der Arbeit führen zu weni-

Unterstützung durch Führungskraft
(ß = .32**)
(ß = -.18**)
(ß = -.24**)
+ Zufriedenheit mit WLB
– Kündigungs-absicht
– Erschöpfung
Anmerkung:
Signifikanz : *p < .05; **p < .01;
Beta = standardisierter Regressionskoeffizient,
Kontrollvariablen: Geschlecht, Alter, Familienstand
Fehlzeiten-Report 2012

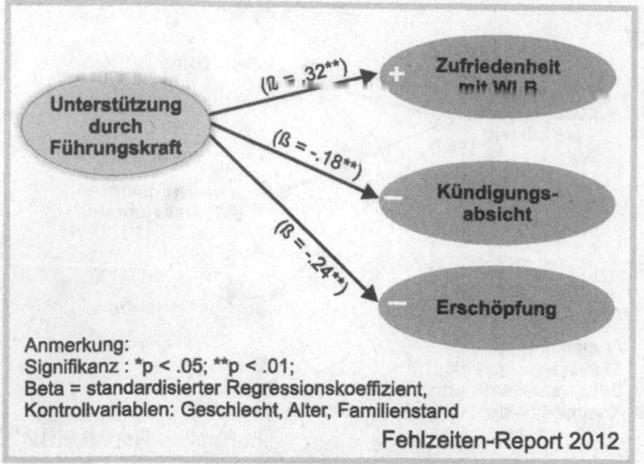

Abb. 14.4 Zusammenhang von Unterstützung durch Führungskraft und Erschöpfung, Kündigungsabsicht und Zufriedenheit mit der WLB

Selbstwirksam-keitserwartung
(ß = .17**)
(ß = -.07**)
(ß = -.20**)
+ Zufriedenheit mit WLB
– Kündigungs-absicht
– Erschöpfung
Anmerkung:
Signifikanz : *p < .05; **p < .01;
Beta = standardisierter Regressionskoeffizient,
Kontrollvariablen: Geschlecht, Alter, Familienstand
Fehlzeiten-Report 2012

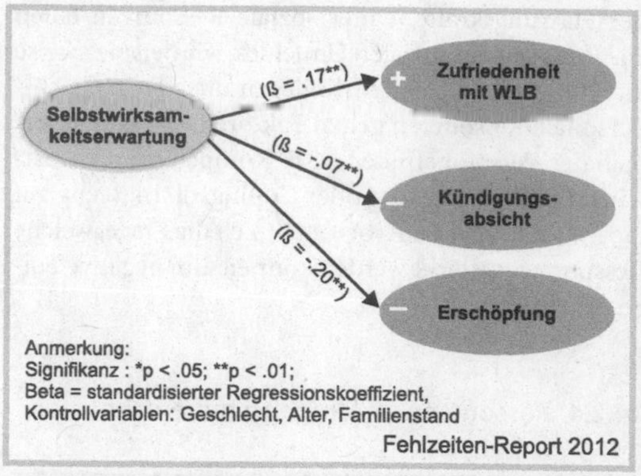

Abb. 14.5 Zusammenhang von Selbstwirksamkeitserwartung und Erschöpfung, Kündigungsabsicht und Zufriedenheit mit der WLB

ger Vorgaben hinsichtlich Arbeitsbeginn und -ende oder dem Arbeitsort. So entstehen neue Gestaltungsfreiräume. Um mit diesen neuen Freiräumen kompetent umgehen zu können, bedarf es hoher selbstregulativer Fähigkeiten. Über diese verfügen nicht alle Mitarbeiter automatisch, sie sind aber erlernbar und trainierbar. Besonders wichtig ist hierbei die Fähigkeit, mit dem Gefühl umgehen zu können, stetig „noch mehr tun zu müssen". Nicht immer ist es zwangläufig der Chef, der ständige Erreichbarkeit und mehr Arbeit erwartet, sondern das eigene Gewissen verlangt Rechtfertigung, ob lange genug und gut genug gearbeitet wurde. Es bedarf Strategien und Kompetenzen, damit das „Abschalten" dennoch gelingen kann. Hilfreich können hierbei Rituale sein, die den Übergang von einem Lebensbereich in den anderen verdeutlichen und erleichtern. Der Glaube an die eigenen Kompetenzen sowie die Überzeugung, dass gewünschte Ziele durch eigenes Handeln erreicht werden können, sind letztendlich meist für eine erfolgreiche Trennung der Lebensbereiche ausschlaggebend. Diese als Selbstwirksamkeitserwartung bezeichnete Überzeugung erweist sich auch in den Projektergebnissen als wichtige Ressource: Eine hohe Selbstwirksamkeitserwartung führt zu geringerer Erschöpfung ($\beta = -.20$; $p < .01$) und Kündigungsabsicht ($\beta = -.07$; $p < .01$). Die Zufriedenheit mit der eigenen Work-Life-Balance ($\beta = .17$; $p < .01$) wird durch eine hohe Selbstwirksamkeitserwartung positiv beeinflusst (Abb. 14.5).

Soziale Ressourcen – die Kollegen

Für die Trennung der Lebensbereiche und somit der Vorbeugung einer Entgrenzung der Arbeit sind Kollegen eine wichtige Ressource, da sie im Arbeitsalltag die direkten Ansprechpartner sind und oftmals auch von ihnen abhängt, ob noch nach dem eigentlichen Feierabend eine Aufgabe an einen herangetragen wird. Kollegen planen gemeinsam Termine und Abläufe und können sich hier gegenseitig in dem Wunsch nach einer Trennung der Lebensbereiche unterstützen. Außerdem sind die Kollegen bei nicht eindeutig festgelegten Abläufen „normgebend". Schreiben die Kollegen auch am Wochenende E-Mails oder melden sich aus dem Urlaub, wird es für den Einzelnen schwieriger, hier nach den eigenen Präferenzen zu handeln. Innerhalb eines Teams sollten sich die Kollegen über ihre individuellen Bedürfnisse hinsichtlich einer Trennung bzw. Vereinung der Lebensbereiche austauschen und auf verbindliche Regeln einigen.

Hinweise auf die Relevanz der Kollegen als Ressource lassen sich auch in den Ergebnissen des WLB-Projektes finden. So zeigt sich, dass eine hohe wahrgenommene Unterstützung für die Vereinbarkeit von Arbeit und Privatleben durch die Kollegen zu geringerer Erschöpfung ($\beta = -.15$; $p < .01$) und Kündigungsabsicht ($\beta = .-13$; $p < .01$) sowie zu einer höheren Zufriedenheit mit der eigenen Work-Life-Balance ($\beta = .23$; $p < .01$) führt (Abb. 14.6).

14.3 Fazit

Die Ergebnisse des WLB-Projektes weisen deutlich auf die negativen Auswirkungen einer fehlenden Trennung zwischen Arbeit und Privatleben für das Wohlbefinden der Mitarbeiter hin. Es zeigt sich, dass eine

14

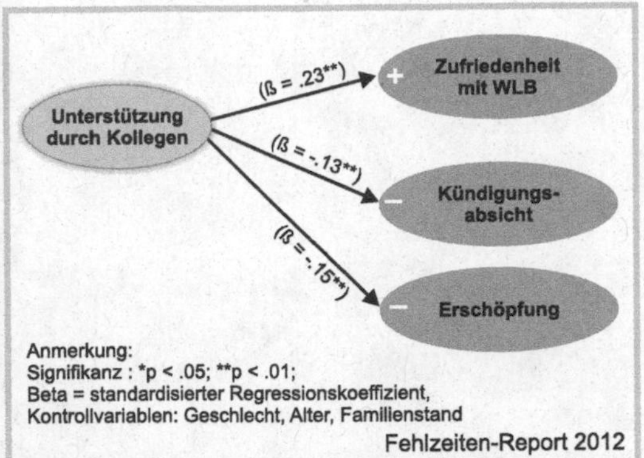

Abb. 14.6 Zusammenhang Unterstützung durch Kollegen und Erschöpfung, Kündigungsabsicht und Zufriedenheit mit der WLB

Flexibilisierung der Arbeit, insbesondere bedingt durch die Entwicklung neuer Informations- und Kommunikationsmedien, für Arbeitnehmer nicht nur Vorteile hat. Die durch die Flexibilisierung bedingte Begünstigung entgrenzter Arbeit und die damit einhergehende Schwierigkeit, zwischen Arbeit und Privatleben trennen zu können, stellen vielmehr auch eine Gefahr für das Wohlbefinden dar.

Um im Rahmen eines erfolgreichen betrieblichen Gesundheitsmanagements die Mitarbeiter zu unterstützen und sie zu befähigen, mit den Anforderungen umzugehen, bedarf es nach dem Heidelberger ressourcenorientierten Ansatz der Gesundheitsförderung einer Stärkung der Ressourcen. Ansatzpunkte finden sich auf organisationaler Ebene, auf personaler Ebene sowie in den sozialen Beziehungen. Auf der organisationalen Ebene spielen zum einen die Führungskräfte eine Rolle. Insbesondere durch Maßnahmen der Führungskräfteentwicklung können Vorbildfunktion und Unterstützung gestärkt werden (vgl. Michaelis et al. im Druck). Zum anderen sind die Gestaltung von flexiblen Arbeitsmodellen sowie der Umgang mit mobilem Arbeiten wichtig. Eine potenziell mögliche ständige Erreichbarkeit darf nicht zu einer tatsächlichen Rund-um-die-Uhr-Einsatzbereitschaft führen. Für den Umgang mit Informations- und Kommunikationsregeln bedarf es verbindlicher betrieblicher Vereinbarungen. Erste Beispiele liefern hier einige Großkonzerne, die die Nutzung von Laptop und Blackberry am Feierabend und im Urlaub regulieren.

Neben der Schaffung von Rahmenbedingungen auf organisationaler Ebene, die ein Abschalten von der Arbeit ermöglichen, gilt es auf der personalen Ebene die Mitarbeiter in ihren selbstregulativen Fähigkeiten zu stärken: Sie müssen selbst ihre Arbeitsweise reflektieren und bestimmen können, wann und wie sie die Lebensbereiche trennen wollen. Diese Fähigkeiten sind im Rahmen gezielter Personalentwicklungsmaßnahmen ausbaubar.

Schließlich kann an den sozialen Ressourcen angesetzt werden. Im betrieblichen Kontext stehen hier besonders die Kollegen im Fokus. Durch Trainings und Instrumente wie kollegiale Beratung (Tietze u. Schulz von Thun 2004) kann gezielt die Unterstützung im Team verbessert werden.

Literatur

Amstad FT, Meier LL, Fasel U, Elfering A, Semmer NK (2011) A meta-analysis of work–family conflict and various outcomes with a special emphasis on cross-domain versus matching-domain relations. Journal of Occupational Health Psychology 16 (2):151–169

Bakker AB, Demerouti E (2007) The Job Demands-Resources Model: State of the art. Journal of Managerial Psychology 22 (3):309–328

Bandura A (1979) Sozial-kognitive Lerntheorie. Klett-Cotta, Stuttgart

Büch V, Stegmaier R, Sonntag Kh (2010) Strukturale Komponente „Arbeitsumgebung" im BiG-Modell. In: Sonntag Kh, Stegmaier R, Spellenberg U (Hrsg) Arbeit–Gesundheit–Erfolg. Asanger, Kröning, S 53–69

Demerouti E, Nachreiner F, Bakker, AB et al (2001) The Job Demands-Resources Model of Burnout. Journal of Applied Psychology 86 (3):499–512

Demografiebericht. Bericht der Bundesregierung zur demografischen Lage und künftigen Entwicklung des Landes (2011) Bundesministerium des Innern

Kirby EL, Krone KJ (2002) "The policy exists but you can't really use it": Communication and the structuration of work-family policies. Journal of Applied Communication Research, 30 (1):50–77

Lazarus RS, Folkman S (1984) Stress, appraisal, and coping. Springer, New York

Michaelis B, Sonntag Kh, Stegmaier R (2010) Studien zum Gesundheitsindex, zur Mitarbeiterleistung und zum ökonomischen Nutzen. In: Sonntag Kh, Stegmaier R, Spellenberg U (Hrsg) Arbeit–Gesundheit–Erfolg. Asanger, Kröning, S 107–144

Michaelis B, Nohe C, Sonntag Kh (im Druck) Führungskräfteentwicklung im 21. Jahrhundert – Wo stehen wir und wo müssen (oder wollen) wir hin? In: Grote S (Hrsg) Zukunft der Führung. Springer, Heidelberg

Rau BL, Hyland MA (2002) Role conflict and flexible work arrangements: the effects on applicant attraction. Personnel Psychology 5:111–136

Sonnentag S, Binnewies C, Mojza EJ (2010) Staying well and engaged when demands are high: The role of psychological detachment. Journal of Applied Psychology 95 (5):965–976

Sonntag Kh (2010) Ressourcenorientiertes Gesundheitsmanagement – eine arbeits- und organisationspsychologische Perspektive. In: Sonntag Kh, Stegmaier R, Spellenberg U (Hrsg) Arbeit–Gesundheit–Erfolg. Asanger, Kröning, S 243–258

Stührenberg L (2004) Ökonomische Bedeutung des Personalbindungsmanagement für Unternehmen. In: Bröckermann R, Pepels W (Hrsg) Personalbindung, Wettbewerbsvorteile durch strategisches Human Resource Management. Erich Schmidt Verlag, Berlin, S 33–50

Tietze KO, Schulz von Thun F (2004) Kollegiale Beratung. Problemlösungen gemeinsam entwickeln. rororo, Reinbek bei Hamburg

Kapitel 15

Change-Management stets mit BGF und Resilienz verknüpfen

H. Kowalski

„Nichts ist so beständig wie der Wandel."
Heraklit

Zusammenfassung *Sich ständig verändernde Rahmenbedingungen und der Wettbewerb erfordern in den Betrieben immer häufiger Change-Prozesse. Deren Zyklen werden zudem kürzer und oftmals überlappen sich mehrere Veränderungsprojekte. Viele im Betrieb reagieren flexibel, andere entwickeln eine innere Abwehrhaltung oder fallen gar in „Schockstarre". Letzterer Typus bremst die Produktivität und fühlt sich selbst stark belastet bzw. überfordert. Führungskräfte im Betrieb müssen wissen, dass Veränderungsanforderungen bei den Beschäftigten „unter die Haut" gehen, Stress auslösen und zu Unwohlsein oder Krankheit führen können. Ergänzend zu den guten Methoden des Change-Managements muss deshalb auch die gesundheitliche Wirkung auf die Beschäftigten bedacht und berücksichtigt werden. Ein wirksames Angebot der Prävention ist die Vermittlung von Resilienz, um mit einer verbesserten psychischen Robustheit die Wirkungen der Veränderungen ohne psychische Störungen zu verkraften. In diesem Beitrag werden die Zusammenhänge dargestellt und die Methodik beschrieben.*

15.1 Veränderungsprozesse erwarten Flexibilität

Alice konnte sich noch erinnern, dass die Königin sie plötzlich an die Hand nahm und anfing, mit ihr zu laufen und immer schneller lief und immer schneller lief. Alice konnte gar nicht so schnell laufen, aber es fehlte ihr der Atem, es auch zu sagen. Doch die Königin wollte immer noch schneller laufen, sodass aus dem Laufen fast ein Flug wurde. Alice konnte nicht mehr, sie stolperte und fiel hin. Darauf schaute sie sich ganz bewusst um und sagte dann zu der schwarzen Königin gewandt: „Wenn ich mich recht umblicke, so habe ich den Eindruck, als seien wir gar nicht vorangekommen".

„Ja", sagte die schwarze Königin, „in dieser Welt muss man so schnell laufen, wie man kann, um da zu bleiben, wo man ist. Um voranzukommen, muss man noch einmal so schnell laufen".
Lewis Carroll, Alice im Wunderland

Sich ständig verändernde Rahmenbedingungen und der nationale bis globale Wettbewerb erfordern in den Betrieben und Verwaltungen immer häufiger Change-Prozesse. Gegenüber der Zeit vor etwa 25 Jahren werden deren Zyklen in der Regel kürzer, sodass Veränderungen immer schneller aufeinanderfolgen („Veränderung in Permanenz", Dunkel et al. 2010). Besonders für 70 Prozent der befragten Unternehmen in den

B. Badura et al. (Hrsg.) *Fehlzeiten-Report 2012*,
DOI 10.1007/978-3-642-21655-8_15,

Branchen Automotive und Zulieferer, Anlagen- und Maschinenbau sowie Chemie wird Restrukturierung als Daueraufgabe gesehen (Roland Berger 2006). Durch die Erfahrungen aus der Finanz- und Wirtschaftskrise haben 80 Prozent der befragten Unternehmen ihre Restrukturierungen sogar noch forciert (Roland Berger 2010). Oftmals überlappen sich mehrere Veränderungsprojekte und bevor ein Veränderungsprozess beendet wird, beginnt bereits ein neuer oder sogar viele neue gleichzeitig. Von „Speed" reden Manager (z. B. im Handelsblatt vom 13.04.2011: Burda-Vorstand verlangt nach „Speed") oder davon, dass „die Schnellen die Langsamen fressen und nicht die Großen die Kleinen". Flexibel zu sein wird als selbstverständliche Anforderung an die Mitarbeiter gerichtet. Damit bauen die Manager unbewusst oder gar bewusst Druck auf die Mitarbeiter auf.

Viele Führungskräfte bzw. Mitarbeiter verfügen zum Glück über die notwendige Flexibilität, um sich auf solche schnellen und komplexen Veränderungen einzustellen. Sie sind im besten Darwin'schen Sinne „anpassungsfähig". Andere verfallen dagegen in „Schockstarre", verweigern sich oder machen Dienst nach Vorschrift. Zwischen diesen beiden extremen Verhaltensweisen gibt es viele weitere Formen, die die Produktivität bremsen und die Projekte verzögern oder sogar gefährden können. Häufig sind das Ergebnisse schlechten Change-Managements. Im Durchschnitt ist mit 25 Prozent weniger Produktivität zu rechnen, wenn beim Veränderungsmanagement grobe Fehler gemacht werden (Capgemini 2010). Nach dieser Capgemini-Management-Studie rechnen die Experten mit einem nicht gewollten Anstieg der Fluktuation um elf Prozentpunkte bei unzureichend ausgeführtem Change-Management, was statistisch gesehen bedeuten würde, dass sich die Belegschaft nach neun Veränderungen einmal komplett erneuert hat.

15

Das Unternehmen muss also ein hohes Interesse daran haben, dass die Veränderungsprozesse die Akzeptanz der Beschäftigten finden und keine ablehnende Haltung entsteht. Leider ist in der Praxis der Betrieblichen Gesundheitsförderung (BGF) immer wieder zu beobachten gewesen, dass Veränderungsprozesse in den Betrieben ohne Change-Management eingeführt wurden, was für die Verbesserung der gesundheitlichen Situation im Betrieb oftmals nachteilig war. Aber auch beim klassischen Change-Management fehlte oft der Aspekt der gesundheitlichen Wirkungen.

Den Unternehmensverantwortlichen muss bewusst sein, dass häufige und schneller aufeinanderfolgende Change-Projekte die psychische Gesundheit der Beschäftigten negativ beeinflussen können, dass sie im wahrsten Sinne des Wortes „unter die Haut gehen". Die Beschäftigten reden oft davon, dass solche Veränderungen „nicht in den Kleidern stecken bleiben". Dennoch scheinen viele Mitarbeiter keine Probleme mit Veränderungen haben, was besonders in solchen Betrieben zu beobachten ist, wo die Veränderungen in einer gewissen Regelmäßigkeit auftreten, sodass möglicherweise also ein Gewöhnungseffekt eintritt. Vor allem die Erfahrung, dass Veränderungen nicht per se negativ sein müssen und in der Vergangenheit positive wirtschaftliche oder organisationale Effekte mit sich brachten, führen zu einer grundsätzlich positiven Haltung gegenüber neuen Projekten. „In Zeiten der Veränderung lebt es sich deutlich leichter, als Mensch und als Unternehmen, wenn man sich die Fähigkeit zur Veränderung bewahrt hat" (Capgemini 2010).

Im Rheinland wird diese grundsätzlich positive Einstellung gerne als „rheinisches Grundgesetz" mit „Et kütt wie et kütt" und „et hätt noch ens jot jejange" (es kommt halt wie es kommt, daran ist nichts zu ändern, und es ist ja letztlich auch noch immer gut gegangen) umschrieben. Führungskräfte sollten wissen, wie ihre Mitarbeiter grundsätzlich auf Veränderungen reagieren und sich vor allem den Skeptischen oder Ablehnenden widmen. Dabei können ihnen die positiv eingestellten Teile der Belegschaft helfen und die anderen Kollegen im Prozess mitziehen.

15.2 Veränderungen machen Stress

„Wer heute in die Medien schaut, der gewinnt leicht den Eindruck, dass Pessimismus das allgemeine Lebensgefühl bei uns geworden ist. Das ist ungeheuer gefährlich; denn nur zu leicht verführt Angst zu dem Reflex, alles Bestehende erhalten zu wollen … Angst lähmt den Erfindergeist, den Mut zur Selbständigkeit, die Hoffnung, mit den Problemen fertig zu werden", so der damalige Bundespräsident Roman Herzog in seiner berühmten „Berliner Rede" am 26.04.1997 im Hotel Adlon, mit der er einen „Ruck" in Deutschland auslösen wollte.

Unsicherheit, Pessimismus, Misstrauen, Hilflosigkeit und Angst stehen oftmals auch betrieblichen Veränderungen gegenüber. Diese Gefühle haben einen konkreten Anlass, wenn die angekündigten Veränderungen, in der Regel Restrukturierungen genannt – Betriebsverlagerungen, Entlassungen oder ähnlich bedrohliche Szenarien – Einsparungen erbringen sollen. Schlechte Erfahrungen aus früheren Veränderungsprozessen können diese negative Haltung zusätzlich verstärken.

Unabhängig von solchen Aussichten steht der Mensch als „Gewohnheitstier" den Veränderungen grundsätzlich skeptisch gegenüber, weil sie mit Zukunftsunsicherheit verbunden werden und mögliche bzw. reale Gefahren und Risiken den Blick auf Chancen des Prozesses überdecken. Michael Kastner (2006) nennt den Menschen ein „soziales, emotionales Lauftier", das Planbarkeit, Geborgenheit, soziale Unterstützung und Bewegung brauche, um langfristig überleben zu können. Weiter fragt Kastner, ob der Mensch überhaupt für die Zunahme an „Dynaxizität" (Kombination aus Dynamik als Zustandsveränderung und Komplexität als Eigenschaft von Systemen) „gebaut" ist. Im Memorandum der Gesellschaft für Arbeitswissenschaft zum Strukturwandel der Arbeit (GfA 2000) wurde ebenfalls die Frage gestellt, wie viel Veränderung eine Organisation und deren Mitarbeiter „ertragen" können bzw. welche Möglichkeit besteht, eine Balance zwischen Flexibilität und Stabilität herzustellen.

Die Managementlehre kennt die typischen Reaktionsmuster bei Veränderungen und in unzähligen Lehrbüchern zum Change-Management – beginnend etwa mit Kurt Lewin (1947) bis hin zu Klaus Doppler und Christoph Lauterburg (2008) und anderen – werden Ratschläge gegeben, wie das Veränderungsmanagement ablaufen sollte. Der Gesundheitsaspekt wird allerdings oftmals gar nicht oder nur am Rande angesprochen. Allenfalls die zumeist negative Wirkung der Veränderungsmaßnahmen auf die Fehlzeitenentwicklung wird behandelt. Dabei fühlen sich 44 Prozent der Beschäftigten durch Umstrukturierungsmaßnahmen belastet (LIGA 2009). Nach hohem Zeitdruck, hoher Verantwortung und Überforderung durch die Arbeitsmenge nahmen die Umstrukturierungsmaßnahmen in der Belastungsskala den vierten Rang ein. Bereits in der BiBB/BAuA-Befragung von 2006 antworteten 60,8 Prozent der Befragten aus Unternehmen mit Restrukturierungen und immerhin noch 39,5 Prozent aus Betrieben ohne Restrukturierungen, dass Stress und Arbeitsdruck zugenommen haben (TNS Infratest 2006).

Meinhard Miegel (2010) spricht davon, dass die physischen Entlastungen, die der technische Fortschritt den Menschen brachte, durch psychische Belastungen, Stress und Hektik mehr als wettgemacht wurden. Trotz dieser Erkenntnis wird beklagt, dass die gesundheitlichen Dimensionen bei Restrukturierungen in Unternehmen sowohl in der Forschung, der betrieblichen Praxis als auch allgemein im öffentlichen Interesse als ein bisher stark vernachlässigtes Thema gelten (HIRES 2010/2011). Das Projekt der Europäischen Union „Health in Restructuring" (HIRES, Kieselbach 2009) hat sich besonders mit den gesundheitlichen Folgen von Restrukturierungsmaßnahmen auf die Betroffenen befasst, und zwar sowohl auf die von Entlassungen betroffenen Mitarbeiter als auch auf die „Überlebende" genannten Beschäftigten, die im Betrieb verblieben waren. Als einer der Hauptstressoren für die Beschäftigten wurde die subjektiv wahrgenommene Unsicherheit bezüglich ihres eigenen Arbeitsplatzes festgestellt. Allerdings wurden neben der Arbeitsplatzunsicherheit weitere Quellen von Stress identifiziert, zum Beispiel Spannungen aufgrund erhöhter Ansprüche bezüglich der eigenen Arbeit und Konflikten mit individuellen Erwartungen.

15.3 Change-Management in Veränderungsprozessen

Survival of the fittest – Überlebenschancen hat nur der Bestangepasste
Charles Darwin

Arbeit wirkt sich auf die psychische Gesundheit vielschichtig aus. Einerseits vermittelt Arbeit persönliche Befriedigung und das Gefühl, etwas zu leisten, aber auch zwischenmenschliche Kontakte und finanzielle Sicherheit – alles Voraussetzungen für eine gute psychische Gesundheit. Fehlende Arbeit oder Arbeitslosigkeit kann sich andererseits negativ auf unser psychisches Wohlbefinden auswirken. Wenn jemand arbeitslos wird, ist die Wahrscheinlichkeit depressiver Symptome und der Diagnose einer klinischen Depression doppelt so hoch wie bei beschäftigten Arbeitnehmern (WHO 2006).

Das moderne Arbeitsleben scheint dafür prädestiniert zu sein, Stressreaktionen auszulösen. Da die meisten Menschen auf die Erwerbsarbeit als wichtigste Quelle des Lebensunterhalts angewiesen sind und die Erwerbstätigkeit allgemein eine hohe gesellschaftliche Wichtigkeit hat, können psychisch belastende Arbeitsbedingungen auf Dauer starke Bedrohungs- oder Überforderungsgefühle auslösen. Betriebliche Veränderungen sind in diesem Zusammenhang von besonderer Bedeutung, da die Stressreaktion insbesondere für die Anforderungen einer sich akut wandelnden Umwelt konzipiert ist. Diese Funktionsbeschreibung trifft auf einen Wandel im betrieblichen Umfeld zu, der eine Auseinandersetzung mit drohenden oder bereits eintretenden Veränderungen der persönlichen Arbeitssituation notwendig macht (Dragano u. Siegrist 2011).

Kieselbach (2009) empfiehlt Führungskräften, das Stressniveau der Beschäftigten als erstes Warnzeichen und Indikator dafür in Betracht zu ziehen, dass ein spezifischer gesundheitlicher Präventionsbedarf vorliegt. Sie fordern ein Frühwarnsystem im Unternehmen. „Gesünderes Restrukturieren" erfordere eine proaktive Gesundheitspolitik der Betriebe, wobei die Zusammenarbeit mit externen Akteuren gesucht werden solle: Externe Akteure können nicht nur je nach Bedarf des Managements entsprechend ihren Service zur Verfügung stellen, sondern auch als vertrauenswürdiger Ansprechpartner für die Beschäftigten in der Krise fungieren.

Um die Mitarbeiter für die Veränderungsprozesse zu gewinnen, muss deren Wille zum Wandel erzeugt werden. Alexander Groth (2011) nennt dafür fünf Maßnahmen:

1. Gründe für die Veränderungen nicht nur erklären, sondern – falls möglich – auch selbst erleben lassen
2. Führungskräfte sollten Vorbild im Wandel sein
3. Informationen sollten emotional vermittelt werden
4. Der Wandel muss sichtbar gemacht werden
5. Für Kontakte mit Kunden sorgen

„Wenn es in einer Organisation auffallend viele Menschen aus der Bahn trägt, hakt es an den Strukturen: Die Organisation ist selbst krank." wird der Baseler Psychologe Michael Zirkler in einem Beitrag über Organisationales Burnout zitiert (Dilk u. Littger 2008). Der Veränderungsstress kann den Einzelnen, aber auch komplette Teams, Abteilungen oder die ganze Firma treffen. Das BGF-Institut der AOK Rheinland/Hamburg hat bei seinen Klienten in Veränderungsprozessen allerdings immer wieder beobachtet, dass es in Abteilungen Mitarbeiter gab, die sofort aktiv wurden, „die Ärmel hochkrempelten" und sich der neuen Herausforderung annahmen, während andere ins „Lamentieren" verfielen und eine passive, resignative bzw. destruktive Haltung zeigten. Wie sich psychische Belastungen auswirken, hängt von der Art und Weise ab, wie der Mitarbeiter die Belastungsmomente deutet und verarbeitet; was den einen psychisch aus der Bahn wirft, ist für den anderen eine motivierende Rahmenbedingung (DGFP 2011). Das gilt übrigens nicht nur für die Ebene der Mitarbeiter ohne Führungsverantwortung, sondern für Führungskräfte in der Regel noch stärker. Für viele Führungskräfte sind ihre individuellen Grenzen bei Arbeitszeit, Arbeitsdichte und Arbeitsvolumen allerdings längst erreicht oder sie agieren sogar bereits jenseits ihrer Möglichkeiten (Capgemini 2010). Auch Kieselbach (2009) schreibt, dass die Gruppe der mittleren Manager trotz ihrer äußerst wichtigen Rolle bei Restrukturierungen häufig übersehen wird. Sie gelten zwar als entscheidende Personen für die Durchführung eines reibungslosen Prozesses, indem sie als das „zentrale Nervensystem" der Organisation fungieren. Auf der anderen Seite gelten sie jedoch auch selbst als gefährdet, von dem Stress der Restrukturierung betroffen zu werden, vor allem aufgrund ihrer „Sandwich-Position" zwischen Unternehmensleitung und Beschäftigten. Christiane Grefe (2003) nannte in „Die Zeit" diese Mittelmanager die „*leidenden* Angestellten": Wer stets unter Strom steht, wird mit hoher Wahrscheinlichkeit krank.

Dragano und Siegrist (2011) haben die Frage aufgeworfen, ob es überhaupt Veränderungen ohne Stress gibt: Stress ist bekanntlich nicht per se schädlich, aber chronische oder besonders starke Reaktionen können normale Körperfunktionen nachhaltig stören. Die Autoren empfehlen, negative Folgen zu vermeiden und positive Potenziale zu nutzen:

- Mögliche psychische Belastungen im Vorfeld bedenken
- Offene Informationspolitik über Gründe, Ziele/Visionen, Dauer und Ablauf von Veränderungen
- Partizipative Gestaltung von Veränderungen
- Einsatz von „transformational leaders"
- Monitoring psychischer Belastungen im Veränderungsprozess
- Zeitliche Begrenzung (wenn möglich)
- Begleitende Gesundheitsförderung

Change-Prozesse sollten stets mit BGF verbunden werden, wenn sich BGF im Sinne des Hauses der Arbeitsfähigkeit (Ilmarinen 1991) als integratives Modell versteht und die Berater der Krankenkassen ihre Arbeit in diesem Sinne verstehen und ausüben (■ Abb. 15.1). Das BGF-Institut hat den Firmen dabei die Formel „4 x C plus 1" empfohlen (■ Abb. 15.2).

Dass als BGF Verknüpfungselement des Change-Prozesses ein geeignetes Instrument ist, belegt der aktuelle Wissensstand von Forschung und betrieblicher Praxis. Sie wird als Erfolgsfaktor mit gesamtwirtschaftlicher Bedeutung und individuellem Vorteil für das einzelne Unternehmen gewertet (Booz & Co. 2011). BGF muss jedoch stets einen „Roten Faden" haben und das Ziel verfolgen, die Beschäftigungsfähigkeit zu erhalten und zu fördern (Employability/Workability).

15.4 Mit Resilienz robuster werden

Veränderungen erfordern zumeist auch beim Einzelnen Verhaltensänderungen. Holger Pfaff (2006) hat zu der Frage „Wie erreiche ich Verhaltensänderungen?" fünf Thesen aufgestellt:

Abb. 15.1 Das Haus der Arbeitsfähigkeit nach J. Ilmarinen: Gesundheit als Basis. Darstellung des BGF-Instituts Köln/Hamburg

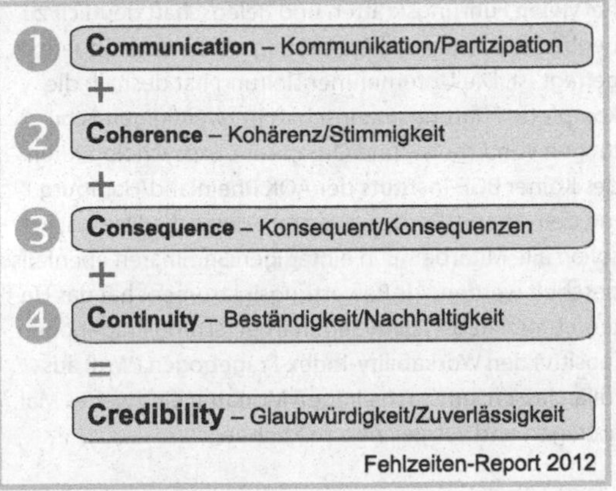

Abb. 15.2 Formel 4 x C plus 1

1. Verhaltensänderung ist schwer.
2. Mangelnde Verhaltensänderung ist ein Problem der sozial eingeübten „Gewohnheiten".
3. Für eine Veränderung des Verhaltens müssen individuelle und soziale Maßnahmen gemeinsam angewandt werden.
4. Eine Änderung des Verhaltens wird durch Individualisierung erleichtert.
5. Eine sozial bedingte Änderung des Verhaltens erfolgt über die Faktoren Kultur, Normen, Rollen und systemischer Wandel.

Sowohl beim Einzelnen als auch in der Organisation müssen jeweils drei Elemente der Veränderungsfähigkeit berücksichtigt werden:

1. Veränderungsmöglichkeit
2. Veränderungsbereitschaft
3. Veränderungskompetenz

Diese Voraussetzungen können organisatorisch geschaffen und durch Personal- und Organisationsentwicklung unterstützt werden, besonders zu 1 und 3. Die schwierigste Voraussetzung ist zumeist die zweite, nämlich die Bereitschaft zur Veränderung, was auch bereits in der ersten These von Professor Pfaff zum Ausdruck kommt. Es wird im Betrieb immer wieder Menschen geben, die sich bereits bei einer Ankündigung einer Veränderung gestresst fühlen. Eine der wenigen prophylaktischen Möglichkeiten, diese Menschen flexibler und robuster gegen Veränderungsstress zu machen, ist die Vermittlung bzw. der Aufbau von Resilienz.

Der Resilienz-Begriff stammt aus dem Lateinischen, von resilire, was zurückspringen, abprallen bedeutet. Gemeint ist „Widerstandsfähigkeit", die sowohl aus individueller Widerstandskraft beim Einzelnen (die individuellen Mitarbeiter und Führungskräfte) als auch aus „Unternehmensresilienz" bestehen kann, womit ganze Firmen oder Teile davon gemeint sind. In der Literatur (z. B. Scharnhorst 2008; Wellensiek 2011) werden häufig die aus den USA übernommenen sieben Säulen der Resilienz beschrieben (erweitert vom Verfasser):

1. Einsicht suchen, Suchfragen stellen und ehrliche Antworten geben
2. Das Recht auf sichere Grenzen zwischen sich und anderen wahren
3. Enge und erfüllende Beziehungen suchen und aufrechterhalten, auch innerbetrieblich („you never change alone")
4. Initiative zeigen, Probleme aktiv anpacken
5. Kreativ sein, Lösungen suchen
6. Nicht den Humor verlieren
7. Moral hochhalten und unterscheiden, was gut oder schlecht ist

In Deutschland befassen sich erst wenige und seit wenigen Jahren mit der Resilienz. Sie ist jedoch eine der wenigen Möglichkeiten, dem Veränderungsstress zu widerstehen, wenn die Stressursachen nicht zu beseitigen sind (vgl. Siebert 2005). Das ist zum Beispiel bei Unternehmensverlagerungen ins Ausland, bereits beschlossenen Schließungen von Abteilungen mit Personalabbau, Fusionen, Börsengängen mit radikalem

Abb. 15.3 Auszüge aus einem Fragebogen zur Selbsteinschätzung bzw. zur Einschätzung von Mitarbeitern oder Führungskräften

Kostenmanagement und ähnlichen Anlässen der Fall. Auch in solchen Fällen lässt sich möglicherweise organisatorisch manches noch abfedern, aber die Spielräume sind in der Regel begrenzt. Dann hilft nur der Weg, sich dem Einzelnen zuzuwenden und zu versuchen, ihn bzw. sie robuster zu machen.

Inzwischen gibt es verschiedene Tests, mit denen Einzelne oder Organisationen prüfen können, ob und wie stark resilient sie sind. Per Fragebogen kann eine Einschätzung vorgenommen werden, ob man psychisch labil oder robust ist. Als Beispiel können die folgenden Auszüge aus einem Fragebogen des BGF-Instituts zur Selbsteinschätzung bzw. zur Einschätzung von Mitarbeitern oder Führungskräften dienen (Abb. 15.3).

Die positiven Eigenschaften, die natürlich eine realistische Einschätzung der Situation voraussetzen, lassen sich in der Regel antrainieren, wenn sie nicht bereits zum Persönlichkeitsbild des bzw. der Beschäftigten zählen. Resilienz kann beispielsweise vermittelt werden durch

- Vorträge im Betrieb
- Schulung der Führungskräfte und der Personalvertretung
- Multiplikatorenschulung der Personalentwickler
- Workshops mit (betroffenen) Abteilungen bzw. Teams
- Einzelcoaching von Führungskräften
- Einzelcoaching von Mitarbeitern

Ziel dieser Wissens- und Verhaltensvermittlung ist es, eine bessere Robustheit gegenüber Veränderungsprozessen zu erreichen, damit Einzelne oder Teams nicht gleich „bei Gegenwind ins Wanken geraten". Der Verfasser hat häufig vom „Einziehen psychischer Korsettstangen" gesprochen und viele positive Erfahrungen sammeln können. Die Psychologinnen des BGF-Instituts haben komplette Führungsmannschaften, auch in Großbetrieben, in Resilienz geschult und dadurch ein besseres, stressfreieres Umgehen mit neuen Anforderungen erreicht. Damit werden Veränderungsprozesse wesentlich besser bewältigt und die gesundheitliche Situation der Beschäftigten gestärkt.

Praxisbeispiel

Ein traditionsreiches Unternehmen, das häufig ganze Familiengenerationen beschäftigt hat, bekam im Rahmen einer Fusion neue Eigentümer. Inzwischen steht als nächster großer Veränderungsprozess der Börsengang bevor. Das „Bild" der Firma und die traditionelle Vorstellung der Erwerbsbiografie gehen damit für viele Beschäftigte verloren. Auch die Unternehmenskultur verändert sich. Unsicherheit, Zukunftsängste usw. waren bei vielen Führungskräften und Belegschaft deutlich zu beobachten, während Anpassung an die neue Situation gefragt ist. Die Unternehmensleitung hat deshalb die komplette Führungsmannschaft in zweitägigen Schulungen von Arbeits- und Organisationspsychologinnen des Kölner BGF-Instituts der AOK Rheinland/Hamburg mit dem Thema Resilienz vertraut gemacht. Demnächst sollen alle Mitarbeiter in eintägigen Seminaren ebenfalls geschult werden. Als Bewertungsinstrument hat das Unternehmen neben dem Seminarbewertungsfragebogen (positiv) den Workability-Index-Fragebogen (WAI) ausfüllen lassen, um nach einigen Monaten ein zweites Mal abfragen und vergleichen zu können.

15.5 Fazit

Veränderungsprozesse gehören inzwischen in vielen Betrieben fast schon zum Alltag. Bei den Beschäftigten können solche Prozesse Stress auslösen, vor allem wenn sie nicht durch ein gutes Change-Management begleitet und umgesetzt werden. Nur in wenigen Unternehmen werden bei den Change-Projekten die gesundheitlichen Wirkungen bedacht und berücksichtigt. Viele Beschäftigte empfinden Veränderungen jedoch als persönliche Bedrohung, reagieren mit Stress und werden krank. Change-Prozesse sollten deshalb stets mit der Betrieblichen Gesundheitsförderung verknüpft werden. Wenn die Drucksituation nicht zu vermeiden oder zu reduzieren ist, bleibt in der Regel nur die Vermittlung von Resilienz, um die Beschäftigten gegen den Veränderungsstress flexibler und robuster zu machen.

Literatur

Booz & Co (2011) Vorteil Vorsorge. Die Rolle der betrieblichen Gesundheitsvorsorge für die Zukunftsfähigkeit des Wirtschaftsstandortes Deutschland. Studie für die Felix Burda Stiftung

Capgemini Consulting (2010) Change-Management Studie 2010 – Business Transformation – Veränderungen erfolgreich gestalten. Capgemini Deutschland, München

DGFP (2011) Mit psychisch beanspruchten Mitarbeitern umgehen – ein Leitfaden für Führungskräfte und Personalmanager. Deutsche Gesellschaft für Personalführung e. V. Praxis-Papier 6/2011, Düsseldorf

Dilk A, Littger H (2008) Das ausgebrannte Unternehmen – Organisationales Burnout. managerSeminare, Heft 125

Doppler K, Lauterburg C (2008) Change-Management – Den Unternehmenswandel gestalten. Campus, Frankfurt am Main

Dragano N, Siegrist J (2011) Management-Ziel: Betriebliche Veränderungen ohne Stress? Wissenschaftliche Grundlagen. In: Kowalski H (Hrsg) Veränderungen ökonomisch und erfolgreich gestalten. CW Haarfeld, Essen

Dunkel W, Kratzer N, Menz W (2010) „Permanentes Ungenügen" und „Veränderung in Permanenz" – Belastungen durch neue Steuerungsformen. WSI-Mitteilungen 7/2010, BUND-Verlag, Frankfurt

GfA (2000) Die Zukunft der Arbeit erforschen. Ein Memorandum der Gesellschaft für Arbeitswissenschaft e. V. zum Strukturwandel der Arbeit. ERGON, Stuttgart

Grefe C (2003) Leidende Angestellte. Wenn der Arbeitsdruck wächst, nehmen auch psychosomatische Erkrankungen zu. Ein Blick in die Fabriken täglicher Stressproduktion. Die Zeit, Nr 36 vom 28. August 2003

Groth A (2011) Wenn keiner mitmacht… Führen im Wandel. managerSeminare, Heft 162

HIRES.Public (10/10–9/11) HIRES Final Report Deutsch

Ilmarinen J (1991) The aging worker. Scandinavian Journal of Work, Environment and Health. Volume 17, supplement 1

Kastner M (2006) Prävention in der Arbeitswelt. Psychotherapeut 51:440–451

Kieselbach T (2009) Gesundheit in der Unternehmensrestrukrurierung – Empfehlungen der EU-Expertengruppe HIRES (Health in Restructuring). In: Zoike E (Hrsg) BKK-Gesundheitsbericht 2009 – Gesundheit in Zeiten der Krise, Essen

Lewin K (1947) Frontiers in group dynamics. Human Relations 1:5–41

LIGA (2009) Gesunde Arbeit NRW 2009. Belastung-Auswirkung-Gestaltung-Bewältigung. LIGA.NRW, Düsseldorf

Miegel M (2010) Exit – Wohlstand ohne Wachstum. Propyläen, Berlin

Pfaff H (2006) Wie erreiche ich Verhaltensänderungen? Vortrag auf dem 5. BGF-Symposium zu Status und Zukunft der Betrieblichen Gesundheitsförderung, 28.–29.6.2006 in Grevenbroich

Roland Berger (2006) Restrukturierungs-Survey 2006. München

Roland Berger (2010) Restrukturierungs-Studie International 2010. Nach der Wirtschaftskrise – Wachstum und Finanzierung. München

Scharnhorst J (2008) Resilienz – neue Arbeitsbedingungen erfordern neue Fähigkeiten. In: Psychische Gesundheit am Arbeitsplatz in Deutschland. Berufsverband Deutscher Psychologinnen und Psychologen, Berlin

Siebert AI (2005) The resiliency advantage: master change, thrive under pressure, and bounce back from setbacks. Practical Psychology Press, New York

TNS Infratest (2006) BiBB/BAuA Erwerbstätigenbefragung 2005/2006. Berlin und Dortmund

Wellensiek S (2011) Handbuch Resilienz-Training – Widerstandskraft und Flexibilität für Unternehmen und Mitarbeiter. Beltz, Weinheim und Basel

WHO (2006) Psychische Gesundheit: Herausforderungen annehmen, Lösungen schaffen. Bericht über die Ministerkonferenz der Europäischen Region der WHO Kopenhagen

Kapitel 16

Work-Life-Balance

W. Gross

„Ob es besser wird,
wenn es anders wird, weiß ich nicht.
Dass es aber anders werden muss,
wenn es besser werden soll, weiß ich."
(Georg Christoph Lichtenberg)

Zusammenfassung *In dem Beitrag geht es um das Gleichgewicht (balance) zwischen Arbeit (work) und Leben (life). Man versteht heute unter „Work-Life-Balance" (WLB) die intelligente Verzahnung von Privat- und Berufsleben. Work-Life-Balance hat einen dreifachen Nutzen: Für die einzelnen Mitarbeiter, für das Unternehmen und für die Volkswirtschaft und damit die Gesamtgesellschaft. Außerdem wird in dem Kapitel beschrieben, welchen Sinn familienbewusste Personalpolitik sowohl für das Unternehmen wie auch für Frauen (v. a. Mütter) und für Männer (Väter) hat. Um die zu vereinfachende Dichotomie zwischen Arbeit und Leben aufzulösen, wird das Konzept der fünf Säulen einer gesunden Identität beschrieben (Arbeit, Körper, Familie, Freundeskreis und Sinnsystem).*

16.1 Einleitung

„Work-Life-Balance" ist in der deutschen Wirtschaft seit Anfang der neunziger Jahre ein wichtiges Thema. Der Begriff Work-Life-Balance stammt aus dem Englischen: Arbeit (work), Leben (life), Gleichgewicht (balance). Vor dem Hintergrund einer sich dynamisch verändernden Arbeits- und Lebenswelt versteht man heute unter „Work-Life-Balance" (WLB) die ausgewogene Balance zwischen Arbeit und Privatleben und die intelligente Verzahnung von beidem. Das Ziel von WLB ist es, einen angemessenen Gleichgewichtszustand zwischen den beiden Lebensaspekten Beruf und Privat zu erreichen und aufrechtzuerhalten.

Dabei kann WLB eng oder weit gefasst werden: Während man in einer engen Definition „nur" Familienfreundlichkeit für Mütter (und/oder auch für Väter) versteht, beziehen weitere Definitionen nicht nur Kinder in die Familienfreundlichkeit mit ein, sondern auch die Pflege der eigenen Eltern und anderer Angehöriger oder gar die Vereinbarkeit von Privatleben und Beruf auch für Singles und Paare ohne Kinder und Angehörige.

Gerade für viele beruflich gestresste und mitunter überforderte Menschen ist es schon ein großer Schritt, wenn Geld und Karriere nicht mehr oberste Priorität in ihrem Leben haben. Immer mehr wollen nicht mehr nach dem Motto: „Wer schneller lebt, ist früher fertig"

B. Badura et al. (Hrsg.) *Fehlzeiten-Report 2012*,
DOI 10.1007/978-3-642-21655-8_16,

leben, sondern versuchen eine „Smart Career", in der die privaten Aspekte des Lebens genauso wichtig genommen werden wie berufliche Belange (Gross 2010).

Schließlich arbeiten Manager heutzutage durchschnittlich 51,7 Stunden (+ 6 Stunden Verkehrsweg), Managerinnen kommen auf 47,5 Arbeitsstunden pro Woche. Die Manager erreichen dabei auf einer Skala von 0 bis 10 einen durchschnittlichen Stresswert von 5.86, wobei der erlebte Stresswert von Jahr zu Jahr zunimmt. Dieser Stresswert betrifft den beruflichen Alltag und beeinflusst Lebensqualität und Familienleben negativ. Der Verlust der Freizeit ist für viele dabei die größte Beeinträchtigung. Vor allem Manager mit Kindern fühlen sich überlastet. Ungefähr ein Drittel der Manager würde lieber mehr Freizeit als ein höheres Gehalt haben. Dabei verfehlen Manager die Ausgewogenheit von Berufs- und Privatleben mit einem Wert von 4.8, Managerinnen liegen bei 5.1 (auf einer Skala von 0 bis 10) (Bildungsspiegel 2011).

Dies ist nicht nur in Deutschland ein Thema: In einer globalen GfK-Studie wurde nachgewiesen, dass bei jüngeren Arbeitnehmern die Bindung an ihr Unternehmen immer geringer wird. Denn gerade viele junge Mitarbeiter identifizieren sich nur in begrenztem Ausmaß mit ihrem Arbeitgeber – und zwar weltweit. Der Hintergrund: Sie nehmen den Leistungsdruck innerhalb ihrer Firma sehr stark wahr. Langfristig führt das zu einer reduzierten Leistung (Motto: „Der kluge Hamster im Rad läuft langsam"). Und das wiederum kann zu Managementproblemen im jeweiligen Unternehmen führen. Die GfK (früher: Gesellschaft für Konsumforschung), ein weltweit tätiges Marktforschungsunternehmen, hat dazu in einer internationalen Studie mehr als 30.000 Angestellte in 29 Ländern befragt. Ein Großteil der jüngeren Mitarbeiter fühlt sich eingeschränkt hinsichtlich der Work-Life-Balance, längerer Arbeitszeit oder auch ihrer persönlichen Gesundheit (◘ Tab. 16.1).

Von kleinen und mittleren Unternehmen (KMU) bis hin zu nationalen und internationalen Konzernen wird derzeit heftig über die Work-Life-Balance diskutiert. Schließlich wird angesichts der demografischen Veränderungen, die in den nächsten Jahren auf uns zukommen, der Kampf um die guten Mitarbeiter (Stichwort: Facharbeitermangel) erst richtig losgehen. Gerade in Zeiten, in denen der „war for talents" langsam in Fahrt kommt, erscheint es wichtig, dass Unternehmen dafür entsprechende Arbeitsbedingungen schaffen – und zwar flexibel ausgerichtet auf die unterschiedlichen neuen Partnerschaftsformen.

16.2 Work-Life-Balance und …

16.2.1 Neue Partnerschaftsformen

Nur ein knappes Viertel der Paare lebt in Westdeutschland noch in der klassischen Hausfrauenehe, in Ostdeutschland sind es gar nur acht Prozent. Eine klare Mehrheit will das **„Zweiverdienermodell"**, das heißt, beide Partner wollen arbeiten. Denn neben der traditionellen Vater-Mutter-Kind-Familie gibt es heute zahlreiche Partnerschaftsformen, die individuell ausgehandelt, verändert oder zeitlich nacheinander gelebt werden – und die besonders an WLB interessiert sind:

- „Patchwork-Familien", Distanzbeziehungen, Wochenendbeziehungen, Einelternfamilien – nicht mitgerechnet all die Beziehungs- und Lebensformen, die mit (d)englischen Abkürzungen versehen werden:
- LATs: „living apart together" (getrennt Zusammenlebende)
- DINKs: „Double income, no kids" (doppeltes Einkommen, keine Kinder)
- DCCs: „Dual carreer couples" (Karrierepaare)

16

◘ **Tab. 16.1** Befragungsergebnisse zur Arbeitszufriedenheit

Alter	Prozentanteil der Mitarbeiter, die „oft" beziehungsweise „fast immer" unzufrieden sind mit:					
	Work-Life-Balance	Arbeitsdruck	Arbeitsplatzsicherheit	Lange Arbeitszeit	Ressourcen zur effektiven Jobgestaltung	Persönliche Gesundheit
18–29	39	40	33	31	34	32
30–39	34	38	31	26	31	26
40–49	30	36	26	23	30	25
50–59	28	34	27	23	32	27
60+	24	28	24	17	22	22

Quelle: GfK International Employee Engagement Studie, 2011

Fehlzeiten-Report 2012

- YETTIES: „Young, entrepreneurial, tech-based" (jung, unternehmerisch, technisch orientiert)

Natürlich will jede Partnerschafts- und Lebensform individuell ausgehandelt werden. Daher ist es nur zu verständlich, dass das Bedürfnis nach Work-Life-Balance immer mehr zunimmt. Denn ist das menschliche Wohlbefinden in Balance, gewinnt nicht nur der Einzelne: Wenn die Mitarbeiter zufrieden sind, profitieren Unternehmen, Wirtschaft und Gesellschaft.

Die Erreichung einer Work-Life-Balance wird deshalb auch unter dem Aspekt der **Bereitstellung von Ressourcen** angesehen: Hier geht es vor allem um Zeit, Geld und Entscheidungsspielräume, aber auch um persönliche Eigenschaften im Sinne physischer, psychologischer, emotionaler und sozialer Ressourcen. Es geht letztendlich um die Schaffung von beruflichen Bedingungen, die auch Eltern und Sorgepflichtigen eine Integration ins Arbeitsleben ermöglichen.

Dabei bringt Work-Life-Balance eine dreifache Win-Situation:

- Für die einzelnen Mitarbeiter
- Vorteile für die Unternehmen
- Gesamtgesellschaftlicher und volkswirtschaftlicher Nutzen

16.2.2 Nutzen für den Einzelnen

Für immer mehr Frauen und Männer ist es mindestens genauso wichtig, ihre privaten Interessen und ihr Verständnis von Familie mit den Anforderungen in der Arbeitswelt in Einklang zu bringen.

Dabei liegen die Vorteile von WLB auf der Hand:

- Berufsanfänger und Karrieristen sind besser in der Lage, ihre berufliche Entwicklung mit einer langfristigen Perspektive zu versehen.
- Auch junge Paare können ihre Familienplanung längerfristig anlegen und sich Kinderwünsche leichter erfüllen, ohne gravierende Einkommenseinbußen in Kauf nehmen zu müssen.
- Frauen haben größere Chancen, ihre ökonomische Unabhängigkeit zu erringen oder auszubauen.
- Wer mitten im Berufsleben steht, kann gelassener seine Weiterbildung planen und seine Beschäftigungsfähigkeit erhalten.
- Ältere müssen weniger Angst haben, dass ihre Arbeitskraft vorzeitig entwertet wird, weil das Leben neben der Arbeit eine angemessene Wertschätzung erhält.

Natürlich gehört zur Work-Life-Balance das Wohlgefühl am Arbeitsplatz, das sich aus verschiedenen Faktoren zusammensetzt: aus z. B. Spaß an der beruflichen Aufgabe, der Möglichkeit, seine Tätigkeit nach eigenen Vorstellungen zu gestalten („Job Crafting"), einem guten Verhältnis zu Kollegen und Vorgesetzten etc.

Ob man versucht, dem Privatleben über Teilzeitarbeit, über „Downshifting" (Reduktion) oder über längere Auszeiten („Sabbatical") ein größeres Gewicht zu geben, ist ein hochgradig individueller Prozess. Allerdings funktioniert das nur bei dafür offenen und flexiblen Unternehmen und Mitarbeitern (Gross 2010).

16.2.3 Vorteile für die Unternehmen

Erst langsam sickert in Unternehmen durch, dass Mitarbeiter (vor allem die hochqualifizierten und begehrten „gold-collar workers") leichter zu gewinnen und zu halten sind, wenn der Betrieb Hilfen gibt, damit ihre Mitarbeiter Beruf und Familie leichter vereinbaren können. Gut in die Betriebsstruktur passende Work-Life-Balance-Konzepte sind verankert in den Führungsrichtlinien, beinhalten individualisierbare Arbeitszeitmodelle und eine flexible Arbeitsorganisation sowie Gesundheitsprävention für die Mitarbeiter.

Die konkreten WLB-Instrumente können in vier Maßnahmengruppen unterteilt werden:

- Maßnahmen zur **Flexibilisierung der Arbeitszeit** (z. B. unterschiedliche Modelle der Arbeitseinsatzplanung, Gleitzeitmodelle, Telearbeit …)
- Freiräume zur individuellen **Verteilung der Arbeitszeit im Lebenslauf** (z. B. Arbeitspausen, Sabbaticals …)
- eine **ergebnisorientierte Leistungserbringung** statt des Zwangs am Arbeitsplatz zu sein, auch wenn man nicht besonders produktiv ist („Anwesenheitskultur")
- Maßnahmen, die auf **Mitarbeiterbindung** durch individuelle Karriereplanung, Förderung der Qualifikation und eine umfassende Sicherung der Beschäftigungsfähigkeit zielen (Personalentwicklung, Gesundheitsprävention, unterstützende Serviceleistungen)

Doch inwiefern profitieren die Unternehmen davon? (Gross 2010)

Stimmt die Work-Life-Balance, sind die Mitarbeiter zufriedener, motivierter, leistungsfähiger und haben **geringere Abwesenheitszeiten.** Das stärkt auch die **Identifikationen** der Beschäftigten mit dem Unternehmen und führt zu einer **geringeren Fluktuation** und damit zu einem besseren Image in der Öffentlichkeit. Das wiederum ist eine ideale Grundlage für die Optimierung der Kundenbeziehungen und verbessert die Chancen im Wettbewerb um qualifizierte Fachkräfte (Gross 2010).

Was oft vergessen wird: Investitionen zur Verbesserung der betrieblichen Rahmenbedingungen im Sinne von WLB amortisieren sich rasch und nachhaltig:

- durch die verkürzten Abwesenheitszeiten,
- durch den schnelleren Wiedereinstieg in den Beruf (z. B. nach Familienpause oder außerbetrieblichen Qualifizierungsphasen),
- die Vielfalt von Rückkehrmöglichkeiten (z. B. nach Elternpause) senkt die Zahl der Berufsaussteiger, erübrigt Stellenneubesetzungen und den Aufwand der Einarbeitung von neuen Mitarbeitern.

Fazit: Gute Work-Life-Balance-Konzepte zeichnen sich durch eine durchdachte Einbettung in die Betriebsstruktur und die Führungsrichtlinien aus.

16.2.4 Familienbewusste Personalpolitik

Eine repräsentative Untersuchung, die vom Forschungszentrum Familienbewusste Personalpolitik (FFP) an 1.001 Unternehmen durchgeführt wurde, lieferte Ende 2008 zum ersten Mal generalisierbare Aussagen über die betriebswirtschaftlichen Effekte einer familienbewussten Personalpolitik. Nach dieser Studie liegt der **Zielerreichungsgrad** von familienfreundlichen Unternehmen um durchschnittlich **15 Prozent höher** als bei weniger familienbewussten Unternehmen. Dieser Zielerreichungsgrad setzt sich aus einzelnen betriebswirtschaftlichen Kennzahlen zusammen.

Danach sind familienfreundliche Unternehmen,

- 26 Prozent attraktiver für Bewerber,
- ihre Mitarbeiterproduktivität ist 17 Prozent höher,
- ebenso ist die Mitarbeitermotivation 17 Prozent besser,
- die Mitarbeiterzufriedenheit ist 13 Prozent höher,
- die Fehlzeiten sind 13 Prozent niedriger,
- die Kundenbindung ist 12 Prozent besser,
- die Kosten für vakante Stellen sind 8 Prozent niedriger (Beruf und Familie 2011).

16.2.5 Gesamtgesellschaftlicher Nutzen

Seit einiger Zeit spricht man wieder verstärkt vom „Wachstumsfaktor Familie". Nachhaltige Familienpolitik und WLB sollen vieles richten, was jahrzehntelang verschlafen wurde: die Geburtenrate erhöhen, die Frauenerwerbstätigkeit steigern und die Bildungschancen der Kinder verbessern – und auch noch die Wirtschaft ankurbeln. Die Zahl der Initiativen ist groß, vom anfangs umstrittenen Ausbau der Krippenplätze über Wiedereinstiegsprogramme für Frauen, mehr Ganztagsschulen, Förderung von Betriebskindergarten bis hin zur Steuererleichterung für Haushaltshilfen. Und auch die Work-Life-Balance-Konzepte zählen dazu. Denn auch die Gesellschaft gewinnt durch WLB – und dies gleich aus mehreren Gründen:

- Eine höhere Beschäftigungsquote führt zu höheren Haushaltseinkommen.
- Je besser das Arbeitskraftpotenzial ausgeschöpft wird, umso höher ist die Wettbewerbsfähigkeit der Unternehmen – das stärkt das gesamtwirtschaftliche Wachstum.
- Mehr Investitionen, mehr Beschäftigung, höhere Einkommen und Konsumausgaben führen zu erhöhten Steuereinnahmen. Dadurch wird zusätzlicher Spielraum für öffentliche Investitionen geschaffen, die wiederum in die Infrastruktur, für Forschung und Bildung fließen können.
- Die Kosten für die Kranken-, Arbeitslosen- und Sozialversicherungen verteilen sich auf eine größere Zahl von Beitragszahlern, was sich positiv auf die Lohnnebenkosten auswirkt.
- Insgesamt wird die Verbesserung der gesamtwirtschaftlichen Rahmenbedingungen dadurch verstärkt, dass mehr privates Engagement nicht nur die Sozialsysteme, sondern auch den Staat bei seinen Aufgaben entlastet.

16.3 Work-Life-Balance und Gender Mainstreaming

Frauen – die Hälfte des Himmels?

„Frauen sind die Hälfte der Weltbevölkerung,
sie leisten fast zwei Drittel der Arbeitsstunden,
sie erhalten ein Zehntel des Welteinkommens
und sie besitzen weniger als ein Hundertstel des Eigentums der Welt."
(Aus einem Bericht der Vereinten Nationen)

Nicht umsonst wird derzeit häufig über die Vereinbarkeit von Arbeit und Privatleben diskutiert – vor allem von Frauen. Die viel beschworene Work-Life-Balance ist in aller Munde – sowohl bei Politikern wie auch bei Managern und Gewerkschaftlern. Immer mehr Frauen lassen sich nicht mehr an den Herd verbannen, wollen

■ Tab. 16.2 Frauenanteil in Vorständen 2010 (Angaben in Prozent)	
Frauenanteil in Vorständen 2010	
Schweden	17
USA	14
UK	14
Norwegen	12
Russland	11
China	8
Frankreich	7
Spanien	6
Brasilien	6
Deutschland	2
Indien	2
Quelle: McKinsey & Company (2010)	
Fehlzeiten-Report 2012	

die traditionelle Rollenverteilung nicht mehr und sie wollen die selbst gegründete Familie mit der eigenen beruflichen Karriere verbinden. Genau aus diesem Grund wird über die Frauenquote in den Führungsetagen deutscher Unternehmen heftig diskutiert. Und da steht Deutschland im Vergleich zu anderen Ländern gar nicht gut da: In Schweden sind 17 Prozent der Positionen in Firmenvorständen an Frauen vergeben. Deutschland steht in vielen Studien mit 2 Prozent neben Indien auf dem letzten Platz (■ Tab. 16.2) (Siems 2011). Wenn man dies betrachtet, stellt sich die Frage, warum der Frauenanteil in Vorständen oder höheren Positionen in Deutschland so gering ist. Können wir in Deutschland uns nicht von dem traditionellen Männer-Frauen-Bild lösen? Liegt es an der konservativen Mentalität oder der deutschen Zwanghaftigkeit? (Welt online 2011).

„Frauenquote"

In den deutschen Top-Unternehmen sind die Chefetagen weiter fest in Männerhand: Einer Studie des Deutschen Instituts für Wirtschaftsforschung (DIW) zufolge haben mehr als 90 Prozent der 100 größten Unternehmen nicht eine einzige Frau im Vorstand. Und das soll sich in den nächsten Jahren radikal ändern. ■ Tab. 16.3 listet die Zielvorgaben der 30 DAX-Konzerne auf.

Aber wie kann man die Frauenquote in den Führungsetagen der Wirtschaft etablieren? Familienministerin Kristina Schröder und Arbeitsministerin Ursula von der Leyen verfolgen verschiedene Ansätze und streiten um das richtige Konzept (Gathmann u. Teevs 2011).

Arbeitsministerin Ursula von der Leyen fordert einen 30-Prozent-Schlüssel für Frauen in Vorständen und Aufsichtsräten. Das Thema müsse jetzt entschieden werden, weil die Zeit reif sei: Seit zehn Jahren gebe es eine freiwillige Vereinbarung mit der Privatwirtschaft, den Anteil der Frauen in Führungspositionen von Unternehmen zu steigern: „Diese Vereinbarung ist krachend gescheitert, für die Frauen hat sich kaum etwas bewegt", kritisierte die Ministerin. **Bundesfamilienministerin Kristina Schröder** ist gegen eine feste und verpflichtende Quote und plädiert für eine freiwillige Selbstverpflichtung der Unternehmen. Sie will einen Stufenplan zur Frauenquote vorlegen. Unternehmen ab einer gewissen Größe sollen dazu verpflichtet werden, eine selbst bestimmte Frauenquote festzulegen, die innerhalb von zwei Jahren erreicht werden soll – und zwar sowohl für den Vorstand als auch für den Aufsichtsrat (Welt online 2011).

Aber selbst dieser Vorschlag stößt in der Wirtschaft auf Ablehnung: Es sei richtig, dass die Bundesfamilienministerin eine starre Quote ablehne, denn dieser Weg sei verfehlt. Aber auch eine flexible Quote schränke die Betriebe „in ihrer Handlungsfreiheit ein", sagte der Präsident des Deutschen Industrie- und Handelskammertages, Hans Heinrich Driftmann. „Unternehmen müssen wie bisher auch ihre Positionen mit der jeweils am besten geeigneten Person – unabhängig von deren Geschlecht – besetzen können", forderte er. Aber die Frauen geben nicht auf. Sie wissen, dass sie nichts geschenkt bekommen: „Ohne Macht wird nur gelacht."

Männer: Balance zwischen Familie und Beruf

Dabei leiden nicht nur Frauen unter unzureichender Work-Life-Balance – Männer (und vor allem Väter) leiden ebenso – wenn auch anders. Familie und Beruf in Einklang zu bringen ist schon lange nicht mehr nur ein Konflikt für Frauen, sondern wird immer mehr auch für Männer zum Problem. Die Zeiten, in denen der Vater um fünf von der Arbeit kam und noch den Nachmittag mit den Kindern verbringen konnte, sind für viele Angestellte längst vorbei. Gerade in den Führungsetagen erstrecken sich die Arbeitszeiten bis in den Abend und ins Wochenende. Unfreiwillig werden viele so zu „**Wochenendvätern**", die ihre Kinder unter der Woche praktisch gar nicht zu Gesicht bekommen. Hier wird es schwierig, eine gute Vater-Kind-Beziehung aufzubauen. Der Vater fühlt sich häufig aus der Familie ausgeschlossen, die Kinder kennen ihren Vater kaum und die partnerschaftliche Beziehung der Eltern bleibt häufig auf der Strecke. Viele traditionelle Väter, die eigentlich aus ihrer Rolle als Alleinernährer der Familie heraus wollen, sitzen zwischen allen Stühlen:

Tab. 16.3 Frauen in Führungspositionen – Ziele der 30 DAX Unternehmen (Angaben in Prozent)

Unternehmen	Frauenanteil an Gesamtbelegschaft in Deutschland	Momentaner Anteil an Frauen in Führungspositionen in Deutschland	Zielsetzung
adidas group	49,0	26,0	32 bis 35 Prozent bis Ende 2015
Allianz	46,0	24,7	30 Prozent bis Ende 2015 in Deutschland
BASF	22,3	9,8	15 Prozent bis Ende 2020 in Deutschland
Bayer	30,0	17,0	Weltweit rund 30 Prozent bis Ende 2015
Beiersdorf	51,7	20,0	25 bis 30 Prozent bis Ende 2020
BMW	13,2	8,8	15 bis 17 Prozent bis Ende 2020
Commerzbank	50,0	23,0	Weltweit 30 Prozent bis 2015
Daimler	14,1	12,0	Weltweit 20 Prozent bis 2020
Deutsche Bank	47,0	14,0	Managing Director, Director – weltweit 25 Prozent bis Ende 2018
		27,0	Managing Director, Director, Vice President, Assistant Vice President, Associate – weltweit 35 Prozent bis Ende 2018
Deutsche Börse	37,0	13,0	20 Prozent bis Ende 2015 im oberen und mittleren Management
		23,0	30 Prozent bis Ende 2015 im unteren Management
Deutsche Post DHL	47,0	18,0	Weltweit 25 bis 30 Prozent aller Vakanzen im oberen, mittleren und unteren Management ab sofort
Deutsche Telekom AG	31,1	12,5	Weltweit 30 Prozent bis Ende 2015
e.on	26,0	8,6	14 Prozent bis Ende 2016 in Deutschland
Fresenius	71,1	18,0	Keine Angaben
Fresenius Medical Care	45,6	12,0	Keine Angaben
HeidelbergCement	17,0	6,8	Weltweit 15 Prozent bis Ende 2020
Henkel	35,0	28,5	Weiterer Ausbau des Frauenanteils auf allen Managementebenen. Auf Konzernebene soll die bisherige Zuwachsrate von einem Prozentpunkt auf ein bis zwei Prozentpunkte jährlich erhöht werden.
Infineon	25,8	11,2	Weltweit 15 Prozent bis Ende 2015, 20 Prozent Frauenanteil bis Ende 2020
K+S	10,0	8,0	Steigerung der Frauen in Führungspositionen um circa 30 Prozent
The Linde Group	24,5	9,1	13 bis 15 Prozent bis Ende 2018
Lufthansa	44,9 (inkl. Verbund)	15,5	Mindestens 30 Prozent bis Ende 2020
MAN	11,5	9,9	Weltweit 12 Prozent bis Ende 2014
Merck	38,0	17,0	Weltweit 25 bis 30 Prozent bis Ende 2016
Metro	61,2	14,9	Weltweit 20 Prozent bis Ende 2013, 25 Prozent bis Ende 2015
Münchner Rückversicherung	50,0	20,0	Mindestens 25 Prozent bis Ende 2020 in Deutschland
SAP	30,0	13,0	Weltweit 25 Prozent bis Ende 2017
Siemens	21,0	10,0	12 bis 13 Prozent Frauenanteil bis Ende 2015
ThyssenKrupp	13,0	7,6	15 Prozent bei leitenden außertariflichen Mitarbeitern bis Ende 2020

16

Tab. 16.3 (Fortsetzung)

Unternehmen	Frauenanteil an Gesamtbelegschaft in Deutschland	Momentaner Anteil an Frauen in Führungspositionen in Deutschland	Zielsetzung
Volkswagen	14,8	Obere F.: 4,3 Prozent	Obere Führungsebene 11 Prozent bis Ende 2020
		Mittlere F.: 6,5 Prozent	Mittlere Führungsebene 12 Prozent bis Ende 2020
		Untere F.: 10 Prozent	Untere Führungsebene 15 Prozent bis Ende 2020

Quelle: Gemeinsame Presseinformation der 30 DAX-Unternehmen (17.10.2011); eigene Darstellung

Fehlzeiten-Report 2012

Einerseits müssen sie die Familie allein finanzieren und sich deshalb im Job engagieren und auf der anderen Seite wird an sie die Anforderung gestellt, als Vater präsent zu sein und sich an der Kindererziehung zu beteiligen.

Schlüsselfaktor ist hier die Arbeitszeit. Wünsche und Wirklichkeit fallen hier leider weit auseinander: Denn mit kleinen Kindern arbeiten Mütter in der Regel kürzer, aber Väter bleiben bei Vollzeit oder arbeiten sogar länger als ohne Nachwuchs. Häusliches Engagement ist da von ihnen kaum noch zu erwarten. Der **Gender Gap**, die geschlechtsspezifische Schere, bei den Arbeitszeiten von Müttern und Vätern ist beträchtlich. In Westdeutschland arbeiten Väter im Schnitt 17 Stunden pro Woche länger als Mütter – vor allem deshalb, weil Väter meist Vollzeit und Mütter Teilzeit arbeiten (Gross 2010).

Der Hintergrund: Die Anforderungen an Männer im Berufsleben steigen ständig. Egal, ob man Karriere machen will oder einfach nur im Job mithalten muss – man(n) muss immer mehr leisten und dabei immer längere Arbeitszeiten in Kauf nehmen. Allerorten wird von „Lean Management", „Re-engineering" geredet, es wird „outgesourct" oder gar stillgelegt – und nicht nur von „Heuschrecken", sondern weil der Markt es (scheinbar) verlangt. Und das macht Angst – nicht nur vor dem Verlust des Arbeitsplatzes, sondern auch davor, ob man dem, was man neudeutsch beschönigend „Arbeitsverdichtung" nennt, standhalten kann. Schließlich ist die derzeitige Arbeitswelt – ganz gleich in welcher Branche oder auf welcher Hierarchiestufe – fast überall stressgeladen.

In einer aktuellen Online-Studie der IGS Organisationsberatung GmbH, des Managementportals MWonline GmbH, des Softwareunternehmens Staffadvance GmbH und der Zeitschrift Wirtschaftswoche wurden 1.078 Väter zum Thema **„Väter zwischen Karriere und Familie"** befragt. Demnach sehen sich 71 Prozent der Väter in einem Konflikt zwischen familiären Anforderungen und Karriere. Bei einem Großteil der Befragten kommen dabei die Familie und die eigenen Interessen zu kurz. Das Gefühl der Überforderung durch die Anforderungen, die an sie gestellt sind, kennen über 90 Prozent (Schmitz u. Kohn 2008).

Gerade Führungskräfte, Manager und Karrieristen erleben es als zunehmend schwierig, den immensen Anforderungen des Berufslebens gerecht zu werden, ohne die Familie zu vernachlässigen. Für die einen besteht der Ausweg darin, ganz auf Kinder zu verzichten, die anderen bemühen sich, den Spagat zwischen Karriere und Kindern zu schaffen.

In der oben genannten Studie gaben 42 Prozent der Väter an, weniger als zehn Stunden pro Woche aktiv mit ihren Kindern zu verbringen. 87–89 Prozent sehen sich dem Wunsch der Partnerin und der Kinder gegenüber, mehr Zeit mit der Familie zu verbringen. Die Mehrheit der Väter (82 Prozent) teilt diesen Wunsch und ca. die Hälfte der Väter hat wegen der Familie schon einmal auf Karriereschritte verzichtet.

Auch **Vätern steht das Recht auf Elternzeit zu.** Immerhin 23,6 Prozent der Väter machten 2009 Gebrauch davon. Dies ist eine deutliche Steigerung gegenüber den 3,5 Prozent vor der Gesetzesänderung; angesichts der großen Zahl an Vätern, die gerne mehr Zeit für die Kinder hätten, ist die Zahl jedoch immer noch nicht sehr hoch.

Viele Väter wagen den Schritt in die Elternzeit nicht, weil es häufig einfach nicht umsetzbar scheint. Zwar steht Vätern, die in Betrieben mit mehr als 15 Mitarbeitern arbeiten, ein Recht auf Teilzeit zu. Aber wer wegen Kindern die Karriere aussetzt, muss befürchten, schnell „weg vom Fenster" zu sein oder seinen Job letztlich ganz zu verlieren, auch wenn dieser ihm gesetzlich nach der Elternzeit wieder zusteht. Für

Väter scheint in der Karrierewelt nur wenig Platz zu sein. Wer es zu etwas bringen will, von dem wird erwartet, dass er seinen Job über alles andere stellt. Bei 69 Prozent der befragten Väter werde vonseiten der Unternehmer keine Unterstützung für Väter zur Vereinbarkeit von Familie und Beruf angeboten. Und ca. zwei Drittel gaben sogar an, dass die Inanspruchnahme von Elternzeit für Männer negative Auswirkungen im Unternehmen hat (Gross 2010).

Dabei ist es durchaus ökonomisch, die „Familie" als Ressource zu stärken. Für 77 Prozent der befragten Väter hat die Familie positive bis sehr positive Auswirkungen für die berufliche Leistung. Wer im Privatleben Kraft schöpfen kann, ist auch im Job leistungsfähiger, kreativer und belastbarer. Gerade in Zeiten von Burnout, stressbedingten Herzbeschwerden und anderen psychischen und körperlichen Stressreaktionen ist der Wert von familiären „Wiederaufbereitungsanlagen" nicht zu unterschätzen.

Und immerhin – langsam erscheint ein Lichtstreif am Ende des Horizonts. Es gibt immer mehr Unternehmen, die ihre gesellschaftliche Verantwortung wiederzuentdecken scheinen. Immerhin gibt es inzwischen über 400 ganz unterschiedliche Unternehmen und Institutionen, die die Zertifikate zum Audit „Beruf und Familie" der Hertie-Stiftung erhalten haben: Von bundesweit bekannten Unternehmen wie adidas, BASF, Deutsche Bank, Deutsche Telekom über regionale wie Autohaus Jachnik, Bäckerei Metzler, Keller-Dental-Labor, Mariele-Sibum-Team bis hin zu Institutionen wie Krankenkassen, IHKs, Ministerien, Hochschulen und dem DGB reicht die Palette.

Bei den Zertifikaten werden im Bereich Familienfreundlichkeit unternehmensspezifische Lösungen in folgenden acht Handlungsfeldern geprüft:

1. Arbeitszeit
2. Arbeitsorganisation
3. Arbeitsort
4. Informations- und Kommunikationspolitik
5. Führungskompetenz
6. Personalentwicklung
7. Entgeltbestandteile und geldwerte Leistungen
8. Service für Familien

Die Frage ist, wie ernst die auditierten Unternehmen die Familienfreundlichkeit wirklich nehmen und welche Prioritäten sie ihr im gelebten beruflichen Alltag geben – und wo sie das Thema nur als „soziales Feigenblatt" benutzen. Sicher – die „Verhältnisse" in den Firmen sind wesentlich dafür, dass sich hier etwas ändert, genauso wichtig ist allerdings auch das individuelle „Verhalten" jedes Einzelnen.

16.4 Die Fünf Säulen der Identität

Nicht umsonst ist „Work-Life-Balance", die ausgewogene Balance zwischen Arbeit und Privatleben, in unseren turbulenten Zeiten zum Modebegriff geworden und immer noch in aller Munde. Ganz abgesehen davon, dass man besser von „Life-Work-Balance" sprechen sollte (schließlich sollte das Leben vor der Arbeit stehen), ist es besser nicht nur die beiden Seiten Arbeit (work) und Leben (life) gegenüberzustellen, denn die gesunde Identität einer Person ruht nicht nur auf zwei, sondern auf fünf Säulen (◘ Abb. 16.1).

Gerade dann, wenn man langfristig erfolgreich sein will, kommt man nicht umhin, sich mit diesen unterschiedlichen Anteilen zu beschäftigen. Diese fünf Säulen wollen wahrgenommen, beachtet und gepflegt werden, wenn daraus eine gesunde Identität und ein langfristig befriedigendes Arbeits- und Berufsleben werden soll. Deshalb arbeiten wir in Coaching, Supervision und in den Seminaren am Psychologischen Forum Offenbach (PFO) mit diesen fünf Säulen.

1. Arbeit, Leistung, Zeitstruktur

Bei dieser Säule geht es darum, den eigenen Berufsalltag genauer in den Blick zu nehmen und eine **Ist-Soll-Analyse** anzustellen. Wie sieht meine berufliche Situation derzeit aus und wie hätte ich sie gern? Welche Ziele für mich und meine Karriere habe ich für jetzt und die nächsten Jahre? Welche Dinge an meiner derzeitigen Tätigkeit machen mich zufrieden? Was könnte mich zufriedener und damit vielleicht auch leistungsfähiger machen?

2. Partnerschaft, (selbst gegründete und Herkunfts-) Familie

Partnerschaft und Familie sind „Wiederaufbereitungsanlagen" – aber sie sind mehr als das. Bei dieser Säule geht es um Fragen wie: Bin ich mit der momentanen Situation in meiner Beziehung/Ehe zufrieden oder möchte ich etwas verändern? Wie viel Zeit wende ich überhaupt für Partnerschaft/Familie auf? Ist das genug?

3. Körper, Gesundheit, Gefühle ...

Hier geht es um die Beziehung zum eigenen Körper. Benutze ich ihn nur als „Leistungsmaschine", die zu funktionieren hat und sonst nichts? Was sind meine körperlichen Stärken und Schwächen? Wie gehe ich mit Stress um? Was tue ich für und was gegen meinen Körper? Was signalisiert er mir mit Krankheiten? Wie kann ich mich am besten entspannen? **Gefühlswelt:** Nehme ich meine Gefühle wahr und ernst? Kann ich

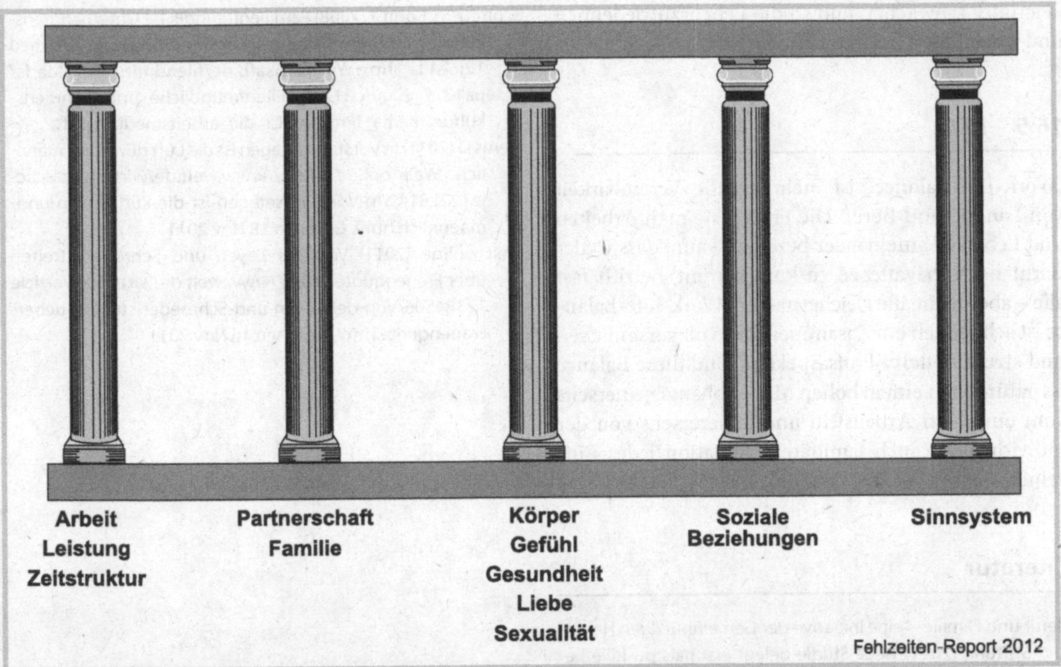

Abb. 16.1 Die fünf Säulen der gesunden Identität (aus: GfK International Employee Engagement Studie 2011, mit freundlicher Genehmigung)

sie angemessen ausdrücken – oder verleugne/blockiere ich sie so, dass sie mir irgendwann einen Strich durch die Rechnung machen?

4. Soziale Beziehungen, Freundeskreis, gesellschaftliches Engagement

Wie viele Leute kenne ich überhaupt? Wie viele davon bezeichne ich als *Bekannte* und wie viele als *Freunde*, auf die ich mich wirklich verlassen kann? Gibt es **ausreichend Kontakte**, die nichts mit der Arbeit zu tun haben? Was gewinne ich aus meinen sozialen Beziehungen und was wünsche ich mir für die Zukunft? Wofür engagiere ich mich gesellschaftlich oder wo möchte mich gerne engagieren?

5. Sinnsystem (Philosophie, Religion …)

Die letzte Säule beschäftigt sich mit den **Werten und Idealen**, damit, woran ich glaube, was wirklich wichtig ist für mich. Das kann ein selbstgebautes oder auch übernommenes Wertesystem sein, ein Weltbild, eine Religion, ein philosophisches System … Insgesamt: Welchen Sinn sehe ich in meinem Leben – welchen Sinn gebe ich ihm? (Gross 2010)

Klar ist, dass in unterschiedlichen Lebensphasen die einzelnen Säulen in unterschiedlicher Weise im Vordergrund stehen oder auch Belastungen unterworfen sind. Ideal ist es natürlich, wenn alle fünf Säulen stabil sind: Es ist im Grunde wie bei einem Bürostuhl. Früher hatten die Schreibtischroller drei oder vier Beine und konnten noch leicht umgekippt werden. Heute haben Bürostühle fünf Beine und es bedarf schon einer ziemlichen Anstrengung, sie zu Fall zu bringen.

Das heißt, wenn ich trotz der beruflichen Anspannung diese fünf Säulen im Blick habe und etwas zur Stabilisierung unternehme, sind das nicht nur „Psycho-Spielchen", sondern ich tue etwas für meine langfristige Entwicklung und binde sie ein in meine Lebensplanung. Ich teile meine Kräfte ein und entwickle mich vom Kurzfrist-Sprinter zum Marathonläufer. Und da meine berufliche Entwicklung keine Eintagsfliege ist, ist es gut, sich in den langen Distanzen zu üben und sowohl Durststrecken wie auch schwierige Situationen durchzustehen.

Schließlich wird es vor allem dann problematisch, wenn weniger als drei Säulen langfristig eine ausreichende Stabilität haben. Ein über längere Strecken gesundes, befriedigendes Leben ist dann mit Sicherheit schwierig – bei Männern wie bei Frauen. Und – eine zu starke Fixierung auf die Säule „Arbeit" kann die Säule

„Familie" schwächen und so die Lebenszufriedenheit und Gesundheit beeinträchtigen.

16.5 Fazit

„Work-Life-Balance" ist mehr als die Vereinbarkeit von Familie und Beruf. Die Frage, wie man Arbeiten und Leben so aufeinander beziehen kann, dass weder Beruf noch Privatleben zu kurz kommt, betrifft fast alle – aber nicht alle gleichermaßen. Work-Life-Balance ist schließlich ein Zusammenspiel von persönlichen und strukturellen Berufsaspekten. Und diese Balance ist natürlich in einem hohen Maße abhängig einerseits vom einzelnen Arbeitsfeld und andererseits von der individuellen (auch familiären) Situation jedes Einzelnen.

Literatur

Beruf und Familie – eine Initiative der Gemeinnützigen Hertie-Stiftung (2011) Neue Studie belegt erstmals positive betriebswirtschaftliche Effekte einer familienbewussten Personalpolitik für die deutsche Wirtschaft. http://www.beruf-und-familie.de/index.php?c=30&cms_det=474

Bildungsspiegel (2011) Studie: Work-Life-Balance der jungen Generation im Missklang. http://www.bildungsspiegel.de/aktuelles/studie-work-life-balance-der-jungen-generation-im-missklang.html?Itemid=262. Gesehen 15 Nov 2011

Der Spiegel (2011) Frauen in Führungspositionen. http://www.spiegel.de/politik/deutschland/bild-792261-272425.html. Gesehen 15 Nov 2011

Gathmann F, Teevs C (2011) Zwei Ministerinnen im Quotenkampf. Spiegel online. http://www.spiegel.de/politik/deutschland/0,1518,792261,00.html

Gemeinsame Presseinformation der 30 DAX-Unternehmen (17.10.2011) Faktenblatt „Frauen in Führungspositionen" – Status quo und Zielsetzungen der 30 DAX-Unternehmen. http://www.siemens.com/press/de/pressemitteilungen/?press=/de/pressemitteilungen/2011/corporate_communication/dax-spitzentreffen.htm. Gesehen 19 Apr 2012

GfK International Employee Engagement Studie (2011) aus: Pressemitteilung 24.05.2011: Work-Life-Balance der jungen Generation im Missklang. http://www.gfk.com/imperia/md/content/presse/pressemeldungen_2011/20110524_pm_gfk_international_employee_engagement_survey_dfin.pdf. Gesehen 20 Apr 2012

Gross W (2010) …aber nicht um jeden Preis – Karriere und Lebensglück. Kreuz, Freiburg im Breisgau

McKinsey & Company (2010) Women Matter 2010: Women at the top of corporations: Making it happen. http://www.mckinsey.com/locations/swiss/news_publications/pdf/women_matter_2010_4.pdf, p 3

Schmitz M, Kohn J (2008) Familienfreundliche Unternehmenskultur – ein Thema für die Arbeitsmedizin? Prakt Arb med 12:6–11. http://www.bsafb.de/fileadmin/downloads/pa12_7_2008/pa12_familienfreundliche_unternehmenskultur_thema_fProzentFCr_die_arbeitsmedizin.pdf

Siems D (2011) In Vorstandsetagen ist die Luft dünn und männlich. Welt online. http://www.welt.de/wirtschaft/article12228149/In-Vorstandsetagen-ist-die-Luft-duenn-und-maennlich.html. Gesehen 18 Nov 2011

Welt online (2011) Von der Leyen und Schröder streiten über Frauenquote. http://www.welt.de/wirtschaft/article12384506/Von-der-Leyen-und-Schroeder-streiten-ueber-Frauenquote.html. Gesehen 16 Nov 2011

16

Kapitel 17

Projekt BidA – Balance in der Altenpflege

K. Bayer, S. Hiller

Zusammenfassung *Das in diesem Beitrag vorgestellte Projekt „Balance in der Altenpflege" wurde im Seniorenzentrum der Diakonie Neuendettelsau durchgeführt. Mitarbeiter in Altenpflegeeinrichtungen sind einem starken Flexibilisierungsdruck hinsichtlich bspw. Einsatzzeiten und -orten ausgesetzt. Mittels einer Mitarbeiterbefragung und einer Arbeitssituationsanalyse wurden Problemschwerpunkte in den einzelnen Bereichen ermittelt. In einem supportiven Ansatz wurden nach und nach Lösungsansätze für die Probleme der Mitarbeitenden entwickelt. Da das Projekt noch nicht abgeschlossen ist, können noch keine konkreten Ergebnisse präsentiert werden. Erste Rückmeldungen lassen jedoch auf ein durchaus positives Ergebnis hoffen.*

17.1 Ausgangssituation

Die stationäre und ambulante Altenpflege zählt in Deutschland zu den Branchen mit starker Wachstums- und Veränderungsdynamik. Prognosen gehen davon aus, dass die Zahl der Pflegebedürftigen von derzeit 2,34 Mio. bis zum Jahre 2030 auf rund 3,4 Mio. ansteigen wird und bis 2050 nahezu mit einer Verdoppelung auf über 4 Mio. pflegebedürftiger Menschen zu rechnen ist (AOK-Bundesverband 2011a).

Mit Schlagworten wie „Pflegenotstand" und „Fachkräftemangel" wird auf die Situation der Beschäftigten in diesem Arbeitsfeld aufmerksam gemacht. Bereits heute ist die hohe Dichte arbeitsbedingter Gesundheitsbelastungen in den Pflegeberufen hinreichend belegt und findet ihren Niederschlag in alarmierenden Krankenstandszahlen, hohen Fluktuationsraten und häufig krankheitsbedingtem vorzeitigem Berufsausstieg.

Mit 6,2 Prozent liegen die Beschäftigten der Pflegebranche im Jahr 2009 1,1 Prozentpunkte über dem bundesweiten Krankenstandswert aller Branchen (AOK-Bundesverband 2011b). Nur etwa jede sechste Altenpflegekraft hält die Personalausstattung im eigenen Arbeitsbereich für angemessen und über 67 Prozent der Berufsgruppe erwägen einen Berufsausstieg (DBfK 2009).

Eine von der Initiative Neue Qualität der Arbeit (INQA) im Jahr 2005 durchgeführte Literaturrecherche kommt zu dem Ergebnis, dass u. a. folgende Belastungsfaktoren in der Altenhilfe vorherrschen: Körperliche Belastungen durch Heben und Tragen, hoher Zeitdruck, hohe psychische und soziale Anforderungen, gesundheitlich ungünstige Dienstzeiten, Stressbelastung durch organisatorische Probleme und Mehrfachbelastungen vor allem der Mitarbeiterinnen (Klein u. Gaugisch 2005).

Auch laut den Ergebnissen der umfangreichen NEXT-Studie dominieren körperliche, psychische und organisationale Belastungen in der Pflegebranche. In Alten- und Pflegeheimen fühlen sich 65,4 Prozent der

B. Badura et al. (Hrsg.) *Fehlzeiten-Report 2012*,
DOI 10.1007/978-3-642-21655-8_17,

Pflegekräfte durch zu hohe quantitative Anforderungen und Zeitdruck belastet und 79,1 Prozent sehen in den emotionalen Anforderungen eine starke Belastung (Hasselhorn et al. 2005). Nach Simon et al. (2005) weisen 44,2 Prozent der Pflegekräfte in Altenheimen typische Burnout-Symptome auf.

Aktuelle Erhebungen bestätigen den unverändert hohen Handlungsbedarf zur Verbesserung der gesundheitsrelevanten Rahmenbedingungen. Allein im Zeitraum 2008–2010 ist ein deutlich vernehmbarer Anstieg der psychisch bedingten Erkrankungsfälle um rund 10 Prozent zu konstatieren (Meyer 2011).

Aufgrund des demografischen Wandels steigt der Pflegeaufwand, da sich die Krankheitsbilder der zu Betreuenden verändern. Die Bewohner werden immer älter und parallel nimmt auch die Multimorbidität der Bewohner zu. Sie erkranken immer häufiger an alterstypischen Krankheiten wie etwa Demenz oder Alzheimer. Weiterhin rückt die Begleitung von Sterbenden in den Einrichtungen der Diakonie Neuendettelsau immer mehr in den Mittelpunkt, da die Menschen in immer höherem Alter in eine Einrichtung ziehen und dort durchschnittlich nur ein bis drei Jahre verweilen, ehe sie sterben. Gleichzeitig sind vor allem in der Pflege immer mehr ältere Mitarbeitende tätig. Da mit zunehmendem Alter meist ein starker Anstieg von Muskel-Skelett-Erkrankungen einhergeht (siehe Kapitel Meyer et al. in diesem Band), sind insbesondere Maßnahmen, die der Erhaltung der körperlichen Gesundheit dienen, für ältere Pflegekräfte von besonderer Bedeutung.

Wie bereits erwähnt, werden immer häufiger Anforderungen an Mitarbeitende in Altenpflegeeinrichtungen gestellt, die es notwendig machen, dass der einzelne Mitarbeiter immer flexibler arbeitet. Dabei ist zu berücksichtigen, dass die Flexibilisierung von Arbeitsbedingungen nicht per se gesundheitsbelastend ist. Insbesondere wenn damit Autonomie und Gestaltungsspielräume der Mitarbeitenden erweitert werden, kann dies zur Förderung der Resilienz beitragen. Die „Schattenseite" einer galoppierenden Veränderungsdynamik wird in Form von Flexibilitätsüberforderung sichtbar. Variieren Arbeitsinhalte und tägliches Arbeitspensum, zum Teil eng verknüpft mit kurzfristig wechselnden Einsatzzeiten und -orten (Schicht- und Stationszuteilung) und Teamkollegen, dann sind die Anforderungen für den betroffenen Mitarbeitenden immer schwerer vorhersehbar, was unweigerlich zu erhöhtem Stress führt. Darüber hinaus wird es schwieriger, regelmäßiger Pausen einzuhalten und – insbesondere bei den Teilzeitkräften – die Arbeit mit privaten/familiären Erfordernissen zu vereinbaren.

Die herausfordernden Arbeitsbedingungen und das spezifische Belastungsspektrum in der Altenpflege sind Gegenstand des vom BMAS initiierten Förderschwerpunktes: Demografischer Wandel in der Pflege – Modelle für den Erhalt und die Förderung der Arbeits- und Beschäftigungsfähigkeit von Pflegekräften.

Die Diakonie Neuendettelsau erhielt als eines von drei geförderten Projekten den Zuschlag für das Pilotprojekt zum Nachweis der Wirksamkeit eines ganzheitlichen Gesundheitsmanagements in Einrichtungen der Altenpflege. Dazu wurde im November 2009 im Seniorenzentrum Neuendettelsau das Projekt BidA (Balance in der Altenpflege) implementiert, das im November 2012 gemäß den Förderrichtlinien abgeschlossen wird.

Fachlich wird das Projekt von der Bundesanstalt für Arbeitsschutz und Arbeitsmedizin begleitet, durch die Gesellschaft für soziale Unternehmensberatung (gsub) unterstützt und durch Gesundheitsexperten der AOK Bayern und der Berufsgenossenschaft für Gesundheitsdienst und Wohlfahrtspflege (BGW) extern begleitet.

17.2 Projektbeschreibung BidA

Das Ziel des Betrieblichen Gesundheitsmanagements im Projekt BidA ist es, das Wohlbefinden und die Gesundheit der Mitarbeitenden zu stärken und die aus Personalmangel resultierenden Belastungen durch eine verstärkte Flexibilisierung von Dienst-/Arbeitszeiten und Aufgaben zu mildern.

17.2.1 Modelleinrichtung

Die Diakonie Neuendettelsau ist mit 190 Einrichtungen in den Bereichen Altenhilfe, Krankenhauswesen, Jugend und Schule, diakonische Dienstleistungen sowie Diensten und Einrichtungen für Menschen mit Behinderung mit rund 6.500 Beschäftigten der größte diakonische Träger in Bayern. Pro Jahr werden in den Einrichtungen rund 70.000 Menschen betreut. Viele Tausende nehmen zusätzlich die ambulanten Hilfen in Anspruch.

Als Piloteinrichtung wurde das Seniorenzentrum ausgewählt, da hier sowohl die verschiedenen Angebote (stationär, betreutes Wohnen, ambulant) als auch eine große Bandbreite von Berufsgruppen vertreten sind.

Das Seniorenzentrum Neuendettelsau besteht aus zwei Häusern der stationären Pflege mit insgesamt

178 Wohn- und Pflegeplätzen, einem Haus für betreutes Wohnen mit 57 Appartements und einer ambulanten Sozialstation. Insgesamt sind in der Einrichtung derzeit ca. 160 Mitarbeitende tätig: Pflegefachkräfte, Pflegehilfskräfte, Beschäftigungstherapeuten, diakonische Helfer/innen, Bundesfreiwilligendienstleistende, Auszubildende, Hauswirtschaftsfachkräfte, Hauswirtschaftshilfskräfte, Verwaltungskräfte und Hausmeister. Der Männer-Anteil der gesamten Belegschaft liegt bei ca. 11 Prozent. Das Durchschnittsalter der Mitarbeitenden beträgt derzeit 39,04 Jahre. Vor allem bei den Beschäftigten in der Pflege stieg das Durchschnittsalter in den Einrichtungen der Diakonie Neuendettelsau in den letzten Jahren enorm an.

17.2.2 Projektstruktur und Interventionsansätze

Zur Durchführung des Projektes wurde ein Projektsteuerkreis eingerichtet, in dem u. a. Einrichtungs- und Pflegedienstleitung, Hauswirtschaftsleitung, Arbeitnehmervertreter und Personalabteilung vertreten sind. Extern wird das Projekt durch Gesundheitsexperten der AOK Bayern und der BGW begleitet. Für die Realisierung der zentralen Zielkategorien wurden folgende Teilprojektteams gebildet:
- Projektteam Gesundheitsprogramm
- Projektteam Integriertes Gesundheitsmanagement
- Projektteam Monitoring
- Projektteam Öffentlichkeitsarbeit

Die Teams sind auf der operativen Ebene verantwortlich für die Umsetzung zugeordneter Arbeitspakete und berichten regelmäßig dem Steuerkreis.

Bei der strategischen Ausrichtung wird eine enge Verknüpfung der beiden Interventionsansätze in der Prävention angestrebt. Dies bedeutet, dass gezielt verhaltenspräventive Angebote für die Mitarbeiter (Verhaltensprävention) entwickelt und Maßnahmen zur Optimierung arbeitsplatzbezogener Bedingungen (Verhältnisprävention) initiiert werden.

17.2.3 Projektschwerpunkte/Zielgruppe

Die Projektschwerpunkte sind abgeleitet aus der Vorgabe des Bundesministeriums für Arbeit und Soziales, die auf die Implementierung eines ganzheitlichen Gesundheitsmanagements zielt.

Konkret stehen im Projekt BidA folgende Schwerpunkte im Vordergrund (◘ Abb. 17.1):

◘ Abb. 17.1 Übersicht Projektinhalte

- Sensibilisierung für die eigene Gesundheit
- Einführung und Umsetzung eines an die Bedürfnisse der Mitarbeitenden angepassten Gesundheitsprogramms
- Schulungen der Führungskräfte zum Thema „Gesundes Führen"
- Reduzierung von Arbeitsbelastungen
- Einführung um Umsetzung eines „persönlichen Gesundheitsbudgets" als Anreizsystem für die Mitarbeitenden
- Erstellung eines Handlungsleitfadens aus den verschiedenen Produkten des Projekts

Am Projekt BidA nimmt die gesamte Belegschaft des Seniorenzentrums Neuendettelsau teil, da bei der Einführung eines ganzheitlichen Gesundheitsmanagements nicht ausschließlich die Pflegekräfte im Mittelpunkt stehen sollen.

17.3 Analysen zur betrieblichen Gesundheitssituation

Das zugrunde gelegte Konzept zur Betrieblichen Gesundheitsförderung folgt der Maxime „Betroffene zu Beteiligten machen". Dieser partizipatorische Ansatz zielt zum einen darauf, neben objektivierten, quantitativen Daten (schriftliche Mitarbeiterbefragung) auch die subjektive Belastungseinschätzung (qualitative Daten) der Beschäftigten für die konkrete Projektgestaltung zu nutzen. Zum anderen erhöht eine frühzeitige und umfassende Einbeziehung der Mitarbeitenden die Akzeptanz für die Projektinitiative und für nachfolgende Veränderungen.

17.3.1 Betriebsbarometer

Mit der Anwendung des BGW-Betriebsbarometers wurde eine wesentliche Grundlage für die Generierung von praxisorientierten Angeboten und Maßnahmen geschaffen. Das von der Berufsgenossenschaft für Gesundheitsdienst und Wohlfahrtspflege bereitgestellte Analyseinstrument umfasste eine schriftliche Mitarbeiterbefragung (MAB) in Form eines Fragebogens mit folgenden Themen:

- Arbeitszeit
- Arbeitsaufgaben
- Arbeitssituation
- Arbeitsbereich
- Zusammenarbeit mit Kollegen/Vorgesetzten
- Unternehmen und Betrieb
- Ausstattung/Arbeitsschutz
- Arbeitszufriedenheit
- Gesundheit/Unfälle
- Arbeiten und Leben im Gleichgewicht
- Präventionspotenzial von Muskel-Skelett-Erkrankungen
- Belastungen im Umgang mit Bewohnern und Angehörigen

Die Ergebnisse ermöglichen es, Problemanzeigen und Ressourcen realistischer einzuschätzen. Beim Einsatz des Betriebsbarometers als Evaluationsinstrument können gezielt Skalenwerte zu bestimmten Themen zum Zeitpunkt t0 und t1 verglichen werden (Februar 2010 und Juli 2012). Es kann dann jeweils auch bestimmt werden, inwiefern sich die Werte im Vergleich zur Erstbefragung verändert haben.

An der ersten Befragung im Februar 2010 nahmen insgesamt 99 von 143 Mitarbeitenden (davon ca. 10 Prozent männlich) aus allen Tätigkeitsbereichen (Pflege, Hauswirtschaft, Verwaltung) im Alter von unter 20 Jahren bis über 60 Jahren des Seniorenzentrums Neuendettelsau teil – dies entspricht einer Rücklaufquote von 69,2 Prozent.

17.3.2 Arbeitssituationsanalysen

Ergänzend zur schriftlichen Befragung mit dem BGW-Betriebsbarometer wurden in der Einrichtung Arbeitssituationsanalysen (ASitAs) durchgeführt. Dabei handelt es sich um eine mündliche Befragungsmethode, die vor allem qualitative Ergebnisse zur betrieblichen Belastungssituation liefert. Die ASitA ist aber nicht ausschließlich ein Instrument zur Problemanzeige, sondern sie greift auch Anregungen der Mitarbeiter zur Entwicklung von Ideen und Problemlösungen auf. Somit steht der Erhebung von Belastungsfaktoren in der Arbeit immer auch die Reflexion von motivationsfördernden Aspekten und Ressourcen gegenüber.

17.3.3 Projektsteuerung

Im Projekt werden die Ergebnisse des Betriebsbarometers sowie der Arbeitssituationsanalysen im *Projektsteuerkreis* vorgestellt. Dieser entscheidet über die Priorisierung der Themen und die weitere Bearbeitung. Konkrete Maßnahmen werden dann entweder durch die Teilprojektgruppe „Gesundheitsprogramm" oder durch weitere zu bildende Unterarbeitsgruppen abgeleitet.

Im Rahmen des Projektsteuerkreises wird durch die Beteiligung der Betriebsärztin auch eine Schnittstelle zum betrieblichen Arbeitsschutzsystem geschaffen. Erkenntnisse, die bereits im Rahmen des betrieblichen Arbeitsschutzes zur Gesundheits- bzw. Belastungssituation im Betrieb (z. B. Gefährdungsanalysen) gewonnen wurden, können einbezogen werden, wenn sich herausstellt, dass es Überschneidungen zu den Ergebnissen der Analysen im Rahmen des Projekts gibt (bspw. Belastungen, die im Bereich der Arbeitsumgebung oder der Ausstattung mit Arbeitsmitteln festgestellt werden und/oder Defizite im Bereich des betrieblichen Arbeitsschutzes, des Unfallschutzes etc.).

17.4 Analyse der gesundheitlichen Belastungen

Das Seniorenzentrum Neuendettelsau hat erkannt, dass vor allem die zeitliche, aber auch die örtliche und inhaltliche Flexibilität zugenommen und eine gesundheitsrelevante Dimension erreicht hat. Die steigende Belastung der einzelnen Mitarbeitenden führt zu häufigen Fehlzeiten auf den Stationen. Mitarbeitende, die sich gerade in der Freizeit befinden, müssen deshalb oft einspringen oder andere Dienste leisten als im Dienstplan vorgesehen. Darüber hinaus müssen sie zuweilen ihren gewohnten Arbeitsplatz verlassen und auf einer anderen Station oder in einem anderen Haus arbeiten.

17.4.1 Belastungen durch Flexibilitätsanforderungen an die Mitarbeitenden

Die MAB-Ergebnisse des Seniorenzentrums zeigen, dass die zentralen Gesundheitsbelastungen eng mit

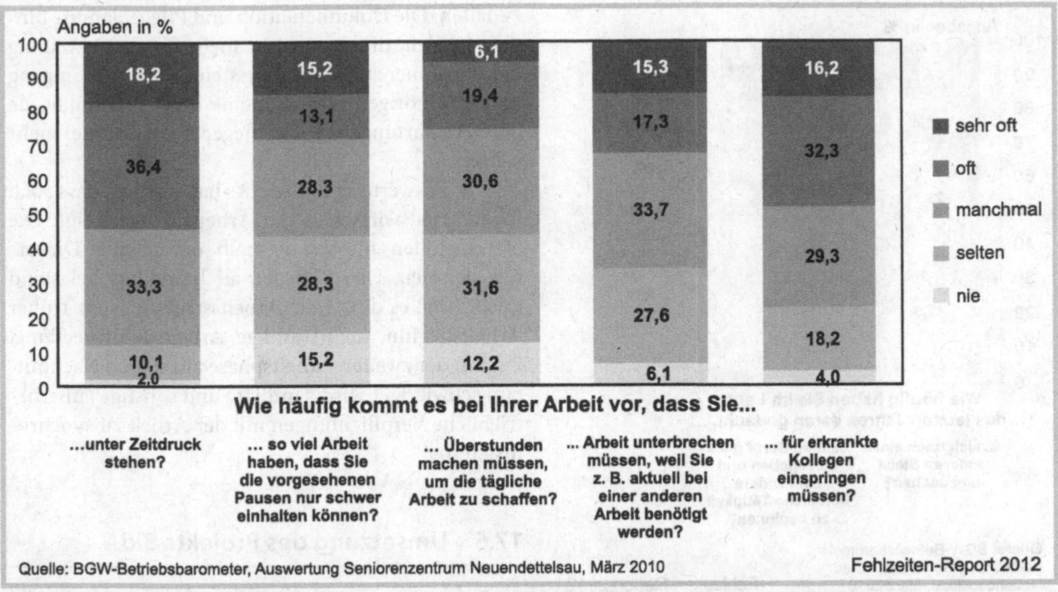

■ **Abb. 17.2** Arbeitssituation

den steigenden Flexibilitätsanforderungen verknüpft sind und im Wesentlichen nicht von den bekannten Belastungen in der Altenhilfe abweichen (vgl. ■ Tab. 17.1 und ■ Abb. 17.2 bis ■ Abb. 17.4).

Arbeitssituation (Zeitdruck und Überlastung)

Analog zu zahlreichen Studienergebnissen beklagen auch die Mitarbeitenden in der Piloteinrichtung primär den hohen Zeitdruck, unter dem die tägliche Arbeit verrichtet werden muss (■ Abb. 17.2). Das große Arbeitspensum erfordert eine hohe Flexibilität, um die vorgesehenen Pausen einhalten zu können. Begonnene Arbeiten müssen häufig unterbrochen werden, weil der Mitarbeiter bspw. aktuell bei einer anderen Tätigkeit benötigt wird. Nicht selten kommt es vor, dass die Mitarbeitenden Überstunden leisten müssen, um die tägliche Arbeit zu schaffen. Zudem müssen sie häufig für erkrankte Kollegen einspringen.

Arbeitsbereich (Defizite der Arbeitslogistik)

Einige Mitarbeitende wünschen sich, dass die Arbeitsabläufe besser organisiert werden. Es wird beklagt, dass die Kollegen den Arbeitsbereich zu oft wechseln und aufgrund des Zeitdrucks nicht genügend Zeit bleibt, um die neuen Mitarbeiter einzuarbeiten, sodass die Qualität der Arbeit darunter leidet.

Die Mitarbeitenden beurteilten das Seniorenzentrum Neuendettelsau 2010 im Bereich der Arbeitslogistik im BGW-Betriebsbarometer auf einer Skala von 1 bis 5 mit einem Wert von 2,2, wobei 1 für den besten und 5 für den schlechtesten Wert steht. Das Seniorenzentrum liegt damit im Vergleich mit anderen Altenpflegeheimen knapp über dem Wert des Gruppenbesten.

Arbeitszufriedenheit (Fluktuationsneigung)

Einige Mitarbeitende spielen mit dem Gedanken, sich nach einer anderen Stelle umzusehen oder erwägen, ihren Beruf ganz aufzugeben und eine andere berufliche Tätigkeit zu beginnen (vgl. ■ Abb. 17.3).

Arbeit und Leben im Gleichgewicht

Die Anforderungen der Arbeit behindern teilweise das Familien- und Privatleben der Mitarbeitenden, sodass sie ihren Familienpflichten nicht immer ausreichend nachkommen können und Dinge, die sie zu Hause tun möchten, liegenbleiben. Nicht selten müssen sie aufgrund von Verpflichtungen durch die Arbeit ihre Pläne für Familienaktivitäten ändern. Als belastend werden auch die Arbeitszeiten (Schichtdienst) erlebt, die eine hohe Flexibilität erfordern (vgl. ■ Abb. 17.4).

Qualitative Befragung durch Arbeitssituationsanalysen (ASitAs)

Die Auswertung der ASitAs in der Pflege hat ebenfalls ergeben, dass die Mitarbeitenden unter hohem Zeit-

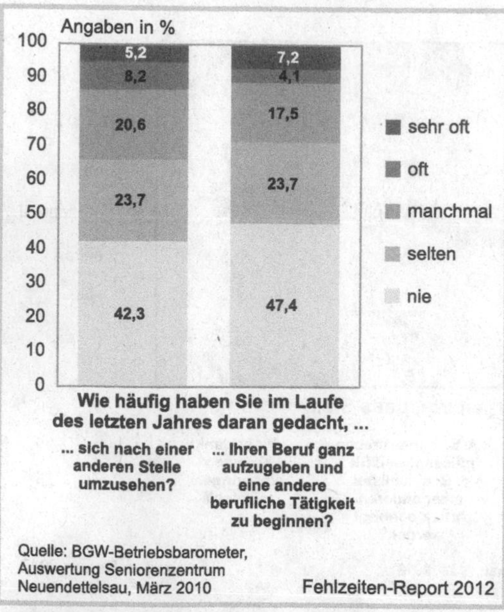

Abb. 17.3 Fluktuationsneigung

druck und Arbeitsverdichtung leiden. Dies hat teilweise Auswirkungen auf die Pflegequalität. Erkrankungen von Kollegen führen häufig zu Unterbesetzung, sodass die Mitarbeiter geteilte Dienste übernehmen müssen. Zudem ist es schwierig, die vorgegebenen Pausen einzuhalten. Die Dokumentation und Pflegeplanung bindet viel Zeit, die dann nicht mehr für die Betreuung der Bewohner zur Verfügung steht. Auch der Umgang mit Angehörigen erfordert eine hohe Flexibilität, da deren Erwartungen an das Pflegepersonal immer mehr steigen.

Die Auswertung der ASitAs hat ergeben, dass auch in der Hauswirtschaft die Arbeitsmenge steigt. Die Stationshilfen müssen deshalb oft geteilte Dienste übernehmen. Diese werden als besonders belastend erlebt, weil es durch die Arbeitsstruktur (sehr früher Arbeitsbeginn, mehrstündige Arbeitsunterbrechung, Beginn der zweiten Arbeitsphase am späten Nachmittag) schwieriger wird, familiäre und sonstige außerbetriebliche Verpflichtungen mit der Arbeit zu synchronisieren.

17.5 Umsetzung des Projekts BidA

17.5.1 Komponenten des Gesundheitsprogramms

Ein Schwerpunkt des Projekts BidA ist die Einführung und Umsetzung eines an die Bedürfnisse der Mitarbeitenden angepassten Gesundheitsprogramms. Dieses besteht aus einer jährlichen Gesundheitswoche, laufenden Kursen sowie alltagsbegleitenden Maßnahmen am Arbeitsplatz. In Wechselbeziehung dazu steht ein

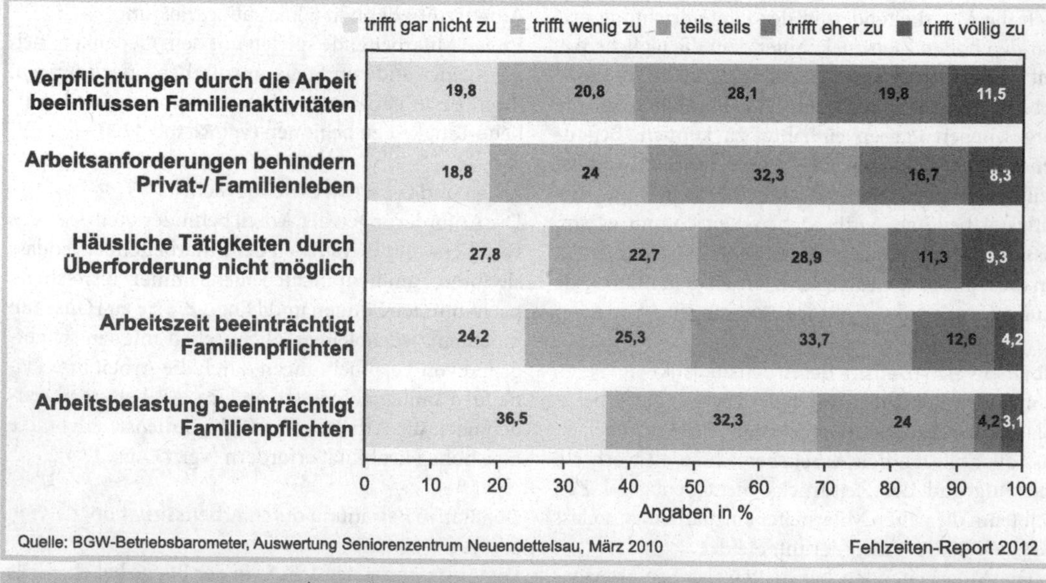

Abb. 17.4 Arbeit und Leben im Gleichgewicht

Abb. 17.5 Komponenten des Gesundheitsprogramms

weiterer Schwerpunkt – die Reduzierung von Arbeitsbelastungen. Dazu werden die Organisationsstrukturen und Arbeitsabläufe bis hin zu den einzelnen Arbeitsplätzen auf der Basis von Analysen optimiert (s. hierzu Abb. 17.5).

Gesundheitswoche

Die Gesundheitswoche diente zu Beginn des Projekts dazu, BidA in der Einrichtung einzuführen. Sie wird jährlich wiederholt, um die Mitarbeitenden über den Projektfortschritt zu informieren und Anregungen zu erhalten, wie die Angebote erweitert und angepasst werden können. Darüber hinaus dient sie der Auffrischung und Motivation.

Das Konzept der Gesundheitswoche wird stringent an den Bedürfnissen und Anregungen der Mitarbeitenden orientiert. Als Informationsquellen und Planungsdaten dienen hier die Ergebnisse des BGW-Betriebsbarometers aus dem Jahr 2010 und von Arbeitssituationsanalysen sowie die Evaluationen der bereits stattgefundenen Gesundheitswochen. Jede Gesundheitswoche wird unter ein bestimmtes Motto gestellt, um die Mitarbeitenden zielgerichtet und direkt anzusprechen. So stand 2011 die Gesundheitswoche unter dem Motto „Stress und Stressmanagement".

Laufende Kurse

Die im Rahmen der Gesundheitswoche vorgestellten Angebote werden im Nachgang von den Teilnehmern anhand eines schriftlichen Fragebogens bewertet. Dabei haben die Mitarbeitenden auch die Möglichkeit, Wünsche zu äußern und Anregungen zu geben. Das Teilprojektteam wertet die Befragung hinsichtlich der Teilnehmerresonanz und -bewertung aus, überarbeitet die Angebote inhaltlich und bietet sie im laufenden Jahr als Kurse an. Da viele der Mitarbeitenden im Schichtbetrieb arbeiten, sind die Kurszeiten so angelegt worden, dass sie den Dienstzeiten und Bedürfnissen der Teilnehmer gerecht werden. Dadurch kann eine hohe Teilnahmequote erreicht und gesichert werden.

Alltagsbegleitende Maßnahmen

Die alltagsbegleitenden Maßnahmen finden dreimal wöchentlich während der Arbeitszeit statt und dauern jeweils 15 Minuten. Sie sollen die Mitarbeiter kontinuierlich und nachhaltig zum Thema Gesundheitsförderung sensibilisieren Durch die integrativen Maßnahmen wie etwa Kräftigungsübungen, Koordinations- und Konzentrationseinheiten sowie Entspannungs- und Stressbewältigungsstrategien erfahren die Mitarbeitenden, dass es sich lohnt, Zeit und Kraft in die eigene Gesunderhaltung zu investieren. Auch hier werden die Bedürfnisse der Mitarbeitenden laut den Ergebnissen von Arbeitssituationsanalysen, BGW-Betriebsbarometer und Gesundheitswochen berücksichtigt. Die Durchführungszeiten werden an die betrieblichen Erfordernisse angepasst. Durch ihre kurze Dauer sind die Maßnahmen sehr flexibel im Alltag einsetzbar, was den Mitarbeitenden in ihrem Arbeitsalltag sehr zugutekommt, da kein großer Aufwand betrieben werden muss.

Reduzierung von Arbeitsbelastungen

Verhältnispräventive Ansätze im Rahmen eines ganzheitlichen Betrieblichen Gesundheitsmanagements sollten immer in einen Regelkreis von Diagnose, Interventionsplanung, Interventionsdurchführung und Evaluation eingebettet sein (Oppolzer 2006, S. 32). Die Beteiligung der Mitarbeitenden bei der Identifikation von Arbeitsbelastungen und arbeitsbedingten Gesundheitsgefahren ist eine zentrale Voraussetzung für die Organisationsentwicklung im Rahmen des BGM (vgl. Badura et al. 1999, S. 49). Die Arbeitsgruppe identifizierte getrennt für den Bereich der Pflege und der Hauswirtschaft zunächst die arbeitsbedingten Belastungen, gewichtete diese nach Prioritäten und entwickelte daraus Maßnahmen zur Reduzierung. Anschließend wurden Arbeitsschritte, Zuständigkeiten und Termine festgelegt. Nach Durchführung und Erprobung der Maßnahmen wird derzeit unter Einbeziehung der Mitarbeitenden der erreichte Umsetzungsstand bewertet.

Ein Beispiel für den Bereich der Pflege Die Pflegekräfte einer Station bemängelten, es gebe keinen geeigneten Raum als Rückzugsmöglichkeit für Pausen, Besprechungen etc. In der Gruppe wurde überlegt, welchen Raum man hierfür zu welchem Zeitpunkt umgestalten könnte und wer sich hierfür verantwortlich zeigt. Die Mitarbeitenden der Station haben sich schließlich einen Pausenraum selbst eingerichtet, der jetzt gern genutzt wird.

Ein Beispiel für den Bereich der Hauswirtschaft Die Hauswirtschaftskräfte bemängelten die Lärmbelastung durch Spülmaschine, Kühlaggregate, etc. in der Küche. In der Arbeitsgruppe wurde daraufhin die Lösung gefunden, Gehörschutz in Form von Ohrenstöpseln für die Hauswirtschaftskräfte anzuschaffen, die jetzt häufig genutzt werden.

17.5.2 Persönliches Gesundheitsbudget

Im Rahmen des Projekts wurde ein Anreizsystem für die Mitarbeitenden in Form eines „persönlichen Gesundheitsbudgets“ mit einer Reihe flexibler Nutzungskomponenten entwickelt. Es besteht aus einem Geldbudget (Staffelung nach Wochenarbeitszeit) sowie einem Zeitbudget, das die Freistellung der Mitarbeitenden an vier Arbeitstagen im Kalenderjahr zur Teilnahme an den internen Maßnahmen vorsieht (Berechnungsgrundlage sind die Arbeitsstunden pro Arbeitstag).

Das jährliche Geldbudget kann sowohl für interne als auch für externe Maßnahmen genutzt werden. Dabei werden 50 Prozent des Budgets nicht ausgezahlt, sondern dienen der Finanzierung von internen Maßnahmen (Gesundheitswoche, laufende Kurse und alltagsbegleitende Maßnahmen). Dafür haben die Mitarbeitenden die Möglichkeit, diese Angebote uneingeschränkt zu nutzen. Die anderen 50 Prozent des Budgets können die Mitarbeitenden für externe Gesundheitsmaßnahmen nutzen, indem sie beispielsweise Massagen in Anspruch nehmen oder einen Teil der Beiträge zum Fitnessstudio refinanzieren.

Die Teilnahme an der Gesundheitswoche, den laufenden Kursen und den alltagsbegleitenden Maßnahmen kann vor, während oder nach der Dienstzeit erfolgen. Die dafür angefallenen Stunden außerhalb des geplanten Dienstes werden als Dienstzeit angerechnet. Dieses hochindividualisierte Konzept versetzt die Mitarbeitenden in die Lage, trotz betrieblich bedingter Flexibilitätsanforderungen mit geringem persönlichem Planungsaufwand die präferierten Angebote in Anspruch zu nehmen und eine weitgehende Kontinuität bei der Kursteilnahme sicherzustellen.

17.6 Maßnahmen des Projekts

17.6.1 Durchführung des Gesundheitsprogramms

Gesundheitswochen

Bisher wurden zwei Gesundheitswochen durchgeführt. Die erste Gesundheitswoche im Jahr 2010 diente der Einführung des Projekts BidA. Die Auswahl der Angebote orientierte sich an den Ergebnissen der zuvor durchgeführten Mitarbeiterbefragung, bei der Erkrankungen des Muskel- und Skelettapparats sowie des Magens und psychische Belastungen besonders häufig genannt wurden. Daraus leitete sich ein eindeutiger Handlungsbedarf auf den Ebenen der psychischen (Techniken der Entspannung und Stressbewältigung)

Tab. 17.1 Auswertung der Gesundheitswoche 2010

Angebot	Teilnehmerquote
Impulsvortrag „Vitalität und eigenverantwortliches Gesundheitsmanagement“	28 %
Persönliche Tests	
Cardio-Scan/ Back-Check/ S3-Stabilitätstest	41 %
Schnupperkurs "Ernährung"	14 %
Schnupperkurs „Nordic Walking“	10 %
Schnupperkurs „Rückenschule“	26 %
Schnupperkurs „Aqua Fit“	10 %
Schnupperkurs „Entspannung und Kreativität“	25 %
Schnupperkurs „Qi Gong“	18 %
Schnupperkurs „Blitzentspannung“	12 %
Massage nach Pensel	8 %
Dorntherapie	10 %
Nackenmassage	18 %

Anmerkungen: N = 147 Mitarbeitende; Teilnahmequote gesamt: 52 %

Quelle: Eigene Darstellung

Fehlzeiten-Report 2012

Beginn	Dienstag	Beginn	Mittwoch		Donnerstag	
8.45 bis 9.15 Uhr	Begrüßung und spiritueller Einstieg	8.45 bis 9.00 Uhr	Spiritueller Einstieg		Spiritueller Einstieg	
9.15 bis 9.45 Uhr	Informationen zum Projektverlauf	9.15 bis 10.45 Uhr	Bewegtes Stress-management	Ernährung/ Ernährungsberatung	Orientalischer Tanz	Yoga/Entspannung
10.00 bis 11.00 Uhr	Workshop Selbst- und Zeitmanagement	11.00 bis 12.30 Uhr	Tai Chi	Indian Balance	Body Percussion	Raucherentwöhnung
11.15 bis 12.30 Uhr	Workshop Stressabbau durch Bewegung					
12.30 Uhr	Mittagspause	12.30 Uhr	Mittagspause	Mittagspause	Mittagspause	Mittagspause
13.30 bis 14.45 Uhr	Workshop Stressabbau durch Bewegung	13.30 bis 15.00 Uhr	Yoga/Entspannung	Indian Balance	Body Percussion	Ernährung/ Ernährungsberatung
15.00 bis 16.00 Uhr	Workshop Selbst- und Zeitmanagement	15.15 bis 16.45 Uhr	Tai Chi	Power Fitness	Raucher-entwöhnung	Orientalischer Tanz

9.00 Uhr bis 16.45 Uhr Marktplatz

Alle Einzelaktivitäten (siehe unten) dauern ca. 15 Minuten!

9.15 bis 12.30 Uhr	13.30 bis 16.45 Uhr	9.15 bis 12.30 Uhr	13.30 bis 16.45 Uhr
Fußreflexzonen-massage	Handmassage	Handmassage	Fußreflexzonen-massage
Massage nach Penzel	Fußpflege	Fußpflege	Dorntherapie
Hand- und Fußbäder		Hand- und Fußbäder	

Fehlzeiten-Report 2012

Abb. 17.6 Programmübersicht Gesundheitswoche 2011

und physischen Gesundheit (Bewegungs-, Fitness- und Ernährungsangebote) ab.

Die Gesundheitswoche begann mit einer Impulsveranstaltung zum Thema „Vitalität & eigenverantwortliches Gesundheitsmanagement", da die Sensibilisierung der Mitarbeitenden das Hauptziel von BidA ist. Die Mitarbeitenden hatten die Möglichkeit, persönliche Gesundheitstests (Cardio-Scan, Back-Check, S3-Körperstabiltätstest) wahrzunehmen. Daneben begleiteten u. a. Fachkräfte der AOK Bayern aktive Schnupper-Angebote wie etwa Rückenschule, Qi Gong, Nordic Walking, Ernährungsberatung, Blitzentspannung (AOK). Darüber hinaus wurden passive Angebote wie etwa Massagen oder Dorntherapie angeboten.

52 Prozent aller Mitarbeitenden nahmen an der ersten Gesundheitswoche teil. Die Einzelauswertung ist Tab. 17.1 zu entnehmen.

Im weiteren Verlauf des ersten Projektjahres hat sich neben den bekannten Analyseergebnissen anhand von zusätzlichen Erhebungen herausgestellt, dass der Bedarf an stressentlastenden Angeboten besonders hoch ist. Die zunehmenden Anforderungen an die Flexibilität der Mitarbeitenden trägt diesem Bedarf Rechnung.

Die zweite Gesundheitswoche enthielt daher Angebote zum Thema „Stress und Stressmanagement". Diese können der Abb. 17.6 entnommen werden. 51 Prozent aller Mitarbeitenden nahmen an der zweiten Gesundheitswoche teil.

Laufende Kurse

Die Kurszeiten wurden an die Dienstzeiten und die Bedürfnisse der Mitarbeitenden angepasst. So finden viele Kurse im Anschluss an den Frühdienst bzw. vor oder nach dem Spätdienst statt. Die Mitarbeitenden haben so die Möglichkeit, direkt vor oder nach dem Dienst in der Einrichtung zu bleiben und an einem Kurs teilzunehmen. Sollte ein Mitarbeiter aufgrund eines Dienstes oder aus privaten Gründen an einer Kursstunde nicht teilnehmen können, resultiert daraus kein Verlust seines persönlichen Gesundheitsbudgets, da dieses ausschließlich bei Teilnahme angerechnet wird. Um eine gewisse Kursplanung sicherstellen zu können, werden die Mitarbeitenden dennoch aufgefordert, sich verbindlich für das Kursprogramm anzumelden.

Die flexible Kursgestaltung und die anhaltende Motivation der Mitarbeitenden sind vermutlich ausschlaggebend dafür, dass die Beteiligung an den Kursen sehr hoch ist. Im Jahr 2011 konnte eine Teilnahmequote aller Mitarbeitenden am gesamten Gesundheitsprogramm (Gesundheitswoche, laufende Kurse, alltagsbegleitende Maßnahmen) von 85 Prozent verzeichnet werden, gemessen über das ganze Jahr.

17.6.2 Implementierung der alltagsbegleitenden Gesundheitsangebote

Die von einer internen Gesundheitspädagogin angeleiteten (integrativen) Maßnahmen wie etwa Kräftigungsübungen, Koordinations- und Konzentrationseinheiten sowie Entspannungs- und Stressbewältigungstechniken sensibilisieren die Mitarbeitenden dafür, dass es sich lohnt, Zeit und Kraft in die eigene Gesunderhaltung zu investieren. In der Einführungsphase war hier ein permanenter Austausch mit den Nutzern unerlässlich, um Tageszeitpunkt, Dauer und Intervall der Angebote zu optimieren. Die Erfahrung hat gezeigt, dass die 15-minütigen, moderaten und praxistauglichen Maßnahmen durch den hohen Ritualcharakter (kleines Zeitbudget, dafür aber regelmäßig) den größten Erfolg erzielen. Hier liegt die Teilnahmequote inzwischen bei nahezu 100 Prozent.

17.6.3 Nutzung des persönlichen Gesundheitsbudgets

Interne Maßnahmen

Wie beschrieben wurden die internen Angebote sehr gut genutzt, daher war die Auslastung des persönlichen Gesundheitsbudgets im Jahr 2010 hoch und ist im Jahr 2011 nochmals gestiegen. Einzelne Mitarbeitende haben darüber hinaus in ihrer Freizeit am Gesundheitsprogramm teilgenommen, da sie ihr individuelles Budget schnell ausgeschöpft hatten.

Externe Maßnahmen

Das Geldbudget für externe Maßnahmen wie etwa die Inanspruchnahme einer Massage wurde im Jahr 2010 kaum genutzt, im Jahr 2011 dagegen deutlich häufiger. Ergebnisse einer schriftlichen Befragung ergaben, dass es den Mitarbeitenden schwerfällt, von selbst aktiv zu werden und sie es angenehmer finden, die Angebote in der Einrichtung nutzen zu können. Anfangs benötigten sie zudem eine ärztliche Verordnung, um eine externe Maßnahme zu nutzen, deren Kosten erstattet werden konnten. Seit dem Jahr 2011 besteht die Möglichkeit, auch Rechnungen außerhalb von ärztlichen Verordnungen wie bspw. Beiträge zu Fitnessstudios oder private Massagen einzureichen. Seit diesem Zeitpunkt ist die Nutzung des Budgets für externe Maßnahmen auf 26 Prozent gestiegen, was aber heißt, dass bislang immer noch nur jeder vierte Mitarbeitende das persönlich für ihn bereitgestellte Budget nutzt.

17.6.4 Führungskräfteschulungen

Führungskräfte sind nicht nur bei der Einführung und langfristigen Etablierung des betrieblichen Gesundheitsmanagements ein wichtiger Erfolgsfaktor, sondern tragen durch ihr konkretes Führungsverhalten entscheidend dazu bei, dass die für den Pflegebereich typischen arbeitsbedingten Gesundheitsbelastungen reduziert werden können. Westermayer (2011) verweist darauf, dass in Pflegeeinrichtungen mit gesundheitsgerechter Personalführung die Resilienzfaktoren (u. a. Selbstvertrauen, Arbeitsfreude) deutlich besser ausgebildet sind als in untersuchten Vergleichseinrichtungen. Die Führungskräfteschulungen des Projekts BidA dienten deshalb der Sensibilisierung für das Thema „Gesundes Führen" und der Kompetenzförderung. Im dreiteiligen Seminarprogramm sind folgende Seminarziele definiert:

- Reflexion der eigenen Führungshaltung und Stärkung der Führungskompetenz, um die Gesundheit der Mitarbeitenden zu schützen, ihre Zufriedenheit zu stärken und ihre Leistungsfähigkeit zu erhalten
- Steigerung der Fähigkeit zur Arbeitsbewältigung
- Reflexion und Verbesserung der Arbeitsbedingungen und Arbeitsorganisation
- Anpassung der Führungsinstrumente
- Weiterentwicklung eines gesundheitsförderlichen Managementsystems

17.7 Evaluationsvorhaben und erste Erkenntnisse

Da die Projektevaluation erst nach Erscheinen dieses Reports vorgenommen wird, liegen bisher noch keine konkreten Daten vor. Der bisherige Projektverlauf macht jedoch deutlich, dass in einem von hoher Arbeitsbelastung gekennzeichneten Umfeld wie der Pflege selbst supportive Ansätze von der Belegschaft zunächst als „störend", „irritierend" oder „belastend" registriert werden. Transparenz bei der Darstellung der Projektziele, überzeugende Positionierung der Führungskräfte zum Projektvorhaben und permanente Kommunikation der einzelnen Projektschritte waren wichtige Voraussetzungen, um die Mitarbeitenden in der Startphase für das Projekt zu interessieren und Offenheit herzustellen. Eine realistische Einschätzung, welche Belastungsfaktoren tatsächlich im Pflegealltag verringert werden können, konnten die Mitarbeitenden erst entwickeln, als konkrete Maßnahmen und Angebote implementiert wurden.

Die für Juli 2012 geplante Mitarbeiterbefragung mit dem Betriebsbarometer soll Aufschluss darüber geben, ob die durchgeführten Maßnahmen insgesamt zu Verbesserungen in folgenden Bereichen geführt haben:

- Reduzierung der wahrgenommenen Arbeitsbelastungen
- Verbesserung der Bewältigungspotenziale/Ressourcen
- Verbesserung der Arbeitszufriedenheit
- Verringerung der Fluktuationsneigung

Darüber hinaus kann auf der Basis der vom Betrieb zur Verfügung gestellten Daten überprüft werden, ob und in welchem Umfang die Ziele erreicht werden konnten,

- die AU-Quote zu senken und
- die Fluktuation im Pilotbereich zu verringern.

Die Wirksamkeit des alltagsbegleitenden Gesundheitsprogramms soll nur auf der Ebene aller Mitarbeiter im Pilotbereich analysiert werden. Konkret gründet der bisherige Projekterfolg auf folgende Faktoren:

1. Die Mitarbeitenden müssen durchgängig einbezogen und für die bevorstehenden Interventionen motiviert werden. Die Implementierung wurde durch anfängliche Akzeptanzprobleme erschwert, sodass die Angebote erst eingeführt werden konnten, nachdem alle Mitarbeitenden konsequent an ihrer Konzeption und Modifikation beteiligt worden waren. Dies gilt sowohl für die einmal jährlich stattfindende Gesundheitswoche als auch die alltagsbegleitenden Maßnahmen. Beide Angebote verzeichnen einen stetigen Zuwachs an Teilnehmern.
2. Im Projektverlauf wurde deutlich, dass explizit ein Verantwortlicher benannt werden muss, der die Mitarbeitenden immer wieder motiviert, an den Einheiten teilzunehmen, da diese aufgrund des hohen Zeitdrucks und der Arbeitsdichte die Notwendigkeit der Maßnahmen zumeist erst nach der Teilnahme erkennen.
3. Die Maßnahmen gewinnen deutlich an Akzeptanz, wenn sie arbeitsplatznah, d. h. in der Pflege beispielsweise auf der Station stattfinden. Zunächst wurden die alltagsbegleitenden Maßnahmen in anderen Räumlichkeiten im Haus angeboten, fanden jedoch kaum Resonanz, weil die Mitarbeitenden ihren Arbeitsplatz nicht verlassen konnten oder wollten.
4. Ein weiterer Erfolgsfaktor ist es, wenn die Zeiten für die Durchführung der alltagsbegleitenden Maßnahmen und Kursangebote mit den Mitarbeitenden abgestimmt werden. Jede Station und auch die Hauswirtschaft und Verwaltung haben festgelegt, zu welcher Uhrzeit es ihnen am besten möglich ist, an den 15-minütigen Einheiten bzw. einem längerfristigen Kursprogramm teilzunehmen.
5. Nicht zuletzt ist es wichtig, dass die Führungskräfte die Projektziele offensiv unterstützen, damit die Mitarbeitenden die verhaltensbezogenen Angebote ohne „schlechtes Gewissen" nutzen können. Zudem können Vorgesetzte im „engen Schulterschluss" mit den Beschäftigten strukturell indizierte Gesundheitsbelastungen identifizieren und gemeinsam praxistaugliche Verbesserungen entwickeln.

Für alle Beteiligten war es eine Herausforderung, viele „kleine Stellschrauben" zu identifizieren und damit in der Summe minimaler Modifikationen eine Verbesserung der betrieblichen Gesundheitssituation zu ermöglichen. Dazu zählte die persönliche Erprobung neuer gesundheitlicher Verhaltensweisen wie auch die konsequente Umsetzung arbeitsorganisatorischer Verbesserungsvorschläge. Durch eine gute Zusammenarbeit und offene Herangehensweise aller Beteiligten konnten erfolgreiche Lösungsansätze auf den Weg gebracht werden. Zwar wird erst eine abschließende Bewertung des Projekts Sicherheit über positive Effekte geben können, jedoch lässt sich schon jetzt erkennen, dass die Veränderungen einen positiven Einfluss auf die Mitarbeitenden des Seniorenzentrums Neuendettelsau gehabt haben.

Literatur

AOK-Bundesverband (2011a) Report Pflege

AOK-Bundesverband (2011b) Produktionsfaktor Gesundheit – Stationäre Pflegeeinrichtungen und Pflegenetzwerke

Badura B, Ritter W, Scherf M (1999) Betriebliches Gesundheitsmanagement. Ein Leitfaden für die Praxis. edition sigma, Berlin

Deutscher Berufsverband für Pflegeberufe (DBfK) (2009) Wie sieht es im Pflegealltag wirklich aus? – Fakten zum Pflegekollaps. DBfK-Meinungsumfrage 2008/09, Berlin

Hasselhorn HM, Tackenberg P, Büscher A, Stelzig S, Kümmerling A, Müller GH (2005) Wunsch nach Berufsausstieg bei Pflegepersonal in Deutschland. In: Hasselhorn HM, Müller BH, Tackenberg P, Kümmerling A, Simon M (Hrsg) Berufsausstieg bei Pflegepersonal – Arbeitsbedingungen und beabsichtigter Berufsausstieg bei Pflegepersonal in Deutschland und Europa. Schriftenreihe der Bundesanstalt für Arbeitsschutz und Arbeitsmedizin. NW-Verlag, Bremerhaven, S 135–146

Klein B, Gaugisch P (2005) Gute Arbeitsgestaltung in der Altenpflege. INQA-Bericht Nr. 13, Dortmund/Dresden

Meyer M (2011) Stress fressen Seelen auf. AOK-Bundesverband (Hrsg) Gesundheit und Gesellschaft Spezial 11/2011, Pflege für die Pflege

Oppolzer A (2006) Gesundheitsmanagement im Betrieb. Integration und Koordination menschengerechter Gestaltung der Arbeit. VSA, Hamburg

Simon M, Tackenberg P, Hasselhorn HM, Kümmerling A, Büscher A, Müller BH (2005) Auswertung der ersten Befragung der NEXT-Studie in Deutschland. Universität Wuppertal

Westermayer G (2011) Der kleine Unterschied. AOK-Bundesverband (Hrsg) Gesundheit und Gesellschaft Spezial 11/2011, Pflege für die Pflege

Kapitel 18

Stabilität und Flexibilität – Ressourcen zur nachhaltigen Erhaltung von Gesundheit und Wohlbefinden

C. Bahamondes Pavez, N. Schiml, H. Schüpbach

Zusammenfassung *Durch wachsende Flexibilitätsanforderungen der Arbeits(um)welt wird es immer schwieriger für Unternehmen, Schwankungen und Störungen durch zentrale Planung und Standardisierung gezielt zu vermeiden. Vor Ort springen daher zunehmend die Beschäftigten und Arbeitsteams ein und gewährleisten die benötigte Flexibilität. Dies geschieht allerdings nicht zum Nulltarif, denn die mit Flexibilität einhergehende eingeschränkte Kontrolle über Situationen und Prozesse ist potenziell immer mit Stress verbunden und birgt damit Gefahren für Gesundheit und Leistungsfähigkeit. Die vorausschauende Bereitstellung und Förderung von Ressourcen auf Personen- und Unternehmensebene kann den Umgang mit Flexibilität unterstützen und Befindensbeeinträchtigungen puffern. Die Studie prüft und vergleicht die schützende und motivierende Wirkung personaler, organisationaler und sozialer Ressourcen bei hohen Flexibilitätsanforderungen in der Arbeit aus der Sicht der Betroffenen. Die Ergebnisse zeigen, dass vor allem personale Ressourcen bei sehr hohen Flexibilitätsanforderungen an ihre Grenzen stoßen. Es werden daher Empfehlungen gegeben, wie auch bei stark ausgeprägten Flexibilitätsanforderungen die Kombination verschiedener Unterstützungsmöglichkeiten seitens der Organisation zur Erhaltung der Gesundheit und Leistungsfähigkeit von Beschäftigten beitragen kann.*

18.1 Einleitung

Betriebe geben heute in der Regel pauschal an, in ihren Arbeitsabläufen viel Flexibilität zu benötigen. Geht man die Frage, welche Flexibilität in einem bestimmten Arbeitsablauf tatsächlich benötigt wird, differenziert an, stellt man rasch einige bemerkenswerte Widersprüche fest. Die angeblich Flexibilität erfordernden Arbeitsabläufe sind oft im Prinzip gar nicht flexibel organisiert. Im Gegenteil: In der Arbeitsplanung und -steuerung wird nach wie vor versucht, die Abläufe nach tayloristischen Prinzipien berechenbar und beherrschbar zu machen. Wo dies – wegen einer Vielzahl unvorhersehbarer und schlecht kontrollierbarer Schwankungen und Störungen (Grote 2009) – nicht gelingt, wird Flexibilität in gewisser Weise als sekundäres, eigentlich nicht vorgesehenes „Reparatur-Prinzip" eingesetzt. Flexibilität bezeichnet auf diese Weise das Ausmaß, in dem es nicht gelingt, die Arbeitsabläufe planmäßig zu beherrschen.

Aus technologisch-funktionaler Sicht bedeutet Flexibilität die Gewährleistung von Prozesssicherheit und -stabilität trotz Schwankungen und Störungen. Bis weit in die 1980er Jahre hinein wurde Flexibilität vor allem durch Zeitpuffer (Verteil- und Bereitschaftszeiten) und Materialpuffer (Roh- und Fertigteil-Lager) gewährleistet, die lange Durchlaufzeiten und hohe Kosten verursachten (Schüpbach 2009). Nachdem es

B. Badura et al. (Hrsg.) *Fehlzeiten-Report 2012*,
DOI 10.1007/978-3-642-21655-8_18, © Springer Verlag Berlin Heidelberg 2012

nicht gelang, den Puffern mit verbesserten Planungs- und Steuerungsmethoden Herr zu werden, wurde der Mensch als Flexibilitäts-Faktor entdeckt. Zielvorgaben bzw. -vereinbarungen treten heute an die Stelle von Arbeitsplänen. Relativ autonome Teams erhalten bei diesem als „Indirekte Steuerung" bezeichneten Management (Peters u. Sauer 2005) weitreichende Spielräume zur flexiblen Zielerreichung. Der Mensch kann diese Flexibilität gewährleisten – allerdings nicht zum Nulltarif.

Aus psychologischer Sicht ist die eingeschränkte Kontrollierbarkeit von Situationen und Prozessen stets mit Stress verbunden (Greif 1991). Die Bereitstellung von organisationalen und personalen Ressourcen als Puffer kann jedoch die Mitarbeitenden in die Lage versetzen, sowohl die Flexibilität der Prozesse zu gewährleisten als auch ihren Stress zu bewältigen (Schüpbach 2011; Karlsson 2007). Nur so können Gesundheit und Wohlbefinden nachhaltig erhalten werden.

In diesem Beitrag wird nachfolgend zunächst erläutert, dass Flexibilität und Stabilität nicht als Pole einer einzigen Dimension zu verstehen sind, sondern als je eigene Dimensionen mit einem funktionalen und einem dysfunktionalen Pol. Anhand einer qualitativen Pilotstudie wird exemplarisch gezeigt, wie von Betroffenen das Spannungsfeld von Stabilität und Flexibilität eingeschätzt wird. Anschließend werden Aspekte spezieller personaler und organisationaler Ressourcen zum Umgang mit Flexibilitätsanforderungen hergeleitet. Erste Hinweise auf deren Bedeutung für die Erhaltung von Gesundheit und Wohlbefinden liefert eine Fragebogenstudie, deren Fragestellungen, Untersuchungsdesign und Ergebnisse im Folgenden dargestellt werden. Einige Schlussfolgerungen für das Betriebliche Gesundheitsmanagement schließen den Beitrag ab.

18.2 Stabilität und Flexibilität in Arbeitsprozessen und die Relevanz von Ressourcen

18.2.1 Die Dimensionalität von Stabilität und Flexibilität

Sowohl Stabilität als auch Flexibilität in Arbeitsprozessen weisen einerseits positive bzw. funktionale, andererseits negative bzw. dysfunktionale Seiten und Ausprägungen auf (■ Abb. 18.1, vgl. auch Furaker et al. 2007; Jonsson 2007).

Die positive Seite bzw. die wesentliche Funktion der Flexibilität besteht darin, auf unvorhersehbare Schwankungen und Störungen, d. h. nicht planbare Ereignisse in hoch dynamischen Umgebungen, rasch und direkt reagieren und damit die Zielgerichtetheit des Prozesses aufrechterhalten zu können. Flexibles Agieren im Prozessumfeld eröffnet somit Handlungsspielräume für eine Art „indirekte Stabilität" des Prozesses. Das Steuern eines Kanus durch Wildwasser mag als anschauliches Beispiel dafür dienen. Das Gegenteil bzw. der Gegenpol und damit die dysfunktionale Seite von Flexibilität ist demgegenüber Starrheit oder Über-Strukturiertheit. Ein Beispiel dafür mag sein, was üblicherweise als „Bürokratie" bezeichnet wird. Die positive Seite bzw. die Funktion von Stabilität besteht darin, (Arbeits-)Systemen und Prozessen Struktur und Ordnung, damit einhergehend Planbarkeit und Kontrollierbarkeit zu verleihen. Wo Struktur und Ordnung verloren gehen, ohne dass die Möglichkeiten für flexibles Handeln gegeben sind oder genutzt werden, entstehen – als dysfunktionaler Gegenpol – Chaos und Unordnung. Studentische Wohngemeinschaften stehen oft im Ruf, auf diese Weise desorganisiert zu sein. Eine gute bzw. funktionale Balance von Stabilität und Flexibilität besteht somit darin, ein ausgewogenes Verhältnis von Struktur und Ordnung einerseits und Spielräume für rasches Reagieren bei Schwankungen und Störungen andererseits zu schaffen, ohne dass dabei die Strukturen in Starrheit verfallen oder unkontrollierbar chaotisch werden. Ausschlaggebend für das funktionale Zusammenspiel von Flexibilität und Stabilität scheint das Verhältnis bzw. die Passung („fit") zwischen Anforderungen bzw. den damit verbundenen Stressoren und den verfügbaren Ressourcen zu sein (Ducki u. Kalytta 2006). Dies kann wiederum nur gelingen, wenn aktive Selbstregulation und ein prospektives Management von organisationalen, sozialen und personalen Ressourcen von Anbe-

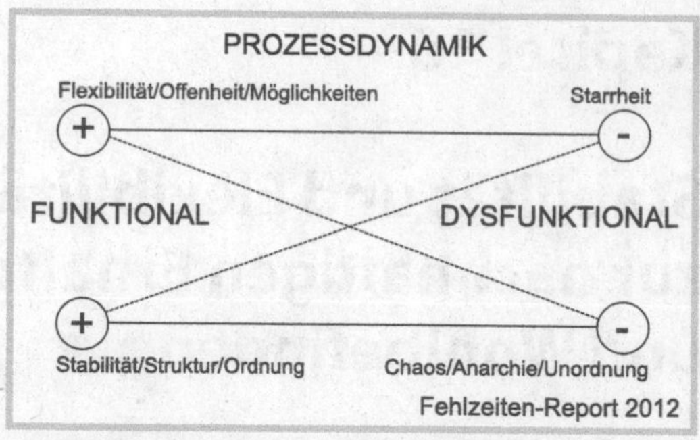

■ **Abb. 18.1** Funktionale und dysfunktionale Pole von Flexibilität und Stabilität

ginn an vorgesehen und gefördert werden (Ulich 2005; Schüpbach 2009). Angesichts wachsender Komplexität und Unsicherheit gilt es insbesondere die Handlungsfähigkeit der Beschäftigten zu erhöhen (Grote 2009) sowie im Sinne einer Prozess- und Strukturflexibilität die Reaktionsfähigkeit und -bereitschaft zu steigern, indem Handlungsspielräume für Mitarbeiter und Führungskräfte geschaffen werden (Kaiser et al. 2005).

18.2.2 Fallbeispiel: Stabilität und Flexibilität in zwei KMUs

Im Rahmen des Projekts balance.arbeit[1] wurden in einer qualitativen Pilotstudie in zwei deutschen Kleinunternehmen vier Gruppendiskussionen mit 12 Beschäftigten aus dem Consulting- sowie Entwicklungsbereich eines Software-Unternehmens und 15 Beschäftigten aus den Bereichen Planung und Fertigung eines Automobil-Zulieferunternehmens durchgeführt. Dabei wurden konkrete Situationen ermittelt, in denen Flexibilität bzw. Stabilität eine entscheidende Rolle spielen. Die Mitarbeiter wurden danach gefragt, wie sie Flexibilität bzw. Stabilität erleben und welche Faktoren in den genannten Situationen potenziell hinderlich oder unterstützend wirken (vgl. Schiml et al. 2010). Die Befragten schätzten Flexibilität in der Arbeit insgesamt als hoch ein, diese war für sie sowohl mit funktionalen als auch mit dysfunktionalen Aspekten verbunden (z. B. Autonomie, Herausforderung, Agilität bzw. Anstrengung, Zusatzaufwand, Unkontrollierbarkeit und Verunsicherung). Demgegenüber gaben sie die Stabilität von Arbeitssituationen und -prozessen als gering an. Stabilität erlebten die befragten Mitarbeiter häufig als effektive Begrenzung der notwendigen Flexibilität, gleichzeitig nahmen sie sie überwiegend als wünschenswert wahr (z. B. strukturierte, planbare Prozesse, klare Vorgehensweisen, Arbeitsrichtlinien). Darüber hinaus nannten die Beschäftigten eine Reihe von organisationalen Faktoren, die sie bei der Bewältigung der Flexibilitätsanforderungen unterstützen (z. B. Selbstbestimmung bei der Wahl und Einteilung der Arbeitszeiten, Wissensweitergabe, klare Verantwortlichkeiten sowie Unterstützung durch Kollegen und Vorgesetzte beispielsweise bei der Priorisierung von Aufgaben).

1 Das Projekt balance.arbeit wird vom Bundesministerium für Bildung und Forschung sowie dem Europäischen Sozialfonds der europäischen Union gefördert (FKZ: 01FH09047).

18.2.3 Personale Ressourcen zur Bewältigung von Flexibilitätsanforderungen – Effizientes Handeln

Damit neben der Sicherung von Leistung unter hohen Flexibilitätsanforderungen auch die Gesundheit und das Wohlbefinden der Beschäftigten erhalten werden können, müssen einerseits organisationale und soziale, andererseits jedoch auch bestimmte personale Ressourcen zur Verfügung stehen. Im Hinblick auf personale Ressourcen wird angenommen, dass besonders erfolgreiche Beschäftigte über die Fähigkeit verfügen, im flexiblen Umgang mit Schwankungen und Störungen vorausschauend Ressourcen (in Person und Umwelt) zu disponieren. Diese individuelle Heuristik ermöglicht es ihnen, Störungen zu antizipieren oder frühzeitig zu erkennen, schwankende Anforderungen zu bewältigen und neue Gegebenheiten zu meistern. Dadurch sind diese Beschäftigten in der Lage – trotz eingeschränkter Planbarkeit und soweit überhaupt möglich –, vorausschauend zu handeln und Fehler zu vermeiden und dabei das angestrebte Ziel zu erreichen. Das nachfolgend beschriebene Konzept von Volpert (1983) benennt Merkmale **Effizienten Handelns**, die die Zielerreichung gewährleisten:

a) *Realistische* Pläne oder Strategien, die alle relevanten sachlichen und sozialen Gegebenheiten für die Zielerreichung berücksichtigen. Dazu gehören auch das realistische Abschätzen von wesentlichen Umweltbedingungen sowie alle Folgen von Teilhandlungen und Aufwand.
b) *Stabil-flexible* Strategien, die auf einer kontinuierlichen Verarbeitung von Rückmeldung basieren, sodass Pläne an veränderte Gegebenheiten angepasst werden können, ohne das Ziel aus den Augen zu verlieren.
c) *Organisiertes* Vorgehen, bei dem vor der eigentlichen Handlungsausführung eine Analyse und Planung stattfindet, sodass die Ressourcen möglichst sinnvoll eingesetzt werden und die Teilschritte zielführend sind.

Die personale Ressource „Effizientes Handeln" umfasst stets sowohl äußere motorische als auch innere psychische (z. B. kognitive) Vorgänge. Sie bewährt und entwickelt sich nach Volpert (1983) direkt in der Tätigkeitsausübung.

18.2.4 Organisationale und soziale Ressourcen zur Bewältigung von Flexibilitätsanforderungen

Neben personalen Ressourcen spielen organisationale und soziale Ressourcen eine wesentliche Rolle bei der Bewältigung von Flexibilitätsanforderungen. In der qualitativen Pilotstudie wurden spezifische Ressourcen identifiziert, die in variierenden oder gar ungewissen Situationen Handlungsmöglichkeiten schaffen. Diese werden im Folgenden Flexibilitätsressourcen genannt. Darüber hinaus sind bestimmte organisationale und soziale Ressourcen, die universell in vielen Arbeitsbereichen und unter verschiedensten Anforderungen als bedeutsam identifiziert werden konnten, möglicherweise weiterhin für die Bewältigung von Flexibilitätsanforderungen von Bedeutung. Gerade Autonomie bzw. Tätigkeitsspielräume sowie soziale Unterstützung wurden in zahlreichen Studien als wirkungsvolle Puffer für die Gesundheit bei steigenden Anforderungen identifiziert und ihre direkten Effekte auf das Befinden konnten nachgewiesen werden (Karasek u. Theorell 1990; Zapf u. Semmer 2004).

18.3 Personale, soziale und organisationale Ressourcen zur Bewältigung von Flexibilitätsanforderungen – eine empirische Studie

18.3.1 Fragestellungen

Die Frage, ob und in welchem Maße effizientes Handeln die psychischen „Kosten" der Bewältigung von Flexibilitätsanforderungen für die Gesundheit und das Wohlbefinden von Beschäftigten reduzieren kann und welche organisationalen und sozialen Ressourcen flankierend benötigt werden, wurde im Rahmen des Projekts balance.arbeit in einer Fragebogenstudie anhand von zwei Fragestellungen untersucht:

1. Inwieweit haben personale Ressourcen im Sinne effizienten Handelns nach Volpert (1983) eine Pufferwirkung auf hohe Flexibilitätsanforderungen und Befindensindikatoren bzw. moderieren den Zusammenhang zwischen ihnen? Dabei wurde zum einen angenommen, dass personale Ressourcen den Zusammenhang zwischen Flexibilitätsanforderungen und Befindensbeeinträchtigungen beeinflussen können, dass dieser Effekt jedoch nachlässt, wenn die Flexibilitätsanforderungen so hoch sind, dass die personalen Ressourcen zu deren Bewältigung nicht ausreichen und sie das Befinden beeinträchtigen. Zum anderen wird davon ausgegangen, dass bei ausgeprägten personalen Ressourcen noch bewältigbare Flexibilitätsanforderungen sogar befindensförderlich sein können.
2. Welche organisationalen und sozialen Ressourcen unterstützen den Umgang mit Flexibilitätsanforderungen und hängen mit Befindensindikatoren zusammen? Dabei wurde angenommen, dass spezifische Flexibilitätsressourcen ebenfalls den Zusammenhang zwischen Flexibilitätsanforderungen und Befinden beeinflussen können. Darüber hinaus wird erwartet, dass spezifische Flexibilitätsressourcen einen direkten Effekt auf das Befinden haben und einen zusätzlichen Beitrag zu dessen Aufklärung leisten, der über den der zentralen Ressourcen (Autonomie und soziale Unterstützung) hinausgeht.

Die Studie wird im Folgenden dargestellt. Anschließend werden diese Fragen diskutiert und in Ansätzen beantwortet. Die Konzentration auf die Sicht der Betroffenen in Form der schriftlichen Befragung steht hier methodisch deshalb im Vordergrund, weil sich immer wieder bestätigt, dass die Wirkung von Ressourcen nicht nur von deren tatsächlichem Vorhandensein, sondern sehr stark von der subjektiven Wahrnehmung und Bewertung ihrer Nutzer abhängig ist (Lazarus 1966).

18.3.2 Untersuchungsdesign

Im Rahmen der Studie wurden 110 Beschäftigte aus der IT-Branche sowie aus der Metallindustrie schriftlich befragt. Im IT-Unternehmen erfolgte die Befragung mittels Online-Fragebogen, zu dem die Teilnehmer per E-Mail eingeladen wurden, im Metallunternehmen wurde die Befragung schriftlich („Papier und Bleistift") im Rahmen zweier Mitarbeiterversammlungen durchgeführt. Insgesamt nahmen 72 Prozent der zur Befragung eingeladenen Beschäftigten tatsächlich daran teil. In beiden Unternehmen, aber vor allem im Metallunternehmen, sind überwiegend Männer beschäftigt, entsprechend betrug der Anteil an männlichen Befragten 72 Prozent. Über 60 Prozent der Befragten waren jünger als 40 Jahre. Eine Übersicht über die in dieser Studie eingesetzten Skalen sowie Beispiele zu den Fragen bietet ◘ Tab. 18.1.

Mit dem eingesetzten Fragebogen wurden zum einen unterschiedliche Flexibilitätsanforderungen erfasst, nämlich funktional-zeitliche Flexibilität, Selbst-

Tab. 18.1 Übersicht über die eingesetzten Skalen (Quelle und Itemanzahl) sowie über die ermittelten Werte (Mittelwert und Standardabweichung).

Skala	Beispielitem	Itemanzahl	Antwortformat	Mittelwert	Standardabweichung
Flexibilitätsanforderungen		**23**	1 = trifft überhaupt nicht zu 5 = trifft völlig zu	**3.26**	**.53**
Funktional-zeitliche Flexibilität (nach Höge 2006)	Meine Arbeit erfordert es, dass ich in Bezug auf meine Arbeitszeit flexibel bin.	4		3.62	.73
Selbstorganisation und -kontrolle (nach Höge 2006)	Meine Arbeit erfordert es, dass ich sehr selbstständig arbeite.	9		3.87	.59
Unvorhersehbarkeit (selbst entwickelte Skala)	Welche Aufgaben vorrangig zu erledigen sind, ändert sich häufig.	4		2.87	.65
Kundenbezogene Anforderungen (selbst entwickelt, angelehnt an Zapf et al. 1999 und Van Veldhoven u. Meijman 1994)	Mein Arbeitsablauf wird hauptsächlich durch Kunden bestimmt.	6		2.65	.88
Ressourcen					
Personale Ressourcen: Befähigung zu effizientem Handeln		***17***		***2.98***	***.32***
Prospektives Handeln (selbst entwickelt, angelehnt an Volpert 1983)	Erfahrungsgemäß gelingt es mir gut, gezielt Pufferzeiten für Teilschritte der Aufgaben einzuplanen.	5	1 = trifft nicht zu 4 = trifft genau zu	2.76	.39
Stabil-flexibles Handeln (selbst entwickelt, angelehnt an Volpert 1983)	Erfahrungsgemäß gelingt es mir gut, den Plan zwischendurch anzupassen, wenn eine umfangreiche Aufgabe das erfordert.	4		3.02	.37
Kognitive Bewältigung (Schwarzer et al. 2000)	Ich handle erst, nachdem ich mir sorgfältig Gedanken über das Problem gemacht habe.	4	1 = stimmt nicht 4 = stimmt genau	3.09	.43
Strategische Planung (Schwarzer et al. 2000)	Ich mache einen Plan und gehe danach vor.	4		3.06	.46
Organisationale bzw. soziale Ressourcen					
Flexibilitätsressourcen (selbst entwickelte Skala)	Bei meiner Arbeit weiß ich genau, was vorrangig zu erledigen ist.	18	1 = überhaupt nicht zutreffend 5 = völlig zutreffend	2.96	.49
Autonomie (Karasek et al. 1998)	In meiner Arbeit kann ich viele Entscheidungen selbst treffen.	3	1 = stimmt absolut nicht 4 = stimmt absolut	2.76	.61
Soziale Unterstützung (Nübling et al. 2005)	Wie oft erhalten Sie Hilfe und Unterstützung von Ihrem unmittelbaren Vorgesetzten?	4	1= nie/fast nie 5 = immer	3.75	.79
Befindensindikatoren					
Work Engagement (Schaufeli u. Bakker 2004)	Beim Arbeiten fühle ich mich fit und tatkräftig.	9	1 = nie 7 = jeden Tag	5.39	.94

Tab. 18.1 (Fortsetzung)

Skala	Beispielitem	Itemanzahl	Antwortformat	Mittelwert	Standardabweichung
Irritation (Mohr et al. 2005b)	Wenn ich müde von der Arbeit nach Hause komme, bin ich ziemlich nervös.	8	1 = trifft überhaupt nicht zu 7 = trifft fast völlig zu	3.35	1.26

Anmerkung: Der Indexwert Flexibilitätsanforderungen wird aus den Skalen Funktional-zeitliche Flexibilität, Selbstorganisation und -kontrolle, Unvorhersehbarkeit und Kundenbezogene Anforderungen gebildet. Der Indexwert Personale Ressourcen bildet sich aus den Skalen Prospektives Handeln, Stabil-flexibles Handeln, Kognitive Bewältigung und Strategische Planung.

Quelle: Eigene Darstellung

Fehlzeiten-Report 2012

organisation und -kontrolle, Unvorhersehbarkeit und kundenbezogene Anforderungen. Darüber hinaus wurden Ressourcen zur Bewältigung der Flexibilitätsanforderungen erhoben. Die personale Ressource wurde durch die Fähigkeit abgebildet, effizient zu handeln, und im Fragebogen durch vier Aspekte operationalisiert: strategische Planung, kognitive Bewältigung, stabil-flexibles Handeln und prospektives Handeln. Als organisationale und soziale Ressourcen wurden, neben den zentralen Ressourcen soziale Unterstützung und Autonomie, die im Rahmen der qualitativen Vorstudie entwickelten speziellen Flexibilitätsressourcen berücksichtigt (siehe ► Abschn. 18.2.4). Diese beziehen sich auf den gezielten Wissensaufbau, Rückmeldung, Förderung von Vorhersehbarkeit sowie Sicherstellung von Transparenz. Schließlich wurden zwei Befindensindikatoren erfragt, die für die Beeinträchtigung der Gesundheit bzw. deren Erhaltung stehen: Irritation (Mohr et al. 2005b), eine Form psychischer Befindensbeeinträchtigung, und Work Engagement (Schaufeli u. Bakker 2004), ein positiver und erfüllender arbeitsbezogener Gemütszustand, der als Gegenstück zu Burnout gelten kann.

18.4 Ergebnisse

Als wie hoch werden die Flexibilitätsanforderungen wahrgenommen? Wie hängen sie mit dem Befinden zusammen? Zunächst ist festzustellen, dass die Flexibilitätsanforderungen mit einem Index-Wert von 3.26 (auf einer Skala von 1 = niedrig bis 5 = hoch) insgesamt als hoch bewertet werden und dass sie bezüglich ihrer Form variieren. Wie ◘ Abb. 18.2 zeigt, werden

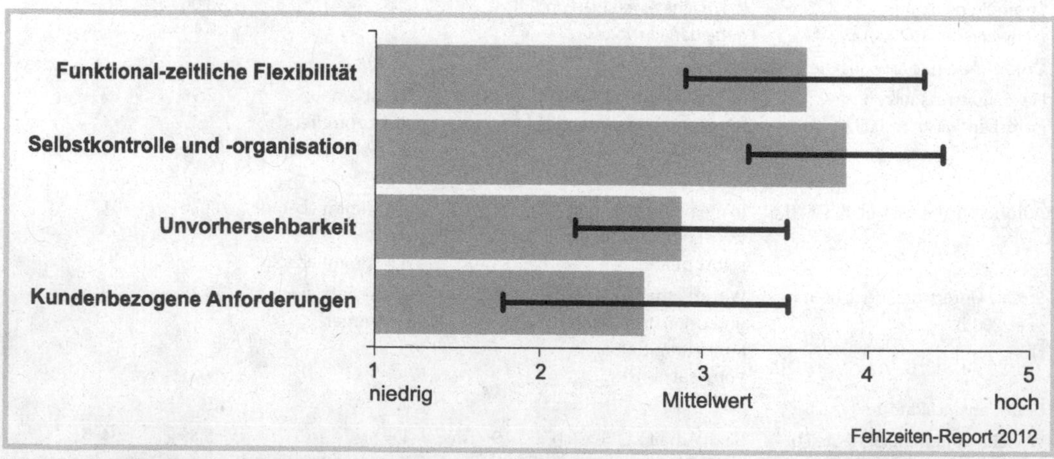

Abb. 18.2 Mittelwerte und Standardabweichungen der Flexibilitätsanforderungen im Vergleich

insbesondere die Anforderungen an die Selbstorganisation und -kontrolle, an die funktional-zeitliche Flexibilität und in etwas geringerem Maße an den Umgang mit Unvorhersehbarkeit als relativ hoch eingeschätzt.

Darüber hinaus zeigen die Ergebnisse zu den Befindensindikatoren, dass die Befragten sich zwar mit einem Wert über 5 (auf einer Skala von 1 = niedrig bis 7 = hoch; ◘ Tab. 18.1) einerseits ein relativ hohes Work Engagement attestieren, gleichzeitig jedoch auch Anzeichen von Irritation verspüren, die sich insbesondere darin zeigen, dass sie angeben, nach der Arbeit schlecht abschalten zu können. So halten knapp 30 Prozent der Befragten die Aussage „Es fällt mir schwer, nach der Arbeit abzuschalten" für größtenteils bzw. fast völlig zutreffend; über 35 Prozent der Befragten kreuzen die Aussage „Ich muss auch zu Hause an Schwierigkeiten bei der Arbeit denken" als für sie größtenteils bzw. fast völlig zutreffend an. Die Werte beider Befindensindikatoren liegen für die untersuchte Stichprobe über den Normwerten[2], die von den Autoren berichtet werden. Darüber hinaus ergab die Analyse der Zusammenhänge zwischen Flexibilitätsanforderungen und Befindensindikatoren (vgl. ◘ Tab. 18.2) folgende Ergebnisse: Die Flexibilitätsanforderungen insgesamt (Index der vier Skalen) weisen sowohl einen signifikant positiven Zusammenhang zu Work Engagement als auch zu Irritation auf. Sie fördern somit im positiven Sinn Engagement, allerdings im problematischen Sinn auch Irritation. Dies weist bereits darauf hin, dass hohe Flexibilitätsanforderungen nicht nur als Herausforderung, sondern auch als hohe Belastung angesehen werden.

Die detaillierte Auswertung zeigt, dass Selbstorganisation und -kontrolle am engsten mit Work Engagement zusammenhängen, d. h. hohe Werte in Selbstorganisation und -kontrolle gehen mit hohen Werten im Work Engagement einher. Unvorhersehbarkeit sowie funktional-zeitliche Flexibilität hängen dagegen am deutlichsten mit Irritation zusammen, d. h. hohe Werte in diesen Anforderungsdimensionen gehen mit hohen Werten in der Irritation einher. Unvorhersehbarkeit sowie funktional-zeitliche Flexibilität werden somit als eher problematisch gesehen.

2 Für Irritation berichten Mohr et al. (2005a) bei einer Stichprobe von 4.030 Personen einen Mittelwert von 3.1 und eine Standardabweichung von 1.2. Für Work Engagement berichten Schaufeli und Bakker (2004) einen Mittelwert von 5.1 und eine Standardabweichung von 1.2, erfasst bei einer Stichprobe von 12.631 Personen.

◘ **Tab. 18.2** Zusammenhänge zwischen Flexibilitätsanforderungen bzw. Ressourcen und Befindensindikatoren (Work Engagement, Irritation)

Skala	Work Engagement	Irritation
Flexibilitätsanforderungen	**.21***	**.31****
Funktional-zeitliche Flexibilität	.11	.30**
Selbstorganisation und -kontrolle	.38**	.10
Unvorhersehbarkeit	-.07	.38**
Kundenbezogene Anforderungen	.19*	.13
Ressourcen		
Ressourcen	***.28****	***-.09***
Personale Ressourcen		
Prospektives Handeln	.16	-.19*
Stabil-flexibles Handeln	.30**	-.05
Kognitive Bewältigung	.21*	-.02
Strategische Planung	.22*	-.01
Organisationale bzw. soziale Ressourcen		
Flexibilitätsressourcen	.36**	-.19*
Autonomie	.35**	-.00
Soziale Unterstützung	.07	-.24**
Anmerkung: N =110 *p < 0.05, **p < 0.01		
Quelle: Eigene Darstellung		

Fehlzeiten-Report 2012

18.4.1 Die Rolle effizienten Handelns im Zusammenspiel von Flexibilitätsanforderungen und Befinden

Die bisherigen Ergebnisse bestätigen, dass von einem relativ differenzierten Zusammenhang zwischen Flexibilitätsanforderungen einerseits und Work Engagement und Irritation andererseits ausgegangen werden kann. Offen bleibt noch die Frage, welchen Beitrag die hier betrachteten Ressourcen leisten. Nachfolgend wird geklärt, wie der Zusammenhang zwischen Flexibilitätsanforderungen einerseits und Work Engagement und Irritation andererseits durch den Einsatz personaler Ressourcen, nämlich die Fähigkeit zu effizientem Handeln, in der untersuchten Stichprobe modifiziert wird. Mit Werten um 3 (vgl. ◘ Tab. 18.1 sowie ◘ Abb. 18.3) für die verschiedenen Aspekte effizienten Handelns wird diese Fähigkeit insgesamt als relativ hoch eingeschätzt. Zudem zeigt sich, dass die Fähigkeit, effizient zu handeln, signifikant positiv mit Engagement und leicht negativ mit Irritation zusammenhängt (vgl. ◘ Tab. 18.2). Dabei weisen alle Korrelationen der Aspekte effizienten Handelns mit Work Engage-

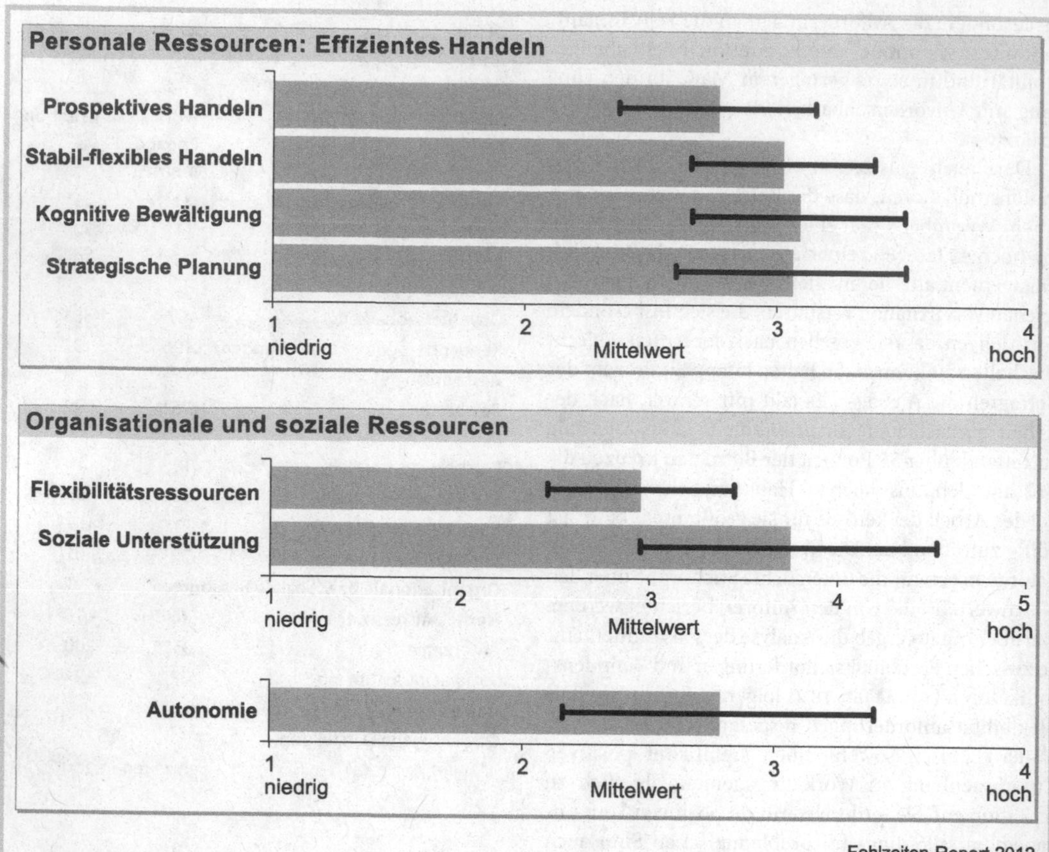

Abb. 18.3 Mittelwerte und Standardabweichungen der Ressourcenskalen

ment bzw. Irritation das erwartete Vorzeichen auf. Insbesondere werden jedoch stabil-flexibles Handeln, kognitive Bewältigung und strategische Planung in positivem Zusammenhang mit Engagement gesehen. Mit Irritation wird lediglich prospektives Handeln in signifikant negativem Maße in Verbindung gebracht, in der Form, dass eine höhere Ausprägung prospektiven Handelns mit einer eher geringen Ausprägung von Irritation einhergeht.

In einem nächsten Schritt soll analysiert werden, ob und in welcher Weise personale Ressourcen den gefundenen Zusammenhang zwischen Flexibilitätsanforderungen und Befinden beeinflussen oder moderieren. Dabei geht es um die Frage, ob effizientes Handeln die Irritation als Resultat hoher Flexibilitätsanforderungen abzufangen bzw. das Work Engagement zu steigern vermag. Konkret wurde angenommen, dass der Moderatoreffekt von effizientem Handeln auf den Zusammenhang von Flexibilitätsanforderungen und Irritation höher bei relativ geringen, d. h. noch gut bewältigbaren Flexibilitätsanforderungen ausfällt als bei höheren Flexibilitätsanforderungen. Bei einer höheren Ausprägung der personalen Ressourcen sollte sich folglich ein geringerer Zusammenhang zwischen Flexibilitätsanforderungen und Irritation zeigen. Es sei nochmals darauf hingewiesen, dass die Ergebnisse insofern relativiert werden müssen, als in der vorliegenden Stichprobe die Flexibilitätsanforderungen insgesamt bereits hoch ausgeprägt sind.

Die Ergebnisse der moderierten Regressionsanalyse[3] zeigen, dass unter den verschiedenen Flexibilitätsanforderungen die personalen Ressourcen den Zusammenhang mit Irritation lediglich für die Anforderung der Unvorhersehbarkeit signifikant beeinflussen. Aus der Darstellung in Abb. 18.4a wird ersicht-

3 Auf eine tabellarische Darstellung der Regressionswerte wird in diesem Beitrag verzichtet.

18

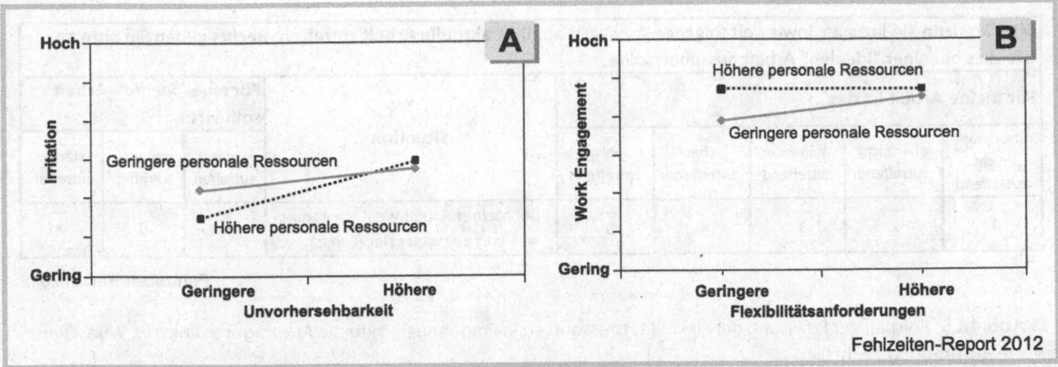

Abb. 18.4 Moderatoreffekt von personalen Ressourcen (effizientes Handeln) auf den Zusammenhang zwischen Irritation und Unvorhersehbarkeit (siehe A) sowie auf den Zusammenhang zwischen Flexibilitätsanforderungen und Work Engagement (siehe B)

lich, dass der schützende Effekt personaler Ressourcen für das Befinden umso höher ist, je höher die Vorhersehbarkeit (bzw. je geringer die Unvorhersehbarkeit) ist. Beschäftigte, die über höhere personale Ressourcen verfügen, sind also vor allem unter der Bedingung höherer Vorhersehbarkeit weniger erschöpft als Beschäftigte mit geringer ausgeprägten personalen Ressourcen. Effizientes Handeln als personale Ressource vermag somit zwar bei relativ geringer Unvorhersehbarkeit vor Irritation zu schützen, bei höherer Unvorhersehbarkeit jedoch verschwindet diese Schutzfunktion. Anders ausgedrückt heißt dies, dass ein hohes Maß an Unvorhersehbarkeit auch dann ein relativ hohes Potenzial zur Irritation in sich birgt, wenn ihm effizient handelnd begegnet wird.

In gleicher Weise wurde der moderierende Effekt von personalen Ressourcen auf den Zusammenhang zwischen Flexibilitätsanforderungen und Work Engagement geprüft (Abb. 18.4b). Hier zeigt sich ein Effekt für die gesamten Flexibilitätsanforderungen (funktional-zeitliche Flexibilität, Selbstorganisation und -kontrolle, Unvorhersehbarkeit, kundenbezogene Anforderungen): Die Fähigkeit, effizient zu handeln, geht vor allem bei geringeren Flexibilitätsanforderungen mit einem höheren Work Engagement einher. Anders ausgedrückt heißt auch dies wiederum, dass bei einem sehr hohen Maß an erforderlicher Flexibilität effizientes Handeln allein das Engagement nicht mehr erhöhen kann.

Insgesamt vermag die Fähigkeit effizient zu handeln zwar bei relativ geringen, nicht jedoch bei höheren Flexibilitätsanforderungen einerseits vor Irritation zu schützen sowie andererseits das Work Engagement zu fördern. Einen besonders starken situativen Einflussfaktor stellt dabei offensichtlich die Unvorhersehbarkeit in der Arbeit dar. Erwartungsgemäß reichen personale Ressourcen allein zur Bewältigung hoher Flexibilitätsanforderungen eindeutig nicht aus. Daher wird nachfolgend die Rolle organisationaler sowie sozialer Ressourcen im Zusammenspiel von Flexibilitätsanforderungen und Irritation bzw. Work Engagement geklärt.

18.4.2 Die Rolle organisationaler und sozialer Ressourcen für den Zusammenhang von Flexibilitätsanforderungen und Befinden

Welchen Beitrag können also organisationale Ressourcen angesichts wachsender Flexibilitätsanforderungen leisten? Was die Ausprägung der organisationalen und sozialen Ressourcen anbelangt, werden in der untersuchten Stichprobe einerseits relativ hohe Grade an sozialer Unterstützung und an Autonomie bei der Arbeit wahrgenommen (vgl. Tab. 18.1). Die für die Studie zusätzlich und speziell als sog. „Flexibilitätsressourcen" eingeführten Unterstützungsmöglichkeiten (siehe ► Abschn. 18.2.4) sind andererseits mit einem Mittelwert von 2.96 (auf einer Skala von 1 = niedrig bis 5 = hoch) vergleichsweise gering eingestuft (siehe unteren Teil von Abb. 18.3). Dies weist bereits darauf hin, dass Unterstützungsmaßnahmen für den Umgang mit Flexibilität in den betrieblichen Arbeitsabläufen teilweise noch nicht vorgesehen bzw. noch nicht wirksam umgesetzt sind. Um die Bedeutung der erfassten Flexibilitätsressourcen in Umgebungen mit relativ hohen Flexibilitätsanforderungen zu klären, wurde im Fragebogen nicht nur deren tatsächliche Ausprägung

Bitte kreuzen Sie **links** an, inwieweit folgende Aussagen auf Ihre **aktuelle Arbeit** zutreffen. **Rechts** geben Sie bitte an, wie dies bei einer **"Idealen" Arbeit** aussehen sollte.								
Für meine Arbeit ist das...					**Situation**	**Für eine *"ideale"* Arbeit sollte das...**		
überhaupt nicht zutreffend	eher nicht zutreffend	teilweise zutreffend	eher zutreffend	völlig zutreffend		weniger zutreffen	genauso zutreffen	stärker zutreffen
1	2	3	4	5	Bei meiner Arbeit weiß ich genau, was **vorrangig** zu erledigen ist.	-1	0	+1

Fehlzeiten-Report 2012

Abb. 18.5 Beispiel der Erfassung der Flexibilitätsressourcen in Fragebogen: aktuelle Ausprägung (links) vs. Wünschenswerte Ausprägung (rechts)

erfragt, sondern auch deren idealerweise wünschenswerte Ausprägung (Abb. 18.5).

Im Folgenden werden einige Ergebnisse aus dieser Gegenüberstellung exemplarisch dargestellt:

- Die Aussage „Bei uns wird Erfahrungsaustausch gezielt gefördert" wird lediglich von 8 Prozent der Antwortenden mit „völlig zutreffend" und von 10 Prozent mit „eher zutreffend" angekreuzt. Dagegen finden 71 Prozent, dass dies idealerweise stärker zutreffen sollte.
- Die Aussage „In meiner Arbeit bekomme ich Rückmeldung über die Gesamtergebnisse von Prozessen, in die ich involviert war" beantworten 9 Prozent der Befragten mit „völlig zutreffend", 16 Prozent mit „eher zutreffend". Hingegen wünschen sich 61 Prozent der Befragten, dass dies auf ihre Arbeit stärker zuträfe.
- Die Aussage „Für meine Arbeit kann ich auf inhaltliche Vorlagen (z. B. festgelegte Formulierungen etc.) zurückgreifen" finden lediglich 4 Prozent der Antwortenden „völlig zutreffend" und 28 Prozent „eher zutreffend". 60 Prozent der Befragten wünschen sich, dass dies auf ihre Arbeit stärker zutreffen würde.

Diese Ergebnisse legen nahe, dass die für die Befragung generierte Skala Flexibilitätsressourcen durchaus als relevant gelten kann. Die Befragten bringen dies durch den insgesamt stark ausgeprägten Wunsch nach diesen Ressourcen zum Ausdruck.

18

In Tab. 18.2 sind die Ergebnisse der Zusammenhangsanalysen auch für die organisationalen und sozialen Ressourcen dargestellt. Im Einzelnen betrachtet hängen die speziellen Flexibilitätsressourcen sowohl hoch signifikant positiv mit Work Engagement als auch signifikant negativ mit Irritation zusammen. Hohe Autonomie geht signifikant mit hohem Work Engagement einher, ergibt jedoch keinen bedeutsamen Zusammenhang mit Irritation. Hingegen geht hohe soziale Unterstützung mit geringer Irritation einher, zeigt jedoch keinen signifikanten Zusammenhang zu Work Engagement. Sie scheint somit offenbar primär einer Irritation entgegen zu wirken und mit Work Engagement nicht einherzugehen.

Um – analog zu den personalen Ressourcen – zu überprüfen, ob organisationale und soziale Ressourcen den Zusammenhang zwischen Flexibilitätsanforderungen und Befinden beeinflussen können, wurden auch hier hierarchische Regressionsanalysen durchgeführt. Es ergaben sich keine moderierenden Effekte. Konkret bedeutet dies, dass organisationalen und sozialen Ressourcen anders als personalen Ressourcen unter relativ hohen Flexibilitätsanforderungen – wie sie in der hier berichteten Stichprobe vorliegen – keine vor Irritation schützende oder Work Engagement fördernde Wirkung zukommt, indem sie den Zusammenhang zwischen Flexibilitätsanforderungen und Befinden beeinflussen. Noch offen bleibt dabei allerdings die Frage, ob die organisationalen und sozialen Ressourcen einen direkten Effekt auf das Befinden zeigen und ob die hier entwickelten Flexibilitätsressourcen einen speziellen und zusätzlichen Beitrag zur Aufklärung des Befindens leisten. In zwei multiplen Regressionsanalysen zeigt sich:

- Sowohl die Flexibilitätsanforderungen ($\beta = .32$, $p < .01$) als auch die Flexibilitätsressourcen ($\beta = -.20$, $p < .05$) leisten einen eigenständigen Beitrag zur Aufklärung von Irritation. Gemeinsam klären sie fast 14 Prozent der Varianz von Irritation auf. Der berichtete negative Zusammenhang zwischen sozialer Unterstützung und Irritation verschwindet dabei, d. h. soziale Unterstützung und Autonomie leisten unter Berücksichtigung aller Variablen keinen eigenständigen Beitrag mehr zur Varianzaufklärung und haben somit keinen vor Irritation schützenden Effekt. Flexibilitätsressourcen hingegen haben einen direkten mindernden Effekt auf die Irritation.

- Bei gleichzeitiger Betrachtung von Flexibilitätsanforderungen einerseits und den sozialen und organisationalen Ressourcen andererseits zeigen insbesondere die Flexibilitätsressourcen ($\beta = .31, p < .01$) sowie auch Autonomie ($\beta = .28, p < .01$) einen signifikanten eigenständigen Beitrag zur Aufklärung von Work Engagement. Beide klären gemeinsam über 21 Prozent der Varianz von Work Engagement auf. Der berichtete Zusammenhang zwischen den Flexibilitätsanforderungen und Work Engagement verschwindet, wenn die Ressourcen berücksichtigt werden. Damit kann nicht bestätigt werden, dass Flexibilitätsanforderungen (insbesondere Selbstorganisation und -kontrolle) eine das Engagement steigernde Wirkung haben. Vielmehr scheint der berichtete hohe Grad an Autonomie ein höheres Ausmaß an Engagement hervorgerufen. Zudem wirken die Flexibilitätsressourcen positiv verstärkend auf das Work Engagement.

Als Ergebnis lässt sich festhalten, dass die hier erfassten Flexibilitätsressourcen Unterstützung im Kontext relativ hoher Flexibilitätsanforderungen, wie in der untersuchten Stichprobe gegeben, bieten können. Es zeigt sich sowohl eine substanzielle Verringerung von Befindensbeeinträchtigungen als auch eine Steigerung des Wohlbefindens.

18.5 Fazit – Ansätze zum Umgang mit Stabilität und Flexibilität

Die Ergebnisse unserer Studien zeigen, dass hohe Flexibilitätsanforderungen in einer ambivalenten Beziehung zum Befinden der Betroffenen stehen. Einerseits sind hohe Flexibilitätsanforderungen zwar positiv zu bewerten, da sie auf den ersten Blick mit hohem Work Engagement einhergehen. Andererseits stellen sie eine kritische Größe für das Wohlbefinden der Beschäftigten dar, da ab einem gewissen Grad – d. h. bei sehr hohen Flexibilitätsanforderungen – eine ausreichende Bewältigung und Erholung nicht mehr ohne Weiteres zu gewährleisten ist. Die Schaffung und Erhaltung klar strukturierter und planbarer Tätigkeitsbereiche scheint somit genauso wichtig zu sein wie die Bereitstellung von Ressourcen für den Umgang mit Flexibilität.

Es bestätigt sich, dass der Verfügbarkeit von Ressourcen bei der Bewältigung von Flexibilitätsanforderungen ein hoher Stellenwert zukommt. Interessant ist dabei die offenbar differenzierte Wirkung von Ressourcen: Einerseits können sie hohe Beanspruchung und deren mögliche Folgen wie Irritation verringern, andererseits zu Wohlbefinden in Form von Work Engagement beitragen. Bemerkenswert ist dabei, dass personale Ressourcen einerseits eine vor Befindensbeeinträchtigungen schützende Wirkung und andererseits einen motivationssteigernden Einfluss haben. Allerdings gilt dies, wie festgestellt, nur bis zu einer gewissen Ausprägung der Flexibilitätsanforderungen. Jenseits davon stoßen die personalen Ressourcen an ihre Grenzen. Eben dieses Ergebnis betont die Bedeutung organisationaler und sozialer Ressourcen, die in Kontexten mit hohen Flexibilitätsanforderungen vor allem durch das Unternehmen geschaffen und gefördert werden sollten. Einen besonders positiven Effekt auf das Befinden haben anscheinend spezifische Flexibilitätsressourcen wie regelmäßige Rückmeldungen, Wissensaufbau im Unternehmen, die Verfügbarkeit von Strukturierungshilfen oder transparente Zuständigkeiten. Diese zeigen sich in dieser Studie auch als relevant gegenüber klassischen, eher universell wirksamen Ressourcen wie Autonomie und soziale Unterstützung. Flexibilitätsressourcen wirken dem Risiko von Irritation bei hohen Flexibilitätsanforderungen entgegen und fördern gemeinsam mit Autonomie das Work Engagement.

Neben der Förderung und Gestaltung der genannten Flexibilitätsressourcen sowie der Unterstützung der personalen Ressourcen (z. B. durch Trainings- und Entwicklungsmaßnahmen) sollten nach wie vor auch „materielle" Puffer, beispielsweise in Form von Zeit, Material oder Personal zur Bewältigung von hohen Flexibilitätsanforderungen flankierend eingesetzt werden. Eine Kombination dieser drei Aspekte in der betrieblichen Praxis kann wesentlich dazu beitragen, die Planbarkeit und vor allem die wahrgenommene Kontrolle über die Arbeitsabläufe wieder zu erhöhen und damit negativen Folgen für Gesundheit und Leistungsfähigkeit der Beschäftigten vorzubeugen. Anhaltspunkte für den Einsatz der benannten Maßnahmen können vorgeschaltete Analysen mittels der hier dargestellten Methoden bieten (z. B. kurze Befragungen oder Gruppendiskussionen). Die Verfügbarkeit von Ressourcen zu erhöhen dient in Arbeitsumgebungen mit hohen Flexibilitätsanforderungen nicht nur dem langfristigen Schutz von Gesundheit und Wohlbefinden der Beschäftigten, sondern auch deren Leistung und kommt somit sowohl Arbeitgebern als auch Beschäftigten zugute.

Literatur

Ducki A, Kalytta T (2006) Gibt es einen Ressourcenkern? Überlegungen zur Funktionalität von Ressourcen. Wirtschaftspsychologie 8(2–3):30–39

Furaker B, Hakansson K, Karlsson JC (2007) Reclaiming the concept of flexibility. In: Furaker B, Hakansson K, Karlsson JC (eds) Flexibility and stability in working life. Palgrave Macmillan, New York, pp 1–17

Greif S (1991) Stress in der Arbeit. In: Greif S, Bamberg E, Semmer N (Hrsg) Psychischer Stress am Arbeitsplatz. Hogrefe, Göttingen, S 1–28

Grote G (2009) Die Grenzen der Kontrollierbarkeit komplexer Systeme. In: Weyer J, Schulz-Schaeffer I (Hrsg) Management komplexer Systeme – Konzepte für die Bewältigung von Intransparenz, Unsicherheit und Chaos. Oldenbourg, München, S 149–168

Höge T (2006) Innsbrucker Fragebogen zur Erwerbsorientierung (IFEO) und Skalen zur Analyse subjektiver Flexibilitätsanforderungen (FLEX-AN). Unveröffentlichtes Manuskript, Universität Innsbruck, Institut für Psychologie

Jonsson D (2007) Flexibility, Stability and Related Concepts. In: Furaker B, Hakansson K, Karlsson JC (eds) Flexibility and stability in working life. Palgrave Macmillan, New York, pp 30–41

Kaiser S, Müller-Seitz G, Ringlstetter M (2005) Der Beitrag eines flexibilitätsorientierten Humanressourcen-Managements in Unternehmenskrisen: Eine kritische Betrachtung. Zeitschrift für Personalforschung 19(3):252–272

Karasek R, Kawakami N, Brisson C et al (1998) The Job Content Questionnaire (JCQ): An Instrument for Internationally Comparative Assessments of Psychosocial Job Characteristics. Journal of Occupational Health Psychology 3(4):322–355

Karasek R, Theorell T (1990) Healthy work. Basic Books, USA

Karlsson JC (2007) For whom is flexibility good and bad? An Overview. In: Furaker B, Hakansson K, Karlsson JC (eds) Flexibility and stability in working life. Palgrave Macmillan, New York, pp 18–29

Lazarus R (1966) Psychological stress and the coping process. McGraw Hill, New York

Mohr G, Müller A, Rigotti T (2005a) Normwerte der Skala Irritation – zwei Dimensionen psychischer Beanspruchung. Diagnostica 51(1):12–20

Mohr G, Rigotti T, Müller A (2005b) Irritation - ein Instrument zur Erfassung psychischer Beanspruchung im Arbeitskontext. Skalen- und Itemparameter aus 15 Studien. Zeitschrift für Arbeits- und Organisationspsychologie 49(1):44-48

Nübling M, Stößel U, Hasselhorn HM et al (2005) Methoden zur Erfassung psychischer Belastungen. Erprobung eines Messinstrumentes (COPSOQ). Schriftenreihe der Bundesanstalt für Arbeitsschutz und Arbeitsmedizin: Forschungsbericht, Fb 1058. Wirtschaftsverl. NW, Verlag für Neue Wiss, Bremerhaven

Peters K, Sauer D (2005) Indirekte Steuerung – eine neue Herrschaftsform. Zur revolutionären Qualität des gegenwärtigen Umbruchprozesses. In: Wagner H (Hrsg) „Rentier' ich mich noch?" Neue Steuerungskonzepte im Betrieb. VSA-Verlag, Hamburg, S 23–58

Schaufeli W, Bakker AB (2004) Utrecht Work Engagement Scale. Preliminary Manual. Occupational Health Psychology Unit, Utrecht University

Schiml N, Bahamondes Pavez C, Schüpbach H (2010) Erfolgreiche Balancearbeit im Spannungsfeld von Stabilität und Flexibilität. In: Möslein K, Trinczek R, Bullinger A et al (Hrsg) Balance Konferenzband. Flexibel, stabil und innovativ: Arbeit im 21. Jahrhundert. Cuvillier Verlag, Göttingen, S 89–96

Schüpbach H (2009) Verhaltenswissenschaftliche Grundlagen in ökonomischen Systemen – Konzepte der Arbeitspsychologie. In: Tscheulin DK, Schüpbach H (Hrsg) Verhaltenswissenschaftliche Grundlagen in ökonomischen Systemen. Berliner Wissenschafts-Verlag, Berlin, S 75–95

Schüpbach H (2011) Ressourcen für die Ressource Mensch – Soziotechnische Arbeitsgestaltung in flexibilisierten Organisationen. In: Ochsenbein G, Pekruhl U, Spaar R (Hrsg) Human Resource Management 2011. Weka, Zürich, S 57–90

Schwarzer R, Greenglass E, Taubert S (2000) PCI – Proactive Coping Inventory – deutsche Fassung (Fragebogen zu allgemeiner und proaktiver Stressbewältigung). Tests Info, Freie Universität Berlin

Ulich E (2005) Arbeitspsychologie (6. überarb und erw Aufl) vdf Hochschulverlag an der ETH, Zürich

Veldhoven M van, Meijman T (1994) The Measuremant of Psychologigal Job Demands with a Questionnaire (VBBA), NIA, Amsterdam

Volpert W (1983) Handlungsstrukturanalyse als Beitrag zur Qualifikationsforschung (2. Aufl) Pahl-Rugenstein, Köln

Zapf D, Semmer NK (2004) Stress und Gesundheit in Organisationen. In: Schuler H (Hrsg) Organisationspsychologie. Grundlagen und Personalpsychologie. Hogrefe, Göttingen, S 1007–1112

Zapf D, Vogt C, Seifert C, Mertini H, Isic A (1999) Emotion Work as a Source of Stress: The Concept and Development of an Instrument. European Journal of Work and Organzational Psychology 8(3):371-400

Kapitel 19

Erholung als Indikator für gesundheitsförderlich gestaltete Arbeit

R. Rau

Zusammenfassung *Gesundheit und Krankheit sind das Resultat der dynamischen Wechselwirkungen von Beanspruchungs- und Erholungsprozessen. Aktuell erleben viele Menschen eine Imbalance zwischen ihrer Beanspruchung durch Arbeit und ihrer Erholung. Dies könnte eine Folge der sich verändernden Arbeitswelt sein. Um diese Annahme zu überprüfen, werden verschiedene Änderungen in der Arbeitswelt bezüglich ihrer Auswirkungen auf die Belastungen und daraus resultierenden Beanspruchungs- und Erholungsprozessen betrachtet. Es wird gezeigt, dass der Erholung ein eigenständiger diagnostischer Wert für die Beurteilung von Arbeitsbelastungen zukommt. So sind Arbeitsbelastungen nicht tolerierbar, die über die eigentliche Arbeitszeit hinaus in der Freizeit und während der Nachtruhe die Erholung beeinträchtigen.* .

19.1 Vom Stress zur Erschöpfung

Während in den 1990er Jahren die Veränderungen in der Arbeitswelt mit einer Zunahme von Klagen über psychosoziale Belastungen – insbesondere Stress – begleitet wurden, finden wir derzeit besonders viele Klagen über Erschöpfungszustände. Letztere bekommen häufig das Etikett Burnout (▶ „Burnout, eine Form der Erschöpfung"). Unabhängig von der unscharfen Verwendung des Burnout-Begriffs zeigt dessen häufige Nennung einen Entwicklungsprozess an, der die Veränderungen der Arbeitswelt begleitet. Erschöpfung ist eine Folge der Reaktion auf Belastungen, die längerfristig die menschlichen Leistungsvoraussetzungen überfordern. Sie tritt auf, wenn man sich nach einer Beanspruchung nicht mehr erholt. Damit ist Erschöpfung eine Folge eines chronischen Stresszustands. Das Erleben von Stress wäre als Begleiterscheinung einer Überforderung zu sehen. Wenn der Zustand des „Gestresstseins" die eigentliche Belastungszeit überschreitet, werden notwendige Erholungsprozesse verzögert oder beeinträchtigt (z. B. durch nächtliches Grübeln über die Arbeit: Cropley et al. 2006; die Unfähigkeit von der Arbeit abzuschalten, sich zu distanzieren: Sonnentag u. Bayer 2005; das Auftreten von Schlafstörungen: Akerstedt et al. 2007). Die Folge ist eine zum Stress zusätzliche auftretende Beeinträchtigung der Leistungsvoraussetzungen durch mangelnde Erholtheit. Im Bezug auf die Veränderungen in der Arbeitswelt könnte man die aktuell massiv auftretenden Klagen über Erschöpfung als Konsequenz einer seit den 1990er Jahren andauernden Überforderung in der Arbeit interpretieren. Die Überforderung hatte sich damals in den häufigen Klagen über Stress abgebildet. Die eigentlich kurzfristige Beanspruchungsfolge Stress wurde zu einem länger anhaltenden Zustand, der nun vermehrt von der mittelfristigen Beanspruchungsfolge Erschöpfung abgelöst wird und sich zu-

B. Badura et al. (Hrsg.) *Fehlzeiten-Report 2012*,
DOI 10.1007/978-3-642-21655-8_19, © Springer Verlag Berlin Heidelberg 2012

nehmend in einem Anstieg von belastungsassoziierten Krankheiten abbilden dürfte (z. B. ICD-10-Diagnosen: F43 – Reaktionen auf schwere Belastungen und Anpassungsstörungen; F48.0 – Neurasthenie oder T73.3 – Erschöpfung durch übermäßige Anstrengung, inkl. Überanstrengung (WHO 2007)). Erste Bestätigung dieser Annahme findet sich in diversen Krankenkassenberichten der letzten Jahre. In den Berichten wird ein Anstieg der Arbeitsunfähigkeitstage aufgrund psychischer Störungen in Zusammenhang mit Arbeitsbelastungen festgestellt (z. B. TK-Gesundheitsreport 2011 von Grobe u. Dörning 2011 oder BARMER Gesundheitsreport 2009 von Wieland 2009).

Sowohl die steigende Anzahl von Klagen über Erschöpfungszustände durch die arbeitenden Menschen als auch das Anwachsen von Arbeitsunfähigkeitstagen aufgrund psychischer Störungen erfordern die Klärung der Frage, ob zwischen Arbeitsbelastung, Erholung und Erschöpfung ein Zusammenhang nachweisbar ist und ob Veränderungen in der Arbeitswelt eine stärkere Beschäftigung mit dieser Thematik erforderlich machen.

Burnout, eine Form der Erschöpfung

Für Burnout gibt es bisher international keine allgemein anerkannte Definition. Den vielen Beschreibungsansätzen gemeinsam ist, dass Burnout als Erschöpfungszustand mit einer selbst wahrgenommenen reduzierten Leistungsfähigkeit gesehen wird, der die Motivation, die Einstellungen und das Verhalten negativ beeinflusst. Der Burnout-Zustand kann ein Ergebnis der Reaktion auf chronischen Stress in der Arbeit sein (Freudenberger 1974; Maslach u. Leiter 1997). Viele Autoren verbinden das Auftreten von Burnout mit Berufen, in denen mit anderen, i. d. R. hilfebedürftigen, Menschen gearbeitet wird (z. B. Büssing u. Glaser 2000; Maslach et al. 2001). Dementsprechend beschreiben Maslach et al. (2001) als Kerndimensionen für Burnout die emotionale Erschöpfung, die zunehmende Gleichgültigkeit im sozialen Umgang bzw. die zunehmende Distanziertheit von der eigenen Arbeit und die reduzierte Leistungsfähigkeit.

In der medizinischen Praxis werden heute neben vitalen und emotionalen Erschöpfungszuständen auch beginnende Anpassungsstörungen bis hin zur Depression mit Burnout bezeichnet. Demerouti (1999) vermutet, dass der Burnout-Begriff bevorzugt wird, da psychische Störungen wie die Depression stärker negativ besetzt sind. Während Burnout eher mit (vergangener) hoher beruflicher Leistungsbereitschaft assoziiert ist, steht Depression für psychische Krankheit mit Beeinträchtigung der Leistungsfähigkeit. Im Gegensatz zu Burnout sind für die Depression die Diagnosekriterien im international gültigen Diagnosesystem (ICD-10: WHO 2007) formuliert. Aufgrund der Schwere einer Depressionserkrankung, der Behandlungsnotwendigkeit und der im Vergleich zur Erschöpfung anderen Behandlungsmethoden sollte bei Vorliegen der Depressionskriterien immer die Diagnose „Depression" und nicht die Diagnose „Burnout" vergeben werden.

19.2 Erholung als potenzieller Mediator zwischen Beanspruchung und Fehlbeanspruchungsfolgen

Gesundheit ist ein Resultat der dynamischen Wechselwirkung von Beanspruchung und Erholung. Durch Erholung nach einer Beanspruchung ist es möglich, der Erschöpfung und damit assoziierten Krankheitsfolgen vorzubeugen. Jede Beanspruchung der körperlichen und geistigen Leistungsvoraussetzungen muss auf Dauer durch Erholung ausgeglichen werden. Dies gilt auch dann, wenn die Beanspruchung an sich positiv für den Menschen ist. Fehlt der Ausgleich, kommt es zu Fehlbeanspruchungen. Damit stellt die Bewertung von Erholung einen wichtigen Indikator für die Bewertung von Arbeitsbelastungen dar.

Aus biologischer Perspektive wird Erholung als automatisch regulierter Prozess beschrieben, der die autonom ablaufenden Vorgänge des zentralnervösen, vegetativen und endokrinologischen Systems sowie des Immunsystems umfasst (Sterling u. Eyer 1988; Fischer et al. 2002). Erholung bedeutet hier die Wiederherstellung der psychologischen und physiologischen Leistungsvoraussetzungen nach einer Belastung in einen Normalzustand durch passives Ausruhen bis hin zum Schlaf. Die Leistungsvoraussetzungen wiederherzustellen ist aber auch anders möglich. Erholung ist davon abhängig, welche Leistungsvoraussetzung wie beansprucht wurden. Haben Menschen die Möglichkeit, ihre Aktivitäten frei zu wählen, werden sie von sich aus zwischen verschiedenen Belastungen wechseln, um ihre Leistungsvoraussetzungen aufrecht zu erhalten. So kann auch das Nicht-Beanspruchen von Leistungsvoraussetzungen diese erholen. Wenn z. B.

das visuelle System durch Arbeitsbelastungen stark genutzt wird und man nach einer gewissen Arbeitszeit in eine andere, die Augen nicht mehr belastende Arbeitsbelastung wechselt, kann es zu einer Erholung des visuellen Systems kommen. Ein anderes Beispiel ist der Tätigkeitswechsel zur Vorbeugung von Monotoniezuständen. Die Erholung basiert hier darauf, zwischen verschiedenen Belastungsarten zu wechseln, und damit der sequenziellen Beanspruchung unterschiedlicher Leistungsvoraussetzungen statt auf passivem Ausruhen (Rook u. Zijlstra 2006). Vielfalt in den Arbeitsanforderungen und das Vorhandensein von Handlungsspielräumen stellen damit eine Voraussetzung für die Erholung während der Arbeit dar. Erholung in diesem Sinne ist nicht mehr allein als biologischer Prozess zu erklären. Vielmehr löst die subjektive Bewertung einer Situation als beispielsweise zu anstrengend, zu lang dauernd, zu eintönig Erholungsverhalten aus. Dieses kann sowohl in passivem Ausruhen als auch in einem Wechsel der Aktivität bestehen. Erholung ist hier das Ergebnis einer kognitiv-emotionalen Regulation in Form einer willentlichen und geplanten Wiederherstellung der Leistungsvoraussetzung. Daher rufen gleichartige Belastungen bei verschiedenen Personen nicht gleichermaßen das Gefühl der „Erholungsbedürftigkeit" hervor, sondern nur bei den Personen, für die aufgrund ihrer kognitiven (z. B. zu anstrengend) oder emotionalen Bewertung (z. B. zu unangenehm) erholungsbezogene Verhaltensweisen angezeigt sind. Allen Konzepten zur Erholung (biologisch, emotional, kognitiv) ist gemeinsam, dass Erholung als Prozess verstanden wird, durch den die Folgen der Beanspruchung durch vorangegangene Tätigkeiten ausgeglichen werden. Umgekehrt gibt es eine Rückkopplung zwischen Erholung und Beanspruchungsfolgen dahingehend, dass eine beeinträchtigte Erholung die Entstehung von Fehlbeanspruchungsfolgen begünstigt. Aufgrund der wechselseitigen Beeinflussung von Beanspruchung und Erholung müssen diese in einem individuumsspezifisch und tätigkeitsbezogen ausgewogenen Verhältnis stehen. Um den Menschen während und nach der Arbeit den Rückgriff auf alle Erholungsmöglichkeiten zu erlauben, benötigen sie sowohl zeitlichen Spielraum als auch Handlungsspielraum sowie ausreichend lange arbeitsfreie Zeiten zwischen zwei Arbeitsschichten (►„Auszüge aus dem Arbeitszeitgesetz der Bundesrepublik Deutschland"). Damit sind Bedingungen genannt, die sich als Arbeitsmerkmale gestalten lassen.

Auszüge aus dem Arbeitszeitgesetz der Bundesrepublik Deutschland (ArbZG) 1994 (eigene Darstellung)

Begriffsbestimmung: § 2 Absatz 1
Die Arbeitszeit ist im Sinne dieses Gesetzes die Zeit vom Beginn bis zum Ende der Arbeit abzüglich der Ruhepausen. Arbeitszeiten bei mehreren Arbeitgebern sind zusammenzurechnen. Im Bergbau unter Tage zählen die Ruhepausen zur Arbeitszeit.

Arbeitszeit der Arbeitnehmer § 3
Die werktägliche Arbeitszeit der Arbeitnehmer darf acht Stunden nicht überschreiten. Sie kann auf bis zu zehn Stunden nur verlängert werden, wenn innerhalb von sechs Kalendermonaten oder innerhalb von 24 Wochen im Durchschnitt acht Stunden werktäglich nicht überschritten werden.

Ruhepausen § 4
Die Arbeit ist durch im Voraus feststehende Ruhepausen von mindestens 30 Minuten bei einer Arbeitszeit von mehr als sechs bis zu neun Stunden und 45 Minuten bei einer Arbeitszeit von mehr als neun Stunden insgesamt zu unterbrechen. Die Ruhepausen nach Satz 1 können in Zeitabschnitte von jeweils mindestens 15 Minuten aufgeteilt werden. Länger als sechs Stunden hintereinander dürfen Arbeitnehmer nicht ohne Ruhepause beschäftigt werden.

Ruhezeit § 5
(1) Die Arbeitnehmer müssen nach Beendigung der täglichen Arbeitszeit eine ununterbrochene Ruhezeit von mindestens elf Stunden haben.
In den weiteren Absätzen werden Ausnahmen von § 5 Absatz 1 geregelt.

19.3 Was ist heute anders in der Arbeitswelt als vor 10 bis 20 Jahren und welcher Zusammenhang besteht zur Erholung?

Von der im zweiten Kapitel (*Formen und Folgen der Entgrenzung*) des vorliegenden Bandes dargestellten Vielzahl an Veränderungen in der Arbeitswelt haben insbesondere die bedarfsangepasste Arbeitsflexibilisierung, die Notwendigkeit, mehrere Jobs parallel anzunehmen, um den Lebensunterhalt zu sichern, und die Arbeitsintensivierung einen starken Einfluss auf die Erholung der arbeitenden Menschen. Nachfolgend werden die genannten Veränderungen in der Arbeitswelt hinsichtlich ihrer Effekte auf die Erholung näher betrachtet.

19.3.1 Arbeitsflexibilisierung und Erholung

Arbeitsflexibilisierung äußert sich sowohl in der Art der Beschäftigungsverhältnisse als auch in der Flexibilisierung der Arbeitszeit, d. h. in der Dauer, Lage und Verteilung der Arbeitszeit.

Veränderungen in den Beschäftigungsverhältnissen

Zunehmend verschwinden die traditionellen, langfristigen Arbeitsverträge mit ihrem impliziten Verständnis der fortwährenden Beschäftigung (Levi et al. 1999). Befristete Arbeitsverhältnisse, Zeit- und Leiharbeit nehmen zu. Damit reduziert sich der Planungshorizont für die Nutzung der eigenen Lebenszeit. Gleichzeitig besteht ein hoher Druck sich zu verausgaben, da dies die einzige Möglichkeit scheint, einen weiteren Arbeitsvertrag oder gar eine Festanstellung zu erhalten (Allan u. Sienko 1997). Beides, die geringe Planbarkeit der eigenen Lebenszeit und die hohe Verausgabung, beeinflussen die Erholung. Ersteres begrenzt die Planung von Erholungszeiten und schränkt den Entscheidungsspielraum für Erholungsaktivitäten ein. Letzteres erschwert es, sich von der Arbeit zu distanzieren bzw. abzuschalten. Hinzu kommt, dass befristet Beschäftigte bereits während ihrer aktuellen Beschäftigung mit der Suche nach einem nächsten Arbeitsverhältnis beginnen müssen. Erhalten sie eine Anschlussbeschäftigung, müssen sie sofort wieder den vollen Leistungseinsatz bringen. Eine Pause zwischen zwei Beschäftigungsverhältnissen durch Urlaub oder einfach nur Freizeit können sich viele Beschäftigte nicht leisten. Die erhöhte Verausgabung auf der einen Seite und andererseits die fehlende Möglichkeit, längerfristig Erholungszeiten zu planen und umzusetzen, wirken sich fatal auf die Erholung und letztlich die Gesundheit aus (Sverke et al. 2000). So wäre eine umfassende Erholung nach Verausgabung notwendig, um die Leistungsvoraussetzungen wiederherzustellen. Dies erfordert aber einen Mindestumfang an verfügbarer Erholungszeit. Neben diesen direkten Effekten befristeter Beschäftigung gibt es auch indirekte Effekte, die die Erholung beeinträchtigen. Als indirekter Effekt ist zu bewerten, dass zeitweilig Beschäftigte häufiger unter schlechteren Arbeitsbedingungen arbeiten als unbefristet Beschäftigte (Pearce 1993; Liden et al. 2003). Für die spezielle Form der Leiharbeit als zeitweilige Beschäftigung zeigte sich in verschiedenen europäischen Ländern inkl. Deutschland, dass Leiharbeiter weniger Handlungsspielräume in der Arbeit, geringere Weiterbildungsmöglichkeiten, weniger Möglichkeit sozialer Kontakte zu Vorgesetzten haben und seltener bzgl. Risiken in ihrer Arbeit aufgeklärt sind (Connelly u. Gallagher 2004; Nienhüser u. Matiaske 2003). Diese schlechteren Arbeitsbedingungen bei zeitweilig Beschäftigten haben dann ihrerseits negative Konsequenzen für die Erholung. In einer Studie von Aronsson et al. (2002) zu Beziehungen zwischen zeitweiliger Beschäftigung, Arbeitsmerkmalen und Gesundheitsbeeinträchtigungen werden sowohl direkte als auch indirekte Effekte berichtet. Die Studie umfasste 2.767 schwedische Beschäftigte, die in unbefristeter Beschäftigung (Vollzeit) und unterschiedlichen Formen zeitweiliger Beschäftigung arbeiteten. Formen zeitweiliger Beschäftigung waren z. B. Projektarbeit, Saisonarbeit, Vertretungsarbeit oder „On-call-Arbeit". Untersuchte Gesundheitsbeeinträchtigungen waren Schulter-Nacken-Beschwerden, Schlafstörungen, Ermüdung und beeinträchtigtes Wohlbefinden. Ergebnis der Studie war, dass sich die Beschäftigten in allen Formen befristeter Arbeitsverhältnisse im Vergleich zu unbefristet Beschäftigten am stärksten bei den Ermüdungsbeschwerden unterschieden: Diese waren bei Ersteren signifikant häufiger. Die anderen Gesundheitsbeeinträchtigungen traten zwar auch häufiger bei befristet Beschäftigten auf, sie kamen aber nicht gleichermaßen in allen Formen befristeter Beschäftigung vor. Neben den Unterschieden in den Gesundheitsdaten zeigten sich in Abhängigkeit von der Beschäftigungsform Unterschiede in den Arbeitsmerkmalen. So hatten zeitweilig Beschäftigte weniger Lernmöglichkeiten, weniger Einfluss auf Entscheidungen und erhielten weniger Unterstützung durch Vorgesetzte als unbefristet Beschäftigte. Diese Arbeitsmerkmale wurden ihrerseits bereits vielfach in Bezug auf ihre Gesundheitsfolgen untersucht. Interessant sind hierbei die Befunde zu den Auswirkungen auf Erholungsbeeinträchtigungen. Lernpotenziale in der Arbeit können, wenn sie genutzt werden, stressreduzierend wirken und daher das Risiko von Erschöpfung verringern (van Ruysseveldt et al. 2011; Rau 2006). Für die Beteiligung an Entscheidungen sowie die soziale Unterstützung wurden ebenfalls Unterschiede bei der Erholung gefunden. So ist eine geringe soziale Unterstützung mit einer verschlechterten Rückstellung der nächtlichen Herzfrequenz (z. B. Unden et al. 1991) und mit häufigerem Auftreten von Schlafstörungen (z. B. Nordin et al. 2005) assoziiert.

Flexibilisierung der Arbeitszeit

Bei der Arbeitszeitflexiblisierung ist einerseits eine längerfristige Ausdehnung der Arbeitszeiten (z. B. Arbeitstage mit 12 bis 14 Stunden gerade auch für höherqualifiziertes Personal) und andererseits eine Arbeitszeitverkürzungen bei teilweise gleichzeitig steigenden Bereitschaftszeiten zu beobachten. Daneben kommt es häufig zu fragmentierten Arbeitszeiten, d. h. die Gesamtarbeitszeit eines Tages verteilt sich über einen Tag, unterbrochen von Nicht-Arbeitszeiten. Außerdem verteilen sich die Arbeitszeiten zunehmend auf alle 24 Stunden des Tages und alle Tage der Woche (Merllié u. Paoli 2002; Pietrzyk 2006). Es findet eine Entgrenzung von Arbeit in alle Lebensbereiche hinein statt. Die hier beschriebene Arbeitszeitflexibilisierung hat auf vielfältige Art Einfluss auf die Erholung.

Die *Verlängerung von Arbeitszeiten* (inklusive Überstundenarbeit) verkürzt die verfügbare Freizeit und damit die potenziell verfügbare Erholungszeit. Außerdem bedeutet die Verlängerung der Arbeitszeit auch, dass man länger den Arbeitsbelastungen ausgesetzt ist und die Leistungsvoraussetzungen dementsprechend stärker beansprucht. Einer Verkürzung der Erholungszeit steht damit ein höherer Erholungsbedarf aufgrund der Mehrbelastung durch die länger dauernde Arbeitsbelastung gegenüber. Insbesondere wenn Überstundenarbeit eine Folge sehr hoher Arbeitsintensität ist, ist der hohe Erholungsbedarf nachgewiesen (van der Hulst et al. 2006). Dabei bedeutet eine hohe Arbeitsintensität, dass für die Bewältigung der Arbeitsanforderungen die verfügbare Regelarbeitszeit nicht ausreicht und daher länger gearbeitet werden muss. Die Verkürzung der potenziellen Erholungszeit und der erhöhte Erholungsbedarf beeinträchtigen die Erholung und den Schlaf (Basner et al. 2007; Nakashima et al. 2011; Rau u. Triemer 2004). Die Beeinträchtigung der Erholung durch verlängerte Arbeitszeiten wird noch verstärkt, je kürzer der Abstand zwischen Arbeitsbelastungen und nächtlicher Erholungszeit ist. Wenn für die Distanzierung von der Arbeit am Tag keine Zeit mehr bleibt, wird diese Phase gleichsam mit ins Bett genommen und kann so die Schlafqualität durch längere Einschlafzeiten, häufigeres nächtliche Aufwachen und nächtliches Grübeln verschlechtern (Akerstedt et al. 2007; Kivistö et al. 2008; Cropley et al. 2006).

Bereitschaftszeiten im Sinne der Verfügbarkeit für Arbeitsaufträge oder die Pflicht zur ständigen Erreichbarkeit (Handy, Internet) begrenzen die freie Wahl von Aktivitäten. Es kann nur solchen Aktivitäten nachgegangen werden, die örtlich, zeitlich und zum Teil situativ (Zugriff auf bestimmte Arbeitskleidung oder Arbeitsmittel) eine ständige Verfügbarkeit gewährleisten. Damit sind viele Aktivitäten mit Erholungsfunktion nicht möglich (z. B. Sport, Wandern, Konzertbesuch etc.). Liegt die Bereitschaftszeit in der Nacht, kommt es direkt durch Fragmentierung der potenziellen Schlafenszeit aufgrund von Arbeitsanforderungen und indirekt aufgrund des Bewusstseins, dass der Schlaf jederzeit durch Arbeitsanforderungen unterbrochen werden kann, zu Beeinträchtigungen der Schlafqualität und Schlafdauer. Werden die Bereitschaftszeiten als Arbeitszeit gewertet und dementsprechend nach dem Arbeitszeitgesetz behandelt, ist die Begrenzung der Wahlmöglichkeit selbstverständlich (vgl. zur Orientierung das Arbeitszeitgesetz ► „Auszüge aus dem Arbeitszeitgesetz der Bundesrepublik Deutschland“). Werden aber nur die Zeiten in der Bereitschaftszeit als Arbeitszeit gewertet, in denen gearbeitet wurde, oder ist gar keine Berücksichtigung als Arbeitszeit vorgesehen, ist die Begrenzung der Wahlmöglichkeiten für Aktivitäten und damit die Beeinträchtigung der Erholungsmöglichkeiten nicht akzeptabel. Eine umfassende Untersuchung der Folgen von Arbeitszeitflexibilisierung auf die Gesundheit und Erholung haben Martens et al. (1999) veröffentlicht. Sie untersuchten die Folgen unterschiedlicher Formen von Arbeitszeitflexibilisierung an 480 belgischen Beschäftigten im Alter von 20 bis 60 Jahren. Es handelte sich um zeitweilig Beschäftigte (mit befristeten Arbeitsverträgen), Beschäftigte in Rufbereitschaft, in Schichtarbeit, mit irregulären Arbeitszeiten (Beginn und Ende der Arbeitszeit wechselt ständig) und mit komprimierten Arbeitszeiten (z. B. 4 x 10 Stunden pro Woche). Sie stellten fest, dass Beschäftigte mit irregulären und komprimierten Arbeitszeiten bis zu 40 Prozent mehr Gesundheitsbeeinträchtigungen sowie eine geringere Schlafqualität berichteten als Beschäftigte, die in traditionellen Arbeitszeitregimen (5 x 8 Stunden pro Woche) arbeiteten.

Eine zusätzliche Belastung durch Bereitschaftszeiten entsteht, wenn das Arbeitsaufkommen in der Bereitschaftszeit bei der Arbeitszeitplanung nicht berücksichtigt wird. So kann ein hohes Arbeitsaufkommen in der Bereitschaftszeit, die nach oder vor einer normalen Arbeitsschicht liegt, zu Doppel- oder gar Mehrfachschichten führen, weil sich die Belastungszeiten aufsummieren. Als Folge davon leiden die Betroffenen unter Erholungsdefiziten, die letztlich in Erschöpfung münden können. Bei Krankenhausärzten ist eine solche Aneinanderreihung von Arbeits- und Bereitschaftszeiten weit verbreitet.

Ähnlich wie bei den Bereitschaftszeiten kommt es auch bei *fragmentierter Arbeitszeit* (typisch z. B. im Handel, aber zum Teil auch in der Kinderbetreuung oder bei der Polizei) und bei unscharfer Trennung zwischen Arbeitszeit und Nicht-Arbeitszeit (*Entgrenzung von Arbeit*), wie sie häufig bei Selbstständigen auftritt (Rau et al. 2008), zu potenziellen Beeinträchtigung von Erholungsaktivitäten. Die Verteilung der Arbeitszeit über den Tag, unterbrochen von Nicht-Arbeitszeit, schränkt die Wahl der Aktivitäten auf solche ein, die im arbeitsfreien Zeitfenster durchführbar sind. Dies bedeutet, dass die Freizeit beeinträchtigt und die Möglichkeit, von der Arbeit abzuschalten, reduziert wird. Eine Fragmentierung der Arbeitszeit zieht komplementär die Fragmentierung der Freizeit nach sich. Zeitbudgetstudien ergaben, dass der Erholungswert bei fragmentierter Freizeit niedriger als ist als bei unfragmentierter (Rydenstam 2002).

19.3.2 Mehrfacharbeitsverhältnisse

Die Notwendigkeit **mehrere Jobs parallel** anzunehmen, um den Lebensunterhalt zu sichern („Geringverdiener"), dürfte immer dann Auswirkungen auf die Erholung haben, wenn die Summe der Arbeitszeit inklusive der benötigen Zeit für den Arbeitsweg von einem Arbeitsplatz zum anderen die traditionell übliche Arbeitszeit von 8 Stunden am Tag bzw. 48 Stunden pro Woche nach der Europäischen Richtlinie zur Arbeitszeit (2003) übersteigt. Das deutsche Arbeitszeitgesetz (1994) bezieht sich bei seinen Aussagen zur Gewährung von Ruhezeiten auf die Gesamtarbeitszeit. Explizit wird darauf hingewiesen, dass Arbeitszeiten bei mehreren Arbeitgebern zusammenzurechnen sind. Dies bedeutet aber für den einzelnen Arbeitgeber keine juristische Verantwortung, da dieser immer nur die jeweilige Beschäftigungszeit in seinem Unternehmen betrachtet. Die Einhaltung des Arbeitszeitgesetzes wird damit gleichsam in die Verantwortung der Beschäftigten gegeben. Diese können, selbst wenn sie es wollten, die ihnen zustehenden Erholungszeiten nicht nehmen, denn für ihren Lebensunterhalt benötigen sie ja gerade die zweiten und dritten Jobs. Vermittelt über eine beeinträchtigte Erholung besteht damit bei Mehrfachjobs ein hohes Gesundheitsrisiko.

Bezieht man sich nur auf die im Arbeitszeitgesetz (1994) geregelten Ruhe- und Erholungszeiten, zeigt sich, dass insbesondere die massive Zunahme von Überstunden, die Erwartung, dass Arbeitskräfte ständig verfügbar sind, ohne dass dies arbeitsrechtlich als Bereitschaftszeit verankert ist, und die gleichzeitige Annahme mehrerer Jobs zur Sicherung des Lebensunterhalts mit dem Arbeitszeitgesetz häufig nicht vereinbar sind.

19.3.3 Arbeitsintensität

Die erhöhte Arbeitsintensität wird von vielen Beschäftigten als Quelle von Fehlbeanspruchung bis hin zu Schlafstörungen und Erschöpfungszuständen empfunden. Um zu klären, ob dies Folge der veränderten Arbeitswelt ist oder ob sich nur die Wahrnehmung von Arbeitsintensität geändert hat (► „Grenzen der Messung von Arbeitsintensität mittels Befragung"), sollen nachfolgend Veränderungen der Arbeitswelt in ihrem Bezug zur Arbeitsintensität diskutiert werden. Da es keine allgemeingültige Definition von Arbeitsintensität gibt, wird zuerst kurz erläutert, was hier unter Arbeitsintensität verstanden wird:

Arbeitsintensität lässt sich als *die zu erbringende Arbeit pro Zeiteinheit* beschreiben. Diese Beschreibung reicht aber nicht aus, da die Arbeitsintensität auch von der *Art der Arbeit* abhängt. So ist die Bewertung der Arbeitsintensität davon abhängig, ob wir muskuläre Arbeit leisten oder ob die Arbeitsanforderungen darin bestehen, Informationen aufzunehmen, weiterzugeben oder zu verarbeiten. Während für körperliche Arbeit notwendige Arbeitszeiten relativ gut planbar sind, fällt dies bei geistiger Arbeit schwerer. Eine Fehlkalkulation durch Ansetzen zu geringer Arbeitszeiten hätte zur Folge, dass sich die Arbeitsintensität erhöht. Weiterhin hat die *geforderte Qualität eines Arbeitsergebnisses* einen Einfluss auf die Arbeitsintensität. Je nachdem, wie viel Zeit benötigt wird, um eine bestimmte Qualität zu gewährleisten, wird bei gleichbleibender verfügbarer Zeit die Arbeitsintensität für unterschiedliche Qualitätsanforderungen verschieden sein. In Abhängigkeit vom *erforderlichen kognitiven Regulationsniveau für die Erfüllung einer Aufgabe* (z. B. Regulation auf der Ebene der Wenn Dann-Beziehungen versus problemlösendes Denken; Letzteres ist aufwendiger und benötigt mehr Zeit) kann mehr oder weniger Arbeit pro einer Zeiteinheit geleistet werden. Zusätzlich determinieren die *Gedächtnisleistungen* (d. h. die verfügbare Kapazität) die Arbeitsintensität. Wenn die Informationsmenge an die Kapazitätsgrenze des Gedächtnisses kommt, ist der Mensch gezwungen, wiederholt auf externe Speicher zurückzugreifen. Dies kostet Zeit und führt zu mehr Arbeit pro Zeiteinheit.

Auch wenn bei dieser Beschreibung der Begriff „Arbeit" alles andere als eindeutig verwendet wurde, wird klar, dass die einzelnen (hier kursiv gedruckten) Bedingungen für die Arbeitsintensität seit den 1990er Jahren einem starken Wandel unterliegen. Dies soll beispielhaft an der Relation von Personal zur Arbeitsmenge bzw. Art der Arbeitsaufgabe belegt werden. In den letzten beiden Jahrzehnten wurde in allen Wirtschaftsbereichen massiv Personal reduziert. Dies ist aber nur zum Teil damit zu erklären, dass bestimmte Arbeitsaufgaben weggefallen sind. Die Reduktion von Personalkosten war und ist eines der wichtigsten Ziele in vielen Unternehmen. Vielerorts hat der massive Personalabbau die Arbeitsmenge für das verbliebene Personal erhöht. Insbesondere wenn die Reduktion nach dem Zufallsprinzip erfolgt, indem z. B. frei werdende Stellen zeitweise nicht mehr besetzt werden oder ganz wegfallen, erhöht sich drastisch die Arbeitsmenge für die verbliebenen Mitarbeiter. Personaleinsparungen haben in vielen Unternehmen dazu geführt, dass viele Aufgaben, die vorher von unterschiedlich qualifiziertem Personal ausgeführt wurden, heute von Beschäftigten gleichsam neben ihrer eigentlichen Arbeit erledigt werden. Oft sind dies Verwaltungsaufgaben. Aufgrund der Vielfältigkeit dieser Aufgaben und des geringen Umfangs der Einzelaufgaben werden die Beschäftigten häufig hierfür nicht qualifiziert. Die Arbeitsintensivierung ergibt sich einmal durch die Mehrarbeit und zum anderen durch die mangelnde Kompetenz der Ausführenden, die für diese Arbeiten im Vergleich zu qualifiziertem Personal deutlich länger brauchen. Vielerorts wurde auch an Personal für die technische Betreuung von Hard- und Software gespart. Dies erhöht die Unterbrechungszeiten durch Störungen und verringert damit die Zeit, die zur Verfügung steht, um die eigentlichen Arbeitsaufgaben zu erledigen. Häufig werden aber auch völlig neue, eigenständig Aufgaben auf das vorhandene Personal übertragen, ohne die Personalkapazität zu erhöhen. Ein Beispiel ist die sogenannte Qualitätssicherung (z. B. Total Quality Management). Obwohl sich die für diese Aufgaben notwendige Arbeitszeit kalkulieren lässt, wird den Beschäftigten diese Arbeitszeit vielerorts nicht gewährt. Besonders viele Klagen darüber gibt es im Gesundheitswesen und im Bereich der Erziehung.

Neben dem Personalabbau sind als Gründe für die Intensivierung der Arbeit zu nennen, dass die notwendige Arbeitszeit für das Erbringen einer Leistung bewusst (z. B. Ansetzen von geringeren Kosten, um eine Ausschreibung zu gewinnen), häufig aber auch unbewusst falsch kalkuliert wird. Die Komplexität von Produkten und/oder die erforderliche Kooperation verschiedener Arbeitsbereiche für ihre Erzeugung macht es schwierig, die einzuplanende Arbeitszeit abzuschätzen. Wird die Zeit kürzer bemessen als notwendig, wird die Arbeit intensiver und häufig extensiver und es fallen Überstunden an.

Insgesamt zeigen die Beispiele, dass Veränderungen in der Arbeitswelt die Arbeitsintensität potenziell erhöhen. Es lässt sich also begründen, warum eine steigende Arbeitsintensität erlebt wird. Die bisher bekannten Befunde zum Zusammenhang von hoher Arbeitsintensität und Beeinträchtigungen von Schlaf und Erholungsphasen (Schlafstörungen: Akerstedt et al. 2002; Erholungsbeeinträchtigungen: Sonnentag u. Zijlstra 2006; Sluiter et al. 2001) bis hin zu Gesundheitsbeeinträchtigungen (Major Depression: Rau et al. 2010; Waldenström et al. 2008; kardiovaskuläre Erkrankungen: Belkic et al. 2004; Kivimäki et al. 2007) können die Zunahme von Erschöpfungszuständen in der arbeitenden Bevölkerung erklären.

Grenzen der Messung von Arbeitsintensität mittels Befragung (eigene Darstellung)

Die Messung der Arbeitsintensität geschieht in aller Regel durch Befragungen. Leider gehört Arbeitsintensität zu den Arbeitsmerkmalen, die am stärksten subjektiv beeinflusst sind und wo sich gleichzeitig dieser subjektive Bias kaum kontrollieren lässt (Karasek 1979; Theorell u. Hasselhorn 2005). Betrachtet man Fragen typischer Fragebögen zur Erfassung der Arbeitsintensität, sieht man, dass Arbeitsintensität subjektiv ein sehr globaler Endpunkt ist, dessen Ursachen häufig im Unklaren bleiben. Typischerweise wird gefragt, ob der Job schnelles, hartes Arbeiten erfordert, ob eine hohe Arbeitsmenge verlangt wird, ob Zeitdruck und Arbeitshektik bestehen oder ob der Job widersprüchliche Anforderungen stellt (vgl. FIT von Richter et al. 2000; JCQ von Karasek et al. 1998). Es wird also danach gefragt, wie die finale Bewältigung objektiv gegebener Anforderungen im Verhältnis zu den individuellen Leistungsvoraussetzungen und den wahrgenommenen aktuellen Arbeitsbedingungen erlebt wird. Die Arbeitsbedingungen schließen dabei auch Kontextbedingungen ein, wie z. B. anstehende Veränderungen, die subjektiv erwünscht oder nicht erwünscht sein können. Damit spielt bei einer Befragung zur Arbeitsintensität immer auch die subjektive Wahrnehmung von Stress im Sinne von Lazarus (Karasek 1979) eine Rolle. Anders gesagt: In gewissem Sinne fragt man bereits nach einer Beanspruchungsfolge. Mit steigender „erlebter" Arbeitsintensität sollte daher auch eine Beziehung zu Fehlbeanspruchungsfolgen wie Stress oder Ermüdung bestehen. Dies ist in vielen Studien belegt.

19.4 Fazit: Erholung als Indikator für die Bewertung von Arbeitsgestaltungsmaßnahmen

Der Wandel der Arbeitswelt mit seinen Folgen für die Arbeitsbedingungen, die betriebliche Organisation der Arbeit, aber auch die individuelle Lebensorganisation beeinflusst das Verhältnis von Beanspruchung und Erholung. Die vielen Klagen Beschäftigter über Erschöpfungszustände zeigen an, dass das Gleichgewicht zwischen Beanspruchung und Erholung gestört ist. Daher kommt der Bewertung von Erholung ein herausragender Stellenwert zu. Arbeitsbedingte Erholungsbeeinträchtigungen können Folgen der zeitlichen Organisation von Arbeit und von schlecht gestalteten Arbeitsmerkmalen sein. Prüfen lässt sich dies nur durch Arbeits- und Organisationsanalysen, die bedingungsbezogen erfolgen. Allgemeine Mitarbeiterbefragungen oder die Ermittlung der Arbeitszufriedenheit helfen dabei nicht.

Darüber hinaus kann Erholung auch als ein Indikator für die Bewertung der Work-Life- bzw. Work-Family-Balance betrachtet werden. Wenn es Menschen länger nicht gelingt, sich von einem Arbeitstag zum nächsten vollständig zu erholen, muss es zu Work-Life-Imbalance kommen. Eine Beeinträchtigung der nächtlichen Erholung hat im Vergleich zu Erholungsprozessen in den anderen Tagesabschnitten die weitreichendsten Folgen auf die Wiederherstellung der Leistungsvoraussetzungen, da der Nachtschlaf der psychophysischen Regeneration aller Organsysteme dient. In aller Regel haben die Belastungen während der Arbeit im Vergleich zu denen in anderen Tagesabschnitten die stärksten Auswirkungen auf die Erholung (Rau 2011). Dabei bestimmen zum einen Arbeitsmerkmale und zum anderen die zeitliche Struktur der Arbeit die Erholungsmöglichkeiten während und nach der Arbeit. Betriebliches Gesundheitsmanagement sollte sich daher besonders mit Fragen des Arbeitsinhalts (Tätigkeitsspielraum, Anforderungsvielfalt, Arbeitsintensität, potenzielle Kooperationsanforderungen), der Arbeitszeiten (Dauer, Lage, Fragmentierung) und der Arbeitsorganisation beschäftigen. Dies kann zum Teil im Rahmen von Gefährdungsbeurteilungen geschehen. Um die Güte der Arbeitsgestaltung (inkl. Arbeitszeitgestaltung) zu bewerten, wäre zu prüfen, ob sich die Beschäftigten nach der Arbeit soweit erholen können, dass eventuell negative Beanspruchungsfolgen am Abend vor dem zubettgehen nicht mehr nachweisbar sind. Außerdem kann geprüft werden, ob bereits eine gestörte Erholung vorliegt. Indikatoren hierfür sind z. B. eine fehlende Distanzierungsfähigkeit von Arbeitsproblemen bzw. das Nicht-Abschalten-Können nach der Arbeit bis hin zur Nacht, eine über die Arbeitszeit hinaus fortbestehende hohe kardiovaskuläre Aktivierung, die Beeinträchtigung des Schlafes oder Erschöpfungszustände. Werden arbeitsbezogene Erholungsbeeinträchtigungen festgestellt, sollten entsprechende Arbeitsgestaltungsmaßnahmen bzw. Veränderungen in der Arbeitsorganisation durchgeführt werden. Außerdem können alle Maßnahmen des Betrieblichen Gesundheitsmanagements, die psychische Fehlbeanspruchungen als Folge von Arbeitsbelastungen vermeiden helfen, die Erholungsfähigkeit und die Qualität sowie Dauer des Nachtschlafs beeinflussen. Zusätzlich zu den arbeitsbezogenen Maßnahmen kann es für Beschäftigte hilfreich sein, wenn ihnen edukative Programme zur Schlafhygiene oder Trainingsangebote zum Einüben von Entspannungstechniken angeboten werden. Wichtig hierbei ist, dass individuelle Anpassungen nur dann wirken können, wenn ggf. bestehende arbeitsbezogene Quellen von Erholungsbeeinträchtigungen durch Arbeits- und Arbeitszeitgestaltung beseitigt wurden.

Neben den Akteuren, die sich im Rahmen des Betrieblichen Gesundheitsmanagements mit den Folgen von Arbeit beschäftigen, können es sich auch Betriebs-/Personalräte (evtl. auch Gewerkschaften im Rahmen von Tarifverhandlungen) zur Aufgabe machen, Arbeitszeitregime hinsichtlich ihrer Risiken für die Erholung zu bewerten. Solche Risiken sind fragmentierte Arbeitszeiten über den Tag oder die Woche, mangelnde Vorhersehbarkeit von Beschäftigungszeiten, irreguläre Beschäftigungszeiten oder längerfristige Überstundenarbeit. Eine potenzielle Erholungsgefährdung kann abgeleitet werden, wenn gegen die Regelungen der Ruhe- und Erholungszeiten gemäß dem Arbeitszeitgesetz (1994) verstoßen wird. Daher sollten auch Bereitschaftszeiten kritisch geprüft werden. So kann es sinnvoll sein, Bereitschaftszeiten in reguläre Arbeitszeiten umzuwandeln, auch wenn dafür evtl. Lohnzuschläge entfallen. Reguläre Arbeitszeiten sind für Beschäftigte besser planbar und unterliegen dem Arbeitszeitgesetz. Außerdem entfallen Fehlbelastungen in Form additiver Effekte von Belastungen der regulären Arbeitszeit und der Bereitschaftszeit. Ein eher gesellschaftlich bzw. politisch zu regelndes Problem ist, wenn Menschen aufgrund zu geringer Löhne gezwungen sind, mehrere Jobs anzunehmen und dabei mehr als die im Arbeitszeitgesetz geregelte Wochenarbeitszeit von 48 Stunden arbeiten. Für sie sind Erholungsbeeinträchtigungen sehr wahrscheinlich. Eine Lösung kann in der Einführung von Mindestlöhnen liegen.

Insgesamt sollte bei allen geplanten Veränderungen in der Arbeit vor ihrer Einführung überprüft werden, welche Effekte sie auf die Erholung haben. Dies ist sowohl im Interesse der Arbeitsgeber, die eine möglichst hohe Produktivität und Effektivität der Beschäftigten erwarten, als auch der Arbeitnehmer, die ihre Arbeit beeinträchtigungsfrei und ohne längerfristige Reduzierung ihrer Leistungsvoraussetzungen erbringen wollen. Eine hohe Effektivität und Produktivität von Arbeit ist nur möglich ist, wenn die Beschäftigten ihre Leistungsvoraussetzungen regenerieren oder gar verbessern können.

Literatur

Akerstedt T, Fredlund P, Gillberg M, Jansson B (2002) Work load and work hours in relation to disturbed sleep and fatigue in a large representative sample. Journal of Psychosomatic Research 53:585–588

Akerstedt T, Knutsson A, Westerholm P, Theorell T, Alfredsson L, Kecklund G (2002) Sleep disturbances, work stress and work hours: A cross-sectional study. Journal of Psychosomatic Research 53:741–748

Akerstedt T, Kecklund G, Axelsson J (2007) Impaired sleep after bedtime stress and worries. Biological Psychology 76:170–173

Allan P, Sienko S (1997) A comparison of contingent and core workers' perception of their jobs, characteristics and properties. SAM Advanced Management Journal 62:4–9

Arbeitszeitgesetz (ArbZG) (1974) http://www.gesetze-im-internet.de/arbzg/BJNR117100 994. html#BJNR117100994BJNG000200307

Aronsson G, Gustafsson K, Dallner M (2002) Work environment and health in different types of temporary jobs. European Journal of Work and Organizational Psychology 11:151–175

Basner M, Fomberstein KM, Razavi FM, Banks S, William JH, Rosa RR, Dinges DF (2007) American Time Use Survey. Sleep time and its relationship to waking activities. Sleep 30:1085–1095

Belkic KL, Landsbergis PA, Schnall PL, Baker D (2004) Is job strain a major source of cardiovascular disease risk? Scandinavian Journal of Work, Environment and Health 30:85–128

Büssing A, Glaser J (2000) Four-stage process model of core factors of burnout: the role of work stressors and work-related resources. Work & Stress 14:329–346

Connelly CE, Gallagher DG (2004) Emerging Trends in Contingent Work Research. Journal of Management 30:959–983

Cropley M, Dijk DJ, Stanley N (2006) Job strain, work rumination and sleep in school teachers. European Journal of Work and Organizational Psychology 15:181–196

Demerouti E (1999) Burnout. Eine Folge konkreter Arbeitsbedingungen bei Dienstleistungs- und Produktionstätigkeiten. Lang, Frankfurt/Main

Europäische Richtlinie zur Arbeitszeit (2003) Richtlinie 2003/88/EG Des Europäischen Parlaments und des Rates vom 4 November 2003 über bestimmte Aspekte der Arbeitszeitgestaltung Brüssel: Amtsblatt der Europäischen Union L 299 vom 18.11.2003

Fischer J, Mayer G, Peter J, Riemann D, Sitter HJ (Hrsg) (2002) Nicht-erholsamer Schlaf. Leitlinie „S 2" der Deutschen Gesellschaft für Schlafforschung und Schlafmedizin. Blackwell Wissenschafts-Verlag, Berlin

Freudenberger HJ (1974) Staff Burn-Out. Journal of Social Issues 30:159–165

Grobe T, Dörning D (2011) Gesundheitsreport 2011 – Veröffentlichungen zum Betrieblichen Gesundheitsmanagement der TK, Band 26 (Gesundheit von jungen Erwerbspersonen und Studierenden). Techniker Krankenkasse Hamburg

Hulst M van der, van Veldhoven M, Beckers D (2006) Overtime and need for recovery in relation to job demands and job control. Journal of Occupational Health 48:11–19

Karasek R (1979) Job demand, job decision latitude, and mental strain: Implications for job redesign. Administrative Science Quarterly 24:285–307

Karasek RA, Brisson C, Kawakami N, Houtman I, Bongers P, Amick B (1998) The Job Content Questionnaire: An instrument for internationally comparative assessments of psychosocial job characteristics. Journal of Occupational Health Psychology 3:322–355

Kivimäki M, Leino-Arjas P, Luukkonen R, Riihimäki H, Vahtera J, Kirjonen J (2007) Work stress and risk of cardiovascular mortality: prospective cohort study of industrial employees. BMJ 325:857–861

Kivistö M, Hämä M, Sallien M, Kalimo R (2008) Work-related factors, sleep debt and insomnia in IT professionals. Occupational Medicine 58:138–140

Levi L, Sauter SL, Shimomitsu T (1999) Work-related stress – it's time to act. Journal of Occupational Health Psychology 4:394–396

Liden RC, Wayne SJ, Kraimer, ML, Sparrowe RT (2003) The dual commitments of contingent workers: An examination of contingents' commitment to the agency and the organization. Journal of Organizational Behavior 24:609–625

Martens MFJ, Nijhuis FJN, Van Boxtel MPJ, Knottnerus JA (1999) Flexible work schedules and mental and physical health. A study of a working population with non-traditional working hours. Journal of Organizational Behavior 20:35–46

Maslach C, Leiter MP (1997) The truth about burnout: How organizations cause personal stress and what to do about it. Jossey-Bass, San Francisco, CA

Maslach C, Schaufeli WB, Leiter MP (2001) Job Burnout. Annual Review of Psychology 52:397–422

Merllié D, Paoli P (2002) Dritte europäische Umfrage über die Arbeitsbedingungen 2000. Amt für amtliche Veröffentlichungen der Europäischen Gemeinschaft, Luxemburg

Nakashima M, Morikaw Y, Sakurai M, Nakamura K, Miura K, Ishizaki M, Kido T, Naruse Y, Suwazono Y, Nakagawa H (2011) Association between long working hours and sleep problems in white-collar workers. Journal of Sleep Research 20:110–116

Nienhüser W, Matiaske W (2003) Der „Gleichheitsgrundsatz" bei Leiharbeit – Entlohnung und Arbeitsbedingungen von Leiharbeitern im europäischen Vergleich. Hans-Böckler-Stiftung (Hrsg) WSI Mitteilungen 8. Bund Verlag, Frankfurt/Main

Nordin M, Knutsson A, Sundbom E, Stegmayr B (2005) Psychosocial factors, gender, and sleep. Journal of Occupational Health Psychology 10:54–63

Pearce JL (1993) Toward an organizational behavior of contract laborers: Their psychological involvement and effects on employee coworkers. Academy of Management Journal 36:1082–1096

Pietrzyk U (2006) Auswirkungen arbeitszeitorientierter Arbeitszeitorganisation im Einzelhandel. In: GfA (Hrsg) Innovationen für Arbeit und Organisation. GfA-Press, Dortmund, S 279–282

Rau R (2006) Learning opportunities at work as predictor for recovery and health. Journal of Work and Organizational Psychology 15:158–180

Rau R (2011) Zur Wechselwirkung von Arbeit, Beanspruchung und Erholung. In: Bamberg E, Ducki A, Metz, AM (Hrsg) Gesundheitsförderung und Gesundheitsmanagement in der Arbeitswelt. Ein Handbuch. Hogrefe, Göttingen, S 83–106

Rau R, Triemer A (2004) Overtime work affects blood pressure and mood during work, leisure and night time. Social Indicators Research, pp 51–73

Rau R, Hoffmann K, Metz U, Richter PG, Stephan U (2008) Gesundheitsrisiken bei Unternehmern. Zeitschrift für Arbeits- und Organisationspsychologie 52:115–125

Rau R, Morling K, Rösler U (2010) Is there a relationship between major depression and both objectively assessed and perceived demands and control? Work and Stress 24:88–106

Richter P, Hemmann E, Merboth H, Fritz S, Hänsgen C (2000) Das Erleben von Arbeitsintensität und Tätigkeitsspielraum – Entwicklung und Validierung eines Fragebogens zur orientierenden Analyse (FIT). Zeitschrift für Arbeits- und Organisationspsychologie 44:129–139

Rook JW, Zijlstra FRH (2006) The contribution of various types of activities to recovery. European Journal of Work and Organizational Psychology 15(2):218–240

Ruysseveldt J van, Verboon P, Smulders P (2011) Job resources and emotional exhaustion: The mediating role of learning opportunities. Work and Stress 25:205–223

Rydenstam K (2002) Time consumption in Swedish households. Präsentation beim Woman, Work and Health Congress, Stockholm, 2.–5. Juni 2002

Sluiter JK, Frings-Dresen MHW, van der Beek AJ, Meijman TF (2001) The relation between work-induced neuroendocrine reactivity and recovery, subjective need for recovery, and health status. Journal of Psychosomatic Research 50:29–37

Sonnentag S, Bayer UV (2005) Switching off mentally: Predictors and consequences of psychological detachment from work during off-job time. Journal of Occupational Health Psychology 10:393–414

Sonnentag S, Zijlstra FRH (2006) Job characteristics and off-job time activities as predictors of need for recovery, well-being, and fatigue. Journal of Applied Psychology 91:330–350

Sterling P, Eyer J (1988) Allostasis: A new paradigm to explain arousal pathology. In: Fisher S, Reason J (eds) Handbook of Life Stress, Cognition and Health. Wiley, New York, pp 629–649.

Sverke M, Gallagher DC, Hellgren J (2000) Alternative work arrangements. In: Isaksson L, Hogstedt C, Eriksson C, Theorell T (eds) Health effects of the new labour market. Kluwer Academic/Plenum Publishers, New York

Theorell T, Hasselhorn HM (2005) On cross-sectional questionnaire studies of relationships between psychosocial conditions at work and health – are they reliable? International Archive of Occupational and Environmental Health 78:517–522

Unden AL, Orth-Gomer K, Elofsson S (1991) Cardiovascular effects of social support in the work place: twenty-four-hour ECG monitoring in men and woman. Psychosomatic Medicine 53:50–60

Waldenström K, Ahlberg G, Bergman P, Forsell Y, Stoetzer U, Waldenström M (2008) Externally assessed psychosocial work characteristics and diagnoses of anxiety and depression. Occupational Environment Medicine 65:90–96

Wieland R (2009) BARMER Gesundheitsreport 2009. BARMER Ersatzkasse, Wuppertal

World Health Organization (2007) International statistical classification of diseases and related health problems. 10th Revision, Version for 2007. WHO, Genf

Kapitel 20

Indirekte Steuerung und interessierte Selbstgefährdung: Ergebnisse aus Befragungen und Fallstudien. Konsequenzen für das Betriebliche Gesundheitsmanagement

A. Krause, C. Dorsemagen, J. Stadlinger, S. Baeriswyl

Zusammenfassung *In dem Beitrag werden zunächst einige Überlegungen zur indirekten Steuerung und interessierten Selbstgefährdung vorgestellt, wonach Veränderungen der Unternehmens- und Leistungssteuerung bei der Entstehung psychischer Belastungen und Beanspruchungen von besonderer Bedeutung sind. Anschließend betrachten wir anhand einer repräsentativen Befragung der Erwerbsbevölkerung in der Schweiz und am Beispiel flexibler Arbeitszeiten ohne Zeiterfassung, wie verbreitet neue Formen der Leistungssteuerung tatsächlich sind. Im dritten Schritt werden Befunde aus betrieblichen Fallstudien zusammengestellt, die mit der indirekten Steuerung zusammenhängende, typische Fehlbelastungen verdeutlichen sollen. Viertens werden Empfehlungen abgeleitet, worauf beim Betrieblichen Gesundheitsmanagement besonders geachtet werden sollte und welche Maßnahmen empfehlenswert erscheinen, um auf die mit der indirekten Steuerung verbundenen gesundheitsrelevanten Nebenwirkungen einzugehen. Erst eine Berücksichtigung der interessierten Selbstgefährdung kann – so die These – die positive Wirkung mitarbeiterorientierter Maßnahmen in ergebnisorientiert gesteuerten Betrieben sichern.*

20.1 Indirekte Steuerung und interessierte Selbstgefährdung: Theoretische Annahmen

„Jung zählt auf das ‚volle Commitment' der ganzen Belegschaft und meint selbstkritisch, man funktioniere teilweise fast wie eine ‚Sekte': ‚Wir mussten Leuten schon den Firmenschlüssel wegnehmen, um sie von der Arbeit rund um die Uhr abzuhalten.' …‚Wir arbeiten überdurchschnittlich viel … und wir nehmen Erfolg und Misserfolg immer noch persönlich', fasst Jung die Philosophie zusammen. Wenn man Marktführer sei, müsse man jede Chance wahrnehmen. …‚Nach relativ vielen schlaflosen Nächten bin ich wohl körperlich älter als Gleichaltrige'" (Tinner 2010, S. 17–18).

Das einleitende Zitat aus dem Buch *Schweizer KMU. Erfolgreich im Wandel* über das Unternehmen Acutronic und seinen Geschäftsführer Thomas W. Jung illustriert anschaulich den Zusammenhang von Erfolgsorientierung, positiven Gefühlen, Selbstgefährdung und Gesundheit in Betrieben, den wir in anderen, häufig überdurchschnittlich erfolgreichen und mitarbeiterorientierten Organisationen untersuchen durften. Bei der Untersuchung entsprechender Phänomene stützen wir uns auf autonomietheoretische Überlegungen von Peters (2011). Sie sollen hier einleitend kurz zusammengefasst werden. Für eine ausführlichere Auseinandersetzung mit der indirekten Steuerung empfehlen wir Peters (2001; 2003) sowie Peters und Sauer (2005). Empfehlenswert ist zudem der Ansatz der *high performance work systems*, der die Förderung

B. Badura et al. (Hrsg.) *Fehlzeiten-Report 2012*,
DOI 10.1007/978-3-642-21655-8_20, © Springer Verlag Berlin Heidelberg 2012

des Humankapitals und der Produktivität durch Gestaltung leistungsförderlicher Arbeitsbedingungen propagiert (z. B. Combs et al. 2006) und sich inzwischen auch mit möglichen gesundheitskritischen Nebenwirkungen beschäftigt (z. B. Kashefi 2009; Kroon et al. 2009). Wer sich für weitere Nebenwirkungen von Management by Objectives in Unternehmen interessiert, sollte zudem Ordóñez et al. (2009) zur Kenntnis nehmen.

Die zugrunde liegende Annahme von Peters (2011) lautet: Die Bedeutung psychischer Belastungen bei der Arbeit nimmt zu, weil in den Unternehmen ein Paradigmenwechsel bei der Organisation von Arbeit und bei der Leistungssteuerung stattfindet. Dieser Wechsel wird als Übergang von einer direkten Steuerung (command and control) zu einer indirekten Steuerung aufgefasst, „durch die die Leistungsdynamik von selbstständigen Unternehmern (z. B. Freiberuflern, Existenzgründern) reproduziert wird bei Menschen, die keine selbstständigen Unternehmer, sondern abhängig Beschäftigte sind“ (ebd., S. 108).

In direkt gesteuerten Arbeitsverhältnissen erhalten Arbeitnehmende Arbeitsaufträge und sind weisungsgebunden. Arbeitsmotivation wird durch die Aussicht auf Lob und Belohnung, etwa in Form positiver Rückmeldungen durch Vorgesetzte, Beförderung, Gehaltszulagen sowie durch große Handlungs- und Entscheidungsspielräume gefördert. Bei mangelnder Befolgung von Arbeitsanweisungen drohen Sanktionen, z. B. durch Abmahnungen, ausbleibende Beförderungen oder äußerstenfalls die personbezogene Kündigung. Die traditionelle Erwartung in abhängigen Beschäftigungsverhältnissen lautet: Sei fleißig und mache fachlich einwandfreie Arbeit, zeige gute Leistung.

Unter Bedingungen indirekter Steuerung *tritt Erfolg an die Stelle von Leistung*. Es zählt nicht mehr, was investiert wird, sondern was am Ende dabei herauskommt. In indirekt gesteuerten Arbeitssystemen werden Arbeitnehmende direkt mit den Bedingungen des Marktes konfrontiert: Sie sollen nicht mehr tun, was ihnen gesagt wird, sondern sie sollen selbstständig auf die Bedingungen reagieren, mit denen sie konfrontiert werden. Rechtfertigen können sie sich immer weniger durch Fleiß, Einhaltung von Disziplin und fachliche Qualität und immer mehr über ihren Beitrag zum wirtschaftlichen Erfolg des Unternehmens.

Von *indirekter Steuerung* sprechen wir also „immer dann, wenn weisungsgebundene Beschäftigte sich zu ihrer Rechtfertigung nicht mehr allein auf ihre tatsächlich geleistete Arbeit (ihre Anstrengung, ihren zeitlichen Aufwand, das Sich-Mühe-gegeben-haben, die fachliche Qualität ihrer Arbeit) berufen können, sondern in erster Linie *Erfolge* vorweisen müssen, die in der Regel betriebswirtschaftlich – durch Kennziffern – definiert sind. Dadurch kommen sie in eine Situation, die derjenigen von unternehmerisch Selbstständigen analog ist: Es hilft dem selbstständigen Unternehmer nichts, wenn er sich viel Mühe gegeben hat, der Erfolg aber ausbleibt“ (Peters 2011, S. 108). In der Folge treten Phänomene der *interessierten Selbstgefährdung* verstärkt auf. Gemeint ist hiermit ein Verhalten, bei dem man sich selbst dabei zusieht, wie das persönliche Arbeitshandeln die eigene Gesundheit gefährdet – aus einem Interesse am beruflichen Erfolg heraus. Beispiele können sein: krank zur Arbeit kommen, auf Erholungspausen oder Urlaub verzichten, am Wochenende oder nachts arbeiten, länger als zehn oder zwölf Stunden am Tag arbeiten, in einem hohen Ausmaß unbezahlte Überstunden leisten, die verfallen oder gar nicht erst erfasst werden.[1]

Eine bestimmte gesundheitskritische Verhaltensweise wie etwa das Arbeiten trotz bestehender Erkrankung (oftmals als Präsentismus bezeichnet; vgl. Steinke u. Badura 2011), was offensichtlich eine Selbstgefährdung ist, kann allein noch nicht als eindeutiger Beleg für das Auftreten *interessierter* Selbstgefährdung angesehen werden. Krause et al. (2010) schlagen vier Kriterien zur Ermittlung interessierter Selbstgefährdung vor, die insbesondere in der Privatwirtschaft herangezogen werden können:

1. Die Leistungssteuerung im Unternehmen erfolgt über quantifizierbare Ziele, Ertragsorientierung oder Benchmarking.
2. Führungskräfte und auch Mitarbeitende ohne Führungsfunktion rechnen mit, ob sich ihre Arbeit für den Betrieb rentiert oder vergleichen ihre Arbeitsergebnisse mit Kennzahlen.
3. Das Arbeitserleben von Mitarbeitenden bewegt sich zwischen den Extremen, z. B. sowohl hohes Engagement und euphorische Gefühle aufgrund

1 Um den besonderen Erklärungswert des Ansatzes der indirekten Steuerung bei der Entstehung psychischer Belastungen nachzuvollziehen, wäre es nun notwendig, zwei theoretisch angenommene Auswirkungen des Imports der Leistungsdynamik selbstständiger Unternehmer in abhängige Beschäftigungsverhältnisse ausführlicher vorzustellen:
   1. Mit der indirekten Steuerung verändert sich das Verhältnis des Willens zur Organisation.
   2. Die indirekte Steuerung steht aus Gründen, die in ihr selbst liegen, dem Erkennen und Verständnis ihrer selbst im Weg.

   Entsprechende Ausführungen sind in Peters (2011) enthalten.

herausfordernder Tätigkeiten und anspruchsvoller Ziele als auch Selbstzweifel an der eigenen Leistungsfähigkeit bzw. Zweifel, ob man dem Leistungsdruck auf Dauer Stand halten kann.

4. Beschäftigte zeigen ohne Aufforderung oder Anweisung Verhaltensweisen, von denen sie wissen, dass sich diese auf Dauer negativ auf sie selbst auswirken (z. B. Arbeiten trotz Erkrankung, Verzicht auf Arztbesuche, Erholungsaktivitäten oder soziale Kontakte, Arbeiten am Wochenende und im Urlaub).

Interessierte Selbstgefährdung kann somit über eine Kombination von Indikatoren zur objektiven Leistungssteuerung, zum Verhalten (Selbstgefährdung) und zum subjektiven Befinden erfasst werden. Voraussetzung für das Vorliegen interessierter Selbstgefährdung ist in jedem Fall indirekte bzw. ergebnisorientierte Steuerung im Betrieb.

So gilt es im Rahmen von Studien zunächst zu ermitteln, ob in einem Betrieb überhaupt indirekt bzw. ergebnisorientiert gesteuert wird. Bei bestimmten Regelungen zur Arbeits(zeit)organisation ist dies besonders offensichtlich der Fall. So entspricht die aufgrund eines Vorschlags von Hoff (2002) im deutschsprachigen Raum häufig als *Vertrauensarbeitszeit* bezeichnete besonders flexible Variante der Arbeitszeitorganisation einer besonders eindeutigen Umsetzung innovativer Managementtechniken, die primär die eigenverantwortliche Erfüllung vereinbarter Ziele und eben nicht die Anwesenheit der Beschäftigten am Arbeitsplatz fokussiert. Zur Charakterisierung von Vertrauensarbeitszeit werden drei Kriterien hervorgehoben: „der Wegfall der offiziellen Arbeitszeitvorgaben und -kontrollen, der Verzicht auf eine formale Arbeitszeitdokumentation und der eigenverantwortliche Zeitausgleich durch die Beschäftigten" (Wingen et al. 2004, S. 58).

20.2 Flexible Arbeitszeiten ohne Zeiterfassung am Beispiel der Schweiz[2]

Am Beispiel der Vertrauensarbeitszeit soll im Folgenden geprüft werden, wie verbreitet innovative Managementtechniken (im Sinne der indirekten Steuerung) in Betrieben tatsächlich sind. Da die konkrete Ausgestaltung von Vertrauensarbeitszeit in der betrieblichen Realität höchst unterschiedlich ist, wurde zur Charakterisierung der innovativen Managementtechniken ein Verzicht auf obligatorische Zeiterfassung herangezogen.

Wir nutzen die Ergebnisse einer Befragung, die 2010 in der Schweiz als Bestandteil der europäischen Erhebung *European Working Condition Survey* erfolgte (Grebner et al. 2011). Insgesamt 1.006 erwerbstätige Personen nahmen an Telefoninterviews teil. Davon waren 732 Personen (73 Prozent) abhängig beschäftigt. Die Studienergebnisse speziell zu flexiblen Arbeitszeitregelungen in der Schweiz werden in Dorsemagen et al. (2012) ausführlicher vorgestellt. Für die Auswertungen wurden die abhängig Beschäftigten in sechs Gruppen unterteilt, die auf zwei Unterscheidungen basieren. Erstens werden drei Typen von Arbeitszeitregelungen unterschieden:

- *Feste Arbeitszeiten*: abhängig Beschäftigte, die angeben, dass ihre Arbeitszeit von der Organisation ohne Änderungsmöglichkeiten festgelegt wird oder dass sie zwischen vorgegebenen, festen Arbeitszeitplänen wählen können
- *Flexible Arbeitszeiten mit obligatorischer Zeiterfassung*: abhängig Beschäftigte, deren Arbeitszeit mit technischen Systemen, durch Vorgesetzte oder durch *verpflichtenden* Selbstaufschrieb regelmäßig erfasst wird
- *Flexible Arbeitszeiten ohne obligatorische Zeiterfassung*: abhängig Beschäftigte, deren Arbeitszeit nicht oder allenfalls durch einen *freiwilligen* Selbstaufschrieb erfasst wird

Beim Typ 3 wird also auf die Erfassung der Arbeitszeit verzichtet. Die gesetzlich vorgeschriebenen Dokumentationspflichten zur Arbeitszeit (in der Schweiz im Artikel 73 des Schweizerischen Arbeitsgesetzes verankert) werden somit nicht mehr eingehalten.

Um die interessierenden Unterschiede zwischen den drei Arbeitszeittypen sinnvoll interpretieren zu können, ist eine zweite Gruppenbildung notwendig, die die mit der betrieblichen Stellung und der Qualifikation typischerweise einhergehende Eigenverantwortung betrifft:

- Personen, die hochqualifiziert sind und/oder Leitungsaufgaben haben
- Beschäftigte in vorwiegend weisungsgebundenen, ausführenden Tätigkeiten („Shop Floor Level")

Hochqualifizierte/leitende Beschäftigte haben, so die Annahme, eine andere betriebliche Realität und insbesondere mehr Möglichkeiten, bestehende Freiräume im Arbeitsalltag zu nutzen.

2 Die Studie wurde gemeinsam mit Prof. Dr. Ulrich Pekruhl und Mara Lehmann (Institut für Personalmanagement und Organisation an der Fachhochschule Nordwestschweiz) durchgeführt und vom Staatssekretariat für Wirtschaft (seco) cofinanziert.

Tab. 20.1 Unterschiede zwischen Arbeitszeittypen hinsichtlich Arbeiten in der Freizeit, Arbeiten trotz Erkrankung und Erfolgs-/Zielorientierung der Vorgesetzten (relativer Anteil, der jeweils pro Arbeitszeittyp zustimmt; N = 732)

Gruppe	Arbeitszeitreglement (in Klammern der relative Anteil an der Schweizer Erwerbsbevölkerung, die abhängig beschäftigt ist)	Arbeit in Freizeit (Zustimmung „fast jeden Tag"/"1- bis 2-mal in der Woche")	Arbeiten trotz Erkrankung (Zustimmung bezüglich der letzten 12 Monate)	Erfolgs-/Zielorientierung der Vorgesetzten (Zustimmung „trifft völlig zu"/„trifft zu" zur Aussage „Meinem Vorgesetzten ist nur wichtig, dass die Arbeit gemacht wird, wie lange ich brauche und wann ich sie mache, spielt keine Rolle")
Weisungsgebundene, ausführende Beschäftigte	Feste Arbeitszeiten (29,1 %)	18 %	50,4 %	39,3 %
	Flexible Arbeitszeiten mit obligatorischer Zeiterfassung (27,3 %)	14,9 %	41,2 %	44,2 %
	Flexible Arbeitszeiten ohne obligatorische Zeiterfassung (7,2 %)	27,8 %	53,1 %	56,8 %
Hochqualifizierte und/oder leitende Beschäftigte	Feste Arbeitszeiten (10 %)	42,8 %	50,0 %	52,0 %
	Flexible Arbeitszeiten mit obligatorischer Zeiterfassung (16,9 %)	32,3 %	46,5 %	56,3 %
	Flexible Arbeitszeiten ohne obligatorische Zeiterfassung (9,5 %)	48,4 %	55,6 %	73,8 %

Quelle: Ergebnisse wurden Dorsemagen et al. (2012) entnommen. Befragung erfolgte 2010 in der Schweiz als Bestandteil der europäischen Erhebung European Working Condition Survey (Grebner et al. 2011)

Fehlzeiten-Report 2012

Insgesamt arbeiten rund ein Sechstel der abhängig Beschäftigten (16,7 Prozent) in der Schweiz unter flexiblen Arbeitszeitreglementen ohne obligatorische Zeiterfassung. 44 Prozent arbeiten unter flexiblen Arbeitszeitreglementen mit obligatorischer Zeiterfassung und 39 Prozent haben feste Arbeitszeiten. Innerhalb der hochqualifizierten oder leitenden Beschäftigten ist der Anteil ohne obligatorische Zeiterfassung deutlich größer als bei den Beschäftigten auf dem Shop Floor Level. Innovative Managementtechniken, die sich hier über den Verzicht auf Arbeitszeiterfassung andeuten und einen Anteil von 16,7 Prozent bei den abhängig Beschäftigten aufweisen, haben eine bedeutsame Verbreitung in der Schweiz.

Inwieweit entfaltet nun das obligatorische Aufschreiben der Arbeitszeiten eine regulierende Wirkung, um potenziell negative Nebenwirkungen flexibler Arbeitszeitregelungen zu vermeiden und insbesondere auch eine mögliche Entgrenzung von Arbeitszeit und Privatleben einzuschränken?

Erstens traten bestimmte potenziell gesundheitskritische Phänomene bei einem Verzicht auf Zeiterfassung häufiger auf: Häufigeres Arbeiten in der Freizeit (dritte Spalte in Tab. 20.1), mehr Präsentismus (Arbeiten trotz Krankheit; vierte Spalte in Tab. 20.1) und häufiger länger als zehn Stunden arbeiten. Dies spricht für die regulierende Funktion des Zeitaufschreibens bei bestehender Arbeitszeitflexibilität.

Zweitens scheint die betriebliche Umsetzung im Falle des Verzichts auf Zeitaufschreibung eine Entgrenzung zwischen Arbeitszeit und Privatleben zu fördern: Es wird mehr Mehrarbeit geleistet, diese Mehrarbeit wird im Betrieb aber nicht mehr erfasst, vom Arbeitgeber finanziell nicht vergütet und auch sonst seltener mit Freizeit ausgeglichen (Dorsemagen et al. 2012).

Drittens scheinen in Betrieben, die auf Zeitaufschreibung verzichten, wie angenommen innovative Managementkonzepte eine höhere Bedeutung zu haben, die auf ergebnisorientierte bzw. indirekte Steuerung setzen: Die Aufgabenerfüllung bzw. Zielerreichung hat stärkere Auswirkungen auf den Lohn und die Vorgesetzten fokussieren vor allem das Ergebnis der Arbeit und nicht die Arbeitszeit (fünfte Spalte in Tab. 20.1).

Als Zwischenfazit halten wir fest: Wenn auf die Zeiterfassung bei flexiblen Arbeitszeitregelungen verzichtet wird – was Ausdruck für die Umsetzung innovativer Managementtechniken im Sinne der indirekten Steuerung sein kann – treten einige Nebenwirkungen auf, die auf eine Entgrenzung der Arbeitszeit hindeuten und mit selbstgefährdenden Verhaltensweisen einhergehen können.[3] Um die betriebliche Realität noch genauer zu verstehen und den Erklärungswert der indirekten Steuerung zu prüfen, sind Fallstudien erforderlich, in denen schriftliche Befragungen mit weiteren Methoden kombiniert werden.

20.3 Befunde aus Fallstudien

In ganz unterschiedlichen Organisationen der Privatwirtschaft, der öffentlichen Verwaltung und auch in Schulen in der Schweiz und in Deutschland haben wir zusammen mit weiteren Forschungspartnern die Ziele verfolgt, 1.) die in der jeweiligen Organisation auftretenden zentralen psychischen Belastungen und Beanspruchungen zu identifizieren, 2.) die Bedeutung der indirekten Steuerung im Kontext der Belastungs- und Beanspruchungssituation zu prüfen und 3.) präventive Maßnahmen zu entwickeln, die auf diese mit der indirekten Steuerung ggf. zusammenhängenden Situation angemessen eingehen. Die Anliegen aus den Organisationen waren heterogen und führten zu ganz unterschiedlichen Kooperationsprojekten: von eintägigen Workshops mit Anregungen zur Reflexion der eigenen Arbeits- und Gesundheitssituation („Denkwerkstatt") über die Durchführung der gesetzlich vorgeschriebenen Gefährdungsbeurteilungen bis hin zu mehrjährigen, drittmittelgeförderten Projekten, an denen weitere Forschungsgruppen beteiligt waren.

Wir fokussieren im Folgenden einige Erkenntnisse zur Belastungssituation in Betrieben, in denen der angenommene Wechsel von Command and Control hin zu indirekter Steuerung besonders eindeutig festzustellen war. Die Betriebe bieten Softwarelösungen (n = 1), Logistik- (n = 1), Finanz- (n = 6) und öffentliche Dienstleistungen (n = 1) an, zudem waren die Instandhaltung eines Großbetriebs sowie ein Produktionsbetrieb beteiligt. Da das Phänomen der interessierten Selbstgefährdung für die Betriebe in der Außenwahrnehmung heikel ist, wurde besonders weitreichende Vertraulichkeit zugesichert. Die Unternehmensgröße, die im Zusammenhang mit der Branche Rückschlüsse auf den konkreten Betrieb erlauben könnte, wird deshalb nicht benannt. Vielmehr wird bei angeführten empirischen Ergebnissen im Folgenden jeweils die Stichprobengröße angeführt.

Die folgende, verdichtete Darstellung von sechs typischen Fehlbelastungen führt Ergebnisse aus mehreren Fallstudien zusammen, die auf die Bedeutung der indirekten Steuerung im Kontext der Belastungs- und Beanspruchungssituation hindeuten. Unsere Darstellung erhebt mithin nicht den Anspruch einer vollständigen Ergebnispräsentation einzelner Fallstudien. Ziel ist vielmehr, anhand der Ergebnisse aus Fallstudien zu verdeutlichen, wie sich indirekte Steuerung in der Unternehmensrealität zeigt und mit welchen psychologisch relevanten Nebenwirkungen sie verbunden sein kann. Kombiniert wurden insbesondere folgende Erhebungsmethoden:

- Quantitativ ausgerichtete, schriftliche Befragungen von Führungskräften sowie von Mitarbeitenden ohne Führungsfunktion
- Qualitative Interviews zur Arbeitssituation sowie Experteninterviews etwa zur Leistungssteuerung im Betrieb
- Ergebnisse der ersten beiden Erhebungsmethoden wurden zurückgemeldet in reflexiv ausgerichteten Gruppendiskussionen, hierbei u. a.:
  - Erklärungsmodelle zur Entstehung psychischer Belastungen schrittweise gemeinsam mit Beschäftigten entwickeln
  - Gesundheitsbezogene Idealbilder zur Arbeitssituation im eigenen Betrieb gemeinsam mit Beschäftigten entwickeln und später reale Umsetzung bewerten

Fehlbelastung 1: Orientierungslosigkeit, Resignation und fehlende Wertschätzung – Die direkte Führungskraft hat keine Zeit mehr für individuelle Anliegen

In der Instandhaltung eines Industriebetriebs sollten die Voraussetzungen für den Erhalt der Leistungsfähigkeit aller Altersgruppen geprüft werden. Angesichts der körperlich anstrengenden Tätigkeit überraschte uns, dass 60 Prozent der befragten Mitarbeitenden psychische Belastungen als wesentliche potenzielle Überforderung ansahen und nur 22 Prozent körperliche Belastungen. (Zustimmung: trifft eher bzw. völlig zu; N = 73; ◘ Abb. 20.1).

In ◘ Abb. 20.2 ist ein Erklärungsmodell aus der Perspektive der weisungsgebundenen, direkt in der In-

3 Zur Vermeidung von Missverständnissen möchten wir betonen, dass wir die Entwicklung hin zu flexibleren Arbeitszeitregelungen und auch zur indirekten Steuerung positiv bewerten und die Förderung von Autonomie ein salutogenes Potenzial beinhaltet. Auch in der Schweizer Studie zeigte sich, dass Personen mit flexiblen Arbeitszeiten mehrfach positivere Angaben hinsichtlich gesundheitsrelevanter Einstellungen berichteten als Personen mit fixen Arbeitszeiten (Dorsemagen et al. 2012).

Alterskritische Merkmale am Arbeitsplatz
Folgende Aspekte an meinem Arbeitsplatz sind bei langjähriger Tätigkeitsausübung für Mitarbeitende eine Überforderung:
trifft überhaupt nicht zu
trifft eher nicht zu
teils, teils
trifft eher zu
trifft völlig zu
Körperliche Belastungen (Heben und Tragen von Gewichten, Zwangshaltungen)
22
22
34
14
8
Arbeitsumgebung (Hitze, Lärm, Beleuchtung, Vibration etc.)
9
14
22
28
27
Psychische Belastungen (Arbeitsmenge, Zeitdruck, Verantwortung)
1
10
29
34
26
Tempo der technischen Veränderungen
7
22
31
30
10
Ungünstige Arbeitszeiten
37
31
18
4
10
0
25
50
75
100
Anteil in %
N = 73
Fehlzeiten-Report 2012

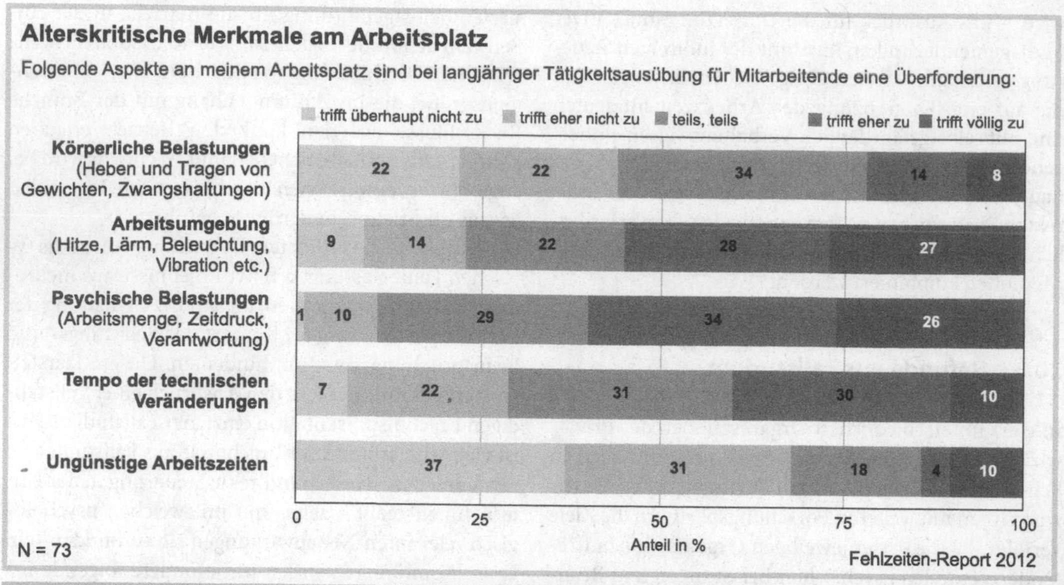

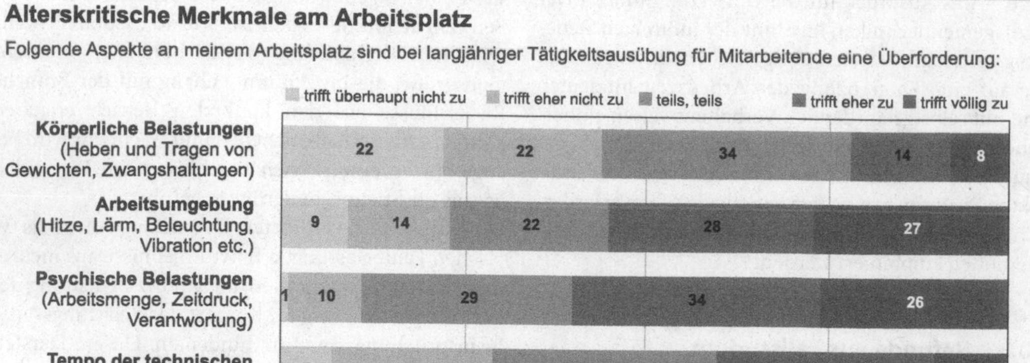

Abb. 20.1 Ergebnis in Instandhaltung eines Industriebetriebs zur Frage, welche Aspekte der Tätigkeit auf Dauer eine Überforderung sein werden (N = 73)

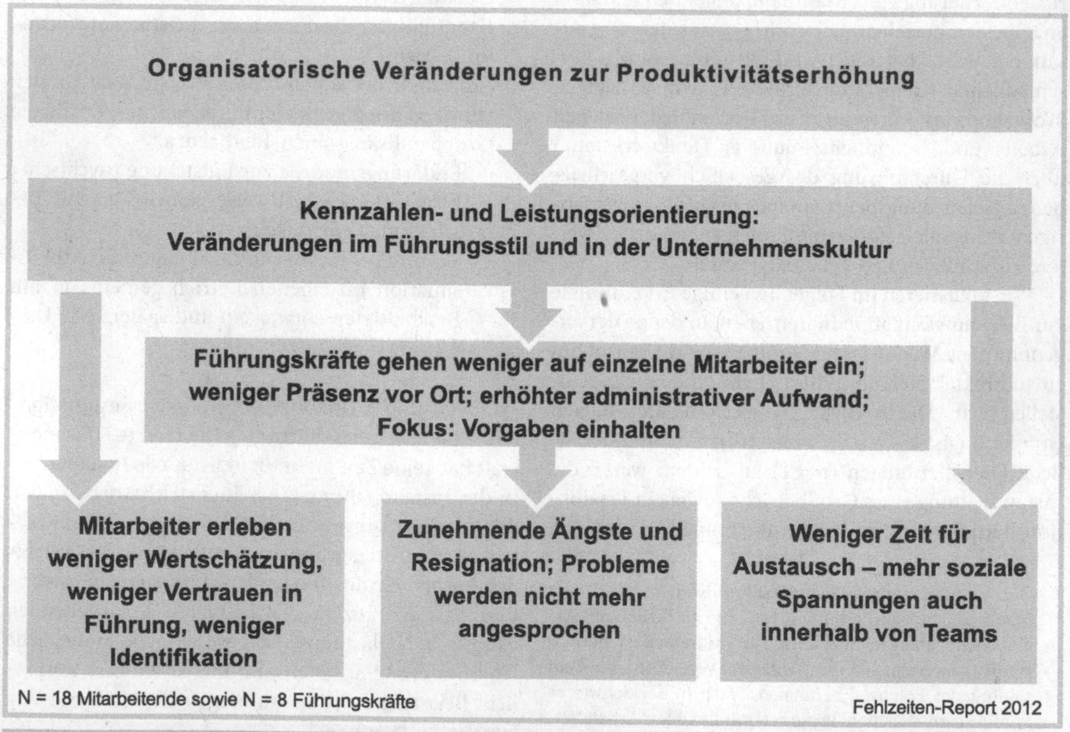

Organisatorische Veränderungen zur Produktivitätserhöhung
Kennzahlen- und Leistungsorientierung: Veränderungen im Führungsstil und in der Unternehmenskultur
Führungskräfte gehen weniger auf einzelne Mitarbeiter ein; weniger Präsenz vor Ort; erhöhter administrativer Aufwand; Fokus: Vorgaben einhalten
Mitarbeiter erleben weniger Wertschätzung, weniger Vertrauen in Führung, weniger Identifikation
Zunehmende Ängste und Resignation; Probleme werden nicht mehr angesprochen
Weniger Zeit für Austausch – mehr soziale Spannungen auch innerhalb von Teams
N = 18 Mitarbeitende sowie N = 8 Führungskräfte
Fehlzeiten-Report 2012

Abb. 20.2 Mit Beschäftigten gemeinsam entwickeltes Erklärungsmodell, warum psychische Belastungen im Betrieb besonders bedeutsam sind (N = 18 Mitarbeitende sowie N = 8 Führungskräfte)

standhaltung tätigen Beschäftigten enthalten. Organisatorische Veränderungen zur Produktivitätserhöhung (wie etwa die konsequente Erhöhung der „produktiven Zeit“) gingen mit einer zunehmenden Kennzahlenorientierung bei den Führungskräften einher. Besonders spürbar war für die Mitarbeitenden die nunmehr fehlende Präsenz der direkten Vorgesetzten, die kaum noch vor Ort waren für informelle Gespräche, scheinbar auch weniger offen für die individuellen Anliegen der einzelnen Mitarbeitenden, sich zunehmend im Büro mit administrativen Aufgaben beschäftigten (z. B. Aufgaben übernahmen, die zuvor in der Arbeitsvorbereitung angesiedelt waren) und im Kontakt mit den Mitarbeitenden vor allem darauf fokussierten, dass die Vorgaben eingehalten werden. Dies war eine bedeutsame Quelle für das Erleben von Ohnmacht, Resignation und fehlender Wertschätzung, teilweise nahmen auch soziale Konflikte in den Teams zu. Die direkten Vorgesetzten – mit denen dieses Ergebnis im zweiten Schritt diskutiert wurde – stimmten der Sichtweise der Mitarbeitenden mehrheitlich zu und forderten selbst als zentrale Maßnahme zur altersgerechten Gestaltung der Arbeitsbedingungen, dass wieder mehr Zeit für die Wahrnehmung von Führungsaufgaben und für Präsenz vor Ort zur Verfügung gestellt wird. Dieses Beispiel verdeutlicht das typische Phänomen der Orientierungslosigkeit beim Übergang von direkter zu indirekter Steuerung in Betrieben, in der Wertschätzung zunehmend daran gekoppelt wird, dass Kennzahlen erreicht und Vorgaben eingehalten werden. Die Rolle der Führungskraft wandelt sich dabei: Weg vom direkten persönlichen Kontakt im Alltag (mit direkten Anweisungen, Kontrollen zum Verhalten o. ä.) hin zum Setzen von Zielen, Controlling der Zielerreichung und Gestalten der Rahmenbedingungen, allenfalls beraten sie die Mitarbeiter, wie sie ihre Selbstmanagementkompetenzen stärken können. Mitarbeitende wiederum stellten in einem anderen Betrieb die folgende Frage: „Ich muss die ganze Arbeit machen. Wozu brauchen wir die Führungskraft überhaupt noch?“

Fehlbelastung 2: Der eigene Erfolg wird zur Bedrohung

Die Organisation der unternehmerischen Zielvorgaben und der Umgang mit ihnen erwiesen sich als zentrale Herausforderungen für die Gestaltung der Belastungs- und Gesundheitssituation. So wurde von Mitarbeitenden einer Organisation als – aus Perspektive der Mitarbeitenden wichtigstes – gesundheitsrelevantes Ideal zur Arbeitssituation ausgearbeitet: „Die Erreichbarkeit, Nachvollziehbarkeit und relative Stabilität von Zielen ist gewährleistet. Die Zielsetzung erfolgt unter Berücksichtigung der individuellen, wirtschaftlichen und regionalen Situation.“ Allerdings sahen die Mitarbeiter dieses Ideal auf einer Skala von 0–100 Prozent Realisierungsgrad im Durchschnitt als nur zu gut einem Drittel verwirklicht an (N = 111). Einer Mehrheit der Beschäftigten erschienen die Ziele nur unter sehr großer Anstrengung erreichbar. Diese Einschätzung war für die Beschäftigten mit der belastenden Erwartung einer weiteren kontinuierlichen Zielsteigerung und der Befürchtung verbunden, dass kontinuierliche Ertragssteigerungen langfristig die Grenzen der Leistungsfähigkeit überschreiten. Eine „Ertragsspirale“ (als ständige Erhöhung der Ertragsziele, was auch in der öffentlichen Verwaltung über vorgegebene Sparziele erreicht wurde) erschien vielen Beschäftigten als die zentrale Ursache verschiedener Fehlbeanspruchungen. Unter diesen Voraussetzungen nahm das Verhältnis der Beschäftigten zu ihren eigenen Erfolgen widersprüchliche Züge an. Als Grundlage von Selbstbestätigung, Anerkennung und Arbeitsplatzsicherheit erstrebt („Erfolge sind doch was Tolles“), nahmen die Beschäftigten die eigenen unternehmerischen Erfolge zugleich als bedrohlich wahr, weil sie – wegen ihrer Auswirkungen auf Benchmarks und künftige Zielfestlegungen – zu einer Verschlechterung der Erfolgsbedingungen führten:

> „Erfolg wird für einen selber gefährlich, weil sich die Ertragsziele entsprechend steigern. Man müsste eigentlich ein schlechtes Jahr einschalten, um die Spirale zurückzudrehen. Aber das geht auch nicht.“

Fehlbelastung 3: Widersprüche zwischen Kennzahlenorientierung und fachlichen Zielen

Ablesbar war die Existenz indirekter Steuerung in allen Fallbetrieben daran, dass die Arbeitnehmer sich in einer neuen Doppelrolle wiederfanden: Nach wie vor war ihre fachliche Arbeit gefordert, aber jetzt rechneten sie zusätzlich mit, ob sich ihre Arbeit für das Unternehmen rentiert (z. B. Kostendeckungsgrad, produktive Zeit). Aus dieser Doppelrolle ergaben sich für die Beschäftigten Konflikte zwischen dem fachlichen und dem unternehmerischen Blick auf die eigene Arbeit, zwischen Qualitätsanspruch und erforderlichen Bearbeitungszeiten, zwischen Kunden- und Ertragsorientierung usw. Die Widersprüche waren in allen Betrieben feststellbar, hier nur ein Beispiel: 25 Prozent der Mitarbeiter eines Dienstleistungsbetriebs gaben in einer schriftlichen Befragung an, dass sie aufgrund betriebswirtschaftlicher Gesichtspunkte oft oder immer fachliche Aspekte vernachlässigen mussten (N = 168).

Fehlbelastung 4: Mehr Selbstständigkeit bei gleichzeitiger Verengung von Spielräumen

Die Kombination von Erfolgsorientierung mit einer Verengung von Handlungsspielräumen durch *Prozess*vorgaben, die im Unterschied zu *Ziel*vorgaben Kennzahlen und Verfahren für den Weg der Zielerreichung definieren (z. B. Berichtspflichten), war in mehreren Unternehmen zu beobachten und mit einem engen Controlling verbunden.

Insoweit Controllingtools und definierte Prozesse Mitarbeitende und Führungskräfte von überflüssigen Aufgaben auch *befreiten*, wurden sie von den Beschäftigten begrüßt. Im Alltag jedoch machten sie häufig die Erfahrung, dass sich Hilfsmittel in Instrumente der Erzeugung von Arbeitsdruck verwandelten. Die Vielzahl der Vorgaben und Controllinginstrumente (verbunden mit einer häufigen Doppelerfassung von Daten in mehreren Tools) produzierte eine Steigerung der Arbeitslast und des Termindrucks.

Enge Prozessvorgaben und Controllingprozesse wurden von den Beschäftigten als eine Beschränkung der – von ihnen selbst und vom Management erwünschten – unternehmerischen Selbstständigkeit betrachtet. Aus der Gleichzeitigkeit von Ansprüchen an die Selbstständigkeit und einem Festhalten in der Unselbstständigkeit entsteht eine in sich widersprüchliche Form von Herausforderung, die selbst schon psychisch belastet: Man soll einerseits unternehmerisch initiativ werden und unternehmerische Verantwortung übernehmen, wird dabei aber – wenigstens in der Selbstwahrnehmung – gegängelt und bevormundet. Einerseits soll man selber zusehen, wie man die Ziele erreicht, andererseits ist man sehr genauen operativen Prozessvorgaben unterworfen, die dabei einzuhalten sind. Die Einhaltung dieser Vorgaben unterliegt einer strengen Kontrolle, sodass der Einzelne Schwierigkeiten befürchten muss, wenn er den Prozessvorgaben nicht genügt, während es ihm andererseits nichts hilft, wenn er allen diesen Anforderungen genügt hat, weil er zuletzt einzig am Ergebnis gemessen wird.

Auch in dem oben bei der ersten Fehlbelastung angesprochenen Industriebetrieb war für die hochqualifizierten, in Projektarbeit organisierten Mitarbeitenden auffällig, dass die umständlichen und langwierigen betrieblichen Entscheidungsprozesse in starkem Widerspruch zur geforderten Flexibilität und Selbstständigkeit der Mitarbeitenden standen.

Wir sind der Ansicht, dass Fehlbelastungen in diesem Zusammenhang nicht durch die indirekte Steuerung selbst entstehen, sondern dadurch, dass indirekte Steuerung mit fehlenden Entscheidungsspielräumen und einem zu engen Controlling kombiniert wird.

Fehlbelastung 5: Realitätsverlust durch Faking-Prozesse und gestörte Rückkopplungen innerhalb der Organisation

Vielfach wurden in den Fallbetrieben Störungen in den Rückmeldungen von unten nach oben sowie in der Kommunikationskultur eines Unternehmens identifiziert, die auf indirekte Steuerung zurückgeführt werden konnten.

So beklagten Mitarbeiter, dass dem mit großem Aufwand betriebenen Controlling ein Desinteresse der Leitungen an den Bedingungen der Zielerreichung gegenüberstehe:

> „Controlling betrifft nur das gewünschte Ergebnis; was keinen interessiert, sind die Probleme auf dem Weg dahin."

Versuche, sich mit jeweils übergeordneten Führungsebenen darüber zu verständigen, wie realistisch die Zielvorgaben sind, scheiterten oftmals:

> „Es bringt nichts, wenn man mitteilt, dass Ziele unrealistisch werden und warum. Da wird nur ein Aktenvermerk gemacht und das war's dann, ohne weitere Konsequenzen. Also dann kann man die Zielvereinbarung gleich ohne Diskussion unterschreiben."

Eine von vielen Beschäftigten wahrgenommene Differenz zwischen dem, „was oben ankommt" oder in den offiziellen Organen des Unternehmens dargestellt wird, und dem, „was unten erlebt wird", wirkte selbst als psychomentale Belastung.

Typen von strukturell bedingten Kommunikationsstörungen seien hier zusammenfassend aufgeführt:

1. Beschäftigte berichteten, dass sie ihre Arbeitszeit über das vertraglich vereinbarte Maß ausdehnten, ohne dies irgendwo zu dokumentieren oder irgendjemandem mitzuteilen. Ursachen lagen darin, dass Verstöße gegen das Arbeitszeitgesetz Scherereien bedeuten, oder aber darin, dass Beschäftigte verheimlichen wollen, wie lange sie für die Erledigung bestimmter Aufgaben gebraucht haben, um keine Zweifel an ihren Fähigkeiten zu begründen.
2. Menschen gingen krank zur Arbeit. In mehreren Betrieben gaben jeweils mehr als 70 Prozent der Mitarbeitenden in schriftlichen Befragungen an, dieses Verhalten von sich selbst zu kennen. Das heißt: Auch wenn die erfassten Krankenstände und Fehlzeiten zeitweise sinken, können unterhalb dieser Oberfläche die gesundheitlichen Risiken und die tatsächlichen Erkrankungen zunehmen.

20

3. Viele Mitarbeitende berichteten von Schwierigkeiten, eigene Schwächen, Probleme und Ängste offen zuzugeben. In einer erfolgs- und leistungsorientierten Unternehmenskultur wäre Offenheit auf diesem Gebiet für den Einzelnen brisant.
4. In Statistiken und Berichten wurden falsche Angaben gemacht („Fake"-Wirtschaft), um sich vor Unannehmlichkeiten zu schützen. Mitarbeiter berichteten, dass sie teilweise falsche Antworten gegeben hatten, weil sie Reaktionen höherer Leitungsebenen auf schlechte Befragungsergebnisse (z. B. Repressionen der verantwortlichen Führungskraft) mehr fürchteten als ein Fortdauern bekannter Mängel. Führungskräfte gaben an, ihre Mitarbeiter direkt aufgefordert zu haben, bestimmte Kritikpunkte in der Mitarbeiterbefragung nicht anzugeben. Jeder fünfte befragte Mitarbeiter eines Firmenbereichs mit besonders vielen Kundenkontakten gab an, dass er oder sie sich oft oder immer über betriebliche Vorschriften hinwegsetzen müsse, um die geforderten Ergebnisse zu erreichen (N = 86).

Fehlbelastung 6: Gesundheitsförderliche schriftliche Regelungen werden nicht umgesetzt
In den Betrieben waren zahlreiche mitarbeiterorientierte und gesundheitsförderliche Regelungen, Vereinbarungen oder Absichtserklärungen bereits vorhanden. Betriebsvereinbarungen hielten beispielsweise fest, dass Ziele realistisch sein müssen.

Die Hauptschwierigkeit lag oftmals nicht in einer verbindlichen Formulierung von Regelungen, sondern in deren Umsetzung in die Praxis. Umsetzungsprobleme hat es auch früher gegeben; die indirekte Steuerung generiert aber ein Umsetzungsproblem besonderer Art: Erstens löst das eigene unternehmerische Interesse von Mitarbeitern eine Eigendynamik sozialer Prozesse im Unternehmen aus. Regelungen – gerade auch diejenigen, die im eigenen Interesse der Beschäftigten lägen – werden als Hindernis auf dem Weg der Zielerreichung erlebt und entsprechend wird versucht, diese zu umgehen (z. B. kann das Bestreben, überhöhte Benchmarking-Werte zu erreichen, Regelungen zur Arbeitszeit unterlaufen). Zweitens lässt sich dieser Effekt nicht durch eine disziplinierende Kontrolle bremsen oder einfangen, ohne das Funktionsprinzip einer Steuerung durch Ziele zu konterkarieren.

20.3.1 Konsequenzen für das Betriebliche Gesundheitsmanagement

Eingangs haben wir argumentiert, dass die Theorie der indirekten Steuerung einen Ansatzpunkt bietet, um eine Zunahme psychischer Belastungen vorhersagen und erklären zu können. Mit Blick auf neue Herausforderungen an das Betriebliche Gesundheitsmanagement in Partnerbetrieben ist hervorzuheben: *Indirekte Steuerung löst als Nebenwirkung eine soziale Dynamik aus, die Regelungen, Vereinbarungen und Vorschriften des Arbeits- und Gesundheitsschutzes tendenziell unwirksam werden lässt, weil diejenigen, um deren Gesundheit es geht, diese Regelungen, Vereinbarungen und Vorschriften von sich aus unterlaufen* (z. B. freiwillig am Wochenende oder länger als zwölf Stunden zu arbeiten). So berichteten Führungskräfte aus verschiedenen Organisationen, dass sie Schwierigkeiten hatten, offensichtlich erschöpfte oder erkrankte Mitarbeitende von der Arbeit abzuhalten.

Die Wirkung mitarbeiterorientierter Maßnahmen wird durch Konsequenzen der indirekten Steuerung ausgehebelt oder vermindert. Besonders bedeutsam erschien in den Fallstudien die soziale Eigendynamik als Folge der Leistungssteuerung: So wurde der Bestwert einer Region automatisch zum zu erreichenden Benchmark für alle anderen Regionen, auch wenn die Vermutung bestand, dass dieser Bestwert nur durch trickreiches Schummeln erreicht werden konnte. Wenn nun entsprechende Kennwerte mit größter Anstrengung erreicht werden, ist dies eine Bestätigung für die Unternehmensspitze, alles richtig gemacht zu haben – ohne dass thematisiert wird, dass die Mitarbeiter überfordert sind: Die Folge ist ein Realitätsverlust bei höheren Hierarchieebenen hinsichtlich der Belastungssituation im Betrieb.

Ein typisches Beispiel für den widersprüchlichen Effekt gut gemeinter Betrieblicher Gesundheitsförderung ist die Situation, in der entsprechende Angebote unterbreitet werden (z. B. Pflichtangebot zur Online-Schulung in Gesundheitsförderung), diese aber von vielen Mitarbeitenden nicht wahrgenommen werden mit dem Hinweis, dafür habe man keine Zeit – denn das eigentliche Problem (Arbeitsmenge und Leistungsdruck) werde eben ausgeklammert. In den Worten eines Mitarbeiters: „Gesundheitsförderlich wäre es, wenn ich auf meinen Urlaub verzichte."

Solange wir den Mechanismen nicht begegnen, die das bereits vorhandene Gesundheitsmanagement, vorhandene Betriebsvereinbarungen, vorhandene Vorschriften und erklärte Werte des Unternehmens unwirksam werden lassen und die mit indirekter Steuerung zusammenhängen, ist es vergeblich, über deren Weiterentwicklung nachzudenken.

20.4 Bausteine für ein BGM-Maßnahmenpaket

In den Fallstudien wurden neben betriebsspezifischen Lösungen folgende typische Bausteine für ein BGM-Maßnahmenpaket abgeleitet, die zusammen eine Antwort auf die Nebenwirkungen der indirekten Steuerung bieten können:

1. Denkwerkstatt Gesundheitskompetenzen
2. Wenn-schon-denn-schon-Option: Erfolgsorientierung ohne hinderliche Gängelung
3. Gesundheit im System der Leistungssteuerung berücksichtigen
4. Frühwarnsystem für Nebenwirkungen aufbauen und Umgang mit Druck als gemeinsame Herausforderung etablieren

Baustein 1 Denkwerkstatt Gesundheitskompetenzen

Die *Denkwerkstatt Gesundheitskompetenzen* soll die Selbstständigkeit von Beschäftigten und ihre Kompetenz zur Auseinandersetzung mit belastenden Phänomenen steigern, indem sie die Mitarbeitenden befähigt, den neuen Typ von Problemen zu verstehen, mit dem sie es bei gesundheitsgefährdenden Nebeneffekten indirekter Steuerung zu tun haben. Bereits die Teilnahme an Denkwerkstätten war für Beschäftigte in den Fallstudien nach eigenen Angaben mit einem unmittelbaren und spürbaren Entlastungseffekt verbunden. Die Verbesserung der Fähigkeit, sich unter den neuen Bedingungen zu orientieren, bedeutet zugleich einen Gewinn an Souveränität und Gelassenheit gegenüber den Problemstellungen. Das Wissen über die Ursachen der irritierenden Widersprüchlichkeit des eigenen Verhaltens kann den Einzelnen vor belastenden Selbstzweifeln schützen und damit gesundheitsförderlich wirken. Dafür bedarf es geschützter Räume, in denen die Möglichkeit vertrauensvoller Kommunikation besteht.

Die Denkwerkstatt ist auf mindestens anderthalb Tage angelegt. Den Teilnehmenden wird zunächst Wissen zur Früherkennung psychischer Belastungen und Beanspruchungen, über Stressverläufe, die Dynamik von Anspannung und Erholung u. ä. vermittelt. In einer daran anschließenden Erarbeitungsphase reflektieren die Teilnehmenden zuerst für sich allein und dann in einer moderierten Gruppendiskussion die Relevanz der gewonnenen Erkenntnisse für den eigenen Arbeitsalltag (etwa: Kenne ich bestimmte Belastungen, Ressourcen, körperliche oder psychische Symptome? Wie kann ich kurze Erholungsphasen in den Arbeitsalltag integrieren?).

Erst im zweiten Schritt erfolgt der Übergang zur Auseinandersetzung mit der Theorie der indirekten Steuerung und der daraus resultierenden Konsequenzen für die Arbeitsorganisation, das Arbeitsverhalten und die Gesundheit von Beschäftigten. Wissensvermittlung (Was ist indirekte Steuerung? Was ist interessierte Selbstgefährdung? Woran erkennt man diesen Gefährdungstyp? Wie kann man sich davor schützen?) ist nur ein Teilziel dieser Einheit. Um die Teilnehmenden in die Lage zu versetzen, die eigene Situation zu reflektieren, zu verstehen und in der Folge Veränderungen anzustreben, ist dieser Teil, der Schwerpunkt des Konzepts der Denkwerkstätten, als Anleitung zum Selberdenken konzipiert. Ziel ist es, das selbstständige Nachdenken über die Veränderungen in der Organisation von Unternehmen und daraus resultierende Konsequenzen für die eigene Arbeitssituation zu fördern.

Führungskräfte reflektieren zudem die Konsequenzen indirekter Steuerung für das eigene Führungsverhalten, sie lernen Gesundheitsgefährdungen bei Mitarbeitern zu erkennen und werden mit Unterstützungsstrategien vertraut gemacht.

In einem Supervisionstermin im Abstand von sechs Monaten kommen die Teilnehmenden erneut zusammen und reflektieren in einer moderierten Gruppendiskussion ihre Arbeitserfahrungen der vergangenen Wochen.

Baustein 2 „Wenn-schon-denn-schon-Option": Erfolgsorientierung ohne hinderliche Gängelung

Die Wenn-schon-denn-schon-Option setzt am oben beschriebenen Widerspruch zwischen geforderter Selbstständigkeit und eingeschränkten Spielräumen an. Die dem Maßnahmenvorschlag zugrunde liegende These lautet: Wenn Beschäftigte an Ergebnissen gemessen werden, muss man es – soweit von der Sache und der Person her möglich – ihnen selbst überlassen, auf welchen Wegen und mit welchen Mitteln sie zu den Ergebnissen kommen. Erst wenn unternehmerische Verantwortung mit unternehmerischen Spielräumen gekoppelt wird, werden die Folgen der indirekten Steuerung für den Einzelnen bearbeitbar.

Ein Risiko der Wenn-schon-denn-schon-Option: Mit zunehmenden Freiräumen wird auch die interessierte Selbstgefährdung von Fesseln befreit. Bliebe dieses Risiko unberücksichtigt, könnte sie sich in der Folge noch stärker auswirken als zuvor. Die Präventionschance liegt an dieser Stelle darin, eine größtmögliche Erweiterung von Entscheidungsspielräumen mit einer zunehmenden Befähigung der Beschäftigten zu verknüpfen, die Funktionsweise der indirekten Steuerung zu begreifen. Deswegen ist es erforderlich, zu Projekten im Sinne der Wenn-schon-denn-schon-Option begleitend Qualifizierungsmaßnahmen im oben beschriebenen Sinne der Denkwerkstatt durchzuführen.

Baustein 3: Gesundheit im System der Leistungssteuerung berücksichtigen

In hoher Ziel- und Ergebnisorientierung von Beschäftigten liegen sowohl wesentliche salutogene, also gesundheitsförderliche Potenziale wie auch zentrale Erfolgsressourcen für Unternehmen. Zugleich wurde in den Analysen deutlich, dass diese Potenziale und Ressourcen durch bestimmte Elemente der Ausgestaltung des Ziel- und Ertragssteuerungssystems gefährdet werden können – etwa wenn eine fortgesetzte Steigerung der Ertragsziele als erhebliche Fehlbelastung erlebt wird oder Ziele nicht realistisch erreichbar sind.

In einer Weiterentwicklung des Kennzahlen- und Steuerungssystems unter Berücksichtigung von Erkenntnissen zu gesundheitsgefährdenden Nebenwirkungen indirekter Steuerung liegt daher eine zentrale Chance, die Gesundheits- und Belastungssituation und damit indirekt die Bedingungen für eine nachhaltige Unternehmensentwicklung zu verbessern.

Die konkrete Ausgestaltung muss sich eng an den Besonderheiten des einzelnen Betriebs orientieren. Beispielsweise können als Ansatzpunkte für die Weiterentwicklung des Kennzahlen- und Steuerungssystems dienen:

- Reduzieren von Prozessvorgaben (vorgegebenen Prozessschritten, administrativen Aufgaben etc.)
- Reduzieren der Anzahl der Zielgrößen
- Systematische Abstimmung zwischen Zielen und bestehenden Ressourcen, z. B. bei Krankheit, veränderter Personalausstattung
- Flexibilisierung der Zieldefinition bei veränderten ökonomischen Rahmenbedingungen
- Verzicht auf unterjährige Ziele; gleitende Jahresdurchschnitte als Basis für die Zielerreichung; Zielerhöhungen auf Basis längerfristiger Planungen statt auf der Ergebnishöhe des Vorjahres; längere Abstände bei den Gesprächen zur Zielkontrolle (z. B. monatliche statt wöchentliche/tägliche Gespräche)
- Herstellung von Transparenz und Förderung der Akzeptanz von Zielen bei Mitarbeitern und Führungskräften; Zielvereinbarungen statt Zielvorgaben

Die Art der Umsetzung orientiert sich an einer projektorientierten Vorgehensweise. Auch bei einer Weiterentwicklung des Kennzahlen- und Steuerungssystems müssen begleitende Reflexionsprozesse im Rahmen von Denkwerkstätten eine zentrale Rolle spielen, wenn die Auswirkungen der interessierten Selbstgefährdung die Wirkung der Maßnahme nicht ins Gegenteil verkehren sollen.

Baustein 4: Frühwarnsystem für Nebenwirkungen aufbauen und Umgang mit Druck als gemeinsame Herausforderung etablieren

Um dem Realitätsverlust in der Organisation hinsichtlich auftretender Überforderungssituationen und einem Ohnmachtsgefühl bei Mitarbeitenden hinsichtlich der Beeinflussbarkeit der Belastungssituation zu begegnen, ist ein wirksames Frühwarnsystem zu etablieren, das eine verlässliche Information von Überlastsituationen (z. B. nicht bewältigbare Arbeitsmenge, auffallend hohe Anzahl an Überstunden) von unten nach oben ermöglicht und die Basis für abzuleitende Konsequenzen auf den verschiedenen Hierarchieebenen bietet. Selbstverständlich können hierbei Konflikte zwischen kurzfristigen ökonomischen Kennzahlen und Zielen einerseits und der gesundheitsrelevanten Belastungssituation andererseits zum Vorschein kommen, etwa wenn Personalkapazitäten geprüft werden müssen oder Aufgaben komplett gestrichen werden. Dann zeigt sich spürbar, ob Gesundheit im Betrieb Priorität hat.

Das Frühwarnsystem soll zudem auch die Funktion haben, den offenen Austausch untereinander zu fördern, und zwar insbesondere auch auf Teamebene. Ausgehend von Gesundheitswerkstätten haben wir die Erfahrung gemacht, dass der Austausch mit der direkten Führungskraft gut etabliert werden kann. Der gemeinsame Umgang mit der Drucksituation wird zum normalen Bestandteil von Teamsitzungen, etwa wenn flexible gegenseitige Unterstützung organisiert wird, Möglichkeiten zur Reduzierung von Arbeitsunterbrechungen oder zur Reduzierung der Arbeitsmenge geprüft werden (vgl. Beispiele in Krause u. Deufel 2011).

Literatur

Combs J, Liu Y, Hall A, Ketchen D (2006) How much do high-performance work practices matter? A meta-analysis of their effects on organizational performance. Personnel Psychology 59:501–528

Dorsemagen C, Krause A, Lehman M, Pekruhl U (2012) Flexible Arbeitszeiten in der Schweiz. Staatssekretariat für Wirtschaft (Seco), Bern

Grebner S, Berlowitz I, Alvarado V, Cassina M (2011) Stress-Studie 2010. Stress bei Schweizer Erwerbstätigen. Zusammenhänge zwischen Arbeitsbedingungen, Personenmerkmalen, Befinden und Gesundheit. Staatssekretariat für Wirtschaft (Seco), Bern

Hoff A (2002) Vertrauensarbeitszeit: einfach flexibel arbeiten. Gabler, Wiesbaden

Kashefi M (2009) Job satisfaction and/or job stress: The psychological consequences of working in „High Performance Work Organizations". Current Sociology 57:809–828

Krause A, Deufel A (2011) Entschleunigung. In: BKK Bundesverband (Hrsg), BKK Gesundheitsreport 2011 – Zukunft der Arbeit. Essen, S 172–177

Krause A, Dorsemagen C, Peters K (2010) Interessierte Selbstgefährdung: Was ist das und wie geht man damit um? HR Today 4:43–45

Kroon B, van de Voorde K, van Veldhoven M (2009) Cross-level effects of high-performance work practices on burnout – Two counteracting mediating mechanisms compared. Personnel Review 38:509–525

Ordóñez LD, Schweitzer ME, Galinsky AD, Bazerman MH (2009) Goals gone wild: The systematic side effects of overprescribing goal setting. Academy of Management Perspectives 23 (1):6–16

Peters K (2001) Die neue Autonomie in der Arbeit. In: Glißmann W, Peters K (Hrsg) Mehr Druck durch mehr Freiheit. Die neue Autonomie in der Arbeit und ihre paradoxen Folgen. VSA-Verlag, Hamburg, S 18–40

Peters K (2003) Individuelle Autonomie von abhängig Beschäftigten. Selbsttäuschung und Selbstverständigung unter den Bedingungen indirekter Unternehmenssteuerung. In Kastner M (Hrsg), Neue Selbstständigkeit in Organisationen. Selbstbestimmung – Selbsttäuschung – Selbstausbeutung? Hampp, München, S 77–106

Peters K (2011) Indirekte Steuerung und interessierte Selbstgefährdung. Eine 180-Grad-Wende bei der betrieblichen Gesundheitsförderung. In: Kratzer N, Dunkel W, Becker K, Hinrichs S (Hrsg) Arbeit und Gesundheit im Konflikt. edition sigma, Berlin, S 105–122

Peters K, Sauer D (2005) Indirekte Steuerung – eine neue Herrschaftsform. Zur revolutionären Qualität des gegenwärtigen Umbruchprozesses. In: Wagner H (Hrsg) „Rentier' ich mich noch?" Neue Steuerungskonzepte im Betrieb. VSA-Verlag, Hamburg, S 23–58

Steinke M, Badura B (2011) Präsentismus. Ein Review zum Stand der Forschung. BAuA, Dortmund

Tinner R (2010) Schweizer KMU. Erfolgreich im Wandel. Verlag Neue Zürcher Zeitung, Zürich

Wingen S, Hohmann T, Bensch U, Plum W (2004) Vertrauensarbeitszeit – Neue Entwicklung gesellschaftlicher Arbeitszeitstrukturen. BAuA, Dortmund

Kapitel 21

Subjektivierte Selbstsorge als Bewältigungsstrategie

C. Weiss

Zusammenfassung *Arbeit und Leben sind derzeit von tief greifenden Veränderungen geprägt. In den Betrieben finden massive Reorganisationsprozesse statt und auch das Leben außerhalb der Firmen trägt deutliche Spuren des Wandels. Im Zuge einer sogenannten „Entgrenzung" und „Subjektivierung" von Arbeit entstehen neue Gestaltungsspielräume, aber auch Risiken für die Beschäftigten. Die Arbeitnehmer der Dienstleistungsgesellschaft sind nicht mehr den Gefahren klassischer industrieller Produktion ausgesetzt. An deren Stelle treten bislang häufig unterschätzte Folgen von Überforderung. Viele Einflussfaktoren sind jedoch nicht eindeutig einer Sphäre zuzuordnen, was auch Entgrenzungsprozessen geschuldet ist. Damit kommt dem Handeln im Rahmen einer Sorge um sich selbst eine besondere Bedeutung zu. Durch die Forderung nach subjektiver Selbstsorge entsteht für die Beschäftigten ein zusätzliches Handlungsfeld. Diesen Fragen wurde in einer qualitativen Untersuchung*[1] *nachgegangen. Im Ergebnis wurden vier verschiedene Typen von Selbstsorgehandeln identifiziert, die überblicksartig dargestellt werden sollen.*

21.1 Einleitung

In den vergangenen Jahren haben sich sowohl unsere soziale und technische Umwelt als auch unser Alltag tief greifend gewandelt. Diese in allen Sphären des Lebens spürbaren Veränderungen brachten neben vielen vermeintlichen und tatsächlichen Erleichterungen auch deutliche Unruhe und zusätzliche Belastungen bzw. Zumutungen mit sich. In einer bislang nie da gewesenen Form beherrschen Technik und Ökonomie den Alltag. Durch die ständige Forderung nach Flexibilität und Erreichbarkeit wird die bisher neben der Arbeitswelt bestehende Privatsphäre an den Rand der Auflösung gebracht. Fortwährende Erreichbarkeit, ausufernde Arbeitszeiten, steigende Arbeitsintensität und wachsende Verdichtung und Beschleunigung von Arbeitsprozessen stellen hohe Anforderungen an die Beschäftigten. Weitere Ansprüche oder auch Zumutungen resultieren aus Mobilität und den besonderen sozialen Bedingungen von Projektarbeit in wechselnden Teams oder bei hoher Fluktuation. Diesen Ansprüchen und Belastungen stehen die erweiterten Gestaltungsmöglichkeiten ergebnisorientiert gesteuerter Arbeitsformen gegenüber. Die individuellen Folgen können als heterogen beschrieben werden: Eröffnen sich einerseits Chancen, sind andererseits neue Zwänge und Risiken zu erkennen.

Die Diskussion um betriebliches Gesundheitsmanagement steht inzwischen in vielen Firmen auf

1 Das Dissertationsprojekt mit dem Titel „Gesund unter entgrenzten Arbeitsbedingungen" wird am Institut für Soziologie der TU Chemnitz bei Prof. Dr. G. Günter Voß betreut.

B. Badura et al. (Hrsg.) *Fehlzeiten-Report 2012*,
DOI 10.1007/978-3-642-21655-8_21,

der Tagesordnung. Doch die Reichweite betrieblicher Maßnahmen ist begrenzt (BAuA 2009). Gerade bei entgrenzten Arbeitsbedingungen erscheint die unternehmensseitige Intervention schwierig. Da in diesem Gefüge keine entlastenden Strukturen (mehr) vorhanden sind, die zu bewältigenden Anforderungen jedoch stetig steigen, kommt den subjektiven Handlungen und Orientierungen der Beschäftigten eine besondere Rolle zu.

Vor diesem Hintergrund stellte die Autorin die Handlungen und Orientierungen der Selbstsorge von entgrenzt beschäftigten Personen in den Mittelpunkt einer qualitativen Studie. Der folgende ► Abschn. 21.2 beschreibt Gegenstand und Zielsetzung der Studie. Daran schließt sich ein kurzer Überblick über die Debatte um „Entgrenzung" und „Subjektivierung" von Arbeit an (► Abschn. 21.3). ► Abschn. 21.4 befasst sich mit der „subjektivierten Selbstsorge" als Gegenstand der Untersuchung. ► Abschn. 21.5 beschreibt das Sample und erläutert die Methoden der Datenerhebung und Auswertung. Anschließend werden die Ergebnisse der Untersuchung dargestellt (► Abschn. 21.6). Das Fazit widmet sich der Frage, wie die Ergebnisse in die Praxis übertragen werden könnten (► Abschn. 21.7).

21.2 Gegenstand und Zielsetzung der Untersuchung

„…gerade wenn ich viel viel Stress habe auf Arbeit, … pflege ich mich nicht mehr so besonders, gerade mit meiner Haut … mit meiner Neurodermitis … die wird dann stärker … und ich müsste mich eigentlich mehr cremen … das vernachlässige ich aber dann … mehr … einfach weil ich dann denke: schnell, schnell, schnell, Du musst jetzt los, es muss losgehen…"

Diese Worte eines IT-Fachmanns zeigen sehr deutlich den Fokus der Untersuchung. Er arbeitet in einem ergebnisorientiert gesteuerten Kontext unter den Bedingungen zeitlicher, räumlicher und sozialer Entgrenzung. Die in der Arbeit geforderte Selbstkontrolle kann ebenso auf den Bereich der Selbstsorge bezogen werden. In beiden Bereichen muss der Mitarbeiter selbst handlungsermöglichende Strukturen entwickeln und installieren. Das beschriebene Dilemma ist Teil des Problems – wann und wo kann Selbstsorge stattfinden, die gerade in Stresssituationen besonders wichtig, aber auch besonders gefährdet ist?

In der hier zu beschreibenden Untersuchung sollen subjektive Strategien des in die Arbeit des Alltags eingebetteten Umgangs mit Belastungen/Anforderungen, die ihren Ursprung in entgrenzten Erwerbsverhältnissen haben, aufgespürt und die dahinterliegenden Orientierungen nachgezeichnet werden. Der Fokus liegt dabei auf Handlungen, die der Selbstsorge und dabei vor allem der Gesunderhaltung und der Erhaltung bzw. Herstellung von Leistungsfähigkeit dienen. Konkret geht es dabei um die Fragen:

- Wann und wo ernähren, erholen und bewegen sich die Befragten?
- Welche Handlungsweisen und Strategien werden zur Selbstsorge entwickelt?
- Welche subjektive „Selbstsorge-Kultur" ist bei den einzelnen Personen zu erkennen?

Das Ziel der Untersuchung besteht darin, Orte und Zeiten von Selbstsorge in Beziehung zum entgrenzten Arbeitsalltag zu setzen. Die dabei sichtbaren Strategien und Orientierungen sollen beschrieben und systematisiert werden. Ergebnis der Analyse ist eine Typologie von Selbstsorge, die für vier verschiedene „Selbstsorge-Kulturen" steht. Diese unterscheiden sich a) in der Haltung gegenüber betrieblichen Anforderungen und dem Umgang damit und b) dem salutogenen bzw. pathogenen Potenzial der Strategien.

21.3 Die „Entgrenzung" und „Subjektivierung" von Arbeit

Die ehemals klaren Grenzen zwischen Arbeit und Leben verschwimmen. Daher werden unter dem Stichwort „Entgrenzung von Arbeit" in der Industriesoziologie seit mehr als zehn Jahren solche Prozesse intensiv diskutiert, die durch eine zunehmende Dynamisierung von Strukturen weitreichende Konsequenzen für das soziale Leben haben (vgl. Gottschall u. Voß 2005; Jurczyk et al. 2009). Ehemals feste Strukturen geraten in Bewegung und müssen durch individuelle Herstellungsleistungen kompensiert werden.

Ganz allgemein geht es bei „Entgrenzung" v. a. darum, dass es im Gefüge von Handlung und Struktur zu Verschiebungen kommt. Strukturen, die ehemals mehr oder weniger feste Grenzen hatten und dadurch Handlungen unterstützten bzw. erst ermöglichten, lösen sich scheinbar auf und müssen durch Handeln kompensiert werden. Auf diese Weise wird ein neues Gleichgewicht hergestellt. Man kann also davon sprechen, dass Aufgaben, Funktionen und Zuständigkeiten verschoben werden.

Da Bedeutung und Vorkommen institutionalisierter Arbeitszeit (sowohl bezogen auf kurze Zyklen wie Arbeitstag, -woche, -monat oder -jahr als auch langfristig im Sinne von Befristungen oder Lebensarbeitszeit generell) zurückgehen, müssen die Beschäftigten die strukturbildenden Funktionen selbst übernehmen. So müssen sich beispielsweise im Fall von Vertrauensarbeitszeit die Angestellten nach der Abschaffung betrieblicher Arbeitszeitkontrolle selbst überwachen und regulieren. Im Fall von befristeten Arbeitsverhältnissen sind Termine im Auge zu behalten und Anstrengungen zu unternehmen, damit die Anstellung fortgesetzt wird.

Die räumliche Varianz von Arbeitstätigkeit durch Pendeln, Außendienst, Teleheimarbeit oder häufige Dienstreisen müssen die Beschäftigten im Alltag organisatorisch und auch praktisch bewältigen. Diese Varianz kann deutliche Auswirkungen auf das soziale Netzwerk, aber auch das Familienleben der Betroffenen haben. Zudem weisen Schneider et al. (2010) für Pendler gesundheitliche Risiken nach, die mit Stress bei langen Fahrzeiten, negativen Folgen eingeschränkter Bewegungsmöglichkeiten, mehr Infektionen bei Bahnfahrern und Vielfliegern und früherer Arthrose bei Autopendlern beschrieben werden.

Entgrenzung auf sozialer Ebene kann bedingt sein durch Projektarbeit in wechselnden Teams, hohe Fluktuation oder Umstrukturierungen.

Prozesse sachlicher Entgrenzung begleiten viele Arbeitnehmer, die sich langfristig inhaltlich immer wieder neu orientieren müssen: bspw. im Kontext von Projektarbeit, durch Fortbildung und die Übernahme neuer Aufgaben oder auch durch den Wechsel des Arbeitgebers, der mittlerweile häufig mehrfach zu Erwerbsbiografien gehört.

In all diesen Prozessen wird das alltägliche Handeln stärker zur strukturbildenden Instanz: Zeitpläne müssen erstellt, räumliche Distanzen bewältigt, Präsenzen organisiert, verschiedene Kollegen integriert und neue Aufgaben erledigt werden. Diese zusätzlichen Aufgaben werden neben dem eigentlichen Arbeitsprozess eingefordert, aber nicht entsprechend gewürdigt. Zu diesen Anforderungen kommen dauerhafte biografische Unsicherheiten, die sich speziell auf Familienplanung, Familienleben und die Einbindung in soziale Netzwerke negativ auswirken.

Der Entgrenzung von Arbeit begegnen die Beschäftigten mit individuellen Kompensationsleistungen. Die durch sich auflösende Strukturen entstehende Lücke wird durch proaktives Handeln geschlossen. Immer größere Teile der Arbeitstätigkeit werden „selbst" organisiert, aber auch damit verbundene Risiken werden „selbst" getragen. Damit übernehmen die Beschäftigten scheinbar freiwillig einen wesentlichen Beitrag zur gesellschaftlich geforderten Bereitstellung von Arbeitskraft. Diese unter dem Stichwort der „Subjektivierung" (vgl. exemplarisch Kleemann et al. 2003) von Arbeit diskutierte Verausgabungsbereitschaft kann bis zur Selbstausbeutung gehen (Moosbrugger 2008). Verstärkt selbstorganisierte Arbeit ist generell mit einem forcierten Einsatz zutiefst subjektiver Potenziale verbunden. Dieser Einsatz kann im Extremfall zu einem totalen Zugriff auf die Person der Beschäftigten bzw. zu einer vollständigen Unterwerfung der Arbeitnehmer unter betriebliche Anforderungen führen. Hoch motivierte und überdurchschnittlich leistungsbereite Personen sind besonders gefährdet. Selbst wenn sie ihre eigene Überforderung wahrnehmen, schreiben sich die Beschäftigten die Verantwortung dafür selbst zu, um eventuellen Zweifeln an ihrer Leistungsfähigkeit zuvorzukommen (Dunkel et al. 2010).

Die Veränderungen der betrieblichen Steuerungslogik bringen die Verschiebung ehemals rigider Vorgaben und Kontrollen hin zu einer deutlicheren Ergebnisorientierung mit sich. Die Beschäftigten sehen sich dabei diffuser werdenden Anforderungen anstatt klar definierten Aufgaben gegenüber. Für viele Rahmenbedingungen ihres beruflichen Handelns sind sie dadurch selbst verantwortlich. Voß und Pongratz (1998) formulieren dazu den Idealtypus des „Arbeitskraftunternehmers". Dieser organisiere seine Arbeit selbst, trage deutlicher als bisher ökonomische Verantwortung für sein berufliches Handeln, sorge weitgehend selbst für die Vermarktung seiner Fähigkeiten und unterwerfe seine Reproduktionssphäre betrieblichen und ökonomischen Zwängen. Einigen Beschäftigten mögen sich durch diese Tendenzen Chancen und Gestaltungsräume eröffnen, die Gefahren der Überforderung werden jedoch oft ausgeblendet.

21.4 Subjektivierte Selbstsorge

Die beschriebenen Veränderungen der Arbeitswelt und die Andeutung möglicher Folgen werfen die Frage auf, welche Rolle die Beschäftigten einnehmen und wie sie mit den Anforderungen umgehen. Unter entgrenzten Bedingungen verbleiben mehr Aufgaben beim Subjekt, Zuständigkeiten werden verlagert. In diesem Zusammenhang wird einer als „Selbstfürsorge" etikettierten persönlichen Ressource enorme Bedeutung zugeschrieben (Daser u. Kerschgens 2011). Den Begriff der „Selbstfürsorge" stellt Joachim Küchenhoff (1999) in einem psychoanalytischen Zugriff in enger Verflochtenheit mit Selbstzerstörung dar. An anderer Stelle ist in ähnlichen Kontexten die

Rede von „Self-Care" und „Selbstsorge" (vgl. Brentrup 2002), was den sorgsamen, pfleglichen Umgang mit sich selbst bedeutet. Der am weitesten gefasste Begriff, der sowohl kulturelle, reflexive als auch praktische Facetten zeigt, ist der der Selbstsorge bei Foucault (1986). Zur Übertragung auf den hier diskutierten Forschungskontext ist dieser am besten geeignet, weil alltägliche Praktiken und reflexiv hergestellte Kulturen einer Sorge um sich selbst als Teil der „Arbeit des Alltags" (Projektgruppe „Alltägliche Lebensführung" 1995) untersucht werden sollen.

Die Sorge um sich selbst ist eine zutiefst persönliche Leistung des Alltags, die unabhängig von Erwerbskontexten erbracht werden muss. Aber unter den Bedingungen von Entgrenzung und Subjektivierung werden die subjektiven Leistungen der Selbstsorge deutlicher in die Nähe betrieblicher Verwertungslogik von Arbeitskraft gerückt. In zunehmendem Maße geht es auch bei der Herstellung von Arbeitskraft darum, persönliche Ressourcen einzusetzen und Kulturen der Sorge um sich selbst zu instrumentalisieren. Daher sollen diese Handlungen als „subjektiviert" bezeichnet werden.

In dem genannten Kontext werden als Selbstsorge all jene alltagspraktischen Tätigkeiten und Orientierungen benannt, die den konkreten Bemühungen zuzuordnen sind, sich zu erholen und gesund zu erhalten. Dazu zählen Rituale der Ernährung, Bewegung und Entspannung, für die Zeit und Raum im Alltag geschaffen werden muss. Bei ausufernden Arbeitszeiten, wechselnden Orten und druckvoller Projektarbeit ist das eine anspruchsvolle Aufgabe.

21.5 Samplestruktur und Methode

Die Studie weist ein qualitatives Design auf. Dazu wurden 21 Intensivinterviews von 1 bis 3 Stunden Länge mit Beschäftigten in verschiedenen Dienstleistungsberufen geführt. Die Interviewten sind in sehr unterschiedlichen Unternehmen mit verschiedenen Konditionen beschäftigt. Gemeinsam ist ihnen, dass sie erheblich von Entgrenzung betroffen sind. Sie arbeiten vor allem zeitlich und räumlich entgrenzt, was in elf Fällen noch durch Projektarbeit, also fachliche und soziale Entgrenzung, ergänzt wird.

Die Gesprächsbereitschaft zu Themen der Selbstsorge und Gesundheit scheint bei Frauen deutlicher ausgeprägt als bei Männern. Daher konnte keine gleiche Verteilung der Geschlechter in der Untersuchungsgruppe erreicht werden, sodass 14 Frauen und 7 Männer befragt wurden.

In den Interviews wurden die Befragten dazu motiviert, über ihr Arbeits- und Selbstsorgehandeln zu berichten. Auf diese Weise wurden subjektive Methoden erfasst, mit denen Alltagspraktiken der Selbstsorge geschaffen werden. Die Interviewten waren aufgefordert, ausführlich über ihre Arbeit (ihre Aufgaben, ihren Status etc.), ihre Freizeit, ihre Gesundheit und die Verschränkung und Verknüpfung der Bereiche zu berichten. Darüber hinaus wurden Informationen über mögliche gezielte Praktiken der Befragten zur psychophysischen Rekreation bzw. Prävention erfasst. Die Interviews fanden bei 13 Personen am Arbeitsplatz und bei 8 Personen in der häuslichen Umgebung statt.

Das Interviewmaterial wurde transkribiert. Die Interviews wurden nach hermeneutisch orientierten Verfahren der qualitativen Sozialforschung, insbesondere der dokumentarischen Methode, ausgewertet (Bohnsack 2002; Nohl 2006). Nach der Transkription des Materials wurden die einzelnen Interviews fallbezogen ausgewertet, die Texte interpretiert und eine zusammenfassende Fallbeschreibung erstellt. Zur fallvergleichenden Analyse wurden thematische Codes entwickelt, die einzelnen Textpassagen zugeordnet wurden. Gleich codierte Textpassagen wurden dann auf gleiche bzw. unterschiedliche Ausdeutungen der angesprochenen Themenbereiche untersucht. Dabei wurden Handlungsmuster und Strategien sowie die dahinterliegenden Orientierungen sowohl auf der individuellen als auch der kollektiven Ebene identifiziert. Ziel der Analyse des Datenmaterials war es, eine Typologie von subjektivierter Selbstsorge aufzustellen. Die einzelnen Selbstsorge-Typen wurden auf der Grundlage der Fallbeschreibungen und des Fallvergleichs entwickelt. Dazu wurden jeweils zwei Cluster der Ausprägungen folgender Analysedimensionen gebildet: 1.) eine subjektive Bewertung der Arbeitssituation und die daraus folgende Strukturierungsbereitschaft in den Ausprägungen „kreativ" bzw. „widerständig" und 2.) eine Bewertung der Auswirkungen von Arbeitsbedingungen und praktizierter Selbstsorge auf die Gesundheit in den Ausprägungen „salutogen" bzw. „pathogen".

Die Ergebnisse sind bei diesem methodischen Zugang nicht verallgemeinerbar und auch nicht quantifizierbar. Die Typologie ist als Deutung und Systematisierung der Fälle in der untersuchten Gruppe zu verstehen. Dennoch wird davon ausgegangen, dass Handlungen und Orientierungen typisch für die skizzierten Verhältnisse sind.

21.6 Ergebnisse

Als Intervieweinstieg wurden die Befragten gebeten, ihren persönliche Werdegang und ihre derzeitige Arbeitssituation zu schildern. Aus den so generierten Berichten konnten die Dimensionen der Entgrenzung gut abgeleitet werden. Die Interviewpartner sollten im weiteren Verlauf des Interviews den Ablauf eines typischen Arbeitstages beschreiben und über alle Tätigkeiten mit zeitlicher und räumlicher Verortung berichten.

Die Dimensionen waren

a) die „Zeiten" von Selbstsorge in den Ausprägungen fest vs. simultan,
b) die „Räume" von Selbstsorge in den Ausprägungen fest vs. variabel,
c) die Art der Selbstsorge – also die konkreten Handlungen, die einem Defizit (Hunger, Durst, Müdigkeit oder Krankheit) zuvorkommen oder dieses beheben können.
d) Dazu wurden die Haltung zu und der Umgang mit den Anforderungen aus der Arbeit erfasst und als widerständig oder kreativ beschrieben.

Entsprechend der Entgrenzungslogik wurde deutlich, dass die Selbstsorge, sei es hinsichtlich Ernährung, Entspannung oder Bewegung, für die Befragten nur selten zu fest zugewiesenen Zeitpunkten und an festen Orten stattfinden kann. Die in der Arbeitswelt geforderte Flexibilität scheint auch die Logik der Selbstsorge zu durchdringen. Nur sieben Personen berichten, dass sie regelmäßig Pausen machen und Mahlzeiten einnehmen. Die anderen essen und trinken „irgendwie nebenbei" oder bemerken gelegentlich, dass sie Hunger und Durst übergangen haben und essen und trinken dann „irgendetwas". Die für Arbeitsaufgaben geforderte Selbst-Kontrolle als Steuerungsmodus des Arbeitskraftunternehmers (Voß u. Pongratz 1998) scheint in der Selbstsorge noch nicht so gut verankert zu sein oder die Selbstsorge wird als ein der Arbeit nachgeordneter Bereich interpretiert. Feste Termine zum Sport haben nur drei Personen beschrieben, die Mitglieder eines Vereins sind. In drei weiteren Fällen werden sportliche Aktivitäten der Arbeit direkt vor- oder nachgelagert in der Weise, dass das Fahrrad für den Arbeitsweg als Verkehrsmittel der Wahl genutzt wird. Die anderen Befragten gaben an, keine Zeit zu finden oder sich „bald wieder" mehr bewegen zu wollen. Dabei scheint allen Interviewpartnern die Bedeutung der Qualität von Ernährung, Bewegung und Entspannung für Wohlbefinden und Gesundheit bewusst zu sein.

Die Befragten berichteten sehr unterschiedlich über ihre Haltung zu ihrer jeweiligen Arbeitssituation. Hoch motivierte Personen, die jede Neuerung als Herausforderung interpretieren und der Erwerbssphäre alle anderen Bereiche des Alltags nachordnen, stehen Personen, die Rückzugsräume verteidigen, unter ständigen Veränderungen leiden und sich im Extremfall aus den betrieblichen Verpflichtungsstrukturen zurückziehen, gegenüber.

Für den „kreativ" entgegenkommenden Umgang mit Anforderungen steht ein aufgeschlossener Umgang mit Kommunikationstechnologien. E-Mail und ständige Erreichbarkeit am Mobiltelefon werden als Erleichterungen interpretiert, ausufernde Arbeitszeiten und hohe Mobilität als Chance zur Profilierung gesehen. Auch die persönliche Leistungsfähigkeit steht im Fokus. Sport und Training werden bewusst in den Kontext einer Zurichtung von Arbeitskraft gestellt oder zum schnelleren „Abschalten" genutzt. Die Dominanz der Arbeitssphäre wird bei diesem Modus Operandi auch dann deutlich, wenn vom Umgang mit Erkrankungen oder eher „gesundheitlichen Einschränkungen" die Rede ist. Es wird so leicht kein Grund akzeptiert, der Arbeit fernzubleiben. Selbst ärztliche Krankschreibungen werden als Verhandlungssache interpretiert. Die Grenze zum Präsentismus wird hierbei leicht überschritten.

Der „widerständige" Modus steht für die Verteidigung von privaten Räumen bis hin zum Wunsch nach komplettem Rückzug aus dem Job. Arbeitszeiten werden möglichst eingehalten, Urlaub fungiert als Fixpunkt und die Übernahme neuer Aufgaben wird zunächst hinterfragt. Im konstruktiven Sinn werden Strukturen geschaffen und aufrechterhalten, die Raum und Zeit für Selbstsorge leichter bestimmen lassen und Entlastung bieten. Es kann aber auch zum (inneren) Rückzug aus der Arbeit kommen. Dabei geht es weniger um das kompensatorische Handeln und Schaffen von Rückzugsräumen. Vielmehr können in Absentismus und Flucht Zeichen schwerer Überforderung gesehen werden, die einer wirksamen Selbstsorge im Wege stehen. Dies wird etwa bei Alkoholgenuss „zur Entspannung" deutlich.

Die Handlungen zur Selbstsorge weisen salutogene oder pathogene Potenziale auf. Diese sind nicht immer auf den ersten Blick zu erkennen, da manche Strategien das gesundheitsfördernde oder krankmachende Potenzial erst im konkreten Einsatz entfalten.

In der Kombination von Umgang mit der Arbeitssituation und dem gesunderhaltenden bzw. krankmachenden Potenzial der Handlungen entstehen vier verschiedene Selbstsorge-Muster, denen die unter-

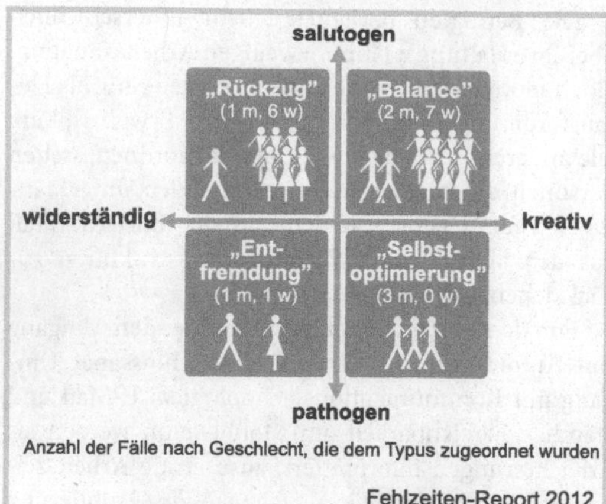

Abb. 21.1 Typologie der subjektivierten Selbstsorge (Anzahl der Fälle nach Geschlecht, die dem Typus zugeordnet wurden)

suchten Fälle zugeordnet werden. Dabei konnten bei den befragten Personen keine Hinweise auf mögliche Zusammenhänge zwischen bestimmten Arbeitsbedingungen und praktiziertem Selbstsorge-Typus gefunden werden. Dieser Frage müsste in einer Untersuchung mit breiterer Datenbasis nachgegangen werden.

Dem Typus „Balance" wurden zwei Männer und sieben Frauen zugeordnet. Auffällig ist, dass die Beschäftigten einerseits eine deutliche Erwerbsorientierung aufweisen. Diese zeigt sich in ihrem hochflexiblen Umgang mit Anforderungen aus der Arbeit und der Formulierung von Aufstiegsambitionen. Mobilität wird als interessant beschrieben, ausufernde Arbeitszeiten werden sachlich begründet und Projektarbeit wird als herausfordernd erlebt. Neben der anspruchsvollen Arbeit gelingt es den Beschäftigten des Selbstsorgetypus „Balance", eine Kultur der psychophysischen Rekreation zu entwickeln, die dem schnell getakteten Alltag angepasst ist. Private Räume des Rückzugs werden bewahrt. Alle Vertreter des Typus verfügen über ein intaktes Familienleben, also auch über Unterstützung in der Partnerschaft. Selbstsorge wird kreativ in den Arbeitstag integriert. Entspannung und Bewegung setzen sie bewusst als Technik ein. Wenn man so will, kann der Typus „Balance" als gelingende Form der Selbstsorge betrachtet werden.

Der Typus „Selbstoptimierung", dem drei der befragten Männer zugeordnet wurden, zeichnet sich ebenfalls durch eine bemerkenswerte Erwerbsorientierung aus. Die Selbstsorge ist jedoch nicht gut in die Arbeitsabläufe integriert, sie ist der Arbeit nachgeordnet und steht somit auch gelegentlich (oder regelmäßig) zur Disposition. Andererseits werden die Bemühungen um Ernährung, Entspannung und Bewegung instrumentell zur Steigerung der Leistungsfähigkeit, also zur „Herstellung" der Arbeitskraft, eingesetzt. In dieser Orientierung liegt der Schlüssel zum pathogenen Potenzial des Typus: Die sportliche Betätigung dient nicht nur zur Erholung, sondern auch zur Verbesserung der Leistungsfähigkeit. Der Schritt etwa zum Extremsport oder auch zum Medikamentenmissbrauch ist dann schnell getan. Die Handlungen der Selbstsorge unterliegen bei diesem Typus der Logik der Arbeitswelt, die häufig einseitig auf Optimierung ausgerichtet ist. Die Selbstausbeutung erreicht in diesem Fall auch die Selbstsorge, die dadurch dysfunktional werden kann.

Der Typus „Rückzug" (ein Mann und sechs Frauen) steht den beruflichen Anforderungen widerständig gegenüber. Die Entgrenzungsmerkmale der Arbeit werden nicht positiv bewertet. Das wird u. a. deutlich an höheren Fehlzeiten: Krankheit wird als Möglichkeit angesehen, Abstand zu gewinnen. Im Extremfall befinden sich die Beschäftigten in einem Zustand „innerer Kündigung". In einer betrieblichen Steuerungslogik, die vor allem auf Eigeninitiative setzt, wirkt sich der Verlust der emotionalen Bindung an das Unternehmen negativ auf die Betroffenen selbst aus. Das schmälert den Gewinn durch die in Rückzugsszenarien gesuchte Entlastung erheblich. Dennoch haben Praktiken des Rückzugs oder der Aufwertung des „Lebens" neben der „Arbeit" salutogenes Potenzial, da sie ein wirksames Gegengewicht zu den Forderungen und Belastungen der Arbeitssphäre sein können.

Der Typus „Entfremdung" ist das kritischste Selbstsorge-Muster; er wird im Sample von einer Frau und einem Mann repräsentiert. Er verbindet eine widerständige Haltung im Arbeitsbereich, die durch Brüche oder den Wunsch nach einem Wechsel deutlich wird, mit pathogenen Praktiken der Selbstsorge. Der private Bereich ist bei diesen beiden Fällen nahezu aufgelöst. Die Defizite in der persönlichen Selbstsorge wurden von beiden Befragten angesprochen und als zusätzliche Belastung dargestellt. Zur Entspannung greifen sie zu Alkohol und Medikamenten. Dieser Typus macht einen hochgradig prekären Eindruck.

21.7 Fazit

Bei ergebnisorientiert gesteuerten Arbeitsformen, die Merkmale der Entgrenzung in mehreren Dimensionen aufweisen, steigen auch die Anforderungen an das

Selbstsorgehandeln der Beschäftigten. Einerseits müssen Raum und Zeit zur Selbstsorge aktiv bestimmt und in den entgrenzten Alltag integriert werden. Andererseits wird auch dieser Bereich von den Imperativen der betrieblichen Steuerungslogik durchdrungen und kann pathogene Potenziale entfalten, auch wenn eine salutogene Wirkung beabsichtigt ist.

Im Zuge der Dezentralisierung der Verantwortlichkeit für Leistungsziele kommt es auch zu einer Dezentralisierung der Verantwortung für Gesundheit. Darin dürfte eine mögliche Erklärung für die geringe Reichweite Betrieblichen Gesundheitsmanagements liegen. Obgleich im Zuge des Abbaus von handlungsermöglichenden Strukturen mehr Zuständigkeiten an die Subjekte delegiert werden, liegt auch bei betrieblichen Entscheidungsträgern ein Teil der Verantwortung dafür, dass die Selbstsorge der Beschäftigten gelingt.

Die Rolle der Führungskräfte wandelt sich zwar unter den Bedingungen ergebnisorientierter Steuerung, aber sie verliert nicht an Bedeutung. Den Führungskräften kommt jetzt verstärkt die Aufgabe zu, Voraussetzungen zum Handeln herzustellen und die Beschäftigten bei der Bewältigung ihrer Aufgaben zu unterstützen (Wilde et al. 2010). Diese Forderung gilt auch für den komplexen Bereich der Selbstsorge. Um den Mitarbeitern beispielsweise zeitnahe Erholung zu ermöglichen, reicht es nicht aus, „Zwangspausen" oder Urlaub anzuordnen. Um Akzeptanz zu erzeugen, müssen entsprechende Muster von Führungskräften auch gelebt werden.

Die Zuständigkeit ist jedoch nicht allein bei den Beschäftigten und den Führungskräften zu sehen. Auch auf betrieblicher Ebene können Weichen für gelingende Selbstsorge gestellt werden. Die Belegschaft für die Themen Gesundheit und Selbstsorge zu sensibilisieren ist ein wesentlicher Bestandteil einer gesundheitsförderlichen Kultur im Unternehmen. Ebenso wichtig ist es, eine Gesprächskultur zum Thema aufzubauen, um Stigmatisierungen entgegenzuwirken und Sensibilität für Gefährdungen zu entwickeln. Das Gelingen oder Misslingen von Selbstsorge sind keine feststehenden Eigenschaften, sondern vielmehr Prozesse, die reversibel sind. Entsprechend hoch zu bewerten sind Reflexionsprozesse kritischer Selbstsorge-Muster.

Literatur

BAuA (Hrsg) (2009) Betriebliches Gesundheitsmanagement mit Hilfe der Balanced Scorecard. Dortmund

Bohnsack R (2002) Rekonstruktive Sozialforschung. Einführung in qualitative Methoden. Leske+Budrich, Opladen

Brentrup M (2002) Selbstsorge und Self-Care. Über den Zusammenhang zwischen Helfen, Gesundheit und Wirksamkeit von PsychotherapeutInnen. Systhema 16 (1):50–64

Daser B, Kerschgens A (2011) Selbstfürsorge. In: Haubl R, Voß GG (Hrsg) Riskante Arbeitswelt im Spiegel der Supervision. Eine Studie zu den psychosozialen Auswirkungen spätmoderner Erwerbsarbeit. Vandenhoeck & Ruprecht, Göttingen, S 57–67.

Dunkel W, Kratzer N, Menz W (2010) Permanentes Ungenügen und Veränderung in Permanenz. Belastungen durch neue Steuerungsformen. WSI Mitteilungen 63 (7):357–364

Foucault M (1986) Die Sorge um sich. Sexualität und Wahrheit 3. Suhrkamp, Frankfurt

Gottschall K, Voß GG (Hrsg) (2005) Entgrenzung von Arbeit und Leben. Zum Wandel der Beziehung von Erwerbstätigkeit und Privatsphäre im Alltag. R. Hampp Verlag, München Mering

Jurczyk K, Schier M, Szymenderski P, Lange A, Voß GG (2009) Entgrenzte Arbeit – entgrenzte Familie. Grenzmanagement im Alltag als neue Herausforderung. Edition Sigma, Berlin

Kleemann F, Matuschek I, Voß GG (2003) Subjektivierung von Arbeit – Ein Überblick zum Stand der soziologischen Diskussion. In: Moldaschl M, Voß GG (Hrsg) Subjektivierung von Arbeit. R. Hampp Verlag, München Mering, S 57–114

Küchenhoff J (Hrsg) (1999) Selbstzerstörung und Selbstfürsorge. Psychosozial Verlag, Giessen

Moosbrugger J (2008) Subjektivierung von Arbeit: Freiwillige Selbstausbeutung. Ein Erklärungsmodell für die Verausgabungsbereitschaft von Hochqualifizierten. VS-Verlag, Wiesbaden

Nohl AM (2006) Interview und dokumetarische Methode. Anleitungen für die Forschungspraxis. VS-Verlag, Wiesbaden

Projektgruppe „Alltagliche Lebensführung" (Hrsg) (1995) Alltägliche Lebensführung. Arrangements zwischen Traditionalität und Modernisierung. Leske+Budrich, Opladen

Schneider NF, Ruppenthal S, Rüger H (2010) Berufliche Mobilität. In: Windemuth D, Jung D, Petermann O (Hrsg): Praxishandbuch psychische Belastungen im Beruf. Universum Verlag, Wiesbaden, S 146–154

Voß GG, Pongratz H (1998) Der Arbeitskraftunternehmer. Eine neue Grundform der „Ware Arbeitskraft"? Kölner Zeitschrift für Soziologie und Sozialpsychologie 50 (1):131–158

Wilde B, Dunkel W, Hinrichs S, Menz W (2010) Gesundheit als Führungsaufgabe in ergebnisorientiert gesteuerten Arbeitssystemen. Badura B, Schröder H, Klose J, Macco K (Hrsg) Fehlzeiten-Report 2009. Springer, Berlin Heidelberg, S 147–156

Kapitel 22

Die gesundheitsförderliche Gestaltung flexibler Arbeit durch Investitionen in das Sozialvermögen – Das Beispiel der MEYRA PRODUKTION GmbH[1]

M. Steinke, E. Münch, R. Baumanns, S. Lükermann

Zusammenfassung *Neuere wissenschaftliche Erkenntnisse bieten immer häufiger Anlass zu der Annahme, dass die Flexibilisierung von Arbeit mit Risiken für die Gesundheit von Mitarbeitern einhergehen kann. Im folgenden Unternehmensbeispiel wird beschrieben, wie in einem mittelständischen produzierenden Unternehmen seit Mitte der 1990er Jahre weitreichende Umstrukturierungen in Richtung eines flexiblen Gruppenarbeits- und Jahresarbeitszeitsystems durchgeführt wurden und welche Folgen dies hatte. Hierbei wird die These vertreten, dass die gesundheits-, motivations- und produktivitätsförderliche Arbeits- und Organisationsgestaltung vor allem darauf beruht, dass flankierend in das Sozialvermögen des Unternehmens investiert wurde. Anhand der Interventionsstudie kann gezeigt werden, dass Investitionen in das Sozialkapital tatsächlich beides – Gesundheit und Produktivität – in gewünschter und prognostizierter Weise beeinflussen.*

22.1 Einleitung

In expliziter Abkehr von tayloristischen Arbeitsstrukturen etablierten sich gegen Ende des 20. Jahrhunderts neue Produktionskonzepte, deren Kern in der flexiblen Anpassung der Produktion an sich verändernde Rahmenbedingungen und Kundenwünsche bestand. Zentrales Ziel dieser Konzepte ist es, Arbeit und Organisation möglichst flexibel zu gestalten, um schneller und geeigneter auf Kundenwünsche eingehen zu können.

In den letzten Jahren wird dieses Grundverständnis betrieblicher Produktionskonzepte zunehmend relativiert. Neuere Erkenntnisse bieten immer häufiger Beispiele für ein Zuviel an Flexibilität (vgl. mehrere Beiträge in diesem Band), sodass sich die Frage stellt, wie flexibilisierte Arbeit gestaltet und flankiert werden sollte, damit sie gesundheits-, motivations- und produktivitätsförderlich wirkt.

Der Beitrag basiert auf der Annahme, dass die gesundheits- und produktivitätsförderliche Gestaltung flexibler Arbeits- und Produktionsstrukturen durch begleitende Investitionen in das Sozialkapital der Organisation erreicht werden kann. Im folgenden Unternehmensbeispiel wird dazu beschrieben, wie in einem mittelständischen produzierenden Unternehmen das Produktions- und Arbeitszeitsystem flexibilisiert und durch welche Maßnahmen diese Umstrukturierung begleitet wurde. Die gesundheits- und produktivitätsförderliche Gestal-

1 Die Autoren danken Herrn Prof. Bernhard Badura für seine Hinweise und Anmerkungen beim Verfassen des Beitrags.

B. Badura et al. (Hrsg.) *Fehlzeiten-Report 2012*,
DOI 10.1007/978-3-642-21655-8_22, © Springer Verlag Berlin Heidelberg 2012

tung flexibler Arbeits- und Produktionsstrukturen – so die hier vertretene These – wird erreicht, wenn

- der Prozess der Flexibilisierung unter Beteiligung aller Akteure im Unternehmen und insbesondere der Mitarbeiter erfolgt und die Flexibilisierung konsequent umgesetzt wird und
- die Umstrukturierungen durch Investitionen in das soziale System des Unternehmens flankiert werden.

Diese These gilt es im Folgenden anhand des Unternehmensbeispiels zu überprüfen.

22.2 Flexible Arbeit bei der MEYRA PRODUKTION Kalldorf GmbH

Die MEYRA ORTOPEDIA Gruppe ist eine international tätige Unternehmensgruppe auf dem Gebiet der Medizingeräteherstellung. Gegründet vor 75 Jahren, ist sie seitdem ununterbrochen in Familienbesitz. Das folgende Unternehmensbeispiel bezieht sich auf die MEYRA PRODUKTION GmbH, der mit etwa 300 Mitarbeitern größte Produktionsstandort der Unternehmensgruppe in Kalldorf.

Jahresarbeitszeitsystem

Im Februar 1996 wurde in der MEYRA PRODUKTION GmbH ein flexibles Jahresarbeitszeitsystem eingeführt. Anlass hierfür war zum einen der Wunsch, dass die Mitarbeiter der Produktion ihre Arbeitszeit besser mit ihrem Privat- bzw. Familienleben vereinbaren konnten. Zum anderen wollte man flexibler auf den stark schwankenden Auftragseingang reagieren können, der sich durch einen eher schwachen Auftragseingang in den Wintermonaten und durch einen eher starken Auftragseingang in den Sommermonaten auszeichnete. In der Präambel der Betriebsvereinbarung heißt es dazu: „Aus dieser Situation heraus erkennen wir die Chance, mit einer flexiblen Arbeitszeit sowohl die individuelle Gestaltung als auch die marktgerechte Anpassung der Arbeitszeit verbessern zu können."

Das Arbeitszeitsystem sieht für jeden Mitarbeiter ein gewisses Soll an Stunden vor, das er im Laufe eines Jahres in etwa zu erreichen hat. Am Ende eines Jahres darf dieser Sollwert weder um mehr als 90 Stunden unterschritten noch um mehr als 180 Stunden überschritten werden. Zeichnet sich im Laufe eines Jahres ab, dass diese Vorgaben womöglich nicht eingehalten werden können, werden mit Hilfe eines Ampel-Modells frühzeitig Gegenmaßnahmen eingeleitet. Weiter sieht das Arbeitszeitsystem vor, dass Mitarbeiter an einem Arbeitstag nicht weniger als vier und nicht mehr als zehn Stunden arbeiten.

Innerhalb dieses vorgegebenen Rahmens werden Anwesenheit und Arbeitszeit jedes einzelnen Mitarbeiters innerhalb seiner Arbeitsgruppe abgestimmt (s. u. „Gruppenarbeitssystem"). Dazu gehören die Schicht- bzw. Freischichtplanung, die Planung von Urlaubszeiten sowie kurzfristige informelle Absprachen (z. B. bei Arztterminen, Krankheit von Kindern, pflegebedürftigen Angehörigen). Dabei ist jeder Mitarbeiter dafür verantwortlich, dass er sein Jahres-Soll im vorgegebenen Rahmen erfüllt. Jede Arbeitsgruppe ist dafür verantwortlich, dass der Ablauf der Produktion gewährleistet ist und vereinbarte Termine und Ziele (s. u.) eingehalten bzw. erfüllt werden.

Gruppenarbeitssystem

Ein Jahr später wurde darüber hinaus die Produktion grundlegend auf ein Gruppenarbeitssystem umgestellt. Ziel dieser Umstrukturierung war es einerseits, durch eine Verschlankung der Organisationsstruktur Kosten einzusparen. Neben den selbstständig arbeitenden Gruppen sind in der MEYRA PRODUKTION GmbH heute noch neun Abteilungsleiter bzw. Meister und der Produktionsleiter tätig. Ausdrückliches Ziel der Umstellung war andererseits allerdings auch die bewusste Abkehr von einem tayloristisch geprägten Produktionssystem. Anstatt der Vorgabe eng definierter, kleinteiliger Arbeitstätigkeiten durch den Vorgesetzten sollte nun eine ganzheitliche Auftragsdurchführung eingeführt werden, die in der eigenen Verantwortung der Arbeitsgruppe liegt. Die Mitarbeiter sollten hierdurch einen höheren Handlungs- und Entscheidungsspielraum, anspruchsvollere und neue Arbeitstätigkeiten sowie Möglichkeiten der Weiterqualifikation erhalten. In der Betriebsvereinbarung zur Gruppenarbeit heißt es dazu: „Zielsetzung hierbei ist es, von der bisherigen Arbeitsteilung im Sinne von Spezialisierung zu einer deutlich stärkeren Mitarbeiterflexibilisierung im Sinne von ‚Fähigkeitserwartung' zu kommen, ohne jedoch dadurch einzelne Mitarbeiter zu überfordern."

Geführt werden die Arbeitsgruppen mit Hilfe von Zielvereinbarungen, die zwischen der Gruppe bzw. ihrem Sprecher und dem Unternehmen – vertreten durch den Abteilungs- oder Produktionsleiter – für jedes Quartal abgeschlossen werden. Die vereinbarten Ziele entstehen dabei in Einklang mit den Unternehmens-, Produktions- und Abteilungszielen. Vereinbart werden in etwa drei Ziele, von denen zwei messbar sind, damit die Höhe der Zielerreichung quantifizierbar ist. In Anlehnung an das System des Gainsharing[2] erhält jeder Mitarbeiter je nach Zielerreichung seiner Gruppe einen Bonus ausgezahlt.

Innerhalb dieses Rahmens vereinbarter Ziele sind die Arbeitsgruppen für die operative Organisation der Produktion selbstständig verantwortlich. Dies beinhaltet die Verteilung und Koordination der Teilaufgaben sowie die Organisation von Tätigkeitswechseln der Mitarbeiter. Neben diesen direkt mit der Produktion zusammenhängenden Tätigkeiten wird in den Arbeitsgruppen zudem geregelt, wie indirekte Tätigkeiten durchgeführt werden. Dazu gehört beispielsweise die Werkerselbstprüfung im Rahmen des Qualitätsmanagements nach DIN EN ISO 9001, nach der ein Mitarbeiter die Qualität seiner Arbeitsergebnisse selbst prüft und verbessert und Instandhaltungs- und Reparaturaufgaben übernimmt. Darüber hinaus übernimmt jeder Mitarbeiter in abwechselnder Reihenfolge eine Funktion in seiner Gruppe, die nicht mit der Produktion selbst assoziiert ist. Dies beinhaltet beispielsweise die Funktion des Gruppensprechers, der die Gruppe gegenüber dem Vorgesetzten und dem Arbeitgeber vertritt, den Zuständigen für die Darstellung der jeweiligen Gruppe im Betrieb oder den Zuständigen für das Betriebliche Gesundheitsmanagement[3]. Ganz bewusst wurden so nach Vorbild des Jobenrichment und Jobenlargement die Arbeitstätigkeiten angereichert und erweitert, um die Handlungsspielräume und die Motivation der Mitarbeiter zu fördern und die Produktivität zu steigern.

Folgen der Flexibilisierung

Die beschriebenen Umstrukturierungen bei der MEYRA PRODUKTION GmbH hatten weitreichende Folgen für das Rollenverständnis aller Beteiligten. In der Folge kam es daher zu vereinzelten Kündigungen insbesondere sehr leistungsstarker Mitarbeiter und Führungskräfte. Leistungsstarke Mitarbeiter kündigten, da sie im Gruppenarbeitssystem beispielsweise nicht mehr hervorstechen konnten (keine „Star-Kultur" mehr). Einzelne Führungskräfte hatten Schwierigkeiten damit „loszulassen" und die Mitarbeiter bzw. Arbeitsgruppen im vorgegebenen Rahmen weitestgehend selbstständig arbeiten zu lassen. Darüber hinaus kam es in einzelnen Fällen zu Überlastungen von Mitarbeitern, die sich selbst überforderten. Dies betraf vor allem Mitarbeiter, die die Funktion des Gruppensprechers innehatten und denen es schwer fiel, sich in der Ausübung ihrer Funktion selbst Grenzen zu setzen. Als Gegenmaßnahme wurden die Aufgaben der Führungskräfte und Gruppensprecher definiert und anhand von Leitlinien schriftlich festgehalten sowie Kurse zur Stressbewältigung angeboten.

Abgesehen von diesen anfänglichen Umstellungsprozessen konnte in den Folgejahren eine Verringerung der Auftragsdurchlaufzeiten und ein Anstieg der Mitarbeiterproduktivität verzeichnet werden (s.u.).

22.3 Ergebnisse der Organisationsdiagnose im Jahr 2006

Im Jahr 2006 entschied sich die MEYRA PRODUKTION GmbH, an einer Studie der gesundheitswissenschaftlichen Fakultät an der Universität Bielefeld teilzunehmen. Ziel der Studie war es, die Qualität der sozialen Beziehungen zwischen Mitarbeitern (Netzwerkkapital), zwischen Mitarbeitern und ihren direkten Vorgesetzten (Führungskapital) sowie das Vorhandensein von gemeinsamen Werten und Normen (Überzeugungs- und Wertekapital), mit anderen Worten das Sozialkapital von Organisationen, zu erfassen, zu quantifizieren und seinen Einfluss auf die Gesundheit der Mitarbeiter und den Unternehmenserfolg abzubilden (Badura et al. 2008). Im Rahmen der Studie wurden die teilnehmenden Organisationen einer tiefgehenden Organisationsdiagnose unterzogen, die aus Mitarbeiterbefragungen, Experteninterviews und Fokusgruppen bestand.

Im Rahmen der Organisationsdiagnose bewerteten die Mitarbeiter der MEYRA PRODUKTION GmbH ihre *Arbeitsbedingungen* und die Qualität der *sozialen Beziehungen in den Arbeitsgruppen* als grundsätzlich positiv. Diese Bereiche bildeten auch im Vergleich zu den übrigen teilnehmenden Unternehmen eine Stärke der MEYRA PRODUKTION GmbH. Dieses Ergebnis war zu einem Großteil sicherlich das Ergebnis der vorangegangenen Umstrukturierungen (s. o.). Darüber hinaus konnte zu Teilaspekten jedoch ein Handlungsbedarf identifiziert werden. So schätzten die Mitarbeiter an ihren Arbeitsbedingungen die Klarheit ihrer Aufgaben, ihren Handlungsspielraum, die Sinnhaftig-

---

2 Der Begriff Gainsharing bezeichnet Modelle der Beteiligung von Arbeitsgruppen an Produktivitätssteigerungen. Wird im Vergleich zum Vorjahr oder zu einem vorab definierten Standard kostengünstiger produziert, werden die Arbeitsteams an diesen Einsparungen in Form eines Bonus beteiligt. Im Rahmen von Gainsharing partizipieren Mitarbeiter somit nicht an den Gewinnen des Unternehmens, sondern an steigender Produktivität (z. B. Welbourne u. Gomez-Meija 1995).

3 Ein Betriebliches Gesundheitsmanagement, das zunächst vornehmlich verhaltensorientierte Maßnahmen beinhaltete, wurde im Jahr 1998 eingeführt.

22

Tab. 22.1 Im Rahmen der Organisationsdiagnose ermittelter Handlungsbedarf

	Themen mit Handlungsbedarf
Arbeitsbedingungen	Partizipationsmöglichkeiten, zeitliche Überforderung, Zufriedenheit mit organisatorischen Rahmenbedingungen
Netzwerkkapital	Gegenseitiges Vertrauen und Kommunikation innerhalb der Arbeitsgruppe
Führungskapital	Mitarbeiterorientierung, Akzeptanz des Vorgesetzten, Vertrauen in den Vorgesetzten, Fairness und Gerechtigkeit, Machtorientierung
Unternehmenskultur	Gelebte Unternehmenskultur, gemeinsame Normen und Werte, Konfliktkultur, Gerechtigkeit

Quelle: Eigene Darstellung

Fehlzeiten-Report 2012

keit der Aufgabe sowie die Vereinbarkeit von Arbeit und Privatleben. Sie bemängelten jedoch ihre Partizipationsmöglichkeiten, die Arbeitsmenge, das Angebot an Fort- und Weiterbildungen und die Transparenz von Entscheidungen der Unternehmensleitung (Baumanns 2009). An ihrer Arbeitsgruppe schätzten die Mitarbeiter vor allem das Zusammengehörigkeitsgefühl, die soziale Unterstützung und den sozialen „Fit" der Mitglieder, bemängelten aber in einzelnen Gruppen das gegenseitige Vertrauen und die Kommunikation innerhalb der Gruppe. Insgesamt waren die Arbeitsbedingungen und die sozialen Beziehungen in den Arbeitsteams somit gut entwickelt, mit Hilfe der Diagnose konnten jedoch einzelne Teilaspekte identifiziert werden, hinsichtlich derer Verbesserungsmöglichkeiten bestanden.

Die Beziehung zu ihrem direkten Vorgesetzten bewerteten die Mitarbeiter insgesamt als eher entwicklungsbedürftig, ebenso wie die meisten Aspekte der Unternehmenskultur (Überzeugungs- und Wertekapital). Als Ergebnis der Organisationsdiagnose ergab sich damit folgender Handlungsbedarf (Tab. 22.1).

22.4 Maßnahmen zur Förderung des Sozialkapitals und der Arbeitsbedingungen

Auf der Grundlage des identifizierten Handlungsbedarfs wurden bedarfsgerechte Maßnahmen entwickelt und umgesetzt. Zunächst gründete man drei *Arbeitsgruppen* zu den Themenbereichen „Qualifikation", „Organisation" und „Motivation", die bis heute Bestand haben. Diese Arbeitsgruppen bestehen jeweils aus ca. sechs bis acht Mitarbeitern, die möglichst aus allen Unternehmensbereichen stammen, sowie dem Betriebsleiter und/oder der Betriebsratsvorsitzenden, die sporadisch an den Gruppensitzungen teilnehmen. Im Rahmen der Arbeitsgruppen wurde der Bedarf an Fort- und Weiterbildung der Mitarbeiter näher konkretisiert und es wurden entsprechende Angebote organisiert. Darüber hinaus wurden vor allem Vorschläge zur Verbesserung der Ablauforganisation im Unternehmen entwickelt und umgesetzt. Dank der Zusammensetzung der Arbeitsgruppen konnten für die einzelnen Unternehmensbereiche spezifische Lösungen entwickelt werden, die in viele kleine Maßnahmen mündeten (z. B. Verbesserung der Zusammenarbeit der Fertigung mit dem Konstruktionsbüro, Veränderung der Disposition in einzelnen Lagern mit dem Ziel der Senkung der Lagerbestände, Verbesserung der Organisation von leeren Lagerbehältern) (Baumanns u. Münch 2010).

Um dem Handlungsbedarf hinsichtlich des *Netzwerkkapitals* zu begegnen, durchliefen alle Gruppen Workshops. Dabei wurden zunächst die Gruppensprecher und anschließend die Gruppen geschult. Nach einem festen System nimmt jeder Mitarbeiter alle 1,5 Jahre an einem halbtägigen Training teil. Inhalte der Trainings waren (und sind) vor allem Aspekte der Kommunikation und Kooperation sowie des konstruktiven Umgangs mit Konflikten innerhalb der und zwischen den teilautonomen Gruppen. Bei der Vermittlung dieser Inhalte wird besonders auf ihren praktischen Bezug und den Transfer in den Berufsalltag Wert gelegt.

Einen weiteren Schwerpunkt der Maßnahmen bildete die Qualifizierung aller Führungskräfte im Rahmen einer drei Module umfassenden *Führungskräftewerkstatt*. Über den Zeitraum eines Jahres wurden die Führungskraft dafür insgesamt fünf Tage freigestellt (Baumanns u. Münch 2010). Im ersten Modul ging es zunächst um Grundlagen zum Thema Führung, die Rolle und das Selbstverständnis der Führungskräfte, das Führen (teil-)autonomer Gruppen sowie das Führen in einer gesunden Organisation und den konstruktiven Umgang mit Konflikten. Auf dieser Basis identifizierte jede Führungskraft (gemeinsam mit dem Trainer) ihren persönlichen Entwicklungsbedarf und formulierte daraus abgeleitete Entwicklungsziele; letztere mündeten in der Bearbeitung eines konkreten Entwicklungsvorhabens mit betrieblicher Relevanz.

Im zweiten Teil der Werkstatt standen die verschiedenen Entwicklungsvorhaben der Führungskräfte im Vordergrund; der Input seitens des Trainers umfasste vor allem unterstützende und qualifizierende Elemente zur (weiteren) Bearbeitung der Entwicklungsvorhaben. Darüber hinaus wurden der konstruktive Umgang mit Konflikten sowie das Führen (teil-)autonomer Gruppen weiter vertieft. Bis zu diesem Zeitpunkt existierte – neben einer wöchentlichen Besprechung mit der Betriebsleitung – keine systematisierte und/oder regelmäßige Form der gemeinsamen Kommunikation zwischen den Führungskräften; bei Bedarf erfolgte der – überwiegend bilaterale – Austausch jeweils „auf Zuruf". Dies hatte u. a. zur Folge, dass jede Führungskraft die betrieblichen Abläufe (Prozesse) fast ausschließlich nur durch die „eigene Brille" betrachtete, allenfalls begrenzt die Folgen des eigenen Handelns für die Kollegen und Mitarbeiter anderer Abteilungen realisierte und kein „gemeinsames Bild" hinsichtlich der Interdependenzen und Erfolgsfaktoren für ein erfolgreiches Produzieren und Wirtschaften bestand. Die effektive Vernetzung bzw. Kommunikation und Kooperation der Führungskräfte unter- bzw. miteinander besaß daher einen besonderen Stellenwert in diesem Modul.

Bis zum dritten Modul wurden die individuellen Entwicklungsvorhaben (überwiegend) abgeschlossen. Darüber hinaus wurden die – zwischenzeitlich entwickelten – Unternehmensleitsätze (s. u.) und deren Umsetzung im betrieblichen Alltag thematisiert. Konkrete Beispiele aus dem Arbeitsalltag wurden bearbeitet, Übungen zur Gesprächsführung durchgeführt sowie ein individuelles und kollegiales Coaching angeboten; ferner wurden weitere Maßnahmen zur Stärkung der Vernetzung, zur Verbesserung des internen Informationsflusses, des wechselseitigen Vertrauens und der Transparenz im Unternehmen entwickelt.

Den vierten Handlungsschwerpunkt der Interventionen bildeten Maßnahmen zur Verbesserung der Information von Mitarbeitern bezüglich der aktuellen Unternehmenssituation sowie die Entwicklung der *Unternehmenskultur*. Auf den erstgenannten Handlungsbedarf wurde reagiert, indem beschlossen wurde, dass sowohl die Geschäftsführung als auch der Betriebsrat alle zwei bis vier Wochen die Mitarbeiter schriftlich über aktuelle Neuerungen informieren. Die Informationen beziehen sich auf wichtige Termine, Fragen zur Gruppenarbeit, zum Betrieblichen Gesundheitsmanagement, zu Qualifizierungsangeboten sowie auf die aktuelle wirtschaftliche Situation und bevorstehende Entwicklungen. Zur Entwicklung der Unternehmenskultur wurden unter breiter Beteiligung von Geschäftsführung, Abteilungsleitungen, Betriebsrat und Mitarbeitern Unternehmensleitsätze entwickelt und verabschiedet. Anhand dieser Leitsätze werden die Erwartungen an das Führen von Mitarbeitern sowie an den Umgang miteinander definiert und verbindlich festgeschrieben. Die Unternehmensleitsätze wurden von allen Beteiligten unterschrieben, im Unternehmen ausgehängt und an alle Mitarbeiter verteilt.

Die durchgeführten Maßnahmen sind in ◘ Tab. 22.2 noch einmal zusammengefasst.

◘ Tab. 22.2 Maßnahmen zur Förderung des Sozialkapitals und der Arbeitsbedingungen

	Maßnahmen
Arbeitsbedingungen	Einrichtung von Arbeitsgruppen zu den Themen „Qualifikation", „Organisation" und „Motivation"; spezifische Maßnahmen zur Verbesserung der Ablauforganisation
Netzwerkkapital	Halbtägige Workshops mit allen Arbeitsgruppen zu den Themen „Grundlagen von Kommunikation" und „konstruktiver Umgang mit Konflikten"
Führungskapital	Dreistufige Führungskräftewerkstatt mit folgenden Themen: Grundlagen der Führung von Mitarbeitern, Führung von (teil-)autonomen Gruppen, Konfliktmanagement, Konfliktgespräche, kollegiale Vernetzung und Unterstützung; Übungen anhand von konkreten Fallbeispielen und Situationen; Entwicklung und Umsetzung persönlicher Entwicklungsvorhaben im Arbeitsalltag; Coaching
Unternehmenskultur	Einrichtung einer regelmäßigen Mitarbeiterinformation zu aktuellen Neuerungen und zur wirtschaftlichen Situation des Unternehmens; Entwicklung und Verabschiedung verbindlicher Unternehmensleitsätze zu Führungsverhalten und Zusammenarbeit

Quelle: Eigene Darstellung

Fehlzeiten-Report 2012

22

22.5 Ergebnisse der Organisationsdiagnosen in den Jahren 2008 und 2010

Nach erfolgreicher Durchführung der ersten Organisationsdiagnose wurde beschlossen, eine solche Diagnose dauerhaft in regelmäßigen Abständen durchzuführen, die dann im Wesentlichen auf Mitarbeiterbefragungen beruht, die alle zwei Jahre unter allen Mitarbeitern durchgeführt würden. Auf der Grundlage der Befragungsergebnisse und des ermittelten Handlungsbedarfs wurden Kennzahlen definiert, deren Entwicklung mit Hilfe der Folgebefragungen kontinuierlich beobachtet werden konnte. Bis dato wurden zwei Folgebefragungen in den Jahren 2008 und 2010 durchgeführt. An den Befragungen nahm insgesamt ein hoher Anteil der Beschäftigten teil (2006: n = 258 [79,1 %]; 2008: n = 262 [86,5 %]; 2010: n = 242 [81,2 %]).

Im Folgenden ist die Entwicklung der Indikatoren dargestellt, zu denen in der Erstbefragung ein Handlungsbedarf diagnostiziert und auf die mit den beschriebenen Maßnahmen gezielt Einfluss genommen wurde. Dargestellt sind die Mittelwerte der jeweiligen Indikatoren im Zeitvergleich. Negative Skalen (zeitliche Überforderung, Machtorientierung, psychosomatische Beschwerden und depressive Verstimmungen) wurden umgepolt. Damit gilt für alle dargestellten Indikatoren: Je höher der dargestellte Mittelwert auf der Skala von 1 bis 5, desto positiver das Ergebnis. Über die hier dargestellten Werte hinaus waren bei nahezu allen übrigen Skalen – insbesondere beim Führungs- sowie beim Überzeugungs- und Wertekapital – ebenfalls deutliche Verbesserungen zu verzeichnen (Baumanns 2009).

Hinsichtlich der *Arbeitsbedingungen* und des *Netzwerkkapitals* zeigt sich, dass in allen Bereichen mit identifiziertem Handlungsbedarf Verbesserungen erzielt werden konnten (◘ Abb. 22.1). An ihren Arbeitsbedingungen bewerteten die Mitarbeiter ihre Partizipationsmöglichkeiten (2008: +5,7 % [p = 0,014], 2010: +2,7 % [p = 0,665]) sowie die organisatorischen Rahmenbedingungen (2008: +5,0 % [p = 0,006], 2010: +4,2 % [p = 0,041]) im Vergleich zur vorherigen Befragung besser.[4] Auch die Einschätzung ihrer Arbeitsmenge (zeitliche Überforderung) fiel positiver aus, die Verbesserung war jedoch nicht statistisch signifikant (2008: +5,3 % [p = 0,071], 2010: -0,3 % [p = 0,998]]. Die Bewertung des Vertrauens im eigenen Arbeitsteam verbesserte sich insbesondere von 2008 bis 2010 (2008: +1,5 % [p = 0,856], 2010: +7,1 % [p = 0,017]), was zu einem Teil sicherlich damit zusammenhängt, dass die Schulungen der Mitarbeiter erst etwas später einsetzten.

4 Die Ermittlung der Signifikanzen in diesem Artikel beruht auf einer einfaktoriellen Varianzanalyse mit Post-Hoc-Verfahren.

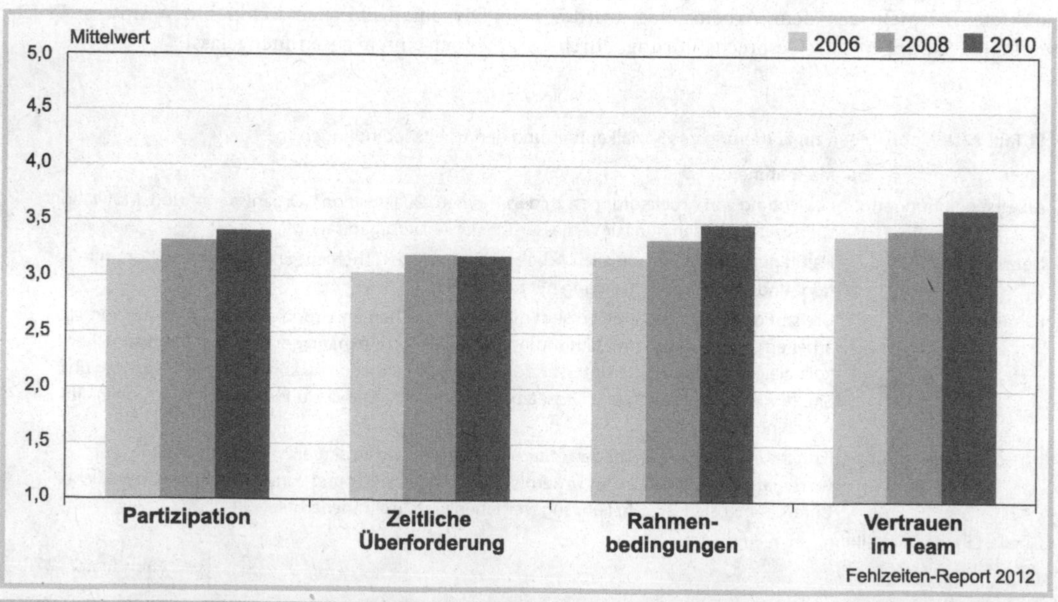

◘ Abb. 22.1 Ergebnisse der Interventionen: Arbeitsbedingungen und Netzwerkkapital

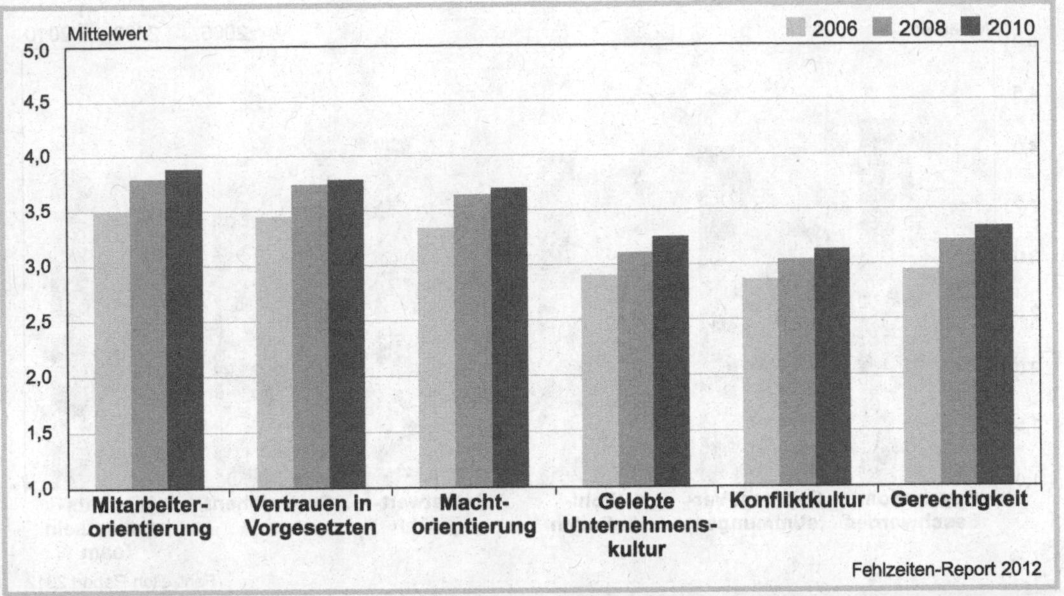

Abb. 22.2 Ergebnisse der Interventionen: Führungskapital und Überzeugungs- und Wertekapital

Die Entwicklung des *Führungskapitals* zeigt ebenfalls deutliche Verbesserungen auf, die statistisch signifikant sind (Abb. 22.2). Die befragten Mitarbeiter bewerteten sowohl die Mitarbeiterorientierung (2008: +8,3 % [p < 0,000], 2010: +2,4 % [p = 0,230]) ihres direkten Vorgesetzten als auch dessen Tendenz, Macht auszuüben (2008: +9,0 % [p = 0,006], 2010: +1,6 % [p = 0,295]) positiver. Auch das Vertrauen in den Vorgesetzten wuchs an (2008: +8,4 % [p = 0,001], 2010: +1,1 % [p = 0,399]). Deutliche Verbesserungen zeigten sich hierbei insbesondere zwischen den ersten beiden Befragungen in den Jahren 2006 und 2008. Damit konnte die Führungskräftewerkstatt (April 2007 bis April 2008) relativ rasch positive Effekte bewirken.

Die dargestellten Skalen des *Überzeugungs- und Wertekapitals* weisen insgesamt ein vergleichsweise niedriges Niveau auf. Hier konnten allerdings die größten Verbesserungen erzielt werden, die zudem im Vergleich zum Ausgangszeitpunkt durchgehend signifikant waren. Dank der durchgeführten Maßnahmen schätzten die Mitarbeiter den Umgang mit Konflikten im Unternehmen positiver ein (2008: +6,3 % [p = 0,008], 2010: +3,0 % [p = 0,142]), waren insgesamt häufiger der Überzeugung, dass es im Unternehmen gerecht zugeht (2008: +9,2 % [p = 0,001], 2010: +3,7 % [p = 0,149]) und gaben häufiger an, dass vereinbarte und kommunizierte Überzeugungen und Werte auch tatsächlich im Arbeitsalltag gelebt werden (gelebte Unternehmenskultur) (2008: +7,2 % [p = 0,002], 2010: +4,5 % [p = 0,179]).

Insgesamt betrachtet konnten mit den durchgeführten Maßnahmen in den Bereichen mit Handlungsbedarf positive Effekte erzielt werden; sie waren somit zielgerichtet. Bis auf die Einschätzung der zeitlichen Überforderung (Arbeitsmenge) hat sich die Situation im Vergleich zum Ausgangspunkt 2006 statistisch signifikant verbessert. Da die Maßnahmen – insbesondere die thematischen Arbeitsgruppen, das Führungskräfte-Coaching und Gruppenschulungen – in wechselnder Intensität weitergeführt werden, ist mit weiteren nachhaltigen Verbesserungen zu rechnen.

Der *Gesundheitszustand* der Mitarbeiter bei der MEYRA PRODUKTION GmbH war bereits zu Beginn der Erhebung und auch in den Jahren zuvor auf einem relativ hohen Niveau. Im beobachteten Zeitraum waren daher auch nur leichte Veränderungen bei psychosomatischen Beschwerden (2008: -0,5 % [p = 0,515], 2010: +3,1 % [p = 0,265]), depressiven Verstimmungen (2008: -0,7 % [p = 0,757], 2010: +1,5 % [p = 0,734]), dem Wohlbefinden (2008: -2,3 % [p = 0,419], 2010: +5,8 % [p = 0,001]) oder dem Selbstwertgefühl (2008: -1,5 % [p = 0,810], 2010: +5,8 % [p = 0,166]) zu verzeichnen, die mit einer Ausnahme allesamt nicht das Niveau statistischer Signifikanz erreichten (Abb. 22.3). In Zeiten des demografischen Wandels, der auch in der MEYRA PRODUKTION

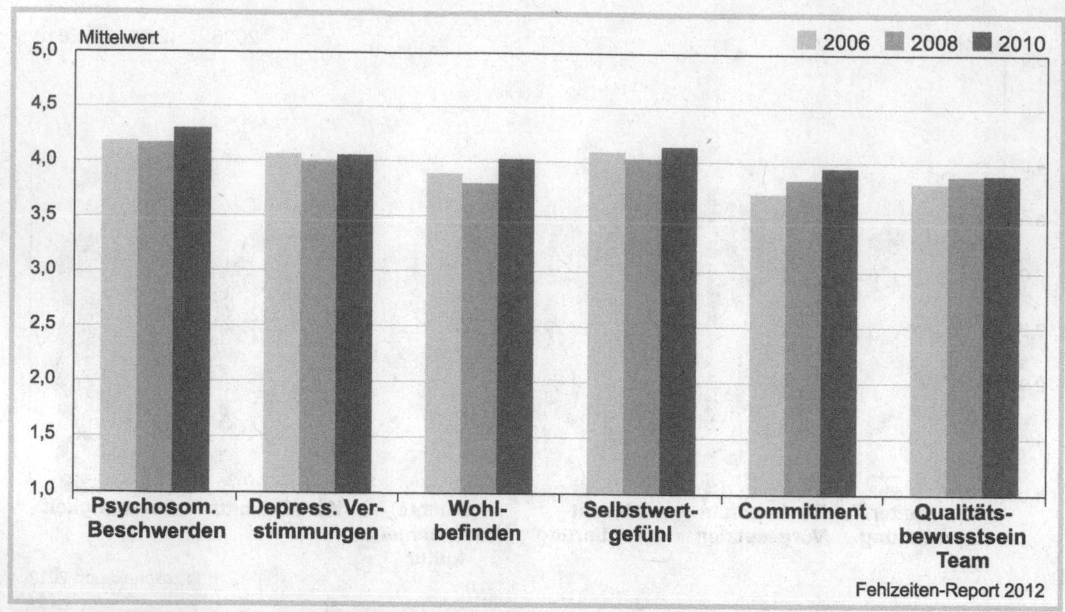

Abb. 22.3 Ergebnisse der Interventionen: Gesundheitsindikatoren, Commitment und Qualitätsbewusstsein

GmbH zu spüren ist, ist eine solche Konsolidierung gesundheitsbezogener Werte auf einem hohen Niveau sicherlich als Teilerfolg zu betrachten.

Neben gesundheitsbezogenen Indikatoren ist zusätzlich die Entwicklung der Werte *Commitment* und *Qualitätsbewusstsein* im Team dargestellt. Hier zeigt sich, dass der Bezug der Mitarbeiter zu ihrem Unternehmen (Commitment) bereits auf einem hohen Niveau war, dieser im Zuge der Maßnahmen allerdings noch einmal signifikant verbessert werden konnte (2008: +3,5 % [p = 0,039]; 2010: +2,9 % [p = 0,139]). Das Bewusstsein für Qualität in den Arbeitsgruppen konnte im Beobachtungszeitraum nicht signifikant erhöht werden (2008: +1,8 % [p = 0,760], 2010: +0,3 % [p = 0,980]). Der Wert lag aber über den gesamten Beobachtungszeitraum hinweg auf einem hohen Niveau (Mittelwert zwischen 3,81 und 3,89; Skala von 1 bis 5).

Neben den Verbesserungen beim Sozialkapital sowie bei gesundheits- und qualitätsbezogenen Indikatoren konnten auch *betriebswirtschaftliche Erfolge* erzielt werden. Die Kosten in den Jahren 2006 bis einschließlich 2010 beliefen sich auf etwa 137.000 Euro. Dieser Betrag setzt sich zusammen aus den Kosten für die „traditionellen" Maßnahmen der Verhaltens- und Verhältnisprävention, die die MEYRA Produktion GmbH weiterführte, und den Kosten für die Interventionen zur Erhöhung des Sozialkapitals und enthält einen jährlich in seiner Höhe schwankenden Bonus der Krankenkassen. Seit die Maßnahmen im Jahr 2006 erstmals eingesetzt wurden, sanken im Gegenzug die Fertigungskosten bis Ende 2010 um etwa sieben Prozent. Dies entsprach einem Anstieg der Produktivität im selben Zeitraum um ca. 17 Prozent (Abb. 22.4). Setzt man diese Produktivitätsverbesserung ins Verhältnis zu den aufgewendeten Kosten für die Maßnahmen, erhält man einen Return on Investment (RoI) von etwa 1:10 (Baumanns u. Münch 2010, S. 172).

22.6 Fazit

Seit Mitte der 1990er Jahre hat bei der MEYRA Produktion GmbH ein Prozess grundlegender Umstrukturierung stattgefunden. Den Kern dieser Umstrukturierungen bildete die Flexibilisierung des Arbeitszeit- sowie des Produktionssystems. Auf der Grundlage einer kontinuierlichen Organisationsdiagnostik konnte festgestellt werden, dass sich parallel zu diesen Umstrukturierungen Gesundheit, Wohlbefinden, Commitment und Qualitätsbewusstsein der Mitarbeiter sowie die Produktivität im Unternehmen verbesserten.

Wie eingangs postuliert, beruhte dies zum einen darauf, dass alle Akteure im Unternehmen und ins-besondere die Mitarbeiter in den gesamten Prozess eingebunden wurden (Mitarbeiterbefragung, Fokusgrup-

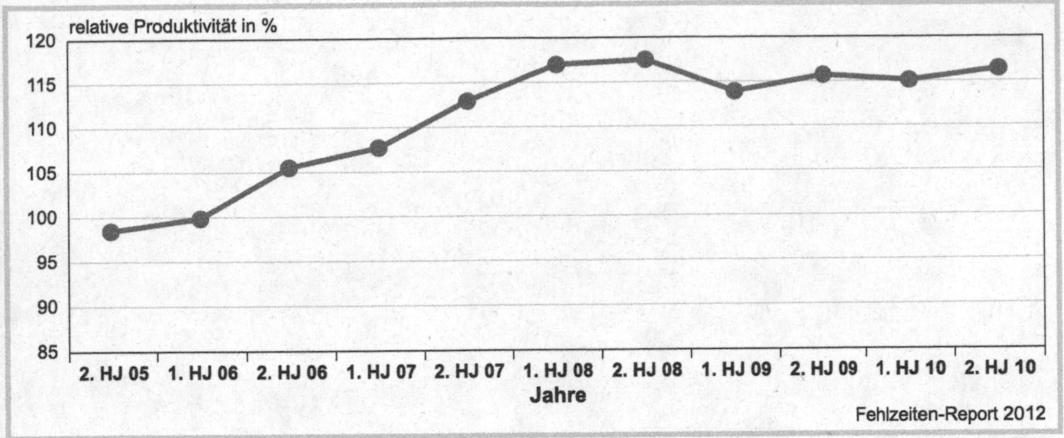

Abb. 22.4 MEYRA Produktion GmbH: Die Entwicklung der Produktivität im Interventionszeitraum

pen, Bildung von Arbeitsgruppen, Information der Mitarbeiter durch Geschäftsführung und Betriebsrat etc.). Die positiven Ergebnisse konnten zum anderen erzielt werden, weil die Umstrukturierungen weitreichend umgesetzt wurden. So arbeiten die Mitarbeiter nicht nur in Gruppen, sondern organisieren auch die Arbeit der Gruppe und definieren die Ziele ihrer Arbeit. Darüber hinaus präsentieren die Arbeitsgruppen ihre Arbeit intern den übrigen Arbeitsteams und werden regelmäßig über die aktuelle Situation des Unternehmens in Kenntnis gesetzt.

Neben der Art und Weise der Umsetzung spielte es ebenfalls eine wesentliche Rolle, dass die durchgeführten Umstrukturierungen durch Investitionen in das Sozialvermögen des Unternehmens flankiert wurden. Anhand der Organisationsdiagnostik und des identifizierten Handlungsbedarfs konnten gezielt Maßnahmen durchgeführt werden, die

- die sozialen Beziehungen im Team (Vertrauen, Kommunikation, Umgang mit Konflikten etc.),
- die Beziehungen zwischen den Arbeitsgruppen und ihren Vorgesetzten (Vertrauen in den Vorgesetzten, Akzeptanz des Vorgesetzten im Team, Fairness und Gerechtigkeit etc.) sowie
- die gemeinsamen Überzeugungen, Normen und Werte im Unternehmen weiterentwickelten.

Die eingangs aufgestellte These, dass flexible Arbeits- und Produktionsstrukturen mit Hilfe von Investitionen in das Sozialkapital von Organisationen gesundheitsförderlich gestaltet werden können, konnte somit anhand des beschriebenen Unternehmensbeispiels nachdrücklich belegt werden. Die geschilderte Vorgehensweise und die durchgeführten Maßnahmen bieten Arbeitgebern mögliche Ansätze zur Gestaltung und Flankierung von Flexibilisierungen im Unternehmen (Badura u. Steinke 2011).

Literatur

Badura B, Steinke M (2011) Die erschöpfte Arbeitswelt. Durch eine Kultur der Achtsamkeit zu mehr Energie, Kreativität, Wohlbefinden und Erfolg. Bertelsmann Stiftung.

Badura B, Greiner W, Rixgens P, Ueberle M, Behr M (2008) Sozialkapital. Grundlagen von Gesundheit und Unternehmenserfolg. Springer, Berlin Heidelberg

Baumanns R (2009) Unternehmenserfolg durch betriebliches Gesundheitsmanagement. Nutzen für Unternehmen und Mitarbeiter. Eine Evaluation. ibidem, Stuttgart

Baumanns R, Münch E (2010) Erfolg durch Investitionen in das Sozialkapital – Ein Fallbeispiel. In: Badura B, Walter U, Hehlmann T (Hrsg): Betriebliche Gesundheitspolitik. Der Weg zur gesunden Organisation. 2. Aufl Springer, Berlin Heidelberg, S 165–180

Welbourne TM, Gomez-Mejia LR (1995) Gainsharing: A critical review and a future research agenda. CAHRS Working Paper 95-10. Cornell University, New York

Kapitel 23

Förderung der Gesundheitskultur und Umgang mit der Flexibilisierung von Arbeit bei Vattenfall Europe

C. Glaw, J. Pillekamp, B. Radke-Singer, A. Uhlig

Zusammenfassung *Der Beitrag stellt einen ganzheitlichen Ansatz des Betrieblichen Gesundheitsmanagements bei Vattenfall Europe dar. Konkrete Ziele sind dabei, die Arbeitszufriedenheit und die Identifikation der Mitarbeiter zu stärken, ihre Arbeits- und Beschäftigungsfähigkeit zu erhalten sowie ein gesundheitsgerechtes Verhalten zu unterstützen. Am Beispiel der Unternehmenseinheit Vattenfall Europe Sales GmbH wird konkret dargelegt, wie ein systematisches konzernweites Betriebliches Gesundheitsmanagement den Umgang mit der Flexibilisierung von Arbeit gesundheitsförderlich gestalten und unterstützen kann. Zur differenzierten Analyse der spezifischen Arbeitsbedingungen und der gesundheitlichen Situation wurde eine Mitarbeiterbefragung durchgeführt. Aufbauend auf den Ergebnissen wurden verschiedene Maßnahmen eingeleitet, die die Resilienz der Belegschaft in einer immer flexibler werdenden Arbeitswelt stärken und eine offene Kommunikation und einen Austausch zwischen Management und Mitarbeitern über die gegenseitigen Erwartungen fördern sollen.*

23.1 Herausforderungen des Betrieblichen Gesundheitsmanagements bei Vattenfall Europe

Der in der Energiebranche stetig steigende Wettbewerbsdruck seit der Liberalisierung sowie die Auswirkungen des demografischen Wandels stellen auch die Personalpolitik von Vattenfall Europe seit einigen Jahren vor immer neue Herausforderungen. Zudem wird den Mitarbeitern eine hohe Flexibilität abverlangt, um allen Anforderungen der immer anspruchsvolleren und multilateralen Arbeitswelt gerecht zu werden. In vielen Branchen kommt es in diesem Zusammenhang zum Teil zu gesundheitlichen Beeinträchtigungen, die sich in den jüngsten Fehlzeitenstatistiken in einer Zunahme von psychischen Erkrankungen widerspiegeln (siehe Beitrag von Meyer et al. in diesem Band). Daher ist gerade das Betriebliche Gesundheitsmanagement (BGM) gefordert, die veränderten Arbeitsprozesse und -strukturen aufgrund der Flexibilisierung der Arbeit gesundheitsförderlich zu gestalten. In diesem Unternehmensbeispiel wird aufgezeigt, wie das Betriebliche Gesundheitsmanagement einen Beitrag dazu leisten kann, der flexiblen Arbeitswelt gerecht zu werden, indem es in der Unternehmenskultur verankert wird.

Vattenfall ist ein schwedisches Staatsunternehmen und inzwischen eines der größten Energieunternehmen in Europa. Vattenfall Europe ist der deutsche Teil dieses Konzerns und ist in allen energiewirtschaftlichen Wertschöpfungsstufen von der Erzeugung bis zum Vertrieb tätig. Diese Bandbreite zeigt bereits die vielfältigen Aufgabengebiete der circa 20.000 Beschäftigten bei Vattenfall Europe, von denen etwa 25 Prozent Frauen sind. Vattenfall Europe beschäftigt Mitar-

B. Badura et al. (Hrsg.) *Fehlzeiten-Report 2012*,
DOI 10.1007/978-3-642-21655-8_23, © Springer Verlag Berlin Heidelberg 2012

beiter sowohl im technischen und gewerblichen als auch im kaufmännischen Bereich an verschiedenen Standorten in Nordostdeutschland; vor allem in Berlin, Hamburg und im Lausitzer Raum.

Neben der Flexibilisierung der Arbeitswelt stellt der demografische Wandel eine wesentliche personalpolitische Herausforderung dar. In Zukunft wird die Bevölkerung in Deutschland und in den meisten europäischen Ländern aufgrund rückläufiger Geburtenraten und steigender Lebenserwartung stark altern. Auch bei Vattenfall Europe zeigt sich der Trend einer älter werdenden Belegschaft. Das Durchschnittsalter ist derzeit 42 Jahre (mit Auszubildenden; ohne 43,5 Jahre). 42 Prozent der Gesamtbelegschaft liegen in der Altersgruppe der 45- bis 54-Jährigen. Bereits 2013 wird der Anteil der über 60-Jährigen sprunghaft von 1 Prozent auf 9 Prozent und 2018 auf über 20 Prozent ansteigen. In einem Personalstrategieprojekt bei Vattenfall Europe wurde errechnet, dass dieser Anstieg des Durchschnittsalters und der damit angenommene höhere Ausfall durch Krankheit und Schichtunfähigkeit das Unternehmen durchschnittlich 47 Mio. Euro pro Jahr kostet.

Stetig wandelnde Arbeitsformen, vielfältigere Arbeitsinhalte und/oder häufigere Reorganisationen prägen die Flexibilisierung der Arbeitswelt. Leistungsverdichtung, Beschleunigung und Komplexität sind alltägliche Begriffe geworden. Steigender Zeitdruck und höhere Anforderungen an die Flexibilität der Mitarbeiter sind die Folge. Dadurch kommt es zu vermehrten Gesundheitsbeeinträchtigungen, d. h. zu einer Zunahme psychischer/psychosomatischer Krankheiten, chronisch degenerativer Erkrankungen sowie Muskel-Skelett-Erkrankungen. Erschöpfung und Ausgebranntsein sind heute ein unter dem Begriff Burnout breit diskutiertes gesellschaftliches Thema.

23.2 Ganzheitliches Gesundheitsmanagement als entscheidender Wettbewerbsfaktor

Diesen Herausforderungen stehen nahezu alle größeren Unternehmen gegenüber und es wird notwendig sein, künftig stärker auf die Veränderung der individuellen physischen und psychischen Leistungspotenziale zu achten. Dass unter Gesundheit nicht nur die Abwesenheit von Krankheit, sondern auch der Zustand des sozialen Wohlbefindens zu verstehen ist, hat die WHO bereits vor 65 Jahren in ihrer Definition deutlich zum Ausdruck gebracht (World Health Organization 1946). Gerade heutzutage sind mehr denn je Instrumente und Maßnahmen gefragt, die die psychische Gesundheit in einer immer flexibleren Arbeitswelt erhalten. Erfolgreiche und moderne Unternehmen zeichnen sich zunehmend dadurch aus, dass ihre Unternehmensstrategie auch auf die umfassende Förderung der menschlichen Ressourcen ausgerichtet ist. Ein Unternehmen, das sich aktiv um die Gesundheit seiner Mitarbeiter kümmert, senkt nicht nur den Krankenstand. Darüber hinaus sind höhere Mitarbeiterzufriedenheit, gesteigerte Produktivität und somit eine bessere Wettbewerbsfähigkeit gewichtige Gründe für ein umfassendes Betriebliches Gesundheitsmanagement. Deshalb muss es als ganzheitlicher Ansatz der Gesundheitsförderung jenseits der althergebrachten Rückenschule gesehen werden. Gefragt sind Strategien, die in den dynamischen Prozessen im Unternehmen die Gesunderhaltung und damit auch die Motivation der Mitarbeiter im Blick behalten. Damit ist das Betriebliche Gesundheitsmanagement ebenso wie die Arbeitssicherheit ein Kulturelement und vor allem eine Führungsaufgabe (Badura u. Hehlmann 2003; Badura et al. 2011).

Die oben angesprochenen Aspekte der Motivation und Mitarbeiterzufriedenheit hängen direkt mit den Kostenfaktoren zusammen. Es gibt nicht nur die offensichtlichen Kosten durch Absentismus wie Krankenstand, sondern zunehmend Kostenbelastungen durch Präsentismus. Unter Präsentismus wird einerseits verstanden, dass Arbeitnehmer trotz Krankheit zur Arbeit gehen, dann aber nicht voll leistungsfähig sind. Andererseits wird darunter auch die geringere Leistungsfähigkeit durch Frustration oder innerliche Kündigung beschrieben. Dienst nach Vorschrift oder Burnout können die Folge sein. Die derzeitigen Forschungen u. a. auch aus Deutschland dazu zeigen, dass die Kosten durch Präsentismus beträchtlich sind und zudem deutlich höher ausfallen als die Kosten durch Absentismus (Steinke u. Badura 2011).

Vattenfall Europe hat sich als Ziel gesetzt, die umfassende Gesundheitsdefinition der WHO in der täglichen betrieblichen Gesundheitsarbeit umzusetzen. Das Betriebliche Gesundheitsmanagement folgt daher einer Gesamtkonzeption, die am Sachvermögen – wie der Büroausstattung –, dem Humankapital – wie dem Grad der Ausbildung –, aber auch am Sozialkapital ansetzt. Beim Sachkapital haben wir in den letzten 100 Jahren sehr viel durch den Arbeitsschutz erreicht. Heutzutage kommt dem Humankapital wie der Qualifikation und dem Wohlbefinden eines Mitarbeiters eine besondere Bedeutung zu. Aber vor allem wird in Zukunft ein gesundes Sozialkapital im Unternehmen ein entscheidender Wettbewerbsfaktor sein. Badura versteht darunter soziale Netzwerke, die Führungs- und Unternehmenskultur (Badura et al. 2008). Gerade durch eine positive Ausprägung des Sozialkapitals in einem Unternehmen können die gestiegenen Anforderungen aufgrund der Flexibilisierung durch die Mitarbeiter besser bewältigt werden.

Vattenfall Europe ist von Hause aus ein technisch-gewerblich und somit stark durch den Arbeitsschutz geprägtes Unternehmen. Durch die Einführung zertifizierter Arbeitsschutzmanagementsysteme nach OHSAS 18001 konnte die Zahl der Arbeitsunfälle stark reduziert und die Arbeitsbedingungen durch ergonomische Maßnahmen, beispielsweise in Bürobereichen oder auf den Fördereinheiten in den Tagebauen, verbessert werden. Die Konzentration auf das Betriebliche Gesundheitsmanagement ist hier eine konsequente Weiterentwicklung der bisherigen Aktivitäten.

23.3 Konkrete Zielsetzung und pragmatische Umsetzung des BGM

Die Vision von Vattenfall ist es, eines der führenden Unternehmen für umweltgerechte und nachhaltig erzeugte Energie zu werden. Um diese Vision langfristig umzusetzen, richtet Vattenfall verstärkt das Augenmerk auf die neuen Kernwerte: Safety, Performance und Cooperation. Diese Werte bilden die gemeinsame Basis der Kultur von Vattenfall und unterstützen das Betriebliche Gesundheitsmanagement dabei, eine gesunde Organisationskultur im Unternehmen zu etablieren. Untermauert wird dies durch ein betriebliches Gesundheitskonzept, das dafür Sorge trägt, dass negative Auswirkungen durch notwendige betriebliche Rahmenbedingungen, die durchaus durch eine hohe Flexibilität geprägt sind, frühzeitig erkannt, vermieden oder zumindest kompensiert werden.

Für das Gelingen eines Betrieblichen Gesundheitsmanagements hat Vattenfall Europe bei dessen Einführung folgende Rahmenbedingungen definiert und somit durch Transparenz für Stabilität und Nachhaltigkeit gesorgt:

- Klare Zielvorgabe durch die Unternehmensführung
- Beteiligung von Führungskräften und Mitarbeitern, Betriebsräten, Betriebsärzten, Personalmanagement und Arbeitssicherheit
- Effiziente Steuerung und Koordination der Gesundheitsförderungsmaßnahmen auf oberster Organisationsebene zur Sicherstellung der Nachhaltigkeit und der ständigen Verbesserung
- Controlling der Maßnahmen auf Basis statistischer Gesundheitsdaten

Grundvoraussetzung sind klare Ziele, die bei Vattenfall Europe wie folgt benannt wurden:

- **Arbeitszufriedenheit und Identifikation stärken**
  Die Mitarbeiterinnen und Mitarbeiter bei Vattenfall Europe sollen sich mit ihrem Unternehmen und ihrer Arbeit identifizieren können und diese für sinnvoll erachten. Bereits Antonovsky (1990) hat in seinen Studien zum Sense of Coherence (SOC) bewiesen, dass die Sinnhaftigkeit ein wichtiges Kriterium für das seelische Gleichgewicht und die Gesundheit darstellt.
- **Arbeits- und Beschäftigungsfähigkeit erhalten**
  Dieses Ziel resultiert vor allem aus der Herausforderung des demografischen Wandels. Die Arbeitsorganisation und Arbeitsabläufe sind so zu gestalten, dass ein gesundes Arbeiten möglich ist (Ilmarinen 1999). Um dieses Ziel zu erreichen, sind Arbeitsprozesse so anzulegen, dass diese den veränderten Anforderungen sowohl auf Seiten der Mitarbeiter als auch auf Seiten des Unternehmens gerecht werden.
- **Gesundheitsgerechtes Verhalten unterstützen**
  Neben der Unternehmensaufgabe ist es aber auch Aufgabe eines jedes Einzelnen, seine Gesundheit zu erhalten. Jeder sollte Eigenverantwortung für seine Gesundheit übernehmen und die Kollegen sollten sich gegenseitig dabei unterstützen und motivieren.

Um die ehrgeizigen Ziele des BGM umzusetzen, bedarf es eines Managementsystems, das in den betrieblichen Strukturen verankert ist (Badura u. Hehlmann 2003; Bamberg et al. 2011). Dazu wurden bei Vattenfall Europe die im Arbeitsschutz in den einzelnen Gesellschaften und auf der Konzernebene vorhandenen Gremien angepasst und ergänzt (Abb. 23.1). Konkret heißt das, dass die bisherigen auf Arbeitssicherheit fokussierten Ausschüsse um das Thema Gesundheit erweitert wurden. Arbeitssicherheit und Gesundheitsmanagement haben damit den gleichen Stellenwert und sind Topthemen im Managementbereich. Durch diese Gremienstruktur ist sichergestellt, dass alle wichtigen Entscheidungsträger am Gesamtprozess beteiligt sind. Andererseits können auch auf Mitarbeiter- oder Teamebene Fortschritte nach dem Prinzip des kontinuierlichen Verbesserungsprozesses erreicht werden. Dieses systematische Vorgehen richtet sich nach dem BGM-Zyklus Analyse, Planung, Maßnahmen und Evaluation (Badura et al. 2010). Durch diese regelmäßige Auseinandersetzung mit dem Thema Gesundheit wird gewährleistet, dass die Unternehmenseinheiten die hohe Dynamik in der Veränderung der Unternehmensprozesse berücksichtigen.

23

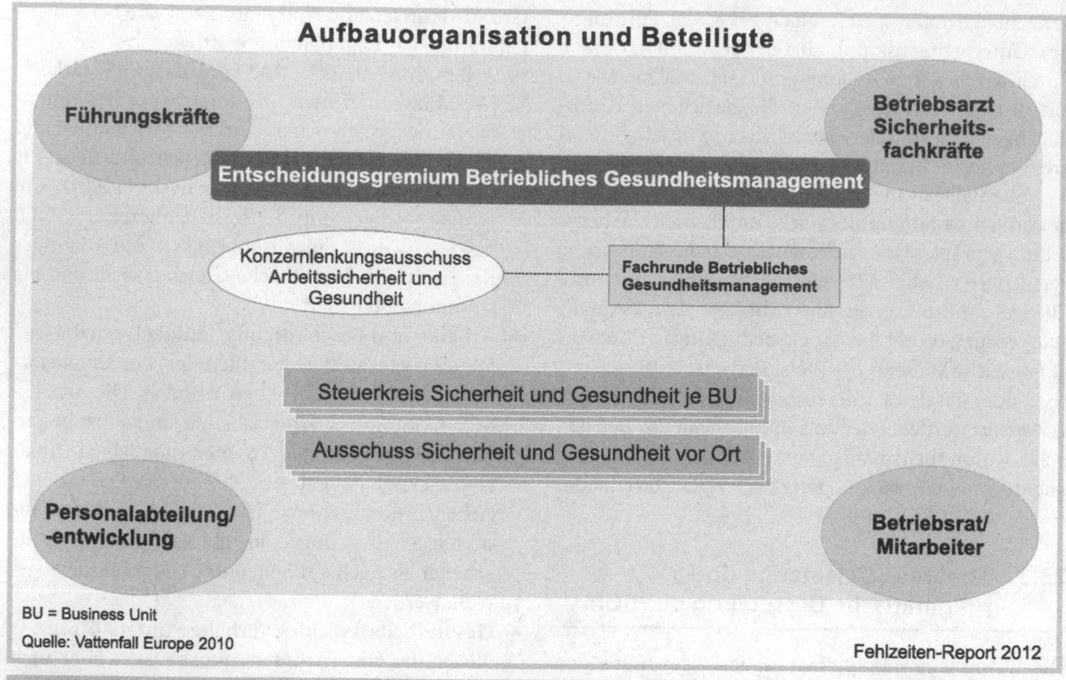

■ **Abb. 23.1** Aufbauorganisation und Beteiligte des BGM von Vattenfall Europe (Quelle: Vattenfall Europe AG, internes Material)

23.4 Konzernweite Instrumente

Die beschriebenen Ansätze des BGM und die Gesundheitsziele hat Vattenfall Europe in seiner Leitlinie zur Gesundheit und Sicherheit am Arbeitsplatz verankert. Danach sind die Führungskräfte und die Mitarbeiter angehalten, jede notwendige Anstrengung zu unternehmen, um beruflich bedingte Krankheiten zu vermeiden. Die Gestaltung gesundheitsunterstützender Rahmenbedingungen am Arbeitsplatz durch die Beseitigung krankheitsverursachender Faktoren und die Förderung des Gesundheitsbewusstseins unserer Mitarbeiter ist ein weiterer konkreter Unternehmensgrundsatz.

Aufgrund der vielfältigen und komplexen Herausforderungen an den verschiedenen Standorten von Vattenfall Europe wurde ein BGM-Maßnahmenkatalog entwickelt. In diesem Maßnahmenkatalog wurde die Vielzahl von Gesundheitsförderungsmaßnahmen übersichtlich zusammengestellt (■ Abb. 23.2). Er stellt eine gute Informationsgrundlage dar und ermöglicht einen Austausch von positiven Beispielen. Er orientiert sich zunächst an den Steuerungsinstrumenten im Konzern und gibt damit Aufschluss, welche Gremien vor Ort BGM-bezogene Fragen beantworten können.

Anschließend sind im Maßnahmenkatalog die bei Vattenfall Europe vorhandenen Diagnose-Instrumente dargestellt. Neben dem hauseigenen Krankenstandscontrolling, das eine Übersicht der krankheitsbedingten Fehlzeiten sowie Hinweise auf Höhe und Verteilung der Fehlzeiten gibt, sind in Teilbereichen von Vattenfall Europe Gesundheitsberichte der Krankenkassen erhältlich. Diese Berichte enthalten Arbeitsunfähigkeitsanalysen mit Statistiken zu Erkrankungsarten und -verläufen. Ein weiteres Schwerpunktinstrument ist die Mitarbeiterbefragung „My Opinion". Im Rahmen dieser Mitarbeiterbefragung wird neben weiteren Kategorien das gesundheitliche Befinden der Mitarbeiter im Gesundheitsindex abgefragt. Seit einigen Jahren ist in dieser Mitarbeiterbefragung „My Opinion", die jährlich durchgeführt wird, der Gesundheitsindex integriert, den Vattenfall Europe gemeinsam mit einem externen Beratungsteam entwickelt hat. Dieses Monitoring dient sozusagen als Frühwarnsystem und als erster Indikator, der Veränderungen in der Belastbarkeit der Beschäftigten und ihrer Gesundheit im Anfangsstadium aufzeigt. Der für Vattenfall

Nur die Gesamtheit der Maßnahmen bringt den Erfolg

Organisation BGM (Steuerung)	Diagnoseinstrumente (Analyse)	Individuelle Maßnahmen	Präventive Maßnahmen	Finanzierungsmöglichkeiten
KVP-Prozess:	Krankenstandscontrolling	Betriebliches Eingliederungsm.	Gesundheitstag	Krankenkassen
Entscheidungsgremium	Gesundheitsberichte Krankenkassen	Sozialberatung	Gesundheitskurse	Berufsgenossenschaften
Fachrunde	My Opinion	Gesundheitscheck Leitende Angest.	Sportangebote	Gesundheitsfonds
Steuerkreise je BU	Arbeitsplatzbegehungen/Gefährdungsbeurteilungen	Gesundheitscoaching LA	Informationsveranstaltungen für Führungskräfte	Wettbewerb Arbeitssicherheit
Ausschüsse vor Ort	Unfallgeschehen	Vorsorgeuntersuchungen	Gesundheitscoaching	
	Mitarbeitergespräche		Seminare für MA zur Gesundheit u. Work-Life-Balance	
	Gesundheitszirkel		Sonstige Programme (Ernährung, Stress)	

BU = Business Unit
KVP = Kontinuierlicher Verbesserungsprozess

Quelle: Vattenfall Europe 2010

Fehlzeiten-Report 2012

Abb. 23.2 Gesundheitsmanagementmaßnahmen bei Vattenfall Europe (Quelle: Vattenfall Europe AG, internes Material)

Europe entwickelte Gesundheitsindex wird als Mittelwert aus vier Gesundheitsfragen ermittelt, die konkret auf den Indikatoren Arbeitsstolz, psychisches Wohlbefinden, körperliche Beeinträchtigungen und Selbstvertrauen beruhen. Damit ermöglicht es der Gesundheitsindex, das gesundheitliche Wohlbefinden der Mitarbeiter zu bewerten: Je höher der Index, desto besser schätzen die Beschäftigten ihre Gesundheit ein. Ein niedriger Gesundheitsindex kann als Folge problematischer Arbeitsbedingungen verstanden werden. Dies zu thematisieren und zielgerichtete Lösungsansätze zu finden, ist zunächst der Zweck der im Anschluss an die Befragung stattfindenden Aktionstreffen, die jedes Team bei Vattenfall Europe durchführt. In den Aktionstreffen findet die Planung aus dem BGM-Zyklus aus Mitarbeitersicht statt. Wenn die Ursachen bzw. Maßnahmen Expertenwissen erfordern, werden z. B. ein Betriebsarzt oder Sicherheitsingenieur hinzugezogen.

Weitere Diagnoseinstrumente sind die Analyse des Unfallgeschehens, Ergebnisse der Arbeitsplatzbegehungen und Gefährdungsbeurteilungen sowie Mitarbeitergespräche und Gesundheitszirkel.

Weiterhin befinden sich im Maßnahmenkatalog präventive Angebote mit Sensibilisierungscharakter für die Mitarbeiter (z. B. die Aktive Pause) sowie verstärkte Kommunikationsangebote (z. B. Stressseminare). Außerdem werden Hinweise zu sportlichen Aktivitäten gegeben und Ansprechpartner genannt. Zudem befinden sich im Maßnahmenkatalog zielgerichtete Angebote beispielsweise für Schichtmitarbeiter im Tagebau und in den Kraftwerken. Diese Zielgruppe hat sowohl schwere körperliche Arbeit zu leisten als auch psychischen Belastungen durch einen veränderten Schlafrhythmus standzuhalten. Vor allem für diese Mitarbeiter bietet Vattenfall Europe ein Gesundheitscoaching an, das durch einen Betriebsarzt und Fachreferenten gestaltet wird. In diesem Coaching geht es vor allem um die Stärkung der gesundheitlichen Kompetenz, d. h. Aufklärung und Training. In Studien konnte bereits nachgewiesen werden, dass das Trainieren Alterseffekte wie eine nachlassende körperliche und psychische Leistungsfähigkeit im Erwerbsleben völlig aufheben kann (Ilmarinen 1999; Lehr u. Kruse 2006).

Die enge Verzahnung mit der Arbeitssicherheit hat sich auch beim konzernweiten Programm Safety Culture Development gezeigt. Das Programm stellt einen wichtigen Beitrag zur kontinuierlichen Verbesserung der Gesundheits- und Sicherheitskultur dar. Es setzt an einer Stärkung des Sicherheitsbewusstseins und einer Achtsamkeit sich selbst gegenüber an. Das Programm basiert auf der so genannten Sicherheitskulturleiter als festem Bestandteil der täglichen Arbeitsaufgabe, die die verschiedenen Stufen einer Sicherheitskultur beschreibt – von der pathologischen Sichtweise über die reaktive und berechnende Abarbeitung des Themas Arbeitssicherheit hin zu einer proaktiven und produktiven Sichtweise (Hudson 2001). In Workshops mit maximal 25 Personen wird zunächst gemeinsam mit den Mitarbeitern eruiert, auf welcher Stufe die Workshopteilnehmer sich sehen. Daraufhin werden gemeinsam Lösungen zur Verbesserung abgeleitet. Gerade in einer flexiblen Arbeitswelt ist darauf zu achten, ob zusätzliche Sicherheits- und Gesundheitsmaßnahmen ergriffen werden müssen, die ein gesundes und sicheres Arbeiten ermöglichen, bevor eine Arbeitsaufgabe ausgeführt wird.

Grundsätzlich ermöglichen es flexible Arbeitszeitregelungen, auf sich ändernde Arbeitszeitanforderungen auf Seiten der Mitarbeiter und des Unternehmens zu reagieren. Um den Umgang mit flexibler Arbeit auch für die Mitarbeiter bei Vattenfall Europe entsprechend ihren Lebenssituationen und Interessen gestalten zu können, stehen diverse Instrumente zur Regelung der Arbeitszeit zur Verfügung, angefangen von Langzeitkonten bis hin zu einer Konzernbetriebsvereinbarung zu Beruf und Familie.

Nachdem eine Maßnahme durchgeführt wurde, muss diese evaluiert werden, was im betrieblichen Alltag oftmals vergessen wird. Um die Evaluation auf Konzernebene zu gewährleisten, werden zweimal jährlich die Analysen und die Umsetzung des Betrieblichen Gesundheitsmanagement mit Hilfe eines Templates bei den Struktureinheiten abgefragt, ausgewertet und in einem Gesundheitsbericht zusammengetragen.

Der beschriebene ganzheitliche strategische Ansatz im Betrieblichen Gesundheitsmanagement von Vattenfall Europe wird im operativen Geschäft an die jeweiligen konkreten Herausforderungen angepasst. Im Folgenden wird die Umsetzung und Anpassung des BGM in der Business Unit Sales, die einen sehr hohen Flexibilisierungsgrad ihrer Mitarbeiter erfordert, beschrieben.

23.5 Unternehmensbeispiel Vattenfall Europe Sales GmbH

23.5.1 Spezielle Ausgangssituation

Die Vattenfall Europe Sales GmbH ist ein Energiedienstleistungsunternehmen mit etwa 550 Mitarbeitern, das Strom, Gas und verwandte Dienstleistungen für alle Kundensegmente vom Privatkunden bis zum großen Industriekunden anbietet. Der Energiesektor ist in Deutschland seit 1998 liberalisiert. Weit über 100 Unternehmen konkurrieren im Stromvertrieb um die Kunden. Der Markt hat sich seit der Liberalisierung sehr dynamisch entwickelt.

Aufgrund der sich ändernden Markt- und Kundenanforderungen, aber auch des Wettbewerbsdrucks wurde die Aufbau- und Ablauforganisation der Sales GmbH in den letzten Jahren mehrfach deutlich verändert. Systeme und Prozesse mussten mehrfach angepasst werden. Die Politik sowie die Bundesnetzagentur als Regulierungsbehörde haben durch Veränderungen der gesetzlichen Rahmenbedingungen und Ausführungsbestimmungen zusätzliche Anpassungen in den internen Abläufen und den Schnittstellen im Unternehmen notwendig gemacht.

Durch die Komplexität der Anpassungen konnten die Planung und die Umsetzung nur in diversen internen Projekten erfolgen, in denen interdisziplinär Mitarbeiter eingebunden waren. Die Projektdichte sowie der Parallellauf von Projekten haben überproportional zugenommen, sodass intern auch von einem Projekt-Tsunami gesprochen wurde. Teilweise wurden Mitarbeiter aus dem Tagesgeschäft abgezogen, wodurch wiederum dort Engpässe entstanden. Diese Veränderungen stellen hohe Anforderungen sowohl an Mitarbeiter als auch an Führungskräfte.

Neben den organisatorischen Herausforderungen sind auch die Erwartungen in der Arbeitswelt anspruchsvoller geworden. Multitasking und Hamsterradproblematik wie auch verstärkter Wettbewerb zwischen Mitarbeitern sind ein Grund, warum einzelne Mitarbeiter von dauerhaft hochtouriger Arbeitsweise mit der Gefahr der Überhitzung sprechen. Moderne Kommunikationsmittel wie Smartphones und Notebooks mit entsprechender Vernetzung haben viele Vorteile, können aber auch schnell zu einer zumindest gefühlt geforderten Dauererreichbarkeit und damit einer Entgrenzung im größeren Rahmen führen. Die Gefahr, dass Beruf und Familie verschwimmen, Regenerationsphasen schrumpfen und das Privatleben beeinträchtigt ist, steigt (Ducki et al. 2010).

Arbeitsverdichtung, mangelhaft organisierte Meetings, fehlende Wertschätzung und auch teilweise Überforderung von Führungskräften sind nur einige Punkte, die in Gesprächen mit Mitarbeitern oder auch dem Betriebsrat immer wieder genannt wurden und Unzufriedenheit sowie eine Überschreitung von Belastungsgrenzen auslösen können.

23.5.2 Spezifische Evaluation in der VE Sales GmbH

Ergebnisse aus My Opinion

Vattenfall führt wie oben beschrieben jährlich eine Mitarbeiterbefragung „My Opinion" durch, um ein Feedback im positiven wie auch im negativen Sinne von den Mitarbeitern zu erhalten. So kann der Handlungsbedarf erkannt und bei Negativentwicklungen zeitnah gegengesteuert werden. In der Befragung sind auch Fragen zu den Kategorien Work-Life-Balance und Gesundheit enthalten. In den Ergebnissen dieser beiden Kategorien spiegelten sich die Inhalte der vorangegangenen Diskussionen wider. Sowohl beim Index zur Work-Life-Balance als auch beim Gesundheitsindex wurden in mehreren aufeinanderfolgenden Jahren nur ca. 30 Prozent positive Rückäußerung erzielt. Beide Teilergebnisse ließen einen deutlichen Handlungsbedarf erkennen. Die Geschäftsführung hat mit Unterstützung des Betriebsrates umgehend ein Projekt „Gesundheitsmanagement" aufgesetzt. Die Mitarbeiterbefragung „My Opinion" erwies sich hier als ein funktionierendes Frühwarnsystem. Im Rahmen des Gesundheitsmanagementprojektes wurde zunächst aus diesen kritischen Werten eine Vertiefungsanalyse abgeleitet und anschließend spezifische Interventionen entwickelt.

Vorevaluation für My Balance

Ausgehend von den Erkenntnissen aus einem Projekt zum Thema Gesundheitsförderung/-management in der VE Sales GmbH hat sich das Unternehmen an die Beuth Hochschule für Technik in Berlin gewandt, um eine wissenschaftlich untermauerte Evaluation vorzubereiten. Die Beratung und Unterstützung bezog sich auf die Konzeption, die Durchführung und die Auswertung des Projekts.

Aufbauend auf die Mitarbeiterbefragung „My Opinion" sollte eine differenzierte Analyse der spezifischen Arbeitsbedingungen und der gesundheitlichen Situation vorgenommen werden. Einerseits wurde die Belastungssituation, beispielsweise durch eine erhöhte Reisetätigkeit zwischen den beiden Vertriebsstandorten Berlin und Hamburg, analysiert. Andererseits war auch die Ressourcenorientierung ein wichtiger Aspekt der Untersuchung. Es sollten nicht nur Belastungen beurteilt und abgebaut, sondern auch gesundheitsrelevante Ressourcen gefördert und weiterentwickelt werden. Aus den Analyseergebnissen sollten sowohl verhaltens- als auch verhältnisbezogene Interventionen ermittelt werden.

Eine erste Begehung vor Ort, die durch Interviews mit Beschäftigten und Führungskräften unterstützt wurde, ergab, dass in den Bereichen an vielen Stellen bereits Vorschläge zur Verbesserung der Effektivität und Effizienz ausgearbeitet worden waren. Hier bedurfte es einer konsequenten Umsetzung und Priorisierung durch die klare Supervision der Führungskräfte.

Im Bereich der Belastungen ergaben die Interviews eine besondere Häufung in den folgenden Punkten:

- Flexibilisierungsbedingte Belastung (Verschwimmen von Arbeit und Freizeit durch Dauererreichbarkeit)
- Multitasking (Qualität und Quantität)
- Arbeitsintensität (Qualität und Quantität)
- Personelle Diskontinuität (hohe Fluktuation der Führungskräfte)
- Mobilität (häufige Reisetätigkeit)

Diese ermittelten Häufungen wurden im Fragebogen vertieft untersucht.

Befragung My Balance

Bei der Mitarbeiterbefragung „My Balance" stand die Beurteilung der Arbeitsbedingungen und der Einfluss der Arbeitsbedingungen auf die Gesundheit im Vordergrund. So wurden unter anderem Fragen zu Wandel/Restrukturierung, Erreichbarkeit und Erholungsfähigkeit gestellt. Die hohe Rücklaufquote von 377 ausgefüllten Fragebögen – das entspricht einer Beteiligung von fast 73 Prozent – zeigt die Relevanz dieser Themengebiet in der VE Sales GmbH. Werden die Auswertungsergebnisse zu Restrukturierung & interne Prozesse (■ Abb. 23.3) betrachtet, zeigt sich, dass insbesondere Umstrukturierungsmaßnahmen in einer immer flexibler werdenden Arbeitswelt eine Belastung hinsichtlich der Arbeitsbewältigung und der betrieblichen Arbeitsabläufe darstellen. Über 80 Prozent der Befragten geben an, dass die Restrukturierungen das Arbeiten erschweren und zu Unruhe führen.

Des Weiteren stellt gemäß den Ergebnissen in der Fragenkategorie „Planbarkeit und Erreichbarkeit" die Entgrenzung des Dienstschlusses – damit ist ein Verschwimmen von Beruf und Privatleben gemeint – eine Belastung dar. Mehr als 40 Prozent der Befragungsteilnehmer bejahten die Frage, ob sie auch nach Dienstschluss erreichbar sind (■ Abb. 23.4). Darüber hinaus konnten sehr deutliche Korrelationen zwischen kognitiver Erholungsunfähigkeit und Restrukturierung bzw. Planbarkeit aufgezeigt werden (■ Abb. 23.5). Diese Abbildung beschreibt, dass bei einer niedrigen Planbarkeit die Erholungsunfähigkeit sehr groß ist. Wird die Restrukturierung in Korrelation gesetzt, so ergibt sich bei einer hohen betrieblichen Veränderung ein hohes Maß an Erholungsunfähigkeit. Gerade mangelnde

23

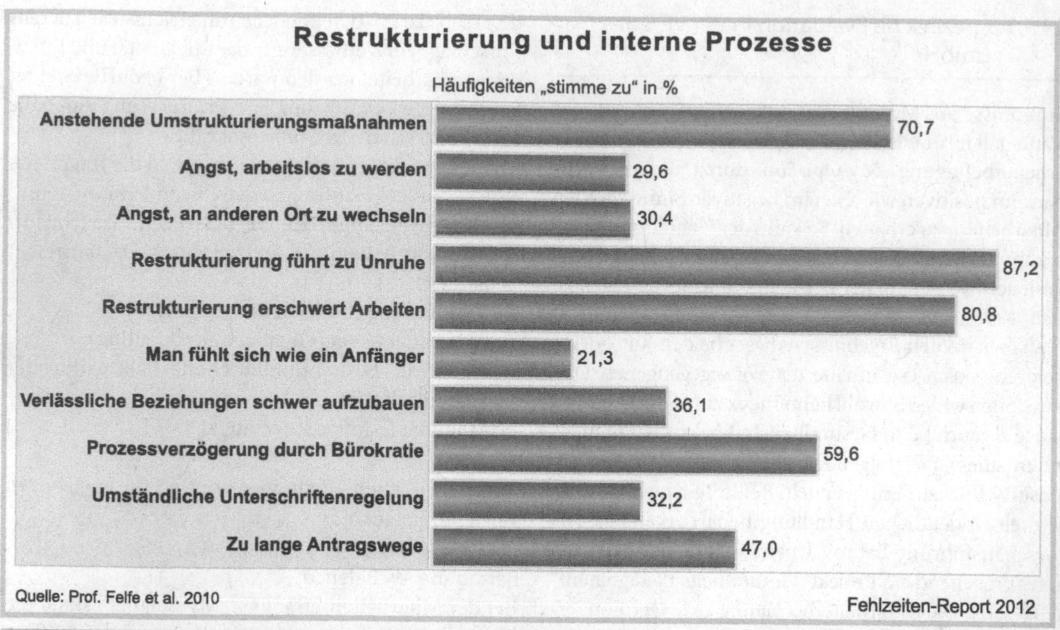

Abb. 23.3 Befragung My Balance 2010 – Auswertung „Restrukturierung und interne Prozesse" (Quelle: Vattenfall Europe AG, internes Material)

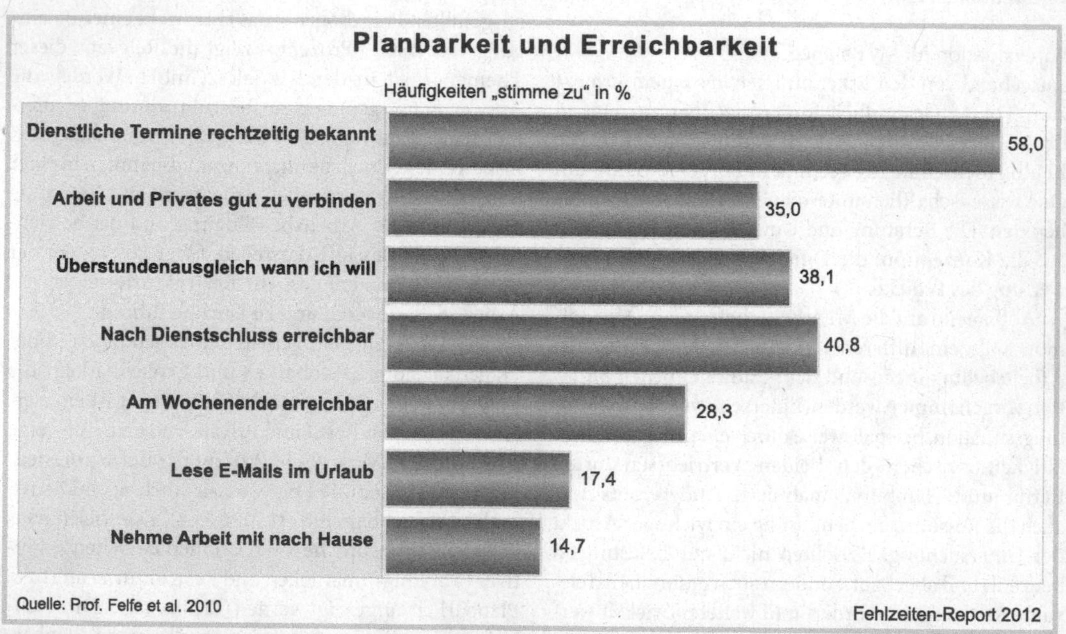

Abb. 23.4 Befragung My Balance 2010 – Auswertung „Planbarkeit und Erreichbarkeit" (Quelle: Vattenfall Europe AG, internes Material)

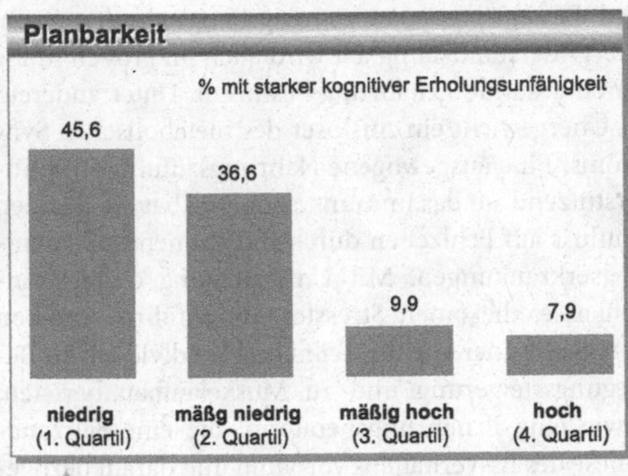

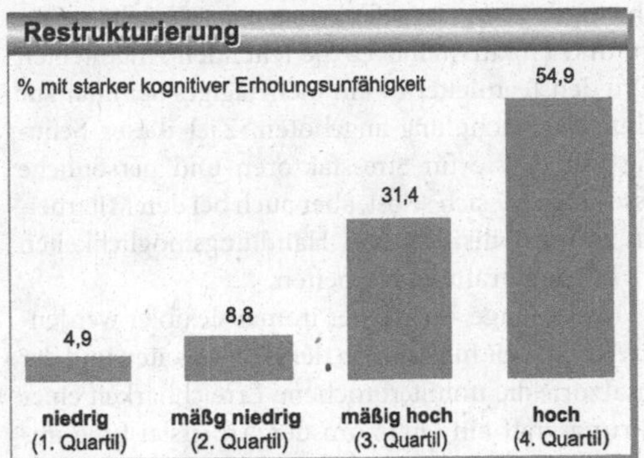

Das „Nicht-abschalten-Können" ist besonders stark ausgeprägt, wenn wenig Planbarkeit (46 %) bzw. einschneidende Restrukturierungs- und Wandlungsprozesse (55 %) berichtet werden.

Quelle: Prof. Felfe et al. 2010

Fehlzeiten-Report 2012

Abb. 23.5 Befragung My Balance 2010 – Auswertung „Korrelationen zwischen Erholungsfähigkeit und Planbarkeit/ Restrukturierung" (Quelle: Vattenfall Europe AG, internes Material)

Transparenz über organisatorische Veränderungen und persönliche Betroffenheit sind oftmals negative Stressfaktoren. Da der Umgestaltungsprozess im Konzern noch nicht abgeschlossen ist und Restrukturierungsmaßnahmen auch nicht immer zu vermeiden sind, werden die dadurch auftretenden Belastungen durch umfassende Kommunikation und ein gezieltes Change-Management zu mildern versucht.

Ein großer Fokus wurde im Rahmen des Projekts auf die Verbesserung der Planbarkeit gelegt. Auslöser war eine Häufung kurzfristig angesetzter Meetings und eine sehr starke Zunahme des E-Mail-Verkehrs. Hierbei stellte sich heraus, dass es sich als sinnvoll erweist, die Meeting- als auch die E-Mail-Kultur zu verbessern. Klar formulierte Regeln unter anderem über die Ziele von Meetings und einen bewusst ausgewählten Teilnehmerkreis sowie eine Reduzierung von E-Mails durch persönlichen Dialog und eine reflektierte Auswahl der Empfänger sollen die Situationen am Arbeitsplatz verbessern, die Planbarkeit erhöhen und die Erholungsfähigkeit unterstützen. Insgesamt wurde empfohlen sich an das WACAMA-Prinzip zu halten: zuerst persönlicher Kontakt (walk); wenn das nicht funktioniert anrufen (call) und als letzte Möglichkeit e-mailen (mail).

Ein weiteres Instrument war der Aufbau einer Datenbank zu Projekten, die den Beschäftigten im Intranet alle relevanten Informationen zum Stand der Projekte aufzeigt und auch als Steuerungsmittel für künftige Projektplanung z. B. zur Vermeidung von Redundanzen genutzt werden kann.

Die Befragung „My Balance" hat nicht nur die Belastungen der Mitarbeiter sichtbar gemacht, sondern auch gezeigt, dass die Beschäftigten über eine Vielzahl von Ressourcen verfügen, die im Rahmen des Projekts Gesundheitsmanagement unterstützt und ausgebaut werden sollten.

23.5.3 Angebote für Führungskräfte und Mitarbeiter zur Resilienzstärkung

Gerade in Vertriebsorganisationen hat die Ressource Mensch einen erheblichen Anteil an der Wirtschaftskraft und daran, am stark konkurrierenden Markt erfolgreich zu sein. Wegen des in den letzten Jahren verstärkt auftretenden Arbeitsausfalls aufgrund psychischer Erkrankungen wurde bei den Maßnahmenangeboten ein Fokus auf der Stärkung der Resilienz durch Stressbewältigung gelegt. Aber auch die Gesichtspunkte gesunde Ernährung und Bewegungsförderung wurden berücksichtigt. Um die Widerstandsfähigkeit der Beschäftigten zu unterstützen, wurden verschiedene Maßnahmen aufgesetzt.

In der Befragung hat sich herausgestellt, dass die positive Wahrnehmung des direkten Vorgesetzten eine große Rolle spielt. Vor diesem Hintergrund wurde den Führungskräften – angefangen von den Geschäftsführern und Prokuristen über die leitenden Angestellten bis zu den Teamleitern – ein mehrtägiges Seminar zur Achtsamkeitsschulung angeboten. Ziel dieser Schulung war es, sie für Stressfaktoren und persönliche Ressourcen bei sich selbst, aber auch bei den Mitarbeitern zu sensibilisieren und Handlungsmöglichkeiten für Führungskräfte zu erarbeiten.

Vor der Frage, ob in einer immer flexibler werdenden Arbeitswelt hinsichtlich der Arbeitszeiten und der Einsatzorte die ununterbrochene Erreichbarkeit einer Führungskraft ein Optimum der Arbeitsleistung impliziert, kam es zu sehr kontroversen Diskussionen. Insgesamt wurde diese Schulung sehr positiv wahrgenommen, da die Inhalte deutlich von den sonst üblichen Bildungsmaßnahmen für Führungskräfte abwichen.

Eine weitere Maßnahme, die sich an die Beschäftigten ohne Führungsaufgabe richtete, war ein zweitägiger Workshop zur Work-Life-Balance. An diesen Tagen wurden die Themenfelder gesundes Verhalten, Zeitmanagement, Entspannungsübungen und Selbstreflexion bearbeitet. Ansatzpunkte waren der Umgang mit Unterbrechungen, das Abschlussprinzip, gerade hinsichtlich der vielfältigen Projektarbeit im Vertrieb, und das Pausenverhalten. Die Diskussionen zwischen den Teilnehmern in Bezug auf ihren Arbeitsalltag, ihren Umgang mit den vermehrt auftretenden Dienstreisen und der unbegrenzten Erreichbarkeit durch Diensthandys zeigten, dass eine klare Kommunikation darüber, was wirklich erforderlich ist, ein noch nicht abgeschlossener Prozess ist. Flankiert wurde dieser Workshop durch Bewegungs- und Lockerungsübungen, die von einer Physiotherapeutin angeleitet wurden. Auch bei diesem Workshop gab es eine sehr positive Resonanz von den Teilnehmern.

Die Diskussionen zum Thema „Dauererreichbarkeit" im Management und in der Belegschaft zeigen, dass es deutlich unterschiedliche Auffassungen gibt und offensichtlich die gegenseitigen Erwartungen nicht immer verabredet wurden. Teilweise erwartete das Management gar nicht, dass die Mitarbeiter dauerhaft erreichbar sind.

Um die gesundheitlich relevanten Gesichtspunkte Bewegung und gesunde Ernährung im Unternehmen anzubieten, wurde sowohl am Standort Berlin als auch am Standort Hamburg jeweils ein Gesundheitstag vorbereitet. Trotz aller Mobilität und Dynamik im Arbeitsalltag wird ein Großteil der täglichen Aufgaben am Bildschirm verrichtet. Durch Trainingsprogramme lässt sich die körperliche Bewegungsfähigkeit und Fitness verbessern, sodass Erkrankungen des Muskel- und Bewegungsapparates vorgebeugt werden kann. Die Widerstandsfähigkeit wird auch im großen Maße durch gesunde Ernährung bestimmt. Unter anderem ist Übergewicht ein Auslöser des metabolischen Syndroms. Eine ausgewogene Nahrungszufuhr wirkt unterstützend auf das Immunsystem und hat damit einen Einfluss auf Fehlzeiten durch Infektionen und Atemwegserkrankungen. Mit Unterstützung einer Krankenkasse, die einen Stresstest durchführte, standen Personaltrainer, die die Teilnehmer individuell zu Bewegungssteigerung und zu Muskelaufbau berieten, sowie eine Ernährungsberaterin, die eine Kurzanamnese des Essverhaltens vornahm und darauf bezogene Hinweise zu gesunder Ernährung gab, zur Verfügung. Aufgelockert wurde der Gesundheitstag mit Übungen am Balanceboard, Kurzmassagen und alkoholfreie Fruchtcocktails. Ergänzt wurden diese VE Sales spezifischen Angebote um die konzernweit durchgeführte Energiepause und eine Kurzseminarreihe zu diversen gesundheitsrelevanten Fragestellungen.

23.6 Fazit

Das Interesse an allen angebotenen Maßnahmen aus dem Sales-Projekt war groß, das Feedback war sehr positiv und die Angebote wurden von den Beschäftigten als hilfreich für das Arbeits- und Privatleben bezeichnet. Konkret messbare Veränderungen im Unternehmen, wie beispielsweise eine reduzierte Arbeitsunfähigkeit, lassen sich allerdings noch nicht erkennen. Umso wichtiger ist es, das Thema Gesundheit in der Unternehmenskultur zu verankern. Insgesamt hat Vattenfall Europe ein gutes Fundament gelegt, um den Herausforderungen des demografischen Wandels in einer immer flexibler werdenden Arbeitswelt gerecht zu werden.

Es gilt zu beachten, dass alle gesundheitsfördernden Initiativen nur dann nachhaltig sind, wenn parallel dazu organisatorische Ursachen für hohe Fehlzeiten wie der Managementstil oder das Betriebsklima unterstützend verändert werden. Sicherlich wären tiefer greifende Veränderungen, wie zum Beispiel eine Entschleunigung der Organisationsänderungen, eine Verringerung der Arbeitsverdichtung und eine Rücknahme der Multiskilling-Erwartung, geeignete Ansatzpunkte, um in einer immer flexibler werdenden Arbeitswelt die Leistungsfähigkeit der Beschäftigten im

Optimum zu halten. Kompromisse müssen gefunden werden. Dazu gehören auch eine intensive Auseinandersetzung mit diesem Thema, eine offene Kommunikation und ein Austausch über die gegenseitigen Erwartungen zwischen Management und Mitarbeitern.

Das Projekt in der Geschäftseinheit Sales hat exemplarisch gezeigt, dass durch ein strukturiertes, konzernweites BGM mit bereichsspezifischen Analysen und Interventionen den Anforderungen und Bedingungen vor Ort angemessen Rechnung getragen werden kann. Zentrale Angebote werden durch dezentrale BGM-Diagnostiken und -Maßnahmen sowie zielgruppendifferenzierte Angebote ergänzt. Bereichsspezifische Maßnahmen erhalten durch eine stabile und flexible Grundstruktur im BGM mit übergeordneten, zentralen Leitlinien und Prozessen eine gute Orientierung.

Schlussendlich ist eine Gesundheitskultur im Unternehmen zu gestalten, die einen ganzheitlichen und nachhaltigen Ansatz hat. Dies bestätigen zudem zahlreiche Forschungsergebnisse, unter anderem von Ilmarinen (1999). Gerade in den Statistiken der nordischen Ländern (niedrige Krankenstände, höhere Lebenserwartung) zeigt sich, dass dies gelingen kann. Für Vattenfall Europe besteht die Möglichkeit, zukünftig ganz konkret von der Sicherheits- und Gesundheitskultur der schwedischen oder niederländischen Arbeitskollegen zu lernen und positive Beispiele auf Deutschland zu übertragen.

Literatur

Antonovsky A (1990) A Somewhat Personal Odyssey in Studying the Stress Process. Stress Medicine 6:71–80

Badura B, Hehlmann T (2003) Betriebliche Gesundheitspolitik: Der Weg zur gesunden Organisation. Springer, Berlin Heidelberg, New York

Badura B, Greiner W, Rixgens P, Ueberle M, Behr M (2008) Sozialkapital: Grundlagen von Gesundheit und Unternehmenserfolg. Springer, Berlin Heidelberg

Badura B, Walter U, Hehlmann T (2010) Betriebliche Gesundheitspolitik. Der Weg zur gesunden Organisation. 2. Aufl Springer, Berlin Heidelberg

Badura B, Ducki A, Schröder H, Klose J, Macco K (2011) (Hrsg) Fehlzeiten-Report 2011. Führung und Gesundheit. Springer: Berlin Heidelberg New York

Bamberg E, Ducki A, Metz AM (2011) (Hrsg) Gesundheitsförderung und Gesundheitsmanagement in der Arbeitswelt. Ein Handbuch. Hogrefe, Göttingen

Ducki A, Uhlig A, Wagner P (2010) Jung, flexibel, belastbar – ausgebrannt und psychisch krank? Impulse, 3. Quartal, S 10–11

Hudson P (2001) Safety Management and Safety Culture The Long, Hard and Winding Road. In: Warwick P, Gallagher C, Bluff L (eds) Occupational Health & Safety Management Systems – Proceedings of the First National Conference. Crowncontent, Melbourne, S 3–32

Ilmarinen J (1999) Ageing Workers in the European Union – Status and promotion of work ability, employability and employment. Finnish Institute of Occupational Health, Ministery of Social Affairs and Health, Ministry of Labour, Helsiniki

Lehr U, Kruse A (2006) Verlängerung der Lebensarbeitszeit – eine realistische Perspektive? Zeitschrift für Arbeits- und Organisationspsychologie 50:240–247

Steinke M, Badura B (2011) Präsentismus – Ein Review zum Stand der Forschung. Bundesanstalt für Arbeitsschutz und Arbeitsmedizin (Hrsg), Dortmund Berlin Dresden

World Health Organization (1946) Übersetzte Verfassung der Weltgesundheitsorganisation vom 22. Juli 1946 durch die Bundesbehörden der schweizerischen Eidgenossenschaft. Verfügbar unter: http://www.admin.ch/ch/d/sr/i8/0.810.1.de.pdf. Gesehen 11 Dez 2011

Kapitel 24

Sicherung von Leistungsfähigkeit und Wohlgefühl in flexibler werdenden Produktionssystemen

A. Enderling, E. Zimmermann

Zusammenfassung *Die Mercedes-Benz Minibus GmbH mit ihren 225 Beschäftigten sieht sich in den letzten Jahren steigenden Flexibilisierungsanforderungen gegenüber. Um diesen Herausforderungen zu begegnen, sind neue Strategien erforderlich. Als wichtiger Teil des Handlungskonzeptes wurde zwischen dem Unternehmen und der AOK NordWest die Einführung eines Betrieblichen Gesundheitsmanagements vereinbart. Hierüber sollten die Beschäftigten verstärkt in die Veränderungsprozesse eingebunden werden. Zum Ausgangspunkt des vereinbarten Projekts sieht das Unternehmen gerade im Bereich der Beschäftigten viele Unzufriedenheiten mit der Arbeitssituation. Durch die Analysen im Projekt konnten dann auch betriebsspezifische Informationen zu Stärken und Schwächen im Unternehmen ermittelt werden. Ein Problemschwerpunkt bestand darin, dass keine Synchronisation zwischen der sich ändernden Produktionsorganisation und der Kommunikationskultur stattfand. Die Optimierung von Kommunikation und Information über die Hierarchieebenen hinweg stellte daher das erste betriebliche Umsetzungsfeld dar. Bereits diese ersten Maßnahmen werden von den Beschäftigten im Unternehmen positiv bewertet und fördern die Bereitschaft, an Veränderungsprozessen aktiv mitzuwirken. Der Ansatz der BGF stellt sich danach als geeignetes Instrument dar, Veränderungsprozesse im Unternehmen konstruktiv mitzugestalten.*

24.1 Einführung

„Agieren wir als eigenständiges Unternehmen oder begreifen wir uns mehr als ein Teil im Konzernverbund?" Die Mercedes-Benz Minibus GmbH in Dortmund (nachfolgend Minibus GmbH), 100-prozentige Tochter der EvoBus GmbH, der Bussparte des Daimler-Konzerns, hat diese Fragestellung des eigenen Selbstverständnisses bereits für sich gelöst: Die Unternehmensphilosophie der Minibus GmbH ist es, die Vorteile eines mittelständisch geprägten Betriebes mit den Vorteilen eines Großkonzerns zu verbinden, um optimale Betriebsergebnisse zu erzielen. Die Frage nach der Eigenständigkeit im Verhältnis zur Anbindung an den Konzern spielt auch bei der Gestaltung der Strukturen und Prozesse im Unternehmen, über die nachfolgend berichtet wird, eine wichtige Rolle.

Das Unternehmen in der bestehenden Form ist noch relativ jung. Die Minibus GmbH ist innerhalb der Daimler AG der einzige Hersteller von Mercedes-Benz-Minibussen, dessen Produktportfolio sich auf Reise-, Überland-, Stadt- und Mobility-Busse erstreckt, die in vielfältigen Varianten und nach individuellen Kundenwünschen hergestellt werden. Erst 1998 stieg die EvoBus GmbH überhaupt in dieses Marktsegment ein. Nach einer Expansionsphase mit dem Aufbau von sechs europäischen Standorten wurde ab 2004 die Produktion schrittweise am Standort Dortmund kon-

B. Badura et al. (Hrsg.) *Fehlzeiten-Report 2012*,
DOI 10.1007/978-3-642-21655-8_24, © Springer Verlag Berlin Heidelberg 2012

zentriert; 2008 konnte dieser Prozess abgeschlossen werden.

Im Herbst 2011 beschäftigte das Unternehmen am Standort 225 Beschäftigte, die sich grob zu drei Vierteln dem gewerblichen Bereich und zu einem Viertel der Verwaltung zuordnen lassen.

24.2 Wandlungsbedarf durch Herausforderungen an das Unternehmen und die Beschäftigten

Für die noch kurze Unternehmenshistorie ist bedeutsam, dass sich das Unternehmen in nur wenigen Jahren von ursprünglich mehr handwerklich geprägten Produktionsstrukturen zu einer modernen, serienorientierten Produktionsorganisation gewandelt hat. Die Herausforderungen und Einflüsse auf das Unternehmen lassen sich in drei wesentlichen Kategorien zusammenfassen:

- Technologische Herausforderungen: Als Aufbauhersteller ist die Minibus GmbH permanent mit vielen Kundensonderwünschen konfrontiert – kaum ein Minibus ist wie der andere, die Technik mit der dazugehörigen Dokumentation unterliegt fast täglichen Anpassungen. Diese besonderen Auftragsbedingungen erfordern eine immer stärkere Schnittstellenkommunikation, eine hohe Flexibilität in der Auftragsabwicklung auf der Basis eines breiter werdenden Qualifikations- und Verantwortungsprofils – ganz anders als bei den Kollegen in der stark automatisierten PKW-Produktion.
- Markt- und Kundensituation: Das in der Bussparte sehr ausgeprägte Saisongeschäft erfordert eine starke (jahres-)zeitliche Flexibilität. Während das erste Halbjahr turnusgemäß verhalten verläuft, steigt das Auftragsvolumen im zweiten Halbjahr sehr stark an. Dies hängt eng mit der Auftragsvergabe auf der Basis öffentlicher Ausschreibungen zusammen. Um regelmäßige Kurzarbeit zu Jahresbeginn zu vermeiden, ist eine stark angepasste Arbeitszeitflexibilisierung in der Form von Jahresarbeitszeitkonten erforderlich, die allerdings den Mitarbeitern eine hohe Flexibilität abverlangt.
- Personal- und Organisationsentwicklung: Als Tochterunternehmen von EvoBus ist die Minibus GmbH vollständig der Daimler-Prozesswelt unterworfen: Vom Qualitätsmanagement mit den zugehörigen internen und externen Audits bis hin zu Zertifizierungen wie dem Umweltmanagementzertifikat nach ISO 14001 befindet sich die Organisation selbst in einem permanenten Prozess der Optimierung und Standardisierung. Demgegenüber läuft seit 2004 der Prozess des Zusammenwachsens zu einem Standort in Dortmund, wesentlich in eigener Regie und Verantwortung. Das Zusammenwachsen erfordert auch für die Mitarbeiter nicht nur extreme Mobilität, sondern auch die Fähigkeit, sich auf neue Aufgaben und Prozesswelten einzustellen.

Für das noch sehr junge Unternehmen ist es eine tägliche Herausforderung, die Ressourcen so effektiv wie möglich ein- und die vom Mutterkonzern vorgegebene Prozesswelt so komplex wie nötig umzusetzen. Es kostet Zeit und Kraftanstrengungen für jeden Einzelnen, nicht nur sein „tägliches Handwerk" zu vollbringen, sondern gleichzeitig Prozesse zu dokumentieren, zu optimieren und zu standardisieren. Für die Führungsmannschaft ist es wichtig, selbst zusammenzuwachsen und der Belegschaft insgesamt eine Corporate Identity zu vermitteln – die Identifikation mit der Minibus GmbH, als ein noch zu schleifender „Rohdiamant", ist eine kulturelle Herausforderung einer „lernenden Organisation".

24.3 Antworten auf die Herausforderungen: Flexibilisierung in Struktur und Handlung

Unter den gegebenen Rahmenbedingungen wurde der Entwicklungsprozess im Unternehmen in den vergangenen Jahren vor allem dadurch vorangetrieben, dass sich die Auftragslage verbessert und damit einhergehend die Produktion erhöht wurde. Ein großes Problem bestand allerdings darin, dass die bestehenden Kapazitäten und Ressourcen dem Auftragsvolumen hinterherhinkten. Damit stieg der Bedarf an einer Flexibilisierung der Produktion. Dies wurde im Wesentlichen erreicht, indem die Arbeitszeiten verändert wurden – sowohl durch häufige Veränderung der Stundenkontingente innerhalb der Woche als auch durch Hinzunahme des Samstags als Möglichkeit zusätzlicher Produktionskapazität.

Diese Entwicklung ging nicht ohne eine verstärkte Belastung der Mitarbeiter vonstatten. Insbesondere in Produktionsbereichen mit stärkeren einseitigen körperlichen Belastungen stieg die Beanspruchung aufgrund der längeren Arbeitszeiten, aber auch weil die Erholungszeiträume sich reduzierten oder bei Samstagsarbeit wegfielen. Hinzu kam, dass die Arbeitsbereiche fallweise und bedarfsorientiert vergrößert wurden, was zwar in positiver Sicht auch die Handlungsspielräume erweiterte, allerdings auch eine qualitative und quantitative Mehrbelastung bedeutete.

In diesem Prozess wurde immer deutlicher, dass es bezogen auf die Herausforderungen von Markt, Kunden und Technik erforderlich ist, Produktionstechnik, Organisation und Personal auf verschiedenen Handlungsebenen viel stärker aufeinander abzustimmen. Insbesondere bei der Fortentwicklung des Unternehmens auf der organisatorischen und personellen Ebene lassen sich zur Verdeutlichung einige konkrete Ansatzpunkte nennen, die die zuletzt vollzogenen systematischen Veränderungen und Anpassungsprozesse im Unternehmen sichtbar machen:

- Die Montage der Fahrzeuge, die personell und organisatorisch größte Produktionseinheit im Unternehmen, wurde traditionell in Linien vollzogen. Um mehr Flexibilität zu gewinnen, wurde das „eindimensionale Liniendenken" aufgehoben und nunmehr linienübergreifend *und* taktbezogen produziert.
- Organisatorisch musste damit die reine Längs-Verantwortung im Produktionsprozess durch eine Quer-Verantwortung für bestimmte Produktionsabschnitte ergänzt werden. Diese Flexibilisierung zog eine Vergrößerung der Aufgabengebiete des einzelnen Mitarbeiters nach sich.
- In der Materialwirtschaft wurde das KANBAN-Prinzip eingeführt.
- Durch Betriebsvereinbarung wurde mit Beginn des Jahres 2011 die Jahresarbeitszeit eingeführt.
- Die Qualifizierung und Personalentwicklung erhielt auf verschiedenen Ebenen einen deutlich höheren Stellenwert. Dies drückt sich darin aus, dass die erforderlichen Ausbildungsberufe im Unternehmen (Lackierer, Mechatroniker, Industriekaufleute) neu definiert wurden, was mit höherem planerischen und organisatorischen Aufwand, verstärkten Weiterbildungsaktivitäten beim Stammpersonal und der noch laufenden Kompetenzerfassung aller Beschäftigten in einem Sozialpartner-Projekt verbunden war.

Ein deutlicher Akzent bei der Entwicklung liegt auch heute noch im Personalbereich. Die genannten Herausforderungen des Marktes und des Wettbewerbs, aber auch die demografischen Veränderungen in der Region verlangen Lösungen, die auf eine flexible Personal- und Organisationsentwicklung und eine adäquate Nachwuchssicherung fokussieren, aber auch einen Schwerpunkt auf den Erhalt der Leistungsfähigkeit und Motivation der Mitarbeiter legen. Um das Unternehmen „demografiefest" zu gestalten, wird im Sinne der strategischen Personalentwicklung die Bearbeitung aller drei wichtigen Handlungsfelder vorangebracht, die die Arbeitsfähigkeit der Beschäftigten langfristig erhalten können: Hierzu zählen das Handlungsfeld Gesundheit, das der Qualifikation und das der Motivation.

Im Handlungsfeld „Gesundheit" lag der Schwerpunkt der Arbeit in den vergangenen Jahren vor allem beim klassischen Arbeitsschutz. So wurden beispielsweise umfangreiche Investitionen im Lackierbereich vorgenommen, um mit geschlossenen Kabinen und Absauganlagen gesundheitliche Belastungen für die Mitarbeiter zu vermeiden. Trotz dessen lag die Fehlzeitenquote der Mitarbeiter deutlich über dem Wert, den man bei einer Belegschaft mit einem Altersdurchschnitt von 37,4 Jahren in der Branche erwarten kann. ◘ Abb. 24.1 zeigt die Entwicklung des Krankenstandes bei der Minibus GmbH vor Aufnahme des Projektes zur Betrieblichen Gesundheitsförderung. Als Ursache für den erhöhten Krankenstand wurde innerbetrieblich die beschriebene Steigerung der körperlichen Belastungen und die steigende Stressbelastung gesehen, ausgelöst durch eine junge und dynamisch wachsende Organisation.

Um auch in diesem Handlungsfeld einen systematischen Ansatz zu verfolgen, entschieden die innerbetrieblichen Sozialpartner, ein Betriebliches Eingliederungsmanagement nach § 84 SGB IX einzuführen sowie eine Betriebsvereinbarung zur Einführung des Betrieblichen Gesundheitsmanagements (BGM) zu schließen.

24.4 Betriebliche Gesundheitsförderung als Handlungsansatz in Veränderungsprozessen

Mit der Entscheidung der Unternehmensleitung der Mercedes-Benz Minibus GmbH zur Einführung des Betrieblichen Gesundheitsmanagements war beabsichtigt, die Wirkungen der ständigen Veränderungen im Unternehmen auf der Ebene der Belegschaft „einzufangen" und nach Möglichkeiten zu suchen, die Arbeits- und Beschäftigungsbedingungen zu verbessern. BGM wurde als Chance gesehen, die Gesundheit, die Arbeitszufriedenheit und das Wohlgefühl im Unternehmen zu stärken. Die angestrebte Förderung der Mitarbeiter steht im Einklang mit dem Ziel des Unternehmens, betriebliche Strukturen und Abläufe sowie die Wirtschaftlichkeit zu optimieren.

Im Herbst 2010 wurde nach Vorstellung des AOK-Konzeptes zur Betrieblichen Gesundheitsförderung

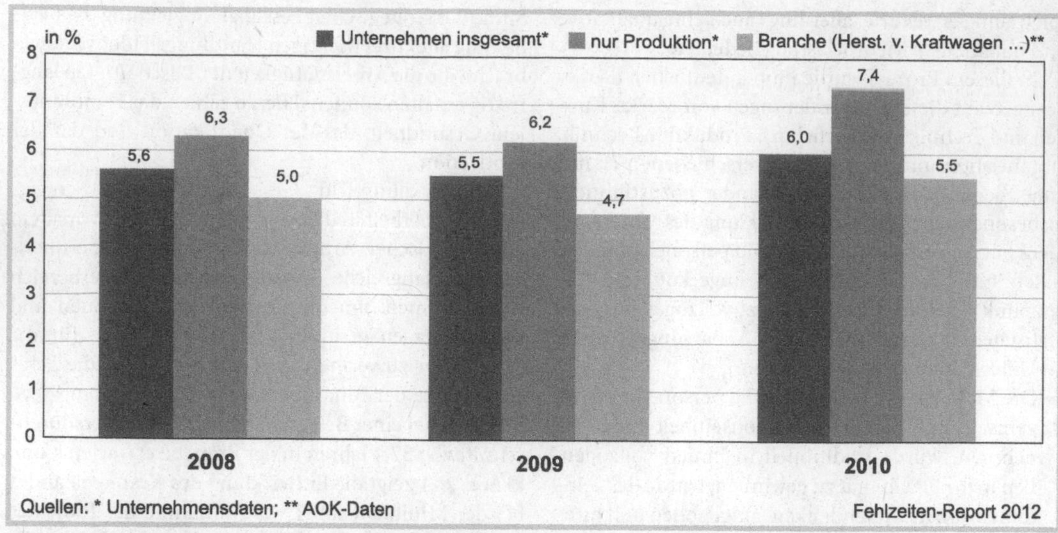

Abb. 24.1 Entwicklung des Krankenstandes von 2008 bis 2010 bei der Minibus GmbH

(BGF) (vgl. AOK 2005) im Unternehmen vereinbart, den Einstieg und Aufbau des Betrieblichen Gesundheitsmanagements bei der Mercedes-Benz Minibus GmbH gemeinsam mit der AOK NordWest zu gestalten. Der AOK-Ansatz zur BGF ermöglicht es, die Beschäftigten verstärkt bei der Analyse ihrer eigenen Arbeitssituation zu Beteiligten zu machen und sie bei der Entwicklung von Veränderungen einzubinden. Insbesondere dieser partizipative Ansatz bei der Verfolgung des übergeordneten Ziels der BGF, die Gesundheitssituation im Unternehmen zu verbessern, wurde im Unternehmen positiv bewertet. Hinzu kommt der Vorteil, dass das Konzept nicht nur auf der Ebene des Verhaltens der Beschäftigten fokussiert, sondern für alle Themen auf der Ebene der Verhältnisse offen ist.

Grundlage für die Analyse- und Beratungsaktivitäten im Unternehmen war die Installation eines betrieblichen Steuerungskreises. Dieser sollte die Einführung und die nachhaltige Umsetzung des Gesundheitsmanagements im Unternehmen gewährleisten. Im Gesundheitsmanagement wird dieser Steuerkreis klassisch „Arbeitskreis Gesundheit" (AKG) genannt. Der Arbeitskreis Gesundheit bei der Mercedes-Benz Minibus GmbH setzt sich aus folgenden Mitgliedern zusammen: Geschäftsleitung, Betriebsrat, Personalleitung, Fachkraft für Arbeitssicherheit, Betriebsarzt, Schwerbehindertenvertretung und Projektkoordinator der AOK. Als Kernziel für das zeitlich befristete BGF-Projekt legte der AKG in der strategischen Perspektive die Verbesserung der Gesundheit am Arbeitsplatz fest.

Mit dem AKG wurden die Analysebausteine und der Fahrplan für die innerbetrieblichen Maßnahmen abgestimmt. Neben den klassischen Bausteinen von Arbeitsunfähigkeitsanalyse, Betriebsbegehungen, bewegungsergonomischer Arbeitsplatzanalyse, Mitarbeiterbefragung und Gesundheitszirkel wurden Interviews mit Führungskräften, Information der Beschäftigten auf Betriebsversammlungen sowie ein Gesundheitstag in den Projektplan aufgenommen. Nachfolgend werden die wesentlichen Analyseergebnisse zusammenfassend dargestellt.

24.5 Analyse der IST-Situation

Ergebnisse der Betriebsbegehungen

Das Konzept der Betriebsbegehungen fußt auf ein- bis zweistündigen Experteninterviews mit den mittleren Führungskräften der jeweiligen Abteilung. Ziel des Bausteins war es, nicht nur die betrieblichen Organisationsstrukturen und Abläufe zu erfassen, sondern bereits in einer frühen Projektphase Hinweise zu Belastungen am Arbeitsplatz und zu Komponenten der Arbeitszufriedenheit bei den Mitarbeitern zu erhalten.

Der Schwerpunkt der Betriebsbegehung lag in den verschiedenen Bereichen der Produktion (Rohbau, Lack, Vormontage, Montage sowie Elektrik) und dem Lagerbereich. Als Ergebnis des ersten groben Analyse-

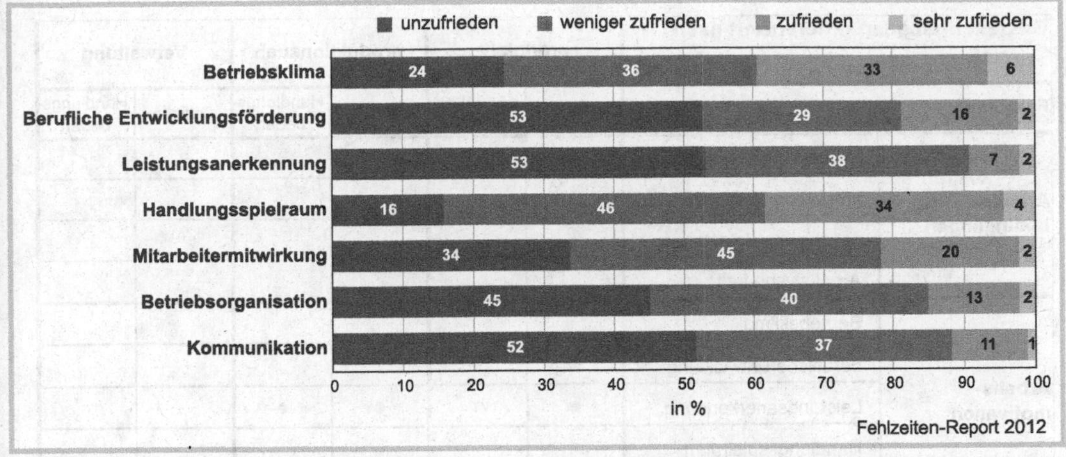

■ Abb. 24.2 Zufriedenheit mit wichtigen Aspekten der Arbeitssituation (Bereich: Produktion)

schrittes konnten für nahezu jeden Bereich mehrere Komponenten aus der *Arbeitsplatzumgebung* und bei *körperlichen Belastungen* aufgeführt werden, bei denen die mittleren Führungskräfte Verbesserungsbedarfe reklamierten. Im Rahmen der Mitarbeiterbefragung sollte verifiziert werden, ob die von den Führungskräften aufgeführten Belastungen auch von den Mitarbeitern auf der operativen Ebene so wahrgenommen werden. Die Ergebnisse sollten im Gesundheitszirkel weiter konkretisiert werden.

Ergebnisse der Mitarbeiterbefragung

In einem zweiten Schritt konnte mit der Methode der *Kurzbefragung* die Meinung der gesamten Belegschaft zu den wichtigsten Handlungsfeldern im Betrieblichen Gesundheitsmanagement erhoben werden. Hierbei wurden sowohl die Gesamtergebnisse als auch die nach den Bereichen Produktion, produktionsnahe Bereiche und Verwaltung differenzierten Ergebnisse auf „Betriebliche Stärken" sowie auf „Defizite und Handlungsbedarfe" hin analysiert.

Als *Betriebliche Stärken* bewertete der überwiegende Teil der Befragten die Situation in den Handlungsfeldern Arbeitssicherheit und Arbeitsunfallgeschehen. Je nach Abteilung wurden auch weitere Themenfelder als betriebliche Stärken benannt, beispielsweise in der Verwaltung die Themen Umgebungsbelastungen, körperliche Belastungen, Betriebsklima wie auch Personalverfügbarkeit.

Demgegenüber bestanden aus Sicht der Belegschaft auch vielfältige *Defizite* und *Handlungsbedarfe*. Hierbei wurden insbesondere im Themenfeld „Arbeitsmotivation" die berufliche Entwicklungsförderung und die Leistungsanerkennung und im Themenfeld „Leistung/Produktivität" die Betriebsorganisation und die Kommunikation als Bereiche hervorgehoben, die Defizite aufweisen. Im Bereich der Produktion fiel die Rückmeldung durch die Befragung vergleichsweise am schlechtesten aus. In diesem Betriebsbereich wurde häufig das Themenfeld Arbeitsumgebungsbelastungen als wichtiges Handlungsfeld für Veränderungen genannt. ■ Abb. 24.2 zeigt ausgewählte Befragungsergebnisse zur Zufriedenheit der Beschäftigten im produktiven Bereich hinsichtlich wichtiger Aspekten der Arbeitssituation.

Auch im Themenfeld Betriebliches Gesundheitsmanagement wurden Defizite und Handlungsbedarfe gesehen. Insbesondere die Produktion und die produktionsnahen Bereiche reklamierten ein stärkeres Engagement des Unternehmens bei der konkreten Förderung der Gesundheit durch Gesundheitsangebote. Die nachfolgende ■ Abb. 24.3 stellt – differenziert nach Arbeitsbereich – die Handlungsschwerpunkte auf Basis der Befragungsergebnisse zusammenfassend dar.

Im Nachgang zur Beschäftigtenbefragung wurde deutlich, dass viele Defizite und Handlungsbedarfe, die sich in der Kurzbefragung ergebenen hatten, durch die Gesundheitszirkel noch stärkerer Konkretisierung bedurften. Der Zirkel hatte noch eine weitere Aufgabe: Da sich die Gesundheitszirkelarbeit dadurch auszeichnet, nicht nur Probleme und Belastungen zu thematisieren, sondern auch Lösungs- und Verbesserungsvorschläge aus der Sichtweise der Betroffenen zu entwickeln und diese auf konkrete Arbeitsplätze bzw. be-

Gestaltungsbedarf differenziert nach Bereich		produktiv		produktionsnah		Verwaltung	
Faktoren		Defizite	Handlungsbedarf	Defizite	Handlungsbedarf	Defizite	Handlungsbedarf
Arbeitsbedingungen	Umgebungsbelastungen	●	●				
	körperliche Belastungen						
	psychische Belastungen						
	Arbeitssicherheit						
Arbeitsmotivation	Betriebsklima						
	berufliche Entwicklung	●	●				
	Leistungsanerkennung	●	●	●	●		
	Handlungsspielraum						
	Mitarbeitermitwirkung	●					
Kosten	Personalverfügbarkeit						
	Arbeitsunfälle						
	Fluktuation					●	
Leistung / Produktivität	Betriebsorganisation	●	●				
	Kommunikation	●	●				
Gesundheit	Thematisier. Gesundheit						
	Ansprechpartner						
	Förderung Gesundheit	●	●	●	●		
	Gesundheitsinformation	●					

Fehlzeiten-Report 2012

Abb. 24.3 Zusammenfassung der Befragungsergebnisse

triebliche Konstellationen herunterzubrechen, liefert sie das stärkste Fundament für weitere betriebliche Umsetzungsaktivitäten.

Ergebnisse des Gesundheitszirkels

Im Anschluss an die Mitarbeiterbefragung wurden zwei Gesundheitszirkel installiert: Ein Gesundheitszirkel „Produktion", in dem die oben bereits genannten Produktions- und Lagerbereiche durch einen oder mehrere Beschäftigte vertreten waren, und ein Gesundheitszirkel „Verwaltung", in dem Beschäftigte der Verwaltung und der produktionsnahen Bereiche (Qualitätssicherung, Materialwirtschaft) mitarbeiteten. Der Fokus der nachfolgenden Darstellung liegt auf der Produktion als dem beschäftigungsstärksten Bereich.

Zu Beginn der Arbeit im Gesundheitszirkel „Produktion" wurden die acht Zirkelmitglieder als Vertreter ihrer Abteilungen zunächst nach Kriterien gefragt, die die Beschäftigten bei der Arbeit gesund und zufrieden halten, den so genannten *Gesundheitsressourcen* im Betrieb. Durch die betriebliche Stärkung von Ressourcen werden die Chancen auf Gesundheit in allen Lebensbereichen und auch bei der Arbeit verbessert. Belastungsabbau und Stärkung der Ressourcen sind schließlich die Hauptansätze der Prävention. In **Abb. 24.4** wird das Ergebnis dieser Abfrage ausgewiesen. Für die Unternehmensleitung ergeben sich mit Blick auf diese Ergebnisse verschiedene Ansatzpunkte, um Ressourcen im Unternehmen aufzugreifen und letztendlich auszuweiten bzw. zu unterstützen.

Abb. 24.4 Ressourcen aus Mitarbeitersicht - Moderationsergebnis

Trotz der oben vielfältig aufgeführten Ansatzpunkte für ein Ressourcenmanagement dreht sich die Arbeit im Gesundheitszirkel vorrangig um Probleme und Belastungen im Unternehmen, die aus der subjektiven Warte der Beschäftigten die Gesundheit der Belegschaft und damit auch deren Leistungsfähigkeit beeinträchtigen. Allerdings besteht die Aufgabe der Gesundheitszirkelarbeit nicht nur darin, aus der Perspektive der Belegschaft Problemstellungen aufzuzeigen, sondern die „Negativ-Diskussion" über Probleme und Belastungen in eine „Positiv-Diskussion" mit Vorschlägen zur Verbesserung der Arbeits- und Beschäftigungsbedingungen umzuwandeln.

Bei der Sammlung von konkreten Problemen und Belastungen wurden die von den Zirkelmitgliedern genannten Themen zunächst verschiedenen betrieblichen Themenfeldern zugeordnet. Zu diesen Belastungsfeldern gehörten folgende Bereiche:

- Arbeitsplatzgestaltung und -umgebung
- Arbeitsablauf und -organisation
- Arbeitstätigkeit/Beruf
- Führung/Leitung/Vorgesetzte
- Information/Kommunikation
- Gruppen-/Betriebsklima
- Verschiedenes

Nach diesem Schritt wurden die Zirkelmitglieder aufgefordert, die Bereiche nach Wichtigkeit zu priorisieren, um einen Fahrplan für die Diskussion im Zirkel festzulegen (mit dem Wichtigsten beginnen!). Im Ergebnis wurde das Themenfeld *„Führung/Leitung/Vorgesetzte"* als wichtigstes Thema bewertet, gefolgt von *„Arbeitsplatzgestaltung und -umgebung"* und an dritter Stelle dem Bereich *„Arbeitsablauf/Arbeitsorganisation"*.

Im als zweitwichtigstes bewerteten Themenfeld *„Arbeitsplatzgestaltung und -umgebung"* führten die Zirkelmitglieder (als Multiplikatoren ihrer Abteilungen) eine Vielzahl von unterschiedlichen und dabei überwiegend mit der konkreten Arbeit der Abteilungen verknüpften einzelnen Belastungen auf. Diese reichten von Lärm am Arbeitsplatz über Zugluft, Hitze, Lichtverhältnisse, ergonomische Problemstellungen bis hin zu Problemen mit Staub und Abgasen. Neben Ursachen und Auswirkungen der Probleme wurden jeweils konkrete Verbesserungsvorschläge aus Sicht der Beschäftigten formuliert.

Einen besonderen Bezug zur skizzierten Entwicklung des Unternehmens und zu den sich zunehmend flexibilisierenden Produktionsstrukturen hatten allerdings die an erster und dritter Stelle positionierten Themenfelder „*Führung/Leitung/Vorgesetzte*" und „*Arbeitsablauf/Arbeitsorganisation*". Beide Themenfelder knüpften konsistent an die Ergebnisse der Mitarbeiterbefragung an und fanden im Zirkel ihre konsequente Fortsetzung und Konkretisierung.

Im Themenfeld „*Führung*" arbeiteten die Zirkelmitglieder ähnlich gelagerte Probleme in allen vertretenen Abteilungen der Produktion heraus: Zum einem wurden aus subjektiver Sicht Mängel bei der Wahrnehmung der Führungsaufgaben und zum anderen Defizite bei der Beurteilung und Leistungsanerkennung wahrgenommen. Bei aller Verschiedenheit sind beide Problemfelder durch mangelnde Kommunikation sowie die mangelnde Kultur einer konstruktiven Zusammenarbeit gekennzeichnet.

Die Ursachen lassen sich auf die veränderten Anforderungen und die zunehmende Flexibilisierung zurückführen: Durch spezifische Kundenanforderungen und sich ändernde Technologien hat sich die Informationsvielfalt für Vorgesetzte und Mitarbeiter deutlich erhöht und die Koordination und Planung ist sehr viel komplexer geworden, sodass der systematische Problemlösungsbedarf gestiegen ist.

Ein Grundproblem für die aufgeführten Mängel besteht darin, dass Kommunikation, Information und die (gemeinsame) Problemlösung nicht mit dem Entwicklungsprozess der Organisationsveränderungen Schritt gehalten haben – möglicherweise wurden sie auch aus Zeitgründen vernachlässigt. Die systematische Abstimmung, der gemeinsame Problemlösungs- und Verbesserungsprozess und die notwendige Informationstransparenz blieben auf der Strecke; Unzufriedenheit und Frustrationen bei den Beschäftigten waren die Folge.

Vor diesem Hintergrund lässt sich der von den Mitarbeitern reklamierte Bedarf an einem verbesserten Informationsmanagements, klareren Absprachen und einem größeren Handlungsspielraum im Arbeitsprozess nachvollziehen. Da Verbesserungsvorschläge seitens der Beschäftigten kaum Wertschätzung entgegengebracht wurde, wünschten sich die Mitarbeiter zudem eine Kultur vertrauensvollerer Zusammenarbeit zwischen Mitarbeitern und Vorgesetzten.

Die beim drittwichtigsten Belastungsbereich „*Arbeitsablauf/Arbeitsorganisation*„ benannten Probleme und Belastungen zeigten denn auch, wie sich die angesprochenen Problemlösungsdefizite im Arbeitsalltag konkret äußerten: Mangelnde Arbeitsplanung, unklare Arbeitsaufträge, überflüssige Arbeiten und geringe Unterstützung durch andere Abteilungen. Bei der Präsentation der Gesundheitszirkelergebnisse im AKG brachte es ein Arbeitskreismitglied auf den Punkt: "*Wenn wir es schaffen, die aufgeführten Kommunikationsprobleme zu vermeiden, treten die nachgelagerten Problemstellungen erst gar nicht mehr auf!*"

24.6 Betriebliche Umsetzung

Bereits nach dem schlechten Rating der Themen Betriebsorganisation und Kommunikation durch die Produktionsbeschäftigten in der Mitarbeiterbefragung zog der Arbeitskreis Gesundheit in Zusammenarbeit mit der Geschäftsführung Konsequenzen mit dem Ziel, möglichst zeitnah Verbesserungsprozesse anzustoßen: Es wurde beschlossen, wöchentlich Abteilungsbesprechungen zwischen den Vorgesetzten und den Belegschaftsmitgliedern durchzuführen, um die Kommunikation wieder in Fluss zu bringen und damit Probleme und Hindernisse jeglicher Art in den Abteilungen zu beseitigen.

Die Präsentation und Auswertung der Gesundheitszirkelergebnisse im Arbeitskreis Gesundheit war Anstoß für einen breit angelegten Umsetzungsprozess. Kern bzw. Leitgedanke der Umsetzung war es, dem System von neuen Organisationsformen und Prozessen ein System von Information, Kommunikation und Mitwirkungsmöglichkeiten am Veränderungsprozess an die Seite zu stellen.

Auf dieser Grundlage wurden in einem ersten Schritt in einem Führungskräfte-Workshop alle Abteilungsleiter/Linienführer über die Ergebnisse der Gesundheitszirkelarbeit informiert. Es folgten in kurzem Abstand dezentrale Workshops in allen Bereichen mit Vorgesetzten und Mitarbeitern, in denen die abteilungsspezifischen Ergebnisse besprochen und gemeinsam ein konkreter Maßnahmen- bzw. Umsetzungsplan zum Abbau der Belastungen nach Priorität aufgestellt wurde. Hierbei kamen auch die Belastungen zum Tragen, die in anderen Bereichen (z. B. Lärm, Staub, Werkzeuge etc.) wahrgenommen worden waren.

Plastisch sichtbare Ergebnisse in den verschiedenen Handlungsfeldern sind beispielsweise

- die Aufnahme des Themas „Arbeitszufriedenheit/Motivation" in Form eines regelmäßigen Stimmungsbarometers in den Teamsitzungen,
- Verbesserungen der Regelkommunikation in den Bereichen Verbreiterung des Medieneinsatzes, der geplante Zugang der gewerblichen Mitarbeiter zum Intranet,

- die Einführung eines 360-Grad-Feedbacks auf der Führungsebene,
- die Teilnahme der Abteilungsleiter/Linienführer an Lean-Manufacturing-Trainings,
- die Planung eines umfassenden Methodentrainings für Führungskräfte im Jahr 2012,
- die Entwicklung einer Vielzahl einzelner technischer und organisatorischer Maßnahmen der Verhältnisprävention (Hebehilfen, Werkzeuge, Absaugungen etc.),
- die Umstrukturierung der Aufgabenverteilung im Bereich Logistik/Materialwirtschaft,
- die Entwicklung von Vorschlägen zur Sensibilisierung und Qualifizierung der Mitarbeiter in der Verhaltensprävention auf Basis der bewegungsergonomischen Arbeitsplatzanalyse,
- umfangreiche Personalentwicklungsplanungen, auch im Hinblick auf Höherqualifizierungen,
- die konsequente Umsetzung der Krankenrückkehrgespräche im Rahmen des Betrieblichen Eingliederungsmanagements.

Für die Verbesserung des Gruppen-/Betriebsklimas wurde die Teilnahme an gemeinsamen Sportveranstaltungen intensiviert. Ebenso wurde dem Bedarf der Mitarbeiter an mehr Gesundheitsinformationen mit einem im Oktober 2011 durchgeführten und breit angelegten Gesundheitstag entsprochen.

24.7 Bewertung der Interventionen und Sicherung von Nachhaltigkeit

Bereits diese ersten Maßnahmen werden im Unternehmen durchweg positiv bewertet. Nach dem „gefühlten Stillstand", der bereits über längere Zeit andauerte, hat sich in der Belegschaft eine neue Aufbruchsstimmung verbreitet. Die subjektive Wahrnehmung von steigender Anerkennung und Wertschätzung des Einzelnen im Veränderungsprozess fördern das Wohlgefühl im Unternehmen und die Bereitschaft, an Veränderungsprozessen aktiv mitzuwirken und diese positiv mitzugestalten. Diesen eher qualitativen Ergebnissen, die auf Aussagen der Gesundheitszirkelmitglieder basieren, steht zum gegebenen Zeitpunkt allerdings noch keine systematische Evaluation des Betrieblichen Gesundheitsmanagements gegenüber. Im Unternehmen wird vor der Evaluation ein Umsetzungszeitraum von einem Jahr als angemessen betrachtet, sodass die Bewertung der Interventionen etwa Mitte 2012 durchgeführt wird.

Um die Prozessqualität zu sichern, wird das Betriebliche Gesundheitsmanagement unter umfassender Mitbestimmung und Beteiligung des Betriebsrats auf Basis der eingeführten Strukturen (Basis: Arbeitskreis Gesundheit) und der angestoßenen Prozesse fortgeführt. Dazu gehört im Wesentlichen, dass die Vorschläge des Gesundheitszirkels weiter umgesetzt und Präventionsmaßnahmen ergänzt werden und das Informationsmanagement unter Beteiligung der Beschäftigten fortgeführt und weiter verbessert wird. Das Konzept des Gesundheitsmanagements wird dabei weiterhin durch Qualifizierungs- und Personalentwicklungsmaßnahmen flankiert.

24.8 Gesundheitschancen in Flexibilisierungsprozessen – erste Schlussfolgerungen

Flexibilisierung kann Gesundheitsrisiken nach sich ziehen, wenn die Arbeitsgestaltung dazu führt, dass Einschränkungen in der Ausführbarkeit, der Schädigungslosigkeit, der Beeinträchtigungsfreiheit und Persönlichkeitsförderlichkeit entstehen. Chancen auf ein Mehr an Gesundheit versprechen Arbeitsgestaltungsmaßnahmen, die von Ganzheitlichkeit, Anforderungsvielfalt, Möglichkeiten sozialer Interaktion sowie Lern- und Entwicklungsmöglichkeiten gekennzeichnet sind (vgl. Ulich 1991).

Im Falle des BGF-Projektes bei der Minibus GmbH wurde gerade dargelegt, dass sich durch mangelnde Interaktion im Gestaltungsprozess sowohl körperliche, aber vor allem psychosoziale Belastungen entwickeln können, die sich der Wahrnehmung der Vorgesetzten entziehen. Im Gegensatz dazu konnte aufgezeigt werden, wie Projekte, bei denen die Betroffenen zu Beteiligten werden, zum einen Belastungen, Hindernisse und Überforderungen abbauen und zum anderen ein Beitrag zum lernenden Unternehmen leisten helfen.

Die Beschäftigten im Unternehmen sind Grundlage und wesentlicher Erfolgsfaktor für die Nutzung flexibler werdender Arbeitsstrukturen. Somit beeinflussen bei stetigen Veränderungsprozessen nicht nur die in diesem Buch dargestellten zeitlichen, räumlichen, aufgabenbezogenen und arbeitsvertraglichen Entgrenzungen die Situation und das Zusammenwirken im Arbeitsprozess, sondern auch die „Entgrenzung in den Köpfen". Dies bedeutet, dass es aus der Perspektive der Unternehmen wünschenswert sein müsste, wenn sich die Mitarbeiter in Flexibilisierungsprozessen gleichsam als Mitdenker in das Leistungsgeschehen einbringen, statt sich allein auf vormals festgeschriebene Aufgaben zu konzentrieren. Die Voraussetzungen für eine solche Mitwirkung lassen sich allerdings nicht auf die fachliche Qualifikation der Mitarbeiter reduzieren. Vielmehr hängen sie von vielen weiteren Faktoren ab, die vorrangig in Zusammenhang mit dem vorhandenen „Betrieblichen Sozialkapital" stehen (vgl. Rixgens u. Badura 2011).

Unter allen Faktoren hat „Führung" einen hervorgehobenen Stellenwert. Durch Führung gilt es deutlich zu machen, dass Partizipation im Unternehmen gewünscht wird. Führung muss Ziele und Sinn von Veränderungen aufzeigen und der Beteiligung der Mitarbeiter Wertschätzung entgegenbringen. Doch eine werteorientierte Führung (Eilles-Matthiessen u. Scherer 2011) allein schafft auch noch keinen Beteiligungsprozess: Konkrete Beteiligungsmöglichkeiten müssen organisiert, Transparenz und ggf. sogar Anreize geschaffen werden. Erst im Ergebnis entsteht kurzfristig die Motivation der Beschäftigten, sich in Veränderungsprozesse einzubringen, und langfristig das Vertrauen, dass Partizipation fest in Werten und Kultur des Unternehmens verankert ist.

Der Beitrag hat aufgezeigt, dass die klassischen BGM/BGF-Routinen geeignete Strategien bereitstellen, die auch in flexiblen Arbeitsstrukturen angewendet werden können und mit denen es gelingt, die jeweils spezifischen Belastungen und Ressourcen angemessen zu bearbeiten. Durch Betriebliches Gesundheitsmanagement können die negativen Auswirkungen von Flexibilisierung aufgegriffen und mit dem Unternehmen in eine gesundheits- und sozialverträgliche Orientierung umgesteuert werden. Veränderungen können schon frühzeitig und in präventiver Ausrichtung begleitet werden, aber auch in bereits laufenden Prozessen kann BGM den konstruktiven Dialog fördern. Aus Sicht des Unternehmens muss in beiden Fällen systematisch vorgegangen werden, die Projektschritte bei der Einführung von BGM müssen klar definiert sein. Wichtig ist die frühzeitige Einbindung des Betriebsrats, wobei eine Betriebsvereinbarung zum BGM eine nützliche Grundlage bildet, um innerbetriebliche Risiken und Blockaden bei der Mitwirkung zu umgehen.

Ein derart gestalteter Beteiligungsprozess führt auf Seiten der Beschäftigten zu einer Erweiterung und Anreicherung des Aufgabenspektrums, damit zu einem Mehr an Arbeitszufriedenheit und psychosozialer Gesundheit. Aber auch das Unternehmen ist ein Gewinner des Umsetzungsprozesses, da die Leistungsfähigkeit der Organisation und der Organisationsmitglieder gesteigert wird – das Ergebnis ist eine gewollte Win-Win-Situation.

Literatur

AOK (2005) AOK-Service Gesunde Unternehmen: Mit Qualität zum Erfolg

Eilles-Matthiessen C, Scherer S (2011) Bindung, Leistung, Kontrolle und Selbstwertschutz. In: Badura B, Ducki C, Schröder H, Klose J, Macco K (Hrsg) Fehlzeiten-Report 2011. Führung und Gesundheit. Berlin, Heidelberg, S 15–25

Rixgens P, Badura B (2011) Arbeitsbedingungen, Sozialkapital und gesundheitliches Wohlbefinden - Differenzen in den Einschätzungen von Führungskräften und Mitarbeitern. In: Badura B, Ducki C, Schröder H, Klose J, Macco K (Hrsg) Fehlzeiten-Report 2011. Führung und Gesundheit. Berlin, Heidelberg, S 61–70

Ulich E (1991) Arbeitspsychologie. Stuttgart, S 123

Kapitel 25

Veränderung ohne Grenzen – und wo bleibt die Gesundheit? Neue Anforderungen an das Betriebliche Gesundheitsmanagement bei kleinen und mittelständischen Unternehmen (KMU)

H. PFAUS, M. DRUPP

Zusammenfassung *Im Rahmen des vom BMAS geförderten Projekts zum Aufbau eines länderübergreifenden Netzwerks „KMU-Kompetenz" wurde untersucht, wie vor allem größere Veränderungsprojekte auf die Gesundheit der Betroffenen wirken und inwieweit bei derartigen Vorhaben systematische Überlegungen zu gesundheitlichen Effekten eine Rolle spielen. Die Ergebnisse zeigen: Deutlich mehr Personen als erwartet sind im größeren Umfang gesundheitlich betroffen, Anstrengungen zur Minimierung negativer Effekte werden vor allem auf individueller Ebene gemacht und Bemühungen in organisierter Form sind bislang nur in Ausnahmefällen erkennbar. Die darauf aufbauenden Empfehlungen für Unternehmen und in Richtung der GKV-Dienstleister liefern hierzu erste konkrete Anregungen und Ideen zur Verbesserung.*

25.1 Einleitung

„Nichts ist so beständig wie der Wandel" (panta rhei – alles fließt) – dieser auf Heraklit zurückgehende Satz gewinnt im Zeitalter von Globalisierung und internationaler Wirtschafts- und Finanzkrise eine neue qualitative Dimension, die zugleich nicht gekannte Anforderungen an die politischen und unternehmerischen Akteure im Hinblick auf Strategien zur Vermeidung unerwünschter sozialer und gesundheitlicher Wirkungen stellt.

Verschiedene Forschungsvorhaben und wissenschaftliche Arbeiten der letzten Jahre verdeutlichen diese Anforderungen und zeigen Handlungsbedarfe sowohl auf der wissenschaftlichen als auch auf der praktischen Ebene. In seinem Beitrag zur „Arbeitspolitik und Arbeitsforschung" (IGM) verweist Sauer (2010) in einem chronologisch angelegten Überblick auf die seiner Einschätzung nach in den 1990er und 2000er Jahren entstandenen und heute voll wirksam werdenden Tendenzen der Globalisierung, der Informatisierung, der intensiven Wechselwirkung mit den internationalen Finanzmärkten und der verstärkten Tendenz zur Standardisierung. Alle vier Trends bilden zum einen die Basis für und steigern zum anderen den steten Handlungsdruck auf nationale und international ausgerichtete Reorganisationen. Vor allem die heutigen Möglichkeiten der Verknüpfung vielfältiger, aktueller Informationen ermöglichen eine Transparenz, die auf der einen Seite die Handlungssicherheit beträchtlich erhöht hat, auf der anderen Seite aber einen nahezu permanenten Druck aufbaut, auf die Entwicklungen angemessen zu reagieren.

Horvath (2011) hat auf die Intensität und Vielfalt von Veränderungsmaßnahmen und den damit angestrebten sehr differenzierten Zielen hingewiesen. Wesentlich aus seiner Sicht ist, dass Restrukturierung nicht nur krisenbedingt erfolgt, sondern noch häufiger Krisen proaktiv verhindern soll. Krisen vorausschauend zu vermeiden, indem die Reorganisation zum richtigen Zeitpunkt erfolgt, so Horvath, vermindert in ho-

B. Badura et al. (Hrsg.) *Fehlzeiten-Report 2012*,
DOI 10.1007/978-3-642-21655-8_25, © Springer Verlag Berlin Heidelberg 2012

25

hem Maße die Beanspruchung bei Beteiligten und Betroffenen. Stehen dann noch ausreichende Ressourcen zum Ausgleich der „Sonderbedarfe in der Restrukturierungsphase" zur Verfügung, steigen die Chancen, die anvisierten Ziele ohne vermeidbare Verluste an Motivation und Engagement zu erreichen. Mohr (2011) hat auf den vergleichsweise guten Forschungsstand über die negativen Folgen betrieblicher Veränderungen verwiesen. Untersuchungsbedarf zeige sich dagegen in der Erforschung der situativen Merkmale, die eine positive Wirkung entfalten. Sie empfiehlt Restrukturierung für die Mitarbeiter „vorausplanend", „nachsorgend" und „verantwortungsbewusst" durchzuführen.

Klendauer et al. (2007) weisen zum Thema „Fusionen und Akquisitionen" als besonders intensiver Form betrieblicher Veränderungsprozesse auf eine in verschiedenen Arbeiten festgestellte geringe Erfolgsquote von ca. 50 Prozent hin. Zur Verbesserung der Chancen im Einzelfall heben sie neben anderen Erfolgsfaktoren vor allem die besondere Bedeutung einer professionellen Kommunikation hervor. Kuhlmann und Kunz (1995) beschreiben in ihrem Artikel die besondere Bedeutung sozialer Strukturen. Zusammenfassend kommen sie zu dem Schluss, dass Reorganisationen betrieblicher Strukturen immer durch soziale Innovationen unterstützt werden sollten. Das praxisnahe Projekt SERO (Sonntag u. Spellenberg 2005) untersuchte schwerpunktmäßig in der Automobilindustrie die vorhandenen Veränderungsressourcen und entwickelte darauf aufbauend sinnvolle Instrumente zur personalen und organisationalen Potenzialentwicklung. Die Beschreibung der Ist-Situation über alle befragten Führungskräfte zeigte dabei hohen Entwicklungsbedarf. Die Auswertung der Zusammenhänge wies deutlich positive Effekte zwischen der Veränderungsbereitschaft auf der einen Seite und den „Ressourcen der Unternehmenskultur", der „Führung" und den „beruflichen Ressourcen" auf der anderen Seite aus.

Die nicht nur in der Automobilindustrie seit Jahren zu beobachtende Beschleunigung zeigt sich in der Häufigkeit und dem Umfang der Veränderungsvorhaben. Der Soziologe Hartmut Rosa greift diese Problematik auf und nennt die „soziale Beschleunigung" als „eine, wenn nicht die Grundtendenz der Moderne" (Rosa 2005). Die technische Beschleunigung gehe dabei mit einer Beschleunigung des sozialen und organisationalen Wandels und schließlich einer Beschleunigung des subjektiv empfundenen Lebenstempos einher, die sich beim Einzelnen u. a. in der Erfahrung von Zeitnot und Stress manifestiert.

Damit stellt sich die Frage nach individuellen wie auch betrieblichen Kompensationsstrategien, von Möglichkeiten der „Entschleunigung" und damit der individuellen wie betrieblichen Gesundheitsförderung. Dies berührt somit unmittelbar auch die in § 20 SGB V festgelegte Aufgabe der Gesetzlichen Krankenversicherungen, im Rahmen der Primärprävention für Versicherte und Betriebe Gesundheitsleistungen zu erbringen. Diese sind zwar grundsätzlich über den Leitfaden Prävention des GKV-Spitzenverbandes (GKV-Spitzenverband 2010) vor allem zur Qualitätssicherung weiter konkretisiert und umfassen beispielsweise in der Betrieblichen Gesundheitsförderung ausdrücklich auch den Bereich der „psychischen Belastungen", sind jedoch nur bedingt auf die neuen Herausforderungen abgestellt, die sich aus den Auswirkungen von betrieblichen Veränderungen organisatorischer, sozialer oder technischer Art auf die Gesundheit von Beschäftigten (Management wie Mitarbeiter) ergeben.

Diese Fragestellung untersuchte das AOK Institut für Gesundheitsconsulting im Rahmen eines vom Bundesministerium für Arbeit und Soziales (BMAS) geförderten Projekts zum Aufbau eines länderübergreifenden Netzwerkes „KMU-Kompetenz" (o. V. 2009). Kleinere und mittelständische Unternehmen (KMU) verfügen – im Gegensatz zu Großbetrieben – oft nicht über die Ressourcen, um sich umfassende Kenntnisse über Fragen des Betrieblichen Gesundheitsmanagements anzueignen und systematisch umzusetzen. Dies kann durch einen nutzerorientierten Erfahrungsaustausch im Rahmen von Netzwerken kompensiert werden. Neben anderen war dabei seit 2009 das Thema „Gesundheit und betriebliche Veränderung/Reorganisation" ein Schwerpunkt der Arbeit im Netzwerk. So wurden im Rahmen von zwei Workshops insbesondere die Ergebnisse und Empfehlungen des HIRES-Reports (Kieselbach 2009) mit KMU-Vertretern (Werks- und Personalleitern sowie Gesundheitsmanagern und Betriebsräten) diskutiert und in zwei Branchen, der Automobilzuliefererindustrie und den öffentlichen Verwaltungen, auf der Basis von Leitfaden-Interviews spezifiziert.[1]

1 Während im Austausch mit Experten, darunter Professor Harald Gündel von der Klinik für Psychosomatik und Psychotherapie der Medizinischen Hochschule Hannover (MHH), in einem ersten Workshop im September 2009 zunächst den gesundheitlichen Auswirkungen von Restrukturierungen nachgegangen wurde, standen im Fokus eines zweiten Workshops im Juni 2010 Empfehlungen für die Durchführung von Restrukturierungsmaßnahmen zu entwickeln. Als Experte konnte hier Professor Kieselbach als Leiter der Europäischen Expertengruppe „Gesundheit in Restrukturierungen" gewonnen werden. Siehe auch Kieselbach 2009 sowie Kieselbach et al. 2009.

Wesentliche Ergebnisse der Workshops und Interviews werden im Folgenden dargestellt, um auf ihrer Basis Schlussfolgerungen zu ziehen und Perspektiven für die künftige Beratungspraxis von Dienstleistern der Gesetzlichen Krankenversicherung im Bereich der Betrieblichen Gesundheitsförderung aufzuzeigen.

25.2 Zielsetzungen des Teilprojekts „Gesundheit und betriebliche Veränderungen"

Neben den Herausforderungen der demografischen Entwicklung wurde ab 2009 im Netzwerk KMU-Kompetenz das Thema „Gesundheit und betriebliche Veränderung" als ein weiteres Schwerpunktthema identifiziert und zusammen mit den KMU bearbeitet. Der Beitrag zeigt anhand von einzelnen Fallbeispielen aus öffentlichen Verwaltungen und der Automobilindustrie die gesundheitlich bedeutsamen Stärken und Schwächen der Restrukturierungsprozesse auf. Dabei wird das Augenmerk sowohl auf die Gestaltung des Restrukturierungsprozesses an sich gelegt, als auch auf die Möglichkeiten, gesundheitliche Folgen als Ergebnis der Restrukturierung frühzeitig zu antizipieren.

Drei Ziele standen dabei im Vordergrund:

1. Ein besseres Verständnis über die unmittelbaren und mittelbaren gesundheitlichen Folgen größerer Veränderungsvorhaben zu entwickeln.
2. Allgemeine Empfehlungen für die Umsetzung von Veränderungsprojekten abzuleiten.
3. Ideen und Ansätze für Unterstützungsangebote von Seiten der Gesetzlichen Krankenkassen, hier der AOK Niedersachen und ihres AOK-Instituts für Gesundheitsconsulting, zu entwickeln.

25.3 Methodisches Vorgehen zur Ist-Analyse

Vor dem Hintergrund der gewählten Ziele und eines engen Zeitrahmens wurde ein exploratives Vorgehen mit folgenden Erhebungsansätzen gewählt:

- Zwei Netzwerk-Workshops mit den Themenschwerpunkten „Gesundheit und betriebliche Veränderung". Die Präsentationen der Experten und Praktiker sowie vor allem die dokumentierten Erfahrungen der Teilnehmer trugen wesentlich zu den hier vorgestellten Ergebnissen und den darauf aufbauenden Empfehlungen bei.
- Leitfadengestützte Interviews in insgesamt sechs Organisationen aus dem Netzwerk KMU-Kompetenz bildeten den zweiten Teil der Analyse. Um die Ergebnisse etwas zu kanalisieren und sie nicht durch allzu große Vielfalt der betrieblichen Bedingungen zu entwerten, konzentrierte sich die Analyse auf die Branchen öffentlicher Dienst (Landes- und Kommunalverwaltung) und Automobilzulieferindustrie.

Im Zentrum der Interviews standen dabei u. a. folgende Fragen:

- Welche Art von Veränderungen sind durchgeführt worden bzw. mussten durchgeführt werden?
- Welche gesundheitlichen Folgen wurden dabei sichtbar und wie sind die Betriebe damit umgegangen?
- Was belastete die handelnden Personen (Unternehmensleitung, Personalabteilung, Vorgesetzte und Personal-/Betriebsräte) am meisten?
- Was war hilfreich im Umgang mit den Folgen von Restrukturierungen?
- Was hätten Unternehmen sich an Unterstützungsmaßnahmen von einem neutralen Partner gewünscht?

Die offenen Fragen wurden abschließend um eine standardisierte Frage zu den gesundheitlichen Wirkungen der Restrukturierungen ergänzt.

Neben den Interviews und Workshops sowie der Auswertung aktueller Forschungsstudien wie dem HIRES-Report flossen die vielfältigen Erfahrungen aus dem Beratungsalltag des AOK-Instituts in die Ergebnisse ein.

25.4 „Restrukturierung, Reorganisation und Veränderung" – Begriffe mit vielen Deutungen – ein Versuch der Konkretisierung und Abgrenzung

Im Interview und in dieser Dokumentation werden die Begriffe Restrukturierung, Reorganisation und Veränderung synonym verwendet. Um der unendlichen Vielfalt von Veränderungsmaßnahmen gerecht zu werden, wurde das Handlungsfeld möglicher Veränderungen jedoch über die Strukturierungsmerkmale „Krisenhaftigkeit", „Planbarkeit" und „Umfang" geordnet:

1. Große krisenhafte Veränderungen mit gar keinen oder nur geringen Möglichkeiten, sich längerfristig darauf einzustellen
2. Große planbare Veränderungen mit einem zumindest mittelfristigen Vorlauf und der Möglichkeit, sich angemessen vorzubereiten

3. Kleinere Reorganisationsmaßnahmen, wie sie im betrieblichen Alltag immer wieder vorkommen und die in der Regel mit der vorhandenen Kompetenz bewältigt werden können

Vor dem Hintergrund der gesammelten Erkenntnisse stellte sich schnell heraus, dass es vor allem die beiden ersten Punkte sind, die aufgrund nicht vorhandener Routinen besonders schwierig zu bewältigen sind und deshalb im Weiteren im Vordergrund stehen sollen. Vom Umfang her kleinere Maßnahmen (Nr. 3) stellen aus der Sicht der betrieblichen Experten in der Regel kein Problem dar, zumindest so lange nicht, wie sich deren Häufigkeit in Grenzen hält und der Mehraufwand mit den standardmäßig zur Verfügung stehenden Ressourcen bewältigt werden kann.

25.5 Ergebnisse der Workshops und Interviews

25.5.1 Ergebnisse aus den Interviews im öffentlichen Dienst

Für die Interviews im öffentlichen Dienst konnten Vertreter aus zwei Kommunalverwaltungen und einer Landesverwaltung gewonnen werden. Zur Verfügung standen jeweils der Personalverantwortliche und der Personalratsvorsitzende, punktuell ergänzt durch weitere Personen aus dem Personal- oder Organisationsbereich bzw. dem Personalrat. Dies geschah vor allem, um einzelne Sachverhalte abschließend klären zu können. Wesentlich ist dabei, dass die Personalverantwortlichen auch als Projektverantwortliche für größere Reorganisationsvorhaben tätig waren.

Mit den Ergebnissen der Einstiegsfrage „Welcher Art waren die Restrukturierungsmaßnahmen in Ihrem Haus?" wurde schnell deutlich, dass im Bereich des öffentlichen Dienstes der Typ 1 „Krisenhafte Veränderungsprozesse" nur im Ausnahmefall anzutreffen ist und in der Regel relevante Veränderungen im Rahmen des Typ 2 als „Große planbare Veränderungen" durchgeführt werden. Die dritte mit den Interviewpartnern besprochene Variante der „kleinen Reorganisationsmaßnahmen" kam nach übereinstimmenden Angaben erwartungsgemäß im Alltag sehr häufig zum Tragen. In der Bewertung und gesundheitlichen Bedeutung der kleinen Maßnahmen wurde zugleich deutlich Entwarnung gegeben.

Im Mittelpunkt der weiteren Ausführungen steht deshalb die Kategorie der „großen planbaren Veränderungen", also solche, die sowohl für die Verantwortlichen als auch für die Mitarbeiter durch die im Vorfeld stattfindende politische Diskussion erkennbar werden. Hier ist insoweit eine mittelfristige Planbarkeit gegeben, die eine stressreduzierte Auseinandersetzung und Gestaltung grundsätzlich möglich macht. Beispielhaft seien an dieser Stelle genannt:

- Die Strukturreform der Mittelinstanzen der niedersächsischen Landesverwaltung (Bezirksregierungen und Landesbehörden) mit u. a. dem Ziel der Stellen- und damit der Kostenreduzierung
- Einführung des Electronic Government
- Neuordnung der Landes-EDV und des Beschaffungswesens

Auf kommunaler Ebene waren und sind zumindest in Teilen ähnliche Reorganisationsansätze zu bewältigen:

- die Umsetzung von neuen Steuerungsmodellen mit einer Neustrukturierung der Dezernate und Ämter nach Fachbereichen und Fachdiensten mit entsprechenden Produkten
- Übergang in der Finanzbuchhaltung von der Kameralistik zur Doppik
- Fusionen auf der Kreisebene

Bei der Frage nach einer allgemeinen Beurteilung des Erfolges der Restrukturierungsmaßnahmen gaben Leitungen und Personalräte insgesamt eine ähnlich gute Bewertung ab. So formulierte einer der befragten Personalleiter: „Zum größeren Teil laufen die Projekte sehr ordentlich mit intensiverer Einbindung der Betroffenen, zum kleineren Teil aber, abhängig von Rahmung und Projektleitern, auch deutlich unbefriedigend." Klar wurde, dass die Anzahl der größeren Projekte seit den 1990er Jahren kontinuierlich zunimmt und heute im Durchschnitt jedes Jahr ein großes Vorhaben gestartet wird.

Die Erfahrungen der Gesprächspartner zeigen, dass Reorganisationen auch sehr positive, das Potenzial der Organisation und des Einzelnen entwickelnde Lernprozesse bewirken können. Als hilfreich hat sich dabei in allen Fällen die personelle Kontinuität der projektanstoßenden und koordinierenden Stelle gezeigt, die in den untersuchten Verwaltungen bei der Leitung Personal und Finanzen angesiedelt ist. In der Konsequenz konnten sich Erfahrungen kumulieren, die jeweils im Folgeprojekt berücksichtigt wurden und so Schritt für Schritt – in der Regel gemeinsam mit dem Personalrat – Verbesserungen auch im Gestaltungsprozess ermöglichten. Aber trotz vielfältiger positiver wurden auch negative Erfahrungen gesammelt, die nachfolgend beispielhaft genannt werden.

Negative, gelegentlich **demotivierende Erfahrungen**:

- Die Führungskräfte haben die Aufgabe, die Mitarbeiter über geplante und laufende Reorganisationsmaßnahmen zu informieren und soweit sinnvoll und möglich ihre Hinweise und Vorschläge in den Prozess einzubringen bzw. an die zuständigen Stellen weiterzureichen. Dies ist in der Praxis in vielen Fällen nur unzureichend geschehen, die erlebte Kommunikationsqualität schwankte dabei erheblich.
- Bei einem Teil der Mitarbeiter ist die „Taktzahl" der Veränderungen bereits jetzt zu hoch und bringt diese deutlich über ihre Belastungsgrenze hinaus.
- Besonders die hochqualifizierten Fach- und Führungskräfte sind nicht selten über ihr Tagesgeschäft hinaus in verschiedene Entwicklungsvorhaben eingebunden. Dies führt sichtbar zu Überforderungen. „Hier wird in Teilen auf Verschleiß gefahren", so ein befragter Personalrat.
- Ehemals als tragfähig befundene Leitgedanken werden nicht weiter verfolgt und „still beerdigt", hier wäre eine offensive Auseinandersetzung wünschenswert.
- Es gibt keine oder keine ausreichenden Budgets für Reorganisationsmaßnahmen.
- Die Zielerreichung wird nicht ausreichend überprüft.
- Es gibt zu wenig Aus- und Fortbildung zur Absicherung von Veränderungen.

Darüber hinaus wäre eine frühzeitige Auseinandersetzung mit anstehenden Themen bzw. Problemen wünschenswert. Allerdings – und das ist den Beteiligten auch klar – hat dies Grenzen. Mitarbeiter können nicht von einem größeren Reorganisationsprogramm in das nächste geschickt werden, „sonst leidet die stabile Basis, auf der Veränderungen vom einzelnen Mitarbeiter bewältigt werden können", so einer der befragten Personalverantwortlichen.

Eine umfängliche Berücksichtigung der Gesundheitsbedürfnisse der Mitarbeiter während der Reorganisationsprojekte fand in der Realität nur zum Teil statt. Bei den konkreten Reorganisationszielen fand sich kein Beispiel, bei dem die Mitarbeitergesundheit direkt als ein Zielkriterium berücksichtigt wurde. Bekannt sind aber diverse Beispiele, bei denen zur Absicherung gegenüber Restrukturierungsfolgen eine Dienstvereinbarung abgeschlossen wurde, in der neben anderen Überlegungen zum Schutz der Mitarbeiter (z. B. über eine Schiedsstelle) auch Vorkehrungen getroffen wurden, die Überforderung oder unbillige Härten verhindern sollen.

Etwas stärker werden Gesundheitsaspekte beim praktischen Vorgehen berücksichtigt. Spätestens wenn es konkret um Veränderung der Aufgaben, Dienstorte, Einstufungen usw. geht, wird der Personalrat eingebunden. Die Qualität der Diskussion hängt dabei offensichtlich sehr stark zum einen von den sozialen Fähigkeiten des Projektleiters und zum anderen von einem sinnvollen Konzept ab, welches das Thema Gesundheit möglichst auf allen drei Ebenen, nämlich als körperliche, psychische und soziale Zielgröße, in die Diskussion einführt. Diese Form einer zumindest ansatzweisen systematischen Auseinandersetzung blieb jedoch die Ausnahme.

Der dritte untersuchte Punkt betraf die Berücksichtigung von Gesundheitskriterien bei der Bewertung von Handlungs- und Gestaltungsalternativen. Schon ohne das Gesundheitsthema als zusätzliche Anforderung ist die transparente, nachvollziehbare Bewertung von Gestaltungsalternativen offensichtlich die Ausnahme. Der Einfluss der Leitung und der Politik kommt hier deutlich zum Tragen. Ein Beispiel, bei dem ein Vorschlag aufgrund gesundheitlicher Wirkungen durch eine Alternative ersetzt wurde, fand sich nicht.

Darüber hinaus macht sich gerade im Rahmen von Restrukturierungsmaßnahmen die stetige Reduzierung von Mitarbeiterstellen im öffentlichen Dienst bemerkbar. Es finden zwar keine Entlassungen statt wie in der Kfz-Zulieferindustrie, jedoch erfolgt zum Teil ein sukzessiver Personalabbau. Dies schlägt sich in der Praxis darin nieder, dass freiwerdende Stellen nur teilweise wiederbesetzt werden und das Teilzeitpersonal verdoppelt wurde bei oft gleichzeitiger Steigerung der zu erledigenden Aufgaben und Verringerung der „Taktzeiten" für den einzelnen Mitarbeiter. Ein Trend, der sich entsprechend in der Zahl der Beschäftigten im öffentlichen Dienst (Bundeszentrale für Politische Bildung 2012) insgesamt widerspiegelt.

Insgesamt stellten sich die Ergebnisse in den untersuchten öffentlichen Verwaltungen überwiegend positiv dar, auch wenn eine praxisgerechte Systematisierung gesundheitsorientierter Fragen und Ziele noch nicht über Anfänge hinausgekommen ist. Die Praxis der Einbindung verschiedener Beauftragter führt positiv zu einem breiteren Meinungsbild und einem vielfältigeren Ideenpool, aber nicht zwangsläufig zu mehr Beteiligung der Betroffenen und besseren, gesundheitsverträglicheren Lösungen. Hier ist die ernstgemeinte Verankerung der Gesundheit in den Projektzielen und deren systematische Berücksichtigung ein notwendiger weiterer Schritt, mit dem Ziel, die scheinbare Gegensätzlichkeit von Gesundheitsbedürfnissen und Reorganisationserfordernissen zu überwinden.

25.5.2 Ergebnisse aus den Interviews innerhalb der Automobilzulieferindustrie

Für die Interviews in den Kfz-Zulieferbetrieben standen drei unterschiedliche Betriebe zur Verfügung, ein Systemlieferant und jeweils ein Teilehersteller aus der Metallverarbeitung und der Gummiindustrie. Alle drei Betriebe gehören zu großen, international tätigen Unternehmensgruppen. Für die Interviews standen neben den Betriebsratsvorsitzenden die Personalverantwortlichen und in zwei Fällen zusätzlich der Werkleiter/Produktionsleiter zur Verfügung. Dies machte es möglich, die Thematik sowohl aus dem Blickwinkel verantwortlicher Projektleiter (Produkt-/Personalleiter) als auch aus dem von Interessenvertretern der Belegschaft zu untersuchen.

In den Interviews konnte eine große Zahl auch gesundheitsrelevanter Veränderungsvorhaben identifiziert werden. Sie drehten sich im Wesentlichen um die Themen Kosten, Einführung zukunftsfähiger Strukturen und um die Herstellung neuer Produkte oder auch die Verlagerung der Produktion. Daraus resultiert, dass ein (im Vergleich zur Verwaltung) größerer Teil der Vorhaben dem Typ „Krisenhafte Veränderungen" zuzuordnen ist und die „planbaren Veränderungen" (branchenspezifisch) in einem kürzeren Zeithorizont umgesetzt werden müssen. Im Folgenden seien einige wenige Beispiele genannt:

- Anpassungsprojekte aufgrund stark veränderter Nachfrage
- Logistikprojekte zur Bestandskostenreduzierung
- Projekte zur Kostenreduzierung bzw. zum Erhalt oder zur Wiedererlangung einer akzeptablen Kostenstruktur
- Einführung ganzheitlicher Produktionssysteme
- Projekte für neue, zukunftsweisende Produkte oder deren Verlagerung

Sind die Verwaltungen abhängig von Politik und Gesetzgeber, so werden die Zulieferer erstens von den internationalen Wettbewerbern getrieben (bzw. sind selbst Treiber) und sind zweitens von den Wünschen und Erwartungen der Automobilhersteller abhängig. Ihr Erfolg hängt von der Trefferquote ab, mit der sie sich erfolgreich auf zukünftige Anforderungen einstellen können.

Trotz vielfältiger externer Anforderungen fiel auch in der Zulieferbranche die globale Einschätzung des Erfolgs der Reorganisationsvorhaben sowohl auf Seiten der Betriebsräte als auch auf Seiten der befragten Leitungskräfte überwiegend positiv aus. Betriebsräte streichen dabei besonders deutlich die Wirkung der Unternehmenskultur heraus. Zitat: „Im Krisenfall zeigen sich die positiven, aber auch die negativen Erfahrungen im Umgang miteinander vor allem in der Motivation zur Bewältigung des Ausnahmezustandes".

Folgende **negative Erfahrungen** wurden in den Interviews beispielhaft genannt:

- Qualität und Häufigkeit der Information der Führungskräfte in Richtung der eigenen Mitarbeiter ist zum Teil unbefriedigend.
- Führungskräfte filtern, wenn nicht deutlich gegengesteuert wird, die Informationen nicht nur zum Vorteil der Mitarbeiter.
- In der Absatzkrise gab es erhebliche Nachfrageschwankungen, die den Mitarbeitern weder verständlich sind noch erklärt wurden.
- Neben den eigenen Bemühungen im Zulieferwerk ist in der Regel die jeweilige Unternehmenszentrale als weiterer Mitspieler quasi unsichtbar mit am Tisch. Deren Erwartungen an den einzelnen Mitarbeiter bleiben häufig unklar, wodurch bei vielen ein Gefühl des „Ausgeliefertseins" entsteht.
- Es gab Entlassungen, Verlagerungen oder die Einstellung einzelner Produkte oder ganzer Produktgruppen.

Gerade der letzte Punkt verdeutlicht einen wesentlichen Unterschied zur öffentlichen Verwaltung: In der Zulieferbranche ist der Arbeitsplatz nicht sicher und steht im Krisenfall immer mit zur Disposition. Von dieser problematischen Konsequenz ist der öffentliche Dienst nicht betroffen. In der Frage, inwieweit Gesundheitsbedürfnisse der Mitarbeiter bei der Umsetzung von Restrukturierungsmaßnahmen berücksichtigt wurden, gab es deutliche Übereinstimmungen mit dem öffentlichen Dienst. Klare gesundheitsbezogene Ziele, die neben anderen zu erreichen sind, werden nicht formuliert. Eine Ausnahme findet sich erst auf der Detailebene im einzelnen Pflichtenheft, wo die Einhaltung der gesetzlichen Vorgaben zu Arbeitsschutz und Ergonomie gefordert wird.

In der praktischen Umsetzung ließ sich nach Einschätzung der Interviewpartner ein Bemühen feststellen, Lösungen zu finden, die auch gesundheitlichen Anforderungen gerecht werden. Eingeschränkt wird dies aber erstens sehr stark vom Verständnis des einzelnen Projektverantwortlichen und seiner Mitarbeiter bzw. den Führungskräften der betroffenen Bereiche. Zweitens zeigen sich hier die negativen Auswirkungen der in der Regel eingeschränkten Personalressourcen bei Vorgesetzten und technischen Fachkräften der Planung. Drittens wirkt die starke Kostenorientierung aller Beteiligten als Bremse für innovative, gesundheitsförderliche Lösungen. Das heißt, auf der informellen Ebene ist durchaus an vielen Stellen das Bemühen um gute Lösungen für die Gesundheit der Mitarbeiter erkennbar. Die praktische Umsetzung stößt aber schnell an Grenzen oder verbleibt bei im Unternehmen bekannten Standardlösungen.

In organisierter Form beginnen die Überlegungen in der Regel erst, wenn z. B. die entsprechende Anlage in der Produktionshalle steht. Systematische Abnahmen bzw. Gefährdungsbeurteilungen durch den Arbeitsschutz unterstützen die – wenn auch späten – Bemühungen. Andere Projekte oder Projektbestandteile mit überwiegend organisatorischen Schwerpunkten entziehen sich bislang weitestgehend einer routinierten gesundheitsorientierten Überprüfung. Hier, wie bei allen anderen, stand der Rationalisierungseffekt im Vordergrund.

Insgesamt wurde deutlich, dass die Automobilzulieferindustrie über einen großen Erfahrungsschatz bei der Durchführung und zielorientierten Steuerung von Reorganisationsprozessen verfügt, weil in diesem Industriezweig sehr häufig größere Reorganisationen vorkommen. Ergänzt wird dies durch ein erprobtes Qualitätsmanagement und Reporting-System. Diese Stärken bauen zum einen auf einer schmalen personellen Basis und zum anderen auf informellen und formellen Kommunikationsprozessen auf, die für den normalen Alltag ausreichend sind, aber bei der Vielzahl von Veränderungsprozessen schnell an ihre Grenzen stoßen und zugleich einer strukturierten gesundheitsförderlichen Diskussion enge Grenzen setzen.

25.5.3 Branchenübergreifendes Fazit

Die Situation der beiden Branchen zeigte einige Unterschiede, aber auch Parallelen. In beiden Branchen ging es in der Mehrzahl der Vorhaben um Kostensenkung. Ist es in der Automobilindustrie der Kostendruck durch den internationalen Wettbewerb, der zu großen Anstrengungen führt, so ist es in der öffentlichen Verwaltung die Erfahrung knapper, schwankender bis sinkender Steuereinnahmen bei gleichzeitig steigenden Leistungserwartungen der Öffentlichkeit und ständig neuer Aufgaben, die zum Teil über den Gesetzgeber vor allem an die Kommunen herangetragen werden.

Unterschiede liegen in den Auswirkungen eines globalen Wettbewerbsmarktes, vor dessen Hintergrund sich die Zulieferer der Automobilindustrie nahezu regelmäßig neu organisieren bzw. ihre Strukturen und Belegschaftszahlen anpassen müssen. Dies findet sich in dieser Heftigkeit im öffentlichen Dienst nicht, wenn man von den Erfahrungen in den neuen Bundesländern unmittelbar nach der Wiedervereinigung absieht.

Aber erfreulicherweise sind nur ein Teil der Reorganisationen in der Zulieferbranche mit derartig harten Einschnitten verbunden. Deshalb sind bei allen thematischen Unterschieden, mit denen sich beide Branchen befassen müssen, im praktischen Reorganisationsalltag – vor allem was das Thema Gesundheit betrifft – viele Ähnlichkeiten sichtbar geworden. Die explorativen Ergebnisse zeigten in beiden Branchen noch deutliche Entwicklungsmöglichkeiten:

- in Form systematischer Bemühungen, die durch entsprechende Gewichtung der Gesundheitskriterien auch bei knappen Budgets gesundheitsförderlichen Lösungen eine Chance geben,
- in einer verbesserten Kommunikation über die Projektrahmung (Ziele, Ressourcen etc.),
- hinsichtlich der Beteiligung der Betroffenen und
- hinsichtlich der Vermittlung der erreichten Reorganisationsergebnisse und deren gesundheitlicher Effekte.

25.6 Wie wirken sich die vielfältigen Belastungen durch Restrukturierungsvorhaben unabhängig von der Branche auf die Gesundheit der Mitarbeiter aus?

Auf der Basis der Frage, in welchem prozentualen Umfang Mitarbeiter durch Reorganisationen gesundheitlich betroffen sind, zeigten sich in einer ersten vorsichtigen Auswertung übereinstimmend und branchenübergreifend drei Trends:

- Ca. ein Drittel der Mitarbeiter ist so gut wie gar nicht gesundheitlich betroffen.
- Die Hälfte der Beschäftigten ist gering bis vorübergehend gesundheitlich betroffen.
- Zwischen 10 und 20 Prozent der Mitarbeiter können die Veränderungen ihrer Arbeitssituation aus eigener Kraft nicht bewältigen.

Tatsächlich relevant ist vor allem das letzte Ergebnis. Es bedeutet, dass fast jeder fünfte Mitarbeiter durch den Betrieb, über die Familie oder durch ärztlichen Beistand persönliche Unterstützung bei der Bewältigung des anstehenden Veränderungsprozesses braucht. Hier kann zum Vorteil der Organisation und des einzelnen Mitarbeiters durch eine qualifizierte Unterstützung viel erreicht werden.

Die tatsächliche gesundheitliche Belastung der Belegschaft ist zum einen abhängig von der Zielsetzung und der Art und Weise des Vorhabens und zum anderen von den für das Restrukturierungsvorhaben zur Verfügung stehenden Ressourcen. Der typische, in mehreren Phasen verlaufende Veränderungsprozess zwingt die Betroffenen (und mehr oder weniger beteiligten Mitarbeiter) häufig über die Schritte „Auftauen", Verändern" und „Einfrieren" in eine „Achterbahnfahrt" vor allem psychischer Belastung. Die befragten Experten aus den beiden Branchen charakterisierten dabei die häufig belastenden Schwierigkeiten in den verschiedenen Projektphasen wie folgt:

Vorbereitungs- und Startphase

Diese frühe Phase findet bei größeren geplanten oder auch krisenhaften Restrukturierungsprojekten häufig zunächst in einer kleineren Vorbereitungsgruppe statt. Aber kaum ein nennenswertes Projekt dieser Art kommt aus „heiterem Himmel", die Mehrzahl kündigt sich an. Diese Anzeichen und die vermuteten Konsequenzen werden von jedem Mitarbeiter vor dem Hintergrund der in der Vergangenheit gemachten Erfahrungen bewertet. Gehen die zunächst nur als Vermutung vorhandenen Informationen in Richtung deutlicher Veränderungen der Arbeitssituation oder gar eines Verlustes an Arbeitsplätzen, steigt die psychische Belastung an. In der Geschäftsleitung und der ersten und manchmal auch der mittleren Führungsebene kommen noch andere Elemente dazu: Fragen nach „Schuld" und „Verantwortung" tauchen auf, eine Überprüfung der Strategie steht an. Es wird geklärt (oder ausgefochten), wer die Neuausrichtung definiert, welche Ideen und Ansätze sich durchsetzen. Dies ist für die Beteiligten oft mit hohen Beanspruchungen verbunden, stehen hier doch auch die zukünftige Bedeutung und die Karrierechancen der einzelnen Führungskraft zur Disposition.

Konzept und Entwicklungsphase

Steht die Strategie und die Entscheidung zur Umsetzung ist gefallen, muss ein konkretes Konzept erarbeitet werden, in der Regel auch bereits unter Einbindung des Betriebs- oder Personalrats. Das ist mit teilweise erheblichem zusätzlichem Zeitaufwand (Überstunden, Wochenendarbeit) verbunden und bringt Leitung, Experten und Mitarbeitervertretungen häufig an ihre Grenzen (und darüber hinaus). Parallel dazu sind alle Mitarbeiter und vor allem die direkt Beteiligten zu informieren und soweit möglich auch praktisch zu beteiligen. Trotzdem, so einer der befragten Experten, erleben die Aktiven nicht selten Ablehnung und Misstrauen in der eigenen Mitarbeiterschaft. Hilfreich ist es in dieser Phase, wenn entsprechend der Bedeutung bzw. dem Umfang der Restrukturierung ein Kommunikationskonzept entwickelt wird, das sicherstellt, dass alle Mitarbeiter informiert werden und vor allem, dass man im Gespräch bleibt. Ein gutes Beispiel für Krisenkommunikation aus einem der interviewten Unternehmen ist in der folgenden Übersicht dargestellt.

Kommunikationsstruktur in der Krise 2009

Mit insgesamt sechs Bausteinen wurde der Informationsaustausch zwischen allen Beteiligten sichergestellt:

a) Standortrunde: Leitung plus BR (plus Protokoll)
b) Freigabe der Sitzungsprotokolle für alle Mitarbeiter – keine Geheimnisse!
c) Werkrunde: Produktionsleitung plus BR
d) Mitarbeiterrunden in den Abteilungen, alle 14 Tage mit allen Beschäftigten
e) Wöchentliches Abstimmgespräch mit dem BR
f) Zehn Betriebsversammlungen während der Krisenphase

Für alle Gespräche galt: Ruhe bewahren, die Mitarbeiter nicht durch unangemessenes Verhalten noch weiter beunruhigen. Nicht beschönigen, aber auch nicht dramatisieren!

Es ist wichtig, neben den Mitarbeitern auch die Vorgesetzten, Experten und in der Regel auch die freigestellten Betriebsräte mit ihren Belastungen im Blick zu behalten. Es ist niemanden gedient, wenn in oder nach der Krise wichtige Personen wegen psychischer Überlastung ausfallen. Diese Gruppe ist durch mehrere Besonderheiten betroffen. Erstens müssen sie zum einen konkret die Restrukturierung gestalten und zum anderen ihr Tagesgeschäft erledigen. Zweitens müssen sie, zumindest außerhalb des öffentlichen Dienstes, in wirtschaftlichen Krisen bereits früh an neuen Produkten und Dienstleistungen arbeiten, um unmittelbar wieder durchstarten zu können, sobald die Nachfrage wieder ansteigt. Erschwerend kommt noch dazu, dass in der Automobilindustrie die Arbeitszeit in der Regel kollektiv nach unten angepasst wird und diese Gruppe alle zusätzlichen Aufgaben unter einem restriktiven Zeitregiment leisten muss.

Umsetzungsphase

In der Umsetzung gewinnen neben den Experten vor allem wieder die Vorgesetzen in der Linie bzw. den Ämtern und Fachdiensten an Bedeutung. Entsprechend dem Umfang der Veränderung müssen sie die Mitarbeiter an die neue Situation heranführen, die Anlaufschwierigkeiten überwinden und diverse, oft ganz persönliche Probleme gemeinsam mit den Betroffenen lösen.

Auf der anderen Seite sollten die Vorgesetzten aber auch nicht das Gefühl haben, mit dem „Schlamassel" alleine dazustehen und für die Mitarbeiter stellvertretend den „Sündenbock" zu spielen. Hier bieten sich neben dem sachlichen Austausch auch moderierte Erfahrungsrunden an, auf denen die Führungskräfte sich gegenseitig stärken können bzw. Verständnis und Rückendeckung durch die Leitung erfahren.

In der Praxis spielt, so die befragten Experten, die Frage der Qualifikation der Mitarbeiter eine wichtige Rolle. Durch deutliche Veränderungen verunsicherte Mitarbeiter zweifeln noch zusätzlich an sich und an ihren Fähigkeiten, die neue Situation zu beherrschen. Das bedeutet, dass trotz des zusätzlichen Aufwands in jedem Fall eine ausreichende Qualifizierung sicherzustellen ist. Hier sind in beiden Branchen nach Einschätzung der Interviewpartner Verbesserungen im Sinne einer vorausschauenden Planung denkbar und auch notwendig.

Überprüfungsphase

Eine möglicherweise selbstkritische Überprüfung der **Art und Weise** der Krisenbewältigung konnte über die Interviews nicht festgestellt werden. Hier wird offensichtlich sehr viel Lernpotenzial verschenkt. Eine auch mit etwas Abstand durchgeführte interne Überprüfung des Vorgehens beinhaltet die Chance, gute und weniger gute Arbeitsstrategien für die nächste Reorganisation zu erkennen und bietet darüber hinaus die Gelegenheit, den „harten Kern" der Strategie- und Konzeptentwickler sowie Umsetzungsverantwortlichen, die häufig mit viel Zusatzaufwand das Ergebnis erst möglich gemacht haben, angemessen zu würdigen.

In der Zulieferindustrie ist eine Überprüfung der angestrebten Reorganisationsergebnisse (z. B. Gemeinkostenreduzierung) durch das vorhandene Controlling in jedem Fall gegeben. Eine parallele Überprüfung der gesundheitlichen Effekte bzw. Kosten fand außerhalb der Routine des Krankenstandes nicht statt. Hier könnte aber bereits eine etwas gründlichere qualitative Einschätzung der Beteiligten gute Erkenntnisse bringen. Es muss nicht alles in Zahlen erfasst werden. In den teilnehmenden Organisationen des öffentlichen Dienstes zeigen sich ähnliche Ergebnisse. Das heißt, Kosten und Aufwand vor und nach der Veränderung werden häufig (aber nicht immer) überprüft. Aber auch hier fanden sich keine Hinweise darauf, dass das Vorgehen oder die gesundheitlichen Effekte auf transparente Art und Weise überprüft wurden.

25.7 Zusammenfassende Empfehlungen für gesundheitsgerechte Veränderungsprozesse

Aus den Gesamtergebnissen lassen sich einige allgemeine Empfehlungen ableiten. Veränderungsprozesse, die den körperlichen, psychischen und sozialen Gesundheitsbedürfnissen der Beteiligten gerecht werden wollen, sollten folgende Anforderungen erfüllen bzw. sich auf folgende Ressourcen stützen können:

1. Regelmäßige, schnelle und verständliche Information über die betriebliche Situation und anstehende bzw. laufende Restrukturierungen.
2. Kommunikationsstrukturen, die Information, Diskussion und Beteiligung horizontal und vertikal in beide Richtungen sicherstellen.
3. Personelle Ressourcen, die nach fachlicher Ausrichtung, Qualifikation und Quantität ausreichen.
4. Eine Unternehmenskultur, die durch Anerkennung und Wertschätzung geprägt ist und damit auch „Drucksituationen" leichter bewältigen kann. Das schließt den subjektiven Eindruck einer gerechten und damit eher akzeptablen Behandlung auch im Krisenfall mit ein. Es gilt den Gedanken einer Kultur der „Achtsamkeit" (siehe Becke et al. 2011) mit dem Leitbild der „Leistung" zu verbinden.
5. Veränderungsprozesse, in denen neben technischen und wirtschaftlichen auch gesundheitliche Anforderungen (Bewertungskriterien) berücksichtigt werden.
6. Beteiligung der betroffenen Mitarbeiter bei Krisen, Restrukturierungen und oder größeren Veränderungen.
7. Kleine und große Überprüfungsschleifen innerhalb und am Ende von Restrukturierungsvorhaben, die es erlauben, aus Erfahrungen zu lernen und letztendlich Restrukturierungsprozessen sogar „gelassen" begegnen zu können.

8. Bei Entlassungen das Kümmern um die entlassenen und um die bleibenden Mitarbeiter sowie die Fähigkeit der Organisation, die Sozialbetreuung der Mitarbeiter entsprechend dem Bedarf flexibel zu gestalten.

Als Basis und Orientierungsrahmen für die aufgezeigten Bausteine und Empfehlungen kann dabei die im Leitfaden „Prävention" der GKV dargestellte Vorgehensweise eines systematischen BGF- bzw. BGM-Systems genannt werden.

25.8 Praktische Empfehlungen für die GKV

Die Akteure der Gesetzlichen Krankenkassen (GKV) halten bereits heute in breiter Form Angebote zur Betrieblichen Gesundheitsförderung vor. Der Druck, die eigene Organisation immer häufiger anzupassen und in kleineren und größeren Schritten zu verändern, erfordert über die bisherigen Ansätze der Gesundheitsförderung hinaus auch neue inhaltliche und methodische Ideen. Im Folgenden werden hierzu einige Anregungen gegeben, die neben bewährten Angeboten (Stressbewältigung, Resilienzstärkung usw.) nützlich sein können:

1. Durchführung von Workshops zur Krisensimulation oder zur Simulation größerer gesundheitsförderlich durchgeführter Veränderungsmaßnahmen
2. Planspiele für realitätsnahes Lernen, Umgang mit dem Unerwarteten und/oder Bedrohlichen sowie Hineinschlüpfen in neue Rollen, Probleme und Aufgaben
3. Krisenreviews, die letzte Krise genauer analysieren. Was lässt sich aus den gemachten Erfahrungen lernen, was geht auch anders, vielleicht sogar besser?
4. Krisenbegleitung, d. h. begleitende Reflektion, damit auch in intensiven Veränderungsphasen kein Einzelner und keine Gruppe „unter die Räder kommt"
5. Gesundheit in Veränderungssituationen gemeinsam reflektieren und Wege zu einem für sich und andere gesunden Verhalten finden
6. Restrukturierungen erfordern häufig sowohl in als auch nach der Einführung neue Verhaltensmuster: Wie kann ich die Mitarbeiter dafür nachhaltig gewinnen? Ein Workshop zum Thema Voraussetzungen, Möglichkeiten und Grenzen der Verhaltensänderung von Mitarbeitern
7. Implementierung eines gerade im Restrukturierungs- oder Krisenfall notwendigen betrieblichen Informationssystems
8. Aufbau/Überprüfung/Weiterentwicklung der vorhandenen Kommunikationsstrukturen
9. Kommunikation im Krisenfall: Welche besonderen Anforderungen stellt eine Krisensituation an die betriebliche Kommunikation? Wie gehen erfolgreiche Unternehmen vor und was kann man daraus lernen?

25.9 Schlussfolgerungen und Perspektiven

Die im Rahmen des Netzwerks KMU-Kompetenz gemachten Erfahrungen und durchgeführten Fallstudien zum Thema „Gesundheit und betriebliche Veränderung" haben erstens deutlich gemacht, dass dieser Thematik auch unabhängig von der aktuellen Wirtschafts- und Finanzkrise auch bei kleineren und mittelständischen Betrieben eine wachsende Bedeutung zukommt. Die Betriebe selbst haben dabei auch konkrete Erwartungen an die Dienstleistungen von externen Anbietern in der Betrieblichen Gesundheitsförderung wie den Gesetzlichen Krankenkassen.

In der Betrieblichen Gesundheitsförderung werden – branchenunabhängig – Möglichkeiten gesehen und auch praktiziert, um die mit den Veränderungsprozessen einhergehenden gesundheitlichen Belastungen zu kompensieren. Dabei dominiert zumeist jedoch immer noch – dies unterstreichen beispielhaft die Fallstudien – das kompensatorisch-reaktive und weniger das präventive Vorgehen. Dies hängt offensichtlich auch mit den in der Praxis noch nicht hinreichend bekannten Zusammenhängen zwischen Restrukturierungsmaßnahmen und ihren Auswirkungen auf die Gesundheit unterschiedlicher Betroffenengruppen (Entlassene, Survivor, Management, Mitarbeiter) zusammen.

Als Promotoren und Mittler gesundheitsfördernder Netzwerke kommen im KMU-Bereich neben den klassischen Interessensvertretungen wie den Verbänden, Industrie- und Handelskammern sowie Handwerkskammern gerade bei Gesundheitsthemen die Sozialversicherungsträger und hier, aufgrund ihres gesetzlichen Auftrags, insbesondere die Krankenversicherungen in Frage. Letztere müssen jedoch ihr eigenes Leistungsprofil vor dem Hintergrund immer häufigerer, schnellerer und auch risikoreicherer Veränderungsmaßnahmen entsprechend den neuen Fragestellungen und Belastungsfaktoren in der Arbeitswelt weiterentwickeln.

Dabei erscheint es sinnvoll, Angebote für den betrieblichen und den überbetrieblichen (z. B. über Netzwerke) Rahmen vorzuhalten. Die betriebliche BGM-Arbeit selbst muss sich dabei stärker noch als in der Vergangenheit **präventiv, begleitend und in der Nachbereitung** betrieblicher Veränderungsprozesse engagieren. Dies sollte sich in den Beratungsansätzen und Trainingskonzepten von BGM-Dienstleistern niederschlagen und auch Berücksichtigung bei der weiteren Überarbeitung des „GKV-Leitfadens Prävention“ finden.

Literatur

Becke G (2011) Organisationale Achtsamkeit in Innovations- und Veränderungsprozessen. In: Becke G, Behrens M, Bleses P et al. Organisatorische Achtsamkeit in betrieblichen Veränderungsprozessen – Zentrale Voraussetzungen für innovationsfähige Vertrauenskultur. artec paper 175, artec Forschungszentrum Nachhaltigkeit, Universität Bremen. http://www.artec.uni-bremen.de/files/papers/paper_175.pdf. Gesehen 10 Jan 2012

Bundeszentrale für Politische Bildung (2012) Entwicklung der Beschäftigten im Öffentlichen Dienst. http://www.bpb.de/wissen/68ET1Y,0,0,Besch%E4ftigte_des_%F6ffentlichen_Dienstes.html, Gesehen 05 Jan 2012

GKV-Spitzenverband (2010) Leitfaden Prävention. Handlungsfelder und Kriterien des GKV-Spitzenverbandes zur Umsetzung von § 20 und 20a SGB V vom 21. Juni 2000 in der Fassung vom 27. August 2010

Horvath P (2011) Restrukturierung aus betriebswirtschaftlicher Sicht. Aus BauA Fachtagung: „Restrukturierung – Anforderungen an Politik, Wirtschaft und Wissenschaft“. Berlin, 12 07 2011. http://www.baua.de/de/Publikationen/Fachbeitraege/pdf/Restrukturierung-2011-2.pdf?__blob=publicationFile&v=1. Gesehen 10 Jan 2012

Klendauer R, Frey D, Rosenstiel L v (2007) Fusionen und Akquisitionen. In: Frey D, Rosenstiel L v (Hrsg) Enzyklopädie der Psychologie. Themenbereich D, Serie III, Band 6 Wirtschaftpsychologie. Hogrefe, Göttingen Bern Toronto Seattle, S 399–461

Kieselbach T (2009) Gesundheit und Restrukturierung. Innovative Ansätze und Politikempfehlungen. Hampp, Mering

Kieselbach T, Knuth M, Jeske D, Mühge G (2009) Innovative Restrukturierung von Unternehmen: Fallstudien und -analysen. Hampp, Mering

Kuhlmann M, Kunz C (1995) Strukturwandel der Arbeit? Betriebliche Reorganisationen und die Bedeutung sozialer Strukturen. SOFI-Mitteilungen 22:31–38

Mohr G (2011) Menschen und Ressourcen in Veränderungsprozessen. Aus BauA Fachtagung: „Restrukturierung - Anforderungen an Politik, Wirtschaft und Wissenschaft“. Berlin, 12.07.2011. http://www.baua.de/de/Publikationen/Fachbeitraege/pdf/Restrukturierung-2011-5.pdf?__blob=publicationFile&v=2. Gesehen 14 Dez 2011

o. V. (2009) Netzwerk KMU-Kompetenz – Verankerung einer mitarbeiterorientierten Unternehmenskultur zur Stärkung der Krisenfestigkeit mittelständischer Unternehmen/Projekt-Nr.: 10–09. http://www.inqa.de/Inqa/Navigation/Projekte/alle-projekte,did=252162.html, Gesehen 16 Jan 2012

Rosa H (2005) Beschleunigung. Die Veränderung der Zeitstrukturen in der Moderne. Suhrkamp, Frankfurt am Main, S 466

Sauer D (2010) Eine Einschätzung zum Forschungsstand Rationalisierung und Reorganisation. In: IGM (Hrsg) Beiträge zur Arbeitspolitik und Arbeitsforschung. Erste Aufl Sept 2010. http://www.nachdenkseiten.de/upload/pdf/101005_ig_metall_arbeitspolitik_und_arbeitsforschung.pdf. Gesehen 01 Dez 2011

Sonntag K, Spellenberg U (Hrsg) (2005) Abschlussbericht Projekt SERO. Erfolgreich durch Veränderung – Veränderung erfolgreich managen. IPa, Vaihingen/Enz

Kapitel 26

Einblicke in die IBM – Flexible Arbeitsformen in einem global integrierten Unternehmen

M. Müller-Gerndt, P. Traut

Zusammenfassung *Zukunftsorientierte Unternehmen müssen sich den gesellschaftlichen Megatrends stellen, denn diese bilden den Rahmen für erfolgreiches unternehmerisches Handeln. Als global agierendes Unternehmen stellt sich IBM erfolgreich diesen Herausforderungen und setzt dabei auf innovative Wege. IBM begreift Globalisierung als Chance und richtet die Organisation der Arbeit an den Herausforderungen aus, die sich aus den schnellen Veränderungen in den globalen Märkten ergeben. Es werden Maßnahmen dargestellt, die IBM als Antwort auf zukünftigen Megatrends gibt. Flexibilisierung spielt hierbei eine wesentliche Rolle.*

Mit einem Umsatz von 106,9 Milliarden US-Dollar im Jahr 2011 gehört IBM zu den weltweit größten Anbietern im Bereich Informationstechnologie (Hardware, Software und Services) und B2B-Lösungen. Das Unternehmen beschäftigt derzeit mehr als 400.000 Mitarbeiter und ist in über 170 Ländern aktiv.

Das Lösungsspektrum von IBM reicht vom Supercomputer über Software und Dienst- und Beratungsleistungen bis zur Finanzierung. In weltweit aufgestellten Teams und in Zusammenarbeit mit rund 100.000 Geschäftspartnern unterstützt IBM Kunden unterschiedlichster Größe bei Projekten auch über nationale Grenzen hinweg und entwickelt gleichzeitig individuelle und flexibel finanzierbare Lösungen. Mit einer auf Kernkompetenzen ausgerichteten Konzernstruktur positioniert sich IBM klar im Markt und unterstreicht gleichzeitig ihr Selbstverständnis als global integriertes Unternehmen mit einem langfristigen und nachhaltigen Wachstumsmodell.

Strukturell gliedert sich IBM in Deutschland entlang der Wertschöpfungskette in die Kompetenzfelder Research & Development, Sales & Consulting, Solutions & Services sowie Management & Support. Mit einem auf die Kunden und deren Wertschöpfung zugeschnittenen Vertrieb bündelt das Unternehmen seine Industrie- und Lösungsexpertise, wobei die Geschäftsbereiche regional und nach Branchen strukturiert sind. Der Kunde profitiert von spezialisierten Teams mit umfassendem Branchenwissen und einer durchgängigen Betreuung durch Ansprechpartner direkt vor Ort.

Seit ihrer Entstehung im Jahre 1911 hat sich IBM immer wieder neu definiert und ist durch weit über technische Entwicklungen hinausgehende Innovationen zu einer der stärksten Marken der Welt aufgestiegen. Jährlich investiert das Unternehmen mehr als sechs Milliarden US-Dollar in Forschung und Entwicklung. Die IBM Deutschland Research & Development GmbH in Böblingen ist eines der größten Technologiezentren der IBM Cooperation weltweit. Heute arbeiten im globalen Verbund mit den weltweit 60 Entwicklungs- und Forschungszentren der IBM rund

B. Badura et al. (Hrsg.) *Fehlzeiten-Report 2012*,
DOI 10.1007/978-3-642-21655-8_26,

2.000 Mitarbeiter südlich von Stuttgart, in Mainz und in Walldorf an mehr als 60 strategischen Projekten.

Mit ihrem umfassenden Lösungsangebot bietet IBM ihren Mitarbeitern vielfältige Einsatz- und Karrieremöglichkeiten im In- und Ausland sowie die Mitarbeit in internationalen Projektteams. Vor diesem Hintergrund sind flexible Arbeitswelten für IBM als globales Unternehmen eine unabdingbare Voraussetzung für den zukünftigen Geschäftserfolg.

26.1 Die Arbeitswelt verändert sich

26

Die zunehmende Globalisierung und der immer schnellere Wandel in den Märkten verändern die Arbeitswelt grundlegend. Arbeitnehmer beschäftigen sich zunehmend mit Fragen wie:

- Wie wird mein Arbeitsalltag in den nächsten Jahren aussehen?
- Welche Anforderungen wird man an mich stellen?
- Was erwarten meine Arbeitgeber von mir und welche Anforderungen stelle ich an sie?

Die Unternehmen stellen sich analoge Fragen:

- Wie kann ich die besten Mitarbeiter für mein Unternehmen finden?
- Wie kann ich diese Mitarbeiter an mein Unternehmen binden?
- Welche Talente benötigt unser Unternehmen, um auch langfristig erfolgreich am Markt agieren zu können?

Mitarbeiter sind die Basis für den Erfolg eines Unternehmens. Der globale Wettbewerb stellt hohe Anforderungen und die Führungskräfte vor neue Herausforderungen, z. B. wenn es um das Führen virtueller Teams geht. Welche Anforderungen werden an zukünftige Führungskräfte gestellt und welche Anforderungen stellen diese an flexible Arbeitswelten der Zukunft. Wie muss sich ein Unternehmen aufstellen, um diesen Anforderungen gerecht zu werden?

Auf der Suche nach Antworten blicken Unternehmen heute auf die Megatrends der Zukunft. Megatrends beschreiben langfristige und übergreifende Transformationsprozesse. Sie können mit hoher Wahrscheinlichkeit über einen Zeithorizont von 15 Jahren prognostiziert werden, erstrecken sich auf Weltregionen und wirken sich umfassend auf alle Akteure, Regierungen, Unternehmen und ihre Strategien sowie auf Individuen und ihr Konsum- und Arbeitsverhalten aus. Megatrends prägen die Märkte und haben signifikanten Einfluss auf Unternehmen, Personalarbeit und Führung. Sie haben je nach Blickwinkel unterschiedliche strategische Bedeutungen für Unternehmen.

26.1.1 Globalisierung

Globalisierung wurde in den letzten Jahren primär als Standortverlagerung von Wertschöpfungsketten betrachtet, die dazu dient, Effizienzpotenziale zu heben. Heute ist dieser Effizienzeffekt für ein global agierendes Unternehmen nur ein mögliches Kriterium.

Als global agierendes Unternehmen definiert IBM Globalisierung folgendermaßen:

„Globally integrated enterprise means … you perform the work at the place with the right skills at the right price and the right variety to do the job."

Arbeit sucht sich also den Platz ihrer optimalen Erfüllung. Hierbei geht es auch darum, neue Geschäftschancen z.B. in Wachstumsländern zu identifizieren. Folglich benötigt ein global agierendes Unternehmen weltweit standardisierte Arbeitsabläufe und Betriebsstrukturen. Der Trend geht weg von starren Strukturen hin zu global integrierten Teams, die sich je nach Kundenanforderungen neu zusammensetzen.

Globalisierung bietet Mitarbeitern neue, spannende und attraktive Möglichkeiten in globalen Teams zu arbeiten, von einem internationalen Wissensaustausch zu profitieren und Einblicke in kulturell andere Arbeitswelten zu erlangen. Die multikulturelle Kompetenz nimmt als Fähigkeit in einer globalisierten Arbeitswelt einen wichtigen Stellenwert ein. Dies gilt auch für Führungskräfte, die virtuelle Teams mit Mitarbeitern aus unterschiedlichen Ländern leiten.

Im Rahmen einer weltweiten Erhebung wurden Personalentscheider der IBM (siehe auch ▶ Abschn. 26.2) gefragt, in welchen Märkten sie innerhalb der nächsten drei Jahre Personalwachstum erwarten. ◘ Abb. 26.1 zeigt, dass Unternehmen in Zukunft ihre Mitarbeiterzahlen am stärksten in wachsenden Märkten erhöhen werden.

Mit dem Globalisierungseffekt verlieren herkömmliche Betriebsstrukturen immer mehr an Bedeutung. Heute sitzen Führungskräfte und Mitarbeiter noch überwiegend am gleichen Ort – vielleicht in unterschiedlichen Stockwerken eines Gebäudes, aber doch zusammen. Diese Arbeitsform wird immer mehr aufbrechen, weil ganz andere Organisationsformen notwendig werden. Beispiele sind Architekturbüros oder Unternehmen aus der Werbebranche. Sie sind weit-

Abb. 26.1 Zukünftiges Personalwachstum (Quelle: IBM Institute for Business Value 2010)

gehend hierarchiefreie Organisationen und arbeiten über Ländergrenzen hinweg. Sie agieren nicht permanent als aktives, festes Team, sondern nur auf Anforderung und konkrete Nachfrage. Dann aber werden sie hochkompetent, schlagkräftig und schnell dort aktiv, wo ihr Know-how gebraucht wird. Heute lassen sich viele Unternehmen auf solche flexiblen Arbeitsformen ein und formen für eine bestimmte Aufgabe Projektteams aus Mitarbeitern mit unterschiedlichen Fähigkeiten, die sich nach Projektabschluss wieder auflösen und neuen Projekten widmen.

26.1.2 Demografischer Wandel

Zahlreiche Untersuchungen belegen, dass die Bevölkerungszahl in den alten Märkten (Europa und USA) drastisch sinken wird. Zeitgleich steigen die Lebenserwartung und die durchschnittliche Lebensarbeitszeit. In den Schwellenländern steigt hingegen die Bevölkerungsrate stetig an, während das Durchschnittsalter niedrig ist.

Die demografischen Entwicklungen haben enorme Folgen für den Arbeitsmarkt in einer globalisierten Welt. Der Wettbewerb auf dem Arbeitsmarkt findet nicht mehr nur lokal statt, inzwischen wird weltweit nach Experten gesucht. Diesem „Kampf um die besten Talente" müssen sich Unternehmen immer mehr stellen, um die besten Arbeitskräfte für sich zu gewinnen und zu halten.

Die generationsübergreifende Zusammenarbeit ist eine weitere Auswirkung des demografischen Wandels. Teams werden sich künftig aus Traditionalisten (1922–1945) und Babyboomern (1946–1964) bis hin zu Angehörigen der Generation Y (1975–2000) zusammensetzen. Für jede Generation sind signifikante Unterschiede hinsichtlich der Motivation, der Kommunikation und der Lösungsstrategien zu erkennen – eine Herausforderung, der man sich als Unternehmen stellen muss (BMBF 2000) (Tab. 26.1).

26

Tab. 26.1 Generationenüberblick

Generation	Senioren	Babyboomer	Generation X	Generation Y	Generation Z
Jahrgang	**1922–1945**	**1946–1964**	**1960–1980**	**1975–2000**	**1995–2009**
Ausbildung	Auf die harte Tour	Wenn's mir zu viel wird, gehe ich	Notwendig, damit ich meinen Unterhalt verdienen kann	Kontinuierlich, wird erwartet	Spielerisch
Lernstil/Informationsaufnahme	Schulungen	Mit externer Unterstützung	Unabhängig	Gemeinschaftlich und vernetzt	Mobil und internetbasiert
Kommunikationsstil	Top-down	Zurückhaltend	Hub and spoke (sternförmig)	Kooperativ	Virtuell, stark vernetzt
Problemlösungsverhalten	Hierarchisch	Horizontal	Unabhängig	Kooperativ	Global vernetzt, unabhängig
Entscheidungsfindung	Holt Genehmigungen ein	Mitarbeiter werden informiert	Mitarbeiter werden einbezogen	Entscheidungen werden im Team getroffen	Sonar/individualistisch
Führungsstil	Befehlstaktik	Ellenbogentaktik	Coach	Partner	RSS-Vorkämpfer
Feedback	No news is good news	Einmal jährlich	Wöchentlich/täglich	Auf Verlangen	Ständig via „Sonarsuche" (Facebook und Twitter)
Nutzung von moderner Technologie	Mit Unbehagen	Unsicher	Kann nicht ohne arbeiten	Ist fassungslos, wenn nicht vorhanden	Lebenslange Nutzung
Arbeitsplatzwechsel	Unklug	Wirft mich zurück	Notwendig	Teil meiner täglichen Routine	...
Wahrnehmung von Veränderungen	Irgendwas stimmt nicht	Vorsicht	Potenziell günstige Gelegenheit	Verbesserung	...

Quelle: Eigene Darstellung nach IBM Elaboration from Lancaster and Stillman (2003)

Fehlzeiten-Report 2012

26.1.3 Individualisierung

Arbeit und Privatleben verschmelzen zunehmend. Die neue digitale Technik macht es möglich, praktisch von überall aus zu arbeiten und dies geschieht auch verstärkt. Dieser Trend birgt Risiken und Chancen, bietet Mitarbeitern aber die Möglichkeit, die Arbeitsanforderungen und den Arbeitsalltag für sich zu individualisieren. Individualisierung wirkt sich wiederum auf Loyalität und Motivation aus. Individualisierung der Arbeit kann Selbstentwicklung sein, Selbstbestimmung, wertebasiertes Arbeiten. Am wichtigsten ist aber die individuelle Gestaltung der Work-Life-Balance. Die Vereinbarung von Berufs- und Privatleben ist auf jeden Fall eine gesellschaftliche Herausforderung, für die auch der Arbeitgeber Verantwortung trägt. Dazu können beispielsweise flexible Arbeitsplätze und Arbeitszeiten, lebensphasenorientierte Karriere- und Vergütungsmodelle oder ein Familienservice gehören (vgl. Zinser 2004). Wenn ein Unternehmen es schafft, seinen Mitarbeitern hier passende Lösungen anzubieten, steigt die Identifizierung der Mitarbeiter mit dem Unternehmen.

26.1.4 Digitaler Lebensstil

Diese Entwicklung ist die Folge veränderter Kommunikationsformen, die zu neuen Formen der sozialen Interaktion und Kommunikation führen. Diese haben sich in den letzten Jahren signifikant und mit rasanter Geschwindigkeit verändert.

Die sogenannten „Digital Natives" wollen in einem modernen, zukunftsorientierten Unternehmen arbeiten, das die Integration digitaler Medien und Web-2.0-Technologien als Basis für digitale Kommunikation zur Verfügung stellt. Hier haben die Unternehmen die Aufgabe, die Kommunikation und den Informations- und Wissensaustausch zwischen Digital Natives und weniger digital geübten Teams sicherzustellen (► Abschn. 26.1.2).

26.1.5 Verschmelzung von Technologien

Trends belegen, dass im Jahr 2050 mehr als 70 Prozent der weltweiten Bevölkerung in sogenannten Mega-Städten leben werden. Diese Entwicklung ist heute gerade in den Schwellenländern zu beobachten und hat Konsequenzen auf die Art und Weise, wie wir künftig in solchen Städten leben und arbeiten werden und welche Möglichkeiten wir für periphere Regionen mit einer Unterversorgung schaffen. Rund um den Globus setzt sich die Urbanisierung fort und stellt sowohl hochentwickelte Städte westlicher Prägung als auch die neuen Megacities vor neue Herausforderungen. Selbst wenn Status quo und Bedürfnisse der Bewohner sehr unterschiedlich sind, gilt es, die individuelle Lebensqualität zu sichern und zu erhöhen.

Dieser Entwicklung folgend, hat IBM mit der „Smarter-Planet-Strategie" die Vision einer intelligent vernetzten Welt entworfen und sich auf die Suche nach Lösungsansätzen für die globalen gesellschaftlichen Herausforderungen gemacht. Eine intelligentere Welt – also ein Smarter Planet – bedeutet, dass die Welt mit intelligenten Systemen und Abläufen versehen wird, über die Dienstleistungen erbracht, Güter entwickelt, hergestellt, erworben und verkauft werden, auf deren Basis wir uns fortbewegen, Öl, Wasser und Elektronen transportiert werden und Milliarden von Menschen arbeiten und ihr Leben gestalten. Diese Vision birgt Herausforderungen für viele Industrien.

Es gibt inzwischen Milliarden von Mikroprozessoren weltweit. Allein in der Medizin verdoppelt sich Wissen alle fünf Jahre. Eine Unmenge von elektronischen Steuerungsgeräten in allen möglichen Lebensbereichen ist vorhanden, nahezu jedes Objekt kann digital nutzbar gemacht werden. Diese Geräte funktionieren heute jedoch noch isoliert. Wenn man diese riesigen Datenmengen austauschen und intelligent auswerten könnte, dann könnten Steuerungsmechanismen in vielen Lebensbereichen entstehen, die z. B. Naturkatastrophen präzise voraussagen, die Symptome für Krankheiten erkennen, bevor sie ausbrechen, die Verkehrsströme lenken und die Wasser- und Stromversorgung so optimieren, dass die bestehenden Ressourcen für alle in der Welt ausreichen. Menschen, Systeme und Objekte können auf ganz neue Art und Weise miteinander kommunizieren und interagieren. Im Internet der Dinge (engl. Internet of Things), wo sich das Internet mittels intelligenter Geräte in alle Bereiche unseres täglichen Lebens ausdehnt, wird durch Autos, Haushaltsgeräte, Kameras, Fahrbahnen und Kliniken ein Netzwerk von Verbindungen entstehen. So ist es heute schon möglich, über ein Smartphone digitale Vitalparameter zu messen und diese an die nächstgelegene Klinik zu übertragen. Wird eine medizinische Behandlung notwendig, zeigt das Auto den verkehrsgünstigsten Weg zur Klinik an.

26.1.6 Krisen und gesellschaftliche Verantwortung

Die Forderung, dass auch Unternehmen gesellschaftliche Verantwortung übernehmen, wird zunehmend nicht nur von Anti-Globalisierungsaktivisten, sondern auch von der Politik und den Bürgern gestellt.

Neben dem Produkt- und/oder Dienstleistungsspektrum nehmen Unternehmenswerte einen immer wichtigeren Stellenwert für das Image eines Arbeitsgebers ein. Eine nachhaltige Geschäftsstrategie verlangt nach einer Integration von Ökonomie, Ökologie und sozialer Verantwortung. Bei IBM wird dies als *Corporate Social Responsibility* bezeichnet. IBM feierte 2011 ihr 100. Firmenjubiläum. Ein wesentliches Kontinuum sind die Werte, die dieses Unternehmen ausmachen und weltweit allen Mitarbeitern einen Orientierungsrahmen geben.

Wenn Unternehmen Werte leben und damit einen Beitrag zu den gesellschaftlichen Überlebensfragen leisten, werden sie Mitarbeiter gewinnen, die ihrerseits nicht nur an einer kurzfristigen Optimierung ihrer Karriere interessiert sind. Wenn die Werte der Mitarbeiter mit den Werten eines Unternehmens übereinstimmen – und die Führungskraft diese auch glaubhaft vorlebt – dann entsteht große Loyalität und außergewöhnliches Engagement. Um in der heutigen komplexen und globalisierten Welt erfolgreich bestehen zu können, braucht ein Unternehmen jedoch Werte, die von allen Mitarbeitern getragen werden. Deshalb führte IBM im Jahr 2003 einen sogenannten *Value Jam* durch, bei dem kollektive Grundvorstellungen entwickelt wurden, die die Arbeitsweise und Unternehmenskultur bei IBM definieren und prägen. Das Ergebnis waren folgende drei Werte, die bei IBM in 170 Ländern für 420.000 Mitarbeiter Gültigkeit haben:

- Engagement für den Erfolg jedes Kunden
- Innovationen, die etwas bedeuten – für unser Unternehmen und für die Welt
- Vertrauen und persönliche Verantwortung in sämtlichen Beziehungen

26.2 Aufgaben der Personalführung in einer grenzenlosen Welt

Als Megatrends haben wir oben die neuen Entwicklungen auf dem Arbeitsmarkt, die digitale Infrastruktur und den Kampf um die besten Köpfe skizziert. Wir halten deshalb fest: Die Ära der Smartphones und die schnellen Internet-Verbindungen sind Beispiele für Entwicklungen der letzten Jahre, die einen enormen Einfluss auf die Gestaltung der Arbeit ausüben – Menschen leben und arbeiten auf eine neue Art und Weise: mobil, in weit verstreuten Teams und mit Hilfe von Web-2.0-Technologien. Theoretisch kann jeder mit jedem arbeiten, ohne am selben Ort zu sein. Zeitgleich drängen Digital Natives in den Arbeitsmarkt, die mit dem Internet und dem Computer groß geworden sind. Diese Talente erwarten von ihrem Arbeitgeber vor allem eine bessere Work-Life-Balance, also attraktive Arbeitsbedingungen, die eine Vereinbarung von Familie und Karriere ermöglichen – inklusive abwechslungsreicher und anspruchsvoller Aufgaben.

Um die Herausforderungen für die Personalführung und deren Entwicklungen besser zu verstehen, führt IBM regelmäßig weltweite Studien mit Entscheidungsträgern aus den Personalabteilungen durch. Die globale CHRO (Chief Human Resource Officer)-Studie der IBM, mit der im Jahr 2010 mehr als 700 Personalentscheider weltweit nach den drei größten Schwachstellen im Personalbereich befragt wurden, belegt, dass die schnelle Entwicklung von Kenntnissen und Fertigkeiten, die Förderung der Zusammenarbeit und des Wissensaustausches sowie die zukünftige Führungskräfteentwicklung die wesentlichen Aufgaben sind, die die Personalabteilungen meistern müssen (■ Abb. 26.2).

Die Befragten gaben an, dass die Entwicklung von Kenntnissen und Fertigkeiten äußerst wichtig sei, sie in diesem Bereich jedoch Defizite hätten. Mit den Worten eines britischen Personalentscheiders: „Wir haben talentierte Mitarbeiter bisher bei der Besetzung neuer Stellen einfach ins kalte Wasser geworfen. Bei der vorgelagerten Kompetenzbeurteilung haben wir keinen guten Job gemacht."

Kulturell und organisatorisch bedingte Wissenssilos behindern oft die Fähigkeit von Unternehmen, Informationen bereichsübergreifend auszutauschen.

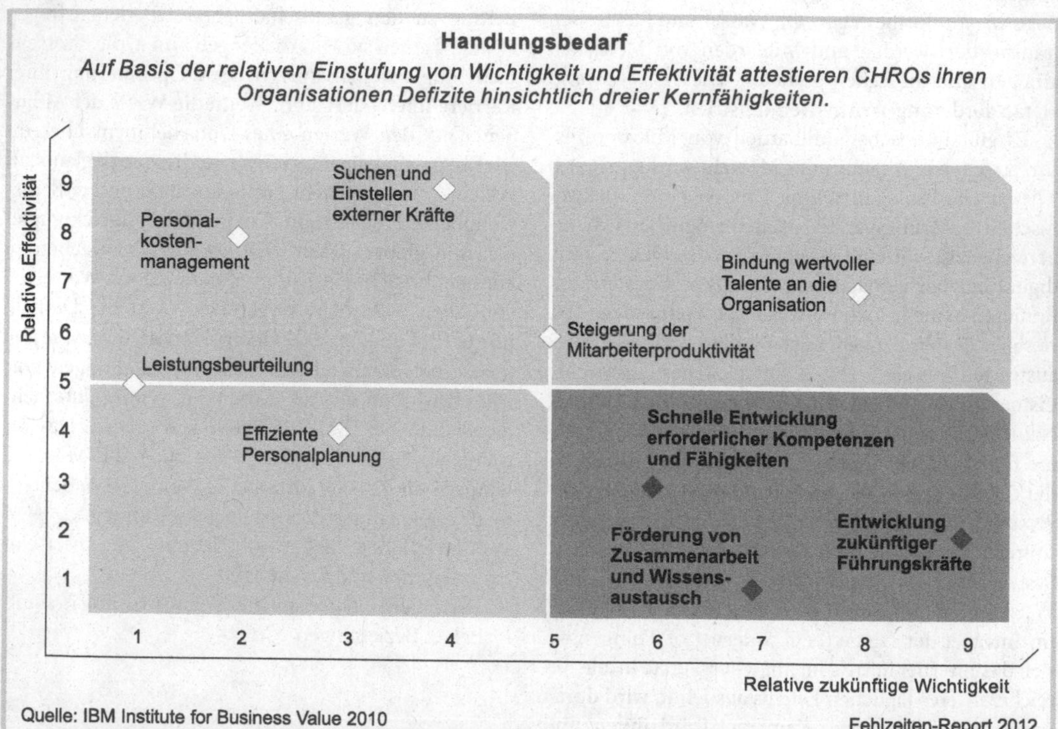

■ **Abb. 26.2** Drei zentrale Schwachstellen im Personalbereich (Quelle: IBM Institute for Business Value 2010)

Ein stellvertretender Geschäftsführer im Bereich Human Resources aus Nordamerika meint hierzu: „Wir müssen wissen, was wir wissen und eigenverantwortlich auftreten, um Probleme funktionsübergreifend zu lösen und unsere Talente und Ideen umfassend zu nutzen." Viele Unternehmen haben folglich noch enormen Handlungsbedarf, das vorhandene Wissen über die Kenntnisse ihrer Mitarbeiter zielorientiert und über organisatorische Grenzen hinweg zu nutzen.

Unternehmen müssen also Antworten auf die Megatrends finden und die Voraussetzungen für „grenzenloses Arbeiten" schaffen, um auch in Zukunft die Wachstumsfähigkeit ihres Unternehmens zu gewährleisten. Die passenden Mitarbeiter und kreativen Führungskräfte finden und halten zu können ist hier ein entscheidender Wettbewerbsvorteil. Um als Unternehmen mehr Geschwindigkeit, Flexibilität und Mobilität zu erreichen, müssen flexible Arbeitsstrukturen stärker genutzt werden, um Mitarbeiter schnell für anspruchsvolle Aufgaben in neuen Geschäftsbereichen einsetzen zu können.

Vor diesem Hintergrund müssen Unternehmen einerseits in der vernetzten Welt innovative Wege finden, um neuen Geschäftsanforderungen gerecht zu werden und auf der anderen Seite dafür sorgen, dass die individuellen Bedürfnisse der Mitarbeiter unter Hochleistungsdruck in einer immer anspruchsvolleren *Always-on*-Gesellschaft, in der die Balance zwischen Berufs- und Privatwelt fließend ist, berücksichtigt werden.

Die verschiedenen Generationen reagieren unterschiedlich auf diese Entwicklungen. Während die Digital Natives diese neuen, flexiblen Arbeitsformen einfordern, bergen sie für andere Generationen die Gefahr der Überforderung. Die Auswirkungen zeigen sich gravierend mit dem Burnout-Effekt – eine rasante Entwicklung in unserer Gesellschaft, die nicht nur bei Fußballspielern unter Hochleistungsdruck Schlagzeilen macht, sondern längst Einzug in Unternehmen gefunden hat. Laut einer 2009 veröffentlichten Studie der Betriebskrankenkassen entstehen durch Burnout Kosten in Höhe von 6,3 Milliarden Euro. Etwa drei Milliarden Euro werden für die Behandlung fällig, den Schaden durch den Produktionsausfall beziffern Experten auf 3,3 Milliarden Euro (Süddeutsche Zeitung 2010).

IBM hat in den letzten Jahren nicht nur das Spektrum der Betrieblichen Gesundheitsförderung mit hochwertigen Angeboten erweitert, sondern stellt auch proaktiv innovative Verfahren zur Verfügung, die in einer flexiblen Arbeitswelt den persönlichen Bedürfnissen und Anforderungen der IBM-Mitarbeiter gerecht werden. Diese werden im Folgenden näher beschrieben.

26.3 Flexible Arbeitswelt bei IBM

Als global agierendes Unternehmen setzte IBM sich schon früh für innovative Arbeitswelten ein. So gründete das Unternehmen bereits 1934 die erste IBM-Berufsschule für Frauen und beschäftigte 1943 die erste weibliche Vizepräsidentin bei IBM in den USA. Bereits im Jahr 1991 setzte IBM weltweit auf flexible Arbeitsplätze. Damals einigte sich das Unternehmen mit den Angestellten auf außerbetriebliche Arbeitsplätze – und wurde damit zum Pionier für Telearbeit.

Örtlich und zeitlich flexibles Arbeiten ist ein charakteristischer Bestandteil der weltweiten Arbeitskultur von IBM. Mobiles Arbeiten von zu Hause oder beim Kunden ist für die Mitarbeiter bereits seit vielen Jahren Standard und in die Arbeitsorganisation integriert. Die Vertrauensarbeitszeit hilft, einerseits besonderen Herausforderungen im Beruf bedarfsgerecht zu begegnen, andererseits können damit auch Freiräume für private Verpflichtungen geschaffen werden. Verschiedene Arbeitszeitmodelle wie Teilzeit und Jobsharing, Eltern- oder Pflegezeit unterstützen die Mitarbeiter bei besonderen Anforderungen, sei es temporär oder auf Dauer. Auch Sabbaticals sind möglich, um für einen befristeten Zeitraum die Prioritäten in Beruf und Privatleben neu zu setzen. Es ist Teil der Firmenphilosophie, hier innovative Wege zu beschreiten und gemeinsam zwischen Führungskraft und Mitarbeiter individuelle Lösungen zu vereinbaren.

Nachfolgend sind beispielhaft einige Konzepte beschrieben, die IBM seinen Mitarbeitern anbietet.

26.3.1 Kind und Karriere

IBM stellt für die bessere Vereinbarkeit der beruflichen Aufgaben mit den familiären Bedürfnissen verschiedene Angebote zur Verfügung, teils ergänzend zu den gesetzlichen Rahmenbedingungen und teilweise als zusätzliche Programme des Unternehmens.

Im Rahmen der Work-Life-Integrations-Angebote unterstützt das Unternehmen alle Mitarbeiter dabei, für sich eine Entlastung und damit ein besseres Gleichgewicht zwischen Beruf, Familie und Freizeit zu finden. Neben zahlreichen Möglichkeiten zur flexiblen Gestaltung von Arbeitszeit und -ort spielen spezielle Programme und Initiativen zur Kinderbetreuung eine wesentliche Rolle. Denn gerade berufstätige Eltern sehen sich oft großen Problemen gegenüber, wenn es darum geht, eine geeignete und individuelle Betreuung ihrer Kinder zu organisieren. Ziel ist es, die Eltern durch das Angebot bei verschiedenen Betreuungsmodellen zu unterstützen. Diese reichen von der Vermittlung von Betreuung während der Arbeitszeit, der Betreuung im Falle von Krankheit, Dienstreisen etc. bis hin zur kurzfristigen Notfallbetreuung. Auch mehrtägige Ferienprogramme für Kinder werden angeboten.

Die gesetzlichen Bestimmungen zur Pflege erkrankter Kinder werden von IBM erweitert und ergänzt. IBM-Mitarbeiter bekommen für die Betreuung erkrankter Kinder eine bezahlte Freistellung von zusätzlich maximal fünf Arbeitstagen. Bei längerer Krankheit der Kinder kann eine daran anschließende unbezahlte Freistellung beantragt werden.

FamPLUS.de

Hinter FamPLUS.de Familienservice steht eine Gruppe junger Eltern und Eltern in spe, die sich nach einigen Jahren im Beruf entschlossen hat, eine Online-Vermittlung für familienunterstützende Dienstleistungen zu gründen – basierend auf den eigenen Erfahrungen bei der Suche nach qualifizierter Kinderbetreuung. Der FamPLUS.de Familienservice bietet berufstätigen Eltern eine Online-Plattform für die Vermittlung von Kinderfrauen, Babysittern und Tagesmüttern an. Das innovative Internetportal soll in Ergänzung zum bereits bestehenden Angebot von IBM berufstätige Eltern durch die seriöse und passgenaue Vermittlung familienunterstützender Dienstleistungen entlasten – im ersten Schritt zur Kinderbetreuung, später auch zur Pflege von Angehörigen.

pme-Familienservice

Der Familienservice unterstützt IBM als firmenunabhängige Beratungs- und Vermittlungseinrichtung bei der Suche nach einer geeigneten Betreuung für die Kinder der Mitarbeiter (bis zum 14. Lebensjahr). Dabei stehen die individuellen Bedürfnisse und die persönliche Situation der Eltern im Vordergrund.

Zu den vielfältigen Möglichkeiten und Angeboten des Familienservice zählen:

- Tagesmütter/Tagesväter (ganz- oder halbtags)
- Au-pair-Mädchen und Kinderfrauen
- Kindergärten, Krabbelstuben, Kinderkrippen und Schulkinderhorte
- Notmütterdienste bei Krankheit des Kindes, der Eltern oder der üblichen Betreuungsperson sowie bei Dienstreisen der Eltern
- Ferienbetreuung während der Schulferien
- Babysitter
- Hotline bei kurzfristigen Betreuungsproblemen

Der Familienservice kann bei jeder gewünschten Betreuungsform auf ein umfassendes Netz an geeigneten Einrichtungen und Personen zugreifen. Er sucht Tagesmütter nach den Anforderungskriterien des Jugendamtes aus und stellt durch Fortbildungsveranstaltungen die Qualifikation der verschiedenen Betreuergruppen sicher. IBM übernimmt die Kosten für die Vermittlung dieser Dienstleistungen.

Play & Attend

Im Rahmen unserer Kooperation mit dem pme-Familienservice bietet IBM mit Play & Attend eine Kinderbetreuung während IBM-Firmenevents an, so dass Eltern eine sorglose Teilnahme ermöglicht wird. Dabei werden die Kinder durch entsprechend qualifizierte Mitarbeiter des pme-Familienservice für die Dauer der Veranstaltung betreut und versorgt.

Elternzeit

Der Tarifvertrag zwischen der IBM Deutschland GmbH und der Gewerkschaft ver.di über die Vereinbarkeit von Beruf und Familie sieht vor, dass zusätzlich zur gesetzlichen Elternzeit ein Anspruch auf IBM-Elternzeit von maximal drei weiteren Jahren besteht. Anspruch auf die zusätzliche IBM-Elternzeit haben alle Mitarbeiter mit mindestens 18-monatiger ununterbrochener Betriebszugehörigkeit. Sollten die 18 Monate unterschritten werden, besteht nur ein Anspruch auf die gesetzliche Elternzeit. Elternzeit kann von einem oder von beiden anspruchsberechtigten Elternteilen in Anspruch genommen werden. Für die Dauer der Elternzeit können die Mitarbeiter entweder die reguläre wöchentliche Arbeitszeit reduzieren oder gar nicht arbeiten. Entsprechend gelten auch die anderen gesetzlichen Regelungen zur Elternzeit weiter.

Children@IBM – Besuch am Arbeitsplatz

Bei IBM haben Eltern die Möglichkeit, ihren Nachwuchs zum Arbeitsplatz mitzubringen. Dadurch können die Kinder der Mitarbeiter ein besseres Verständnis dafür entwickeln, was die Mutter oder der Vater bei der Arbeit tut.

26.3.2 Pflege von Angehörigen

Verschiedenste private Ereignisse können die Aufmerksamkeit der Mitarbeiter erfordern, beispielsweise pflegebedürftige Angehörige, die ihre Unterstützung benötigen. IBM möchte die Mitarbeiter auch in dieser Lebenslage unterstützen. Daher gehören Angebote bezüglich „Eldercare“ auch zu den Programmen im Rahmen der Work-Life-Integration.

Analog zur Kinderbetreuung kann auch bei Fragen rund um die Pflege von Angehörigen sowie bei der Suche nach geeigneten Betreuungsmöglichkeiten oder Pflegepersonal die Hilfe des IBM-Kooperationspartners pme-Familienservice in Anspruch genommen werden. IBM trägt dabei die möglichen Kosten für die Vermittlung, die bei der Suche nach Pflegeplätzen, -diensten oder -personen anfallen. Neben der Vermittlung bietet der Familienservice an verschiedenen Standorten auch Informationsveranstaltungen zum Thema Eldercare, die ebenfalls kostenlos besucht werden können.

Wenn die Pflege von Angehörigen mehr Raum im Leben der Mitarbeiter einnehmen soll, können sie eine per Tarifvertrag abgesicherte Pflegezeit beantragen. IBM-Mitarbeiter, die die Versorgung eines Angehörigen oder einer im Haushalt lebenden Person ab Pflegestufe 1 persönlich übernehmen möchten, können sich für mindestens vier bis maximal 36 Monate von der Arbeit freistellen lassen. Alternativ zu einer kompletten Freistellung kann auch eine Reduzierung der Arbeitszeit auf bis zu 19 Std. pro Woche beantragt werden. Nach Ablauf der vereinbarten Pflegepause wird ein vergleichbarer Arbeitsplatz angeboten. Damit schafft IBM die Möglichkeit, für einen vorübergehenden Zeitraum und abgesichert durch den ruhenden Arbeitsvertrag oder die befristete Arbeitszeitreduzierung einem pflegebedürftigen Familienmitglied mehr Aufmerksamkeit zukommen zu lassen.

Um sich auch bei einer Abwesenheit weiter zu qualifizieren, können die Mitarbeiter sowohl Urlaubs- und Krankheitsvertretungen übernehmen als auch weiterhin an Schulungsmaßnahmen teilnehmen.

26.4 Das Well-Being-Managementsystem von IBM

Der Mensch ist die wichtigste Ressource für den Unternehmenserfolg. Eine Zunahme der Krankheitsfälle einer Belegschaft kann den Erfolg eines Unternehmens signifikant beeinflussen. Die EU schätzt beispielweise die stressbedingten Kosten in der heutigen Arbeitswelt auf 4 Prozent des Bruttosozialproduktes (Europäische Kommission 2011). Die Krankheitsdauer stressbedingter Krankheiten ist häufig sehr lang und verursacht hohe Kosten. Unterschiedliche Erhebungen belegen, dass ca. 80 Prozent der Arbeitnehmer in der IT-Branche nicht das angestrebte Rentenalter erreichen, ein Drittel davon aufgrund von stressbedingten Gesundheitsstörungen.

In dem Bewusstsein, dass Produktivität und Innovation nur in einem „gesunden Klima" gedeihen, hat IBM seine Well-Being-Grundsätze und -Verantwortung eigens in einer Firmenrichtlinie mit der Bezeichnung „Responsibility for Employee Well-Being and Product Safety" festgelegt. Damit ist *Well-Being* ein fester Bestandteil der IBM-Unternehmenskultur.

26.4.1 Was ist Well-Being?

Well-Being – in diesem Begriff spiegelt sich ein ganzheitlicher Ansatz wider: Er verknüpft die Elemente des klassischen Arbeits- und Gesundheitsschutzes mit all den Faktoren, die Einfluss auf die Leistungsfähigkeit und das Wohlbefinden der Mitarbeiter haben. Das Spektrum reicht dabei von der sicherheitstechnischen Unfallverhütung über die ergonomische Arbeitsgestaltung bis hin zur betrieblichen Gesundheitsförderung und Angeboten zum Stressmanagement.

Well-Being steht für Programme, die an die Anforderungen der heutigen Arbeitswelt angepasst sind, den Mitarbeitern ganzheitliches Wohlbefinden ermöglichen und so ihre Kreativität und Leistungsbereitschaft fördern. Eine ausführliche Darstellung der Well-Being-Angebote finden Sie in ◘ Tab. 26.2.

In Deutschland steht ein Team von Betriebsärzten und Krankenschwestern, Sicherheitsfachkräften und Gesundheitsmanagern für die Unterstützung aller Mitarbeiter zur Verfügung. Das Serviceangebot geht dabei weit über das gesetzlich geforderte Maß hinaus, wie einige Beispiele zeigen:

- Pandemie-Planung und Zusammenarbeit mit dem Bundesamt für Bevölkerungsschutz und Katastrophenhilfe im Rahmen der LÜKEX 2007, einer bundesweiten Krisenmanagementübung zur Vorbereitung auf eine mögliche Pandemie
- Screening-Aktionen zum Thema „Haut & Darm". An Darmscreening-Aktionen haben 2007 und 2010 jeweils weit über 2.000 IBM-Mitarbeiter teilgenommen. Am Hautscreening, das seit 2005 mit der Unterstützung von externen Ärzten an vielen IBM-Standorten angeboten wird, nahmen allein im Jahr 2011 1.125 Mitarbeiter teil
- Jährliche Grippeschutzimpfung mit einer Teilnehmerquote von 15 Prozent, die damit deutlich über dem Bundesdurchschnitt liegt
- Beratung und Unterstützung bei Wiedereingliederung, Rehabilitation und individuellen Krisen für Führungskräfte und Mitarbeiter
- Kursangebote für einen gesundheitsbewussten Lebensstil, von der Laufbandanalyse bis hin zum Stressmanagement

Tab. 26.2 Auszug aus dem IBM Well-Being-Portfolio

	Leistungskatalog		Leistungskatalog
Arbeitsmedizinische Leistungen	Impfberatung, auch für Auslandstätigkeit	Wiedereingliederung Case Management	Langzeit/Wiederholt-Erkrankte
	Gesundheitsuntersuchungen		Disability Management
	Sonderuntersuchungen		Unterstützung bei Krankheit/Unfall
	Sonstige Untersuchungen (z. B. Check-up)		Betriebliche Suchtprävention/-betreuung
Sozialmedizinische Leistungen	Dienstunfähigkeit	Klinischer Service	Medizinische Hilfe bei Befindlichkeitsstörungen
	Heilkuren/Sanatoriumsbehandlung		Allgemeinmedizinischer Service
	Sonstige (Wiedereingliederung)	Health Benefits	GKV-/PKV-Kooperationen
Leistungen nach ASiG (Arbeitssicherheitsgesetz)	Begehungen		
	Arbeitsschutzausschuss-Sitzungen	Gesundheitsförderung und sonstige Angebote	Bewegungs- und Entspannungsangebote
	Individuelle und konzeptionelle Beratung		Impfungen
	Lehrtätigkeit, arbeitsmedizinische Unterweisung/Vorträge		Workshops, Seminare, Vorträge
			Gesundheitstage/Aktionen (Ernährung, etc.)
	Sprechstunden		Haut- und Darmkrebsscreenings
			MA- und FK-Check-ups
			Beratung durch internes Netzwerk von Coaches
			MA- und FK-Schulungen, z. B. zum Thema Stress

Quelle: Eigene Darstellung

Fehlzeiten-Report 2012

Die Ergebnisse dieses innovativen und effektiven Gesundheitsmanagements können sich sehen lassen: So liegt beispielsweise der Krankenstand der IBM-Mitarbeiter seit Jahren deutlich unter dem der Vergleichsbranche (Abb. 26.3). Auch bei Arbeitsunfällen schneidet IBM im Zahlenvergleich sehr gut ab.

Diese Erfolge werden auch außerhalb des Unternehmens anerkannt: So gewann IBM u. a. 2006 den VBG Arbeitsschutzpreis, 2007 den „Unternehmenspreis Gesundheit – Move Europe-Partner Excellence" und war 2010 und 2011 Finalist beim Corporate Health Award.

26.4.2 Well-Being-Managementprozesse

Ein umfassendes Well-Being-Managementsystem hilft IBM weltweit bei der Umsetzung dieser Ziele. 2008 wurde das System weltweit nach dem OSHAS-18001:2007-Verfahren für ein Arbeitsschutzmanagementsystem zur Verbesserung der Gesundheit am Arbeitsplatz zertifiziert. Damit ist IBM das erste Unternehmen, das eine globale Zertifizierung eines einheitlichen Managementsystems zum Thema Arbeits- und Gesundheitsschutz besitzt. Die Well-Being-Managementprozesse sollen bei der Erfüllung der Ziele helfen. Der Aufbau eines Regelkreises ermöglicht es, eine kontinuierliche Verbesserung zu erreichen.

Ausgangspunkt ist die Verankerung des Arbeits- und Gesundheitsschutzes von IBM in der „Corporate Policy 127". Das betrifft unter anderem folgende Punkte:

- Gewährleistung eines sicheren und gesundheitsverträglichen Arbeitsplatzes
- Einbeziehung von Mitarbeiter-Well-Being, Produktsicherheitsstandards in den Geschäftsstrategien, Plänen, Bewertungen und Produktangeboten
- Implementierung, Erfassung und ständige Verbesserung der Well-Being-Prozesse, die entscheidend zur Vorbeugung von Arbeitsunfällen sowie berufsbedingten Verletzungen und Krankheiten beitragen

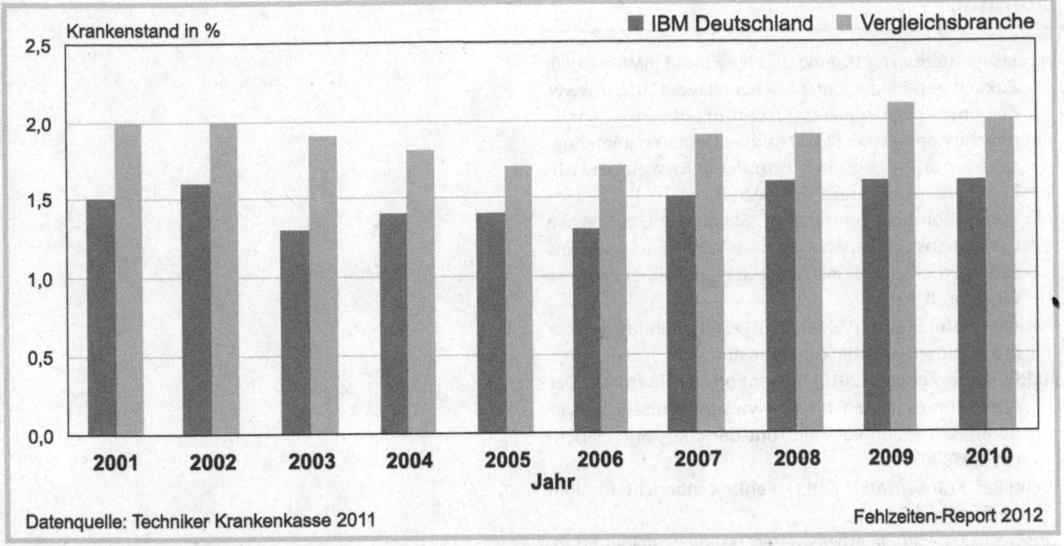

Abb. 26.3 Krankenstand der IBM Deutschland GmbH in Gegenüberstellung zur Vergleichsbranche

- Förderung der Mitarbeiterbeteiligung, Angebot von geeigneten Well-Being-Schulungen, um die Fähigkeit der Mitarbeiter zu steigern, sicher und produktiv zu arbeiten

Im Well-Being-Managementsystem werden Maßnahmen unter Einbeziehung eigener Ziele geplant. Bei der Einführung der Maßnahmen werden Standards berücksichtigt und die einzelnen Programme etabliert. Anschließend wird im Rahmen eines Monitorings kontrolliert, ob eventuell Korrekturen notwendig sind. Nach Ablauf der Well-Being-Maßnahmen werden Ablauf und Erfolg bewertet.

26.4.3 Externe Unterstützung und Counselling-Service

Ergänzend zum Betriebsärztlichen Dienst von IBM steht seit 2010 ein externer Arbeitsmedizinischer Dienst zur Verfügung, der neben der Erfüllung der gesetzlichen Auflagen auch ein erweitertes betriebsärztliches Sprechstundenangebot an allen größeren IBM-Standorten ermöglicht (München, Ehningen, Böblingen, Berlin, Hamburg, Hannover, Düsseldorf, Köln, Meckenheim, Mainz, Frankfurt und Erfurt). Die Kooperation mit einem führenden Dienstleistungs- und Beratungsunternehmen im betrieblichen Risiko- und Gesundheitsmanagement ermöglicht es IBM, bei Bedarf über das Netzwerk des externen Partners auf besondere Spezialisten zurückzugreifen, etwa zur psychologischen Notfallbetreuung.

26.5 Fazit

Auch bei innovativen und zukunftsorientierten Arbeitsformen nimmt IBM weltweit eine Vorreiterrolle ein.

IBM begreift Globalisierung als Chance und richtet die Organisation der Arbeit an den Herausforderungen aus, die sich aus den schnellen Veränderungen in den globalen Märkten ergeben. Die Strategien, Prozesse und das Management sind global organisiert. Wir haben weltweit Mitarbeiter mit hervorragender Expertise, die wir je nach Aufgabenstellung in internationalen Projektteams zusammenführen. Auch hier schafft Flexibilität neue Chancen. Gleichzeitig stellt sie die Mitarbeiter vor neue Herausforderungen. Unternehmen sind daher gefordert, Rahmenbedingungen zu schaffen, so dass sich Veränderungen positiv auf die Arbeitskultur und das Wohlbefinden der Mitarbeiter im Unternehmen auswirken. Der Erfolg des umfangreichen Well-Being-Managementsystems und der sich ständig weiterentwickelnden Personalführung gibt IBM in ihrer Strategie Recht.

Literatur

Bundesministerium für Bildung und Forschung (BMBF) (2000) Zukunftsreport demographischer Wandel. http://www.demotrans.de/documents/Zukunft-dt.pdf

Europäische Kommission (2011) Studie: Deutsche immer gestresster am Arbeitsplatz. http://ec.europa.eu/deutschland/press/pr_releases/9767_de.htm

IBM Elaboration from Lancaster LC, Stillman D (2003) When Generations Collide: Who They Are. Why They Clash. How to Solve the Generational Puzzle at Work. Harper Business, Wheaton, IL

IBM Institute for Business Value (2010) Personalführung in einer grenzenlosen Welt ibm.com/chrostudy/de

Süddeutsche Zeitung (2010) Prävention von Burn-out: Der Chef kann es richten. http://www.sueddeutsche.de/karriere/praevention-von-burn-out-der-chef-kann-es-richten-1.938407

Techniker Krankenkasse (2011) Fehlzeitenbericht für IBM Deutschland GmbH

Zinser S (2004) Flexible Arbeitswelten. Handlungsfelder, Erfahrungen und Praxisbeispiele aus dem Flexible-Office-Netzwerk. VDF Hochschulverlag an der ETH Zürich

Kapitel 27

Umgang mit der Flexibilisierung der Arbeit bei der TRUMPF GmbH + Co. KG

S. F. Schlosser

Zusammenfassung *Der vorliegende Beitrag untersucht, ob die klassischen Instrumente der betrieblichen Gesundheitspolitik wie Gesundheitsschutz und Gesundheitsförderung auch in der „flexibilisierten" Arbeitswelt Wirkung entfalten können.*

27.1 Was wird unter Flexibilisierung der Arbeit verstanden?

Wenn von „Flexibilisierung" der Arbeit die Rede ist, wird unausgesprochen das Gegenbild einer „stabilen" Arbeitssituation mitgedacht. Im „stabilen" Arbeitsverhältnis geht der Beschäftigte täglich zum gleichen Schreibtisch oder zur gleichen Maschine. Darüber hinaus treten nur kleine bzw. wenige Veränderungen bei den Arbeitsprozessen auf. Es existiert eine klare Trennung von beruflicher und privater Sphäre. Mit Flexibilisierung ist in der Regel eine Reduktion der so oder ähnlich definierten Stabilität der Arbeitsformen gemeint (Enquete-Kommission Zukunft der Medien in Wirtschaft und Gesellschaft 1998).

Ein wesentlicher Treiber für Flexibilisierung ist die „Informatisierung" der Arbeit. Immer mehr Arbeitsaufgaben werden unter Einsatz von PC, Software, Intranet und Internet erledigt. Die Informatisierung ist kein spezifisches Phänomen der Arbeitswelt. Der Computer hat seinen Einzug auch in die privaten Haushalte gehalten. Man muss also von der zunehmenden Informatisierung unserer gesamten Lebenswelt ausgehen.

Die Informatisierung ermöglicht neue Raum-Zeit-Strukturen von Produktionsprozessen. Unternehmensformen ändern sich, indem z. B. dezentrale Organisationsstrukturen mit einer zentralen Steuerung kombiniert werden. Daraus ergeben sich *veränderte Anforderungen* an die Beschäftigten: Dienstleistung und Informationsarbeit wird wichtiger als Hand- und Körperarbeit. Themenbezogene Arbeit wird von prozessbezogener Arbeit abgelöst. Die Fähigkeit zur Zusammenarbeit in internationalen, interdisziplinären, unternehmensübergreifenden und virtuellen Gruppennetzwerken und Produktionsverbünden wird immer relevanter.

Auf arbeitsorganisatorischer Ebene eröffnen sich *neue Möglichkeiten der Einbindung und Anbindung* von Beschäftigten. Zu nennen sind hier die Stichworte Outsourcing, Offshoring, freie Dienstverträge, Selbstständigkeit, Personalüberlassung, Teilzeittätigkeit, projektbezogene Befristungen, Telearbeit, dezentrale Callcenter. In jedem Einzelfall mischen sich stabile und flexible Elemente einer Tätigkeit anders. Die Telearbeit eines Sachbearbeiters kann in einem sehr stabilen und klassischen Arbeits- und Aufgabenverhältnis erbracht werden. Die Telearbeit eines freien Journalisten kann

B. Badura et al. (Hrsg.) *Fehlzeiten-Report 2012*,
DOI 10.1007/978-3-642-21655-8_27,

sich dagegen räumlich und zeitlich weniger strukturiert und deutlich informeller präsentieren. Ein gemeinsames Kennzeichen vieler Arbeitsorganisationsformen ist die im Vergleich zum klassisch „ortsfesten" Arbeitsverhältnis stärkere Durchmischung von beruflicher und privater Sphäre. Ob aus den neuen Arbeitsformen eine Belastung für den Arbeitnehmer entsteht, hängt von verschiedenen Faktoren ab.

27.2 Einfluss der Flexibilisierung auf die Instrumente der betrieblichen Gesundheitspolitik – von der stabilen Arbeitswelt zur flexiblen Arbeitswelt: Eine Analyse

Die betriebliche Gesundheitspolitik verfügt über klassische Instrumente und Prozesse zum Umgang mit Gesundheit und Gesundheitsgefahren. Ob diese allerdings in der heutigen, sich stetig wandelnden Arbeitswelt und insbesondere in flexiblen Arbeitsmodellen weiterhin wirksam sein können, soll im vorliegenden Beitrag analysiert und geklärt werden.

Als Rahmenkonzept der Analyse wird das von Ilmarinen vorgeschlagene „Haus der Arbeitsfähigkeit" (Ilmarinen u. Tempel 2002) verwendet. Das Haus gliedert sich in die vier Etagen Arbeit, Motivation, Kompetenz und Gesundheit (◘ Abb. 27.1). Ilmarinen hat darauf hingewiesen, dass sich nur bei Berücksichtigung aller vier Etagen eine optimale Arbeitsfähigkeit ergibt. Die Prozesse auf den Ebenen Kompetenz und Motivation werden aus Platzgründen in dieser Analyse nicht dargestellt. Für die erfolgreiche Gestaltung der Arbeitsfähigkeit müssen in der Praxis allerdings auch diese beiden Etagen und ihre Wechselwirkungen mit den Ebenen Arbeit und Gesundheit unbedingt beachtet werden. Als weitere Besonderheit der Analyse werden alle Prozesse vorrangig aus der Perspektive einer Führungskraft und nicht etwa aus der Perspektive von Gesundheitsexperten betrachtet. Wie in ◘ Abb. 27.1 dargestellt ist, dienen die analysierten Prozesse entweder der systematischen Prävention (A1, A2, G1–G3) oder der Reaktion von Führungskräften auf definierte Einzelfallsituationen (S1–S9).

Für die qualitative Analyse werden die vierzehn Prozesse grob vereinfacht jeweils vor dem Hintergrund einer „stabilen Arbeitswelt" und einer „flexiblen Arbeitswelt" betrachtet. Dabei versteht sich von selbst, dass die idealtypisch vorgestellte „stabile" oder „flexible" Arbeitswelt nirgendwo tatsächlich in Reinform existiert.

Zur analytischen Betrachtung möglicher Differenzen in der Anwendung klassischer Instrumente der betrieblichen Gesundheitspolitik zwischen stabilen und flexiblen Arbeitswelten folgt die Argumentationslinie dieses Beitrags einer bestimmten Struktur. Zunächst wird für jeden Prozess des betrieblichen Gesundheitsmanagements jeweils die in der stabilen Arbeitswelt bislang übliche Vorgehensweise dargelegt, anschließend wird identifiziert, welche Probleme der mögliche Einsatz dieser Instrumente in flexiblen Arbeitsverhältnissen nach sich zieht. Darauf aufbauend werden Handlungsempfehlungen und Optimierungsstrategien für den praktischen Einsatz in flexiblen Arbeitsmodellen benannt.

Die Ergebnisse der Situationsanalyse werden am Ende des Beitrags in ◘ Abb. 27.2 übersichtlich dargestellt. Die Tabelle fasst zusammen, welcher Modifikationsbedarf für den Einsatz gesundheitsbezogener Instrumente in der flexiblen Arbeitswelt besteht. In ► Abschn. 27.3 wird abschließend das konkrete praktische Unternehmensbeispiel der Firma TRUMPF Maschinenbau GmbH & Co. KG vorgestellt.

27.2.1 Prozesse im Rahmen der systematischen Prävention

Überprüfung der Arbeitsgestaltung (A1)

Das klassische Instrument zur Prüfung der Arbeitsgestaltung in der *stabilen Arbeitswelt* ist die Gefährdungsbeurteilung. Sie bewertet die Arbeitsverhältnisse im Hinblick auf Risiken und Handlungsbedarf zur Risikominimierung. Typischerweise begeben sich die Beurteiler (Betriebsarzt, Sicherheitsfachkraft, Arbeitnehmervertreter) nach einer Vorbesprechung mit der Führungskraft zum Arbeitsbereich oder Arbeitsplatz und analysieren die Verhältnisse vor Ort. Checklisten helfen dabei, alle relevanten Typen von Gesundheitsgefährdungen zu erfassen und zu bewerten.

Für eine Übertragung auf die *flexible Arbeitswelt* ergibt sich beispielsweise die Frage: Welchen Arbeitsplatz soll der Beurteiler prüfen, wenn ein Servicetechniker in täglich wechselnden Einsätzen bei verschiedenen Kunden arbeitet? Die Arbeitshygiene wird bei jedem Kunden anders gehandhabt. Zwar kann die Variabilität der Bedingungen als ein typisches Merkmal und evtl. als typische „Gefährdung" erfasst werden. Im Vergleich zu einem ortsfesten Arbeitsplatz im Stammhaus sind aber nur grobe Abschätzungen möglich. Flexibilisierung kann die Gefährdungsbeurteilung aber auch an einem ortsfesten Arbeitsplatz erschweren. Werden an einer Produktionslinie verschiedene Produkte in chaotischer Folge gefertigt, dann ist die

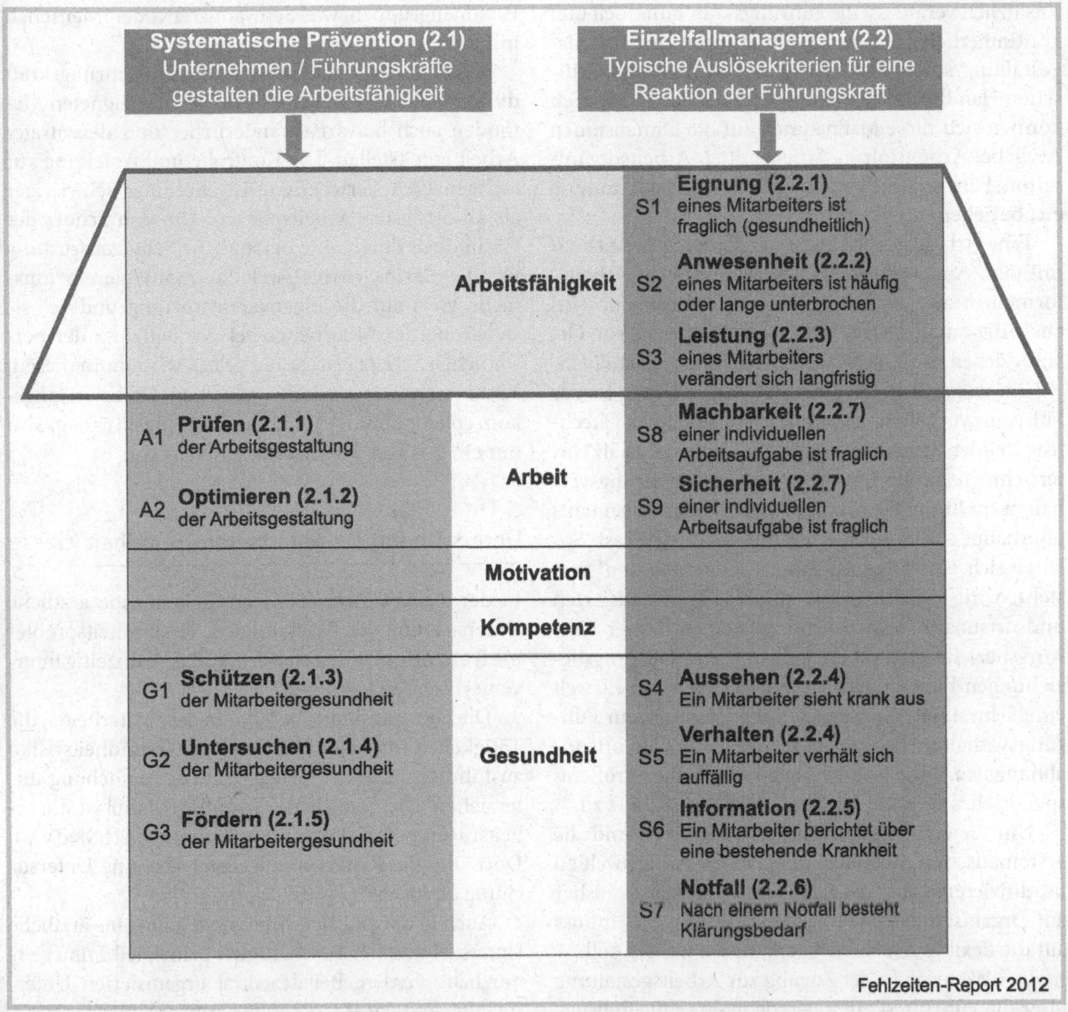

Abb. 27.1 Übersicht der analysierten Prozesse in Bezug zum Haus der Arbeitsfähigkeit

Beurteilung zu einem bestimmten Zeitpunkt möglicherweise nicht repräsentativ.

Es zeigt sich, dass das klassische Instrument der Arbeitsplatzbegehung in der flexiblen Arbeitswelt wirkungslos ist, wenn es keine stabilen und ortsfesten Arbeitsplätze gibt. Für zeitlich und örtlich flexible Arbeitsbedingungen sind neue, der Situation angepasste Konzepte und *Modifikationen* der Gefährdungsbeurteilung zu entwickeln. Allerdings erfordert eine Gefährdungsbeurteilung gesichertes Wissen über die Zusammenhänge zwischen Arbeitsbedingungen und Gesundheitsfolgen. Neue Formen der Arbeit können also nicht ohne neue arbeitswissenschaftliche Erkenntnisse bewertet werden. Des Weiteren sind Gefährdungspotenziale neu zu definieren. Ist es noch zeitgemäß, den Umgang mit einem PC als spezifisches arbeitsbedingtes Gefährdungspotenzial zu betrachten, wenn der PC und ähnliche Geräte mittlerweile in alle Lebensbereiche eingezogen sind? Die Gefährdungsbeurteilung muss also stark angepasst werden, damit sie auf flexible Arbeitsverhältnisse übertragbar ist.

Optimierung der Arbeitsgestaltung (A2)

Viele Unternehmen nutzen in der *stabilen Arbeitswelt* systematische Methoden zur Gestaltung und Einrichtung von Produktionssystemen und Arbeitsbereichen.

Zusätzlich veranlasst die Führungskraft punktuell und kontinuierlich einzelne Optimierungen der Arbeitsgestaltung, sofern die Gefährdungsbeurteilung spezifischen Handlungsbedarf aufgezeigt hat. Grundsätzlich können sich diese Maßnahmen auf die Dimensionen Aufgabe, Arbeitsinhalt, Arbeitsmittel, Arbeitsorganisation, Führung, Sicherheit, Ergonomische Gestaltung etc. beziehen.

Eine Arbeitsgestaltung in der *flexiblen Arbeitswelt* mit dem Anspruch, die Fülle der modernen Arbeitsformen in ausgewogener Weise zu optimieren, wird auch die zufällig erreichbaren Arbeitsplätze vor Ort einbeziehen. Sie kann sich darin aber nicht erschöpfen.

Ein wesentlicher Teil der Arbeitsgestaltung ist das Führungsverhalten. Dieses ist nicht mit einer Checkliste bei der Begehung zu messen. Daher ist es in Unternehmen häufig umstritten, ob sich Führungsverhalten im Sinne des Gesundheitsschutzmanagements überhaupt operationalisieren und bewerten lässt. Solange sich eine Organisation als „Unternehmen" versteht, wird es auch in dezentralen, informatisierten und ortsunabhängigen Arbeitssystemen immer Führungsbeziehungen geben. Führung und Führungsbeziehungen bleiben auch in der flexiblen Arbeitswelt eine sehr stabile Konstante. Daher wächst dem Führungsverhalten bei zunehmender Zahl von ortsunabhängigen Arbeitsbeziehungen ein immer größeres spezifisches Gewicht für den Gesundheitsschutz zu.

Um die Arbeitsgestaltung zu optimieren und die systematischen Methoden der stabilen Arbeitswelt zu modifizieren, muss der Fokus noch stärker als bisher auf Organisation und Prozessen liegen, wenn Einfluss auf die flexible Arbeitswelt genommen werden soll.

Des Weiteren ist der Zugang zur Arbeitsgestaltung über die Führungskraft – gerade in einer flexibilisierten Arbeitswelt – wahrscheinlich die wirksamste Form, die Gesundheitsziele eines Unternehmens zu erreichen. Auch in diesem Bereich stehen für eine Übertragung in die flexible Arbeitswelt also erhebliche Veränderungen an.

Schutz der Mitarbeitergesundheit (G1)

Die Führungskraft sorgt in der *stabilen Arbeitswelt* dafür, dass persönliche Schutzausrüstungen in Form von Kopfschutz, Schutzbrillen, Gehörschutz, Schutzhandschuhen, Schutzkleidung, Sicherheitsschuhen etc. bereitgestellt und verwendet werden. Damit werden direkte gesundheitsschädliche Einwirkungen vermieden. Die Führungskraft sorgt ebenfalls dafür, dass besonders gefährliche Tätigkeiten nicht von vulnerablen Personengruppen wie Schwangeren oder Menschen mit Behinderung ausgeübt werden.

In der *flexiblen Arbeitswelt* kann die Führungskraft die persönliche Schutzausrüstung mit geeigneten Methoden auch bei ortsveränderlicher und dezentraler Arbeit bereitstellen. Die Kontrolle und Anleitung zur sachgemäßen Verwendung ist allerdings schwieriger als an ortsfesten Arbeitsplätzen. Um den Schutz der Gesundheit durch eine persönliche Schutzausrüstung für die flexible Arbeitswelt zu modifizieren, muss mehr Wert auf die Eigenverantwortung und Selbststeuerung der Mitarbeiter bei der Nutzung der persönlichen Schutzausrüstung gelegt werden. In diesem Zusammenhang sind die aktuellen Unterweisungskonzepte zu überdenken und zu erweitern; es liegt also nur ein geringer Modifikationsbedarf vor.

Untersuchung der Mitarbeitergesundheit (G2)

In der *stabilen Arbeitswelt* ermöglicht eine ärztliche Untersuchung der Beschäftigten, Gesundheitsprobleme frühzeitig zu identifizieren, sodass frühzeitig interveniert werden kann.

Die Führungskraft sorgt dafür, dass Mitarbeiter, die Tätigkeiten mit einem besonderen Gesundheitsrisiko ausführen, sich einer Arbeitsschutzuntersuchung unterziehen. Die gesetzliche Grundlage dafür ist die arbeitsmedizinische Vorsorgeverordnung (ArbMedVV). Dort sind die Kriterien aufgelistet, die eine Untersuchung auslösen.

Auch in der *flexiblen Arbeitswelt* kann eine ärztliche Untersuchung der Beschäftigten prinzipiell immer ermöglicht werden. Bei dezentral organisierten Untersuchungen steigt allerdings der Aufwand für die Qualitätssicherung. Bei ortsunabhängigen Arbeitsbedingungen und bei zunehmender Überlappung von beruflicher und privater Sphäre wächst die Schwierigkeit, „Arbeitsbedingungen mit besonderem Gesundheitsrisiko" von den allgemeinen Lebensbedingungen abzugrenzen. Die Logik der Arbeitsschutzuntersuchung suggeriert, dass es dem Arzt möglich ist, direkt und ausschließlich auf die Gesundheitsfolgen einer Berufstätigkeit zu fokussieren. Tatsächlich folgt das ärztliche Denken und Diagnostizieren aber eher der Logik einer allgemeinen Gesundheitsuntersuchung: Im ersten Schritt wird ein Proband auf Gesundheitsstörungen hin befragt und untersucht. Wenn sich Auffälligkeiten ergeben, wird im zweiten Schritt analysiert, ob die Ursachen in der beruflichen Sphäre, in der privaten Sphäre oder auch in beiden Bereichen zu suchen sind. Die strenge Unterscheidung in eine Arbeitsschutzuntersuchung und eine allgemeine Gesundheitsuntersuchung ist aus ärztlicher Sicht daher höchst fragwürdig und praxisfern. Dies wird unter den Bedingungen einer zeitlich und örtlich flexiblen Arbeitssituation noch deutlicher.

Die Ergebnisse des analytischen Vergleichs deuten darauf hin, dass die große „Werksarztpraxis" mit stabilen, ortsfesten und homogenen Bedingungen nicht komplett verschwinden wird. Zusätzlich ergeben sich jedoch neue Anforderungen an die Qualitätssicherung, Vergleichbarkeit und Auswertbarkeit von dezentral durchgeführten Gesundheitsuntersuchungen.

Um auf die neuen Anforderungen zu reagieren, wird die Bildung von dezentralen diagnostischen Netzwerken zunehmen. Betriebliche Gesundheitspolitik bedeutet, dass der Betrieb das Netzwerk steuert und nicht umgekehrt.

Förderung der Gesundheit (G3)

Gesundheitsförderung will stabilisierende und protektive Ressourcen aktivieren. Die Maßnahmen beziehen sich in der *stabilen Arbeitswelt* auf die zwei großen Bereiche Arbeitsstil und Lebensstil. Der Arbeitsstil gehört direkt zur beruflichen Sphäre. Eine Führungskraft kann daher relativ leicht Einfluss auf den Arbeitsstil ihrer Mitarbeiter nehmen. Neben der Vorbildfunktion sind Angebote zu den Themen Zeitmanagement, Ordnung am Arbeitsplatz, Stressbewältigung, Entspannungstechniken etc. möglich. Große Unternehmen engagieren sich schon immer intensiv im Bereich der Lebensstilfaktoren. Konkret geht es hier um Angebote zu Bewegung, Ernährung und Umgang mit Suchtmitteln. Die möglichen Fragen zur Legitimation („Warum mischt sich der Betrieb in meine private Sphäre ein") werden nicht immer ausreichend thematisiert. Wenn die Arbeitswelt flexibler wird, muss auch die Gesundheitsförderung flexibler werden. Ein ortsfestes betriebseigenes Fitness-Studio geht am Bedarf vorbei, wenn die Mehrzahl der Mitarbeiter im Außendienst arbeitet.

Berufliche und private Sphäre sind in der Folge von neuen flexiblen Arbeitsformen immer weniger klar zu trennen. Damit wird die Frage zweitrangig, ob sich Prävention und Gesundheitsförderung auf Lebens- oder Arbeitsstil richten. Aus der Sicht der Einzelperson gibt es ohnehin nur „eine" Gesundheit. Dennoch erfordert das betriebliche Engagement im Bereich Lebensstiloptimierung eine gute Planung und Vorbereitung. Nicht alle Beschäftigten schätzen es, wenn ihr Betrieb sich in die private Sphäre und in Fragen des Lebensstils einmischt. Die Legitimation wird vor allem dann angezweifelt, wenn sich der Betrieb wenig um den Arbeitsstil, aber intensiv um den Lebensstil kümmert; in diesem Bereich besteht für die Übertragung auf die flexible Arbeitswelt also noch ein deutlicher Modifikationsbedarf.

27.2.2 Einzelfallmanagement: Herausforderungen für die Führungskräfte lassen sich durch neun klar definierte Auslösekriterien strukturieren (S1–S9)

Prävention zielt auf die weitgehende Vermeidung von Gesundheitsstörungen. Die tägliche Lebens- und Unternehmenspraxis zeigt aber: Ein bestimmtes Maß an Gesundheitsstörungen ist unvermeidlich. Prävention bedeutet auch, in solchen Situationen schnell und sachgerecht auf konkrete Störungen zu reagieren (Sekundär- und Tertiärprävention). Damit haben Führungskräfte eine hervorragende Möglichkeit, Einfluss auf die Gesundheit der Mitarbeiter zu nehmen. Eine ausschließliche Primärprävention würde diese Möglichkeit verpassen. Diese Form der Einflussnahme hat drei Voraussetzungen:

1. Jede Führungskraft kennt die wichtigsten Situationstypen, die im Zusammenhang mit Gesundheitsfragen auftreten (exemplarische Beispiele werden weiter unten angeführt; siehe auch ◘ Abb. 27.1, rechte Spalte).
2. Jede Führungskraft reagiert im Bedarfsfall umgehend mit einer Empfehlung zum Betriebsarzt.
3. Der Betriebsarzt antwortet zeitnah mit einer für die Führungskraft brauchbaren Stellungnahme. Für diesen Prozessablauf ist es nicht erforderlich, dass ein Betriebsarzt ständig anwesend ist. Wichtig ist lediglich, dass der Ablauf allen Führungskräften und dem bestellten Betriebsarzt bekannt ist. Der Betriebsarzt hat die Rolle einer Clearingstelle für die neun Situationstypen: Wenn der Betriebsarzt einen Untersuchungsauftrag erhält, dann wird er den Mitarbeiter unter dem Siegel der Schweigepflicht zu seiner Gesundheitssituation, zur Leistungsfähigkeit und zur Eignung untersuchen (Diagnostik) bzw. zu Verbesserungsmöglichkeiten beraten (Prävention, Therapie). Zusätzlich wird der Betriebsarzt eine Rückmeldung an die Führungskraft zu folgenden Fragen geben: Gibt es notwendige oder empfehlenswerte betriebliche Unterstützungs- und Verbesserungsmaßnahmen? Ist eine Versetzung aus medizinischer Sicht angezeigt? Sind nach einem Notfall weitere Vorkehrungen erforderlich? Der Betriebsarzt wird – sofern es erforderlich ist – immer den Arbeitsplatz begehen und hierzu eine Bewertung abgeben.

Im Folgenden werden die neun wichtigsten Situationstypen, mit denen jede Führungskraft im Laufe ihrer Führungsaufgabe konfrontiert wird, dargestellt und mit Beispielen illustriert. Die Situationstypen sind zur Übersicht in ◘ Abb. 27.1 unter „Einzelfallmanagement" aufgelistet. Zusätzlich wurden sie in Anlehnung an das „Haus der Arbeitsfähigkeit" den Ebenen der Arbeitsfähigkeit (Eignung, Anwesenheit und Leistung), der Gesundheit (Verhalten, Aussehen, Information und Notfall) und der Arbeitsaufgabe (Machbarkeit und Sicherheit) zugeordnet.

Die Frage nach der gesundheitlichen Eignung eines Mitarbeiters

27

Die Führungskraft interessiert in der *stabilen Arbeitswelt*, ob der Mitarbeiter aus gesundheitlicher Sicht für eine bestimmte Tätigkeit geeignet ist. Dies geht über die Feststellung des Gesundheitszustandes hinaus – zusätzlich muss das Wechselspiel zwischen Gesundheit und Arbeitsaufgabe bewertet werden. Der Betriebsarzt erhält einen Untersuchungsauftrag. Typische Situationen hierfür sind Einstellung, Mitarbeiterentsendung, Beförderung, Versetzung oder Wechsel des Aufgabenspektrums.

Die Frage nach der gesundheitlichen Eignung wird auch in der *flexiblen Arbeitswelt* weiterhin Bedeutung haben. Durch die Flexibilisierung in Bezug auf Ort und Zeit ergibt sich jedoch ein differenziertes Bild: Einerseits kann der Bedarf an räumlicher Flexibilität das Anforderungsniveau für Beschäftigte erhöhen. Andererseits werden sich durch die Möglichkeiten der dezentralen Arbeit neue Kompensationsmöglichkeiten für gesundheitliche Störungen ergeben. Beispielsweise kann eine Einschränkung der Mobilität und Reisefähigkeit mit modernen Organisationsformen und Kommunikationsmitteln besser bewältigt werden als in der klassischen Arbeitsorganisation mit Reisezwang.

Ein gravierender Modifikationsbedarf ergibt sich für die Eignungsuntersuchung der Mitarbeiter in flexiblen Arbeitsverhältnissen nicht. Die Bewertung der Eignung muss – wie bisher – immer individuell sein. Ein hochinteressanter Aspekt für die betrieblichen Gestaltungsmöglichkeiten im Umgang mit Eignungsfragen ist jedoch, dass Flexibilisierung in einem Fall das Problem, im anderen Fall die Lösung des Problems sein kann.

Ermittlung der Anwesenheit

Im Umfeld der *ortsfesten Arbeit* ist eine gestörte Anwesenheit ein Warn- und Erkennungszeichen für Gesundheitsprobleme. Es fällt auf, wenn ein Mitarbeiter sehr lange oder häufig wiederkehrend wegen Arbeitsunfähigkeit nicht zur Arbeit erscheint. Die Führungskraft veranlasst daraufhin ein Mitarbeitergespräch. Dort kann eine Vorstellung beim Betriebsarzt angeboten und ggf. vereinbart werden. Typische Situationen hierfür sind eine chronische Erkrankung, eine Suchterkrankung oder andere Anlässe für das Betriebliche Eingliederungsmanagement.

Auch in der *flexiblen Arbeitswelt* wird es weiterhin Arbeitsplätze mit Präsenzpflicht geben. Daneben werden Tätigkeiten zunehmen, bei denen die Präsenz keine Rolle mehr spielt. Dies kann für bestimmte Beschäftigte eine deutliche Erleichterung sein. Für andere Beschäftigte bedeutet der Mangel an Präsenzpflicht einen erheblichen Verlust an sozialer Struktur.

Als Resultat der Analyse ergibt sich: Wenn Anwesenheit an einem Arbeitsort keine Anforderung mehr ist, dann verschwindet eine der betrieblichen Möglichkeiten, auf Gesundheitsstörungen zu reagieren, weitgehend. Ohne Präsenzpflicht ist der Beschäftigte stärker auf seine eigenen Ressourcen angewiesen; insofern kann eine Störung der Anwesenheit ihre Indikatorfunktion für eine Gesundheitsstörung weitgehend verlieren.

Veränderung der Arbeitsleistung eines Mitarbeiters als Hinweis auf eine Gesundheitsstörung

Im Umfeld der *ortsfesten Arbeit* ist eine gestörte Leistung – analog zur gestörten Anwesenheit – ein Warn- und Erkennungszeichen für Gesundheitsprobleme. Es muss der Führungskraft auffallen, wenn sich die Leistungen des Beschäftigten – trotz stabiler Anwesenheit am Arbeitsplatz – über das normale Schwankungsmaß hinaus verändern. Die Führungskraft veranlasst ein Mitarbeitergespräch. Wenn der Mitarbeiter einen Zusammenhang zwischen den Leistungsschwankungen und seiner Gesundheitssituation sieht, wird die Führungskraft eine Vorstellung beim Betriebsarzt anbieten. Typische Situationen: Suchterkrankung, Depression, neurologische Erkrankung, chronische Erkrankung, andere Anlässe für Betriebliches Eingliederungsmanagement.

In *dezentral organisierten Arbeitsformen* ohne Präsenzpflicht besteht die Gefahr, dass auch bedrohliche Leistungsminderungen nur mit Verzögerung erkannt werden. Damit verringern sich die betrieblichen Möglichkeiten, auf Gesundheitsstörungen zu reagieren. So ist der Beschäftigte stärker auf seine eigenen Ressourcen angewiesen. Um die Leistungsidentifikation auch in der flexiblen Arbeitswelt optimal vornehmen zu können, müssen die Prinzipien der Leistungserfassung modifiziert werden.

Auffälligkeiten bei Aussehen und/oder Verhalten eines Mitarbeiters

In der *stabilen Arbeitswelt* muss es der Führungskraft auffallen, wenn ein Mitarbeiter zwar anwesend ist, aber ein auffälliges, bisher nicht beobachtetes Verhalten oder Aussehen zeigt. Die Führungskraft veranlasst ein Mitarbeitergespräch. Wenn der Mitarbeiter die Auffälligkeiten mit einem längerfristig relevanten Gesundheitsproblem erklärt, wird die Führungskraft eine Vorstellung beim Betriebsarzt anbieten. Wenn der Mitarbeiter das Angebot nicht annehmen möchte, muss die Führungskraft entscheiden, ob die Situation unter Sicherheitsaspekten tolerabel ist. Verhaltensauffälligkeiten treten z. B. bei folgenden Gesundheitsstörungen auf: Suchterkrankung, Depression, kleiner Schlaganfall, neurologische Erkrankung, chronische Erkrankung. Typische Veränderungen des Aussehens treten im Rahmen von Handekzemen, Hautausschlag, Gelbsucht, massivem Gewichtsverlust oder Suchterkrankungen auf.

Bei *dezentraler, räumlich flexibler Organisation* können Verhalten und Aussehen nicht oder nur rudimentär bewertet werden. Unter den Bedingungen von Telearbeit und diskontinuierlichen Arbeitskontakten verringert sich die Möglichkeit, Rückmeldung über beobachtbare Gesundheitsstörungen zu geben; insofern kann dieses Instrument der Beobachtung seine Funktion in der flexiblen Arbeitswelt weitgehend verlieren.

Information über eine gesundheitliche Beeinträchtigung von Seiten der Mitarbeiter

In der *stabilen Arbeitswelt* kommt es häufig vor, dass ein Mitarbeiter seine Führungskraft darüber informiert, dass er die bisherige Arbeit aus gesundheitlichen Gründen nicht mehr leisten kann. Eine dauerhafte oder längerfristige Versetzung aus medizinischen Gründen ist ein erheblicher Eingriff in das ungestörte Arbeitsverhältnis. Deshalb entscheidet die Führungskraft bei Versetzungen aus medizinischen Gründen nur mit fachmännischer Beratung. Die Führungskraft veranlasst eine Vorstellung beim Betriebsarzt. Typische Anlässe sind: Depression, Burnout, Rückenprobleme, Knieprobleme, chronische Erkrankung, Mitarbeitergespräch, sowie andere Anlässe für Betriebliches Eingliederungsmanagement.

Gesundheitsprobleme können die Mitarbeiter prinzipiell auch in der *„informatisierten" und flexibilisierten Arbeitswelt* ihrer Führungskraft grenzenlos mitteilen. Die Vielfalt der technischen Möglichkeiten wird bei Gesundheitsinformationen jedoch durch den Wunsch nach Vertraulichkeit limitiert. Die qualitative Analyse zeigt, dass der direkte Informationsfluss vom Mitarbeiter zur Führungskraft bei Gesundheitsproblemen ein stabiler und notwendiger Prozess ist. Er wird in der flexiblen Arbeitswelt umso wichtiger, je weniger andere Erkenntnisquellen wie Verhalten und Aussehen zur Verfügung stehen.

Klärungsbedarf nach Notfällen

Wenn ein Mitarbeiter in der *stabilen Arbeitswelt* betriebsöffentlich einen Notfall aus innerer Ursache erleidet, bietet die Führungskraft dem Mitarbeiter im Nachgang häufig eine Vorstellung beim Betriebsarzt an. Typische Beispiele sind: Kollaps, Herzinfarkt, Schlaganfall, Unterzuckerung, epileptischer Anfall, Suchterkrankung.

Ein betriebliches bzw. ortsfestes Management von Notfällen wird in einer *flexibel gestalteten Arbeitswelt* schwierig bis unmöglich und ist auch überflüssig. In der dezentralen Arbeitsorganisation ereignen sich Notfälle häufig außerhalb der betrieblichen Kontrolle. Der betriebliche Einfluss beschränkt sich auf die Vorbeugung und Unterstützung bei der Schadensabwicklung. Damit verliert der Notfall seine Auslösefunktion für betriebliche Unterstützungsmaßnahmen. Eine sinnvolle Anpassung könnte sein, die Schnittstellen zwischen Betrieb und allgemeinem Gesundheitssystem stärker zu nutzen.

Die Frage nach der Machbarkeit und Sicherheit bestimmter Arbeitsaufgaben

Die Führungskraft muss in der *stabilen Arbeitswelt* entscheiden, ob eine bestimmte Arbeitsaufgabe grundsätzlich machbar und/oder sicher ist. Typische Situationen, in denen diese Frage auftaucht: Neugestaltung oder Umgestaltung eines Arbeitsplatzes, neues Schichtsystem, Technologiewechsel, Beschwerde eines Mitarbeiters, Beschwerde der Arbeitnehmervertretung.

Prozess			Prüfungsergebnis: Ist der Prozess wirksam? Arbeitswelt stabil – Ja	Arbeitswelt flexibel – Ja	Arbeitswelt flexibel – nur mit leichter Modifikation	Arbeitswelt flexibel – nur mit schwerer Modifikation	siehe Kapitel
Systematische Prävention							2.1
Auf der Ebene der **Arbeitsaufgabe**	A1	Überprüfung der Arbeitsgestaltung	✓			((✓))	2.1.1
	A2	Optimierung der Arbeitsgestaltung	✓			((✓))	2.1.2
Auf der Ebene der **Gesundheit**	G1	Schutz der Mitarbeiter-Gesundheit	✓		(✓)		2.1.3
	G2	Untersuchung der Mitarbeiter-Gesundheit	✓		(✓)		2.1.4
	G3	Förderung der Gesundheit	✓			((✓))	2.1.5
Einzelfallmanagement – Die Führungskraft reagiert bei neun typischen Auslösekriterien, wenn:							2.2
Auf der Ebene der **Arbeitsfähigkeit**	S1	die Eignung eines Mitarbeiters in Frage steht	✓		(✓)		2.2.1
	S2	die Anwesenheit eines Mitarbeiters häufig oder langfristig unterbrochen ist	✓			((✓))	2.2.2
	S3	die Arbeitsleistung eines Mitarbeiters sich langfristig verändert	✓		(✓)		2.2.3
Auf der Ebene der **Gesundheit**	S4	das Aussehen eines Mitarbeiters auf Krankheit deutet	✓			((✓))	2.2.4
	S5	das Verhalten eines Mitarbeiters auf Krankheit deutet	✓			((✓))	
	S6	vom Mitarbeiter die Information über eine Krankheit übermittelt wird	✓	✓			2.2.5
	S7	nach einem Notfall Klärungsbedarf besteht	✓			((✓))	2.2.6
Auf der Ebene der **Arbeitsaufgabe**	S8	die Machbarkeit einer individuellen Arbeitsaufgabe fraglich ist	✓			((✓))	2.2.7
	S9	die Sicherheit einer individuellen Arbeitsaufgabe fraglich ist	✓			((✓))	

Fehlzeiten-Report 2012

Abb. 27.2 Wesentliche Prozesse von Gesundheitsschutz und Gesundheitsförderung: Vergleich der Wirksamkeit im Kontext von „stabiler" und „flexibler" Arbeitswelt

Die Machbarkeit und Sicherheit einer Arbeitsaufgabe in der *flexiblen Arbeitswelt* lassen sich umso weniger über die Begutachtung der Verhältnisse beurteilen, je stärker die Arbeitsverhältnisse von Mitarbeiter zu Mitarbeiter, von Ort zu Ort, von Zeitpunkt zu Zeitpunkt variieren. Es ist theoretisch möglich, aber praktisch schwierig, beispielsweise jedes Home-Office zu begehen oder jeden Einsatz eines Servicetechnikers beim Kunden zu begleiten.

In solchen Situationen muss der Gesundheitsschutz vorwiegend über die Verhaltensprävention umgesetzt werden. Der an wechselnden Orten zu wechselnden Zeiten eingesetzte Mitarbeiter muss durch geeignete Schulungen und Informationen in die Lage versetzt werden, eigenverantwortlich dafür zu sorgen, dass seine Arbeit machbar und sicher ist. Management- und Auditierungskonzepte der Zukunft müssen entsprechend noch stärker angepasst werden.

27.2.3 Gesammeltes Ergebnis der Prozessprüfung

Zusammenfassend ergibt sich als Ergebnis der Überprüfung gesundheitsrelevanter Prozesse (s. auch Abb. 27.2), dass bei dreizehn von vierzehn Prozessen Modifikationen erforderlich sind, wenn die Prozesse für Gesundheitsschutz und Gesundheitsförderung auch in der flexiblen Arbeitswelt Wirkung entfalten sollen. Bei immerhin neun von vierzehn Prozessen sind erhebliche Anpassungen erforderlich. Schneller Informationsfluss ist ein Kennzeichen der „informatisierten" und flexiblen Arbeitswelt. Entsprechend wird der Prozess der „Information über eine gesundheitliche Beeinträchtigung von Seiten der Mitarbeiter" am wenigsten beeinträchtigt.

27.3 Wie kann ein Unternehmen die Instrumente der betrieblichen Gesundheitspolitik an die Veränderungen der Lebens- und Arbeitswelt anpassen?

Im Rückblick fällt es schwer, ein konkretes Datum zu nennen, ab welchem die „Flexibilisierung der Arbeit" eingesetzt oder zugenommen hätte. Flexibilisierung und „Informatisierung" zahlreicher Prozesse sind Phänomene, mit denen sich auch die TRUMPF GmbH schon seit Jahren auseinandersetzen muss. TRUMPF ist ein familiengeführtes Unternehmen, das mit ca. 8.500 Mitarbeitern komplexe Werkzeugmaschinen weltweit produziert und verkauft. Aus der betrieblichen Erfahrung heraus gibt es keinen Anlass, den

Veränderungen mit „Alarmismus" zu begegnen. Informatisierung ist nicht grundsätzlich ein Problem – sie kann auch der Weg zur Lösung eines Problems für Unternehmen und Beschäftigte sein. Im Folgenden werden die konkreten Maßnahmen bei TRUMPF beschrieben, die einen wesentlichen Beitrag zur Anpassung an die flexibilisierte Arbeitswelt leisten sollen.

27.3.1 Überprüfung der Arbeitsgestaltung

Noch stärker als in der Vergangenheit liegt das Gewicht auf der Gefährdungsbeurteilung, die Führungskraft, Sicherheitsfachkraft, Betriebsarzt und Arbeitnehmervertreter gemeinsam vornehmen. Dabei werden die wesentlichen und typischen Belastungen einer Tätigkeit erarbeitet. Die Begehung der Arbeitsplätze erfolgt weiterhin dort, wo es sinnvoll und möglich ist.

Ein EDV-gestütztes Dokumentationssystem unterstützt konzernweit einheitliche und qualitätsgesicherte Gefährdungsbeurteilungen und die daraus abgeleiteten Maßnahmen.

Die Arbeitsbedingungen von Servicetechnikern und Außendienstmitarbeitern können nur stichprobenartig direkt beobachtet werden. Zum Ausgleich erhalten diese Mitarbeitergruppen jährliche Schulungseinheiten z. B. im Rahmen des Servicetechnikertages, damit sie eigenverantwortlich Gefährdungsbeurteilungen durchführen können.

Auch wenn nach der arbeitsmedizinischen Vorsorgeverordnung ArbMedVV keine Pflichtuntersuchung erforderlich wäre, erhalten die Außendienstmitarbeiter das Angebot, regelmäßige ärztliche Untersuchungen im TRUMPF-Gesundheitszentrum wahrzunehmen. Dies hat mehrere Vorteile:

- Kompensation für die Erschwernis bei der Gefährdungsbeurteilung durch indirekte anamnestische Auskünfte über die Arbeitsgestaltung
- Früherkennung von individuellen gesundheitlichen Belastungen
- Bindung der Außendienstmitarbeiter an das Stammhaus: Vermittlung von Stabilität, „Heimat"

27.3.2 Optimierung der Arbeitsgestaltung

Es genügt nicht, die gesundheitsrelevanten Prozesse aus der Sicht von externen und internen Gesundheitsexperten darzustellen. Wenn Führungskräfte Treiber der Prozesse für Gesundheitsschutz und -förderung sein sollen, dann ist es von zentraler Bedeutung, dass die Prozesse durchgängig aus der Sicht der Führungskräfte dargestellt und vermittelt werden können (◘ Abb. 27.1). Nur so kann die Umsetzung einer „betrieblichen" Gesundheitspolitik sichergestellt werden. Eine wirksame „betriebliche" Gesundheitspolitik entsteht nicht aus der unreflektierten Übernahme von nationalen Gesundheitszielen oder von Gesundheitszielen der Krankenkassen. Zur Stärkung und Schärfung der Rolle der Führungskräfte gehört auch, dass deutlich vermittelt wird, wo die Aufgabe der Führungskraft endet. Eine Führungskraft wird ihr volles Potenzial nicht ausschöpfen, wenn sie sich als Gesundheitstrainer oder Hausarztvertreter für den Mitarbeiter versteht. Hier beginnt die Schnittstelle zum Betriebsarzt. Idealerweise kennen Kleinunternehmer und Führungskräfte die Einsatzmöglichkeiten ihres Betriebsarztes genauso präzise wie die Einsatzmöglichkeiten ihres Steuerberaters.

Ein wichtiges Instrument der Arbeitsgestaltung wurde mit dem „Bündnis für Arbeit 2016" (FAZ 19.05.2011; http://www.de.trumpf.com) geschaffen. Die TRUMPF-Mitarbeiter können ihre bisherige „Basisarbeitszeit" durch eine „Wahlarbeitszeit" befristet für zwei Jahre nach oben oder unten verändern. Damit kann der Mitarbeiter seine Arbeitsbelastung ohne Risiko an die aktuelle persönliche oder familiäre Lebenssituation anpassen. Nach den zwei Jahren läuft sein bisheriger Vertrag unverändert weiter, sofern keine neue Wahlvereinbarung folgt.

Ein weiteres Element der Arbeitsgestaltung ist die regelmäßige Information der Mitarbeiter. Bei TRUMPF werden alle Mitarbeiter einmal pro Monat im Top-Down-Verfahren über wichtige Ergebnisse und Veränderungen informiert. Dieses formalisierte Vorgehen wirkt stabilisierend auf Arbeitsbeziehungen mit Veränderungsdruck und hohen Anforderungen an die Flexibilität:

- Mitarbeiter können den Sinn von Veränderungen verstehen
- Mitarbeiter verstehen, welche Konsequenzen es hätte, wenn sich die Firma nicht anpassen würde
- Die Erfolge der Flexibilität werden gemeinsam gewürdigt

Um die Mitarbeiter zu befähigen, die Gestaltung ihres Arbeitsplatzes selbst zu optimieren, werden über ein Online-Programm die Seminare „Ergonomie am Büroarbeitsplatz" und „Ergonomie am Produktionsarbeitsplatz" zur bedarfsorientierten dezentralen Buchung angeboten.

In verschiedenen Formen wird mit der Bereitstellung von Ruheräumen experimentiert. Mitarbeiter können sich hier in Eigenregie außerhalb der Arbeitszeit zurückziehen.

Die Optimierung der Arbeitsgestaltung ist auch das Ziel bei einem neu eingeführten Pilotprojekt der Essensausgabe für Erziehende: Für Mitarbeiter mit Erziehungsaufgaben soll der Verkauf und die Mitnahme von verpackten Essensportionen ermöglicht werden.

Auch der Einsatz der Informatisierung zum Nutzen des Unternehmens und der Beschäftigten wird in der Praxis immer wichtiger. So hat die Fernwartung im Service den Vorteil, dass nicht nur die Software, sondern auch konkrete Maschinenfunktionen über Internetverbindungen geprüft, gesteuert und repariert werden können, während früher ein Servicetechniker zum Kunden reisen musste.

27

Bei TRUMPF werden Schulungen für Bedienung und Wartung der komplexen Maschinen am Stammhaus in Ditzingen durchgeführt. Eine stärkere Digitalisierung und Virtualisierung der Schulungen wird den Reiseaufwand der betroffenen Personen reduzieren. Durch eine „Fernwartung" in der Personalwirtschaft wurde beispielsweise bei einem mehrtägigen Stromausfall an einem außereuropäischen Produktionsstandort die Gehaltsabrechnung und -auszahlung des aktuellen Monats vom Stammhaus übernommen. Dadurch konnte eine empfindliche Belastung für die betroffenen Beschäftigten vermieden werden.

27.3.3 Schutz der Mitarbeitergesundheit

Neben der vertiefenden Anleitung zur Selbststeuerung wurden in diesem Bereich keine wesentlichen Änderungen eingeführt.

27.3.4 Untersuchung der Mitarbeitergesundheit

Die Arbeitsschutzuntersuchung wird weiterhin nach Erfordernis durchgeführt. Sie hält aber den Anforderungen der flexiblen Arbeitswelt auf Dauer nicht stand. Als eine adäquate Antwort auf die zunehmende Überlappung von beruflicher und privater Sphäre wurde der TRUMPF-Gesundheitscheck eingeführt. Der TRUMPF-Gesundheitscheck ist eine freiwillige Gesundheitsuntersuchung, die allen Mitarbeitern in regelmäßigen Abständen angeboten wird. Bei Auffälligkeiten erfolgt die Empfehlung, den Hausarzt aufzusuchen.

27.3.5 Förderung der Gesundheit

Die bisherigen lokalen Angebote zum Arbeitsstil (im TRUMPF-Seminarprogramm) und Lebensstil (im TRUMPF-Gesundheitsforum: Kurse zu Bewegung, Ernährung, Entspannung im betriebseigenen Sportraum) werden weitergeführt. Zudem werden die Online-Plattformen der Angebote, insbesondere für Außendienstmitarbeiter, erweitert und ausgebaut. Das Stammhaus erarbeitet Empfehlungen und grundsätzliche Anforderungen an die Qualität von Maßnahmen, die unter dezentralen Bedingungen wirksam werden können.

27.3.6 Einzelfallmanagement bei definierten Auslösekriterien

Die strukturierte Reaktion auf klar definierte gesundheitsrelevante Auslösesituationen (S1–S9), muss in engem Zusammenhang mit der Förderung der Gesundheit (G3) verstanden werden. Wissenschaftliche Erkenntnisse über Wirkzusammenhänge in der *flexiblen Lebens- und Arbeitswelt* sind nur rudimentär verfügbar. Geradlinige Verhältnisprävention im Sinne von „Wenn Verhältnis x vermieden wird, dann wird Gesundheitsstörung y nicht eintreten" ist selten möglich. In diesem Zustand der Unsicherheit sollen die betrieblichen Gesundheitsprozesse als lernendes System fungieren. Die präventive Wirkung ergibt sich dann, wenn das System immer schneller, sensibler und professioneller auf Störungen reagieren kann. Elemente des lernenden Systems sind vor allem:

- Klar definierte Auslösekriterien, die den Führungskräften bekannt sein müssen
  - Arbeitsfähigkeit: Fragen zur Eignung (S1), Anwesenheit (S2) oder Leistung (S3)
  - Gesundheit: Wahrnehmungen bzw. Fragen zu Aussehen (S4), Verhalten (S5), Informationen (S6) oder Notfällen (S7)
  - Arbeit: Fragen zur Machbarkeit (S8) oder Sicherheit (S9)
- Drei Reaktionsmöglichkeiten:
  - Mitarbeitergespräch zwischen Führungskraft und Mitarbeiter
  - Untersuchungsauftrag an den Betriebsarzt
  - Runder Tisch unter Leitung der Personalabteilung (Eingliederungsmanagement)
- Quantitative Auswertung der Störungsanlässe und kontinuierliche Verbesserung

Wie oben gezeigt wurde, sind unter den Bedingungen der flexiblen Arbeitswelt möglicherweise sieben der genannten Auslösekriterien für die Führungskräfte gar nicht verfügbar (vgl. ◘ Abb. 27.2). Im Extremfall kann eine Führungskraft nur direkte Informationen durch den Mitarbeiter (S6) und das Leistungsbild (S3) als Hinweis auf Gesundheitsstörungen nutzen. Daher werden je nach Flexibilisierungsgrad folgende Faktoren zunehmend und spezifisch wichtiger:

- Der aktive und regelmäßige Einsatz der drei betrieblichen Reaktionsmöglichkeiten Mitarbeitergespräch, Untersuchungsauftrag an den Betriebsarzt und Runder Tisch.
- Die Förderung des eigenverantwortlichen Handelns der Mitarbeiter bei der Überprüfung der Arbeitsgestaltung (A1), der Optimierung der Arbeitsgestaltung (A2), des Schutzes der Mitarbeitergesundheit (G1) und der Förderung der Gesundheit (G3). Der an wechselnden Orten zu wechselnden Zeiten eingesetzte Mitarbeiter muss durch geeignete Schulungen und Informationen in die Lage versetzt werden, eigenverantwortlich für die gute Machbarkeit und Sicherheit seiner Arbeit zu sorgen (S8, S9). Zusätzlich können Mitarbeiter ermuntert werden, ihre Führungskraft rechtzeitig über ihre Gesundheitsprobleme (S6) zu informieren.
- Die Implementierung eines Frühwarnsystems in Form von allgemeinen Gesundheitsuntersuchungen (G2).
- Der Ausbau von seriösen Kooperationen und Netzwerken (diagnostisch und therapeutisch) mit Leistungserbringern und Krankenkassen. „Seriös" bedeutet hier, dass es nicht um Akquise von Versicherten oder um den Verkauf von Surrogatleistungen gehen kann, sondern um ein durchgängiges Schnittstellenkonzept auf dem Boden von ärztlichen und medizinischen Erkenntnissen.

27.4 Zusammenfassung

Die Flexibilisierung der Arbeitswelt folgt der Flexibilisierung der Lebenswelt. Gesundheitsschutz und Gesundheitsförderung hätten wenig Aussicht auf Erfolg, wollten sie der allgemeinen Flexibilisierung der Lebenswelt entgegentreten. Flexibilisierung kann gelingen, wenn sie als Kennzeichen unserer modernen Welt angenommen wird.

Betriebe sind vor die Aufgabe gestellt, den Veränderungen mit geeigneten Instrumenten zu begegnen. Die klassischen Instrumente der betrieblichen Gesundheitspolitik haben sich in einer überwiegend stabilen Arbeitswelt entwickelt. Die hier vorgestellte qualitative Analyse zeigt, dass die meisten Instrumente erheblich angepasst werden müssen, wenn sie auch in der flexibilisierten Arbeitswelt ihre volle Wirkung entfalten sollen. Eine wesentliche Anpassung besteht darin, den spezifischen Bedeutungszuwachs von Führung in der flexibilisierten Arbeitswelt anzuerkennen. Führungsbeziehungen bleiben trotz aller Veränderungen ein stabiler Faktor für Unternehmen. Führungskräfte können die Dosis von Veränderung und Beschleunigung, gesundheitsrelevante Prozesse und die Freiräume ihrer Mitarbeiter steuern. Damit wirken Führungskräfte als stabilisierendes Element für Beschäftigte und Unternehmen.

Literatur

Enquete-Kommission Zukunft der Medien in Wirtschaft und Gesellschaft – Deutschlands Weg in die Informationsgesellschaft (1998) Schlussbericht der Enquete-Kommission. Deutscher Bundestag, Drucksache 13/11004

Ilmarinen J, Tempel J (2002) Erhaltung, Förderung und Entwicklung der Arbeitsfähigkeit – Konzepte und Forschungsergebnisse aus Finnland. In: Badura B, Schellschmidt H, Vetter C (Hrsg) Fehlzeiten-Report 2002. Springer, Berlin, S 85–101

Preuß S (2011) Innovatives Modell: Trumpf schneidert Arbeitszeiten nach Maß. FAZ 19.05.2011

Trumpf GmbH & Co. KG Bündnis 2016 – Maßgeschneidert, innovativ, zeitgemäß. http://www.de.trumpf.com/karriere/trumpf-als-arbeitgeber/was-wir-bieten/buendnis-fuer-arbeit.html

Kapitel 28

Flexibilisierung in der Arbeitswelt: Perspektiven arbeitsbezogener Gesundheitsförderung

G. BECKE

Zusammenfassung *Seit den 1980er Jahren vollzieht sich in der deutschen Arbeitsgesellschaft ein tief greifender und vielgestaltiger Umbruch, der u. a. durch eine Flexibilisierung von Erwerbsformen, Unternehmen und Arbeitsstrukturen gekennzeichnet ist. Diese Varianten der Flexibilisierung in der Arbeitswelt beinhalten einerseits gesundheitsförderliche Potenziale für Erwerbstätige, etwa erweiterte Autonomiespielräume in der Arbeit. Andererseits bergen sie erhöhte Gesundheitsrisiken wie psycho-physische Erschöpfung und berufliche Gratifikationskrisen. Zugleich stellt die Flexibilisierung in der Arbeitswelt die Prävention und Gesundheitsförderung vor neue Herausforderungen: Dabei gilt es, Konzept-, Struktur- und Verfahrensinnovationen zu entwickeln, die eine gesundheitsförderliche Gestaltung atypischer Erwerbsformen, betrieblicher Veränderungsprozesse und marktorientierter Managementkonzepte sowie flexibler Arbeitsstrukturen in der Perspektive einer arbeitsbezogenen Gesundheitsförderung ermöglichen. Diese Innovationen sind durch arbeitsrechtliche und sozialpolitische Regulierungen zu flankieren. Auf betrieblicher Ebene setzen sie Koalitionen von Top-Management, mittleren Führungskräften und betrieblicher Interessenvertretung zur Förderung organisationaler Achtsamkeit auf Gesundheitsrisiken und Gesundheitsressourcen flexibler Arbeit voraus.*

28.1 Einleitung

Seit den 1980er Jahren befinden sich moderne Arbeitsgesellschaften in einem tief greifenden Umbruch, der durch eine Vielfalt von Arbeits- und Beschäftigungsverhältnissen, Organisationsformen der Arbeit und Unternehmensstrukturen geprägt ist (Hirsch-Kreinsen 2009; Senghaas-Knobloch 2008). Diese Heterogenität erklärt sich durch kontextspezifische Entwicklungen (z. B. Branchenstrukturen, Regionen, Professions- und Organisationskulturen) sowie durch unterschiedliche institutionelle Regulierungsmuster von Arbeit und Beschäftigung (z. B. industrielle Beziehungen und ihr Verbreitungsgrad, Systeme der beruflichen Aus- und Weiterbildung), die sich innerhalb und zwischen Arbeitsgesellschaften unterscheiden.

Vor dem Hintergrund erhöhter Wettbewerbsintensität und neoliberal geprägter Politikmuster (Gruppe von Lissabon 2001) avanciert Flexibilität als „die Fähigkeit, sich permanent und unverzüglich auf Veränderungen einzustellen" (Lemke 2004, S. 82) zu einer zentralen, normativ aufgeladenen Modernisierungschiffre, die auf die Entwertung und Überwindung etablierter Strukturen, Routinen, Traditionen und Rigiditäten abzielt. Flexibilität bildet im neoliberalen Credo ein Schlüsselkonzept, mit dem die Entfaltung von Markt- und Wettbewerbskräften in Politik und Verwaltung, auf Arbeitsmärken und in Unternehmen

B. Badura et al. (Hrsg.) *Fehlzeiten-Report 2012*,
DOI 10.1007/978-3-642-21655-8_28,

gefördert werden soll. Gleichwohl lässt sich keine gleichförmige Entwicklungstendenz zur fortschreitenden Flexibilisierung von Erwerbsformen, Unternehmen und Arbeitsstrukturen erkennen.

Flexibilisierungstendenzen in der Arbeitswelt bergen ambivalente gesundheitliche Implikationen in sich: Einerseits beinhaltet die Flexibilisierung der Arbeit durchaus gesundheitsförderliche Potenziale wie eine erweiterte Arbeitsautonomie; andererseits ruft sie psycho-physische und psychosoziale Gesundheitsrisiken hervor, die existierende Ansätze der Gesundheitsförderung in der Arbeitswelt infrage stellen und eine Neuausrichtung notwendig machen. Im Folgenden werden zunächst zentrale Tendenzen der Flexibilisierung gesellschaftlicher Arbeit skizziert und mit Blick auf ihre Implikationen für die Gesundheit von Erwerbstätigen sowie für vorhandene Strukturen und Konzepte der Gesundheitsförderung in der Arbeitswelt erörtert. Auf dieser Basis werden dann Perspektiven einer arbeitsbezogenen Gesundheitsförderung entwickelt, die an der Flexibilisierung von Erwerbsformen, Unternehmen und Arbeitsstrukturen ansetzen. Ein Fazit rundet den Beitrag ab[1].

28

28.2 Gesundheitsbezogene Implikationen der Flexibilisierung in der Arbeitswelt

Die Flexibilisierung in der Arbeitswelt richtet sich auf Erwerbsformen, Unternehmen und Arbeitsstrukturen. Dabei bezieht sich die Flexibilisierung von Erwerbsformen auf Abweichungen vom Normalarbeitsverhältnis (Mückenberger 1985), d. h. atypische Beschäftigungsformen wie geringfügige Beschäftigung oder Leiharbeit und Alleinselbstständigkeit. Die Flexibilisierung von Unternehmen betrifft zum einen Veränderungen organisatorischer Grenzziehungen, z. B. indem Bereiche ausgelagert werden oder sich neue unternehmensübergreifende, netzwerkförmige Kooperationsformen entwickeln. Zum anderen verweist diese Variante der Flexibilisierung darauf, dass hierarchisch-bürokratische zugunsten von dezentralen und indirekten Mechanismen organisatorischer Handlungskoordination und Steuerung zurückgenommen werden. Die Flexibilisierung unternehmensinterner Arbeitsstrukturen spiegelt sich darin wider, dass fordistisch-tayloristische Arbeitsstrukturen reduziert und Personaleinsatzkonzepte (z. B. teilautonome Gruppenarbeit) ausgeweitet werden, die dezidiert auf die Nutzung menschlicher Subjektivität und deren Stärken setzen (Senghaas-Knobloch 2008). Die Flexibilisierung in der Arbeitswelt erstreckt sich nicht nur auf Randgruppen des Arbeitsmarktes, sondern durchdringt inzwischen die Arbeits- und Beschäftigungsverhältnisse betrieblicher Stammbelegschaften. Sie ist auch für Angehörige von Stammbelegschaften mit erhöhten gesundheitlichen Risikopotenzialen verbunden (Dunkel et al. 2010; Meyerhuber 2012).

28.2.1 Die Flexibilisierung von Erwerbsformen

Im Rahmen der nationalen wie der europäischen Arbeitsmarkt- und Beschäftigungspolitik wird Flexibilität als Schlüssel zum Abbau von Massenarbeitslosigkeit bzw. als Einstiegsoption für Arbeitslose und Nicht-Erwerbstätige in reguläre, möglichst dauerhafte und sozialversicherte Beschäftigungsverhältnisse betrachtet. Flexibilisierung bezieht sich hierbei auf die Förderung atypischer Erwerbs- und Beschäftigungsformen, die vom normativen sozialen Leittypus des Normalarbeitsverhältnisses abweichen, das im Kern durch unbefristete, abhängige und sozialversicherungsrechtlich abgesicherte Vollerwerbstätigkeit und die Einheit von Arbeits- und Beschäftigungsverhältnis gekennzeichnet ist (Seifert 2011, S. 51). Zwischen 1996 und 2009 hat sich der Anteil atypischer Arbeits- und Beschäftigungsverhältnisse in Deutschland von knapp 20 Prozent auf nahezu 25 Prozent der Erwerbstätigen erhöht (Bosch u. Weinkopf 2011). Dieser Zuwachs ist vor allem auf eine Zunahme atypischer Beschäftigung im Dienstleistungssektor zurückzuführen. Sie ist dort besonders häufig mit Niedriglohneinkommen verbunden (ebd.).

Das Spektrum atypischer Erwerbsformen erstreckt sich von zeitlicher Befristung über geringfügige Beschäftigung und Leiharbeit bis hin zu Alleinselbstständigkeit. Diese Erwerbsformen weisen eine unterschiedlich große Distanz zum Normalarbeitsverhältnis auf: Während die befristete Beschäftigung allein durch den zeitlich definierten Endpunkt der Beschäftigung davon abweicht, besteht im Falle der Alleinselbstständigkeit die größtmögliche Distanz. Hierbei wird der Arbeitsvertrag durch einen Honorar- oder Werkvertrag ersetzt. Damit ist ein weitgehender Ausstieg aus dem Arbeitsrecht und aus großen Teilen des Sozialversicherungsrechts verbunden (Bleses 2008). Im Vergleich zu Normalarbeitsverhältnissen sind aty-

1 Für wertvolle Hinweise zu diesem Beitrag bedanke ich mich sehr bei meiner Kollegin Dr. Sylke Meyerhuber und meinem Kollegen Dr. Peter Bleses sowie bei den Reviewern des Beitrags.

pische Arbeits- und Beschäftigungsverhältnisse tendenziell mit größeren Risiken einer Prekarisierung sozialer Lebenslagen (Dörre 2005) verbunden, die sich in psychisch belastender höherer Beschäftigungsinstabilität und Planungsunsicherheit, niedrigeren Einkommen, einem geringeren Niveau sozialversicherungsrechtlicher Absicherung und erhöhtem (Alters-)Armutsrisiko manifestieren (Bleses 2010).

Das Beispiel der Alleinselbstständigkeit in der Kreativ- und Medienwirtschaft verdeutlicht, dass atypische Erwerbsformen unter bestimmten Voraussetzungen (z. B. hohe feldbezogene Reputation und Vernetzung) auch mit gesundheitsförderlichen Potenzialen verbunden sein können: Alleinselbstständigkeit kann Erwerbstätigen z. B. erweiterte inhaltliche wie arbeitszeitliche Autonomiespielräume im Sinne protektiver Gesundheitsressourcen eröffnen, die eine verbesserte Balance zwischen Arbeit und anderen Lebensbereichen ermöglichen. Sie kann überdies mit Erfahrungen erhöhter Selbstwirksamkeit sowie erweiterten Freiräumen zur Entwicklung von Kreativität und beruflicher Selbstgestaltung verbunden sein (Gottschall u. Henninger 2005).

Allerdings beinhalten atypische Erwerbsformen oft erhöhte gesundheitliche Risikopotenziale. So ist die Verfügbarkeit der Gesundheitsressource Arbeits(zeit)autonomie stark von der ökonomischen Situation der Alleinselbstständigen und ihren darauf gerichteten Bewältigungsstrategien abhängig (vgl. Clasen in diesem Band). Im Falle einer verschlechterten wirtschaftlichen Situation zeigt sich bei Alleinselbstständigen oft eine Kumulation von Gesundheitsbeschwerden (Marstedt u. Müller 2003). Alleinselbstständige mit einer relativ schlechten Marktposition und ökonomisch hoher Abhängigkeit vom Erwerbseinkommen aus Selbstständigkeit neigen zu dem pathogenen Bewältigungsmuster des „Arbeitens trotz Krankheit". Dies begünstigt eine Chronifizierung von Krankheiten und erhöht die Risiken der Erholungsunfähigkeit und psychischer Erschöpfung (Pröll 2009; vgl. auch Krause et al. in diesem Band).

Andere empirische Befunde verdeutlichen, dass atypische Erwerbsformen mit erhöhten Gesundheitsrisiken verknüpft sind, etwa aufgrund ständig wechselnder Arbeitsorte bei Leiharbeit, häufiger Schicht- und Wochenendarbeit oder geteilter Dienste sowie der Ausübung monotoner, repetitiver und zuweilen gefährlicher Arbeitstätigkeiten (vgl. Galais in diesem Band; Seiler u. Splittgerber 2010). Überdies erweisen sich die erhöhte Beschäftigungsinstabilität und die damit verbundene unsichere Lebensplanung als psychisch belastende Stressoren (Mümken u. Kieselbach 2009, Rau in diesem Band) bei atypisch Erwerbstätigen. Erhöhte Gesundheitsrisiken sind zudem auf die geringe Integration atypisch Erwerbstätiger in betriebliche Strukturen des Arbeitsschutzes und der Betrieblichen Gesundheitsförderung (BGF) sowie auf unzureichende überbetriebliche Präventionsstrukturen zurückzuführen (Pfeifer in diesem Band; Schlosser in diesem Band). Das hierdurch drohende „Präventionsvakuum" (Ciesinger u. Klatt 2010, S. 62) fördert eine Individualisierung der gesundheitlichen Prävention, indem die Verantwortung für den Gesundheitserhalt primär auf einzelne atypisch Beschäftigte und insbesondere Alleinselbstständige verlagert wird (ebd., S. 64).

28.2.2 Die Flexibilisierung von Unternehmen

In Anbetracht des intensivierten ökonomischen Wettbewerbs setzen Unternehmen seit den 1990er Jahren verstärkt auf eine Flexibilisierung ihrer Strukturen. Sie beruht auf einer Dezentralisierung von Entscheidungen, der Einführung interner Marktsteuerung sowie der Veränderung von Organisationsgrenzen. Die Flexibilisierung von Unternehmen orientiert sich am Leitbild des Unternehmensnetzwerks, das sich aus lose gekoppelten, ökonomisch weitgehend eigenverantwortlichen Einheiten zusammensetzt. Die Grundlage hierfür bildet die Dezentralisierung von Unternehmens- und Entscheidungsstrukturen: Zur Verbesserung der Antwortfähigkeit auf Kundenanforderungen werden relevante Entscheidungen und die ökonomische Ergebnisverantwortung an dezentrale Einheiten als Cost- oder Profit-Center delegiert, die spezifische Dienstleistungen oder Produkte möglichst umfassend für Kunden erstellen (Hirsch-Kreinsen 2009).

Die Netzwerksteuerung erfolgt durch Formen interner Marktsteuerung, bei der Markt- und Wettbewerbselemente auf der Basis von Zielvereinbarungen und kennzifferngestützten Controllingsystemen auf die Binnenstruktur von Unternehmen übertragen werden (Becke 2008). Hierbei werden primär aufgabenorientierte Kooperationsbeziehungen in ökonomisierte „Kunden-Lieferanten-Beziehungen" verwandelt. Auch dezentrale Einheiten, die nicht unmittelbar am Markt operieren, werden mit inszeniertem Marktdruck aufgrund von ökonomischen Vergleichen und Bewertungen konfrontiert (Becke 2008; Lehndorff u. Voss-Dahm 2006). Die interne Marktsteuerung von Unternehmen setzt Unternehmenseinheiten unter einen quasi permanenten Reorganisations- und Optimierungsdruck, um in der unternehmensinternen Konkurrenz bestehen, eine Auslagerung vermeiden und dynamische ökonomische Zielmargen erreichen zu können (Kratzer et al. 2004).

Die Veränderung von Organisationsgrenzen bezieht sich zum einen auf die Auslagerung von Unternehmensbereichen. Sie dient primär dazu, Kosten zu senken, indem die Fertigungstiefe reduziert und Unternehmensaktivitäten weitgehend auf das Kerngeschäft beschränkt werden. Dies ist häufig mit deutlichem Personal- und Stellenabbau verbunden. Andere Strategien der Veränderung von Organisationsgrenzen sind die Herausbildung neuer unternehmensübergreifender netzwerkartiger Kooperationsformen wie Franchising, virtuelle Unternehmensnetzwerke oder strategische Allianzen. Hierdurch sollen das Leistungsspektrum und die Wettbewerbsfähigkeit von Unternehmen durch die Bündelung von Ressourcen auf Netzwerkebene erweitert werden (Hirsch-Kreinsen 2009; Marchington et al. 2005).

Die Flexibilisierung von Unternehmen kann im Zuge des Personal- und Stellenabbaus sowie der Dezentralisierung von Entscheidungskompetenzen für die verbleibenden Beschäftigten mit gesundheitsförderlichen Potenzialen verbunden sein, die aus erhöhter Arbeitsautonomie und Aufgabenvielfalt resultieren. Allerdings wird die Flexibilisierung von Unternehmen gerade auch von Beschäftigten, die nicht in atypischen Erwerbsformen tätig sind, tendenziell als Beeinträchtigung ihrer psychosozialen Gesundheit erfahren. Die nahezu permanente Reorganisation wird von Beschäftigten oft als erhöhte und psychisch stark belastende, beständige oder wiederkehrende Arbeitsplatzunsicherheit erlebt (Dunkel et al. 2010). Arbeitsplatzunsicherheit meint hier nicht nur die Verunsicherung von Beschäftigungsstabilität durch drohende Arbeitslosigkeit, wenn dezentrale Einheiten von Schließung oder Auslagerung bedroht sind. Sie kommt auch darin zum Ausdruck, dass durch die (häufige) Veränderung der Arbeitssituation und -bedingungen oder organisationsinterne Arbeitsplatzwechsel Unsicherheit erlebt wird (Ferrie 2006). Dauerhafte Arbeitsplatzunsicherheit erweist sich als chronischer Stressfaktor und geht nachweislich damit einher, dass das subjektive Wohlbefinden beeinträchtigt wird und die Beschäftigten physische Gesundheitsbeschwerden entwickeln (vgl. Sverke et al. 2006; Ferrie 2006; Weiss u. Udris 2006).

Maßnahmen des Personal- und Stellenabbaus bedeuten für die in Unternehmen verbleibenden Beschäftigten nicht nur eine deutliche Arbeitsintensivierung. Sie erleben dieses „Downsizing" zuweilen als traumatische Verletzung der auf Gegenseitigkeit beruhenden impliziten Erwartungsstrukturen zwischen Unternehmensleitung und Belegschaften (Kets de Vries u. Balasz 1997; Becke 2008). Studien zum „Downsizing" in Unternehmen belegen eine Beeinträchtigung der psycho-physischen Gesundheit der verbleibenden Beschäftigten, die sich u. a. in depressiven Verstimmungen und Langzeit-Absenzen als Ausdruck chronischer Erkrankungen widerspiegeln (Weiss u. Udris 2006).

In intern vermarktlichten Unternehmen dominieren Managementstrategien der „Subjektivierung von Arbeit" (vgl. Moldaschl 2003; Hirsch-Kreinsen 2009), die auf eine möglichst umfassende Erschließung und Nutzung der subjektiven Leistungspotenziale von Beschäftigten abzielen. Beschäftigten werden weitreichende Arbeitsautonomie und Selbstorganisation gewährt. Im Rahmen ergebniskontrollierter Autonomie (Becke 2008) wird Beschäftigten Eigenverantwortung dafür übertragen, dass dynamische ökonomische Ziele erreicht werden, um eine hohe ökonomische Zielbindung sowie ein quasi-unternehmerisches und auf Selbstoptimierung gerichtetes Arbeitshandeln zu fördern. Psychosoziale Gesundheitsrisiken der „Subjektivierung von Arbeit" resultieren u. a. aus der Kombination von Ergebnisverantwortung, hoher Zielbindung und hoher Arbeitsidentifikation. Sie veranlasst Beschäftigte dazu, die ökonomische Zielerreichung letztlich durch die Überschreitung eigener Belastungsgrenzen zu verfolgen (Kumbruck 2008; Meyerhuber 2012).

Die interne Marktsteuerung markiert einen fundamentalen Wandel betrieblicher Anerkennungsverhältnisse: Anerkennung wird Beschäftigten nun immer weniger unter Berücksichtigung ihres geleisteten Engagements, sondern primär auf der Basis des Erreichens ökonomischer Leistungsergebnisse zuteil, die es stets erneut zu bestätigen gilt (Voswinkel 2000). Diese Verlagerung zugunsten der Ertragsdimension von Anerkennung entwertet vorgängig erbrachte Leistungen von Beschäftigten. Sie bildet einen Nährboden für die Entstehung beruflicher Gratifikationskrisen, die nachweislich die psychosoziale Gesundheit von Beschäftigten schädigen können (Siegrist 1996).

28.2.3 Die Flexibilisierung von Arbeitsstrukturen

In einer Reihe klassischer Produktionsbereiche, z. B. der Elektroindustrie, sowie in einigen Dienstleistungsbranchen wie der Systemgastronomie, dem Einzelhandel und der (ambulanten) Pflege herrschen nach wie vor tayloristische Arbeitsstrukturen vor. Häufig ist in diesen Dienstleistungsbranchen ein Rückgang der Vollzeitbeschäftigung und eine Zunahme geringfügiger

Beschäftigung zu verzeichnen (Senghaas-Knobloch 2008). Hingegen setzten in den 1990er Jahren Unternehmen aus industriellen Kernsektoren, vor allem in der Automobilindustrie, verstärkt auf eine Flexibilisierung von Arbeitsstrukturen durch postfordistische Konzepte der Arbeitskraftnutzung, d. h. die Einführung von Team- und Gruppenarbeitskonzepten (Hirsch-Kreinsen 2009). Im Dienstleistungssektor entstanden flexible, auch unternehmensübergreifende Arbeitsstrukturen insbesondere in der Kreativwirtschaft und der IT-Dienstleistung. Die dort vorherrschende hoch qualifizierte und innovationsorientierte Wissensarbeit ist durch Flexibilität in arbeitszeitlicher, aufgabenbezogener und räumlicher Hinsicht geprägt sowie primär als Projektarbeit organisiert (Becke 2012).

In gesundheitlicher Hinsicht beinhalten flexible Arbeitsstrukturen auf der einen Seite gesundheitsförderliche Potenziale, die u. a. in erweiterten Autonomiespielräumen, damit verbundenem Selbstwirksamkeitserleben, Lernchancen im Arbeitsprozess und der kooperativen Aufgabenbearbeitung als Quelle sozialer Unterstützung liegen (siehe Ulich 2001). Auf der anderen Seite sind diese Arbeitsstrukturen mit spezifischen Gesundheitsrisiken verbunden, die sich am Beispiel der IT-Dienstleistung verdeutlichen lassen. Innovationsorientierte Wissensarbeit ist nur begrenzt planbar, da sie im Arbeitsprozess mit Unwägbarkeiten (z. B. Versuch und Irrtum in der Entwicklung von Innovationen) und oft mit unvorhersehbaren neuen Kundenanforderungen konfrontiert wird (Becke 2012). Die Wirksamkeit gesundheitsförderlicher Potenziale wird beschränkt, wenn Projektarbeit primär nach Effizienz- und Profitabilitätskriterien ausgerichtet wird. So büßt etwa Arbeitsautonomie ihren Charakter als Gesundheitsressource ein, wenn Beschäftigte sie nicht zur adaptiven Bewältigung von Unwägbarkeiten nutzen können, sondern erwartet wird, dass sie diese Spielräume primär zur flexiblen Reaktion auf Kundenanforderungen einsetzen (Gerlmaier 2006).

Die seit der Branchenkrise 2000/01 forcierte Ökonomisierung der Projektarbeit bedeutet, dass Wissensarbeit bei knapp bemessenen finanziellen, zeitlichen und personellen Kapazitäten zu leisten ist. Beschäftigte sind gehalten, mehrere Projekte parallel unter Zeit- und Innovationsdruck zu bearbeiten. Dieser wird dadurch verstärkt, dass Beschäftigten oft Ressourcen zur Bewältigung widersprüchlicher Arbeitsanforderungen fehlen (Gerlmaier 2006), etwa eine hohe Qualität der technischen Innovation in kurzen Projektlaufzeiten zu realisieren. Beschäftigte versuchen hierbei die Projektziele zu erreichen, indem sie auf Pausen verzichten und ihre eigene Arbeitszeit ausweiten. Dies hat eine deutliche Zunahme an Erholungsunfähigkeit als Prädiktor psycho-physischer Erschöpfungszustände und psychosomatische Beschwerden (Gerlmaier 2006) zur Folge. Der hohe Termin- und Leistungsdruck geht mit einer Zunahme psychischer Störungen und Erkrankungen einher, die krankheitsbedingte Frühberentung begünstigen (Kroll et al. 2011).

Ansätze der BGF sind in kleinen und mittleren Unternehmen (KMU), z. B. in der IT-Dienstleistung, bisher wenig verbreitet. So begünstigt etwa das Zusammenwirken von professionellen Selbstbildern mit betrieblichen Hochleistungskulturen in IT-Dienstleistungsunternehmen eine Normalisierung und zuweilen auch Tabuisierung psychischer Belastungen und Erkrankungen (Becke et al. 2010). Die BGF ist nur begrenzt geeignet für flexible Arbeitsstrukturen in kleinen und mittleren Unternehmen (Becke 2010): Sie blendet mobil Beschäftigte und Alleinselbstständige weitgehend aus. Zudem wird kaum berücksichtigt, dass Beschäftigte oft parallel in mehreren Projekten mit relativ kurzfristigen Laufzeiten arbeiten. Dies erschwert die Etablierung von BGF-Strukturen, die in der Regel an dauerhaften und relativ stabilen Arbeitsstrukturen orientiert sind. Schließlich ist der Aufbau von BGF-Strukturen für KMU oft sehr zeit- und ressourcenintensiv.

28.3 Perspektiven arbeitsbezogener Gesundheitsförderung

Die Flexibilisierung von Erwerbsformen, Unternehmen und Arbeitsstrukturen ist mit erheblichen Gesundheitsrisiken für Erwerbstätige verbunden, die im Arbeitsschutz und der Gesundheitsförderung die Entwicklung innovativer Gestaltungsansätze erfordert. Eine zentrale Grundlage für die Generierung solcher Ansätze bilden arbeitsrechtliche und sozialpolitische Regulierungen, die auf einen erweiterten Sozialschutz atypisch Beschäftigter und Alleinselbstständiger gegenüber erwerbsbezogenen Risiken abzielen (Bleses 2010) sowie existenzsichernde Einkommen aus Erwerbsarbeit ermöglichen. Ansatzpunkte hierfür bestehen in der Einführung eines branchenübergreifenden gesetzlichen und existenzsichernden Mindestlohns, der Reformierung des Arbeitnehmerüberlassungsgesetzes (Bosch 2011), der sozialversicherungsrechtlichen Anerkennung des sozialen Schutzbedarfs von Alleinselbstständigen (Schulze Buschoff 2006) sowie der Etablierung von Übergangsarbeitsmärkten (Schmid 2000). Solche Ansätze können dazu beitragen, gesund-

28

heitsschädigende Prekarisierungsrisiken zu reduzieren sowie die Ausweitung pathogener Bewältigungsmuster wie das „Arbeiten trotz Krankheit" zurückzudrängen.

Vor allem atypische Erwerbsformen ohne betriebliche Anbindung sowie unternehmensübergreifende Organisationsformen und Projektarbeitsnetzwerke verweisen auf die Notwendigkeit einer arbeits- und erwerbsbezogenen Gesundheitsförderung, die neben betrieblichen auch unternehmensübergreifende und regionale Strukturen vorsieht. Im Falle unternehmensübergreifender Organisationsformen können etwa institutionelle Arrangements zur Gesundheitsförderung getroffen werden, die zwischen beteiligten Partnern ausgehandelt und kooperativ umgesetzt werden. Ein Beispiel hierfür bilden Arbeitsschutzvereinbarungen zwischen Verleihern und Entleihern bei Zeitarbeit (Seiler u. Splittgerber 2010).

Besonderer Handlungsbedarf besteht für „freie Freie" als Alleinselbstständige ohne betriebliche Anbindung. Perspektiven der Gesundheitsförderung werden hierfür durch die Etablierung regionaler Präventionszentren eröffnet, die unterschiedliche gesundheitsbezogene bzw. soziale Dienstleistungen für Alleinselbstständige und diskontinuierlich Beschäftigte bündeln (Siebecke u. Lisakowski 2010). Erste Praxisansätze für solche Präventionszentren integrieren Angebote im Bereich erwerbsbiografisch orientierter Beratung und Coaching, der Stressprävention, der Psychotherapie, der Physiotherapie, der medizinischen Beratung und Therapie bis hin zu arbeitswissenschaftlichen Beratungsangeboten für Klein- und Kleinstunternehmen zur salutogenen Gestaltung flexibler Arbeitsstrukturen. Die Koordination der Angebote gegenüber einzelnen Kunden soll möglichst über einen Ansprechpartner des Präventionszentrums erfolgen (ebd., S. 206 ff). Im Rahmen regionaler Präventionszentren können zudem moderierte Dialogstrukturen wie runde Tische für Freelancer angeboten werden, die einen geschützten Austausch über die Arbeitssituation und die gemeinsame Sondierung salutogener Ressourcen ermöglichen. Ähnliche Konzepte werden auf regionaler Ebene bisher von Gewerkschaften angeboten, z. B. im Rahmen von Call-Center-Dialogen (Becke 2007). Die Motivation zur Inanspruchnahme der Dienstleistungen regionaler Präventionszentren durch Freelancer kann durch das breite, situationsspezifisch anpassbare und leicht zugängliche Angebotsspektrum erhöht werden. Eine zentrale Voraussetzung für eine stabile Nachfrage nach Präventionsdienstleistungen durch Alleinselbstständige bildet deren Finanzierung durch gesetzliche und private Krankenkassen (Siebecke u. Lisakowski 2010). Hier besteht noch Regelungsbedarf.

Für eine zukünftig abgestimmte Verknüpfung regionaler und betrieblicher Präventionsangebote für Freelancer und diskontinuierlich Beschäftigte bieten sich Akteure an, die in beiden Lebenswelten, d. h. Betrieb und Region, verankert sind. Dies gilt in erster Linie für die gesetzlichen Krankenkassen als Träger der BGF. Sie können eine zentrale Scharnier- und Kommunikationsfunktion zwischen Betrieben, insbesondere KMU, und regionalen Präventionszentren wahrnehmen.

Angebote regionaler Präventionszentren können ergänzt werden durch Präventions- und gesundheitsbezogene Beratungsangebote von Berufsverbänden, Kammern und Gewerkschaften (Becke 2007). Professionelle Netzwerke von Freelancern können zumindest bedarfsorientiert soziale Unterstützungsfunktionen wahrnehmen und eine Plattform für den Austausch über die Vermeidung und den Umgang mit Überforderungssituationen bieten. Dies setzt allerdings hinreichendes soziales Vertrauen zwischen den Beteiligten voraus.

Die Zunahme atypischer Erwerbsformen und die Flexibilisierung innerhalb relativ geschützter Arbeits- und Beschäftigungsverhältnisse setzen die Institutionen des Arbeitsschutzes und der Gesundheitsförderung unter einen verstärkten Modernisierungsdruck, den erhöhten sozialen Schutzbedarf atypisch Erwerbstätiger anzuerkennen sowie zielgruppenspezifisch ausgerichtete Präventionsangebote und vor allem auch verhältnisorientierte Gestaltungkonzepte mit Blick auf psychische Belastungen bei flexibler Arbeit zu entwickeln (siehe auch Schlosser in diesem Band). Dieser institutionelle Wandel erfordert zugleich eine konzeptionelle Neuorientierung: Gesundheitsförderung bei flexiblen Erwerbsformen und Arbeitsstrukturen lässt sich nur noch begrenzt auf der Basis arbeitswissenschaftlicher Gestaltungskonzepte betreiben, die in einer anti-tayloristischen Tradition wurzeln. So behalten diese Gestaltungskonzepte z. B. ihre Gültigkeit im Bereich der ambulanten Pflege, deren flexible Arbeitsstrukturen an Prinzipien des Taylorismus orientiert sind. Hingegen erweisen sich Kriterien gesundheitsförderlicher Arbeitsgestaltung (z. B. Aufgabenvielfalt oder Autonomie) in anderen flexiblen und vermarktlichten Arbeitsstrukturen qualifizierter Wissens- und Interaktionsarbeit (z. B. in der IT-Dienstleistung) oft als lediglich relationale statt universale Gesundheitsressourcen (Becke 2010). In der Arbeitswissenschaft besteht daher ein hoher Bedarf an einer Weiter- und Neuentwicklung gesundheitsförderlicher Gestaltungskriterien und Interventionsansätze mit Blick auf flexible Arbeitsstrukturen.

Der Betrieb wird auch zukünftig ein zentraler Sozialraum für Prävention und Gesundheitsförderung bleiben, da ein Gutteil flexibler Arbeit betriebsförmig geleistet und angebunden sein wird. Flexible, zunehmend projektförmige und intern vermarktlichte Arbeitsstrukturen halten vermehrt in Unternehmen unterschiedlicher Branchen und selbst im öffentlichen Sektor Einzug. Sie stellen die BGF vor die Herausforderung, ihre Kernprinzipien (z. B. Beschäftigtenbeteiligung) zu erhalten und zugleich ihre Strukturen und Verfahren zu modernisieren, d. h. an flexiblen Arbeitsstrukturen und der permanenten Veränderung von Unternehmen auszurichten. In beiden Fällen sind Unternehmen darauf angewiesen, Kernkompetenzen in organisationaler Achtsamkeit zu entwickeln, die Gesundheitsrisiken flexibler Arbeit und permanenten Organisierens frühzeitig antizipiert, beteiligungsorientierte Dialogräume vorsieht und salutogene Potenziale auf individueller, teambezogener und organisatorischer Ebene fördert (Becke 2012). Vor allem „geschützte" und angeleitete Dialogräume hierarchiegleicher Gruppen (z. B. mittlere Führungskräfte oder Beschäftigte) eignen sich dazu, eine organisationskulturelle Normalisierung und Tabuisierung psychischer Belastungen und Erkrankungen schrittweise aufzubrechen. Sie ermöglichen einen Austausch über psychosoziale Belastungen bei flexibilisierter Arbeit, die gemeinsame Reflexion problematischer Bewältigungsmuster, die Entwicklung gesundheitsförderlicher Gestaltungsvorschläge sowie neuer individueller wie kollektiver Praktiken der (Selbst-)Fürsorge (Becke et al. 2010). Sie können überdies zur Analyse psychosozialer Arbeitsbelastungen im Rahmen von Gefährdungsbeurteilungen genutzt werden. Hierarchieübergreifende Dialogkonferenzen ermöglichen es, eine betriebliche Agenda der Gesundheitsförderung mit konkreten Gestaltungsvorhaben zwischen Unternehmensleitung, Führungskräften, Beschäftigten und betrieblicher Interessenvertretung auszuhandeln und zu vereinbaren. Ein solches „Agenda-Setting" kann dazu beitragen, in organisatorischen Veränderungsprozessen eine sozialintegrative dynamische Balance von Gegenseitigkeit zwischen Unternehmensleitung und Belegschaftsgruppen zu fördern.

Für flexible Arbeitsstrukturen, besonders in KMU, empfiehlt sich eine Modernisierung der BGF durch die Verfahrensinnovation des „Huckepack-Verfahrens" (Becke et al. 2011). Hierbei werden Inhalte, Instrumente, Verfahren und Elemente der BGF im Sinne eines Gesundheitsmainstreamings in vorhandene Gremien, Verfahren und Organisationsroutinen innerhalb von Arbeitsprozessen (z. B. in Team- und Projektmeetings) oder außerhalb solcher Prozesse (z. B. Projektreviews, betriebliche Steuerungskreise) integriert. Steuerungskreise übernehmen hierbei die zentralen Funktionen der Koordinierung, Entscheidungsfindung und Evaluation von BGF-Maßnahmen. Organisationale Achtsamkeit für Gesundheitsrisiken und die Entwicklung von Gesundheitsressourcen (Becke 2012) setzt voraus, dass die gesundheitsförderliche Gestaltung flexibler Arbeitsstrukturen und organisatorischer Veränderungsprozesse getragen wird von betrieblichen Akteurskoalitionen aus Unternehmensleitung, mittleren Führungskräften sowie – so vorhanden – betrieblicher Interessenvertretung und Fachkräften im Arbeits- und Gesundheitsschutz. Sie ist zudem auf eine gesundheitssensible und selbstfürsorgliche Führung angewiesen, welche die Entfaltung und Regeneration von Gesundheitsressourcen im Blick behält.

28.4 Fazit

Die Flexibilisierung von Erwerbsformen, Unternehmen und Arbeitsstrukturen ist mit erheblichen Gesundheitsrisiken für Erwerbstätige verbunden, die durch den klassischen Arbeitsschutz und die BGF alleine nicht zu bewältigen sind. Erforderlich ist ein Wandel zu einer arbeitsbezogenen Gesundheitsförderung, die betriebliche und überbetriebliche bzw. regionale Handlungsebenen integriert sowie in institutioneller, konzeptioneller und struktureller Hinsicht innovative Gestaltungsansätze für Flexibilität in und von Arbeit entwickelt. Sie setzt arbeitsrechtliche und sozialpolitische Regulierungen atypischer Erwerbsformen und flexibler Arbeitsstrukturen (z. B. in arbeitszeitlicher Hinsicht) voraus. Entscheidend für ihre erfolgreiche Umsetzung ist die Bildung von Akteurskoalitionen arbeitsbezogener Gesundheitsförderung auf politischer, branchenbezogener, regionaler, institutioneller und organisatorischer Ebene. Die Aufgabe der Entwicklung und Koordinierung arbeitsbezogener Gesundheitsförderung im Sinne einer Mehr-Ebenen-Gestaltung kann nicht durch spezifische Akteure alleine geleistet werden, sondern setzt Akteurskoalitionen aus Politik und Verwaltung, Gewerkschaften und Arbeitgeberverbänden, Krankenkassen und Berufsgenossenschaften, Berufsverbänden sowie regionalen Akteuren der arbeitsbezogenen Gesundheitsförderung voraus. Hierbei kommt den Interessenvertretungen von Beschäftigten, d. h. Gewerkschaften sowie Personal- und Betriebsräten, perspektivisch eine wichtige arbeitspolitische Vermittlungs-, Promotoren- und Gestaltungsfunktion zu, da sie als einziger Akteur auf allen Ebenen dieses Mehr-Ebenen-Geflechts verankert sind (Becke 2007). Ihre Wahrnehmung hängt davon ab, inwiefern es Gewerkschaften und betrieblichen Interessenvertretungen gelingt, sich insbesondere für atypische Erwerbstätige weiter zu öffnen und diese aktiv in ihre Interessenvertretung einzubinden.

Literatur

Becke G (2007) Gesundheitsförderung in flexiblen Arbeitsstrukturen der „digitalen Wirtschaft" – Problemfelder und Gestaltungsperspektiven bei abhängiger und alleinselbstständiger Erwerbstätigkeit. artec-paper Nr. 142, artec |Forschungszentrum Nachhaltigkeit. Universität Bremen, Bremen

Becke G (2008) Soziale Erwartungsstrukturen in Unternehmen. Zur psychosozialen Dynamik von Gegenseitigkeit im Organisationswandel. Edition Sigma, Berlin

Becke G (2010) Betriebliche Gesundheitsförderung in der Wissensökonomie – Zwischen „halbierter Modernisierung" und nachhaltiger Arbeitsqualität. In: Keupp H, Dill H (Hrsg) Erschöpfende Arbeit. Gesundheit und Prävention in der flexiblen Arbeitswelt. Transcript, Bielefeld, S 187–217

Becke G (2012) Human-Resources Mindfulness – Promoting Health in Knowledge-intensive SMEs. In: Ehnert I, Harry W, Zink, KJ (eds) Handbook of Sustainable Human Resource Management. Springer, Berlin Heidelberg (im Druck)

Becke G, Behrens M, Bleses P, Schmidt S (2010) Schattenseiten betrieblicher Hochleistungskulturen: Gefährdung der Innovationsfähigkeit von IT-Service-Unternehmen. In: Becke G, Klatt R, Schmidt B, Stieler-Lorenz B, Uske H (Hrsg) Innovation durch Prävention. NW Verlag, Bremerhaven, S 79–96

Becke G, Bleses P, Schmidt S (2011) Betriebliche Gesundheitsförderung in flexiblen Arbeitsstrukturen der Wissensökonomie. In: Bamberg, E, Ducki A, Metz, A-M (Hrsg) Gesundheitsförderung und Gesundheitsmanagement in der Arbeitswelt. Ein Handbuch. Hogrefe, Göttingen, S 671–691

Bleses P (2008) Die Sozialintegration flexibler Erwerbsformen: Das Beispiel Alleinselbstständigkeit. In: Becke G (Hrsg) Soziale Nachhaltigkeit in flexiblen Arbeitsstrukturen. LIT, Berlin, S 107–122

Bleses P (2010) „Decent Work" in flexiblen Erwerbsformen – auch ein deutsches Problem? In: Becke G, Bleses P, Ritter W, Schmidt S (Hrsg) „Decent Work". Arbeitspolitische Gestaltungsperspektive für eine globalisierte und flexibilisierte Arbeitswelt. VS Verlag, Wiesbaden, S 119–136

Bosch G (2011) Missbrauch von Leiharbeit verhindern. In: IAQ-Standpunkte Nr. 2. Institut für Arbeit und Qualifikation, Gelsenkirchen

Bosch G, Weinkopf C (2011) Arbeitsverhältnisse im Dienstleistungssektor. WSI-Mitteilungen 9:439–449

Ciesinger K-G, Klatt R (2010) Diskontinuität, Mobilität, Globalität. Zur neuen Qualität gesundheitlicher Belastungen in der Wissensarbeit. In: Becke G, Klatt R, Schmidt B, Stieler-Lorenz B, Uske H (Hrsg) Innovation durch Prävention. Gesundheitsförderliche Gestaltung von Wissensarbeit. NW Verlag, Bremerhaven, S 55–77

Dörre K (2005) Prekarisierung contra Flexicurity. Unsichere Beschäftigungsverhältnisse als arbeitspolitische Herausforderung. In: Kronauer M, Linne G (Hrsg) Flexicurity. Die Suche nach Sicherheit in der Flexibilität. Edition Sigma, Berlin, S 53–71

Dunkel W, Kratzer N, Menz W (2010) Psychische Belastung durch neue Organisations- und Steuerungsformen. Befunde aus dem Projekt PARGEMA. In: Keupp H, Dill H (Hrsg) Erschöpfende Arbeit. Gesundheit und Prävention in der flexiblen Arbeitswelt. Transcript, Bielefeld, S 97–118

Ferrie JE (2006) Gesundheitliche Folgen der Arbeitsplatzunsicherheit. In: Badura B, Schellschmidt H, Vetter C (Hrsg) Fehlzeiten-Report 2005. Arbeitsplatzunsicherheit und Gesundheit. Springer, Berlin Heidelberg, S 93–123

Gerlmaier A (2006) Nachhaltige Arbeitsgestaltung in der Wissensökonomie? Zum Verhältnis von Belastungen und Autonomie in neuen Arbeitsformen. In: Lehndorff S (Hrsg) Das Politische in der Arbeitspolitik. Edition Sigma, Berlin, S 71–98

Gottschall K, Henninger A (2005) Freelancer in den Kultur- und Medienberufen: freiberuflich, aber nicht frei schwebend. In: Mayer-Ahuja N, Wolf H (Hrsg) Entfesselte Arbeit – neue Bindungen. Edition Sigma, Berlin, S 153–183

Gruppe von Lissabon (2001) Grenzen des Wachstums. Die Globalisierung der Wirtschaft und die Zukunft der Menschheit. Luchterhand, München

Hirsch-Kreinsen H (2009) Entgrenzung von Unternehmen und Arbeit. In: Beckert J, Deutschmann C (Hrsg) Wirtschaftssoziologie. Sonderheft 49/2009 der Kölner Zeitschrift für Soziologie und Sozialpsychologie. VS Verlag, Wiesbaden, S 447–465

Kets de Vries M, Balazs K (1997) The downside of downsizing. Human Relations 50:11–50

Kratzer N, Boes A, Döhl V, Marrs K, Sauer D (2004) Entgrenzung von Unternehmen und Arbeit – Grenzen der Entgrenzung. In: Beck U, Lau C (Hrsg) Entgrenzung und Entscheidung. Suhrkamp, Frankfurt/M, S 329–359

Kroll LE, Müters S, Dragano N (2011) Arbeitsbelastungen und Gesundheit. In: GBE kompakt 2(5):1–7

Kumbruck C (2008) Neue Belastungen für Wissensarbeiter – durch Internalisierung von Flexibilitätserfordernissen in Kooperations- und Innovationsprozessen. In: Becke G (Hrsg) Soziale Nachhaltigkeit in flexiblen Arbeitsstrukturen. LIT, Berlin, S 185–196

Lehndorff S, Voss-Dahm D (2006) Kunden, Kennziffern und Konkurrenz, Markt und Organisation in der Dienstleistungsarbeit. In: Lehndorff S (Hrsg) Das Politische in der Arbeitspolitik. Edition Sigma, Berlin, S 127–153

Lemke T (2004) Flexibilität. In: Bröckling U, Krasmann S, Lemke T (Hrsg) Glossar der Gegenwart. Suhrkamp, Frankfurt/M, S 82–88

Marchington M, Grimshaw D, Rubery J, Willmott H (eds) (2005) Fragmenting Work. Blurring Organizational Boundaries and Disordering Hierarchies. Oxford University Press, Oxford

Marstedt G, Müller R (2003) Gesundheitsrisiken am Arbeitsplatz im Wandel der Arbeitsformen. Zeitschrift für Sozialreform 3:376–388

Meyerhuber S (2012) Soziale Nachhaltigkeit im Spannungsfeld postmoderner Arbeit. In: v. Schlippe A, Schindler R, Molter H (Hrsg) Vom Gegenwind zum Aufwind: Der Aufbruch des systemischen Gedankens. Vandenhoeck & Ruprecht, Göttingen (im Erscheinen)

Moldaschl M (2003) Subjektivierung – Eine neue Stufe in der Entwicklung der Arbeitswissenschaften? In: Moldaschl M, Voß GG (Hrsg) Subjektivierung von Arbeit (2. Auflage). Hampp, München, Mering, S 25–56

Mückenberger U (1985) Die Krise des Normalarbeitsverhältnisses. Hat das Arbeitsrecht noch Zukunft? Zeitschrift für Sozialreform 7/8:415–434 u. 457–475

Mümken S, Kieselbach T (2009) Prekäre Arbeit und Gesundheit in unsicheren Zeiten. Arbeit 18 (4):313–326

Pröll U (2009) Erwerbsarbeit und Gesundheit von Selbstständigen – Forschungsergebnisse und Präventionsansätze. Arbeit 18 (4):298–312

Schmid G (2000) Arbeitsplätze der Zukunft: Von standardisierten zu variablen Arbeitsverhältnissen. In: Kocka J, Offe C (Hrsg) Geschichte und Zukunft der Arbeit. Campus, Frankfurt/M., New York, S 269–292

Schulze Buschoff K (2006) Die soziale Sicherung von selbstständig Erwerbstätigen in Deutschland. WZB-discussion paper. Wissenschaftszentrum Berlin, Berlin

Seifert H (2011) Atypische Beschäftigung in Japan und Deutschland. Arbeit 20 (1):47–64

Seiler K, Splittgerber B (2010) Ein strukturelles Problem? Herausforderungen der Gesundheitsförderung für prekär Beschäftigte. In: Faller G (Hrsg) Lehrbuch Betriebliche Gesundheitsförderung. Huber, Bern, S 266–274

Senghaas-Knobloch E (2008) Eine veränderte Welt der Erwerbsarbeit – Entwicklungen, Zumutungen, Aufgaben. In: Dies. Wohin driftet die Arbeitswelt? VS Verlag, Wiesbaden, S 15–66

Siebecke D, Lisakowski A (2010) Prävention bei Freelancern und diskontinuierlich Beschäftigten in der IT-Branche. In: Becke G, Klatt R, Schmidt B, Stieler-Lorenz B, Uske H (Hrsg) Innovation durch Prävention. NW Verlag, Bremerhaven, S 191–212

Siegrist J (1996) Soziale Krisen und Gesundheit. Göttingen

Sverke M, Hellgren J, Näswall K (2006) Arbeitsplatzunsicherheit: Überblick über den Forschungsstand. In: Badura B, Schellschmidt H, Vetter C (Hrsg) Fehlzeiten-Report 2005. Arbeitsplatzunsicherheit und Gesundheit. Springer, Berlin Heidelberg, S 59–92

Ulich E (2001) Arbeitspsychologie. Schäffer-Poeschel, Stuttgart (5. Auflage)

Voswinkel S (2000) Die Anerkennung der Arbeit im Wandel. Zwischen Würdigung und Bewunderung. In: Holtgrewe U, Voswinkel S, Wagner G (Hrsg) Anerkennung und Arbeit. UVK, Konstanz, S 39–61

Weiss V, Udris I (2006) Downsizing in Organisationen: Und was ist mit den Verbleibenden nach Personalabbau? In: Badura B, Schellschmidt H, Vetter C (Hrsg) Fehlzeiten-Report 2005. Arbeitsplatzunsicherheit und Gesundheit. Springer, Berlin Heidelberg, S 125–146

Teil B:

Daten und Analysen

Kapitel 29

Krankheitsbedingte Fehlzeiten in der deutschen Wirtschaft im Jahr 2011

M. Meyer, H. Weirauch, F. Weber

Zusammenfassung *Der folgende Beitrag liefert umfassende und differenzierte Daten zu den krankheitsbedingten Fehlzeiten in der deutschen Wirtschaft im Jahr 2011. Datenbasis sind die Arbeitsunfähigkeitsmeldungen der 10,8 Millionen erwerbstätigen AOK-Mitglieder in Deutschland. Ein einführendes Kapitel gibt zunächst einen Überblick über die allgemeine Krankenstandsentwicklung und wichtige Determinanten des Arbeitsunfähigkeitsgeschehens. Im Einzelnen wird u. a. die Verteilung der Arbeitsunfähigkeit, die Bedeutung von Kurz- und Langzeiterkrankungen und Arbeitsunfällen, regionale Unterschiede in den einzelnen Bundesländern sowie die Abhängigkeit des Krankenstandes von Faktoren wie der Betriebsgröße und der Beschäftigtenstruktur dargestellt. In elf separaten Kapiteln wird dann detailliert die Krankenstandsentwicklung in den unterschiedlichen Wirtschaftszweigen beleuchtet.*

29.1 Überblick über die krankheitsbedingten Fehlzeiten im Jahr 2011

Allgemeine Krankenstandsentwicklung

Im Jahr 2011 sank der Krankenstand im Vergleich zum Vorjahr leicht um 0,1 Prozentpunkte auf 4,7 %. In Westdeutschland lag der Krankenstand mit 4,8 % ein wenig höher als der in Ostdeutschland (4,6 %). Bei den Bundesländern verzeichneten Berlin, Hessen und Nordrhein-Westfalen mit jeweils 5,4 % den höchsten Krankenstand. In Bayern und Sachsen war der Krankenstand mit nur 4,2 % am niedrigsten. Im Schnitt waren die AOK-versicherten Arbeitnehmer 11,0 Kalendertage krankgeschrieben. Für etwas mehr als die Hälfte aller AOK-Mitglieder (53,7 %) wurde mindestens einmal im Jahr eine Arbeitsunfähigkeitsbescheinigung ausgestellt.

Das Fehlzeitengeschehen wird hauptsächlich von sechs Krankheitsarten dominiert. Im Jahr 2011 gingen knapp ein Viertel der Fehlzeiten auf Muskel- und Skeletterkrankungen (23,1 %) zurück. Danach folgten Verletzungen (12,4 %), Atemwegserkrankungen (12,3 %), psychische Erkrankungen (9,6 %) sowie Erkrankungen des Herz- und Kreislaufsystems und der Verdauungsorgane (6,2 bzw. 5,7 %). Der Anteil der Muskel- und Skeletterkrankungen an den Fehlzeiten ist im Vergleich zum Vorjahr um 1,1 Prozentpunkte, der Anteil der Verletzungen um 0,5 Prozentpunkte gesunken. Einen leichten Anstieg um jeweils 0,3 Prozentpunkte verzeichneten Atemwegserkrankungen sowie psychische Erkrankungen.

Im Vergleich zu den anderen Krankheitsarten kommt den psychischen Erkrankungen eine besondere Bedeutung zu: Seit 2000 haben die Krankheitstage aufgrund psychischer Erkrankungen um nahezu 60 % zugenommen. Im Jahr 2011 wurden erneut mehr Fälle aufgrund psychischer Erkrankungen (4,9 %) als aufgrund von Herz- und Kreislauferkrankungen (4,1 %)

B. Badura et al. (Hrsg.) *Fehlzeiten-Report 2012*,
DOI 10.1007/978-3-642-21655-8_29, © Springer Verlag Berlin Heidelberg 2012

registriert und der Abstand hat sich im Vergleich zum letzten Jahr weiter vergrößert. Die durchschnittliche Falldauer psychischer Erkrankungen ist mit 22,5 Tagen je Fall mehr als doppelt so lang wie der Durchschnitt mit 11,0 Tagen je Fall im Jahr 2011.

Neben den psychischen Erkrankungen verursachen insbesondere Herz- und Kreislauferkrankungen (17,1 Tage je Fall), Muskel- und Skeletterkrankungen (15,4 Tage je Fall) und Verletzungen (15,9 Tage je Fall) lange Ausfallzeiten. Auf diese vier Erkrankungsarten gingen 2011 bereits 59 % der durch Langzeitfälle verursachten Fehlzeiten zurück.

Langzeiterkrankungen mit einer Dauer von mehr als sechs Wochen verursachten weit mehr als ein Drittel der Ausfalltage (38,3 % der AU-Tage). Ihr Anteil an den Arbeitsunfähigkeitsfällen betrug jedoch nur 4,0 %. Bei Kurzzeiterkrankungen mit einer Dauer von 1–3 Tagen verhielt es sich genau umgekehrt: Ihr Anteil an den Arbeitsunfähigkeitsfällen lag bei 36,9 %, doch nur 6,7 % der Arbeitsunfähigkeitstage gingen auf sie zurück.

Schätzungen der Bundesanstalt für Arbeitsschutz und Arbeitsmedizin zufolge verursachten im Jahr 2010 408,9 Mio. AU-Tage[1] volkswirtschaftliche Produktionsausfälle von 39 Mrd. bzw. 68 Mrd. Euro Ausfall an Produktion und Bruttowertschöpfung (Bundesministerium für Arbeit und Soziales/Bundesanstalt für Arbeitsschutz und Arbeitsmedizin 2012).

Obwohl der Krankenstand im Vergleich zum Vorjahr leicht rückläufig war, sind die Ausgaben für Krankengeld im Jahr 2011 erneut gestiegen. Für das 1. bis 4. Quartal 2011 betrug das Ausgabevolumen für Krankengeld (vorläufiges Rechnungsergebnis) rund 6,7 Milliarden Euro. Gegenüber dem Vorjahr bedeutet das einen Anstieg von 8,7 % (Bundesministerium für Gesundheit 2011).

Fehlzeitengeschehen nach Branchen

Im Jahr 2011 wurde in den meisten Branchen ein Rückgang des Krankenstandes verzeichnet. In der Branche Energie, Wasser, Entsorgung und Bergbau lag der Krankenstand mit 5,6 % am höchsten. Ebenfalls hohe Krankenstände verzeichneten die Branchen öffentliche Verwaltung und Sozialversicherung (5,5 %), Verkehr und Transport (5,2 %) sowie das verarbeitende Gewerbe (5,1 %). Der niedrigste Krankenstand war mit 3,3 % in der Branche Banken und Versicherungen zu finden.

Bei den Branchen Baugewerbe, Land- und Forstwirtschaft sowie Verkehr und Transport handelt es sich um Bereiche mit hohen körperlichen Arbeitsbelastungen und überdurchschnittlich vielen Arbeitsunfällen. Im Baugewerbe gingen 8,3 % der Arbeitsunfähigkeitsfälle auf Arbeitsunfälle[2] zurück. In der Land- und Forstwirtschaft waren es sogar 9,2 % und im Bereich Verkehr und Transport 5,5 %.

In den Branchen Baugewerbe, Land- und Forstwirtschaft sowie Energie, Wasser, Entsorgung und Bergbau sind viele Arbeitsunfähigkeitsfälle durch Verletzungen zu verzeichnen. Dies hängt unter anderem mit dem hohen Anteil an Arbeitsunfällen in diesen Branchen zusammen. Der Bereich Verkehr und Transport verzeichnet mit 18,9 Tagen je Fall die höchste Falldauer vor der Branche Land- und Forstwirtschaft mit 18,3 Tagen je Fall (Baugewerbe: 17,1 Tage je Fall).

Im Jahr 2011 ist der Anteil der Muskel- und Skeletterkrankungen mit 23 % an den Erkrankungen in allen Branchen am höchsten, er hat jedoch im Vergleich zum Vorjahr leicht abgenommen. Einzig in der Branche Banken und Versicherungen nehmen die Atemwegserkrankungen einen größeren Anteil als die Muskel- und Skeletterkrankungen ein und die Branche weist zudem den insgesamt höchsten Wert für Atemwegserkrankungen (18 %) auf.

Psychische Erkrankungen sind v. a. in der Dienstleistungsbranche zu verzeichnen. Der Anteil der Arbeitsunfähigkeitsfälle ist mit 13,9 Arbeitsunfähigkeitsfällen je 100 AOK-Mitglieder mehr als doppelt so hoch wie im Baugewerbe (6,6 AU-Fälle je 100 AOK-Mitglieder).

Fehlzeitengeschehen nach Altersgruppen

Zwar nimmt mit zunehmendem Alter die Zahl der Krankmeldungen ab, doch steigt die Dauer der Arbeitsunfähigkeitsfälle kontinuierlich. Ältere Mitarbeiter sind also seltener krank, fallen aber in der Regel länger aus als ihre jüngeren Kollegen. Dies liegt zum einen daran, dass Ältere häufiger von mehreren Erkrankungen gleichzeitig betroffen sind (Multimorbidität), aber auch daran, dass sich das Krankheitsspektrum verändert.

Bei den jüngeren Arbeitnehmern zwischen 15 und 19 Jahren dominieren v. a. Atemwegserkrankungen und Verletzungen. 23,7 % der Ausfalltage gingen in dieser Altersgruppe auf Atemwegserkrankungen zurück. Der Anteil der Verletzungen liegt bei 21,3 % (60- bis 64-Jährige: 7,7 bzw. 8,8 %). Ältere Arbeitneh-

1 Dieser Wert ergibt sich durch die Multiplikation von 36.065 Tsd. Arbeitnehmern mit durchschnittlich 11,3 AU-Tagen. Die AU-Tage beziehen sich auf Werktage.

2 Bei den Arbeitsunfällen wurden auch Wegeunfälle berücksichtigt.

mer leiden dagegen zunehmend an Muskel- und Skelett- oder Herz- und Kreislauferkrankungen. Diese Krankheitsarten sind häufig mit langen Ausfallzeiten verbunden. Im Schnitt fehlt ein Arbeitnehmer aufgrund einer Atemwegserkrankung lediglich 6,4 Tage, bei einer Muskel- und Skeletterkrankung fehlt er hingegen 15,4 Tage. So gehen in der Gruppe der 60- bis 64-Jährigen weit über ein Viertel der Ausfalltage auf Muskel- und Skeletterkrankungen und 11,4 % auf Herz- und Kreislauferkrankungen zurück. Bei den 15- bis 19-Jährigen hingegen sind es lediglich 9,4 bzw. 1,5 %.

Fehlzeitengeschehen nach Geschlecht

Im allgemeinen Fehlzeitengeschehen zeigen sich keine wesentlichen Unterschiede zwischen den Geschlechtern. Der Krankenstand bei Männern liegt mit 4,8 % um 0,1 Prozentpunkte höher als bei Frauen. Frauen sind mit einer AU-Quote von 55,2 % etwas häufiger krank als Männer (52,7 %), dafür aber kürzer (Frauen: 10,7 Tage je Fall; Männer: 11,2).

Unterschiede zeigen sich jedoch bei Betrachtung des Krankheitsspektrums. Insbesondere Verletzungen und Muskel- und Skeletterkrankungen führen bei Männern häufiger zur Arbeitsunfähigkeit als bei Frauen. Bei Frauen hingegen liegen vermehrt psychische Erkrankungen oder Atemwegserkrankungen vor. Dies dürfte damit zusammenhängen, dass Männer nach wie vor in größerem Umfang körperlich beanspruchenden und unfallträchtigen Tätigkeiten nachgehen. So ist der Großteil der männlichen AOK-Versicherten im Dienstleistungsbereich und im verarbeitenden Gewerbe tätig, beispielsweise als Kraftfahrzeugführer, Lager- und Transportarbeiter oder Metallarbeiter. Die meisten Frauen sind im Dienstleistungsbereich beschäftigt, gefolgt von der Branche Handel. Frauen gehen verstärkt Berufen wie Bürofachkraft, Verkäuferin, Raum- und Hausratreinigerin nach oder sind im sozialen Bereich beispielsweise als Krankenschwester oder Sozialarbeiterin tätig.

Unterschiede zwischen den Geschlechtern finden sich bei genauerer Betrachtung der einzelnen Krankheitsarten: Im Bereich der Herz- und Kreislauferkrankungen leiden Männer vermehrt an Ischämischen Herzkrankheiten wie beispielsweise dem Myokardinfarkt. Ein Fünftel aller Fehltage in dieser Krankheitsart entfallen bei den Männern auf diese Erkrankung, bei den Frauen sind es knapp über 10 %.

Auch bei den psychischen Erkrankungen gibt es Unterschiede. 42,3 % der Arbeitsunfähigkeitstage aufgrund von psychischen Erkrankungen gehen bei den Frauen auf affektive Störungen wie Depressionen zurück, bei den Männern sind es dagegen nur etwas mehr als ein Drittel der Fehltage. Bei Männern entfallen dagegen knapp 15,6 % der Fehlzeiten auf psychische Verhaltensstörungen durch psychotrope Substanzen wie Alkohol oder Tabak, bei Frauen sind es lediglich 4,4 %.

29.1.1 Datenbasis und Methodik

Die folgenden Ausführungen zu den krankheitsbedingten Fehlzeiten in der deutschen Wirtschaft basieren auf einer Analyse der Arbeitsunfähigkeitsmeldungen aller erwerbstätigen AOK-Mitglieder. Die AOK ist nach wie vor die Krankenkasse mit dem größten Marktanteil in Deutschland. Sie verfügt daher über die umfangreichste Datenbasis zum Arbeitsunfähigkeitsgeschehen. Ausgewertet wurden die Daten des Jahres 2011 – in diesem Jahr waren insgesamt 10,8 Millionen Arbeitnehmer bei der AOK versichert. Dies ist im Vergleich zum Vorjahr ein Plus von 6,9 %.

Datenbasis der Auswertungen sind sämtliche Arbeitsunfähigkeitsfälle, die der AOK im Jahr 2011 gemeldet wurden. Es werden sowohl Pflichtmitglieder als auch freiwillig Versicherte berücksichtigt, Arbeitslosengeld-I-Empfänger dagegen nicht. Unberücksichtigt bleiben auch Schwangerschafts- und Kinderkrankenfälle. Arbeitsunfälle gehen mit in die Statistik ein, soweit sie der AOK gemeldet werden. Allerdings werden Kurzzeiterkrankungen bis zu drei Tagen von den Krankenkassen nur erfasst, soweit eine ärztliche Krankschreibung vorliegt. Der Anteil der Kurzzeiterkrankungen liegt daher höher, als dies in den Krankenkassendaten zum Ausdruck kommt. Hierdurch verringern sich die Fallzahlen und die rechnerische Falldauer erhöht sich entsprechend. Langzeitfälle mit einer Dauer von mehr als 42 Tagen wurden in die Auswertungen einbezogen, weil sie von entscheidender Bedeutung für das Arbeitsunfähigkeitsgeschehen in den Betrieben sind.

Die Arbeitsunfähigkeitszeiten werden von den Krankenkassen so erfasst, wie sie auf den Krankmeldungen angegeben sind. Auch Wochenenden und Feiertage gehen in die Berechnung mit ein, soweit sie in den Zeitraum der Krankschreibung fallen. Die Ergebnisse sind daher mit betriebsinternen Statistiken, bei denen lediglich die Arbeitstage berücksichtigt werden, nur begrenzt vergleichbar. Bei jahresübergreifenden Arbeitsunfähigkeitsfällen wurden ausschließlich Fehlzeiten in die Auswertungen einbezogen, die im Auswertungsjahr anfielen.

■ Tab. 29.1.1 gibt einen Überblick über die wichtigsten Kennzahlen und Begriffe, die in diesem Beitrag zur Beschreibung des Arbeitsunfähigkeitsgeschehens verwendet werden. Die Kennzahlen werden auf der Basis der Versicherungszeiten berechnet, d. h. es wird berücksichtigt, ob ein Mitglied ganzjährig oder nur einen Teil des Jahres bei der AOK versichert war bzw. als in einer bestimmten Branche oder Berufsgruppe beschäftigt geführt wurde.

Aufgrund der speziellen Versichertenstruktur der AOK sind die Daten nur bedingt repräsentativ für die Gesamtbevölkerung in der Bundesrepublik Deutschland bzw. die Beschäftigten in den einzelnen Wirtschaftszweigen. Infolge ihrer historischen Funktion als Basiskasse weist die AOK einen überdurchschnittlich hohen Anteil an Versicherten aus dem gewerblichen Bereich auf. Angestellte sind dagegen in der Versichertenklientel der AOK unterrepräsentiert.

■ **Tab. 29.1.1** Kennzahlen und Begriffe zur Beschreibung des Arbeitsunfähigkeitsgeschehens

Kennzahl	Definition	Einheit, Ausprägung	Erläuterungen
AU-Fälle	Anzahl der Fälle von Arbeitsunfähigkeit	je AOK-Mitglied bzw. je 100 AOK-Mitglieder in % aller AU-Fälle	Jede Arbeitsunfähigkeitsmeldung, die nicht nur die Verlängerung einer vorangegangenen Meldung ist, wird als ein Fall gezählt. Ein AOK-Mitglied kann im Auswertungszeitraum mehrere AU-Fälle aufweisen.
AU-Tage	Anzahl der AU-Tage, die im Auswertungsjahr anfielen	je AOK-Mitglied bzw. je 100 AOK-Mitglieder in % aller AU-Tage	Da arbeitsfreie Zeiten wie Wochenenden und Feiertage, die in den Krankschreibungszeitraum fallen, mit in die Berechnung eingehen, können sich Abweichungen zu betriebsinternen Fehlzeitenstatistiken ergeben, die bezogen auf die Arbeitszeiten berechnet wurden. Bei jahresübergreifenden Fällen werden nur die AU-Tage gezählt, die im Auswertungsjahr anfielen.
AU-Tage je Fall	mittlere Dauer eines AU-Falls	Kalendertage	Indikator für die Schwere einer Erkrankung.
Krankenstand	Anteil der im Auswertungszeitraum angefallenen Arbeitsunfähigkeitstage am Kalenderjahr	in %	War ein Versicherter nicht ganzjährig bei der AOK versichert, wird dies bei der Berechnung des Krankenstandes entsprechend berücksichtigt.
Krankenstand, standardisiert	nach Alter und Geschlecht standardisierter Krankenstand	in %	Um Effekte der Alters- und Geschlechtsstruktur bereinigter Wert.
AU-Quote	Anteil der AOK-Mitglieder mit einem oder mehreren Arbeitsunfähigkeitsfällen im Auswertungsjahr	in %	Diese Kennzahl gibt Auskunft darüber, wie groß der von Arbeitsunfähigkeit betroffene Personenkreis ist.
Kurzzeiterkrankungen	Arbeitsunfähigkeitsfälle mit einer Dauer von 1–3 Tagen	in % aller Fälle/Tage	Erfasst werden nur Kurzzeitfälle, bei denen eine Arbeitsunfähigkeitsbescheinigung bei der AOK eingereicht wurde.
Langzeiterkrankungen	Arbeitsunfähigkeitsfälle mit einer Dauer von mehr als 6 Wochen	in % aller Fälle/Tage	Mit Ablauf der 6. Woche endet in der Regel die Lohnfortzahlung durch den Arbeitgeber, ab der 7. Woche wird durch die Krankenkasse Krankengeld gezahlt.
Arbeitsunfälle	durch Arbeitsunfälle bedingte Arbeitsunfähigkeitsfälle	je 100 AOK-Mitglieder in % aller AU-Fälle/-Tage	Arbeitsunfähigkeitsfälle, bei denen auf der Krankmeldung als Krankheitsursache „Arbeitsunfall" angegeben wurde, enthalten sind auch Wegeunfälle.
AU-Fälle/-Tage nach Krankheitsarten	Arbeitsunfähigkeitsfälle/-tage mit einer bestimmten Diagnose	je 100 AOK-Mitglieder in % aller AU-Fälle bzw. -Tage	Ausgewertet werden alle auf den Arbeitsunfähigkeitsbescheinigungen angegebenen ärztlichen Diagnosen, verschlüsselt werden diese nach der Internationalen Klassifikation der Krankheitsarten (ICD-10).

Fehlzeiten-Report 2012

Im Jahr 2008 fand eine Revision der Klassifikation der Wirtschaftszweige statt. Die Klassifikation der Wirtschaftszweige Ausgabe 2008 wird vom Statistischen Bundesamt veröffentlicht (► Anhang A2). Aufgrund der Revision kam es zu Verschiebungen zwischen den Branchen, sodass eine Vergleichbarkeit mit den Daten vor 2008 nur bedingt möglich ist. Daher werden bei Jahresvergleichen Kennzahlen für das Jahr 2008 sowohl für die Klassifikationsversion 2003 als auch für die Version 2008 ausgewiesen.

Die Klassifikation der Wirtschaftszweigschlüssel in der Ausgabe 2008 enthält insgesamt fünf Differenzierungsebenen, von denen allerdings bei den vorliegenden Analysen nur die ersten drei berücksichtigt wurden. Es wird zwischen Wirtschaftsabschnitten, -abteilungen und -gruppen unterschieden. Ein Abschnitt ist beispielsweise die Branche „Energie, Wasser, Entsorgung und Bergbau". Diese untergliedert sich in die Wirtschaftsabteilungen „Bergbau und Gewinnung von Steinen und Erden", „Energieversorgung" und „Wasserversorgung, Abwasser- und Abfallentsorgung und Beseitigung von Umweltverschmutzungen". Die Wirtschaftsabteilung „Bergbau und Gewinnung von Steinen und Erden" umfasst wiederum die Wirtschaftsgruppen „Kohlenbergbau", „Erzbergbau" etc. Im vorliegenden Unterkapitel werden die Daten zunächst ausschließlich auf der Ebene der Wirtschaftsabschnitte analysiert ► Anhang A2). In den folgenden Kapiteln wird dann auch nach Wirtschaftsabteilungen und teilweise auch nach Wirtschaftsgruppen differenziert. Die Metallindustrie, die nach der Systematik der Wirtschaftszweige der Bundesanstalt für Arbeit zum verarbeitenden Gewerbe gehört, wird in einem eigenen Kapitel behandelt, da sie die größte Branche des Landes darstellt (► Kap. 29.1.9). Auch dem Bereich „Erziehung und Unterricht" wird angesichts der zunehmenden Bedeutung des Bildungsbereichs für die Produktivität der Volkswirtschaft ein eigenes Kapitel gewidmet (► Kap. 29.6). Aus ◘ Tab. 29.1.2 ist die Anzahl der AOK-Mitglieder in den einzelnen Wirtschaftsabschnitten sowie deren Anteil an den sozialversicherungspflichtig Beschäftigten insgesamt[3] ersichtlich.

Da sich die Morbiditätsstruktur in Ost- und Westdeutschland nach wie vor unterscheidet, werden neben den Gesamtergebnissen für die Bundesrepublik Deutschland die Ergebnisse für Ost und West separat ausgewiesen.

Die Verschlüsselung der Diagnosen erfolgt nach der 10. Revision des ICD (International Classification of Diseases).[4] Teilweise weisen die Arbeitsunfähigkeitsbescheinigungen mehrere Diagnosen auf. Um einen Informationsverlust zu vermeiden, werden bei den diagnosebezogenen Auswertungen im Unterschied zu anderen Statistiken[5], die nur eine (Haupt-)Diag-

3 Errechnet auf der Basis der Beschäftigtenstatistik der Bundesagentur für Arbeit, Stichtag: 30.06.2010 (Bundesagentur für Arbeit 2010).

4 International übliches Klassifikationssystem der Weltgesundheitsorganisation (WHO).

5 Beispielsweise die von den Krankenkassen im Bereich der gesetzlichen Krankenversicherung herausgegebene Krankheitsartenstatistik.

◘ Tab. 29.1.2 AOK-Mitglieder nach Wirtschaftsabschnitten im Jahr 2011 nach der Klassifikation der Wirtschaftszweigschlüssel, Ausgabe 2008

	Pflichtmitglieder		Freiwillige Mitglieder
	Absolut	Anteil an der Branche (in %)	Absolut
Banken/Versicherungen	115.927	11,6	12.164
Baugewerbe	751.183	45,9	6.820
Dienstleistungen	4.170.228	40,6	64.322
Energie/Wasser/Entsorgung/Bergbau	155.209	28,4	9.725
Handel	1.462.103	35,8	22.009
Land- und Forstwirtschaft	168.128	74,5	402
Öffentl. Verwaltung/Sozialversicherung	496.959	29,1	12.314
Verarbeitendes Gewerbe	2.241.130	33,8	89.152
Verkehr/Transport	643.849	43,5	5.682
Sonstige	392.192	35,6	10.193
Insgesamt	**10.596.908**	**36,9**	**232.783**

Fehlzeiten-Report 2012

nose berücksichtigen, auch Mehrfachdiagnosen[6] in die Auswertungen einbezogen.

29.1.2 Allgemeine Krankenstandsentwicklung

Die krankheitsbedingten Fehlzeiten sanken im Jahr 2011 im Vergleich zum Vorjahr leicht. Bei den 10,8 Millionen erwerbstätigen AOK-Mitgliedern betrug der Krankenstand 4,7 % (■ Tab. 29.1.3). 53,7 % der AOK-Mitglieder meldeten sich mindestens einmal krank. Die Versicherten waren im Jahresdurchschnitt 11,0 Kalendertage krankgeschrieben.[7] 6,3 % der Arbeitsunfähigkeitstage waren durch Arbeitsunfälle bedingt.

Die Zahl der krankheitsbedingten Ausfalltage nahm im Vergleich zum Vorjahr um 1,9 % ab. Im Osten betrug die Verminderung 5,0 %, im Westen 1,2 %. Die Zahl der Arbeitsunfähigkeitsfälle ist hingegen gestiegen. Im Osten betrug der Anstieg 2,0 %, im Westen war ein Anstieg von 3,7 % zu verzeichnen. Diese Entwicklung schlägt sich mit einer Senkung des Krankenstandes im Osten von 0,3 Prozentpunkten auf 4,6 % deutlich nieder. Im Westen stagnierte der Krankenstand dagegen bei 4,8 %. Die durchschnittliche Dauer der Krankmeldungen sank in Ostdeutschland um 6,8 %, in Westdeutschland um 4,3 %. Die Zahl der von Arbeitsunfähigkeit betroffenen AOK-Mitglieder (AU-Quote: Anteil der AOK-Mitglieder mit mindestens einem AU-Fall) stieg im Jahr 2011 um 0,9 Prozentpunkte auf 53,7 %.

Im Jahresverlauf wurde mit 5,9 % der höchste Krankenstand im Februar erreicht, während der niedrigste Wert (4,0 %) im August zu verzeichnen war. Im Vergleich zum Vorjahr lag der Krankenstand in den Monaten Juni, September und Dezember deutlich unter dem Vorjahreswert. (■ Abb. 29.1.1).

■ Abb. 29.1.2 zeigt die längerfristige Entwicklung des Krankenstandes in den Jahren 1994–2011. Seit Mitte der 1990er Jahre ist ein Rückgang der Krankenstände zu verzeichnen. 2006 sank der Krankenstand auf 4,2 % und erreichte damit den niedrigsten Stand seit der Wiedervereinigung.

Der Krankenstand liegt im Vergleich zu den 1990er Jahren nach wie vor auf einem niedrigen Niveau. Die Gründe für die niedrigen Krankenstände sind vielfältig. Neben strukturellen Faktoren, wie dem etwas geringeren Anteil älterer Arbeitnehmer, der Abnahme körperlich belastender Tätigkeiten sowie einer verbesserten Gesundheitsvorsorge in den Betrieben, kann auch die wirtschaftliche Situation eine Rolle spielen. Umfragen zeigen, dass eine aus Sicht des Mitarbeiters angespannte Lage auf dem Arbeitsmarkt dazu führt, dass Arbeitnehmer auf Krankmeldungen verzichten. Damit will der Mitarbeiter vermeiden, seinen Arbeitsplatz zu gefährden.

Bis zum Jahr 1998 war der Krankenstand in Ostdeutschland stets niedriger als in Westdeutschland. In den Jahren 1999 bis 2002 waren dann jedoch in den neuen Ländern etwas höhere Werte als in den alten Ländern zu verzeichnen. Diese Entwicklung führt das Institut für Arbeitsmarkt- und Berufsforschung auf Verschiebungen in der Altersstruktur der erwerbstätigen Bevölkerung zurück (Kohler 2002). Diese war nach der Wende zunächst in den neuen Ländern günstiger, weil viele Arbeitnehmer vom Altersübergangsgeld Gebrauch machten. Dies habe sich aufgrund altersspezifischer Krankenstandsquoten in den durchschnittlichen Krankenständen niedergeschlagen. Inzwischen sind diese Effekte jedoch ausgelaufen. Im Jahr 2011 lag der Krankenstand im Osten Deutschlands bei 4,6 %, im Westen Deutschlands bei 4,8 %.

6 Leidet ein Arbeitnehmer an unterschiedlichen Krankheitsbildern (Multimorbidität), kann eine Arbeitsunfähigkeitsbescheinigung mehrere Diagnosen aufweisen. Insbesondere bei älteren Beschäftigten kommt dies häufiger vor.

7 Wochenenden und Feiertage eingeschlossen.

■ Tab. 29.1.3 Krankenstandskennzahlen 2011 im Vergleich zum Vorjahr

	Krankenstand (in %)	Arbeitsunfähigkeiten je 100 AOK-Mitglieder				Tage je Fall	Veränd. z. Vorj. (in %)	AU-Quote (in %)
		Fälle	Veränd. z. Vorj. (in %)	Tage	Veränd. z. Vorj. (in %)			
West	4,8	158,1	3,7	1.732,7	-1,2	11,0	-4,3	53,7
Ost	4,6	153,3	2,0	1.692,1	-5,0	11,0	-6,8	54,1
Bund	**4,7**	**157,3**	**3,4**	**1.725,9**	**-1,9**	**11,0**	**-5,2**	**53,7**

Fehlzeiten-Report 2012

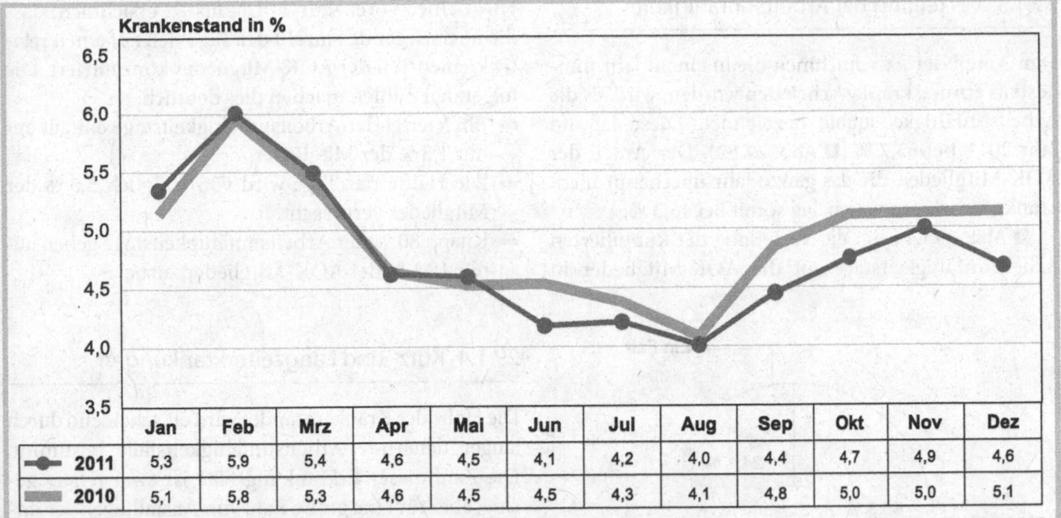

	Jan	Feb	Mrz	Apr	Mai	Jun	Jul	Aug	Sep	Okt	Nov	Dez
2011	5,3	5,9	5,4	4,6	4,5	4,1	4,2	4,0	4,4	4,7	4,9	4,6
2010	5,1	5,8	5,3	4,6	4,5	4,5	4,3	4,1	4,8	5,0	5,0	5,1

Abb. 29.1.1 Krankenstand im Jahr 2011 im saisonalen Verlauf im Vergleich zum Vorjahr, AOK-Mitglieder

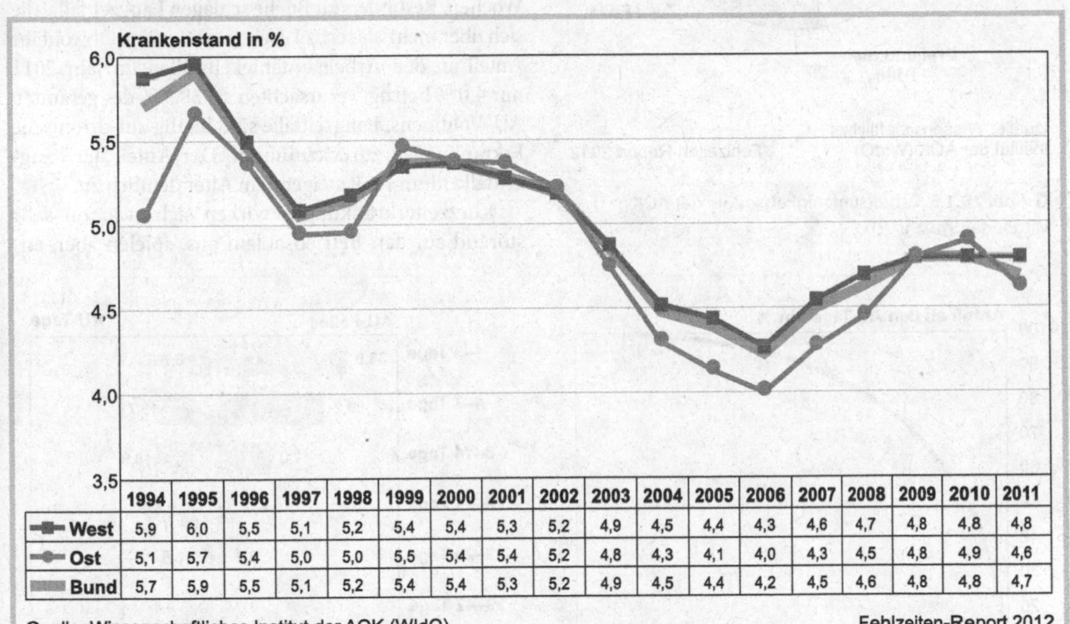

	1994	1995	1996	1997	1998	1999	2000	2001	2002	2003	2004	2005	2006	2007	2008	2009	2010	2011
West	5,9	6,0	5,5	5,1	5,2	5,4	5,4	5,3	5,2	4,9	4,5	4,4	4,3	4,6	4,7	4,8	4,8	4,8
Ost	5,1	5,7	5,4	5,0	5,0	5,5	5,4	5,4	5,2	4,8	4,3	4,1	4,0	4,3	4,5	4,8	4,9	4,6
Bund	5,7	5,9	5,5	5,1	5,2	5,4	5,4	5,3	5,2	4,9	4,5	4,4	4,2	4,5	4,6	4,8	4,8	4,7

Abb. 29.1.2 Entwicklung des Krankenstandes in den Jahren 1994–2011, AOK-Mitglieder

29.1.3 Verteilung der Arbeitsunfähigkeit

Den Anteil der Arbeitnehmer, die in einem Jahr mindestens einmal krankgeschrieben wurden, wird als die Arbeitsunfähigkeitsquote bezeichnet. Diese lag im Jahr 2011 bei 53,7 % (◘ Abb. 29.1.3). Der Anteil der AOK-Mitglieder, die das ganze Jahr überhaupt nicht krankgeschrieben waren, lag somit bei 46,3 %.

◘ Abb. 29.1.4 zeigt die Verteilung der kumulierten Arbeitsunfähigkeitstage auf die AOK-Mitglieder in Form einer Lorenzkurve. Daraus ist ersichtlich, dass die überwiegende Anzahl der Tage sich auf einen relativ kleinen Teil der AOK-Mitglieder konzentriert. Die folgenden Zahlen machen dies deutlich:

- Ein Viertel der Arbeitsunfähigkeitstage entfällt auf nur 1,5 % der Mitglieder.
- Die Hälfte der Tage wird von lediglich 5,5 % der Mitglieder verursacht.
- Knapp 80 % der Arbeitsunfähigkeitstage gehen auf nur 18,1 % der AOK-Mitglieder zurück.

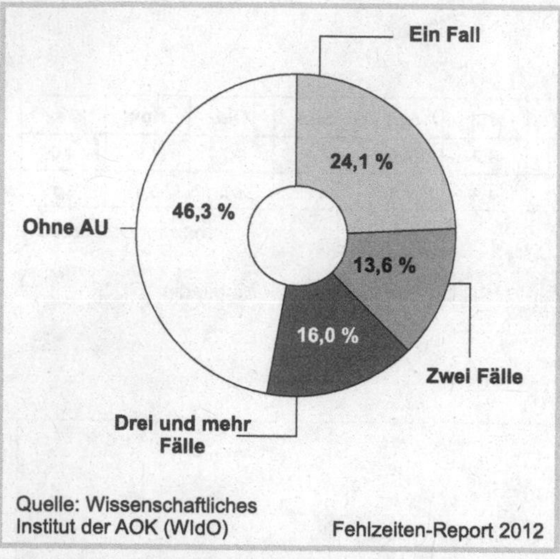

◘ **Abb. 29.1.3** Arbeitsunfähigkeitsquote der AOK-Mitglieder im Jahr 2011

29.1.4 Kurz- und Langzeiterkrankungen

Die Höhe des Krankenstandes wird entscheidend durch länger dauernde Arbeitsunfähigkeitsfälle bestimmt. Die Zahl dieser Erkrankungsfälle ist zwar relativ gering, aber für eine große Zahl von Ausfalltagen verantwortlich (◘ Abb. 29.1.5). 2011 waren gut die Hälfte aller Arbeitsunfähigkeitstage (47,7 %) auf lediglich 7,0 % der Arbeitsunfähigkeitsfälle zurückzuführen. Dabei handelt es sich um Fälle mit einer Dauer von mehr als vier Wochen. Besonders zu Buche schlagen Langzeitfälle, die sich über mehr als sechs Wochen erstrecken. Obwohl ihr Anteil an den Arbeitsunfähigkeitsfällen im Jahr 2011 nur 4,0 % betrug, verursachten sie 38,3 % des gesamten AU-Volumens. Langzeitfälle sind häufig auf chronische Erkrankungen zurückzuführen. Der Anteil der Langzeitfälle nimmt mit steigendem Alter deutlich zu.

Kurzzeiterkrankungen wirken sich zwar oft sehr störend auf den Betriebsablauf aus, spielen aber, an-

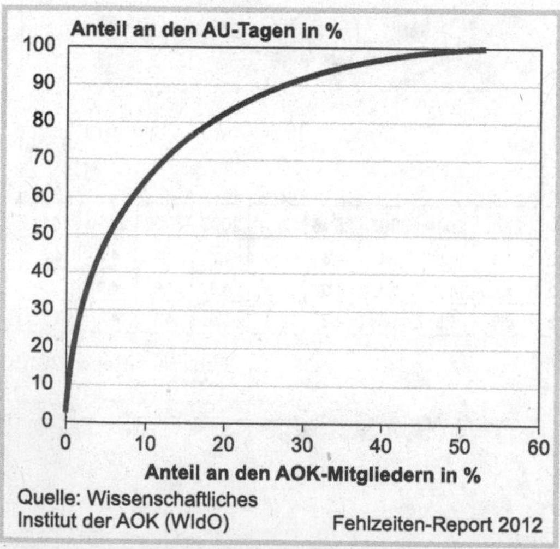

◘ **Abb. 29.1.4** Lorenzkurve zur Verteilung der Arbeitsunfähigkeitstage der AOK-Mitglieder im Jahr 2011

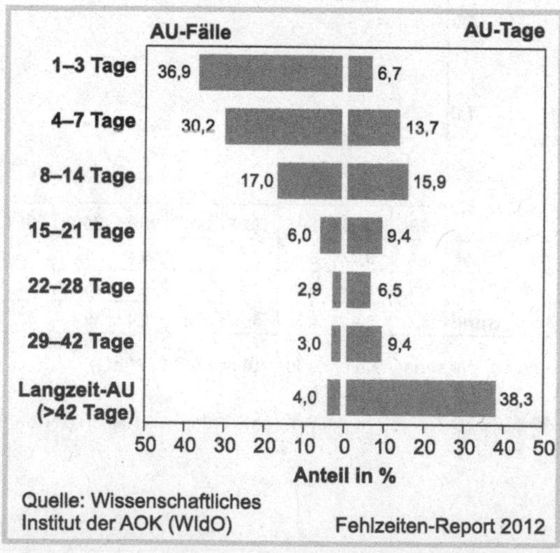

◘ **Abb. 29.1.5** Arbeitsunfähigkeitstage und -fälle der AOK-Mitglieder im Jahr 2011 nach der Dauer

ders als häufig angenommen, für den Krankenstand nur eine untergeordnete Rolle. Auf Arbeitsunfähigkeitsfälle mit einer Dauer von 1–3 Tagen gingen 2011 lediglich 6,7 % der Fehltage zurück, obwohl ihr Anteil an den Arbeitsunfähigkeitsfällen 36,9 % betrug. Insgesamt haben die Kurzzeiterkrankungen im Vergleich zum Vorjahr bezogen auf die Arbeitsunfähigkeitstage jedoch um 0,5 Prozentpunkte und bezogen auf die Arbeitsunfähigkeitsfälle um 0,4 Prozentpunkte zugenommen. Da viele Arbeitgeber in den ersten drei Tagen einer Erkrankung keine ärztliche Arbeitsunfähigkeitsbescheinigung verlangen, liegt der Anteil der Kurzzeiterkrankungen allerdings in der Praxis höher, als dies in den Daten der Krankenkassen zum Ausdruck kommt. Nach einer Befragung des Instituts der deutschen Wirtschaft (Schnabel 1997) hat jedes zweite Unternehmen die Attestpflicht ab dem ersten Krankheitstag eingeführt. Der Anteil der Kurzzeitfälle von 1–3 Tagen an den krankheitsbedingten Fehltagen in der privaten Wirtschaft beträgt danach insgesamt durchschnittlich 11,3 %. Auch wenn man berücksichtigt, dass die Krankenkassen die Kurzzeit-Arbeitsunfähigkeit nicht vollständig erfassen, ist also der Anteil der Erkrankungen von 1–3 Tagen am Arbeitsunfähigkeitsvolumen insgesamt nur gering. Von Maßnahmen, die in erster Linie auf eine Reduzierung der Kurzzeitfälle abzielen, ist daher kein durchgreifender Effekt auf den Krankenstand zu erwarten. Maßnahmen, die auf eine Senkung des Krankenstandes abzielen, sollten vorrangig bei den Langzeitfällen ansetzen. Welche Krankheitsarten für die Langzeitfälle verantwortlich sind, wird in ► Abschn. 29.1.16 dargestellt.

2011 war der Anteil der Langzeiterkrankungen mit 44,8 % im Baugewerbe sowie der Land- und Forstwirtschaft am höchsten und in der Branche Banken und Versicherungen mit 32,3 % am niedrigsten. Der Anteil der Kurzzeiterkrankungen schwankte in den einzelnen Wirtschaftszweigen zwischen 11,4 % bei Banken und Versicherungen und 4,3 % im Bereich Verkehr und Transport (◘ Abb. 29.1.6).

29.1.5 Krankenstandsentwicklung in den einzelnen Branchen

Im Jahr 2011 wies die Branche Energie, Wasser, Entsorgung und Bergbau mit 5,6 % den höchsten Krankenstand auf, während die Banken und Versicherungen mit 3,3 % den niedrigsten Krankenstand hatten (◘ Abb. 29.1.7). Bei dem hohen Krankenstand in der öffentlichen Verwaltung (5,5 %) muss allerdings berücksichtigt werden, dass ein großer Teil der in diesem Sektor beschäftigten AOK-Mitglieder keine Bürotätigkeiten ausübt, sondern in gewerblichen Bereichen

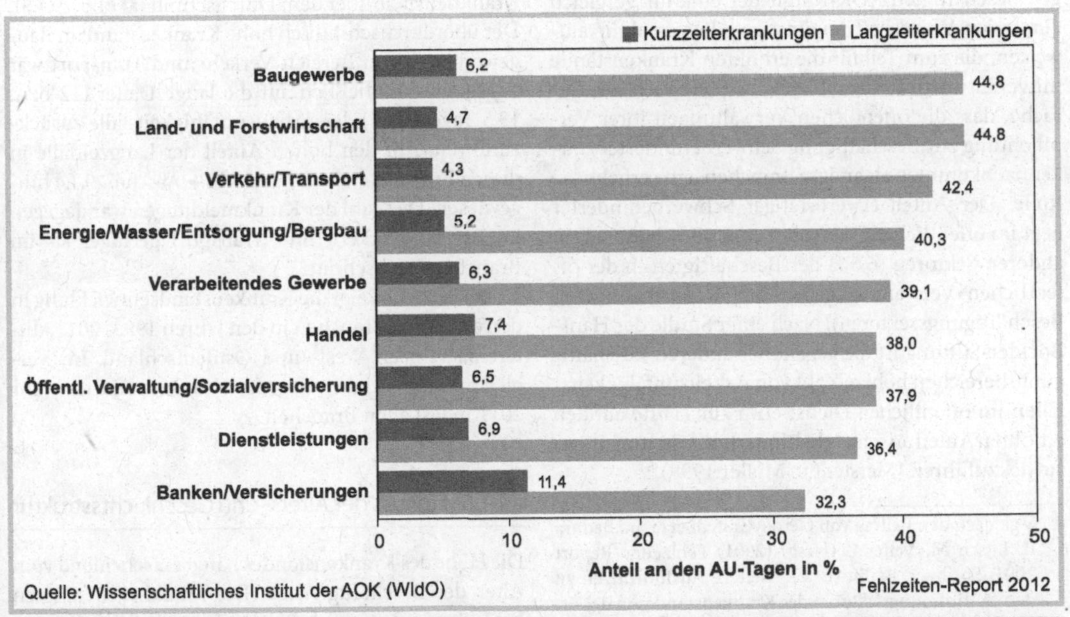

◘ Abb. 29.1.6 Anteil der Kurz- und Langzeiterkrankungen an den Arbeitsunfähigkeitstagen nach Branchen im Jahr 2011, AOK-Mitglieder

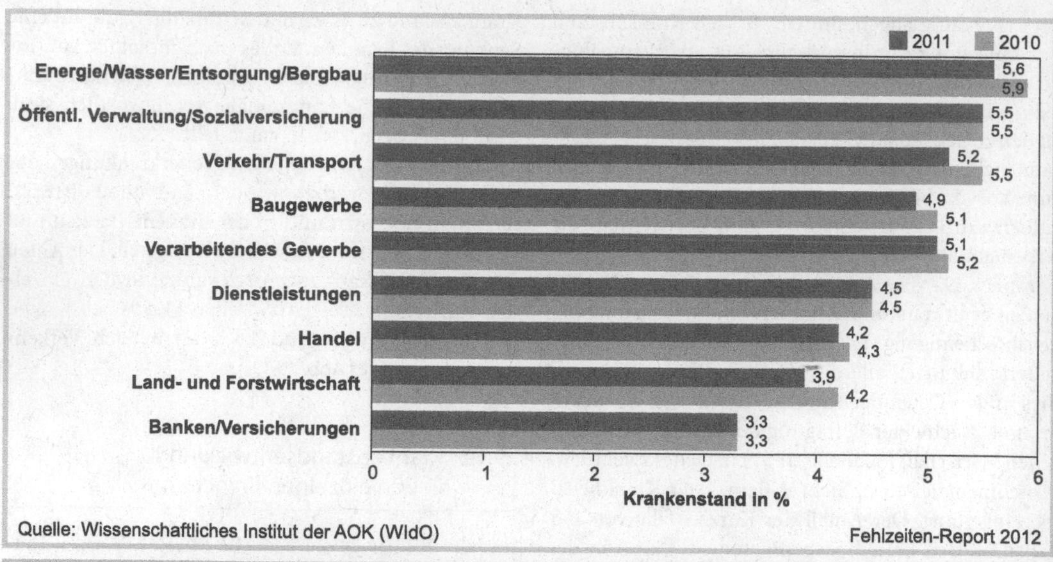

Abb. 29.1.7 Krankenstand der AOK-Mitglieder nach Branchen im Jahr 2011 im Vergleich zum Vorjahr

mit teilweise sehr hohen Arbeitsbelastungen tätig ist, wie z. B. im Straßenbau, in der Straßenreinigung und Abfallentsorgung, in Gärtnereien etc. Insofern sind die Daten, die der AOK für diesen Bereich vorliegen, nicht repräsentativ für die gesamte öffentliche Verwaltung. Hinzu kommt, dass die in den öffentlichen Verwaltungen beschäftigten AOK-Mitglieder eine im Vergleich zur freien Wirtschaft ungünstige Altersstruktur aufweisen, die zum Teil für die erhöhten Krankenstände mitverantwortlich ist. Schließlich spielt auch die Tatsache, dass die öffentlichen Verwaltungen ihrer Verpflichtung zur Beschäftigung Schwerbehinderter stärker nachkommen als andere Branchen, eine erhebliche Rolle. Der Anteil erwerbstätiger Schwerbehinderter liegt im öffentlichen Dienst um etwa 50 % höher als in anderen Sektoren (6,6 % der Beschäftigten in der öffentlichen Verwaltung gegenüber 4,2 % in anderen Beschäftigungssektoren). Nach einer Studie der Hans-Böckler-Stiftung ist die gegenüber anderen Beschäftigungsbereichen höhere Zahl von Arbeitsunfähigkeitsfällen im öffentlichen Dienst etwa zur Hälfte auf den erhöhten Anteil an schwerbehinderten Arbeitnehmern zurückzuführen (Marstedt u. Müller 1998).[8]

8 Vgl. dazu den Beitrag von Gerd Marstedt et al. in: Badura B, Litsch M, Vetter C (Hrsg) (2001) Fehlzeiten-Report 2001. Springer, Berlin (u. a.). Weitere Ausführungen zu den Bestimmungsfaktoren des Krankenstandes in der öffentlichen Verwaltung finden sich im Beitrag von Alfred Oppolzer in: Badura B, Litsch M, Vetter C (Hrsg) (2000) Fehlzeiten-Report 1999. Springer, Berlin (u. a.).

Die Höhe des Krankenstandes resultiert aus der Zahl der Krankmeldungen und deren Dauer. Im Jahr 2011 lagen bei den öffentlichen Verwaltungen, der Branche Energie, Wasser, Entsorgung und Bergbau sowie im verarbeitenden Gewerbe sowohl die Zahl der Krankmeldungen als auch die mittlere Dauer der Krankheitsfälle über dem Durchschnitt (Abb. 29.1.8). Der überdurchschnittlich hohe Krankenstand im Baugewerbe und im Bereich Verkehr und Transport war dagegen ausschließlich auf die lange Dauer (12 bzw. 13,5 Tage je Fall) der Arbeitsunfähigkeitsfälle zurückzuführen. Auf den hohen Anteil der Langzeitfälle in diesen Branchen wurde bereits in ► Abschn. 29.1.4 hingewiesen. Die Zahl der Krankmeldungen war dagegen im Bereich Verkehr und Transport geringer als im Branchendurchschnitt.

Tab. 29.1.4 zeigt die Krankenstandsentwicklung in den einzelnen Branchen in den Jahren 1993–2011, differenziert nach West- und Ostdeutschland. Im Vergleich zum Vorjahr stieg der Krankenstand im Jahr 2011 in fast allen Branchen.

29.1.6 Einfluss der Alters- und Geschlechtsstruktur

Die Höhe des Krankenstandes hängt entscheidend vom Alter der Beschäftigten ab. Die krankheitsbedingten Fehlzeiten nehmen mit steigendem Alter deutlich zu. Die Höhe des Krankenstandes variiert ebenfalls in Abhängigkeit vom Geschlecht (Abb. 29.1.9).

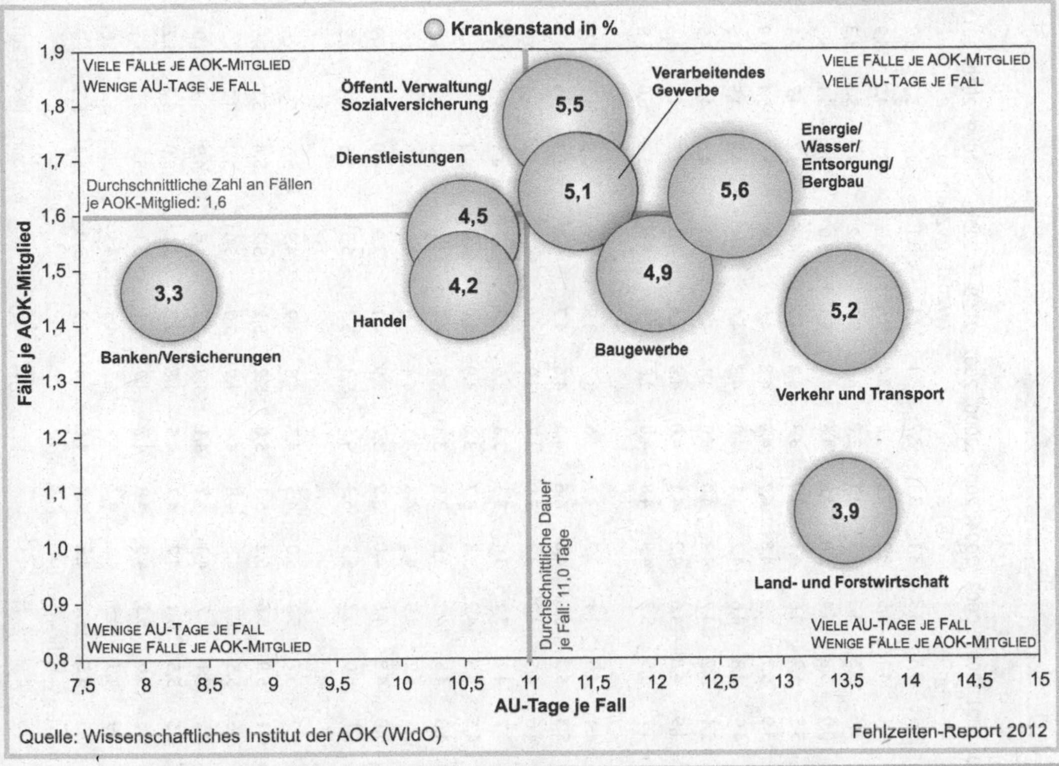

Abb. 29.1.8 Krankenstand der AOK-Mitglieder nach Branchen im Jahr 2011 nach Bestimmungsfaktoren

Zwar geht die Zahl der Krankmeldungen mit zunehmendem Alter zurück, die durchschnittliche Dauer der Arbeitsunfähigkeitsfälle steigt jedoch kontinuierlich an (Abb. 29.1.10). Ältere Mitarbeiter sind also seltener krank als ihre jüngeren Kollegen, fallen aber bei einer Erkrankung in der Regel wesentlich länger aus. Der starke Anstieg der Falldauer hat zur Folge, dass der Krankenstand trotz der Abnahme der Krankmeldungen mit zunehmendem Alter deutlich ansteigt. Hinzu kommt, dass ältere Arbeitnehmer im Unterschied zu ihren jüngeren Kollegen häufiger von mehreren Erkrankungen gleichzeitig betroffen sind (Multimorbidität). Auch dies kann längere Ausfallzeiten mit sich bringen.

Da die Krankenstände in Abhängigkeit vom Alter und Geschlecht sehr stark variieren, ist es sinnvoll, beim Vergleich der Krankenstände unterschiedlicher Branchen oder Regionen die Alters- und Geschlechtsstruktur zu berücksichtigen. Mit Hilfe von Standardisierungsverfahren lässt sich berechnen, wie der Krankenstand in den unterschiedlichen Bereichen ausfiele, wenn man eine durchschnittliche Alters- und Geschlechtsstruktur zugrunde legen würde. Abb. 29.1.11 zeigt die standardisierten Werte für die einzelnen Wirtschaftszweige im Vergleich zu den nicht standardisierten Krankenständen.[9]

In den meisten Branchen fallen die standardisierten Werte niedriger aus als die nicht standardisierten. Insbesondere in der Branche Energie, Wasser, Entsorgung und Bergbau (0,7 Prozentpunkte), im Baugewerbe (0,8 Prozentpunkte) und in der öffentlichen Verwaltung (0,5 Prozentpunkte) ist der überdurchschnittlich hohe Krankenstand zu einem erheblichen Teil auf die Altersstruktur in diesen Bereichen zurückzuführen. In der Branche Banken und Versicherungen sowie im Handel hingegen ist es genau umgekehrt: Dort wäre bei einer durchschnittlichen Altersstruktur ein etwas höherer Krankenstand zu erwarten (0,1 Prozentpunkte bzw. 0,2 Prozentpunkte).

9 Berechnet nach der Methode der direkten Standardisierung – zugrunde gelegt wurde die Alters- und Geschlechtsstruktur der erwerbstätigen Mitglieder der gesetzlichen Krankenversicherung insgesamt im Jahr 2010 (Mitglieder mit Krankengeldanspruch). Quelle: GKV-Spitzenverband, SA 111.

Tab. 29.1.4 Entwicklung des Krankenstandes der AOK-Mitglieder in den Jahren 1993–2011

Wirtschaftsabschnitte		Krankenstand in %																			
		1993	1994	1995	1996	1997	1998	1999	2000	2001	2002	2003	2004	2005	2006	2007	2008 (WZ03)	2008 (WZ08)*	2009	2010	2011
Banken/Versicherungen	West	4,2	4,4	3,9	3,5	3,4	3,5	3,6	3,6	3,5	3,5	3,3	3,1	3,1	2,7	3,1	3,1	3,1	3,2	3,2	3,2
Versicherungen	Ost	2,9	3,0	4,0	3,6	3,6	3,6	4,0	4,1	4,1	4,1	3,5	3,2	3,3	3,2	3,4	3,6	3,6	3,9	4,0	3,9
	Bund	**3,9**	**4,0**	**3,9**	**3,5**	**3,4**	**3,5**	**3,7**	**3,6**	**3,6**	**3,5**	**3,3**	**3,1**	**3,1**	**2,8**	**3,1**	**3,2**	**3,2**	**3,3**	**3,3**	**3,3**
Baugewerbe	West	6,7	7,0	6,5	6,1	5,8	6,0	6,0	6,1	6,0	5,8	5,4	5,0	4,8	4,6	4,9	5,1	5,0	5,1	5,1	5
	Ost	4,8	5,5	5,5	5,3	5,1	5,2	5,5	5,4	5,5	5,2	4,6	4,1	4,0	3,8	4,2	4,5	4,4	4,7	4,7	4,4
	Bund	**6,2**	**6,5**	**6,2**	**5,9**	**5,6**	**5,8**	**5,9**	**5,9**	**5,9**	**5,7**	**5,3**	**4,8**	**4,7**	**4,4**	**4,8**	**4,9**	**4,9**	**5,1**	**5,1**	**4,9**
Dienstleistungen	West	5,6	5,7	5,2	4,8	4,6	4,7	4,9	4,9	4,9	4,8	4,6	4,2	4,1	4,0	4,3	4,4	4,4	4,5	4,5	4,5
	Ost	5,4	6,1	6,0	5,6	5,3	5,2	5,6	5,5	5,4	5,2	4,7	4,2	4,0	3,8	4,1	4,3	4,3	4,6	4,7	4,5
	Bund	**5,5**	**5,8**	**5,3**	**4,9**	**4,7**	**4,8**	**5,0**	**5,0**	**4,9**	**4,8**	**4,6**	**4,2**	**4,1**	**4,0**	**4,3**	**4,4**	**4,4**	**4,5**	**4,5**	**4,5**
Energie/Wasser/ Entsorgung/Bergbau	West	6,4	6,4	6,2	5,7	5,5	5,7	5,9	5,8	5,7	5,5	5,2	4,9	4,8	4,4	4,8	4,9	5,6	5,8	6,0	5,8
	Ost	4,8	5,2	5,0	4,1	4,2	4,0	4,4	4,4	4,4	4,5	4,1	3,7	3,7	3,6	3,7	3,9	4,9	5,3	5,5	4,9
	Bund	**5,8**	**6,0**	**5,8**	**5,3**	**5,2**	**5,3**	**5,6**	**5,5**	**5,4**	**5,3**	**5,0**	**4,6**	**4,6**	**4,3**	**4,6**	**4,7**	**5,4**	**5,7**	**5,9**	**5,6**
Handel	West	5,6	5,6	5,2	4,6	4,5	4,6	4,6	4,6	4,6	4,5	4,2	3,9	3,8	3,7	3,9	4,1	4,1	4,2	4,3	4,3
	Ost	4,2	4,6	4,4	4,0	3,8	3,9	4,2	4,2	4,2	4,1	3,7	3,4	3,3	3,3	3,6	3,8	3,7	4,1	4,1	3,9
	Bund	**5,4**	**5,5**	**5,1**	**4,5**	**4,4**	**4,5**	**4,5**	**4,6**	**4,5**	**4,5**	**4,2**	**3,8**	**3,7**	**3,6**	**3,9**	**4,0**	**4,0**	**4,2**	**4,3**	**4,2**
Land- und Forstwirtschaft	West	5,6	5,7	5,4	4,6	4,6	4,8	4,6	4,6	4,6	4,5	4,2	3,8	3,5	3,3	3,6	3,7	3,1	3,0	3,3	3,2
	Ost	4,7	5,5	5,7	5,5	5,0	4,9	6,0	5,5	5,4	5,2	4,9	4,3	4,3	4,1	4,4	4,6	4,6	5,0	5,1	4,9
	Bund	**5,0**	**5,6**	**5,6**	**5,1**	**4,8**	**4,8**	**5,3**	**5,0**	**5,0**	**4,8**	**4,5**	**4,0**	**3,9**	**3,7**	**3,9**	**4,1**	**3,9**	**4,0**	**4,2**	**3,9**
Öffentl. Verwaltung/ Sozialversicherung	West	7,1	7,3	6,9	6,4	6,2	6,3	6,6	6,4	6,1	6,0	5,7	5,3	5,3	5,1	5,3	5,3	5,3	5,5	5,5	5,5
Sozialversicherung	Ost	5,1	5,9	6,3	6,0	5,8	5,7	6,2	5,9	5,9	5,7	5,3	5,0	4,5	4,7	4,8	4,9	4,9	5,3	5,7	5,5
	Bund	**6,6**	**6,9**	**6,8**	**6,3**	**6,1**	**6,2**	**6,5**	**6,3**	**6,1**	**5,9**	**5,6**	**5,2**	**5,1**	**5,0**	**5,2**	**5,2**	**5,2**	**5,4**	**5,5**	**5,5**
Verarbeitendes Gewerbe	West	6,2	6,3	6,0	5,4	5,2	5,3	5,6	5,6	5,6	5,5	5,2	4,8	4,8	4,6	4,9	5,0	5,0	5,0	5,2	5,2
	Ost	5,0	5,4	5,3	4,8	4,5	4,6	5,2	5,1	5,2	5,1	4,7	4,3	4,2	4,1	4,9	4,6	4,6	4,9	5,1	5,0
	Bund	**6,1**	**6,2**	**5,9**	**5,3**	**5,1**	**5,2**	**5,6**	**5,6**	**5,5**	**5,5**	**5,1**	**4,7**	**4,7**	**4,5**	**4,8**	**5,0**	**5,0**	**5,0**	**5,2**	**5,2**
Verkehr/Transport	West	6,6	6,8	4,7	5,7	5,3	5,4	5,6	5,6	5,6	5,6	5,3	4,9	4,8	4,7	4,9	5,1	5,1	5,3	5,5	5,3
	Ost	4,4	4,8	4,7	4,6	4,4	4,5	4,8	4,8	4,9	4,9	4,5	4,2	4,2	4,1	4,3	4,5	4,5	5,0	5,2	4,8
	Bund	**6,2**	**6,4**	**5,9**	**5,5**	**5,2**	**5,3**	**5,5**	**5,5**	**5,5**	**5,5**	**5,2**	**4,8**	**4,7**	**4,6**	**4,8**	**4,9**	**5,0**	**5,3**	**5,5**	**5,2**

*aufgrund der Revision der Wirtschaftszweigklassifikation in 2008 ist eine Vergleichbarkeit mit den Vorjahren nur bedingt möglich

Fehlzeiten-Report 2012

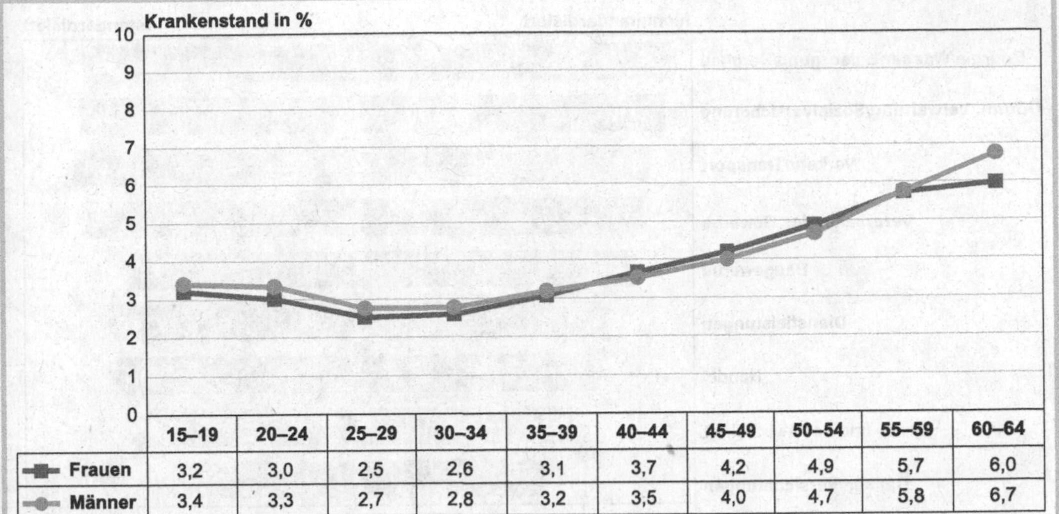

	15–19	20–24	25–29	30–34	35–39	40–44	45–49	50–54	55–59	60–64
Frauen	3,2	3,0	2,5	2,6	3,1	3,7	4,2	4,9	5,7	6,0
Männer	3,4	3,3	2,7	2,8	3,2	3,5	4,0	4,7	5,8	6,7

■ **Abb. 29.1.9** Krankenstand der AOK-Mitglieder im Jahr 2011 nach Alter und Geschlecht

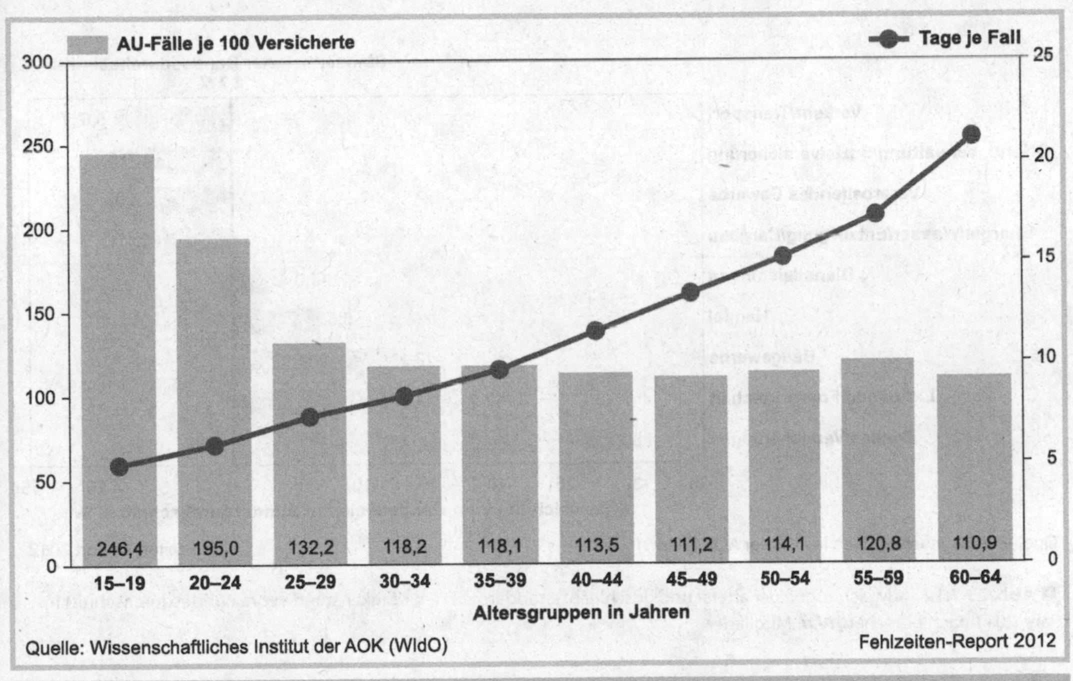

■ **Abb. 29.1.10** Anzahl der Fälle und Dauer der Arbeitsunfähigkeit der AOK-Mitglieder im Jahr 2011 nach Alter

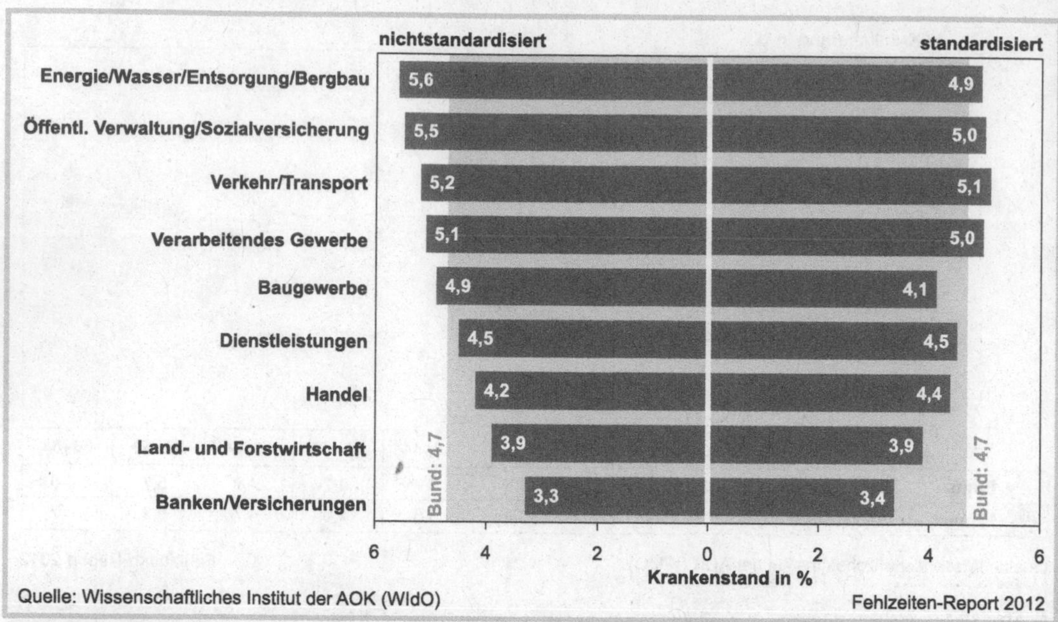

Abb. 29.1.11 Alters- und geschlechtsstandardisierter Krankenstand der AOK-Mitglieder im Jahr 2011 nach Branchen

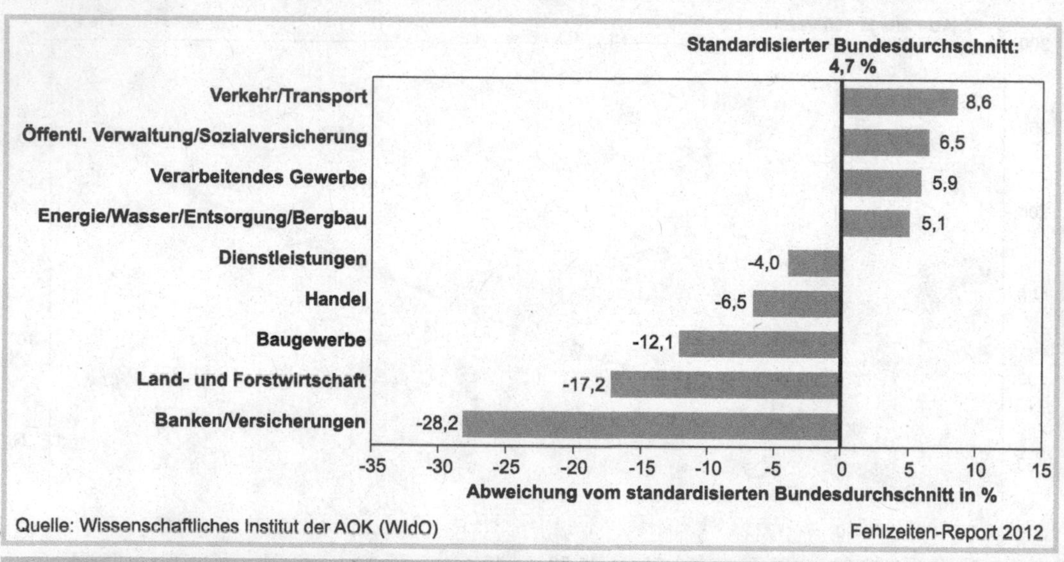

Abb. 29.1.12 Abweichungen der alters- und geschlechtsstandardisierten Krankenstände vom Bundesdurchschnitt im Jahr 2011 nach Branchen, AOK-Mitglieder

Abb. 29.1.12 zeigt die Abweichungen der standardisierten Krankenstände vom Bundesdurchschnitt. In den Bereichen Verkehr und Transport, verarbeitendes Gewerbe, öffentliche Verwaltung sowie Energie, Wasser, Entsorgung und Bergbau liegen die standardisierten Werte über dem Durchschnitt. Hingegen ist der standardisierte Krankenstand in der Branche Banken und Versicherung um mehr als ein Viertel geringer als im Bundesdurchschnitt. Dies ist in erster Linie auf den hohen Angestelltenanteil in dieser Branche zurückzuführen (► Abschn. 29.1.9).

29.1.7 Fehlzeiten nach Bundesländern

Im Jahr 2011 lag der Krankenstand in Ostdeutschland 0,1 Prozentpunkte niedriger als im Westen Deutschlands (◘ Tab. 29.1.3). Zwischen den einzelnen Bundesländern zeigen sich jedoch erhebliche Unterschiede (◘ Abb. 29.1.13). Die höchsten Krankenstände waren 2011 mit je 5,4 % in Berlin, Hessen und im nördlichen Teil Nordrhein-Westfalens zu verzeichnen. Die niedrigsten Krankenstände wiesen die Bundesländer Bayern (4,2 %) und Sachsen (4,2 %) auf.

Die hohen Krankenstände kommen auf unterschiedliche Weise zustande. In Berlin und Hessen lag sowohl die Zahl der Arbeitsunfähigkeitsfälle als auch deren durchschnittliche Dauer über dem Bundesdurchschnitt (◘ Abb. 29.1.14). In Mecklenburg-Vorpommern ist der hohe Krankenstand dagegen ausschließlich auf die lange Dauer der Arbeitsunfähigkeitsfälle zurückzuführen.

Inwieweit sind die regionalen Unterschiede im Krankenstand auf unterschiedliche Alters- und Geschlechtsstrukturen zurückzuführen? ◘ Abb. 29.1.15

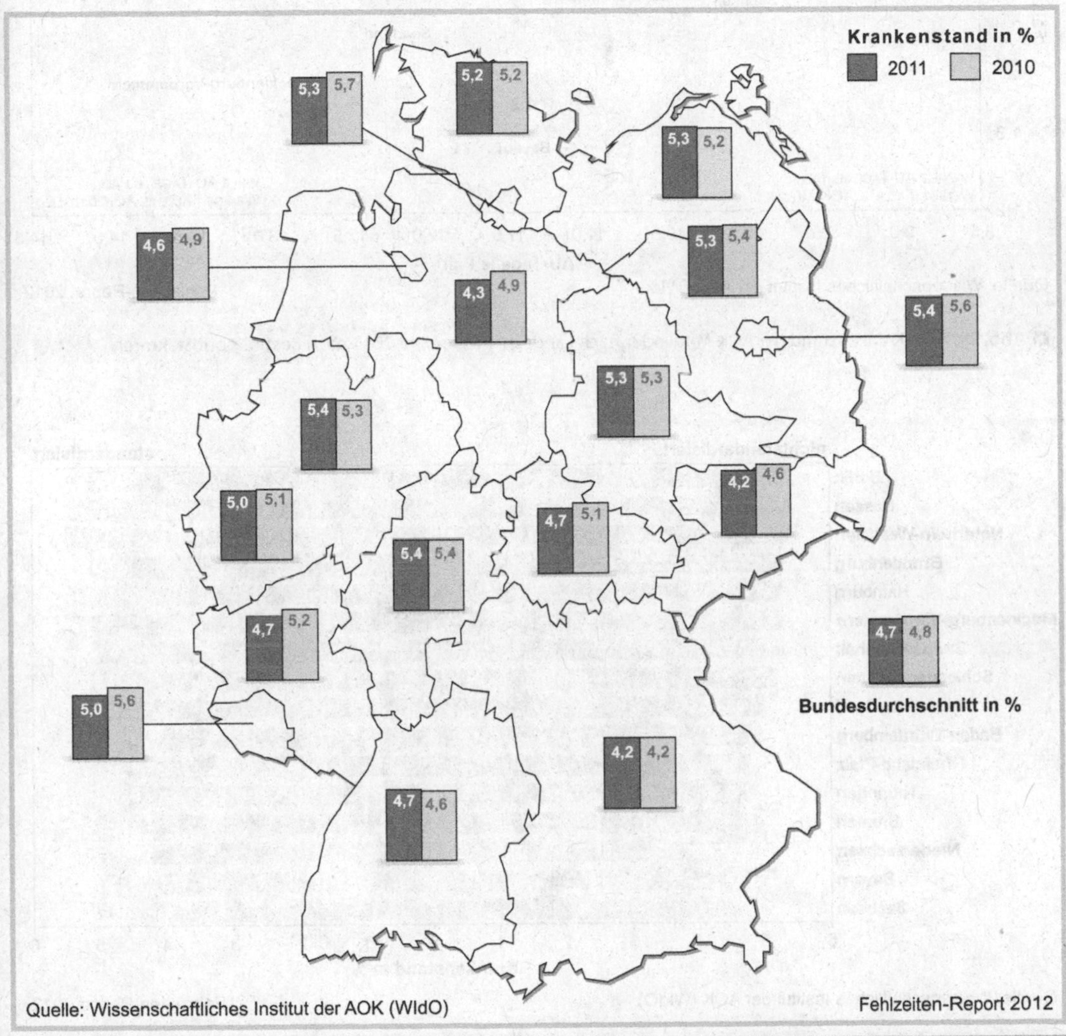

◘ Abb. 29.1.13 Krankenstand der AOK-Mitglieder nach Regionen im Jahr 2011 im Vergleich zum Vorjahr

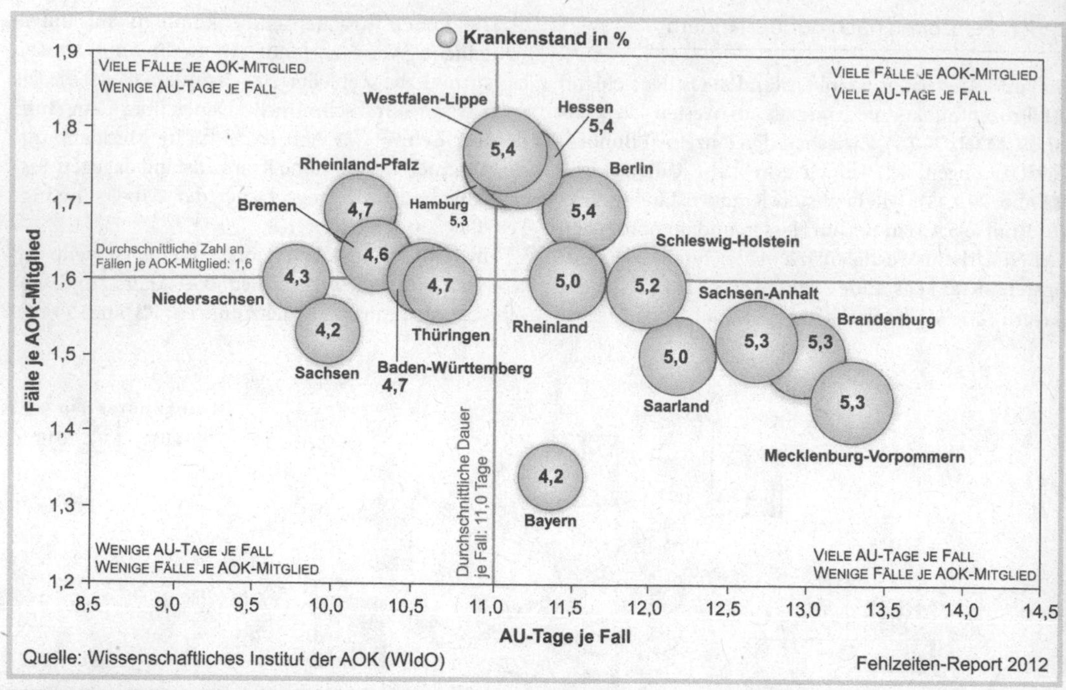

Abb. 29.1.14 Krankenstand der AOK-Mitglieder nach Landes-AOKs im Jahr 2011 nach Bestimmungsfaktoren

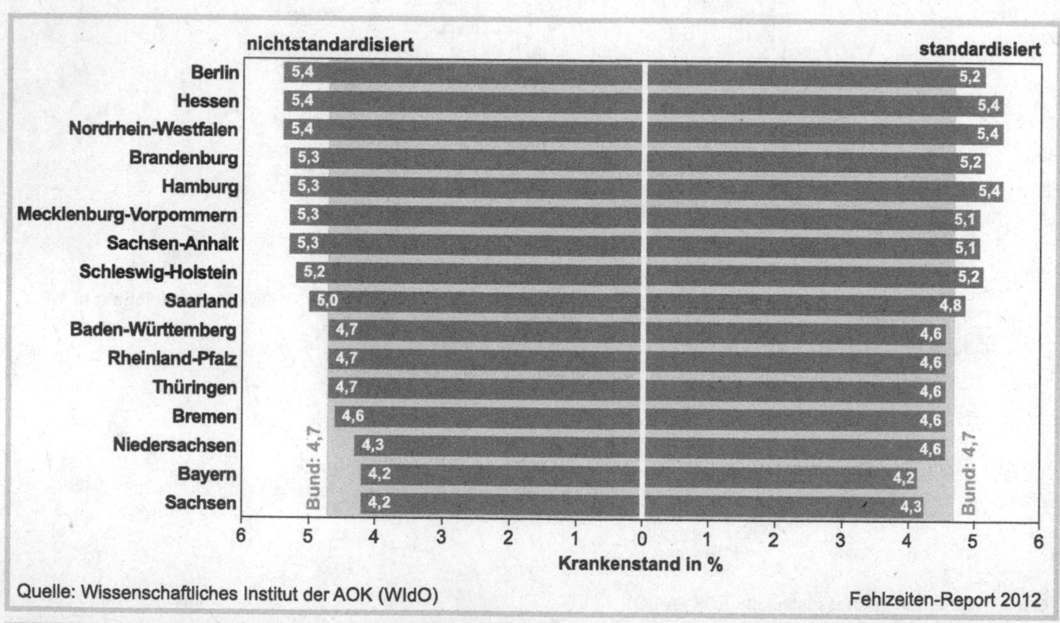

Abb. 29.1.15 Alters- und geschlechtsstandardisierter Krankenstand der AOK-Mitglieder im Jahr 2011 nach Bundesländern

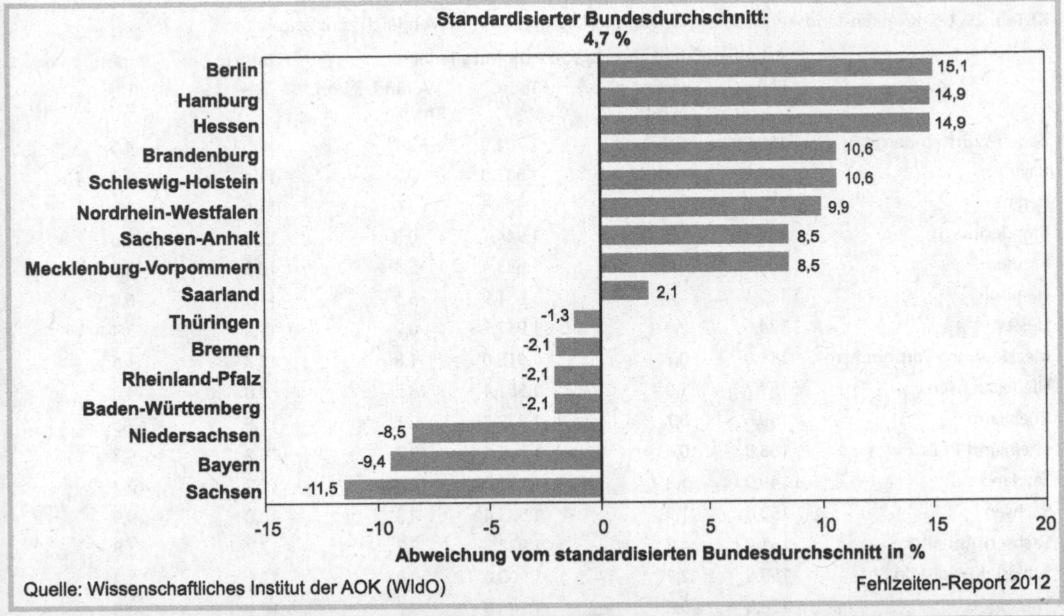

Abb. 29.1.16 Abweichungen der alters- und geschlechtsstandardisierten Krankenstände vom Bundesdurchschnitt im Jahr 2011 nach Bundesländern, AOK-Mitglieder

zeigt die nach Alter und Geschlecht standardisierten Werte für die einzelnen Bundesländer im Vergleich zu den nicht standardisierten Krankenständen.[10] Durch die Berücksichtigung der Alters- und Geschlechtsstruktur relativieren sich die beschriebenen regionalen Unterschiede im Krankenstand bei den meisten Bundesländern nur geringfügig. In Bayern, Hamburg und Nordrhein-Westfalen zeigt sich nach der Standardisierung ein höherer Krankenstand. Ein niedrigerer Krankenstand zeigt sich unter anderem im Saarland. Bei Sachsen zeigt sich kein Unterschied – auch nach der Standardisierung erzielt es noch immer den günstigsten Wert.

Abb. 29.1.16 zeigt die Abweichungen der standardisierten Krankenstände vom Bundesdurchschnitt. Die höchsten Werte weisen Berlin, Hamburg und Hessen auf. Dort liegen die standardisierten Werte mit 15,1 bzw. 14,9 % über dem Durchschnitt. In Sachsen ist der standardisierte Krankenstand deutlich niedriger als im Bundesdurchschnitt.

Im Vergleich zum Vorjahr haben im Jahr 2011 die Arbeitsunfähigkeitsfälle in den Bundesländern in der Mehrzahl zugenommen (Tab. 29.1.5). Bei den Krankmeldungen waren die größten Anstiege in Baden-Württemberg (6,9 %) und Sachsen-Anhalt (4,8 %) zu verzeichnen. Die Zahl der Arbeitsunfähigkeitstage ist in den meisten Bundesländern gesunken. Am stärksten war dieser Rückgang in Niedersachsen (-13,2 %) und im Saarland (-10,3 %). Die Falldauer hat in fast allen Bundesländern abgenommen, nur in Mecklenburg-Vorpommern wurde ein Anstieg von 1,5 % verzeichnet.

29.1.8 Fehlzeiten nach Betriebsgröße

Mit zunehmender Betriebsgröße steigt die Anzahl der krankheitsbedingten Fehltage. Während die Mitarbeiter von Betrieben mit 10–99 AOK-Mitgliedern im Jahr 2011 durchschnittlich 18,2 Tage fehlten, fielen in Betrieben mit 500–999 AOK-Mitgliedern pro Mitarbeiter 20 Fehltage an (Abb. 29.1.17).[11] In größeren Betrieben

10 Berechnet nach der Methode der direkten Standardisierung – zugrunde gelegt wurde die Alters- und Geschlechtsstruktur der erwerbstätigen Mitglieder der gesetzlichen Krankenversicherung insgesamt im Jahr 2010 (Mitglieder mit Krankengeldanspruch). Quelle: GKV-Spitzenverband, SA 111.

11 Als Maß für die Betriebsgröße wird hier die Anzahl der AOK-Mitglieder in den Betrieben zugrunde gelegt, die allerdings in der Regel nur einen Teil der gesamten Belegschaft ausmachen.

Tab. 29.1.5 Krankenstandskennzahlen nach Bundesländern, 2011 im Vergleich zum Vorjahr

	Arbeitsunfähigkeiten je 100 AOK-Mitglieder				Tage je Fall	Veränd. z.Vorj. (in %)
	Fälle	Veränd. z.Vorj. (in %)	Tage	Veränd. z.Vorj. (in %)		
Baden-Württemberg	159,9	6,9	1.701,9	2,1	10,6	-4,5
Bayern	134,5	2,1	1.537,0	0,2	11,4	-1,7
Berlin	168,6	-2,0	1.958,4	-3,6	11,6	-1,7
Brandenburg	149,7	0,2	1.944,1	-0,8	13,0	-0,8
Bremen	162,7	-0,4	1.683,4	-5,4	10,3	-5,5
Hamburg	175,4	1,4	1.951,9	-5,5	11,1	-6,7
Hessen	174,6	2,9	1.957,5	-0,2	11,2	-3,4
Mecklenburg-Vorpommern	144,0	0,2	1.918,0	1,8	13,3	1,5
Niedersachsen	159,7	1,0	1.561,4	-13,2	9,8	-14,0
Rheinland	159,6	0,7	1.837,7	-2,1	11,5	-2,5
Rheinland-Pfalz	168,8	0,6	1.715,6	-9,7	10,2	-9,7
Saarland	149,9	1,8	1.831,0	-10,3	12,2	-12,2
Sachsen	153,0	1,9	1.533,4	-8,3	10,0	-9,9
Sachsen-Anhalt	151,8	4,8	1.928,8	0,7	12,7	-3,8
Schleswig-Holstein	158,5	2,9	1.900,0	-0,8	12,0	-3,2
Thüringen	158,8	0,8	1.706,9	-7,7	10,7	-8,5
Westfalen-Lippe	176,8	3,2	1.966,1	1,7	11,1	-1,8
Bund	**157,3**	**3,4**	**1.725,9**	**-1,9**	**11,0**	**-5,2**

Fehlzeiten-Report 2012

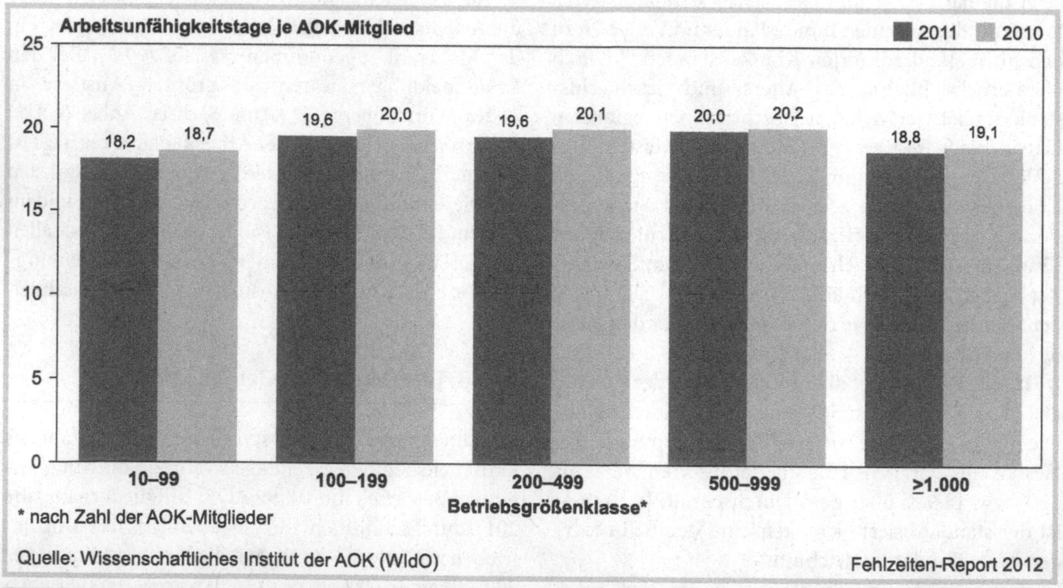

Abb. 29.1.17 Tage der Arbeitsunfähigkeit je AOK-Mitglied nach Betriebsgröße im Jahr 2011 im Vergleich zum Vorjahr

mit 1.000 und mehr AOK-Mitgliedern nimmt dann allerdings die Zahl der Arbeitsunfähigkeitstage wieder ab. Dort waren 2011 nur 18,8 Fehltage je Mitarbeiter zu verzeichnen. Eine Untersuchung des Instituts der Deutschen Wirtschaft kam zu einem ähnlichen Ergebnis (Schnabel 1997). Mithilfe einer Regressionsanalyse konnte darüber hinaus nachgewiesen werden, dass der positive Zusammenhang zwischen Fehlzeiten und Betriebsgröße nicht auf andere Einflussfaktoren wie zum Beispiel die Beschäftigtenstruktur oder Schichtarbeit zurückzuführen ist, sondern unabhängig davon gilt.

29.1.9 Fehlzeiten nach Stellung im Beruf

Die krankheitsbedingten Fehlzeiten variieren erheblich in Abhängigkeit von der beruflichen Stellung (Abb. 29.1.18). Die höchsten Fehlzeiten weisen Arbeiter mit 21,3 Tagen je AOK-Mitglied auf, die niedrigsten sind bei den Angestellten mit 13,7 Tagen zu finden. Im Vergleich zum Vorjahr nahm im Jahr 2011 die Zahl der Arbeitsunfähigkeitstage bei fast allen Statusgruppen (Auszubildende ausgeschlossen) zu.

Worauf sind die erheblichen Unterschiede in der Höhe des Krankenstandes in Abhängigkeit von der beruflichen Stellung zurückzuführen? Zunächst muss berücksichtigt werden, dass Angestellte häufiger als Arbeiter bei Kurzerkrankungen von ein bis drei Tagen keine Arbeitsunfähigkeitsbescheinigung vorlegen müssen. Dies hat zur Folge, dass bei Angestellten die Kurzzeiterkrankungen in geringerem Maße von den Krankenkassen erfasst werden als bei Arbeitern. Zudem ist zu bedenken, dass gleiche Krankheitsbilder je nach Art der beruflichen Anforderungen durchaus in einem Fall zur Arbeitsunfähigkeit führen können, im anderen Fall aber nicht. Bei schweren körperlichen Tätigkeiten, die im Bereich der industriellen Produktion immer noch eine große Rolle spielen, haben Erkrankungen viel eher Arbeitsunfähigkeit zur Folge als etwa bei Bürotätigkeiten. Hinzu kommt, dass sich die Tätigkeiten von gering qualifizierten Arbeitnehmern im Vergleich zu denen von höher qualifizierten Beschäftigten in der Regel durch ein größeres Maß an physiologisch-ergonomischen Belastungen, eine höhere Unfallgefährdung und damit durch erhöhte Gesundheitsrisiken auszeichnen. Eine nicht unerhebliche Rolle dürfte schließlich auch die Tatsache spielen, dass in höheren Positionen das Ausmaß an Verantwortung, aber gleichzeitig auch der Handlungsspielraum und die Gestaltungsmöglichkeiten zunehmen. Dies führt zu größerer Motivation und stärkerer Identifikation mit der beruflichen Tätigkeit. Aufgrund dieser Tatsache ist in der Regel der Anteil motivationsbedingter Fehlzeiten bei höherem beruflichem Status geringer.

Nicht zuletzt muss berücksichtigt werden, dass sich das niedrigere Einkommensniveau bei Arbeitern ungünstig auf die außerberuflichen Lebensverhältnisse wie z. B. die Wohnsituation, die Ernährung und die

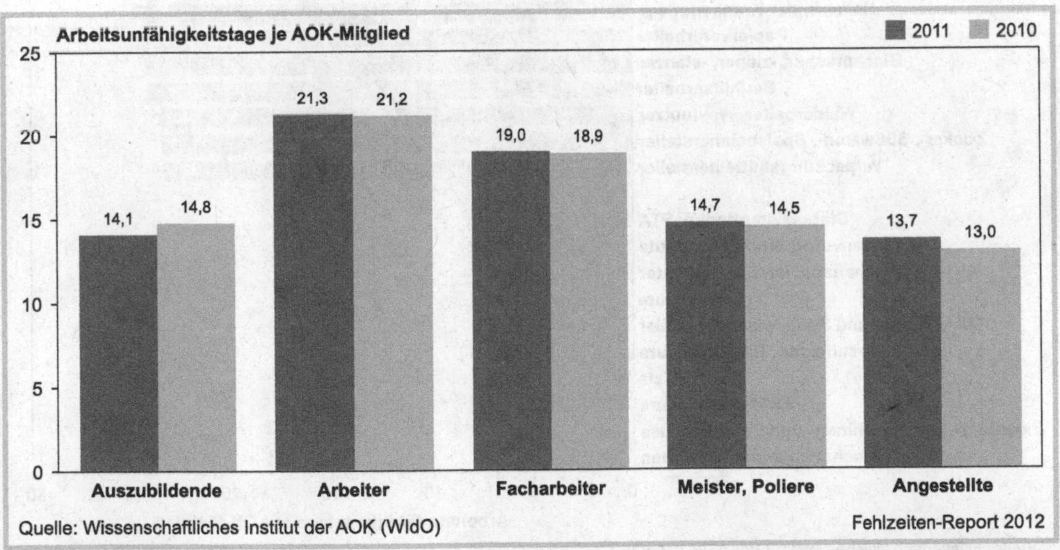

Abb. 29.1.18 Tage der Arbeitsunfähigkeit je AOK-Mitglied nach der Stellung im Beruf im Jahr 2011 im Vergleich zum Vorjahr

Erholungsmöglichkeiten auswirkt. Untersuchungen haben auch gezeigt, dass bei einkommensschwachen Gruppen verhaltensbedingte gesundheitliche Risikofaktoren wie Rauchen, Bewegungsarmut und Übergewicht stärker ausgeprägt sind als bei Gruppen mit höherem Einkommen (Mielck 2000).

29.1.10 Fehlzeiten nach Berufsgruppen

Auch bei den einzelnen Berufsgruppen gibt es große Unterschiede hinsichtlich der krankheitsbedingten Fehlzeiten (■ Abb. 29.1.19). Die Art der ausgeübten Tätigkeit hat erheblichen Einfluss auf das Ausmaß der Fehlzeiten. Die meisten Arbeitsunfähigkeitstage weisen Berufsgruppen aus dem gewerblichen Bereich auf, wie beispielsweise Straßenreiniger und Halbzeugputzer. Dabei handelt es sich häufig um Berufe mit hohen körperlichen Arbeitsbelastungen und überdurchschnittlich vielen Arbeitsunfällen (► Abschn. 29.1.12). Einige der Berufsgruppen mit hohen Krankenständen, wie Helfer in der Krankenpflege, sind auch in besonders hohem Maße psychischen Arbeitsbelastungen ausgesetzt. Die niedrigsten Krankenstände sind bei akademischen Berufsgruppen wie z. B. Hochschullehrern, Ingenieuren oder Ärzten zu verzeichnen. Während Hochschullehrer im Jahr 2011 im Durchschnitt nur 4,4 Tage krankgeschrieben waren, waren es bei den Straßenreinigern und Abfallbeseitigern 28,4 Tage, also mehr als das Sechsfache.

29.1.11 Fehlzeiten nach Wochentagen

Die meisten Krankschreibungen sind am Wochenanfang zu verzeichnen (■ Abb. 29.1.20). Zum Wochenende hin nimmt die Zahl der Arbeitsunfähigkeitsmeldungen tendenziell ab. 2011 entfiel gut ein Drittel (32,7 %) der wöchentlichen Krankmeldungen auf den Montag.

Bei der Bewertung der gehäuften Krankmeldungen am Montag muss allerdings berücksichtigt werden, dass der Arzt am Wochenende in der Regel nur in Notfällen aufgesucht wird, da die meisten Praxen geschlossen sind. Deshalb erfolgt die Krankschreibung für Erkrankungen, die bereits am Wochenende begonnen haben, in den meisten Fällen erst am Wochenanfang. Insofern sind in den Krankmeldungen vom Montag auch die Krankheitsfälle vom Wochenende enthalten. Die Verteilung der Krankmeldungen auf die Wochentage ist also in erster Linie durch die ärztlichen Sprech-

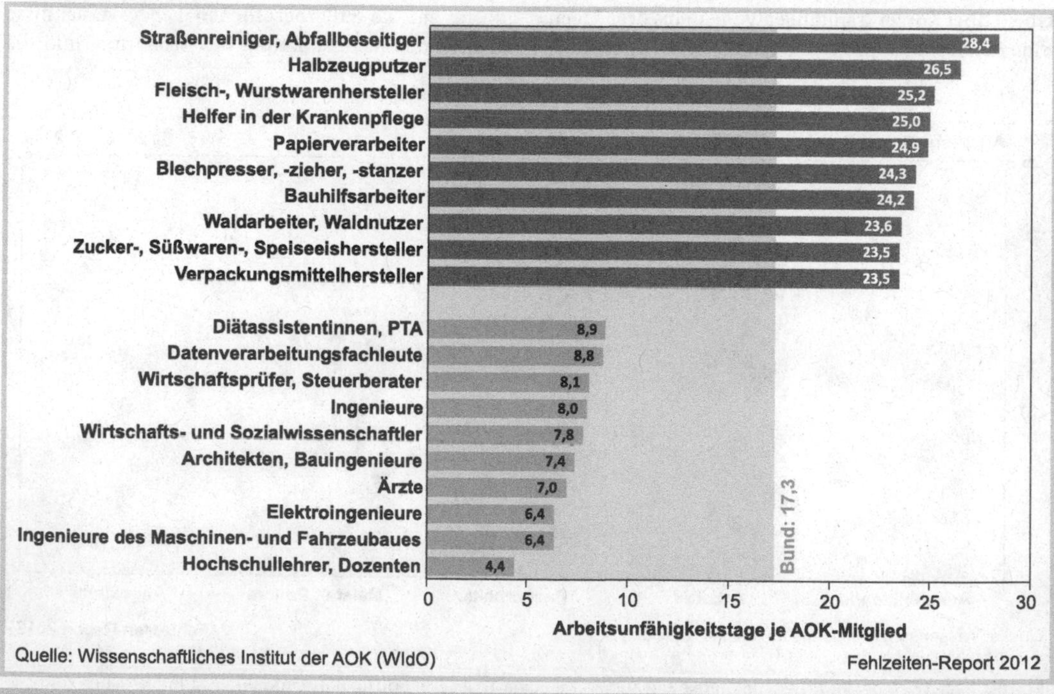

■ Abb. 29.1.19 Berufsgruppen mit hohen und niedrigen Fehlzeiten je AOK-Mitglied im Jahr 2011

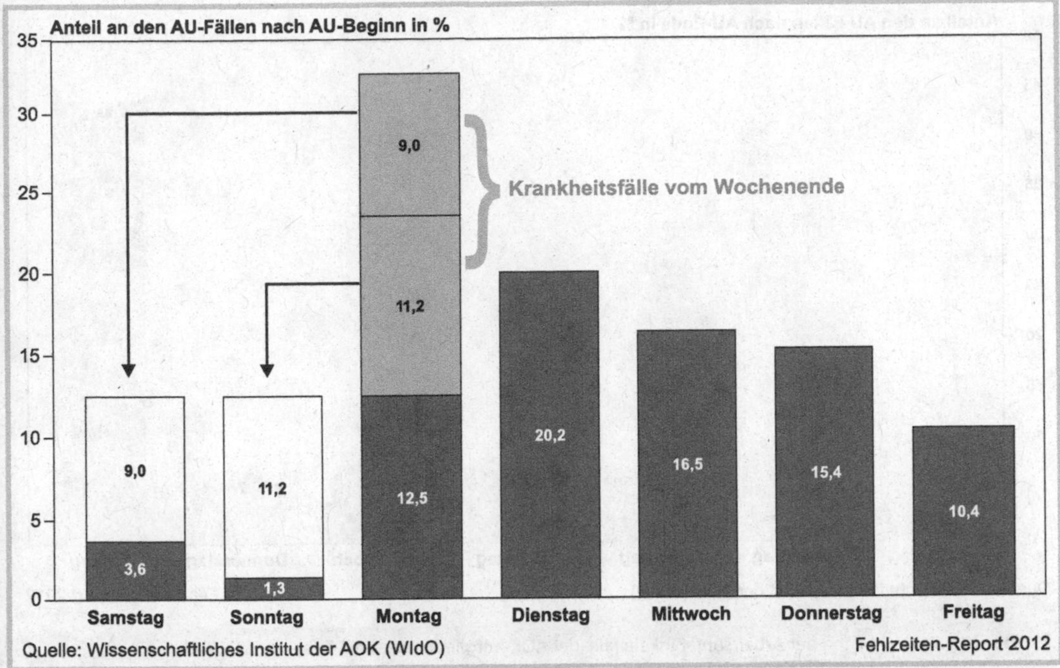

Abb. 29.1.20 Verteilung der Arbeitsunfähigkeitsfälle der AOK-Mitglieder nach AU-Beginn im Jahr 2011

stundenzeiten bedingt (von Ferber u. Kohlhausen 1970). Dies wird häufig in der Diskussion um den „blauen Montag" nicht bedacht.

Geht man davon aus, dass die Wahrscheinlichkeit zu erkranken an allen Wochentagen gleich hoch ist und verteilt die Arbeitsunfähigkeitsmeldungen vom Samstag, Sonntag und Montag gleichmäßig auf diese drei Tage, beginnen am Montag – „wochenendbereinigt" – nur noch 12,5 % der Krankheitsfälle. Danach ist der Montag nach dem Freitag (10,4 %) der Wochentag mit der geringsten Zahl an Krankmeldungen.

Die Mehrheit der Ärzte bevorzugt als Ende der Krankschreibung das Ende der Arbeitswoche (Abb. 29.1.21). 2011 endeten 44,2 % der Arbeitsunfähigkeitsfälle am Freitag. Nach dem Freitag ist der Mittwoch der Wochentag, an dem die meisten Krankmeldungen (13,9 %) abgeschlossen sind.

Da meist bis Freitag krankgeschrieben wird, nimmt der Krankenstand gegen Ende der Woche hin zu (Abb. 29.1.21). Daraus abzuleiten, dass am Freitag besonders gerne „krankgefeiert" wird, um das Wochenende auf Kosten des Arbeitgebers zu verlängern, erscheint wenig plausibel, insbesondere wenn man bedenkt, dass der Freitag der Werktag mit den wenigsten Krankmeldungen ist.

29.1.12 Arbeitsunfälle

Im Jahr 2011 waren 4,1 % der Arbeitsunfähigkeitsfälle auf Arbeitsunfälle[12] zurückzuführen. Diese waren für 6,3 % der Arbeitsunfähigkeitstage verantwortlich. Im Vergleich zum Vorjahr ist in allen Branchen ein Anstieg sowohl bei den AU-Fällen als auch den AU-Tagen zu verzeichnen.

In kleineren Betrieben kommt es wesentlich häufiger zu Arbeitsunfällen als in größeren Unternehmen (Abb. 29.1.22).[13] Die Unfallquote in Betrieben mit 10–49 AOK-Mitgliedern war im Jahr 2011 1,6-mal so hoch wie in Betrieben mit 1.000 und mehr AOK-Mitgliedern. Auch die durchschnittliche Dauer einer unfallbedingten Arbeitsunfähigkeit ist in kleineren Betrieben höher als in größeren Betrieben, was darauf hindeutet, dass dort häufiger schwere Unfälle passieren. Während ein Arbeitsunfall in einem Betrieb mit 10–49 AOK-Mitgliedern durchschnittlich 17,4 Tage

12 Zur Definition der Arbeitsunfälle Tab. 29.1.1.

13 Als Maß für die Betriebsgröße wird hier die Anzahl der AOK-Mitglieder in den Betrieben zugrunde gelegt, die allerdings in der Regel nur einen Teil der gesamten Belegschaft ausmachen (► Abschn. 29.1.8).

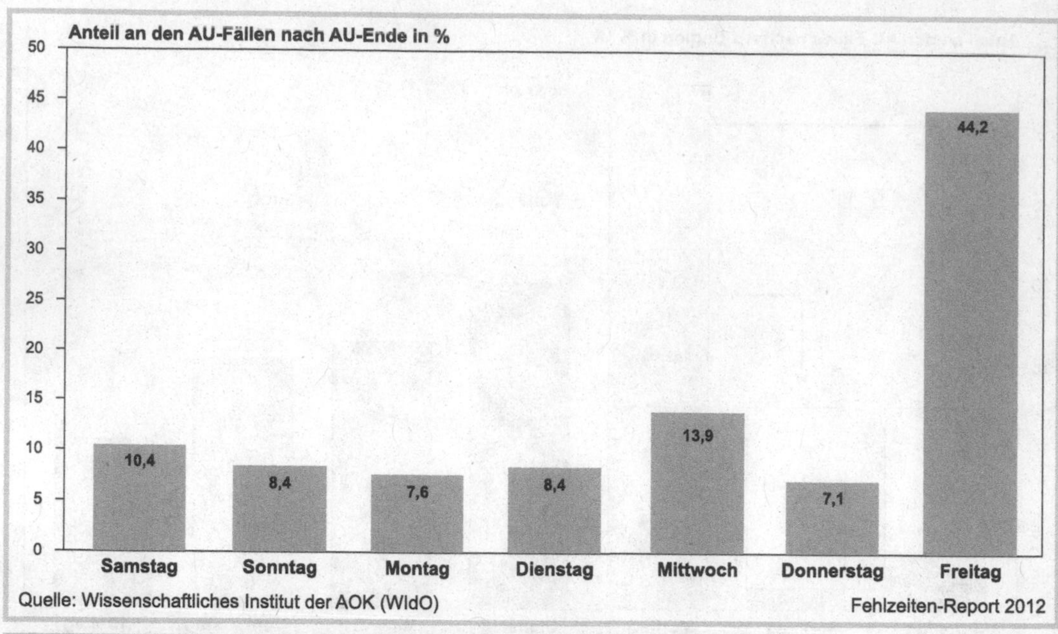

■ **Abb. 29.1.21** Verteilung der Arbeitsunfähigkeitsfälle der AOK-Mitglieder nach AU-Ende im Jahr 2011

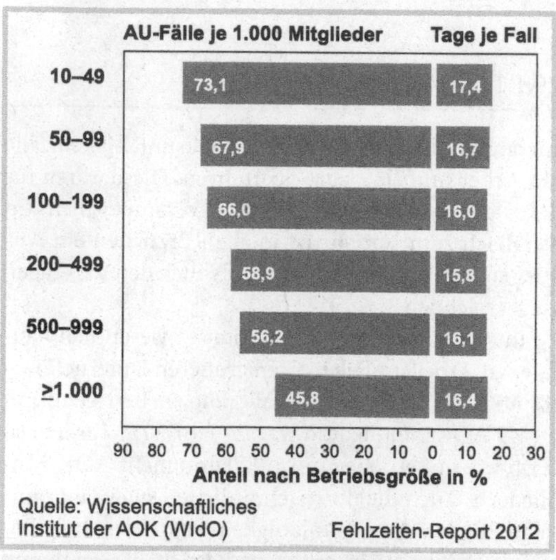

■ **Abb. 29.1.22** Fehlzeiten der AOK-Mitglieder aufgrund von Arbeitsunfällen nach Betriebsgröße im Jahr 2011

dauerte, waren es in Betrieben mit 200–499 AOK-Mitgliedern lediglich 15,8 Tage.

In den einzelnen Wirtschaftszweigen variiert die Zahl der Arbeitsunfälle erheblich. So sind die meisten Fälle in der Land- und Forstwirtschaft und im Baugewerbe zu verzeichnen (■ Abb. 29.1.23). 2011 gingen beispielsweise 9,1 % der AU-Fälle und 13,2 % der AU-Tage in der Land- und Forstwirtschaft auf Arbeitsunfälle zurück. Neben dem Baugewerbe und der Land- und Forstwirtschaft gab es auch im Bereich Verkehr und Transport (5,5 % der Fälle) und in der Branche Energie, Wasser, Entsorgung und Bergbau (5,1 % der Fälle) überdurchschnittlich viele Arbeitsunfälle. Den geringsten Anteil an Arbeitsunfällen verzeichneten die Banken und Versicherungen mit 1,1 % der Fälle.

Die Zahl der Arbeitsunfälle lag in Westdeutschland höher als in Ostdeutschland: Während im Westen durchschnittlich 69,8 Fälle auf 1.000 AOK-Mitglieder entfielen, waren es im Osten 61,3 Fälle je 1.000 Mitglieder (■ Abb. 29.1.24).

Insbesondere im Baugewerbe war die Zahl der auf Arbeitsunfälle zurückgehenden Arbeitsunfähigkeitstage in Westdeutschland höher als in Ostdeutschland (■ Abb. 29.1.25).

■ Tab. 29.1.6 zeigt die Berufsgruppen, die in besonderem Maße von arbeitsbedingten Unfällen betroffen sind. Spitzenreiter waren im Jahr 2011 die Kraftfahrzeugführer (4.876 AU-Tage je 1.000 AOK-Mitglieder), Wächter und Aufseher (4.758 AU-Tage je 1.000 AOK-Mitglieder) sowie Helfer in der Krankenpflege (4.748 AU-Tage je 1.000 AOK-Mitglieder).

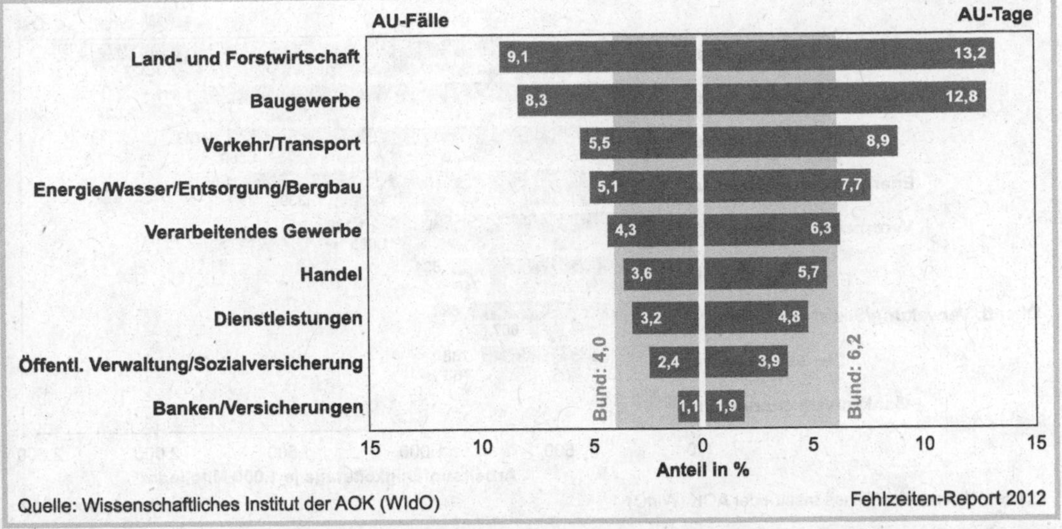

Abb. 29.1.23 Fehlzeiten der AOK-Mitglieder aufgrund von Arbeitsunfällen nach Branchen im Jahr 2011

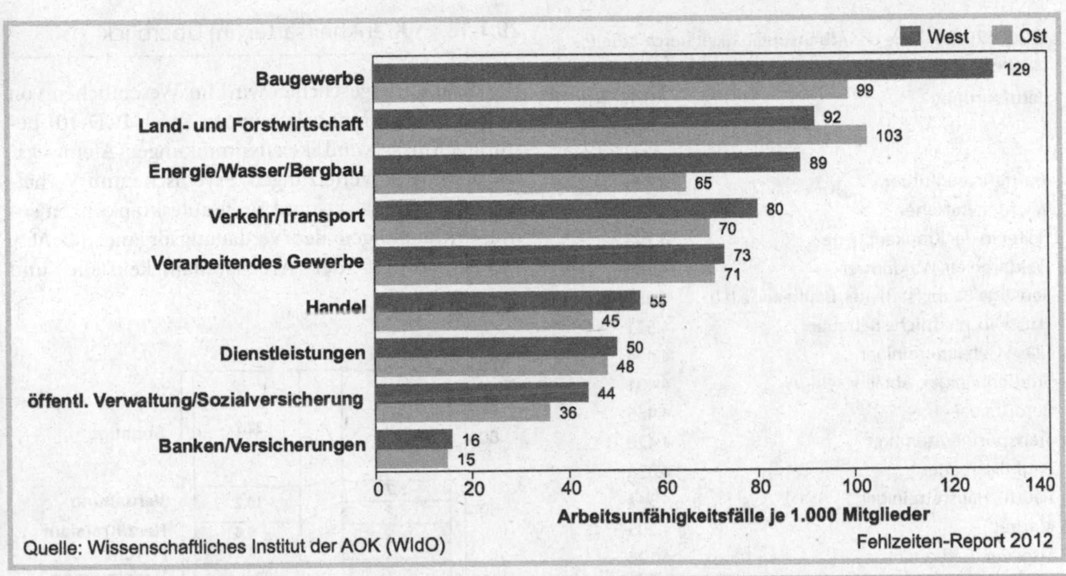

Abb. 29.1.24 Fälle der Arbeitsunfähigkeit der AOK-Mitglieder aufgrund von Arbeitsunfällen nach Branchen in West- und Ostdeutschland im Jahr 2011

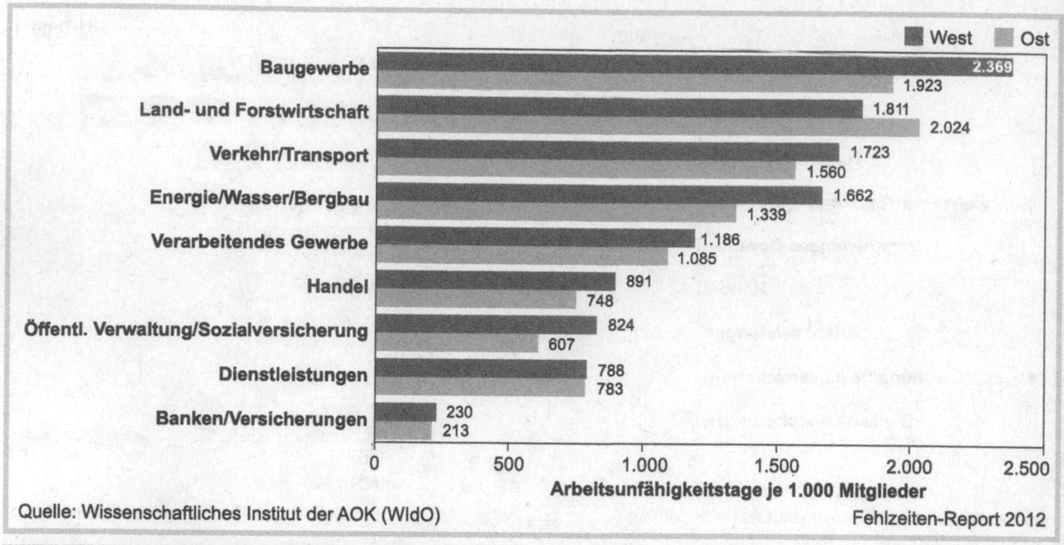

Abb. 29.1.25 Tage der Arbeitsunfähigkeit durch Arbeitsunfälle nach Branchen in West- und Ostdeutschland im Jahr 2011

Tab. 29.1.6 Tage der Arbeitsunfähigkeit durch Arbeitsunfälle nach Berufsgruppen im Jahr 2011, AOK-Mitglieder

Berufsgruppe	AU-Tage je 1.000 AOK-Mitglieder
Kraftfahrzeugführer	4.876
Wächter, Aufseher	4.758
Helfer in der Krankenpflege	4.748
Waldarbeiter, Waldnutzer	4.705
Sonstige Bauhilfsarbeiter, Bauhelfer, a.n.g.	4.680
Hauswirtschaftliche Betreuer	4.511
Glas-, Gebäudereiniger	4.494
Straßenreiniger, Abfallbeseitiger	4.481
Betonbauer	4.455
Transportgeräteführer	4.420
Bauhilfsarbeiter	4.358
Raum-, Hausratreiniger	4.344
Maurer	4.205
Sonstige Tiefbauer	4.194
Straßenbauer	4.153
Dachdecker	4.139
Zimmerer	4.121
Lager-, Transportarbeiter	4.097
Warenaufmacher, Versandfertigmacher	4.077
Chemiebetriebswerker	4.055
Sozialarbeiter, Sozialpfleger	4.041
Lagerverwalter, Magaziner	4.016
Pförtner, Hauswarte	3.991
Sonstige Montierer	3.958

Fehlzeiten-Report 2012

29.1.13 Krankheitsarten im Überblick

Das Krankheitsgeschehen wird im Wesentlichen von sechs großen Krankheitsgruppen (nach ICD-10) bestimmt: Muskel- und Skeletterkrankungen, Atemwegserkrankungen, Verletzungen, Psychische und Verhaltensstörungen, Herz- und Kreislauferkrankungen sowie Erkrankungen der Verdauungsorgane. (Abb. 29.1.26). 67,3 % der Arbeitsunfähigkeitsfälle und

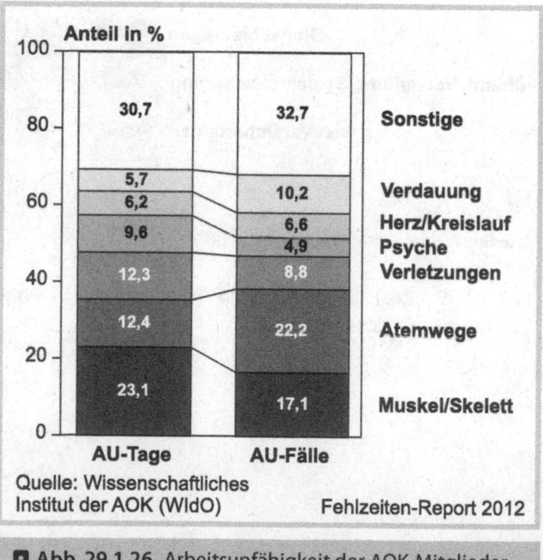

Abb. 29.1.26 Arbeitsunfähigkeit der AOK-Mitglieder nach Krankheitsarten im Jahr 2011

69,3 % der Arbeitsunfähigkeitstage gingen 2011 auf das Konto dieser sechs Krankheitsarten. Der Rest verteilte sich auf sonstige Krankheitsgruppen.

Der häufigste Anlass für Krankschreibungen waren Atemwegserkrankungen. Im Jahr 2011 war diese Krankheitsart für fast ein Viertel der Arbeitsunfähigkeitsfälle (22,2 %) verantwortlich. Aufgrund einer relativ geringen durchschnittlichen Erkrankungsdauer betrug der Anteil der Atemwegserkrankungen am Krankenstand allerdings nur 12,4 %. Die meisten Arbeitsunfähigkeitstage wurden durch Muskel- und Skeletterkrankungen verursacht, die häufig mit langen Ausfallzeiten verbunden sind. Allein auf diese Krankheitsart waren 2011 23,1 % der Arbeitsunfähigkeitstage zurückzuführen, obwohl sie nur für 17,1 % der Arbeitsunfähigkeitsfälle verantwortlich war.

▪ Abb. 29.1.27 zeigt die Anteile der Krankheitsarten an den krankheitsbedingten Fehlzeiten im Jahr 2011 im Vergleich zum Vorjahr. Während der Anteil an Verletzungen um 0,5 Prozentpunkte gesunken ist, nahmen Ausfalltage aufgrund psychischer Erkrankungen und Atemwegserkrankungen um je 0,3 Prozentpunkte zu. Der prozentuale Anteil der Fehlzeiten aufgrund psychischer Erkrankungen liegt mit 9,6 % im dritten Jahr in Folge höher als der Anteil der Herz- und Kreislauferkrankungen (6,2 %).

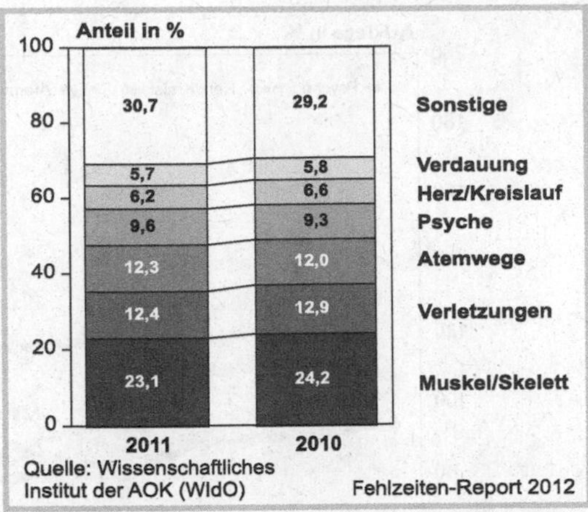

▪ **Abb. 29.1.27** Tage der Arbeitsunfähigkeit der AOK-Mitglieder nach Krankheitsarten im Jahr 2011 im Vergleich zum Vorjahr

Die ▪ Abb. 29.1.28 und ▪ Abb. 29.1.29 zeigen die Entwicklung der häufigsten Krankheitsarten in den Jahren 2001–2011 in Form einer Indexdarstellung. Ausgangsbasis ist dabei der Wert des Jahres 2000. Dieser wurde auf 100 normiert. Wie in den Abbildungen deutlich er-

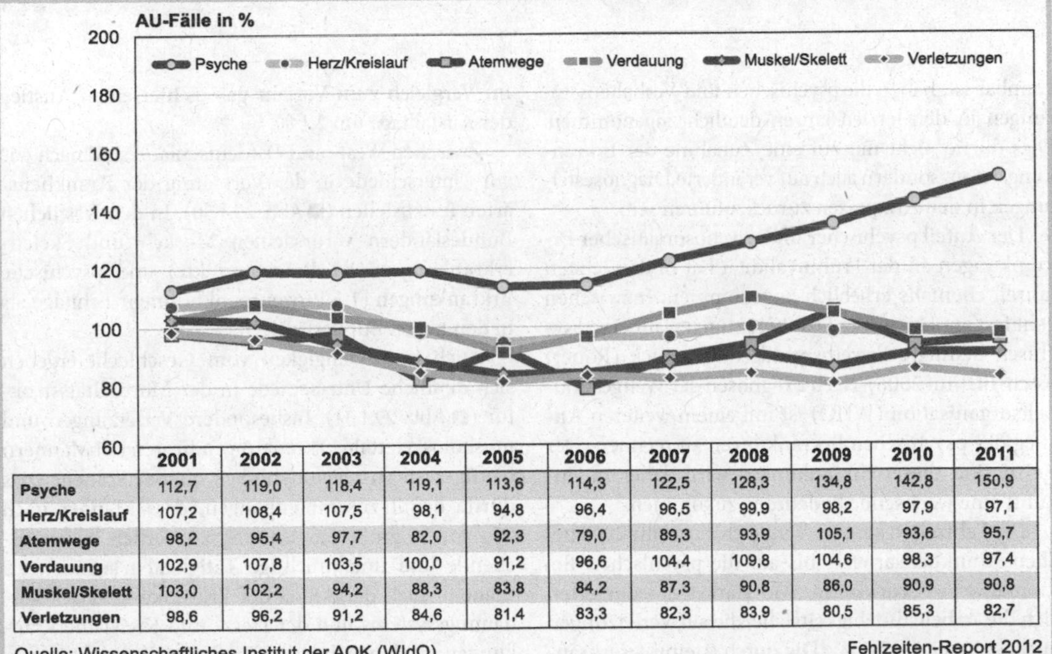

	2001	2002	2003	2004	2005	2006	2007	2008	2009	2010	2011
Psyche	112,7	119,0	118,4	119,1	113,6	114,3	122,5	128,3	134,8	142,8	150,9
Herz/Kreislauf	107,2	108,4	107,5	98,1	94,8	96,4	96,5	99,9	98,2	97,9	97,1
Atemwege	98,2	95,4	97,7	82,0	92,3	79,0	89,3	93,9	105,1	93,6	95,7
Verdauung	102,9	107,8	103,5	100,0	91,2	96,6	104,4	109,8	104,6	98,3	97,4
Muskel/Skelett	103,0	102,2	94,2	88,3	83,8	84,2	87,3	90,8	86,0	90,9	90,8
Verletzungen	98,6	96,2	91,2	84,6	81,4	83,3	82,3	83,9	80,5	85,3	82,7

Quelle: Wissenschaftliches Institut der AOK (WIdO) — Fehlzeiten-Report 2012

▪ **Abb. 29.1.28** Fälle der Arbeitsunfähigkeit der AOK-Mitglieder nach Krankheitsarten in den Jahren 2001–2011, Indexdarstellung (2000 = 100 %)

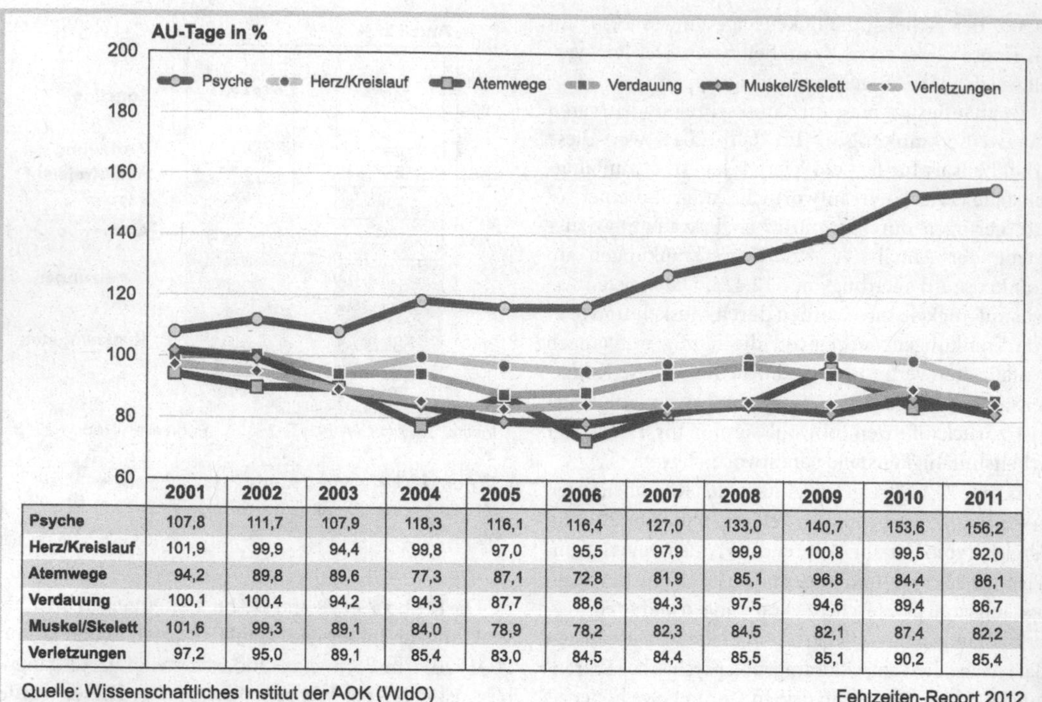

	2001	2002	2003	2004	2005	2006	2007	2008	2009	2010	2011
Psyche	107,8	111,7	107,9	118,3	116,1	116,4	127,0	133,0	140,7	153,6	156,2
Herz/Kreislauf	101,9	99,9	94,4	99,8	97,0	95,5	97,9	99,9	100,8	99,5	92,0
Atemwege	94,2	89,8	89,6	77,3	87,1	72,8	81,9	85,1	96,8	84,4	86,1
Verdauung	100,1	100,4	94,2	94,3	87,7	88,6	94,3	97,5	94,6	89,4	86,7
Muskel/Skelett	101,6	99,3	89,1	84,0	78,9	78,2	82,3	84,5	82,1	87,4	82,2
Verletzungen	97,2	95,0	89,1	85,4	83,0	84,5	84,4	85,5	85,1	90,2	85,4

Abb. 29.1.29 Tage der Arbeitsunfähigkeit der AOK-Mitglieder nach Krankheitsarten in den Jahren 2001–2011, Indexdarstellung (2000 = 100 %)

kennbar ist, haben die psychischen und Verhaltensstörungen in den letzten Jahren deutlich zugenommen. Dies dürfte nicht nur auf eine Zunahme der Erkrankungsraten, sondern auch auf veränderte Diagnosestellungen in den Arztpraxen zurückzuführen sein.

Der Anteil psychischer und psychosomatischer Erkrankungen an der Frühinvalidität hat in den letzten Jahren ebenfalls erheblich zugenommen. Inzwischen geht fast ein Drittel der Frühberentungen auf eine psychisch bedingte Erwerbsminderung zurück (Robert Koch-Institut 2006). Nach Prognosen der Weltgesundheitsorganisation (WHO) ist mit einem weiteren Anstieg der psychischen Erkrankungen zu rechnen. Der Prävention dieser Erkrankungen wird daher in Zukunft eine wachsende Bedeutung zukommen.

Die Fehlzeiten sind im Vergleich zum Jahr 2000 bei allen Krankheitsarten – bis auf die psychischen Erkrankungen – rückläufig. Am stärksten reduzierten sich die Arbeitsunfähigkeitsfälle, die auf Verletzungen zurückgingen (-17,3 %). Die durch Atemwegserkrankungen bedingten Fehlzeiten unterliegen aufgrund von Jahr zu Jahr unterschiedlich stark auftretenden Grippewellen teilweise erheblichen Schwankungen. Im Vergleich zum Vorjahr gab es hier einen Anstieg der Ausfalltage um 2,1 %.

Zwischen West- und Ostdeutschland sind nach wie vor Unterschiede in der Verteilung der Krankheitsarten festzustellen (Abb. 29.1.30). In den westlichen Bundesländern verursachten Muskel- und Skeletterkrankungen (1,1 Prozentpunkte) und psychische Erkrankungen (1,1 Prozentpunkte) mehr Fehltage als in den neuen Bundesländern.

Auch in Abhängigkeit vom Geschlecht ergeben sich deutliche Unterschiede in der Morbiditätsstruktur (Abb. 29.1.31). Insbesondere Verletzungen und muskuloskelettale Erkrankungen führen bei Männern häufiger zu Arbeitsunfähigkeit als bei Frauen. Dies dürfte damit zusammenhängen, dass Männer nach wie vor in größerem Umfang körperlich beanspruchende und unfallträchtige Tätigkeiten ausüben als Frauen. Auch der Anteil der Erkrankungen des Verdauungssystems und der Herz- und Kreislauferkrankungen an den Arbeitsunfähigkeitsfällen und -tagen ist bei Männern höher als bei Frauen. Bei den Herz- und Kreislauferkrankungen ist insbesondere der Anteil an den AU-Tagen bei Männern deutlich höher als

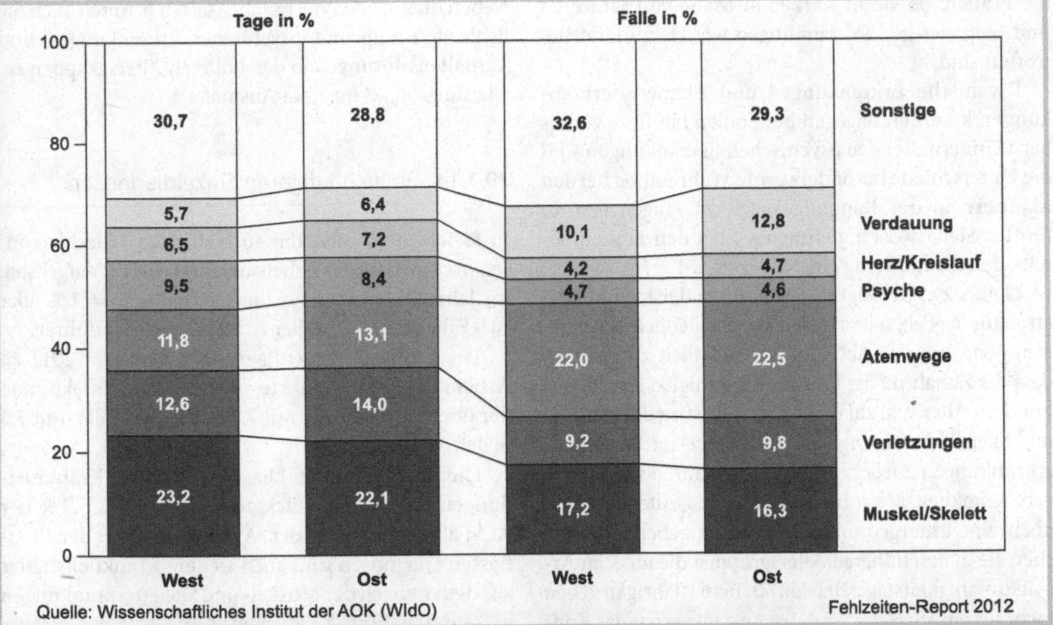

Abb. 29.1.30 Arbeitsunfähigkeit der AOK-Mitglieder nach Krankheitsarten in West- und Ostdeutschland im Jahr 2011

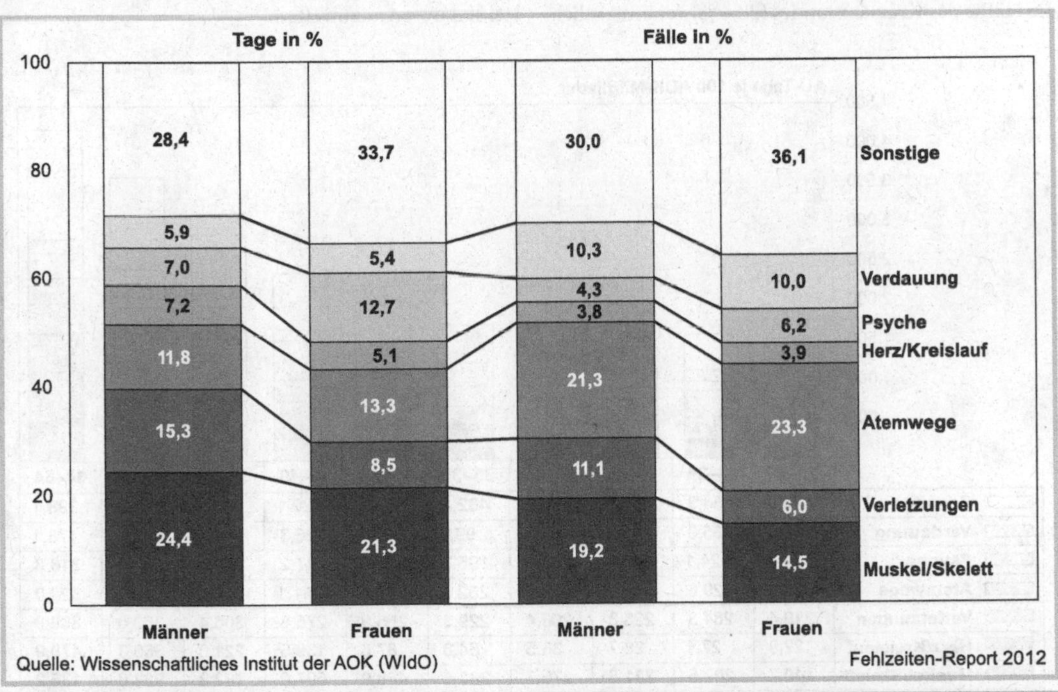

Abb. 29.1.31 Arbeitsunfähigkeit der AOK-Mitglieder nach Krankheitsarten und Geschlecht im Jahr 2011

bei Frauen, da sie in stärkerem Maße von schweren und langwierigen Erkrankungen wie Herzinfarkt betroffen sind.

Psychische Erkrankungen und Atemwegserkrankungen kommen dagegen bei Frauen häufiger vor als bei Männern. Bei den psychischen Erkrankungen sind die Unterschiede besonders groß: Während sie bei den Männern in der Rangfolge nach AU-Tagen erst an fünfter Stelle stehen, nehmen sie bei den Frauen bereits den dritten Rang ein.

◼ Abb. 29.1.32 zeigt die Bedeutung der Krankheitsarten für die Fehlzeiten in den unterschiedlichen Altersgruppen. Aus der Abbildung ist deutlich zu ersehen, dass die Zunahme der krankheitsbedingten Ausfalltage mit dem Alter v. a. auf den starken Anstieg der Muskel- und Skeletterkrankungen und der Herz- und Kreislauferkrankungen zurückzuführen ist. Während diese beiden Krankheitsarten bei den jüngeren Altersgruppen noch eine untergeordnete Bedeutung haben, verursachen sie in den höheren Altersgruppen die meisten Arbeitsunfähigkeitstage. Bei den 60- bis 64-Jährigen gehen mehr als ein Viertel (27 %) der Ausfalltage auf das Konto der muskuloskelettalen Erkrankungen. Muskel- und Skeletterkrankungen und Herz- und Kreislauferkrankungen zusammen sind bei dieser Altersgruppe für fast die Hälfte des Krankenstandes (38,4 %) verantwortlich.

Neben diesen beiden Krankheitsarten nehmen auch die Fehlzeiten aufgrund psychischer Erkrankungen und Verhaltensstörungen in den höheren Altersgruppen zu, allerdings in geringerem Ausmaß.

29.1.14 Die häufigsten Einzeldiagnosen

In ◼ Tab. 29.1.7 sind die 40 häufigsten Einzeldiagnosen nach Anzahl der Arbeitsunfähigkeitsfälle aufgelistet. Im Jahr 2011 waren auf diese Diagnosen 56,7 % aller AU-Fälle und 43,2 % aller AU-Tage zurückzuführen.

Die häufigste Einzeldiagnose, die im Jahr 2011 zu Arbeitsunfähigkeit führte, waren akute Infektionen der oberen Atemwege mit 7,2 % der AU-Fälle und 3,3 % der AU-Tage.

Die zweithäufigste Diagnose, die zu Krankmeldungen führte, sind Rückenschmerzen mit 6,7 % der AU-Fälle und 6,4 % der AU-Tage. Unter den häufigsten Diagnosen sind auch weitere Krankheitsbilder aus dem Bereich der Muskel- und Skeletterkrankungen besonders zahlreich vertreten.

Neben diesen Erkrankungen sind auch Erkrankungen aus dem Bereich des Verdauungssystems und psychische Erkrankungen unter den häufigsten Einzeldiagnosen anzutreffen.

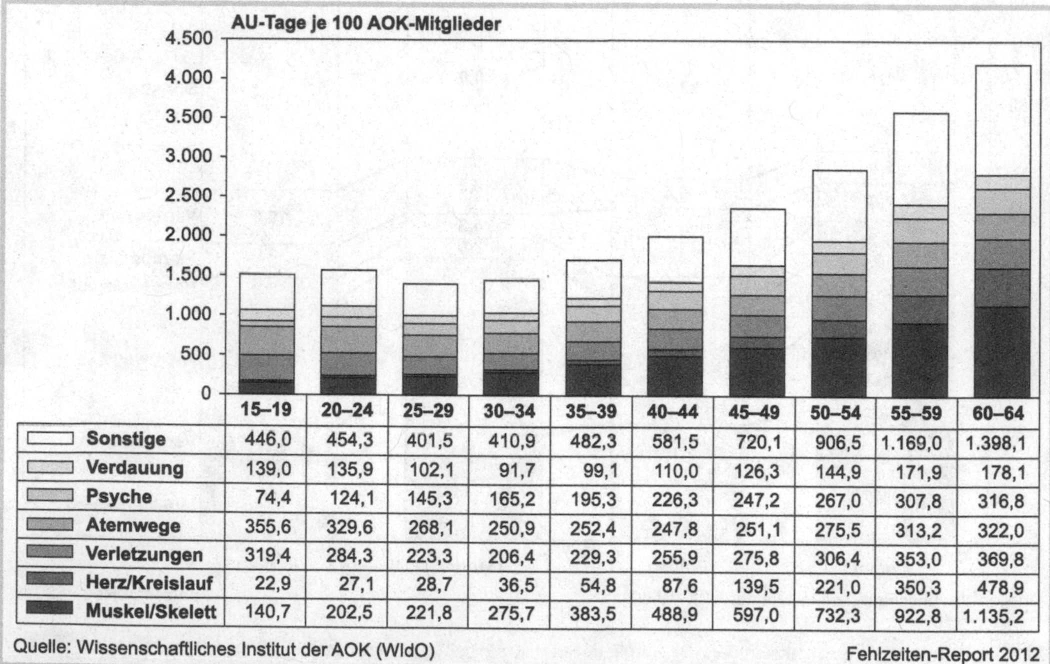

	15–19	20–24	25–29	30–34	35–39	40–44	45–49	50–54	55–59	60–64
Sonstige	446,0	454,3	401,5	410,9	482,3	581,5	720,1	906,5	1.169,0	1.398,1
Verdauung	139,0	135,9	102,1	91,7	99,1	110,0	126,3	144,9	171,9	178,1
Psyche	74,4	124,1	145,3	165,2	195,3	226,3	247,2	267,0	307,8	316,8
Atemwege	355,6	329,6	268,1	250,9	252,4	247,8	251,1	275,5	313,2	322,0
Verletzungen	319,4	284,3	223,3	206,4	229,3	255,9	275,8	306,4	353,0	369,8
Herz/Kreislauf	22,9	27,1	28,7	36,5	54,8	87,6	139,5	221,0	350,3	478,9
Muskel/Skelett	140,7	202,5	221,8	275,7	383,5	488,9	597,0	732,3	922,8	1.135,2

Quelle: Wissenschaftliches Institut der AOK (WIdO)   Fehlzeiten-Report 2012

◼ Abb. 29.1.32 Tage der Arbeitsunfähigkeit je 100 AOK-Mitglieder nach Krankheitsarten und Alter im Jahr 2011

Tab. 29.1.7 Anteile der 40 häufigsten Einzeldiagnosen an den AU-Fällen und AU-Tagen im Jahr 2011, AOK-Mitglieder

ICD-10	Bezeichnung	AU-Fälle in %	AU-Tage in %
J06	Akute Infektionen der oberen Atemwege	7,2	3,3
M54	Rückenschmerzen	6,7	6,4
A09	Diarrhoe und Gastroenteritis	3,3	1,2
J20	Akute Bronchitis	2,7	1,5
K52	Sonstige nichtinfektiöse Gastroenteritis und Kolitis	2,5	0,9
J40	Bronchitis, nicht als akut oder chronisch bezeichnet	2,2	1,2
K08	Sonstige Krankheiten der Zähne und des Zahnhalteapparates	2,1	0,5
I10	Essentielle Hypertonie	1,6	2,4
K29	Gastritis und Duodenitis	1,6	0,8
B34	Viruskrankheit nicht näher bezeichneter Lokalisation	1,5	0,7
R10	Bauch- und Beckenschmerzen	1,5	0,8
T14	Verletzung an einer nicht näher bezeichneten Körperregion	1,3	1,2
F32	Depressive Episode	1,2	2,9
J03	Akute Tonsillitis	1,2	0,6
J01	Akute Sinusitis	1,2	0,6
J02	Akute Pharyngitis	1,2	0,5
J32	Chronische Sinusitis	1,1	0,6
F43	Reaktionen auf schwere Belastungen und Anpassungsstörungen	1,0	1,6
R51	Kopfschmerz	1,0	0,5
M53	Sonstige Krankheiten der Wirbelsäule und des Rückens	0,9	1,0
M99	Biomechanische Funktionsstörungen	0,9	0,7
M25	Sonstige Gelenkkrankheiten	0,9	1,0
M51	Sonstige Bandscheibenschäden	0,9	1,9
M77	Sonstige Enthesopathien	0,8	1,0
R11	Übelkeit und Erbrechen	0,8	0,4
M75	Schulterläsionen	0,8	1,6
A08	Virusbedingte und sonstige näher bezeichnete Darminfektionen	0,7	0,3
M79	Sonstige Krankheiten des Weichteilgewebes, anderenorts nicht klassifiziert	0,7	0,6
S93	Luxation, Verstauchung und Zerrung der Gelenke und Bänder in Höhe des oberen Sprunggelenkes und des Fußes	0,7	0,8
F45	Somatoforme Störungen	0,6	1,0
J04	Akute Laryngitis und Tracheitis	0,6	0,3
M23	Binnenschädigung des Kniegelenkes	0,6	1,3
J11	Grippe, Viren nicht nachgewiesen	0,6	0,3
G43	Migräne	0,6	0,2
J00	Akute Rhinopharyngitis (Erkältungsschnupfen)	0,6	0,3
R42	Schwindel und Taumel	0,6	0,4
F48	Andere neurotische Störungen	0,6	0,8
B99	Sonstige und nicht näher bezeichnete Infektionskrankheiten	0,6	0,3
J98	Sonstige Krankheiten der Atemwege	0,6	0,3
R53	Unwohlsein und Ermüdung	0,5	0,5
	Summe	**56,7**	**43,2**
	Sonstige	43,3	56,8
	Gesamt	**100,0**	**100,0**

Fehlzeiten-Report 2012

29.1.15 Krankheitsarten nach Branchen

Bei der Verteilung der Krankheitsarten bestehen erhebliche Unterschiede zwischen den Branchen, die im Folgenden für die wichtigsten Krankheitsgruppen aufgezeigt werden.

Muskel- und Skeletterkrankungen

Die Muskel- und Skeletterkrankungen verursachen in fast allen Branchen die meisten Fehltage (▫ Abb. 29.1.33). Ihr Anteil an den Arbeitsunfähigkeitstagen bewegte sich im Jahr 2011 in den einzelnen Branchen zwischen 15,0 % bei Banken und Versicherungen und 27,0 % im Baugewerbe. In Wirtschaftszweigen mit überdurchschnittlich hohen Krankenständen sind häufig die muskuloskelettalen Erkrankungen besonders ausgeprägt und tragen wesentlich zu den erhöhten Fehlzeiten bei.

▫ Abb. 29.1.34 zeigt die Anzahl und durchschnittliche Dauer der Krankmeldungen aufgrund von Muskel- und Skeletterkrankungen in den einzelnen Branchen. Die meisten Arbeitsunfähigkeitsfälle waren im Bereich Energie, Wasser, Entsorgung und Bergbau zu verzeichnen, mehr als doppelt so viele wie bei den Banken und Versicherungen.

Die muskuloskelettalen Erkrankungen sind häufig mit langen Ausfallzeiten verbunden. Die mittlere Dauer der Krankmeldungen schwankte im Jahr 2011 in den einzelnen Branchen zwischen 12,8 Tagen bei Banken und Versicherungen und 17,6 Tagen in der Branche Land- und Forstwirtschaft. Im Branchendurchschnitt lag sie bei 15,4 Tagen.

▫ Abb. 29.1.35 zeigt die zehn Berufsgruppen mit hohen und niedrigen Fehlzeiten aufgrund von Muskel- und Skeletterkrankungen. Die meisten Arbeitsunfähigkeitsfälle sind bei den Warenaufmachern und Versandfertigmachern zu verzeichnen, während die Sprechstundenhelfer vergleichsweise geringe Fehlzeiten aufgrund von Muskel- und Skeletterkrankungen aufweisen.

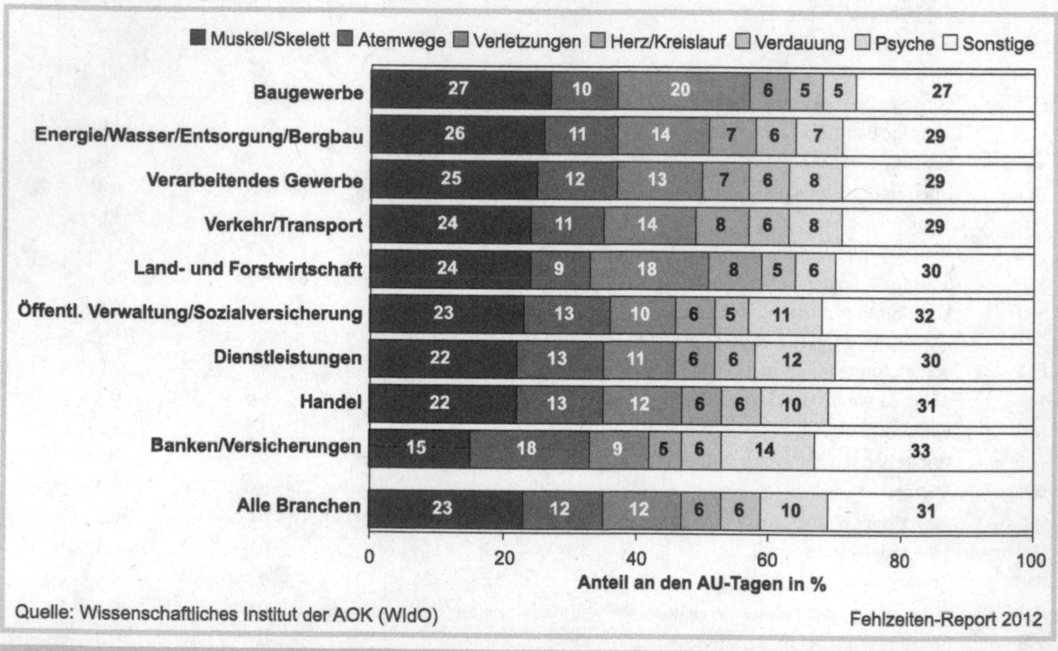

▫ **Abb. 29.1.33** Tage Arbeitsunfähigkeit der AOK-Mitglieder nach Krankheitsarten und Branche im Jahr 2011

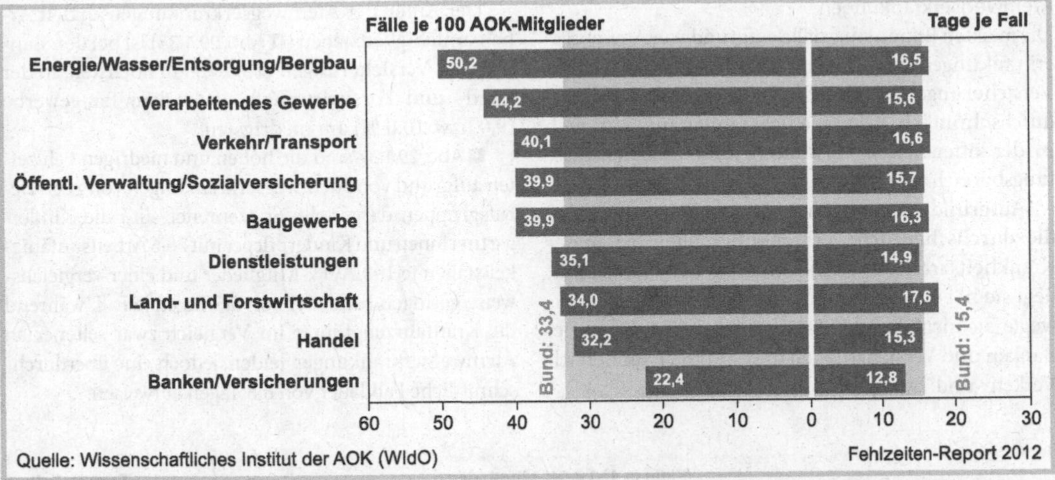

Abb. 29.1.34 Krankheiten des Muskel- und Skelettsystems und des Bindegewebes nach Branchen im Jahr 2011, AOK-Mitglieder

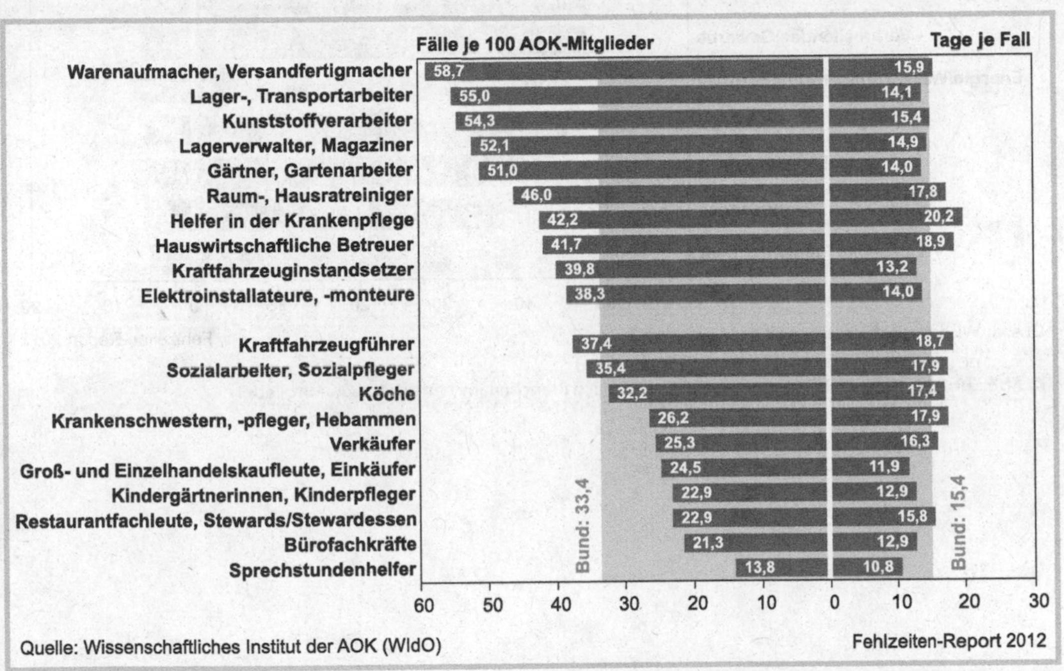

Abb. 29.1.35 Muskel-Skeletterkrankungen nach Berufen im Jahr 2011, AOK-Mitglieder

Atemwegserkrankungen
Die meisten Erkrankungsfälle aufgrund von Atemwegserkrankungen waren im Jahr 2011 bei den Banken und Versicherungen zu verzeichnen (▪ Abb. 29.1.36). Überdurchschnittlich viele Fälle fielen unter anderem auch in der öffentlichen Verwaltung und im Dienstleistungsbereich an.

Aufgrund einer großen Anzahl an Bagatellfällen ist die durchschnittliche Erkrankungsdauer bei dieser Krankheitsart relativ gering. Im Branchendurchschnitt liegt sie bei 6,4 Tagen. In den einzelnen Branchen bewegte sie sich im Jahr 2011 zwischen 5,4 Tagen bei Banken und Versicherungen und 7,6 Tagen im Bereich Verkehr und Transport.

Der Anteil der Atemwegserkrankungen an den Arbeitsunfähigkeitstagen (▪ Abb. 29.1.33) ist bei den Banken und Versicherungen (18,0 %) am höchsten, in der Land- und Forstwirtschaft sowie dem Baugewerbe (9,0 bzw. 10,0 %) am niedrigsten.

▪ Abb. 29.1.37 sind die hohen und niedrigen Fehlzeiten aufgrund von Atemwegserkrankungen von zehn Berufsgruppen dargestellt. Spitzenreiter sind die Kindergärtnerinnen und Kinderpfleger mit 76,6 Arbeitsunfähigkeitsfällen je 100 AOK-Mitglieder und einer vergleichsweise geringen Falldauer von 5,5 Tagen je Fall, während die Kraftfahrzeugführer im Vergleich zwar seltener an Atemwegserkrankungen leiden, jedoch eine überdurchschnittliche Falldauer von 8,8 Tagen aufweisen.

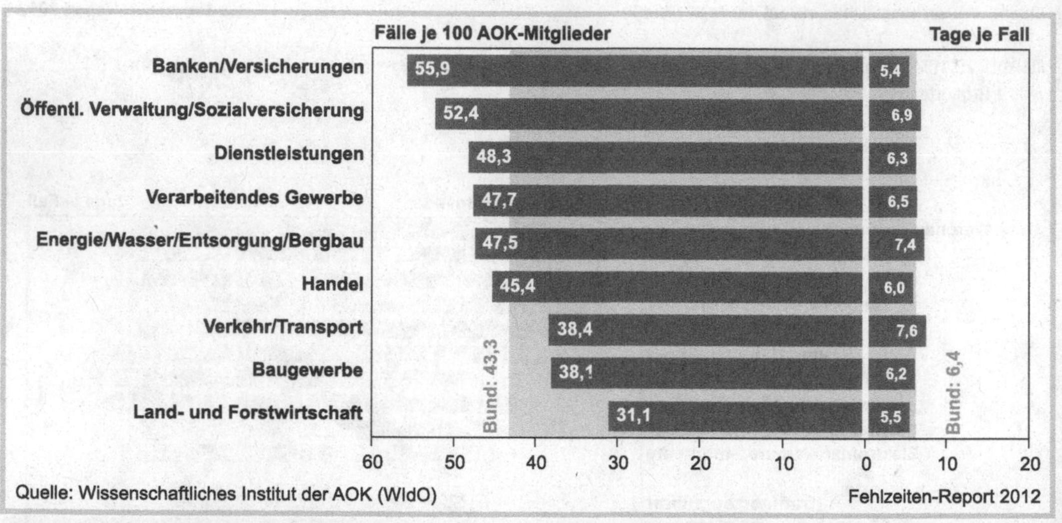

▪ Abb. 29.1.36 Krankheiten des Atmungssystems nach Branchen im Jahr 2011, AOK-Mitglieder

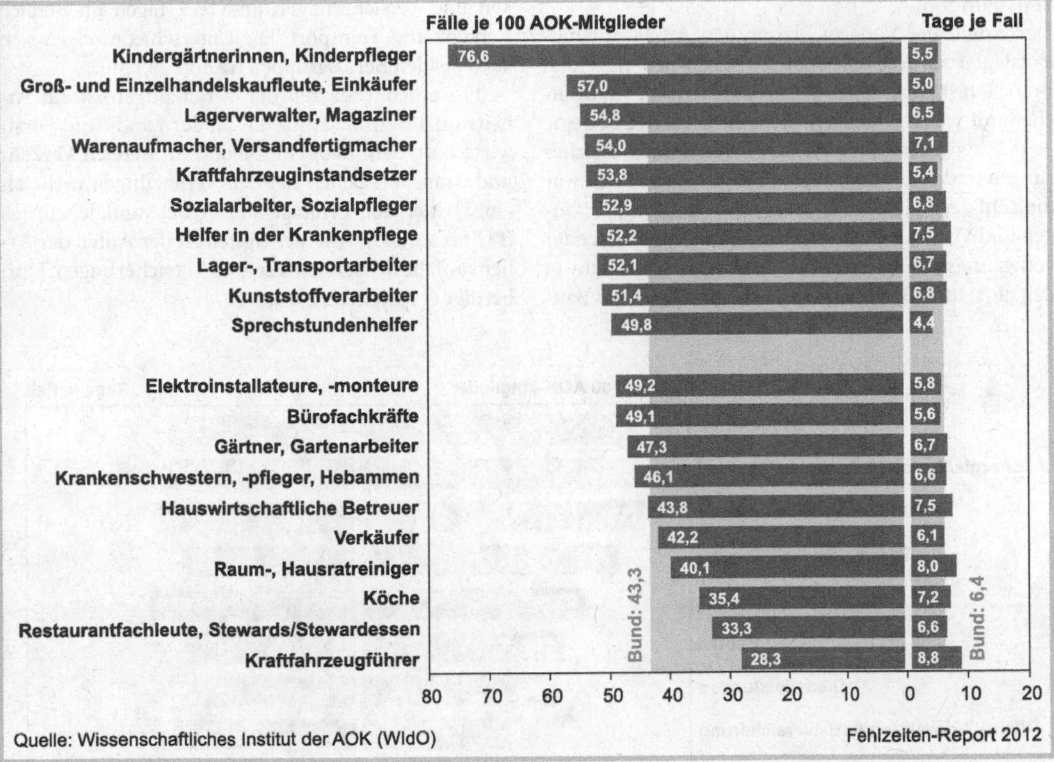

Abb. 29.1.37 Krankheiten des Atmungssystems nach Berufen im Jahr 2011, AOK-Mitglieder

Verletzungen

Der Anteil der Verletzungen an den Arbeitsunfähigkeitstagen variiert sehr stark zwischen den einzelnen Branchen (◘ Abb. 29.1.33). Am höchsten ist er in Branchen mit vielen Arbeitsunfällen. Im Jahr 2011 bewegte er sich zwischen 9,0 % bei den Banken und Versicherungen und 20,0 % im Baugewerbe. Im Baugewerbe war die Zahl der Fälle mehr als doppelt so hoch wie bei Banken und Versicherungen (◘ Abb. 29.1.38). Die Dauer der verletzungsbedingten Krankmeldungen schwankte in den einzelnen Branchen zwischen 13,5 Tagen bei Banken und Versicherungen und 18,9 Tagen im Bereich Verkehr und Transport. Die Unterschiede zeigen sich auch bei den Berufsgruppen (◘ Abb. 29.1.39).

Ein erheblicher Teil der Verletzungen ist auf Arbeitsunfälle zurückzuführen. In der Land- und Forstwirtschaft, dem Baugewerbe und im Bereich Verkehr und Transport gehen bei den Verletzungen mehr als ein Drittel der Fehltage auf Arbeitsunfälle zurück (◘ Abb. 29.1.40). Am niedrigsten ist der Anteil der Arbeitsunfälle bei den Banken und Versicherungen. Dort beträgt er lediglich 12,0 %.

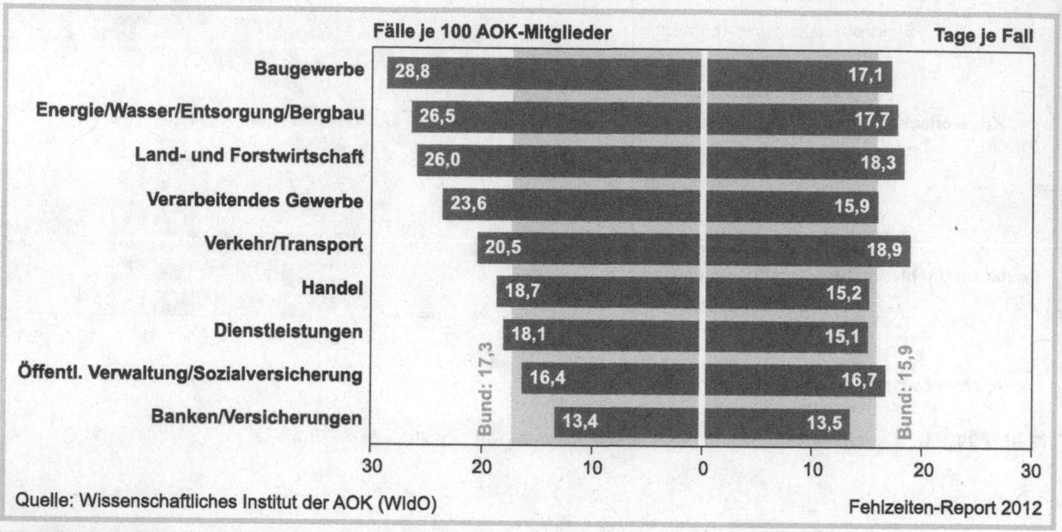

◘ **Abb. 29.1.38** Verletzungen, Vergiftungen und bestimmte andere Folgen äußerer Ursachen nach Branchen im Jahr 2011, AOK-Mitglieder

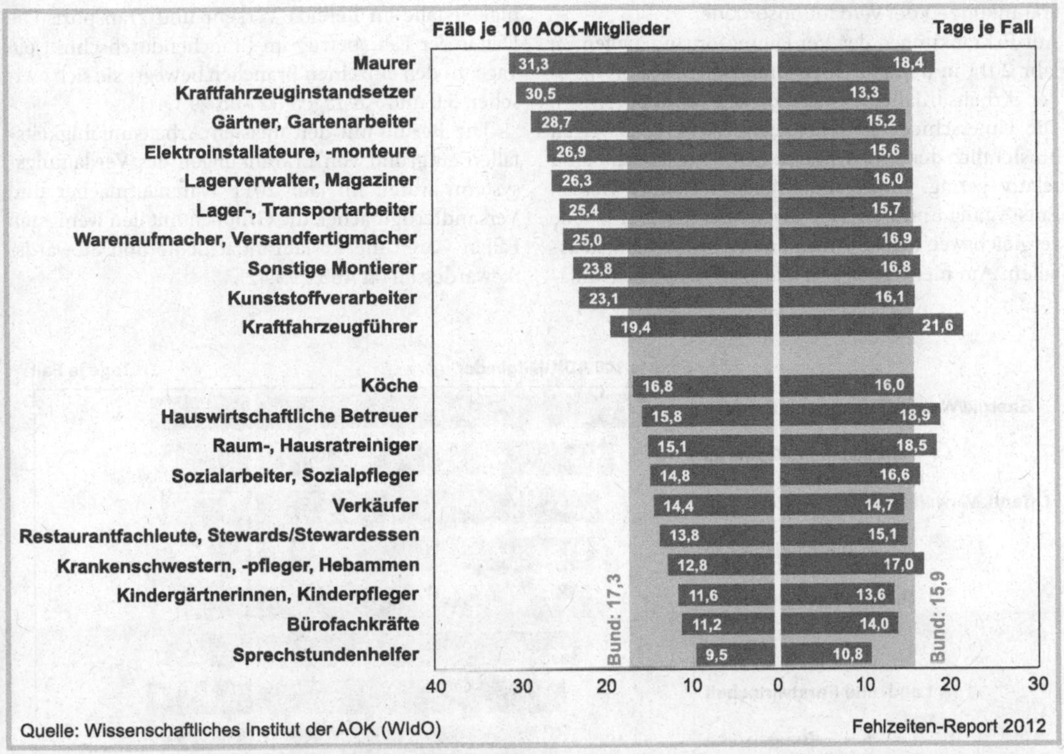

Fälle je 100 AOK-Mitglieder
Tage je Fall
Maurer 31,3 18,4
Kraftfahrzeuginstandsetzer 30,5 13,3
Gärtner, Gartenarbeiter 28,7 15,2
Elektroinstallateure, -monteure 26,9 15,6
Lagerverwalter, Magaziner 26,3 16,0
Lager-, Transportarbeiter 25,4 15,7
Warenaufmacher, Versandfertigmacher 25,0 16,9
Sonstige Montierer 23,8 16,8
Kunststoffverarbeiter 23,1 16,1
Kraftfahrzeugführer 19,4 21,6
Köche 16,8 16,0
Hauswirtschaftliche Betreuer 15,8 18,9
Raum-, Hausratreiniger 15,1 18,5
Sozialarbeiter, Sozialpfleger 14,8 16,6
Verkäufer 14,4 14,7
Restaurantfachleute, Stewards/Stewardessen 13,8 15,1
Krankenschwestern, -pfleger, Hebammen 12,8 17,0
Kindergärtnerinnen, Kinderpfleger 11,6 13,6
Bürofachkräfte 11,2 14,0
Sprechstundenhelfer 9,5 10,8
Bund: 17,3
Bund: 15,9
40 30 20 10 0 10 20 30
Quelle: Wissenschaftliches Institut der AOK (WIdO)
Fehlzeiten-Report 2012

Abb. 29.1.39 Verletzungen, Vergiftungen und bestimmte andere Folgen äußerer Ursachen nach Berufen im Jahr 2011, AOK-Mitglieder

durch Arbeitsunfall bedingt
andere Ursachen
Land- und Forstwirtschaft 39 61
Baugewerbe 36 64
Verkehr/Transport 34 66
Energie/Wasser/Entsorgung/Bergbau 30 70
Verarbeitendes Gewerbe 26 74
Handel 25 75
Dienstleistungen 23 77
Öffentl. Verwaltung/Sozialversicherung 20 80
Banken/Versicherungen 12 88
0 20 40 60 80 100
Anteil an den AU-Tagen in %
Quelle: Wissenschaftliches Institut der AOK (WIdO)
Fehlzeiten-Report 2012

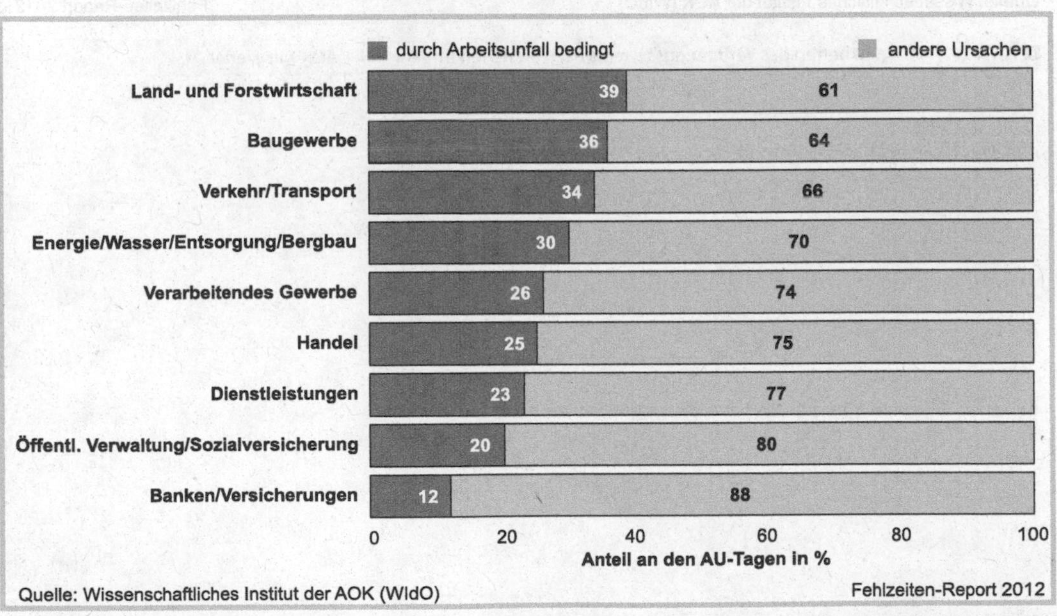

Abb. 29.1.40 Anteil der Arbeitsunfälle an den Verletzungen nach Branchen im Jahr 2011, AOK-Mitglieder

Erkrankungen der Verdauungsorgane

Auf Erkrankungen der Verdauungsorgane gingen im Jahr 2011 in den einzelnen Branchen 5,0 % bis 6,0 % der Arbeitsunfähigkeitstage zurück (◘ Abb. 29.1.33). Die Unterschiede zwischen den Wirtschaftszweigen hinsichtlich der Zahl der Arbeitsunfähigkeitsfälle sind relativ gering. Einzig die Branche Energie, Wasser, Entsorgung und Bergbau verzeichnet mit 27,1 % eine vergleichsweise hohe Anzahl an Arbeitsunfähigkeitsfällen. Am niedrigsten war die Zahl der Arbeitsunfähigkeitsfälle im Bereich Verkehr und Transport. Die Dauer der Fälle betrug im Branchendurchschnitt 6,3 Tage. In den einzelnen Branchen bewegte sie sich zwischen 5,0 und 7,8 Tagen (◘ Abb. 29.1.41).

Die Berufe mit den meisten Arbeitsunfähigkeitsfällen aufgrund von Erkrankungen des Verdauungssystems waren im Jahr 2011 Warenaufmacher und Versandfertigmacher, die Gruppen mit den wenigsten Fällen waren die Restaurantfachleute und Stewards/Stewardessen (◘ Abb. 29.1.42).

29

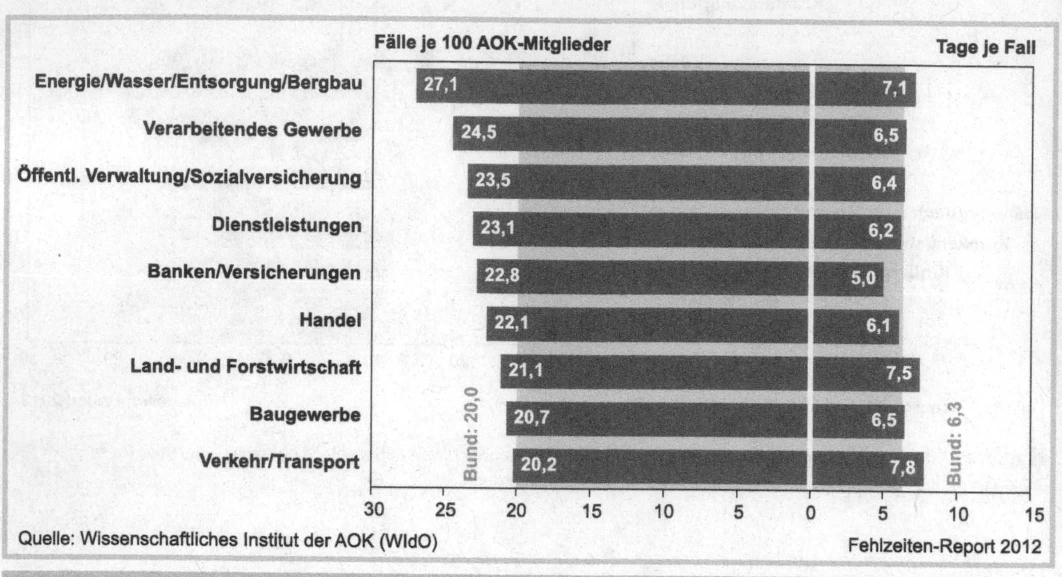

◘ Abb. 29.1.41 Krankheiten des Verdauungssystems nach Branchen im Jahr 2011, AOK-Mitglieder

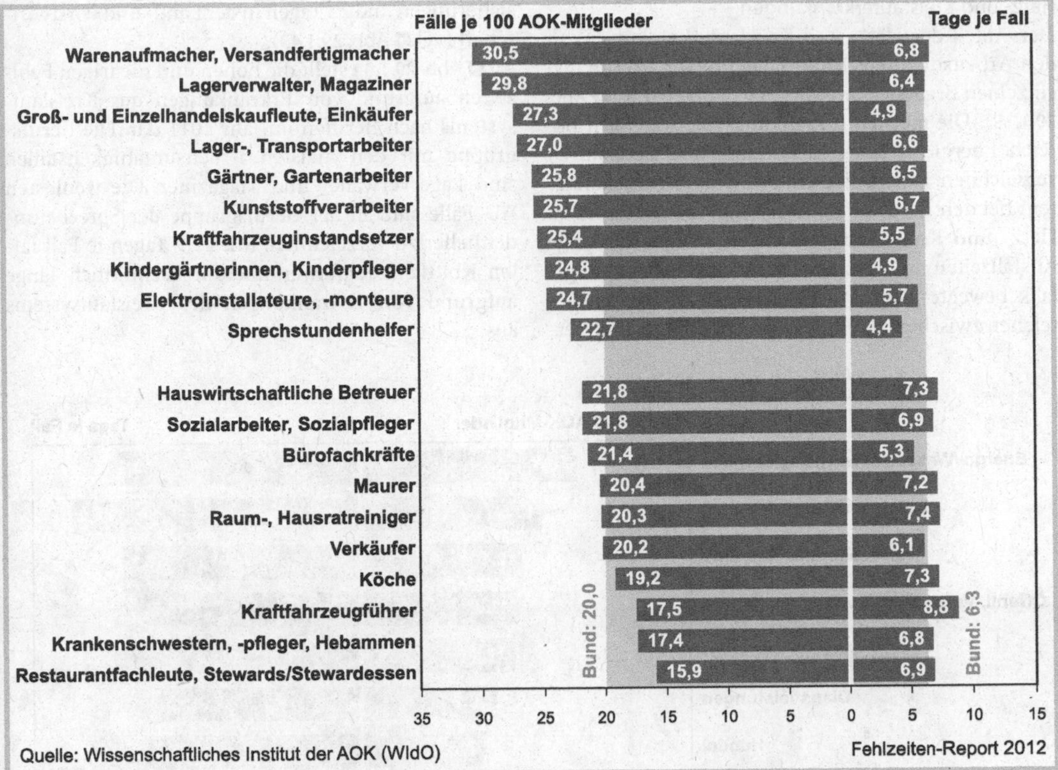

Abb. 29.1.42 Krankheiten des Verdauungssystems nach Berufen im Jahr 2011, AOK-Mitglieder

Herz- und Kreislauferkrankungen

Der Anteil der Herz- und Kreislauferkrankungen an den Arbeitsunfähigkeitstagen lag im Jahr 2011 in den einzelnen Branchen zwischen 5,0 % und 8,0 % (◘ Abb. 29.1.33). Die meisten Erkrankungsfälle waren im Bereich Energie, Wasser, Entsorgung und Bergbau zu verzeichnen. Die niedrigsten Werte waren unter anderem bei den Beschäftigten im Baugewerbe zu finden. Herz- und Kreislauferkrankungen bringen oft lange Ausfallzeiten mit sich. Die Dauer eines Erkrankungsfalls bewegte sich in den einzelnen Wirtschaftsbereichen zwischen 12,7 Tagen bei den Banken und Versicherungen und 22 Tagen in der Land- und Forstwirtschaft (vgl ◘ Abb. 29.1.43).

◘ Abb. 29.1.44 stellt die hohen und niedrigen Fehlzeiten aufgrund von Erkrankungen des Kreislaufsystems nach Berufen im Jahr 2011 dar. Die Berufsgruppe mit den meisten Arbeitsunfähigkeitsfällen sind Lagerverwalter und Magaziner. Die wenigsten AU-Fälle sind in der Berufsgruppe der Sprechstundenhelfer zu verzeichnen. Mit 23,9 Tagen je Fall fallen Kraftfahrzeugführer überdurchschnittlich lange aufgrund von Erkrankungen des Kreislaufsystems aus.

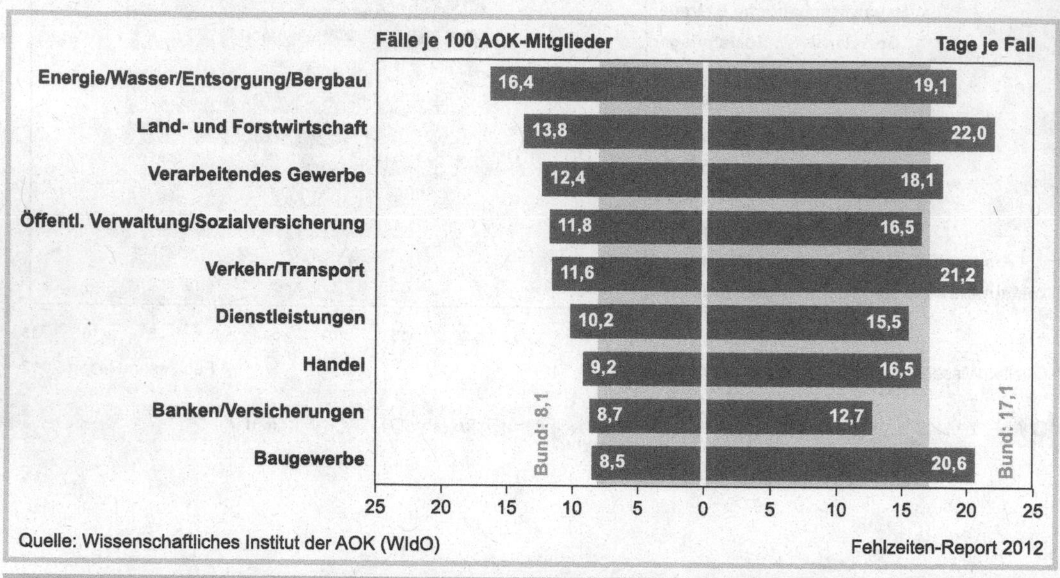

◘ Abb. 29.1.43 Krankheiten des Kreislaufsystems nach Branchen im Jahr 2011, AOK-Mitglieder

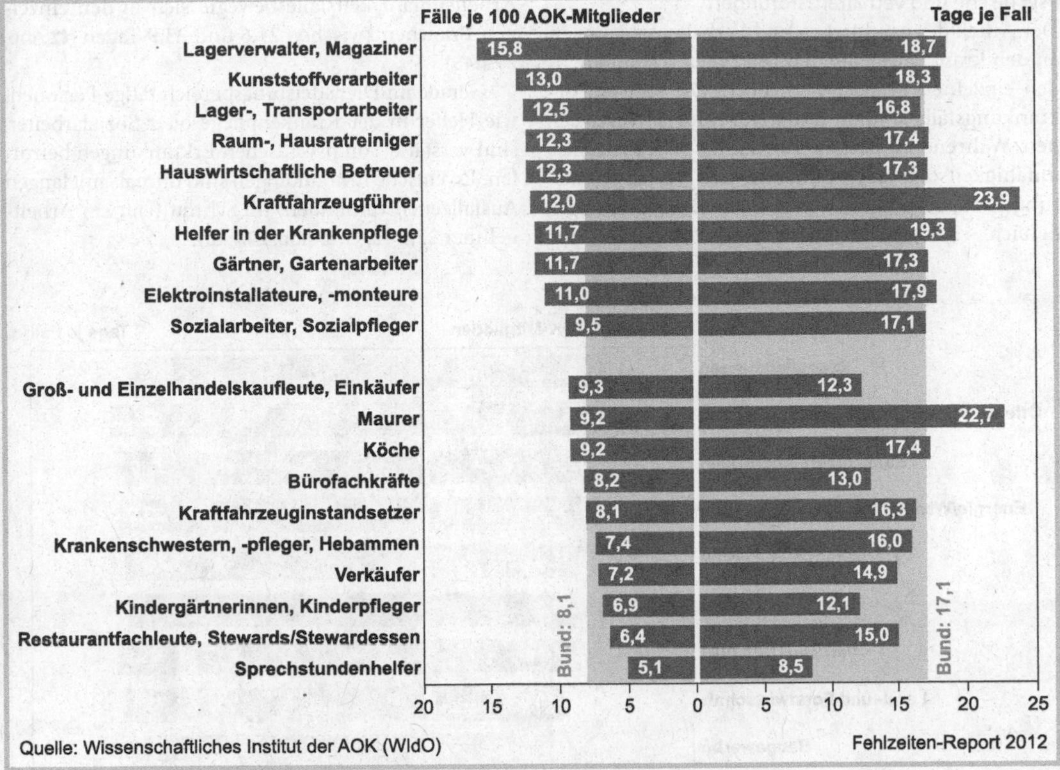

■ **Abb. 29.1.44** Krankheiten des Kreislaufsystems nach Berufen im Jahr 2011, AOK-Mitglieder

Psychische und Verhaltensstörungen
Der Anteil der psychischen und Verhaltensstörungen an den krankheitsbedingten Fehlzeiten schwankte in den einzelnen Branchen erheblich. Die meisten Erkrankungsfälle sind im tertiären Sektor zu verzeichnen. Während im Baugewerbe nur 6,6 % der Arbeitsunfähigkeitsfälle auf psychische und Verhaltensstörungen zurückgingen, waren es im Dienstleistungsbereich 13,9 %. Die durchschnittliche Dauer der Arbeitsunfähigkeitsfälle bewegte sich in den einzelnen Branchen zwischen 21,6 und 23,9 Tagen (◘ Abb. 29.1.45).

Gerade im Dienstleistungsbereich tätige Personen, wie Helfer in der Krankenpflege oder Sozialarbeiter, sind verstärkt von psychischen Erkrankungen betroffen. Psychische Erkrankungen sind oftmals mit langen Ausfallzeiten verbunden. Im Schnitt fehlt ein Arbeitnehmer 22,5 Tage (◘ Abb. 29.1.46).

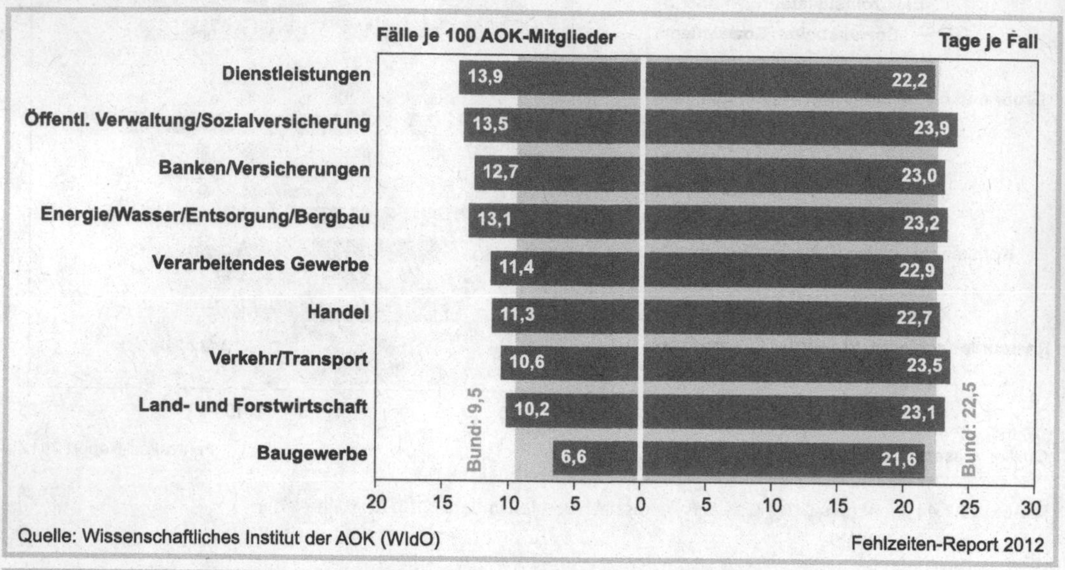

◘ **Abb. 29.1.45** Psychische und Verhaltensstörungen nach Branchen im Jahr 2011, AOK-Mitglieder

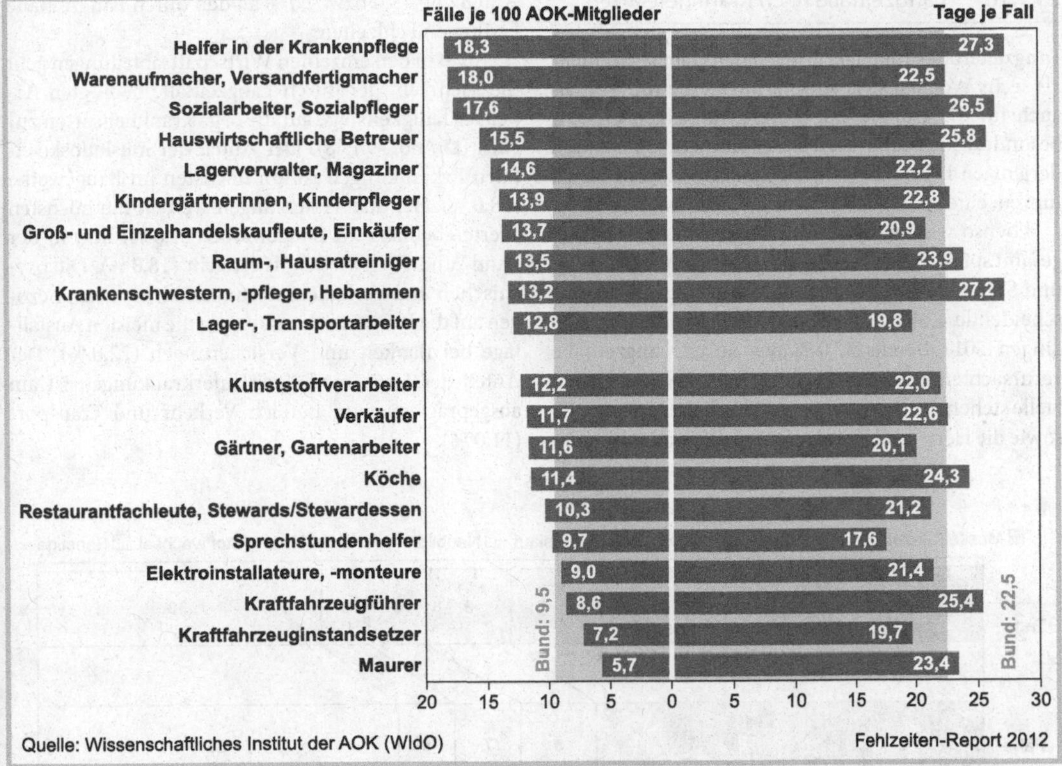

■ **Abb. 29.1.46** Psychische und Verhaltensstörungen nach Berufen im Jahr 2011, AOK-Mitglieder

29.1.16 Langzeitfälle nach Krankheitsarten

Langzeitarbeitsunfähigkeit mit einer Dauer von mehr als sechs Wochen stellt sowohl für die Betroffenen als auch für die Unternehmen und Krankenkassen eine besondere Belastung dar. Daher kommt der Prävention derjenigen Erkrankungen, die zu langen Ausfallzeiten führen, eine spezielle Bedeutung zu (◘ Abb. 29.1.47).

Ebenso wie im Arbeitsunfähigkeitsgeschehen insgesamt spielen auch bei den Langzeitfällen die Muskel- und Skeletterkrankungen und Verletzungen eine entscheidende Rolle. Auf diese beiden Krankheitsarten gingen 2011 bereits 37,0 % der durch Langzeitfälle verursachten Fehlzeiten zurück. An dritter und vierter Stelle stehen die psychischen und Verhaltensstörungen sowie die Herz- und Kreislauferkrankungen mit einem Anteil von 13,0 bzw. 9,0 % an den durch Langzeitfälle bedingten Fehlzeiten.

Auch in den einzelnen Wirtschaftsabteilungen geht die Mehrzahl der durch Langzeitfälle bedingten Arbeitsunfähigkeitstage auf die o. g. Krankheitsarten zurück (◘ Abb. 29.1.48). Der Anteil der muskuloskelettalen Erkrankungen ist am höchsten im Baugewerbe (28,0 %). Bei den Verletzungen werden die höchsten Werte ebenfalls im Baugewerbe (21,0 %) und in der Land- und Forstwirtschaft erreicht (18,0 %). Die psychischen und Verhaltensstörungen verursachen bezogen auf die Langzeiterkrankungen die meisten Ausfalltage bei Banken und Versicherungen (22,0 %). Der Anteil der Herz- und Kreislauferkrankungen ist am ausgeprägtesten im Bereich Verkehr und Transport (11,0 %).

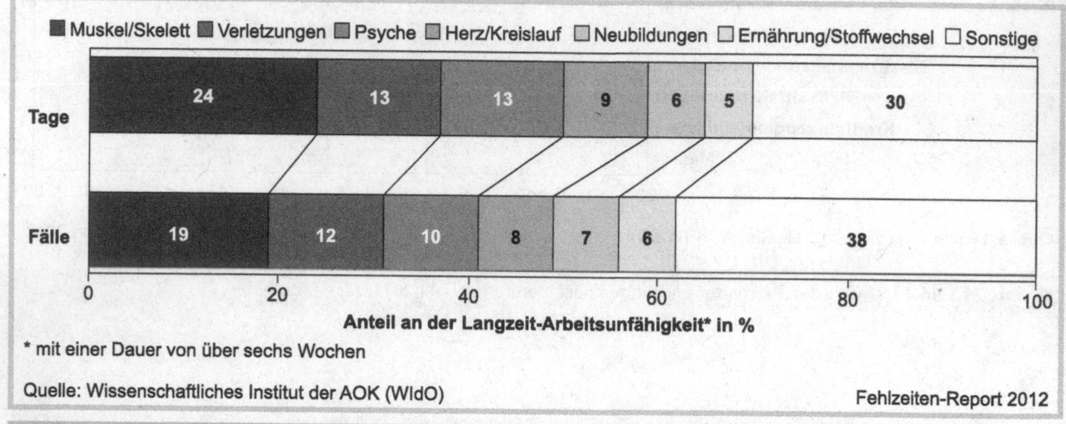

◘ **Abb. 29.1.47** Langzeit-Arbeitsunfähigkeit (> 6 Wochen) der AOK-Mitglieder nach Krankheitsarten im Jahr 2011

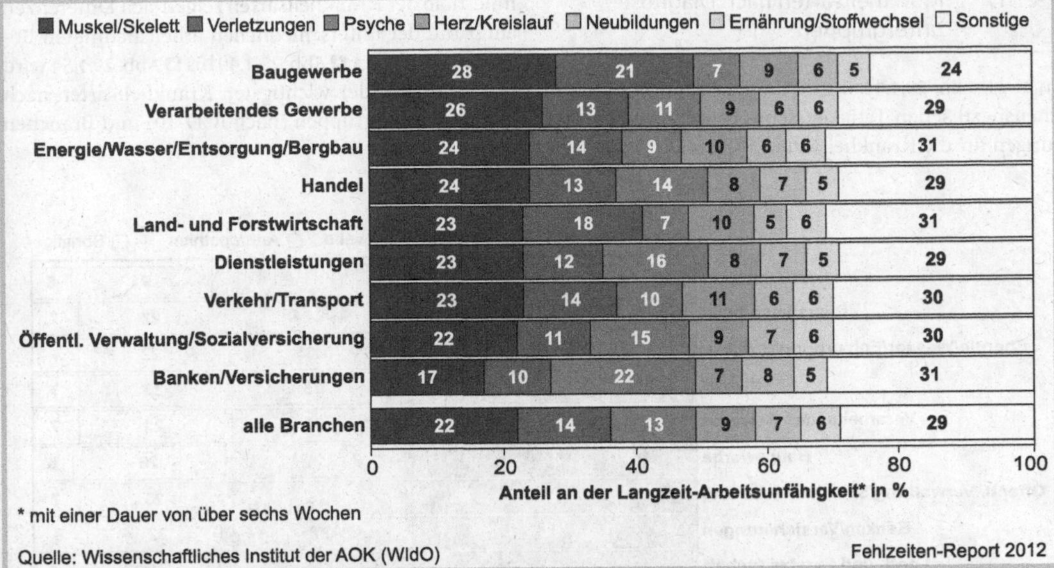

Abb. 29.1.48 Langzeit-Arbeitsunfähigkeit (> 6 Wochen) der AOK-Mitglieder nach Krankheitsarten und Branchen im Jahr 2011

29

29.1.17 Krankheitsarten nach Diagnoseuntergruppen

In ► Abschn. 29.1.15 wurde die Bedeutung der branchenspezifischen Tätigkeitsschwerpunkte und -belastungen für die Krankheitsarten aufgezeigt. Doch auch innerhalb der Krankheitsarten zeigen sich Differenzen aufgrund der unterschiedlichen arbeitsbedingten Belastungen. In den ◘ Abb. 29.1.49 bis ◘ Abb. 29.1.54 wird die Verteilung der wichtigsten Krankheitsarten nach Diagnoseuntergruppen (nach ICD-10) und Branchen dargestellt.

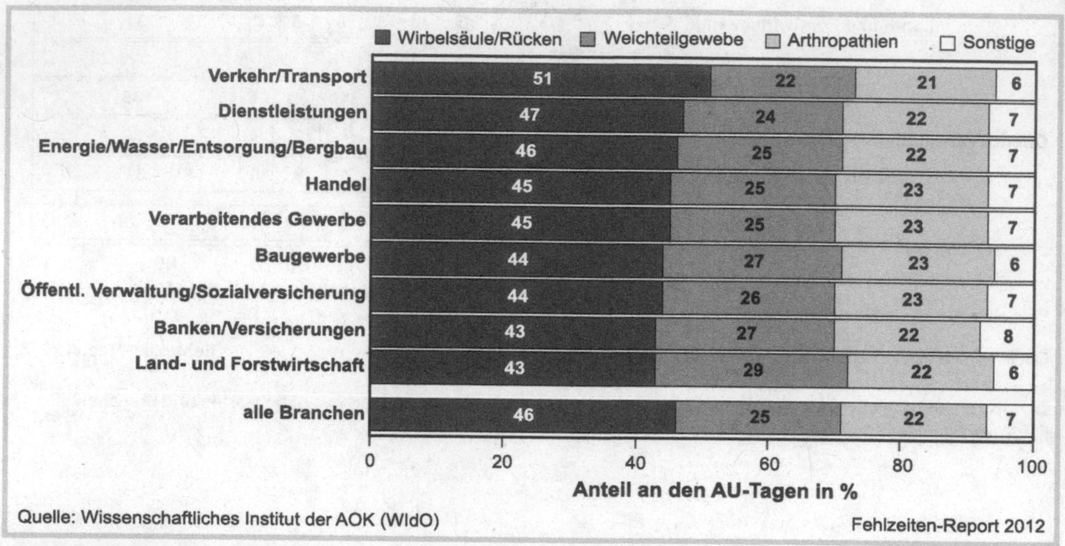

◘ Abb. 29.1.49 Krankheiten des Muskel- und Skelettsystems und Bindegewebserkrankungen nach Diagnoseuntergruppen und Branchen im Jahr 2011, AOK-Mitglieder

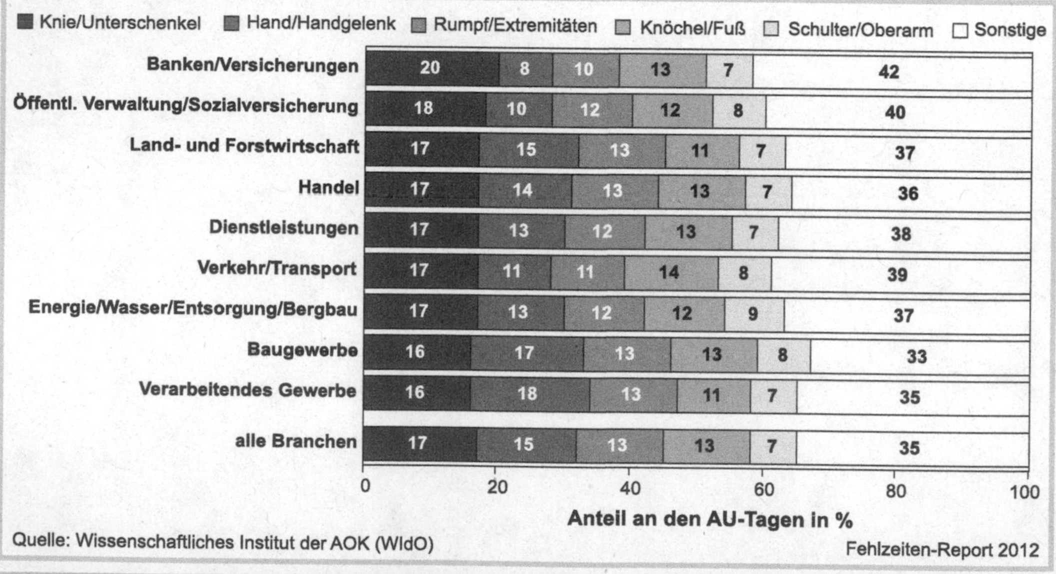

◘ Abb. 29.1.50 Verletzungen, Vergiftungen und bestimmte andere Folgen äußerer Ursachen nach Diagnoseuntergruppen und Branchen im Jahr 2011, AOK-Mitglieder

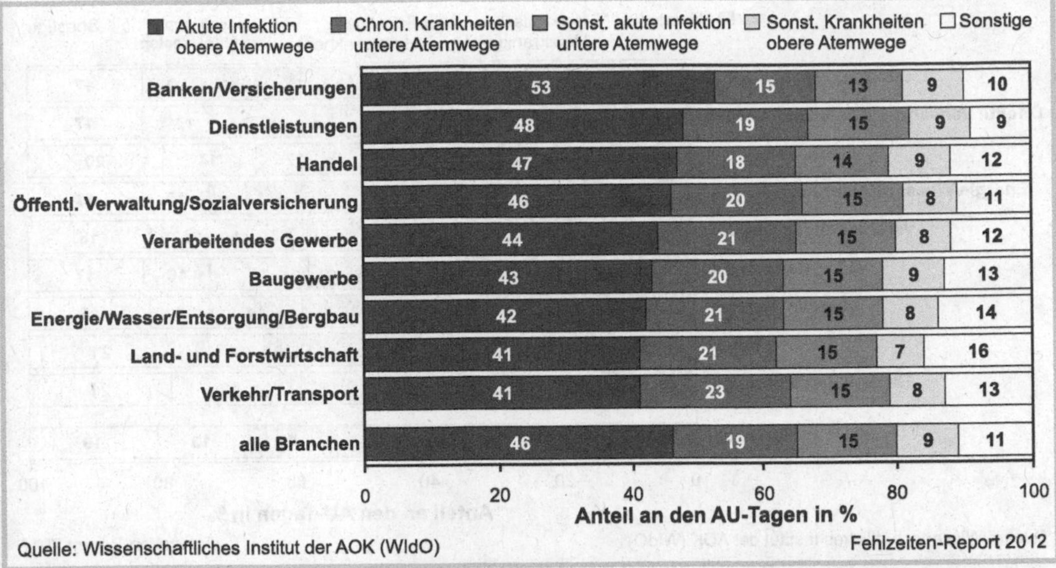

Abb. 29.1.51 Krankheiten des Atmungssystems nach Diagnoseuntergruppen und Branchen im Jahr 2011, AOK-Mitglieder

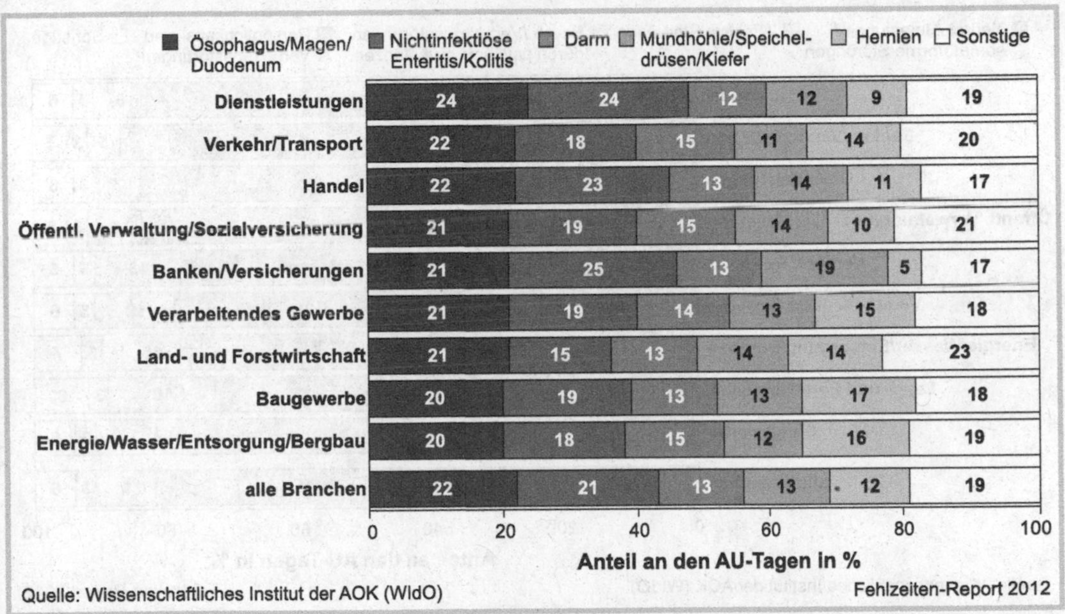

Abb. 29.1.52 Krankheiten des Verdauungssystems nach Diagnoseuntergruppen und Branchen im Jahr 2011, AOK-Mitglieder

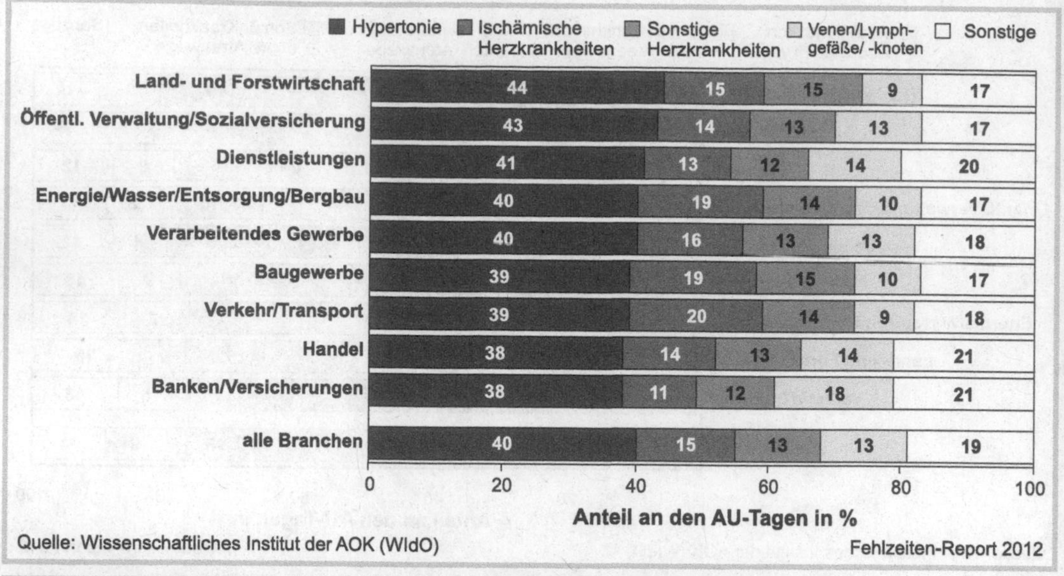

Abb. 29.1.53 Krankheiten des Kreislaufsystems nach Diagnoseuntergruppen und Branchen im Jahr 2011, AOK-Mitglieder

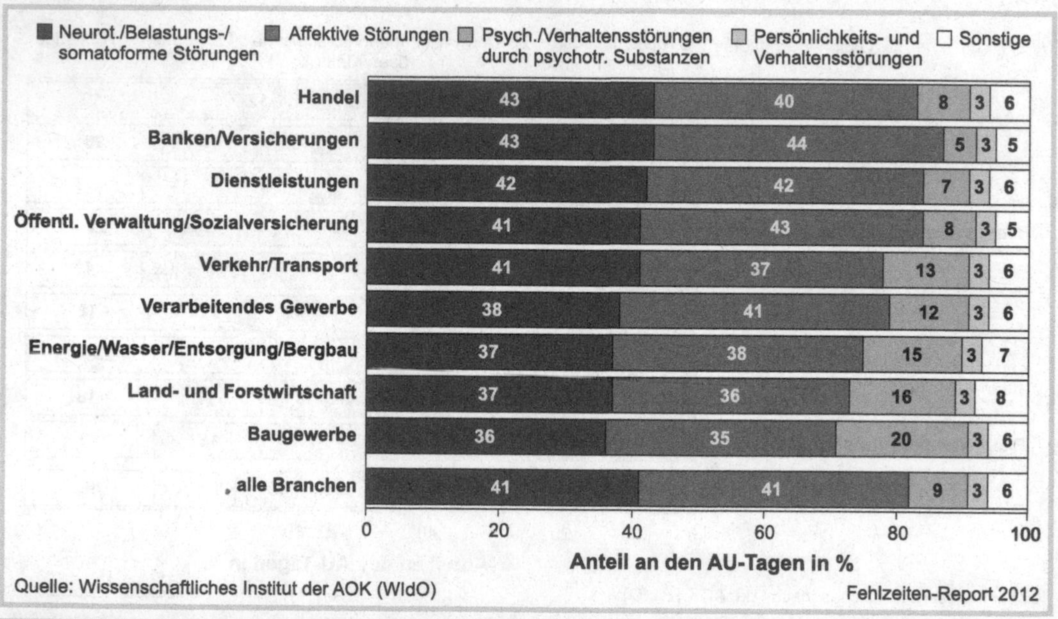

Abb. 29.1.54 Psychische und Verhaltensstörungen nach Diagnoseuntergruppen und Branchen im Jahr 2011, AOK-Mitglieder

29.1.18 Burnout-bedingte Fehlzeiten

Im Zusammenhang mit psychischen Erkrankungen tritt eine Diagnose in der öffentlichen Wahrnehmung und Diskussion zunehmend in der Vordergrund: Burnout.

Unter Burnout wird ein Zustand physischer und psychischer Erschöpfung verstanden, der in der ICD-10-Klassifikation unter der Diagnosegruppe Z73 „Probleme mit Bezug auf Schwierigkeiten bei der Lebensbewältigung" in der Untergruppe Z00–Z99 „Faktoren, die den Gesundheitszustand beeinflussen und zur Inanspruchnahme des Gesundheitswesens führen" eingeordnet ist. Burnout kann daher von den Ärzten nicht als eigenständige Arbeitsunfähigkeit auslösende psychische Erkrankung in der ICD-Gruppe der psychischen und Verhaltensstörungen kodiert werden. Es ist jedoch möglich, Burnout als Zusatzinformation anzugeben.

Zwischen 2004 und 2011 haben sich die Arbeitsunfähigkeitstage aufgrund der Diagnosegruppe Z73 je 1.000 AOK-Mitglieder von 8,1 Tagen auf 94,4 Tage um nahezu das Elffache erhöht (◘ Abb. 29.1.55). Alters- und geschlechtsbereinigt hochgerechnet auf die mehr als 34 Millionen gesetzlich krankenversicherten Beschäftigten bedeutet dies, dass ca. 130.000 Menschen mit insgesamt mehr als 2,6 Millionen Fehltagen im Jahr 2011 wegen eines Burnouts krankgeschrieben wurden.

Zwischen den Geschlechtern zeigen sich deutliche Unterschiede: Frauen sind aufgrund eines Burnouts mehr als doppelt so lange krankgeschrieben. Im Jahr 2011 entfielen auf Frauen 132,8 Ausfalltage je 1.000 AOK-Mitglieder, auf Männer hingegen nur 65,0 Tage. Frauen sind am häufigsten zwischen dem 40. und 60. Lebensjahr von einem Burnout betroffen. Weiterhin zeigt sich, dass mit steigendem Alter das Risiko einer Krankmeldung infolge eines Burnouts zunimmt (◘ Abb. 29.1.56).

Bei den Auswertungen nach Tätigkeiten zeigt sich, dass vor allem Angehörige therapeutischer und erzieherischer Berufe, bei denen ständig eine helfende Haltung gegenüber anderen Menschen gefordert ist, von einem Burnout betroffen sind. ◘ Abb. 29.1.57 zeigt diejenigen Berufe, in denen am häufigsten die Diagnose Z73 gestellt wurde. So führt die Berufsgruppe der Heimleiter und Sozialpädagogen mit 291,9 Arbeitsunfähigkeitstagen je 1.000 AOK-Mitglieder die Liste an. Dies entspricht 26,9 Ausfalltagen pro Fall. An zweiter Stelle stehen Sozialarbeiter und Sozialpfleger mit 272,1 Arbeitsunfähigkeitstagen je 1.000 AOK-Mitglieder.

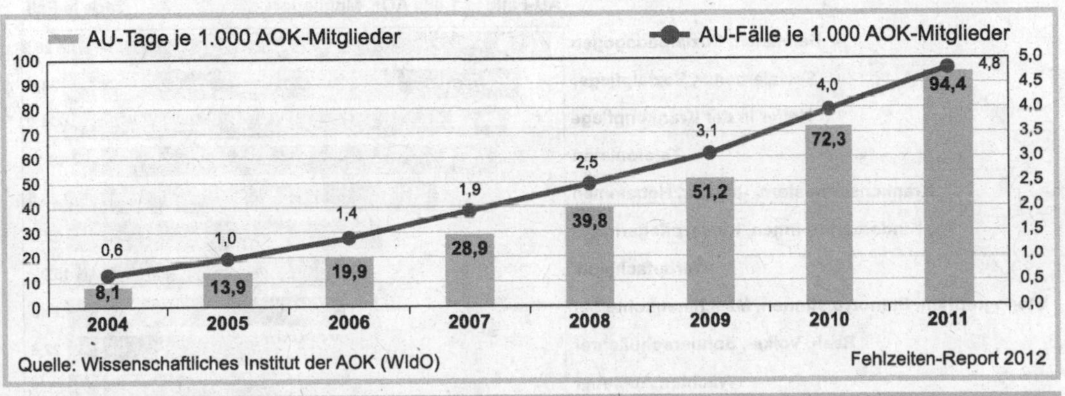

◘ Abb. 29.1.55 AU-Tage und -Fälle der Diagnosegruppe Z73 in den Jahren 2004–2011 je 1.000 AOK-Mitglieder

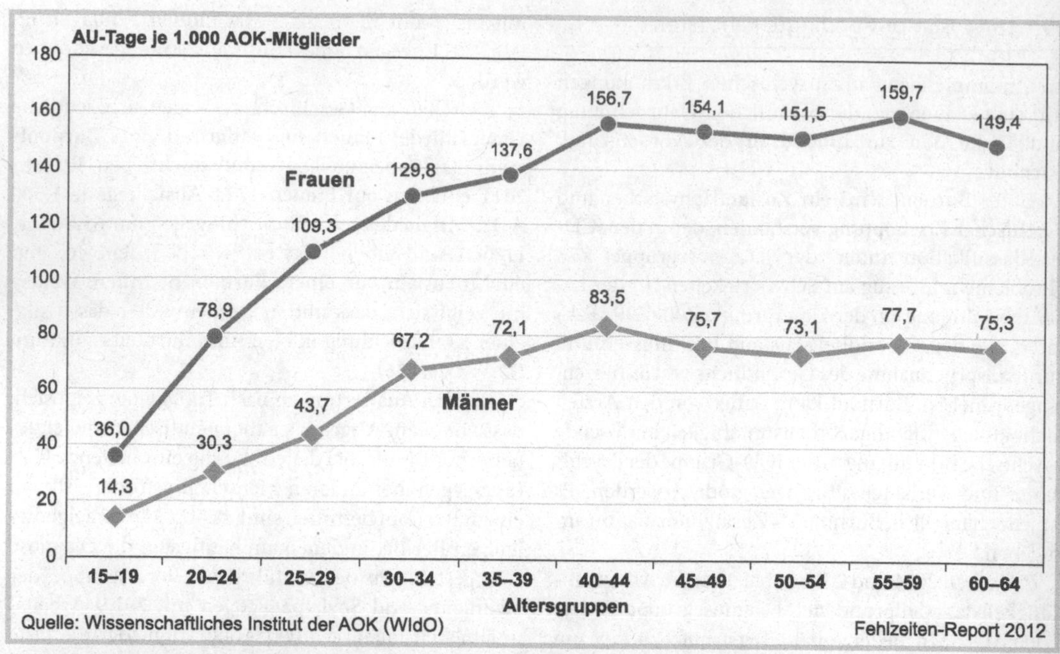

29

■ **Abb. 29.1.56** Tage der Arbeitsunfähigkeit der Diagnosegruppe Z73 je 1.000 AOK-Mitglieder nach Alter und Geschlecht im Jahr 2011

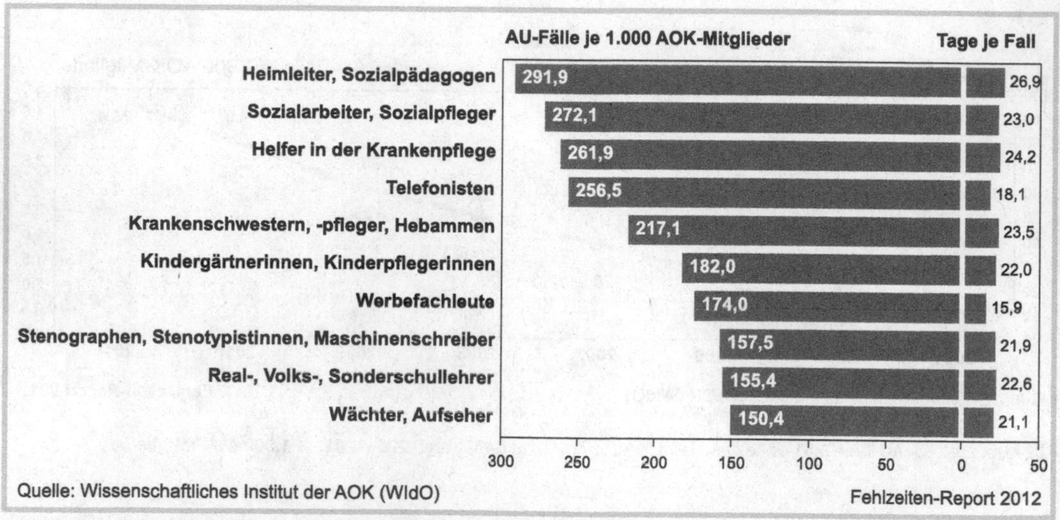

■ **Abb. 29.1.57** AU-Tage und -Fälle der Diagnosegruppe Z73 nach Berufen im Jahr 2011, AOK-Mitglieder

29.1.19 Arbeitsunfähigkeiten nach Städten

Analysiert man die 50 größten Städte in Deutschland nach Dauer der Arbeitsunfähigkeitstage, ergeben sich deutliche Unterschiede. Danach waren 2011 die Gelsenkirchener Arbeitnehmer durchschnittlich 23,4 Tage im Jahr krankgeschrieben und liegen damit an der Spitze aller deutschen Großstädte. Im Vergleich waren die Fehltage von erwerbstätigen AOK-Mitgliedern, die in Gelsenkirchen wohnen, im Durchschnitt 6,1 Tage höher als im Bund (17,3 Tage). Die geringsten Fehltage hatten Dresdner Beschäftigte. Diese sind 2011 im Durchschnitt knapp 10 Tage weniger krankheitsbedingt am Arbeitsplatz ausgefallen und erreichten nur 13,8 Fehltage (◘ Abb. 29.1.58).

Die Höhe der Fehltage ist abhängig von einer Vielzahl von Faktoren. Nicht nur die Art der Krankheit, sondern das Alter, das Geschlecht, die Branchenzugehörigkeit und vor allem die ausgeübte Tätigkeit der Beschäftigten üben einen entsprechenden Einfluss auf die Krankheitshäufigkeit und -dauer aus. So haben beispielsweise Berufe mit hohen körperlichen Arbeitsbelastungen wie Straßenreiniger, Abfallbeseitiger, aber auch Halbzeugputzer und Waldarbeiter deutlich höhere Ausfallzeiten. Setzt sich die Belegschaft aus mehr Akademikern zusammen, die dann auch noch insbesondere in den Branchen Banken und Versicherungen, Handel oder Dienstleistungen tätig sind, werden im Schnitt deutlich geringere Ausfallzeiten erreicht. In diesem Zusammenhang ist zu sehen, dass klassische Industriestädte wie Gelsenkirchen und Herne deutlich mehr Fehlzeiten aufweisen als Städte mit einem höheren Akademikeranteil. So liegen bspw. Bewohner der Stadt Freiburg im Breisgau mit durchschnittlich 14,8 Fehltagen im Jahr 2011 knapp 9 Tage unterhalb der durchschnittlichen Fehltage der Gelsenkirchener. Dies liegt u. a. daran, dass Freiburg als Wissenschaftsstandort eine günstigere Tätigkeitsstruktur aufweist, insbesondere was die körperlichen Belastungen betrifft. Von den 50 größten Städten in Deutschland arbeiten hier bspw. die meisten Hochschullehrer und Dozenten und dies ist die Berufsgruppe mit den geringsten Arbeitsunfähigkeitstagen überhaupt (◘ Abb. 29.1.19). Auch arbeiten in Freiburg vergleichsweise weniger Beschäftigte im verarbeitenden und Baugewerbe als bspw. in Gelsenkirchen. Dies sind Branchen, in denen Beschäftigte körperlich stärker beansprucht werden und damit auch eher krankheitsbedingt ausfallen. Ähnlich sieht es in Dresden aus, der Stadt mit den geringsten Fehlzeiten: In Dresden arbeiten fast dreimal mehr Menschen in der Branche Banken und Versicherungen und deutlich weniger im verarbeitenden und Baugewerbe als in Gelsenkirchen. Auch der Akademikeranteil der Beschäftigten ist in Dresden besonders hoch: Von den größten deutschen Städten hat Dresden nach Bonn den höchsten Akademikeranteil unter den Beschäftigten; 22,9 % haben einen Fach-, Fachhoch- oder Hochschulabschluss, während der Anteil in Gelsenkirchen bei nur 5,9 % liegt (vgl. HWWI/Berenberg-Städteranking 2010).

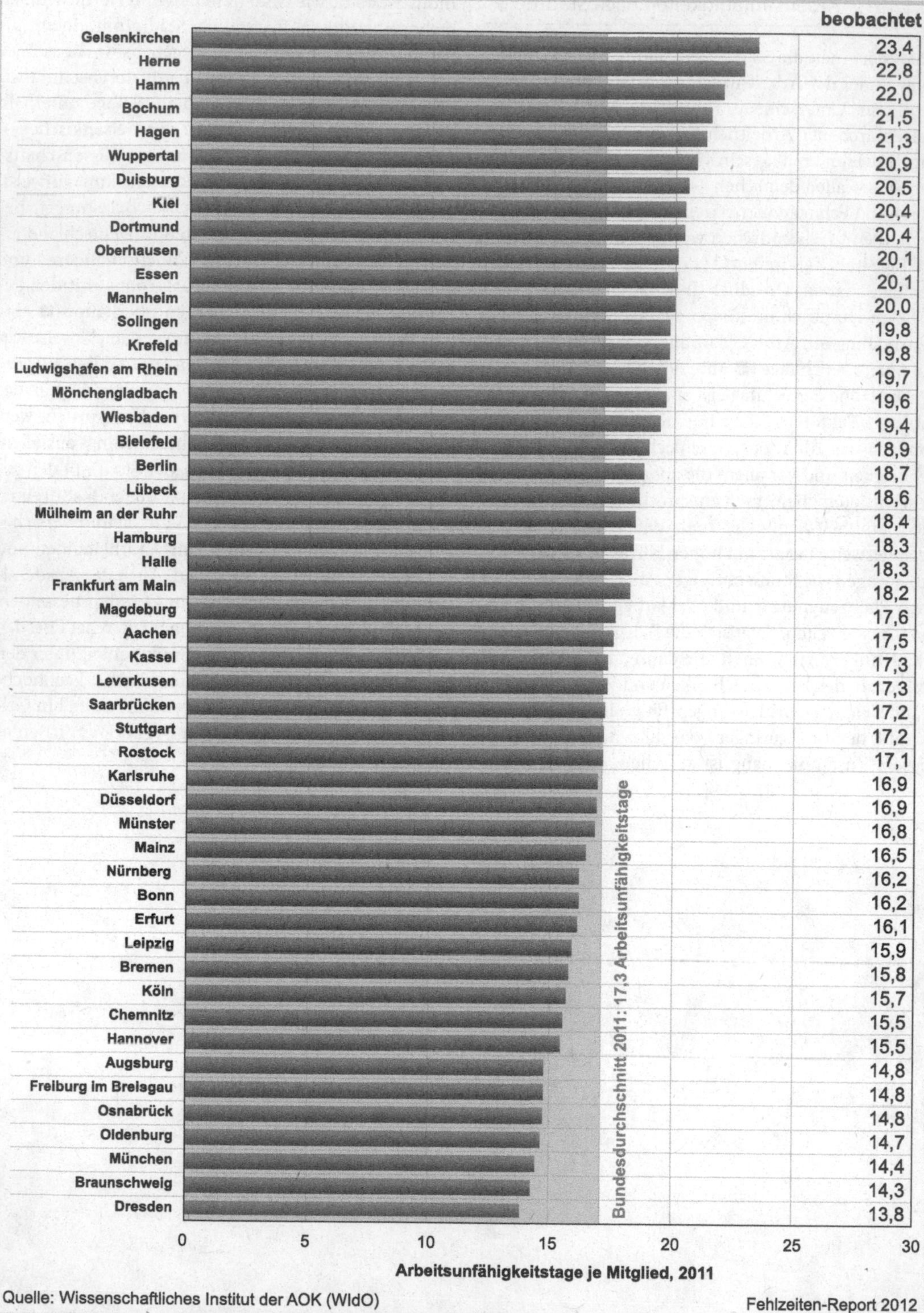

Abb. 29.1.58 Arbeitsunfähigkeitstage je Mitglied 2011 in den 50 größten deutschen Städten, AOK-Mitglieder

Literatur

Buda S, Wilking H, Schweiger B et al und AGI-Studiengruppe (2010) Influenza- Wochenbericht Kalenderwoche 7 (13.02. bis 19.02.2010). Robert Koch-Institut, Berlin

Bundesministerium für Arbeit und Soziales/Bundesanstalt für Arbeitsschutz und Arbeitsmedizin (2012) Sicherheit und Gesundheit bei der Arbeit 2010. Unfallverhütungsbericht Arbeit 2012. Dortmund Berlin Dresden

Bundesagentur für Arbeit (2010) Arbeitsmarkt in Zahlen – Beschäftigungsstatistik. Sozialversicherungspflichtig Beschäftigte nach Wirtschaftszweigen (WZ 2008) in Deutschland. Stand: 30. Juni 2010. Nürnberg

Bundesministerium für Gesundheit (2011) Gesetzliche Krankenversicherung. Vorläufige Rechnungsergebnisse 1.-4. Quartal 2011. Stand: 21. März 2011

HWWI/Berenberg-Städteranking 2010. Die 30 größten Städte Deutschlands im Vergleich. Stand: 15. September 2010.

Ferber C von, Kohlhausen K (1970) Der „blaue Montag" im Krankenstand. Arbeitsmedizin, Sozialmedizin, Arbeitshygiene. H 2: 25–30

Kohler H (2002) Krankenstand – Ein beachtlicher Kostenfaktor mit fallender Tendenz. IAB-Werkstattbericht, Diskussionsbeiträge des Instituts für Arbeitsmarkt- und Berufsforschung der Bundesanstalt für Arbeit. Ausgabe 1/30.01.2002

Marstedt G, Müller R (1998) Ein kranker Stand? Fehlzeiten und Integration älterer Arbeitnehmer im Vergleich Öffentlicher Dienst – Privatwirtschaft. Forschung aus der Hans-Böckler-Stiftung, Bd 9. Edition Sigma, Berlin

Mielck A (2000) Soziale Ungleichheit und Gesundheit. Huber, Bern

Robert Koch-Institut (2006) Gesundheitsbedingte Frühberentung. Schwerpunktbericht der Gesundheitsberichterstattung des Bundes. Berlin

Schnabel C (1997) Betriebliche Fehlzeiten, Ausmaß, Bestimmungsgründe und Reduzierungsmöglichkeiten. Institut der deutschen Wirtschaft, Köln

Überblick über die krankheitsbedingten Fehlzeiten im Jahr 2011

29.2 Banken und Versicherungen

29

Tab. 29.2.1 Entwicklung des Krankenstands der AOK-Mitglieder in der Branche Banken und Versicherungen in den Jahren 1994 bis 2011

Jahr	Krankenstand in %			AU-Fälle je 100 AOK-Mitglieder			Tage je Fall		
	West	Ost	Bund	West	Ost	Bund	West	Ost	Bund
1994	4,4	3,0	4,0	114,7	71,8	103,4	12,8	14,1	13,0
1995	3,9	4,0	3,9	119,3	111,2	117,9	11,9	13,8	12,2
1996	3,5	3,6	3,5	108,0	109,3	108,1	12,2	12,5	12,2
1997	3,4	3,6	3,4	108,4	110,0	108,5	11,5	11,9	11,5
1998	3,5	3,6	3,5	110,6	112,2	110,7	11,4	11,7	11,4
1999	3,6	4,0	3,7	119,6	113,3	119,1	10,8	11,6	10,9
2000	3,6	4,1	3,6	125,6	148,8	127,1	10,5	10,2	10,5
2001	3,5	4,1	3,6	122,2	137,5	123,1	10,6	10,8	10,6
2002	3,5	4,1	3,5	125,0	141,3	126,1	10,1	10,6	10,2
2003	3,3	3,5	3,3	126,0	137,1	127,0	9,5	9,4	9,5
2004	3,1	3,2	3,1	117,6	127,7	118,8	9,7	9,3	9,6
2005	3,1	3,3	3,1	122,6	132,0	123,8	9,2	9,0	9,1
2006	2,7	3,2	2,8	108,1	126,7	110,7	9,2	9,1	9,2
2007	3,1	3,4	3,1	121,0	133,6	122,8	9,2	9,3	9,2
2008 (WZ03)	3,1	3,6	3,2	127,0	136,6	128,4	9,0	9,6	9,1
2008 (WZ08)*	3,1	3,6	3,2	126,9	135,9	128,3	9,0	9,6	9,1
2009	3,2	3,9	3,3	136,8	150,9	138,8	8,6	9,5	8,8
2010	3,2	4,0	3,3	134,3	177,7	140,2	8,8	8,3	8,7
2011	3,2	3,9	3,3	140,8	183,0	146,5	8,3	7,8	8,2

*aufgrund der Revision der Wirtschaftszweigklassifikation in 2008 ist eine Vergleichbarkeit mit den Vorjahren nur bedingt möglich

Fehlzeiten-Report 2012

Tab. 29.2.2 Arbeitsunfähigkeit der AOK-Mitglieder in der Branche Banken und Versicherungen nach Bundesländern im Jahr 2011 im Vergleich zum Vorjahr

Bundesland	Krankenstand in %	Arbeitsunfähigkeit je 100 AOK-Mitglieder				Tage je Fall	Veränd. z. Vorj. in %	AU-Quote in %
		AU-Fälle	Veränd. z. Vorj. in %	AU-Tage	Veränd. z. Vorj. in %			
Baden Württemberg	3,1	139,1	8,0	1.128,9	-0,1	8,1	-8,0	55,2
Bayern	2,9	119,7	4,2	1.062,1	0,9	8,9	-3,3	49,5
Berlin	4,6	155,6	0,7	1.697,0	-0,6	10,9	-0,9	49,2
Brandenburg	4,5	163,7	7,1	1.652,6	20,9	10,1	13,5	57,9
Bremen	3,2	160,7	4,5	1.168,5	3,4	7,3	0,0	56,1
Hamburg	3,9	168,4	9,7	1.426,0	-7,0	8,5	-15,0	52,5
Hessen	3,9	166,9	7,7	1.430,6	1,6	8,6	-5,5	56,4
Mecklenburg-Vorpommern	4,2	162,3	8,8	1.520,1	8,7	9,4	0,0	58,2
Niedersachsen	2,9	147,6	-2,0	1.064,0	-13,8	7,2	-12,2	57,0
Nordrhein-Westfalen	3,6	160,8	3,5	1.327,8	0,8	8,3	-2,4	57,5
Rheinland-Pfalz	3,1	154,3	-1,5	1.137,8	-6,9	7,4	-5,1	56,5
Saarland	4,7	160,2	9,6	1.697,9	16,8	10,6	7,1	56,0
Sachsen	3,8	183,5	0,7	1.380,5	-7,6	7,5	-8,5	63,3
Sachsen-Anhalt	4,9	195,4	29,1	1.773,5	7,6	9,1	-16,5	58,5
Schleswig-Holstein	3,6	147,7	7,0	1.315,2	-6,5	8,9	-12,7	55,2
Thüringen	3,8	185,3	1,6	1.373,8	2,4	7,4	0,0	61,6
West	**3,2**	**140,8**	**4,8**	**1.170,9**	**-1,0**	**8,3**	**-5,7**	**54,1**
Ost	**3,9**	**183,0**	**3,0**	**1.428,0**	**-3,2**	**7,8**	**-6,0**	**62,2**
Bund	**3,3**	**146,5**	**4,5**	**1.205,5**	**-1,4**	**8,2**	**-5,7**	**55,2**

Fehlzeiten-Report 2012

Tab. 29.2.3 Arbeitsunfähigkeit der AOK-Mitglieder in der Branche Banken und Versicherungen nach Wirtschaftsabteilungen im Jahr 2011

Wirtschaftsabteilung	Krankenstand in %		Arbeitsunfähigkeiten je 100 AOK-Mitglieder		Tage je Fall	AU-Quote in %
	2011	2011 stand.*	Fälle	Tage		
Erbringung von Finanzdienstleistungen	3,3	3,3	147,6	1.196,5	8,1	57,2
Mit Finanz- und Versicherungsdienstleistungen verbundene Tätigkeiten	3,2	3,9	131,9	1.155,1	8,8	46,3
Versicherungen, Rückversicherungen und Pensionskassen (ohne Sozialversicherung)	3,6	3,4	158,2	1.328,6	8,4	55,8
Branche insgesamt	**3,3**	**3,4**	**146,5**	**1.205,5**	**8,2**	**55,2**
Alle Branchen	**4,7**	**4,7**	**157,3**	**1.725,9**	**11,0**	**53,7**

*Krankenstand alters- und geschlechtsstandardisiert

Fehlzeiten-Report 2012

Tab. 29.2.4 Kennzahlen der Arbeitsunfähigkeit der AOK-Mitglieder nach ausgewählten Berufsgruppen in der Branche Banken und Versicherungen im Jahr 2011

Tätigkeit	Krankenstand in %	Arbeitsunfähigkeiten je 100 AOK-Mitglieder		Tage je Fall	AU-Quote in %	Anteil der Berufsgruppe an der Branche in %*
		Fälle	Tage			
Bankfachleute	3,0	145,3	1.096,3	7,5	57,7	56,1
Bürofachkräfte	3,4	143,4	1.241,9	8,7	49,9	11,4
Bürohilfskräfte	3,4	126,9	1.258,9	9,9	41,3	2,3
Datenverarbeitungsfachleute	2,9	125,1	1.044,0	8,3	50,8	1,2
Krankenversicherungsfachleute (nicht Sozialversicherung)	4,2	191,6	1.541,4	8,0	62,0	1,6
Lebens-, Sachversicherungsfachleute	3,4	157,4	1.248,9	7,9	54,8	12,4
Raum-, Hausratreiniger	5,6	134,8	2.045,7	15,2	56,6	2,7
Branche insgesamt	**3,3**	**146,5**	**1.205,5**	**8,2**	**55,2**	**1,2******

* Anteil der AOK-Mitglieder in der Berufsgruppe an den in der Branche beschäftigten AOK-Mitgliedern insgesamt

**Anteil der AOK-Mitglieder in der Branche an allen AOK-Mitgliedern

Fehlzeiten-Report 2012

Tab. 29.2.5 Dauer der Arbeitsunfähigkeit der AOK-Mitglieder in der Branche Banken und Versicherungen im Jahr 2011

Fallklasse	Branche hier		alle Branchen	
	Anteil Fälle in %	Anteil Tage in %	Anteil Fälle in %	Anteil Tage in %
1–3 Tage	47,0	11,4	36,9	6,7
4–7 Tage	28,8	17,0	30,2	13,7
8–14 Tage	13,6	16,7	17,0	15,9
15–21 Tage	4,1	8,5	6,0	9,4
22–28 Tage	2,0	5,9	2,9	6,5
29–42 Tage	2,0	8,2	3,0	9,4
Langzeit-AU (> 42 Tage)	2,6	32,3	4,0	38,3

Fehlzeiten-Report 2012

Tab. 29.2.6 Tage der Arbeitsunfähigkeit je AOK-Mitglied nach Wirtschaftsabteilung und Betriebsgröße in der Branche Banken und Versicherungen im Jahr 2011

Wirtschaftsabteilungen	Betriebsgröße (Anzahl der AOK-Mitglieder)					
	10–49	50–99	100–199	200–499	500–999	≥ 1.000
Erbringung von Finanzdienstleistungen	11,2	11,8	12,8	12,2	13,4	12,5
Mit Finanz- und Versicherungsdienstleistungen verbundene Tätigkeiten	14,6	15,0	17,7	10,9	–	–
Versicherungen, Rückversicherungen und Pensionskassen (ohne Sozialversicherung)	13,3	13,6	14,0	18,0	13,2	–
Branche insgesamt	**11,8**	**12,2**	**13,0**	**12,7**	**13,4**	**12,5**
Alle Branchen	**17,6**	**19,3**	**19,6**	**19,6**	**20,0**	**18,8**

Fehlzeiten-Report 2012

Tab. 29.2.7 Krankenstand in Prozent nach der Stellung im Beruf in der Branche Banken und Versicherungen im Jahr 2011, AOK-Mitglieder

Wirtschaftsabteilung	Stellung im Beruf				
	Auszubildende	Arbeiter	Facharbeiter	Meister, Poliere	Angestellte
Erbringung von Finanzdienstleistungen	2,5	5,1	4,3	1,5	2,9
Mit Finanz- und Versicherungsdienstleistungen verbundene Tätigkeiten	2,9	4,6	3,2	2,9	3,2
Versicherungen, Rückversicherungen und Pensionskassen (ohne Sozialversicherung)	2,5	5,0	3,4	0,7	3,4
Branche insgesamt	**2,6**	**5,0**	**3,9**	**2,0**	**3,0**
Alle Branchen	**3,9**	**5,8**	**5,2**	**4,0**	**3,8**

Fehlzeiten-Report 2012

Tab. 29.2.8 Tage der Arbeitsunfähigkeit je AOK-Mitglied nach der Stellung im Beruf in der Branche Banken und Versicherungen im Jahr 2011

Wirtschaftsabteilung	Stellung im Beruf				
	Auszubildende	Arbeiter	Facharbeiter	Meister, Poliere	Angestellte
Erbringung von Finanzdienstleistungen	9,1	18,6	15,6	5,6	10,5
Mit Finanz- und Versicherungsdienstleistungen verbundene Tätigkeiten	10,6	16,9	11,6	10,7	11,8
Versicherungen, Rückversicherungen und Pensionskassen (ohne Sozialversicherung)	9,2	18,2	12,5	2,5	12,4
Branche insgesamt	**9,3**	**18,3**	**14,3**	**7,2**	**10,9**
Alle Branchen	**14,1**	**21,3**	**19,0**	**14,7**	**13,7**

Fehlzeiten-Report 2012

Tab. 29.2.9 Anteil der Arbeitsunfälle an den AU-Fällen und -Tagen in Prozent nach Wirtschaftsabteilungen in der Branche Banken und Versicherungen im Jahr 2011, AOK-Mitglieder

Wirtschaftsabteilung	AU-Fälle in %	AU-Tage in %
Erbringung von Finanzdienstleistungen	1,0	1,9
Mit Finanz- und Versicherungsdienstleistungen verbundene Tätigkeiten	1,2	2,0
Versicherungen, Rückversicherungen und Pensionskassen (ohne Sozialversicherung)	1,0	1,9
Branche insgesamt	**1,1**	**1,9**
Alle Branchen	**4,0**	**6,2**

Fehlzeiten-Report 2012

Tab. 29.2.10 Tage und Fälle der Arbeitsunfähigkeit durch Arbeitsunfälle nach Berufsgruppen in der Branche Banken und Versicherungen im Jahr 2011, AOK-Mitglieder

Tätigkeit	Arbeitsunfähigkeit je 1.000 AOK-Mitglieder	
	AU-Tage	AU-Fälle
Raum-, Hausratreiniger	766,6	24,9
Lebens-, Sachversicherungsfachleute	224,4	16,3
Bürofachkräfte	190,2	13,7
Bankfachleute	167,7	12,8
Branche insgesamt	**228,1**	**15,6**
Alle Branchen	**1.065,7**	**62,9**

Fehlzeiten-Report 2012

29

Tab. 29.2.11 Tage und Fälle der Arbeitsunfähigkeit je 100 AOK-Mitglieder nach Krankheitsarten in der Branche Banken und Versicherungen in den Jahren 1995 bis 2011

Jahr	Arbeitsunfähigkeiten je 100 AOK-Mitglieder											
	Psyche		Herz/Kreislauf		Atemwege		Verdauung		Muskel/Skelett		Verletzungen	
	Tage	Fälle	Tage	Fälle	Tage	Fälle	Tage	Fälle	Tage	Fälle	Tage	Fälle
1995	102,9	4,1	154,9	8,2	327,6	43,8	140,1	19,1	371,0	20,0	179,5	10,7
1996	107,8	3,8	129,5	6,6	286,2	39,8	119,4	17,9	339,3	17,2	166,9	9,9
1997	104,8	4,1	120,6	6,8	258,1	39,8	112,5	17,8	298,0	16,9	161,1	9,8
1998	109,3	4,5	112,8	6,9	252,3	40,4	109,3	18,1	313,9	18,0	152,2	9,7
1999	113,7	4,8	107,6	6,9	291,2	46,4	108,7	19,0	308,3	18,6	151,0	10,3
2000	138,4	5,8	92,5	6,3	281,4	45,3	99,1	16,6	331,4	19,9	145,3	10,0
2001	144,6	6,6	99,8	7,1	264,1	44,4	98,8	17,3	334,9	20,5	147,6	10,3
2002	144,6	6,8	96,7	7,1	254,7	44,0	105,1	19,0	322,6	20,6	147,3	10,5
2003	133,9	6,9	88,6	7,1	261,1	46,5	99,0	18,7	288,0	19,5	138,2	10,3
2004	150,2	7,1	92,8	6,5	228,5	40,6	103,7	19,0	273,1	18,4	136,5	9,8
2005	147,5	7,0	85,1	6,5	270,1	47,7	100,1	17,9	248,8	18,1	132,1	9,7
2006	147,2	7,0	79,8	6,2	224,6	40,8	98,8	18,3	243,0	17,4	134,0	9,6
2007	167,2	7,5	87,7	6,3	243,9	44,4	103,0	19,6	256,9	18,1	125,2	9,1
2008 (WZ03)	172,7	7,7	86,7	6,5	258,1	46,8	106,2	20,0	254,0	18,0	134,6	9,5
2008 (WZ08)*	182,3	7,8	85,3	6,5	256,9	46,7	107,1	20,0	254,0	18,0	134,6	9,5
2009	182,3	8,2	80,6	6,2	303,2	54,6	105,4	20,2	242,2	17,7	134,2	9,6
2010	205,3	8,8	80,0	6,1	260,2	49,2	97,4	18,7	248,6	18,6	142,6	10,4
2011	203,1	8,8	71,0	5,6	266,4	49,1	89,6	17,8	223,1	17,4	130,1	9,7

*aufgrund der Revision der Wirtschaftszweigklassifikation in 2008 ist eine Vergleichbarkeit mit den Vorjahren nur bedingt möglich

Fehlzeiten-Report 2012

Tab. 29.2.12 Verteilung der Arbeitsunfähigkeitstage nach Krankheitsarten in Prozent in der Branche Banken und Versicherungen im Jahr 2011, AOK-Mitglieder

Wirtschaftsabteilung	AU-Tage in %						
	Psyche	Herz/ Kreislauf	Atem-wege	Ver-dauung	Muskel/ Skelett	Verlet-zungen	Sonstige
Erbringung von Finanzdienstleistungen	13,1	4,8	18,1	6,1	15,2	8,9	33,8
Mit Finanz- und Versicherungsdienstleistungen verbundene Tätigkeiten	14,9	5,3	16,3	6,0	14,3	8,4	34,8
Versicherungen, Rückversicherungen und Pensionskassen (ohne Sozialversicherung)	15,4	4,2	19,0	5,9	14,8	8,2	32,5
Branche insgesamt	**13,7**	**4,8**	**17,9**	**6,0**	**15,0**	**8,8**	**33,8**
Alle Branchen	**9,6**	**6,2**	**12,4**	**5,7**	**23,1**	**12,3**	**30,7**

Fehlzeiten-Report 2012

Tab. 29.2.13 Verteilung der Arbeitsunfähigkeitsfälle nach Krankheitsarten in Prozent in der Branche Banken und Versicherungen im Jahr 2011, AOK-Mitglieder

Wirtschaftsabteilung	AU-Fälle in %						
	Psyche	Herz/ Kreislauf	Atem-wege	Ver-dauung	Muskel/ Skelett	Verlet-zungen	Sonstige
Erbringung von Finanzdienstleistungen	4,9	3,4	29,5	10,6	10,4	5,8	35,3
Mit Finanz- und Versicherungsdienst-leistungen verbundene Tätigkeiten	6,1	3,4	27,2	10,6	9,9	5,6	37,3
Versicherungen, Rückversicherungen und Pensionskassen (ohne Sozialver-sicherung)	6,0	3,0	29,6	10,1	10,7	5,6	35,1
Branche insgesamt	**5,2**	**3,3**	**29,2**	**10,6**	**10,4**	**5,7**	**35,6**
Alle Branchen	**4,9**	**4,1**	**22,2**	**10,2**	**17,1**	**8,8**	**32,7**

Fehlzeiten-Report 2012

Tab. 29.2.14 Verteilung der Arbeitsunfähigkeitstage nach Krankheitsarten und ausgewählten Berufsgruppen in der Branche Banken und Versicherungen im Jahr 2011, AOK-Mitglieder

Tätigkeit	AU-Tage in %						
	Psyche	Herz/ Kreislauf	Atem-wege	Ver-dauung	Muskel/ Skelett	Verlet-zungen	Sonstige
Bankfachleute	13,5	4,7	19,5	6,2	13,5	8,9	33,8
Bausparkassenfachleute	13,8	4,2	20,1	4,8	15,0	4,6	37,5
Bürofachkräfte	14,4	4,8	16,5	6,6	14,3	7,3	36,1
Bürohilfskräfte	14,1	5,6	14,3	5,0	18,4	7,2	35,4
Datenverarbeitungsfachleute	8,6	3,1	21,8	5,9	13,6	11,2	35,8
Krankenversicherungsfachleute (nicht Sozialversicherung)	16,8	3,3	19,6	6,8	14,4	9,3	29,8
Lebens-, Sachversicherungsfachleute	15,8	4,5	19,4	5,9	12,9	8,4	33,0
Lehrlinge mit noch nicht feststehendem Beruf	12,2	1,5	25,1	9,4	8,3	8,7	34,9
Pförtner, Hauswarte	10,0	6,9	10,3	5,5	25,3	12,7	29,3
Raum-, Hausratreiniger	9,3	5,4	10,0	5,1	27,1	9,2	33,9
Branche insgesamt	**13,7**	**4,8**	**17,9**	**6,0**	**15,0**	**8,8**	**33,8**
Alle Branchen	**9,6**	**6,2**	**12,4**	**5,7**	**23,1**	**12,3**	**30,7**

Fehlzeiten-Report 2012

29

Tab. 29.2.15 Verteilung der Arbeitsunfähigkeitsfälle nach Krankheitsarten und ausgewählten Berufsgruppen in der Branche Banken und Versicherungen im Jahr 2011, AOK-Mitglieder

Tätigkeit	AU-Fälle in %						
	Psyche	Herz/ Kreislauf	Atem-wege	Ver-dauung	Muskel/ Skelett	Verlet-zungen	Sonstige
Bankfachleute	4,8	3,1	30,8	10,7	9,3	5,8	35,5
Lebens-, Sachversicherungsfachleute	5,6	2,9	30,0	10,4	9,2	5,5	36,3
Bürofachkräfte	6,4	3,3	27,8	10,7	10,3	4,8	36,6
Raum-, Hausratreiniger	5,0	5,8	17,9	9,7	20,6	6,4	34,6
Bürohilfskräfte	6,1	3,9	25,2	10,5	13,1	5,4	35,8
Krankenversicherungsfachleute (nicht Sozialversicherung)	6,0	2,7	30,1	10,5	11,5	6,7	32,5
Bausparkassenfachleute	5,4	2,7	31,4	10,5	11,5	4,7	33,8
Lehrlinge mit noch nicht feststehendem Beruf	5,0	1,9	30,2	12,7	6,7	5,4	38,1
Pförtner, Hauswarte	4,3	5,6	18,8	10,8	21,1	8,1	31,3
Stenographen, Stenotypistinnen, Maschinenschreiber	5,8	3,6	25,8	9,7	12,8	5,5	36,8
Branche insgesamt	**5,2**	**3,3**	**29,2**	**10,6**	**10,4**	**5,7**	**35,6**
Alle Branchen	**4,9**	**4,1**	**22,2**	**10,2**	**17,1**	**8,8**	**32,7**

Fehlzeiten-Report 2012

Tab. 29.2.16 Anteile der 40 häufigsten Einzeldiagnosen an den AU-Fällen und AU-Tagen in der Branche Banken und Versicherungen im Jahr 2011, AOK-Mitglieder

ICD-10	Bezeichnung	AU-Fälle in %	AU-Tage in %
J06	Akute Infektionen der oberen Atemwege	10,1	5,4
A09	Diarrhoe und Gastroenteritis	3,9	1,7
M54	Rückenschmerzen	3,7	3,7
J20	Akute Bronchitis	3,1	1,9
K52	Sonstige nichtinfektiöse Gastroenteritis und Kolitis	2,5	1,1
J40	Bronchitis, nicht als akut oder chronisch bezeichnet	2,5	1,5
K08	Sonstige Krankheiten der Zähne und des Zahnhalteapparates	2,4	0,8
B34	Viruskrankheit nicht näher bezeichneter Lokalisation	2,1	1,1
J01	Akute Sinusitis	1,9	1,1
J02	Akute Pharyngitis	1,9	0,9
R10	Bauch- und Beckenschmerzen	1,7	0,9
J03	Akute Tonsillitis	1,7	0,9
J32	Chronische Sinusitis	1,6	0,9
K29	Gastritis und Duodenitis	1,5	0,8
F32	Depressive Episode	1,4	4,4
F43	Reaktionen auf schwere Belastungen und Anpassungsstörungen	1,2	2,2
R51	Kopfschmerz	1,1	0,6
J04	Akute Laryngitis und Tracheitis	1,1	0,6
G43	Migräne	1,0	0,4
I10	Essentielle (primäre) Hypertonie	1,0	1,6
R11	Übelkeit und Erbrechen	0,9	0,6
N39	Sonstige Krankheiten des Harnsystems	0,8	0,5
J00	Akute Rhinopharyngitis (Erkältungsschnupfen)	0,8	0,4
A08	Virusbedingte Darminfektionen	0,8	0,3
J98	Sonstige Krankheiten der Atemwege	0,8	0,4
F45	Somatoforme Störungen	0,8	1,5
T14	Verletzung an einer nicht näher bezeichneten Körperregion	0,7	0,7
J11	Grippe, Viren nicht nachgewiesen	0,7	0,4
B99	Sonstige Infektionskrankheiten	0,7	0,4
M99	Biomechanische Funktionsstörungen	0,7	0,5
F48	Andere neurotische Störungen	0,7	1,2
M53	Sonstige Krankheiten der Wirbelsäule und des Rückens	0,7	0,7
R53	Unwohlsein und Ermüdung	0,6	0,6
R42	Schwindel und Taumel	0,6	0,4
S93	Luxation, Verstauchung und Zerrung der Gelenke und Bänder in Höhe des oberen Sprunggelenkes und des Fußes	0,6	0,6
R50	Fieber sonstiger und unbekannter Ursache	0,5	0,3
M79	Sonstige Krankheiten des Weichteilgewebes	0,5	0,5
M51	Sonstige Bandscheibenschäden	0,5	1,2
M25	Sonstige Gelenkkrankheiten	0,5	0,6
N30	Zystitis	0,5	0,2
	Summe hier	**60,8**	**44,5**
	Restliche	39,2	55,5
	Gesamtsumme	**100,0**	**100,0**

Fehlzeiten-Report 2012

Tab. 29.2.17 Anteile der 40 häufigsten Diagnoseuntergruppen an den AU-Fällen und AU-Tagen in der Branche Banken und Versicherungen im Jahr 2011, AOK-Mitglieder

ICD-10	Bezeichnung	AU-Fälle in %	AU-Tage in %
J00–J06	Akute Infektionen der oberen Atemwege	17,1	9,3
M40–M54	Krankheiten der Wirbelsäule und des Rückens	5,3	6,4
A00–A09	Infektiöse Darmkrankheiten	5,1	2,2
J40–J47	Chronische Krankheiten der unteren Atemwege	3,8	2,7
J20–J22	Sonstige akute Infektionen der unteren Atemwege	3,6	2,2
R50–R69	Allgemeinsymptome	3,2	2,6
F40–F48	Neurotische, Belastungs- und somatoforme Störungen	3,0	6,2
K00–K14	Krankheiten der Mundhöhle, der Speicheldrüsen und der Kiefer	3,0	1,1
K50–K52	Nichtinfektiöse Enteritis und Kolitis	2,9	1,4
R10–R19	Symptome bzgl. Verdauungssystem und Abdomen	2,8	1,7
J30–J39	Sonstige Krankheiten der oberen Atemwege	2,4	1,6
B25–B34	Sonstige Viruskrankheiten	2,4	1,3
M60–M79	Krankheiten der Weichteilgewebe	2,2	3,2
K20–K31	Krankheiten des Ösophagus, Magens und Duodenums	2,1	1,2
M00–M25	Arthropathien	1,9	3,9
G40–G47	Episod. und paroxysmale Krankheiten des Nervensystems	1,8	1,3
F30–F39	Affektive Störungen	1,8	6,4
N30–N39	Sonstige Krankheiten des Harnsystems	1,4	0,8
I10–I15	Hypertonie	1,1	1,8
R00–R09	Symptome bzgl. Kreislauf- und Atmungssystem	1,1	0,8
J09–J18	Grippe und Pneumonie	1,1	0,9
Z80–Z99	Potentielle Gesundheitsrisiken aufgrund der Familien- oder Eigenanamnese, Zustände die den Gesundheitszustand beeinflussen	1,0	2,0
T08–T14	Verletzungen Rumpf, Extremitäten o. a. Körperregionen	0,9	0,9
J95–J99	Sonstige Krankheiten des Atmungssystems	0,9	0,6
S90–S99	Verletzungen der Knöchelregion und des Fußes	0,9	1,2
N80–N98	Nichtentzündliche Krankheiten des weiblichen Genitaltraktes	0,9	0,8
K55–K63	Sonstige Krankheiten des Darmes	0,8	0,7
B99–B99	Sonstige Infektionskrankheiten	0,8	0,4
S80–S89	Verletzungen des Knies und des Unterschenkels	0,8	1,8
M95–M99	Sonstige Krankheiten des Muskel-Skelett-Systems und des Bindegewebes	0,8	0,7
R40–R46	Symptome bzgl. Wahrnehmung, Stimmung und Verhalten	0,8	0,6
I80–I89	Krankheiten der Venen, Lymphgefäße und -knoten	0,7	0,9
I95–I99	Sonstige Krankheiten des Kreislaufsystems	0,7	0,4
H65–H75	Krankheiten des Mittelohres und des Warzenfortsatzes	0,6	0,4
D10–D36	Gutartige Neubildungen	0,6	0,7
O20–O29	Sonstige mit Schwangerschaft verbundene Krankheiten	0,6	0,7
E70–E90	Stoffwechselstörungen	0,6	0,9
C00–C97	Bösartige Neubildungen	0,6	2,2
S00–S09	Verletzungen des Kopfes	0,5	0,5
E00–E07	Krankheiten der Schilddrüse	0,5	0,7
	Summe hier	**83,1**	**76,1**
	Restliche	16,9	23,9
	Gesamtsumme	**100,0**	**100,0**

Fehlzeiten-Report 2012

29.3 Baugewerbe

Tab. 29.3.1 Entwicklung des Krankenstands der AOK-Mitglieder in der Branche Baugewerbe in den Jahren 1994 bis 2011

Jahr	Krankenstand in %			AU-Fälle je 100 AOK-Mitglieder			Tage je Fall		
	West	Ost	Bund	West	Ost	Bund	West	Ost	Bund
1994	7,0	5,5	6,5	155,3	137,3	150,2	14,9	13,5	14,6
1995	6,5	5,5	6,2	161,7	146,9	157,6	14,7	13,7	14,5
1996	6,1	5,3	5,9	145,0	134,8	142,2	15,5	14,0	15,1
1997	5,8	5,1	5,6	140,1	128,3	137,1	14,6	14,0	14,5
1998	6,0	5,2	5,8	143,8	133,8	141,4	14,7	14,0	14,5
1999	6,0	5,5	5,9	153,0	146,3	151,5	14,2	13,9	14,1
2000	6,1	5,4	5,9	157,3	143,2	154,5	14,1	13,8	14,1
2001	6,0	5,5	5,9	156,3	141,5	153,6	14,0	14,1	14,0
2002	5,8	5,2	5,7	154,3	136,0	151,2	13,8	14,0	13,8
2003	5,4	4,6	5,3	148,8	123,0	144,3	13,3	13,7	13,3
2004	5,0	4,1	4,8	136,6	110,8	131,9	13,4	13,7	13,4
2005	4,8	4,0	4,7	136,0	107,1	130,8	13,0	13,7	13,1
2006	4,6	3,8	4,4	131,6	101,9	126,2	12,7	13,7	12,8
2007	4,9	4,2	4,8	141,4	110,3	135,7	12,7	14,0	12,9
2008 (WZ03)	5,1	4,5	4,9	147,8	114,9	141,8	12,5	14,2	12,8
2008 (WZ08)*	5,0	4,4	4,9	147,3	114,3	141,2	12,5	14,2	12,8
2009	5,1	4,7	5,1	151,8	120,8	146,2	12,4	14,2	12,6
2010	5,1	4,7	5,1	147,8	123,2	143,4	12,7	14,0	12,9
2011	5,0	4,4	4,9	153,7	128,5	149,2	11,9	12,6	12,0

*aufgrund der Revision der Wirtschaftszweigklassifikation in 2008 ist eine Vergleichbarkeit mit den Vorjahren nur bedingt möglich

Fehlzeiten-Report 2012

■ **Tab. 29.3.2** Arbeitsunfähigkeit der AOK-Mitglieder in der Branche Baugewerbe nach Bundesländern im Jahr 2011 im Vergleich zum Vorjahr

Bundesland	Krankenstand in %	Arbeitsunfähigkeit je 100 AOK-Mitglieder				Tage je Fall	Veränd. z. Vorj. in %	AU-Quote in %
		AU-Fälle	Veränd. z. Vorj. in %	AU-Tage	Veränd. z. Vorj. in %			
Baden-Württemberg	5,3	162,8	5,3	1.925,5	0,5	11,8	-4,8	56,8
Bayern	4,6	131,4	3,1	1.673,5	1,4	12,7	-1,6	51,6
Berlin	4,7	123,8	1,7	1.729,3	-3,3	14,0	-4,8	38,0
Brandenburg	4,8	129,6	4,1	1.748,5	1,6	13,5	-2,2	50,0
Bremen	4,9	159,3	3,0	1.773,5	-0,5	11,1	-3,5	53,5
Hamburg	5,6	159,8	0,4	2.039,4	-9,2	12,8	-9,2	48,8
Hessen	5,9	162,3	4,2	2.153,8	2,0	13,3	-1,5	54,5
Mecklenburg-Vorpommern	5,3	129,5	5,8	1.931,4	9,2	14,9	3,5	50,5
Niedersachsen	4,4	155,4	4,4	1.609,9	-13,5	10,4	-16,8	57,3
Nordrhein-Westfalen	5,4	169,9	3,3	1.967,2	-1,9	11,6	-4,9	55,0
Rheinland-Pfalz	5,2	177,8	3,7	1.900,3	-8,7	10,7	-12,3	58,5
Saarland	5,9	176,8	6,8	2.148,8	-10,5	12,2	-15,9	59,4
Sachsen	4,0	125,7	4,8	1.466,9	-11,4	11,7	-15,2	51,5
Sachsen-Anhalt	5,1	129,8	4,3	1.870,5	-2,3	14,4	-6,5	50,0
Schleswig-Holstein	5,5	162,6	6,6	2.010,0	4,0	12,4	-2,4	57,1
Thüringen	4,5	133,3	2,5	1.640,6	-6,8	12,3	-8,9	53,3
West	**5,0**	**153,7**	**4,0**	**1.826,6**	**-2,5**	**11,9**	**-6,3**	**54,4**
Ost	**4,4**	**128,5**	**4,3**	**1.619,4**	**-6,0**	**12,6**	**-10,0**	**51,4**
Bund	**4,9**	**149,2**	**4,0**	**1.789,0**	**-3,1**	**12,0**	**-7,0**	**53,9**

Fehlzeiten-Report 2012

29

■ **Tab. 29.3.3** Arbeitsunfähigkeit der AOK-Mitglieder in der Branche Baugewerbe nach Wirtschaftsabteilungen im Jahr 2011

Wirtschaftsabteilung	Krankenstand in %		Arbeitsunfähigkeiten je 100 AOK-Mitglieder		Tage je Fall	AU-Quote in %
	2011	2011 stand.*	Fälle	Tage		
Hochbau	5,2	3,9	137,5	1.911,6	13,9	52,8
Tiefbau	5,5	4,0	141,8	1.994,4	14,1	55,6
Vorbereitende Baustellenarbeiten, Bauinstallation und sonstiges Ausbaugewerbe	4,7	4,1	154,1	1.718,0	11,2	54,0
Branche insgesamt	**4,9**	**4,2**	**149,2**	**1.789,0**	**12,0**	**53,9**
Alle Branchen	**4,7**	**4,7**	**157,3**	**1.725,9**	**11,0**	**53,7**

*Krankenstand alters- und geschlechtsstandardisiert

Fehlzeiten-Report 2012

Tab. 29.3.4 Kennzahlen der Arbeitsunfähigkeit der AOK-Mitglieder nach ausgewählten Berufsgruppen in der Branche Baugewerbe im Jahr 2011

Tätigkeit	Kranken-stand in %	Arbeitsunfähigkeiten je 100 AOK-Mitglieder		Tage je Fall	AU-Quote in %	Anteil der Berufs-gruppe an der Branche in %*
		Fälle	Tage			
Bauhilfsarbeiter	6,1	145,8	2.239,7	15,4	56,8	1,2
Baumaschinenführer	5,7	121,9	2.074,1	17,0	54,0	1,1
Betonbauer	6,1	154,7	2.234,7	14,4	49,2	2,5
Bürofachkräfte	2,6	102,0	963,4	9,4	42,8	5,8
Dachdecker	5,8	181,5	2.102,1	11,6	61,8	3,6
Elektroinstallateure, -monteure	4,4	167,6	1.617,2	9,6	59,8	7,4
Erdbewegungsmaschinenführer	5,3	114,1	1.942,8	17,0	52,8	1,4
Fliesenleger	4,9	150,8	1.801,2	11,9	55,4	1,6
Gerüstbauer	6,1	177,4	2.234,1	12,6	48,6	1,8
Isolierer, Abdichter	5,3	148,1	1.925,2	13,0	51,1	2,1
Kraftfahrzeugführer	5,6	114,9	2.033,1	17,7	50,3	1,6
Maler, Lackierer (Ausbau)	4,7	170,0	1.730,3	10,2	56,7	7,6
Maurer	5,4	143,2	1.988,9	13,9	55,1	10,4
Rohrinstallateure	5,0	176,5	1.818,2	10,3	64,1	7,5
Sonstige Bauhilfsarbeiter, Bauhelfer	5,0	138,7	1.833,8	13,2	42,7	8,6
Straßenbauer	5,4	157,5	1.989,1	12,6	59,1	2,7
Stukkateure, Gipser, Verputzer	5,8	168,4	2.100,0	12,5	57,4	1,5
Tiefbauer	5,8	135,1	2.109,4	15,6	57,3	2,5
Tischler	4,3	154,8	1.581,7	10,2	58,1	2,7
Zimmerer	5,1	152,0	1.865,8	12,3	59,1	2,9
Branche insgesamt	**4,9**	**149,2**	**1.789,0**	**12,0**	**53,9**	**7,1****

* Anteil der AOK-Mitglieder in der Berufsgruppe an den in der Branche beschäftigten AOK-Mitgliedern insgesamt

**Anteil der AOK-Mitglieder in der Branche an allen AOK-Mitgliedern

Fehlzeiten-Report 2012

Tab. 29.3.5 Dauer der Arbeitsunfähigkeit der AOK-Mitglieder in der Branche Baugewerbe im Jahr 2011

Fallklasse	Branche hier		alle Branchen	
	Anteil Fälle in %	Anteil Tage in %	Anteil Fälle in %	Anteil Tage in %
1–3 Tage	38,1	6,2	36,9	6,7
4–7 Tage	28,7	11,7	30,2	13,7
8–14 Tage	16,3	14,0	17,0	15,9
15–21 Tage	5,9	8,5	6,0	9,4
22–28 Tage	2,9	5,9	2,9	6,5
29–42 Tage	3,1	8,9	3,0	9,4
Langzeit-AU (> 42 Tage)	5,0	44,8	4,0	38,3

Fehlzeiten-Report 2012

Tab. 29.3.6 Tage der Arbeitsunfähigkeit je AOK-Mitglied nach Wirtschaftsabteilung und Betriebsgröße in der Branche Baugewerbe im Jahr 2011

Wirtschaftsabteilungen	Betriebsgröße (Anzahl der AOK-Mitglieder)					
	10–49	50–99	100–199	200–499	500–999	≥ 1.000
Hochbau	19,6	19,9	19,2	17,3	20,8	–
Tiefbau	20,0	20,4	20,1	21,4	19,1	–
Vorbereitende Baustellenarbeiten, Bauinstallation und sonstiges Ausbaugewerbe	18,0	18,1	18,3	19,1	20,8	–
Branche insgesamt	**18,7**	**19,3**	**19,1**	**19,3**	**20,3**	–
Alle Branchen	**17,6**	**19,3**	**19,6**	**19,6**	**20,0**	**18,8**

Fehlzeiten-Report 2012

Tab. 29.3.7 Krankenstand in Prozent nach der Stellung im Beruf in der Branche Baugewerbe im Jahr 2011, AOK-Mitglieder

Wirtschaftsabteilung	Stellung im Beruf				
	Auszubildende	Arbeiter	Facharbeiter	Meister, Poliere	Angestellte
Hochbau	5,0	5,9	6,0	5,0	3,6
Tiefbau	5,2	5,9	6,0	4,3	3,6
Vorbereitende Baustellenarbeiten, Bauinstallation und sonstiges Ausbaugewerbe	4,2	5,6	5,3	4,4	4,0
Branche insgesamt	**4,4**	**5,7**	**5,6**	**4,5**	**3,9**
Alle Branchen	**3,9**	**5,8**	**5,2**	**4,0**	**3,8**

Fehlzeiten-Report 2012

Tab. 29.3.8 Tage der Arbeitsunfähigkeit je AOK-Mitglied nach der Stellung im Beruf in der Branche Baugewerbe im Jahr 2011

Wirtschaftsabteilung	Stellung im Beruf				
	Auszubildende	Arbeiter	Facharbeiter	Meister, Poliere	Angestellte
Hochbau	18,3	21,7	21,7	18,1	13,1
Tiefbau	18,9	21,5	22,0	15,8	13,0
Vorbereitende Baustellenarbeiten, Bauinstallation und sonstiges Ausbaugewerbe	15,4	20,3	19,4	15,9	14,5
Branche insgesamt	**16,0**	**20,8**	**20,3**	**16,5**	**14,1**
Alle Branchen	**14,1**	**21,3**	**19,0**	**14,7**	**13,7**

Fehlzeiten-Report 2012

Tab. 29.3.9 Anteil der Arbeitsunfälle an den AU-Fällen und -Tagen in Prozent nach Wirtschaftsabteilungen in der Branche Baugewerbe im Jahr 2011, AOK-Mitglieder

Wirtschaftsabteilung	AU-Fälle in %	AU-Tage in %
Hochbau	9,7	14,5
Tiefbau	8,0	11,3
Vorbereitende Baustellenarbeiten, Bauinstallation und sonstiges Ausbaugewerbe	7,9	12,4
Branche insgesamt	**8,3**	**12,8**
Alle Branchen	**4,0**	**6,2**

Fehlzeiten-Report 2012

29

Tab. 29.3.10 Tage und Fälle der Arbeitsunfähigkeit durch Arbeitsunfälle nach Berufsgruppen in der Branche Baugewerbe im Jahr 2011, AOK-Mitglieder

Tätigkeit	Arbeitsunfähigkeit je 1.000 AOK-Mitglieder	
	AU-Tage	AU-Fälle
Zimmerer	4.617,2	231,8
Dachdecker	3.715,2	211,5
Betonbauer	3.604,9	174,0
Feinblechner	3.250,4	184,8
Gerüstbauer	3.069,8	170,1
Kraftfahrzeugführer	3.031,8	116,9
Maurer	3.016,6	150,9
Sonstige Bauhilfsarbeiter, Bauhelfer	3.006,2	140,3
Bauhilfsarbeiter	2.954,2	148,1
Sonstige Montierer	2.833,8	146,0
Stukkateure, Gipser, Verputzer	2.704,9	134,1
Sonstige Tiefbauer	2.695,4	123,3
Straßenbauer	2.355,3	125,5
Isolierer, Abdichter	2.330,3	119,4
Erdbewegungsmaschinenführer	2.306,2	91,9
Baumaschinenführer	2.264,9	108,3
Rohrinstallateure	2.141,4	146,5
Tischler	2.063,5	146,4
Elektroinstallateure, -monteure	1.838,4	115,9
Fliesenleger	1.599,0	91,2
Branche insgesamt	**2.288,7**	**123,9**
Alle Branchen	**1.065,7**	**62,9**

Fehlzeiten-Report 2012

Tab. 29.3.11 Tage und Fälle der Arbeitsunfähigkeit je 100 AOK-Mitglieder nach Krankheitsarten in der Branche Baugewerbe in den Jahren 1995 bis 2011

Jahr	Arbeitsunfähigkeiten je 100 AOK-Mitglieder											
	Psyche		Herz/Kreislauf		Atemwege		Verdauung		Muskel/Skelett		Verletzungen	
	Tage	Fälle	Tage	Fälle	Tage	Fälle	Tage	Fälle	Tage	Fälle	Tage	Fälle
1995	69,1	2,6	208,2	8,0	355,9	43,5	205,2	23,6	780,6	38,5	602,6	34,4
1996	70,5	2,5	198,8	7,0	308,8	37,3	181,0	21,3	753,9	35,0	564,8	31,7
1997	65,3	2,7	180,0	7,0	270,4	35,5	162,5	20,5	677,9	34,4	553,6	31,9
1998	69,2	2,9	179,1	7,3	273,9	37,1	160,7	20,9	715,7	37,0	548,9	31,7
1999	72,2	3,1	180,3	7,5	302,6	41,7	160,6	22,4	756,0	39,5	547,9	32,2
2000	80,8	3,6	159,7	6,9	275,1	39,2	144,2	19,3	780,1	41,2	528,8	31,2
2001	89,0	4,2	163,6	7,3	262,0	39,0	145,0	19,7	799,9	42,3	508,4	30,3
2002	90,7	4,4	159,7	7,3	240,8	36,7	141,0	20,2	787,2	41,8	502,0	29,7
2003	84,7	4,3	150,0	7,1	233,3	36,7	130,8	19,1	699,3	38,2	469,0	28,6
2004	102,0	4,4	158,3	6,6	200,2	30,6	132,1	18,6	647,6	36,0	446,6	26,8
2005	101,1	4,2	155,2	6,5	227,0	34,7	122,8	17,0	610,4	34,2	435,3	25,7
2006	91,9	4,1	146,4	6,4	184,3	29,1	119,4	17,8	570,6	33,8	442,6	26,4
2007	105,1	4,4	148,5	6,6	211,9	33,5	128,7	19,3	619,3	35,6	453,9	26,0
2008 (WZ03)	108,2	4,6	157,3	6,9	218,5	34,9	132,8	20,4	646,1	37,0	459,8	26,5
2008 (WZ08)*	107,3	4,6	156,4	6,9	217,0	34,7	131,4	20,2	642,3	36,9	459,2	26,5
2009	112,3	4,9	163,5	7,1	254,8	40,1	132,5	19,8	629,8	35,7	458,7	26,0
2010	121,0	5,0	160,5	6,9	216,2	34,1	127,0	18,4	654,5	36,6	473,1	26,5
2011	118,0	5,5	144,8	7,0	220,4	35,8	120,8	18,7	604,8	37,2	450,2	26,3

*aufgrund der Revision der Wirtschaftszweigklassifikation in 2008 ist eine Vergleichbarkeit mit den Vorjahren nur bedingt möglich

Fehlzeiten-Report 2012

Tab. 29.3.12 Verteilung der Arbeitsunfähigkeitstage nach Krankheitsarten in Prozent in der Branche Baugewerbe im Jahr 2011, AOK-Mitglieder

Wirtschaftsabteilung	AU-Tage in %						
	Psyche	Herz/ Kreislauf	Atemwege	Verdauung	Muskel/ Skelett	Verlet-zungen	Sonstige
Hochbau	4,8	7,3	8,3	5,2	27,5	20,2	26,7
Tiefbau	5,0	8,2	8,7	5,3	28,5	16,8	27,5
Vorbereitende Baustellenarbeiten, Bauinstallation und sonstiges Ausbaugewerbe	5,5	5,8	10,6	5,5	26,3	20,5	25,9
Branche insgesamt	**5,2**	**6,4**	**9,8**	**5,4**	**26,9**	**20,0**	**26,3**
Alle Branchen	**9,6**	**6,2**	**12,4**	**5,7**	**23,1**	**12,3**	**30,7**

Fehlzeiten-Report 2012

Tab. 29.3.13 Verteilung der Arbeitsunfähigkeitsfälle nach Krankheitsarten in Prozent in der Branche Baugewerbe im Jahr 2011, AOK-Mitglieder

Wirtschaftsabteilung	AU-Fälle in %						
	Psyche	Herz/ Kreislauf	Atemwege	Verdauung	Muskel/ Skelett	Verlet- zungen	Sonstige
Hochbau	2,8	4,5	17,4	9,9	21,5	15,1	28,7
Tiefbau	3,1	5,2	17,0	10,3	22,4	13,0	29,0
Vorbereitende Baustellen-arbeiten, Bauinstallation, sonstiges Ausbaugewerbe	3,0	3,5	20,5	10,2	19,6	14,3	28,9
Branche insgesamt	**3,0**	**3,8**	**19,5**	**10,2**	**20,3**	**14,3**	**28,9**
Alle Branchen	**4,9**	**4,1**	**22,2**	**10,2**	**17,1**	**8,8**	**32,7**

Fehlzeiten-Report 2012

Tab. 29.3.14 Verteilung der Arbeitsunfähigkeitstage nach Krankheitsarten und ausgewählten Berufsgruppen nach ausgewählten Berufsgruppen in der Branche Baugewerbe im Jahr 2011, AOK-Mitglieder

Tätigkeit	AU-Tage in %						
	Psyche	Herz/ Kreislauf	Atemwege	Verdauung	Muskel/ Skelett	Verlet- zungen	Sonstige
Betonbauer	4,0	6,7	7,9	4,6	30,0	21,1	25,6
Bürofachkräfte	10,9	5,4	13,7	5,7	17,5	9,8	37,0
Dachdecker	4,2	3,8	9,1	4,9	28,5	27,0	22,5
Elektroinstallateure, -monteure	5,4	5,8	12,8	5,7	23,0	21,0	26,3
Erdbewegungsmaschinen-führer	4,9	10,0	7,2	4,9	27,3	15,2	30,3
Fliesenleger	5,2	5,8	9,2	5,2	32,5	19,5	22,6
Gerüstbauer	4,5	4,4	8,8	5,1	33,0	23,1	21,1
Isolierer, Abdichter	4,2	7,1	9,7	5,8	28,6	19,0	25,6
Kraftfahrzeugführer	5,9	9,5	7,2	4,9	25,2	17,7	29,5
Maler, Lackierer (Ausbau)	5,2	5,7	11,2	5,9	26,4	19,1	26,4
Maurer	4,2	6,9	8,0	5,2	29,0	21,6	25,1
Raumausstatter	5,3	4,4	11,0	5,7	29,7	19,5	24,4
Rohrinstallateure	4,8	5,8	11,5	5,7	25,9	20,8	25,5
Sonstige Bauhilfsarbeiter, Bauhelfer	4,7	5,9	8,9	5,3	28,0	23,3	24,0
Sonstige Tiefbauer	4,5	9,0	7,1	5,2	30,4	16,6	27,1
Straßenbauer	3,9	7,5	9,0	5,3	28,4	18,5	27,5
Stukkateure, Gipser, Verputzer	5,3	5,3	9,0	5,5	31,8	19,7	23,5
Tischler	5,2	5,3	10,7	5,7	25,1	22,6	25,4
Zimmerer	3,6	4,8	7,8	4,4	25,3	32,3	21,9
Branche insgesamt	**5,2**	**6,4**	**9,8**	**5,4**	**26,9**	**20,0**	**26,3**
Alle Branchen	**9,6**	**6,2**	**12,4**	**5,7**	**23,1**	**12,3**	**30,7**

Fehlzeiten-Report 2012

Tab. 29.3.15 Verteilung der Arbeitsunfähigkeitsfälle nach Krankheitsarten und ausgewählten Berufsgruppen in der Branche Baugewerbe im Jahr 2011, AOK-Mitglieder

Tätigkeit	AU-Fälle in %						
	Psyche	Herz/ Kreislauf	Atemwege	Verdauung	Muskel/ Skelett	Verletzungen	Sonstige
Betonbauer	2,8	4,3	16,6	9,5	23,9	15,7	27,2
Bürofachkräfte	5,0	3,9	24,5	10,9	11,7	6,3	37,7
Dachdecker	2,5	2,7	18,5	10,1	20,7	18,7	26,9
Elektroinstallateure, -monteure	2,6	3,1	23,4	10,8	16,7	13,8	29,6
Erdbewegungsmaschinenführer	2,9	7,0	13,8	9,5	23,6	11,5	31,7
Fliesenleger	3,1	3,3	19,5	10,0	23,3	13,4	27,5
Gerüstbauer	2,6	3,0	16,8	9,8	26,4	16,8	24,6
Isolierer, Abdichter	3,0	4,0	18,7	9,6	23,8	13,4	27,5
Kraftfahrzeugführer	3,3	6,7	13,7	10,1	21,7	12,6	31,8
Maler, Lackierer (Ausbau)	3,0	3,1	21,4	11,0	18,7	13,2	29,6
Maurer	2,4	4,2	16,8	9,9	22,4	16,5	27,7
Raumausstatter	2,9	3,0	20,9	9,9	21,2	14,2	27,9
Rohrinstallateure	2,4	3,1	21,6	10,5	18,4	15,3	28,7
Sonstige Bauhilfsarbeiter, Bauhelfer	3,2	4,0	17,1	9,4	24,1	15,9	26,3
Sonstige Tiefbauer	3,0	5,6	15,4	10,0	23,8	13,6	28,7
Straßenbauer	2,6	4,4	18,3	10,4	21,7	14,2	28,5
Stukkateure, Gipser, Verputzer	2,9	3,3	18,7	9,7	24,0	14,3	27,2
Tischler	2,6	3,0	20,4	10,5	19,1	16,0	28,4
Zimmerer	2,1	2,8	18,5	8,8	19,2	22,6	26,0
Branche insgesamt	**3,0**	**3,8**	**19,5**	**10,2**	**20,3**	**14,3**	**28,9**
Alle Branchen	**4,9**	**4,1**	**22,2**	**10,2**	**17,1**	**8,8**	**32,7**

Fehlzeiten-Report 2012

29

Tab. 29.3.16 Anteile der 40 häufigsten Einzeldiagnosen an den AU-Fällen und AU-Tagen in der Branche Baugewerbe im Jahr 2011, AOK-Mitglieder

ICD-10	Bezeichnung	AU-Fälle in %	AU-Tage in %
M54	Rückenschmerzen	7,8	7,1
J06	Akute Infektionen der oberen Atemwege	6,2	2,5
A09	Diarrhoe und Gastroenteritis	3,6	1,1
K52	Sonstige nichtinfektiöse Gastroenteritis und Kolitis	2,5	0,8
J20	Akute Bronchitis	2,5	1,2
T14	Verletzung an einer nicht näher bezeichneten Körperregion	2,4	2,2
K08	Sonstige Krankheiten der Zähne und des Zahnhalteapparates	2,2	0,5
J40	Bronchitis, nicht als akut oder chronisch bezeichnet	2,0	0,9
I10	Essentielle (primäre) Hypertonie	1,5	2,4
B34	Viruskrankheit nicht näher bezeichneter Lokalisation	1,4	0,5
K29	Gastritis und Duodenitis	1,4	0,6
J03	Akute Tonsillitis	1,2	0,5
S93	Luxation, Verstauchung und Zerrung der Gelenke und Bänder in Höhe des oberen Sprunggelenkes und des Fußes	1,1	1,3
M25	Sonstige Gelenkkrankheiten	1,1	1,2
R10	Bauch- und Beckenschmerzen	1,1	0,5
M51	Sonstige Bandscheibenschäden	1,1	2,5
M99	Biomechanische Funktionsstörungen	1,1	0,7
J02	Akute Pharyngitis	1,0	0,4
M23	Binnenschädigung des Kniegelenkes	1,0	2,0
M77	Sonstige Enthesopathien	1,0	1,1
M75	Schulterläsionen	1,0	2,0
J01	Akute Sinusitis	0,9	0,4
R51	Kopfschmerz	0,9	0,4
M53	Sonstige Krankheiten der Wirbelsäule und des Rückens	0,8	0,9
J32	Chronische Sinusitis	0,8	0,4
S61	Offene Wunde des Handgelenkes und der Hand	0,8	0,8
A08	Virusbedingte Darminfektionen	0,7	0,2
R11	Übelkeit und Erbrechen	0,7	0,3
M79	Sonstige Krankheiten des Weichteilgewebes	0,7	0,5
S83	Luxation, Verstauchung und Zerrung des Kniegelenkes und von Bändern des Kniegelenkes	0,7	1,4
S60	Oberflächliche Verletzung des Handgelenkes und der Hand	0,6	0,5
F32	Depressive Episode	0,6	1,4
J11	Grippe, Viren nicht nachgewiesen	0,6	0,2
M47	Spondylose	0,6	0,9
B99	Sonstige Infektionskrankheiten	0,5	0,2
M17	Gonarthrose	0,5	1,3
J00	Akute Rhinopharyngitis (Erkältungsschnupfen)	0,5	0,2
F43	Reaktionen auf schwere Belastungen und Anpassungsstörungen	0,5	0,7
M65	Synovitis und Tenosynovitis	0,5	0,6
S80	Oberflächliche Verletzung des Unterschenkels	0,5	0,4
	Summe hier	**48,8**	**36,6**
	Restliche	51,2	63,4
	Gesamtsumme	**100,0**	**100,0**

Fehlzeiten-Report 2012

Tab. 29.3.17 Anteile der 40 häufigsten Diagnoseuntergruppen an den AU-Fällen und AU-Tagen in der Branche Baugewerbe im Jahr 2011, AOK-Mitglieder

ICD-10	Bezeichnung	AU-Fälle in %	AU-Tage in %
J00–J06	Akute Infektionen der oberen Atemwege	10,4	4,2
M40–M54	Krankheiten der Wirbelsäule und des Rückens	10,3	11,7
A00–A09	Infektiöse Darmkrankheiten	4,7	1,5
M60–M79	Krankheiten der Weichteilgewebe	4,6	6,0
M00–M25	Arthropathien	4,0	7,0
J40–J47	Chronische Krankheiten der unteren Atemwege	3,1	2,0
J20–J22	Sonstige akute Infektionen der unteren Atemwege	2,9	1,4
T08–T14	Verletzungen Rumpf, Extremitäten o. a. Körperregionen	2,9	2,6
K50–K52	Nichtinfektiöse Enteritis und Kolitis	2,8	1,0
K00–K14	Krankheiten der Mundhöhle, der Speicheldrüsen und der Kiefer	2,8	0,7
R50–R69	Allgemeinsymptome	2,6	1,8
S60–S69	Verletzungen des Handgelenkes und der Hand	2,6	3,5
R10–R19	Symptome bzgl. Verdauungssystem und Abdomen	2,0	1,0
K20–K31	Krankheiten des Ösophagus, Magens und Duodenums	2,0	1,0
S90–S99	Verletzungen der Knöchelregion und des Fußes	1,9	2,6
S80–S89	Verletzungen des Knies und des Unterschenkels	1,7	3,4
I10–I15	Hypertonie	1,7	2,8
B25–B34	Sonstige Viruskrankheiten	1,6	0,6
J30–J39	Sonstige Krankheiten der oberen Atemwege	1,4	0,8
F40–F48	Neurotische, Belastungs- und somatoforme Störungen	1,3	1,9
M95–M99	Sonstige Krankheiten des Muskel-Skelett-Systems und des Bindegewebes	1,2	0,9
R00–R09	Symptome bzgl. Kreislauf- und Atmungssystem	1,2	0,8
S00–S09	Verletzungen des Kopfes	1,1	1,1
J09–J18	Grippe und Pneumonie	1,0	0,7
G40–G47	Episod. und paroxysmale Krankheiten des Nervensystems	1,0	0,8
Z80–Z99	Potentielle Gesundheitsrisiken aufgrund der Familien- oder Eigenanamnese, Zustände die den Gesundheitszustand beeinflussen	0,9	1,9
F30–F39	Affektive Störungen	0,8	1,9
E70–E90	Stoffwechselstörungen	0,8	1,3
S20–S29	Verletzungen des Thorax	0,8	1,1
G50–G59	Krankheiten von Nerven, Nervenwurzeln und Nervenplexus	0,7	1,2
S40–S49	Verletzungen der Schulter und des Oberarmes	0,7	1,6
I80–I89	Krankheiten der Venen, Lymphgefäße und -knoten	0,7	0,7
F10–F19	Psychische und Verhaltensstörungen durch psychotrope Substanzen	0,7	1,1
L00–L08	Infektionen der Haut und der Unterhaut	0,7	0,7
K55–K63	Sonstige Krankheiten des Darmes	0,7	0,7
R40–R46	Symptome bzgl. Wahrnehmung, Stimmung und Verhalten	0,6	0,5
S50–S59	Verletzungen des Ellenbogens und des Unterarmes	0,6	1,3
J95–J99	Sonstige Krankheiten des Atmungssystems	0,6	0,4
I20–I25	Ischämische Herzkrankheiten	0,6	1,3
B99–B99	Sonstige Infektionskrankheiten	0,6	0,3
	Summe hier	**83,3**	**77,8**
	Restliche	16,7	22,2
	Gesamtsumme	**100,0**	**100,0**

Fehlzeiten-Report 2012

29.4 Dienstleistungen

Tab. 29.4.1 Entwicklung des Krankenstands der AOK-Mitglieder in der Branche Dienstleistungen in den Jahren 1994 bis 2011

Jahr	Krankenstand in %			AU-Fälle je 100 AOK-Mitglieder			Tage je Fall		
	West	Ost	Bund	West	Ost	Bund	West	Ost	Bund
1994	5,7	6,1	5,8	136,9	134,9	136,6	14,0	14,6	14,1
1995	5,2	6,0	5,3	144,7	149,1	145,5	13,5	14,5	13,7
1996	4,8	5,6	4,9	133,7	142,5	135,3	13,7	14,3	13,8
1997	4,6	5,3	4,7	132,0	135,1	132,5	12,8	13,9	13,0
1998	4,7	5,2	4,8	136,6	136,4	136,6	12,6	13,5	12,8
1999	4,9	5,6	5,0	146,2	155,7	147,6	12,2	13,1	12,3
2000	4,9	5,5	5,0	152,7	165,0	154,3	11,8	12,3	11,9
2001	4,9	5,4	4,9	150,0	155,2	150,7	11,8	12,7	12,0
2002	4,8	5,2	4,8	149,6	152,6	150,0	11,7	12,4	11,8
2003	4,6	4,7	4,6	146,4	142,9	145,9	11,4	11,9	11,4
2004	4,2	4,2	4,2	132,8	127,3	131,9	11,6	12,0	11,7
2005	4,1	4,0	4,1	131,7	121,6	130,1	11,3	11,9	11,4
2006	4,0	3,8	4,0	130,3	118,3	128,3	11,2	11,8	11,3
2007	4,3	4,1	4,3	142,0	128,6	139,7	11,1	11,7	11,2
2008 (WZ03)	4,4	4,3	4,4	149,3	133,1	146,9	10,9	11,9	11,0
2008 (WZ08)*	4,4	4,3	4,4	148,3	133,9	145,9	10,8	11,7	10,9
2009	4,5	4,6	4,5	150,6	141,1	149,0	10,8	11,9	11,0
2010	4,5	4,7	4,5	150,6	149,5	150,4	10,9	11,5	11,0
2011	4,5	4,5	4,5	156,0	153,1	155,5	10,5	10,8	10,5

*aufgrund der Revision der Wirtschaftszweigklassifikation in 2008 ist eine Vergleichbarkeit mit den Vorjahren nur bedingt möglich

Fehlzeiten-Report 2012

Tab. 29.4.2 Arbeitsunfähigkeit der AOK-Mitglieder in der Branche Dienstleistungen nach Bundesländern im Jahr 2011 im Vergleich zum Vorjahr

Bundesland	Krankenstand in %	Arbeitsunfähigkeit je 100 AOK-Mitglieder				Tage je Fall	Veränd. z. Vorj. in %	AU-Quote in %
		AU-Fälle	Veränd. z. Vorj. in %	AU-Tage	Veränd. z. Vorj. in %			
Baden-Württemberg	4,3	156,3	7,6	1.568,3	2,9	10,0	-4,8	50,0
Bayern	4,0	131,5	3,0	1.452,0	2,3	11,0	-0,9	44,3
Berlin	5,2	157,7	-3,1	1.888,5	-4,6	12,0	-1,6	44,9
Brandenburg	5,2	148,7	-0,1	1.900,6	-1,1	12,8	-0,8	50,2
Bremen	4,4	159,1	1,1	1.591,9	-2,9	10,0	-3,8	48,2
Hamburg	5,2	173,1	1,5	1.907,9	-3,7	11,0	-5,2	48,6
Hessen	5,1	176,3	5,9	1.852,3	2,6	10,5	-2,8	51,1
Mecklenburg-Vorpommern	5,0	140,1	0,4	1.828,6	1,7	13,0	0,8	47,1
Niedersachsen	4,2	160,3	-1,2	1.531,1	-13,1	9,6	-11,9	51,5
Nordrhein-Westfalen	4,8	167,0	3,2	1.768,2	1,5	10,6	-1,9	51,6
Rheinland-Pfalz	4,5	176,3	4,3	1.654,3	-5,7	9,4	-9,6	52,3
Saarland	4,5	150,7	1,8	1.629,8	-9,3	10,8	-10,7	46,7
Sachsen	4,1	153,1	2,1	1.496,6	-7,3	9,8	-9,3	52,2
Sachsen-Anhalt	5,2	154,1	9,2	1.907,3	3,5	12,4	-5,3	49,0
Schleswig-Holstein	5,1	158,3	2,7	1.850,2	-0,7	11,7	-3,3	51,1
Thüringen	4,6	161,8	1,1	1.667,0	-6,7	10,3	-8,0	52,1
West	**4,5**	**156,0**	**3,6**	**1.632,6**	**-0,5**	**10,5**	**-3,7**	**49,2**
Ost	**4,5**	**153,1**	**2,4**	**1.652,0**	**-4,1**	**10,8**	**-6,1**	**51,0**
Bund	**4,5**	**155,5**	**3,4**	**1.635,9**	**-1,2**	**10,5**	**-4,5**	**49,5**

Fehlzeiten-Report 2012

Tab. 29.4.3 Arbeitsunfähigkeit der AOK-Mitglieder in der Branche Dienstleistungen nach Wirtschaftsabteilungen im Jahr 2011

Wirtschaftsabteilung	Krankenstand in %		Arbeitsunfähigkeiten je 100 AOK-Mitglieder		Tage je Fall	AU-Quote in %
	2011	2011 stand.*	Fälle	Tage		
Erbringung von sonstigen Dienstleistungen	4,3	5,0	161,3	1.567,1	9,7	53,4
Private Haushalte, Herstellung von Waren, Dienstleistungen für den Eigenbedarf	2,6	3,5	72,7	941,2	12,9	30,0
Grundstücks- und Wohnungswesen	4,1	4,2	129,7	1.506,9	11,6	48,7
Erbringung von sonstigen wirtschaftlichen Dienstleistungen	4,9	3,7	183,6	1.804,7	9,8	47,3
Gesundheits- und Sozialwesen	5,1	4,9	162,5	1.861,6	11,5	58,7
Gastgewerbe	3,6	3,9	112,9	1.322,0	11,7	38,3
Erbringung von freiberuflichen, wissenschaftlichen und technischen Dienstleistungen	3,3	3,7	138,3	1.192,3	8,6	49,0
Information und Kommunikation	3,3	4,2	135,5	1.221,4	9,0	45,6
Kunst, Unterhaltung und Erholung	4,2	4,2	124,4	1.525,3	12,3	41,9
Branche insgesamt	**4,5**	**4,5**	**155,5**	**1.635,9**	**10,5**	**49,5**
Alle Branchen	**4,7**	**4,7**	**157,3**	**1.725,9**	**11,0**	**53,7**

*Krankenstand alters- und geschlechtsstandardisiert

Fehlzeiten-Report 2012

Tab. 29.4.4 Kennzahlen der Arbeitsunfähigkeit der AOK-Mitglieder nach ausgewählten Berufsgruppen in der Branche Dienstleistungen im Jahr 2011

Tätigkeit	Krankenstand in %	Arbeitsunfähigkeiten je 100 AOK-Mitglieder		Tage je Fall	AU-Quote in %	Anteil der Berufsgruppe an der Branche in %*
		Fälle	Tage			
Bürofachkräfte	3,3	148,3	1.212,1	8,2	50,9	6,3
Datenverarbeitungsfachleute	2,2	117,6	818,1	7,0	44,5	1,2
Friseure	3,3	169,6	1.196,5	7,1	55,2	1,7
Gärtner, Gartenarbeiter	5,1	170,6	1.851,2	10,8	54,7	1,2
Glas-, Gebäudereiniger	5,1	154,1	1.869,1	12,1	49,4	1,3
Hauswirtschaftliche Betreuer	5,9	151,8	2.153,6	14,2	53,4	2,2
Heimleiter, Sozialpädagogen	4,4	155,2	1.607,4	10,4	58,9	1,4
Helfer in der Krankenpflege	6,9	179,4	2.526,2	14,1	62,3	2,7
Hoteliers, Gastwirte, Hotel-, Gaststättengeschäftsführer	3,3	142,3	1.190,9	8,4	47,5	1,2
Kindergärtnerinnen, Kinderpfleger	4,6	202,0	1.667,2	8,3	63,9	1,3
Köche	4,5	128,3	1.645,5	12,8	43,0	7,1
Krankenschwestern, -pfleger, Hebammen	4,8	148,2	1.755,0	11,8	59,1	4,9
Lager-, Transportarbeiter	5,3	209,9	1.918,4	9,1	47,1	3,4
Pförtner, Hauswarte	4,6	114,4	1.678,1	14,7	46,9	1,4
Raum-, Hausratreiniger	5,8	152,5	2.099,9	13,8	52,4	7,5
Restaurantfachleute, Stewards/Stewardessen	3,2	104,1	1.180,0	11,3	34,9	4,0
Sozialarbeiter, Sozialpfleger	6,0	176,2	2.192,6	12,4	60,7	5,8
Sprechstundenhelfer	2,6	148,4	944,8	6,4	53,6	3,7
Verkäufer	4,0	137,5	1.443,6	10,5	41,4	1,6
Wächter, Aufseher	5,0	129,8	1.841,9	14,2	45,5	1,6
Branche insgesamt	**4,5**	**155,5**	**1.635,9**	**10,5**	**49,5**	**39,5****

* Anteil der AOK-Mitglieder in der Berufsgruppe an den in der Branche beschäftigten AOK-Mitgliedern insgesamt

**Anteil der AOK-Mitglieder in der Branche an allen AOK-Mitgliedern

Fehlzeiten-Report 2012

Tab. 29.4.5 Dauer der Arbeitsunfähigkeit der AOK-Mitglieder in der Branche Dienstleistungen im Jahr 2011

Fallklasse	Branche hier		alle Branchen	
	Anteil Fälle in %	Anteil Tage in %	Anteil Fälle in %	Anteil Tage in %
1–3 Tage	36,3	6,9	36,9	6,7
4–7 Tage	31,5	15,0	30,2	13,7
8–14 Tage	17,1	16,6	17,0	15,9
15–21 Tage	5,8	9,6	6,0	9,4
22–28 Tage	2,8	6,4	2,9	6,5
29–42 Tage	2,8	9,1	3,0	9,4
Langzeit-AU (> 42 Tage)	3,6	36,4	4,0	38,3

Fehlzeiten-Report 2012

Tab. 29.4.6 Tage der Arbeitsunfähigkeit je AOK-Mitglied nach Wirtschaftsabteilung und Betriebsgröße in der Branche Dienstleistungen im Jahr 2011

Wirtschaftsabteilungen	Betriebsgröße (Anzahl der AOK-Mitglieder)					
	10–49	50–99	100–199	200–499	500–999	≥ 1.000
Erbringung von freiberuflichen, wissenschaftlichen und technischen Dienstleistungen	13,1	15,0	15,7	17,2	17,2	18,7
Erbringung von sonstigen Dienstleistungen	17,2	20,1	21,1	18,7	19,1	16,2
Erbringung von sonstigen wirtschaftlichen Dienstleistungen	18,1	18,9	18,9	19,0	19,0	17,1
Gastgewerbe	14,2	17,7	19,6	20,4	18,3	24,2
Gesundheits- und Sozialwesen	20,7	21,2	20,4	20,4	20,4	19,6
Grundstücks- und Wohnungswesen	17,5	19,6	20,5	20,1	–	–
Information und Kommunikation	12,7	14,9	16,4	14,8	19,9	–
Kunst, Unterhaltung und Erholung	16,9	18,6	19,5	15,5	17,3	13,4
Private Haushalte, Herstellung von Waren, Dienstleistungen für den Eigenbedarf	7,5	10,3	7,8	–	–	–
Branche insgesamt	**17,4**	**19,4**	**19,4**	**19,4**	**19,4**	**18,4**
Alle Branchen	**17,6**	**19,3**	**19,6**	**19,6**	**20,0**	**18,8**

Fehlzeiten-Report 2012

Tab. 29.4.7 Krankenstand in Prozent nach der Stellung im Beruf in der Branche Dienstleistungen im Jahr 2011, AOK-Mitglieder

Wirtschaftsabteilung	Stellung im Beruf				
	Auszubildende	Arbeiter	Facharbeiter	Meister, Poliere	Angestellte
Erbringung von freiberuflichen, wissenschaftlichen und technischen Dienstleistungen	3,2	5,7	4,8	3,3	2,6
Erbringung von sonstigen Dienstleistungen	4,4	5,8	4,1	4,6	3,9
Erbringung von sonstigen wirtschaftlichen Dienstleistungen	4,0	5,1	5,2	4,1	4,6
Gastgewerbe	3,9	3,8	3,7	4,2	3,5
Gesundheits- und Sozialwesen	3,6	7,5	5,6	4,6	4,6
Grundstücks- und Wohnungswesen	3,3	5,3	5,2	4,6	3,4
Information und Kommunikation	2,8	5,4	4,4	2,6	2,7
Kunst, Unterhaltung und Erholung	3,5	4,8	5,2	5,0	3,8
Private Haushalte, Herstellung von Waren, Dienstleistungen für den Eigenbedarf	3,5	2,7	3,0	1,7	2,5
Branche insgesamt	**3,7**	**5,2**	**4,7**	**4,2**	**3,9**
Alle Branchen	**3,9**	**5,8**	**5,2**	**4,0**	**3,8**

Fehlzeiten-Report 2012

Tab. 29.4.8 Tage der Arbeitsunfähigkeit je AOK-Mitglied nach der Stellung im Beruf in der Branche Dienstleistungen im Jahr 2011

Wirtschaftsabteilung	Stellung im Beruf				
	Auszubildende	Arbeiter	Facharbeiter	Meister, Poliere	Angestellte
Erbringung von freiberuflichen, wissenschaftlichen und technischen Dienstleistungen	11,6	20,8	17,5	11,9	9,6
Erbringung von sonstigen Dienstleistungen	16,2	21,0	14,9	16,8	14,3
Erbringung von sonstigen wirtschaftlichen Dienstleistungen	14,7	18,8	19,0	15,0	16,6
Gastgewerbe	14,1	14,0	13,5	15,2	12,8
Gesundheits- und Sozialwesen	13,1	27,5	20,4	16,6	16,8
Grundstücks- und Wohnungswesen	12,0	19,4	19,0	16,7	12,5
Information und Kommunikation	10,3	19,7	16,1	9,6	9,9
Kunst, Unterhaltung und Erholung	12,6	17,5	19,0	18,1	14,0
Private Haushalte, Herstellung von Waren, Dienstleistungen für den Eigenbedarf	12,8	9,7	11,0	6,3	9,2
Branche insgesamt	**13,4**	**18,9**	**17,1**	**15,4**	**14,3**
Alle Branchen	**14,1**	**21,3**	**19,0**	**14,7**	**13,7**

Fehlzeiten-Report 2012

29

Tab. 29.4.9 Anteil der Arbeitsunfälle an den AU-Fällen und -Tagen in Prozent nach Wirtschaftsabteilungen in der Branche Dienstleistungen im Jahr 2011, AOK-Mitglieder

Wirtschaftsabteilung	AU-Fälle in %	AU-Tage in %
Erbringung von freiberuflichen, wissenschaftlichen und technischen Dienstleistungen	2,2	4,0
Erbringung von sonstigen Dienstleistungen	2,4	3,8
Erbringung von sonstigen wirtschaftlichen Dienstleistungen	4,7	6,9
Gastgewerbe	4,2	5,5
Gesundheits- und Sozialwesen	2,1	3,2
Grundstücks- und Wohnungswesen	3,3	5,5
Information und Kommunikation	2,0	3,6
Kunst, Unterhaltung und Erholung	4,9	8,8
Private Haushalte, Herstellung von Waren, Dienstleistungen für den Eigenbedarf	2,3	4,4
Branche insgesamt	**3,2**	**4,8**
Alle Branchen	**4,0**	**6,2**

Fehlzeiten-Report 2012

Tab. 29.4.10 Tage und Fälle der Arbeitsunfähigkeit durch Arbeitsunfälle nach Berufsgruppen in der Branche Dienstleistungen im Jahr 2011, AOK-Mitglieder

Tätigkeit	Arbeitsunfähigkeit je 1.000 AOK-Mitglieder	
	AU-Tage	AU-Fälle
Industriemechaniker	2.192,9	145,6
Gärtner, Gartenarbeiter	2.042,7	122,5
Kraftfahrzeugführer	1.756,8	81,0
Elektroinstallateure, -monteure	1.492,2	93,2
Hilfsarbeiter ohne nähere Tätigkeitsangabe	1.465,0	122,3
Lager-, Transportarbeiter	1.420,7	105,3
Glas-, Gebäudereiniger	1.248,7	62,0
Pförtner, Hauswarte	1.106,1	56,8
Wächter, Aufseher	940,2	41,7
Köche	878,0	58,8
Helfer in der Krankenpflege	868,9	42,0
Raum-, Hausratreiniger	850,5	44,3
Hauswirtschaftliche Betreuer	840,4	41,0
Übrige Gästebetreuer	703,0	43,6
Restaurantfachleute, Stewards/Stewardessen	607,7	39,0
Verkäufer	585,0	36,7
Hoteliers, Gastwirte, Hotel-, Gaststättengeschäftsführer	544,8	44,8
Krankenschwestern, -pfleger, Hebammen	507,0	30,1
Bürofachkräfte	257,8	16,6
Sprechstundenhelfer	182,5	18,3
Branche insgesamt	**787,5**	**49,9**
Alle Branchen	**1.065,7**	**62,9**

Fehlzeiten-Report 2012

Tab. 29.4.11 Tage und Fälle der Arbeitsunfähigkeit je 100 AOK-Mitglieder nach Krankheitsarten in der Branche Dienstleistungen in den Jahren 1995 bis 2011

Jahr	Arbeitsunfähigkeiten je 100 AOK-Mitglieder											
	Psyche		Herz/Kreislauf		Atemwege		Verdauung		Muskel/Skelett		Verletzungen	
	Tage	Fälle	Tage	Fälle	Tage	Fälle	Tage	Fälle	Tage	Fälle	Tage	Fälle
1995	131,2	5,4	189,5	9,8	388,0	47,1	196,9	23,3	577,8	30,4	304,6	18,9
1996	126,7	5,1	166,6	8,6	350,8	43,5	173,5	22,0	529,5	27,9	285,6	17,7
1997	120,9	5,4	153,0	8,7	309,8	41,8	159,5	21,6	467,4	27,1	267,9	17,3
1998	129,5	5,8	150,0	8,9	307,2	43,3	155,3	22,0	480,0	28,7	260,5	17,4
1999	137,2	6,3	147,1	9,2	343,9	48,9	159,4	24,1	504,9	31,3	260,8	18,0
2000	163,5	7,7	131,5	8,3	321,8	45,8	142,8	20,4	543,2	33,4	249,3	17,2
2001	174,7	8,6	135,5	9,0	303,0	44,8	143,3	20,9	554,2	34,5	246,0	17,2
2002	180,1	8,9	131,4	9,0	289,1	43,5	143,9	21,9	542,4	34,1	239,2	16,7
2003	175,1	8,8	125,2	8,9	289,3	44,7	134,6	20,9	491,7	31,5	226,0	15,8
2004	187,1	8,8	130,4	7,9	247,0	37,4	133,3	20,0	463,9	29,2	216,7	14,6
2005	179,3	8,2	123,3	7,4	275,1	41,7	121,8	18,2	429,9	27,2	208,9	13,9
2006	181,7	8,4	122,7	7,6	234,5	36,5	125,9	19,6	435,3	28,0	217,8	14,7
2007	201,1	9,1	126,2	7,6	264,4	41,3	135,8	21,6	461,1	29,5	220,2	14,9
2008 (WZ03)	211,3	9,5	129,6	7,9	276,0	43,4	141,4	22,7	477,2	31,0	225,5	15,3
2008 (WZ08)*	208,8	9,5	126,2	7,8	273,2	43,3	139,4	22,5	466,7	30,6	222,4	15,2
2009	220,9	9,9	126,0	7,6	314,1	48,7	135,2	21,4	453,6	28,8	218,7	14,2
2010	240,2	10,5	123,8	7,6	272,9	43,4	125,2	19,9	479,9	30,4	235,8	15,5
2011	245,7	11,1	117,0	7,6	278,9	44,3	122,4	19,7	457,1	30,7	226,6	15,0

*aufgrund der Revision der Wirtschaftszweigklassifikation in 2008 ist eine Vergleichbarkeit mit den Vorjahren nur bedingt möglich

Fehlzeiten-Report 2012

Tab. 29.4.12 Verteilung der Arbeitsunfähigkeitstage nach Krankheitsarten in Prozent in der Branche Dienstleistungen im Jahr 2011, AOK-Mitglieder

Wirtschaftsabteilung	AU-Tage in %						
	Psyche	Herz/ Kreislauf	Atem- wege	Verdauung	Muskel/ Skelett	Verlet- zungen	Sonstige
Erbringung von freiberuflichen, wissenschaftlichen und technischen Dienstleistungen	11,9	5,0	15,7	6,3	17,9	10,4	32,8
Erbringung von sonstigen Dienstleistungen	11,5	5,6	14,1	6,0	20,2	9,9	32,7
Erbringung von sonstigen wirtschaftlichen Dienstleistungen	8,6	5,6	13,4	6,2	23,8	12,9	29,6
Gastgewerbe	10,7	5,4	11,5	6,1	21,8	11,9	32,6
Gesundheits- und Sozialwesen	14,0	5,5	12,7	5,2	21,1	8,7	32,8
Grundstücks- und Wohnungswesen	9,7	7,3	11,6	5,6	22,4	11,2	32,2
Kunst, Unterhaltung und Erholung	12,7	5,7	12,3	5,4	19,6	13,3	31,0
Private Haushalte, Herstellung von Waren, Dienstleistungen für den Eigenbedarf	9,8	6,2	9,6	4,9	19,5	11,2	38,8
Branche insgesamt	**11,6**	**5,5**	**13,1**	**5,8**	**21,5**	**10,7**	**31,8**
Alle Branchen	**9,6**	**6,2**	**12,4**	**5,7**	**23,1**	**12,3**	**30,7**

Fehlzeiten-Report 2012

Tab. 29.4.13 Verteilung der Arbeitsunfähigkeitsfälle nach Krankheitsarten in Prozent in der Branche Dienstleistungen im Jahr 2011, AOK-Mitglieder

Wirtschaftsabteilung	AU-Fälle in %						
	Psyche	Herz/ Kreislauf	Atem-wege	Verdauung	Muskel/ Skelett	Verlet-zungen	Sonstige
Erbringung von freiberuflichen, wissenschaftlichen und technischen Dienstleistungen	5,2	3,4	26,5	10,8	12,2	6,7	35,2
Erbringung von sonstigen Dienstleistungen	5,5	3,9	23,8	10,6	14,2	6,8	35,2
Erbringung von sonstigen wirtschaftlichen Dienstleistungen	4,8	3,8	21,1	10,3	19,0	9,4	31,6
Gastgewerbe	5,8	4,0	20,1	10,0	16,0	9,0	35,0
Gesundheits- und Sozialwesen	6,6	4,0	23,6	9,8	14,3	6,3	35,4
Grundstücks- und Wohnungswesen	5,3	5,1	20,9	10,4	16,8	8,0	33,5
Kunst, Unterhaltung und Erholung	6,6	4,3	22,2	9,5	15,3	9,2	33,0
Private Haushalte, Herstellung von Waren, Dienstleistungen für den Eigenbedarf	6,1	5,5	18,4	8,7	16,2	7,4	37,6
Branche insgesamt	**5,7**	**3,9**	**22,7**	**10,1**	**15,8**	**7,7**	**34,0**
Alle Branchen	**4,9**	**4,1**	**22,2**	**10,2**	**17,1**	**8,8**	**32,7**

Fehlzeiten-Report 2012

Tab. 29.4.14 Verteilung der Arbeitsunfähigkeitstage nach Krankheitsarten und ausgewählten Berufsgruppen in der Branche Dienstleistungen im Jahr 2011, AOK-Mitglieder

Tätigkeit	AU-Tage in %						
	Psyche	Herz/ Kreislauf	Atem-wege	Verdauung	Muskel/ Skelett	Verlet-zungen	Sonstige
Bürofachkräfte	15,0	4,7	16,8	6,5	14,0	7,9	35,1
Friseure	11,2	3,3	16,7	7,6	15,7	10,3	35,3
Gärtner, Gartenarbeiter	6,5	5,7	11,1	5,8	25,9	17,8	27,3
Glas-, Gebäudereiniger	8,2	5,9	11,7	5,6	26,2	12,0	30,5
Hauswirtschaftliche Betreuer	11,7	6,0	10,3	4,9	25,2	8,9	33,1
Heimleiter, Sozialpädagogen	17,3	4,6	15,3	5,1	15,9	9,0	32,8
Helfer in der Krankenpflege	13,6	5,9	11,2	4,9	24,5	8,6	31,3
Hilfsarbeiter ohne nähere Tätigkeitsangabe	6,5	4,7	14,9	7,0	24,1	15,4	27,3
Hoteliers, Gastwirte, Hotel-, Gaststättengeschäftsführer	12,4	3,7	15,9	7,2	15,6	12,1	33,0
Kindergärtnerinnen, Kinderpfleger	14,5	3,9	19,8	5,8	14,7	7,7	33,6
Köche	10,8	6,2	10,5	5,8	23,1	11,0	32,5
Krankenschwestern, -pfleger, Hebammen	15,2	4,8	13,1	5,1	20,2	9,2	32,4
Lager-, Transportarbeiter	7,3	5,0	14,0	6,3	25,3	14,3	27,7
Raum-, Hausratreiniger	10,1	6,4	10,7	4,8	26,7	8,8	32,4
Restaurantfachleute, Stewards/ Stewardessen	11,6	4,9	12,0	6,1	21,2	11,8	32,5
Sozialarbeiter, Sozialpfleger	15,5	5,2	12,2	5,0	21,7	8,2	32,1
Sprechstundenhelfer	13,5	3,4	17,7	7,9	11,8	8,1	37,7
Übrige Gästebetreuer	10,9	5,6	11,7	5,8	21,9	11,0	33,2
Verkäufer	11,7	4,7	12,9	6,2	21,6	10,3	32,5
Wächter, Aufseher	13,4	8,0	11,4	5,6	19,4	9,6	32,6
Branche insgesamt	**11,6**	**5,5**	**13,1**	**5,8**	**21,5**	**10,7**	**31,8**
Alle Branchen	**9,6**	**6,2**	**12,4**	**5,7**	**23,1**	**12,3**	**30,7**

Fehlzeiten-Report 2012

Tab. 29.4.15 Verteilung der Arbeitsunfähigkeitsfälle nach Krankheitsarten und ausgewählten Berufsgruppen in der Branche Dienstleistungen im Jahr 2011, AOK-Mitglieder

Tätigkeit	AU-Fälle in %						
	Psyche	Herz/ Kreislauf	Atem- wege	Verdauung	Muskel/ Skelett	Verlet- zungen	Sonstige
Bürofachkräfte	6,2	3,3	27,3	11,1	10,0	5,0	37,1
Friseure	5,2	2,7	25,1	11,8	10,2	6,2	38,8
Gärtner, Gartenarbeiter	3,7	3,7	19,5	10,1	21,2	12,8	28,9
Glas-, Gebäudereiniger	5,2	4,5	19,2	9,6	21,3	8,4	31,7
Hauswirtschaftliche Betreuer	6,4	4,9	19,2	9,2	18,8	6,7	34,9
Heimleiter, Sozialpädagogen	7,5	3,2	27,8	9,4	11,6	6,4	34,1
Helfer in der Krankenpflege	7,1	4,3	21,5	9,0	17,3	6,7	34,0
Hilfsarbeiter ohne nähere Tätigkeitsangabe	4,1	3,3	20,9	10,8	19,7	10,8	30,3
Hoteliers, Gastwirte, Hotel-, Gaststättengeschäftsführer	5,6	2,9	24,2	11,3	10,6	8,3	37,1
Kindergärtnerinnen, Kinderpfleger	5,7	2,8	31,0	10,2	9,7	4,9	35,6
Köche	5,7	4,5	19,0	10,0	17,2	9,0	34,6
Krankenschwestern, -pfleger, Hebammen	6,9	3,7	24,5	9,1	13,9	6,7	35,2
Lager-, Transportarbeiter	4,3	3,5	21,1	10,3	20,5	10,2	30,1
Raum-, Hausratreiniger	5,9	5,2	18,5	8,9	21,2	6,8	33,6
Restaurantfachleute, Stewards/ Stewardessen	6,2	3,7	20,9	9,9	15,2	8,8	35,3
Sozialarbeiter, Sozialpfleger	7,5	3,8	22,8	9,3	15,5	6,3	34,8
Sprechstundenhelfer	5,1	2,7	26,9	12,1	7,3	5,0	40,8
Übrige Gästebetreuer	5,9	4,0	20,1	9,7	17,1	8,2	35,0
Verkäufer	6,1	3,6	21,8	10,6	14,3	7,3	36,2
Wächter, Aufseher	7,6	5,7	19,6	9,5	15,8	7,3	34,4
Branche insgesamt	**5,7**	**3,9**	**22,7**	**10,1**	**15,8**	**7,7**	**34,0**
Alle Branchen	**4,9**	**4,1**	**22,2**	**10,2**	**17,1**	**8,8**	**32,7**

Fehlzeiten-Report 2012

Tab. 29.4.16 Anteile der 40 häufigsten Einzeldiagnosen an den AU-Fällen und AU-Tagen in der Branche Dienstleistungen im Jahr 2011, AOK-Mitglieder

ICD-10	Bezeichnung	AU-Fälle in %	AU-Tage in %
J06	Akute Infektionen der oberen Atemwege	7,4	3,6
M54	Rückenschmerzen	6,3	6,2
A09	Diarrhoe und Gastroenteritis	3,9	1,5
J20	Akute Bronchitis	2,7	1,6
K52	Sonstige nichtinfektiöse Gastroenteritis und Kolitis	2,7	1,1
J40	Bronchitis, nicht als akut oder chronisch bezeichnet	2,2	1,3
K08	Sonstige Krankheiten der Zähne und des Zahnhalteapparates	1,8	0,5
R10	Bauch- und Beckenschmerzen	1,7	0,9
K29	Gastritis und Duodenitis	1,7	0,9
B34	Viruskrankheit nicht näher bezeichneter Lokalisation	1,5	0,7
F32	Depressive Episode	1,5	3,6
I10	Essentielle (primäre) Hypertonie	1,4	2,1
J03	Akute Tonsillitis	1,3	0,6
F43	Reaktionen auf schwere Belastungen und Anpassungsstörungen	1,2	2,0
J01	Akute Sinusitis	1,2	0,6
J02	Akute Pharyngitis	1,2	0,6
T14	Verletzung an einer nicht näher bezeichneten Körperregion	1,2	1,1
J32	Chronische Sinusitis	1,1	0,6
R51	Kopfschmerz	1,1	0,5
R11	Übelkeit und Erbrechen	0,9	0,5
M53	Sonstige Krankheiten der Wirbelsäule und des Rückens	0,9	1,0
M99	Biomechanische Funktionsstörungen	0,8	0,7
M25	Sonstige Gelenkkrankheiten	0,8	0,9
A08	Virusbedingte Darminfektionen	0,8	0,3
F45	Somatoforme Störungen	0,8	1,2
M51	Sonstige Bandscheibenschäden	0,7	1,7
F48	Andere neurotische Störungen	0,7	1,0
G43	Migräne	0,7	0,3
M77	Sonstige Enthesopathien	0,7	0,9
J04	Akute Laryngitis und Tracheitis	0,7	0,4
M79	Sonstige Krankheiten des Weichteilgewebes	0,7	0,7
N39	Sonstige Krankheiten des Harnsystems	0,6	0,4
M75	Schulterläsionen	0,6	1,3
J00	Akute Rhinopharyngitis (Erkältungsschnupfen)	0,6	0,3
R53	Unwohlsein und Ermüdung	0,6	0,6
S93	Luxation, Verstauchung und Zerrung der Gelenke und Bänder in Höhe des oberen Sprunggelenkes und des Fußes	0,6	0,7
R42	Schwindel und Taumel	0,6	0,4
J11	Grippe, Viren nicht nachgewiesen	0,6	0,3
B99	Sonstige Infektionskrankheiten	0,6	0,3
J98	Sonstige Krankheiten der Atemwege	0,6	0,3
	Summe hier	**57,7**	**44,2**
	Restliche	42,3	55,8
	Gesamtsumme	**100,0**	**100,0**

Fehlzeiten-Report 2012

29

Tab. 29.4.17 Anteile der 40 häufigsten Diagnoseuntergruppen an den AU-Fällen und AU-Tagen in der Branche Dienstleistungen im Jahr 2011, AOK-Mitglieder

ICD-10	Bezeichnung	AU-Fälle in %	AU-Tage in %
J00–J06	Akute Infektionen der oberen Atemwege	10,4	4,2
M40–M54	Krankheiten der Wirbelsäule und des Rückens	10,3	11,7
A00–A09	Infektiöse Darmkrankheiten	4,7	1,5
M60–M79	Krankheiten der Weichteilgewebe	4,6	6,0
M00–M25	Arthropathien	4,0	7,0
J40–J47	Chronische Krankheiten der unteren Atemwege	3,1	2,0
J20–J22	Sonstige akute Infektionen der unteren Atemwege	2,9	1,4
T08–T14	Verletzungen Rumpf, Extremitäten o. a. Körperregionen	2,9	2,6
K50–K52	Nichtinfektiöse Enteritis und Kolitis	2,8	1,0
K00–K14	Krankheiten der Mundhöhle, der Speicheldrüsen und der Kiefer	2,8	0,7
R50–R69	Allgemeinsymptome	2,6	1,8
S60–S69	Verletzungen des Handgelenkes und der Hand	2,6	3,5
R10–R19	Symptome bzgl. Verdauungssystem und Abdomen	2,0	1,0
K20–K31	Krankheiten des Ösophagus, Magens und Duodenums	2,0	1,0
S90–S99	Verletzungen der Knöchelregion und des Fußes	1,9	2,6
S80–S89	Verletzungen des Knies und des Unterschenkels	1,7	3,4
I10–I15	Hypertonie	1,7	2,8
B25–B34	Sonstige Viruskrankheiten	1,6	0,6
J30–J39	Sonstige Krankheiten der oberen Atemwege	1,4	0,8
F40–F48	Neurotische, Belastungs- und somatoforme Störungen	1,3	1,9
M95–M99	Sonstige Krankheiten des Muskel-Skelett-Systems und des Bindegewebes	1,2	0,9
R00–R09	Symptome bzgl. Kreislauf- und Atmungssystem	1,2	0,8
S00–S09	Verletzungen des Kopfes	1,1	1,1
J09–J18	Grippe und Pneumonie	1,0	0,7
G40–G47	Episod. und paroxysmale Krankheiten des Nervensystems	1,0	0,8
Z80–Z99	Potentielle Gesundheitsrisiken aufgrund der Familien- oder Eigenanamnese, Zustände die den Gesundheitszustand beeinflussen	0,9	1,9
F30–F39	Affektive Störungen	0,8	1,9
E70–E90	Stoffwechselstörungen	0,8	1,3
S20–S29	Verletzungen des Thorax	0,8	1,1
G50–G59	Krankheiten von Nerven, Nervenwurzeln und Nervenplexus	0,7	1,2
S40–S49	Verletzungen der Schulter und des Oberarmes	0,7	1,6
I80–I89	Krankheiten der Venen, Lymphgefäße und -knoten	0,7	0,7
F10–F19	Psychische und Verhaltensstörungen durch psychotrope Substanzen	0,7	1,1
L00–L08	Infektionen der Haut und der Unterhaut	0,7	0,7
K55–K63	Sonstige Krankheiten des Darmes	0,7	0,7
R40–R46	Symptome bzgl. Wahrnehmung, Stimmung und Verhalten	0,6	0,5
S50–S59	Verletzungen des Ellenbogens und des Unterarmes	0,6	1,3
J95–J99	Sonstige Krankheiten des Atmungssystems	0,6	0,4
I20–I25	Ischämische Herzkrankheiten	0,6	1,3
B99–B99	Sonstige Infektionskrankheiten	0,6	0,3
	Summe hier	**83,3**	**77,8**
	Restliche	16,7	22,2
	Gesamtsumme	**100,0**	**100,0**

Fehlzeiten-Report 2012

29.5 Energie, Wasser, Entsorgung und Bergbau

Tab. 29.5.1 Entwicklung des Krankenstands der AOK-Mitglieder in der Branche Energie, Wasser, Entsorgung und Bergbau in den Jahren 1994 bis 2011

Jahr	Krankenstand in %			AU-Fälle je 100 AOK-Mitglieder			Tage je Fall		
	West	Ost	Bund	West	Ost	Bund	West	Ost	Bund
1994	6,4	5,2	6,0	143,8	117,4	136,7	16,1	14,0	15,6
1995	6,2	5,0	5,8	149,0	126,4	143,3	15,6	13,9	15,2
1996	5,7	4,1	5,3	139,1	112,4	132,3	15,7	13,8	15,3
1997	5,5	4,2	5,2	135,8	107,1	129,1	14,8	13,8	14,6
1998	5,7	4,0	5,3	140,4	108,1	133,4	14,8	13,6	14,6
1999	5,9	4,4	5,6	149,7	118,8	143,4	14,4	13,5	14,2
2000	5,8	4,4	5,5	148,8	122,3	143,7	14,3	13,1	14,1
2001	5,7	4,4	5,4	145,0	120,3	140,4	14,3	13,5	14,2
2002	5,5	4,5	5,3	144,9	122,0	140,7	13,9	13,4	13,8
2003	5,2	4,1	5,0	144,2	121,6	139,9	13,2	12,4	13,0
2004	4,9	3,7	4,6	135,2	114,8	131,1	13,1	11,9	12,9
2005	4,8	3,7	4,6	139,1	115,5	134,3	12,7	11,7	12,5
2006	4,4	3,6	4,3	127,1	112,8	124,2	12,7	11,7	12,5
2007	4,8	3,7	4,6	138,7	117,0	134,3	12,7	11,6	12,5
2008 (WZ03)	4,9	3,9	4,7	142,6	121,6	138,2	12,6	11,8	12,4
2008 (WZ08)*	5,6	4,9	5,4	157,8	132,3	152,1	13,0	13,5	13,1
2009	5,8	5,3	5,7	162,4	142,8	158,1	13,0	13,5	13,1
2010	6,0	5,5	5,9	165,7	148,9	162,0	13,3	13,4	13,3
2011	5,8	4,9	5,6	166,8	149,1	163,0	12,8	12,1	12,6

*aufgrund der Revision der Wirtschaftszweigklassifikation in 2008 ist eine Vergleichbarkeit mit den Vorjahren nur bedingt möglich

Fehlzeiten-Report 2012

Tab. 29.5.2 Arbeitsunfähigkeit der AOK-Mitglieder in der Branche Energie, Wasser, Entsorgung und Bergbau nach Bundesländern im Jahr 2011 im Vergleich zum Vorjahr

Bundesland	Krankenstand in %	Arbeitsunfähigkeit je 100 AOK-Mitglieder				Tage je Fall	Veränd. z. Vorj. in %	AU-Quote in %
		AU-Fälle	Veränd. z. Vorj. in %	AU-Tage	Veränd. z. Vorj. in %			
Baden-Württemberg	5,4	161,5	3,7	1.973,7	0,7	12,2	-3,2	61,3
Bayern	5,4	145,7	6,2	1.967,8	8,1	13,5	1,5	57,5
Berlin	6,9	182,3	-7,4	2.505,0	-7,6	13,7	-0,7	43,7
Brandenburg	5,5	143,2	-0,4	2.003,8	-6,4	14,0	-6,0	56,6
Bremen	6,3	199,9	0,4	2.304,6	-4,3	11,5	-5,0	65,2
Hamburg	6,2	192,7	-1,6	2.256,9	-10,3	11,7	-9,3	57,7
Hessen	7,0	182,5	-0,5	2.547,7	1,1	14,0	2,2	65,8
Mecklenburg-Vorpommern	6,0	151,6	-2,0	2.197,6	-0,7	14,5	1,4	60,0
Niedersachsen	5,1	172,0	-2,1	1.849,4	-17,4	10,8	-15,6	62,0
Nordrhein-Westfalen	6,5	176,1	-1,4	2.378,1	-2,8	13,5	-1,5	64,8
Rheinland-Pfalz	6,2	189,2	2,0	2.264,7	-10,8	12,0	-12,4	65,1
Saarland	5,1	156,3	3,6	1.845,2	-13,8	11,8	-16,9	59,9
Sachsen	4,5	150,6	0,3	1.653,8	-13,8	11,0	-14,1	59,9
Sachsen-Anhalt	5,5	146,5	4,0	2.013,8	1,1	13,8	-2,1	56,6
Schleswig-Holstein	5,7	167,9	1,5	2.095,2	-8,3	12,5	-9,4	62,1
Thüringen	4,7	150,0	-1,8	1.719,7	-15,7	11,5	-13,5	58,3
West	**5,8**	**166,8**	**0,7**	**2.127,8**	**-3,3**	**12,8**	**-3,8**	**61,5**
Ost	**4,9**	**149,1**	**0,1**	**1.799,7**	**-10,0**	**12,1**	**-9,7**	**58,8**
Bund	**5,6**	**163,0**	**0,6**	**2.057,8**	**-4,6**	**12,6**	**-5,3**	**60,9**

Fehlzeiten-Report 2012

29

Tab. 29.5.3 Arbeitsunfähigkeit der AOK-Mitglieder in der Branche Energie, Wasser, Entsorgung und Bergbau nach Wirtschaftsabteilungen im Jahr 2011

Wirtschaftsabteilung	Krankenstand in %		Arbeitsunfähigkeiten je 100 AOK-Mitglieder		Tage je Fall	AU-Quote in %
	2011	2011 stand.*	Fälle	Tage		
Abwasserentsorgung	5,6	4,7	168,4	2.026,7	12,0	62,8
Beseitigung von Umweltverschmutzungen und sonstige Entsorgung	5,7	4,0	154,1	2.077,7	13,5	53,5
Energieversorgung	4,6	4,5	153,7	1.664,7	10,8	58,9
Sammlung, Behandlung und Beseitigung von Abfällen, Rückgewinnung	6,6	4,3	177,9	2.419,1	13,6	62,8
Wasserversorgung	5,3	4,7	162,6	1.919,2	11,8	64,7
Bergbau und Gewinnung von Steinen und Erden	4,9	4,7	131,8	1.797,4	13,6	56,5
Branche insgesamt	**5,6**	**5,0**	**163,0**	**2.057,8**	**12,6**	**60,9**
Alle Branchen	**4,7**	**4,7**	**157,3**	**1.725,9**	**11,0**	**53,7**

*Krankenstand alters- und geschlechtsstandardisiert

Fehlzeiten-Report 2012

Tab. 29.5.4 Kennzahlen der Arbeitsunfähigkeit der AOK-Mitglieder nach ausgewählten Berufsgruppen in der Branche Energie, Wasser, Entsorgung und Bergbau im Jahr 2011

Tätigkeit	Krankenstand in %	Arbeitsunfähigkeiten je 100 AOK-Mitglieder		Tage je Fall	AU-Quote in %	Anteil der Berufsgruppe an der Branche in %*
		Fälle	Tage			
Betriebsschlosser, Reparaturschlosser	6,1	172,1	2.212,8	12,9	67,4	1,8
Bürofachkräfte	3,3	146,7	1.207,0	8,2	56,3	10,0
Elektroinstallateure, -monteure	4,5	151,3	1.641,8	10,9	60,7	6,3
Energiemaschinisten	5,6	137,6	2.060,2	15,0	61,5	1,2
Erdbewegungsmaschinenführer	5,4	128,1	1.965,9	15,3	56,5	1,5
Gärtner, Gartenarbeiter	7,5	225,5	2.734,1	12,1	67,2	1,3
Kraftfahrzeugführer	6,7	158,3	2.455,2	15,5	62,0	15,7
Kraftfahrzeuginstandsetzer	5,4	168,9	1.975,2	11,7	65,1	1,4
Lager-, Transportarbeiter	6,0	167,6	2.176,5	13,0	60,3	3,1
Maschinenwärter, Maschinistenhelfer	5,2	152,3	1.907,6	12,5	63,5	2,0
Raum-, Hausratreiniger	6,5	170,4	2.382,3	14,0	62,7	1,5
Rohrinstallateure	5,8	169,5	2.130,4	12,6	66,3	1,8
Rohrnetzbauer, Rohrschlosser	5,7	168,3	2.091,0	12,4	66,4	2,3
Sonstige Maschinisten	5,1	141,8	1.862,4	13,1	58,0	1,5
Sonstige Techniker	3,4	123,2	1.259,1	10,2	53,0	1,0
Straßenreiniger, Abfallbeseitiger	8,1	211,3	2.969,8	14,1	68,0	11,5
Warenprüfer, -sortierer	6,5	173,5	2.366,5	13,6	62,5	1,8
Branche insgesamt	**5,6**	**163,0**	**2.057,8**	**12,6**	**60,9**	**1,5****

* Anteil der AOK-Mitglieder in der Berufsgruppe an den in der Branche beschäftigten AOK-Mitgliedern insgesamt

**Anteil der AOK-Mitglieder in der Branche an allen AOK-Mitgliedern

Fehlzeiten-Report 2012

Tab. 29.5.5 Dauer der Arbeitsunfähigkeit der AOK-Mitglieder in der Branche Energie, Wasser, Entsorgung und Bergbau im Jahr 2011

Fallklasse	Branche hier		alle Branchen	
	Anteil Fälle in %	Anteil Tage in %	Anteil Fälle in %	Anteil Tage in %
1–3 Tage	33,7	5,2	36,9	6,7
4–7 Tage	27,8	11,0	30,2	13,7
8–14 Tage	18,8	15,7	17,0	15,9
15–21 Tage	7,3	10,1	6,0	9,4
22–28 Tage	3,7	7,2	2,9	6,5
29–42 Tage	3,8	10,5	3,0	9,4
Langzeit-AU (> 42 Tage)	4,8	40,3	4,0	38,3

Fehlzeiten-Report 2012

Tab. 29.5.6 Tage der Arbeitsunfähigkeit je AOK-Mitglied nach Wirtschaftsabteilung und Betriebsgröße in der Branche Energie, Wasser, Entsorgung und Bergbau im Jahr 2011

Wirtschaftsabteilungen	Betriebsgröße (Anzahl der AOK-Mitglieder)					
	10–49	50–99	100–199	200–499	500–999	≥ 1.000
Abwasserentsorgung	20,1	23,6	23,2	–	–	–
Beseitigung von Umweltverschmutzungen und sonstige Entsorgung	17,3	38,7	29,5	–	–	–
Energieversorgung	16,0	17,5	18,1	17,8	16,6	25,8
Sammlung, Behandlung und Beseitigung von Abfällen, Rückgewinnung	21,9	24,5	26,3	27,8	30,6	–
Wasserversorgung	19,7	19,2	20,2	20,8	–	–
Bergbau und Gewinnung von Steinen und Erden	18,4	18,3	14,1	22,0	–	–
Branche insgesamt	**19,6**	**21,1**	**21,6**	**23,3**	**22,3**	**25,8**
Alle Branchen	**17,6**	**19,3**	**19,6**	**19,6**	**20,0**	**18,8**

Fehlzeiten-Report 2012

Tab. 29.5.7 Krankenstand in Prozent nach der Stellung im Beruf in der Branche Energie, Wasser, Entsorgung und Bergbau im Jahr 2011, AOK-Mitglieder

Wirtschaftsabteilung	Stellung im Beruf				
	Auszubildende	Arbeiter	Facharbeiter	Meister, Poliere	Angestellte
Abwasserentsorgung	3,4	6,6	5,9	3,2	4,1
Beseitigung von Umweltverschmutzungen und sonstige Entsorgung	4,4	7,5	5,6	3,7	3,8
Energieversorgung	3,0	6,1	5,6	3,2	3,2
Sammlung, Behandlung und Beseitigung von Abfällen, Rückgewinnung	4,1	7,6	6,4	4,0	4,3
Wasserversorgung	3,4	7,1	5,7	3,6	4,1
Bergbau und Gewinnung von Steinen und Erden	3,0	6,2	5,3	3,8	3,7
Branche insgesamt	**3,3**	**7,2**	**5,8**	**3,4**	**3,6**
Alle Branchen	**3,9**	**5,8**	**5,2**	**4,0**	**3,8**

Fehlzeiten-Report 2012

Tab. 29.5.8 Tage der Arbeitsunfähigkeit je AOK-Mitglied nach der Stellung im Beruf in der Branche Energie, Wasser, Entsorgung und Bergbau im Jahr 2011

Wirtschaftsabteilung	Stellung im Beruf				
	Auszubildende	Arbeiter	Facharbeiter	Meister, Poliere	Angestellte
Abwasserentsorgung	12,4	24,3	21,6	11,6	15,1
Beseitigung von Umweltverschmutzungen und sonstige Entsorgung	16,2	27,5	20,3	13,5	13,8
Energieversorgung	11,0	22,3	20,4	11,6	11,5
Sammlung, Behandlung und Beseitigung von Abfällen, Rückgewinnung	15,0	27,7	23,3	14,5	15,6
Wasserversorgung	12,5	26,0	20,9	13,1	15,1
Bergbau und Gewinnung von Steinen und Erden	11,1	22,6	19,5	13,8	13,5
Branche insgesamt	**12,2**	**26,4**	**21,3**	**12,5**	**13,1**
Alle Branchen	**14,1**	**21,3**	**19,0**	**14,7**	**13,7**

Fehlzeiten-Report 2012

29

Tab. 29.5.9 Anteil der Arbeitsunfälle an den AU-Fällen und -Tagen in Prozent nach Wirtschaftsabteilungen in der Branche Energie, Wasser, Entsorgung und Bergbau im Jahr 2011, AOK-Mitglieder

Wirtschaftsabteilung	AU-Fälle in %	AU-Tage in %
Abwasserentsorgung	4,7	7,7
Beseitigung von Umweltverschmutzungen und sonstige Entsorgung	7,0	8,2
Energieversorgung	3,3	4,8
Sammlung, Behandlung und Beseitigung von Abfällen, Rückgewinnung	6,2	8,9
Wasserversorgung	3,6	4,8
Bergbau und Gewinnung von Steinen und Erden	6,5	10,5
Branche insgesamt	**5,1**	**7,7**
Alle Branchen	**4,0**	**6,2**

Fehlzeiten-Report 2012

Tab. 29.5.10 Tage und Fälle der Arbeitsunfähigkeit durch Arbeitsunfälle nach Berufsgruppen in der Branche Energie, Wasser, Entsorgung und Bergbau im Jahr 2011, AOK-Mitglieder

Tätigkeit	Arbeitsunfähigkeit je 1.000 AOK-Mitglieder	
	AU-Tage	AU-Fälle
Steinbrecher	3.815,2	208,4
Sonstige Bauhilfsarbeiter, Bauhelfer	2.727,2	156,2
Industriemechaniker	2.605,6	129,4
Kraftfahrzeugführer	2.536,9	115,1
Lager-, Transportarbeiter	2.428,3	119,7
Straßenreiniger, Abfallbeseitiger	2.333,1	128,5
Steinbearbeiter	2.176,2	115,9
Betriebsschlosser, Reparaturschlosser	2.122,6	100,3
Erdbewegungsmaschinenführer	2.032,5	76,0
Warenprüfer, -sortierer	2.011,1	110,1
Lagerverwalter, Magaziner	1.996,8	105,9
Sonstige Maschinisten	1.943,5	82,0
Maschinenschlosser	1.925,0	82,9
Kraftfahrzeuginstandsetzer	1.857,4	135,6
Maschinenwärter, Maschinistenhelfer	1.502,5	78,9
Rohrinstallateure	1.304,1	82,5
Rohrnetzbauer, Rohrschlosser	1.154,5	75,7
Elektroinstallateure, -monteure	1.033,7	65,7
Gärtner, Gartenarbeiter	867,1	76,3
Bürofachkräfte	229,9	16,2
Branche insgesamt	**1.593,1**	**84,2**
Alle Branchen	**1.065,7**	**62,9**

Fehlzeiten-Report 2012

Tab. 29.5.11 Tage und Fälle der Arbeitsunfähigkeit je 100 AOK-Mitglieder nach Krankheitsarten in der Branche Energie, Wasser, Entsorgung und Bergbau in den Jahren 1995 bis 2011

Jahr	Arbeitsunfähigkeiten je 100 AOK-Mitglieder											
	Psyche		Herz/Kreislauf		Atemwege		Verdauung		Muskel/Skelett		Verletzungen	
	Tage	Fälle	Tage	Fälle	Tage	Fälle	Tage	Fälle	Tage	Fälle	Tage	Fälle
1995	97,5	3,5	225,6	9,4	388,0	45,0	190,5	22,7	713,0	35,2	381,6	22,1
1996	95,0	3,4	208,2	8,5	345,8	40,8	168,6	21,0	664,2	32,2	339,2	19,3
1997	96,1	3,6	202,5	8,6	312,8	39,5	159,4	20,8	591,7	31,8	326,9	19,4
1998	100,6	3,9	199,5	8,9	314,8	40,6	156,4	20,8	637,4	34,3	315,3	19,4
1999	109,0	4,2	191,8	9,1	358,0	46,6	159,4	22,2	639,7	35,5	333,0	19,9
2000	117,1	4,7	185,3	8,4	305,5	40,2	140,8	18,6	681,8	37,5	354,0	20,5
2001	128,8	5,1	179,0	9,1	275,2	37,6	145,3	19,2	693,3	38,0	354,0	20,4
2002	123,5	5,5	176,2	9,2	262,8	36,7	144,0	20,2	678,0	38,3	343,6	19,6
2003	125,3	5,8	167,0	9,5	276,9	39,4	134,4	20,1	606,6	35,5	320,6	19,0
2004	136,6	5,7	179,8	8,9	241,9	33,9	143,2	20,2	583,5	34,5	301,5	17,7
2005	134,4	5,5	177,8	8,9	289,5	40,4	134,6	18,7	547,0	33,2	299,8	17,5
2006	131,5	5,6	180,1	8,9	232,2	33,7	131,8	19,3	540,1	32,9	294,5	17,7
2007	142,8	6,1	187,1	9,2	255,4	36,4	141,0	20,7	556,8	33,5	293,1	16,9
2008 (WZ03)	152,0	6,1	186,1	9,4	264,6	38,1	140,7	21,1	563,9	34,0	295,0	16,9
2008 (WZ08)*	161,5	6,7	212,6	10,5	293,0	39,4	167,2	23,3	674,7	40,3	361,8	20,4
2009	179,1	7,2	223,8	10,3	340,2	45,1	166,5	23,0	677,2	39,4	362,9	19,9
2010	186,4	7,7	216,5	10,5	303,4	40,9	156,5	21,5	735,2	42,5	406,8	21,8
2011	186,7	8,0	198,6	10,4	303,0	40,8	148,4	21,0	679,8	41,2	359,3	20,3

*aufgrund der Revision der Wirtschaftszweigklassifikation in 2008 ist eine Vergleichbarkeit mit den Vorjahren nur bedingt möglich

Fehlzeiten-Report 2012

29

Tab. 29.5.12 Verteilung der Arbeitsunfähigkeitstage nach Krankheitsarten in Prozent in der Branche Energie, Wasser, Entsorgung und Bergbau im Jahr 2011, AOK-Mitglieder

Wirtschaftsabteilung	AU-Tage in %						
	Psyche	Herz/ Kreislauf	Atem- wege	Verdauung	Muskel/ Skelett	Verlet- zungen	Sonstige
Abwasserentsorgung	6,6	7,2	11,6	6,1	25,5	13,5	29,5
Beseitigung von Umweltverschmutzungen und sonstige Entsorgung	7,2	8,5	11,1	3,2	26,9	16,9	26,2
Energieversorgung	8,7	6,6	13,4	5,8	22,4	12,2	31,1
Sammlung, Behandlung und Beseitigung von Abfällen, Rückgewinnung	6,7	7,7	11,0	5,5	27,1	13,9	28,1
Wasserversorgung	7,9	7,5	11,7	5,5	24,5	12,1	30,8
Bergbau und Gewinnung von Steinen und Erden	5,2	8,4	9,4	5,5	25,9	15,2	30,5
Branche insgesamt	**7,0**	**7,5**	**11,4**	**5,6**	**25,6**	**13,5**	**29,3**
Alle Branchen	**9,6**	**6,2**	**12,4**	**5,7**	**23,1**	**12,3**	**30,7**

Fehlzeiten-Report 2012

Tab. 29.5.13 Verteilung der Arbeitsunfähigkeitsfälle nach Krankheitsarten in Prozent in der Branche Energie, Wasser, Entsorgung und Bergbau im Jahr 2011, AOK-Mitglieder

Wirtschaftsabteilung	AU-Fälle in %						
	Psyche	Herz/ Kreislauf	Atem- wege	Verdauung	Muskel/ Skelett	Verlet- zungen	Sonstige
Abwasserentsorgung	3,7	5,4	20,2	10,4	20,1	9,8	30,6
Beseitigung von Umweltverschmutzungen und sonstige Entsorgung	4,9	5,6	18,5	9,2	21,7	11,7	28,4
Energieversorgung	4,2	4,5	23,3	10,4	16,8	8,5	32,3
Sammlung, Behandlung und Beseitigung von Abfällen, Rückgewinnung	4,0	5,2	18,7	10,1	22,1	10,6	29,4
Wasserversorgung	4,0	5,3	20,9	11,0	18,9	9,1	30,8
Bergbau und Gewinnung von Steinen und Erden	3,1	5,6	17,7	10,6	20,4	11,1	31,5
Branche insgesamt	**3,9**	**5,1**	**20,0**	**10,3**	**20,2**	**10,0**	**30,5**
Alle Branchen	**4,9**	**4,1**	**22,2**	**10,2**	**17,1**	**8,8**	**32,7**

Fehlzeiten-Report 2012

Tab. 29.5.14 Verteilung der Arbeitsunfähigkeitstage nach Krankheitsarten und ausgewählten Berufsgruppen in der Branche Energie, Wasser, Entsorgung und Bergbau im Jahr 2011, AOK-Mitglieder

Tätigkeit	AU-Tage in %						
	Psyche	Herz/ Kreislauf	Atem- wege	Verdauung	Muskel/ Skelett	Verlet- zungen	Sonstige
Betriebsschlosser, Reparaturschlosser	6,0	8,1	10,2	6,4	26,0	15,0	28,3
Bürofachkräfte	13,3	5,4	17,6	6,5	15,0	7,9	34,4
Elektroinstallateure, -monteure	7,1	7,0	13,1	5,7	23,6	14,5	28,9
Energiemaschinisten	10,8	7,1	10,4	5,0	22,3	12,1	32,3
Erdbewegungsmaschinenführer	5,4	9,3	8,4	6,7	25,7	13,2	31,4
Gärtner, Gartenarbeiter	6,1	7,6	14,3	4,9	29,1	9,7	28,2
Hilfsarbeiter ohne nähere Tätigkeitsangabe	6,2	7,2	12,0	5,1	24,9	15,7	29,0
Kraftfahrzeugführer	5,8	9,3	9,1	5,3	27,1	14,4	29,0
Kraftfahrzeuginstandsetzer	5,3	7,3	12,4	5,0	27,6	15,2	27,2
Lager-, Transportarbeiter	5,2	6,7	10,1	5,8	25,9	16,6	29,6
Maschinenwärter, Maschinistenhelfer	5,9	7,9	10,5	6,8	23,8	14,3	30,9
Raum-, Hausratreiniger	10,5	6,7	11,4	4,5	30,3	7,3	29,4
Rohrinstallateure	7,5	7,0	10,2	5,4	27,8	14,0	28,2
Rohrnetzbauer, Rohrschlosser	6,0	7,4	11,4	6,0	25,4	13,8	30,0
Sonstige Maschinisten	5,4	9,5	10,3	6,1	23,1	16,4	29,2
Steinbearbeiter	4,1	6,1	9,8	4,4	31,9	20,0	23,8
Straßenreiniger, Abfallbeseitiger	6,9	6,7	11,3	5,5	29,5	12,9	27,2
Warenprüfer, -sortierer	7,6	7,2	11,0	4,9	26,3	14,4	28,6
Branche insgesamt	**7,0**	**7,5**	**11,4**	**5,6**	**25,6**	**13,5**	**29,3**
Alle Branchen	**9,6**	**6,2**	**12,4**	**5,7**	**23,1**	**12,3**	**30,7**

Fehlzeiten-Report 2012

Tab. 29.5.15 Verteilung der Arbeitsunfähigkeitsfälle nach Krankheitsarten und ausgewählten Berufsgruppen in der Branche Energie, Wasser, Entsorgung und Bergbau im Jahr 2011, AOK-Mitglieder

Tätigkeit	AU-Fälle in %						
	Psyche	Herz/ Kreislauf	Atemwege	Verdauung	Muskel/ Skelett	Verletzungen	Sonstige
Betriebsschlosser, Reparaturschlosser	3,2	5,3	19,1	10,8	20,3	10,4	30,9
Bürofachkräfte	4,9	3,9	27,5	11,1	10,9	5,4	36,3
Elektroinstallateure, -monteure	3,0	4,6	22,9	10,7	18,3	10,1	30,2
Energiemaschinisten	4,3	6,3	19,4	9,7	19,4	8,1	32,7
Erdbewegungsmaschinenführer	3,1	6,6	15,7	11,9	21,8	10,4	30,4
Gärtner, Gartenarbeiter	4,0	5,1	20,6	9,2	23,6	9,1	28,5
Hilfsarbeiter ohne nähere Tätigkeitsangabe	4,0	5,0	19,4	9,0	21,7	11,8	29,0
Kraftfahrzeugführer	3,8	6,1	16,4	10,2	22,5	11,1	29,8
Kraftfahrzeuginstandsetzer	2,8	4,6	21,3	9,5	20,4	12,9	28,4
Lager-, Transportarbeiter	3,5	5,3	17,1	10,4	22,4	11,7	29,6
Maschinenwärter, Maschinistenhelfer	3,2	5,5	19,6	9,9	21,7	11,0	29,2
Raum-, Hausratreiniger	5,7	5,5	18,6	9,3	21,3	6,2	33,4
Rohrinstallateure	4,4	4,9	19,4	10,0	22,4	9,9	29,1
Rohrnetzbauer, Rohrschlosser	3,4	5,2	19,7	11,2	19,9	10,5	30,2
Sonstige Maschinisten	3,1	5,6	17,2	11,2	20,5	12,5	29,8
Steinbearbeiter	2,5	4,4	17,9	9,8	23,8	14,0	27,6
Straßenreiniger, Abfallbeseitiger	4,2	4,7	18,6	9,6	24,3	10,3	28,4
Warenprüfer, -sortierer	3,9	5,4	18,9	9,9	23,0	10,1	28,9
Branche insgesamt	**3,9**	**5,1**	**20,0**	**10,3**	**20,2**	**10,0**	**30,5**
Alle Branchen	**4,9**	**4,1**	**22,2**	**10,2**	**17,1**	**8,8**	**32,7**

Fehlzeiten-Report 2012

Tab. 29.5.16 Anteile der 40 häufigsten Einzeldiagnosen an den AU-Fällen und AU-Tagen in der Branche Energie, Wasser, Entsorgung und Bergbau im Jahr 2011, AOK-Mitglieder

ICD-10	Bezeichnung	AU-Fälle in %	AU-Tage in %
M54	Rückenschmerzen	7,6	7,0
J06	Akute Infektionen der oberen Atemwege	6,3	2,9
A09	Diarrhoe und Gastroenteritis	3,0	1,0
J20	Akute Bronchitis	2,7	1,5
K08	Sonstige Krankheiten der Zähne und des Zahnhalteapparates	2,5	0,5
I10	Essentielle (primäre) Hypertonie	2,2	3,0
J40	Bronchitis, nicht als akut oder chronisch bezeichnet	2,1	1,1
K52	Sonstige nichtinfektiöse Gastroenteritis und Kolitis	2,0	0,7
T14	Verletzung an einer nicht näher bezeichneten Körperregion	1,6	1,4
B34	Viruskrankheit nicht näher bezeichneter Lokalisation	1,3	0,6
K29	Gastritis und Duodenitis	1,3	0,6
R10	Bauch- und Beckenschmerzen	1,1	0,5
M51	Sonstige Bandscheibenschäden	1,1	2,2
M75	Schulterläsionen	1,0	1,8
M25	Sonstige Gelenkkrankheiten	1,0	1,1
J01	Akute Sinusitis	1,0	0,5
M77	Sonstige Enthesopathien	1,0	1,1
M53	Sonstige Krankheiten der Wirbelsäule und des Rückens	0,9	1,0
J02	Akute Pharyngitis	0,9	0,4
M99	Biomechanische Funktionsstörungen	0,9	0,7
F32	Depressive Episode	0,9	1,9
J03	Akute Tonsillitis	0,9	0,4
J32	Chronische Sinusitis	0,8	0,4
M23	Binnenschädigung des Kniegelenkes	0,8	1,5
S93	Luxation, Verstauchung und Zerrung der Gelenke und Bänder in Höhe des oberen Sprunggelenkes und des Fußes	0,8	0,9
F43	Reaktionen auf schwere Belastungen und Anpassungsstörungen	0,7	1,1
R51	Kopfschmerz	0,7	0,3
M79	Sonstige Krankheiten des Weichteilgewebes	0,7	0,6
M47	Spondylose	0,6	0,8
A08	Virusbedingte Darminfektionen	0,6	0,2
E11	Diabetes mellitus (Typ-2-Diabetes)	0,6	1,0
M17	Gonarthrose	0,6	1,2
I25	Chronische ischämische Herzkrankheit	0,6	1,2
E78	Störungen des Lipoproteinstoffwechsels und sonstige Lipidämien	0,5	0,8
J11	Grippe, Viren nicht nachgewiesen	0,5	0,3
R42	Schwindel und Taumel	0,5	0,3
B99	Sonstige Infektionskrankheiten	0,5	0,3
J98	Sonstige Krankheiten der Atemwege	0,5	0,3
S83	Luxation, Verstauchung und Zerrung des Kniegelenkes und von Bändern des Kniegelenkes	0,5	0,8
J04	Akute Laryngitis und Tracheitis	0,5	0,3
	Summe hier	**54,3**	**44,2**
	Restliche	45,7	55,8
	Gesamtsumme	**100,0**	**100,0**

Fehlzeiten-Report 2012

Tab. 29.5.17 Anteile der 40 häufigsten Diagnoseuntergruppen an den AU-Fällen und AU-Tagen in der BrancheEnergie, Wasser, Entsorgung und Bergbau im Jahr 2011, AOK-Mitglieder

ICD-10	Bezeichnung	AU-Fälle in %	AU-Tage in %
M40–M54	Krankheiten der Wirbelsäule und des Rückens	10,4	11,6
J00–J06	Akute Infektionen der oberen Atemwege	10,2	4,7
M60–M79	Krankheiten der Weichteilgewebe	4,4	5,6
M00–M25	Arthropathien	4,0	6,3
A00–A09	Infektiöse Darmkrankheiten	3,9	1,4
J40–J47	Chronische Krankheiten der unteren Atemwege	3,5	2,4
K00–K14	Krankheiten der Mundhöhle, der Speicheldrüsen und der Kiefer	3,1	0,7
J20–J22	Sonstige akute Infektionen der unteren Atemwege	3,1	1,7
R50–R69	Allgemeinsymptome	2,6	1,9
I10–I15	Hypertonie	2,5	3,4
K50–K52	Nichtinfektiöse Enteritis und Kolitis	2,4	0,9
K20–K31	Krankheiten des Ösophagus, Magens und Duodenums	1,9	1,1
T08–T14	Verletzungen Rumpf, Extremitäten o. a. Körperregionen	1,9	1,7
R10–R19	Symptome bzgl. Verdauungssystem und Abdomen	1,9	1,1
F40–F48	Neurotische, Belastungs- und somatoforme Störungen	1,9	2,8
B25–B34	Sonstige Viruskrankheiten	1,5	0,7
J30–J39	Sonstige Krankheiten der oberen Atemwege	1,4	0,9
S60–S69	Verletzungen des Handgelenkes und der Hand	1,4	1,8
S80–S89	Verletzungen des Knies und des Unterschenkels	1,3	2,3
S90–S99	Verletzungen der Knöchelregion und des Fußes	1,3	1,6
R00–R09	Symptome bzgl. Kreislauf- und Atmungssystem	1,2	0,8
F30–F39	Affektive Störungen	1,2	2,8
G40–G47	Episod. und paroxysmale Krankheiten des Nervensystems	1,2	1,0
Z80–Z99	Potentielle Gesundheitsrisiken aufgrund der Familien- oder Eigenanamnese, Zustände die den Gesundheitszustand beeinflussen	1,2	2,0
E70–E90	Stoffwechselstörungen	1,1	1,5
M95–M99	Sonstige Krankheiten des Muskel-Skelett-Systems und des Bindegewebes	1,0	0,8
J09–J18	Grippe und Pneumonie	1,0	0,8
K55–K63	Sonstige Krankheiten des Darmes	0,9	0,8
I80–I89	Krankheiten der Venen, Lymphgefäße und -knoten	0,8	0,8
I20–I25	Ischämische Herzkrankheiten	0,8	1,6
E10–E14	Diabetes mellitus	0,8	1,3
S00–S09	Verletzungen des Kopfes	0,8	0,7
G50–G59	Krankheiten von Nerven, Nervenwurzeln und Nervenplexus	0,7	1,1
C00–C97	Bösartige Neubildungen	0,7	2,0
R40–R46	Symptome bzgl. Wahrnehmung, Stimmung und Verhalten	0,7	0,5
I30–I52	Sonstige Formen der Herzkrankheit	0,7	1,2
J95–J99	Sonstige Krankheiten des Atmungssystems	0,7	0,5
F10–F19	Psychische und Verhaltensstörungen durch psychotrope Substanzen	0,7	1,1
L00–L08	Infektionen der Haut und der Unterhaut	0,6	0,6
S20–S29	Verletzungen des Thorax	0,6	0,8
	Summe hier	**82,0**	**77,3**
	Restliche	18,0	22,7
	Gesamtsumme	**100,0**	**100,0**

Fehlzeiten-Report 2012

29

29.6 Erziehung und Unterricht

Tab. 29.6.1 Entwicklung des Krankenstands der AOK-Mitglieder in der Branche Erziehung und Unterricht in den Jahren 1994 bis 2011

Jahr	Krankenstand in %			AU-Fälle je 100 AOK-Mitglieder			Tage je Fall		
	West	Ost	Bund	West	Ost	Bund	West	Ost	Bund
1994	6,0	8,3	6,8	180,5	302,8	226,3	12,0	10,1	11,0
1995	6,1	9,8	7,5	193,8	352,2	253,3	11,5	10,2	10,8
1996	6,0	9,5	7,5	220,6	364,8	280,3	10,0	9,5	9,7
1997	5,8	8,9	7,0	226,2	373,6	280,6	9,4	8,7	9,0
1998	5,9	8,4	6,9	237,2	376,1	289,1	9,1	8,2	8,7
1999	6,1	9,3	7,3	265,2	434,8	326,8	8,4	7,8	8,1
2000	6,3	9,2	7,3	288,2	497,8	358,3	8,0	6,8	7,5
2001	6,1	8,9	7,1	281,6	495,1	352,8	7,9	6,6	7,3
2002	5,6	8,6	6,6	267,2	507,0	345,5	7,7	6,2	7,0
2003	5,3	7,7	6,1	259,4	477,4	332,4	7,4	5,9	6,7
2004	5,1	7,0	5,9	247,5	393,6	304,7	7,6	6,5	7,0
2005	4,6	6,6	5,4	227,8	387,2	292,1	7,4	6,2	6,8
2006	4,4	6,1	5,1	223,0	357,5	277,6	7,2	6,2	6,7
2007	4,7	6,1	5,3	251,4	357,2	291,0	6,9	6,2	6,6
2008 (WZ03)	5,0	6,2	5,4	278,0	349,8	303,4	6,6	6,4	6,6
2008 (WZ08)*	5,0	6,2	5,4	272,1	348,5	297,4	6,7	6,5	6,6
2009	5,2	6,5	5,6	278,2	345,3	297,9	6,8	6,9	6,9
2010	5,1	5,7	5,3	262,4	278,0	267,6	7,1	7,5	7,3
2011	4,5	5,1	4,6	212,5	248,5	220,5	7,7	7,5	7,6

*aufgrund der Revision der Wirtschaftszweigklassifikation in 2008 ist eine Vergleichbarkeit mit den Vorjahren nur bedingt möglich

Fehlzeiten-Report 2012

Tab. 29.6.2 Arbeitsunfähigkeit der AOK-Mitglieder in der Branche Erziehung und Unterricht nach Bundesländern im Jahr 2011 im Vergleich zum Vorjahr

Bundesland	Krankenstand in %	Arbeitsunfähigkeit je 100 AOK-Mitglieder				Tage je Fall	Veränd. z. Vorj. in %	AU-Quote in %
		AU-Fälle	Veränd. z. Vorj. in %	AU-Tage	Veränd. z. Vorj. in %			
Baden-Württemberg	3,7	164,9	-17,1	1.362,3	-2,8	8,3	18,6	53,3
Bayern	3,6	149,3	-5,7	1.324,8	2,6	8,9	8,5	50,6
Berlin	8,6	495,5	-1,4	3.157,2	-8,7	6,4	-7,2	65,4
Brandenburg	6,4	324,6	-9,4	2.349,4	-9,3	7,2	0,0	62,0
Bremen	4,9	235,0	4,7	1.797,2	-4,3	7,6	-9,5	56,4
Hamburg	6,4	322,0	-14,1	2.318,3	-10,3	7,2	4,3	63,6
Hessen	5,8	265,4	-28,3	2.105,1	-7,2	7,9	29,5	61,9
Mecklenburg-Vorpommern	5,7	284,0	-10,1	2.088,1	-7,8	7,4	2,8	54,7
Niedersachsen	4,5	230,9	-3,1	1.630,1	-11,4	7,1	-7,8	59,9
Nordrhein-Westfalen	5,0	257,8	-20,7	1.837,3	-11,7	7,1	10,9	58,5
Rheinland-Pfalz	5,0	251,6	7,4	1.808,1	-1,4	7,2	-7,7	60,9
Saarland	5,4	256,8	0,2	1.986,2	-2,4	7,7	-2,5	57,2
Sachsen	4,7	234,5	-8,4	1.718,6	-11,6	7,3	-3,9	61,8
Sachsen-Anhalt	5,6	237,8	-23,0	2.033,0	-9,9	8,5	16,4	55,9
Schleswig-Holstein	4,8	218,8	-4,2	1.735,3	3,5	7,9	8,2	55,6
Thüringen	5,3	258,8	-7,2	1.935,7	-8,2	7,5	-1,3	60,1
West	**4,5**	**212,5**	**-19,0**	**1.635,5**	**-12,7**	**7,7**	**8,5**	**56,2**
Ost	**5,1**	**248,5**	**-10,6**	**1.861,4**	**-10,4**	**7,5**	**0,0**	**60,2**
Bund	**4,6**	**220,5**	**-17,6**	**1.685,7**	**-13,2**	**7,6**	**4,1**	**57,1**

Fehlzeiten-Report 2012

Tab. 29.6.3 Arbeitsunfähigkeit der AOK-Mitglieder in der Branche Erziehung und Unterricht nach Wirtschaftsabteilungen im Jahr 2011

Wirtschaftsabteilung	Krankenstand in %		Arbeitsunfähigkeiten je 100 AOK-Mitglieder		Tage je Fall	AU-Quote in %
	2011	2011 stand.*	Fälle	Tage		
Grundschulen	3,8	3,2	140,2	1.404,8	10,0	54,0
Kindergarten und Vorschulen	4,6	4,7	202,5	1.671,9	8,3	65,7
Sonstiger Unterricht	5,6	4,8	319,5	2.046,1	6,4	58,8
Tertiärer und post-sekundärer, nicht tertiärer Unterricht	3,2	3,6	132,2	1.156,7	8,8	42,0
Weiterführende Schulen	4,9	4,3	218,6	1.771,7	8,1	56,6
Branche insgesamt	**4,6**	**4,8**	**220,5**	**1.685,7**	**7,6**	**57,1**
Alle Branchen	**4,7**	**4,7**	**157,3**	**1.725,9**	**11,0**	**53,7**

*Krankenstand alters- und geschlechtsstandardisiert

Fehlzeiten-Report 2012

Tab. 29.6.4 Kennzahlen der Arbeitsunfähigkeit der AOK-Mitglieder nach ausgewählten Berufsgruppen in der Branche Erziehung und Unterricht im Jahr 2011

Tätigkeit	Krankenstand in %	Arbeitsunfähigkeiten je 100 AOK-Mitglieder		Tage je Fall	AU-Quote in %	Anteil der Berufsgruppe an der Branche in %*
		Fälle	Tage			
Bürofachkräfte	4,2	210,6	1.547,0	7,3	55,9	8,0
Facharbeiter	7,0	276,3	2.548,6	9,2	47,0	0,9
Fachschul-, Berufsschul-, Werklehrer	3,3	118,1	1.189,4	10,1	47,8	2,2
Friseure	7,4	586,7	2.715,5	4,6	72,6	0,8
Gärtner, Gartenarbeiter	7,1	358,2	2.591,2	7,2	61,2	1,0
Groß- und Einzelhandelskaufleute, Einkäufer	6,9	521,8	2.514,6	4,8	69,3	0,6
Gymnasiallehrer	2,3	100,5	836,6	8,3	40,1	1,6
Hauswirtschaftliche Betreuer	6,9	251,4	2.505,7	10,0	66,0	1,4
Heimleiter, Sozialpädagogen	4,3	186,0	1.566,5	8,4	61,0	2,5
Hochschullehrer, Dozenten an höheren Fachschulen und Akademien	1,1	52,3	399,1	7,6	22,1	4,3
Kindergärtnerinnen, Kinderpfleger	4,2	206,7	1.542,0	7,5	66,5	21,3
Köche	6,6	266,1	2.417,5	9,1	65,0	2,6
Leitende und administrativ entscheidende Verwaltungsfachleute	1,6	86,1	580,9	6,7	33,2	1,1
Maler, Lackierer (Ausbau)	8,3	576,0	3.046,0	5,3	73,5	1,1
Pförtner, Hauswarte	5,0	121,8	1.841,3	15,1	54,1	1,8
Raum-, Hausratreiniger	6,5	163,1	2.355,8	14,4	62,5	6,1
Real-, Volks-, Sonderschullehrer	3,2	129,8	1.165,1	9,0	49,3	5,6
Sonstige Lehrer	3,3	115,8	1.217,8	10,5	43,9	3,0
Sozialarbeiter, Sozialpfleger	4,3	204,7	1.567,1	7,7	59,1	2,0
Verkäufer	7,1	526,6	2.590,2	4,9	72,5	3,2
Branche insgesamt	**4,6**	**220,5**	**1.685,7**	**7,6**	**57,1**	**2,8****

* Anteil der AOK-Mitglieder in der Berufsgruppe an den in der Branche beschäftigten AOK-Mitgliedern insgesamt

**Anteil der AOK-Mitglieder in der Branche an allen AOK-Mitgliedern

Fehlzeiten-Report 2012

Tab. 29.6.5 Dauer der Arbeitsunfähigkeit der AOK-Mitglieder in der Branche Erziehung und Unterricht im Jahr 2011

Fallklasse	Branche hier		alle Branchen	
	Anteil Fälle in %	Anteil Tage In %	Anteil Fälle in %	Anteil Tage in %
1–3 Tage	47,6	12,3	36,9	6,7
4–7 Tage	29,7	19,4	30,2	13,7
8–14 Tage	13,5	18,2	17,0	15,9
15–21 Tage	3,8	8,8	6,0	9,4
22–28 Tage	1,7	5,5	2,9	6,5
29–42 Tage	1,7	7,9	3,0	9,4
Langzeit-AU (> 42 Tage)	2,0	27,9	4,0	38,3

Fehlzeiten-Report 2012

29

Tab. 20.6.6 Tage der Arbeitsunfähigkeit je AOK-Mitglied nach Wirtschaftsabteilung und Betriebsgröße in der Branche Erziehung und Unterricht im Jahr 2011

Wirtschaftsabteilungen	Betriebsgröße (Anzahl der AOK-Mitglieder)					
	10–49	50–99	100–199	200–499	500–999	≥ 1.000
Grundschulen	13,4	14,2	13,3	22,5	–	–
Kindergärten und Vorschulen	16,1	17,4	16,7	17,2	20,6	15,5
Sonstiger Unterricht	20,5	23,8	26,4	23,5	26,9	21,9
Tertiärer und post-sekundärer, nicht tertiärer Unterricht	11,3	13,4	11,8	12,2	10,8	15,6
Weiterführende Schulen	17,5	23,0	23,2	24,7	21,2	16,1
Branche insgesamt	**17,3**	**20,9**	**21,7**	**20,3**	**20,2**	**15,9**
Alle Branchen	**17,6**	**19,3**	**19,6**	**19,6**	**20,0**	**18,8**

Fehlzeiten-Report 2012

Tab. 29.6.7 Krankenstand in Prozent nach der Stellung im Beruf in der Branche Erziehung und Unterricht im Jahr 2011, AOK-Mitglieder

Wirtschaftsabteilung	Stellung im Beruf				
	Auszubildende	Arbeiter	Facharbeiter	Meister, Poliere	Angestellte
Grundschulen	2,3	5,1	2,9	4,8	3,7
Kindergärten und Vorschulen	3,5	7,3	5,9	4,2	4,3
Sonstiger Unterricht	6,7	7,1	5,2	3,8	4,1
Tertiärer und post-sekundärer, nicht tertiärer Unterricht	5,6	8,0	5,9	3,7	2,8
Weiterführende Schulen	7,0	7,8	5,2	3,8	4,0
Branche insgesamt	**6,5**	**7,4**	**5,5**	**3,8**	**3,8**
Alle Branchen	**3,9**	**5,8**	**5,2**	**4,0**	**3,8**

Fehlzeiten-Report 2012

Tab. 29.6.8 Tage der Arbeitsunfähigkeit je AOK-Mitglied nach der Stellung im Beruf in der Branche Erziehung und Unterricht im Jahr 2011

Wirtschaftsabteilung	Stellung im Beruf				
	Auszubildende	Arbeiter	Facharbeiter	Meister, Poliere	Angestellte
Grundschulen	8,3	18,5	10,4	17,7	13,7
Kindergärten und Vorschulen	12,9	26,5	21,6	15,5	15,6
Sonstiger Unterricht	24,6	25,8	18,9	14,0	14,9
Tertiärer und post-sekundärer, nicht tertiärer Unterricht	20,3	29,4	21,5	13,6	10,1
Weiterführende Schulen	25,6	28,6	19,2	13,9	14,6
Branche insgesamt	**23,9**	**27,1**	**20,1**	**14,0**	**14,0**
Alle Branchen	**14,1**	**21,3**	**19,0**	**14,7**	**13,7**

Fehlzeiten-Report 2012

Tab. 29.6.9 Anteil der Arbeitsunfälle an den AU-Fällen und -Tagen in Prozent nach Wirtschaftsabteilungen in der Branche Erziehung und Unterricht im Jahr 2011, AOK-Mitglieder

Wirtschaftsabteilung	AU-Fälle in %	AU-Tage in %
Grundschulen	1,7	2,8
Kindergärten und Vorschulen	1,2	2,2
Sonstiger Unterricht	2,0	3,5
Tertiärer und post-sekundärer, nicht tertiärer Unterricht	1,9	2,8
Weiterführende Schulen	1,9	3,3
Branche insgesamt	**1,8**	**3,0**
Alle Branchen	**4,0**	**6,2**

Fehlzeiten-Report 2012

Tab. 29.6.10 Tage und Fälle der Arbeitsunfähigkeit durch Arbeitsunfälle nach Berufsgruppen in der Branche Erziehung und Unterricht im Jahr 2011, AOK-Mitglieder

Tätigkeit	Arbeitsunfähigkeit je 1.000 AOK-Mitglieder	
	AU-Tage	AU-Fälle
Stahlbauschlosser, Eisenschiffbauer	1.564,1	241,1
Gärtner, Gartenarbeiter	1.367,6	104,6
Tischler	1.267,9	163,2
Hilfsarbeiter ohne nähere Tätigkeitsangabe	981,8	78,9
Lagerverwalter, Magaziner	958,3	120,4
Köche	915,4	79,7
Lehrlinge mit noch nicht feststehendem Beruf	782,1	88,3
Maler, Lackierer (Ausbau)	730,3	93,6
Raum-, Hausratreiniger	700,9	29,3
Hauswirtschaftliche Betreuer	618,3	35,8
Verkäufer	581,3	72,7
Sonstige Lehrer	522,3	30,4
Krankenschwestern, -pfleger, Hebammen	445,5	25,7
Sozialarbeiter, Sozialpfleger	400,4	28,5
Real-, Volks-, Sonderschullehrer	342,4	19,5
Kindergärtnerinnen, Kinderpfleger	328,1	24,6
Fachschul-, Berufsschul-, Werklehrer	287,9	17,3
Heimleiter, Sozialpädagogen	282,2	22,0
Bürofachkräfte	280,0	20,0
Hochschullehrer, Dozenten an höheren Fachschulen und Akademien	68,3	7,2
Branche insgesamt	**496,3**	**38,9**
Alle Branchen	**1.065,7**	**62,9**

Fehlzeiten-Report 2012

Tab. 29.6.11 Tage und Fälle der Arbeitsunfähigkeit je 100 AOK-Mitglieder nach Krankheitsarten in der Branche Erziehung und Unterricht in den Jahren 2000 bis 2011

Jahr	Arbeitsunfähigkeiten je 100 AOK-Mitglieder											
	Psyche		Herz/Kreislauf		Atemwege		Verdauung		Muskel/Skelett		Verletzungen	
	Tage	Fälle	Tage	Fälle	Tage	Fälle	Tage	Fälle	Tage	Fälle	Tage	Fälle
2000	200,3	13,3	145,3	16,1	691,6	122,5	268,8	55,4	596,0	56,0	357,1	33,8
2001	199,2	13,9	140,8	16,1	681,8	125,5	265,8	55,8	591,4	56,8	342,0	32,9
2002	199,6	14,2	128,7	15,3	623,5	118,9	257,3	57,3	538,7	54,4	327,0	32,0
2003	185,4	13,5	120,7	14,8	596,5	116,7	239,2	55,5	470,6	48,9	296,4	30,0
2004	192,8	14,0	121,5	12,7	544,1	101,0	245,2	53,0	463,3	46,9	302,8	29,1
2005	179,7	12,5	102,4	11,0	557,4	104,0	216,9	49,3	388,1	40,2	281,7	27,7
2006	174,6	12,0	99,8	11,2	481,8	92,8	215,6	50,0	365,9	38,0	282,7	27,7
2007	191,0	12,9	97,1	10,5	503,6	97,6	229,8	52,9	366,9	38,5	278,0	27,1
2008 (WZ03)	201,0	13,5	96,2	10,5	506,8	99,1	237,3	55,8	387,0	40,8	282,0	27,9
2008 (WZ08)*	199,5	13,3	97,6	10,4	498,4	97,3	232,6	54,5	387,1	40,3	279,3	27,2
2009	226,5	14,7	102,7	9,9	557,5	103,5	223,7	50,2	382,8	39,2	265,2	24,7
2010	261,4	14,9	98,1	9,3	460,6	86,6	176,9	39,0	387,7	36,3	253,5	21,9
2011	257,3	13,6	95,9	7,9	391,0	71,6	143,0	29,4	345,9	29,7	199,7	15,8

*aufgrund der Revision der Wirtschaftszweigklassifikation in 2008 ist eine Vergleichbarkeit mit den Vorjahren nur bedingt möglich

Fehlzeiten-Report 2012

Tab. 29.6.12 Verteilung der Arbeitsunfähigkeitstage nach Krankheitsarten in Prozent in der Branche Erziehung und Unterricht im Jahr 2011, AOK-Mitglieder

Wirtschaftsabteilung	AU-Tage in %						
	Psyche	Herz/ Kreislauf	Atemwege	Verdauung	Muskel/ Skelett	Verlet- zungen	Sonstige
Grundschulen	13,6	6,2	15,8	5,2	17,2	8,6	33,5
Kindergärten und Vorschulen	13,5	4,3	18,9	5,5	16,4	7,5	33,9
Sonstiger Unterricht	10,6	3,9	19,7	8,1	15,0	11,0	31,7
Tertiärer und post-sekundärer, nicht tertiärer Unterricht	12,2	5,1	17,0	6,5	17,1	9,3	32,9
Weiterführende Schulen	11,9	4,9	17,1	6,8	16,9	9,8	32,6
Branche insgesamt	**12,1**	**4,5**	**18,3**	**6,7**	**16,2**	**9,4**	**32,8**
Alle Branchen	**9,6**	**6,2**	**12,4**	**5,7**	**23,1**	**12,3**	**30,7**

Fehlzeiten-Report 2012

Tab. 29.6.13 Verteilung der Arbeitsunfähigkeitsfälle nach Krankheitsarten in Prozent in der Branche Erziehung und Unterricht im Jahr 2011, AOK-Mitglieder

Wirtschaftsabteilung	AU-Fälle in %						
	Psyche	Herz/ Kreislauf	Atemwege	Verdauung	Muskel/ Skelett	Verlet- zungen	Sonstige
Grundschulen	6,3	4,7	28,1	9,7	12,7	6,1	32,4
Kindergärten und Vorschulen	5,3	2,8	30,9	9,9	10,5	4,7	35,8
Sonstiger Unterricht	4,9	2,7	26,1	12,3	11,3	6,7	36,1
Tertiärer und post-sekundärer, nicht tertiärer Unterricht	5,3	3,6	27,1	10,7	12,5	6,5	34,4
Weiterführende Schulen	5,5	3,5	26,2	11,7	12,0	6,5	34,7
Branche insgesamt	**5,2**	**3,0**	**27,5**	**11,3**	**11,4**	**6,1**	**35,4**
Alle Branchen	**4,9**	**4,1**	**22,2**	**10,2**	**17,1**	**8,8**	**32,7**

Fehlzeiten-Report 2012

Tab. 29.6.14 Verteilung der Arbeitsunfähigkeitstage nach Krankheitsarten und ausgewählten Berufsgruppen in der Branche Erziehung und Unterricht im Jahr 2011, AOK-Mitglieder

Tätigkeit	AU-Tage in %						
	Psyche	Herz/ Kreislauf	Atem- wege	Ver- dauung	Muskel/ Skelett	Verlet- zungen	Sonstige
Bürofachkräfte	14,9	4,4	18,0	6,9	13,1	7,1	35,6
Fachschul-, Berufsschul-, Werklehrer	15,1	6,7	14,1	5,1	14,4	9,1	35,5
Gymnasiallehrer	17,6	5,0	20,5	4,5	11,5	8,0	33,0
Hauswirtschaftliche Betreuer	9,6	5,3	14,0	5,1	21,8	8,9	35,3
Heimleiter, Sozialpädagogen	18,1	4,0	18,5	5,5	13,5	7,9	32,4
Hilfsarbeiter ohne nähere Tätigkeitsangabe	8,8	5,5	17,5	7,5	23,8	9,7	27,2
Hochschullehrer, Dozenten an höheren Fachschulen und Akademien	14,6	6,1	21,6	6,0	10,8	7,7	33,3
Kindergärtnerinnen, Kinderpfleger	14,7	3,6	21,0	5,8	13,4	7,2	34,2
Köche	9,7	5,3	15,1	6,7	19,1	10,0	34,0
Krankenschwestern, -pfleger, Hebammen	15,5	2,8	19,2	7,1	13,7	9,9	31,7
Lehrlinge mit noch nicht feststehendem Beruf	11,2	1,6	25,2	10,0	11,2	11,5	29,3
Maler, Lackierer (Ausbau)	7,5	1,5	24,0	10,2	14,1	13,6	28,9
Pförtner, Hauswarte	9,3	9,1	9,0	6,3	23,5	11,5	31,2
Raum-, Hausratreiniger	9,6	6,5	11,0	4,9	26,8	8,8	32,4
Real-, Volks-, Sonderschullehrer	16,1	5,4	18,1	5,2	12,4	8,6	34,2
Sonstige Lehrer	13,6	6,8	13,2	5,5	14,7	10,3	35,9
Sozialarbeiter, Sozialpfleger	14,5	4,0	21,6	6,4	13,5	7,6	32,4
Verkäufer	10,2	1,9	24,8	10,7	11,4	9,0	32,0
Branche insgesamt	**12,1**	**4,5**	**18,3**	**6,7**	**16,2**	**9,4**	**32,8**
Alle Branchen	**9,6**	**6,2**	**12,4**	**5,7**	**23,1**	**12,3**	**30,7**

Fehlzeiten-Report 2012

Tab. 29.6.15 Verteilung der Arbeitsunfähigkeitsfälle nach Krankheitsarten und ausgewählten Berufsgruppen in der Branche Erziehung und Unterricht im Jahr 2011, AOK-Mitglieder

Tätigkeit	AU-Fälle in %						
	Psyche	Herz/ Kreislauf	Atem- wege	Ver- dauung	Muskel/ Skelett	Verlet- zungen	Sonstige
Bürofachkräfte	6,2	3,1	27,0	11,3	10,0	4,6	37,7
Fachschul-, Berufsschul-, Werklehrer	7,2	4,8	27,2	9,3	11,5	6,0	34,0
Gymnasiallehrer	7,3	4,5	32,6	8,2	8,8	4,9	33,8
Hauswirtschaftliche Betreuer	5,1	3,8	23,8	10,4	14,3	5,5	37,1
Heimleiter, Sozialpädagogen	7,2	3,0	30,9	9,9	10,3	5,2	33,5
Hilfsarbeiter ohne nähere Tätigkeitsangabe	5,5	4,3	22,0	11,7	18,4	6,9	31,1
Hochschullehrer, Dozenten an höheren Fachschulen und Akademien	5,7	3,3	32,9	9,5	8,3	5,9	34,5
Kindergärtnerinnen, Kinderpfleger	5,3	2,5	32,6	10,0	8,9	4,4	36,2
Köche	5,2	3,5	23,3	12,7	13,6	7,1	34,7
Krankenschwestern, -pfleger, Hebammen	6,0	2,4	26,9	11,5	8,7	6,5	38,0
Lehrlinge mit noch nicht feststehendem Beruf	4,5	2,1	28,4	13,2	8,8	6,7	36,3
Maler, Lackierer (Ausbau)	3,6	1,6	27,3	14,2	11,7	8,4	33,4
Pförtner, Hauswarte	5,4	7,3	17,5	9,8	18,7	9,0	32,3
Raum-, Hausratreiniger	5,6	5,2	19,4	9,4	20,7	6,2	33,5
Real-, Volks-, Sonderschullehrer	7,2	4,3	30,2	9,7	10,0	5,2	33,3
Sonstige Lehrer	7,2	5,0	24,0	9,9	11,5	6,5	35,9
Sozialarbeiter, Sozialpfleger	6,2	3,0	31,4	9,6	10,0	5,1	34,6
Verkäufer	4,6	2,1	26,8	13,4	8,8	5,3	38,9
Branche insgesamt	**5,2**	**3,0**	**27,5**	**11,3**	**11,4**	**6,1**	**35,4**
Alle Branchen	**4,9**	**4,1**	**22,2**	**10,2**	**17,1**	**8,8**	**32,7**

Fehlzeiten-Report 2012

Tab. 29.6.16 Anteile der 40 häufigsten Einzeldiagnosen an den AU-Fällen und AU-Tagen in der Branche Erziehung und Unterricht im Jahr 2011, AOK-Mitglieder

ICD-10	Bezeichnung	AU-Fälle in %	AU-Tage in %
J06	Akute Infektionen der oberen Atemwege	9,8	5,8
A09	Diarrhoe und Gastroenteritis	5,2	2,4
M54	Rückenschmerzen	4,9	4,8
K52	Sonstige nichtinfektiöse Gastroenteritis und Kolitis	3,8	1,8
J20	Akute Bronchitis	2,9	2,0
K29	Gastritis und Duodenitis	2,4	1,2
J40	Bronchitis, nicht als akut oder chronisch bezeichnet	2,3	1,6
R10	Bauch- und Beckenschmerzen	2,1	1,1
R51	Kopfschmerz	2,1	0,9
B34	Viruskrankheit nicht näher bezeichneter Lokalisation	2,0	1,1
J03	Akute Tonsillitis	1,9	1,2
J02	Akute Pharyngitis	1,7	0,9
K08	Sonstige Krankheiten der Zähne und des Zahnhalteapparates	1,6	0,5
J01	Akute Sinusitis	1,5	0,9
R11	Übelkeit und Erbrechen	1,4	0,7
J32	Chronische Sinusitis	1,3	0,9
F32	Depressive Episode	1,3	3,7
F43	Reaktionen auf schwere Belastungen und Anpassungsstörungen	1,2	2,2
G43	Migräne	1,2	0,5
J00	Akute Rhinopharyngitis (Erkältungsschnupfen)	1,0	0,5
J04	Akute Laryngitis und Tracheitis	1,0	0,6
A08	Virusbedingte Darminfektionen	0,9	0,4
I10	Essentielle (primäre) Hypertonie	0,9	1,6
T14	Verletzung an einer nicht näher bezeichneten Körperregion	0,9	0,9
F45	Somatoforme Störungen	0,8	1,3
J98	Sonstige Krankheiten der Atemwege	0,7	0,5
J11	Grippe, Viren nicht nachgewiesen	0,7	0,5
B99	Sonstige Infektionskrankheiten	0,7	0,4
M99	Biomechanische Funktionsstörungen	0,7	0,5
N39	Sonstige Krankheiten des Harnsystems	0,6	0,4
M53	Sonstige Krankheiten der Wirbelsäule und des Rückens	0,6	0,7
R42	Schwindel und Taumel	0,6	0,4
M25	Sonstige Gelenkkrankheiten	0,6	0,7
F48	Andere neurotische Störungen	0,6	1,0
R53	Unwohlsein und Ermüdung	0,6	0,6
S93	Luxation, Verstauchung und Zerrung der Gelenke und Bänder in Höhe des oberen Sprunggelenkes und des Fußes	0,6	0,7
M79	Sonstige Krankheiten des Weichteilgewebes	0,6	0,6
R50	Fieber sonstiger und unbekannter Ursache	0,5	0,4
G44	Sonstige Kopfschmerzsyndrome	0,5	0,3
J45	Asthma bronchiale	0,4	0,4
	Summe hier	**65,1**	**47,6**
	Restliche	34,9	52,4
	Gesamtsumme	**100,0**	**100,0**

Fehlzeiten-Report 2012

Tab. 29.6.17 Anteile der 40 häufigsten Diagnoseuntergruppen an den AU-Fällen und AU-Tagen in der Branche Erziehung und Unterricht im Jahr 2011, AOK-Mitglieder

ICD-10	Bezeichnung	AU-Fälle in %	AU-Tage in %
J00–J06	Akute Infektionen der oberen Atemwege	16,6	9,7
A00–A09	Infektiöse Darmkrankheiten	6,4	2,9
M40–M54	Krankheiten der Wirbelsäule und des Rückens	6,3	7,4
K50–K52	Nichtinfektiöse Enteritis und Kolitis	3,9	1,9
R50–R69	Allgemeinsymptome	3,9	2,8
J40–J47	Chronische Krankheiten der unteren Atemwege	3,6	2,8
R10–R19	Symptome bzgl. Verdauungssystem und Abdomen	3,5	2,0
J20–J22	Sonstige akute Infektionen der unteren Atemwege	3,3	2,3
K20–K31	Krankheiten des Ösophagus, Magens und Duodenums	3,0	1,6
F40–F48	Neurotische, Belastungs- und somatoforme Störungen	3,0	5,5
M60–M79	Krankheiten der Weichteilgewebe	2,3	3,4
B25–B34	Sonstige Viruskrankheiten	2,2	1,3
K00–K14	Krankheiten der Mundhöhle, der Speicheldrüsen und der Kiefer	2,1	0,8
J30–J39	Sonstige Krankheiten der oberen Atemwege	2,1	1,5
G40–G47	Episod. und paroxysmale Krankheiten des Nervensystems	2,1	1,4
M00–M25	Arthropathien	1,9	4,0
F30–F39	Affektive Störungen	1,7	5,4
T08–T14	Verletzungen Rumpf, Extremitäten o. a. Körperregionen	1,1	1,1
R00–R09	Symptome bzgl. Kreislauf- und Atmungssystem	1,1	0,8
I10–I15	Hypertonie	1,1	1,9
N30–N39	Sonstige Krankheiten des Harnsystems	1,1	0,7
J09–J18	Grippe und Pneumonie	1,1	0,8
S90–S99	Verletzungen der Knöchelregion und des Fußes	0,9	1,3
N80–N98	Nichtentzündliche Krankheiten des weiblichen Genitaltraktes	0,9	0,8
J95–J99	Sonstige Krankheiten des Atmungssystems	0,8	0,6
R40–R46	Symptome bzgl. Wahrnehmung, Stimmung und Verhalten	0,8	0,6
S60–S69	Verletzungen des Handgelenkes und der Hand	0,8	1,1
I95–I99	Sonstige Krankheiten des Kreislaufsystems	0,8	0,4
M95–M99	Sonstige Krankheiten des Muskel-Skelett-Systems und des Bindegewebes	0,8	0,6
S80–S89	Verletzungen des Knies und des Unterschenkels	0,7	1,7
B99–B99	Sonstige Infektionskrankheiten	0,7	0,4
Z80–Z99	Potentielle Gesundheitsrisiken aufgrund der Familien- oder Eigenanamnese, Zustände die den Gesundheitszustand beeinflussen	0,7	1,6
H65–H75	Krankheiten des Mittelohres und des Warzenfortsatzes	0,6	0,4
K55–K63	Sonstige Krankheiten des Darmes	0,6	0,7
I80–I89	Krankheiten der Venen, Lymphgefäße und -knoten	0,6	0,7
S00–S09	Verletzungen des Kopfes	0,5	0,5
E70–E90	Stoffwechselstörungen	0,5	0,9
G50–G59	Krankheiten von Nerven, Nervenwurzeln und Nervenplexus	0,5	0,9
L00–L08	Infektionen der Haut und der Unterhaut	0,5	0,5
D10–D36	Gutartige Neubildungen	0,4	0,6
	Summe hier	**85,5**	**76,3**
	Restliche	14,5	23,7
	Gesamtsumme	**100,0**	**100,0**

Fehlzeiten-Report 2012

29.7 Handel

Tab. 29.7.1 Entwicklung des Krankenstands der AOK-Mitglieder in der Branche Handel in den Jahren 1994 bis 2011

Jahr	Krankenstand in %			AU-Fälle je 100 AOK-Mitglieder			Tage je Fall		
	West	Ost	Bund	West	Ost	Bund	West	Ost	Bund
1994	5,6	4,6	5,5	144,1	105,9	138,3	13,1	14,1	13,3
1995	5,2	4,4	5,1	149,7	116,2	144,7	12,8	14,1	13,0
1996	4,6	4,0	4,5	134,3	106,2	129,9	12,9	14,4	13,1
1997	4,5	3,8	4,4	131,3	100,7	126,9	12,3	13,9	12,5
1998	4,6	3,9	4,5	134,1	102,0	129,6	12,3	13,8	12,5
1999	4,6	4,2	4,5	142,7	113,4	138,9	11,9	13,6	12,1
2000	4,6	4,2	4,6	146,5	117,9	143,1	11,6	13,0	11,7
2001	4,6	4,2	4,5	145,4	113,2	141,8	11,5	13,5	11,7
2002	4,5	4,1	4,5	145,5	114,4	142,0	11,4	13,0	11,5
2003	4,2	3,7	4,2	140,5	110,7	136,8	11,0	12,4	11,2
2004	3,9	3,4	3,8	127,0	100,9	123,4	11,2	12,2	11,3
2005	3,8	3,3	3,7	127,9	100,7	123,9	10,9	12,1	11,0
2006	3,7	3,3	3,6	122,7	97,0	118,9	11,0	12,3	11,2
2007	3,9	3,6	3,9	132,4	106,6	128,6	10,9	12,2	11,0
2008 (WZ03)	4,1	3,8	4,0	140,4	112,0	136,2	10,6	12,3	10,8
2008 (WZ08)*	4,1	3,7	4,0	139,9	111,7	135,7	10,6	12,2	10,8
2009	4,2	4,1	4,2	146,4	122,1	142,8	10,5	12,2	10,7
2010	4,3	4,1	4,3	143,7	126,8	141,2	10,9	11,9	11,0
2011	4,3	3,9	4,2	149,6	131,9	147,1	10,4	10,9	10,5

*aufgrund der Revision der Wirtschaftszweigklassifikation in 2008 ist eine Vergleichbarkeit mit den Vorjahren nur bedingt möglich

Fehlzeiten-Report 2012

Tab. 29.7.2 Arbeitsunfähigkeit der AOK-Mitglieder in der Branche Handel nach Bundesländern im Jahr 2011 im Vergleich zum Vorjahr

Bundesland	Krankenstand in %	Arbeitsunfähigkeit je 100 AOK-Mitglieder				Tage je Fall	Veränd. z. Vorj. in %	AU-Quote in %
		AU-Fälle	Veränd. z. Vorj. in %	AU-Tage	Veränd. z. Vorj. in %			
Baden-Württemberg	4,3	154,8	7,4	1.572,6	4,6	10,2	-1,9	55,2
Bayern	3,9	131,4	3,4	1.414,1	2,7	10,8	0,0	50,2
Berlin	4,1	132,4	4,7	1.505,8	3,7	11,4	-0,9	43,3
Brandenburg	4,5	128,1	3,2	1.633,3	1,5	12,7	-2,3	49,3
Bremen	4,1	152,8	3,0	1.504,7	1,0	9,8	-2,0	53,7
Hamburg	4,8	172,8	4,7	1.757,7	-7,1	10,2	-11,3	53,3
Hessen	4,8	168,6	6,4	1.769,0	3,2	10,5	-2,8	55,4
Mecklenburg-Vorpommern	4,3	121,4	4,2	1.565,0	-0,9	12,9	-5,1	47,3
Niedersachsen	3,8	149,4	0,6	1.397,9	-15,0	9,4	-15,3	55,3
Nordrhein-Westfalen	4,7	156,7	3,8	1.699,9	2,2	10,8	-1,8	55,1
Rheinland-Pfalz	4,4	166,0	2,9	1.610,3	-5,7	9,7	-8,5	57,8
Saarland	4,8	150,1	2,0	1.743,3	-7,8	11,6	-10,1	54,0
Sachsen	3,6	130,3	3,7	1.321,1	-7,1	10,1	-10,6	51,6
Sachsen-Anhalt	4,7	137,4	9,4	1.717,2	0,8	12,5	-8,1	49,9
Schleswig-Holstein	4,6	150,2	1,6	1.670,7	-3,5	11,1	-5,1	54,4
Thüringen	4,0	139,1	2,0	1.471,7	-6,7	10,6	-8,6	52,6
West	**4,3**	**149,6**	**4,1**	**1.557,7**	**-0,3**	**10,4**	**-4,6**	**53,8**
Ost	**3,9**	**131,9**	**4,0**	**1.441,0**	**-4,5**	**10,9**	**-8,4**	**51,1**
Bund	**4,2**	**147,1**	**4,2**	**1.540,9**	**-0,9**	**10,5**	**-4,5**	**53,4**

Fehlzeiten-Report 2012

Tab. 29.7.3 Arbeitsunfähigkeit der AOK-Mitglieder in der Branche Handel nach Wirtschaftsabteilungen im Jahr 2011

Wirtschaftsabteilung	Krankenstand in %		Arbeitsunfähigkeiten je 100 AOK-Mitglieder		Tage je Fall	AU-Quote in %
	2011	2011 stand.*	Fälle	Tage		
Einzelhandel (ohne Handel mit Kraftfahrzeugen)	4,1	4,3	142,1	1.496,6	10,5	51,3
Großhandel (ohne Handel mit Kraftfahrzeugen)	4,5	4,4	149,8	1.659,8	11,1	55,6
Handel mit Kraftfahrzeugen, Instandhaltung und Reparatur von Kraftfahrzeugen	4,0	2,0	159,2	1.457,0	9,2	56,9
Branche insgesamt	**4,2**	**4,4**	**147,1**	**1.540,9**	**10,5**	**53,4**
Alle Branchen	**4,7**	**4,7**	**157,3**	**1.725,9**	**11,0**	**53,7**

*Krankenstand alters- und geschlechtsstandardisiert

Fehlzeiten-Report 2012

29

Tab. 29.7.4 Kennzahlen der Arbeitsunfähigkeit der AOK-Mitglieder nach ausgewählten Berufsgruppen in der Branche Handel im Jahr 2011

Tätigkeit	Krankenstand in %	Arbeitsunfähigkeiten je 100 AOK-Mitglieder		Tage je Fall	AU-Quote in %	Anteil der Berufsgruppe an der Branche in %*
		Fälle	Tage			
Bürofachkräfte	3,0	129,0	1.077,6	8,4	50,3	7,9
Diätassistenten, Pharmazeutisch-technische Assistenten	2,1	115,7	779,0	6,7	47,0	0,7
Groß- und Einzelhandelskaufleute, Einkäufer	3,2	152,0	1.165,3	7,7	54,6	6,3
Handelsvertreter, Reisende	3,4	117,7	1.254,1	10,7	49,0	1,0
Kassierer	5,1	140,6	1.867,3	13,3	56,8	2,4
Kraftfahrzeugführer	5,6	129,2	2.054,9	15,9	54,4	4,3
Kraftfahrzeuginstandsetzer	4,3	175,8	1.553,9	8,8	62,3	5,7
Lager-, Transportarbeiter	5,8	186,3	2.104,6	11,3	58,6	6,9
Lagerverwalter, Magaziner	5,6	173,2	2.028,1	11,7	61,9	3,7
Verkäufer	4,1	138,2	1.484,1	10,7	50,5	31,7
Warenaufmacher, Versandfertigmacher	5,9	179,9	2.141,4	11,9	58,5	1,9
Branche insgesamt	**4,2**	**147,1**	**1.540,9**	**10,5**	**53,4**	**13,8****

* Anteil der AOK-Mitglieder in der Berufsgruppe an den in der Branche beschäftigten AOK-Mitgliedern insgesamt

**Anteil der AOK-Mitglieder in der Branche an allen AOK-Mitgliedern

Fehlzeiten-Report 2012

Tab. 29.7.5 Dauer der Arbeitsunfähigkeit der AOK-Mitglieder in der Branche Handel im Jahr 2011

Fallklasse	Branche hier		alle Branchen	
	Anteil Fälle in %	Anteil Tage in %	Anteil Fälle in %	Anteil Tage in %
1–3 Tage	39,0	7,4	36,9	6,7
4–7 Tage	30,6	14,6	30,2	13,7
8–14 Tage	15,7	15,4	17,0	15,9
15–21 Tage	5,4	9,0	6,0	9,4
22–28 Tage	2,7	6,3	2,9	6,5
29–42 Tage	2,8	9,1	3,0	9,4
Langzeit-AU (> 42 Tage)	3,7	38,0	4,0	38,3

Fehlzeiten-Report 2012

Tab. 29.7.6 Tage der Arbeitsunfähigkeit je AOK-Mitglied nach Wirtschaftsabteilung und Betriebsgröße in der Branche Handel im Jahr 2011

Wirtschaftsabteilungen	Betriebsgröße (Anzahl der AOK-Mitglieder)					
	10–49	50–99	100–199	200–499	500–999	≥ 1.000
Einzelhandel (ohne Handel mit Kraftfahrzeugen)	14,7	16,6	17,3	17,5	17,9	18,3
Großhandel (ohne Handel mit Kraftfahrzeugen)	17,1	19,3	19,6	20,0	20,0	17,0
Handel mit Kraftfahrzeugen, Instandhaltung und Reparatur von Kraftfahrzeugen	15,0	15,4	18,3	17,2	22,4	–
Branche insgesamt	**15,7**	**17,6**	**18,2**	**18,0**	**18,3**	**18,2**
Alle Branchen	**17,6**	**19,3**	**19,6**	**19,6**	**20,0**	**18,8**

Fehlzeiten-Report 2012

Tab. 29.7.7 Krankenstand in Prozent nach der Stellung im Beruf in der Branche Handel im Jahr 2011, AOK-Mitglieder

Wirtschaftsabteilung	Stellung im Beruf				
	Auszubildende	Arbeiter	Facharbeiter	Meister, Poliere	Angestellte
Einzelhandel (ohne Handel mit Kraftfahrzeugen)	3,6	5,1	4,5	3,0	3,7
Großhandel (ohne Handel mit Kraftfahrzeugen)	3,5	6,0	5,4	4,3	3,3
Handel mit Kraftfahrzeugen, Instandhaltung und Reparatur von Kraftfahrzeugen	3,8	5,1	4,6	4,1	3,3
Branche insgesamt	**3,6**	**5,6**	**4,9**	**3,9**	**3,5**
Alle Branchen	**3,9**	**5,8**	**5,2**	**4,0**	**3,8**

Fehlzeiten-Report 2012

Tab. 29.7.8 Tage der Arbeitsunfähigkeit je AOK-Mitglied nach der Stellung im Beruf in der Branche Handel im Jahr 2011

Wirtschaftsabteilung	Stellung im Beruf				
	Auszubildende	Arbeiter	Facharbeiter	Meister, Poliere	Angestellte
Einzelhandel (ohne Handel mit Kraftfahrzeugen)	13,1	18,5	16,4	10,8	13,5
Großhandel (ohne Handel mit Kraftfahrzeugen)	12,9	21,9	19,7	15,8	11,9
Handel mit Kraftfahrzeugen, Instandhaltung und Reparatur von Kraftfahrzeugen	13,8	18,5	16,9	15,1	11,9
Branche insgesamt	**13,3**	**20,4**	**17,7**	**14,3**	**12,8**
Alle Branchen	**14,1**	**21,3**	**19,0**	**14,7**	**13,7**

Fehlzeiten-Report 2012

Tab. 29.7.9 Anteil der Arbeitsunfälle an den AU-Fällen und -Tagen in Prozent nach Wirtschaftsabteilungen in der Branche Handel im Jahr 2011, AOK-Mitglieder

Wirtschaftsabteilung	AU-Fälle in %	AU-Tage in %
Einzelhandel (ohne Handel mit Kraftfahrzeugen)	3,0	4,5
Großhandel (ohne Handel mit Kraftfahrzeugen)	4,1	6,9
Handel mit Kraftfahrzeugen, Instandhaltung und Reparatur von Kraftfahrzeugen	4,6	6,8
Branche insgesamt	3,6	5,7
Alle Branchen	4,0	6,2

Fehlzeiten-Report 2012

29

Tab. 29.7.10 Tage und Fälle der Arbeitsunfähigkeit durch Arbeitsunfälle nach Berufsgruppen in der Branche Handel im Jahr 2011, AOK-Mitglieder

Tätigkeit	Arbeitsunfähigkeit je 1.000 AOK-Mitglieder	
	AU-Tage	AU-Fälle
Kraftfahrzeugführer	2.453,7	102,0
Landmaschineninstandsetzer	2.270,5	169,9
Tischler	2.111,2	129,8
Fleischer	1.958,3	116,5
Elektroinstallateure, -monteure	1.647,9	96,9
Hilfsarbeiter ohne nähere Tätigkeitsangabe	1.387,8	83,1
Lager-, Transportarbeiter	1.313,8	74,9
Kraftfahrzeuginstandsetzer	1.308,2	104,5
Sonstige Mechaniker	1.282,2	90,3
Warenaufmacher, Versandfertigmacher	1.033,4	62,3
Warenmaler, -lackierer	891,0	65,1
Kassierer	692,3	35,8
Lehrlinge mit noch nicht feststehendem Beruf	612,9	80,1
Verkäufer	579,2	38,8
Groß- und Einzelhandelskaufleute, Einkäufer	429,0	32,3
Bürofachkräfte	282,3	17,7
Branche insgesamt	**870,8**	**53,5**
Alle Branchen	**1.065,7**	**62,9**

Fehlzeiten-Report 2012

Tab. 29.7.11 Tage und Fälle der Arbeitsunfähigkeit je 100 AOK-Mitglieder nach Krankheitsarten in der Branche Handel in den Jahren 1995 bis 2011

Jahr	Arbeitsunfähigkeiten je 100 AOK-Mitglieder											
	Psyche		Herz/Kreislauf		Atemwege		Verdauung		Muskel/Skelett		Verletzungen	
	Tage	Fälle	Tage	Fälle	Tage	Fälle	Tage	Fälle	Tage	Fälle	Tage	Fälle
1995	101,3	4,1	175,6	8,5	347,2	43,8	183,5	22,6	592,8	31,9	345,0	21,1
1996	92,4	3,8	152,5	7,1	300,8	38,8	153,0	20,3	524,4	27,6	308,0	18,8
1997	89,6	4,0	142,2	7,4	268,9	37,5	143,7	20,2	463,5	26,9	293,2	18,4
1998	95,7	4,3	142,2	7,6	266,0	38,5	140,9	20,4	480,4	28,3	284,6	18,3
1999	100,4	4,7	139,6	7,8	301,5	44,0	142,3	21,7	499,5	30,0	280,8	18,5
2000	113,7	5,5	119,8	7,0	281,4	42,5	128,1	19,1	510,3	31,3	278,0	18,8
2001	126,1	6,3	124,0	7,6	266,0	41,9	128,9	19,8	523,9	32,5	270,3	18,7
2002	131,0	6,7	122,5	7,7	254,9	41,0	129,6	20,8	512,6	32,0	265,8	18,4
2003	127,0	6,6	114,6	7,6	252,1	41,5	121,3	19,8	459,2	29,4	250,8	17,4
2004	136,9	6,4	120,4	6,8	215,6	34,6	120,4	19,0	424,2	27,1	237,7	16,0
2005	135,8	6,2	118,1	6,6	245,8	39,4	113,5	17,6	399,1	25,9	230,5	15,5
2006	137,2	6,3	117,7	6,7	202,9	33,5	115,7	18,4	400,5	26,0	234,8	15,7
2007	151,2	6,8	120,3	6,8	231,0	37,9	122,6	20,0	426,0	27,1	234,3	15,4
2008 (WZ03)	159,5	7,1	124,1	7,0	244,6	40,6	127,6	21,3	439,2	28,2	238,9	15,8
2008 (WZ08)*	158,2	7,1	123,2	7,0	243,2	40,4	127,3	21,2	435,9	28,0	238,8	15,8
2009	168,3	7,6	122,3	6,9	284,1	46,6	126,0	20,8	428,8	27,4	241,8	15,7
2010	190,3	8,1	124,2	6,9	240,7	40,4	118,2	19,2	463,3	28,5	256,3	16,4
2011	203,3	8,9	113,8	6,9	252,3	42,0	117,1	19,2	439,3	28,8	242,3	15,9

*aufgrund der Revision der Wirtschaftszweigklassifikation in 2008 ist eine Vergleichbarkeit mit den Vorjahren nur bedingt möglich

Fehlzeiten-Report 2012

Tab. 29.7.12 Verteilung der Arbeitsunfähigkeitstage nach Krankheitsarten in Prozent in der Branche Handel im Jahr 2011, AOK-Mitglieder

Wirtschaftsabteilung	AU-Tage in %						
	Psyche	Herz/Kreislauf	Atemwege	Verdauung	Muskel/Skelett	Verletzungen	Sonstige
Einzelhandel (ohne Handel mit Kraftfahrzeugen)	11,9	5,1	12,8	5,9	20,8	10,5	33,0
Großhandel (ohne Handel mit Kraftfahrzeugen)	8,6	6,7	11,9	5,6	23,7	12,9	30,6
Handel mit Kraftfahrzeugen, Instandhaltung und Reparatur von Kraftfahrzeugen	7,4	5,3	13,7	6,4	22,2	16,2	28,8
Branche insgesamt	**10,2**	**5,7**	**12,6**	**5,9**	**21,9**	**12,1**	**31,6**
Alle Branchen	**9,6**	**6,2**	**12,4**	**5,7**	**23,1**	**12,3**	**30,7**

Fehlzeiten-Report 2012

Tab. 29.7.13 Verteilung der Arbeitsunfähigkeitsfälle nach Krankheitsarten in Prozent in der Branche Handel im Jahr 2011, AOK-Mitglieder

Wirtschaftsabteilung	AU-Fälle in %						
	Psyche	Herz/Kreislauf	Atemwege	Verdauung	Muskel/Skelett	Verletzungen	Sonstige
Einzelhandel (ohne Handel mit Kraftfahrzeugen)	5,6	3,6	23,0	10,4	14,3	7,7	35,4
Großhandel (ohne Handel mit Kraftfahrzeugen)	4,4	4,3	22,0	10,4	17,8	8,9	32,3
Handel mit Kraftfahrzeugen, Instandhaltung und Reparatur von Kraftfahrzeugen	3,4	3,2	24,2	10,8	16,0	11,4	31,1
Branche insgesamt	**4,9**	**3,8**	**22,9**	**10,5**	**15,7**	**8,7**	**33,7**
Alle Branchen	**4,9**	**4,1**	**22,2**	**10,2**	**17,1**	**8,8**	**32,7**

Fehlzeiten-Report 2012

Tab. 29.7.14 Verteilung der Arbeitsunfähigkeitstage nach Krankheitsarten und ausgewählten Berufsgruppen in der Branche Handel im Jahr 2011, AOK-Mitglieder

Tätigkeit	AU-Tage in %						
	Psyche	Herz/ Kreislauf	Atem- wege	Verdauung	Muskel/ Skelett	Verlet- zungen	Sonstige
Bürofachkräfte	12,9	4,8	15,5	6,3	15,5	8,8	36,1
Diätassistentinnen, Pharmazeutisch-technische Assistenten	14,0	3,1	20,4	7,7	10,8	7,8	36,2
Groß- und Einzelhandelskaufleute, Einkäufer	12,6	4,1	17,0	7,0	15,3	11,3	32,7
Kassierer	12,7	5,3	11,4	5,0	22,6	9,0	34,0
Kraftfahrzeugführer	6,1	9,3	8,4	4,9	26,2	15,8	29,3
Kraftfahrzeuginstandsetzer	5,4	4,9	13,9	6,3	23,6	19,3	26,7
Lager-, Transportarbeiter	7,9	6,3	11,9	5,7	27,1	12,6	28,4
Lagerverwalter, Magaziner	7,9	7,2	11,3	5,7	25,7	12,3	29,9
Verkäufer	12,7	4,9	12,7	5,8	20,2	9,8	33,8
Warenaufmacher, Versandfertigmacher	9,1	5,5	11,5	5,6	26,5	10,7	31,1
Warenmaler, -lackierer	8,4	4,1	15,0	7,5	20,8	16,8	27,4
Branche insgesamt	**10,2**	**5,7**	**12,6**	**5,9**	**21,9**	**12,1**	**31,6**
Alle Branchen	**9,6**	**6,2**	**12,4**	**5,7**	**23,1**	**12,3**	**30,7**

Fehlzeiten-Report 2012

Tab. 29.7.15 Verteilung der Arbeitsunfähigkeitsfälle nach Krankheitsarten und ausgewählten Berufsgruppen in der Branche Handel im Jahr 2011, AOK-Mitglieder

Tätigkeit	AU-Fälle in %						
	Psyche	Herz/ Kreislauf	Atem- wege	Verdauung	Muskel/ Skelett	Verlet- zungen	Sonstige
Bürofachkräfte	5,3	3,3	26,8	11,1	10,6	5,9	37,0
Groß- und Einzelhandelskaufleute, Einkäufer	4,8	2,8	27,4	11,5	10,2	7,4	36,0
Kassierer	6,5	4,1	21,4	9,6	15,9	6,9	35,6
Kraftfahrzeugführer	3,8	6,1	16,1	9,7	22,5	11,8	30,0
Kraftfahrzeuginstandsetzer	2,5	2,8	24,4	10,6	16,8	13,5	29,4
Lager-, Transportarbeiter	4,3	4,2	20,6	10,2	21,5	9,0	30,2
Lagerverwalter, Magaziner	4,2	4,5	20,8	10,3	20,0	9,1	31,2
Verkäufer	6,0	3,6	22,8	10,4	13,7	7,4	36,1
Warenaufmacher, Versandfertigmacher	5,0	4,2	20,3	10,2	20,8	7,9	31,6
Warenmaler, -lackierer	3,7	2,7	24,5	11,3	15,6	11,0	31,1
Branche insgesamt	**4,9**	**3,8**	**22,9**	**10,5**	**15,7**	**8,7**	**33,7**
Alle Branchen	**4,9**	**4,1**	**22,2**	**10,2**	**17,1**	**8,8**	**32,7**

Fehlzeiten-Report 2012

Tab. 29.7.16 Anteile der 40 häufigsten Einzeldiagnosen an den AU-Fällen und AU-Tagen in der Branche Handel im Jahr 2011, AOK-Mitglieder

ICD-10	Bezeichnung	AU-Fälle in %	AU-Tage in %
J06	Akute Infektionen der oberen Atemwege	7,5	3,4
M54	Rückenschmerzen	6,1	6,0
A09	Diarrhoe und Gastroenteritis	4,0	1,4
J20	Akute Bronchitis	2,7	1,5
K52	Sonstige nichtinfektiöse Gastroenteritis und Kolitis	2,7	1,0
J40	Bronchitis, nicht als akut oder chronisch bezeichnet	2,2	1,2
K08	Sonstige Krankheiten der Zähne und des Zahnhalteapparates	2,1	0,5
B34	Viruskrankheit nicht näher bezeichneter Lokalisation	1,6	0,7
R10	Bauch- und Beckenschmerzen	1,6	0,8
K29	Gastritis und Duodenitis	1,6	0,8
T14	Verletzung an einer nicht näher bezeichneten Körperregion	1,4	1,3
J03	Akute Tonsillitis	1,3	0,6
I10	Essentielle (primäre) Hypertonie	1,3	2,1
J02	Akute Pharyngitis	1,3	0,6
J01	Akute Sinusitis	1,2	0,6
F32	Depressive Episode	1,2	3,0
J32	Chronische Sinusitis	1,1	0,6
R51	Kopfschmerz	1,0	0,5
F43	Reaktionen auf schwere Belastungen und Anpassungsstörungen	1,0	1,8
R11	Übelkeit und Erbrechen	0,9	0,4
M99	Biomechanische Funktionsstörungen	0,9	0,7
M25	Sonstige Gelenkkrankheiten	0,8	0,9
M53	Sonstige Krankheiten der Wirbelsäule und des Rückens	0,8	0,9
M51	Sonstige Bandscheibenschäden	0,8	1,9
A08	Virusbedingte Darminfektionen	0,8	0,3
M77	Sonstige Enthesopathien	0,7	0,9
S93	Luxation, Verstauchung und Zerrung der Gelenke und Bänder in Höhe des oberen Sprunggelenkes und des Fußes	0,7	0,8
M75	Schulterläsionen	0,7	1,5
J04	Akute Laryngitis und Tracheitis	0,7	0,3
G43	Migräne	0,7	0,3
J11	Grippe, Viren nicht nachgewiesen	0,7	0,3
F45	Somatoforme Störungen	0,7	1,0
J00	Akute Rhinopharyngitis (Erkältungsschnupfen)	0,6	0,3
M79	Sonstige Krankheiten des Weichteilgewebes	0,6	0,6
M23	Binnenschädigung des Kniegelenkes	0,6	1,3
B99	Sonstige Infektionskrankheiten	0,6	0,3
R42	Schwindel und Taumel	0,6	0,4
J98	Sonstige Krankheiten der Atemwege	0,6	0,3
F48	Andere neurotische Störungen	0,6	0,8
N39	Sonstige Krankheiten des Harnsystems	0,6	0,4
	Summe hier	**57,6**	**43,0**
	Restliche	42,4	57,0
	Gesamtsumme	**100,0**	**100,0**

Fehlzeiten-Report 2012

Tab. 29.7.17 Anteile der 40 häufigsten Diagnoseuntergruppen an den AU-Fällen und AU-Tagen in der Branche Handel im Jahr 2011, AOK-Mitglieder

ICD-10	Bezeichnung	AU-Fälle in %	AU-Tage in %
J00–J06	Akute Infektionen der oberen Atemwege	12,6	5,9
M40–M54	Krankheiten der Wirbelsäule und des Rückens	8,2	9,8
A00–A09	Infektiöse Darmkrankheiten	5,2	1,9
M60–M79	Krankheiten der Weichteilgewebe	3,5	4,9
J40–J47	Chronische Krankheiten der unteren Atemwege	3,4	2,3
J20–J22	Sonstige akute Infektionen der unteren Atemwege	3,1	1,7
R50–R69	Allgemeinsymptome	3,1	2,4
K50–K52	Nichtinfektiöse Enteritis und Kolitis	3,0	1,3
M00–M25	Arthropathien	2,8	5,4
R10–R19	Symptome bzgl. Verdauungssystem und Abdomen	2,8	1,6
F40–F48	Neurotische, Belastungs- und somatoforme Störungen	2,7	4,6
K00–K14	Krankheiten der Mundhöhle, der Speicheldrüsen und der Kiefer	2,6	0,8
K20–K31	Krankheiten des Ösophagus, Magens und Duodenums	2,2	1,2
B25–B34	Sonstige Viruskrankheiten	1,8	0,8
J30–J39	Sonstige Krankheiten der oberen Atemwege	1,8	1,1
T08–T14	Verletzungen Rumpf, Extremitäten o. a. Körperregionen	1,6	1,6
F30–F39	Affektive Störungen	1,6	4,3
G40–G47	Episod. und paroxysmale Krankheiten des Nervensystems	1,4	1,1
I10–I15	Hypertonie	1,4	2,3
S60–S69	Verletzungen des Handgelenkes und der Hand	1,3	1,7
S90–S99	Verletzungen der Knöchelregion und des Fußes	1,2	1,6
R00–R09	Symptome bzgl. Kreislauf- und Atmungssystem	1,2	0,8
J09–J18	Grippe und Pneumonie	1,0	0,7
S80–S89	Verletzungen des Knies und des Unterschenkels	1,0	2,1
M95–M99	Sonstige Krankheiten des Muskel-Skelett-Systems und des Bindegewebes	1,0	0,8
Z80–Z99	Potentielle Gesundheitsrisiken aufgrund der Familien- oder Eigenanamnese, Zustände die den Gesundheitszustand beeinflussen	1,0	1,9
N30–N39	Sonstige Krankheiten des Harnsystems	1,0	0,6
R40–R46	Symptome bzgl. Wahrnehmung, Stimmung und Verhalten	0,8	0,6
I80–I89	Krankheiten der Venen, Lymphgefäße und -knoten	0,8	0,9
K55–K63	Sonstige Krankheiten des Darmes	0,7	0,7
J95–J99	Sonstige Krankheiten des Atmungssystems	0,7	0,5
E70–E90	Stoffwechselstörungen	0,7	1,1
N80–N98	Nichtentzündliche Krankheiten des weiblichen Genitaltraktes	0,7	0,6
G50–G59	Krankheiten von Nerven, Nervenwurzeln und Nervenplexus	0,7	1,2
S00–S09	Verletzungen des Kopfes	0,7	0,6
B99–B99	Sonstige Infektionskrankheiten	0,7	0,3
I95–I99	Sonstige Krankheiten des Kreislaufsystems	0,6	0,3
L00–L08	Infektionen der Haut und der Unterhaut	0,6	0,6
D10–D36	Gutartige Neubildungen	0,5	0,6
H65–H75	Krankheiten des Mittelohres und des Warzenfortsatzes	0,5	0,3
	Summe hier	**82,2**	**73,5**
	Restliche	17,8	26,5
	Gesamtsumme	**100,0**	**100,0**

Fehlzeiten-Report 2012

29.8 Land- und Forstwirtschaft

Tab. 29.8.1 Entwicklung des Krankenstands der AOK-Mitglieder in der Branche Land- und Forstwirtschaft in den Jahren 1994 bis 2011

Jahr	Krankenstand in %			AU-Fälle je 100 AOK-Mitglieder			Tage je Fall		
	West	Ost	Bund	West	Ost	Bund	West	Ost	Bund
1994	5,7	5,5	5,6	132,0	114,0	122,7	15,7	15,4	15,5
1995	5,4	5,7	5,6	140,6	137,3	139,2	14,7	15,1	14,9
1996	4,6	5,5	5,1	137,3	125,0	132,3	12,9	16,3	14,2
1997	4,6	5,0	4,8	137,4	117,7	129,7	12,3	15,4	13,4
1998	4,8	4,9	4,8	143,1	121,4	135,1	12,1	14,9	13,0
1999	4,6	6,0	5,3	149,6	142,6	147,6	11,6	14,2	12,3
2000	4,6	5,5	5,0	145,7	139,7	142,7	11,6	14,3	12,9
2001	4,6	5,4	5,0	144,3	130,2	137,6	11,7	15,1	13,2
2002	4,5	5,2	4,8	142,4	126,5	135,0	11,4	15,1	13,0
2003	4,2	4,9	4,5	135,5	120,5	128,5	11,2	14,8	12,8
2004	3,8	4,3	4,0	121,5	109,1	115,6	11,4	14,6	12,8
2005	3,5	4,3	3,9	113,7	102,1	108,4	11,3	15,3	13,0
2006	3,3	4,1	3,7	110,2	96,5	104,3	11,0	15,4	12,8
2007	3,6	4,4	3,9	117,1	102,2	110,8	11,1	15,7	12,9
2008 (WZ03)	3,7	4,6	4,1	121,1	107,6	115,4	11,1	15,7	12,9
2008 (WZ08)*	3,1	4,6	3,9	101,5	101,6	101,6	11,3	16,5	13,9
2009	3,0	5,0	4,0	101,0	108,9	104,8	11,0	16,8	13,9
2010	3,3	5,1	4,2	99,6	112,5	105,6	12,2	16,7	14,4
2011	3,2	4,9	3,9	99,1	114,7	105,8	11,8	15,6	13,5

*aufgrund der Revision der Wirtschaftszweigklassifikation in 2008 ist eine Vergleichbarkeit mit den Vorjahren nur bedingt möglich

Fehlzeiten-Report 2012

Tab. 29.8.2 Arbeitsunfähigkeit der AOK-Mitglieder in der Branche Land- und Forstwirtschaft nach Bundesländern im Jahr 2011 im Vergleich zum Vorjahr

Bundesland	Krankenstand in %	Arbeitsunfähigkeit je 100 AOK-Mitglieder				Tage je Fall	Veränd. z. Vorj. in %	AU-Quote in %
		AU-Fälle	Veränd. z. Vorj. in %	AU-Tage	Veränd. z. Vorj. in %			
Baden-Württemberg	3,0	91,9	2,7	1.112,4	1,5	12,1	-1,6	27,5
Bayern	3,3	95,8	17,0	1.205,0	16,1	12,6	-0,8	31,3
Berlin	4,3	143,1	-0,6	1.583,2	-22,9	11,1	-22,4	43,2
Brandenburg	5,4	108,0	2,0	1.984,8	1,5	18,4	-0,5	45,9
Bremen	3,2	112,7	-12,2	1.160,7	-9,9	10,3	3,0	42,8
Hamburg	3,1	86,1	-20,2	1.130,4	-36,6	13,1	-20,6	23,4
Hessen	4,1	115,6	15,0	1.502,5	9,5	13,0	-4,4	33,2
Mecklenburg-Vorpommern	5,5	103,2	3,7	2.016,4	3,2	19,5	-0,5	45,5
Niedersachsen	3,2	106,5	-9,0	1.180,3	-17,2	11,1	-9,0	35,1
Nordrhein-Westfalen	3,0	96,6	-3,7	1.092,0	-2,2	11,3	1,8	26,5
Rheinland-Pfalz	2,7	90,5	-9,8	990,0	-14,9	10,9	-6,0	18,3
Saarland	4,9	136,4	-4,1	1.803,9	-24,0	13,2	-21,0	47,0
Sachsen	4,3	119,2	0,9	1.585,5	-11,3	13,3	-11,9	49,9
Sachsen-Anhalt	5,2	114,7	8,3	1.885,1	4,3	16,4	-4,1	45,0
Schleswig-Holstein	3,4	99,9	0,4	1.234,3	-9,6	12,4	-9,5	32,1
Thüringen	4,7	122,3	-1,5	1.702,7	-12,7	13,9	-11,5	49,9
West	**3,2**	**99,1**	**-0,5**	**1.166,9**	**-4,1**	**11,8**	**-3,3**	**29,5**
Ost	**4,9**	**114,7**	**2,0**	**1.788,9**	**-4,7**	**15,6**	**-6,6**	**47,7**
Bund	**3,9**	**105,8**	**0,2**	**1.433,0**	**-5,9**	**13,5**	**-6,3**	**36,0**

Fehlzeiten-Report 2012

Tab. 29.8.3 Arbeitsunfähigkeit der AOK-Mitglieder in der Branche Land- und Forstwirtschaft nach Wirtschaftsabteilungen im Jahr 2011

Wirtschaftsabteilung	Krankenstand in %		Arbeitsunfähigkeiten je 100 AOK-Mitglieder		Tage je Fall	AU-Quote in %
	2011	2011 stand.*	Fälle	Tage		
Fischerei und Aquakultur	3,7	3,6	99,4	1.366,6	13,7	39,8
Forstwirtschaft und Holzeinschlag	5,4	4,5	146,3	1.969,3	13,5	48,3
Landwirtschaft, Jagd und damit verbundene Tätigkeiten	3,8	3,7	102,0	1.383,0	13,6	34,9
Branche insgesamt	**3,9**	**4,1**	**105,8**	**1.433,0**	**13,5**	**36,0**
Alle Branchen	**4,7**	**4,7**	**157,3**	**1.725,9**	**11,0**	**53,7**

*Krankenstand alters- und geschlechtsstandardisiert

Fehlzeiten-Report 2012

29

Tab. 29.8.4 Kennzahlen der Arbeitsunfähigkeit der AOK-Mitglieder nach ausgewählten Berufsgruppen in der Branche Land- und Forstwirtschaft im Jahr 2011

Tätigkeit	Krankenstand in %	Arbeitsunfähigkeiten je 100 AOK-Mitglieder		Tage je Fall	AU-Quote in %	Anteil der Berufsgruppe an der Branche in %*
		Fälle	Tage			
Bürofachkräfte	2,9	96,8	1.064,7	11,0	43,5	1,6
Floristen	2,7	113,5	982,9	8,7	47,6	1,6
Gärtner, Gartenarbeiter	3,3	118,5	1.210,2	10,2	34,1	15,9
Kraftfahrzeugführer	4,7	108,0	1.728,0	16,0	46,6	1,7
Landarbeitskräfte	3,0	76,0	1.109,1	14,6	23,2	37,7
Landmaschineninstandsetzer	4,5	113,4	1.650,9	14,6	54,2	1,1
Landwirte, Pflanzenschützer	3,3	113,0	1.221,5	10,8	43,4	8,2
Melker	7,7	117,6	2.812,6	23,9	58,0	2,0
Tierpfleger und verwandte Berufe	5,7	109,4	2.066,5	18,9	48,3	4,6
Tierzüchter	5,0	124,2	1.818,0	14,6	53,2	4,0
Verkäufer	3,8	109,3	1.386,7	12,7	38,7	1,2
Waldarbeiter, Waldnutzer	5,9	157,8	2.150,4	13,6	50,0	5,3
Branche insgesamt	**3,9**	**105,8**	**1.433,0**	**13,5**	**36,0**	**1,6****

* Anteil der AOK-Mitglieder in der Berufsgruppe an den in der Branche beschäftigten AOK-Mitgliedern insgesamt

**Anteil der AOK-Mitglieder in der Branche an allen AOK-Mitgliedern

Fehlzeiten-Report 2012

Tab. 29.8.5 Dauer der Arbeitsunfähigkeit der AOK-Mitglieder in der Branche Land- und Forstwirtschaft im Jahr 2011

Fallklasse	Branche hier		alle Branchen	
	Anteil Fälle in %	Anteil Tage in %	Anteil Fälle in %	Anteil Tage in %
1–3 Tage	32,7	4,7	36,9	6,7
4–7 Tage	27,8	10,4	30,2	13,7
8–14 Tage	18,6	14,2	17,0	15,9
15–21 Tage	7,3	9,3	6,0	9,4
22–28 Tage	3,6	6,6	2,9	6,5
29–42 Tage	4,0	10,1	3,0	9,4
Langzeit-AU (> 42 Tage)	5,9	44,8	4,0	38,3

Fehlzeiten-Report 2012

Tab. 29.8.6 Tage der Arbeitsunfähigkeit je AOK-Mitglied nach Wirtschaftsabteilung und Betriebsgröße in der Branche Land- und Forstwirtschaft im Jahr 2011

Wirtschaftsabteilungen	Betriebsgröße (Anzahl der AOK-Mitglieder)					
	10–49	50–99	100–199	200–499	500–999	≥ 1.000
Fischerei und Aquakultur	16,4	–	–	–	–	–
Forstwirtschaft und Holzeinschlag	18,9	21,8	9,5	–	–	26,1
Landwirtschaft, Jagd und damit verbundene Tätigkeiten	15,8	14,9	11,7	9,9	–	–
Branche insgesamt	**15,9**	**15,4**	**11,5**	**9,9**	–	**21,6**
Alle Branchen	**17,6**	**19,3**	**19,6**	**19,6**	**20,0**	**18,8**

Fehlzeiten-Report 2012

Tab. 29.8.7 Krankenstand in Prozent nach der Stellung im Beruf in der Branche Land- und Forstwirtschaft im Jahr 2011, AOK-Mitglieder

Wirtschaftsabteilung	Stellung im Beruf				
	Auszubildende	Arbeiter	Facharbeiter	Meister, Poliere	Angestellte
Fischerei und Aquakultur	3,9	4,5	3,0	4,6	6,3
Forstwirtschaft und Holzeinschlag	5,5	5,2	6,3	3,7	4,3
Landwirtschaft, Jagd und damit verbundene Tätigkeiten	3,4	3,1	5,1	5,2	3,8
Branche insgesamt	**3,5**	**3,2**	**5,2**	**4,9**	**3,9**
Alle Branchen	**3,9**	**5,8**	**5,2**	**4,0**	**3,8**

Fehlzeiten-Report 2012

Tab. 29.8.8 Tage der Arbeitsunfähigkeit je AOK-Mitglied nach der Stellung im Beruf in der Branche Land- und Forstwirtschaft im Jahr 2011

Wirtschaftsabteilung	Stellung im Beruf				
	Auszubildende	Arbeiter	Facharbeiter	Meister, Poliere	Angestellte
Fischerei und Aquakultur	14,2	16,4	10,9	16,7	22,8
Forstwirtschaft und Holzeinschlag	20,0	19,0	22,9	13,5	15,7
Landwirtschaft, Jagd und damit verbundene Tätigkeiten	12,4	11,3	18,7	18,8	13,9
Branche insgesamt	**12,7**	**11,9**	**19,1**	**18,1**	**14,2**
Alle Branchen	**14,1**	**21,3**	**19,0**	**14,7**	**13,7**

Fehlzeiten-Report 2012

Tab. 29.8.9 Anteil der Arbeitsunfälle an den AU-Fällen und -Tagen in Prozent nach Wirtschaftsabteilungen in der Branche Land- und Forstwirtschaft im Jahr 2011, AOK-Mitglieder

Wirtschaftsabteilung	AU-Fälle in %	AU-Tage in %
Fischerei und Aquakultur	5,8	6,1
Forstwirtschaft und Holzeinschlag	10,8	17,4
Landwirtschaft, Jagd und damit verbundene Tätigkeiten	9,0	12,8
Branche insgesamt	**9,1**	**13,2**
Alle Branchen	**4,0**	**6,2**

Fehlzeiten-Report 2012

Tab. 29.8.10 Tage und Fälle der Arbeitsunfähigkeit durch Arbeitsunfälle nach Berufsgruppen in der Branche Land- und Forstwirtschaft im Jahr 2011, AOK-Mitglieder

Tätigkeit	Arbeitsunfähigkeit je 1.000 AOK-Mitglieder	
	AU-Tage	AU-Fälle
Waldarbeiter, Waldnutzer	4.088,2	178,5
Artisten, Berufssportler, künstlerische Hilfsberufe	3.735,5	239,4
Melker	3.065,9	130,9
Landmaschineninstandsetzer	2.718,3	159,0
Kraftfahrzeugführer	2.545,0	106,7
Tierzüchter	2.388,1	128,7
Landwirte, Pflanzenschützer	2.171,2	136,3
Hilfsarbeiter ohne nähere Tätigkeitsangabe	2.026,5	118,0
Landarbeitskräfte	1.532,8	79,2
Gärtner, Gartenarbeiter	1.179,4	67,4
Branche insgesamt	**1.902,4**	**96,8**
Alle Branchen	**1.065,7**	**62,9**

Fehlzeiten-Report 2012

Tab. 29.8.11 Tage und Fälle der Arbeitsunfähigkeit je 100 AOK-Mitglieder nach Krankheitsarten in der Branche Land- und Forstwirtschaft in den Jahren 1995 bis 2011

Jahr	Arbeitsunfähigkeiten je 100 AOK-Mitglieder											
	Psyche		Herz/Kreislauf		Atemwege		Verdauung		Muskel/Skelett		Verletzungen	
	Tage	Fälle	Tage	Fälle	Tage	Fälle	Tage	Fälle	Tage	Fälle	Tage	Fälle
1995	126,9	4,2	219,6	9,1	368,7	39,5	205,3	20,5	627,2	30,8	415,2	22,9
1996	80,7	3,3	172,3	7,4	306,7	35,5	163,8	19,4	561,5	29,8	409,5	23,9
1997	75,0	3,4	150,6	7,4	270,0	34,3	150,6	19,3	511,1	29,7	390,3	23,9
1998	79,5	3,9	155,0	7,8	279,3	36,9	147,4	19,8	510,9	31,5	376,8	23,7
1999	89,4	4,5	150,6	8,2	309,1	42,0	152,1	21,7	537,3	34,0	366,8	23,7
2000	80,9	4,2	140,7	7,6	278,6	35,9	136,3	18,4	574,4	35,5	397,9	24,0
2001	85,2	4,7	149,4	8,2	262,5	35,1	136,2	18,7	587,8	36,4	390,1	23,6
2002	85,0	4,6	155,5	8,3	237,6	33,0	134,4	19,0	575,3	35,7	376,6	23,5
2003	82,8	4,6	143,9	8,0	233,8	33,1	123,7	17,8	512,0	32,5	368,5	22,5
2004	92,8	4,5	145,0	7,2	195,8	27,0	123,5	17,3	469,8	29,9	344,0	20,9
2005	90,1	4,1	142,3	6,7	208,7	28,6	111,3	14,7	429,7	26,8	336,2	19,7
2006	84,3	4,0	130,5	6,5	164,4	23,4	105,6	15,0	415,1	26,9	341,5	20,3
2007	90,2	4,1	143,8	6,6	187,2	26,9	112,5	16,2	451,4	28,1	347,5	20,0
2008 (WZ03)	94,9	4,5	153,2	7,0	195,6	27,8	119,6	17,3	472,0	29,2	350,9	19,9
2008 (WZ08)*	88,2	4,0	160,5	6,8	176,9	23,8	112,4	15,5	436,4	24,8	336,1	18,3
2009	95,9	4,2	155,5	6,9	207,5	27,5	107,1	15,0	427,5	24,1	337,9	18,2
2010	105,3	4,4	153,8	6,7	181,5	23,5	106,4	14,0	481,0	25,7	368,9	19,1
2011	107,0	4,6	147,4	6,7	173,3	23,4	103,3	13,8	447,2	25,4	344,7	18,8

*aufgrund der Revision der Wirtschaftszweigklassifikation in 2008 ist eine Vergleichbarkeit mit den Vorjahren nur bedingt möglich

Fehlzeiten-Report 2012

Tab. 29.8.12 Verteilung der Arbeitsunfähigkeitstage nach Krankheitsarten in Prozent in der Branche Land- und Forstwirtschaft im Jahr 2011, AOK-Mitglieder

Wirtschaftsabteilung	AU-Tage in %						
	Psyche	Herz/ Kreislauf	Atem- wege	Verdauung	Muskel/ Skelett	Verlet- zungen	Sonstige
Fischerei und Aquakultur	8,9	8,1	10,4	6,7	19,4	15,1	31,5
Forstwirtschaft und Holzeinschlag	4,5	6,5	8,5	4,4	27,2	23,8	25,1
Landwirtschaft, Jagd und damit verbundene Tätigkeiten	5,8	8,0	9,3	5,6	23,2	17,6	30,6
Branche insgesamt	**5,7**	**7,8**	**9,2**	**5,5**	**23,7**	**18,2**	**30,0**
Alle Branchen	**9,6**	**6,2**	**12,4**	**5,7**	**23,1**	**12,3**	**30,7**

Fehlzeiten-Report 2012

Tab. 29.8.13 Verteilung der Arbeitsunfähigkeitsfälle nach Krankheitsarten in Prozent in der Branche Land- und Forstwirtschaft im Jahr 2011, AOK-Mitglieder

Wirtschaftsabteilung	AU-Fälle in %						
	Psyche	Herz/ Kreislauf	Atem- wege	Verdauung	Muskel/ Skelett	Verlet- zungen	Sonstige
Fischerei und Aquakultur	3,3	5,7	17,3	10,4	18,4	11,5	33,3
Forstwirtschaft und Holzeinschlag	2,7	4,3	16,8	9,4	23,5	16,3	27,0
Landwirtschaft, Jagd und damit verbundene Tätigkeiten	3,5	5,1	17,5	10,4	18,3	13,7	31,4
Branche insgesamt	**3,4**	**5,0**	**17,4**	**10,3**	**18,9**	**14,0**	**30,9**
Alle Branchen	**4,9**	**4,1**	**22,2**	**10,2**	**17,1**	**8,8**	**32,7**

Fehlzeiten-Report 2012

Tab. 29.8.14 Verteilung der Arbeitsunfähigkeitstage nach Krankheitsarten und ausgewählten Berufsgruppen in der Branche Land- und Forstwirtschaft im Jahr 2011, AOK-Mitglieder

Tätigkeit	AU-Tage in %						
	Psyche	Herz/ Kreislauf	Atem- wege	Verdauung	Muskel/ Skelett	Verlet- zungen	Sonstige
Floristen	9,0	5,3	14,9	6,9	17,0	10,1	36,8
Gärtner, Gartenarbeiter	6,2	5,6	11,0	6,1	25,0	16,5	29,6
Kraftfahrzeugführer	5,6	9,7	8,1	5,9	21,8	15,8	33,2
Landarbeitskräfte	5,0	9,1	8,3	5,8	22,8	18,5	30,6
Landmaschineninstandsetzer	3,9	13,0	7,4	6,0	20,6	17,2	31,8
Landwirte, Pflanzenschützer	3,7	6,8	12,1	5,8	19,4	24,6	27,6
Melker	6,4	7,9	6,7	5,0	29,3	14,8	29,9
Tierpfleger und verwandte Berufe	5,2	9,4	7,8	4,6	24,9	18,3	29,9
Tierzüchter	5,6	7,5	10,0	5,3	24,5	17,9	29,2
Waldarbeiter, Waldnutzer	3,7	6,5	7,9	4,0	29,2	24,0	24,7
Branche insgesamt	**5,7**	**7,8**	**9,2**	**5,5**	**23,7**	**18,2**	**30,0**
Alle Branchen	**9,6**	**6,2**	**12,4**	**5,7**	**23,1**	**12,3**	**30,7**

Fehlzeiten-Report 2012

Tab. 29.8.15 Verteilung der Arbeitsunfähigkeitsfälle nach Krankheitsarten und ausgewählten Berufsgruppen in der Branche Land- und Forstwirtschaft im Jahr 2011, AOK-Mitglieder

Tätigkeit	**AU-Fälle in %**						
	Psyche	**Herz/ Kreislauf**	**Atemwege**	**Verdauung**	**Muskel/ Skelett**	**Verletzungen**	**Sonstige**
Floristen	4,2	3,4	24,4	11,3	11,3	7,4	38,1
Gärtner, Gartenarbeiter	3,7	3,5	19,7	10,5	19,1	11,7	31,8
Kraftfahrzeugführer	3,7	6,2	15,6	10,7	21,0	12,7	30,1
Landarbeitskräfte	3,3	5,6	15,7	10,4	19,1	15,1	30,9
Landmaschineninstandsetzer	2,2	7,3	15,1	10,6	18,0	15,2	31,6
Landwirte, Pflanzenschützer	2,5	4,2	20,4	11,0	14,3	17,6	29,9
Melker	3,8	6,4	12,7	9,8	22,3	14,7	30,3
Tierpfleger und verwandte Berufe	3,7	6,5	14,4	10,2	19,5	15,8	29,9
Tierzüchter	3,4	5,3	16,7	10,7	18,4	14,9	30,7
Waldarbeiter, Waldnutzer	2,5	4,1	16,2	8,7	25,3	16,9	26,3
Branche insgesamt	**3,4**	**5,0**	**17,4**	**10,3**	**18,9**	**14,0**	**30,9**
Alle Branchen	**4,9**	**4,1**	**22,2**	**10,2**	**17,1**	**8,8**	**32,7**

Fehlzeiten-Report 2012

Tab. 29.8.16 Anteile der 40 häufigsten Einzeldiagnosen an den AU-Fällen und AU-Tagen in der Branche Land- und Forstwirtschaft im Jahr 2011, AOK-Mitglieder

ICD-10	Bezeichnung	AU-Fälle in %	AU-Tage in %
M54	Rückenschmerzen	6,8	6,0
J06	Akute Infektionen der oberen Atemwege	5,2	2,1
K08	Sonstige Krankheiten der Zähne und des Zahnhalteapparates	2,8	0,5
A09	Diarrhoe und Gastroenteritis	2,8	0,9
J20	Akute Bronchitis	2,3	1,2
I10	Essentielle (primäre) Hypertonie	2,2	3,3
T14	Verletzung an einer nicht näher bezeichneten Körperregion	2,2	1,9
K52	Sonstige nichtinfektiöse Gastroenteritis und Kolitis	1,9	0,6
J40	Bronchitis, nicht als akut oder chronisch bezeichnet	1,7	0,8
K29	Gastritis und Duodenitis	1,3	0,6
R10	Bauch- und Beckenschmerzen	1,3	0,6
J03	Akute Tonsillitis	1,1	0,5
B34	Viruskrankheit nicht näher bezeichneter Lokalisation	1,1	0,4
M25	Sonstige Gelenkkrankheiten	1,0	1,1
S93	Luxation, Verstauchung und Zerrung der Gelenke und Bänder in Höhe des oberen Sprunggelenkes und des Fußes	1,0	1,0
M99	Biomechanische Funktionsstörungen	0,9	0,6
M77	Sonstige Enthesopathien	0,9	1,0
M51	Sonstige Bandscheibenschäden	0,8	1,7
M53	Sonstige Krankheiten der Wirbelsäule und des Rückens	0,8	0,9
M75	Schulterläsionen	0,8	1,7
J02	Akute Pharyngitis	0,8	0,3
M23	Binnenschädigung des Kniegelenkes	0,8	1,3
J01	Akute Sinusitis	0,8	0,3
F32	Depressive Episode	0,7	1,5
J32	Chronische Sinusitis	0,7	0,3
F43	Reaktionen auf schwere Belastungen und Anpassungsstörungen	0,7	0,9
M79	Sonstige Krankheiten des Weichteilgewebes	0,7	0,5
R51	Kopfschmerz	0,7	0,3
S60	Oberflächliche Verletzung des Handgelenkes und der Hand	0,6	0,5
S61	Offene Wunde des Handgelenkes und der Hand	0,6	0,6
S83	Luxation, Verstauchung und Zerrung des Kniegelenkes und von Bändern des Kniegelenkes	0,6	1,1
R11	Übelkeit und Erbrechen	0,6	0,3
E11	Diabetes mellitus (Typ-2-Diabetes)	0,6	0,9
M65	Synovitis und Tenosynovitis	0,6	0,7
E66	Adipositas	0,6	0,9
S80	Oberflächliche Verletzung des Unterschenkels	0,5	0,5
M17	Gonarthrose	0,5	1,2
S20	Oberflächliche Verletzung des Thorax	0,5	0,5
A08	Virusbedingte Darminfektionen	0,5	0,2
E78	Störungen des Lipoproteinstoffwechsels und sonstige Lipidämien	0,5	0,8
	Summe hier	**51,5**	**41,0**
	Restliche	48,5	59,0
	Gesamtsumme	**100,0**	**100,0**

Fehlzeiten-Report 2012

29

Tab. 29.8.17 Anteile der 40 häufigsten Diagnoseuntergruppen an den AU-Fällen und AU-Tagen in der Branche Land- und Forstwirtschaft im Jahr 2011, AOK-Mitglieder

ICD-10	Bezeichnung	AU-Fälle in %	AU-Tage in %
M40–M54	Krankheiten der Wirbelsäule und des Rückens	9,2	9,9
J00–J06	Akute Infektionen der oberen Atemwege	8,9	3,7
M60–M79	Krankheiten der Weichteilgewebe	4,1	5,1
M00–M25	Arthropathien	4,0	6,7
A00–A09	Infektiöse Darmkrankheiten	3,6	1,2
K00–K14	Krankheiten der Mundhöhle, der Speicheldrüsen und der Kiefer	3,4	0,7
J40–J47	Chronische Krankheiten der unteren Atemwege	2,8	1,9
J20–J22	Sonstige akute Infektionen der unteren Atemwege	2,7	1,4
T08–T14	Verletzungen Rumpf, Extremitäten o. a. Körperregionen	2,7	2,4
I10–I15	Hypertonie	2,6	3,8
R50–R69	Allgemeinsymptome	2,3	1,8
S60–S69	Verletzungen des Handgelenkes und der Hand	2,2	2,8
K50–K52	Nichtinfektiöse Enteritis und Kolitis	2,2	0,8
R10–R19	Symptome bzgl. Verdauungssystem und Abdomen	2,1	1,2
K20–K31	Krankheiten des Ösophagus, Magens und Duodenums	1,9	1,1
S80–S89	Verletzungen des Knies und des Unterschenkels	1,7	3,3
S90–S99	Verletzungen der Knöchelregion und des Fußes	1,7	2,1
F40–F48	Neurotische, Belastungs- und somatoforme Störungen	1,6	2,1
B25–B34	Sonstige Viruskrankheiten	1,3	0,6
J30–J39	Sonstige Krankheiten der oberen Atemwege	1,2	0,7
R00–R09	Symptome bzgl. Kreislauf- und Atmungssystem	1,2	0,7
S00–S09	Verletzungen des Kopfes	1,2	1,1
Z80–Z99	Potentielle Gesundheitsrisiken aufgrund der Familien- oder Eigenanamnese, Zustände die den Gesundheitszustand beeinflussen	1,1	2,0
M95–M99	Sonstige Krankheiten des Muskel-Skelett-Systems und des Bindegewebes	1,1	0,8
E70–E90	Stoffwechselstörungen	1,1	1,6
G40–G47	Episod. und paroxysmale Krankheiten des Nervensystems	1,0	0,8
F30–F39	Affektive Störungen	0,9	2,0
J09–J18	Grippe und Pneumonie	0,9	0,6
G50–G59	Krankheiten von Nerven, Nervenwurzeln und Nervenplexus	0,9	1,4
S20–S29	Verletzungen des Thorax	0,8	1,1
I80–I89	Krankheiten der Venen, Lymphgefäße und -knoten	0,8	0,8
I30–I52	Sonstige Formen der Herzkrankheit	0,8	1,3
L00–L08	Infektionen der Haut und der Unterhaut	0,7	0,7
N30–N39	Sonstige Krankheiten des Harnsystems	0,7	0,5
E10–E14	Diabetes mellitus	0,7	1,2
S40–S49	Verletzungen der Schulter und des Oberarmes	0,7	1,3
F10–F19	Psychische und Verhaltensstörungen durch psychotrope Substanzen	0,7	0,9
I20–I25	Ischämische Herzkrankheiten	0,7	1,3
K55–K63	Sonstige Krankheiten des Darmes	0,7	0,7
S50–S59	Verletzungen des Ellenbogens und des Unterarmes	0,6	1,2
	Summe hier	**79,5**	**75,3**
	Restliche	20,5	24,7
	Gesamtsumme	**100,0**	**100,0**

Fehlzeiten-Report 2012

29.9 Metallindustrie

Tab. 29.9.1 Entwicklung des Krankenstands der AOK-Mitglieder in der Branche Metallindustrie in den Jahren 1994 bis 2011

Jahr	Krankenstand in %			AU-Fälle je 100 AOK-Mitglieder			Tage je Fall		
	West	Ost	Bund	West	Ost	Bund	West	Ost	Bund
1994	6,4	5,3	6,3	156,5	131,1	153,7	14,2	13,7	14,1
1995	6,0	5,1	5,9	165,7	141,1	163,1	13,6	13,7	13,6
1996	5,5	4,8	5,4	150,0	130,2	147,8	13,9	13,9	13,9
1997	5,3	4,5	5,2	146,7	123,7	144,4	13,1	13,4	13,2
1998	5,3	4,6	5,2	150,0	124,6	147,4	13,0	13,4	13,0
1999	5,6	5,0	5,6	160,5	137,8	158,3	12,8	13,4	12,8
2000	5,6	5,0	5,5	163,1	141,2	161,1	12,6	12,9	12,6
2001	5,5	5,1	5,5	162,6	140,1	160,6	12,4	13,2	12,5
2002	5,5	5,0	5,5	162,2	143,1	160,5	12,5	12,7	12,5
2003	5,2	4,6	5,1	157,1	138,6	155,2	12,0	12,2	12,0
2004	4,8	4,2	4,8	144,6	127,1	142,7	12,2	12,1	12,2
2005	4,8	4,1	4,7	148,0	127,8	145,6	11,9	11,8	11,9
2006	4,5	4,0	4,5	138,8	123,3	136,9	11,9	11,9	11,9
2007	4,8	4,3	4,8	151,2	134,0	149,0	11,7	11,7	11,7
2008 (WZ03)	5,0	4,5	4,9	159,9	142,2	157,5	11,4	11,5	11,4
2008 (WZ08)*	5,0	4,5	5,0	160,8	143,0	158,5	11,5	11,5	11,5
2009	4,9	4,7	4,9	151,1	142,1	149,9	11,9	12,2	11,9
2010	5,1	4,9	5,1	158,9	154,9	158,4	11,7	11,6	11,7
2011	5,1	4,8	5,1	167,9	165,4	167,6	11,1	10,5	11,0

*aufgrund der Revision der Wirtschaftszweigklassifikation in 2008 ist eine Vergleichbarkeit mit den Vorjahren nur bedingt möglich

Fehlzeiten-Report 2012

Tab. 29.9.2 Arbeitsunfähigkeit der AOK-Mitglieder in der Branche Metallindustrie nach Bundesländern im Jahr 2011 im Vergleich zum Vorjahr

Bundesland	Krankenstand in %	Arbeitsunfähigkeit je 100 AOK-Mitglieder				Tage je Fall	Veränd. z. Vorj. in %	AU-Quote in %
		AU-Fälle	Veränd. z. Vorj. in %	AU-Tage	Veränd. z. Vorj. in %			
Baden-Württemberg	5,0	168,7	8,1	1.816,8	2,9	10,8	-4,4	62,1
Bayern	4,6	152,4	4,5	1.663,0	1,6	10,9	-2,7	58,4
Berlin	6,0	153,4	6,2	2.195,7	0,5	14,3	-5,3	57,0
Brandenburg	5,6	162,6	7,5	2.055,4	4,3	12,6	-3,1	60,9
Bremen	4,6	172,5	4,5	1.686,3	-10,1	9,8	-14,0	57,8
Hamburg	6,1	177,0	7,3	2.214,2	2,5	12,5	-4,6	62,7
Hessen	5,9	184,4	6,7	2.144,4	0,9	11,6	-5,7	65,1
Mecklenburg-Vorpommern	6,0	168,4	10,6	2.172,5	11,4	12,9	0,8	61,1
Niedersachsen	4,4	171,7	1,5	1.620,9	-13,6	9,4	-15,3	62,8
Nordrhein-Westfalen	5,9	177,6	4,9	2.138,8	1,9	12,0	-3,2	65,5
Rheinland-Pfalz	5,3	180,0	5,7	1.952,5	-5,1	10,8	-10,7	65,0
Saarland	5,3	135,7	4,0	1.946,6	-12,1	14,3	-15,9	56,6
Sachsen	4,4	162,1	7,3	1.601,1	-5,4	9,9	-11,6	62,0
Sachsen-Anhalt	5,6	165,1	7,3	2.060,4	4,5	12,5	-2,3	60,9
Schleswig-Holstein	5,3	167,4	5,7	1.945,5	-0,9	11,6	-6,5	61,5
Thüringen	4,9	173,9	4,6	1.794,1	-7,1	10,3	-11,2	62,9
West	**5,1**	**167,9**	**5,7**	**1.868,1**	**0,2**	**11,1**	**-5,1**	**62,2**
Ost	**4,8**	**165,4**	**6,8**	**1.740,5**	**-3,4**	**10,5**	**-9,5**	**62,0**
Bund	**5,1**	**167,6**	**5,8**	**1.850,7**	**-0,3**	**11,0**	**-6,0**	**62,2**

Fehlzeiten-Report 2012

Tab. 29.9.3 Arbeitsunfähigkeit der AOK-Mitglieder in der Branche Metallindustrie nach Wirtschaftsabteilungen im Jahr 2011

Wirtschaftsabteilung	Krankenstand in %		Arbeitsunfähigkeiten je 100 AOK-Mitglieder		Tage je Fall	AU-Quote in %
	2011	2011 stand.*	Fälle	Tage		
Herstellung von Datenverarbeitungsgeräten, elektronischen und optischen Erzeugnissen	4,4	4,4	163,1	1.616,2	9,9	59,8
Herstellung von elektrischen Ausrüstungen	5,1	4,9	167,5	1.848,8	11,0	62,4
Herstellung von Kraftwagen und Kraftwagenteilen	5,5	5,4	167,6	1.991,8	11,9	62,1
Herstellung von Metallerzeugnissen	5,2	5,0	172,5	1.913,6	11,1	62,6
Maschinenbau	4,6	4,4	161,6	1.686,0	10,4	61,5
Metallerzeugung und -bearbeitung	5,9	5,3	174,3	2.141,6	12,3	64,9
Sonstiger Fahrzeugbau	4,9	4,8	165,2	1.804,5	10,9	61,2
Branche insgesamt	**5,1**	**4,5**	**167,6**	**1.850,7**	**11,0**	**62,2**
Alle Branchen	**4,7**	**4,7**	**157,3**	**1.725,9**	**11,0**	**53,7**

*Krankenstand alters- und geschlechtsstandardisiert

Fehlzeiten-Report 2012

Tab. 29.9.4 Kennzahlen der Arbeitsunfähigkeit der AOK-Mitglieder nach ausgewählten Berufsgruppen in der Branche Metallindustrie im Jahr 2011

Tätigkeit	Krankenstand in %	Arbeitsunfähigkeiten je 100 AOK-Mitglieder		Tage je Fall	AU-Quote in %	Anteil der Berufsgruppe an der Branche in %*
		Fälle	Tage			
Bauschlosser	5,8	189,2	2.125,9	11,2	67,3	1,6
Betriebsschlosser, Reparaturschlosser	5,0	165,7	1.831,1	11,1	64,1	1,5
Bürofachkräfte	2,7	128,5	982,2	7,6	51,9	5,9
Dreher	4,8	177,0	1.765,2	10,0	65,4	4,0
Elektrogeräte-, Elektroteilemontierer	6,6	195,8	2.405,2	12,3	68,8	2,8
Elektrogerätebauer	3,8	165,6	1.390,6	8,4	61,0	1,7
Elektroinstallateure, -monteure	4,4	153,4	1.607,4	10,5	60,3	2,9
Industriemechaniker	5,3	183,5	1.949,0	10,6	63,3	2,3
Kunststoffverarbeiter	6,2	189,5	2.253,3	11,9	68,3	1,5
Lager-, Transportarbeiter	6,0	175,4	2.208,2	12,6	64,5	2,3
Maschinenschlosser	4,7	164,3	1.713,3	10,4	64,7	5,2
Metallarbeiter	6,1	184,2	2.224,9	12,1	66,2	7,6
Schweißer, Brennschneider	6,3	189,3	2.294,8	12,1	67,2	2,4
Sonstige Mechaniker	4,4	175,7	1.598,8	9,1	63,8	1,7
Sonstige Montierer	6,5	185,9	2.388,1	12,8	65,7	4,7
Sonstige Techniker	3,2	120,2	1.160,6	9,7	52,6	1,7
Stahlbauschlosser, Eisenschiffbauer	5,4	185,7	1.973,4	10,6	67,0	2,6
Warenaufmacher, Versandfertigmacher	6,2	178,7	2.279,8	12,8	66,0	1,2
Warenprüfer, -sortierer	5,7	167,1	2.062,3	12,3	64,4	1,5
Werkzeugmacher	4,2	162,2	1.526,5	9,4	63,9	2,5
Branche insgesamt	**5,1**	**167,6**	**1.850,7**	**11,0**	**62,2**	**11,4****

* Anteil der AOK-Mitglieder in der Berufsgruppe an den in der Branche beschäftigten AOK-Mitgliedern insgesamt

**Anteil der AOK-Mitglieder in der Branche an allen AOK-Mitgliedern

Fehlzeiten-Report 2012

Tab. 29.9.5 Dauer der Arbeitsunfähigkeit der AOK-Mitglieder in der Branche Metallindustrie im Jahr 2011

Fallklasse	Branche hier		alle Branchen	
	Anteil Fälle in %	Anteil Tage in %	Anteil Fälle in %	Anteil Tage in %
1–3 Tage	37,2	6,7	36,9	6,7
4–7 Tage	29,6	13,2	30,2	13,7
8–14 Tage	17,0	16,0	17,0	15,9
15–21 Tage	6,0	9,5	6,0	9,4
22–28 Tage	3,1	6,8	2,9	6,5
29–42 Tage	3,1	9,8	3,0	9,4
Langzeit-AU (> 42 Tage)	4,0	38,1	4,0	38,3

Fehlzeiten-Report 2012

Tab. 29.9.6 Tage der Arbeitsunfähigkeit je AOK-Mitglied nach Wirtschaftsabteilung und Betriebsgröße in der Branche Metallindustrie im Jahr 2011

Wirtschaftsabteilungen	Betriebsgröße (Anzahl der AOK-Mitglieder)					
	10–49	50–99	100–199	200–499	500–999	≥ 1.000
Herstellung von Datenverarbeitungsgeräten, elektronischen und optischen Erzeugnissen	15,4	17,1	18,6	18,1	16,3	13,2
Herstellung von elektrischen Ausrüstungen	17,4	18,3	18,9	20,1	19,1	21,1
Herstellung von Kraftwagen und Kraftwagenteilen	17,7	19,7	20,0	20,1	20,0	20,3
Herstellung von Metallerzeugnissen	19,4	19,9	19,7	20,3	21,0	15,3
Maschinenbau	16,7	17,2	17,6	16,8	16,8	18,3
Metallerzeugung und -bearbeitung	21,5	21,7	21,7	22,2	21,2	21,1
Sonstiger Fahrzeugbau	17,4	18,4	17,9	19,8	18,1	17,6
Branche insgesamt	**18,1**	**18,8**	**19,2**	**19,3**	**18,9**	**19,7**
Alle Branchen	**17,6**	**19,3**	**19,6**	**19,6**	**20,0**	**18,8**

Fehlzeiten-Report 2012

Tab. 29.9.7 Krankenstand in Prozent nach der Stellung im Beruf in der Branche Metallindustrie im Jahr 2011, AOK-Mitglieder

Wirtschaftsabteilung	Stellung im Beruf				
	Auszubildende	Arbeiter	Facharbeiter	Meister, Poliere	Angestellte
Herstellung von Datenverarbeitungsgeräten, elektronischen und optischen Erzeugnissen	2,9	5,8	4,5	4,1	2,9
Herstellung von elektrischen Ausrüstungen	3,2	6,3	4,8	3,1	2,6
Herstellung von Kraftwagen und Kraftwagenteilen	3,2	6,2	5,4	3,1	2,5
Herstellung von Metallerzeugnissen	4,1	6,2	5,3	4,2	3,5
Maschinenbau	3,3	6,0	4,9	3,3	2,7
Metallerzeugung und -bearbeitung	3,7	6,7	5,6	4,0	3,3
Sonstiger Fahrzeugbau	3,2	6,3	5,5	3,2	3,0
Branche insgesamt	**3,6**	**6,2**	**5,1**	**3,6**	**2,9**
Alle Branchen	**3,9**	**5,8**	**5,2**	**4,0**	**3,8**

Fehlzeiten-Report 2012

Tab. 29.9.8 Tage der Arbeitsunfähigkeit je AOK-Mitglied nach der Stellung im Beruf in der Branche Metallindustrie im Jahr 2011

Wirtschaftsabteilung	Stellung im Beruf				
	Auszubildende	Arbeiter	Facharbeiter	Meister, Poliere	Angestellte
Herstellung von Datenverarbeitungsgeräten, elektronischen und optischen Erzeugnissen	10,7	21,3	16,6	14,8	10,4
Herstellung von elektrischen Ausrüstungen	11,6	22,8	17,7	11,4	9,4
Herstellung von Kraftwagen und Kraftwagenteilen	11,6	22,7	19,7	11,3	9,1
Herstellung von Metallerzeugnissen	15,0	22,6	19,2	15,2	12,7
Maschinenbau	12,2	21,8	18,1	12,1	9,7
Metallerzeugung und -bearbeitung	13,5	24,4	20,3	14,8	12,0
Sonstiger Fahrzeugbau	11,8	22,8	20,1	11,6	11,1
Branche insgesamt	**13,0**	**22,7**	**18,8**	**13,2**	**10,5**
Alle Branchen	**14,1**	**21,3**	**19,0**	**14,7**	**13,7**

Fehlzeiten-Report 2012

Tab. 29.9.9 Anteil der Arbeitsunfälle an den AU-Fällen und -Tagen in Prozent nach Wirtschaftsabteilungen in der Branche Metallindustrie im Jahr 2011, AOK-Mitglieder

Wirtschaftsabteilung	AU-Fälle in %	AU-Tage in %
Herstellung von Datenverarbeitungsgeräten, elektronischen und optischen Erzeugnissen	2,1	3,2
Herstellung von elektrischen Ausrüstungen	2,9	4,2
Herstellung von Kraftwagen und Kraftwagenteilen	3,3	4,4
Herstellung von Metallerzeugnissen	5,7	7,7
Maschinenbau	4,6	6,4
Metallerzeugung und -bearbeitung	6,0	7,8
Sonstiger Fahrzeugbau	4,3	6,2
Branche insgesamt	**4,5**	**6,2**
Alle Branchen	**4,0**	**6,2**

Fehlzeiten-Report 2012

Tab. 29.9.10 Tage und Fälle der Arbeitsunfähigkeit durch Arbeitsunfälle nach Berufsgruppen in der Branche Metallindustrie im Jahr 2011, AOK-Mitglieder

Tätigkeit	Arbeitsunfähigkeit je 1.000 AOK-Mitglieder	
	AU-Tage	AU-Fälle
Halbzeugputzer und sonstige Formgießerberufe	2.736,8	193,8
Bauschlosser	2.396,8	161,2
Stahlbauschlosser, Eisenschiffbauer	2.191,7	155,9
Feinblechner	1.813,2	134,7
Schweißer, Brennschneider	1.808,8	130,5
Blechpresser, -zieher, -stanzer	1.562,8	95,2
Betriebsschlosser, Reparaturschlosser	1.513,8	98,7
Metallarbeiter	1.325,4	82,6
Maschinenschlosser	1.300,7	95,1
Drahtverformer, -verarbeiter	1.296,4	87,4
Lager-, Transportarbeiter	1.286,7	66,3
Dreher	1.207,8	88,9
Hilfsarbeiter ohne nähere Tätigkeitsangabe	1.199,8	76,4
Metallschleifer	1.165,2	87,5
Maschineneinrichter	1.118,3	70,9
Elektroinstallateure, -monteure	1.086,7	66,7
Kunststoffverarbeiter	1.030,0	65,8
Sonstige Mechaniker	1.003,5	84,7
Werkzeugmacher	945,5	79,1
Sonstige Montierer	904,6	54,5
Branche insgesamt	**1.146,5**	**75,6**
Alle Branchen	**1.065,7**	**62,9**

Fehlzeiten-Report 2012

Tab. 29.9.11 Tage und Fälle der Arbeitsunfähigkeit je 100 AOK-Mitglieder nach Krankheitsarten in der Branche Metallindustrie in den Jahren 2000 bis 2011

Jahr	Arbeitsunfähigkeiten je 100 AOK-Mitglieder											
	Psyche		Herz/Kreislauf		Atemwege		Verdauung		Muskel/Skelett		Verletzungen	
	Tage	Fälle	Tage	Fälle	Tage	Fälle	Tage	Fälle	Tage	Fälle	Tage	Fälle
2000	125,2	5,6	163,1	8,5	332,7	46,5	148,6	20,8	655,7	39,1	343,6	23,5
2001	134,9	6,4	165,4	9,1	310,6	45,6	149,9	21,6	672,0	40,8	338,9	23,4
2002	141,7	6,8	164,9	9,4	297,9	44,1	151,1	22,5	671,3	41,1	338,9	23,1
2003	134,5	6,7	156,5	9,3	296,8	45,1	142,2	21,5	601,3	37,9	314,5	21,7
2004	151,3	6,8	168,4	8,7	258,0	38,0	143,5	21,0	574,9	36,1	305,3	20,4
2005	150,7	6,6	166,7	8,7	300,6	44,4	136,0	19,6	553,4	35,3	301,1	19,9
2006	147,1	6,5	163,0	8,8	243,0	36,7	135,7	20,3	541,1	35,1	304,5	20,2
2007	154,4	6,9	164,0	8,8	275,3	42,1	142,2	21,8	560,3	36,0	303,9	20,2
2008 (WZ03)	162,9	7,1	168,5	9,2	287,2	44,6	148,4	23,3	580,4	37,9	308,6	20,7
2008 (WZ08)*	165,0	7,2	171,3	9,3	289,2	44,7	149,3	23,3	590,7	38,5	311,8	20,9
2009	170,6	7,2	173,4	8,7	303,3	46,3	137,9	19,0	558,2	34,1	307,9	19,0
2010	181,8	7,8	174,6	9,2	277,7	43,2	136,6	20,7	606,6	38,2	322,3	20,4
2011	182,7	8,2	162,0	9,1	288,6	45,2	134,1	21,0	583,0	38,7	311,7	20,4

*aufgrund der Revision der Wirtschaftszweigklassifikation in 2008 ist eine Vergleichbarkeit mit den Vorjahren nur bedingt möglich

Fehlzeiten-Report 2012

Tab. 29.9.12 Verteilung der Arbeitsunfähigkeitstage nach Krankheitsarten in Prozent in der Branche Metallindustrie im Jahr 2011, AOK-Mitglieder

Wirtschaftsabteilung	AU-Tage in %						
	Psyche	Herz/ Kreislauf	Atem-wege	Verdauung	Muskel/ Skelett	Verlet-zungen	Sonstige
Herstellung von Datenverarbeitungs-geräten, elektronischen und optischen Erzeugnissen	10,1	6,0	13,9	5,9	22,3	10,3	31,4
Herstellung von elektrischen Aus-rüstungen	8,7	6,5	12,3	5,7	24,7	11,1	31,0
Herstellung von Kraftwagen und Kraftwagenteilen	8,0	6,6	12,2	5,6	26,9	11,4	29,2
Herstellung von Metallerzeugnissen	7,4	6,9	11,7	5,6	25,1	14,6	28,8
Maschinenbau	7,3	7,1	12,4	5,8	23,4	14,1	29,8
Metallerzeugung und -bearbeitung	7,0	7,5	12,0	5,6	25,4	14,1	28,5
Sonstiger Fahrzeugbau	7,2	7,0	12,7	5,6	24,5	13,2	29,8
Branche insgesamt	**7,7**	**6,9**	**12,2**	**5,7**	**24,7**	**13,2**	**29,5**
Alle Branchen	**9,6**	**6,2**	**12,4**	**5,7**	**23,1**	**12,3**	**30,7**

Fehlzeiten-Report 2012

Tab. 29.9.13 Verteilung der Arbeitsunfähigkeitsfälle nach Krankheitsarten in Prozent in der Branche Metallindustrie im Jahr 2011, AOK-Mitglieder

Wirtschaftsabteilung	AU-Fälle in %						
	Psyche	Herz/ Kreislauf	Atem-wege	Verdauung	Muskel/ Skelett	Verlet-zungen	Sonstige
Herstellung von Datenverarbeitungs-geräten, elektronischen und optischen Erzeugnissen	4,9	4,1	24,0	10,6	16,1	7,1	33,1
Herstellung von elektrischen Aus-rüstungen	4,5	4,4	22,3	10,4	18,4	8,0	31,9
Herstellung von Kraftwagen und Kraftwagenteilen	4,3	4,6	21,5	9,9	20,6	8,6	30,5
Herstellung von Metallerzeugnissen	3,7	4,3	21,1	10,2	19,1	11,1	30,4
Maschinenbau	3,6	4,3	22,7	10,3	17,9	10,4	30,8
Metallerzeugung und -bearbeitung	3,7	4,8	20,9	9,9	20,3	11,1	29,4
Sonstiger Fahrzeugbau	3,8	4,6	22,3	10,1	18,7	9,8	30,8
Branche insgesamt	**4,0**	**4,4**	**21,9**	**10,2**	**18,8**	**9,9**	**30,8**
Alle Branchen	**4,9**	**4,1**	**22,2**	**10,2**	**17,1**	**8,8**	**32,7**

Fehlzeiten-Report 2012

Tab. 29.9.14 Verteilung der Arbeitsunfähigkeitstage nach Krankheitsarten und ausgewählten Berufsgruppen in der Branche Metallindustrie im Jahr 2011, AOK-Mitglieder

Tätigkeit	AU-Tage in %						
	Psyche	Herz/Kreislauf	Atem-wege	Verdauung	Muskel/Skelett	Verlet-zungen	Sonstige
Bauschlosser	6,0	7,0	10,8	5,5	25,2	18,1	27,3
Bürofachkräfte	12,2	4,8	16,9	6,4	13,9	9,2	36,6
Drahtverformer, -verarbeiter	8,4	7,3	10,9	5,1	26,2	11,6	30,6
Dreher	6,9	7,2	13,0	6,2	22,4	15,5	28,9
Elektrogeräte-, Elektroteilemontierer	10,2	5,8	11,9	5,1	26,3	8,4	32,4
Elektrogerätebauer	7,6	5,4	15,6	6,6	20,5	13,6	30,7
Elektroinstallateure, -monteure	7,2	7,3	12,5	5,6	22,9	14,4	30,1
Halbzeugputzer und sonstige Formgießerberufe	5,6	6,9	12,0	4,9	29,2	14,8	26,7
Hilfsarbeiter ohne nähere Tätigkeitsangabe	7,8	5,7	12,9	6,0	26,5	12,6	28,5
Industriemechaniker	6,4	6,5	11,2	5,8	24,4	19,0	26,6
Kunststoffverarbeiter	8,3	7,0	11,5	5,2	27,6	10,9	29,5
Lager-, Transportarbeiter	7,8	7,3	10,9	5,7	26,4	11,5	30,4
Maschineneinrichter	8,0	7,9	11,6	5,7	24,9	12,7	29,1
Maschinenschlosser	6,2	7,3	12,0	5,7	23,7	16,4	28,7
Metallarbeiter	8,1	7,1	11,6	5,5	26,6	12,0	29,2
Schweißer, Brennschneider	5,9	7,8	11,8	5,4	27,9	13,9	27,3
Sonstige Mechaniker	6,5	5,2	14,4	6,5	22,6	17,1	27,8
Sonstige Montierer	9,2	6,5	11,0	5,2	28,5	10,0	29,7
Stahlbauschlosser, Eisenschiffbauer	5,1	6,6	11,4	5,7	25,5	19,2	26,5
Werkzeugmacher	6,5	6,6	13,3	6,3	21,4	17,1	28,8
Branche insgesamt	**7,7**	**6,9**	**12,2**	**5,7**	**24,7**	**13,2**	**29,5**
Alle Branchen	**9,6**	**6,2**	**12,4**	**5,7**	**23,1**	**12,3**	**30,7**

Fehlzeiten-Report 2012

29

Tab. 29.9.15 Verteilung der Arbeitsunfähigkeitsfälle nach Krankheitsarten und ausgewählten Berufsgruppen in der Branche Metallindustrie im Jahr 2011, AOK-Mitglieder

Tätigkeit	AU-Fälle in %						
	Psyche	Herz/ Kreislauf	Atem-wege	Verdauung	Muskel/ Skelett	Verlet-zungen	Sonstige
Bauschlosser	3,1	4,1	20,8	9,7	19,4	14,0	28,9
Bürofachkräfte	4,7	3,3	28,2	11,2	10,0	5,9	36,7
Drahtverformer, -verarbeiter	4,5	4,7	19,5	9,8	21,0	9,2	31,1
Dreher	3,5	4,2	23,0	10,6	17,2	11,3	30,1
Elektrogeräte-, Elektroteilemontierer	5,7	4,7	20,8	9,7	19,7	5,9	33,5
Elektrogerätebauer	3,7	3,3	26,5	10,9	14,3	9,8	31,6
Elektroinstallateure, -monteure	3,5	4,6	23,1	10,4	17,6	10,0	30,9
Halbzeugputzer und sonstige Formgießerberufe	3,3	4,4	19,4	8,6	23,6	13,7	27,0
Hilfsarbeiter ohne nähere Tätigkeitsangabe	4,2	4,0	21,3	10,6	20,6	9,2	30,0
Industriemechaniker	3,3	3,7	20,6	10,6	18,9	14,5	28,3
Kunststoffverarbeiter	4,5	4,7	20,6	9,7	21,7	8,3	30,6
Lager-, Transportarbeiter	4,5	5,1	20,1	10,0	21,0	8,5	30,8
Maschineneinrichter	4,3	4,7	21,2	10,1	19,4	10,0	30,3
Maschinenschlosser	3,1	4,3	22,4	10,1	18,1	12,2	29,9
Metallarbeiter	4,3	4,8	20,5	9,9	21,2	9,2	30,2
Schweißer, Brennschneider	3,3	4,9	20,2	9,5	22,1	11,7	28,4
Sonstige Mechaniker	3,2	3,4	24,7	11,0	15,8	12,0	29,9
Sonstige Montierer	5,0	4,7	19,8	9,7	21,9	7,7	31,4
Stahlbauschlosser, Eisenschiffbauer	2,6	4,0	21,1	9,9	18,8	14,5	29,1
Werkzeugmacher	3,0	3,8	23,6	10,9	15,8	12,2	30,8
Branche insgesamt	**4,0**	**4,4**	**21,9**	**10,2**	**18,8**	**9,9**	**30,8**
Alle Branchen	**4,9**	**4,1**	**22,2**	**10,2**	**17,1**	**8,8**	**32,7**

Fehlzeiten-Report 2012

Tab. 29.9.16 Anteile der 40 häufigsten Einzeldiagnosen an den AU-Fällen und AU-Tagen in der Branche Metallindustrie im Jahr 2011, AOK-Mitglieder

ICD-10	Bezeichnung	AU-Fälle in %	AU-Tage in %
M54	Rückenschmerzen	7,3	6,9
J06	Akute Infektionen der oberen Atemwege	7,3	3,3
A09	Diarrhoe und Gastroenteritis	3,3	1,1
J20	Akute Bronchitis	2,8	1,5
K08	Sonstige Krankheiten der Zähne und des Zahnhalteapparates	2,4	0,5
J40	Bronchitis, nicht als akut oder chronisch bezeichnet	2,2	1,2
K52	Sonstige nichtinfektiöse Gastroenteritis und Kolitis	2,2	0,8
I10	Essentielle (primäre) Hypertonie	1,7	2,6
T14	Verletzung an einer nicht näher bezeichneten Körperregion	1,7	1,5
B34	Viruskrankheit nicht näher bezeichneter Lokalisation	1,5	0,7
K29	Gastritis und Duodenitis	1,4	0,7
R10	Bauch- und Beckenschmerzen	1,2	0,6
J02	Akute Pharyngitis	1,1	0,5
J03	Akute Tonsillitis	1,1	0,5
J01	Akute Sinusitis	1,1	0,5
F32	Depressive Episode	1,0	2,3
J32	Chronische Sinusitis	1,0	0,5
M25	Sonstige Gelenkkrankheiten	1,0	1,1
M53	Sonstige Krankheiten der Wirbelsäule und des Rückens	1,0	1,1
M77	Sonstige Enthesopathien	1,0	1,2
M99	Biomechanische Funktionsstörungen	0,9	0,7
M51	Sonstige Bandscheibenschäden	0,9	2,0
R51	Kopfschmerz	0,9	0,4
M75	Schulterläsionen	0,9	1,8
M23	Binnenschädigung des Kniegelenkes	0,7	1,4
M79	Sonstige Krankheiten des Weichteilgewebes	0,7	0,6
F43	Reaktionen auf schwere Belastungen und Anpassungsstörungen	0,7	1,1
J11	Grippe, Viren nicht nachgewiesen	0,7	0,3
A08	Virusbedingte Darminfektionen	0,7	0,2
S93	Luxation, Verstauchung und Zerrung der Gelenke und Bänder in Höhe des oberen Sprunggelenkes und des Fußes	0,7	0,7
R11	Übelkeit und Erbrechen	0,7	0,3
R42	Schwindel und Taumel	0,6	0,4
J00	Akute Rhinopharyngitis (Erkältungsschnupfen)	0,6	0,2
M47	Spondylose	0,6	0,8
B99	Sonstige Infektionskrankheiten	0,6	0,3
J98	Sonstige Krankheiten der Atemwege	0,6	0,3
J04	Akute Laryngitis und Tracheitis	0,5	0,3
S61	Offene Wunde des Handgelenkes und der Hand	0,5	0,6
F45	Somatoforme Störungen	0,5	0,8
R50	Fieber sonstiger und unbekannter Ursache	0,5	0,3
	Summe hier	**56,8**	**42,6**
	Restliche	43,2	57,4
	Gesamtsumme	**100,0**	**100,0**

Fehlzeiten-Report 2012

29

Tab. 29.9.17 Anteile der 40 häufigsten Diagnoseuntergruppen an den AU-Fällen und AU-Tagen in der Branche Metallindustrie im Jahr 2011, AOK-Mitglieder

ICD-10	Bezeichnung	AU-Fälle in %	AU-Tage in %
J00–J06	Akute Infektionen der oberen Atemwege	11,7	5,4
M40–M54	Krankheiten der Wirbelsäule und des Rückens	9,8	11,2
A00–A09	Infektiöse Darmkrankheiten	4,3	1,6
M60–M79	Krankheiten der Weichteilgewebe	4,2	5,7
J40–J47	Chronische Krankheiten der unteren Atemwege	3,6	2,4
M00–M25	Arthropathien	3,5	5,9
J20–J22	Sonstige akute Infektionen der unteren Atemwege	3,3	1,8
K00–K14	Krankheiten der Mundhöhle, der Speicheldrüsen und der Kiefer	3,0	0,7
R50–R69	Allgemeinsymptome	2,8	2,1
K50–K52	Nichtinfektiöse Enteritis und Kolitis	2,6	1,0
R10–R19	Symptome bzgl. Verdauungssystem und Abdomen	2,1	1,2
K20–K31	Krankheiten des Ösophagus, Magens und Duodenums	2,1	1,1
T08–T14	Verletzungen Rumpf, Extremitäten o. a. Körperregionen	2,0	1,8
I10–I15	Hypertonie	1,9	3,0
F40–F48	Neurotische, Belastungs- und somatoforme Störungen	1,9	3,0
S60–S69	Verletzungen des Handgelenkes und der Hand	1,8	2,4
B25–B34	Sonstige Viruskrankheiten	1,7	0,8
J30–J39	Sonstige Krankheiten der oberen Atemwege	1,6	1,0
F30–F39	Affektive Störungen	1,3	3,3
G40–G47	Episod. und paroxysmale Krankheiten des Nervensystems	1,2	1,0
R00–R09	Symptome bzgl. Kreislauf- und Atmungssystem	1,2	0,8
S90–S99	Verletzungen der Knöchelregion und des Fußes	1,2	1,5
J09–J18	Grippe und Pneumonie	1,1	0,8
S80–S89	Verletzungen des Knies und des Unterschenkels	1,1	2,1
M95–M99	Sonstige Krankheiten des Muskel-Skelett-Systems und des Bindegewebes	1,1	0,8
Z80–Z99	Potentielle Gesundheitsrisiken aufgrund der Familien- oder Eigenanamnese, Zustände die den Gesundheitszustand beeinflussen	1,0	1,9
E70–E90	Stoffwechselstörungen	0,8	1,3
I80–I89	Krankheiten der Venen, Lymphgefäße und -knoten	0,8	0,9
K55–K63	Sonstige Krankheiten des Darmes	0,8	0,7
R40–R46	Symptome bzgl. Wahrnehmung, Stimmung und Verhalten	0,8	0,6
G50–G59	Krankheiten von Nerven, Nervenwurzeln und Nervenplexus	0,7	1,3
S00–S09	Verletzungen des Kopfes	0,7	0,6
J95–J99	Sonstige Krankheiten des Atmungssystems	0,7	0,5
I20–I25	Ischämische Herzkrankheiten	0,6	1,3
L00–L08	Infektionen der Haut und der Unterhaut	0,6	0,7
B99–B99	Sonstige Infektionskrankheiten	0,6	0,3
F10–F19	Psychische und Verhaltensstörungen durch psychotrope Substanzen	0,6	1,1
N30–N39	Sonstige Krankheiten des Harnsystems	0,6	0,4
I30–I52	Sonstige Formen der Herzkrankheit	0,6	1,0
E10–E14	Diabetes mellitus	0,6	1,0
	Summe hier	**82,6**	**76,0**
	Restliche	17,4	24,0
	Gesamtsumme	**100,0**	**100,0**

Fehlzeiten-Report 2012

29.10 Öffentliche Verwaltung

Tab. 29.10.1 Entwicklung des Krankenstands der AOK-Mitglieder in der Branche Öffentliche Verwaltung in den Jahren 1994 bis 2011

Jahr	Krankenstand in %			AU-Fälle je 100 AOK-Mitglieder			Tage je Fall		
	West	Ost	Bund	West	Ost	Bund	West	Ost	Bund
1994	7,3	5,9	6,9	161,2	129,1	152,0	16,2	14,9	15,9
1995	6,9	6,3	6,8	166,7	156,3	164,1	15,6	14,9	15,4
1996	6,4	6,0	6,3	156,9	155,6	156,6	15,4	14,7	15,2
1997	6,2	5,8	6,1	158,4	148,8	156,3	14,4	14,1	14,3
1998	6,3	5,7	6,2	162,6	150,3	160,0	14,2	13,8	14,1
1999	6,6	6,2	6,5	170,7	163,7	169,3	13,8	13,6	13,8
2000	6,4	5,9	6,3	172,0	174,1	172,5	13,6	12,3	13,3
2001	6,1	5,9	6,1	165,8	161,1	164,9	13,5	13,3	13,5
2002	6,0	5,7	5,9	167,0	161,9	166,0	13,0	12,9	13,0
2003	5,7	5,3	5,6	167,3	158,8	165,7	12,4	12,2	12,3
2004	5,3	5,0	5,2	154,8	152,2	154,3	12,5	12,0	12,4
2005**	5,3	4,5	5,1	154,1	134,3	150,0	12,6	12,2	12,5
2006	5,1	4,7	5,0	148,7	144,7	147,9	12,5	11,8	12,3
2007	5,3	4,8	5,2	155,5	151,1	154,6	12,4	11,7	12,3
2008 (WZ03)	5,3	4,9	5,2	159,8	152,1	158,3	12,2	11,8	12,1
2008 (WZ08)*	5,3	4,9	5,2	159,9	152,2	158,4	12,1	11,8	12,1
2009	5,5	5,3	5,4	167,9	164,9	167,3	11,9	11,7	11,8
2010	5,5	5,7	5,5	164,8	184,6	168,2	12,2	11,3	12,0
2011	5,5	5,5	5,5	174,0	191,3	177,3	11,5	10,5	11,3

*aufgrund der Revision der Wirtschaftszweigklassifikation in 2008 ist eine Vergleichbarkeit mit den Vorjahren nur bedingt möglich

**ohne Sozialversicherung/Arbeitsförderung

Fehlzeiten-Report 2012

Tab. 29.10.2 Arbeitsunfähigkeit der AOK-Mitglieder in der Branche Öffentliche Verwaltung nach Bundesländern im Jahr 2011 im Vergleich zum Vorjahr

Bundesland	Krankenstand in %	Arbeitsunfähigkeit je 100 AOK-Mitglieder				Tage je Fall	Veränd. z. Vorj. in %	AU-Quote in %
		AU-Fälle	Veränd. z. Vorj. in %	AU-Tage	Veränd. z. Vorj. in %			
Baden-Württemberg	5,1	165,8	8,0	1.867,6	2,9	11,3	-4,2	61,4
Bayern	4,8	146,5	3,3	1.758,8	-0,9	12,0	-4,0	57,7
Berlin	6,5	196,2	6,2	2.371,8	7,8	12,1	1,7	60,2
Brandenburg	6,2	180,7	3,7	2.273,5	-0,9	12,6	-4,5	65,2
Bremen	5,4	193,6	0,6	1.962,7	-6,8	10,1	-7,3	63,3
Hamburg	6,6	194,8	13,7	2.404,1	17,1	12,3	2,5	60,8
Hessen	6,3	205,7	8,9	2.307,8	1,8	11,2	-6,7	66,3
Mecklenburg-Vorpommern	6,4	182,4	1,8	2.332,8	0,2	12,8	-1,5	64,0
Niedersachsen	4,9	180,6	-1,0	1.793,1	-17,0	9,9	-16,1	63,9
Nordrhein-Westfalen	6,4	193,9	5,7	2.337,9	4,7	12,1	-0,8	65,1
Rheinland-Pfalz	5,7	188,9	0,5	2.063,2	-9,8	10,9	-10,7	64,5
Saarland	6,1	177,9	1,9	2.243,0	-7,7	12,6	-9,4	64,1
Sachsen	4,9	195,6	1,5	1.786,8	-8,7	9,1	-9,9	66,1
Sachsen-Anhalt	6,2	190,4	14,5	2.279,3	7,7	12,0	-5,5	64,1
Schleswig-Holstein	6,1	177,7	2,9	2.243,1	0,1	12,6	-3,1	62,5
Thüringen	5,4	193,9	1,5	1.953,9	-8,7	10,1	-9,8	64,7
West	**5,5**	**174,0**	**5,6**	**1.996,8**	**-0,3**	**11,5**	**-5,7**	**62,1**
Ost	**5,5**	**191,3**	**3,6**	**1.999,8**	**-4,2**	**10,5**	**-7,1**	**65,3**
Bund	**5,5**	**177,3**	**5,4**	**1.997,4**	**-1,0**	**11,3**	**-5,8**	**62,7**

Fehlzeiten-Report 2012

Tab. 29.10.3 Arbeitsunfähigkeit der AOK-Mitglieder in der Branche Öffentliche Verwaltung nach Wirtschaftsabteilungen im Jahr 2011

Wirtschaftsabteilung	Krankenstand in %		Arbeitsunfähigkeiten je 100 AOK-Mitglieder		Tage je Fall	AU-Quote in %
	2011	2011 stand.*	Fälle	Tage		
Exterritoriale Organisationen und Körperschaften	7,1	6,0	208,0	2.603,0	12,5	67,7
Öffentliche Verwaltung	5,5	5,0	174,3	2.011,9	11,5	62,2
Sozialversicherung	4,8	4,5	181,2	1.769,7	9,8	65,2
Branche insgesamt	**5,5**	**5,0**	**177,3**	**1.997,4**	**11,3**	**62,7**
Alle Branchen	**4,7**	**4,7**	**157,3**	**1.725,9**	**11,0**	**53,7**

*Krankenstand alters- und geschlechtsstandardisiert

Fehlzeiten-Report 2012

Tab. 29.10.4 Kennzahlen der Arbeitsunfähigkeit der AOK-Mitglieder nach ausgewählten Berufsgruppen in der Branche Öffentliche Verwaltung im Jahr 2011

Tätigkeit	Krankenstand in %	Arbeitsunfähigkeiten je 100 AOK-Mitglieder		Tage je Fall	AU-Quote in %	Anteil der Berufsgruppe an der Branche in %*
		Fälle	Tage			
Bauhilfsarbeiter	7,1	187,5	2.601,9	13,9	67,8	1,9
Bürofachkräfte	4,5	174,5	1.652,3	9,5	63,1	32,5
Bürohilfskräfte	6,8	190,9	2.483,3	13,0	63,0	1,4
Gärtner, Gartenarbeiter	7,9	233,6	2.872,6	12,3	70,2	2,8
Hochschullehrer, Dozenten an höheren Fachschulen und Akademien	1,4	68,5	514,2	7,5	28,3	0,3
Kindergärtnerinnen, Kinderpfleger	4,6	212,6	1.668,0	7,8	67,8	6,7
Köche	7,9	208,4	2.891,9	13,9	66,6	1,7
Kraftfahrzeugführer	6,7	172,5	2.436,3	14,1	63,8	1,6
Krankenschwestern, -pfleger, Hebammen	5,6	157,2	2.051,5	13,1	61,1	0,3
Lager-, Transportarbeiter	7,1	194,4	2.574,5	13,2	66,4	1,8
Leitende und administrativ entscheidende Verwaltungsfachleute	3,2	129,1	1.155,1	8,9	48,3	1,3
Pförtner, Hauswarte	5,5	127,6	2.006,8	15,7	55,1	3,1
Raum-, Hausratreiniger	7,0	164,7	2.572,7	15,6	63,3	8,3
Real-, Volks-, Sonderschullehrer	3,2	120,5	1.160,8	9,6	43,3	0,6
Sozialarbeiter, Sozialpfleger	4,4	158,4	1.619,1	10,2	58,5	1,7
Stenographen, Stenotypisten, Maschinenschreiber	5,3	176,0	1.929,2	11,0	64,3	2,3
Straßenreiniger, Abfallbeseitiger	8,4	222,6	3.048,4	13,7	71,3	1,3
Straßenwarte	6,5	207,1	2.379,1	11,5	72,7	1,9
Wächter, Aufseher	6,8	172,5	2.499,7	14,5	59,9	1,1
Waldarbeiter, Waldnutzer	7,7	215,7	2.825,5	13,1	73,7	1,3
Branche insgesamt	**5,5**	**177,3**	**1.997,4**	**11,3**	**62,7**	**4,7****

* Anteil der AOK-Mitglieder in der Berufsgruppe an den in der Branche beschäftigten AOK-Mitgliedern insgesamt

**Anteil der AOK-Mitglieder in der Branche an allen AOK-Mitgliedern

Fehlzeiten-Report 2012

Tab. 29.10.5 Dauer der Arbeitsunfähigkeit der AOK-Mitglieder in der Branche Öffentliche Verwaltung im Jahr 2011

Fallklasse	Branche hier		alle Branchen	
	Anteil Fälle in %	Anteil Tage in %	Anteil Fälle in %	Anteil Tage in %
1–3 Tage	37,4	6,5	36,9	6,7
4–7 Tage	27,8	12,1	30,2	13,7
8–14 Tage	17,7	16,2	17,0	15,9
15–21 Tage	6,4	9,8	6,0	9,4
22–28 Tage	3,3	7,1	2,9	6,5
29–42 Tage	3,4	10,3	3,0	9,4
Langzeit-AU (> 42 Tage)	4,0	37,9	4,0	38,3

Fehlzeiten-Report 2012

Tab. 29.10.6 Tage der Arbeitsunfähigkeit je AOK-Mitglied nach Wirtschaftsabteilung und Betriebsgröße in der Branche Öffentliche Verwaltung im Jahr 2011

Wirtschaftsabteilungen	Betriebsgröße (Anzahl der AOK-Mitglieder)					
	10–49	50–99	100–199	200–499	500–999	≥ 1.000
Exterritoriale Organisationen und Körperschaften	16,7	–	–	–	29,7	27,6
Öffentliche Verwaltung	18,2	20,0	20,1	21,9	24,0	21,4
Sozialversicherung	19,5	21,0	19,1	20,5	20,2	17,1
Branche insgesamt	**18,2**	**20,1**	**20,2**	**21,9**	**23,7**	**19,9**
Alle Branchen	**17,6**	**19,3**	**19,6**	**19,6**	**20,0**	**18,8**

Fehlzeiten-Report 2012

Tab. 29.10.7 Krankenstand in Prozent nach der Stellung im Beruf in der Branche Öffentliche Verwaltung im Jahr 2011, AOK-Mitglieder

Wirtschaftsabteilung	Stellung im Beruf				
	Auszubildende	Arbeiter	Facharbeiter	Meister, Poliere	Angestellte
Exterritoriale Organisationen und Körperschaften	3,7	8,1	8,5	5,5	5,9
Öffentliche Verwaltung	3,5	8,0	6,7	4,6	4,7
Sozialversicherung	3,1	7,0	4,3	4,2	4,5
Branche insgesamt	**3,3**	**8,0**	**6,8**	**4,6**	**4,8**
Alle Branchen	**3,9**	**5,8**	**5,2**	**4,0**	**3,8**

Fehlzeiten-Report 2012

Tab. 29.10.8 Tage der Arbeitsunfähigkeit je AOK-Mitglied nach der Stellung im Beruf in der Branche Öffentliche Verwaltung im Jahr 2011

Wirtschaftsabteilung	Stellung im Beruf				
	Auszubildende	Arbeiter	Facharbeiter	Meister, Poliere	Angestellte
Exterritoriale Organisationen und Körperschaften	13,6	29,5	31,0	20,0	21,4
Öffentliche Verwaltung	12,8	29,2	24,6	16,7	17,2
Sozialversicherung	11,2	25,4	15,5	15,2	16,4
Branche insgesamt	**12,1**	**29,3**	**24,6**	**16,8**	**17,4**
Alle Branchen	**14,1**	**21,3**	**19,0**	**14,7**	**13,7**

Fehlzeiten-Report 2012

Tab. 29.10.9 Anteil der Arbeitsunfälle an den AU-Fällen und -Tagen in Prozent nach Wirtschaftsabteilungen in der Branche Öffentliche Verwaltung im Jahr 2011, AOK-Mitglieder

Wirtschaftsabteilung	AU-Fälle in %	AU-Tage in %
Exterritoriale Organisationen und Körperschaften	2,8	4,2
Öffentliche Verwaltung	2,9	4,6
Sozialversicherung	0,9	1,5
Branche insgesamt	**2,4**	**3,9**
Alle Branchen	**4,0**	**6,2**

Fehlzeiten-Report 2012

Tab. 29.10.10 Tage und Fälle der Arbeitsunfähigkeit durch Arbeitsunfälle nach Berufsgruppen in der Branche Öffentliche Verwaltung im Jahr 2011, AOK-Mitglieder

Tätigkeit	Arbeitsunfähigkeit je 1.000 AOK-Mitglieder	
	AU-Tage	AU-Fälle
Waldarbeiter, Waldnutzer	3.574,4	184,0
Straßenbauer	2.288,3	117,8
Haus-, Gewerbediener	2.227,0	111,9
Sonstige Bauhilfsarbeiter, Bauhelfer	1.983,3	103,5
Bauhilfsarbeiter	1.976,1	96,5
Straßenwarte	1.929,5	113,8
Gärtner, Gartenarbeiter	1.670,2	108,3
Straßenreiniger, Abfallbeseitiger	1.650,3	92,9
Kraftfahrzeuginstandsetzer	1.597,9	86,9
Postverteiler	1.530,0	84,1
Hilfsarbeiter ohne nähere Tätigkeitsangabe	1.436,3	72,1
Kraftfahrzeugführer	1.362,8	66,2
Pförtner, Hauswarte	1.169,3	51,6
Elektroinstallateure, -monteure	1.124,0	59,1
Wächter, Aufseher	1.049,2	56,8
Köche	951,8	50,2
Raum-, Hausratreiniger	799,5	32,0
Bürohilfskräfte	608,3	32,4
Kindergärtnerinnen, Kinderpfleger	315,7	25,3
Bürofachkräfte	271,9	16,5
Branche insgesamt	**782,2**	**42,4**
Alle Branchen	**1.065,7**	**62,9**

Fehlzeiten-Report 2012

Tab. 29.10.11 Tage und Fälle der Arbeitsunfähigkeit je 100 AOK-Mitglieder nach Krankheitsarten in der Branche Öffentliche Verwaltung in den Jahren 1995 bis 2011

Jahr	Arbeitsunfähigkeiten je 100 AOK-Mitglieder											
	Psyche		Herz/Kreislauf		Atemwege		Verdauung		Muskel/Skelett		Verletzungen	
	Tage	Fälle	Tage	Fälle	Tage	Fälle	Tage	Fälle	Tage	Fälle	Tage	Fälle
1995	168,1	4,2	272,1	9,1	472,7	39,5	226,4	20,5	847,3	30,8	327,6	22,9
1996	165,0	3,3	241,9	7,4	434,5	35,5	199,8	19,4	779,1	29,8	312,4	23,9
1997	156,7	3,4	225,2	7,4	395,1	34,3	184,0	19,3	711,5	29,7	299,8	23,9
1998	165,0	3,9	214,1	7,8	390,7	36,9	178,4	19,8	720,0	31,5	288,1	23,7
1999	176,0	4,5	207,0	8,2	427,8	42,0	179,1	21,7	733,3	34,0	290,5	23,7
2000	198,5	8,1	187,3	10,1	392,0	50,5	160,6	21,3	749,6	41,4	278,9	17,4
2001	208,7	8,9	188,4	10,8	362,4	48,7	157,4	21,7	745,4	41,8	272,9	17,1
2002	210,1	9,4	182,7	10,9	344,1	47,7	157,9	23,0	712,8	41,6	267,9	17,1
2003	203,2	9,4	170,5	11,1	355,1	50,5	151,5	22,8	644,3	39,3	257,9	16,5
2004	213,8	9,6	179,9	10,2	313,1	43,6	153,1	22,5	619,0	37,9	251,5	15,5
2005**	211,4	9,4	179,4	10,1	346,2	47,2	142,3	19,7	594,5	36,4	252,5	15,1
2006	217,8	9,4	175,5	10,2	297,4	42,0	142,8	21,3	585,5	35,9	248,5	15,0
2007	234,4	9,9	178,3	10,1	326,0	46,2	148,6	22,3	600,6	36,1	239,2	14,1
2008 (WZ03)	245,1	10,2	176,0	10,2	331,8	47,6	150,3	22,9	591,9	36,1	238,2	14,2
2008 (WZ08)*	245,2	10,3	175,9	10,2	332,0	47,7	150,4	22,9	591,5	36,2	238,0	14,2
2009	255,2	10,8	177,1	10,2	387,0	54,8	148,5	22,8	577,6	35,8	245,5	14,5
2010	278,4	11,3	177,0	10,1	337,6	49,3	142,8	21,4	618,1	37,5	261,2	15,3
2011	288,0	12,0	170,1	10,3	351,1	50,7	140,4	22,0	591,0	37,5	250,0	15,0

*aufgrund der Revision der Wirtschaftszweigklassifikation in 2008 ist eine Vergleichbarkeit mit den Vorjahren nur bedingt möglich

**ohne Sozialversicherung/Arbeitsförderung

Fehlzeiten-Report 2012

Tab. 29.10.12 Verteilung der Arbeitsunfähigkeitstage nach Krankheitsarten in Prozent in der Branche Öffentliche Verwaltung im Jahr 2011, AOK-Mitglieder

Wirtschaftsabteilung	AU-Tage in %						
	Psyche	Herz/ Kreislauf	Atem-wege	Verdauung	Muskel/ Skelett	Verlet-zungen	Sonstige
Auswärtige Angelegenheiten, Verteidigung, Rechtspflege, öffentliche Sicherheit und Ordnung	10,2	6,5	12,6	5,3	24,6	9,4	31,5
Exterritoriale Organisationen und Körperschaften	9,3	7,2	11,8	5,5	25,2	8,9	32,0
Öffentliche Verwaltung	10,2	6,8	13,0	5,2	23,4	10,1	31,2
Sozialversicherung	15,5	5,2	15,9	5,9	16,5	7,1	33,9
Branche insgesamt	**11,0**	**6,5**	**13,4**	**5,4**	**22,5**	**9,5**	**31,7**
Alle Branchen	**9,6**	**6,2**	**12,4**	**5,7**	**23,1**	**12,3**	**30,7**

Fehlzeiten-Report 2012

Tab. 29.10.13 Verteilung der Arbeitsunfähigkeitsfälle nach Krankheitsarten in Prozent in der Branche Öffentliche Verwaltung im Jahr 2011, AOK-Mitglieder

Wirtschaftsabteilung	AU-Fälle in %						
	Psyche	Herz/ Kreislauf	Atem- wege	Verdauung	Muskel/ Skelett	Verlet- zungen	Sonstige
Auswärtige Angelegenheiten, Verteidigung, Rechtspflege, öffentliche Sicherheit und Ordnung	5,7	5,2	20,8	9,8	19,2	6,7	32,6
Exterritoriale Organisationen und Körperschaften	5,6	5,4	19,5	9,0	21,5	6,7	32,4
Öffentliche Verwaltung	5,2	4,7	22,7	9,8	17,7	7,3	32,7
Sozialversicherung	6,3	4,0	26,3	10,8	12,5	5,0	35,1
Branche insgesamt	**5,5**	**4,7**	**23,0**	**10,0**	**17,0**	**6,8**	**33,1**
Alle Branchen	**4,9**	**4,1**	**22,2**	**10,2**	**17,1**	**8,8**	**32,7**

Fehlzeiten-Report 2012

Tab. 29.10.14 Verteilung der Arbeitsunfähigkeitstage nach Krankheitsarten und ausgewählten Berufsgruppen in der Branche Öffentliche Verwaltung im Jahr 2011, AOK-Mitglieder

Tätigkeit	AU-Tage in %						
	Psyche	Herz/ Kreislauf	Atem- wege	Verdauung	Muskel/ Skelett	Verlet- zungen	Sonstige
Bauhilfsarbeiter	6,3	8,5	9,3	5,2	29,1	12,5	29,1
Bürofachkräfte	14,9	5,3	16,1	5,8	16,1	7,5	34,3
Bürohilfskräfte	12,1	7,3	12,3	5,2	21,8	7,9	33,3
Gärtner, Gartenarbeiter	8,1	6,3	12,1	5,2	29,2	11,6	27,4
Haus-, Gewerbediener	4,9	8,2	8,7	4,9	29,7	14,4	29,3
Hilfsarbeiter ohne nähere Tätigkeitsangabe	6,0	9,0	12,2	5,7	26,1	11,9	29,0
Kindergärtnerinnen, Kinderpfleger	15,3	3,6	21,0	5,8	14,3	7,1	32,9
Köche	12,4	6,0	11,1	4,4	27,6	8,5	30,1
Kraftfahrzeugführer	6,8	8,7	10,7	5,2	28,0	10,2	30,3
Lager-, Transportarbeiter	7,0	8,1	10,8	5,4	27,9	12,0	28,8
Pförtner, Hauswarte	8,7	10,3	9,4	5,1	24,2	10,5	31,8
Raum-, Hausratreiniger	9,7	6,7	10,6	4,4	29,0	8,1	31,6
Sozialarbeiter, Sozialpfleger	16,4	5,2	16,2	4,8	16,2	7,8	33,3
Stenographen, Stenotypistinnen, Maschinenschreiber	14,8	5,4	14,5	5,2	17,4	7,0	35,8
Straßenreiniger, Abfallbeseitiger	7,0	7,4	11,5	5,8	30,4	11,9	26,1
Straßenwarte	5,0	7,0	11,9	6,2	28,3	14,3	27,2
Waldarbeiter, Waldnutzer	5,0	7,6	9,3	4,4	30,7	17,1	25,9
Branche insgesamt	**11,0**	**6,5**	**13,4**	**5,4**	**22,5**	**9,5**	**31,7**
Alle Branchen	**9,6**	**6,2**	**12,4**	**5,7**	**23,1**	**12,3**	**30,7**

Fehlzeiten-Report 2012

Tab. 29.10.15 Verteilung der Arbeitsunfähigkeitsfälle nach Krankheitsarten und ausgewählten Berufsgruppen in der Branche Öffentliche Verwaltung im Jahr 2011, AOK-Mitglieder

Tätigkeit	AU-Fälle in %						
	Psyche	Herz/ Kreislauf	Atem-wege	Verdauung	Muskel/ Skelett	Verlet-zungen	Sonstige
Bauhilfsarbeiter	3,6	5,9	17,2	9,3	24,9	9,9	29,2
Bürofachkräfte	6,2	4,0	26,1	10,6	12,4	5,2	35,4
Bürohilfskräfte	6,2	5,6	21,6	9,8	17,4	5,9	33,5
Gärtner, Gartenarbeiter	4,3	4,5	19,4	9,4	23,9	9,4	29,0
Haus-, Gewerbediener	3,3	6,1	16,1	9,0	24,8	10,9	29,8
Hilfsarbeiter ohne nähere Tätigkeitsangabe	4,6	6,0	19,0	10,2	22,0	8,5	29,7
Kindergärtnerinnen, Kinderpfleger	5,7	2,7	32,1	10,1	9,6	4,5	35,3
Köche	6,3	5,2	18,7	9,1	20,8	6,4	33,5
Kraftfahrzeugführer	4,2	6,6	17,2	9,4	23,6	7,6	31,4
Lager-, Transportarbeiter	4,4	5,7	17,9	9,8	23,7	8,7	29,8
Pförtner, Hauswarte	5,0	7,4	16,9	9,7	20,5	8,0	32,7
Raum-, Hausratreiniger	6,0	5,6	18,5	9,1	21,9	6,1	32,8
Sozialarbeiter, Sozialpfleger	6,9	3,7	28,6	9,1	11,4	5,5	34,8
Stenographen, Stenotypistinnen, Maschinenschreiber	7,5	4,5	23,7	10,0	14,1	5,1	35,2
Straßenreiniger, Abfallbeseitiger	4,3	5,4	18,6	9,4	24,9	9,1	28,4
Straßenwarte	3,1	4,7	19,4	10,0	23,5	10,6	28,8
Waldarbeiter, Waldnutzer	2,9	4,8	17,4	8,6	26,4	13,4	26,5
Branche insgesamt	**5,5**	**4,7**	**23,0**	**10,0**	**17,0**	**6,8**	**33,1**
Alle Branchen	**4,9**	**4,1**	**22,2**	**10,2**	**17,1**	**8,8**	**32,7**

Fehlzeiten-Report 2012

Tab. 29.10.16 Anteile der 40 häufigsten Einzeldiagnosen an den AU-Fällen und AU-Tagen in der Branche Öffentliche Verwaltung im Jahr 2011, AOK-Mitglieder

ICD-10	Bezeichnung	AU-Fälle in %	AU-Tage in %
J06	Akute Infektionen der oberen Atemwege	7,3	3,5
M54	Rückenschmerzen	6,2	5,9
A09	Diarrhoe und Gastroenteritis	2,9	1,1
J20	Akute Bronchitis	2,9	1,7
K08	Sonstige Krankheiten der Zähne und des Zahnhalteapparates	2,5	0,5
J40	Bronchitis, nicht als akut oder chronisch bezeichnet	2,2	1,3
I10	Essentielle (primäre) Hypertonie	1,9	2,7
K52	Sonstige nichtinfektiöse Gastroenteritis und Kolitis	1,9	0,7
B34	Viruskrankheit nicht näher bezeichneter Lokalisation	1,5	0,7
F32	Depressive Episode	1,4	3,3
J01	Akute Sinusitis	1,4	0,7
R10	Bauch- und Beckenschmerzen	1,3	0,6
K29	Gastritis und Duodenitis	1,3	0,7
J32	Chronische Sinusitis	1,2	0,6
J02	Akute Pharyngitis	1,2	0,5
F43	Reaktionen auf schwere Belastungen und Anpassungsstörungen	1,1	1,8
T14	Verletzung an einer nicht näher bezeichneten Körperregion	1,1	0,9
J03	Akute Tonsillitis	1,1	0,5
M53	Sonstige Krankheiten der Wirbelsäule und des Rückens	0,9	1,0
M51	Sonstige Bandscheibenschäden	0,9	1,8
M99	Biomechanische Funktionsstörungen	0,9	0,6
M25	Sonstige Gelenkkrankheiten	0,8	0,9
M75	Schulterläsionen	0,8	1,6
M77	Sonstige Enthesopathien	0,8	1,0
J04	Akute Laryngitis und Tracheitis	0,8	0,4
R51	Kopfschmerz	0,8	0,4
F45	Somatoforme Störungen	0,7	1,1
G43	Migräne	0,7	0,3
M79	Sonstige Krankheiten des Weichteilgewebes	0,7	0,7
M23	Binnenschädigung des Kniegelenkes	0,6	1,2
N39	Sonstige Krankheiten des Harnsystems	0,6	0,4
F48	Andere neurotische Störungen	0,6	0,9
J11	Grippe, Viren nicht nachgewiesen	0,6	0,3
R11	Übelkeit und Erbrechen	0,6	0,4
R42	Schwindel und Taumel	0,6	0,4
M47	Spondylose	0,6	0,8
A08	Virusbedingte Darminfektionen	0,6	0,2
J00	Akute Rhinopharyngitis (Erkältungsschnupfen)	0,6	0,3
J98	Sonstige Krankheiten der Atemwege	0,6	0,3
M17	Gonarthrose	0,5	1,1
	Summe hier	**55,7**	**43,8**
	Restliche	44,3	56,2
	Gesamtsumme	**100,0**	**100,0**

Fehlzeiten-Report 2012

Tab. 29.10.17 Anteile der 40 häufigsten Diagnoseuntergruppen an den AU-Fällen und AU-Tagen der Branche Öffentliche Verwaltung im Jahr 2011, AOK-Mitglieder

ICD-10	Bezeichnung	AU-Fälle in %	AU-Tage in %
J00–J06	Akute Infektionen der oberen Atemwege	12,3	6,0
M40–M54	Krankheiten der Wirbelsäule und des Rückens	8,6	9,9
A00–A09	Infektiöse Darmkrankheiten	3,8	1,4
M60–M79	Krankheiten der Weichteilgewebe	3,8	5,1
J40–J47	Chronische Krankheiten der unteren Atemwege	3,7	2,6
M00–M25	Arthropathien	3,4	5,8
J20–J22	Sonstige akute Infektionen der unteren Atemwege	3,3	2,0
K00–K14	Krankheiten der Mundhöhle, der Speicheldrüsen und der Kiefer	3,1	0,7
F40–F48	Neurotische, Belastungs- und somatoforme Störungen	2,9	4,8
R50–R69	Allgemeinsymptome	2,8	2,3
K50–K52	Nichtinfektiöse Enteritis und Kolitis	2,2	1,0
I10–I15	Hypertonie	2,2	3,0
R10–R19	Symptome bzgl. Verdauungssystem und Abdomen	2,1	1,3
K20–K31	Krankheiten des Ösophagus, Magens und Duodenums	1,9	1,1
F30–F39	Affektive Störungen	1,9	5,0
J30–J39	Sonstige Krankheiten der oberen Atemwege	1,8	1,1
B25–B34	Sonstige Viruskrankheiten	1,7	0,8
G40–G47	Episod. und paroxysmale Krankheiten des Nervensystems	1,6	1,2
T08–T14	Verletzungen Rumpf, Extremitäten o. a. Körperregionen	1,3	1,1
Z80–Z99	Potentielle Gesundheitsrisiken aufgrund der Familien- oder Eigenanamnese, Zustände die den Gesundheitszustand beeinflussen	1,2	2,0
R00–R09	Symptome bzgl. Kreislauf- und Atmungssystem	1,1	0,8
N30–N39	Sonstige Krankheiten des Harnsystems	1,1	0,6
J09–J18	Grippe und Pneumonie	1,0	0,8
M95–M99	Sonstige Krankheiten des Muskel-Skelett-Systems und des Bindegewebes	1,0	0,8
E70–E90	Stoffwechselstörungen	0,9	1,3
S80–S89	Verletzungen des Knies und des Unterschenkels	0,9	1,8
K55–K63	Sonstige Krankheiten des Darmes	0,9	0,8
S90–S99	Verletzungen der Knöchelregion und des Fußes	0,9	1,1
I80–I89	Krankheiten der Venen, Lymphgefäße und -knoten	0,8	0,9
R40–R46	Symptome bzgl. Wahrnehmung, Stimmung und Verhalten	0,8	0,6
S60–S69	Verletzungen des Handgelenkes und der Hand	0,7	1,0
J95–J99	Sonstige Krankheiten des Atmungssystems	0,7	0,5
G50–G59	Krankheiten von Nerven, Nervenwurzeln und Nervenplexus	0,7	1,2
C00–C97	Bösartige Neubildungen	0,7	2,3
D10–D36	Gutartige Neubildungen	0,7	0,6
N80–N98	Nichtentzündliche Krankheiten des weiblichen Genitaltraktes	0,6	0,6
E10–E14	Diabetes mellitus	0,6	1,0
I30–I52	Sonstige Formen der Herzkrankheit	0,6	0,9
B99–B99	Sonstige Infektionskrankheiten	0,6	0,3
I20–I25	Ischämische Herzkrankheiten	0,5	1,0
	Summe hier	**81,4**	**77,1**
	Restliche	18,6	22,9
	Gesamtsumme	**100,0**	**100,0**

Fehlzeiten-Report 2012

29

29.11 Verarbeitendes Gewerbe

Tab. 29.11.1 Entwicklung des Krankenstands der AOK-Mitglieder in der Branche Verarbeitendes Gewerbe in den Jahren 1994 bis 2011

Jahr	Krankenstand in %			AU-Fälle je 100 AOK-Mitglieder			Tage je Fall		
	West	Ost	Bund	West	Ost	Bund	West	Ost	Bund
1994	6,3	5,5	6,2	151,4	123,7	148,0	14,9	15,3	14,9
1995	6,0	5,3	5,9	157,5	133,0	154,6	14,6	15,2	14,7
1996	5,4	5,9	5,3	141,8	122,4	139,5	14,7	15,2	14,8
1997	5,1	4,5	5,1	139,0	114,1	136,1	13,8	14,5	13,8
1998	5,3	4,6	5,2	142,9	118,8	140,1	13,7	14,5	13,8
1999	5,6	5,2	5,6	152,7	133,3	150,5	13,5	14,4	13,6
2000	5,7	5,2	5,6	157,6	140,6	155,7	13,2	13,6	13,3
2001	5,6	5,3	5,6	155,6	135,9	153,5	13,2	14,2	13,3
2002	5,5	5,2	5,5	154,7	136,9	152,7	13,0	13,8	13,1
2003	5,1	4,8	5,1	149,4	132,8	147,4	12,5	13,2	12,6
2004	4,8	4,4	4,7	136,5	120,2	134,4	12,8	13,3	12,8
2005	4,8	4,3	4,7	138,6	119,4	136,0	12,5	13,2	12,6
2006	4,6	4,2	4,5	132,9	115,4	130,5	12,6	13,1	12,7
2007	4,9	4,5	4,8	143,1	124,7	140,5	12,5	13,1	12,6
2008 (WZ03)	5,1	4,8	5,0	150,9	132,8	148,3	12,3	13,3	12,4
2008 (WZ08)*	5,0	4,8	5,0	151,7	132,9	148,9	12,2	13,1	12,3
2009	5,1	5,0	5,0	153,0	138,6	150,8	12,2	13,2	12,4
2010	5,3	5,2	5,2	153,7	149,0	153,0	12,5	12,7	12,6
2011	5,2	5,0	5,2	159,9	155,1	159,2	12,0	11,7	11,9

*aufgrund der Revision der Wirtschaftszweigklassifikation in 2008 ist eine Vergleichbarkeit mit den Vorjahren nur bedingt möglich

Fehlzeiten-Report 2012

Tab. 29.11.2 Arbeitsunfähigkeit der AOK-Mitglieder in der Branche Verarbeitendes Gewerbe nach Bundesländern im Jahr 2011 im Vergleich zum Vorjahr

Bundesland	Krankenstand in %	Arbeitsunfähigkeit je 100 AOK-Mitglieder				Tage je Fall	Veränd. z. Vorj. in %	AU-Quote in %
		AU-Fälle	Veränd. z. Vorj. in %	AU-Tage	Veränd. z. Vorj. in %			
Baden-Württemberg	5,3	167,4	6,7	1.924,0	2,8	11,5	-3,4	61,0
Bayern	4,8	141,6	4,3	1.742,1	3,1	12,3	-1,6	56,2
Berlin	6,0	147,8	3,3	2.195,3	0,1	14,8	-3,3	53,8
Brandenburg	5,7	152,5	4,4	2.079,0	2,1	13,6	-2,2	59,1
Bremen	5,6	169,2	4,6	2.056,8	1,7	12,2	-2,4	61,9
Hamburg	6,3	177,8	0,9	2.316,2	-7,7	13,0	-8,5	59,6
Hessen	6,0	169,4	3,6	2.207,2	1,2	13,0	-2,3	62,5
Mecklenburg-Vorpommern	5,7	154,0	3,5	2.092,9	2,1	13,6	-1,4	58,3
Niedersachsen	4,8	163,7	0,9	1.742,3	-14,5	10,6	-15,9	62,2
Nordrhein-Westfalen	5,8	171,0	3,4	2.111,5	0,4	12,3	-3,1	63,1
Rheinland-Pfalz	5,2	169,6	4,2	1.886,8	-7,8	11,1	-11,9	63,0
Saarland	5,6	142,2	-1,3	2.057,0	-9,7	14,5	-8,2	54,3
Sachsen	4,5	151,4	4,3	1.632,0	-7,0	10,8	-10,7	59,3
Sachsen-Anhalt	5,7	154,3	5,4	2.064,6	1,6	13,4	-3,6	58,1
Schleswig-Holstein	6,0	169,7	4,5	2.197,2	2,5	12,9	-2,3	61,3
Thüringen	5,2	164,3	3,0	1.891,4	-6,6	11,5	-9,4	61,3
West	**5,2**	**159,9**	**4,0**	**1.911,3**	**-0,9**	**12,0**	**-4,0**	**60,2**
Ost	**5,0**	**155,1**	**4,1**	**1.813,4**	**-4,3**	**11,7**	**-7,9**	**59,6**
Bund	**5,2**	**159,2**	**4,1**	**1.896,5**	**-1,4**	**11,9**	**-5,6**	**60,1**

Fehlzeiten-Report 2012

Tab. 29.11.3 Arbeitsunfähigkeit der AOK-Mitglieder in der Branche Verarbeitendes Gewerbe nach Wirtschaftsabteilungen im Jahr 2011

Wirtschaftsabteilung	Krankenstand in %		Arbeitsunfähigkeiten je 100 AOK-Mitglieder		Tage je Fall	AU-Quote in %
	2011	2011 stand.*	Fälle	Tage		
Getränkeherstellung	5,8	4,8	149,8	2.104,6	14,1	60,4
Herstellung von Bekleidung	4,5	3,9	146,1	1.642,0	11,2	56,1
Herstellung von chemischen Erzeugnissen	5,2	4,9	168,0	1.909,4	11,4	63,1
Herstellung von Druckerzeugnissen, Vervielfältigung von bespielten Ton-, Bild- und Datenträgern	4,9	4,5	152,0	1.803,2	11,9	58,2
Herstellung von Glas und Glaswaren, Keramik, Verarbeitung von Steinen und Erden	5,5	4,9	154,0	1.995,8	13,0	61,4
Herstellung von Gummi- und Kunststoffwaren	5,4	5,2	170,5	1.983,1	11,6	63,4
Herstellung von Holz-, Flecht-, Korb- und Korkwaren (ohne Möbel)	5,1	4,6	155,1	1.849,7	11,9	59,9
Herstellung von Leder, Lederwaren und Schuhen	5,3	4,9	155,4	1.920,3	12,4	60,4
Herstellung von Möbeln	5,2	4,9	160,9	1.900,5	11,8	61,7
Herstellung von Nahrungs- und Futtermitteln	5,1	5,0	151,6	1.872,2	12,3	56,6
Herstellung von Papier, Pappe und Waren daraus	5,7	5,3	167,2	2.085,4	12,5	65,1
Herstellung von pharmazeutischen Erzeugnissen	5,0	4,9	182,6	1.835,4	10,1	62,3
Herstellung von sonstigen Waren	4,6	4,4	163,3	1.672,1	10,2	60,2
Herstellung von Textilien	5,5	4,9	155,9	2.002,7	12,8	60,9
Kokerei und Mineralölverarbeitung	4,4	4,3	144,7	1.591,5	11,0	57,9
Reparatur und Installation von Maschinen und Ausrüstungen	4,5	4,3	156,0	1.654,3	10,6	56,9
Tabakverarbeitung	5,7	5,4	165,9	2.098,6	12,6	62,6
Branche insgesamt	**5,2**	**4,9**	**159,2**	**1.896,5**	**11,9**	**60,1**
Alle Branchen	**4,7**	**4,7**	**157,3**	**1.725,9**	**11,0**	**53,7**

*Krankenstand alters- und geschlechtsstandardisiert

Fehlzeiten-Report 2012

29

Tab. 29.11.4 Kennzahlen der Arbeitsunfähigkeit der AOK-Mitglieder nach ausgewählten Berufsgruppen in der Branche Verarbeitendes Gewerbe im Jahr 2011

Tätigkeit	Krankenstand in %	Arbeitsunfähigkeiten je 100 AOK-Mitglieder		Tage je Fall	AU-Quote in %	Anteil der Berufsgruppe an der Branche in %*
		Fälle	Tage			
Backwarenhersteller	4,3	140,8	1.582,3	11,2	53,4	2,6
Betriebsschlosser, Reparaturschlosser	5,2	156,1	1.895,3	12,1	64,5	1,2
Bürofachkräfte	2,7	123,3	987,9	8,0	50,8	5,7
Chemiebetriebswerker	6,1	185,9	2.208,3	11,9	67,6	3,9
Druckerhelfer	6,5	174,7	2.360,2	13,5	63,3	1,1
Elektroinstallateure, -monteure	4,2	140,0	1.540,9	11,0	59,1	1,2
Fleisch-, Wurstwarenhersteller	7,1	185,1	2.606,3	14,1	64,5	1,1
Fleischer	5,1	144,4	1.873,1	13,0	54,2	1,8
Gummihersteller, -verarbeiter	6,2	170,4	2.268,2	13,3	65,0	1,9
Holzaufbereiter	5,8	159,7	2.122,5	13,3	62,7	2,2
Kraftfahrzeugführer	5,8	124,8	2.118,1	17,0	55,1	2,2
Kunststoffverarbeiter	6,1	186,7	2.239,4	12,0	67,5	6,6
Lager-, Transportarbeiter	5,8	169,7	2.116,4	12,5	62,1	3,3
Lagerverwalter, Magaziner	5,6	164,2	2.039,2	12,4	62,6	1,3
Sonstige Papierverarbeiter	6,8	178,5	2.477,1	13,9	69,6	0,9
Tischler	4,6	158,8	1.673,1	10,5	61,3	3,4
Verkäufer	4,1	131,2	1.506,7	11,5	51,9	7,5
Verpackungsmittelhersteller	6,5	189,1	2.354,7	12,5	69,0	1,1
Warenaufmacher, Versandfertigmacher	6,9	183,2	2.509,2	13,7	65,8	3,4
Zucker-, Süßwaren-, Speiseeishersteller	6,7	176,6	2.443,0	13,8	62,4	1,0
Branche insgesamt	**5,2**	**159,2**	**1.896,5**	**11,9**	**60,1**	**10,3****

* Anteil der AOK-Mitglieder in der Berufsgruppe an den in der Branche beschäftigten AOK-Mitgliedern insgesamt

**Anteil der AOK-Mitglieder in der Branche an allen AOK-Mitgliedern

Fehlzeiten-Report 2012

Tab. 29.11.5 Dauer der Arbeitsunfähigkeit der AOK-Mitglieder in der Branche Verarbeitendes Gewerbe im Jahr 2011

Fallklasse	Branche hier		alle Branchen	
	Anteil Fälle in %	Anteil Tage in %	Anteil Fälle in %	Anteil Tage in %
1–3 Tage	34,8	5,8	36,9	6,7
4–7 Tage	29,8	12,5	30,2	13,7
8–14 Tage	17,7	15,4	17,0	15,9
15–21 Tage	6,5	9,4	6,0	9,4
22–28 Tage	3,3	6,7	2,9	6,5
29–42 Tage	3,4	9,8	3,0	9,4
Langzeit-AU (> 42 Tage)	4,5	40,3	4,0	38,3

Fehlzeiten-Report 2012

Tab. 29.11.6 Tage der Arbeitsunfähigkeit je AOK-Mitglied nach Wirtschaftsabteilung und Betriebsgröße in der Branche Verarbeitendes Gewerbe im Jahr 2011

Wirtschaftsabteilungen	Betriebsgröße (Anzahl der AOK-Mitglieder)					
	10–49	50–99	100–199	200–499	500–999	≥ 1.000
Getränkeherstellung	20,3	21,5	21,8	23,1	27,2	–
Herstellung von Bekleidung	15,0	18,1	20,0	21,7	20,6	16,6
Herstellung von chemischen Erzeugnissen	19,3	20,9	20,2	18,2	22,2	16,4
Herstellung von Druckerzeugnissen, Vervielfältigung von bespielten Ton-, Bild- und Datenträgern	18,3	19,9	20,0	21,0	–	–
Herstellung von Glas und Glaswaren, Keramik, Verarbeitung von Steinen und Erden	20,6	19,6	21,8	20,5	21,0	–
Herstellung von Gummi- und Kunststoffwaren	19,7	20,6	20,6	19,6	20,8	21,1
Herstellung von Holz-, Flecht-, Korb- und Korkwaren (ohne Möbel)	18,6	21,0	20,6	19,0	20,9	–
Herstellung von Leder, Lederwaren und Schuhen	17,9	21,3	19,1	23,3	–	–
Herstellung von Möbeln	18,2	20,9	22,7	21,5	22,0	–
Herstellung von Nahrungs- und Futtermitteln	17,3	21,2	21,4	22,0	20,4	19,3
Herstellung von Papier, Pappe und Waren daraus	21,0	21,1	21,2	20,5	21,4	–
Herstellung von pharmazeutischen Erzeugnissen	16,6	20,2	19,0	21,4	16,8	–
Herstellung von sonstigen Waren	16,7	18,7	19,1	20,1	21,1	15,7
Herstellung von Textilien	19,4	21,6	21,0	22,3	23,7	–
Kokerei und Mineralölverarbeitung	19,4	16,9	15,8	11,7	–	–
Reparatur und Installation von Maschinen und Ausrüstungen	16,6	18,9	15,8	18,0	17,1	–
Tabakverarbeitung	19,7	18,6	27,9	19,0	20,1	–
Branche insgesamt	**18,6**	**20,6**	**20,8**	**20,7**	**20,8**	**18,7**
Alle Branchen	**17,6**	**19,3**	**19,6**	**19,6**	**20,0**	**18,8**

Fehlzeiten-Report 2012

Tab. 29.11.7 Krankenstand in Prozent nach der Stellung im Beruf in der Branche Verarbeitendes Gewerbe im Jahr 2011, AOK-Mitglieder

Wirtschaftsabteilung	Stellung im Beruf				
	Auszubildende	Arbeiter	Facharbeiter	Meister, Poliere	Angestellte
Getränkeherstellung	3,0	7,0	6,1	3,6	4,0
Herstellung von Bekleidung	2,8	5,6	4,7	6,7	2,9
Herstellung von chemischen Erzeugnissen	3,1	6,2	5,2	3,0	3,0
Herstellung von Druckerzeugnissen, Vervielfältigung von bespielten Ton-, Bild- und Datenträgern	3,5	6,4	5,0	3,8	3,3
Herstellung von Glas und Glaswaren, Keramik, Verarbeitung von Steinen und Erden	3,9	6,3	5,8	4,1	3,8
Herstellung von Gummi- und Kunststoffwaren	3,4	6,3	5,2	3,9	3,2
Herstellung von Holz-, Flecht-, Korb- und Korkwaren (ohne Möbel)	4,0	6,2	5,4	3,6	3,4
Herstellung von Leder, Lederwaren und Schuhen	4,4	6,5	5,0	2,7	3,8
Herstellung von Möbeln	4,0	6,7	5,2	3,7	3,3
Herstellung von Nahrungs- und Futtermitteln	3,8	6,5	5,0	4,3	4,0
Herstellung von Papier, Pappe und Waren daraus	3,3	6,8	5,1	3,6	3,3
Herstellung von pharmazeutischen Erzeugnissen	3,0	6,4	5,5	3,3	3,0
Herstellung von sonstigen Waren	3,1	5,9	4,5	3,2	3,2
Herstellung von Textilien	3,7	6,6	5,8	5,4	3,9
Kokerei und Mineralölverarbeitung	2,3	5,8	4,6	2,9	2,9
Reparatur und Installation von Maschinen und Ausrüstungen	3,3	5,7	5,1	2,8	3,3
Tabakverarbeitung	2,8	7,2	4,4	3,3	2,8
Branche insgesamt	**3,6**	**6,4**	**5,2**	**3,8**	**3,5**
Alle Branchen	**3,9**	**5,8**	**5,2**	**4,0**	**3,8**

Fehlzeiten-Report 2012

Tab. 29.11.8 Tage der Arbeitsunfähigkeit je AOK-Mitglied nach der Stellung im Beruf in der Branche Verarbeitendes Gewerbe im Jahr 2011

Wirtschaftsabteilung	Stellung im Beruf				
	Auszubildende	Arbeiter	Facharbeiter	Meister, Poliere	Angestellte
Getränkeherstellung	11,1	25,5	22,4	13,0	14,5
Herstellung von Bekleidung	10,1	20,4	17,2	24,3	10,6
Herstellung von chemischen Erzeugnissen	11,2	22,8	18,9	10,8	10,9
Herstellung von Druckerzeugnissen, Vervielfältigung von bespielten Ton-, Bild- und Datenträgern	12,7	23,4	18,3	14,0	12,2
Herstellung von Glas und Glaswaren, Keramik, Verarbeitung von Steinen und Erden	14,2	23,0	21,2	15,0	13,7
Herstellung von Gummi- und Kunststoffwaren	12,6	22,9	18,8	14,3	11,6
Herstellung von Holz-, Flecht-, Korb- und Korkwaren (ohne Möbel)	14,5	22,5	19,6	13,0	12,5
Herstellung von Leder, Lederwaren und Schuhen	16,0	23,7	18,3	9,7	13,9
Herstellung von Möbeln	14,5	24,6	18,9	13,6	12,2
Herstellung von Nahrungs- und Futtermitteln	13,8	23,8	18,3	15,9	14,8
Herstellung von Papier, Pappe und Waren daraus	12,2	24,8	18,7	13,2	12,0
Herstellung von pharmazeutischen Erzeugnissen	10,9	23,3	20,1	12,1	10,9
Herstellung von sonstigen Waren	11,4	21,4	16,5	11,8	11,7
Herstellung von Textilien	13,6	24,0	21,3	19,6	14,3
Kokerei und Mineralölverarbeitung	8,3	21,1	16,9	10,7	10,8
Reparatur und Installation von Maschinen und Ausrüstungen	11,9	21,0	18,5	10,4	12,0
Tabakverarbeitung	10,2	26,3	15,9	12,1	10,3
Branche insgesamt	**13,0**	**23,3**	**19,0**	**14,0**	**12,8**
Alle Branchen	**14,1**	**21,3**	**19,0**	**14,7**	**13,7**

Fehlzeiten-Report 2012

Tab. 29.11.9 Anteil der Arbeitsunfälle an den AU-Fällen und -Tagen in Prozent nach Wirtschaftsabteilungen in der Branche Verarbeitendes Gewerbe im Jahr 2011, AOK-Mitglieder

Wirtschaftsabteilung	AU-Fälle in %	AU-Tage in %
Getränkeherstellung	5,4	7,9
Herstellung von Bekleidung	1,8	3,3
Herstellung von chemischen Erzeugnissen	2,8	4,2
Herstellung von Druckerzeugnissen, Vervielfältigung von bespielten Ton-, Bild- und Datenträgern	3,1	4,8
Herstellung von Glas und Glaswaren, Keramik, Verarbeitung von Steinen und Erden	5,7	8,4
Herstellung von Gummi- und Kunststoffwaren	3,9	5,4
Herstellung von Holz-, Flecht-, Korb- und Korkwaren (ohne Möbel)	7,7	11,8
Herstellung von Leder, Lederwaren und Schuhen	3,2	4,1
Herstellung von Möbeln	5,4	7,1
Herstellung von Nahrungs- und Futtermitteln	4,8	6,7
Herstellung von Papier, Pappe und Waren daraus	4,1	5,8
Herstellung von pharmazeutischen Erzeugnissen	2,0	3,1
Herstellung von sonstigen Waren	2,4	3,7
Herstellung von Textilien	3,6	5,0
Kokerei und Mineralölverarbeitung	1,9	3,3
Reparatur und Installation von Maschinen und Ausrüstungen	6,5	9,8
Tabakverarbeitung	2,5	2,7
Branche insgesamt	**4,3**	**6,3**
Alle Branchen	**4,0**	**6,2**

Fehlzeiten-Report 2012

Tab. 29.11.10 Tage und Fälle der Arbeitsunfähigkeit durch Arbeitsunfälle nach Berufsgruppen in der Branche Verarbeitendes Gewerbe im Jahr 2011, AOK-Mitglieder

Tätigkeit	Arbeitsunfähigkeit je 1.000 AOK-Mitglieder	
	AU-Tage	AU-Fälle
Formstein-, Betonhersteller	2.821,0	132,8
Kraftfahrzeugführer	2.415,3	91,3
Landmaschineninstandsetzer	2.377,1	180,9
Fleischer	2.162,6	134,3
Tischler	1.976,0	129,3
Fleisch-, Wurstwarenhersteller	1.754,2	112,4
Maschinenschlosser	1.679,2	247,6
Betriebsschlosser, Reparaturschlosser	1.603,6	104,9
Mehl-, Nährmittelhersteller	1.502,6	86,2
Verpackungsmittelhersteller	1.454,9	82,7
Hilfsarbeiter ohne nähere Tätigkeitsangabe	1.386,4	82,6
Lager-, Transportarbeiter	1.286,8	67,1
Warenaufmacher, Versandfertigmacher	1.280,1	68,6
Kunststoffverarbeiter	1.221,9	73,1
Elektroinstallateure, -monteure	1.194,2	71,0
Backwarenhersteller	1.112,9	67,5
Chemiebetriebswerker	868,6	49,0
Gummihersteller, -verarbeiter	842,2	55,3
Verkäufer	776,2	47,9
Bürofachkräfte	226,0	14,3
Branche insgesamt	**1.200,1**	**69,4**
Alle Branchen	**1.065,7**	**62,9**

Fehlzeiten-Report 2012

Tab. 29.11.11 Tage und Fälle der Arbeitsunfähigkeit je 100 AOK-Mitglieder nach Krankheitsarten in der Branche Verarbeitendes Gewerbe in den Jahren 1995 bis 2011

Jahr	Arbeitsunfähigkeiten je 100 AOK-Mitglieder											
	Psyche		Herz/Kreislauf		Atemwege		Verdauung		Muskel/Skelett		Verletzungen	
	Tage	Fälle	Tage	Fälle	Tage	Fälle	Tage	Fälle	Tage	Fälle	Tage	Fälle
1995	109,4	4,1	211,3	9,5	385,7	47,1	206,4	24,9	740,0	38,1	411,3	25,9
1996	102,2	3,8	189,6	8,1	342,8	42,4	177,6	22,5	658,4	33,2	375,3	23,3
1997	97,3	3,9	174,3	8,2	303,1	40,9	161,3	21,9	579,3	32,4	362,7	23,2
1998	101,2	4,3	171,4	8,5	300,9	42,0	158,4	22,2	593,0	34,3	353,8	23,2
1999	108,4	4,7	175,3	8,8	345,4	48,2	160,7	23,5	633,3	36,9	355,8	23,5
2000	130,6	5,8	161,8	8,4	314,5	43,1	148,5	20,0	695,1	39,6	340,4	21,3
2001	141,4	6,6	165,9	9,1	293,7	41,7	147,8	20,6	710,6	41,2	334,6	21,2
2002	144,0	7,0	162,7	9,2	278,0	40,2	147,5	21,4	696,1	40,8	329,1	20,8
2003	137,8	6,9	152,8	9,1	275,8	41,1	138,0	20,4	621,1	37,6	307,2	19,6
2004	154,2	6,9	164,5	8,4	236,7	34,1	138,9	19,8	587,9	35,5	297,7	18,3
2005	153,7	6,7	164,1	8,3	274,8	39,6	132,3	18,4	562,2	34,5	291,1	17,8
2006	153,0	6,7	162,3	8,5	226,0	33,1	133,6	19,3	561,3	34,7	298,5	18,2
2007	165,8	7,0	170,5	8,6	257,2	37,7	143,5	20,9	598,6	36,1	298,2	17,9
2008 (WZ03)	172,3	7,4	175,7	9,0	270,3	40,0	147,1	22,0	623,6	37,8	301,7	18,3
2008 (WZ08)*	170,6	7,3	173,9	9,0	270,0	40,3	146,9	22,2	619,5	37,7	300,4	18,4
2009	178,8	7,7	176,5	8,9	304,0	45,0	141,7	21,1	601,5	35,7	302,9	17,9
2010	198,5	8,1	179,8	9,0	265,0	39,7	139,0	20,4	655,5	38,3	324,5	19,0
2011	202,0	8,6	165,5	9,0	275,3	41,2	135,6	20,4	626,3	38,7	310,6	18,7

*aufgrund der Revision der Wirtschaftszweigklassifikation in 2008 ist eine Vergleichbarkeit mit den Vorjahren nur bedingt möglich

Fehlzeiten-Report 2012

Tab. 29.11.12 Verteilung der Arbeitsunfähigkeitstage nach Krankheitsarten in Prozent in der Branche Verarbeitendes Gewerbe im Jahr 2011, AOK-Mitglieder

Wirtschaftsabteilung	AU-Tage in %						
	Psyche	Herz/ Kreislauf	Atem-wege	Verdauung	Muskel/ Skelett	Verlet-zungen	Sonstige
Getränkeherstellung	7,0	7,8	9,2	5,1	26,7	13,9	30,3
Herstellung von Bekleidung	10,1	6,2	11,2	5,3	23,6	9,6	34,0
Herstellung von Druckerzeugnissen, Vervielfältigung von bespielten Ton-, Bild- und Datenträgern	10,6	6,9	11,2	5,2	24,1	11,5	30,6
Herstellung von Glas und Glaswaren, Keramik, Verarbeitung von Steinen und Erden	6,6	7,7	9,6	5,4	26,5	14,3	29,8
Herstellung von Gummi- und Kunststoffwaren	7,9	6,8	11,7	5,5	26,5	11,8	29,8
Herstellung von Holz-, Flecht-, Korb- und Korkwaren (ohne Möbel)	6,2	6,8	10,3	5,3	25,9	18,1	27,4
Herstellung von Leder, Lederwaren und Schuhen	9,4	7,7	10,7	5,1	24,1	9,6	33,4
Herstellung von Möbeln	7,1	6,6	10,2	5,7	27,3	14,1	28,9
Herstellung von Nahrungs- und Futtermitteln	8,7	6,2	11,1	5,6	25,0	12,5	30,9
Herstellung von Papier, Pappe und Waren daraus	8,1	7,2	10,9	5,5	27,0	12,1	29,1
Herstellung von pharmazeutischen Erzeugnissen	11,0	5,2	15,0	5,5	22,0	9,3	32,0
Herstellung von sonstigen Waren	9,6	6,0	12,7	5,7	22,1	10,7	33,2
Herstellung von Textilien	8,9	7,0	10,3	5,1	27,0	11,0	30,8
Kokerei und Mineralölverarbeitung	6,5	8,0	12,2	7,2	21,6	11,0	33,3
Reparatur und Installation von Maschinen und Ausrüstungen	6,9	6,7	12,0	5,9	23,1	16,8	28,6
Tabakverarbeitung	11,2	6,2	11,6	5,7	26,3	9,0	30,0
Branche insgesamt	**8,2**	**6,7**	**11,2**	**5,5**	**25,5**	**12,6**	**30,2**
Alle Branchen	**9,6**	**6,2**	**12,4**	**5,7**	**23,1**	**12,3**	**30,7**

Fehlzeiten-Report 2012

29

Tab. 29.11.13 Verteilung der Arbeitsunfähigkeitsfälle nach Krankheitsarten in Prozent in der Branche Verarbeitendes Gewerbe im Jahr 2011, AOK-Mitglieder

Wirtschaftsabteilung	AU-Fälle in %						
	Psyche	Herz/Kreislauf	Atemwege	Verdauung	Muskel/Skelett	Verletzungen	Sonstige
Getränkeherstellung	4,0	5,4	18,1	9,5	21,6	10,6	30,9
Herstellung von Bekleidung	5,4	4,6	21,4	11,0	16,6	6,3	34,7
Herstellung von Druckerzeugnissen, Vervielfältigung von bespielten Ton-, Bild- und Datenträgern	5,1	4,5	21,4	10,2	18,4	8,3	32,0
Herstellung von Glas und Glaswaren, Keramik, Verarbeitung von Steinen und Erden	3,6	5,0	18,6	10,2	21,3	10,9	30,4
Herstellung von Gummi- und Kunststoffwaren	4,2	4,5	21,0	10,0	20,4	8,9	31,0
Herstellung von Holz-, Flecht-, Korb- und Korkwaren (ohne Möbel)	3,3	4,4	19,8	9,9	20,3	12,8	29,5
Herstellung von Leder, Lederwaren und Schuhen	4,6	5,2	19,1	10,4	18,9	7,6	34,2
Herstellung von Möbeln	3,7	4,3	19,8	10,2	20,7	10,8	30,5
Herstellung von Nahrungs- und Futtermitteln	4,7	4,4	19,9	10,2	18,3	9,4	33,2
Herstellung von Papier, Pappe und Waren daraus	4,2	4,6	20,2	10,1	21,1	9,1	30,7
Herstellung von pharmazeutischen Erzeugnissen	5,0	3,9	24,7	10,1	16,3	6,7	33,2
Herstellung von sonstigen Waren	4,8	4,2	22,8	10,6	16,2	7,3	34,1
Herstellung von Textilien	4,8	4,8	19,5	10,7	20,0	8,2	32,0
Kokerei und Mineralölverarbeitung	4,3	5,0	22,5	11,7	16,7	8,0	31,8
Reparatur und Installation von Maschinen und Ausrüstungen	3,5	4,1	21,8	10,3	17,8	12,1	30,5
Tabakverarbeitung	5,8	4,7	21,4	10,7	19,7	7,5	30,3
Branche insgesamt	**4,3**	**4,5**	**20,6**	**10,2**	**19,3**	**9,3**	**31,8**
Alle Branchen	**4,9**	**4,1**	**22,2**	**10,2**	**17,1**	**8,8**	**32,7**

Fehlzeiten-Report 2012

Tab. 29.11.14 Verteilung der Arbeitsunfähigkeitstage nach Krankheitsarten und ausgewählten Berufsgruppen in der Branche Verarbeitendes Gewerbe im Jahr 2011, AOK-Mitglieder

Tätigkeit	AU-Tage in %						
	Psyche	Herz/Kreislauf	Atemwege	Verdauung	Muskel/Skelett	Verletzungen	Sonstige
Backwarenhersteller	9,3	4,5	11,9	6,3	22,5	15,1	30,2
Bürofachkräfte	12,4	5,4	15,9	6,4	14,4	9,2	36,3
Chemiebetriebswerker	8,1	7,0	12,2	5,5	26,9	10,5	29,9
Druckerhelfer	10,3	6,9	10,4	4,9	28,3	11,2	28,1
Flach-, Tiefdrucker	9,2	7,6	11,3	5,8	24,6	12,6	28,9
Fleisch-, Wurstwarenhersteller	7,5	6,9	10,1	5,1	31,0	11,5	28,0
Fleischer	5,8	6,4	9,1	5,7	26,2	18,8	28,0
Gummihersteller, -verarbeiter	7,5	6,7	11,6	5,5	29,4	10,0	29,4
Hilfsarbeiter ohne nähere Tätigkeitsangabe	7,9	6,6	11,5	5,5	27,1	12,6	28,9
Holzaufbereiter	5,9	7,3	9,3	5,4	27,6	16,7	27,6
Kraftfahrzeugführer	5,5	9,3	7,4	4,8	27,5	15,7	29,7
Kunststoffverarbeiter	7,8	6,9	11,4	5,4	27,3	11,6	29,7
Lager-, Transportarbeiter	7,0	7,1	11,1	5,7	27,5	12,0	29,6
Mehl-, Nährmittelhersteller	7,0	6,3	11,6	5,3	27,4	12,7	29,7
Milch-, Fettverarbeiter	7,3	6,8	11,0	5,4	27,9	12,7	28,9
Tischler	5,5	5,6	10,6	5,7	25,6	20,6	26,3
Verkäufer	11,4	5,1	11,5	6,0	20,1	11,2	34,7
Verpackungsmittelhersteller	8,0	6,8	10,9	5,2	28,3	12,3	28,6
Warenaufmacher, Versandfertigmacher	8,7	6,6	10,2	5,2	28,1	10,3	30,9
Zucker-, Süßwaren-, Speiseeishersteller	10,3	6,1	10,8	5,6	28,1	9,6	29,5
Branche insgesamt	**8,2**	**6,7**	**11,2**	**5,5**	**25,5**	**12,6**	**30,2**
Alle Branchen	**9,6**	**6,2**	**12,4**	**5,7**	**23,1**	**12,3**	**30,7**

Fehlzeiten-Report 2012

29

Tab. 29.11.15 Verteilung der Arbeitsunfähigkeitsfälle nach Krankheitsarten und ausgewählten Berufsgruppen in der Branche Verarbeitendes Gewerbe im Jahr 2011, AOK-Mitglieder

Tätigkeit	AU-Fälle in %						
	Psyche	Herz/ Kreislauf	Atem-wege	Verdauung	Muskel/ Skelett	Verlet-zungen	Sonstige
Backwarenhersteller	4,5	3,5	20,2	10,9	15,8	11,4	33,7
Bürofachkräfte	4,8	3,4	27,3	11,4	9,9	6,0	37,3
Chemiebetriebswerker	4,2	4,7	21,5	9,6	21,5	7,7	30,8
Druckerhelfer	5,4	4,6	19,3	9,6	22,7	8,3	30,0
Flach-, Tiefdrucker	4,4	4,5	21,8	10,7	18,4	9,6	30,7
Fleisch-, Wurstwarenhersteller	4,0	4,8	18,2	9,3	24,8	9,5	29,5
Fleischer	3,2	4,4	17,4	9,6	20,4	14,9	30,0
Gummihersteller, -verarbeiter	4,5	4,8	19,6	9,5	23,1	8,0	30,4
Hilfsarbeiter ohne nähere Tätigkeitsangabe	4,4	4,4	19,9	10,1	21,7	9,1	30,4
Holzaufbereiter	3,5	4,8	18,0	9,6	22,5	12,6	29,0
Kraftfahrzeugführer	3,4	6,5	15,2	9,8	22,6	11,5	31,0
Kunststoffverarbeiter	4,3	4,6	20,4	9,8	21,4	8,7	30,8
Lager-, Transportarbeiter	4,2	5,1	19,5	10,3	21,7	8,8	30,4
Mehl-, Nährmittelhersteller	4,1	4,4	19,9	9,3	21,6	9,3	31,4
Milch-, Fettverarbeiter	4,0	4,6	20,0	9,4	21,4	9,8	30,8
Tischler	2,6	3,5	20,8	10,3	19,3	14,4	29,2
Verkäufer	5,9	3,9	21,0	10,8	12,6	8,3	37,5
Verpackungsmittelhersteller	4,0	4,6	20,4	9,8	21,7	8,9	30,5
Warenaufmacher, Versandfertigmacher	4,9	4,8	18,7	9,8	22,0	7,8	32,0
Zucker-, Süßwaren-, Speiseeishersteller	5,1	4,9	18,7	10,5	21,2	7,5	32,2
Branche insgesamt	**4,3**	**4,5**	**20,6**	**10,2**	**19,3**	**9,3**	**31,8**
Alle Branchen	**4,9**	**4,1**	**22,2**	**10,2**	**17,1**	**8,8**	**32,7**

Fehlzeiten-Report 2012

Tab. 29.11.16 Anteile der 40 häufigsten Einzeldiagnosen an den AU-Fällen und AU-Tagen in der Branche Verarbeitendes Gewerbe im Jahr 2011, AOK-Mitglieder

ICD-10	Bezeichnung	AU-Fälle in %	AU-Tage in %
M54	Rückenschmerzen	7,4	6,9
J06	Akute Infektionen der oberen Atemwege	6,6	2,9
A09	Diarrhoe und Gastroenteritis	3,3	1,1
J20	Akute Bronchitis	2,7	1,4
K08	Sonstige Krankheiten der Zähne und des Zahnhalteapparates	2,3	0,5
K52	Sonstige nichtinfektiöse Gastroenteritis und Kolitis	2,3	0,8
J40	Bronchitis, nicht als akut oder chronisch bezeichnet	2,1	1,1
I10	Essentielle (primäre) Hypertonie	1,7	2,6
T14	Verletzung an einer nicht näher bezeichneten Körperregion	1,6	1,4
K29	Gastritis und Duodenitis	1,4	0,7
B34	Viruskrankheit nicht näher bezeichneter Lokalisation	1,4	0,6
R10	Bauch- und Beckenschmerzen	1,4	0,7
F32	Depressive Episode	1,1	2,5
J03	Akute Tonsillitis	1,1	0,5
J02	Akute Pharyngitis	1,0	0,4
J01	Akute Sinusitis	1,0	0,5
M25	Sonstige Gelenkkrankheiten	1,0	1,1
M53	Sonstige Krankheiten der Wirbelsäule und des Rückens	1,0	1,1
M77	Sonstige Enthesopathien	1,0	1,2
M75	Schulterläsionen	1,0	1,9
M51	Sonstige Bandscheibenschäden	1,0	2,1
J32	Chronische Sinusitis	0,9	0,5
M99	Biomechanische Funktionsstörungen	0,9	0,7
R51	Kopfschmerz	0,9	0,4
F43	Reaktionen auf schwere Belastungen und Anpassungsstörungen	0,8	1,2
M23	Binnenschädigung des Kniegelenkes	0,7	1,4
M79	Sonstige Krankheiten des Weichteilgewebes	0,7	0,6
R11	Übelkeit und Erbrechen	0,7	0,4
A08	Virusbedingte Darminfektionen	0,7	0,2
S93	Luxation, Verstauchung und Zerrung der Gelenke und Bänder in Höhe des oberen Sprunggelenkes und des Fußes	0,6	0,7
J11	Grippe, Viren nicht nachgewiesen	0,6	0,3
R42	Schwindel und Taumel	0,6	0,4
M47	Spondylose	0,6	0,8
M65	Synovitis und Tenosynovitis	0,6	0,8
F45	Somatoforme Störungen	0,6	0,8
J04	Akute Laryngitis und Tracheitis	0,5	0,3
B99	Sonstige Infektionskrankheiten	0,5	0,3
J00	Akute Rhinopharyngitis (Erkältungsschnupfen)	0,5	0,2
S61	Offene Wunde des Handgelenkes und der Hand	0,5	0,5
R50	Fieber sonstiger und unbekannter Ursache	0,5	0,3
	Summe hier	**55,8**	**42,8**
	Restliche	44,2	57,2
	Gesamtsumme	**100,0**	**100,0**

Fehlzeiten-Report 2012

29

Tab. 29.11.17 Anteile der 40 häufigsten Diagnoseuntergruppen an den AU-Fällen und AU-Tagen in der Branche Verarbeitendes Gewerbe im Jahr 2011, AOK-Mitglieder

ICD-10	Bezeichnung	AU-Fälle in %	AU-Tage in %
J00–J06	Akute Infektionen der oberen Atemwege	10,8	4,9
M40–M54	Krankheiten der Wirbelsäule und des Rückens	10,0	11,3
M60–M79	Krankheiten der Weichteilgewebe	4,4	5,9
A00–A09	Infektiöse Darmkrankheiten	4,4	1,5
M00–M25	Arthropathien	3,6	6,3
J40–J47	Chronische Krankheiten der unteren Atemwege	3,4	2,3
J20–J22	Sonstige akute Infektionen der unteren Atemwege	3,1	1,7
R50–R69	Allgemeinsymptome	2,9	2,2
K00–K14	Krankheiten der Mundhöhle, der Speicheldrüsen und der Kiefer	2,8	0,7
K50–K52	Nichtinfektiöse Enteritis und Kolitis	2,6	1,0
R10–R19	Symptome bzgl. Verdauungssystem und Abdomen	2,3	1,3
F40–F48	Neurotische, Belastungs- und somatoforme Störungen	2,2	3,4
K20–K31	Krankheiten des Ösophagus, Magens und Duodenums	2,1	1,1
I10–I15	Hypertonie	2,0	2,9
T08–T14	Verletzungen Rumpf, Extremitäten o. a. Körperregionen	1,9	1,7
S60–S69	Verletzungen des Handgelenkes und der Hand	1,6	2,2
B25–B34	Sonstige Viruskrankheiten	1,6	0,7
J30–J39	Sonstige Krankheiten der oberen Atemwege	1,5	0,9
F30–F39	Affektive Störungen	1,4	3,5
G40–G47	Episod. und paroxysmale Krankheiten des Nervensystems	1,2	1,0
R00–R09	Symptome bzgl. Kreislauf- und Atmungssystem	1,2	0,8
S90–S99	Verletzungen der Knöchelregion und des Fußes	1,1	1,5
M95–M99	Sonstige Krankheiten des Muskel-Skelett-Systems und des Bindegewebes	1,1	0,9
Z80–Z99	Potentielle Gesundheitsrisiken aufgrund der Familien- oder Eigenanamnese, Zustände die den Gesundheitszustand beeinflussen	1,1	2,0
S80–S89	Verletzungen des Knies und des Unterschenkels	1,1	2,0
J09–J18	Grippe und Pneumonie	1,0	0,7
I80–I89	Krankheiten der Venen, Lymphgefäße und -knoten	0,9	1,0
E70–E90	Stoffwechselstörungen	0,8	1,3
G50–G59	Krankheiten von Nerven, Nervenwurzeln und Nervenplexus	0,8	1,4
K55–K63	Sonstige Krankheiten des Darmes	0,8	0,7
R40–R46	Symptome bzgl. Wahrnehmung, Stimmung und Verhalten	0,8	0,6
N30–N39	Sonstige Krankheiten des Harnsystems	0,7	0,5
S00–S09	Verletzungen des Kopfes	0,7	0,6
J95–J99	Sonstige Krankheiten des Atmungssystems	0,6	0,4
I20–I25	Ischämische Herzkrankheiten	0,6	1,2
L00–L08	Infektionen der Haut und der Unterhaut	0,6	0,6
B99–B99	Sonstige Infektionskrankheiten	0,6	0,3
C00–C97	Bösartige Neubildungen	0,6	2,0
I30–I52	Sonstige Formen der Herzkrankheit	0,6	1,0
F10–F19	Psychische und Verhaltensstörungen durch psychotrope Substanzen	0,6	1,0
	Summe hier	**71,3**	**72,1**
	Restliche	28,7	27,9
	Gesamtsumme	**100,0**	**100,0**

Fehlzeiten-Report 2012

29.12 Verkehr und Transport

Tab. 29.12.1 Entwicklung des Krankenstands der AOK-Mitglieder in der Branche Verkehr und Transport in den Jahren 1994 bis 2011

Jahr	Krankenstand in %			AU-Fälle je 100 AOK-Mitglieder			Tage je Fall		
	West	Ost	Bund	West	Ost	Bund	West	Ost	Bund
1994	6,8	4,8	6,4	139,9	101,5	132,6	16,6	16,1	16,5
1995	4,7	4,7	5,9	144,2	109,3	137,6	16,1	16,1	16,1
1996	5,7	4,6	5,5	132,4	101,5	126,5	16,2	16,8	16,3
1997	5,3	4,4	5,2	128,3	96,4	122,5	15,1	16,6	15,3
1998	5,4	4,5	5,3	131,5	98,6	125,7	15,0	16,6	15,3
1999	5,6	4,8	5,5	139,4	107,4	134,1	14,6	16,4	14,8
2000	5,6	4,8	5,5	143,2	109,8	138,3	14,3	16,0	14,5
2001	5,6	4,9	5,5	144,1	108,7	139,3	14,2	16,5	14,4
2002	5,6	4,9	5,5	143,3	110,6	138,8	14,2	16,2	14,4
2003	5,3	4,5	5,2	138,7	105,8	133,8	14,0	15,4	14,1
2004	4,9	4,2	4,8	125,0	97,6	120,6	14,3	15,6	14,4
2005	4,8	4,2	4,7	126,3	99,0	121,8	14,0	15,4	14,2
2006	4,7	4,1	4,6	121,8	94,7	117,2	14,2	15,8	14,4
2007	4,9	4,3	4,8	128,8	101,5	124,1	14,0	15,5	14,2
2008 (WZ03)	5,1	4,5	4,9	135,4	106,7	130,5	13,6	15,3	13,9
2008 (WZ08)*	5,1	4,5	5,0	135,7	105,1	130,5	13,8	15,7	14,1
2009	5,3	5,0	5,3	139,7	114,2	135,4	13,9	16,0	14,2
2010	5,5	5,2	5,5	141,8	120,5	138,1	14,2	15,7	14,4
2011	5,3	4,8	5,2	145,5	122,5	141,6	13,3	14,3	13,5

*aufgrund der Revision der Wirtschaftszweigklassifikation in 2008 ist eine Vergleichbarkeit mit den Vorjahren nur bedingt möglich

Fehlzeiten-Report 2012

29

Tab. 29.12.2 Arbeitsunfähigkeit der AOK-Mitglieder in der Branche Verkehr und Transport nach Bundesländern im Jahr 2011 im Vergleich zum Vorjahr

Bundesland	Krankenstand in %	Arbeitsunfähigkeit je 100 AOK-Mitglieder				Tage je Fall	Veränd. z. Vorj. in %	AU-Quote in %
		AU-Fälle	Veränd. z. Vorj. in %	AU-Tage	Veränd. z. Vorj. in %			
Baden-Württemberg	5,3	150,5	6,5	1.942,7	0,8	12,9	-5,1	51,5
Bayern	4,7	125,1	3,2	1.730,6	-0,6	13,8	-4,2	45,8
Berlin	5,6	138,1	4,7	2.043,8	-2,6	14,8	-6,9	45,9
Brandenburg	5,5	125,5	2,8	2.006,4	-2,9	16,0	-5,3	48,1
Bremen	5,8	176,6	1,1	2.103,3	-5,6	11,9	-7,0	57,8
Hamburg	5,8	164,5	3,3	2.117,7	-5,6	12,9	-8,5	51,8
Hessen	5,9	167,1	1,1	2.150,3	-1,5	12,9	-2,3	53,3
Mecklenburg-Vorpommern	5,2	114,4	1,4	1.906,0	3,8	16,7	2,5	44,9
Niedersachsen	4,6	143,7	-1,4	1.693,6	-16,6	11,8	-15,1	51,7
Nordrhein-Westfalen	5,9	150,2	2,1	2.138,7	-0,8	14,2	-3,4	52,4
Rheinland-Pfalz	5,1	153,5	3,0	1.865,4	-10,6	12,1	-13,6	52,2
Saarland	5,7	133,7	2,7	2.069,5	-8,9	15,5	-11,4	49,5
Sachsen	4,4	123,7	2,4	1.608,7	-11,8	13,0	-13,9	50,0
Sachsen-Anhalt	5,5	122,9	3,7	2.025,5	-0,9	16,5	-4,1	47,5
Schleswig-Holstein	5,6	130,7	4,2	2.058,3	-3,3	15,7	-7,6	48,2
Thüringen	4,7	121,0	-2,0	1.714,2	-9,3	14,2	-7,2	49,0
West	**5,3**	**145,5**	**2,6**	**1.942,4**	**-3,6**	**13,3**	**-6,3**	**50,5**
Ost	**4,8**	**122,5**	**1,7**	**1.754,7**	**-7,3**	**14,3**	**-8,9**	**48,8**
Bund	**5,2**	**141,6**	**2,5**	**1.910,4**	**-4,2**	**13,5**	**-6,3**	**50,3**

Fehlzeiten-Report 2012

Tab. 29.12.3 Arbeitsunfähigkeit der AOK-Mitglieder in der Branche Verkehr und Transport nach Wirtschaftsabteilungen im Jahr 2011

Wirtschaftsabteilung	Krankenstand in %		Arbeitsunfähigkeiten je 100 AOK-Mitglieder		Tage je Fall	AU-Quote in %
	2011	2011 stand.*	Fälle	Tage		
Lagerei sowie Erbringung von sonstigen Dienstleistungen für den Verkehr	5,5	5,2	156,6	2.005,8	12,8	54,5
Landverkehr und Transport in Rohrfernleitungen	5,0	4,8	123,4	1.842,7	14,9	46,3
Luftfahrt	4,9	5,2	183,9	1.776,3	9,7	58,7
Post-, Kurier- und Expressdienste	4,9	5,0	139,9	1.792,6	12,8	46,7
Schifffahrt	3,5	3,3	104,6	1.293,8	12,4	37,9
Branche insgesamt	**5,2**	**5,2**	**141,6**	**1.910,4**	**13,5**	**50,3**
Alle Branchen	**4,7**	**4,7**	**157,3**	**1.725,9**	**11,0**	**53,7**

*Krankenstand alters- und geschlechtsstandardisiert

Fehlzeiten-Report 2012

Tab. 29.12.4 Kennzahlen der Arbeitsunfähigkeit der AOK-Mitglieder nach ausgewählten Berufsgruppen in der Branche Verkehr und Transport im Jahr 2011

Tätigkeit	Krankenstand in %	Arbeitsunfähigkeiten je 100 AOK-Mitglieder		Tage je Fall	AU-Quote in %	Anteil der Berufsgruppe an der Branche in %*
		Fälle	Tage			
Bürofachkräfte	3,5	127,8	1.290,7	10,1	49,9	5,1
Kraftfahrzeugführer	5,3	116,0	1.926,5	16,6	45,5	50,8
Kraftfahrzeuginstandsetzer	5,1	155,6	1.847,4	11,9	60,0	1,0
Lager-, Transportarbeiter	6,0	189,7	2.207,7	11,6	58,3	13,9
Lagerverwalter, Magaziner	6,1	196,9	2.216,7	11,3	62,4	3,0
Postverteiler	5,2	148,9	1.883,1	12,6	50,0	5,1
Schienenfahrzeugführer	7,4	179,9	2.693,4	15,0	67,6	0,9
Stauer, Möbelpacker	6,8	182,7	2.467,4	13,5	57,4	0,8
Verkehrsfachleute (Güterverkehr)	3,1	147,2	1.115,9	7,6	52,8	3,4
Warenaufmacher, Versandfertigmacher	6,0	205,4	2.174,8	10,6	60,7	1,3
Branche insgesamt	**5,2**	**141,6**	**1.910,4**	**13,5**	**50,3**	**6,1****

* Anteil der AOK-Mitglieder in der Berufsgruppe an den in der Branche beschäftigten AOK-Mitgliedern insgesamt

**Anteil der AOK-Mitglieder in der Branche an allen AOK-Mitgliedern

Fehlzeiten-Report 2012

Tab. 29.12.5 Dauer der Arbeitsunfähigkeit der AOK-Mitglieder in der Branche Verkehr und Transport im Jahr 2011

Fallklasse	Branche hier		alle Branchen	
	Anteil Fälle in %	Anteil Tage in %	Anteil Fälle in %	Anteil Tage in %
1–3 Tage	29,2	4,3	36,9	6,7
4–7 Tage	30,2	11,3	30,2	13,7
8–14 Tage	19,9	15,4	17,0	15,9
15–21 Tage	7,7	9,8	6,0	9,4
22–28 Tage	3,8	6,8	2,9	6,5
29–42 Tage	3,9	10,0	3,0	9,4
Langzeit-AU (> 42 Tage)	5,3	42,4	4,0	38,3

Fehlzeiten-Report 2012

Tab. 29.12.6 Tage der Arbeitsunfähigkeit je AOK-Mitglied nach Wirtschaftsabteilung und Betriebsgröße in der Branche Verkehr und Transport im Jahr 2011

Wirtschaftsabteilungen	Betriebsgröße (Anzahl der AOK-Mitglieder)					
	10–49	50–99	100–199	200–499	500–999	≥ 1.000
Lagerei sowie Erbringung von sonstigen Dienstleistungen für den Verkehr	19,9	21,0	20,8	21,2	23,1	27,9
Landverkehr und Transport in Rohrfernleitungen	18,4	21,6	23,8	26,3	24,9	26,1
Luftfahrt	15,0	15,8	19,3	17,2	22,2	17,9
Post-, Kurier- und Expressdienste	17,2	20,9	18,9	20,4	20,5	18,3
Schifffahrt	14,1	17,5	–	–	–	–
Branche insgesamt	**19,0**	**21,1**	**21,4**	**22,7**	**22,9**	**21,6**
Alle Branchen	**17,6**	**19,3**	**19,6**	**19,6**	**20,0**	**18,8**

Fehlzeiten-Report 2012

Tab. 29.12.7 Krankenstand in Prozent nach der Stellung im Beruf in der Branche Verkehr und Transport im Jahr 2011, AOK-Mitglieder

Wirtschaftsabteilung	Stellung im Beruf				
	Auszubildende	Arbeiter	Facharbeiter	Meister, Poliere	Angestellte
Lagerei sowie Erbringung von sonstigen Dienstleistungen für den Verkehr	4,2	6,4	5,9	5,8	3,9
Landverkehr und Transport in Rohrfernleitungen	3,7	5,7	5,8	3,7	4,7
Luftfahrt	2,2	8,0	5,1	5,8	4,1
Post-, Kurier- und Expressdienste	3,5	5,5	5,3	6,8	4,5
Schifffahrt	3,1	4,7	4,4	6,8	3,0
Branche insgesamt	**4,0**	**6,1**	**5,8**	**4,8**	**4,2**
Alle Branchen	**3,9**	**5,8**	**5,2**	**4,0**	**3,8**

Fehlzeiten-Report 2012

Tab. 29.12.8 Tage der Arbeitsunfähigkeit je AOK-Mitglied nach der Stellung im Beruf in der Branche Verkehr und Transport im Jahr 2011

Wirtschaftsabteilung	Stellung im Beruf				
	Auszubildende	Arbeiter	Facharbeiter	Meister, Poliere	Angestellte
Lagerei sowie Erbringung von sonstigen Dienstleistungen für den Verkehr	15,3	23,2	21,5	21,2	14,3
Landverkehr und Transport in Rohrfernleitungen	13,6	20,9	21,2	13,4	17,1
Luftfahrt	8,1	29,2	18,7	21,3	15,0
Post-, Kurier- und Expressdienste	12,9	20,2	19,3	25,0	16,4
Schifffahrt	11,4	17,1	16,1	24,8	10,9
Branche insgesamt	**14,6**	**22,2**	**21,2**	**17,7**	**15,4**
Alle Branchen	**14,1**	**21,3**	**19,0**	**14,7**	**13,7**

Fehlzeiten-Report 2012

Tab. 29.12.9 Anteil der Arbeitsunfälle an den AU-Fällen und -Tagen in Prozent nach Wirtschaftsabteilungen in der Branche Verkehr und Transport im Jahr 2011, AOK-Mitglieder

Wirtschaftsabteilung	AU-Fälle in %	AU-Tage in %
Lagerei sowie Erbringung von sonstigen Dienstleistungen für den Verkehr	5,6	9,3
Landverkehr und Transport in Rohrfernleitungen	5,6	8,7
Luftfahrt	1,9	2,7
Post-, Kurier- und Expressdienste	5,3	7,8
Schifffahrt	6,4	10,0
Branche insgesamt	**5,5**	**8,9**
Alle Branchen	**4,0**	**6,2**

Fehlzeiten-Report 2012

Tab. 29.12.10 Tage und Fälle der Arbeitsunfähigkeit durch Arbeitsunfälle nach Berufsgruppen in der Branche Transport und Verkehr im Jahr 2011, AOK-Mitglieder

Tätigkeit	Arbeitsunfähigkeit je 1.000 AOK-Mitglieder	
	AU-Tage	AU-Fälle
Stauer, Möbelpacker	2.276,1	140,7
Kraftfahrzeugführer	2.103,8	82,2
Lager-, Transportarbeiter	1.641,3	94,2
Lagerverwalter, Magaziner	1.552,9	92,5
Schienenfahrzeugführer	1.514,5	90,2
Postverteiler	1.478,6	86,1
Warenaufmacher, Versandfertigmacher	1.211,7	75,5
Verkehrsfachleute (Güterverkehr)	442,9	24,7
Bürofachkräfte	400,0	18,2
Branche insgesamt	**1.695,0**	**78,1**
Alle Branchen	**1.065,7**	**62,9**

Fehlzeiten-Report 2012

Tab. 29.12.11 Tage und Fälle der Arbeitsunfähigkeit je 100 AOK-Mitglieder nach Krankheitsarten in der Branche Verkehr und Transport in den Jahren 1995 bis 2011

Jahr	Arbeitsunfähigkeiten je 100 AOK-Mitglieder											
	Psyche		Herz/Kreislauf		Atemwege		Verdauung		Muskel/Skelett		Verletzungen	
	Tage	Fälle	Tage	Fälle	Tage	Fälle	Tage	Fälle	Tage	Fälle	Tage	Fälle
1995	94,1	3,5	233,0	9,0	359,1	33,4	205,9	21,0	741,6	35,7	452,7	24,0
1996	88,2	3,7	213,7	8,8	321,5	38,5	181,2	21,0	666,8	36,0	425,0	23,9
1997	83,9	3,4	195,5	7,7	281,8	34,8	163,6	19,4	574,0	32,1	411,4	22,0
1998	89,1	3,6	195,2	7,9	283,4	33,1	161,9	19,0	591,5	30,7	397,9	21,9
1999	95,3	3,8	192,9	8,1	311,9	34,5	160,8	19,2	621,2	32,5	396,8	21,7
2000	114,7	5,2	181,9	8,0	295,1	37,1	149,4	18,0	654,9	36,6	383,3	21,3
2001	124,3	6,1	183,1	8,6	282,2	36,8	152,3	18,9	680,6	38,6	372,8	21,0
2002	135,9	6,6	184,2	8,9	273,1	36,1	152,1	19,5	675,7	38,3	362,4	20,4
2003	136,0	6,7	182,0	9,1	271,5	36,4	144,2	18,7	615,9	35,6	345,2	19,3
2004	154,3	6,8	195,6	8,4	234,4	30,1	143,5	17,7	572,5	32,8	329,6	17,6
2005	159,5	6,7	193,5	8,4	268,8	34,7	136,2	16,6	546,3	31,8	327,1	17,3
2006	156,8	6,7	192,9	8,5	225,9	29,0	135,7	17,1	551,7	31,9	334,7	17,6
2007	166,1	7,0	204,2	8,7	249,9	32,6	143,6	18,4	575,2	32,8	331,1	17,0
2008 (WZ03)	172,5	7,3	205,5	9,1	260,0	34,6	149,0	19,2	584,3	34,3	332,0	17,1
2008 (WZ08)*	171,8	7,2	210,2	9,2	259,5	34,0	150,6	18,7	597,5	34,3	339,8	17,2
2009	190,8	7,8	223,2	9,3	297,4	38,1	149,0	18,7	607,7	34,3	341,0	17,2
2010	205,3	8,4	218,6	9,5	268,0	34,3	143,7	17,8	659,8	36,9	373,2	19,0
2011	207,7	8,9	198,5	9,3	269,8	35,7	138,9	17,9	610,3	36,7	341,8	18,1

*aufgrund der Revision der Wirtschaftszweigklassifikation in 2008 ist eine Vergleichbarkeit mit den Vorjahren nur bedingt möglich

Fehlzeiten-Report 2012

Tab. 29.12.12 Verteilung der Arbeitsunfähigkeitstage nach Krankheitsarten in Prozent in der Branche Verkehr und Transport im Jahr 2011, AOK-Mitglieder

Wirtschaftsabteilung	AU-Tage in %						
	Psyche	Herz/Kreislauf	Atemwege	Verdauung	Muskel/Skelett	Verletzungen	Sonstige
Lagerei sowie Erbringung von sonstigen Dienstleistungen für den Verkehr	7,7	7,7	10,9	5,5	25,0	13,9	29,3
Landverkehr und Transport in Rohrfernleitungen	8,5	8,8	10,0	5,6	23,1	13,1	30,9
Post-, Kurier- und Expressdienste	9,3	5,8	11,3	5,3	25,5	14,2	28,6
Schifffahrt	9,1	7,3	11,8	5,0	20,1	14,8	31,8
Branche insgesamt	**8,2**	**7,9**	**10,7**	**5,5**	**24,2**	**13,6**	**29,9**
Alle Branchen	**9,6**	**6,2**	**12,4**	**5,7**	**23,1**	**12,3**	**30,7**

Fehlzeiten-Report 2012

Tab. 29.12.13 Verteilung der Arbeitsunfähigkeitsfälle nach Krankheitsarten in Prozent in der Branche Verkehr und Transport im Jahr 2011, AOK-Mitglieder

Wirtschaftsabteilung	AU-Fälle in %						
	Psyche	Herz/Kreislauf	Atemwege	Verdauung	Muskel/Skelett	Verletzungen	Sonstige
Lagerei sowie Erbringung von sonstigen Dienstleistungen für den Verkehr	4,5	4,7	19,9	9,8	20,5	9,9	30,8
Landverkehr und Transport in Rohrfernleitungen	5,2	6,0	17,9	9,9	19,4	9,7	31,9
Post-, Kurier- und Expressdienste	5,2	4,1	20,0	9,1	20,2	10,7	30,7
Schifffahrt	4,7	4,7	21,6	8,8	15,4	10,2	34,7
Branche insgesamt	**4,8**	**5,1**	**19,4**	**9,7**	**19,9**	**9,8**	**31,3**
Alle Branchen	**4,9**	**4,1**	**22,2**	**10,2**	**17,1**	**8,8**	**32,7**

Fehlzeiten-Report 2012

Tab. 29.12.14 Verteilung der Arbeitsunfähigkeitstage nach Krankheitsarten und ausgewählten Berufsgruppen in der Branche Verkehr und Transport im Jahr 2011, AOK-Mitglieder

Tätigkeit	AU-Tage in %						
	Psyche	Herz/ Kreislauf	Atem-wege	Verdauung	Muskel/ Skelett	Verlet-zungen	Sonstige
Bürofachkräfte	13,5	5,8	14,0	5,7	17,4	9,1	34,5
Kraftfahrzeugführer	7,5	9,6	8,8	5,4	23,7	14,2	30,8
Kraftfahrzeuginstandsetzer	5,4	7,6	10,9	5,2	26,6	16,8	27,5
Lager-, Transportarbeiter	7,5	6,0	12,2	5,7	27,7	13,3	27,5
Lagerverwalter, Magaziner	7,2	6,7	12,0	5,6	26,6	12,5	29,4
Postverteiler	9,4	4,7	11,8	4,8	26,4	15,4	27,6
Restaurantfachleute, Steward/Stewardessen	12,1	2,5	24,8	5,3	12,9	8,2	34,2
Schienenfahrzeugführer	13,7	7,3	12,6	5,5	21,5	10,0	29,4
Verkehrsfachleute (Güterverkehr)	12,4	4,9	18,1	6,9	14,1	10,7	32,9
Warenaufmacher, Versandfertig-macher	8,2	5,2	13,1	6,0	28,2	11,9	27,3
Branche insgesamt	**8,2**	**7,9**	**10,7**	**5,5**	**24,2**	**13,6**	**29,9**
Alle Branchen	**9,6**	**6,2**	**12,4**	**5,7**	**23,1**	**12,3**	**30,7**

Fehlzeiten-Report 2012

Tab. 29.12.15 Verteilung der Arbeitsunfähigkeitsfälle nach Krankheitsarten und ausgewählten Berufsgruppen in der Branche Verkehr und Transport im Jahr 2011, AOK-Mitglieder

Tätigkeit	AU-Fälle in %						
	Psyche	Herz/ Kreislauf	Atem-wege	Verdauung	Muskel/ Skelett	Verlet-zungen	Sonstige
Bürofachkräfte	6,0	4,1	24,8	10,5	12,3	6,0	36,2
Kraftfahrzeugführer	4,8	6,5	16,0	9,6	20,8	10,7	31,7
Kraftfahrzeuginstandsetzer	3,1	4,5	19,8	9,8	20,1	13,8	28,8
Lager-, Transportarbeiter	4,3	4,0	20,7	9,6	22,6	9,6	29,2
Lagerverwalter, Magaziner	3,9	4,3	20,9	9,9	21,6	9,3	30,2
Postverteiler	5,2	3,5	20,6	8,8	19,9	11,6	30,5
Restaurantfachleute, Steward/ Stewardessen	6,3	1,9	33,6	7,5	9,0	5,5	36,3
Schienenfahrzeugführer	8,1	5,3	20,4	10,1	17,8	7,9	30,4
Verkehrsfachleute (Güterverkehr)	4,8	3,0	28,6	11,5	10,1	6,6	35,4
Warenaufmacher, Versandfertig-macher	4,4	3,7	21,5	10,5	22,0	8,4	29,5
Branche insgesamt	**4,8**	**5,1**	**19,4**	**9,7**	**19,9**	**9,8**	**31,3**
Alle Branchen	**4,9**	**4,1**	**22,2**	**10,2**	**17,1**	**8,8**	**32,7**

Fehlzeiten-Report 2012

Tab. 29.12.16 Anteile der 40 häufigsten Einzeldiagnosen an den AU-Fällen und AU-Tagen in der Branche Verkehr und Transport im Jahr 2011, AOK-Mitglieder

ICD-10	Bezeichnung	AU-Fälle in %	AU-Tage in %
M54	Rückenschmerzen	8,3	7,4
J06	Akute Infektionen der oberen Atemwege	5,9	2,5
A09	Diarrhoe und Gastroenteritis	2,9	1,0
J20	Akute Bronchitis	2,4	1,3
I10	Essentielle (primäre) Hypertonie	2,1	3,1
K52	Sonstige nichtinfektiöse Gastroenteritis und Kolitis	2,0	0,7
K08	Sonstige Krankheiten der Zähne und des Zahnhalteapparates	2,0	0,4
J40	Bronchitis, nicht als akut oder chronisch bezeichnet	2,0	1,0
K29	Gastritis und Duodenitis	1,4	0,7
T14	Verletzung an einer nicht näher bezeichneten Körperregion	1,4	1,2
B34	Viruskrankheit nicht näher bezeichneter Lokalisation	1,2	0,5
R10	Bauch- und Beckenschmerzen	1,2	0,6
M51	Sonstige Bandscheibenschäden	1,1	2,2
F32	Depressive Episode	1,1	2,3
M53	Sonstige Krankheiten der Wirbelsäule und des Rückens	1,0	1,0
M25	Sonstige Gelenkkrankheiten	1,0	1,0
F43	Reaktionen auf schwere Belastungen und Anpassungsstörungen	1,0	1,3
M75	Schulterläsionen	0,9	1,7
M99	Biomechanische Funktionsstörungen	0,9	0,7
J03	Akute Tonsillitis	0,9	0,4
J01	Akute Sinusitis	0,9	0,4
S93	Luxation, Verstauchung und Zerrung der Gelenke und Bänder in Höhe des oberen Sprunggelenkes und des Fußes	0,9	1,0
J02	Akute Pharyngitis	0,9	0,4
M77	Sonstige Enthesopathien	0,8	0,9
J32	Chronische Sinusitis	0,8	0,4
R51	Kopfschmerz	0,8	0,4
M23	Binnenschädigung des Kniegelenkes	0,7	1,2
M79	Sonstige Krankheiten des Weichteilgewebes	0,7	0,5
I25	Chronische ischämische Herzkrankheit	0,7	1,3
E11	Diabetes mellitus (Typ-2-Diabetes)	0,6	1,1
M47	Spondylose	0,6	0,8
R42	Schwindel und Taumel	0,6	0,5
E66	Adipositas	0,6	1,0
F48	Andere neurotische Störungen	0,6	0,7
E78	Störungen des Lipoproteinstoffwechsels und sonstige Lipidämien	0,6	0,9
F45	Somatoforme Störungen	0,6	0,8
R11	Übelkeit und Erbrechen	0,6	0,3
A08	Virusbedingte Darminfektionen	0,5	0,2
R53	Unwohlsein und Ermüdung	0,5	0,4
J11	Grippe, Viren nicht nachgewiesen	0,5	0,2
	Summe hier	**54,2**	**44,4**
	Restliche	45,8	55,6
	Gesamtsumme	**100,0**	**100,0**

Fehlzeiten-Report 2012

Tab. 29.12.17 Anteile der 40 häufigsten Diagnoseuntergruppen an den AU-Fällen und AU-Tagen in der Branche Verkehr und Transport im Jahr 2011, AOK-Mitglieder

ICD-10	Bezeichnung	AU-Fälle in %	AU-Tage in %
M40–M54	Krankheiten der Wirbelsäule und des Rückens	11,0	11,9
J00–J06	Akute Infektionen der oberen Atemwege	9,8	4,3
M60–M79	Krankheiten der Weichteilgewebe	4,0	4,9
A00–A09	Infektiöse Darmkrankheiten	3,9	1,4
J40–J47	Chronische Krankheiten der unteren Atemwege	3,4	2,4
M00–M25	Arthropathien	3,4	5,2
J20–J22	Sonstige akute Infektionen der unteren Atemwege	2,9	1,5
R50–R69	Allgemeinsymptome	2,9	2,2
K00–K14	Krankheiten der Mundhöhle, der Speicheldrüsen und der Kiefer	2,5	0,6
F40–F48	Neurotische, Belastungs- und somatoforme Störungen	2,4	3,5
I10–I15	Hypertonie	2,4	3,5
K50–K52	Nichtinfektiöse Enteritis und Kolitis	2,4	1,0
R10–R19	Symptome bzgl. Verdauungssystem und Abdomen	2,0	1,1
K20–K31	Krankheiten des Ösophagus, Magens und Duodenums	2,0	1,2
T08–T14	Verletzungen Rumpf, Extremitäten o. a. Körperregionen	1,7	1,6
S90–S99	Verletzungen der Knöchelregion und des Fußes	1,5	2,0
J30–J39	Sonstige Krankheiten der oberen Atemwege	1,4	0,9
B25–B34	Sonstige Viruskrankheiten	1,4	0,6
F30–F39	Affektive Störungen	1,4	3,2
S80–S89	Verletzungen des Knies und des Unterschenkels	1,3	2,4
R00–R09	Symptome bzgl. Kreislauf- und Atmungssystem	1,3	0,9
G40–G47	Episod. und paroxysmale Krankheiten des Nervensystems	1,3	1,3
S60–S69	Verletzungen des Handgelenkes und der Hand	1,2	1,6
Z80–Z99	Potentielle Gesundheitsrisiken aufgrund der Familien- oder Eigenanamnese, Zustände die den Gesundheitszustand beeinflussen	1,1	1,9
M95–M99	Sonstige Krankheiten des Muskel-Skelett-Systems und des Bindegewebes	1,1	0,9
E70–E90	Stoffwechselstörungen	1,0	1,5
J09–J18	Grippe und Pneumonie	1,0	0,7
I20–I25	Ischämische Herzkrankheiten	0,9	1,8
E10–E14	Diabetes mellitus	0,8	1,4
K55–K63	Sonstige Krankheiten des Darmes	0,8	0,8
R40–R46	Symptome bzgl. Wahrnehmung, Stimmung und Verhalten	0,8	0,7
I80–I89	Krankheiten der Venen, Lymphgefäße und -knoten	0,8	0,8
S00–S09	Verletzungen des Kopfes	0,8	0,7
F10–F19	Psychische und Verhaltensstörungen durch psychotrope Substanzen	0,7	1,1
G50–G59	Krankheiten von Nerven, Nervenwurzeln und Nervenplexus	0,7	1,1
I30–I52	Sonstige Formen der Herzkrankheit	0,7	1,3
J95–J99	Sonstige Krankheiten des Atmungssystems	0,6	0,5
L00–L08	Infektionen der Haut und der Unterhaut	0,6	0,6
S20–S29	Verletzungen des Thorax	0,6	0,8
N30–N39	Sonstige Krankheiten des Harnsystems	0,6	0,4
	Summe hier	**81,1**	**76,2**
	Restliche	18,9	23,8
	Gesamtsumme	**100,0**	**100,0**

Fehlzeiten-Report 2012

Kapitel 30

Die Arbeitsunfähigkeit in der Statistik der GKV

K. Busch

Zusammenfassung *Der vorliegende Beitrag gibt anhand der Statistiken des Bundesministeriums für Gesundheit (BMG) einen Überblick über die Arbeitsunfähigkeitsdaten der Gesetzlichen Krankenkassen (GKV). Zunächst werden die Arbeitsunfähigkeitsstatistiken der Krankenkassen und die Erfassung der Arbeitsunfähigkeit erläutert. Anschließend wird die Entwicklung der Fehlzeiten auf GKV-Ebene geschildert und Bezug auf die Unterschiede bei den Fehlzeiten zwischen den verschiedenen Kassen genommen.*

30.1 Arbeitsunfähigkeitsstatistiken der Krankenkassen

Die Krankenkassen sind nach § 79 SGB IV verpflichtet, Übersichten über ihre Rechnungs- und Geschäftsergebnisse sowie sonstige Statistiken zu erstellen und über den GKV-Spitzenverband an das Bundesministerium für Gesundheit zu liefern. Bis zur Gründung des GKV-Spitzenverbandes war dies Aufgabe der Bundesverbände der einzelnen Kassenarten. Näheres hierzu wird in der Allgemeinen Verwaltungsvorschrift über die Statistik in der Gesetzlichen Krankenversicherung (KSVwV) geregelt. Bezüglich der Arbeitsunfähigkeitsfälle finden sich Regelungen zu drei Statistiken:

- Krankenstand: Bestandteil der monatlichen Mitgliederstatistik KM1
- Arbeitsunfähigkeitsfälle und -tage: Bestandteil der Jahresstatistik KG2
- Arbeitsunfähigkeitsfälle und -tage nach Krankheitsarten: Jahresstatistik KG8

Am häufigsten wird in der allgemeinen Diskussion mit dem Krankenstand argumentiert, wobei dieser Begriff unterschiedlich definiert wird. Der Krankenstand in der amtlichen Statistik wird über eine Stichtagserhebung gewonnen, die zu jedem Ersten eines Monats durchgeführt wird. Die Krankenkasse ermittelt im Rahmen ihrer Mitgliederstatistik die zu diesem Zeitpunkt arbeitsunfähig kranken Pflicht- und freiwilligen Mitglieder mit einem Krankengeldanspruch. Vor dem Jahr 2007 bezog sich der Krankenstand auf die Pflichtmitglieder. Rentner, Studenten, Jugendliche und Behinderte, Künstler, Wehr-, Zivil- sowie Dienstleistende bei der Bundespolizei, landwirtschaftliche Unternehmer und Vorruhestandsgeldempfänger blieben jedoch unberücksichtigt, da für diese Gruppen in der Regel keine Arbeitsunfähigkeitsbescheinigungen von einem Arzt ausgestellt wurden. Seit dem Jahr 2005 bleiben auch die Arbeitslosengeld-II-Empfänger unberücksichtigt, da sie im Gegensatz zu den früheren Arbeitslosenhilfeempfängern keinen Anspruch auf Krankengeld haben und somit für diesen Mitgliederkreis nicht unbedingt AU-Bescheinigungen ausgestellt und den Krankenkassen übermittelt werden.

Die AU-Bescheinigungen werden vom behandelnden Arzt ausgestellt und unmittelbar an die Kranken-

B. Badura et al. (Hrsg.) *Fehlzeiten-Report 2012*,
DOI 10.1007/978-3-642-21655-8_30,

kasse gesandt, die sie zur Ermittlung des Krankenstandes auszählt. Die Veröffentlichung des Krankenstandes erfolgt monatlich im Rahmen der Mitgliederstatistik KM1. Aus den zwölf Stichtagswerten eines Jahres wird als arithmetisches Mittel ein jahresdurchschnittlicher Krankenstand errechnet. Dabei werden auch Korrekturen berücksichtigt, die z. B. wegen verspäteter Meldungen notwendig werden.

Eine Totalauszählung der Arbeitsunfähigkeitsfälle und -tage erfolgt in der Jahresstatistik KG2. Da in dieser Statistik nicht nur das AU-Geschehen an einem Stichtag erfasst, sondern jeder einzelne AU-Fall mit seinen dazugehörigen Tagen im Zeitraum eines Kalenderjahres berücksichtigt wird, ist die Aussagekraft höher. Allerdings können die Auswertungen der einzelnen Krankenkassen auch erst nach Abschluss des Berichtsjahres beginnen und die Ergebnisse daher nur mit einer zeitlichen Verzögerung von mehr als einem halben Jahr vorgelegt werden.

30.2 Erfassung von Arbeitsunfähigkeit

Informationsquelle für eine bestehende Arbeitsunfähigkeit der pflichtversicherten Arbeitnehmer bildet die Arbeitsunfähigkeitsbescheinigung des behandelnden Arztes. Nach § 5 EFZG bzw. § 3 LFZG ist der Arzt verpflichtet, dem Träger der gesetzlichen Krankenversicherung unverzüglich eine Bescheinigung über die Arbeitsunfähigkeit mit Angaben über den Befund und die voraussichtliche Dauer zuzuleiten; nach Ablauf der vermuteten Erkrankungsdauer stellt der Arzt bei Weiterbestehen der Arbeitsunfähigkeit eine Fortsetzungsbescheinigung aus. Das Vorliegen einer Krankheit allein ist für die statistische Erhebung nicht hinreichend – entscheidend ist die Feststellung des Arztes, dass der Arbeitnehmer aufgrund des konkret vorliegenden Krankheitsbildes daran gehindert ist, seine Arbeitsleistung zu erbringen (§ 3 EFZG). Der arbeitsunfähig schreibende Arzt einerseits und der ausgeübte Beruf andererseits spielen daher für Menge und Art der AU-Fälle eine nicht unbedeutende Rolle.

Voraussetzung für die statistische Erfassung eines AU-Falles ist somit im Normalfall, dass eine AU-Bescheinigung vorliegt. Zu berücksichtigen sind jedoch auch Fälle von Arbeitsunfähigkeit, die der Krankenkasse auf andere Weise als über die AU-Bescheinigung bekannt werden – beispielsweise Meldungen von Krankenhäusern über eine stationäre Behandlung. Nicht berücksichtigt werden solche AU-Fälle, für die die Krankenkasse nicht Kostenträger ist, aber auch Fälle mit einem Arbeitsunfall oder einer Berufskrankheit, für die der Träger der Unfallversicherung das Heilverfahren nicht übernommen hat. Ebenfalls nicht erfasst werden Fälle, bei denen eine andere Stelle wie z. B. die Rentenversicherung ein Heilverfahren ohne Kostenbeteiligung der Krankenkasse durchführt. Die Lohnfortzahlung durch den Arbeitgeber wird allerdings nicht als Fall mit anderem Kostenträger gewertet, sodass AU-Fälle sowohl den Zeitraum der Lohnfortzahlung als auch den Zeitraum umfassen, in dem der betroffene Arbeitnehmer Krankengeld bezogen hat.

Ein Fehlen am Arbeitsplatz während der Mutterschutzfristen ist kein Arbeitsunfähigkeitsfall im Sinne der Statistik, da Mutterschaft keine Krankheit ist. AU-Zeiten, die aus Komplikationen während einer Schwangerschaft oder bei der Geburt entstehen, werden jedoch berücksichtigt, soweit sich dadurch die Freistellungsphase um den Geburtstermin herum verlängert.

Der als „arbeitsunfähig" erfassbare Personenkreis ist begrenzt: In der Statistik werden nur die AU-Fälle von Pflicht- und freiwilligen Mitgliedern mit einem Krankengeldanspruch berücksichtigt. Mitversicherte Familienangehörige und Rentner sind definitionsgemäß nicht versicherungspflichtig beschäftigt, sie können somit im Sinne des Krankenversicherungsrechts nicht arbeitsunfähig krank sein.

Da die statistische Erfassung der Arbeitsunfähigkeit primär auf die AU-Bescheinigung des behandelnden Arztes abgestellt ist, können insbesondere bei den Kurzzeitarbeitsunfähigkeiten Untererfassungen auftreten. Falls während der ersten drei Tage eines Fernbleibens von der Arbeitsstelle wegen Krankheit dem Arbeitgeber (aufgrund gesetzlicher oder tarifvertraglicher Regelungen) keine AU-Bescheinigung vorgelegt werden muss, erhält die Krankenkasse nur in Ausnahmefällen Kenntnis von der Arbeitsunfähigkeit. Andererseits bescheinigt der Arzt nur die voraussichtliche Dauer der Arbeitsunfähigkeit; tritt jedoch vorher Arbeitsfähigkeit ein, erhält die Krankenkasse auch in diesen Fällen nur selten eine Meldung, dass das Mitglied die Arbeit wieder aufgenommen hat. Gehen AU-Bescheinigungen bei den Krankenkassen nicht zeitgerecht ein, kann die statistische Erfassung und Meldung schon erfolgt sein; der betreffende Fall wird dann bei der Berechnung des Krankenstandes nicht berücksichtigt. Der Krankenstand wird in der Regel eine Woche nach dem Stichtag ermittelt; bei der Erfassung für den jahresdurchschnittlichen Krankenstand, die zu Beginn des Folgejahres stattfindet, werden diese zuvor unberücksichtigten AU-Fälle allerdings in die Berechnung einbezogen.

Der AU-Fall wird zeitlich in gleicher Weise abgegrenzt wie der Versicherungsfall im rechtlichen Sinn.

Demnach sind mehrere mit Arbeitsunfähigkeit verbundene Erkrankungen, die als ein Versicherungsfall gelten, auch als ein AU-Fall zu zählen. Der Fall wird abgeschlossen, wenn ein anderer Kostenträger (z. B. die Rentenversicherung) ein Heilverfahren durchführt; besteht anschließend weiter Arbeitsunfähigkeit, wird ein neuer Leistungsfall gezählt. Der AU-Fall wird statistisch in dem Jahr berücksichtigt, in dem er abgeschlossen wird, sodass diesem Jahr alle Tage des Falles zugeordnet werden, auch wenn sie kalendermäßig teilweise im Vorjahr lagen.

30.3 Entwicklung des Krankenstandes

Der Krankenstand hat sich gegenüber den 1970er und 1980er Jahren deutlich reduziert. Er befindet sich derzeit auf einem Niveau, das seit Einführung der Lohnfortzahlung für Arbeiter im Jahr 1970 noch nie unterschritten wurde. Zeiten vor 1970 sind nur bedingt vergleichbar, da durch eine andere Rechtsgrundlage bezüglich der Lohnfortzahlung und des Bezugs von Krankengeld auch andere Meldewege und Erfassungsmethoden angewandt wurden. Da der Krankenstand in Form der Stichtagsbetrachtung erhoben wird, kann er nur bedingt ein zutreffendes Ergebnis zur absoluten Höhe der Ausfallzeiten wegen Krankheit liefern. Die zwölf Monatsstichtage betrachten nur jeden 30. Kalendertag, sodass z. B. eine Grippewelle möglicherweise nur deswegen nicht erfasst wird, weil ihr Höhepunkt zufällig in den Zeitraum zwischen zwei Stichtage fällt. Saisonale Schwankungen ergeben sich nicht nur aus den Jahreszeiten heraus, es ist auch zu berücksichtigen, dass Stichtage auf Sonn- und Feiertage fallen können, sodass eine beginnende Arbeitsunfähigkeit erst einen Tag später festgestellt werden würde (◘ Abb. 30.1).

Die Krankenstände der einzelnen Kassenarten unterscheiden sich zum Teil erheblich. Die Ursachen dafür dürften in den unterschiedlichen Mitgliederkreisen bzw. deren Berufs- und Alters- sowie Geschlechtsstrukturen liegen. Ein anderes Berufsspektrum bei den Mitgliedern einer anderen Kassenart führt somit auch automatisch zu einem abweichenden Krankenstandsniveau bei gleichem individuellem, berufsbedingtem Krankheitsgeschehen der Mitglieder (◘ Abb. 30.2). Die weiteren Beiträge des vorliegenden Fehlzeiten-Reports gehen für die Mitglieder der AOKs ausführlich auf die unterschiedlichen Fehlzeitenniveaus der einzelnen Berufsgruppen und Branchen ein.

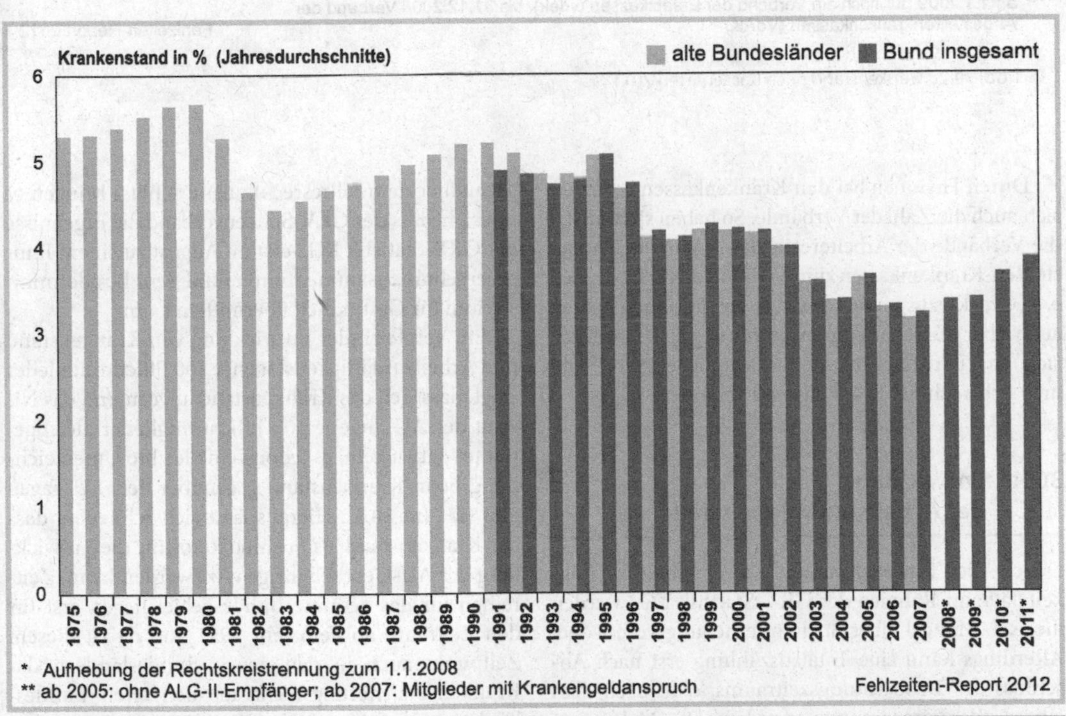

◘ Abb. 30.1 Entwicklung des Krankenstandes** 1975–2011

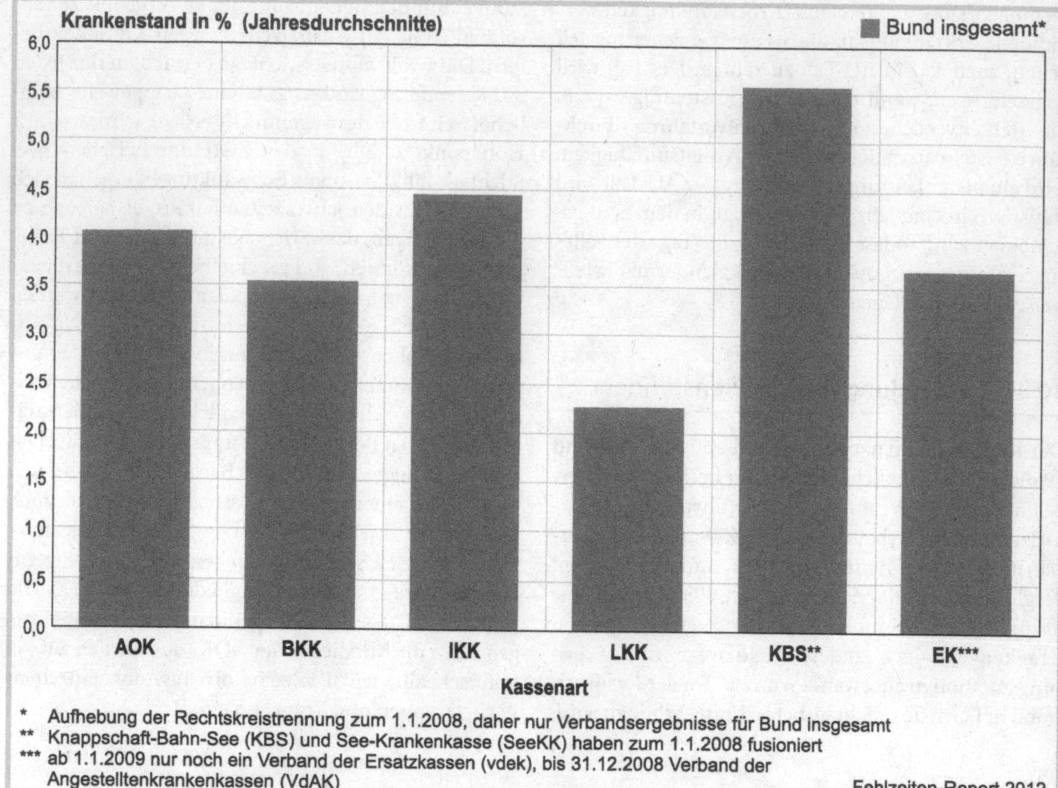

Abb. 30.2 Krankenstand nach Kassenarten 2011

Durch Fusionen bei den Krankenkassen reduziert sich auch die Zahl der Verbände. So haben sich zuletzt die Verbände der Arbeiterersatzkassen und der Angestellten-Krankenkassen zum Verband der Ersatzkassen e. V. (vdek) zusammengeschlossen. Fusionen finden auch über Kassenartengrenzen hinweg statt, wodurch sich das Berufsspektrum der Mitglieder verschiebt und sich auch der Krankenstand verändert.

30.4 Entwicklung der Arbeitsunfähigkeitsfälle

Durch die Totalauszählungen der Arbeitsunfähigkeitsfälle im Rahmen der GKV-Statistik KG2 werden die o. a. Mängel einer Stichtagserhebung vermieden. Allerdings kann eine Totalauszählung erst nach Abschluss des Beobachtungszeitraums, d. h. nach dem Jahresende vorgenommen werden. Die Meldewege und die Nachrangigkeit der statistischen Erhebung gegenüber dem Jahresrechnungsabschluss bringen es mit sich, dass der GKV-Spitzenverband die Ergebnisse der GKV-Statistik KG2 erst im August zu einem Bundesergebnis zusammenführen und dem Bundesministerium für Gesundheit übermitteln kann.

Ein Vergleich der Entwicklung von Krankenstand und Arbeitsunfähigkeitstagen je 100 Pflichtmitglieder zeigt, dass sich das Krankenstandsniveau und das Niveau der AU-Tage je 100 Pflichtmitglieder gleichgerichtet entwickeln, es jedoch eine leichte Unterzeichnung beim Krankenstand gegenüber den AU-Tagen gibt (Abb. 30.3). Hieraus lässt sich schließen, dass der Krankenstand als Frühindikator für die Entwicklung des AU-Geschehens genutzt werden kann. Zeitreihen für das gesamte Bundesgebiet liegen erst für den Zeitraum ab dem Jahr 1991 vor, da zu diesem Zeitpunkt auch in den neuen Bundesländern das Krankenversicherungsrecht aus den alten Bundesländern eingeführt wurde. Seit 1995 wird Berlin insgesamt den alten Bundesländern zugeordnet, zuvor

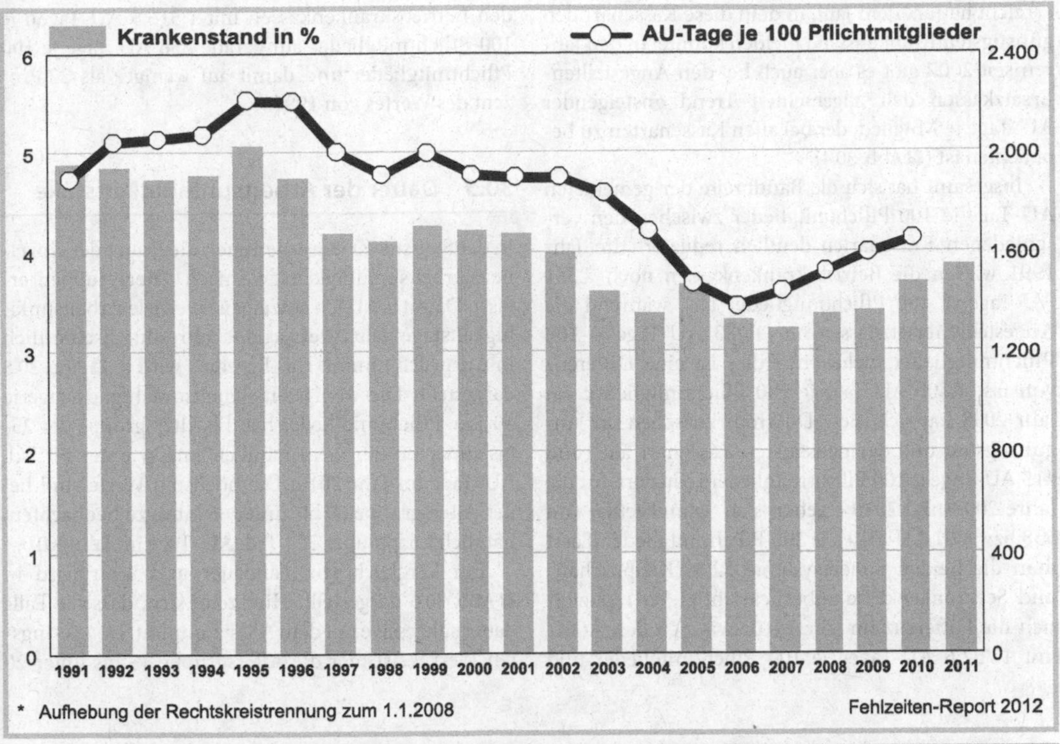

Abb. 30.3 Entwicklung von Krankenstand und AU-Tagen je 100 Pflichtmitglieder 1991–2011

gehörte der Ostteil Berlins zum Rechtskreis der neuen Bundesländer.

Der Vergleich der Entwicklung der Arbeitsunfähigkeitstage je 100 Pflichtmitglieder nach Kassenarten zeigt, dass es recht unterschiedliche Entwicklungen bei den einzelnen Kassenarten gegeben hat. Am deutlichsten wird der Rückgang des Krankenstandes bei den Betriebskrankenkassen, die durch die Wahlfreiheit zwischen den Kassen und die Öffnung der meisten Betriebskrankenkassen auch für betriebsfremde Personen einen Zugang an Mitgliedern mit einer günstigeren Risikostruktur zu verzeichnen hatten. Die günstigere Risikostruktur dürfte insbesondere damit zusammenhängen, dass mobile, wechselbereite und gut verdienende jüngere Personen Mitglieder wurden, aber auch daran, dass andere, weniger gesundheitlich gefährdete Berufsgruppen jetzt die Möglichkeit haben, sich bei Betriebskrankenkassen mit einem günstigen Beitragssatz zu versichern. Durch die Einführung des Gesundheitsfonds mit einem einheitlichen Beitragssatz für die GKV ist der Anreiz zum Kassenwechsel reduziert worden. Kassen, die aufgrund ihrer wirtschaftlichen Situation gezwungen waren, einen Zusatzbeitrag zu erheben, hatten jedoch einen enormen Mitgliederschwund zu verzeichnen. Dies führte bei mehreren Kassen sogar zu einer Schließung.

Auch bei der IKK ging der Krankenstand zurück: Eine Innungskrankenkasse hatte aufgrund ihres günstigen Beitragssatzes in den Jahren von 2003 bis Ende 2008 einen Zuwachs von über 600.000 Mitgliedern zu verzeichnen, davon allein fast 511.000 Pflichtmitglieder mit einem Entgeltfortzahlungsanspruch von sechs Wochen. Diese Kasse wies im Zeitraum von 2004 bis 2008 stets einen jahresdurchschnittlichen Krankenstand von unter 2 Prozent aus. Da sie Ende 2008 über 17 Prozent der Pflichtmitglieder mit einem Entgeltfortzahlungsanspruch von sechs Wochen versicherte, reduzierte sich in diesem Zeitraum der Krankenstand der Innungskrankenkassen insgesamt deutlich. 2009 fusionierte diese Kasse in den Ersatzkassenbereich und der Krankenstand der Innungskrankenkasse nahm in der Folge überproportional zu.

Am ungünstigsten verlief die Entwicklung bei den Angestellten-Ersatzkassen (EKAng), die nach einer Zwischenphase mit höheren AU-Tagen je 100 Pflichtmitglieder im Jahr 2006 wieder das Niveau von 1991 erreicht hatten, dem Jahr, in dem diese Kassenart den günstigsten Krankenstand melden konnte. In den Jahren seit 2007 gibt es aber auch bei den Angestellten-Ersatzkassen den allgemeinen Trend ansteigender AU-Tage je Mitglied, der bei allen Kassenarten zu beobachten ist (■ Abb. 30.4).

Insgesamt hat sich die Bandbreite der gemeldeten AU-Tage je 100 Pflichtmitglieder zwischen den verschiedenen Kassenarten deutlich reduziert. Im Jahr 1991 wiesen die Betriebskrankenkassen noch 2.381 AU-Tage je 100 Pflichtmitglieder aus, während die Angestelltenersatzkassen nur 1.283 AU-Tage je 100 Pflichtmitglieder meldeten – dies ist eine Differenz von fast 1.100 AU-Tage je 100 Pflichtmitglieder. Im Jahr 2008 hat sich diese Differenz zwischen der ungünstigsten und der günstigsten Kassenart auf rund 415 AU-Tage je 100 Pflichtmitglieder reduziert, für die Jahre 2009 und 2010 ergeben sich Spannbreiten von 558 bzw. 601 AU-Tagen je 100 Pflichtmitglieder. Lässt man die beiden Sondersysteme KBS (Knappschaft) und Seekrankenkasse unberücksichtigt, so reduziert sich die Differenz im Jahr 2010 zwischen den AOKs mit 1.752,6 AU-Tagen je 100 Pflichtmitglieder und den Betriebskrankenkassen mit 1.516,5 AU-Tagen je 100 Pflichtmitglieder auf gerade 236 AU-Tage je 100 Pflichtmitglieder und damit auf weniger als 22 Prozent des Wertes von 1991.

30.5 Dauer der Arbeitsunfähigkeitsfälle

In der Statistik KG8 werden auch die Dauer der einzelnen Arbeitsunfähigkeitsfälle nach Altersgruppen erfasst. Damit lässt sich aufzeigen, wie viele Arbeitsunfähigkeitstage jede Altersgruppe jahresdurchschnittlich in Anspruch nimmt. Das Ergebnis wird in ■ Abb. 30.5 dargestellt. Die wenigsten Arbeitsunfähigkeitstage je 10 Tsd. Pflichtmitglieder hat die Altersgruppe der 25- bis unter 30-Jährigen, nämlich knapp unter 80 Tsd. AU-Tage im Jahr 2010. Die höchsten Werte sind bei der Altersgruppe 60 bis unter 65 Jahre zu beobachten, nämlich knapp über 224 Tsd. AU-Tage im Jahr 2010.

Ein Vergleich von Falldauer und Alter wird in ■ Abb. 30.6 dargestellt. Hier zeigt sich, dass die Falldauer sukzessive mit dem Alter zunimmt. Den geringsten Wert weist hier die Altersgruppe 15 bis unter 20

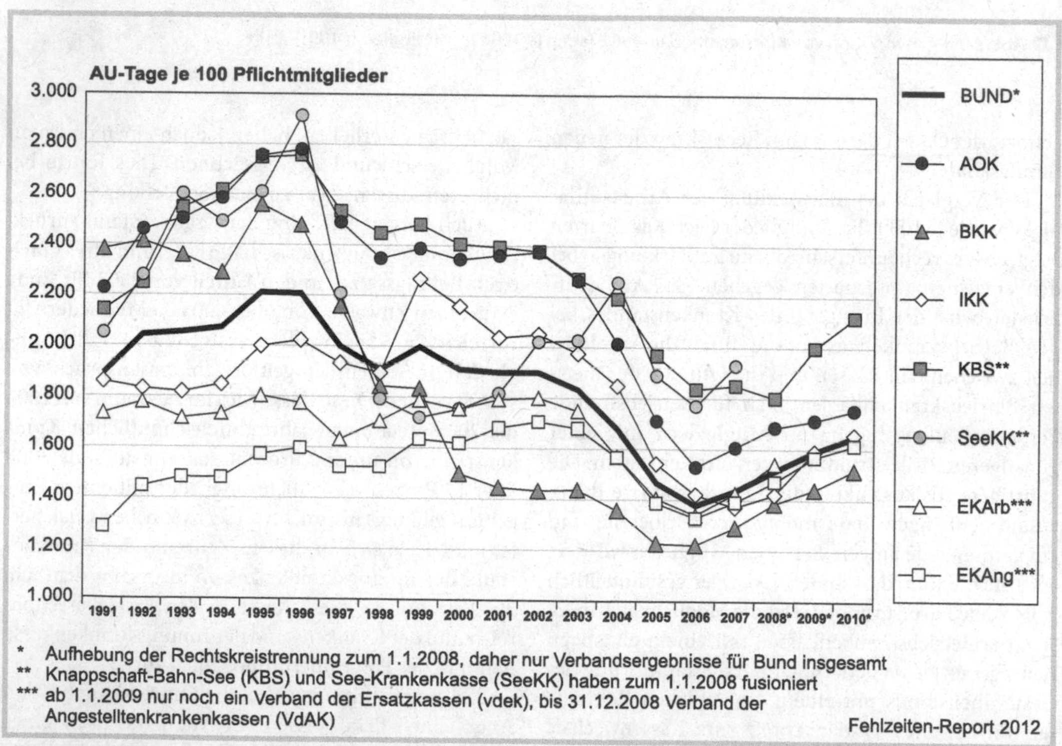

■ Abb. 30.4 Arbeitsunfähigkeitstage je 100 Pflichtmitglieder nach Kassenarten 1991–2010

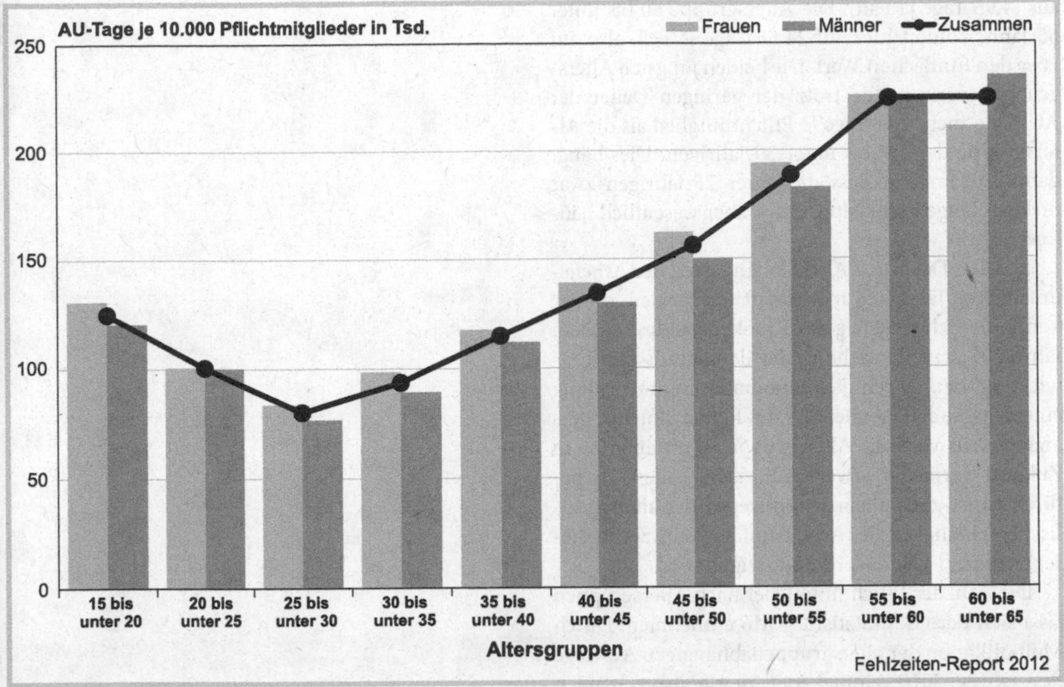

Abb. 30.5 Arbeitsunfähigkeitstage nach Geschlecht und Altersgruppen 2010

AU-Tage je Fall
Frauen
Männer
Zusammen
30
25
20
15
10
5
0
15 bis unter 20
20 bis unter 25
25 bis unter 30
30 bis unter 35
35 bis unter 40
40 bis unter 45
45 bis unter 50
50 bis unter 55
55 bis unter 60
60 bis unter 65
Altersgruppen
Fehlzeiten-Report 2012

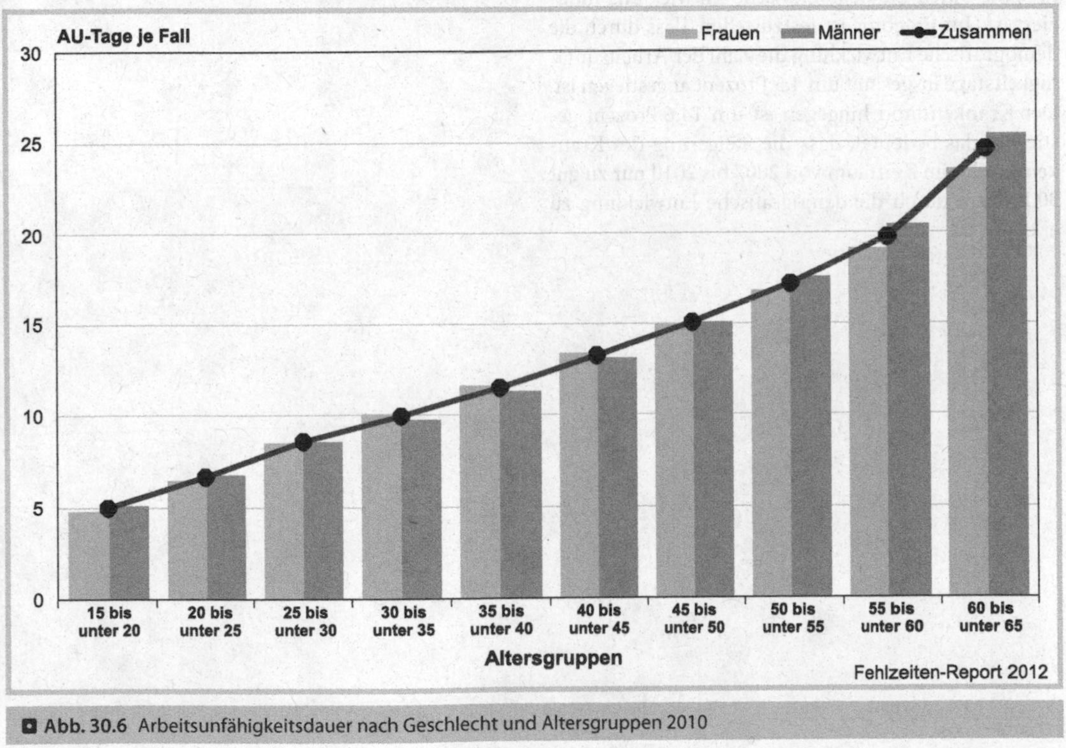

Abb. 30.6 Arbeitsunfähigkeitsdauer nach Geschlecht und Altersgruppen 2010

aus (4,95 Tage je Fall). Die Altersgruppe 60 bis unter 65 Jahre kommt hier auf 24,58 Tage je Fall, also auf etwa den fünffachen Wert. Die beiden jüngsten Altersgruppen verursachen trotz der geringen Dauer der AU-Fälle mehr AU-Tage je Pflichtmitglied als die Altersgruppe der 25- bis unter 30-Jährigen. Dies hängt damit zusammen, dass die unter 25-Jährigen zwar nicht so lange krank sind, dafür aber wesentlich häufiger.

Mit den Daten zur Altersabhängigkeit der Arbeitsunfähigkeit lässt sich modellhaft überprüfen, ob der kontinuierliche Anstieg des Krankenstandes seit dem Jahr 2007 seine Ursache in der demografischen Entwicklung hat. Durch die demografische Entwicklung einerseits und die Anhebung des Renteneintrittsalters andererseits wird die Altersgruppe 60 bis unter 65 in Zukunft vermehrt erwerbstätig sein, sodass zu befürchten ist, dass allein schon wegen der altersspezifischen Häufigkeit der Arbeitsunfähigkeitstage in dieser Gruppe der Krankenstand steigen wird.

Die Zahl der Pflichtmitglieder nach Altersgruppen lässt sich der GKV-Statistik KM6 entnehmen. Durch Multiplikation der altersgruppenabhängigen AU-Tage des Jahres 2010 einmal mit den entsprechenden Pflichtmitgliederzahlen des Jahres 2010 und dann mit denen des Jahres 2007 lässt sich die Differenz errechnen, die durch die demografische Entwicklung induziert ist. Im Ergebnis ist festzustellen, dass durch die demografische Entwicklung die Zahl der Arbeitsunfähigkeitstage insgesamt um 4,5 Prozent angestiegen ist. Der Krankenstand hingegen ist um 14,6 Prozent gestiegen; das bedeutet, dass die Steigerung des Krankenstandes im Zeitraum von 2007 bis 2010 nur zu gut 30 Prozent durch die demografische Entwicklung zu erklären ist.

Kapitel 31

Betriebliches Gesundheitsmanagement und krankheitsbedingte Fehlzeiten in der Bundesverwaltung

V. Kretschmer

Zusammenfassung *Der Beitrag fasst die Ergebnisse des aktuellen Gesundheitsförderungsberichts der unmittelbaren Bundesverwaltung zusammen. Er benennt im ersten Teil wichtige Handlungsfelder der Gesundheitsförderung und zeigt, wie die Organisation und Steuerung der Maßnahmen für sichere und gesunde Arbeitsbedingungen weiter verbessert werden können. Die im zweiten Teil des Berichts dargestellten Ergebnisse der Fehlzeitenstatistik für das Jahr 2010 helfen bei der Analyse der Bereiche, in denen es besonderen Handlungsbedarf gibt. Ebenfalls in der Statistik enthalten ist der Vergleich mit den krankheitsbedingten Fehlzeiten in der Wirtschaft auf der Basis der jährlichen AOK-Erhebung zum Krankenstand.*

31.1 Einführung

Der soziale und demografische Wandel in der Arbeitswelt stellt die Verwaltung ebenso wie die Verantwortlichen der Wirtschaft vor neue Herausforderungen. Die Förderung der Gesundheit der Mitarbeiter ist nicht mehr nur selbstverständliche Pflicht eines verantwortungsvollen Arbeitgebers. Sie ist notwendig, um die Leistungsfähigkeit der Verwaltung bzw. des Unternehmens zu erhalten und zu steigern.

Die Bundesregierung ist sich ihrer Verantwortung und ihrer Vorbildfunktion bewusst und hat deshalb in dem Programm „Vernetzte und transparente Verwaltung" beschlossen, die Gesundheitsförderung in den Bundesbehörden zu systematisieren und auszubauen. Sie wird in die Personal- und Organisationsentwicklung eingebettet. Ziele und Maßnahmen der betrieblichen Gesundheitspolitik sollen festgelegt und gemeinsam mit den Gewerkschaften und Beschäftigten umgesetzt werden.

Der Gesundheitsbericht 2010 beschäftigt sich auf der Basis des bei der Befragung im Juni 2010 festgestellten Verbesserungspotenzials mit verschiedenen Handlungsfeldern:

1. Sensibilisierung der Führungskräfte für Fragen der Gesundheitsförderung
2. Systematisches Gesundheitsmanagement durch
   a) Verbesserung der Arbeitsorganisation und der Arbeitsbedingungen
   b) Förderung des gesundheitsbewussten Verhaltens der Beschäftigten
   c) Verbesserung des Umgangs mit psychischen Belastungen
3. Ausbau des betrieblichen Eingliederungsmanagements
4. Optimierung des Arbeitsschutzes

B. Badura et al. (Hrsg.) *Fehlzeiten-Report 2012*,
DOI 10.1007/978-3-642-21655-8_31, © Springer Verlag Berlin Heidelberg 2012

31.2 Handlungsfelder der Gesundheitsförderung in der unmittelbaren Bundesverwaltung

31.2.1 Gesundheitsförderliches Führungsverhalten

Führungskräfte nehmen bei der Betrieblichen Gesundheitsförderung eine besondere Rolle ein, weil sie die jeweiligen Maßnahmen in ihrem Verantwortungsbereich implementieren müssen. Welche Möglichkeiten der Einflussnahme sie aber tatsächlich haben, hängt neben der praktischen Ausgestaltung der Organisation der Behörde auch vom jeweiligen Rollenverständnis ab. Sieht sich die Führungskraft vorrangig in der Rolle des Sicherheitsmanagers, beschränkt sich das Führungsverhalten darauf, gesetzliche Vorschriften des Arbeits- und Gesundheitsschutzes umzusetzen und einzuhalten. Sieht sie sich als Ressourcenmanager, bekommt sie auch soziale, organisatorische und personelle Möglichkeiten der Gestaltung. Und sehen Führungskräfte sich als Vorbilder, dann erwachsen hieraus weitere Einflussmöglichkeiten.

Die Sensibilisierung der Führungskräfte für das Thema Gesundheitsförderung nimmt deshalb sowohl bei der Unfallkasse des Bundes als auch bei der Bundesakademie für öffentliche Verwaltung einen wichtigen Stellenwert bei den Fortbildungen, Fachtagungen und sonstigen Informationsangeboten ein.

Die Fachtagung Potsdamer Dialog der Unfallkasse des Bundes bietet Führungskräften, Personalverantwortlichen, Personalvertretungen, den für das Gesundheitsmanagement zuständigen, Betriebsärzten und Fachkräften für Arbeitssicherheit ein gemeinsames Forum mit Beiträgen von Funktionsträgern des Arbeits- und Gesundheitsschutzes. Mit etwa 250 Teilnehmern ist der Potsdamer Dialog der herausragende Kongress für die unmittelbare Bundesverwaltung zu Gesundheitsmanagement und Arbeitsschutz.

Die Bundesakademie für öffentliche Verwaltung und die Unfallkasse des Bundes bieten ein breites Spektrum von Seminaren an, die sich insbesondere an Führungskräfte richten.

Diese Angebote werden durch Maßnahmen der Ressorts ergänzt, die ebenfalls das Bewusstsein für die Bedeutung einer aktiven Rolle der Führungskräfte als „Ressourcenmanager" und „Vorbild" fördern sollen.

31.2.2 Gesundheitsmanagement

Neben der aktiven Rolle der Führungskräfte ist ein systematisches Gesundheitsmanagement der Dienststellen von zentraler Bedeutung für die Gesundheitsförderung. Die Arbeitsorganisation und die Arbeitsbedingungen müssen so an die veränderten Rahmenbedingungen angepasst werden, dass Gesundheitsbeeinträchtigungen der Beschäftigten nachhaltig vermieden werden (sog. Verhältnisprävention). Gleichzeitig muss das gesundheitsbewusste Verhalten der Beschäftigten gefördert (sog. Verhaltensprävention) und Hilfe bei psychischen Belastungen angeboten werden.

Die Unfallkasse des Bundes führt seit 2009 in verschiedenen Dienststellen Pilotprojekte zum Betrieblichen Gesundheitsmanagement durch. Unter der Bezeichnung „KoGA" (Kompetenz, Gesundheit, Arbeit) wird seit 2007 das Pilotprojekt mit dem Bundesministerium für Ernährung, Landwirtschaft und Verbraucherschutz, dem Hauptzollamt Hamburg-Jonas und dem Service Center Verden der Bundesagentur für Arbeit durchgeführt (vgl. Gesundheitsförderungsbericht 2009, S. 15 ff).

Die Erfahrungen der am Modellprojekt KoGA beteiligten Behörden haben gezeigt, dass es wichtige Erfolgsfaktoren für die Ein- und Durchführung eines Betrieblichen Gesundheitsmanagements gibt. Zu diesen gehört u. a. die „gelebte" Unterstützung durch die Leitung des Hauses sowie durch die Interessenvertretungen, der Einsatz einer themenübergreifenden Steuerungsgruppe, die umfassende und kontinuierliche Information der Beschäftigten und die enge Zusammenarbeit zwischen den beteiligten Referaten und den Interessensvertretungen (vgl. den Erfahrungsbericht zu den einzelnen Projekten in Anlage 3 des Gesundheitsförderungsberichts 2010).

A. Verbesserung der Arbeitsorganisation und Arbeitsbedingungen

Den größten Einfluss auf die Gesundheit bei der Arbeit haben die sozialen Beziehungen am Arbeitsplatz. Beschäftigte sind zufriedener, wenn sie angemessen gefordert werden und einer verantwortungsvollen Tätigkeit nachgehen (Gesundheitsförderungsbericht 2009, S 5). Die Anpassung der Arbeitsorganisation und Arbeitsbedingungen an sich wandelnde Rahmenbedingungen ist daher sowohl für die Leistungsfähigkeit der Verwaltungen im Allgemeinen als auch für die Gesundheitsförderung im Speziellen von zentraler Bedeutung. Treten Defizite auf oder sind die Belastungen durch die Arbeit zu hoch, kommt es zur Überforderung und in der Folge häufig zu Demotivation und Krankheit.

Die Verbesserung der Arbeitsorganisation und Arbeitsbedingungen ist daher eine wichtige Daueraufgabe. Die Unfallkasse des Bundes unterstützt die Betriebe und Verwaltungen des Bundes bei der Implementierung und Weiterentwicklung des Betrieblichen Gesundheitsmanagements.

B. Förderung des gesundheitsbewussten Verhaltens der Beschäftigten

Ohne die aktive Mitwirkung der Beschäftigten laufen Maßnahmen der Gesundheitsförderung ins Leere. Deshalb ist die Förderung gesundheitsbewussten Verhaltens ein wichtiger Baustein eines erfolgreichen Gesundheitsmanagements. Die Ressorts haben ihre Aktivitäten im Bereich der Verhaltensprävention erheblich ausgebaut.

Die Mitarbeiter des Ärztlichen und Sozialen Dienstes der Obersten Bundesbehörden betreuen 52 Dienststellen mit rund 21.000 Beschäftigten. Einbezogen in die Betreuung sind auch die Hausleitungen der Dienststellen. Außerdem wurden Seminare konzipiert und anlassbezogen durchgeführt.

Die Bundesakademie für öffentliche Verwaltung bietet neben den Angeboten für Führungskräfte in den Themenfeldern „Kommunikation und Selbstentwicklung" eine Reihe von Seminartypen an, die insbesondere die Stabilisierung der Gesundheit der Beschäftigten zum Ziel haben (z. B. „Möglichkeiten und Grenzen der Work-Life-Balance", „Arbeit organisieren, Zeit managen und Stress bewältigen").

C. Verbesserung des Umgangs mit psychischen Belastungen

Zeitdruck, geringe Handlungsspielräume, Mängel in der Führung – die Ursachen für psychische Belastungen sind vielfältig. Und folgenreich: Psychische Belastungen beeinträchtigen die Arbeits- und Leistungsfähigkeit der Beschäftigten, führen häufig zu Fehlern und Unfällen und gelten als ein Grund für das Entstehen von psychischen Erkrankungen.

Ein Spezialgebiet der psychischen Erkrankungen ist das Thema Psychotrauma. In einigen Bereichen der Bundesverwaltung sind die Beschäftigten einem erhöhten Risiko ausgesetzt, psychisch extrem belastende Ereignisse zu erleben. Dazu zählen zum Beispiel die Bundesanstalt Technisches Hilfswerk, die Agenturen für Arbeit und die JobCenter, der Zoll, die Bundespolizei, die Bundeswehr, das Bundeskriminalamt und die Entwicklungshelfer. Typische Ereignisse sind tätliche Übergriffe, die Konfrontation mit Schwerverletzten beispielsweise bei Verkehrsunfällen, das Bergen und Identifizieren von Leichen oder Einsätze in Katastrophengebieten. Für die in den Einsatzgebieten der Bundeswehr eingesetzten Kräfte wirken sich die Konfrontation mit den gegnerischen Kräften und die irreguläre Bedrohung durch Sprengfallen und Suizid-Attentäter in erheblichem Maße auf die psychische Gesundheit aus. Das Erleben von derartigen Ereignissen kann zu schweren psychischen Erkrankungen wie posttraumatischen Belastungsstörungen, Depressionen oder Angststörungen führen.

Für die Behörden und Betriebe des Bundes ist der Themenkomplex psychische Belastung – psychische Erkrankungen – Psychotrauma eine echte Herausforderung. Die Bundeswehr hat sich aufgrund der Einsatzerfahrungen der letzten Jahre intensiv dieser Themen angenommen und einen besonderen Schwerpunkt auf präventive Maßnahmen gelegt. Außerhalb der Bundeswehr sind die Themen jedoch häufig tabuisiert und es fehlt Fachpersonal zu deren Bearbeitung. Strategien zur Prävention gibt es hier bislang kaum.

Die Unfallkasse des Bundes berät im Auftrag der Zentralstelle für Arbeitsschutz beim Bundesinnenministerium die Bundesverwaltung auf diesem wichtigen Gebiet. Ziel ist es, die Sensibilität der Verantwortlichen zu erhöhen, das Wissen in den Behörden zu vergrößern und die Handlungskompetenz der Akteure zu erhöhen. Um die Ziele zu erreichen, bedient sich die UK Bund ihrer klassischen Präventionsinstrumente.

31.2.3 Betriebliches Eingliederungsmanagement (inkl. vorzeitigen Ruhestand vermeiden)

Nach § 84 Absatz 2 des SGB IX sind Arbeitgeber verpflichtet, bei Langzeiterkrankten, die länger als sechs Wochen arbeitsunfähig sind, und Mehrfacherkrankten, die in der Summe mehr als sechs Wochen im Jahr krank sind, tätig zu werden. Der Arbeitgeber muss in diesen Fällen klären, wie die Arbeitsunfähigkeit überwunden werden kann und mit welchen Hilfen einer erneuten Arbeitsunfähigkeit vorgebeugt werden kann. Dies erfordert die Bereitschaft bei den Betroffenen, mit dem Arbeitgeber zusammenzuarbeiten. Die Bereitschaft der Mitarbeiter zur Teilnahme am betrieblichen Eingliederungsmanagement ist nur auf freiwilliger Basis denkbar. Deshalb ist es erforderlich, frühzeitig über das betriebliche Eingliederungsmanagement zu informieren, um die Bereitschaft der Mitarbeiter zu steigern, der Durchführung eines solchen Verfahrens zuzustimmen.

Da ein erheblicher Teil der Fehlzeiten in der unmittelbaren Bundesverwaltung auf Langzeiterkrankungen (über 30 Tage) zurückgeht, das Durchschnittsalter der Beschäftigten weiter zunehmen wird und die Anzahl der krankheitsbedingten Fehltage mit zunehmendem Alter steigt, muss die Wirksamkeit des betrieblichen Eingliederungsmanagements regelmäßig geprüft und an neue Entwicklungen angepasst werden.

Maßnahmen, die auf einem Konsens mit den anderen Akteuren wie Personalräten, Schwerbehindertenvertretern und Betriebsärzten beruhen und unabhängig vom Einzelfall angeboten werden, sind besonders effektiv. Sie steigern die Bereitschaft der Betroffenen, sich auf das betriebliche Eingliederungsmanagement einzulassen.

31.2.4 Arbeitsschutz

Arbeits- und Gesundheitsschutz heißt: Schutz vor berufsbedingten Gefahren und schädigenden Belastungen sowie ständige Verbesserung von Sicherheit und Gesundheit der Beschäftigten bei der Arbeit.

In Deutschland ist die Überwachung des Arbeits- und Gesundheitsschutzes den staatlichen Behörden der Länder übertragen, während Unfallverhütung Aufgabe der Unfallversicherungsträger ist. Im Bundesdienst erfolgen Beratung und Überwachung im Arbeits- und Gesundheitsschutz und bei der Unfallverhütung aus einer Hand durch die Zentralstelle für Arbeitsschutz beim Bundesministerium des Innern. In ihrem Auftrag handelt die Unfallkasse des Bundes und unterstützt und berät sie bei der Wahrnehmung ihrer Aufgaben.

Nachdem die neue Unfallverhütungsvorschrift (DGUV Vorschrift 2) der Deutschen Gesetzlichen Unfallversicherung (DGUV) für privatwirtschaftliche Unternehmen am 1. Januar 2011 in Kraft getreten ist, soll für die Verwaltungen und Betriebe des Bundes eine zurzeit in Abstimmung befindliche Norm folgen, die die bisherige entsprechende Richtlinie ersetzen wird. Damit soll weiterhin ein den Grundsätzen des Arbeitssicherheitsgesetzes (ASiG) entsprechender gleichwertiger Arbeitsschutz in den Verwaltungen und Betrieben des Bundes wie in der Wirtschaft gewährleistet werden.

31.3 Überblick über die krankheitsbedingten Fehlzeiten 2010

31.3.1 Methodik der Datenerfassung

Die Fehlzeitenstatistik der unmittelbaren Bundesverwaltung stellt sämtliche Tage dar, an denen Beschäftigte im Laufe eines Jahres aufgrund einer Erkrankung, eines Unfalls oder einer Rehabilitationsmaßnahme arbeitsunfähig sind. Krankheitstage, die auf Wochenenden oder Feiertage fallen, sowie Abwesenheiten durch Elternzeit, Fortbildungen oder Urlaub werden darin nicht berücksichtigt.

Erfasst werden dabei die krankheitsbedingten Fehltage von Beamten (einschließlich Richter, Anwärter) sowie von Tarifbeschäftigten (einschließlich Auszubildende). Nicht berücksichtigt werden die Fehltage von Soldaten, von Praktikanten und von Beschäftigten, die vom Dienst freigestellt oder beurlaubt sind oder sich im Mutterschutz befinden.

Die Bundesverwaltung ermittelt die Fehlzeiten differenziert nach Dauer der Erkrankung, Alter, Geschlecht, Laufbahngruppen (einfacher, mittlerer, gehobener, höherer Dienst), Statusgruppen (Beamte, Tarifbeschäftigte, Auszubildende und Anwärter) sowie nach Behördenzugehörigkeit (oberste Bundesbehörde/Geschäftsbereichsbehörden)[1].

Dem Dienstherrn/Arbeitgeber Bund liegen aus datenschutzrechtlichen Gründen keine Hinweise auf Ursachen der Erkrankungen vor, da diese den Arbeitgebern grundsätzlich nicht bekanntgegeben werden.

31.3.2 Allgemeine Fehlzeitenentwicklung

Für das Jahr 2010 wurden von den Bundesbehörden die krankheitsbedingten Fehlzeiten von insgesamt 262.149 Beschäftigten der unmittelbaren Bundesverwaltung (ohne Soldatinnen und Soldaten) gemeldet. Davon arbeiteten rd. 8,9 Prozent in den 22 obersten Bundesbehörden (insbesondere Ministerien) und 91,1 Prozent in Geschäftsbereichsbehörden.

Im Jahr 2010 lag die durchschnittliche Anzahl der krankheitsbedingten Fehltage in der unmittelbaren Bundesverwaltung bei 18,06 Arbeitstagen je Beschäftigtem. Das sind 7,19 Prozent der gesamten 251 Arbeitstage. ◘ Tab. 31.1 zeigt die Entwicklung der Fehlzeiten in der unmittelbaren Bundesverwaltung von 1998 bis 2010:

Nachdem der Krankenstand im Jahr 2006 seinen Tiefststand erreicht hatte, steigt die Anzahl der Fehltage je Beschäftigtem seitdem wieder an. Der stärkste Anstieg im Vergleich zum Vorjahr ist im Zeitraum von 2008 zu 2009 mit 1,42 Fehltagen (0,57 Prozentpunkte) zu verzeichnen. Als Ursache für die steigende Tendenz wird vor allem die Zunahme von Fehltagen durch

1 Auf eine Differenzierung nach Statusgruppen und Behördenzugehörigkeit wird im Folgenden verzichtet, da sie für den Vergleich mit den AOK-Daten nicht relevant ist.

Tab. 31.1 Fehlzeitenentwicklung in der unmittelbaren Bundesverwaltung 1998–2010

	Durchschnittliche Fehltage je Beschäftigten	Fehlzeitenquote in %
1998	16,38	6,53
1999	16,93	6,75
2000	16,77	6,68
2001	16,39	6,53
2002	16,21	6,46
2003	15,74	6,27
2004	15,56	6,2
2005	15,95	6,35
2006	15,37	6,12
2007	15,73	6,27
2008	16,34	6,51
2009	17,76	7,08
2010	18,06	7,19

Quelle: Bundesministerium des Innern (2011), Gesundheitsförderungsbericht 2010

Fehlzeiten-Report 2012

Langzeiterkrankungen (über 30 Tage) von Beschäftigten gesehen. Der Anstieg wurde im Jahr 2010 jedoch gebremst. Dies lässt darauf schließen, dass die eingeleiteten Maßnahmen des Gesundheitsmanagements Wirkung zeigen.

31.3.3 Kurz- und Langzeiterkrankungen

Bei der Erhebung der Fehlzeiten differenziert der Gesundheitsförderungsbericht nach Kurzzeiterkrankungen (1–3 Arbeitstage), längeren Erkrankungen (4–30 Arbeitstage) und Langzeiterkrankungen über 30 Arbeitstage. Im Jahr 2010 lag der Schwerpunkt der Fehltage – wie in den Vorjahren – bei Erkrankungen von mehr als drei Tagen (82,0 Prozent: davon 47,9 Prozent längere Erkrankungen und 34,1 Prozent Langzeiterkrankungen). Rund 16,2 Prozent der Fehltage fielen auf Erkrankungen von einem bis drei Tagen. Mit einem Anteil von 1,7 Prozent spielten Rehabilitationsmaßnahmen nur eine geringe Rolle. Wie anhand von Tab. 31.2 zu erkennen ist, hat sich diese Verteilung der Fehltage im Zeitverlauf nicht wesentlich verändert.

Seit 2005 geht der Anteil der Fehlzeiten aufgrund von längeren Erkrankungen (4–30 Tage) kontinuierlich zurück. Im Jahr 2010 ist ihr Anteil im Vergleich zum Vorjahr um 1,8 Tage pro Beschäftigtem gesunken. Langzeiterkrankungen sind dagegen um 1,4 Tage gestiegen.

Tab. 31.2 Verteilung der Fehltage nach der Dauer der Erkrankung 1998–2010 in %

	1–3 Tage	Erkrankungen ab 4 Tage		Reha-Maßnahmen
	in %			
1998	11,3		86,8	1,9
1999	11,3		86,6	2,1
2000	12,0		85,3	2,7
2001	12,5		84,8	2,7
2002		4–30 Tage	über 30 Tage	
	in %			
	13,2	52,6	31,7	2,5
2003	14,0	52,0	31,4	2,5
2004	14,8	51,7	31,2	2,3
2005	14,7	53,1	30,0	2,2
2006	15,8	51,9	30,3	2,0
2007	16,0	51,2	30,8	2,0
2008	16,2	49,9	31,8	2,1
2009	15,7	49,7	32,7	1,8
2010	16,2	47,9	34,1	1,7

Quelle: Bundesministerium des Innern (2011), Gesundheitsförderungsbericht 2010

Fehlzeiten-Report 2012

31.3.4 Fehltage nach Geschlecht

Seit 2005 wird die Differenzierung der Fehlzeiten nach Geschlecht vollständig in der Bundesverwaltung erhoben. Danach haben Frauen durchgängig etwas höhere Fehlzeiten als Männer (Tab. 31.3): Die Anzahl der krankheitsbedingten Fehltage von Beschäftigten der Bundesverwaltung liegt im Jahr 2010 bei den Frauen mit durchschnittlich 19,23 Tagen um etwa zwei Tage höher als bei den Männern (17,40 Fehltage).

Tab. 31.3 Durchschnittliche Fehltage nach Geschlecht 2004–2010

	Frauen	Männer	Insgesamt
2004	16,64	15,15	15,56
2005	17,12	15,32	15,95
2006	16,54	14,74	15,37
2007	17,15	14,95	15,73
2008	17,44	15,74	16,34
2009	18,97	17,08	17,76
2010	19,23	17,4	18,06

Quelle: Bundesministerium des Innern (2011), Gesundheitsförderungsbericht 2010

Fehlzeiten-Report 2012

Beide Geschlechter sind im Krankheitsfall überwiegend zwischen 4 und 30 Tagen arbeitsunfähig. Der Anteil von Kurzzeiterkrankungen ist bei Frauen im Vergleich etwas größer, der Anteil von Langzeiterkrankungen fällt dagegen etwas geringer aus (Tab. 31.4).

31.3.5 Fehltage nach Laufbahngruppen

Der Zusammenhang zwischen der Zugehörigkeit der Beschäftigten zu einer Laufbahngruppe und der Anzahl krankheitsbedingter Fehltage lässt sich für den Bund für den gesamten Zeitraum von 1998 bis 2010 erkennen. Die Anzahl der krankheitsbedingten Fehltage sinkt mit zunehmender beruflicher Qualifikation, d. h. je höher die Laufbahngruppe, desto niedriger die Fehlzeiten.

Zwischen den einzelnen Laufbahngruppen bestehen dabei erhebliche Unterschiede (Tab. 31.5). Durchschnittlich fehlten die Beschäftigten der Bundesverwaltung in 2010 im einfachen Dienst an 24,27, im mittleren Dienst an 21,29, im gehobenen Dienst an 15,56 und im höheren Dienst an 8,45 Arbeitstagen. Die Fehlzeiten im einfachen Dienst sind damit ca. dreimal so hoch wie im höheren Dienst. Ursachen hierfür werden in der Altersstruktur des einfachen und mittleren Dienstes, den körperlich belastenderen Tätigkeiten, dem Zuschnitt des Arbeitsplatzes im Hinblick auf Verantwortungsbereitschaft, der Identifikation mit den übertragenen Tätigkeiten sowie der Wertschätzung der Arbeit vermutet. Führungskräften kommt bei den Bemühungen zur Reduzierung der Fehlzeiten eine besondere Rolle zu.

31.3.6 Fehltage nach Status- und Behördengruppen

Mit Blick auf die Statusgruppen liegt die Anzahl der Fehltage der Beamten in der Bundesverwaltung erstmals höher als die der Tarifbeschäftigten. Wie Tab. 31.6 zeigt, haben Beamte sowie Tarifbeschäftigte auch im Jahr 2010 in den obersten Bundesbehörden durchschnittlich weniger Fehltage als in den Geschäftsbe-

Tab. 31.4 Fehltage nach Dauer und Geschlecht 2010

Anteil Fehlzeiten	Kurzzeiterkrankungen (1–3 Tage)	Längere Erkrankungen (4–30 Tage)	Langzeiterkrankungen (über 30 Tage)	Reha-Maßnahmen
Frauen	17,90 %	47,70 %	32,30 %	2,00 %
Männer	15,20 %	48,10 %	35,20 %	1,50 %
Insgesamt	**16,20 %**	**47,90 %**	**34,10 %**	**1,70 %**

Quelle: Bundesministerium des Innern (2011), Gesundheitsförderungsbericht 2010

Fehlzeiten-Report 2012

Tab. 31.5 Durchschnittliche Fehltage nach Laufbahngruppen 1998–2010

	Höherer Dienst	Gehobener Dienst	Mittlerer Dienst	Einfacher Dienst	Insgesamt
1998	7,83	12,3	16,64	20,87	16,38
1999	7,83	12,49	17,5	21,43	16,93
2000	7,98	12,44	17,26	21,42	16,77
2001	7,51	11,99	17,33	20,46	16,39
2002	7,63	11,86	17,18	20,34	16,21
2003	7,29	11,66	17,02	19,24	15,74
2004	7,33	11,6	16,7	19,6	15,56
2005	7,82	12,28	17,59	19,61	15,95
2006	7,81	12,69	17,39	19,44	15,37
2007	7,88	13,13	17,89	21,08	15,73
2008	7,93	13,61	18,77	22,29	16,34
2009	8,27	14,83	20,72	25,44	17,76
2010	8,45	15,56	21,29	24,27	18,06

Quelle: Bundesministerium des Innern (2011), Gesundheitsförderungsbericht 2010

Fehlzeiten-Report 2012

Tab. 31.6 Durchschnittliche Fehltage nach Status- und Behördengruppen 1998–2010

	Tarifbeschäftigte			Beamte			Bundes-verwaltung insgesamt
	Oberste Bundesbehörde	Geschäftsbe-reichsbehörde	Gesamt	Oberste Bundesbehörde	Geschäftsbe-reichsbehörde	Gesamt	
1998	15,92	16,39	16,35	11,02	13,83	13,56	16,38
1999	15,62	17,03	16,9	11,41	14,48	14,19	16,93
2000	16,26	16,77	16,73	11,09	14,38	14,07	16,78
2001	16,26	16,79	16,74	10,62	14,11	13,78	16,39
2002	16,11	16,33	16,31	11,29	14,16	13,89	16,21
2003	16,15	15,86	15,88	10,94	14,09	13,79	15,74
2004	15,73	15,16	15,2	11,21	14,27	14	15,67
2005	17,55	17,04	17,07	11,91	15,29	14,97	15,95
2006	15,92	16,03	16,03	11,72	15,77	15,39	15,37
2007	17,55	16,69	16,75	12,7	15,8	15,5	15,73
2008	17,46	17,06	17,08	13,1	16,67	16,32	16,34
2009	17,33	18,5	18,41	12,99	18,86	18,27	17,76
2010	17,11	18,56	18,44	13,62	19,47	18,88	18,06

Quelle: Bundesministerium des Innern (2011), Gesundheitsförderungsbericht 2010

Fehlzeiten-Report 2012

reichsbehörden. Während sich ihre Fehlzeiten dort in etwa gleichen, sind in den obersten Bundesbehörden Tarifbeschäftigte rund vier Tage länger krank als Beamte.

31.3.7 Fehltage nach Alter

Die krankheitsbedingten Fehlzeiten der Beschäftigten nach Altersgruppen werden seit 2007 erfasst. Allerdings liegen auch im Jahr 2010 nur für rd. 68 Prozent der Beschäftigten der unmittelbaren Bundesverwaltung Altersstrukturdaten vor. Der Geschäftsbereich des Bundesministeriums der Verteidigung wird in der folgenden Analyse wegen Erfassungsproblemen nicht berücksichtigt. Auch wenn die Daten derzeit noch nicht voll auf die gesamte Bundesverwaltung übertragbar sind, werden doch Entwicklungstendenzen sichtbar.

Abb. 31.1 zeigt, dass die Anzahl der krankheitsbedingten Fehltage der Beschäftigten der unmittelbaren Bundesverwaltung mit zunehmendem Alter ansteigt – ein Trend, der sich erst in der Altersgruppe der über 60-Jährigen umkehrt. Dieser Rückgang der Fehltage steht in Verbindung mit dem Ausscheiden von gesundheitlich stark beeinträchtigten Beschäftigten (sog. „healthy worker effect"). Zu berücksichtigen ist auch, dass z. B. Bundespolizisten besondere Altersgrenzen beim Eintritt in den Ruhestand haben (60 Jahre).

Beschäftigte im Alter zwischen 55 und 59 Jahren fehlten durchschnittlich an 24,30 Tagen krankheitsbedingt. Sie sind damit mehr als doppelt so lange krank als Beschäftigte im Alter zwischen 25 und 29 Jahren (11,11 Tage). Der Anstieg der Fehlzeiten mit zunehmendem Alter ist bei Frauen und Männern weiterhin in etwa gleich.

Grundsätzlich steigen die krankheitsbedingten Fehlzeiten in allen Laufbahngruppen mit zunehmendem Alter kontinuierlich an, jedoch geht die Entwicklung von einem unterschiedlichen Niveau aus (Abb. 31.2). Bei den Beschäftigten des einfachen und mittleren Dienstes steigen die Fehlzeiten schon relativ früh an: Die Altersgruppe der 25- bis 29-Jährigen weist 13,51 bzw. 14,56 Fehltage auf, während die Altersgruppe der 30- bis 34-Jährigen schon 18,56 bzw. 21,50 Fehltage verzeichnet. Insbesondere der einfache Dienst hebt sich deutlich von den anderen Laufbahngruppen ab: Die krankheitsbedingten Fehlzeiten der 55- bis 59-Jährigen Beschäftigten im einfachen Dienst betragen im Jahr 2010 rd. 31 Tage.

31.3.8 Vergleich mit den Fehlzeiten der Wirtschaft

Die krankheitsbedingten Fehlzeiten der unmittelbaren Bundesverwaltung werden oft mit den Fehlzeiten von Unternehmen oder anderen Verwaltungen verglichen. Ein Vergleich ist jedoch nicht uneingeschränkt mög-

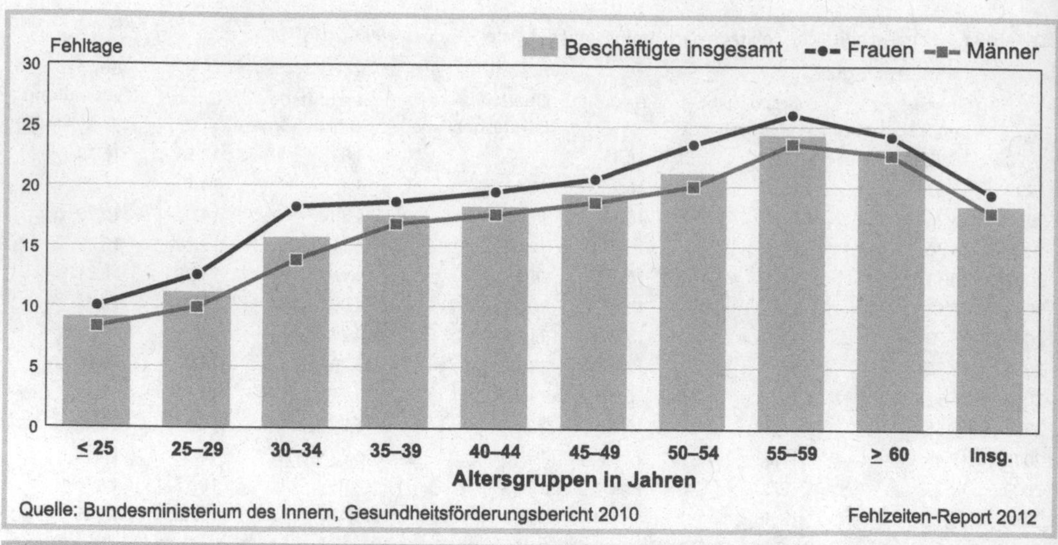

Abb. 31.1 Fehlzeiten in der Bundesverwaltung nach Geschlecht und Altersgruppen 2010

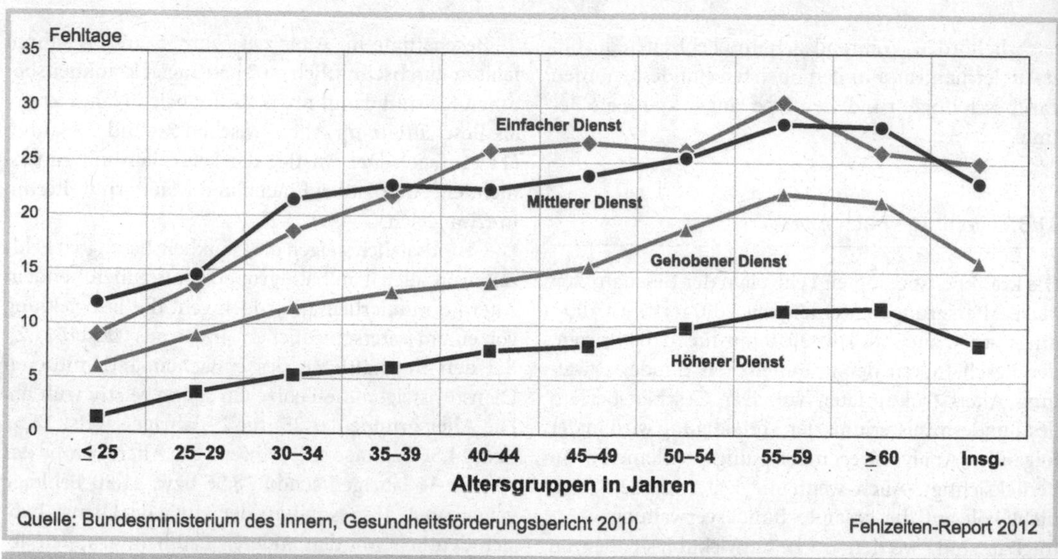

Abb. 31.2 Fehlzeiten in der Bundesverwaltung nach Laufbahn und Berufsgruppen 2010

lich, da es keine verbindliche Definition von Fehlzeiten, deren Erfassungsmethodik und Auswertung gibt. Eine vergleichende Fehlzeitenanalyse ist vor diesem Hintergrund nur sinnvoll, wenn die zugrunde liegenden Daten nach einheitlichen Kriterien ermittelt werden. Um einen Vergleich zu ermöglichen, wurden im Folgenden die krankheitsbedingten Fehlzeiten der unmittelbaren Bundesverwaltung bereinigt und standardisiert. Dabei wurden die unterschiedlichen Altersstrukturen der Bundesverwaltung und der Erwerbsbevölkerung rechnerisch ausgeblendet (sog. Altersstandardisierung) und die Parameter der Fehlzeitenerhebung gegenseitig angeglichen. Vergleichswerte sind die Fehlzeiten von 10,1 Millionen erwerbstätigen AOK-Versicherten (Meyer et al. 2011).

Die Fehlzeitenquote der erwerbstätigen AOK-Versicherten lag im Jahr 2010 bei 4,8 Prozent. Die AOK-versicherten Arbeitnehmer waren durchschnittlich an

Tab. 31.7 Entwicklung der Fehlzeitenquoten der Beschäftigten der unmittelbaren Bundesverwaltung im Vergleich zu den erwerbstätigen AOK-Versicherten und den AOK-Versicherten im Bereich der öffentlichen Verwaltung/Sozialversicherung in %

	1998	1999	2000	2001	2002	2003	2004	2005	2006	2007	2008	2009	2010
AOK *	5,20	5,40	5,37	5,29	5,19	4,86	4,48	4,39	4,23	4,50	4,60	4,80	4,80
davon ÖV **	6,20	6,50	6,30	6,10	5,90	5,60	5,20	5,10	5,00	5,20	5,20	5,40	5,50
Bund ***	6,03	6,23	6,10	5,95	5,87	5,67	5,60	5,75	5,51	5,65	5,85	6,07	6,01

*: Gesamtzahlen AOK, Krankenstand der erwerbstätigen AOK-Versicherten in % (bei der AOK versicherte Beschäftigte des Bundes sind enthalten). Quelle: Badura et al. 1999 ff.

**: AOK-Bereich öffentliche Verwaltung/Sozialversicherung (bei der AOK versicherte Beschäftigte des Bundes sind enthalten). Im Jahr 2005 ohne »Sozialversicherung/Arbeitsförderung«. Quelle: Badura et al. 2007.

***: Bereinigte Zahlen: Abgezogen wurden Rehabilitationsmaßnahmen und 50 % der Kurzzeiterkrankungen; kein Abzug erfolgte für Fehlzeiten auf Grund von Arbeits-/Dienstunfällen und Wegeunfällen.

Quelle: Bundesministerium des Innern (2011), Gesundheitsförderungsbericht 2010

Fehlzeiten-Report 2012

17,6 Kalendertagen krankgeschrieben. Die Fehlzeiten von AOK-versicherten Erwerbstätigen in der öffentlichen Verwaltung und Sozialversicherung lagen dagegen mit 5,5 Prozent (22,5 Kalendertage) etwas höher.

Bei einem Vergleich der Daten der unmittelbaren Bundesverwaltung mit den AOK-Daten muss berücksichtigt werden, dass die AOK die Fehlzeiten aufgrund von Rehabilitationsmaßnahmen nicht erfasst.[2] Auch ein Teil der Kurzzeiterkrankungen wird von der AOK nicht berücksichtigt, da für Erkrankungen bis drei Tage oft keine Arbeitsunfähigkeitsbescheinigungen ausgestellt werden. In der Erhebung der Bundesverwaltung sind diese Fehlzeiten dagegen enthalten.

Für eine aussagekräftige Gegenüberstellung der Fehlzeiten wurden die Bundeswerte daher entsprechend bereinigt. Dazu wurden von den durchschnittlichen 18,06 Fehltagen der Beschäftigten der unmittelbaren Bundesverwaltung im Jahr 2010 Fehlzeiten aufgrund von Rehabilitationsmaßnahmen (0,31 Fehltage für 2010) und pauschal 50 Prozent der Kurzzeiterkrankungen (1,5 Fehltage für 2010) abgezogen. Die auf dieser Basis bereinigte Fehlzeitenquote des Bundes beträgt 6,5 Prozent (16,28 Arbeitstage pro Beschäftigtem). Berücksichtigt man in einem zweiten Schritt die verschiedenen Altersstrukturen der erwerbstätigen AOK-Versicherten und der Beschäftigten der Bundesverwaltung (ohne GB BMVg), ergibt sich eine altersstandardisierte Fehlzeitenquote für den Bund in Höhe von 6,01 Prozent (15,09 Arbeitstage). Damit liegt der Bund 1,21 Prozentpunkte über dem Krankenstand aller erwerbstätigen AOK-Versicherten.

Tab. 31.7 zeigt die Entwicklung der bereinigten und standardisierten Fehlzeitenquote der unmittelbaren Bundesverwaltung im Vergleich zum Krankenstand der erwerbstätigen AOK-Versicherten. Grundsätzlich ist eine parallele Entwicklung zu erkennen: Die Tendenz des Krankenstandes ist sowohl bei den AOK-Versicherten als auch bei den Beschäftigten der unmittelbaren Bundesverwaltung seit 1999 fallend und seit 2007 steigend. Gegenüber der absoluten Fehlzeitenquote der unmittelbaren Bundesverwaltung von 7,19 Prozent im Jahr 2010 sinkt die bereinigte und altersstandardisierte Fehlzeitenquote[3] um rd. ein Prozent.

Wie in ▶ Abschn. 31.3.7 gezeigt wurde, ist das Alter ein signifikanter Einflussfaktor bei krankheitsbedingten Fehlzeiten. Das altersspezifische Grundmuster ist dabei vor allem dadurch gekennzeichnet, dass die unter 25-Jährigen öfter, aber kürzer arbeitsunfähig sind, während die älteren Erwerbstätigen grundsätzlich seltener, aber länger erkranken. Insbesondere bei der Gruppe der über 45-Jährigen steigt die Zahl der Krankheitstage als Folge von chronischen Erkrankungen deutlich an.

In Tab. 31.8 wird deutlich, dass der Anteil älterer Beschäftigter in der unmittelbaren Bundesverwaltung

2 Die Kosten für Rehabilitationsmaßnahmen werden in der Regel von der gesetzlichen Rentenversicherung getragen. Es sei denn, vor Beginn der Rehabilitationsmaßnahmen bestand bereits Arbeitsunfähigkeit und diese besteht fort oder die Arbeitsunfähigkeit wird durch eine hinzukommende Erkrankung ausgelöst (vgl. Richtlinie des Gemeinsamen Bundesausschusses über die Beurteilung der Arbeitsunfähigkeit und die Maßnahme der stufenweisen Wiedereingliederung [Arbeitsunfähigkeitsrichtlinie]).

3 In der standardisierten Fehlzeitenquote des Bundes ist der Geschäftsbereich des BMVg nicht erfasst. Altersstrukturdaten liegen nur für rd. 68 Prozent der Beschäftigten der unmittelbaren Bundesverwaltung vor.

Tab. 31.8 Altersstruktur des Personals der Bundesverwaltung und der Erwerbsbevölkerung insgesamt 2005–2010 in %

Alter	Unmittelbare Bundesverwaltung (ohne Soldaten und ohne Bundeseisenbahnvermögen)						Erwerbsbevölkerung insgesamt					
	2005	2006	2007	2008	2009	2010	2005	2006	2007	2008	2009	2010
unter 25	6,1	6,2	6,1	6,2	6,5	6,8	11,4	11,9	12	12	11,7	11,3
25–44	42	40,6	39	38,2	36,8	35,6	50,1	49,1	48	47	46	45,1
45–59	43,6	44,9	46,2	47,1	47,6	48,3	33,2	34,1	34,7	35,6	36,3	37,2
über 60	8,3	8,2	8,7	8,5	9,1	9,2	5,3	4,9	5,3	5,5	5,9	6,4

Quelle: Bundesministerium des Innern (2011), Gesundheitsförderungsbericht 2010

Fehlzeiten-Report 2012

deutlich höher ist als in der gesamten Erwerbsbevölkerung. Nach der Erhebung des Statistischen Bundesamtes zum Personalstand (Stichtag 30. Juni) waren im Jahr 2010 in der unmittelbaren Bundesverwaltung 57,5 Prozent der Beschäftigten 45 Jahre und älter. In der Erwerbsbevölkerung in Deutschland liegt der Anteil der über 45-Jährigen bei 43,6 Prozent[4]. Damit ist die Altersgruppe der über 45-Jährigen im Bundesdienst um ein Drittel größer als in der Erwerbsbevölkerung. Die 25- bis 44-Jährigen, die in der gesamten Erwerbsbevölkerung mit 45,1 Prozent die stärkste Altersgruppe bilden, machen im Bundesdienst nur 35,6 Prozent aus.

31.4 Fazit

Die Betriebliche Gesundheitsförderung lässt sich nur dann nachhaltig in den Verwaltungen verankern, wenn Führungskräfte, Personalvertretungen und Beschäftigte aktiv mitwirken. Der Gesundheitsförderungsbericht 2010 gibt einen Zwischenstand der Maßnahmen wieder, die auf der Basis des im Jahr 2009 festgestellten Verbesserungspotenzials bereits eingeleitet wurden. Die Aktivitäten der Ressorts fanden vor allem in den nachfolgenden Handlungsfeldern der Gesundheitsförderung statt:

Gesundheitsförderliches Führungsverhalten

Führung und Gesundheit stehen im unmittelbaren Zusammenhang. Die Führungskräfte müssen ihre sozialen, organisatorischen und personellen Möglichkeiten nutzen, um die Gesundheit der Beschäftigten der Bundesverwaltung nachhaltig zu fördern. Die Sensibilisierung der Führungskräfte für das Thema Gesundheitsförderung nimmt deshalb sowohl bei der Unfallkasse des Bundes als auch bei der Bundesakademie für öffentliche Verwaltung einen wichtigen Stellenwert bei den Fortbildungen, Fachtagungen und sonstigen Informationsangeboten ein. Diese Angebote werden durch ressortspezifische Schulungen ergänzt.

Systematisches Gesundheitsmanagement

Neben der Schulung von Führungskräften ist auch ein systematisches Gesundheitsmanagement der Dienststellen von zentraler Bedeutung. Dies beginnt bei der Gestaltung der Arbeitsorganisation und der Arbeitsbedingungen und schließt die Förderung gesundheitsbewussten Verhaltens der Beschäftigten mit ein.

In einigen Bereichen der Bundesverwaltung sind Beschäftigte einem erhöhten Risiko ausgesetzt, psychisch extrem belastende Ereignisse (Konfrontation mit Schwerverletzten, Einsätze in Katastrophengebieten) zu erleben. Dies ist für alle Beteiligten eine besondere Herausforderung. Zum einen, weil es oftmals an erfahrenem Fachpersonal in diesem Bereich der „Psychotraumata" fehlt. Zum anderen, weil Erkrankungen in diesem Bereich häufig zu längeren Abwesenheiten bis hin zur Arbeits- und Dienstunfähigkeit führen. Der Gesundheitsförderungsbericht 2010 stellt deshalb erstmals dar, wie betroffene Ressorts auf diese Herausforderung reagieren und zeigt gute Praxisbeispiele auf.

Betriebliches Eingliederungsmanagement

Viele Fehlzeiten gehen auf Langzeiterkrankungen (über 30 Tage) zurück. Da das Durchschnittsalter der Beschäftigten weiter zunehmen wird und die Anzahl der krankheitsbedingten Fehltage mit zunehmendem Alter steigt, ist zu erwarten, dass sich diese Entwicklung fortsetzt. Deshalb muss die Wirksamkeit des betrieblichen Eingliederungsmanagements, das langfristig und häufig erkrankten Beschäftigten frühzeitige Hilfen bieten soll, regelmäßig auf seine Effektivität geprüft und bei Bedarf angepasst werden. Verschiedene Ressorts haben das Eingliederungsmanagement in das Betriebliche Gesundheitsmanagement integriert und

4 Statistisches Bundesamt: Mikrozensus 2004 bis 2010.

ein ganzheitliches Fehlzeitenmanagement eingeführt. Andere haben Verfahrensgrundsätze mit den Personalvertretungen entwickelt und entsprechende Dienstvereinbarungen geschlossen.

Arbeitsschutz
Im Bereich Arbeitsschutz meldeten die Bundesressorts im Jahr 2010 wieder mehr Dienst- und Dienstwegeunfälle. Fragen der sicheren Arbeitsstätten- und Arbeitsplatzgestaltung, des Lärmschutzes, der Geräte- und Produktsicherheit und des Umgangs mit Gefahrstoffen bleiben deshalb von zentraler Bedeutung.

Literatur

Badura B, Litsch M, Vetter C (Hrsg) (1999) Fehlzeiten-Report 1999 – Psychische Belastung am Arbeitsplatz. Springer, Berlin Heidelberg New York

Badura B, Schröder H, Vetter C (Hrsg) (2007) Fehlzeiten-Report 2007 – Arbeit, Geschlecht und Gesundheit. Springer, Berlin Heidelberg New York

Bundesministerium des Innern (Hrsg) (2011) Gesundheitsförderungsbericht 2010. Im Internet abrufbar unter www.bmi.bund.de (Themen A–Z, Öffentlicher Dienst, Personalmanagement)

Bundesministerium des Innern (Hrsg) (2010) Gesundheitsförderungsbericht 2009. Im Internet abrufbar unter www.bmi.bund.de (Themen A–Z, Öffentlicher Dienst, Personalmanagement)

Bundesministerium des Innern (Hrsg) (2010) Regierungsprogramm Vernetzte und transparente Verwaltung. Im Internet abrufbar unter www.verwaltung-innovativ.de

Franke F, Felfe J (2011) Diagnose gesundheitsförderlicher Führung – Das Instrument „Health-oriented Leadership". In: Badura B, Ducki A, Schröder H, Klose J, Macco K (Hrsg) Fehlzeiten-Report 2011 – Führung und Gesundheit. Springer, Berlin Heidelberg New York, S 3–13

Meyer M, Stallauke M, Weirauch H (2011) Krankheitsbedingte Fehlzeiten in der deutschen Wirtschaft im Jahr 2010. In: Badura B, Ducki A, Schröder H, Klose J, Macco K (Hrsg) Fehlzeiten-Report 2011 – Führung und Gesundheit. Springer, Berlin Heidelberg New York, S 223–384

Statistisches Bundesamt (Hrsg) (2011) Mikrozensus 2004 bis 2010. Wiesbaden

Anhang

B. Badura et al. (Hrsg.) *Fehlzeiten-Report 2012*,
DOI 10.1007/978-3-642-21655-8,

Anhang 1

Internationale Statistische Klassifikation der Krankheiten und verwandter Gesundheitsprobleme (10. Revision, Version 2011, German Modification)

I.	Bestimmte infektiöse und parasitäre Krankheiten (A00-B99)
A00-A09	Infektiöse Darmkrankheiten
A15-A19	Tuberkulose
A20-A28	Bestimmte bakterielle Zoonosen
A30-A49	Sonstige bakterielle Krankheiten
A50-A64	Infektionen, die vorwiegend durch Geschlechtsverkehr übertragen werden
A65-A69	Sonstige Spirochätenkrankheiten
A70-A74	Sonstige Krankheiten durch Chlamydien
A75-A79	Rickettsiosen
A80-A89	Virusinfektionen des Zentralnervensystems
A90-A99	Durch Arthropoden übertragene Viruskrankheiten und virale hämorrhagische Fieber
B00-B09	Virusinfektionen, die durch Haut- und Schleimhautläsionen gekennzeichnet sind
B15-B19	Virushepatitis
B20-B24	HIV-Krankheit [Humane Immundefizienz-Viruskrankheit]
B25-B34	Sonstige Viruskrankheiten
B35-B49	Mykosen
B50-B64	Protozoenkrankheiten
B65-B83	Helminthosen
B85-B89	Pedikulose [Läusebefall], Akarinose [Milbenbefall] und sonstiger Parasitenbefall der Haut
B90-B94	Folgezustände von infektiösen und parasitären Krankheiten
B95-B98	Bakterien, Viren und sonstige Infektionserreger als Ursache von Krankheiten, die in anderen Kapiteln klassifiziert sind
B99	Sonstige Infektionskrankheiten

B. Badura et al. (Hrsg.) *Fehlzeiten-Report 2012*,
DOI 10.1007/978-3-642-21655-8, © Springer Verlag Berlin Heidelberg 2012

II.	Neubildungen (C00-D48)
C00-C75	Bösartige Neubildungen an genau bezeichneten Lokalisationen, als primär festgestellt oder vermutet, ausgenommen lymphatisches, blutbildendes und verwandtes Gewebe
C76-C80	Bösartige Neubildungen ungenau bezeichneter, sekundärer und nicht näher bezeichneter Lokalisationen
C81-C96	Bösartige Neubildungen des lymphatischen, blutbildenden und verwandten Gewebes, als primär festgestellt und vermutet
C97	Bösartige Neubildungen als Primärtumoren an mehreren Lokalisationen
D00-D09	In-situ-Neubildungen
D10-D36	Gutartige Neubildungen
D37-D48	Neubildungen unsicheren oder unbekannten Verhaltens

III.	Krankheiten des Blutes und der blutbildenden Organe sowie bestimmte Störungen mit Beteiligung des Immunsystems (D50-D90)
D50-D53	Alimentäre Anämien
D55-D59	Hämolytische Anämien
D60-D64	Aplastische und sonstige Anämien
D65-D69	Koagulopathien, Purpura und sonstige hämorrhagische Diathesen
D70-D77	Sonstige Krankheiten des Blutes und der blutbildenden Organe
D80-D90	Bestimmte Störungen mit Beteiligung des Immunsystems

IV.	Endokrine, Ernährungs- und Stoffwechselkrankheiten (E00-E90)
E00-E07	Krankheiten der Schilddrüse
E10-E14	Diabetes mellitus
E15-E16	Sonstige Störungen der Blutglukose-Regulation und der inneren Sekretion des Pankreas
E20-E35	Krankheiten sonstiger endokriner Drüsen
E40-E46	Mangelernährung
E50-E64	Sonstige alimentäre Mangelzustände
E65-E68	Adipositas und sonstige Überernährung
E70-E90	Stoffwechselstörungen

V.	Psychische und Verhaltensstörungen (F00-F99)
F00-F09	Organische, einschließlich symptomatischer psychischer Störungen
F10-F19	Psychische und Verhaltensstörungen durch psychotrope Substanzen
F20-F29	Schizophrenie, schizotype und wahnhafte Störungen
F30-F39	Affektive Störungen
F40-F48	Neurotische, Belastungs- und somatoforme Störungen
F50-F59	Verhaltensauffälligkeiten mit körperlichen Störungen und Faktoren
F60-F69	Persönlichkeits- und Verhaltensstörungen
F70-F79	Intelligenzstörung
F80-F89	Entwicklungsstörungen
F90-F98	Verhaltens- und emotionale Störungen mit Beginn In der Kindheit und Jugend
F99	Nicht näher bezeichnete psychische Störungen

VI.	Krankheiten des Nervensystems (G00-G99)
G00-G09	Entzündliche Krankheiten des Zentralnervensystems
G10-G14	Systematrophien, die vorwiegend das Zentralnervensystem betreffen
G20-G26	Extrapyramidale Krankheiten und Bewegungsstörungen
G30-G32	Sonstige degenerative Krankheiten des Nervensystems
G35-G37	Demyelinisierende Krankheiten des Zentralnervensystems
G40-G47	Episodische und paroxysmale Krankheiten des Nervensystems
G50-G59	Krankheiten von Nerven, Nervenwurzeln und Nervenplexus
G60-G64	Polyneuroapathien und sonstige Krankheiten des peripheren Nervensystems
G70-G73	Krankheiten im Bereich der neuromuskulären Synapse und des Muskels
G80-G83	Zerebrale Lähmung und sonstige Lähmungssyndrome
G90-G99	Sonstige Krankheiten des Nervensystems

VII.	Krankheiten des Auges und der Augenanhangsgebilde (H00-H59)
H00-H06	Affektionen des Augenlides, des Tränenapparates und der Orbita
H10-H13	Affektionen der Konjunktiva
H15-H22	Affektionen der Sklera, der Hornhaut, der Iris und des Ziliarkörpers
H25-H28	Affektionen der Linse
H30-H36	Affektionen der Aderhaut und der Netzhaut
H40-H42	Glaukom
H43-H45	Affektionen des Glaskörpers und des Augapfels
H46-H48	Affektionen des N. opticus und der Sehbahn
H49-H52	Affektionen der Augenmuskeln, Störungen der Blickbewegungen sowie Akkommodationsstörungen und Refraktionsfehler
H53-H54	Sehstörungen und Blindheit
H55-H59	Sonstige Affektionen des Auges und Augenanhangsgebilde

VIII.	Krankheiten des Ohres und des Warzenfortsatzes (H60-H95)
H60-H62	Krankheiten des äußeren Ohres
H65-H75	Krankheiten des Mittelohres und des Warzenfortsatzes
H80-H83	Krankheiten des Innenohres
H90-H95	Sonstige Krankheiten des Ohres

IX.	Krankheiten des Kreislaufsystems (I00-I99)
I00-I02	Akutes rheumatisches Fieber
I05-I09	Chronische rheumatische Herzkrankheiten
I10-I15	Hypertonie [Hochdruckkrankheit]
I20-I25	Ischämische Herzkrankheiten
I26-I28	Pulmonale Herzkrankheit und Krankheiten des Lungenkreislaufs
I30-I52	Sonstige Formen der Herzkrankheit
I60-I69	Zerebrovaskuläre Krankheiten
I70-I79	Krankheiten der Arterien, Arteriolen, und Kapillaren
I80-I89	Krankheiten der Venen, der Lymphgefäße und de Lymphknoten, anderenorts nicht klassifiziert
I95-I99	Sonstige und nicht näher bezeichnete Krankheiten des Kreislaufsystems

X.	Krankheiten des Atmungssystems (J00-J99)
J00-J06	Akute Infektionen der oberen Atemwege
J09-J18	Grippe und Pneumonie
J20-J22	Sonstige akute Infektionen der unteren Atemwege
J30-J39	Sonstige Krankheiten der oberen Atemwege
J40-J47	Chronische Krankheiten oder unteren Atemwege
J60-J70	Lungenkrankheiten durch exogene Substanzen
J80-J84	Sonstige Krankheiten der Atmungsorgane, die hauptsächlich das Interstitium betreffen
J85-J86	Purulente und nekrotisierende Krankheitszustände der unteren Atemwege
J90-J94	Sonstige Krankheiten der Pleura
J95-J99	Sonstige Krankheiten des Atmungssystems

XI.	Krankheiten des Verdauungssystems (K00-K93)
K00-K14	Krankheiten der Mundhöhle, der Speicheldrüsen und der Kiefer
K20-K31	Krankheiten des Ösophagus, des Magens und des Duodenums
K35-K38	Krankheiten des Appendix
K40-K46	Hernien
K50-K52	Nichtinfektiöse Enteritis und Kolitis
K55-K63	Sonstige Krankheiten des Darms
K65-K67	Krankheiten des Peritoneums
K70-K77	Krankheiten der Leber
K80-K87	Krankheiten der Gallenblase, der Gallenwege und des Pankreas
K90-K93	Sonstige Krankheiten des Verdauungssystems

XII.	Krankheiten der Haut und der Unterhaut (L00-L99)
L00-L08	Infektionen der Haut und der Unterhaut
L10-L14	Bullöse Dermatosen
L20-L30	Dermatitis und Ekzem
L40-L45	Papulosquamöse Hautkrankheiten
L50-L54	Urtikaria und Erythem
L55-L59	Krankheiten der Haut und der Unterhaut durch Strahleneinwirkung
L60-L75	Krankheiten der Hautanhangsgebilde
L80-L99	Sonstige Krankheiten der Haut und der Unterhaut

XIII.	Krankheiten des Muskel-Skelett-Systems und des Bindegewebes (M00-M99)
M00-M25	Arthropathien
M30-M36	Systemkrankheiten des Bindegewebes
M40-M54	Krankheiten der Wirbelsäule und des Rückens
M60-M79	Krankheiten der Weichteilgewebe
M80-M94	Osteopathien und Chondropathien
M95-M99	Sonstige Krankheiten des Muskel-Skelett-Systems und des Bindegewebes

XIV.	Krankheiten des Urogenitalsystems (N00-N99)
N00-N08	Glomeruläre Krankheiten
N10-N16	Tubulointerstitielle Nierenkrankheiten
N17-N19	Niereninsuffizienz
N20-N23	Urolithiasis
N25-N29	Sonstige Krankheiten der Niere und des Ureters
N30-N39	Sonstige Krankheiten des Harnsystems
N40-N51	Krankheiten der männlichen Genitalorgane
N60-N64	Krankheiten der Mamma [Brustdrüse]
N70-N77	Entzündliche Krankheiten der weiblichen Beckenorgane
N80-N98	Nichtentzündliche Krankheiten des weiblichen Genitaltraktes
N99	Sonstige Krankheiten des Urogenitalsystems

XV.	Schwangerschaft, Geburt und Wochenbett (O00-O99)
O00-O08	Schwangerschaft mit abortivem Ausgang
O09	Schwangerschaftsdauer
O10-O16	Ödeme, Proteinurie und Hypertonie während der Schwangerschaft, der Geburt und des Wochenbettes
O20-O29	Sonstige Krankheiten der Mutter, die vorwiegend mit der Schwangerschaft verbunden sind
O30-O48	Betreuung der Mutter im Hinblick auf den Feten und die Amnionhöhle sowie mögliche Entbindungskomplikationen
O60-O75	Komplikation bei Wehentätigkeit und Entbindung
O80-O82	Entbindung
O85-O92	Komplikationen, die vorwiegend im Wochenbett auftreten
O95-O99	Sonstige Krankheitszustände während der Gestationsperiode, die anderenorts nicht klassifiziert sind.

XVI.	Bestimmte Zustände, die ihren Ursprung in der Perinatalperiode haben (P00-P96)
P00-P04	Schädigung des Feten und Neugeborenen durch mütterliche Faktoren und durch Komplikationen bei Schwangerschaft, Wehentätigkeit und Entbindung
P05-P08	Störungen im Zusammenhang mit der Schwangerschaftsdauer und dem fetalen Wachstum
P10-P15	Geburtstrauma
P20-P29	Krankheiten des Atmungs- und Herz-Kreislaufsystems, die für die Perinatalperiode spezifisch sind
P35-P39	Infektionen, die für die Perinatalperiode spezifisch sind
P50-P61	Hämorrhagische und hämatologische Krankheiten beim Feten und Neugeborenen
P70-P74	Transitorische endokrine und Stoffwechselstörungen, die für Feten und das Neugeborene spezifisch sind
P75-P78	Krankheiten des Verdauungssystems beim Feten und Neugeborenen
P80-P83	Krankheitszustände mit Beteiligung der Haut und der Temperaturregulation beim Feten und Neugeborenen
P90-P96	Sonstige Störungen, die ihren Ursprung in der Perinatalperiode haben

XVII.	Angeborene Fehlbildungen, Deformitäten und Chromosomenanomalien (Q00-Q99)
Q00-Q07	Angeborene Fehlbildungen des Nervensystems
Q10-Q18	Angeborene Fehlbildungen des Auges, des Ohres, des Gesichts und des Halses
Q20-Q28	Angeborene Fehlbildungen des Kreislaufsystems
Q30-Q34	Angeborene Fehlbildungen des Atmungssystems
Q35-Q37	Lippen-, Kiefer- und Gaumenspalte
Q38-Q45	Sonstige angeborene Fehlbildungen des Verdauungssystems
Q50-Q56	Angeborene Fehlbildungen der Genitalorgane
Q60-Q64	Angeboren Fehlbildungen des Harnsystems
Q65-Q79	Angeborene Fehlbildungen und Deformitäten des Muskel-Skelett-Systems
Q80-Q89	Sonstige angeborene Fehlbildungen
Q90-Q99	Chromosomenanomalien, anderenorts nicht klassifiziert

XVIII.	Symptome und abnorme klinische und Laborbefunde, die anderenorts nicht klassifiziert sind (R00-R99)
R00-R09	Symptome, die das Kreislaufsystem und Atmungssystem betreffen
R10-R19	Symptome, die das Verdauungssystem und das Abdomen betreffen
R20-R23	Symptome, die die Haut und das Unterhautgewebe betreffen
R25-R29	Symptome, die das Nervensystem und Muskel-Skelett-System betreffen
R30-R39	Symptome, die das Harnsystem betreffen
R40-R46	Symptome, die das Erkennungs- und Wahrnehmungsvermögen, die Stimmung und das Verhalten betreffen
R47-R49	Symptome, die die Sprache und die Stimme betreffen
R50-R69	Allgemeinsymptome
R70-R79	Abnorme Blutuntersuchungsbefunde ohne Vorliegen einer Diagnose
R80-R82	Abnorme Urinuntersuchungsbefunde ohne Vorliegen einer Diagnose
R83-R89	Abnorme Befunde ohne Vorliegen einer Diagnose bei der Untersuchung anderer Körperflüssigkeiten, Substanzen und Gewebe
R90-R94	Abnorme Befunde ohne Vorliegen einer Diagnose bei bildgebender Diagnostik und Funktionsprüfungen
R95-R99	Ungenau bezeichnete und unbekannte Todesursachen

XIX.	Verletzungen, Vergiftungen und bestimmte andere Folgen äußerer Ursachen (S00-T98)
S00-S09	Verletzungen des Kopfes
S10-S19	Verletzungen des Halses
S20-S29	Verletzungen des Thorax
S30-S39	Verletzungen des Abdomens, der Lumbosakralgegend, der Lendenwirbelsäule und des Beckens
S40-S49	Verletzungen der Schulter und des Oberarms
S50-S59	Verletzungen des Ellenbogens und des Unterarms
S60-S69	Verletzungen des Handgelenks und der Hand
S70-S79	Verletzungen der Hüfte und des Oberschenkels
S80-S89	Verletzungen des Knies und des Unterschenkels
S90-S99	Verletzungen der Knöchelregion und des Fußes
T00-T07	Verletzung mit Beteiligung mehrerer Körperregionen
T08-T14	Verletzungen nicht näher bezeichneter Teile des Rumpfes, der Extremitäten oder anderer Körperregionen
T15-T19	Folgen des Eindringens eines Fremdkörpers durch eine natürliche Körperöffnung
T20-T25	Verbrennungen oder Verätzungen der äußeren Körperoberfläche, Lokalisation bezeichnet
T26-T28	Verbrennungen oder Verätzungen, die auf das Auge und auf innere Organe begrenzt sind
T33-T35	Erfrierungen
T36-T50	Vergiftungen durch Arzneimittel, Drogen und biologisch aktive Substanzen
T51-T65	Toxische Wirkungen von vorwiegend nicht medizinisch verwendeten Substanzen
T66-T78	Sonstige nicht näher bezeichnete Schäden durch äußere Ursachen

XIX.	Verletzungen, Vergiftungen und bestimmte andere Folgen äußerer Ursachen (S00-T98)
T79	Bestimmte Frühkomplikationen eines Traumas
T80-T88	Komplikationen bei chirurgischen Eingriffen und medizinischer Behandlung, anderenorts nicht klassifiziert
T89	Sonstige Komplikationen eines Traumas, anderenorts nicht klassifiziert
T90-T98	Folgen von Verletzung, Vergiftungen und sonstigen Auswirkungen äußerer Ursachen

XX.	Äußere Ursachen von Morbidität und Mortalität (V01-Y84)
V01-X59	Unfälle
X60-X84	Vorsätzliche Selbstbeschädigung
X85-Y09	Tätlicher Angriff
Y10-Y34	Ereignis, dessen nähere Umstände unbestimmt sind
Y35-Y36	Gesetzliche Maßnahmen und Kriegshandlungen
Y40-Y84	Komplikationen bei der medizinischen und chirurgischen Behandlung

XXI.	Faktoren, die den Gesundheitszustand beeinflussen und zur Inanspruchnahme des Gesundheitswesen führen (Z00-Z99)
Z00-Z13	Personen, die das Gesundheitswesen zur Untersuchung und Abklärung in Anspruch nehmen
Z20-Z29	Personen mit potentiellen Gesundheitsrisiken hinsichtlich übertragbarer Krankheiten
Z30-Z39	Personen, die das Gesundheitswesen im Zusammenhang mit Problemen der Reproduktion in Anspruch nehmen
Z40-Z54	Personen, die das Gesundheitswesen zum Zwecke spezifischer Maßnahmen und zur medizinischen Betreuung in Anspruch nehmen
Z55-Z65	Personen mit potenziellen Gesundheitsrisiken aufgrund sozioökonomischer oder psychosozialer Umstände
Z70-Z76	Personen, die das Gesundheitswesen aus sonstigen Gründen in Anspruch nehmen
Z80-Z99	Personen mit potentiellen Gesundheitsrisiken aufgrund der Familien- oder Eigenanamnese und bestimmte Zustände, die den Gesundheitszustand beeinflussen

XXII.	Schlüssel für besondere Zwecke (U00-U99)
U00-U49	Vorläufige Zuordnungen für Krankheiten mit unklarer Ätiologie
U50-U52	Funktionseinschränkung
U55	Erfolgte Registrierung zur Organtransplantation
U60-U61	Stadieneinteilung der HIV-Infektion
U69-U69	Sonstige sekundäre Schlüsselnummern für besondere Zwecke
U80-U85	Infektionserreger mit Resistenzen gegen bestimmte Antibiotika oder Chemotherapeutika
U99-U99	Nicht belegte Schlüsselnummern

Anhang 2

Branchen in der deutschen Wirtschaft basierend auf der Klassifikation der Wirtschaftszweige (Ausgabe 2008/NACE)

Banken und Versicherungen		
K	**Erbringung von Finanz- und Versicherungsdienstleistungen**	
	64	Erbringung von Finanzdienstleistungen
	65	Versicherungen, Rückversicherungen und Pensionskassen (ohne Sozialversicherung)
	66	Mit Finanz- und Versicherungsdienstleistungen verbundene Tätigkeiten
Baugewerbe		
F	**Baugewerbe**	
	41	Hochbau
	42	Tiefbau
	43	Vorbereitende Baustellenarbeiten, Bauinstallation und sonstiges Ausbaugewerbe
Dienstleistungen		
I	**Gastgewerbe**	
	55	Beherbergung
	56	Gastronomie
J	**Information und Kommunikation**	
	58	Verlagswesen
	59	Herstellung, Verleih und Vertrieb von Filmen und Fernsehprogrammen; Kinos; Tonstudios und Verlegen von Musik
	60	Rundfunkveranstalter
	61	Telekommunikation
	62	Erbringung von Dienstleistungen der Informationstechnologie
	63	Informationsdienstleistungen
L	**Grundstücks- und Wohnungswesen**	
	68	Grundstücks- und Wohnungswesen

B. Badura et al. (Hrsg.) *Fehlzeiten-Report 2012*,
DOI 10.1007/978-3-642-21655-8, © Springer Verlag Berlin Heidelberg 2012

M	**Erbringung von freiberuflichen, wissenschaftlichen und technischen Dienstleistungen**	
	69	Rechts- und Steuerberatung, Wirtschaftsprüfung
	70	Verwaltung und Führung von Unternehmen und Betrieben; Unternehmensberatung
	71	Architektur- und Ingenieurbüros; technische, physikalische und chemische Untersuchung
	72	Forschung und Entwicklung
	73	Werbung und Marktforschung
	74	Sonstige freiberufliche, wissenschaftliche und technische Tätigkeiten
	75	Veterinärwesen
N	**Erbringung von sonstigen wirtschaftlichen Dienstleistungen**	
	77	Vermietung von beweglichen Sachen
	78	Vermittlung und Überlassung von Arbeitskräften
	79	Reisebüros, Reiseveranstalter und Erbringung sonstiger Reservierungsdienstleistungen
	80	Wach- und Sicherheitsdienste sowie Detekteien
	81	Gebäudebetreuung; Garten- und Landschaftsbau
	82	Erbringung von wirtschaftlichen Dienstleistungen für Unternehmen und Privatpersonen a. n. g.
Q	**Gesundheits- und Sozialwesen**	
	86	Gesundheitswesen
	87	Heime (ohne Erholungs- und Ferienheime)
	88	Sozialwesen (ohne Heime)
R	**Kunst, Unterhaltung und Erholung**	
	90	Kreative, künstlerische und unterhaltende Tätigkeiten
	91	Bibliotheken, Archive, Museen, botanische und zoologische Gärten
	92	Spiel-, Wett- und Lotteriewesen
	93	Erbringung von Dienstleistungen des Sports, der Unterhaltung und der Erholung
S	**Erbringung von sonstigen Dienstleistungen**	
	94	Interessenvertretungen sowie kirchliche und sonstige religiöse Vereinigungen (ohne Sozialwesen und Sport)
	95	Reparatur von Datenverarbeitungsgeräten und Gebrauchsgütern
	96	Erbringung von sonstigen überwiegend persönlichen Dienstleistungen
T	**Private Haushalte mit Hauspersonal; Herstellung von Waren und Erbringung von Dienstleistungen durch private Haushalte für den Eigenbedarf**	
	97	Private Haushalte mit Hauspersonal
	98	Herstellung von Waren und Erbringung von Dienstleistungen durch private Haushalte für den Eigenbedarf ohne ausgeprägten Schwerpunkt
Energie, Wasser, Entsorgung und Bergbau		
B	**Bergbau und Gewinnung von Steinen und Erden**	
	5	Kohlenbergbau
	6	Gewinnung von Erdöl und Erdgas
	7	Erzbergbau
	8	Gewinnung von Steinen und Erden, sonstiger Bergbau
	9	Erbringung von Dienstleistungen für den Bergbau und für die Gewinnung von Steinen und Erden
D	**Energieversorgung**	
	35	Energieversorgung
E	**Wasserversorgung; Abwasser- und Abfallentsorgung und Beseitigung von Umweltverschmutzungen**	
	36	Wasserversorgung
	37	Abwasserentsorgung
	38	Sammlung, Behandlung und Beseitigung von Abfällen; Rückgewinnung
	39	Beseitigung von Umweltverschmutzungen und sonstige Entsorgung
Erziehung und Unterricht		
P	**Erziehung und Unterricht**	
	85	Erziehung und Unterricht

Branchen in der deutschen Wirtschaft (Ausgabe 2008/NACE)

Handel		
G	**Handel; Instandhaltung und Reparatur von Kraftfahrzeugen**	
	45	Handel mit Kraftfahrzeugen; Instandhaltung und Reparatur von Kraftfahrzeugen
	46	Großhandel (ohne Handel mit Kraftfahrzeugen)
	47	Einzelhandel (ohne Handel mit Kraftfahrzeugen)
Land- und Forstwirtschaft		
A	**Land- und Forstwirtschaft, Fischerei**	
	1	Landwirtschaft, Jagd und damit verbundene Tätigkeiten
	2	Forstwirtschaft und Holzeinschlag
	3	Fischerei und Aquakultur
Metallindustrie		
C	**Verarbeitendes Gewerbe**	
	24	Metallerzeugung und -bearbeitung
	25	Herstellung von Metallerzeugnissen
	26	Herstellung von Datenverarbeitungsgeräten, elektronischen und optischen Erzeugnissen
	27	Herstellung von elektrischen Ausrüstungen
	28	Maschinenbau
	29	Herstellung von Kraftwagen und Kraftwagenteilen
	30	Sonstiger Fahrzeugbau
Öffentliche Verwaltung		
O	**Öffentliche Verwaltung, Verteidigung; Sozialversicherung**	
	84	Öffentliche Verwaltung, Verteidigung; Sozialversicherung
U	**Exterritoriale Organisationen und Körperschaften**	
	99	Exterritoriale Organisationen und Körperschaften
Verarbeitendes Gewerbe		
C	**Verarbeitendes Gewerbe**	
	10	Herstellung von Nahrungs- und Futtermitteln
	11	Getränkeherstellung
	12	Tabakverarbeitung
	13	Herstellung von Textilien
	14	Herstellung von Bekleidung
	15	Herstellung von Leder, Lederwaren und Schuhen
	16	Herstellung von Holz-, Flecht-, Korb- und Korkwaren (ohne Möbel)
	17	Herstellung von Papier, Pappe und Waren daraus
	18	Herstellung von Druckerzeugnissen; Vervielfältigung von bespielten Ton-, Bild- und Datenträgern
	19	Kokerei und Mineralölverarbeitung
	20	Herstellung von chemischen Erzeugnissen
	21	Herstellung von pharmazeutischen Erzeugnissen
	22	Herstellung von Gummi- und Kunststoffwaren
	23	Herstellung von Glas und Glaswaren, Keramik, Verarbeitung von Steinen und Erden
	31	Herstellung von Möbeln
	32	Herstellung von sonstigen Waren
	33	Reparatur und Installation von Maschinen und Ausrüstungen
Verkehr und Transport		
H	**Verkehr und Lagerei**	
	49	Landverkehr und Transport in Rohrfernleitungen
	50	Schifffahrt
	51	Luftfahrt
	52	Lagerei sowie Erbringung von sonstigen Dienstleistungen für den Verkehr
	53	Post-, Kurier- und Expressdienste

Die Autorinnen und Autoren

Frank Achilles

Heisse Kursawe Eversheds
Rechtsanwälte Patentanwälte Partnerschaft
Maximiliansplatz 5
80333 München

Leiter des internationalen Arbeitsrechtsteams der Kanzlei Heisse Kursawe Eversheds. Spezialist für Fragen des Individual- und Kollektivarbeitsrechts und schwerpunktmäßig Beratung von Unternehmen in allen Bereichen des Arbeitsrechts. Arbeitsschwerpunkte: Planung und Begleitung von Um- und Restrukturierungsmaßnahmen sowie Übertragung von Betrieben und Betriebsteilen. In diesem Zusammenhang Führung zahlreicher Interessenausgleichs- und Sozialplanverhandlungen und Beisitzer in Einigungsstellen.

Prof. Dr. Bernhard Badura

Universität Bielefeld
Fakultät für Gesundheitswissenschaften
Postfach 10 01 31
33501 Bielefeld

Geboren 1943. Studium der Soziologie, Philosophie und Politikwissenschaften in Tübingen, Freiburg, Konstanz, Harvard/Mass. Seit dem 7. März 2008 Emeritus der Fakultät für Gesundheitswissenschaften der Universität Bielefeld.

B. Badura et al. (Hrsg.) *Fehlzeiten-Report 2012*,
DOI 10.1007/978-3-642-21655-8,

Sophie Baeriswyl

Fachhochschule Nordwestschweiz
Hochschule für Angewandte Psychologie
Institut Mensch in komplexen Systemen (MikS)
Riggenbachstrasse 16
CH-4600 Olten

Geboren 1984. Master of Science in Psychologie mit Schwerpunkt Arbeits- und Organisationspsychologie. Studium der Psychologie an der Universität Bern. Seit Mai 2011 wissenschaftliche Assistentin am Institut Mensch in komplexen Systemen MikS der Fachhochschule Nordwestschweiz. Arbeitsschwerpunkte: Forschungs- und Beratungsprojekte zu den Themen psychische Belastungen und Ressourcen am Arbeitsplatz, Stress und neue Managementmethoden sowie Betriebliches Gesundheitsmanagement.

Anja Baethge

Universität Leipzig
Institut für Psychologie
Arbeits- und Organisationspsychologie
Seeburgstraße 14–20
04103 Leipzig

Diplom-Psychologin. Studium der Psychologie an der Universität Leipzig. Aktuell Promotion zum Thema „Arbeitsunterbrechungen". Arbeitsschwerpunkte: Zusammenhang zwischen Merkmalen der Arbeit und Stresserleben, Leistung und physiologischen Parametern. Aufklärung der Wirkmechanismen und Schlüsse für die Prävention. Leitung von Präventionsmaßnahmen (Gesundheitszirkel). Transfer der Forschungsergebnisse in die Praxis.

Carolina Bahamondes Pavez

Albert-Ludwigs-Universität Freiburg
Institut für Psychologie, Arbeitsgruppe Arbeits- und Organisationspsychologie
Engelbergerstraße 41
79085 Freiburg

Diplom-Psychologin. Studium der Psychologie an der Technischen Universität Dresden. Seit 2007 wissenschaftliche Mitarbeiterin in der Arbeitsgruppe Arbeits- und Organisationspsychologie der Albert-Ludwigs-Universität Freiburg. Arbeitsschwerpunkte u. a.: zielgeführte Arbeitssysteme und Zielvereinbarungen, Betriebliche Gesundheitsförderung; Belastung und Beanspruchung von Beschäftigten, Flexibilität und Stabilität in der Arbeit.

Prof. Dr. Eva Bamberg

Universität Hamburg
Fakultät Erziehungswissenschaften,
Psychologie und Bewegungswissenschaft
Arbeits- und Organisationspsychologie
Von-Melle-Park 11
20146 Hamburg

Studium der Psychologie an der Freien Universität Berlin. Diplom 1978, Promotion 1985 an der Technischen Universität Berlin, Habilitation 1992 an der Universität Osnabrück. Nach Tätigkeiten als wissenschaftliche Mitarbeiterin Vertretungsprofessur an der Uni Jena, dann Professuren an der Universität Flensburg und an der Universität Innsbruck. Seit 1997 Leiterin des Arbeitsbereichs Arbeits- und Organisationspsychologie an der Universität Hamburg. Schwerpunkte: Arbeit und Gesundheit, Veränderungsprozesse in Organisationen.

Dr. Rolf Baumanns

MEYRA Wilhelm Meyer GmbH + Co. KG
Postfach 17 03
32591 Vlotho

Jahrgang 1948. Studium des Maschinenbaus an der Bergischen Universität Wuppertal, später Betriebswirtschaft an der Fernuniversität Hagen. Promotion an der Fakultät für Gesundheitswissenschaften der Universität Bielefeld. Nach leitenden Funktionen in verschiedenen Maschinenbau-Unternehmen seit mehreren Jahren Geschäftsführer einer Unternehmensgruppe der Medizintechnik.

Karlheinz Bayer

AOK BAYERN – Die Gesundheitskasse
Zentrale – Gesundheitsförderung
Stromerstraße 5
90330 Nürnberg

Jahrgang 1962. Diplom-Sozialpädagoge (FH). Seit 1992 Berater für Betriebliche Gesundheitsförderung bei der AOK Bayern. Demografieberater nach INQA. Arbeitsschwerpunkte: Entwicklung, Durchführung und Evaluation von Projekten zum Betrieblichen Gesundheitsmanagement, Arbeitssituationsanalysen und Mitarbeiterbefragungen, gesundheitsgerechte Mitarbeiterführung, Mobbingprävention, betriebliche Suchtprävention.

PD Dr. Guido Becke

Universität Bremen
artec | Forschungszentrum Nachhaltigkeit
Enrique-Schmidt-Straße 7 (SFG)
28359 Bremen

Jahrgang 1963. Diplom-Sozialwissenschaftler (Ruhr-Universität Bochum), Promotion in Soziologie (Universität Dortmund), Habilitation in Arbeitswissenschaft (Universität Bremen). Wissenschaftlicher Mitarbeiter und später Koordinator des Forschungsbereichs „Modernisierung und Umweltinnovation" am Landesinstitut Sozialforschungsstelle Dortmund sowie Arbeitsforscher und Organisationsberater bei der Soziale Innovation GmbH. Seit 2002 Privatdozent für Arbeitswissenschaft im Fachbereich Human- und Gesundheitswissenschaften an der Universität Bremen und Senior Researcher am artec | Forschungszentrum Nachhaltigkeit, dort zugleich Koordinator des Forschungsfelds „Arbeit und Organisationen" sowie Leitung arbeitswissenschaftlicher Verbund- und Teilprojekte. Schwerpunkte in Forschung und Lehre: Strukturwandel der Arbeitsgesellschaft, Arbeitsqualität und Gesundheit in flexiblen Arbeitsstrukturen, Arbeit und Nachhaltigkeit, Sozialität in Organisationen, organisationale Achtsamkeit und Resilienz.

Dr. Alexander Böhne

Bundesvereinigung der Deutschen Arbeitgeberverbände (BDA)
Stabstelle Arbeitswissenschaft
Breite Straße 29
10178 Berlin

Seit 2007 bei der Bundesvereinigung der Deutschen Arbeitgeberverbände verantwortlich für den Themenbereich „Betriebliche Personalpolitik" in der Abteilung Arbeitsmarkt. 2006 Dissertation „Generierung von Identifikations- und Motivationspotentialen älterer Arbeitnehmer im Kontext eines professionellen Human Resource Managements". Seit 2012 Dozent an der Hochschule für Wirtschaft und Recht im Studiengang Public Management (Personalmanagement und Führung). Seit 2007 Dozent an der Universität der Künste Berlin im Studiengang Gesellschafts- und Wirtschaftskommunikation (Grundlagen der BWL, Entrepreneurship).

Norbert Breutmann

Bundesvereinigung der Deutschen Arbeitgeberverbände (BDA)
Stabstelle Arbeitswissenschaft
Breite Straße 29
10178 Berlin

Leitung der Stabstelle Arbeitswissenschaft der Abteilung Soziale Sicherung in der Bundesvereinigung der Deutschen Arbeitgeberverbände. Nach Abschluss des Studiums zum Diplom-Ingenieur Fachrichtung „Technische Chemie" Qualitätsingenieur (Materialprüfung) in einem Maschinenbauunternehmen. Nach langjähriger Beschäftigung als Fachreferent im Deutschen Institut für Normung (in leitender Funktion zu den Themen Maschinensicherheit und Ergonomie) seit 2004 in der Bundesvereinigung der Deutschen Arbeitgeberverbände tätig. Arbeitsschwerpunkte: psychische Gesundheit am Arbeitsplatz, Arbeitsgestaltung, Arbeitsorganisation, Gesundheitsförderung und Erhalt der Beschäftigungsfähigkeit.

Klaus Busch

Bundesministerium für Gesundheit
Rochusstraße 1
53123 Bonn

Studium der Elektrotechnik/Nachrichtentechnik an der FH Lippe, Abschluss: Diplom-Ingenieur. Studium der Volkswirtschaftslehre mit dem Schwerpunkt Sozialpolitik an der Universität Hamburg, Abschluss: Diplom-Volkswirt. Referent in der Grundsatz- und Planungsabteilung des Bundesministeriums für Arbeit und Sozialordnung (BMA) für das Rechnungswesen und die Statistik in der Sozialversicherung. Referent in der Abteilung „Krankenversicherung" des Bundesministeriums für Gesundheit (BMG) für ökonomische Fragen der zahnmedizinischen Versorgung und für Heil- und Hilfsmittel. Derzeit Referent in der Abteilung „Grundsatzfragen der Gesundheitspolitik, Pflegesicherung, Prävention" des BMG im Referat „Grundsatzfragen der Gesundheitspolitik, Gesamtwirtschaftliche und steuerliche Fragen, Statistik des Gesundheitswesens". Vertreter des BMG im Statistischen Beirat des Statistischen Bundesamtes.

Dr. Julia Clasen

Universität Hamburg
Fachbereich Psychologie
Arbeits- und Organisationspsychologie
Von-Melle-Park 11
20146 Hamburg

Psychologin, Diplom 2002. Studium in Hamburg, Chambéry und Sydney. Anschließend Tätigkeit als Personalentwicklerin in der Kommunikationsbranche. Seit 2004 wissenschaftliche Mitarbeiterin im Institut für Arbeits- und Organisationspsychologie der Universität Hamburg. 2008 Promotion. Seitdem Projektarbeit zur Evaluation betrieblicher Stressmanagement-Interventionen. Arbeitsschwerpunkte: Arbeitsflexibilisierung, Arbeitsanalyse, Betriebliche Gesundheitsförderung, Arbeit und Gesundheit. Beratung und Begleitung von Unternehmen zu Betrieblichem Gesundheitsmanagement, Gefährdungsanalysen und Mitarbeiterbefragungen.

Heiko Dammasch

Wissenschaftliches Institut der AOK (WIdO)
Rosenthaler Straße 31
10178 Berlin

Geboren 1984. Master of Arts in Soziologie mit den Schwerpunkten empirische Sozialforschung und Gesundheits- und Medizinsoziologie. 2004–2010 Studium der Germanistik, Sozialwissenschaften und Soziologie. 2011 Praktikum im Wissenschaftlichen Institut der AOK (WIdO) im Bereich Marktforschung.

Prof. Dr. Jan Dettmers

Fakultät für Erziehungswissenschaft,
Psychologie und Bewegungswissenschaft
Arbeits- und Organisationspsychologie
Von-Melle-Park 11
20146 Hamburg

Studium der Psychologie, Informatik und Soziologie an der Universität Hamburg und der „La Sapienza" in Rom. Zusatzausbildung in systemischer Organisationsentwicklung. Seit 2005 Lehre und Forschung an der Universität Hamburg an den Arbeitsbereichen Arbeits- und Organisationspsychologie, Allgemeine Psychologie und Psychologische Methodenlehre. Forschungsschwerpunkte Arbeit und Gesundheit, Flexibilisierung, Innovation und Dienstleistungsarbeit. Mitarbeit in den Projekten „Innowerk – Innovationen im Handwerk" und „STARK – Stressbezogene Arbeitsanalyse von Klinikärzten". Projektleitung im Projekt „RUF – Flexibilität und Verfügbarkeit durch Arbeit auf Abruf". Seit 2011 Juniorprofessor für Arbeits- und Organisationspsychologie.

Cosima Dorsemagen

Fachhochschule Nordwestschweiz
Hochschule für Angewandte Psychologie
Institut Mensch in komplexen Systemen (MikS)
Studiengangleitung CAS Arbeits- und Organisationspsychologie
Riggenbachstrasse 16
CH-4600 Olten

Diplom-Psychologin. Wissenschaftliche Mitarbeiterin an der Fachhochschule Nordwestschweiz (FHNW), Hochschule für Angewandte Psychologie in Olten (Schweiz). Studium der Psychologie und Rechtswissenschaften an den Universitäten Bonn, Hagen und Freiburg im Breisgau. Forschung und Beratung von Unternehmen, Schulen und Verwaltungen im Bereich Arbeit und Gesundheit zu den Themenfeldern neue Managementmethoden, flexible Arbeitszeitkonzepte, psychische Belastungen und Ressourcen, Prävention von Stress und Burnout. Dozentin in der Weiterbildung und Studiengangleiterin des CAS „Arbeits- und Organisationspsychologie" an der FHNW.

Dr. Michael Drupp

AOK – Die Gesundheitskasse für Niedersachsen
Institutsleiter
AOK-Institut für Gesundheitsconsulting
Hildesheimer Straße 273
30519 Hannover

Jahrgang 1959. Studium der Sozialwissenschaften an der Ruhr-Universität in Bochum. Nach Tätigkeiten als wissenschaftlicher Mitarbeiter am dortigen Lehrstuhl für Sozialpolitik und öffentliche Wirtschaft sowie in der Enquete-Kommission „Strukturreform der gesetzlichen Krankenversicherung" beim Deutschen Bundestag in verschiedenen Führungsfunktionen beim AOK-Landesverband und der AOK Niedersachsen tätig. Seit Mai 2000 Leiter des niedersächsischen AOK-Instituts für Gesundheitsconsulting. Das Institut ist u. a. durch Projekte zum „Betrieblichen Gesundheitsbonus", zur „Nachhaltigen Arbeits- und Gesundheitspolitik in Unternehmen" sowie zum „Gesund älter werden" national wie auch international bekannt geworden. Seit 2005 koordiniert das AOK-Institut im Rahmen der Initiative Neue Qualität der Arbeit (INQA) das Netzwerk KMU-Kompetenz „Arbeitsqualität und Mitarbeiterengagement".

Prof. Dr. Antje Ducki

Beuth Hochschule für Technik Berlin
Fachbereich I: Wirtschafts- und Gesellschaftswissenschaften
Luxemburger Straße 10
13353 Berlin

Geboren 1960. Nach Abschluss des Studiums der Psychologie an der Freien Universität Berlin als wissenschaftliche Mitarbeiterin an der TU Berlin tätig. Betriebliche Gesundheitsförderung für die AOK Berlin über die Gesellschaft für Betriebliche Gesundheitsförderung, Mitarbeiterin am Bremer Institut für Präventionsforschung und Sozialmedizin, Hochschulassistentin an der Universität Hamburg. 1998 Promotion in Leipzig. Seit 2002 Professorin für Arbeits- und Organisationspsychologie an der Beuth Hochschule für Technik Berlin. Arbeitsschwerpunkte: Arbeit und Gesundheit, Gender und Gesundheit, Mobilität und Gesundheit, Stressmanagement, betriebliche Gesundheitsförderung.

Antje Enderling

Mercedes-Benz Minibus GmbH
Niedersachsenweg 20
44309 Dortmund

Geboren 1964. Lehrerin, Diplomabschluss an der Martin-Luther-Universität Halle/Wittenberg mit den Studienschwerpunkten Geschichte, Psychologie, Soziologie und Arbeitswissenschaften. 1988–1990 in Forschung und Lehre an der MLU tätig, danach Stellvertretende Personalleiterin der Glasindustrie AG Torgau. 1990 Wechsel von Ost nach West; Industriekauffrau (Abschluss 1993, IHK Aachen), Personalentwicklerin (Abschluss 1999, Deutsche Angestellten Akademie Dortmund), 1993–1995 Kaufmännische Assistentin bei der Warner Music Manufacturing Europe GmbH Alsdorf, 1999–2005 freiberufliche Trainerin und Dozentin, 2005–2010 Leiterin Personal- und Organisationsentwicklung bei der Hesse GmbH & Co. KG Hamm. Seit August 2010 Leiterin Personal bei der Mercedes-Benz Minibus GmbH in Dortmund.

Christiane Flüter-Hoffmann

Institut der deutschen Wirtschaft Köln
Konrad-Adenauer-Ufer 21
50668 Köln

Senior Researcher, Projektleiterin „Betriebliche Personalpolitik", seit 1994 im Institut der deutschen Wirtschaft Köln. Zahlreiche Projekte zu den Themen flexible Arbeitszeitmodelle, Telearbeit, Wissensmanagement, Reorganisation und Weiterbildung, familienfreundliche Arbeitswelt, demografische Entwicklung, alternde Belegschaften, lebenszyklusorientierte Personalpolitik.

Dr. Gabriele Freude

Bundesanstalt für Arbeitsschutz und Arbeitsmedizin
Gruppe 3.4 „Mentale Gesundheit und kognitive Leistungsfähigkeit"
Nöldnerstraße 40–42
10317 Berlin

Diplom-Biologin, Promotion an der Humboldt Universität Berlin. Seit 2005 Leiterin der Gruppe „Arbeitsgestaltung bei psychischen Belastungen, Stress". Seit 2008 Leitung der Forschungsgruppe „Mentale Gesundheit und kognitive Leistungsfähigkeit". Forschungsschwerpunkte: Wirkung psychischer Belastungen auf die mentale Gesundheit, Zusammenhang zwischen psychischen Belastungen und der kognitiven Leistungsfähigkeit, Bewertung der Wirkung psychischer Belastungen mittels psychophysiologischer, insbesondere neurophysiologischer Methoden, Entwicklung von Präventionskonzepten.

Niklas Friedrich

Fakultät für Erziehungswissenschaft, Psychologie und Bewegungswissenschaft
Arbeits- und Organisationspsychologie
Von-Melle-Park 11
20146 Hamburg

Diplom Psychologe. Studium der Psychologie, BWL und Rechtswissenschaften in Bonn und Aachen. Diplom an der RWTH Aachen 2009. Seit 2010 wissenschaftlicher Mitarbeiter und Doktorand am Arbeitsbereich Arbeits- und Organisationspsychologie der Universität Hamburg im Projekt Arbeit auf Abruf. Arbeits- und Forschungsschwerpunkte: organisationale Gerechtigkeit, organisationales Verhalten, Rufbereitschaft, Flexible Arbeitsformen.

Dr. Nathalie Galais

Universität Erlangen-Nürnberg
Lehrstuhl für Wirtschafts- und Sozialpsychologie
Lange Gasse 20
90403 Nürnberg

Wiss. Mitarbeiterin am Lehrstuhl für Wirtschafts- und Sozialpsychologie der Universität Erlangen-Nürnberg. Im Rahmen ihrer Habilitation Untersuchung der veränderten Beziehungen zwischen Mitarbeitern und Organisationen sowie veränderten Teamstrukturen vor dem Hintergrund zunehmender atypischer Beschäftigungsverhältnisse. Durchführung verschiedener Drittmittelprojekte zu diesen Schwerpunkten, die vom BIBB, der BAuA sowie dem BMBF gefördert wurden. Weitere Forschungsgebiete: individuelle Feedbackverarbeitung und Selbstregulation.

Cynthia Glaw

Corporate Health Manager
Vattenfall AB
Chausseestraße 23
10115 Berlin

Geboren 1980. Studium der Betriebswirtschaft in Berlin. Abschluss des Masters of Workplace Health Management an der Universität Bielefeld mit der ausgezeichneten Masterthesis über die Auswirkungen und Konsequenzen des demografischen Wandels in belastungsintensiven Tätigkeiten. Seit 2006 Koordinatorin Gesundheitsmanagement bei Vattenfall Europe sowie seit 2011 internationale Gesundheitsmanagerin bei Vattenfall.

Werner Gross

Psychologisches Forum Offenbach (PFO)
Bismarckstraße 98
63065 Offenbach/Main

Diplom-Psychologe. Seit 1999 als Psychotherapeut, Supervisor und Coach am Psychologischen Forum Offenbach (PFO) tätig. Vorher Psychologe (Diplom 1979) in freier Praxis in Frankfurt. Methoden: tiefenpsychologisch-fundierte Psychotherapie, Psychodrama, Gestalt, Körper-Psycho-Therapie u. a. Lehrbeauftragter an den Universitäten Mainz (1995–2012) und Frankfurt/M. (1994–2012) und an verschiedenen Ausbildungsinstituten für Psychotherapeuten: Wiesbadener Akademie für Psychotherapie (WIAP), Deutsche Psychologen Akademie (DPA), Institut für Therapieforschung (IFT), Süddeutsche Akademie für Psychotherapie, Eifeler Verhaltenstherapie Institut (EVI), AFKV-Gelsenkirchen, APV-Münster, CIP-München u. a. Seit 1985 Durchführung von Supervision, Coaching und Organisationsberatung für Unternehmen, Institutionen und Behörden und lange Jahre berufspolitisch im Berufsverband Deutscher Psychologen (BDP) tätig.

Dr. Dominik Hecker

Bundesagentur für Arbeit
Zentrale
Regensburger Straße 104
90478 Nürnberg

Studium der Betriebswirtschaftslehre und Wirtschaftspsychologie an der Universität Erlangen-Nürnberg. Dort bis 2007 wissenschaftlicher Mitarbeiter, Promotion zum Thema psychologische Arbeitsverträge, u. a. Forschungsprojekt zu atypischer Beschäftigung für die Bundesanstalt für Arbeitsschutz und Arbeitsmedizin. Seit 2006 Referent für Personalpolitik bei der Bundesagentur für Arbeit, Themenschwerpunkte u. a. Betriebliches Gesundheitsmanagement und lebensphasenorientierte Personalpolitik.

Stefanie Hiller

Diakonie Neuendettelsau
Direktion Altenhilfe
Wilhelm-Löhe-Straße 23
91564 Neuendettelsau

Jahrgang 1981. Krankenschwester, Diplom-Pflegewirtin (FH), EFQM-Assessorin, Qualitätsmangerin (EQ Zert). Seit 2008 Mitarbeiterin bei der Diakonie Neuendettelsau. Arbeitsschwerpunkte: Qualitätsmanagement der Abteilung Altenhilfe; stellvertretende Leitung und operative Umsetzung des Förderprojektes BidA – Balance in der Altenpflege.

Dr. Josephine Hofmann

Fraunhofer-Institut für Arbeitswirtschaft
und Organisation IAO
Nobelstraße 12
70569 Stuttgart

Mitglied im Institutsleitungsausschuss des Fraunhofer-Instituts für Arbeitswirtschaft und Organisation und Leitung des Competence Centers Business Performance Management. Nach dem Studium der Verwaltungswissenschaften Aufbaustudium der Informationswissenschaften in Konstanz. Einjähriger Praxisaufenthalt in Frankreich. Promotion am Lehrstuhl für Wirtschaftsinformatik der Universität Hohenheim und Preisträgerin der Integrata-Stiftung. Seit 1990 wissenschaftliche Mitarbeiterin am Fraunhofer-IAO, ab 1997 Leiterin der Forschungsgruppe New Business Development, seit 2003 Leiterin des Competence Centers. Themenschwerpunkte: moderne Wissensarbeitskonzepte, eCollaboration-, Web- und Enterprise-2.0-Konzepte, mediengestützte Lern- und Wissensmanagementkonzepte sowie moderne Führungssysteme.

Miriam-Maleika Höltgen

Wissenschaftliches Institut der AOK (WIdO)
Rosenthaler Straße 31
10178 Berlin

Geboren 1972, Studium der Germanistik, Geschichte und Politikwissenschaften an der Friedrich-Schiller-Universität Jena; hier bis 2001 wissenschaftliche Mitarbeiterin am Institut für Literaturwissenschaft. 2001 bis 2005 freiberuflich und angestellt tätig in den Bereichen Redaktion, Lektorat, Layout und Herstellung. Seit 2005 im AOK-Bundesverband; Mitarbeiterin des Wissenschaftlichen Instituts der AOK (WIdO) u. a. im Forschungsbereich Betriebliche Gesundheitsförderung.

Dr. Monika Keller

Fakultät für Erziehungswissenschaft,
Psychologie und Bewegungswissenschaft
Arbeits- und Organisationspsychologie
Von-Melle-Park 11
20146 Hamburg

Jahrgang 1972. Diplom-Psychologin. Ausbildung zur und Berufstätigkeit als Verlagskauffrau beim Hoffmann & Campe Verlag. 1998 Studium der Psychologie mit den Schwerpunkten Arbeits- und Organisationspsychologie und Pädagogische Psychologie an der Universität Hamburg. 2005–2006 Prävention arbeitsbedingter Gesundheitsgefahren bei der Berufsgenossenschaft für Gesundheitsdienst und Wohlfahrtspflege (BGW) in Hamburg. Seit 2006 wissenschaftliche Mitarbeiterin der Universität Hamburg, Arbeitsbereich Arbeits- und Organisationspsychologie. 2010 Promotion. Arbeits- und Forschungsschwerpunkte: Arbeit und Gesundheit, Arbeitsanalyse, Arbeitszeitflexibilität – Rufbereitschaft.

Joachim Klose

Wissenschaftliches Institut der AOK (WIdO)
Rosenthaler Straße 31
10178 Berlin

Geboren 1958. Diplom-Soziologe. Nach Abschluss des Studiums der Soziologie an der Universität Bamberg (Schwerpunkt Sozialpolitik und Sozialplanung) wissenschaftlicher Mitarbeiter im Rahmen der Berufsbildungsforschung an der Universität Duisburg. Seit 1993 wissenschaftlicher Mitarbeiter im Wissenschaftlichen Institut der AOK (WIdO) im AOK-Bundesverband; Leiter des Forschungsbereichs Betriebliche Gesundheitsförderung und Pflege.

Heinz Kowalski

Institut für Betriebliche Gesundheitsförderung
BGF GmbH
Neumarkt 35–37
50667 Köln

Jahrgang 1946. Ausbildung zum Sozialversicherungsfachangestellten bei der AOK, erste und zweite Verwaltungsprüfung sowie Ausbildereignungsprüfung. Berufsbegleitendes Studium der Betriebswirtschaft. Verschiedene Führungsposition bis zum stellv. Geschäftsführer bzw. Regionaldirektor bei der AOK Rheinland/Hamburg. Seit 1975 in der Betrieblichen Gesundheitsförderung aktiv und seit 1996 geschäftsführender Direktor des BGF-Instituts der AOK Rheinland bis zur Pensionierung am 30.9.2011. Mitglied verschiedener wissenschaftlicher Vereinigungen wie der GfA und DGAUM sowie mehrerer Jurys für BGF-Preise. Mitglied der AG BGF beim BMAS.

Prof. Dr. Andreas Krause

Fachhochschule Nordwestschweiz
Hochschule für Angewandte Psychologie
Institut Mensch in komplexen Systemen (MikS)
Riggenbachstrasse 16
CH-4600 Olten

Jahrgang 1970. Seit 2006 Dozent an der Hochschule für Angewandte Psychologie in Olten, Schweiz. Leitung des Weiterbildungs-Studiengangs CAS Betriebliches Gesundheitsmanagement. Forschungsschwerpunkt ist die Verzahnung von Leistungs- und Gesundheitsmanagement und Entwicklung von innovativen Lösungen zum Umgang mit Präsentismus und interessierter Selbstgefährdung in Betrieben, öffentlichen Verwaltungen und Schulen.

Verena Kretschmer

Bundesministerium des Innern
Alt-Moabit 101 D
10559 Berlin

Geboren 1979 in Saalfeld/Saale. 1995–1998 Ausbildung zur Fachangestellten für Bürokommunikation im Bundesministerium des Innern. Derzeit Studentin der Politik-, Verwaltungswissenschaften und Soziologie an der FernUniversität Hagen. Bis Ende 2011 zuständig für den Bereich „Krankheitsbedingte Fehltage und Gesundheitsförderung in der unmittelbaren Bundesverwaltung“.

Sven Lükermann

Universität Bielefeld
Fakultät für Gesundheitswissenschaften
Universitätsstraße 25
33615 Bielefeld

Jahrgang 1983. Ausbildung zum Bankkaufmann. 2008–2010 Bachelorstudium der Gesundheitswissenschaften an der Fakultät für Gesundheitswissenschaften der Universität Bielefeld. Im Anschluss Studium an der Universität Bielefeld und University of Malmö (Schweden), Abschluss: Master of Public Health. Seit 2008 studentische Hilfskraft und später wissenschaftlicher Projektmitarbeiter im Team von Professor Dr. Bernhard Badura. Im Rahmen seiner Studien und seiner Projektarbeit Beschäftigung mit Themen wie Betriebliches Gesundheitsmanagement, moderne Personalarbeit und gesundheitsförderliche Unternehmenskultur.

Markus Meyer

Wissenschaftliches Institut der AOK (WIdO)
Rosenthaler Straße 31
10178 Berlin

Geboren 1970. Diplom-Sozialwissenschaftler. Nach dem Studium an der Universität Duisburg-Essen Mitarbeiter im Bereich Betriebliche Gesundheitsförderung beim Team Gesundheit der Gesellschaft für Gesundheitsmanagement mbH in Essen. 2001–2010 Tätigkeiten beim BKK Bundesverband und der spectrum|K GmbH in den Bereichen Datenanalyse, Datenmanagement und -organisation. Seit 2010 wissenschaftlicher Mitarbeiter im Wissenschaftlichen Institut der AOK (WIdO) im AOK-Bundesverband, Forschungsbereich Betriebliche Gesundheitsförderung. Arbeitsschwerpunkte: Fehlzeitenanalysen, betriebliche und branchenbezogene Gesundheitsberichterstattung.

Ulla Mielke

Wissenschaftliches Institut der AOK (WIdO)
Rosenthaler Straße 31
10178 Berlin

Geboren 1965. 1981 Ausbildung zur Apothekenhelferin. Anschließend zwei Jahre als Apothekenhelferin tätig. 1985 Ausbildung zur Bürokauffrau im AOK-Bundesverband. Ab 1987 Mitarbeiterin im damaligen Selbstverwaltungsbüro des AOK-Bundesverbandes. Seit 1991 Mitarbeiterin des Wissenschaftlichen Instituts der AOK (WIdO) im AOK-Bundesverband im Bereich Mediengestaltung. Verantwortlich für die grafische Gestaltung des Fehlzeiten-Reports.

Manuela Müller-Gerndt

IBM Deutschland GmbH
Hollerithstr. 1
81829 München

Jahrgang 1972. Studium der Betriebswirtschaft in München und Rom, Management-Ausbildung am M.I.T. Cambridge (USA), der Duke University (USA) sowie der Boston University (USA). Dozentin an der FOM Hochschule für Oekonomie & Management in München. Verantwortlich für Healthcare bei der IBM Deutschland GmbH und Leitung der Entwicklung von IBM-Lösungen unter der weltweiten Initiative „Smarter Healthcare" für die Segmente Krankenversicherungen, Medizintechnik, Pharma/Life Sciences, Kliniken und staatliche Gesundheitseinrichtungen. Über 15 Jahre Erfahrung im Gesundheitsmarkt u. a. mit Stationen in leitenden Positionen bei Siemens Healthcare, Ziehm Imaging. Arbeitsschwerpunkte: intelligente Bildgebung, personalisierte Therapien und Healthcare Analytics.

Eckhard Münch

Training – Coaching – Organisationsentwicklung
Weinsbergstraße 118a
50823 Köln

Jahrgang 1958. Diplom-Sozialwissenschaftler. Ausbildung zum und Tätigkeit als Industriekaufmann. Studium der Sozialwissenschaften. 1992–1998 wissenschaftlicher Angestellter an der Universität Bielefeld, Fakultät für Gesundheitswissenschaften. Arbeitsschwerpunkte: Betriebliches Gesundheitsmanagement, gesunde Organisation, Evaluation. Seitdem projektbezogene Zusammenarbeit mit der Arbeitsgruppe von Prof. Dr. B. Badura. Seit 1998 freiberuflicher Trainer, Coach und Berater im Bereich Organisations- und Personalentwicklung.

Dr. Hiltraut Paridon

Institut für Arbeit und Gesundheit (IAG) der Deutschen Gesetzlichen Unfallversicherung (DGUV)
Königsbrücker Landstraße 2
01109 Dresden

Leiterin des Bereichs „Psychische Belastungen und Gesundheit“ im Institut für Arbeit und Gesundheit der Deutschen Gesetzlichen Unfallversicherung. Studium für das Lehramt für Englisch und Psychologie an der Universität Duisburg, erstes Staatsexamen; Studium der Psychologie an der Universität Wuppertal, Diplom. Weiterbildung in Diplom-Pädagogik und Computer-Linguistik. Ab 1989 wissenschaftliche Mitarbeiterin im Projekt „Arbeitssicherheit im Steinkohlenbergbau“ an der Universität Duisburg. Ab 1997 wissenschaftliche Angestellte im Bereich Allgemeine Psychologie der Universität Wuppertal, ab 1999 an der Universität Tübingen. Seit 2000 im Institut für Arbeit und Gesundheit der Deutschen Gesetzlichen Unfallversicherung (IAG)

Anna Peters

Psychologisches Institut
Ruprecht-Karls-Universität Heidelberg
Hauptstraße 47–51
69117 Heidelberg

Diplom-Psychologin. Studium der Psychologie an der Rheinisch-Westfälischen Technischen Hochschule Aachen (RWTH) und der Universität Bonn. Seit 2011 wissenschaftliche Mitarbeiterin im Bereich Arbeits- und Organisationspsychologie der Ruprecht-Karls-Universität Heidelberg. Arbeitsschwerpunkte: Work-Life-Balance, Gesundheit in Organisationen.

Herbert Pfaus

AOK – Die Gesundheitskasse für Niedersachsen
Berater für Betriebliches Gesundheitsmanagement
AOK-Institut für Gesundheitsconsulting
Johann-Justus-Weg 141
26127 Oldenburg

Geboren 1952. Nach einer handwerklichen Ausbildung und praktischer Tätigkeit Studium des Maschinenbaus an der Universität Kassel. Im Anschluss mehrjährige Tätigkeit am Lehrstuhl für Arbeitspsychologie. Seit 1995 Mitarbeiter der AOK – Die Gesundheitskasse für Niedersachsen; dort tätig als Berater für Betriebliches Gesundheitsmanagement am AOK-Institut für Gesundheitsconsulting. Aktuelle Arbeitsschwerpunkte: Netzwerkarbeit und Beratung zu Fragen gesundheitsförderlicher Organisationsentwicklung.

Prof. Dr. Sabine Pfeiffer

Fakultät für angewandte Sozialwissenschaften
Lehrgebiet Innovation und kreative Entwicklung
Hochschule München
Am Stadtpark 20
81243 München

Professorin für Innovation und kreative Entwicklung an der Hochschule München und Mitglied im Vorstand des Instituts für Sozialwissenschaftliche Forschung e. V. (ISF München). Nach mehrjähriger Tätigkeit als Werkzeugmacherin und im IT-Support Magisterstudium der Soziologie, Philosophie und Psychologie an der FernUniversität Hagen. Seit 1998 wissenschaftliche Forschungstätigkeit am ISF München mit empirischem und theoretischem Fokus auf dem Zusammenhang von Technik, Arbeit und Organisation sowie den Auswirkungen des Internets und webbasierter Technologien. Promotion 2003 über Arbeitsvermögen und Informatisierung, Habilitation 2009 über die Dialektik von Leiblichkeit und Stofflichkeit. Aktuelle Forschungsschwerpunkte: soziale Innovation in der Erwerbswelt und der Zivilgesellschaft, Web 2.0 und Partizipation sowie Ernährungsarmut.

Klaus Pickshaus

Bereichsleiter Arbeitsgestaltung
und Qualifizierungspolitik
Vorstand der IG Metall
Wilhelm-Leuschner-Straße 79
60329 Frankfurt

Politikwissenschaftler. Nach mehrjähriger Redakteurstätigkeit 1993–2000 Gewerkschaftssekretär beim Hauptvorstand der IG Medien, seit 2000 beim Vorstand der IG Metall, 2003–2007 Leiter des Projekts Gute Arbeit, seit 2007 Leiter des Funktionsbereichs Gesundheitsschutz und Arbeitsgestaltung, seit 2011 Leiter des neuen Funktionsbereichs Arbeitsgestaltung und Qualifizierungspolitik. Themenschwerpunkte: gute Arbeit, Arbeits- und Gesundheitsschutz, Arbeitswissenschaft, Gewerkschaftsstrategie.

Jochen Pillekamp

Vice President Health and Safety
Vattenfall AB
Chausseestraße 23
10115 Berlin

Geboren 1954. Starkstromelektriker, Studium der Sicherheitstechnik und Elektrotechnik an der Bergischen Universität in Wuppertal, Abschluss: Diplom-Ingenieur. Seit 2008 Leiter Sicherheits- und Gesundheitsmanagement der Vattenfall-Gruppe

Bettina Radke-Singer

Vattenfall Europe Sales GmbH
Chausseestraße 23
10115 Berlin

Geboren 1965. Diplom Ökotrophologin. Nach dem Studium an der Justus-Liebig-Universität Gießen Beraterin für Privat- und Gewerbekunden der Bewag AG. Teilnahme am Weiterbildungsprogramm „Energie- und Umweltmanagement" der Technischen Universität Berlin. Abschluss: Energieberaterin. Tätigkeit als Kundenbetreuerin für Businesskunden bei der Vattenfall Europe Sales GmbH. Seit 2009 Mitglied des Gesamtbetriebsrats der VE Sales GmbH, Mitglied des Konzernbetriebsrats der Vattenfall Europe AG und Projektleiterin Gesundheitsmanagement der VE Sales GmbH.

Prof. Dr. Renate Rau

Martin-Luther-Universität Halle-Wittenberg
Philosophische Fakultät 1
Institut für Psychologie
Abt. Arbeits-, Organisations- & Sozialpsychologie
06099 Halle (Saale)

Studium der Psychologie an der TU Dresden und 1993 Promotion zum Thema „Handlungssicherheit bei der Dispatchertätigkeit im Elektroenergieversorgungssystem: eine psychophysiologische Untersuchung". Nach Forschungsaufenthalten an den Universitäten in Glasgow und Stockholm 2001 Habilitation an der TU Dresden mit dem Thema „Arbeit, Erholung und Gesundheit: Ein Beitrag zur Occupational Health Psychology". 2004 Ruf auf eine Professur für Arbeits- und Organisationspsychologie an der Philipps-Universität Marburg. Seit dem 1. Oktober 2011 Professur für Wirtschafts- und Sozialpsychologie an der Martin-Luther-Universität Halle-Wittenberg. Forschungsschwerpunkt: Occupational Health Psychology.

Miriam Rexroth

Psychologisches Institut
Ruprecht-Karls-Universität Heidelberg
Hauptstraße 47–51
69117 Heidelberg

Diplom-Psychologin. Studium der Psychologie und Betriebswirtschaftslehre an der TU Dresden. 2008–2010 Tätigkeiten im Bereich der Praxisforschung und Organisationsberatung. Seit 2010 wiss. Mitarbeiterin im Bereich Arbeits- und Organisationspsychologie der Ruprecht-Karls-Universität Heidelberg. Arbeitsschwerpunkte: Work-Life-Balance, Gesundheit in Organisationen und Führung.

Dr. Thomas Rigotti

Universität Leipzig
Institut für Psychologie
Arbeits- und Organisationspsychologie
Seeburgstraße 14–20
04103 Leipzig

Jahrgang 1974. Diplom-Psychologe (Universität Leipzig). Promotion an der Universität Leipzig zum Thema „Psychologische Verträge". Seit 2002 Wissenschaftlicher Mitarbeiter am Lehrstuhl für Arbeits- und Organisationspsychologie der Universität Leipzig. Forschungsschwerpunkte: Wandel der Arbeitswelt (insbesondere flexible Beschäftigungsformen) und Auswirkungen auf die (psychische) Gesundheit, Arbeitsunterbrechungen, Führung. Lehraufträge an der TU Kaiserslautern und Universität Hamburg. Beratung von Organisationen zur Umsetzung betrieblicher Gesundheitsförderung.

Prof. Dr. Dieter Sauer

ISF München
Jakob-Klar-Straße 9
80796 München

Sozialforscher am Institut für Sozialwissenschaftliche Forschung (ISF) München (Mitglied des Vorstands), Honorarprofessor für Soziologie an der Friedrich-Schiller-Universität in Jena. Veröffentlichungen u. a.: Arbeit im Übergang. Zeitdiagnosen, Hamburg 2005. Arbeitsschwerpunkte: Betriebliche Reorganisations- und Rationalisierungsstrategien, Flexibilisierung und Subjektivierung von Arbeit, Arbeitspolitik.

Nina Schiml

Albert-Ludwigs-Universität Freiburg,
Institut für Psychologie, Arbeitsgruppe Arbeits- und Organisationspsychologie
Engelbergerstraße 41
79085 Freiburg

Diplom-Psychologin. Studium der Psychologie an den Universitäten Regensburg und Mannheim. Seit 2009 wissenschaftliche Mitarbeiterin in der Arbeitsgruppe Arbeits- und Organisationspsychologie der Albert-Ludwigs-Universität Freiburg. Arbeitsschwerpunkte: Flexibilität und Stabilität in der Arbeit, Belastung und Beanspruchung von Beschäftigten, personale Strategien und Ressourcen zur Gesundheitserhaltung, Work-Life-Balance.

Dr. Stephan Schlosser

Leiter Gesundheitszentrum
TRUMPF Werkzeugmaschinen GmbH + Co.KG
Johann-Maus-Straße 2
71254 Ditzingen

Medizinstudium und Facharztweiterbildungen an den Universitätsklinika in Freiburg, Aachen und Tübingen. Mehrjährige Forschungsaufenthalte am Max-Planck-Institut für Psychiatrie in München und an der Yale University in New Haven/USA. Facharzt für Innere Medizin und für Arbeitsmedizin. 2001–2004 Leiter einer Arbeitsgruppe am Institut für Arbeits- und Sozialmedizin der Eberhard-Karls-Universität Tübingen. 2004–2009 Leiter des Betriebsärztlichen Dienstes der Behr GmbH & Co. KG in Stuttgart. Nebenberuflich Dozentenaufträge für die Universität Tübingen, die Technische Akademie Esslingen (TAE) und die Sozial- und Arbeitsmedizinische Akademie Baden-Württemberg e. V. (SAMA). Seit 2009 Leiter Gesundheitszentrum bei der TRUMPF Werkzeugmaschinen GmbH & Co. KG.

Helmut Schröder

Wissenschaftliches Institut der AOK (WIdO)
Rosenthaler Straße 31
10178 Berlin

Geboren 1965. Nach dem Abschluss als Diplom-Soziologe an der Universität Mannheim als wissenschaftlicher Mitarbeiter im Wissenschaftszentrum Berlin für Sozialforschung (WZB), dem Zentrum für Umfragen, Methoden und Analysen e. V. (ZUMA) in Mannheim sowie dem Institut für Sozialforschung der Universität Stuttgart tätig. Seit 1996 wissenschaftlicher Mitarbeiter im Wissenschaftlichen Institut der AOK (WIdO) im AOK-Bundesverband und dort insbesondere in den Bereichen Arzneimittel, Heilmittel, Betriebliche Gesundheitsförderung sowie Evaluation tätig; stellvertretender Geschäftsführer des WIdO.

Anika Schulz

Universität Hamburg
Fakultät Erziehungswissenschaften,
Psychologie und Bewegungswissenschaft
Arbeits- und Organisationspsychologie
Von-Melle Park 11
20146 Hamburg

Geboren 1978. Master of Arts in Organisational Management. Studium an der Universität Flensburg, 2008–2011 Promotionsstipendiatin an der Leuphana Universität Lüneburg. Seit August 2011 wissenschaftliche Mitarbeiterin an der Universität Hamburg im Verbundprojekt „RUF – Flexibilität und Verfügbarkeit durch Arbeit auf Abruf". Arbeitsschwerpunkte: Arbeitsanalyse und -gestaltung, psychische Belastungen bei der Arbeit, Emotionen bei der Arbeit.

Prof. Dr. Heinz Schüpbach

Albert-Ludwigs-Universität Freiburg,
Institut für Psychologie, Arbeitsgruppe Arbeits- und Organisationspsychologie
Engelbergerstraße 41
79085 Freiburg

Psychologiestudium mit Schwerpunkt Arbeits- und Organisationspsychologie (Abschluss 1979) und Promotion (1985) an der Universität Bern. Anschließend wissenschaftlicher Mitarbeiter am Institut für Arbeitspsychologie (bis 1994) mit Habilitation (1993) an der Abteilung Betriebs- und Produktionswissenschaften der ETH Zürich. Fachstellenleiter am CIM-Zentrum Zürich (1991–1995). 1995–2009 Inhaber der Professur für Arbeits- und Organisationspsychologie an der Universität Freiburg i. Br., jetzt Honorarprofessor an der Universität Freiburg i. Br. Seit September 2009 Direktor der Hochschule für Angewandte Psychologie (APS) an der Fachhochschule Nordwestschweiz (FHNW).

Cynthia Sende

Lehrstuhl für Wirtschafts- und Sozialpsychologie
Universität Erlangen-Nürnberg
Lange Gasse 20
90403 Nürnberg

Diplom-Psychologin, wissenschaftliche Mitarbeiterin am Lehrstuhl für Wirtschafts- und Sozialpsychologie der Universität Erlangen-Nürnberg. Forschungsschwerpunkte: Flexible und atypische Beschäftigungsverhältnisse (insbesondere Zeitarbeit), Eignungsdiagnostik, Arbeitszeugnisse.

Susanne Sollmann

Wissenschaftliches Institut der AOK (WIdO)
Rosenthaler Straße 31
10178 Berlin

Studium der Anglistik und Kunsterziehung an der Rheinischen Friedrich-Wilhelms-Universität Bonn und am Goldsmiths College, University of London. 1986–1988 wissenschaftliche Hilfskraft am Institut für Informatik der Universität Bonn. Seit 1989 Mitarbeiterin des Wissenschaftlichen Instituts der AOK (WIdO) im AOK-Bundesverband, u. a. im Projekt Krankenhausbetriebsvergleich und im Forschungsbereich Krankenhaus. Verantwortlich für das Lektorat des Fehlzeiten-Reports.

Prof. Dr. Karlheinz Sonntag

Psychologisches Institut
Ruprecht-Karls-Universität Heidelberg
Hauptstraße 47–51
69117 Heidelberg

Geb. 1950. Studium der Betriebswirtschaftslehre und der Psychologie in Augsburg und München. 1982 Promotion, 1988 Habilitation. Seit 1993 Professor für Arbeits- und Organisationspsychologie an der Universität Heidelberg. Arbeitsschwerpunkte: Personalentwicklung und Trainingsforschung, Bewältigung von Veränderungsprozessen, Kompetenz- und Gesundheitsmanagement.

Jörg Stadlinger

COGITO – Institut für Autonomieforschung e. V.
Bouchéstraße 22
12435 Berlin

Geboren 1955. Mitarbeiter des Instituts für Autonomieforschung/COGITO (Berlin); Fachgebiet: Philosophie, Arbeitsschwerpunkt: neue Formen der Unternehmenssteuerung und ihre Folgen für die Lebens- und Arbeitssituation von Arbeitnehmern sowie für die betriebliche Interessenvertretung.

Mika Steinke

Universität Bielefeld
Fakultät für Gesundheitswissenschaften
Universitätsstraße 25
33615 Bielefeld

Jahrgang 1981. Studium der Sozial- und Gesundheitswissenschaften an der Universität Bielefeld. Seit 2008 wissenschaftliche Tätigkeit an der Fakultät für Gesundheitswissenschaften der Universität Bielefeld. Aktuell Promotion zum Thema Präsentismus. Arbeitsschwerpunkte: Betriebliches Gesundheitsmanagement, Präsentismus.

Patric Philipp Traut

IBM Deutschland MBS GmbH
IBM-Allee 1
71139 Ehningen

Jahrgang 1972. Studium der Sportwissenschaften (Diplom) an der DSHS Köln und der Anglistik an der Universität zu Köln. Mehrere Jahre als Diplomsportlehrer und Sporttherapeut tätig. 2005 Zusatzausbildung zum Gesundheitsmanager, 2006 zur Fachkraft für Arbeitssicherheit. Seit 2005 Gesundheitsmanager der IBM Deutschland. Dabei u. a. Koordination des Bereichs Gesundheitsförderung deutschlandweit, in einigen Bereichen weltweit.

Andreas Uhlig

Geschäftsführer
Vattenfall Europe Sales GmbH
Chausseestraße 23
10115 Berlin

Geboren 1957. Studium Wirtschaftsingenieurwesen an der Technischen Universität in Berlin. Seit 1985 in unterschiedlichen Managementpositionen in energiewirtschaftlichen Grundlagenbereichen und im Vertrieb tätig. Ab 2007 in der Geschäftsführung der Vattenfall Europe Sales GmbH, zuständig für Personal. Themenschwerpunkte: Change Management im Zusammenhang mit Reorganisationen sowie betriebliches Gesundheitsmanagement.

Dr. Hans-Jürgen Urban

Geschäftsführendes Vorstandsmitglied der IG Metall
Wilhelm-Leuschner-Straße 79
60329 Frankfurt

Studium der Politologie, Volkswirtschaftslehre und Philosophie; 1989 Abschluss als Diplom-Politologe, 2003 Promotion. Seit 1991 bei der IG Metall, seit 1998 Leiter der Abteilung Sozialpolitik, ab 2003 Leiter des Funktionsbereichs Gesellschaftspolitik/Grundsatzfragen/Strategische Planung beim Vorstand der IG Metall, seit 2007 geschäftsführendes Vorstandsmitglied der IG Metall, zuständig für Sozialpolitik, Gesundheitsschutz, Arbeitsgestaltung und Qualifizierungspolitik. Themenschwerpunkte: Sozialpolitik, gute Arbeit, Gewerkschaftsstrategie, Gesellschaftspolitik.

Tim Vahle-Hinz

Universität Hamburg
Fakultät Erziehungswissenschaften,
Psychologie und Bewegungswissenschaft
Arbeits- und Organisationspsychologie
Von-Melle Park 11
20146 Hamburg

Diplom-Psychologe. Studium an der Universität Hamburg. Seit 2009 wissenschaftlicher Mitarbeiter am Arbeitsbereich Arbeits- und Organisationspsychologie der Universität Hamburg und im BMBF-Projekt „Flexibilität und Verfügbarkeit durch Arbeit auf Abruf". Lehrtätigkeit zu Flexibilität in der Arbeitswelt und physiologischen Befindensparametern. Forschungsschwerpunkte: physiologische Befindensmessungen in der Arbeitspsychologie; körperliche Wirkungen von Rufbereitschaft; Flexibilität und Gesundheit; Stress in einer sich verändernden Arbeitswelt (hier insbesondere das Konstrukt Employment Stress).

Fabian Weber

Wissenschaftliches Institut der AOK (WIdO)
Rosenthaler Straße 31
10178 Berlin

Geboren 1987. Student der Informatik an der Humboldt-Universität zu Berlin. Seit 2011 Werksstudent im Wissenschaftlichen Institut der AOK (WIdO) im AOK-Bundesverband im Forschungsbereich Betriebliche Gesundheitsförderung. 2010–2011 Studentische Hilfskraft im Forschungsbereich Mind and Brain an der Charité.

Henriette Weirauch

Wissenschaftliches Institut der AOK (WIdO)
Rosenthaler Straße 31
10178 Berlin

Geboren 1985. Master of Science in Arbeits- und Organisationspsychologie mit dem Schwerpunkt Psychologie für Arbeit und Gesundheit. 2006–2010 Studium der Psychologie an der Universiteit van Amsterdam. 2010 Praktikantin und anschließend Mitarbeiterin in der Bundesanstalt für Arbeitsschutz und Arbeitsmedizin. 2011 und 2012 Praktikantin im Wissenschaftlichen Institut der AOK (WIdO) im AOK-Bundesverband im Forschungsbereich Betriebliche Gesundheitsförderung.

Cornelia Weiß

Wurmflakstraße 1a
46485 Wesel

Geboren 1972. Studium der Soziologie, Psychologie und Pädagogik an der FU Berlin und TU Chemnitz. 2003–2010 wissenschaftliche Mitarbeiterin an der Professur für Industrie- und Techniksoziologie des Instituts für Soziologie der TU Chemnitz. Seit 2011 freiberufliche Tätigkeit mit den Schwerpunkten: Arbeit, Gesundheit, Lebensführung und Entgrenzung.

PD Dr. Hans-Georg Wolff

Lehrstuhl für Wirtschafts- und Sozialpsychologie
Universität Erlangen-Nürnberg
Lange Gasse 20
90403 Nürnberg

Studium der Psychologie, Soziologie und Musikwissenschaften an der Universität Gießen. Diplom in Psychologie, anschließend wissenschaftlicher Mitarbeiter an die Universität Erlangen-Nürnberg. 2004 Promotion und 2010 Habilitation. Hauptarbeitsgebiete: Networkingverhalten, die Psychologie von Investitionsentscheidungen sowie Online-Befragungen und statistische Methoden.

Eberhard Zimmermann

AOK NordWest
Regionaldirektion Bochum
Schaeferstraße 11
44623 Herne

Geboren 1959. Diplom-Sozialwissenschaftler, Abschluss an der Ruhr-Universität Bochum. 1990–1996 sowie 1998–2001 wissenschaftlicher Mitarbeiter beim Forschungs- und Beratungsinstitut AIQ Arbeit Innovation Qualifikation. 1996–1998 wissenschaftlicher Mitarbeiter beim Institut für Gerontologie an der Universität Dortmund. Arbeitsschwerpunkte in dieser Zeit: Durchführung von Modell- und Beratungsprojekten in den Bereichen Arbeitsforschung, Personal- und Organisationsentwicklung zu den Themen Laborarbeit, innovative Arbeitszeitgestaltung, Demografie, Lernkultur-Kompetenzentwicklung. Seit 2001 Projektkoordinator im Bereich der Betrieblichen Gesundheitsförderung bei der AOK mit Projekten in unterschiedlichen Branchen.

Klaus Zok

Wissenschaftliches Institut der AOK
Rosenthaler Straße 31
10178 Berlin

Geboren 1962 in Moers. Diplom-Sozialwissenschaftler, seit 1992 wissenschaftlicher Mitarbeiter im Wissenschaftlichen Institut der AOK im AOK-Bundesverband. Arbeitsschwerpunkt Sozialforschung: Erstellung von Transparenz-Studien in einzelnen Teilmärkten des Gesundheitssystems (z. B. Zahnersatz, Hörgeräte, IGeL); Arbeit an strategischen und unternehmensbezogenen Erhebungen und Analysen im GKV-Markt anhand von Versicherten- und Patientenbefragungen.

Stichwortverzeichnis

B. Badura et al. (Hrsg.) *Fehlzeiten-Report 2012*,
DOI 10.1007/978-3-642-21655-8, © Springer Verlag Berlin Heidelberg 2012

Printed in the United States
By Bookmasters

Printed in the United States
By Bookmasters